國家古籍整理出版專項經費資助項目

全國高等院校古籍整理研究工作委員會重點項目

安徽師範大學中國詩學研究中心重點項目

廬山慧遠集義疏

劉運好 李山嶺 著

（上冊）

鳳凰出版社

圖書在版編目（CIP）數據

廬山慧遠集義疏 / 劉運好，李山嶺著. -- 南京：
鳳凰出版社，2024. 12. -- ISBN 978-7-5506-4444-1

Ⅰ. B942. 1-53

中國國家版本館CIP數據核字第20248P9K94號

書　　　　　名	廬山慧遠集義疏	
著　　　　　者	劉運好　李山嶺	
責 任 編 輯	李相東	
裝 幀 設 計	陳貴子	
責 任 監 製	程明嬌	
出 版 發 行	鳳凰出版社（原江蘇古籍出版社）	
	發行部電話025-83223462	
出 版 社 地 址	江蘇省南京市中央路165號,郵編:210009	
照　　　　　排	南京凱建文化發展有限公司	
印　　　　　刷	南京新洲印刷有限公司	
	江蘇省南京市六合區雨花路2號,郵編:211500	
開　　　　　本	890毫米×1240毫米　1/32	
印　　　　　張	33	
字　　　　　數	857千字	
版　　　　　次	2024年12月第1版	
印　　　　　次	2024年12月第1次印刷	
標 準 書 號	ISBN 978-7-5506-4444-1	
定　　　　　價	188.00圓（全二册）	

（本書凡印裝錯誤可向承印廠調換,電話:025-57500228）

目　録

上　册

【正编】

下　册

【續編】

【附編】

一代宗師——廬山慧遠論（代前言）

在中國文化史上，慧遠是佛教中國化的轉關人物，他在中國佛教史上地位崇高，在文學史上影響深遠。究其原因，主要集中於三個方面：第一，在人格方面，其德行淳至，精神卓絕，棲心佛教，心無旁騖；平等物我，不屈身降志，爲世人推服；卜居廬山三十餘載，不復出山，對息影山林、人格貞靜之士影響尤深。第二，在佛教方面，其不守門户，融會諸法，龍樹菩薩之中論，僧伽提婆之毗曇，鳩摩羅什之三論，馱跋陀羅之禪法，均賴其宣揚而廣布南方；率領廬山僧團建立齋社，設誓發願，期生净土，成爲净土宗之初祖；隆崇佛教，且論三教之異同，力圖從學理上、致用上貫通三教，推進了佛教本土化進程。第三，在文學方面，其不惟自己不廢俗書，辭氣清雅，善屬文章，見重於世，且與文人過從甚密，其美學思想及其文風不僅影響了東晋文學，對後代文學也產生了較爲深遠的影響。全面研究慧遠，非本文所能及，以下主要就其生平著述、佛學思想、美學觀念三個方面略加論述。關於慧遠的文學創作，筆者發表有專題論文①，在此没有新的補充，故不贅論。

一、 籍貫履歷考證

一代宗師，後人仰止。然而由於有關慧遠的早期文獻記載或語

---

① 參見劉運好《廬山慧遠文學創作考論》，《文學遺產》二〇二三年第五期。

焉不詳，或失之紀年，加之文集散佚，其生平間有淆亂難辨，著述亦多淹没無聞。雖然當代學者殫精竭慮，見仁見智，考證成果積案盈箱，但是相關問題並未真正澄清，棼絲難理。本節在汲取諸家成果的基礎上，試圖對慧遠研究中的生平、佚聞、遺誡及文集叙録四個方面重新加以考辨，以回應學界紛紜之歧説。

（一）籍貫履歷

慧遠籍貫履歷，早期文獻《出三藏記集》卷一五、《高僧傳》卷六慧遠本傳均有較爲詳細的記載。然而其籍貫或因古今地名的歷史變遷，生卒或因文獻記載的前後抵牾，以及初次出家、結社净土等重要履歷的具體時間也或因文獻失載，或因版本異文，遂産生闕疑、争議。下文僅就有疑議的上述四點加以考證，其他履歷概不涉及。

關於籍貫。慧遠籍貫並不複雜，《出三藏記集·慧遠法師傳》《高僧傳·釋慧遠傳》均有明確記載：慧遠，本姓賈氏，雁門樓煩（婁煩）人。然而，樓煩究竟隸屬何縣，學術界聚訟不已。張育英《慧遠大師籍貫考》概括四種説法：一曰山西代縣；二曰山西寧武縣；三曰山西原平縣；甚至還有人具體爲山西神池、武寨①。樓煩，漢代屬雁門郡十四縣之一（《漢書·地理志》）。然而，至西晉後期，區劃變遷，雁門郡唯下轄八縣（《晉書·地理志》），其中樓煩被撤縣而成城邑。北魏時又只下轄二縣，樓煩仍是城邑而非縣制，據《魏書·地形志》，雁門郡領縣二：原平、廣武。"原平"下注曰："前漢屬太原，後漢、晉屬。有陰館城、樓煩城、廣武城、龍淵神、亞澤神。"②可見，"雁門樓煩"屬於雁門郡原平縣。慧遠出身地，先隸屬後趙，後隸屬北魏，故其籍貫應以《魏書》記載之"原平"爲是。張育英又依據《大明正德碑記》記載："雁門之前三十餘里，彼有古刹，其名樓煩，即東晉匡阜遠公法師之故里也，

---

①　張育英《慧遠大師籍貫考》，《世界宗教研究》二〇〇〇年第三期。

②　《魏書》卷一〇六上《地形志》，中華書局一九七四年版，第二四七五頁。

北鄰茹嶽，東近大芳，川平境秀，物勝地靈。”將慧遠籍貫確定爲“山西省原平縣茹嶽村人”①。由於作者長期工作於慧遠故里，這一結論應是可靠的。另外，關於慧遠家世，唯弟子張野《遠法師銘》說“世爲冠族”。然考之後代史籍如唐林寶《元和姓纂》，並無山西樓煩賈氏仕宦的記載。但是，第一，《出三藏記集》《高僧傳》皆有“少爲諸生”之記載，諸生即指太學生，能夠進入太學讀書，絕非一般寒素之家所能爲；第二，史籍記載其姑道儀、其弟慧持並棲心佛門，且在佛學上皆有所建樹，由此亦可知，慧遠必然出生於一個文化、佛教氛圍皆相當濃郁的家族。證明其家世雖不是十分顯赫，却也應屬於士族階層。弟子謂之“世爲冠族”，或是溢美之詞。

生卒時間。《世說新語·文學》“殷荆州曾問遠公”條，劉孝標注引張野《遠法師銘》謂“年八十三而終”②。《出三藏記集》亦謂“義熙末卒於廬山精舍，春秋八十有三”③，皆不詳具體時間。《高僧傳·釋慧遠傳》則記載詳盡：“以晉義熙十二年（公元四一六年）八月初動散，至六日困篤……乃命律師，令披卷尋文，得飲與不，卷未半而終，春秋八十三矣。”④由卒於義熙十二年（四一六）逆推之，則生於咸和九年（三三四）。此外，據《高僧傳·釋慧持傳》記載，慧持與乃兄慧遠同年受業道安，是年遠二十一歲，持十八歲，可知二人相差三歲。持“以晉義熙八年（公元四一二年）卒於寺中，春秋七十有六”⑤，逆推之，則生於公元三三七年。遠既長持三歲，必生於公元三三四年。其生年推算與元優曇普度《廬山蓮宗寶鑒》“遠祖師事實”所載“生於石趙延熙甲

①　張育英《慧遠大師籍貫考》，《世界宗教研究》二〇〇〇年第三期。
②　徐震堮《世說新語校箋》，中華書局一九八四年版，第一三二頁。
③　［梁］釋僧祐撰，蘇晉仁、蕭鍊子點校《出三藏記集》卷一五，中華書局一九九五年版，第五七〇頁。
④　［梁］釋慧皎撰，湯用彤校注，湯一玄整理《高僧傳》卷六，中華書局一九九二年版，第二二一頁。
⑤　［梁］釋慧皎撰，湯用彤校注，湯一玄整理《高僧傳》卷六，中華書局一九九二年版，第二三一頁。

午歲，爲晉成帝咸和九年”①也相吻合。然而，謝靈運《廬山慧遠法師誄》序却曰：“予志學之年，希門人之末，惜哉，誠願弗遂，永違此世。春秋八十有四，義熙十三年（四一七）秋八月六日薨。”②按理説，靈運記載應十分可靠。雖然靈運未入慧遠門下，且典籍中又有靈運欲入其門而遭婉拒的記載，但是綜合靈運的佛教信仰、對慧遠的欽敬，以及慧遠在萬佛影鑴刻完成後即遣人去京師請靈運作《萬佛影銘》等史料看，二人應是聲氣互通，至少靈運對慧遠非常了解。但是，諸家史料言之鑿鑿，《廬山慧遠法師誄》序所言八十四又是孤證，故慧遠春秋當以《高僧傳》及《世説新語》劉注爲是。靈運誄文所言“八十四”者，或爲後人抄録、翻刻之誤。

初次出家。方立天將慧遠一生履歷概括爲三個階段：“第一階段主要是出家前的早年求學等活動；第二階段是跟隨當時佛教領袖道安約二十五年；第三階段是離別道安後高居廬山約三十多年，作爲繼道安以後的佛教領袖，這是慧遠活動歷程中最爲重要的階段。”③其人生履歷段中最可疑問者，即是初次出家的時間、地點問題。《出三藏記集·慧遠法師傳》曰：“年十三，隨舅令狐氏遊學許、洛，故少爲諸生。博綜六經，尤善《老》《莊》。……年二十一，欲渡江東，就范宣子共契嘉遁。值王路屯阻，有志不果。乃於關左遇見安公，一面盡敬，以爲真吾師也。遂投簪落髮，委質受業。”④又《高僧傳·釋慧遠傳》曰：“年二十一，欲渡江東，就范宣子共契嘉遁。值石虎已死，中原寇亂，南路阻塞，志不獲從。時沙門釋道安立寺於太行恒山，弘讚像法，聲甚著聞，遠遂往歸之。一面盡敬，以爲真吾師也。後聞安講《波若

---

① ［元］優曇普度《廬山蓮宗寶鑒》卷四，《大正藏》第四七册，第三二〇頁。
② 李運富編注《謝靈運集》，岳麓書社一九九九年版，第三五一頁。
③ 方立天《魏晉南北朝佛教論叢》，中華書局一九八二年版，第五三頁。
④ ［梁］釋僧祐撰，蘇晉仁、蕭鍊子點校《出三藏記集》卷一五，中華書局一九九五年版，第五六六頁。

經》，豁然而悟……便與弟慧持，投簪落彩，委命受業。"①二書記載微有差別，但是都非常明確地記載慧遠受業道安乃在二十一歲。然而，謝靈運《廬山慧遠法師誄》曰："總角味道，辭親隨師。……公之出家，年未志學。"②古代男未冠、女未笄皆稱總角。"志學"則取《論語·爲政》"吾十有五而志於學"典故。據此可知慧遠尚在總角的十四五歲時就已經出家。與序文不同的是，謝誄的前二句與後二句，意義互證，應不存在抄録或翻刻的錯訛問題。如上所述，靈運與慧遠關係密切，可證此説絶非空穴來風。另外，清光緒十八年《山西通志》卷一七一記載，樓煩有樓煩寺，因城而名，乃晉慧遠演教之地。説樓煩寺是慧遠演教之地，或是後人因慧遠名高而欲擡高寺廟身價的附會之説，但是此也可證明慧遠肯定早年出家於此寺，出家時間或即十四歲。

　　如若慧遠至十三歲纔隨舅氏遊學許、洛，則遊學時間非常短暫。遠十四歲時即後趙建武十三年（三四七）。這一年後趙發生了兩件對慧遠人生有深刻影響的大事：第一，是年五月，趙涼州刺史麻秋和中書監石寧率衆十二萬進屯河南，黃河以南陷入戰亂之中，許、洛必不能免；第二，是年八月，趙王石虎使尚書張群發近郡男女十六萬人，車十萬乘，在鄴城北修築華林苑及長墻，廣袤數十里。"士卒飢凍死者萬有餘人，所過三州十五郡，資儲皆無孑遺。"③這次徭役波及數郡，慧遠故里亦不能免。因爲戰亂，慧遠不能再遊學於許、洛；歸至故鄉，又因徭役而資儲無遺。正是在這種背景下，慧遠出家於故鄉的樓煩寺。慧遠少年出家，帶有避亂的原因，或即帶髮修行。那麼，慧遠何以又在二十一歲時欲渡江東就范宣子共契嘉遁，不果而受業道安呢？是年即晉穆帝永和十年（三五四），桓溫北伐取得一系列勝利。"三輔郡縣皆來降，溫撫諭居民，使安堵復業，民爭持牛酒迎勞，男女夾路觀

---

① ［梁］釋慧皎撰，湯用彤校注，湯一玄整理《高僧傳》卷六，中華書局一九九二年版，第二一一頁。

② 李運富編注《謝靈運集》，岳麓書社一九九九年版，第三五三頁。

③ ［宋］司馬光編纂《資治通鑑》卷九七，岳麓書社一九九〇年版，第六四五頁。

之。耆老有垂泣者,曰:‘不圖今日復睹官軍!’”①這種形勢激發了慧遠對東晉王朝的神往,所以“欲渡江東”。可是當時的江東尚無名聞北方的寺廟可以棲身,而范宣少尚隱遁,以清潔自立,雖非高僧,却是一代高士,故遠欲就之“共契嘉遁”。然而,桓温一敗於北鹿原,再敗於潼關,不得已而倉皇退兵。所以慧遠本欲隨勝利之師南渡江東的夢就這樣破碎了。《出三藏記集》謂遠“於關左遇見安公”,或許就發生在桓温潼關敗後。“關左”,即潼關以東。此次偶遇,緣於“一面盡敬”,慧遠感慨“真吾師也”,徹底改變了其人生走向。所謂“投簪落鬖”云云,當是指受具足戒,而非初次剃度。

　　結社時間。慧遠受業道安之後,於東晉興寧三年(三六五),又隨師南投襄陽。太元四年(三七九),符丕攻打襄陽,道安爲朱序所拘,即分張徒衆,慧遠率領弟子數十人先至上明寺,後欲往羅浮山,南下途經潯陽時,“見廬峰清静,足以息心”,遂於太元八年(三八三)駐錫廬山。自此以後,息影山林,迹不入俗,潛心佛學,弘揚大法。慧遠駐錫廬山之後,有一件大事在佛教史上影響深遠,即遠曾率僧俗信徒一百二十三人於無量壽佛前結社,共誓念佛,往生彌陀净土。後人將其視爲净土宗及蓮社的創始者。荷蘭許理和説:“後世把‘在阿彌陀佛前發願’當作净土宗創宗的標志,並把净土宗當作慧遠所創的‘白蓮社’的延續,而慧遠也因此被認作這一宗的始祖。在一定程度上,這一觀點還無法證實,因爲從‘祖師譜系’來看,慧遠與以後的净土宗祖師没有直接的傳承關係。儘管如此,這個儀式仍是中國早期佛教史上的一塊重要里程碑。這裏出現了一種特別注重信仰的教義,而廬山的僧俗信徒全都踐履這種信仰,它也顯然契合了俗家追隨者的需要及其生活方式。”②實際上,慧遠這一信仰乃是“三報論”的別樣實踐

---

① [宋]司馬光編纂《資治通鑑》卷九九,岳麓書社一九九〇年版,第六五九頁。
② [荷]許理和《佛教征服中國》,李四龍、裴勇等譯,江蘇人民出版社二〇〇三年版,第三五三頁。

形式，不僅爲善男信女提供一種契入佛教的方便法門與虔誠儀軌，也爲苦難人生描繪了一幅虛幻的詩意歸宿，所以在一般民衆中影響深遠。

　　然而，關於"建齋設誓"的結社具體時間却又有爭議。這一爭議由《發願文》的異文所引起。《發願文》是劉程之遵慧遠囑托而作。實際上也記載了立誓結社的時間："維歲在上章攝提格，秋七月戊辰朔，二十八日乙未。"攝提格是歲陰名，乃干支紀年法中的寅年。據此《發願文》所言之"上章攝提格"，即是庚寅年，公元三九〇年，故明喬桑《廬山紀事》將"建齋設誓"的時間定於太元十五年（三九〇）七月。然黃宗羲《遊記》駁之曰："（蓮社）十八人者，雁門慧遠、慧持，河南慧永，鉅鹿道生，黃龍曇順，冀州僧叡，潁州道昺，廣陵曇詵，河東曇恒，瑯琊道敬，罽賓國佛馱耶舍，伽羅衛國佛馱羅，彭城劉程之，柴桑張野、張詮，雁門周續之，南陽宗炳，南昌雷次宗是也。據《紀事》謂遠公結社，在晉孝武帝太元十五年庚寅（三九〇），而道敬辛卯（三九一）出家、道生辛亥（四一一），佛陀耶舍壬子（四一二）入社，皆與太元庚寅不合。《宋書》列傳：周續之，景平元年癸亥（四一二）卒，年四十七。宗炳，元嘉二十年癸未（四三〇）卒，年六十九。雷次宗，元嘉二十五年戊子（四四八）卒，年六十三。當太元庚寅，續之十四歲，炳十六歲，次宗五歲，皆無入社之理。予謂由蓮社《發願文》誤之也。凡從遠公學佛者，俱謂之蓮社，非如蘭亭、金谷，斷以一會。"[①]黃氏所考甚是，然此誤並非"由蓮社《發願文》誤之"，而是《發願文》異文所致。湯用彤《漢魏兩晉南北朝佛教史》考證曰："按太元十五年雖爲庚寅年，而七月朔係丁未。元興元年壬寅七月乃爲戊辰也。"[②]據陳垣《二十史朔閏表》，壬寅七月二十八日正是乙未。也就是説，太元十五年七月是丁未，而元興

---

　　①　［民國］吳宗慈編撰，胡迎建等注釋《廬山志》上册，江西人民出版社一九九六年版，第一〇六頁。按，引文標點、文字有校訂。下仿此。

　　②　湯用彤《漢魏兩晉南北朝佛教史》，北京大學出版社一九九七年版，第二四〇頁。

元年七月纔是戊辰；太元十五年是庚寅年，元興元年纔是壬寅年。另據《釋文紀》卷五、《佛祖歷代通載》卷七、《高僧傳》卷六所載《發願文》俱無"上章"二字，也就是説，《發願文》只記了"攝提格"（寅年），而没有確切記爲"上章攝提格"（庚寅），"上章"二字乃後出衍文。綜考之，《發願文》作於元興元年（四〇二）七月初一。"建齋設誓，期生净土"則在元興元年壬寅七月二十八日。

（二）軼聞辨析

慧遠"神韻嚴肅，容止方棱"而"識信深明"[①]，深受道俗二界的一致敬服。《高僧傳·釋慧遠傳》載：殷仲堪之荆州，進山與遠共論《易》，終日不倦。司徒王謐、護軍王默等，並欽慕風德，遥致師敬。即便是當時被視爲亂臣的盧循，在占據江州之後，亦入山詣遠，遠亦不避嫌疑，與之歡然道舊。並言："我佛法中情無取捨，豈不爲識者所察？"[②]後來，劉裕追討盧循，亦不懷疑慧遠與盧循相見是爲通逆，並遣使致敬，遺贈錢米。即便是一代梟雄桓玄，亦爲之折服，在專擅朝政之後，欲沙汰衆僧，却又教令僚屬曰："唯廬山道德所居，不在搜簡之例。"[③]然而，後代記載慧遠事迹的文獻則虛實參半，亂花迷眼。關於慧遠軼聞，後代傳之甚多，此處擇其爭論頗多的三條而辨析之。

第一，虎溪三笑。虎溪在廬山東林寺前，相傳慧遠居東林寺時，送客不過溪。一日陶潛、道士陸修静來訪，三人交談，心心相契，相送時不覺過溪，虎輒號鳴，三人大笑而別。這一軼聞初見何典已難確考，然至唐代已經流傳。宋代李龍眠作《三笑圖》，智圓、蘇軾皆爲之

---

① ［梁］釋慧皎撰，湯用彤校注，湯一玄整理《高僧傳》卷六，中華書局一九九二年版，第二一五頁。

② ［梁］釋慧皎撰，湯用彤校注，湯一玄整理《高僧傳》卷六，中華書局一九九二年版，第二一六頁。

③ ［梁］釋慧皎撰，湯用彤校注，湯一玄整理《高僧傳》卷六，中華書局一九九二年版，第二一九頁。

作圖讚，一時成爲美談。明宋濂《跋十八賢圖》、清同治《德化縣志》皆有記載，民國十七年東林寺僧禪净還專門修建"三笑堂"以張揚其事。但是此事在宋代即有人懷疑，吳宗慈《廬山記・山川勝迹》"虎溪三笑堂"下引宋樓鑰《跋坡書〈三笑圖讚〉》曰："坡書《三笑圖》，不言爲誰，山谷實以陶、陸、遠公事。陳舜俞《廬山記》亦云。舉世信之。宗室彦通作《廬山獨笑編》，乃以謂遠公不與修静同時。予因其言，細考之《十八高賢傳》。遠公卒於晉義熙之十二年丙辰（四一六），年八十三。而吳筠所撰《簡寂陸君碑》，修静卒於宋明帝元徽五年丙辰（四七六），去遠公之亡正一甲子。而修静年七十有二，推而上之，生於義熙之三年丁未。遠公之亡，修静纔十歲。況修静宋元嘉末始來廬山，遠之亡已三十餘年，淵明之亡亦二十餘年矣。淵明生於晉興寧之乙丑（三六五），少遠公三十一歲，卒於元嘉之四年丁卯（四二七）。遠亡時，淵明年已五十矣，固宜相從。"①樓鑰所考甚是。後人或出於對慧遠的崇敬，杜撰其事而神化其人。

　　第二，拒謝靈運入社。早期文獻唯記靈運與慧遠相見事，並無求入蓮社之記載。如《出三藏記集・慧遠法師傳》曰："臨川太守謝靈運，負才傲俗，少所推崇，及一相見，肅然心服。"②《高僧傳・釋慧遠傳》亦云："陳郡謝靈運負才傲俗，少所推崇，及一相見，肅然心服。"③兩則記載惟有"陳郡""臨川太守"之不同，是乃一言郡望，一言官職而已。古人追述前人官職，往往取其最顯赫者，"臨川太守"是靈運生前所任的最高官職，故稱之，由此可見二者叙述時間並無抵牾。直至隋沙門灌頂纂《述匡山寺書》曰："東林之寺，遠自創般若、佛影二臺。謝

---

　　① 　[民國]吳宗慈編撰，胡迎建等注釋《廬山志》上册，江西人民出版社一九九六年版，第一〇四頁。

　　② 　[梁]釋僧祐撰，蘇晉仁、蕭鍊子點校《出三藏記集》卷一五，中華書局一九九五年版，第五七〇頁。

　　③ 　[梁]釋慧皎撰，湯用彤校注，湯一玄整理《高僧傳》卷六，中華書局一九九二年版，第二二一頁。

靈運穿鑿流池三所。"①也未言及靈運入社之事。然而及至宋熙寧間，自廬山流出《東林十八高賢傳》，陳舜俞引其文曰："陳郡謝靈運，負才傲物，少所推重，一見肅然心服，爲鑿東西二池，種白蓮，求入净社，師以心雜止之。"②宋沙門宗曉《樂邦文類》卷三亦引《廬山記》文。自此，後凡言及此事者，蓋本《東林十八高賢傳》且各自發揮。清人則起而駁斥之。吳宗慈《廬山志・山川勝迹》"遠公影堂"下引黄宗羲《遊記》云："遠公自太元癸未入山不出，康樂之爲臨川内史，在元嘉八九年。遠公已死，康樂固未嘗得見遠公，故其誄曰：'予志學之年，希門人之末，惜乎誠願未遂。'此正不見之證也。彼謂拒其入社者，亦即此言附會之耳。"③復考《大唐内典録》卷四"《大般涅槃經》三十六卷"下注："宋文帝世元嘉年初達於建康，時豫州沙門范慧嚴、清河沙門崔慧觀共陳郡處士謝靈運等，以讖涅槃品數疏簡，初學之者難以措懷，乃依舊《泥洹經》加之品目。"④綜合以上材料以辨析之，謝靈運曾拜訪慧遠，當是不争的事實，而是否因靈運心雜被慧遠拒絶加入白蓮社則邈然難考。且慧遠修净土之業，亦是事實，是否在當時就號白蓮社，也值得懷疑。

　　第三，佛影圖興造之由來。據文獻記載，那竭（又譯作那揭羅曷，在今阿富汗南部）都城西南有一石窟，窟有佛影。東晉高僧法顯西行取經，親眼目睹之。《高僧法顯傳》載："那竭城南半由延，有石室，博山西南向，佛留影此中。去十餘步觀之，如佛真形。金色相好，光明炳著。轉近轉微，仿佛如有。諸方國王遣工畫師摹寫，莫能及。"⑤於是後代學者認爲慧遠造萬佛影與法顯有關。慧遠《萬佛影銘》序曰：

---

　　①　[隋]灌頂《國清百録》卷二，《大正藏》第四六册，第八〇五頁。
　　②　[宋]陳舜俞《廬山記》，張景崗點校《廬山慧遠大師文集》，九州出版社二〇一四年版，第三三四頁。
　　③　[民國]吳宗慈編撰，胡迎建等注釋《廬山志》上册，江西人民出版社一九九六年版，第一〇六頁。
　　④　[唐]道宣《大唐内典録》卷四，《大正藏》第五五册，第二五八頁。
　　⑤　[晉]法顯《高僧法顯傳》卷一，《大正藏》第五一册，第八五九頁。

"遇西域沙門,輒餐游方之説,故知有佛影,而傳者尚未曉然。及至此山,值罽賓禪師,南國律學道士,與昔聞既同,並是其人遊歷所經,因其詳問,乃多有先徵。……故與夫隨喜之賢,圖而銘焉。"(凡引文見諸本書者不另注)而《廣弘明集》卷一五載謝靈運《佛影銘》序言:"法顯道人至自祇洹,具説佛影,偏爲靈奇,幽巖嵌壁,若有存形,容儀端莊,相好具足,莫知始終,常自湛然。廬山法師聞風而悦,於是隨喜幽室,即考空巖。北枕峻嶺,南映澑澗,摹擬遺量,寄託青彩,豈唯像形也篤,故亦傳心者極矣。道秉道人遠宣意旨,命余製銘,以充刊刻。"①人們據此認爲,慧遠所云之"南國律士"即指法顯。

　　然而,據《出三藏記集》卷八"六卷《泥洹記》"之《出經後記》及同書卷一五《法顯傳》所言,法顯本爲晉土僧人,隆安三年赴西域求法,後由海路至青州,由青州赴建康,義熙十三年十月至十四年正月於道場寺出《大般泥洹經》。與慧遠《萬佛影銘》序所言不大相符。《佛祖統紀》卷二六言:"師聞天竺佛影是佛昔化毒龍瑞迹,欣感於懷。後因耶舍律士叙述光相,乃背山臨流,營築龕室,淡采圖寫,望如煙霧。"②據《高僧傳·佛陀耶舍傳》載:佛陀耶舍自西域至長安,參與譯經的時間爲弘始十二年至十五年,"後辭還外國,至罽賓得《虛空藏經》一卷,寄賈客,傳與涼州諸僧,後不知所終"③,並無關於佛影圖的記載。綜考文獻,關於萬佛影的傳説,來源非一。但是直接促成慧遠銘刻佛影,則是《萬佛影銘》所言之"罽賓禪師""南國律士"。而禪師、律士云云,却指佛馱跋陀羅一人。據《高僧傳·佛馱跋陀羅傳》及《達磨多羅禪經序》,佛陀跋陀羅長期生活在北天竺、罽賓,以禪法、戒律馳名,曾受慧遠邀請,停留廬山,後往揚州與法顯同在道場寺譯經。或慧遠從

---

① 李運富編注《謝靈運集》,岳麓書社一九九九年版,第三四五頁。

② ［宋］志磐撰,釋道法校注《佛祖統紀校注》卷二七,上海古籍出版社二〇一二年版,第五三六頁。

③ ［梁］釋慧皎撰,湯用彤校注,湯一玄整理《高僧傳》卷二,中華書局一九九二年版,第六七頁。

佛馱跋陀羅處得知佛影，而謝靈運則從法顯處得知佛影，《東林十八高賢傳》又將其名與佛陀耶舍相混，以致淆亂難辨。

關於慧遠的詳細事迹，已有區結成《慧遠》、曹虹《慧遠評傳》、肖雨《東晉名僧釋慧遠》、李幸玲《廬山慧遠研究》以及本書所附録《慧遠年譜彙考》等專著、論文，不再贅述。

（三）遺誡意藴

慧遠在《遺誡》中提出"露骸松林之下，即嶺爲墳，與土木同狀"，從《高僧傳》相關記載來看，他是中土僧人遺囑林葬的第一人。曹虹認爲：慧遠遺命的内容非常具有個性特徵，足以顯示"高尚其迹"的力量，從中可見他對高絶之風的追求始終是十分自覺的，既包含精神内容，又富有形式感①。

慧遠之後，亦有高僧採取這種安葬形式。如《高僧傳·釋慧球傳》載："（球）天鑒三年（公元五〇四年）卒，春秋七十有四。遺命露骸松林，弟子不忍行也。"②又《善慧大士語録》卷四載："（慧和）法師未疾之日，遺語謂智瓚等曰：'祇憂死後，諸人葬我土中耳。'智瓚曰：'既不葬土中，則若何而可？'法師曰：'意願轝置野澤中，以肉施須者食之，願令食者發菩提心；汁流落地，潤十方世界中草木，悉成藥，治一切衆生病苦；餘骨風吹，一一微塵在一佛所，變成如意寶珠供養，然後普雨十方世界，爲飲食物，給與衆生。'"③將高僧遺體暴露於林野之間，佛教稱之爲"野葬"或曰"林葬"。慧遠爲何遺誡林葬？遺誡中只言"此乃古人之禮，汝等勿違。苟神理不昧，庶達其誠。大哀世尊，亦當祐之以道"。據江林考察，"釋慧遠遺命'露骸松下'的喪葬方式實際上

① 曹虹《釋慧遠遺命"露骸松下"的意藴》，《中國典籍與文化》一九九九年第二期。

② ［梁］釋慧皎撰，湯用彤校注，湯一玄整理《高僧傳》卷八，中華書局一九九二年版，第三三四頁。

③ ［唐］樓穎録《善慧大士語録》卷四，《卍續藏經》第一二〇册，第五一頁。

是佛教喪葬方式中的尸陀林法"①。所謂"尸陀林法"，即將死尸棄之於寒林。江氏引玄應《音義七》曰："尸陀林，正音言尸多婆那。此名寒林，其林幽邃而寒，因以名也。在王舍城側，死人多送其中，今總指棄尸之處，名尸陀林者，取彼名之也。"這種喪葬方式，慧遠認爲是遵循古禮，或即"尸陀林法"。然慧和認爲，一是腐肉布施鳥獸蟻螻，使發菩提心；二是尸汁潤澤草木使成良藥，療救衆生；三是骸骨變成如意寶珠供養佛祖，使佛雨廣被。其實，這種喪葬方式，或許另有一層用意，即與佛教的"不净觀"之"九相義"有關。

在現存的兩晉翻譯佛典中，西晉無羅叉所譯《放光般若經》較先提及"九相義"，到東晉時，由鳩摩羅什等人翻譯的《禪法要解經》《摩訶般若波羅蜜經》《大智度論》，以及佛陀跋陀羅翻譯的《達磨多羅禪經》《佛説觀佛三昧海經》，對修行"九相"的意義有了更明確的説明。其中《達磨多羅禪經》又名《不净觀經》，論説尤爲詳盡。"九相"，又作"九想"，即人死之後，尸體置於荒野，在自然界中發生九種變化，衆生觀此九種不净相而引發的觀想。丁福保《佛學大辭典》曰："於人之尸相，起九種之觀想也。是爲觀禪不净觀之一種。即使貪着五欲之法，起美好耽戀之迷想者，覺知人之不净，除其貪欲之觀想也。一脹想，死尸之膨脹也。二青瘀想，風吹日曝而死尸之色變也。三壞想，死尸之破壞也。四血塗想，破壞已而血肉塗地也。五膿爛想，膿爛腐敗也。六噉想，鳥獸來噉死尸也。七散想，鳥獸噉後而筋骨頭手分裂破散也。八骨想，血肉既盡，只有白骨狼藉也。九燒想，白骨又火燒歸於灰土也。"②其中，觀膨脹相、壞相、噉相、散相，可袪除對人體形容的貪戀；觀血塗相、青瘀相、膿爛相，可袪除對人顏色的貪戀；觀骨相、燒相，可袪除對人體細滑的貪戀。簡言之，觀此九種不净相，使衆生遠

---

① 江林《關於釋慧遠"露骸松下"的一點意見——兼與曹虹先生商榷》，《中國典籍與文化》二〇〇二年第四期。

② 丁福保編《佛學大辭典》（上），中國書店二〇一一年版，第一七二頁。

離貪戀之心，能够漸斷瞋癡，從而離一切憂惱諸苦，滅五陰因緣生故，受涅槃常樂。《法華經·五百弟子受記品》所言教化聲聞衆的"八解脱"，前三解脱"内有色想觀諸色解脱""内無色想觀外色解脱""净解脱身作證具足住"，也就是通過修不净觀，以證色空、識空、我空，並最終進入空空、空識空、一切空、一切空識空、一切法空的境界。可見，修不净觀是禪觀的主要修持法門。作爲修持法門，道安《十二門經序》所言最爲直接："虚迷空醉，不知爲幻，故以死尸散落自悟，漸斷微想，以至於寂，味乎無味，故曰四禪也。"①

由"九相義"又次第而生"八念義"。丁福保《佛學大辭典》又曰："《智度論》二十一謂：佛弟子於閑静處乃至山林曠野，善修不净等之觀，厭患其身，忽生驚怖及作惡魔種種之惡事，惱亂其心，憂懼轉增，是故如來爲説八念法，若存此心，恐怖即除。"②所謂"八念"，即一念佛，二念法，三念僧，四念戒，五念捨，六念天，七念出入息，八念死。"專心存憶八種功德，故名爲八念。非但能除世間驚怖，若能善修，亦除世間三界生死一切障難也。"③其中，念佛有三種：一是稱名念佛，口稱佛名也；二是觀想念佛，静坐而觀念佛之相好功德也；三是實相念佛，觀佛之法身非有非空中道實相之理也。慧遠的念佛即是觀想念佛。後秦竺佛念譯《出曜經》卷一七《惟念品》，將數息觀與不净觀列爲"二甘露門"。《達摩多羅禪經》卷上"修行方便道安那般那念退分第一"曰："清净具足甚深微妙，能令一切諸修行者出三退法，遠離住縛增益升進，成就決定盡生死苦，究竟解脱兼除衆生久遠癡冥。"④從上可知，"九相"之不净觀與"八念"之數息觀，皆是究竟解脱的"甘露"法門。慧遠遺囑林葬，不惟與修持不净觀密切相關，與"八念義"也密切相關，二者具有同一佛教指向的意義。

---

① [梁]釋僧祐撰，蘇晉仁、蕭鍊子點校《出三藏記集》卷六，中華書局一九九五年版，第二五二頁。

②③ 丁福保編《佛學大辭典》(上)，中國書店二〇一一年版，第一三二頁。

④ [晉]佛陀跋陀羅譯《達摩多羅禪經》卷上，《大正藏》第一五册，第三〇一頁。

從《高僧傳》《續高僧傳》等相關記載來看，從東晉到隋前，遺囑林葬者，包括慧遠在內，只有三位，而且身後他們的徒衆都以"不忍"爲由拒絕遵循。從初唐開始，僧人要求林葬並得以實現的事例逐漸增多，這也正是"九相義"隨着禪法逐漸普及，並爲僧衆所接受的歷史過程。身爲一代僧團領袖的慧遠，希望用自己肉身之"九相"觀想度脱衆生，也許正是最後爲實現未了之心願吧。

（三）文集叙録

慧遠文集有《廬山慧遠集》《廬山集》《匡山集》等不同名稱。世典著録，《隋書·經籍志》載十二卷、《崇文總目》載十卷，或作《匡山集》二十卷，《菉竹堂書目》記《廬山集》二冊，均已散佚。其實，總考前代典籍，慧遠集的編纂有三種版本類型：

一是單篇著述之結集，即別集本，十卷。《出三藏記集》卷一五慧遠本傳記載，"所著論、序、銘、讚、詩、書，集爲十卷，五十餘篇，並見重於世"①。《高僧傳》卷八《釋道慧傳》記載，道慧十四歲時，讀《廬山慧遠集》，深深嘆息遲生於世而不及見慧遠法師。其所讀即十卷本。

二是所有著述之結集，即全集本，三十五卷。隋費長房《歷代三寶記》卷七"東晉録"收録慧遠著作"十四部三十五卷"②，則是所有著述之結集，其中包括《問大乘中深意十八科》三卷，即後世之《大乘大義章》（慧遠問、羅什答）。或另有《廬山記》《廬山別傳》及《廬山諸道人遊石門詩集》《念佛三昧詩集》等唱和集，詳情已不可考。此書後文所説"十卷五十餘篇"乃指別集本《慧遠集》。故唐道宣《大唐内典録》分別叙述："九江廬山沙門釋慧遠撰論三十餘卷，別集十卷"③。

三是著述輯佚之結集，即輯佚本，或二十卷，或十卷。宋陳舜俞

---

① ［梁］釋僧祐撰，蘇晉仁、蕭鍊子點校《出三藏記集》卷一五，中華書局一九九五年版，第五七〇頁。

② ［隋］費長房《歷代三寶記》卷七，《大正藏》第四九冊，第六八頁。

③ ［唐］釋道宣《大唐内典録》卷一〇，《大正藏》第五五冊，第三三〇頁。

《廬山記》卷二詳細叙述了由唐至宋《匡山集》存佚的情況:"昔公(指白居易)之遊東林也,睹經藏中有遠公、諸文士倡和集,時諸長老亦請公集同藏之。……廣明中,(《白氏文集》)與遠公《匡山集》,並爲淮南高駢所取。吴大和六年,德化王澈嘗抄謄以補其缺,復亡失。今所藏,實景德四年詔史館書校而賜者。《匡山集》亦二十卷,景福二年嘗重寫。明道中,爲部使者刑部許申所借。今本十卷,寺僧抄補,用以詑舛。"①這説明:第一,唐原傳本《匡山集》二十卷,廣明(約八八〇)中爲淮南高駢所取,不知所終;第二,五代吴大和六年(九三四),德化王澈抄補本《匡山集》,或亡佚於北宋初;第三,宋景德四年(一〇〇七),史館校唐景福二年(八九三)重寫本《匡山集》二十卷,明道(約一〇三三)中又爲許申所借,不知所終;第四,陳舜俞所見之《匡山集》十卷,乃寺僧抄寫,内容舛詑。

　　需要補充説明的是,陳氏卒於熙寧九年(一〇七六)。南宋慶元五年(一一九九),宗曉《樂邦文類》卷三所收《蓮社始祖慧遠法師傳》記載:"師有雜文二十卷,號《廬山集》。靈芝元照律師(一〇四八至一一六)作序。板刊紹興府庫,識者敬焉。"②此本亦毀於兵燹。至元代優曇普度所撰《廬山蓮宗寶鑒》"遠祖師事實"記:"有《匡山集》十卷,行於世。"③當是又一輯佚本,後亦散佚。

　　簡要言之,慧遠文集有三種版本類型:一是十卷本,乃其"所著論序銘讚詩書"的别集本;二是二十卷本,乃十卷本與慧遠《廬山記》十卷的合訂本;三是三十五卷本,是彙集包括慧遠《大乘大義章》三卷在内的所有著述,共分十四種類型(十四部)。可惜,自元代之後,這些版本皆湮没無聞。直至民國以後,纔又出現數種輯佚本。

　　民國九年(一九二〇),江蘇海門周紫坦居士輯録慧遠佚文二十

　　①　[宋]慧遠著,張景崗點校《廬山慧遠大師文集》,九州出版社二〇一四年版,第三〇七頁。
　　②　[宋]宗曉《樂邦文類》卷三,《大正藏》第四七册,第一九二頁。
　　③　[元]優曇普度《廬山蓮宗寶鑒》卷四,《大正藏》第四七册,第三二一頁。

六篇，書名《廬山慧遠法師文集》，民國十二年由武昌佛學院印行。此後，江蘇如皋沙元炳又從家藏《全晉文》《廬山志》等書中檢出八篇，合爲三十四篇；其因病離世後，由門下項智源繼承遺志，輯爲一帙。經蓮宗十三祖印光校訂，於民國二十四年（一九三五）八月以《廬山慧遠法師文鈔》之名，由蘇州報國寺内的弘化社刊行。此書卷首有“遠公法像並讚”“排印流通序”“重編序”及“總目”；正文分爲“正編”“續編”。其中“正編”依據《重修廬山志》，誤將劉遺民、王喬之、張野三首“奉和”慧遠之詩，“訂爲遠公作”。

民國二十三年（一九三四），又有僧懺輯選《慧遠大師集》，由上海佛學書局印行。此書輯“慧遠大師傳略”（《高僧傳·釋慧遠傳》節選），收録慧遠作品二十三篇，其中將《太平御覽》和《世説新語》所引“遊廬山記”分爲《遊廬山記》《再遊廬山記》，未收慧遠《廬山東林寺雜詩》《廬山諸道人遊石門詩（並序）》及《念佛三昧詩集序》等重要文學作品。輯有“附録”十七篇。無論佚文輯録或作品考證，皆遠不及《廬山慧遠法師文鈔》。

當代慧遠文集的整理、研究，日本木村英一《慧遠研究》成就顯著，此書由日本創文社一九六〇年出版。全書分爲“研究篇”和“遺文篇”兩部。“遺文編”又分爲《大乘大義章》（慧遠問、羅什答）和《慧遠文集》，後者總計收録慧遠作品二十九篇，附録十三篇。每篇作品皆有詳細校勘，並標明輯録出處。此書詩歌部分唯收《遊廬山詩》（《廬山東林寺雜詩》），失收《廬山諸道人遊石門詩（並序）》。

一九八〇年，中國臺灣原泉出版社出版華梵佛學研究所編《慧遠大師文集》。其書跋曰：“本輯收録遠大師之著作，及其與時賢政要之重要往來信函，其中《大乘大義章》，雖爲羅什法師答遠大師之文，然其中遠大師之問題，頗能詮釋遠大師般若研習及其融合大小乘禪法之歷程，此於東林學風之探研，爲一相當重要之資料，故特爲輯入。”書末附“慧遠大師年譜”。全書共輯録二十五題，共二十八篇，收録範圍未出“文鈔”，亦如“文鈔”標明出處，有簡要校勘。每篇作品皆有繫年，則爲高出“文鈔”處，但捨棄《廬山諸道人遊石門詩（並序）》和《遊廬山詩》（《廬山東林寺雜詩》），殊爲失當。

　　二〇一四年，九州出版社出版張景崗點校《廬山慧遠大師文集》。此書基本以“文鈔”爲底本，重新輯佚、校勘。“正編”分爲論、序、記、銘讚詩、書信、佚文和《大乘大義章》，且輯録“蓮社諸賢著述”及有關慧遠的“傳記文獻”，並完整附録宋陳舜俞《廬山記》全文。張氏將《奉和遊廬山詩》三首訂正爲劉遺民、王喬之、張野所作，糾正了“文鈔”的謬誤。然而“蓮社諸賢著述”中所收録之《念佛三昧詩》《佛菩薩讚》，作者本爲王喬之，《廣弘明集》誤作王齊之，是書亦襲其誤。

　　二〇一八年，中國人民政治協商會議原平市委員會文史資料委員會編《原平文史》第二十八、二十九輯，刊印釋聖賢整理本《慧遠文集》。此書分爲上下兩編。第二十八輯爲上編《慧遠法師詩文集》，第二十九輯爲下編《歷代名家詠頌遠公詩文選》。上編亦基本採用“文鈔”分類而更趨細緻，輯佚也更爲全面，且另録《大乘大義章》。正文間有簡要注釋，頗有參考價值。下編輯佚諸家詠頌慧遠詩文十分豐富，對於研究慧遠之影響有重要意義。然而，因爲“求全”，誤收《薩陀波倫讚》《薩陀波倫入山求法讚》《薩陀波倫始悟欲供養大師讚》《諸佛讚》及《寒溪舊石橋詩》。

　　此外，補充説明兩點。第一，在上述輯本中，日本牧田諦亮著、曹虹譯《關於慧遠著作的流傳》中據《廣弘明集》卷三〇認爲《曇無竭菩薩讚》《澡灌銘序》爲王齊之作[①]。而李謨潤《〈全晉文〉載〈曇無竭菩薩讚〉作者辨正》一文通過文獻鑒別以及詩文中思想叙述方式，判定作者爲慧遠[②]。至於《澡罐銘序》，南海孔氏本《北堂書鈔》卷一三五“灌澡”之“摩羅澡灌”條：“惠遠法師《澡灌銘序》曰：‘得摩羅鍮石澡灌，故

---

① 南京大學古典文獻研究所編《古典文獻研究》第五輯，江蘇古籍出版社二〇〇二年版。

② 李謨潤《〈全晉文〉載〈曇無竭菩薩讚〉作者辨正》，《洛陽大學學報》二〇〇五年第三期。

答以此銘。'今案《御覽》百十二引惠遠銘'鍮'作'勒'，'灌'下有'一枚'二字。"①摩羅或即鳩摩羅什之省寫。其叙事亦符合羅什回信中所提及的向慧遠贈送鍮石澡灌一事，故可確定該序作者爲慧遠。第二，《大乘大義章》在中國失傳已久，現存最早的鈔本是日本京都東山禪林寺（永觀堂）所藏《鳩摩羅什法師大義》三卷，該本抄寫於日本鐮倉時代永仁元年（一二九三），後分別收録於《大正藏》《卍新纂續藏經》中。民國十九年（一九三〇），由邱檗據《大正藏》本校訂，中國佛教歷史博物館以《遠什大乘要義問答》之名重刊。

二、 佛學思想論

毫無疑問，道安和慧遠師徒是東晉時期本土高僧大德。作爲弟子，慧遠繼承了道安的佛學思想，並融入自己對佛教義理的獨到見解以及對弘教法門的變革揚棄。其獨到的法性與法身之理論、政教與會宗之態度、禪宗與淨土之法門，使之在佛學理論上，大乘與小乘相容並蓄；在文化襟懷上，佛教與儒道融會貫通；在修持方式上，汲取與變革並行不悖。因此既構成了豐富複雜的佛教思想體系，也推進了佛教本土化進程。

（一）法性與法身之理論

慧遠所闡釋的法性、法身，在理論蘄向上，大乘與小乘相容並蓄。法，是佛教的核心概念。梵音達磨，意譯爲法，指一切事物。無論大小、真實虛妄、有形無形、物質精神，悉稱之爲法。其中有形者（物質）稱之色法，無形者（精神）稱之心法。法身、法性皆以法爲核心。雖然關於法身、法性的具體内涵，諸經闡釋並不相同，但大致指向却無截然分別。簡言之，從本體上説，謂之法性；從現象上説，謂之法身。二

---

① ［唐］虞世南編纂《北堂書鈔》卷一三五，學苑出版社一九九八年版，第三八六頁。

者既有統一性，也有差異性。然而，佛教以法身爲法性本體，法性的覺知功能就是佛。法身（本體）→法性（現象），法性（本體）→法身（現象），二者構成循環狀的本體與現象的複雜關係。這與現代哲學所論之現象與本體的内涵並不完全一致。

所謂法性，又名實相、真如、法界、涅槃等，指諸法的真實體性，即宇宙一切現象所具有的真實不變之本性。一般地説，這種諸法的本性，從有情的方面説，叫作佛性——以法身爲本體；從無情的方面説，叫作法性——以有形爲現象。

慧遠對法性的開悟源自般若學及道安理論。據《高僧傳・釋慧遠傳》載，慧遠因聽道安説“般若經”，豁然而悟。道安最初所説的般若經乃後漢支婁迦讖所譯《道行般若經》，是最古的般若經譯本。該經所論之“一切法”及其特點，實質上就是後來法性論的本原。其卷一《道行般若經・道行品》曰：“一切法無所從來，亦無所持。……菩薩摩訶薩心念如是：‘我當度不可計阿僧祇人悉令般泥洹，如是悉般泥洹，是法無不般泥洹一人也。’何以故？本無故。”同卷《道行般若經・難問品》又曰：“幻如人，人如幻乎？我呼須陀洹、斯陀含、阿那含、阿羅漢、辟支佛道悉如幻，正使佛道，我呼亦如幻。……乃至泥洹亦復如幻。……設復有法出於泥洹，亦復如幻。”[1]般若學認爲一切法皆是因緣和合而生。其特點是“無所從來”——本無；“亦無所持”——性空；“出於泥洹”——虛幻。這種對“法”特點的描述，並非着眼於色法，而是着眼於心法，本質即是法性。由此也可知，從本體論上説，早期的般若法性説，與王弼、何晏以“無”爲本的哲學觀具有相似性。道安正是借鑒玄學本體論，注解《般若經》，創立了“本無宗”。其思想核心是：“謂無在萬化之前，空爲衆形之始。夫人之所

---

① ［東漢］支婁迦讖譯《道行般若經》卷一，《大正藏》第八册，第四二六至四二七、四三〇頁。

滯，滯在未有；若詫心本無，則異想便息。"①萬化、衆形皆生於無而始於空，即是因無生有的翻版。

慧遠雖聞道安講般若而開悟，然而其法性論又揚棄了道安的"本無"思想。《出三藏記集》卷一二陸澄《法論目録》收載慧遠《法性論》上下，今已散佚。然由現存殘句却可蠡測其本質，其殘句曰："至極以不變爲性，得性以體極爲宗。"也就是説，法性的特點是涅槃（泥洹）之性，絶對真實，永恒不變；一旦得涅槃之性，即可體證真如，究竟本原。吕澂論"禪數學的重興"時説："細究起來，慧遠這一思想還是從僧伽提婆介紹的毗曇獲得的。他在《阿毗曇心論序》裏説：'已性定於自然，則達至當之有極。'一切法的自性決定於它自身的'類'，從同類法看到的自性就是'不變之性'；也只有在這個前提下，纔能説有'至當之極'（即涅槃）。"②然而，吕澂在下文中將慧遠法性論簡單歸於接受部派佛教之影響，且謂之"並没有超出小乘理解的範圍"③，尚可商榷。慧遠認爲法性是絶對真實，是實有，確實接受了部派佛教學説，但是部派佛教以諸法爲實有，各具自性，所以很難抽象出絶對真理的法性觀念。唯有大乘論諸法因緣而生，本性空寂，故諸法皆有絶對真理之法性。

慧遠固然受部派佛教思想影響，其《大乘大義章》第十三章所問，對法性常住究竟"是有""是無"也産生疑問。但是在接受鳩摩羅什所譯之龍樹《大智度論》之後，其思想則産生了深刻變化。他推崇《大智度論》而另撰《大智論鈔》。所謂大智度，也就是"摩訶般若波羅蜜"之意譯。《大智度論》卷三二説，法性與如、如如、實際、實相等意義相同。受此影響，慧遠認爲法性實有，但究其本質則又是"無性之性"。其《大智論鈔序》曰："有而在有者，有於有者也；無而在有者，無於無者也。有有則非有，無無則非無。何以知其然？ 無性之性，謂之法

① ［隋］吉藏《中觀論疏》卷二《因緣品》，《大正藏》第四二册，第二九頁。
② 吕澂《中國佛學源流略講》，中華書局一九七九年版，第八一頁。
③ 吕澂《中國佛學源流略講》，中華書局一九七九年版，第八四頁。

性。法性無性，因緣以之生。生緣無自相，雖有而常無，常無非絕有，猶火傳而不息。夫然，則法無異趣，始未淪虛，畢竟同爭，有無交歸矣。"這種"無性之性"並非是說其性空無，所以他又認爲性空和法性是兩個不同概念。元康《肇論疏》"宗本義"記載："遠法師作《法性論》。自問云：'性空是法性乎？'答曰：'非，性空者即所空而爲名。法性是法真性，非空名也。'"①法性是真而非空無，性空是空却非法性。所謂法性無性，乃因緣而生，有相而無自相，故"雖有而常無，常無非絕有"，非有非無是其本質屬性。因此在認知上，既不可執著於"有"，也不可執著於"無"。這種理論，既與道安"本無"不同，也與羅什以性空爲真諦、龍樹般若學直接稱空爲法性，也有所不同。賴永海指出："慧遠的'法性論'更接近玄學的'本無説'和靈魂不滅論；當慧遠以性空、無性釋'法性'，視'法性'爲非有非無、空有相即時，其'法性論'又帶有大乘般若學的色彩。而此一'本無説''神不滅論'與大乘般若學的結合，又爲後來的涅槃佛性説創造了條件，因此，慧遠的佛性思想實有由玄學而般若學而涅槃佛性學的過渡性質。"②慧遠論法性與玄學本無論並無直接關聯，他也嚴格區分性空與法性的不同，但是他汲取靈魂不滅觀念，以非有非無、空有相即闡釋法性，則表現出對法性的獨特認知，在佛教史上也具有重要理論意義。

法性的本體即法身。然而，東晉時期，法性與法身的理論同出於般若經，所以二者難以截然分開。道安《合放光光讚略解序》曰："般若波羅蜜者，成無上正。真道之根也。正者，等也，不二入也。等道有三義焉：法身也，如也，真際也。故其爲經也，以如爲首，以法身爲宗也。如者，爾也，本末等爾，無能令不爾。佛之興滅，綿綿常存，悠然無寄，故曰如也。法身者，一也，常净也。有無均净，未始有名，故於戒則無戒無犯，在定則無定無亂，處智則無智無愚，泯爾都忘，二

---

① ［唐］元康《肇論疏》卷上，《大正藏》第四五册，第一六五頁。
② 賴永海《中國佛性論》，中國青年出版社一九九九年版，第四四至四五頁。

三盡息，皎然不緇，故曰净也，常道也。真際者，無所著也。泊然不動，湛爾玄齊，無爲也，無不爲也。萬法有爲，而此法淵默，故曰無所有者，是法之真也。"①般若波羅蜜，就是無上正等正覺。是乃《維摩詰經·入不二法門品》所言之"一實之理，如如平等"，且無彼此分別的"不二法門"。正等之義有三：法身、如、真際。其中法身是核心。佛的肉身雖滅，法身常存，因爲"悠然無寄"而謂之"如"；恒一常净，非有非無，"泯爾都忘，二三盡息"，故不可藉"戒"與"無戒"、"定"與"無定"、"智"與"無智"分別爲二而戲論之。法身寂静、空明，與道齊一，無爲而無不爲，淵静且無所有，是一切法的本體。

道安以"般若波羅蜜"爲法身，理論内涵與"法性"疊合。雖然法身也稱爲"法性身"，但是佛"身"畢竟是構成法身的核心。丁福保《佛學大辭典》曰："法性身，略名法身，佛三身之一也。佛身如法性周遍十方，有無量無邊之相好莊嚴，以無量之光明，無量之音聲，度十方無量之法身菩薩，謂之法性身。《智度論》九曰：'佛有二種身：一者法性身，二者父母生身。是法性身滿十方虛空，無量無邊，色像端正，相好莊嚴，無量光明，無量音聲，聽法衆亦滿虛空。'《往生論》注下曰：'無爲法身者，法性身也。法性寂滅，故法身無相也。無相故能無不相，是故相好莊嚴即法身也。'法性身有有相、無相之論。"②簡要地說，法身是佛的三身（法身、報身、應身）之一，以正法爲體，故名法身。雖是佛身，却非佛之生身（肉身）。法身同乎法性，周遍十方世界，有覺知功德，可度化無量法身菩薩；法身又異於法性，有無量無邊之相好莊嚴，又有無量之光明、音聲。

然而，法身究竟是有相還是無相，仍然使人疑竇叢生。這也正是慧遠與羅什討論的第一個問題。在《大乘大義章》"初問答真法身"

① ［梁］僧祐撰，蘇晉仁、蕭鍊子點校《出三藏記集》卷七，中華書局一九九五年版，第二六六頁。

② 丁福保編《佛學大辭典》，中國書店二〇一一年版，第一三九〇頁。

中，慧遠將羅什對法身的解釋歸納爲三層："一謂法身實相，無來無去，與泥洹同像；二謂法身同化，無四大五根，如水月、鏡像之類；三謂法性生身，是真法身，能久住於世，猶如日現。此三各異，統以一名，故總謂法身。"慧遠所概括的三點，一是法身的本質：森羅萬象皆因緣和合而生，生滅無常，唯有法身真實不變，無始無終，不生不滅，與涅槃同相；二是法身的特點：法身法性，二者同化，超越四大五根，如水月鏡像，皆爲虛空清净之像；三是法身的生成：法身生於法性，永恒不滅，如日光之衆生可見，遍照世界。由此可見，慧遠更傾向於《法華經》中法身實有的概念。《沙門不拜王者論·求宗不順化》又曰："反本求宗者，不以生累其神；超落塵封者，不以情累其生。不以情累其生，則其生可滅；不以生累其神，則其神可冥。冥神絕境，故謂之泥洹。"在慧遠看來，"神"是永恒存在，通過形盡神存→冥神絕境→泥洹同像的邏輯關聯，從而使"神"與"法身"構成內涵上的互攝關係。所以方立天指出："在慧遠看來，所謂成佛，就是'神'最終的捨離情識的妄惑，擺脱形體的枷鎖所達到的清净境界，'神'是永恒的真實存在，是成佛的主體，佛是神的升華，是最高的理想人格，是人格神。"[1]這裏所説的"實有"，並非經驗世界的真實存在，而是超越經驗世界的精神存在。所言之神，又類似於東土傳統觀念中的"天"，是亦真亦幻、亦幻亦真的真實存在。佛教言真、言實有，皆可作如是觀。

慧遠對法身的理解既不同於道安，又跳出《大智度論》對法身的描述。這種"法身"實有的思想，雜糅了小乘根本説一切有部"諸法實有"的學説與傳統"靈魂不滅"的觀念，以及玄學本體論與佛教中觀論的思辨方法。通過法身與色身的區別，劃清了神與形的界限，具有濃郁的形而上的性質。它以成佛爲至極，法身即精神作爲概念中成佛的主體。通過修行，使精神破除情識桎梏，從而成爲超越生死、重返冥寂亦即成佛的根本路徑。慧遠以"法身"實有作爲成佛的依據，並

---

① 　方立天《中國佛教哲學要義》，中國人民大學出版社二〇〇二年版，第一七二頁。

以此解决成佛可能性的問題，而立論的支點在於他的"神不滅"論。

慧遠的"神不滅"論思想集中體現在《沙門不敬王者論》《明報應論》《三報論》等辯論文章中。如《沙門不敬王者論·形盡神不滅》曰："情有會物之道，神有冥移之功……火之傳於薪，猶神之傳於形。火之傳異薪，猶神之傳異形。"又曰："神也者，圓應無生，妙盡無名，感物而動，假數而行。感物而非物……假數而非數……"意思是说，神具有體察物理之道、冥移遷化之功，雖是應感萬物而動之，藉助名數而行之，却又是周遍一切而無相，妙盡物理而無名。神與形猶如薪與火，在輪回遷化中，薪雖不斷變化，火却永遠不變。這種"神不滅"論，既是因果報應論也是立地成佛的哲學依據。清錢謙益《書遠公明報應論後》曰："玄之難問報應，可謂精矣。初明四大結，結爲神宅，滅之無害于神，影掠拂經四大分散之言。次明因情致報，乘感生應，自然之迹，順何所寄？竊取老子道法自然之義。故遠公評之曰：'此二條是來問之關鍵，立言之精要。'晉、宋以後，何承天、范縝之徒，諍論神滅，要皆述祖桓玄，但得其少分麁義耳。遠公之答，伐樹得株，灸病得穴。自宗少文已後，極論形神者，一一皆遠公注脚。故此論即神不滅之宗本也。"[1]桓玄難報應論"竊取老子道法自然之義"，固然切中要害，但是慧遠的回答更是究極根本，故後代論形神者皆以其爲宗。在慧遠的理論中，神不滅→因果報應→修行成佛，構成一個内在的邏輯鏈條，從而也成爲"證得佛法的實有人格神"的法身内涵了。

（二）政教與會宗之态度

慧遠所秉持的政教、會宗，在文化襟懷上，佛教與儒道融會貫通。在《沙門不敬王者論》中，慧遠認爲，從三教圓融的立場上都能得出"形盡神不滅"的結論，但是只有佛教纔能使世人結束形累。而對形

---

① 　[清]錢謙益著，[清]錢曾箋注，錢仲聯標校《牧齋有學集》卷五〇，上海古籍出版社一九九六年版，第一六一七頁。

神的論證同時也顯示出慧遠融貫三教、會宗於一的基本態度。

傳統的意識形態認爲君臣、人倫是基本的禮法原則。故《詩·小雅·北山》云:"普天之下,莫非王土;率土之濱,莫非王臣。"《論語·顏淵》又云:"君君臣臣,父父子子。"但是佛教强調,出家人超越三界,袒臂禮佛,不受世俗禮法約束,這一理念必然與名教所重的君道人倫產生矛盾。如何處理佛教與傳統文化尤其是佛教與儒家倫理的矛盾,從而獲得世俗勢力的認可,事關佛教是否能在中國文化中扎根並進而散葉開花的重要問題。道安對這一問題有非常清醒的認識。東晉哀帝興寧三年(三六五),前燕慕容氏攻略河南。據《世說新語·賞譽》"初,法汰北來未知名"條劉注引車頻《秦書》載:是時,道安率四百徒眾南奔襄陽,"行至新野,集眾議曰:'今遭凶年,不依國主,則法事難舉。'"①於是分派僧眾前往諸方弘法。道安主張依國主立法事,一方面是遵循其師佛圖澄處理僧俗矛盾的弘道之法;另一方面也因爲遭逢戰亂,不得不借助世俗勢力,以争取較爲穩定的立身之地以傳道授業。悠遊於社會夾縫之中,弘揚佛法,是道安的基本處世策略。

但是,在慧遠看來,佛教過於依附世俗政權,就難以維持佛教超然世外的地位,難以堅守佛教的原則立場,其結果是"遂令無上道服,毀於塵俗;亮到之心,屈乎人事"(《沙門不敬王者論序》)。他將佛教信眾分爲"在家"和"出家"兩種類型,並以此作爲邏輯起點,説明在家處俗弘教者是"順化之民",必須遵守名教禮法,遵循忠孝之道,而"與王制同命,有若符契""助王化於治道",則是其基本立足點。一旦出家便是"方外之賓",不再是"存身以息患",也不必"順化以求宗"。在家者盡"形"之敬,是帝王的教化使然;出家者盡"神"之敬,是佛祖的功德使然。"神"是超越世俗、超越現象的存在,自然不受"形"的制

_____

① 〔南朝宋〕劉義慶著,〔南朝梁〕劉孝標注,余嘉錫箋疏,周祖謨等整理《世説新語箋疏》(修訂本),上海古籍出版社一九九三年版,第四八〇頁。

約，故盡形之敬與盡神之敬必然統一於後者，慧遠稱之爲"全德"。然而，慧遠也採取一種折衷態度："如令一夫全德，則道洽六親，澤流天下。雖不處王侯之位，亦已協契皇極，在宥生民矣。"（《沙門不敬王者論·出家》）一人出家勤修功德，可以引導包括家人在内的許多民衆發心向善，"拯溺俗於沉流，撥幽根於重劫"（《答桓玄書》論沙門不應敬王者），起到勸助教化、純净人心的作用，其要旨與世俗教化殊途同歸，其效果比世俗教化更爲顯著，故可以"協契皇極，在宥生民"。由此就調和了佛教教義與傳統禮教之間的尖鋭衝突。故慧遠明確指出佛法與名教"雖曰道殊，所歸一也"（《沙門不敬王者論·體極不兼應》）。二者雖有形式上的差異，但本質相通，佛教保留不拜王者的特殊社會地位，能够更有效地發揮其特殊的社會功能。維持這種與世俗政權不即不離的關係，使得宗教可以更好地立足於世俗的社會之中①。

慧遠同世俗禮法有理有節且富有智慧的抗争，在於保持佛教精神與形式上的獨立與純潔。《法論目録》中收録有慧遠所作《法社節度序》《外寺僧節度序》《節度序》《比丘尼節度序》四篇。所謂"節度"就是律行，乃佛教有關僧侣（包括比丘尼）的行爲守則。雖然這些文章已經散佚，但從標題即可見慧遠對於僧侣"節度"（律行）的重視。他欽重精通律學的西域僧侣，在《遺書通好流支法師》中懇請流支繼續羅什的未竟事業，譯出《十誦律》，也正是出於這一原因。從上述文章所論"節度"的概念看，這四篇應是慧遠早期的論文，對佛教律行尚無理性認知。這説明這一時期慧遠的佛教思想尚未成熟。但是，在《與桓玄論料簡沙門書》中，慧遠的佛教思想則已成熟。一方面，他對桓玄所提出的僧團非理性發展造成的消極影響深感憂慮，贊同桓玄料簡沙門的教令，並認爲如此則可以"令飾僞取容者，自絶於假通之

① 郭曉東《佛教傳入早期的儒佛之争與慧遠對儒佛關係的調和》，《宗教學研究》二〇〇一年第二期。

途;通道懷真者,無復負俗之嫌"。同時還表示:"貧道所以寄命江南,欲託有道以存至業。業之隆替,寔由乎人。值檀越當年,則是貧道中興之運。"另一方面,他又擔心藉助未諳佛理的世俗勢力干涉佛教,在整飭教團不良之風的同時,也會打壓正常的佛教活動,故在信中針對教令所言措施一一分析可行性,提出具體可行的建議,其目的還是希望桓玄罷手,依靠沙門內部健全制度,加强自律,以解決因佛教盛行而可能存在的弊端。

面對强權政治,以退讓隱忍爲堅守;面對傳統文化,以求同存異而崇佛,是慧遠處理政教、會通三教的基本策略,既具有體用一如的理論色彩,也表現出世尊本位的崇佛觀念。

以上所引慧遠的論説文章,往往都體現出以佛學爲本,以傳統哲學及思維方式爲用的特點。它的源頭是竺法雅等一批高僧爲了向生徒解説佛經而發明的"格義法"。《高僧傳‧竺法雅傳》記載:"(雅)少善外學,長通佛義,衣冠士子,咸附諮禀。時依門徒,並世典有功,未善佛理。雅乃與康法朗等,以經中事數,擬配外書,爲生解之例,謂之格義。及毗浮、曇相等,亦辯格義,以訓門徒。雅風采灑落,善於樞機。外典佛經,遞互講説。與道安、法汰每披釋湊疑,共盡經要。"①道安曾在《鼻奈耶序》中説:"以斯邦人莊老教行,與方等經兼忘相似,故因風易行也。"②指出格義的優勢在於可以借流行之老莊思想(其中也包括名教概念),"因風易行"。但彼時佛教經籍尚不完備,每位高僧的理解亦不相同,格義往往也存在着"迂而乖本""於理多違"的問題,故逐漸爲後人所擯棄。慧遠"少爲諸生,博綜六經,尤善莊老",入道後"常欲總攝綱維,以大法爲己任……年二十四,便就講説",與"少善外學,長通佛義"的竺法雅具有相似的學術文化背景。"嘗有客聽講,

---

① [梁]釋慧皎撰,湯用彤校注,湯一玄整理《高僧傳》卷四,中華書局一九九二年版,第一五二頁。
② [晉]釋道安《鼻奈耶序》,《大正藏》第二四册,第八五一頁。

難實相義，往復移時，彌增疑昧。遠乃引《莊子》義爲連類，於是惑者曉然，是後安公特聽慧遠不廢俗書。"①此又説明慧遠在精研佛典的同時，並没放棄對世典的研究。後來駐錫廬山，其在弘法之餘，尚與名士如殷仲堪論《易》，爲弟子雷次宗、宗炳等講授《喪服經》等，即爲明證。所以《高僧傳·釋慧遠傳》謂之"内通佛理，外善群書"②。從《大乘大義章》中他和羅什的問答，也可以看出二人文化根基的差異。

道安《道行經序》亦云："據真如，遊法性，冥然無名者，智度之奥室也。名教遠想者，智度之蓬廬也。"③將世典學説比喻爲佛教習修實、智行法以達到彼岸的途中驛棧，然而却又是"止可以一宿，而不可久處"（《莊子·天運》）的法門。慧遠在《與隱士劉遺民等書》中亦有相似表述："每尋疇昔，遊心世典，以爲當年之華苑也。及見《老》《莊》，便悟名教是應變之虚談耳。以今而觀，則知沉冥之趣，豈得不以佛理爲先？"但他進一步提出："苟會之有宗，則百家同致。"此言或受乃師啓發。道安《波若略》云："夫波若之爲經也，文句累疊，義理重複。或難同而答異，或殊問而報同。難同而答異者，所由之途同，會通之致別。殊問而報同者，發源之徑別，終合乎一歸也。"④道安本意在於貫通佛典經文的内部義理，而慧遠則將其範圍進一步擴大到佛典與世典之間的融通。不僅據《佛祖統紀》記載，慧遠嘗講《喪服經》（《禮記》小記、大記、四制等篇），而且據陸德明《毛詩音義》，周續之與雷次宗還同受《詩》義於遠法師。王讜《東林十八高賢傳·後序》言："但如遠公始欲從學范甯，卒乃傳經雷次宗、周續之。以一釋和尚而能爲功經學，前此所未有也。白香山爲劉軻代書，謂廬山自陶謝洎十

---

① ［梁］釋慧皎撰，湯用彤校注，湯一玄整理《高僧傳》卷六，中華書局一九九二年版，第二一二頁。

② ［梁］釋慧皎撰，湯用彤校注，湯一玄整理《高僧傳》卷六，中華書局一九九二年版，第二二一頁。

③ ［梁］釋僧祐撰，蘇晉仁、蕭鍊子點校《出三藏記集》卷七，中華書局一九九五年版，第二六三頁。

④ ［晉］惠達《肇論疏》卷中，《卍續藏經》第一五〇册，第八七〇頁。

八賢以來,儒風緜緜不絕,而皆由遠公倡之。"①對慧遠而言,研習佛理、護持佛法固然是其宏願,但本土思想根深蒂固,也難以割捨。所以圓融傳統與佛學的思想,使外來佛教真正完成了中國本土化的進程。在這一歷史進程中,慧遠功不可没。

　　然而,慧遠畢竟是一位棲身佛門的高僧大德,以佛教爲本位,以佛祖爲至尊,乃是其矢志不渝的理想和信仰。在《答何鎮南書難袒服論》中,一方面宣稱"道訓之與名教,釋迦之與周、孔,發致雖殊,而潛相影響;出處誠異,終期則同",儒家的"行葦之仁"與"釋迦之慈"互相媲美;另一方面又説"合抱之一毫,豈直有間於優劣,而非相與者哉",表面説釋迦與周孔二者並無優劣,相輔相成,然而以"合抱"喻釋迦,以"一毫"喻周、孔,又巧妙地將佛教置於名教之上。這一思想幾乎貫穿慧遠所有的論説。

(三) 禪修與净土之法門

　　慧遠所弘揚的禪宗、净土,在修持方式上,汲取與變革並行不悖。與一般佛教高僧不同,慧遠不僅虔心佛門,精研佛理,而且開宗立派,拓展了佛教的修持法門。創立净土,使之成爲净土宗初祖;倡導禪修,使禪學流布南方。《佛祖統紀》曰:"佛法起於漢,至晉而益盛;然競演經論,各事專門。獨東林法師,始以念佛三昧之道,開先一時,貽則千古。蓋知其爲此土人根爲道之要,故能結社招賢,來名儒而致高釋,臨終神化,感佛迎以獲往生。斯爲一生取證,永居不退之至道也。師之言曰:功高易進,念佛爲先。"②慧遠早期所萌發的遁世情懷和綱維佛教的文化擔當,影響了他後半生的軌迹,他選擇定居廬山,結社立誓,期生彌陀净土,在觀想念佛的同時,注重禪法與智慧並修。

---

　　①　[清]王謨《東林十八高賢傳·後序》,《卍續藏經》第一三五册,第二〇頁。
　　②　[宋]志磐《佛祖統紀》卷三六,《大正藏》第四九册,第三四三頁。

慧遠所倡導的"念佛三昧"，是信徒的一種修行方式。這種修行方式，雖得之於羅什，却成之於慧遠。據《大乘大義章·次問念佛三昧》記載，慧遠曾向羅什詳盡地諮詢了這一問題。羅什解說："見佛三昧有三種：一者，菩薩或得天眼、天耳，或飛到十方佛所，見佛難問，斷諸疑網；二者，雖無神通，常修念阿彌陀等現在諸佛，心住一處，即得見佛，請問所疑；三者，學習念佛，或以離欲，或未離欲，或見佛像，或見生身，或見過去、未來、現在諸佛。是三種定，皆名念佛三昧。"羅什將見佛三昧分爲三個階差：一是衆生念佛，稱贊般舟三昧而生定力，雖未擺脫世俗欲望，只要"攝心一處，能見諸佛"；二是信徒念佛，學般舟三昧，斷滅語言、雜念、彼我之差異而達乎真實之性，"當念分別阿彌陀佛，在於西方，過十萬佛土"；三是得天眼、天耳，能够"飛到十方佛所，見佛難問，斷諸疑網"，這是念佛三昧的最高境界。事實上，羅什乃以三乘法解說念佛三昧，故認爲唯有"一者得神通，見十方佛，餘者最下"。但是羅什仍然將念佛三昧作爲禪修的唯一途徑："是故佛教行者，應作是念：我不到彼，彼佛不來，而得見佛聞法者，但心憶分別，了三界之物，皆從憶想分別而有，或是先世憶想果報，或是今世憶想所成。聞是教已，心厭三界，倍增信敬。佛善說如是微妙理也。行者即時得離三界欲，深入於定，成般舟三昧。"羅什的論述遠比上述所引文字更爲複雜，如天女散花，目不暇接，對於鈍根的普通信徒而言，不僅義理晦澀，而且修行方式也難以把握。

慧遠則不然。其論要言不煩，直切肯綮；其修行方式，也簡便易行。《〈念佛三昧詩集〉序》曰："夫稱三昧者何？專思寂想之謂也。思專，則志一不分；想寂，則氣虛神朗。氣虛，則智恬其照；神朗，則無幽不徹。斯二者，是自然之玄符，會一而致用也。是故靖恭閒宇，而感物通靈。御心惟正，動必入微。此假修以凝神，積習以移性，猶或若兹。況乎尸居坐忘，冥懷至極，智落宇宙，而闇蹈大方者哉！請言其始。菩薩初登道位，甫闚玄門，體寂無爲，而無弗爲。及其神變也，則令修短革常度，巨細互相違，三光迴景以移照，天地卷舒而入懷矣。"

他將念佛的意義主要落實在"三昧"上。所謂三昧，就是"專思寂想"，專思，如佝僂承蜩，思維專注一境；寂想，猶南郭隱几，神氣虛空清朗。氣虛，則智照周遍；神清，則洞察一切。而這兩個方面得之天地自然，渾融合一而致用。所以，靜居而寧靜恭謹，則感應萬物，通達神靈；正心而擯棄雜念，寂而神動，入於微妙。如此反復修習以心止一境、回歸真性，即可達到這一境界。若進一步修習，寂然寧靜，物我皆忘，冥想至寂，智照一切，默守於大道，則近乎菩薩境界！菩薩始登道位，初窺佛門，亦守至寂無為而無不為。及其證悟，其神變也，權宜方便，或長或短，或大或小，皆不同於常度。若然，則可使日月星辰迴影移照，天地舒卷而入於懷矣，一切時空皆可發生不可思議之變化。慧遠不僅將念佛作為一種三昧的修行方法，且將三昧境界從理論上闡釋得一目瞭然。可見，慧遠所倡導的念佛三昧，並非是羅什佛學思想的翻版，而是從佛學理論到修持實踐對羅什思想的一次徹底變革。

慧遠所論之"專思寂想"，也是一種哲學上的觀照方法。因"專"而思，由"寂"生想，這就深刻揭示了禪與智生生互證的關係。其《廬山出〈修行方便禪經〉統序》曰："夫三業之興，以禪智為宗。"又曰："禪非智無以窮其寂，智非禪無以深其照。然則禪智之要，照寂之謂。其相濟也，照不離寂，寂不離照，感則俱游，應必同趣，功玄於在用，交養於萬法。"定能發慧，智由禪起。禪之用在於"寂"，智之用在於"照"。但若無智，禪就"無以窮其寂"——難以寂得徹底，達到"至寂"境界。無禪，智也"無以深其照"——難以照得洞徹，達到"高照"的境界。"禪"與"智"生生互證，相濟相成，智由禪起，禪因智深；禪因智而"窮其寂"，智因禪而"深其照"。方立天明確指出："禪智兩者的要旨就是寂滅和觀照。就寂和照的相濟相成來說，兩者互不相離，共同感應。寂和照兩者的妙用是，能運轉各種事物而又不為有，無限廣大廓空而又不為無，無思慮無作為而又無所不為。這樣，心境清淨寂滅躁亂的人，就能用以研討思慮；悟解透徹而入微的人，就能用以窮盡神妙。"①在慧遠看來，只有"靜無遺照，動不離寂者"，纔能"智通十地，洞玄根於法身"。故呂澂《禪數學的重興》又曰："由般若的思想來理解性空，就是中道。他'以無當爲實，無照爲宗'，即有對象而不執著，有所理解而無成見。不執著對象，則般若的主體'神'即可專注於洞察；不抱有成見，則'智'於所行的境界安靜不亂。由此去掉各種邪妄思想，消滅了是非，又還統一於二諦，各得其所。"②慧遠禪學主要來自小乘的達磨多羅禪。這一禪法把一切禪分爲五部，包括數息觀、不凈觀、慈悲觀、界分別觀、因緣觀，其中數息觀、不凈觀目的在於對治欲求，分析法相，獲得如實智慧，同毗曇學一致。慧遠的《遺誡》即是蘊含不凈觀佛學指向的具體一例。

慧遠對於中國佛教的顯著貢獻還在於開創了凈土宗。雖然東晉時期，隨着般若學研究勃興，中國佛教已經初步呈現出流派紛呈的現象，依據不同的理論主張，後秦僧肇《不真空論》概括爲"心無""即色""本無"三宗，劉宋曇濟《六家七宗論》又分爲"本無""本無異""即色""識含""幻化""心無""緣會"七宗，但是這只是學界依據研究般若學者所持觀點之不同所作的理論流派的區分。這些理論流派既無明確的導向意識，亦無自覺的組織意識，唯有思想觀點不同而已。慧遠則不然，所建立的凈土宗既有明確導向，又有自覺組織。

關於凈土宗的創立，劉程之《發願文》有明確記載："維歲在上章攝提格，秋七月戊辰朔，二十八日乙未。法師釋慧遠，真感幽奧，霜懷特發。乃延命同志息心貞信之士，百有二十三人，集於廬山之陰，般若雲臺精舍，阿彌陀像前，率以香華敬薦而誓焉。"據湯用彤《漢魏兩晉南北朝佛教史》考證，"上章攝提格，秋七月戊辰"是元興元年（四〇二）七月。是月，慧遠率領廬山僧團共一百二十三人，於般若雲臺精

① 方立天《慧遠及其佛學》，中國人民大學出版社一九八四年版，第一三二頁。
② 呂澂《中國佛學源流略講》，中華書局一九七九年版，第八三頁。

舍、阿彌陀像前，備香燭鮮花，敬薦佛陀，發誓虔心佛門，期生净土，"斯爲一生取證，永居不退之至道也"。

由《發誓文》可知，此次設誓佛陀像前，除了"結社招賢，來名儒而致高釋"外，尚有以下特點。第一，有明確的結社目的："然其景績參差，功福不一。雖晨祈云同，而夕歸攸隔。即我師友之眷，良可悲矣，是以慨焉。胥命整襟法堂，等施一心，亭懷幽極。誓兹同人，俱遊絶域。"雖同爲僧團成員，然在修持行爲上，晨祈相同，夕歸有别；修持結果上，功績參差，福報有别，所以結社的目的在於：等施一心，俱遊絶域。第二，有共同的人生願景："此其同志諸賢，所以夕惕宵勤，仰思攸濟者也。……今幸以不謀而僉心西境，叩篇開信，亮情天發。"夕惕宵勤，普渡衆生，是期待的社會願景；叩篇開信，僉心西境，是期待的人生願景。度人，同時度己，最後達到自覺圓滿的人生境界。第三，有自覺的共進意識："其有驚出絶倫，首登神界，則無獨善於雲嶠，忘兼全於幽谷，先進之與後昇，勉思彙征之道。"因爲追求"等施一心"，所以首登神界的絶倫拔萃者，不可獨善其身，必須兼全同志，使先進後昇，共同精進。

由上可見，這次結社，已有相當嚴密的組織、程序以及目標，從而建構了一個以廬山僧團爲核心、有西域僧人參與其間的宗派組織。如果抽去佛教内容，單就組織形式而言，頗類似於江湖結義團體，具有鮮明的中國特色，在推進佛教本土化的同時，也推進了佛教世俗化。然而有兩點必須説明：一是這種佛教宗派模式深刻影響了後代的佛教僧團及其宗派結構；二是净土宗與後代禪宗並立，成爲支撑中國現代佛教的兩大核心。

三、 美學觀念論

研究廬山慧遠美學，必須從兩個維度着眼：一是研究其佛教美學理論體系的建構，如《廬山慧遠美學思想論》"論述禪與智的心理認知、神與興的情理演變、實與虛的藝術表達和麗與趣的境界生成，闡釋了由主體到主體之於對象、再由客體到客體之於主體的主客之間雙向互動的兩層審美關係"，即通過"四點兩層"，揭示其所建構的"完整的佛教美學理論體系"①；二是研究其佛教美學理論範疇的内涵，本節即論述緣起與性空的審美本體、寂照與專思的審美心理及擬象與有寄的審美表達。通過美學範疇的本位研究，論證其所藴含的理論内涵，從而進一步豐滿慧遠美學理論體系研究，庶幾全面揭示其在中國佛教美學發軔期的歷史意義②。

（一）緣起與性空：審美本體

慧遠《〈大智論鈔〉序》以般若學的"緣起性空"與"性空緣起"論述"法性"問題。如果跳出所論之佛教義理，僅從現象與本體的哲學視角論之，這一論斷包含兩個核心元素：一是"緣起"——現象，二是"性空"——本體；有兩種生成形態：一是"緣起性空"——由現象直覺本體，二是"性空緣起"——由本體反觀現象。

任何一種事物，從主體認知的角度説，都是由想象與本質所構成；從客觀存在的角度説，都由現象和本體構成。佛教將一切現象（諸法）分爲自相和共相兩種類型，各自不同之相即自相，物物共通之相爲共相；對自相空的主體認知是本質，對共相空的主體證悟是本體。佛教又將一切現象（諸法）分爲世間和出世間，世間現象的本質認知是"俗諦"，如苦、集；出世諸法的本體證悟是"真諦"，如滅、道。本質與本體既是相對存在，又是互證生生——共相的本體證悟，既原生於自相的本質認知，又是自相本質認知的昇華。所以《大智度論》卷三二將一切法的總相（共相）、別相（自相）同歸於法性。

---

① 劉運好《廬山慧遠美學思想論》，《文學評論》二〇二三年第二期。
② 劉運好《東晉慧遠佛教美學範疇論》，《學術界》二〇二三年第七期。

　　“法性”是佛教追尋的究竟本體。然而，佛教否定現象的客觀存在，認爲一切現象皆緣起而生，緣息則滅；否定本體的物理屬性，認爲一切現象本體即空。“緣起性空”和“性空緣起”是這種究竟本體的兩種生成形態。其《〈大智論鈔〉序》曰：“有有則非有，無無則非無。何以知其然？無性之性，謂之法性。法性無性，因緣以之生。生緣無自相，雖有而常無，常無非絶有，猶火傳而不息。夫然，則法無異趣，始未淪虛，畢竟同爭，有無交歸矣。故遊其奧者，心不特慮，智無所緣，不滅相而寂，不修定而閑，非神遇以斯通。焉識空空之爲玄？斯其至也，斯其極也。”

　　慧遠所論“法性無性，因緣以之生”，這就是講“性空緣起”；“生緣無自相，雖有而常無”，這就是講“緣起性空”[1]。所謂“有有則非有，無無則非無”——有生於有，而非原來的有，故空；無生於無，則非原來的無，故有；法性雖空，却緣生於諸法，故非無；諸法雖有，又非客觀之相，故非有。一切執念都不能證悟萬象之本體。就思維品質而論，這實際上將思維運動之相與客觀存在之相區別開來，揭示了二者的統一性與差異性。而“遊其奧者，心不特慮，智無所緣，不滅相而寂，不修定而閑，不神遇以斯通焉”，則又揭示了思維之相的超越性特徵。因爲法性的特點是“非有”“非無”，是“有無交歸”。故遊心於相，心不執著，不執著則智行乎空，因此雖有緣起之相而内心寂滅無相，不修習禪定而心境空明恬静，猶如庖丁解牛，“以神遇而不以目視，官知止而神欲行”（《莊子·養生主》）的神通境界。從哲學上説，是典型的主觀唯心主義，但從藝術上説，這種思維之相的運動形式及超越性特徵，恰恰與藝術思維具有同質性。此可從以下三點申論之。

　　從魏晉玄學上説，“緣起”與“性空”也就是“有”與“無”的關係。“有生於無”“以無爲本”是魏晉玄學的兩大理論核心。前者與“緣起”

---

①　郭朋《中國佛教思想史》，福建人民出版社一九九五年版，第三七九頁。

説、後者與"性空"説都具有異構同質的哲學屬性。慧遠《〈大智論鈔〉序》曰："生途兆於無始之境，變化構於倚伏之場，咸生於未有而有，滅於既有而無。推而盡之，則知有無迴謝於一法，相待而非原；生滅兩行於一化，映空而無主。於是乃即之以成觀，反鑑以求宗。鑑明，則塵累不止而儀像可觀；觀深，則悟徹入微而名實俱玄。"無論生滅之途，抑或禍福變化，一切"有"皆由"無"而生，又滅於"有"而歸於"無"。"有"非真實存在，"無"非徹底消滅（形盡而神不滅），故有非真有，無非真無，而是"非有非非有，非無非非無"①。這實際上是藉助玄學格義翻譯佛經的中道理論。有無並存於同一現象之中，然而無論是有是無，都不是本體發生了變化；生滅並存於同一變化之中，然而無論是生是滅，都是緣生緣息而其性虛空。也就是説，無論是"色法"抑或"心法"，生於空而非空，滅於有而非有。同樣，若就思維品質而論，雖然所闡述的諸法（一切現象）是有無相待，自非本原；生滅兩行，映空無主，皆是"緣起""性空"，有無並行不悖，相互依存，且統一於"一法"之中，故在思維運動中，"鑑明，則塵累不止而儀像可觀；觀深，則悟徹入微而名實俱玄"。所謂"鑑明"，亦即"智照"，智照的對象緣於世俗之儀像，却又超越於世俗之儀像，最終隨着認知的深化而達到"名實俱玄"的境界。但是，由"鑑明"入於"觀深"、由"儀像可觀"入於"悟徹入微"，發生於刹那之間，並無内在邏輯因果，現象與本體也無畛然界限，而是"名實俱玄"，渾融一體，這也正是藝術思維直覺觀照的基本特徵。

　　從佛教哲學上説，任何事物的意義均具有"俗諦"和"真諦"的雙重屬性。俗諦是對事物本質的主觀認知，真諦是對事物本體的終極體悟，二者究竟不同。但是，在現實認知中，二者又難以截然分割。如佛教所言的"四諦"——苦、集、滅、道，苦、集是對世間輪迴生死的本質認知，滅、道是對出世間涅槃之果的終極證悟。這四者同屬於

---

　　① 　[東晉]僧肇著、張春波校釋《肇論校釋》，中華書局二〇一〇年版，第一六一頁。

"諦"(真理),且對苦、集的本質認知,又是證悟滅、道的前提。可見俗諦與真諦既是遞進式的認知,也構成互證生生的關係。所以,慧遠也認爲,真俗二諦既具有差異性,也具有統一性,二者皆緣生於緣起之相。而對緣起之相本體意義的證悟,並非産生於邏輯判斷,而是産生於直覺判斷。其《〈大智論鈔〉序》又曰:"其爲要也,發軔中衢,啓惑智門,以無當爲實,無照爲宗。無當,則神凝於所趣;無照,則智寂於所行。寂以行智,則群邪革慮,是非息焉;神以凝趣,則二諦同軌,玄轍一焉。"從般若的立場而説性空,也就是中道理論。其核心包括兩個方面:緣起性空,雖是凝神觀照而無相;性空緣起,雖是智寂所行而無照。因寂而智照,則革除邪念,泯滅是非;凝神而觀空,則真諦與俗諦並行,所顯現之玄理則一致。這就與審美判斷構成了本質聯繫:在審美直覺過程中,既包含對事物本質的直覺判斷,也包含對終極真理的直覺判斷。如王之渙《登鸛雀樓》、蘇東坡《題西林壁》都具有這樣的特點,這又與"二諦同軌,玄轍一焉"——直覺俗諦中藴涵真諦,也具有同質性。在藝術精神上,可視爲對老子"滌除玄覽"(《老子》第十章)、莊子"朝徹而後能見獨"(《莊子·大宗師》)的别一解。

　　從認知規律上説,雖然由自相而認知本質,由共相而證悟本體,且在具體認知過程中,觸類多變,認知途徑並不一致,然而"緣起""性空"則是基本認知途徑。《心經》簡單地説概括爲色、空,慧遠則直接概括爲色、如。其《廬山出〈修行方便禪經〉統序》:"色不離如,如不離色。色不離如,色則是如。如不離色,如則是色。"其中"色"指一切萬物(現象),"如"指真實不變之本性(本體)。也就是説,現象不離本體,本體不離現象。從現象不離本體上説,一切現象皆藴含着本體;從本體不離現象上説,所有本體皆存在於現象之中。雖説現象與本體不可分割——"色不離如""如則是色",然而由色證如,仍然有一個思維過程,這就是在心物交會的刹那之間由現象而直擊本體。直覺認知,既是世俗認知世界的一種方法,也是佛教證悟真諦的不二法門,同時還是審美認知的基本規律。即使對佛教所描述的現象與本體的認知,也必須遵循這一規律。其《〈阿毗曇心〉序》曰:"心本明於三觀,則睹玄路之可遊。然後練神達思,水鏡六府,洗心净慧,擬迹聖門。尋相因之數,即有以悟無。推至當之極,動而入微矣。"内心一旦明了佛教法智、未知智及世俗等智的三種智慧,則可見心之所遊的真諦境界。然後澡雪精神,神思通達,六腑猶如水鏡;心靈澄澈,清净寂照,即行之於佛門。其中,推尋心物交會之次序,就可以"即有以悟無",因色而悟空;探究至極之心法,就可以"動而入微",因悟而入境。所謂"有"即佛經所描述之現象,"無"即佛經所揭示之本體。其中,"無"即是"至當之極"的終極證悟,推原這一終極證悟,則始於"動而入微"的本質認知。實際上藴涵了由有限直達無限的整個認知過程。後來蘇軾《送參寥師》曰:"欲令詩語妙,無厭空且静。静故了群動,空故納萬境。閲世走人間,觀身卧雲嶺。鹹酸雜衆好,中有至味永。"正是這種境界的詩化表達。在文學審美上説,"鹹酸雜衆"是現象,是有限;至味之"永",則是境界,是無限。這與慧遠所論參悟佛理的方法,與由世俗生活進入審美境界的途徑是基本一致的。"尋相因之數,即有以悟無",文學審美正是在心與物二維互動中,由有限而達到無限,從而妙達宇宙人生之"微"。

簡言之,慧遠以"緣起"和"性空"亦即現象與本體的二元互證作爲佛教哲學的基本觀照點,通過玄學思辨的認知路徑、二諦同軌的認知邏輯、色空一如的認知規律,深刻揭示了思維之象與客觀之象的統一與超越、主體認知與本體存在的並存與圓融、練達神思與動而入微的互動與升華,在論述佛教哲學的同時,也揭開了審美過程中直覺本體的基本特點。

(二) 專思與寂照:審美心理

佛教的直覺本體論以及對"二諦同軌,玄轍一焉"的深層揭示,在禪宗中又直接概括爲直覺頓悟説。直覺本體雖然在刹那間發生,但是却包含複雜的心理過程。禪宗雖然以達摩爲初祖,但是慧遠却是江左禪學之興的開風氣人物。其駐錫廬山,即倡導禪學。在東林寺落成之後,"復於寺内别置禪林,森樹煙凝,石筵苔合。凡在瞻履,皆神清而氣肅焉"①。所置禪林,起初雖然泛指寺僧修行的寺院,但是由於慧遠特别提倡"念佛三昧",其功能逐漸轉化爲類似後代之禪堂。在理論上,慧遠《〈念佛三昧詩集〉序》《廬山出〈修行方便禪經〉統序》《〈大智論鈔〉序》,不僅論述了禪智的心理生成、思維過程以及體證終極的思維特點,而且直接將其引入藝術領域,論述藝術思維的形象特點。

從心理生成上説,"專思寂想"是禪境生成的心理前提。禪即禪那,意譯爲思惟修。欲界之人欲離煩惱,藉助思維修行而得定;定即三昧,意謂心住一境而不散亂。簡言之,一心修行爲禪,一念静止爲定。慧遠將禪定簡化爲佛教徒易於把握的一種日常修行方式——"念佛三昧"。所謂念佛三昧,就是觀想念佛的一種禪定。念佛,一指内心觀想佛相莊嚴,二指外在稱念佛號聲聲。稱念與觀想自然融合,在醒夢、定等之際,皆念念不離佛陀,此又稱之爲"般舟三昧",東土稱禪爲"思惟修"。這種修行方式本質上就凸顯了"定"以"禪"爲心理生成之因、"禪"又以"修"爲心理生成之因的内在邏輯關聯。《〈念佛三昧詩集〉序》以"專思寂想"描述了禪定的心理生成。"夫稱三昧者何?專思寂想之謂也。思專,則志一不分;想寂,則氣虚神朗。氣虚,則智恬其照;神朗,則無幽不徹。斯二者,是自然之玄符,會一而致用也。是故靖恭閒宇,而感物通靈。御心惟正,動必入微。此假修以凝神,積習以移性,猶或若兹。"所謂"專思",就是一心修行;"寂想",就是一念静止。唯有擯除妄想,凝志一境,纔能進入"專思"——入禪;唯有入禪,纔能心氣澄澈、神明清朗,進入"想寂"——入定。因此,從思維

---

① ［梁］釋慧皎撰、湯用彤校注,湯一玄整理《高僧傳》卷六,中華書局一九九二年版,第二一二頁。

次序上説，“專思”是“寂想”的心理前提，二者在心理生成上具有因果關係。作爲一種修證的方法，慧遠又明確指出“假修以凝神，積功以移性”，即藉助自覺的修持而凝志一境，“靖恭閒宇”；積累修持的功德而超越世俗，“御心惟正”。“修”與“禪”、“禪”與“定”也同樣具有心理生成上的因果聯繫。

但是，從思維過程上説，禪與定並非綫型的因果存在，而又是互證生生。不僅“專思”是“寂想”的心理前提，“寂想”也昇華了“思專”的心理品質，二者因果同體，難以截然分割開來。故曰“斯二者，乃是自然之玄符”，皆得之於自然的玄妙關鍵，是自在之性的深層表徵。唯有二者圓融，纔能“感物通靈”“動必入微”，成爲證悟佛教真諦的心理前提。上文已論，禪學將“定”作爲“慧”産生的前提。定即禪定，亦謂之寂；慧即智照，簡稱曰照。在《廬山出〈修行方便禪經〉統序》中，慧遠又進一步深入論述了禪定過程中禪寂、智照的關係。“禪非智無以窮其寂，智非禪無以深其照。然則禪智之要，照寂之謂。其相濟也，照不離寂，寂不離照；感則俱遊，應必同趣；功玄在於用，交養於萬法。”寂與照，在思維生成上，互爲因果，相濟相生；在思維活動中，“俱遊”“同趣”，不可須臾分離。二者功用在於智照玄理，交相涵攝而生成於萬法。其思維特點是：“其妙物也，運群動以至一而不有，廓大象於未形而不無，無思無爲，而無不爲。是故洗心静亂者，以之研慮；悟徹入微者，以之窮神也。”寂照妙達物理，能運轉萬物，至於自然之性，故“不有”；空廓大象，却又恍惚無形，故“不無”——從思維表象上説，是非有非無。其“思”也，因寂而無思；其“照”也，因寂而無爲——從思維運動上説，是動静不二。所以澄心静思，回歸自性，進入研慮的思維狀態，纔能達到悟徹入微、窮神盡理的境界。

從思維境界上説，“闇蹈大方”就是以直覺判斷的形式達到體證真諦，是禪定的終極境界。智照同體，定慧一如，是“闇蹈大方”的具體內涵。上引所謂“感物通靈”“動必入微”，是“靖恭閒宇”“御心惟正”的思維結果，也是通向體證終極的一個重要的思維節點。《〈念佛三昧詩集〉序》又進一步描述曰："況乎尸居坐忘,冥懷至極,智落宇宙,而闇蹈大方者哉! 請言其始。菩薩初登道位,甫闚玄門,體寂無爲,而無弗爲。及其神變也,則令修短革常度,巨細互相違,三光迴景以移照,天地卷舒而入懷矣。"慧遠以莊子哲學"尸居坐忘"闡釋禪定的心理特點。所謂"尸居",即安居而無爲。《莊子·天運》曰:"然則人固有尸居而龍見,雷聲而淵默,發動如天地者乎?"成玄英疏:"言至人其處也若死尸之安居。""坐忘",即物我皆忘,與道合一。《莊子·大宗師》曰:"墮肢體,黜聰明,離形去智,同於大通,此謂坐忘。"成玄英疏:"既而枯木死灰,冥同大道,如此之益,謂之坐忘也。"①唯有經過無爲静寂的"尸居坐忘"的過程,達到至極的冥想境界,纔能智照宇宙之微妙,自覺踐行宇宙之大道。他還以菩薩初登道位、始窺佛門爲例,進一步説明,這種"尸居坐忘"也就是"體寂無爲,而無弗爲"。一旦進入"神變"境界,現實的時間和空間,就發生變化,修短革度,巨細相違,三光迴影移照,天地卷舒入懷。他還描述了"令入斯定"之後昭昭明明的人生境界:冥然忘智,緣物成鏡,内照其性,萬像交映而生於心,即便耳目不至,亦可因明性而聞見之。"於是睹夫淵凝虚鏡之體,則悟靈根湛一,清明自然。察夫玄音以叩心聽,則塵累每消,滯情融朗。"反觀乎深厚專一、澄澈空靈之體性,即覺悟慧根澄澈寂静,本性自然;叩聽心性之玄音,則可漸漸超越塵世之累,和融朗照滯塞之情。特别有意味的是,慧遠指出,以此定心而閲覽"三昧詩",就會頓悟在詩歌的山水之詠中包含深厚的佛理。

雖然"闇蹈大方"以直覺判斷爲思維特點,但是任何直覺判斷縱然是在刹那間完成,就其生成而言却仍然藴含着一個複雜的心理過程。其實,上文所引《〈大智論鈔〉序》,由"生途""變化"云云的世間現象而進入禪智觀照的"非有非無"以及至於"悟徹入微,以之窮神"的

---

① ［清］郭慶藩《莊子集釋》,《諸子集成》第四册,岳麓書社一九九六年版,第二五一、一三八頁。

境界，就包含一個複雜的思維過程。其《〈大智論鈔〉序》曰："於是乃即之以成觀，反鑑以求宗。鑑明，則塵累不止而儀像可睹；觀深，則悟徹入微而名實俱玄。將尋其要，必先於此，然後非有非無之談，方可得而言。"所謂"即之成觀"，指主體觀照乃產生於世間的生滅現象，"反鑑求宗"，即反視由觀照對象所產生的思維表象而追尋其根本。其思維的運動邏輯是："成觀"→"鑑明"，"反鑑"→"觀深"；思維的表象形態是"儀像可睹"→"名實俱玄"。也就是説，主體觀照既是一個逐步深化的過程，也是一個逐漸超越現象而洞悉本質的過程。在這一過程中，思維表象由現實物象轉化爲心理意象，一旦隨着觀照深入，覺悟透徹而體證微妙，則概念、物象俱空，纔真正進入寂照的境界，亦即非有非無的境界。《萬佛影銘》序所云："靜慮閒夜，理契其心，爾乃恩霑九澤之惠，三復無緣之慈。妙尋法身之應，以神不言之化。化不以方，唯其所感；慈不以緣，冥懷自得。"則可以看成是禪智、寂照關係的一條實證。一言以蔽之，一切直覺判斷皆源生於不斷理性思考的積澱。當理性思考積累到一定"量變"時，方可產生直覺判斷的"質變"。所以《〈大智論鈔〉序》又曰："雖弗獲與若人並世，叩津問道，至於研味之際，未嘗不一章三復，欣於有遇。其中可以開蒙朗照，水鏡萬法，固非常智之所辨。"這種"開蒙朗照，水鏡萬法"的"非常智之所辨"的直覺證悟，是在經歷"研味之際，未嘗不一章三復"的積澱之後，於刹那之間"欣於有遇"而證悟終極。

簡要地概括，禪境經歷"定→照→智"的複雜心理過程。其中，"定"是禪境的心理生成，"照"是禪境的心理觀照，"智"是禪境的直覺判斷。禪學經過兜兜轉轉的複雜心理過程，最後仍然復歸於"緣起→性空"的佛教本體哲學。無論從色空的本體哲學上説，還是從寂照的禪觀過程上説，都是以直覺判斷爲思維形式，以證悟真諦爲終極目的。這種禪境心理與審美心理具有直接的同質性。

就心理過程而言，《〈念佛三昧詩集〉序》所描述的禪境心理也正是審美心理。《念佛三昧詩集》雖然散佚，從詩集名稱以及慧遠序文看，這是我國第一部存目的佛理詩集。而《〈念佛三昧詩集〉序》也是將佛教與文學正式結緣的第一篇文章，因此其詩學意義十分重要。如果從邏輯思辨的角度考察，慧遠所論佛教三昧的修持，經歷三個階段，達到一種"至妙"的"神變"的境界。第一階段是"假修以凝神"，藉修持而定心性，其修持方法是"靖恭閒守""御心惟正"，即閒靜恭敬，虔心向佛。第二階段是"積功以移性"，運用修持之功，移易世俗之性，從而進入"專思寂想"，即擯除妄想，用志專一。第三階段是"緣以成鑒，明則內照"，在"冥懷至極"而"入定"後，便"昧然忘知"，進入反觀自性，內照其心。這是修持的最高階段，也是修持由量變到質變的階段。在這個階段中，不僅可以叩聽心性而察玄妙之音，消除塵俗之累，融朗壅滯之情，使靈根心性進入昭昭明明的境界。最爲重要的是，這種境界是"交映而萬像生焉"，一念不生而萬法具有；"非耳目之所至，而聞見行焉"，由有限而達到無限；"智落宇宙，而闇蹈大方"，由直覺而直達大道；最終，"令脩短革常度，巨細互相違。三光迴景以移照，天地卷舒而入懷"，可以逆轉時空，胸納天地之萬境。——這就是"至妙"的"神變"的三昧境界。慧遠所論之三昧修持的三個階段，也正是在文學審美中由現實世界進入審美世界的過程。他所描述的修持最高境界的特徵，就是一種文學審美境界的特徵。此外，上文所引《〈大智論鈔〉序》也有兩點與審美直覺的心理現象構成本質聯繫：一是在審美發生時勃然而"興"的心理之象，緣起客觀物象而又非真實存在的物象，與所謂"無當，則神凝於所趣"具有同質性；二是觀照感興的心理之象，雖是"思接千載"，却生於"寂然凝慮"，與所謂"無照，則智寂於所行"具有同質性。

　　就體證終極而言，禪寂與智照的辯證關係，同作家創作的審美心理也本質相同。探討現象的本體意義，是先哲的永恒追求。不唯老莊探索宇宙現象之後"道"的本體，即便聖人作《易》，其目的也在於

“窮理盡性，以至於命”(《説卦》)①。但是一切本體追尋都無法脱離客觀現象，即所謂“即之成觀”。《周易》以卦象爲載體，卦象以乾坤爲核心，雖也變化莫測，但是從卦象生成本原上説，“在天成象，在地成形，變化見矣”，“聖人有以見天下之賾，而擬諸形容，象其物宜，是故謂之象”(《繫辭上》)②。現象→卦象→本體，是《周易》的基本生成鏈條。然而，由現象到卦象之間，還存在一個特殊的心理鏈條，即卦象生成的心理條件。實際上從現象存在到本體呈示，必須經歷“虚壹而静”(《荀子·解蔽》)、“滌除玄覽”(《老子》第十章)的觀照過程，也就是佛教所言之“寂照”，纔能證悟本體，莊子直接簡化爲“朝徹而後能見獨”(《莊子·大宗師》)。在文學審美過程中，“氣之動物，物之感人”(鍾嶸《詩品序》)是審美發生的初始狀態，再經過“收視反聽，耽思傍訊，精騖八極，心遊萬仞”(陸機《文賦》)的心理過程，即所謂“反鑑”“觀深”，就形成了“前文本意象”，一旦形諸文本，超越具體物象而呈現出對宇宙人生的終極關懷，這就是境界。與佛教在寂照中證悟究竟本體具有同質性。

　　需要補充説明的是，慧遠論三昧修持的過程與境界，基本上是以道家的概念範疇闡釋佛教。如以《老子》第三七章“道常無爲而無不爲”論述“菩薩初登道位，甫闚玄門”的修持方法，等等，既體現了佛教早期傳入中國之後，借助“格義”，自覺接受中國傳統文化的改造而逐漸深入人心，也標志着隨着佛教的興盛，東晉佛教僧侣與文人清談交遊的深入，佛與道在思想上呈現出進一步融合的趨勢。這不僅對文人思想行爲産生了重要影響，也影響了文學的審美品質。

　　綜上所論，慧遠以“專思”“寂照”論述禪境的生成，無論從思維境界、思維特點以及心理過程而言，都與審美心理構成直接聯繫。到了唐代，隨着禪學宗派的勃興，禪學詩學成爲傳統詩學、後來也成爲現

① 　[魏]王弼、[晉]韓康伯注《周易王韓注》，岳麓書社一九九三年版，第二二三頁。
② 　[魏]王弼、[晉]韓康伯注《周易王韓注》，岳麓書社一九九三年版，第二〇〇頁。

代詩學的重要研究對象。然而,究其源頭則以慧遠禪學美學導夫先路。

(三) 擬象與儀形:審美表達

擬象以寄托義理,是佛經的基本表達方式,也是與中國傳統所論之"象意"聯繫最爲緊密的美學範疇。慧遠《〈阿毗曇心〉序》主要論述佛經翻譯,一方面因爲梵音特別注意經、偈的音樂性,且偈的本身就是以詩的形式表達經的内容;另一方面佛經翻譯本身就是梵漢轉换的再度創作,如何運用優美的形式準確翻譯佛經典籍,實際上也是藝術表達問題。佛經對中國文學審美表達的影響,除了佛經不同於中國傳統典籍的想落天外的藝術書寫之外,主要源於中土高僧對於漢譯佛經美學特點的抽象以及有關佛教題材的再度創作。如果説《〈阿毗曇心〉序》是對漢譯佛經美學特點的抽象,那麽《萬佛影銘》《襄陽丈六金像頌》則是有關佛教題材的文學創作。二者皆涉及審美表達的特點、邏輯及原則等重要美學問題。

先論擬象天樂、儀形群品的表達特點。慧遠《〈阿毗曇心〉序》論述其經之特點曰:"《阿毗曇心》者,三藏之要頌,詠歌之微言。……其頌聲也,擬象天樂,若雲籥自發,儀形群品,觸物有寄。若乃一吟一詠,狀鳥步獸行也;一弄一引,類乎物情也。情與類遷,則聲隨九變而成歌;氣與數合,則音協律吕而俱作。拊之金石,則百獸率舞;奏之管弦,則人神同感。斯乃窮音聲之妙會,極自然之衆趣,不可勝言者矣。"此乃完全從音樂性上論述《阿毗曇心論》的審美表達特點。從音聲呈現的審美品質上説,"擬象天樂,若雲籥自發",所模擬之象得之天籟,發乎自然。從音聲表達的藝術構成上説,"儀形群品,觸物有寄",既儀形萬物之相——"一吟一詠,狀鳥步獸行",又因物而寄意——"一弄一引,類乎物情"。從音聲組合的審美形式上説,"情與類遷,則聲隨九變而成歌;氣與數合,則音協律吕而俱作",即情志隨物而遷變,聲氣與節奏契合。從音聲表達的美感效果上説,"拊之金石，則百獸率舞；奏之管弦，則人神同感”，具有動萬物、感人神的藝術力量。最後從“音聲”和“衆趣”兩個方面概括其整體審美特點是“窮音聲之妙會，極自然之衆趣”，即音聲交會，窮乎其妙；擬象自然，極盡意趣。由此可以推測，由慧遠所發明的“宣唱法理，開導衆心”[①]的唱導法，必然受到《阿毗曇心論》譯本音樂之美的啓發。

慧遠描述《阿毗曇心論》審美表達特點所涉及頌聲與自然、儀形與物情、聲歌與情志、氣數與律吕的幾組關係，已經深刻揭示了文學審美表達的諸多方面。對於“百獸率舞”“人神同感”美感力量的誇飾性表達，也正是中國傳統文學審美追求的藝術目標。尤其是“自然衆趣”説，也可視之爲對《廬山諸道人遊石門詩》序“神趣”説審美内涵的補充。所不同的，後者是由山川物色所得之“趣”，前者則是由佛經音聲之美所得之“趣”。這種系統闡釋佛教文本的音樂性，在理論上則得風氣之先。

再論弘内明外、由根尋條的表達邏輯。在論《阿毗曇心論》藝術表達特點時，慧遠又曰：“又其爲經，標偈以立本，述本以廣義；先弘内以明外，譬由根而尋條。可謂美發於中，暢於四枝者也。發中之道，要有三焉：一謂顯法相以明本；二謂定己性於自然；三謂心法之生，必俱遊而同感。俱遊必同於感，則照數會之相因。己性定於自然，則達至當之有極。法相顯於真境，則知迷情之可反；心本明於三觀，則睹玄路之可遊。”《阿毗曇心論》闡釋經文的基本方式是以偈頌揭示主旨，闡釋内涵，採取弘内以明外、因根而尋條的表達邏輯，達到“美發於中，暢於四枝”的審美效果。慧遠還具體論其“述本以廣義”表達邏輯的三種呈現方式：“顯法相以明本”；“定己性於自然”；“心法之生，必俱遊而同感”。

從美學眼光看，第一，“顯法相以明本”，即以現象彰顯本體。佛

① ［梁］釋慧皎撰、湯用彤校注，湯一玄整理《高僧傳》卷一三，中華書局一九九二年版，第五二一頁。

教之"法相"是指諸法顯現於外的不同形狀，類似於《周易》所言之"象"。因此"法相"與"本"的關係就是物象與意蘊、現象與本質的關係，與魏晉以來的象意之辨在理論内涵上具有一致性。而"法相顯於真境，則知迷情之可反"，則又包孕客觀物境所呈現的真理境界對於主體情志的潛移默化，揭示了真理境界與主觀認知的逆向互動的關係。第二，"定己性於自然"，即確立物之自性生乎自然。佛教之"性"是指天然之本心，天然之本心定於諸法的自然之"相"。這就揭示了象（相）生自然對於心性（己性）的内在規定性，故曰"己性定於自然，則達至當之有極"，一旦明瞭物性生乎自然，也就達到至寂的境界。強調天然之本心而達乎至寂，與《莊子・馬蹄》"同乎無欲"而"民性得"、《禮記・樂記》"人生而静，天之性也"的傳統心性論是基本一致的，這也是進入審美境界的前提與條件。另外，在審美過程中，雖然思維的基本特徵是"精鶩八極，心游萬仞"（陸機《文賦》），具有廣袤性，但是審美的發生則是由具體物象引起，即傳統所言的"感興"。這一具體物象對於主體之"感"同樣具有客觀規定性。第三，佛教"心法"是指一切無形的精神，"心法之生，必俱遊而同感"，即在心與象遊的過程中所產生的直覺感悟。但這種感悟並非一次性完成，"俱遊必同於感，則照數會之相因"，是在二元互動、循環往復中不斷深化。這與美學所論的心與物遊而產生"感興"的思維規律，有明顯的同質性。雖然在審美過程中，具體事物對於心的活動具有客觀的規定性，心與物遊也具有同步的生命律動，但是心對物色之美的感受，對物象之境的體悟，是在"數會之相因"的過程中纔能完成。如果説從"顯法相"到"定己性"，再到"心法之生"，是思維的生成邏輯，那麽"先弘内以明外，譬由根而尋條"，則是文本表達的基本邏輯。

　　復論神道無方、觸像而寄的表達原則。語言、形象與意義的關係，不僅是道家關注的對象，也是佛教關注的對象。一方面語言、形象表達的有限與意義存在的無限，即佛教所言"至理無言，玄致幽寂"（《高僧傳・義解》）；另一方面任何意義的表達又必須以語言、形象爲載體，所以佛教所言"借微言以津道，託形傳真"（《高僧傳·義解》）①。但是佛教亦如道家，皆強調二者之間工具與目的的關係。所以説"將令乘蹄以得兔，藉指以知月。知月則廢指，得兔則忘蹄"，最終進入"窮達幽旨，妙得言外"（《高僧傳·義解》）②的境界。慧遠所論亦如經旨。其《萬佛影銘》序曰："妙尋法身之應，以神不言之化。化不以方，唯其所感；慈不以緣，冥懷自得。……妙物之談，功盡於此。將欲擬夫幽極，以言其道，髣髴存焉，而不可論。"強調法身的不言之化，受教主體的冥懷自得，若揣度幽深至理，以論其道，只是依稀存在而難以證實。但是，"理玄於萬化之表，數絶乎無形無名者也。若乃語其筌寄，則道無不在。是故如來或晦先迹以崇基，或顯生途而定體。或獨發於莫尋之境，或相待於既有之場。獨發類乎形，相待類乎影"。從表達上説，雖然理玄物外，法數無形無名，但是"語其筌寄，則道無不在"。唯因如此，如來或隱其成佛之迹而崇其大法，或顯現世俗生死而確立真俗二諦之界限。或於色空之境獨顯其佛教真諦，或在名相之場闡釋其相對之理。"莫尋之境"與"既有之場"構成相生相成的辯證關係。——佛影既可顯現佛教真諦，也可寄托相待之理。這種指月筌寄的關係，可以簡約概括爲"神道無方，觸像而寄"，這也正是鎸刻佛影的意義之所在。所以在《萬佛影銘》中，一方面強調"廓矣大象，理玄無名。體神入化，落影離形"（其一），另一方面又凸顯"淡虚寫容，拂空傳像"所具有的"留音停岫，津悟冥賞。撫之有會，功弗由曩"（其二）的教化意義。

　　慧遠描述《阿毗曇心論》的音樂特點、《萬佛影銘》序所蘊含的象（像）意關係，實際上並非對象自身所具有的審美品質，而是藉助中國傳統哲學或美學觀念，以主觀誇飾的手段，表達主體的審美觀念。其

---

　　①　［梁］釋慧皎撰、湯用彤校注，湯一玄整理《高僧傳》卷八，中華書局一九九二年版，第三四二、三四三頁。

　　②　［梁］釋慧皎撰、湯用彤校注，湯一玄整理《高僧傳》卷八，中華書局一九九二年版，第三四三頁。

中"美發於中,暢於四肢"源於《周易·坤》,"拊之金石,則百獸率舞"出自《尚書·舜典》,"人神同感"化用於《詩大序》,等等,尤其以"擬象天樂"概括《阿毗曇心論》的音樂審美特點,更是以莊學改造佛學,具有更爲豐富的美學内涵。所謂"天樂",從佛教上説,本指天伎樂,是四王諸天供養佛祖的一種虔誠儀式,但是慧遠所言乃出自《莊子·天道》:"以虚静推於天地,通於萬物,此之謂天樂。天樂者,聖人之心,以畜天下也。"成玄英疏曰:"所以一心定而萬物服者,只言用虚静之智,推尋二儀之理,通達萬物之情,隨物變轉而未嘗不適,故謂之天樂也。夫聖人之所以降迹同凡,合天地之至樂者,方欲畜養蒼生,亭毒群品也。"①莊子所説的天樂"仰合自然,方欣天道",是"道"的外在呈現;"覆載天地刻雕衆形而不爲巧",是自然的外在呈現;"畜養蒼生,亭毒群品",又是聖人以平等心化育衆生的外在呈現。慧遠所描述的《阿毗曇心論》的音樂特點簡直就是莊子天樂論的佛教版闡釋。

　　最後要補充説明的是:在文體理論上,慧遠《〈大智論鈔〉序》詳細論述了"論"體的審美特徵:"位始無方""觸類多變"。具體説來,或以遠理而引發興感,或以近習以闡述深微,或殊途歸於一法,或百慮寓於一相。博引衆經,暢發音義,使文辭富贍而具有弘闊之美。在文學創作上,慧遠《廬山諸道人遊石門詩序》《萬佛影銘並序》《廬山東林寺雜詩》等作品,拓展了支遁所發軔的"佛教山水"美學,以佛教的情懷圓照山水與藝術。在中國佛教美學史上,第一次提出了以"神趣"説爲核心,以"神""興""情""理""麗""趣""味""境"爲構成要素的系列美學範疇,從而使佛理與審美圓融泯合。慧遠美學思想的形成標志着中國佛教美學逐漸趨於成熟,並進一步影響了中國山水美學的基本品格。這個問題筆者有專門論述②,不再詳論。

---

　　① ［清］郭慶藩《莊子集釋》,《諸子集成》第四册,岳麓書社一九九六年版,第二二二至二二三頁。

　　② 參見劉運好《論慧遠之"神趣"説》,《文學遺産》二〇一二年第六期;《廬山慧遠文學創作考論》,《文學遺産》二〇二三年第五期。

結語：慧遠之影響

在佛教宗派影響上，慧遠開創了凈土一宗。元興元年（四〇二）七月，慧遠率領廬山僧團一百二十三人，於阿彌陀像前，悉以香華敬薦，並發誓棲心佛門，期生凈土，在後世被視爲凈土宗初祖，產生了深遠影響。另外，他與乃師道安都是具有大儒風範的僧人。遁世遺榮之情懷、嚴肅高抗之風格以及勤勉好學之精神，使其在後代士人中也產生了深遠影響。錢謙益《遠法師書論序讚》曰：“孟子曰：‘孔子成《春秋》，而亂臣賊子懼。’千秋而下，習樓煩之春秋，有不骨寒而魄褫者鮮矣！……吾聞遠公講《喪服》於雷次宗，授《詩》義於周續之，夷考斯論，筆削在茲。誅僭逆以大義，彰報應于微詞。蓋經來以後，竺墳、魯誥、典要，咸總萃於斯。吾將祀諸瞽宗，奉爲儒林之大師，不亦宜乎？”[①]

在佛經傳播影響上，慧遠主持了大量經籍翻譯。在山三十餘年，他不僅派弟子支法凈、支法領等遠涉西域，取回諸多梵文經卷，後來佛馱跋陀羅在建康所翻譯的《華嚴經》，即是二人所取回之經卷。慧遠還另設般若臺翻譯佛教經典，而且“廣善援能，務在弘法。每聞僧徒至自西域，必皆委曲諮訪理味”[②]。他邀請來到潯陽的僧伽提婆重譯《阿毗曇心論》及《三法度論》，親作《〈阿毗曇心〉序》和《〈三法度論〉序》，揭示佛理綱要，“於是二學乃興，並製序標宗，貽於學者”[③]；致書通好北方的鳩摩羅什法師，自此“南北千里，書問不絕”[④]；懇請曇摩流支在關中續譯《十誦律》；迎佛馱跋陀羅與其徒衆至廬山，並派弟子曇邕致書秦王姚興及關中衆僧，爲其“解其擯事”。佛馱跋陀羅在廬山

---

① ［清］錢謙益著，［清］錢曾箋注，錢仲聯標校《牧齋有學集》卷四二，上海古籍出版社一九九六年版，第一四二八至一四二九頁。

②④ ［宋］戒珠《凈土往生傳》卷一，《大正藏》第五一冊，第一一〇頁。

③ ［梁］釋慧皎撰，湯用彤校注，湯一玄整理《高僧傳》卷六，中華書局一九九二年版，第二一六頁。

譯出《達摩多羅禪經》(即《修行方便禪經》)二卷,使禪法在江東一帶得到系統地傳授;後又至揚州與法業等譯出《大方廣佛華嚴經》。"葱外妙典,關中勝説,所以來集兹土者,皆遠之力也"①。此外,慧遠曾製作唱導法,將梵唄之音轉化爲具有中土音樂特徵的講經方式,廣爲後世採用。這就使枯燥的佛經宣講具有審美性,直接推動了南方佛教的大衆性傳播。

在山水佛教影響上,慧遠推進了山水佛教。蕭弛認爲:"慧遠的'山水佛教'在藝文領域開花結果,得利於兩位世俗弟子:一是畫家宗炳,另一則是詩人謝靈運。"②從《畫山水序》"余眷戀廬衡……愧不能凝氣怡身,傷跕石門之流。於是畫象布色,構兹雲嶺"③看,宗炳因爲遺憾於未能與慧遠同遊石門,故以"畫象布色,構兹雲嶺"表現石門山水之美,在創作旨趣上有意識地追蹤慧遠。因此,文章所揭示的"含道應物""澄懷味象"的審美心理與直覺觀照的關係,"至於山水,質有而趣靈"的山水之形與神靈意趣的關係,"神本亡端,棲形感類,理入影迹,誠能妙寫"的神與形、影與理的關係,"萬趣融其神思"的神思與趣味的關係,以及"暢神"之説,都與慧遠"神趣"説直接關係。謝靈運《山居賦序》自覺地區分巖棲、山居、丘園、城傍之別,似乎有意突出山居巖棲的孤清夐絶之境與丘園城傍的金谷、蘭亭別業之景的不同,隱約地呈現出與"懸瀨險峻,人獸迹絶,徑回曲阜,路阻行難,故罕經焉"的石門之境具有同樣的佛教審美境界。靈運賦中"欽鹿野之華苑,羡靈鷲之名山。企堅固之貞林,希庵羅之芳園。雖綷容之緬邈,謂哀音之恒存",由山居之景而遥想天竺佛境,顯然與慧遠"應深悟遠"而慨嘆"靈鷲邈矣"淵源相連。特別是"選自然之神麗,盡高棲之意得",

①　[梁]釋僧祐撰,蘇晉仁、蕭鍊子點校《出三藏記集》卷一五,中華書局一九九五年版,第五六八頁。

②　蕭弛《佛法與詩境》,中華書局二〇〇五年版,第五五頁。

③　[南朝宋]宗炳《畫山水序》,見嚴可均輯,苑育新審訂《全宋文》,商務印書館一九九九年版,第一九一頁。

“考封域之靈異，實兹境之最然”，“乘此心之一豪，濟彼生之萬理”，在自然之“神麗”中，因象而得意，因境而悟空，則是對慧遠“神趣”説的另一藝術闡釋。由此也可見慧遠“神趣”對山水藝術的影響之一斑。

最後要説明的是，本書由亳州學院李山嶺副教授協助我完成。其中全書校勘、“正編”注釋及資料整理由李山嶺與我合作完成，其餘均由我獨立完成，文責應由我負。

本書發揮了訓詁與章句結合的傳統注疏模式，將文本校注與義理研究融爲一體，力圖將複雜的佛教義理闡釋得清晰明瞭，再以“前言”和“年譜”宏觀勾勒慧遠的生平、行迹、思想及其佛教美學，既爲文史研究者提供一種思考路徑，也爲佛教愛好者掃清閱讀障礙。然而由於筆者佛學修養、學問根柢淺薄，謬誤在所難免，祈請讀者方家不吝賜教。若然，則不勝感激涕零之至。

劉運好
二〇二三年六月改定於江城天地齋

凡　例

　　本書除前言、凡例外，分爲正編、續編、附編三部分。正編收録
《廬山慧遠法師文鈔》（下簡稱《文鈔》）；續編收録《大乘大義章》及《文
鈔》失收之慧遠佚文；附編收録傳記資料、碑銘誄讚、書記跋序、論議
題詠、著作存目、年譜辨正以及校勘引用書目。

　　本書校釋、義疏主要針對《文鈔》《大乘大義章》兩大部分。具體
説明如下：

　　一、正編文集編目，參照《文鈔》，略加調整。按照論、序、記、銘
頌讚、詩偈、書之文體次序編排，《文鈔》“書”的部分按照問答順序排
列，今調整爲先録慧遠文，他人之問或答文附録其後，所附書信校而
不釋。續編《大乘大義章》編目，參照《卍續藏經》、邱檗校訂《遠什大
乘要義問答》及日本木村英一編《慧遠研究・遺文編》之次序。

　　二、本書校釋、義疏分爲五個部分：題解、正文、校勘、注釋、義
疏。另有部分篇目列有附録。

　　（一）題解。主要闡述文本生成背景，勾稽文本生成本事，考定
其編年。《大乘大義章》則唯有總的題解，具體分章不另列題解。

　　（二）校勘。（1）文集校勘以《文鈔》爲底本，主要勘校以下典籍：
《高僧傳》，《出三藏記集》，《弘明集》，《廣弘明集》，《歷代三寶紀》，《大
唐内典録》，《法苑珠林》，《佛祖統紀》，《釋氏要覽》，《樂邦文類》，《廬
山志》（宋陳舜俞），《釋文紀》（明梅鼎祚輯），《詩紀》（明馮惟訥輯），
《全晉文》（清嚴可均輯），《全晉詩》（丁福保輯）及僧懺輯《慧遠大師
集》、張景崗點校《廬山慧遠大師文集》、華梵佛學研究所編《慧遠大師

文集》、日本木村英一編《慧遠研究・遺文篇》等今人整理本。(2)《大乘大義章》校勘以《卍續藏經》之《大乘大義章》爲底本,主要勘校以下版本:邱檗校訂《遠什大乘要義問答》、陳揚炯著《大乘大義章》(選譯)、張景崗點校《廬山慧遠大師文集》、釋聖賢編《慧遠文集》(内部刊印本)。

（三）注釋。以意群爲單位,因爲佛教典籍意義較難索解,尤其是《大乘大義章》,因具有尺牘性質,對話産生於特定語境,語義省略、跳躍比比皆是,故具體注釋不避細文周納,佛教概念、典故、典籍、人物、流派以及一般名物史乘、文字訓詁等,均詳加注釋,稽引史料、文獻、佛教辭典、古代字書等,使釋義既言必有據,可斟酌對照,亦斷以己説,一目瞭然。對於疑難文句,一律加以句意闡釋,庶幾語意明瞭。

（四）義疏。以篇章爲單位,以段落爲層次,具體義疏除了少數文學作品兼顧審美藝術之外,着重闡釋其佛教義理及其論述邏輯層次。

（五）附録。輯録與正文相關的歷史文獻。包括文本産生、詩偈應和以及書信問答相關之背景材料,爲理解正文内容提供關鑰。

本書與一般古籍校釋的最大不同點,乃在將“校釋”與“研究”融貫,尤其表現在專設“義疏”體例上。雖然這一體例古已有之,然疏解内容筆者用力頗多,力求爲哲學史、佛教史以及文化史研究者,提供可資參考的隅照之見;也試圖爲一般文史工作者、大學文科生以及佛學愛好者,提供一種庶幾“無障礙閱讀”文本。本書不唯提供一部關於慧遠研究的可靠文本,還附録與文本相關的文獻,以資對照參考,省却讀者翻檢之勞。

【 正編 】

論

沙門不敬王者論 五篇并序[一][1]

【題解】

佛教自東漢傳入中國，至兩晉而勃興。作爲外來文化，雖也努力適應本土文化，如以本土方術比附佛教，以格義翻譯佛經等，但畢竟二者屬於不同文化體系，難免發生文明衝突。本文所涉及的方内和方外、求宗與順化、體極與兼應以及形盡與神存等問題，都是當時朝野、道俗爭論激烈的問題。其核心在於佛教自稱方外，成爲皇權難以約束的真空，直接形成對政治倫理的挑戰。於是，沙門是否禮拜君王，成爲這一問題的導火索。東晉成帝時，庾冰、何充輔政。庾冰尊崇儒學，排斥佛教，於是代晉成帝發布詔書，聲稱禮敬體制爲治國之綱，爲維護名教與朝廷典制，僧侶必須跪拜君王。何充則崇信佛教，上書反對庾冰代擬的詔令，認爲雖然儒、佛禮儀不同，但佛門弟子敬重君王，尊崇王權，且弘揚佛法有利於教化百姓、鞏固王權。朝中多數大臣附議何論，最終"庾冰議寝，竟不施敬"。至安帝時，桓玄總攬朝政，重提庾冰之議，於元興二年（四〇三）頒布政令，强制沙門弟子跪拜王者。針對桓玄所頒布的政令，慧遠除了《答桓玄書》系列之外，另作此文，從理論上全面闡釋佛教不敬王者之由。

據論文末云"晉元興三年"，可知本論完成於公元四〇四年。元興元年（四〇二），桓玄致書"八座"，重議沙門禮敬王者；元興二年十二月三日，桓玄下《許沙門不致禮詔》，"禮敬"之爭結束（參閱《答桓玄書》附録）。此後雖仍有爭議，僅爲餘波流沫而已。從具體内容看，此組論文并非一時之作，或始於元興元年，完成於元興三年。華梵佛學研究所編《慧遠大師文集》作元興三年，乃論文完成時間。

　　晉成、康之世，車騎將軍庾冰，疑諸沙門抗禮萬乘[2]。所明理，何驃騎有答[3]。至元興中，太尉桓公，亦同此義，謂庾言之未盡[4]。《與八座書》[二]云[5]：“佛之爲化，雖誕以茫浩，推乎視聽之外[6]。以敬爲本，此出處不異[7]。蓋所期者殊，非敬恭宜廢也[8]。《老子》同王侯於三大，原其所重，皆在於資生通運[9]。豈獨以聖人在位，而比稱二儀哉[10]？將以天地之大德曰生，通生理物，存乎王者，故尊其神器，而禮[三]寔惟隆[11]。豈是虛相崇重，義存君[四]御而已哉[12]？沙門之所以生，生資國存[五]，亦日用於理命[13]。豈有受其德而遺其禮，沾其惠而廢其敬哉[14]？”

【校勘】

　　〔一〕《文鈔》校曰：“《弘明集》卷五，又略見《高僧傳》卷六。”此文亦見《集沙門不應拜俗等事》卷二，然“序”文字簡略。

　　〔二〕“與八座書”，卍正藏本《弘明集》卷一二作《與八座論沙門敬事書》。《釋文紀》卷四作《與八座桓謙等論沙門應致敬事書》，並注云：“元興中，玄爲太尉，以震主之威，欲令道人設拜於己，因陳何、庾舊事，謂理未盡，故與八座等書，八座桓謙等答。”

　　〔三〕“禮”，《文鈔》、四部叢刊本《弘明集》作“體”，當形近而誤。《文鈔》校曰：“《與八座書》中作‘禮’。”卍正藏本《弘明集》卷五、《釋文紀》卷四作“禮”，今據改。

　　〔四〕“君”，《文鈔》、《釋文紀》卷八作“弘”，語意扞格。《文鈔》校曰：“《與八座書》中作‘君’。”卍正藏本《弘明集》卷五、《釋文紀》卷四皆作“君”，故據改。

　　〔五〕“所以生，生資國存”，卍正藏本《弘明集》卷五作“所以生，生國存”，《慧遠研究·遺文篇》作“所以生國存”。《文鈔》校曰：“《與八座書》中作‘所以生，生資存’，無‘國’字。”當據改。

【注釋】

[1] 沙門:亦作桑門,梵語音譯,意譯勤息。乃對剃除鬚髮、止息諸惡、善調身心、勤行諸善,旨在出離生死、期許行趣涅槃的出家者的統稱。《俱舍論》卷二四:"論曰:諸無漏道,是沙門性;懷此道者,名曰沙門,以能勤勞、息煩惱故。如契經説:以能勤勞,息除種種惡、不善法,廣説乃至,故名沙門。"

[2] 成、康之世:晉成帝司馬衍、康帝司馬岳在位時期。成帝司馬衍(三二一至三四二),明帝司馬紹長子。五歲即位,二十二歲去世,在位十七年,即公元三二六至三四二年,年號咸和、咸康。康帝司馬岳(三二二至三四四),成帝司馬衍之弟,在位二年,即三四三至三四四年。庾冰:字季堅,鄢陵人,驃騎大將軍庾琛之子,司空庾亮之弟。以雅素爲時論所重,王導請爲司徒左長史,出補吳國内史。蘇峻之亂後,拜振威將軍、會稽内史。咸康五年(三三九),丞相王導逝世,庾冰入朝任中書監、揚州刺史、都督揚豫兗三州軍事、征虜將軍,代王導輔政。康帝即位,進車騎將軍,出爲江州刺史。卒諡忠成。疑諸沙門抗禮萬乘:指庾冰懷疑沙門與帝王分庭抗禮,故作《代晉成帝沙門不應盡敬詔》《重代晉成帝沙門不應盡敬詔》,強調沙門應敬帝王。抗禮,古作"伉禮",謂行對等之禮。《莊子・漁父》:"萬乘之主,千乘之君,見夫子未嘗不分庭伉禮。"後作"抗禮"。《史記・荆軻傳》:"舉坐客皆驚,下與抗禮,以爲上客。"萬乘,指天子。周制,天子地方千里,兵車萬乘,諸侯地方百里,兵車千乘。《孟子・梁惠王上》:"萬乘之國,弒其君者,必千乘之家。"漢趙岐注:"萬乘,兵車萬乘,謂天子也。"

[3] 所明理:指庾冰《代晉成帝沙門不應盡敬詔》《重代晉成帝沙門不應盡敬詔》所闡釋之理。何驃騎有答:指何充等《奏沙門不應盡敬表》《重奏沙門不應盡敬表》回答庾冰代詔。《釋文紀》卷三《奏沙門不應盡敬表》注曰:"晉咸康六年,成帝幼冲,庾冰輔政,謂沙門應盡敬王者。尚書令何充等議不應敬,下禮官詳議,博士議與充同。門下承冰旨爲駁。充及僕射褚翊、諸葛恢,尚書馮懷、謝廣等重奏。於時冰

議寢，竟不施敬。"何驃騎，即何充，曾官拜驃騎將軍，故稱。《晉陽秋》："何充字次道，廬江人，思韻淹通，有文義才情。累遷會稽内史、侍中、驃騎將軍、揚州刺史，贈司徒。……性好佛道，崇修佛寺，供給沙門以百數。"

[4] 元興：晉安帝司馬德宗年號，公元四〇二至四〇四年。桓公：指桓玄，字敬道，一名靈寶，譙國龍亢縣（今安徽省懷遠縣）人，東晉大司馬桓温之子。太尉桓公，亦同此義，謂庾言之未盡：謂太尉桓玄亦贊同庾冰沙門應敬王者之義，然而認爲庾冰之言意猶未盡。其《與八座論沙門敬事書》曰："舊諸沙門皆不敬王者，何、庾雖已論之而并率所見，未是以理屈也。庾意在尊主，而理據未盡。"蓋指此也。

[5] 八座：古代中央八類政府要員，歷代官制各有不同。東晉時稱吏部、禮部、五兵、左民、度支五部尚書、尚書左僕射、尚書右僕射、尚書令爲八座，見《文獻通考》卷五二"歷代尚書·附八座"。

[6] 佛之爲化：謂以佛教化天下。《説文》："化，教行也。"《增韻》："凡以道業誨人謂之教，躬行於上，風動於下，謂之化。"誕以茫浩：謂荒誕無際。誕，言辭誇誕。《説文》："誕，詞誕也。"南唐徐鍇《繫傳》："妄爲大言也。"《漢書·郊祀志上》："言神事如迂誕。"唐顔師古注："誕，大言也。"茫浩，漫無邊際貌。北魏酈道元《水經注》："登高遠望，睹巨海之浩茫。"推乎視聽之外：排除在人的見聞之外。推，排除。《説文》："推，排也。"

[7] 出處：原指出仕與在野，此指出家與居家。佛教之出處包括僧尼士女，即出家與在家四衆。此二句言無論出家抑或世俗者，皆以恭敬王者爲本。

[8] 蓋所期者殊，非敬恭宜廢：意謂出家者之期待與世俗不同，并非應廢除其恭敬王者。敬恭，猶恭敬。《詩·大雅·雲漢》："敬恭明神，宜無悔怒。"

[9] 同王侯於三大：將王侯置於三大同等重要之地位。三大，指天、地、王。《老子》第二五章"故道大、天大、地大，王亦大。域中有

四大,而王居其一焉。"漢河上公章句:"道大者,包羅諸天地,無所不容也;天大者,無所不蓋也;地大者,無所不載也;王大者,無所不制也。"原其所重:探究老子重視王侯之本原。《韻會》:"原,推原也。"資生:賴以生長。《周易·坤》:"彖曰:至哉坤元,萬物資生。"唐孔穎達疏:"萬物資生者,言萬物資地而生。"《韻會》:"資,賴也。"通運:達乎天道。《説文》:"通,達也。"《正韻》:"天造曰運。"此句意謂皆在於王侯達乎天道,衆庶賴之生存。

[10] 二儀:即兩儀,指天地、陰陽。《周易·繫辭上》:"是故易有大極,是生兩儀,兩儀生四象,四象生八卦。"此二句言豈止因爲聖人在位,德比兩儀?

[11] 天地之大德曰生:謂天地之德在於化育萬物。《周易·繫辭下》:"天地之大德曰生,聖人之大寶曰位。"晉韓康伯注:"施生而不爲,故能常生,故曰大德也。"通生:謂通生萬物。《周易集解》卷四:"天道,泰也。夫泰之爲道,本以通生萬物。"理物:猶治民。漢班固《白虎通·誅伐》:"王者承天理物,故率天下静,不復行役,扶助微氣,成萬物也。"尊其神器:謂尊崇帝王。漢張衡《東京賦》:"巨猾間釁,竊弄神器。"三國吴薛綜注:"神器,帝位也。"禮寔惟隆:意謂實是隆崇禮制也。《韻會》:"實,或作寔,是也。"《玉篇》:"隆,隆盛也。"

[12] 虚相崇重,義存君御:謂表面上崇敬王侯,名義上受君駕御。《説文》:"御,使馬也。"

[13] 日用於理命:日常應用恭謹天命。理命,謂敬事天命。《漢武帝内傳》:"方丈之阜,爲理命之室;滄浪海島,養九老之堂。"此指禮拜王侯。

[14] 此二句謂不可受君主德澤而遺棄禮儀,霑潤恩惠而廢除恭敬也。

於時朝士名賢,答者甚衆,雖言未悟時,并互有其美[1]。

徒[一]咸盡所懷,而理蘊於情[2]。遂令無上道服,毀於塵俗;亮到[二]之心,屈乎人事[3]。悲夫!斯乃交喪之所由,千載之否運[4]。深懼大法之將淪,感前事之不忘[5]。故著論五篇,究叙微[三]意[6]。豈曰淵壑之待晨露,蓋是申[四]其罔極[7]。亦庶後之君子,崇敬佛教者,式詳覽焉[五][8]。

【校勘】

〔一〕“徒”,《文鈔》校曰:“一作‘但’。”《慧遠大師集》作“但”。

〔二〕“到”,乾隆藏本《集沙門不應拜俗等事》卷二、《慧遠大師集》皆作“致”。

〔三〕“微”,乾隆藏本《集沙門不應拜俗等事》卷二、《慧遠大師集》皆作“其”。

〔四〕“申”,《釋文紀》卷八作“伸”。古二字同。

〔五〕“式”,卍正藏本《弘明集》卷五、《慧遠研究·遺文篇》作“或”。“式詳覽焉”,乾隆藏本《集沙門不應拜俗等事》卷二、《慧遠大師集》皆作“或詳而覽焉”。

【注釋】

[1] 朝士名賢,答者甚衆:桓玄作《與八座書》後,朝野嘩然,朝臣賢士多作書回應之。如桓謙《答桓玄論沙門敬事書》、王謐《答桓太尉》三篇、《重答桓太尉》,慧遠除了作此文外,另有《答桓玄書》。言未悟時:謂諸答書言辭之義未使時人了悟問題的真諦。《韻會》:“時,善也。”

[2] 徒咸盡所懷:衆人皆盡抒己見。《韻會》:“徒,一曰衆也。”《玉篇》:“咸,皆也。”理蘊於情:所論之理蘊含在文情之中。《説文》:“蘊,積也。”

[3] 無上道服:謂崇高佛教事業。無上,無出其上。漢張衡《西

京賦》：“許趙氏之無上思致。”唐李善注：“使天下無出趙氏上者。”亮
到之心：清明之心。《晉書·孫綽傳》：“今發憤忘食，忠慨亮到。”《韻
會》：“到，徵，清音至也。”此指超越塵俗的澄澈之心。此四句言遂使
至高無上之佛教，毀於塵世；澄澈之心，屈服於俗事。

　　［4］交喪：交相衰微。《莊子·繕性》：“世喪道矣，道喪世矣，世
與道交相喪也。”否運：厄運。《周易·師卦》：“師出以律，否臧凶。”唐
孔穎達疏：“否爲破敗，臧爲有功。”《集韻》：“否，惡也。”此二句言此乃
世道交相衰微之緣由，佛教遭際千年之厄運。

　　［5］大法：佛法，或專指大乘之法。《妙法蓮華經·序品》：“今佛
世尊，欲説大法，雨大法雨，吹大法螺，擊大法鼓。”淪：淪喪。《韻會》：
“淪，一曰没也。”《書》：“今殷其淪喪也。”感前事之不忘：謂感慨朝臣不
忘前事。前事，指朝臣對庾冰沙門應敬帝王之爭議。

　　［6］究：窮盡，詳盡。《説文》：“究，窮也。”微意：謙辭，謂微不足
道之義。

　　［7］淵壑：深谷。《玉篇》：“淵，深也。”此句以“晨露”比喻己之微
意，“淵壑”比喻衆人高論。申其罔極：申述其不盡之意。罔極，無盡、
無已之情。《詩·小雅·蓼莪》：“欲報之德，昊天罔極。”漢鄭玄箋：
“我欲報父母是德，昊天乎我心無極。”唐孔穎達疏：“我今欲報父母是勞
苦之德，昊天乎心無已也。”此二句言哪裏是深谷之期待晨露之滋潤，蓋
吾申述其不盡之意而已。意謂雖是區區微意，却不能不言之也。

　　［8］庶：庶幾，希冀之詞。《左傳·襄公二十六年》：“引領南望
曰：庶幾赦余。”《爾雅·釋言》：“庶，幸也。”晉郭璞注：“庶幾，僥倖。”
式：句首語氣詞。《詩·邶風·式微》：“式微式微，胡不歸。”漢鄭玄
箋：“式，發聲也。”此三句言希冀後來君子及崇敬佛教者，詳盡覽之。

【義疏】

　　是乃全文之序言，説明作論之緣起。上段首先闡述沙門是否敬
王者爭論的背景，説明這一爭論由來已久；然後引述桓玄《與八座書》

的主要觀點：佛之教化荒誕無徵，必須遵循社會倫理，以敬爲本，不可因其人生取向不同而廢其恭敬王者；《老子》之所以將王侯置於“三大”的地位，乃因其通乎天道，養育衆生，并非僅僅是稱贊其德配兩儀；天地之大德乃在於養育衆生，唯有王侯有天地之大德，故必須尊崇王者，隆崇禮儀，不可使崇敬王者流於表面；沙門賴君國而生存，理當禮拜王者，豈可受其大德，霑其恩惠，而廢除恭敬王者之禮儀？一言以蔽之，於理論於現實，沙門都必須恭敬王者。下段先言争論之熱烈，雖是各盡其意，亦理含文中，且“互有其美”，但皆未覺悟佛教真諦，故可能造成無上之佛法“毀於塵俗”，澄澈之佛心“屈乎人事”，從而使佛教、佛心交相衰微，墜入空前厄運之中。惟因如此，不得不著論以“究叙微意”。孟子曰：“予豈好辯哉？予不得已也。”（《孟子·滕文公下》）慧遠之論亦復如此。

　　論者筆鋒犀利，情懷激烈，然在“咸盡所懷”的理解中，“互有其美”的贊美中，“淵壑”“晨露”的對比中，隱隱地磨去了論辯的鋒芒，但是結尾“深懼”二句，凸顯作爲佛教徒臨深履薄的責任感和念兹在兹的緊迫感，説明“著論”的必要，將“申其罔極”落到實處，使“式詳覽焉”的深情期許也浸透歷史的厚重感。

在家一[1]

　　原夫佛教所明，大要以出處〔一〕爲異[2]。出處〔二〕之人，凡有四科[3]。其弘教通物〔三〕，則功侔帝王，化兼治道[4]。至於感俗悟時，亦無世不有[5]。但所遇有行藏，故以廢興爲隱顯耳[6]。其中可得論者，請略而言之〔四〕。

【校勘】

　　〔一〕“出處”，《文鈔》作“出家”，卍正藏本《弘明集》卷五、乾隆藏本《集沙門不應拜俗等事》卷二、《佛祖歷代通載》卷七作"出處"。"出處"包括僧尼士女,即出家與在家四衆;"出家"單指出家僧尼二衆。據其句意,當作"以出處爲異",故據改。

〔二〕"出處",《文鈔》《慧遠大師集》皆作"出家",卍正藏本《弘明集》卷五、乾隆藏《集沙門不應拜俗等事》卷二作"出處"。連上而誤,故據改。

〔三〕"弘教通物",《慧遠大師集》作"弘通利物"。

〔四〕"之",卍正藏本《弘明集》卷五、乾隆藏本《集沙門不應拜俗等事》卷二、《慧遠大師集》、《慧遠研究·遺文篇》俱脱。

【注釋】

[1] 在家:佛教謂優婆塞、優婆夷爲在家二衆。後亦稱居士,指在家修持佛法者。《法苑珠林·受戒》:"夫十善五戒,必須形受;菩薩净戒,可以心成。故戒法理曠事深,在家、出家平等而受。"

[2] 原:探究本原。《韻會》:"原,推原也。"此二句言推究佛教所闡明之主旨,主要有在家、出家之差異。

[3] 四科:孔門有四科:德行、言語、政事、文學。佛教戒律亦有四科:戒法、戒體、戒行、戒相。戒法者,即如來所制定的戒條,如不殺、不盗、不淫之類。戒體者,謂受此戒律時,所産生的防非止惡之功能。戒行者,謂隨順戒體,而如法去作的三業(身業、口業、意業)。戒相者,即按七衆地位,各持其所應受持之戒,如五戒、十戒、具足戒等。參見明楊卓《佛學次第統編》。按:佛教按受戒程度和修行方式將信徒分爲七種,其中出家五種,即比丘、比丘尼、沙彌、沙彌尼、式叉摩那;在家二種,即優婆塞、優婆夷。一説,四科是指出家四衆:比丘、比丘尼、沙彌、沙彌尼。

[4] 弘教通物:弘揚教義,通達物理。《爾雅·釋詁》:"弘,大也。"《玉篇》:"通,達也。無所不流曰通也。"功侔帝王:謂佛祖之功業同於帝王。侔,等同。《説文》:"侔,齊等也。"化兼治道:謂佛教之教

化兼有治國之功能。治道,治國之術。《禮記·樂記》:"是故審聲以知音,審音以知樂,審樂以知政,而治道備矣。"

[5] 感俗悟時:謂感化世俗,覺悟衆生。時,猶時人。無世不有:謂世代無不如此。

[6] 行藏:指出處或行止。《論語·述而》:"用之則行,捨之則藏。"謂出仕即行其所學之道,否則退隱藏道以待時機。此指佛教信徒在家則爲藏,出家則爲行。以廢興爲隱顯:意謂以時代之廢興作爲出家、在家之選擇標準。往往是世道安寧在家者衆,世道混亂則出家者衆。

　　在家奉法,則是順化之民[1]。情未變俗,迹同方内[2]。故有天屬之愛,奉主之禮。禮敬有本,遂因之而成教[3]。本其所因,則功由在昔[4]。是故因親以教愛,使民知有自然之恩;因嚴以教敬,使民知有自然之重[5]。二者之來,寔由冥應[6]。應不在今,則宜尋其本[7]。故以罪對爲刑罰,使懼而後慎;以天堂爲爵賞,使悦而後動[8]。此皆即其影響之報而明於教,以因順爲通而不革其自然也[9]。

【注釋】

[1] 在家奉法:指居家信奉佛法者,即優婆塞、優婆夷之類。順化:順應世間教化。仍然接受現實倫理秩序者爲順化之民。

[2] 情未變俗:情性同於世俗。迹同方内:行爲同於塵世。迹,行迹。《説文》:"迹,步處也。"方内,塵世。與方外相對。《莊子·大宗師》:"孔子曰:彼遊方之外者也,而丘遊方之内者也。"宋王雱注:"遊方之外者,所謂不入於形器也;遊方之内者,所謂入於形器也。"莊子以拔迹塵世爲方外,泥身世俗爲方内。佛教格義,據此所譯。

[3] 天屬之愛:家庭親情之相親。天屬,有天然血緣關係之親

屬。《莊子・山木》："或曰：棄千金之璧，負赤子而趨，何也？ 林回曰：彼以利合，此以天屬也。"奉主之禮：尊奉君主之禮儀。《説文》："奉，承也。"引申爲恭敬。因之而成教：因天屬之愛、奉主之禮而形成倫理教化。此四句言所以有自然血緣之親愛，恭奉君主之禮儀，親愛、禮儀必有準則，於是因此而成倫理教化。

[4] 本其所因：探究其根本原因。《説文》："本，木下曰本。"功由在昔：謂形成於往古之時。功，猶成也。《尚書・旅獒》："爲山九仞，功虧一簣。"漢孔安國傳："八尺曰仞。喻向成也。未成一簣，猶不爲山，故曰功虧一簣。"

[5] 親，猶言天屬。《説文》："親，密至也。"古多指六親。《周易・家人》："王假有家，勿恤，吉。"三國魏王弼注："居於尊位而明於家道，則下莫不化矣。父父、子子、兄兄、弟弟、夫夫、婦婦，六親和睦，交相愛樂，而家道正，正家而天下定矣。"因嚴以教敬：藉法令之嚴而教之敬上。《韓非子・外儲説右上》："法者，所以敬宗廟，尊社稷，故能立法從令，尊敬社稷者，社稷之臣也。"《玉篇》："嚴，威也。"自然：哲學名詞，指事物本然之性。《莊子・繕性》："人雖有知，無所用之，此之謂至一。當是時也，莫之爲而常自然。"晉郭象注："物皆自然，故至一也。"魏晉玄學言自然有三種觀點：正始玄學謂名教同於自然，竹林玄學謂名教桎梏自然，中朝玄學謂名教即是自然。慧遠贊同後者，故言民之恩、民之重是爲自然也。此四句言因此依血緣之親而教之相愛，使百姓知出於六親本性之恩愛；藉法令之嚴而教之敬上，使百姓知君主本乎自然之威儀。

[6] 二者：指自然之恩、自然之敬。寔由冥應：實是由於佛教之冥應。冥應，指冥冥之中的報應。南朝宋宗炳《明佛論》："天道至公，所布者命，寧當許其虐命，而抑其冥應哉！"佛教講果報，果報即冥應。按：由此可見，慧遠以佛教闡釋儒學與玄學，表現出鮮明的融貫三家的思想傾向。

[7] 此二句言報應雖不在眼前，却應探尋其本原。以下文字則

具體論之。

[8] 以罪對爲刑罰：謂佛教以罪惡報應作爲現實之刑罰。罪對，即罪惡報應，由所造之罪業，於現世或未來世所受之果報。《法苑珠林·三歸部》：“五德還備，復爲天帝，佛三昧覺。讚言：善哉天帝，能於殞命之際，歸命三尊，罪對已畢，不更勤苦。”以天堂爲爵賞：謂佛教以善升天堂作爲現實之封爵賞賜。天堂，善人死後，依其善業所至，享受福樂之處所。在六道中，天堂福報最大，佛家認爲，要升天堂，必須廣修諸善。南朝宋釋慧琳《均善論》曰：“且要天堂以就善，曷若服義而蹈道；懼地獄以敕身，孰與從理以端心？”後來，慧遠提倡“期生净土”，即以西方净土世界代替天堂，從而成爲中國佛教净土宗之初祖。此四句言佛教雖無國之刑罰，却以罪惡報應使信徒心存畏懼而後謹慎其行爲；雖無君之賞爵，却以天堂而使信徒嚮往而行善。

[9] 報：報應，佛家謂有施必報，有感必應。故現在之所得，無論禍福，皆有報應。影響：物影和回聲。《韻會》：“物之陰影也，本作景。”《説文》：“響，聲也。”南唐徐鍇《繫傳》：“聲之外曰響。響，猶悦也。響之附聲，如影之著形。”順：此指君慈而民從之。《左傳·昭公二十二年》：“慈和徧服曰順。”唐孔穎達疏：“人君執慈心以惠下，用和善以接物，則天下徧服而順從之，故爲順也。《易·繫辭》云：天之所助者順。”通：通達。《説文》：“通，達也。”自然：指上文所言之自然之恩、自然之重。此二句言這就是以因果報應而明其教化，以君慈民順而達其教化，二者皆順乎衆生恩親、重上的本然之性。

何者？夫厚身存生，以有封爲滯累，根深固存，我倒未忘[一][1]。方將以情欲爲苑囿，聲色爲遊觀，耽[二]湎世樂，不能自勉[三]而特出[2]。是故教之所檢，以此爲涯[四]，而不明其外耳[3]。其外未明，則大同於順化，故不可受其德而遺其禮，沾[五]其惠而廢其敬[4]。是故悦釋迦之風者，輒先奉親而敬君[5]；變俗投簪者，必待命而順動[6]。若君親有疑，則退求其志，以俟同悟[7]。斯乃佛教之所以重資生，助王化於治道者也。論者立言之旨，貌有所同，故位夫内外之分，以明在三之志[8]。略叙經意，宣寄所懷。

【校勘】

〔一〕"根深固存，我倒未忘"，《文鈔》作"根深蒂固，存我未忘"，卍正藏本《弘明集》卷五作"根深因在，我倒未忘"，乾隆藏本《集沙門不應拜俗等事》卷二作"根深固在，我倒未忘"，《釋文紀》卷八"根深固存我未忘"，《佛祖歷代通載》卷七作"深固在我未忘"，《慧遠大師集》作"根深蒂固，我倒未忘"，《慧遠研究·遺文篇》作"根深因在，我倒未忘"。考其文意，《文鈔》之"蒂"字或衍，今據刪。"我"，《文鈔》校曰："一作我倒。"後當脱"倒"，今據補。"因"與"固"或是形近而誤。依其句式，或仍有脱誤，然無從校勘。按：張景崗點校本作"以有封爲滯，累根深固，存我未忘"，録以備考。

〔二〕"耽"，卍正藏本《弘明集》卷五、乾隆藏本《集沙門不應拜俗等事》卷二皆作"沉"，《慧遠大師集》《慧遠研究·遺文篇》皆作"沈"，乾隆藏本《集沙門不應拜俗等事》卷二作"耽"。

〔三〕"勉"，卍正藏本《弘明集》卷五、《慧遠研究·遺文篇》皆作"免"。

〔四〕"涯"，卍正藏本《弘明集》卷五，乾隆藏本《集沙門不應拜俗等事》卷二、《慧遠大師集》、《慧遠研究·遺文篇》皆作"崖"。古二字通。

〔五〕"沾"，《慧遠大師集》作"霑"。古二字同。

【注釋】

[1] 有封：謂彼此之存在。《莊子·齊物論》："其次以爲有物矣，

而未始有封也。"晉郭象注:"雖未都忘,猶能忘彼此。"明焦竑注:"有物有我,便是有封。"封,畛,界限。滯累:牽累,束縛。晉王羲之《奉法帖》:"此故蕩滌塵垢,研遺滯累,可謂盡矣。"我倒未忘:不忘執著於我。我倒,執著於我。佛教認爲,諸法無相,我空法空。提倡常樂我凈,凡夫則四顛倒。《大方等大集經》卷二五:"修身念處爲離凈倒,修受念處爲離樂倒,修心念處爲離常倒,修法念處爲離我倒。"此四句言眾生耽於享樂人生,故爲外物所牽累,其深層根源則在於不忘執著於我。

[2]　遊觀:遊覽。《漢書・元后傳》:"太子宮幸近,可一往遊觀,不足以爲勞。"此指遊覽之地。耽湎:沉溺。《孔子家語・賢君》:"荒於淫樂,躭湎於酒。"躭,同耽。《玉篇》:"躭,俗耽字。"特出:突出。漢王延壽《魯靈光殿賦》:"邈希世而特出,羌瑰譎而鴻紛。"《韻會》:"特,獨也。"此指高標於塵世。此四句言正是將情欲作爲馳騁之園林,將聲色作爲遊覽之風景,沉溺於世俗享樂之中,而不能勉勵自己超越塵世。

[3]　檢:以法度制之。《韻會》:"檢,《三倉》云:法度也。"涯:猶界限。《玉篇》:"涯,水際也。"此三句言所以世俗教化所取之法度,以此爲界限,却不明方外之人與此性質不同。

[4]　此四句言因爲不明方外之差異,則強調必須同於方内順化之民,故認爲不可受君王恩德而遺棄方内之禮儀,霑君王之惠澤而廢除方外之恭敬。

[5]　釋迦:即釋迦牟尼,佛教創始人。本名悉達多,意爲義成就者(舊譯義成),姓喬答摩(瞿曇)。因父爲釋迦族,成道後被尊稱爲釋迦牟尼,意爲"釋迦族的聖人"。後世亦稱之佛陀、世尊、釋尊等。投簪:丟下固冠之簪,原喻棄官。《雲笈七籤》卷一〇七:"粗得山水,便投簪高邁。"簪,用來綰住髮髻或連冠於髮的一種首飾。本作先。《説文》曰:"先,首笄也。"《釋名》:"簪,先也,連冠於髮也。"此指落髮爲僧。此四句言因此追尋世尊遺風者,則先奉親而敬君;棄俗出家者,

必待君命從而行之。

　　[6]　俟：同竢，等待。《玉篇》：“竢，待也，亦作俟。”此三句言如若佛教信徒懷疑尊君奉親，則退求其心，以待其了悟佛教修爲與教化相同。謂佛教信徒亦不違教化也。

　　[7]　資生：賴以爲生。《周易・坤》：“至哉坤元，萬物資生。”唐孔穎達疏：“萬物資生者，言萬物資地而生。”佛教用來指衣食住之具，以資助人賴以生存者。此二句言此即佛教所重視之生存方式，亦有助於君王治國之道、教化天下。

　　[8]　位：猶列，陳述。《廣韻》：“位，正也，列也。”在三之志：指禮敬君、父、師之情。《國語・晉語一》：“民生於三，事之如一。父生之，師教之，君食之。非父不生，非食不長，非教不知。生之族也，故一事之。唯其所在，則致死焉。報生以死，報賜以力，人之道也。”三國吳韋昭注：“三，君、父、師也。”《說文》：“志，意也。”此四句言著論者的立言之意，表面上有所相同，實則有別，故陳述方内、方外之分别，以彰顯尊君奉親之意。

　　[9]　宣：表明。《廣韻》：“宣，布也，明也。”此二句言粗略叙述佛經之意，表達吾所寄托之情懷。

【義疏】

　　此篇針對桓玄所説“帝王有資生之功，故臣民有致敬之禮”，論述居家之佛教信徒。首先説明論述“在家”之緣由。佛教大要雖有出家、在家之不同，其出家人又須遵循四科戒律，但是其弘揚教化，通達物理，則功同帝王，且兼有治國教化之道。至於感化世俗、覺悟衆生，無世不存。僅僅是因爲世道不同，或出家或在家而已。其次闡釋“在家”者的生存特點，比較方内、方外差異中的共同點。居家信徒仍是順應教化之民，情志行爲同乎世俗，所以奉親尊君，本乎禮儀，遂因此而形成教化。究其原因，則歷史使然。其實，奉親尊君，乃佛教冥報。因爲冥報不在現前，凡夫不知，追尋本原，則是佛教以罪對爲刑罰，以天堂爲爵賞，使信徒畏懼罪業而慎行，喜悦天堂而修善。從本質上説，佛教以因果報應而明乎教化，世俗以君慈民順而達其教化，皆合乎衆生自然之性。最後明確方内、方外雖本質相同而形式有别的原因，進一步説明佛教"助王化於治道"。凡夫享受現實人生，牽累於世俗外物，執著自我，故重情欲、聲色，沉溺世俗之樂，因此國家法度、教化以此爲準繩，然而以此要求佛教信徒，則不明方外世界的本質。惟因不明方外世界，即要求信徒同乎順化之民，禮拜王侯，恭敬君王。從本質上，在家信徒亦奉親尊君，行循教化，否則即反求其心，以期修行與教化統一，所以佛教有助於治國之教化。因爲諸家立論似是而非，故陳述方内方外之别，彰顯奉親尊君之意，引述經意，表達自己的觀點。

其立論也，雖在凸顯佛教信徒之特殊性，却以調和儒與釋、道與俗之對立爲基本理論蘄向。

出家二

出家則是方外之賓，迹絶於物[1]。其爲教也，達患累緣於有身，不存身以息患[2]；知生生由於禀化，不順化以求宗[3]。求宗不由於順化，則不重運通之資[4]；息患不由於存身，則不貴厚生之益[5]。此理之與形乖，道之與俗反者也[6]。

【注釋】

[1] 方外之賓：世外之人。佛教認爲"法無我""我無我"，故以"賓"稱之。迹絶於物：意謂超然物外，此指超然塵俗。《廣韻》："迹，足迹。"又："絶，斷也。"

[2] 達：通達，明瞭。《韻會》："達，通也。"患累：猶憂患。南朝梁

武帝《净業賦》序："有動則心垢,有静則心净。外動既止,内心亦明,始自覺悟,患累無所由生也。"佛教認爲,人世間一切皆苦,此即"苦諦";欲望是造成人生多苦的原因,此即"集諦"。此二諦即爲患累。有身:有己身,指執著於我。《老子》第十三章:"吾所以有大患者,爲吾有身。及吾無身,吾有何患!"佛教指色身。僧肇《九折十演者·覈體》:"夫大患莫若於有身,故滅身以歸無。"不存身:指不執著於我。《金剛經》第五品:"如來所説身相,即非身相。"身相亦因緣和合而生,其性爲無,故"滅身以歸無"則可息患。此三句言作爲佛教,其宗旨乃使衆生明瞭世俗之憂患緣於執著己身,忘却己身則可以祛除憂患。

[3] 生生:指流轉輪迴無窮無極。《楞嚴經》卷三曰:"生死,死生,生生死死,如旋火輪,未有休息。"禀化:受天地自然之化育。順化:順應自然之變化。此指凡夫處於生死流轉之中。求宗:追尋根本、本原。《廣韻》:"宗,本也。"即《妙法蓮華經玄讚》卷九所言"有漏皆苦,諸行無常,諸法無我,涅槃寂静",無常、無我、無漏,以寂静涅槃爲最高境界,乃佛家之宗旨。與世俗流轉生死完全不同。此二句言知生死流轉輪迴,禀受自然造化,不順應自然生死輪迴而探求生命本原。

[4] 運通之資:流轉變化之所需。《韻會》:"資,取也,賴也。"佛教之寂静涅槃超越流轉生死,故不依賴於凡夫生生之所資。

[5] 厚生之益:現實養生之所利。《廣韻》:"益,增也,進也。"佛教不執著於我(無我),超越現實之苦諦、集諦,故不貴於凡夫養生之利。

[6] 乖:背離。《廣韻》:"乖,離也,背也。"此二句言此正是佛教之理與現實不同,佛教之道與世俗相反。

　　若斯人者,自誓始於落簪,立志形乎變服[1]。是故凡在出家,皆遯世以求其志,變俗以達其道[2]。變俗,則服章不得與世典同禮[3]。遯世,則宜高尚其迹[4]。夫然者〔一〕,故能拯溺俗於沈流,拔幽〔二〕根於重劫[5];遠通三乘之津,廣〔三〕開天人之路[6]。如令一夫全德,則道洽六親,澤流天下[7]。雖不處王侯之位,亦已協契皇極,在宥生民矣[8]。是故內乖天屬之重,而不違其孝;外闕奉主之恭,而不失其敬[9]。

【校勘】

〔一〕"者",《慧遠研究·遺文篇》脱。

〔二〕"幽",《慧遠大師集》作"玄"。

〔三〕"廣",《文鈔》校曰:"《高僧傳》卷六作'近'。"

【注釋】

[1] 落簪:猶落髮,指剃度出家。變服:變易世俗之服。《玉篇》:"變,變化也。"此指袈裟,謂虔心佛門也。此三句言這類人自剃度出家之始,即自誓立志虔心佛門。

[2] 在:猶身居。《韻會》:"在,居也。"遯世:避世。《周易·大過》:"君子以獨立不懼,遯世無悶。"《增韻》:"遯,退也,隱也。或作遁。"變俗:變易世俗,謂不同於世俗。此二句言所有身居佛門者,皆遁隱塵世以追求虔心佛門之志,超越世俗以通達佛教之道。

[3] 服章:泛指服飾、衣冠。章,章甫,冠名。《康熙字典》:"章甫,殷冠名。《禮·郊特牲》:章甫,殷道也。"世典:世俗之典章制度。《維摩詰經·方便品》:"雖明世典,常樂佛法。"《廣韻》:"典,法也。"

[4] 高尚其迹:謂其行爲則不事王侯。晉張協《雜詩》:"高尚遺王侯,道積自成基。"唐李善注:"《周易》曰:不事王侯,高尚其事。"

[5] 溺俗:沉溺世俗。南朝梁釋僧祐《世界記目錄序》:"煥若披圖,六趣群分,照如臨鏡。庶溺俗者發蒙,服道者瑩解,共建慧眼之因,俱成覺智之業焉。"沈流:猶濁流。《韻會》:"沈,一曰濁默也。亦

作沉。"幽根：沉滯之性。佛教以根比喻天性，根性能産生感覺、善惡觀念。重劫：累劫。《無量壽經》下："世世累劫，無有出期。"佛教認爲，宇宙經歷若干萬年毀滅一次，爾後重新開始，周而復始。其一個周期爲一劫。劫分小、中、大三種。溺俗、幽根，指衆生狀態；沈流、重劫，指世俗世界。此三句言如此則能拯救衆生沉溺於世俗之濁流，超拔衆生沉滯於累劫之根性。

[6] 三乘：依據衆生根機，佛以方便法門而説聲聞乘、緣覺乘、菩薩乘等三種教法。聲聞乘，聞佛聲教而悟四諦之理，以證阿羅漢者；緣覺乘，因外緣而覺十二因緣之理，以證辟支佛果者；菩薩乘，度一切衆生，修六度萬行，以證無上菩提。乘，比喻度衆生超越生死而至涅槃彼岸的法門。天人之路：指人間通向天堂之路。此二句言使之遠通三乘之津渡，廣開天堂之通途。

[7] 全德：德行至善。《後漢書·桓榮傳論》："而〔張〕佚廷議戚援，自居全德，意者以廉不足乎？"唐李賢注："全德言無玷缺也。"此指信徒修證無上菩提。道洽：道德滋潤。《説文》："洽，霑也。"六親：指父母兄弟妻子。又有父六親、母六親之分別，父六親指父之伯叔兄弟兒孫，母六親指母之舅姨兄弟兒孫。澤流：恩澤廣被。晉穆帝《竺法汰喪事詔》："汰法師道博八方，澤流後裔。"此三句言若使一人德行至善，即可德澤沾潤六親，廣被天下。

[8] 協契：猶同心，一致。《晉書·簡文帝紀》："群后竭誠，協契斷金。"《韻會》："契，合也。"皇極：帝王統治天下之準則，即至大中正之道。《尚書·洪範》："五曰建用皇極。"漢孔安國傳："皇，大；極，中也。凡立事當用大中之道。"在宥：指任物自在，無爲而化。《莊子·在宥》："聞在宥天下，不聞治天下也。"晉郭象注："宥使自在則治，治之則亂也。"唐成玄英疏："宥，寬也。在，自在也。《寓言》云，聞諸賢聖任物自在寬宥，即天下清謐。"此三句言雖然不居王侯之位，却已與君主治理天下的準則一致，庇護廣大衆生。

[9] 天屬：天然血緣關係之直係親屬。《莊子·山木》："或曰：

'棄千金之璧,負赤子而趨,何也?'林回曰:'彼以利合,此以天屬也。'"此四句言故内背離重視血緣之親,却不背離孝;外缺少跪拜君主之恭,而不缺少敬。

　　從此而觀,故知超化表以尋[一]宗,則理深而義篤[1]。昭[二]泰息以語仁,則功末而惠淺[2]。若然者,雖將面冥山而旋步,猶或恥聞其風[3]。豈况與夫順化之民、尸禄之賢,同其孝敬者哉[4]!

【校勘】

　　〔一〕"尋",《慧遠大師集》作"求"。

　　〔二〕"昭",乾隆藏本《集沙門不應拜俗等事》卷二、《慧遠大師集》、《慧遠研究‧遺文篇》皆作"照",《文鈔》亦校作"照"。古二字同。

【注釋】

　　[1] 超化表以尋宗:謂超越世俗而探求本原。化表,指世俗教化之外。宗,指佛教宗旨。理深義篤:義理深厚。《爾雅‧釋詁》:"篤,厚也。"

　　[2] 昭泰息:謂明白其死亡。昭,猶明白。《説文》:"昭,日明也。"泰息,即大息,死亡。晉劉遺民《發願文》:"紹衆靈以繼軌,指大息以爲期。"此二句言使衆生流轉生死僅教化其仁,則功小而恩薄也。

　　[3] 冥山:北海山名。《莊子‧天運》:"夫南行者至於郢,北面而不見冥山,是何也?則去之遠也。"晉郭象注:"冥山在乎北極。"《經典釋文》引司馬彪云:"冥山,北海山名。"這裏喻指世俗之典章法度。因爲出家信徒已經遠離塵世,故以遥遠之冥山喻之。旋步:回轉脚步。《增韻》:"旋,又回也,斡也。"喻迴避。猶或:即或。晉庾亮《讓中書令

表》:"苟無大瑕,猶或見容。"唐吕向注:"然且小過或見寬容。瑕,猶過也。"耻聞其風:以聞世俗之風化爲耻。此三句言如果這樣,出家人即使面對世俗典章法度而轉身離去,甚或以聞世俗風化爲耻。

[4]豈況:更何況。《後漢書・岑彭傳》:"以秦王之彊,猶爲征南所圍,豈況吾邪?"尸禄:享受俸禄,謂身居官位者,空食俸禄而不盡其職,無所事事。《漢書・鮑宣傳》:"以苟容曲從爲賢,以拱默尸禄爲智。"唐顔師古注:"尸,主也。不憂其職,但主食禄而已。"此二句言更何況與順應教化之民、尸位素餐之官,共同尊奉其孝親敬君呢!

【義疏】

此文論出家之佛教信徒。首先論述出家信徒超越世俗的特點。不執著於我,故不牽累於世俗之苦諦、集諦;超越生死流轉,而追求寂静涅槃之宗旨。因此,出家信徒不依賴於生生之資,不推重於養生之益。其次論述出家信徒協和皇極、無爲而治的治國教化意義。此類信徒落髮變服,超越塵世而修證佛法,追求不同於世俗之道。因此不得遵循世俗禮法,禮拜王侯。但是,却能够拯救混濁之世、世道人心,遠通三乘菩提之津渡,廣開人間天堂之道路。假使一人證得無上菩提,則其道霑潤六親,德澤流被天下。雖無王侯之位,亦可協和皇極,無爲而治衆生。所以内違六親倫理而行循孝道,外缺禮拜王侯而不失恭敬。最後結論曰:由此看來,佛教超越現象而直達本原,則義理深厚;世俗明瞭人生而泛論仁義,則功微恩薄。若如此,出家者即使是遥對塵世如冥山之典制,尚因耻聞世俗之風而迴避之,更何況與順乎教化之民、尸居俸禄之官,共同奉養六親、禮拜王侯呢!這樣就將出家信徒不敬王者之意申述得十分明瞭。

其立論雖然與上文近似,仍在調和儒釋,但是結語語言决絶,詞鋒逼人。

求宗不順化三[1]

問曰：尋夫老氏之意，天地以得一爲大，王侯以體順爲尊[2]。得一，故爲萬化之本[3]；體順，故有運通之功[4]。然則明宗必存乎體極，體極必由於順化[5]。是故先賢以爲美談，衆論所不能異[6]。異夫衆論者，則義無所取，而云不順化，何耶[一][7]？

【校勘】

〔一〕“耶”，卍正藏本《弘明集》卷五作“邪”。古二字同。

【注釋】

[1] 求宗：追尋根本、本原。《廣韻》：“宗，本也。”《阿毗曇毗婆沙論》卷一四：“諸行無常，諸法無我，涅槃寂靜。”是乃佛家之宗旨，即以寂靜涅槃爲最高境界，與世俗流轉生死完全不同。順化：一指順應國家教化。《宋書·夷蠻傳》：“頃威懷所被，覃自遐遠，順化者寵禄，逆命者無遺。”二指順應自然造化。宋劉子翬《論俗詩》之六：“難消愛欲心，物物天性存。逆情氣必戾，順化生乃蕃。”所問則包含以上二義。佛教認爲出家則超越世俗，不事尊親，故不順應國家教化；佛家追求泥洹（涅槃），超越生死輪迴，故亦不順應自然造化。

[2] 得一：即得道。《老子》第三九章：“昔之得一者：天得一以清，地得一以寧，神得一以靈，谷得一以盈，萬物得一以生，侯王得一以爲天下貞。”宋林希逸注：“一者，道也。”體順：即以順爲體。其義有二：一謂依據天道，順應造化；二謂身從王事，守臣之分。《周易·坤》：“六三：含章可貞，或從王事，無成有終。”子夏傳：“體順也。爲下之長，守臣之分也，内含其明而不敢遂，故可因時而發，不失其正。王或有命，則從之也。不果，首（守）成代終，而以知之光大，能全其道

也。"此即包含守自然之道、守臣節之分兩層意義,與下文"體極""順化"意義關聯。此三句言推究老子之意,天地因循其道而爲大,王侯體道守節而爲尊。

〔3〕萬化:萬物自然造化。《漢書·京房傳》:"古帝王以功舉賢,則萬化成,瑞應著。"唐顏師古注:"萬化,萬機之事,施教化者也。一曰萬物之類也。"此二句言順乎大道,故能成爲萬物化生之本原。

〔4〕運通:運化通生,謂依據天道而通乎生理。《晉書·李充傳》:"然則聖人之在世,吐言則爲訓辭,莅事則爲物軌,運通則與時隆,理喪則與世弊矣。"此二句言循道守節,故能建立運化通生之功業。

〔5〕明宗:明其本原。《廣韻》:"宗,本也。"體極:一指體悟天道。《陳書·周宏正傳》:"自非含微體極,盡化窮神,豈能通志成務,探賾致遠!"二指證悟佛理。慧遠《法性論》曰:"至極以不變爲性,得性以體極爲宗。"老氏之至極指天道,佛氏之至極指法性,二者有本質不同。此乃世俗之論,故指前者。此二句言既然如此,明其本原必以體悟天道爲旨歸,體悟天道又必以順化自然造化爲準則。

〔6〕此二句言因此前賢以"體順"爲美談,衆人以"體順"爲論議準則。

〔7〕此四句言你所言之"不順化",既與衆論不同,其意則一無所取,却堅持"不順化"之説,是什麼原因? 意謂佛教所謂"不順化",既違老氏之道,亦違名教之理。

答曰:凡在有方,同稟生於大化[1]。雖群品萬殊,精麤異貫,統極而言,唯有靈與無靈耳[2]。有靈則有情於化,無靈則無情於化[3]。無情於化,化畢而生盡,生不由情,故形朽而化滅[4]。有情於化,感物而動,動必以情,故其生不絶[5]。其[一]生不絶,則其化彌廣而形彌積,情彌滯而累彌深[6]。其爲患也，焉可勝言哉[7]？

【校勘】

〔一〕"其"，《慧遠大師集》《慧遠研究·遺文篇》俱脱。

【注釋】

[1] 凡在：所有存在之物。在，存在，猶生長。《爾雅·釋訓》："在，居也。"有方：指四方之物。《國語·鄭語》："先王聘后於異姓，求財於有方。"三國吳韋昭注："使各以其方賄來。"有，語助詞。清王引之《經傳釋詞》卷三："有，語助也。一字不成詞，則加有字以配之。"此處指四方萬物。禀生：受生。《增韻》："禀，受也。"大化，自然造化。《荀子·天道》："列星隨旋，日月遞炤，四時代御，陰陽大化，風雨博施。"唐楊倞注："陰陽大化，謂寒暑變，化萬物也。"此二句言舉凡四方萬物，皆受生於自然造化。

[2] 群品：猶萬物。《説文》："品，衆庶也。"精麤異貫：精粗不同。麤，同粗。《玉篇》："粗，麤，大也。"貫，猶言聯貫。《漢書·董仲舒傳》："豈不同條共貫與？"唐顏師古注："貫者，聯絡貫穿。"統極而言：總括至理而言之。《韻會》："統，總也。"《廣韻》："極，至也。"有靈：有生命之物。無靈：無生命之物。靈，精神，魂魄。《大戴禮記·曾子天圓》："陽之精氣曰神，陰之精氣曰靈。神靈者，品物之本也。"清孔廣森注："神爲魂，靈爲魄。"此四句言雖萬物種類千差萬別，有精有粗，概括説來，只有有靈和無靈兩類。

[3] 有情於化：謂對自然造化因識而生欲。情，一指人欲。《漢書·董仲舒傳》："質樸之謂性，性非教化不成；人欲之謂情，情非度制不節。"二指心識。《朱子語類》卷五："性是心之理，情是心之用。"佛教所謂六識：眼識、耳識、鼻識、舌識、身識、意識，亦稱爲六情。化：一指自然之造化；二指佛教之遷化（輪迴）。此二句言有靈，對自然造化因識而生欲；無靈，對自然造化無識且無欲。意謂無情，唯視物生於

自然，則不生執著之心；有情，即見物生滅流轉，則生心識之累。

　　[4] 此四句意謂無欲無識於造化，乃知造化與物緣盡則滅，既非因情而生，故形、化皆空。

　　[5] 此四句意謂有欲有識於遷化，乃使造化與物生生相累，既生執著之心，故形、化不絕。

　　[6] 此三句意謂執著於外物，則造化與萬物生生不息，執著之心彌滯，世俗之累彌深。

　　[7] 此二句意謂人生之患，患在既執著造化，又執著於遷化，互相牽累，難以盡言。

　　是故經稱：“泥洹不變，以化盡爲宅[1]。三界流動，以罪苦爲場[2]。化盡則因緣永息，流動則受苦無窮[3]。”何以明其然？夫生以形爲桎梏，而生由化有[4]。化以情感，則神滯其本，而智昏其照[5]。介然有封，則所存唯己，所涉唯動[6]。於是靈轡失御，生途日開[7]。方隨貪愛於〔一〕長流，豈一受而已哉[8]？是故反本求宗者，不以生累其神[9]。超落塵封者，不以情累其生[10]。不以情累其生，則生可滅；不以生累其神，則神可冥[11]。冥神絕境，故謂之泥洹[12]。泥洹之名，豈虛稱〔二〕也哉？

【校勘】

　　〔一〕“於”，《慧遠大師集》作“以”。

　　〔二〕“稱”，卍正藏本《弘明集》卷五、《慧遠研究·遺文篇》皆作“搆”。形近而誤。

【注釋】

　　[1] 泥洹：即涅槃，又名滅度，滅盡煩惱而度脱生死。不變：現象

世界的一切生命不離生、住、壞、滅的遷化狀態，而涅槃境界則生滅不起，故曰不變。以化盡爲宅：謂以一切皆空爲宅。化盡，指不再有自然造化之生滅。佛教謂緣起生相爲化，緣滅相滅爲盡。此即解脫於生死輪迴，乃泥洹境界之特點。宅，比喻寄托。《說文》：“宅，所託也。處而營之也。”空本無相，不落兩邊，乃以宅喻之。此二句言涅槃境界不生不滅，以空諸一切爲精神主體。

〔2〕三界流動：意謂流轉於三界。三界，欲界、色界、無色界。欲界有淫食二欲，上自六欲天，中自人畜所居的四大洲，下至無間地獄皆屬之；色界無淫食二欲，然有色相，四禪十八天皆屬之；無色界是色相俱無，然有受、想、行、識四心住於深妙禪定，四空天屬之。簡言之，有欲爲欲界，無欲有色爲色界，無欲無色而有情爲無色界。三界乃衆生所住之世界，雖有優劣、苦樂之差別，但仍然屬於迷界，皆爲衆生輪迴之境界，故曰“以罪苦爲場”。此二句言流轉於三界，仍墜落於罪苦之域中。

〔3〕化盡則因緣永息：意謂解脫生死輪迴，空則因緣不生。佛教認爲，一切萬物乃因緣和合而生，緣起則生，緣去則滅，因無自性而曰空。衆生不能了悟相生相滅一歸於空，而流轉三界，故“受苦無窮”。此二句言解脫生死則諸法皆空，流轉生死則受苦無窮。

〔4〕桎梏：脚鐐手銬。《說文》：“桎，足械也。”又：“梏，手械也。”南唐徐鍇《繫傳》：“桎之言躓也。躓，礙之也。械在足曰桎，在手曰梏。”又《祖庭事苑》：“桎梏，紂所作。”化有：即緣合而生相。此二句言執著於所生之形（相）即爲桎梏，而不悟所生之形（相）實乃緣合而生。

〔5〕化以情感：意謂情繫於緣合而生之形（相）。神、智：指自在徹見事理之智慧。智昏其照：謂愚昧不能遍照萬物。佛教有“智鏡”之說，譬喻智慧之照，譬如明鏡，了無掛礙。此三句言情繫於緣生之形體，則其神不明性空之旨，其智不能遍照萬物。

〔6〕介然：執著貌。《荀子·修身》：“善在身，介然必以自好也。”唐楊倞注：“介然，堅固貌。《易》曰：介如石焉。”有封：意指存在物我

（彼此）之差異。《莊子·齊物論》："其次以爲有物矣，而未始有封也。"晉郭象注："雖未都忘，猶能忘彼此。"明焦竑注："有物有我，便是有封。"封，畛，界限。此指彼物與此物之界限。佛教言相，乃爲假相，皆無自性，故無差異。若執著於假相，則起心動念，以主觀心識觀照萬象，故曰："所存唯己，所涉唯動。"此三句言執著於彼此存在之差異，則必然執著於自我之存在，執著於緣生之假象。

［7］靈轡失御：比喻心神失控。靈轡，神靈駕馭坐騎之繮繩。晉湛方生《弔鶴文》："輟王子之靈轡，繫虞人之長纓。"御，駕車。《説文》："御，使馬也。"此喻駕馭心神。生途日開：謂流轉於生死。生途，佛教指生死之途。南朝宋鄭鮮之《神不滅論》："神形相資，亦猶此矣。相資相因，生塗所由耳。"

［8］長流：比喻沉溺於貪愛。晉簡文帝《千佛願文》："久没迷波，長流苦沫，不生意樹，未啓心燈。"一受：五蘊（色受想行識）之一。受，乃根（感官）、境（對象）、識（認識）三者和合之而生的感覺。佛教指接受一切虛妄、入世諸相所產生的苦樂之感覺。此二句意謂久久沉溺於貪愛之中，其禍患超過了五蘊之受。

［9］反本求宗：回歸根本，探求真諦。反，返之本字。《説文》："返，還也。"所言之本宗，指緣起性空之旨。此二句言了悟緣起性空，則明瞭生亦爲空，就能不因執著於情而牽累於其身。

［10］超落塵封：猶超越塵世的彼此之存在。南朝宋殷晉安《文殊師利讚》："思對淵匠，靖一惟恭。虛襟絶代，庶落塵封。"封，指有封。見上注。此二句言超越塵世彼此存在之差異，就能不執著於生而牽累其心識。

［11］此四句言不因執著於情而牽累其身，即明瞭生亦爲空；不因執著於身而牽累其心識，則神亦冥寂。

［12］絶境：無生無滅之境，指泥洹、涅槃。一入涅槃，即無境可對，故言絶境。後秦釋道恒《釋駁論》："或殫思入微，澄神絶境；或敷演微言，散幽釋滯。"此二句言其神冥寂，其境絶滅，即進入涅槃境界。

請推而實之[1]。天地雖以生生爲大，而未能令生者不死[一][2]。王侯雖以存存爲功，而未能令存者無患[3]。是故前論云："達患累緣於有身，不存身以息患。知生生由於稟化，不順化以求宗。"[4]義存於此。義存於此[二]，斯沙門之所以抗禮萬乘，高尚其事，不爵王侯，而沾[三]其惠者也[5]。

【校勘】

〔一〕"死"，卍正藏本《弘明集》卷五、乾隆藏本《集沙門不應拜俗等事》卷二、《慧遠大師集》、《慧遠研究・遺文篇》皆作"化"。

〔二〕"義存於此"，《慧遠大師集》脱此句。

〔三〕"沾"，《慧遠大師集》作"霑"。古二字同。

【注釋】

[1] 推而實之：進一步論證之。實，確實，確證。《尚書・吕刑》："墨辟疑赦，其罰百鍰，閲實其罪。"《玉篇》："實，誠也。"

[2] 生生：以生爲生，猶言養生。《老子》第五十章："人之生動之死地者，亦十有三。夫何故？以其生生之厚。"漢河上公章句："所以動之死地者，以其求生活之事太厚，違道忤天，妄行失紀。"與上文"生生"意義有所差異。此二句言天地雖以厚養生命爲大德，却不能使生命不死。

[3] 存存：以存爲存，猶言保全。《周易・繫辭上》："成性存存，道義之門。"唐孔穎達疏："此明易道既在天地之中，能成其萬物之性，使物生不失其性，存其萬物之存，使物得其存成也。性謂稟其始也，存謂保其終也。"此二句言王侯雖以保全百姓爲事功，却不能使生者無憂患。

[4] 前論：指《出家二》。此四句言使衆生明瞭世俗之憂患緣於執著己身，忘却己身則可以祛除禍患；知生死流轉輪迴稟受自然造

化，不順應自然生死輪迴而探求生命本原。

　　[5] 抗禮萬乘：抗禮，古作伉禮，謂行對等之禮。《莊子‧漁父》：
"萬乘之主，千乘之君，見夫子未嘗不分庭伉禮。"後作抗禮。《史記‧
荊軻傳》："舉坐客皆驚，下與抗禮，以爲上客。"萬乘，指天子。周制，
天子地方千里，兵車萬乘，諸侯地方百里，兵車千乘。《孟子‧梁惠王
上》："萬乘之國，弑其君者，必千乘之家。"漢趙岐注："萬乘，兵車萬
乘，謂天子也。"不爵王侯：猶不事王侯。《周易‧蠱》："上九：不事王
侯，高尚其事。"三國魏王弼注："最處事上而不累於位，不事王侯，高
尚其事者也。"此五句言因爲存在上述之意，所以沙門與天子分庭抗
禮，高潔其行，不事王侯，而又受王者之恩惠也。

【義疏】

　　此篇針對桓玄"《老子》同王侯於三大，原其所重，皆在於資生通
運"的觀點而發，采用問難文體，假設問答，闡釋佛教宗旨，辯白僧侶
"求宗不順化"即追求至極之理而不按世俗倫理禮拜君王的理由。

　　首先假設凡夫之問，作爲駁論核心。其問認爲：老子之道乃自然
運化與社會倫理的核心，所以明宗、體極亦即以道言之，必須遵循自
然造化、社會倫理，此乃歷代先賢之衆論所歸。佛教所論的"不順化"
則"義無所取"。

　　然後正面論證自己的觀點。第一，説明緣起緣滅、空我空物之
理。大化所生之自然萬物，雖品類千差萬別，有精有粗，總括而言，唯
有有靈衆生與無靈萬物兩大類別。有靈則有欲，無情則無欲；無欲則
了知緣起而生，緣息而滅；有欲則不明因緣生滅，流轉生死。既生執
著之心，則萬物造化彌積；執著之心彌滯，世俗之累彌深。第二，引證
經論，説明流轉三界，不脱苦海；萬相皆空，因緣永滅，作爲立論核心。
然後由世俗現象到佛教真諦兩個方面申述理由：凡夫桎梏於執著所
生之相，執著自我心識，故其神不能明其本原，其智不能觀照萬物；執
著於物象，執著於自我，念念相續，心志逸蕩，流轉生死，故貪愛長流。

如若反本求宗,超越塵世,則空其形、滅其欲,即可進入冥寂超越的涅槃境界。最後推進一層申述抗禮君王,不事王侯之理。天地厚養生命而不能使之不死,王侯全身養性而身罹人生之大患,佛教信徒不累於色身,超越現實教化,追求人生真諦。故雖受君王恩惠,而抗禮君主,不事王侯。

以"求宗"——探究佛教哲學本體,以證"不順化"——超越世俗教化,説明沙門不敬王者之理。

體極不兼應四

問曰:歷觀前史,上皇已來,在位居宗者,未始異其原本[1]。本不可二,是故百代同典,咸一其統,所謂"唯天爲大,唯堯則之"[2]。如此,則非智有所不照,自無外可照[3];非理[一]有所不盡,自無理可盡[4]。以此而[二]推,視聽之外,廓無所寄[5]。理無所寄,則宗極可明[6]。今諸沙門,不悟文表之意,而惑教表之文[三],其爲謬也,固已甚[四]矣[7]。若復顯然有[五]驗,此乃希世之聞[8]。

【校勘】

〔一〕"理",《慧遠研究・遺文篇》作"照"。

〔二〕"而",《慧遠研究・遺文篇》脱。

〔三〕"文",《慧遠大師集》《慧遠研究・遺文篇》皆作"旨"。

〔四〕"甚",《慧遠研究・遺文篇》作"全"。

〔五〕"有",《慧遠研究・遺文篇》脱。

【注釋】

[1] 上皇:傳説中遠古帝王。《莊子・天運》:"九洛之事,治成德

備，監照下土，天下戴之，此謂上皇。"宋林希逸注："言帝王順此自然
之理，以治九州，功成而德備，照臨天下而人皆戴之，此乃三皇向上人
也，故曰此謂上皇。"居宗：身居尊位。《韻會》："宗，尊也。有德可尊
也。"此四句言遍觀前代史書，自上古帝王以來，身居尊位者，其根本
原則未嘗有異。

　　［2］百代同典：歷代奉爲典法。《廣韻》："典，經也，法也。"咸一
其統：皆作統一綱領。《韻會》："統，總也，綱也。"唯天爲大，唯堯則
之：語出《論語·泰伯》。則之，以之爲則。三國魏何晏集解："則，法
也。美堯能法天而行化。"此引《論語》，即强調"順化"。

　　［3］智照：佛教謂智慧遍照一切。南朝宋慧通《駁顧道士》："然
則聖人神鑒，靡所不通，智照寧有不周？"此二句言并非智慧觀照不能
周遍一切，是因爲除自然造化之外而無有可觀照之處。

　　［4］此二句言并非説理不能周詳完備，是因爲除造化之理外而
無有周詳完備之理。按：晉戴逵《釋疑論》曰："聖人爲善，理無不
盡。理盡善積，宜歷代皆不移。"意謂聖人之言理無不盡，凡夫何能
置喙。

　　［5］廓：虛空。《説文》："廓，空也。"此三句言由此推論，在經驗
認知之外，則虛空而理無所附。清黃宗羲《明儒學案》卷一〇曰："因
所指而異其名實，皆吾之心也。心外無物，心外無事，心外無理，心外
無義，心外無善。"即由此而推衍。

　　［6］宗極：引申爲至理。南朝梁沈約《神不滅論》："窮其原本，盡
其宗極，互相推仰，應有所窮。"此指上文所引"唯天爲大"之理。此二
句言唯因聖人理無不盡，他人難以置喙，明乎此則可知"唯天爲大"之
至理。

　　［7］文表之意：謂儒教之文外意旨。表，外。《禮記·玉藻》："表
裘不入公門。"鄭玄注："表裘，外衣也。"教表之文：謂儒教之外的文
辭。此指佛教典籍。教，教化。《禮記·經解》："孔子曰：入其國，其
教可知也。"此乃指斥佛教爲邪教，故謂其"爲謬已甚"。此二句言沙

門不了悟儒教文外之意，而迷惑於儒教之外的典籍，其荒謬已是無以復加矣。

　　[8] 希世：世所罕有。漢王延壽《魯靈光殿賦》："遨希世而特出，羌瓖譎而鴻紛。"驗：驗證。《廣韻》："驗，證也。"此二句言若佛教有顯明之證據，這簡直是世所未聞。

　　答曰：夫幽宗曠邈，神道精微，可以理尋，難以事詰[1]。既涉乎教，則以因時爲檢[2]。雖應世之具[一]，優劣萬差，至於曲成在用，感即民心，而通其分[3]。分至，則止其智之所不知，而不關其外者也[4]。若然，則非體極者之所不兼，兼之者不可并御耳[5]。是以"古之語大道者，五變而形名可舉，九變而賞罰可言"[6]。此但方內之階差，而猶不可頓設，況其外者乎[7]？

【校勘】

　　〔一〕"具"，張景崗校本作"見"，又校曰："《大正藏》及《文鈔》作'具'。"

【注釋】

　　[1] 幽宗：猶玄宗。指佛道之深奧義理。南朝梁簡文帝《和蕭東陽祀七里廟》："萬里實幽宗，三神亦天搆。"曠邈：遼遠、幽邈。《玉篇》："邈，遠也。"神道：神妙之道，此即佛道。晉庾冰《代成帝沙門不應盡敬詔》："夫萬方殊俗，神道難辨，有自來矣。"事詰：意謂證之以事。詰，追問。《老子》第十四章："此三者不可致詰，故混而爲一。"漢河上公章句："不可詰問而得之也。"此四句言佛教宗旨幽深邈遠，神妙之道精深細微，可以探尋其理，難以證之具體事物。

　　[2] 因時爲檢：按照時代法度爲標準。檢，以法度制之。《韻

會》：“檢，《三倉》云：法度也。”此二句言既涉及教化，就因時變而爲法度。

　　[3] 應世之具：應世教化之方。《説文》：“具，共置也。”曲成：隨機應變而使成功。《周易·繫辭上》：“曲成萬物而不遺。”晉韓康伯注：“曲成者，乘變以應物，不繫一方者也。”唐孔穎達疏：“言聖人隨變而應，屈曲委細，成就萬物。”感即民心：意謂感化直達人心。即，就，達也。《説文》：“感，即食也。”南唐徐鍇《繫傳》：“即，就也。”分：天分，天性。晉盧諶《贈劉琨書》：“在木，闕不材之資；處雁，乏善鳴之分。”唐李善注：“分，謂己所當得也。”此五句言雖然皆是應世教化之方，然而優與劣却有千差萬別，至於隨機應變的方便法門，感化直達人心且通乎人之本性，其差別則更爲顯著。

　　[4] 止，止觀，禪定智慧之合稱。此三句言一旦達乎人之天性，則其智慧止觀於未知，并不關乎外物以及“唯天爲大”之理。意謂至極之理可以寂照而無關於百代之典。

　　[5] 體極：道家指體悟道。《陳書·周宏正傳》：“自非含微體極，盡化窮神，豈能通志成務，探賾致遠！”佛教指體證至極。所謂至極，即真諦，又稱第一義諦、勝義諦、涅槃、真如等。慧遠《法性論》曰：“至極以不變爲性，得性以體極爲宗。”至極亦指泥洹、涅槃。慧遠《沙門不敬王者論》云，“泥洹不變，以化盡爲宅”“以化盡爲至極”。性，即佛性，又稱法性、真如、實相等。佛即覺悟，性即不變。關於體極之解，道與釋有本質不同，然此處兼有二義。此三句言如若這樣，那麼非證悟真諦者不能兼明佛之教化與世之教化的差異；兼明二者差異者又不可同時駕御方内、方外。

　　[6] 語出《莊子·天道》。意謂古代談論大道，演變至五次，可以舉形名，演變至九次，可以論賞罰。形名，物象和名稱，此謂名實相符。五變、九變，謂認識大道的内容及其次序。莊子認爲，論道而不按照一定次序，所論則非道。《天道》又論其次序曰：“是故古之明大道者，先明天而道德次之，道德已明而仁義次之，仁義已明而分守次

之,分守已明而形名次之,形名已明而因任次之,因任已明而原省次之,原省已明而是非次之,是非已明而賞罰次之,賞罰已明而愚知處宜,貴賤履位,仁賢不肖襲情,必分其能,必由其名。"由天、道德、仁義、分守(分位守職)、形名,是五變。五變再加上因任(因材任事)、原省(原宥省察)、是非、賞罰,則爲九變。是乃謂世俗之道亦必有一循序漸進的過程。

　　[7] 方內:指塵世。相對於"方外"而言。《莊子·大宗師》:"孔子曰:'彼遊方之外者也,而丘遊方之內者也。'"階差:次序分別。《釋名》:"階,梯也,如梯之等差也。"頓設:倉猝設置。《韻會》:"頓,遽也。"此謂倉猝明瞭。外:指方外。此三句言這僅僅是世俗之道就存在如此的次序差異,尚且不可一蹴而就,更何況方外之佛教呢!

　　請復推而廣之,以遠其旨[一]。"六合之外,存而不論"者,非不可論,論之或乖[1]。"六合之內,論而不辯"者,非不可辯,辯之或疑[2]。"《春秋》經世,先王之志,辯而不議"者,非不可議,議之者[二]或亂[3]。此三者,皆即其身耳目之所不至以爲關鍵,而不關視聽之外者也[4]。因此而求聖人之意,則內外之道,可合而明矣[5]。

【校勘】

　　〔一〕"以遠其旨",《文鈔》校曰:"一作'以通其類'。"卍正藏本《弘明集》卷五、乾隆藏本《集沙門不應拜俗等事》卷二、《慧遠研究·遺文篇》皆作"以遠其類",《慧遠大師集》作"以通其類"。

　　〔二〕"者",《慧遠研究·遺文篇》脫。

【注釋】

　　[1] 此三句言宇宙之外,保留却不論述之,并非不可論述,論之

即背離真相。出自《莊子・齊物論》：“六合之外，聖人存而不論。”晉郭象注：“夫六合之外，謂萬物性分之表耳。夫物之性表，雖有理存焉，而非性分之內，則未嘗以惑聖人也，故聖人未嘗論之。若論之，則是引萬物使學其所不能也，故不論其外，而八畛同於自得也。”六合，唐成玄英疏：“天地四方。”泛指天下、宇宙。

［2］此三句言宇宙之內，論述而不分辯之，并非不可分辯，辯之則使人生疑。出自《莊子・齊物論》：“六合之內，聖人論而不議。”晉郭象注：“陳其性而安之。”意謂宇宙萬物，聖人惟論説其物性，使物各安其性，而不辨別其彼此。

［3］此三句言《春秋》乃論治國之理、先王思想，所以分辯而不議之，并非不可議之，議之則生混亂。出自《莊子・齊物論》：“《春秋》經世，先王之志，聖人議而不辯。”晉郭象注：“順其成迹，而擬乎至當之極，不執其所是，以非衆人也。”意謂《春秋》惟在依照先王事迹，揣度其至極至當之理，而非執著個人是非標準，以非議衆人。按：慧遠所引與原文不同，未知是版本不同，抑或是割裂取捨，姑録而存照。

［4］此三句言上述所論三點，都是就其身體耳目所無法認知作爲關鍵，而沒有涉及視聽之外。

［5］此三句言因此探求聖人本意，必須綜合方内、方外之道，纔能明瞭。

常以爲道法之與名教，如來之與堯、孔，發致雖殊，潛相影響；出處誠異，終期則同[1]。詳而辯之，指歸可見[2]。理或有先合而後乖，有先乖而後合[3]。先合而後乖者，諸佛如來，則其人也[4]；先乖而後合者，歷代君王、未體極之主〔一〕，斯其流也[5]。何以明之？經云：“佛有自然神妙之法，化物以權，廣隨所入，或爲靈仙、轉輪聖帝，或爲卿相、國師、道士。若此之倫，在所變現，諸王、君子，莫知爲誰。”[6]此所謂合而後乖者也。或有始創大業，而功化未就，迹有參差，故所受不同[7]。或期功於身後，或顯應於當年，聖王則[二]之而成教者，亦不可稱算[8]。雖抑引無方，必歸途有會[9]。此所謂乖而後合者也。

【校勘】

〔一〕“主”，《慧遠研究・遺文篇》作“至”。按：據《形盡神不滅》“是以引歷代君王，使同之佛教，令體極之至，以權居統”，當作“至”。

〔二〕“則”，卍正藏本《弘明集》卷五、《慧遠研究・遺文篇》皆作“即”，乾隆藏本《集沙門不應拜俗等事》卷二作“師”。

【注釋】

[1] 道法：宗教學説與法術，此指佛教義理。名教：先秦指正定名分、教化於民，以維護社會倫理秩序。《管子・山至數》：“昔者周人有天下，諸侯賓服，名教通於天下。”其思想源於《論語》“正名”，其核心是“君君臣臣，父父子子”。漢以後指以三綱五常爲主要内容的封建禮教。西漢武帝時，董仲舒强調“審察名號，教化萬民”，將政治倫理、道德規範、倫理秩序等制定爲名分、名目、名節，以教化於民，故又稱之“以名爲教”。如來：即釋迦牟尼，佛教創始人。本名悉達多，姓喬達摩（瞿曇）。因父爲釋迦族，成道後被尊稱爲釋迦牟尼，意爲“釋迦族的聖人”。又稱爲佛陀、世尊、釋尊等。堯孔：中國古代兩位聖人。堯，傳説中五帝之一。祁姓，名放勛，帝嚳之子，原封於唐，故稱陶唐氏。孔子，名丘，字仲尼，魯國陬邑（今山東省曲阜市）人，祖籍宋國栗邑（今河南省夏邑縣），中國古代思想家、政治家、教育家，儒家學派創始人。發致雖殊：闡發思想不同。致，思想、觀念。《周易・繫辭下》：“天下同歸而殊途，一致而百慮。”晉韓康伯注：“途雖殊，其歸則同；慮雖百，其致不二。”此亦指教化衆生之方式不同。出處：原指出

仕和退隱，此指在家和出家。終期：最終之要旨。《廣韻》：“期，信也，要也。”此六句言通常説來，佛教義理與儒學名教，如來與堯、孔，思想雖有不同，深層中互相呼應；出世、避世誠然有別，最終目的則同。

［2］指歸：主旨；意向。《三國志・吳書・諸葛瑾傳》：“與權談説諫喻，未嘗切愕，微見風彩，粗陳指歸，如有未合，則捨而及他。”

［3］乖：背離。《玉篇》：“乖，戾也，背也。”此二句言道理有先相合而後背離，亦有先背離而後相合。謂或起點相同，而指歸不同；或起點不同，而指歸一致。

［4］先合：此指佛性、法性。後乖：此指佛陀普度衆生的方便法門。此二句意謂佛性雖然唯一，却可隨方便法門變爲種種現像，諸佛如來皆爲此類人。

［5］先乖：此指不同君主。後合：此指教化百姓之名教。此二句意謂君王雖然不同，其教化百姓之名教則歸於一致，歷代君主、尚未證悟真諦者皆屬於此類。

［6］此所引佛經，見《佛説太子瑞應本起經》。經意是説：佛有生於自然的神妙法術，能以方便法門化而爲物，并能隨衆生根性廣泛示相於世俗，如此之類，皆隨所入之所而變爲現相，使諸王君子，不知是佛之現相。李小榮《弘明集校箋》按曰：此處當是概述佛傳故事而成，如東漢竺大力與康孟詳合譯《修行本起經》、三國吳之支謙譯《太子瑞應本起經》、西晉竺法護譯《普曜經》等。權，權宜，佛教之方便法門。轉輪聖帝：又稱轉輪聖王，爲世間第一有福之人，於人壽八萬四千歲時出現，統轄四天下。有四種福報：大富、珍寶、財物、田宅，爲天下第一；形貌莊嚴端正，具三十二相；身體健康無病，安穩快樂；壽命長遠，爲天下第一。轉輪王出現時，天下太平，人民安樂，没有天災人禍。變現：指佛所變之現相。唐元稹《大雲寺二十韻》：“聽經神變見，説偈鳥紛紜。”

［7］功化未就：功德教化没有成功。《廣韻》：“就，成也。”迹有參差：個人行爲各有差異。《類篇》：“迹，步處也。”所受不同：所得果報

不同。《玉篇》：“受，得也。”按：佛教講三世：過去、現在、未來；講因果，認爲人之所受果報，或在現在，或在未來，但因果不爽。下二句所説之“期功於身後”是在未來，“顯應於當年”則在現在。慧遠《三報論》則將之歸類爲現報、生報、後報。

[8] 期功：待其成功。《莊子·寓言》：“無經緯本末，以期年耆者，是非先也。”晉郭象注：“期，待也。”顯應：顯現報應。則之而成教：謂依據果報而制定教化。《韻會》：“則，一曰法也。《增韻》：凡制度品式皆曰則。”之，代指種種因果報應。稱算：計算。南朝陳徐陵《爲陳武帝作相時與嶺南酋豪書》：“僞黨皆俘，連城盡拔，所收軍資，不可稱算。”果報複雜，故不可稱算。

[9] 抑引：謂抑制情欲而導之以善。三國魏嵇康《難〈自然好學論〉》：“六經以抑引爲主，人性以從欲爲歡。”無方：没有常則。晉郭璞《江賦》：“動應無方，感事而出。”唐李善注：“孔安國《尚書傳》曰：神妙無方。鄭玄《論語注》曰：方，常也。”歸途有會：比喻歸趣相同。南朝梁劉勰《文心雕龍·體性》：“若總其歸塗，則數窮八體。”又《廣韻》：“會，合也。”《韻會》：“途，通作涂，一作塗。”古三字并通。此二句言雖祛除貪戀而向善并無常則，但其旨歸完全一致。

若令〔一〕乖而後合，則擬步通途者，必不自崖於一揆[1]。若令先〔二〕合而後乖，則釋迦之與堯、孔，發〔三〕致不殊，斷可知矣[2]。是故自乖而求其合，則知理會之必同[3]。自合而求其乖，則悟體極之多方[4]。但見形者之所不兼，故惑〔四〕衆塗而駭其異耳[5]。

【校勘】

〔一〕“令”，《慧遠研究·遺文篇》作“今”。形近而誤。

〔二〕“先”，《慧遠大師集》無此字。按：從前後句式看，或“令乖而後合"之"令"後脱一"先"字,或"令先合而後乖"之"令"後之"先"爲衍文。

〔三〕"發",卍正藏本《弘明集》卷五、乾隆藏本《集沙門不應拜俗等事》卷二、《慧遠研究·遺文篇》皆作"歸"。

〔四〕"惑",《慧遠研究·遺文篇》作"或"。音同而誤。

【注釋】

[1] 擬步通途:欲行於大道。《説文》:"擬,度也。"自崖於一揆:謂自我限定爲一個方面。崖,比喻限定之邊界。《説文》:"崖,高邊也。"南唐徐鍇《繫傳》:"水邊地有垠塄也,無垠塄而平曰汀。"一揆,猶一理。《孟子·離婁下》:"得志行乎中國,若合符節,先聖後聖,其揆一也。"意謂古代聖人舜和後代聖人文王所作所爲完全相同。後因以之謂同一道理。《玉篇》:"揆,度也。"此三句言若從"先乖而後合"角度説,那麼欲行大道者,必然不會自我限定一方。

[2] 此三句言若從"先合而後乖"角度説,那麼如來與堯、孔的理論歸趣没有不同,則斷然可知。

[3] 理會:謂合之於理。《廣韻》:"會,合也。"此謂合乎佛教之真諦。此二句言所以從不同理論(方法)上而求其相同歸趣,就可知佛教與儒學同於一理。

[4] 多方:猶多義。《韻會》:"方,義之所在曰方。《論語》:且知方也。"此指不同途徑。謂佛教種種方便法門。此二句言從歸趣相同而求其不同處,即可明瞭體悟終極真理有不同途徑。

[5] 形,猶表面。《玉篇》:"形,容也。"此二句言世俗只見佛教之表面不能兼顧儒家倫理,所以惑於世俗之途而驚駭其與世俗之差異耳。

因兹而觀,天地之道,功盡於運化[1]。帝王之德,理極

於順通[2]。故雖曰道殊，所歸一也。不兼應者，物不能兼愛
也[一][3]。若以對夫獨絶之教、不變之宗，故不得同年而語其
優劣，亦已明矣[4]。

【校勘】

〔一〕"故雖曰道殊"及以下三句，《慧遠大師集》、《慧遠研究·遺
文篇》、張景崗校本皆脱。《文鈔》校曰："以上四句，從《高僧傳》補。"

【注釋】

[1] 運化：運行變化。《周易·復》："復其見天地之心乎！"三國
魏王弼注："然則天地雖大，富有萬物，雷動風行，運化萬變，寂然至
無，是其本矣。"此取寂然無爲之意。此三句言由此看來，天地之道，
其用盡於無爲自然之運化。

[2] 順通：順遂通達。三國魏嵇康《釋私論》："物情順通，故大道
無違；越名任心，故是非無措也。"此二句言帝王之大德，至極之理是
順乎民性、通達物理。

[3] 不兼應：不可同時承擔兩事。應，通膺，承受。《韻會》："應，
通作膺。"《書·牧誓》："文王克成厥勳，誕膺天命。"漢孔安國傳："能
成其王功，大當天命。"兼愛：并愛之。《説文》："兼，并也。"此二句言
帝王不可兼治方内、方外，僧侣亦不能兼愛帝王、釋迦。

[4] 獨絶：獨一無二。《南史·謝靈運傳》："靈運詩書皆兼獨絶，
每文竟，手自寫之，文帝稱爲二寶。"同年而語：猶言相提并論。漢賈
誼《過秦論上》："試使山東之國，與陳涉度長絜大，比權量力，則不可
同年而語矣。"此指獨絶之教、不變之宗不可與體極者同年而語。

【義疏】

此文重點論述證悟佛教真諦不能兼任方内之禮，故沙門不敬王

者。文章亦以設問開端,首先自樹論的:歷觀前史,皆以天道爲本原,以君王爲宗主。此非智慧所能觀照,説理所能盡明,乃自古而然矣。因此不可言於視聽之外,必須明瞭至極之理。佛教信徒不悟聖人深意,惑於佛教文辭,溺於無可驗證之世界。然後正面論説,以"至極"爲核心,以方内、方外之同異爲闡釋對象,逐一駁斥世俗之論調。

第一,運用方内、方外對比,説明佛理玄奧,不可輕易認知。佛理深奧精妙,可得之以理,不可證之以事。但既涉及教化,必以時世爲準。即便應世之教化亦有優劣,佛教之關鍵在於以方便法門,直擊人心,達乎其性,反觀其内,智照一切。所以非證悟真諦(至極)者不可兼明方内、方外之别,兼明者亦不可同時駕御方内、方外。莊子説,論大道必遵循其認知次序,"五變"纔可言形名,"九變"方能談賞罰,世俗認知尚須依次而進,佛教認知更是如此。

第二,引證《莊子・天道》,闡釋説理與認知之關係。無論是宇宙之内,或是宇宙之外,或存而不論物理,謹防違背事理;或論而不辯彼此,謹防混淆視聽。至於治國經典、先王思想,或可分辯差異,却不可妄斷是非,謹防滋擾人心。此三者皆以身心耳目是否能够直接認知爲關鍵,而與佛教所論的視聽之外無關。作者意在説明世俗認知尚須如此謹慎,方外之論更不宜輕易妄下結論,所以告誡曰:探求聖人之道,必須綜合方内、方外之理,方可明瞭。

第三,直接論述佛教與名教的相異且相同之處。二者雖表面上思想出發點不同,且有出家、世俗之别;深層中却又互相影響,其歸趣皆在於直指人性。理論有"先合而後乖",亦有"先乖而後合"。諸佛、如來合於佛教真諦,却以方便法門,應身化作諸相,以教化人心,此乃"先合而後乖"者也;君主、凡夫背離佛教真諦,却以合乎世俗,建立現實功業,效前賢而成教化,此乃"先乖而後合"者也。退一步説,世俗之"或期功於身後,或顯應於當年",抑引無方,不可勝言,然在"至極"之理上果報不爽,在社會教化上抑惡揚善。本質上亦與佛教"先乖而後合"。

第四,論述世俗論者"惑衆塗而駭其異"的深層原因。從"先乖而後合"的角度説,欲行大道者,必然有多種路徑可以選擇。也就是説,世俗倫理與佛教律行皆具有存在的合理性。從"先合而後乖"的角度説,佛祖和堯、孔闡發的思想并無本質不同。因此,如若從不同點求其相同處,就可知佛教與儒家皆具有共同的合理性。如果從相同點而求其不同處,那麽佛教與儒家僅僅是體悟至極之理的方式不同而已。也就是説,無論是求其同抑或求其異,二者同樣具有存在的合理性。因爲世俗論者,只看見佛家表面上不可兼得方內、方外,所以衆生惑於成佛之途徑而驚駭佛教與世俗之不同,實是尚未證悟至極之故。

第五,結論。自然之大道,其功盡達乎寂然無爲;帝王之大德,順民通物乃是其至極之理。雖然釋迦之教與帝王之德所行之道不同,教化衆生之歸趣則一致。帝王不可兼治方內、方外,佛教不能兼愛釋迦、帝王。如若以佛教與世俗教化相比較,則二者不可同日而語,優劣也十分明確。

雖論佛教與世俗有方內、方外之別,且二者"發致雖殊,潛相影響",調和佛教與名教之理論和行爲上的衝突,但是彰顯佛教超越世俗、直指人心的優越性則蘊含其中,在不可"兼愛"的理論闡釋中,也豐滿了不敬王者的理由。由"求宗"——探求本原,到"體極"——證悟真諦,説理層層深化。

形盡神不滅五

問曰:論旨[一]以化盡爲至極,故造極者必違化而求宗,求宗不由於順化[1]。是以引歷代君王,使同之佛教,令體極之至,以權居[二]統[2]。此雅論之所託,自必於大通者也[3]。求之實當,理則不然[4]。何者? 夫禀氣極於一生,生盡則消液而同無[5]。神雖妙物,故是陰陽之化[三]耳[6]。既化而爲生,又化而爲死;既聚而爲始,又散而爲終[7]。因此而推,故知神形俱化，原無異統；精麤一氣，始終同宅[8]。宅全，則氣聚而有靈；宅毀，則氣散而照滅[9]。散則反所受於天〔四〕本，滅則復歸於無物[10]。反覆終窮，皆自然之數耳，孰爲之哉[11]？若令本異，則異氣數合，合則同化〔五〕[12]。亦爲神之處形，猶火之在木，其生必存〔六〕，其毀必滅[13]。形離則神散而罔寄，木朽則火寂而靡託，理之然矣[14]。假使同異之分，昧而難明，有無之説，必存乎聚散[15]。聚散，氣變之總名，萬化之生滅[16]。故莊子曰："人之生，氣之聚，聚則爲生，散則爲死。若死若生，爲彼徒苦〔七〕，吾又何患！"[17]古之善言道者，必有以得之[18]。若果然耶〔八〕，至理極於一生，生盡不化，義可尋也[19]。

【校勘】

〔一〕"旨"，《慧遠大師集》《慧遠研究·遺文篇》皆作"者"。或形近而誤。

〔二〕"居"，《文鈔》校曰："一作'君'。"卍正藏本《弘明集》卷五、《慧遠大師集》、《慧遠研究·遺文篇》皆作"君"。形近而誤。

〔三〕"化"，《慧遠大師集》《慧遠文集》皆作"所化"。

〔四〕"天"，卍正藏本《弘明集》卷五、乾隆藏本《集沙門不應拜俗等事》卷二、《慧遠研究·遺文篇》皆作"大"。或形近而誤。

〔五〕"若令本異，則異氣數合，合則同化"，《慧遠研究·遺文篇》作"若令本則異氣數合，則同化"。語意扞格。

〔六〕"存"，卍正藏本《弘明集》卷五、乾隆藏本《集沙門不應拜俗等事》卷二皆作"并"，誤。

〔七〕"若死若生，爲彼徒苦"，卍正藏本《弘明集》卷五作"若死生爲彼徒苦"，《隆興編年通論》卷四作"若死生爲彼之徒"，《莊子·知北遊》作"若死生爲徒"。

〔八〕"耶",《慧遠大師集》作"者"。

【注釋】

〔1〕化盡：即寂滅、涅槃。緣起生相爲化，緣息相滅爲盡。至極：即真諦，又稱第一義諦、勝義諦、涅槃、真如等。造極：至其極，喻達到完美之境界。南朝梁沈約《棋品序》曰："静則合道，動必適變，若夫入神造極之靈，經武緯文之德。"違化而求宗：背離教化，探求本原。《廣韻》："宗，本也。"順化：一指順應國之教化，二指順應自然造化。此三句言你所論述主旨以寂滅爲真諦，所以達乎寂滅者必背離教化（造化）而探究根本，所探究之根本并非產生於教化（順化）。

〔2〕體極之至：證悟至極之理。體極，一指體悟天道，二指證悟佛理。佛教所謂至極，即真諦。詳見上注。以權居統：意謂因權宜方便而居於君位。統，此指治理天下者。《韻會》："統，總也，御也。"此四句言因此你引證歷代君王，主觀上認爲他們與佛教相同，也是體證至極，居於君王之位只是權宜而已。

〔3〕雅論之所託：謂高論所寄托之意。雅論，對他人言論之尊稱。《説文》："託，寄也。"自必：苟必，且必。表推測語氣。清王引之《經傳釋詞》卷八："自，猶苟也。"大通：猶大道。《莊子·大宗師》："顔回曰：墮肢體，黜聰明，離形去知，同於大通，此謂坐忘。"唐成玄英疏："大通，猶大道也。道能通生萬物，故謂道爲大通也。"此三句言這正是高論的主旨，自以爲必是通達大道。

〔4〕實當：猶言合理之實際。《正韻》："當，猶合也，理合如是也。"此二句言所論可能合乎大道，然求之實際之理，則又不然。

〔5〕禀氣：所受自然之氣。漢王充《論衡·氣壽》："人之禀氣，或充實而堅强，或虛劣而軟弱。"極於一生：謂會聚於終身。《增韻》："極，要會也。"消液而同無：謂溶解而歸之空無。晉成公綏《雲賦》："舒則彌綸覆四海，卷則消液入無形。"此二句言人所禀受的自然之氣終其一生，生命一旦消逝，所禀受的自然之氣消散而歸之空無。

[6] 神雖妙物：精神雖妙達萬物之理。《周易·繫辭上》："神也者，變化之極，妙萬物而爲言，不可以形詰者也。故曰陰陽不測。"唐孔穎達疏："陰陽不測之謂神者，天下萬物皆由陰陽或生或成，本其所由之理，不可測量之謂神也，故云陰陽不測之謂神。"陰陽之化：萬物爲陰陽所化生。此二句言神雖然妙達物理，這也僅僅是陰陽造化所形成而已。

[7] 此四句言所以因造化而生，化盡則死；神聚而爲始，神散而終。意謂人之生死，神之聚散，皆由陰陽造化使然。

[8] 麤：同粗，此指形體。《韻會》："麤，一作粗。"宅：比喻人體。《說文》："宅，所託也。"此指神、氣完聚的生命之體。此四句言由此推論，可知精神與形體取決於陰陽造化，二者皆禀受自然之氣，始終是一個整體。

[9] 照：神靈之光。《集韻》："照，本作昭。"《說文》："昭，日明也。"此四句言形體健全，則精氣聚而有神靈；形體毀喪，則精氣散而神光滅。

[10] 反：同返。《韻會》："返，還也。通作反。"天本：自然的本原狀態。此二句言精氣散即回歸於自然，神靈滅則回歸於空無。

[11] 終窮：終極、窮盡。《莊子·大宗師》："相忘以生，無所終窮。"數：天數，古代星曆之學。《史記·天官書》："昔之傳天數者，高辛之前重黎。"孰：不定代詞。《廣韻》："孰，誰也。"此三句言神氣反復，最終走向覆滅，皆自然定數，不可人爲。

[12] 本：指自然之氣。數：指天命曆數。此三句言如果使人所受自然之氣不同，那麼不同之氣因天數而聚合，聚合之後亦有散滅，也必然同受陰陽化生。

[13] 此四句言神居於形體，猶如火之生於木，木存則火生；木盡則火滅。

[14] 罔寄：無所寄託。《廣韻》："罔，無也。"靡託：没有寄託。《廣韻》："靡，無也。"此三句言形體消逝則神無所寄託而消散，木薪燃

盡則火無所寄托而寂滅,是必然之理。

[15] 昧:不明貌。《韻會》:“昧,冥也。”此三句言即便同受自然之氣而又各不相同,此理晦暗不明,那麼神氣之聚散,則可證有無之説。

[16] 此四句言聚散,是神氣變化的抽象表述,萬物之生滅皆是陰陽化生的結果。

[17] 語出《莊子·知北遊》。其後二句原文:“若死生爲徒,吾又何患!”意謂人之生死,氣之聚散,皆陰陽化生的必然現象。死即是生,生即是死,吾又何必憂患生死。此意在强調生死氣滅皆必然現象,不存在死而氣(神)存之理。

[18] 有以:猶言有因,有據。《詩·邶風·旄丘》:“何其久也,必有以也。”此二句言古之精通於道,所言必然有據。

[19] 此四句言若果真如此,生死限於一生,生命結束就不再有變化,其爲至理,其義可證。

　　答曰:夫神者何耶? 精極而爲靈者也[1]。精極則非卦象之所圖,故聖人以妙物而爲言[2]。雖有上智,猶不能定其體狀,窮其幽致[3]。而談者以常識生疑,多同自亂,其爲誣也,亦已深矣[4]。將欲言之,是乃言夫不可言[5]。今於不可言之中,復相與而依俙〔一〕[6]。神也者,圓應無生〔二〕,妙盡無名[7]。感物而動,假數而行[8]。感物而非物,故物化而不滅;假數而非數,故數盡而不窮[9]。有情則可以物感,有〔三〕識則可以數求[10]。數有精麤,故其性各異;智有明闇,故其照不同[11]。推此而論,則知化以情感,神以化傳[12]。情爲化之母,神爲情之根;情有會物〔四〕之道,神有冥移之功〔五〕[13]。但悟徹者反本,惑理者逐物耳[14]。

【校勘】

〔一〕“俙”，《慧遠大師集》、張景崗校本皆作“稀”。古二字同。

〔二〕“無生”，乾隆藏本《沙門不應拜俗等事》卷二、《佛祖歷代通載》卷七、《慧遠大師集》、《慧遠研究·遺文篇》皆作“無主”。

〔三〕“有”，《慧遠大師集》作“在”。或形近而誤。

〔四〕“物”，《慧遠研究·遺文篇》作“初”。

〔五〕“功”，《佛祖歷代通載》卷七作“歸”。

【注釋】

[1] 神：一是指生命現象之神，類似精神。如《明報應論》“神形雖殊，相與而化”。二是指認知主體之神，類似心識。如《明報應論》“二理俱遊，冥爲神用”。三是指妙達物理之神。如《周易·繫辭上》“神者，妙萬物而爲言者也”。四是指永恒不變之神，類似法身。如《萬佛影銘序》：“法身之運物也，不物物而兆其端，不圖終而會其成。理玄於萬化之表，數絶乎無形無名者也。”此處之神，乃融合佛教與易學，又類似道家之道，無形無相，非有非無，不可描摹，高深莫測，是一種超越形體的神明，既包括靈魂，又非止靈魂。其本質則是指“常住不變”之法身（如來藏），永遠不滅。形神，在哲學上類似於道家（玄學）之“迹”（現象）與“所以迹”（本體）。精極：精粹到極至。宋程頤《伊川易傳》卷一：“以剛健中正純粹六者，形容乾道。精，謂六者之精極。”此二句言所謂神，乃至極之精髓而形成之神靈。

[2] 卦象：八卦之象，《周易》以八卦爲符號，象徵事物及其爻位等關係。術數家視卦象以測天理、人事。妙物而爲言：謂以妙達物理而言神。《周易·繫辭上》：“神者，妙萬物而爲言者也。”此二句言至極之神靈則非卦象所能描摹，所以聖人以妙萬物而論證神的存在。

[3] 上智：上等智慧。南朝梁沈約《七賢論》：“嵇生是上智之人，值無妄之日，神才高傑，故爲世道所莫容。”幽致：深奧之理。北魏酈道元《水經注·渭水三》：“神道茫昧，理難辨測，故無以精其幽致矣。”

此三句言即使有聖人之智,尚且不能以象(卦象)確定其形狀,亦不能窮盡幽深之理。謂神無形無象,其理不可窮盡。

　　[4] 誣:欺騙。《玉篇》:"誣,欺罔也。"此四句謂神不可以常識認知它,否則疑問叢生,自亂其心,惟是深深欺騙自己而已。

　　[5] 此三句言將欲論之,這似乎可言之,却又不可言之。意謂神無形無名,故欲言而不可言之。

　　[6] 依俙:隱約,不清晰。《韻會》:"依俙,猶言髣髴也。"後亦作依稀、依希。南朝梁劉勰《文心雕龍·指瑕》:"字以訓正,義以理宣,而晉末篇章,依希其旨。"此三句言現在於不可言的情況下,再與之模糊論述之。

　　[7] 圓應無生:周遍一切而無相。圓應,普遍應化。南朝梁沈約《上建闕表》:"天德圓應,憲章自遠。"無生,謂不生不滅。晉王該《日燭》:"咸淡泊於無生,俱脱骸而不死。"方立天注:"無生"應作"無主"。慧遠《襄陽丈六金像頌并序》云:"萬流澄源,圓應無主,覺道虚凝,湛焉遺照。"李小榮《弘明集校箋》亦校作"無主"。二説或可商榷。因爲神乃無相,故無生滅;惟因無相,是亦無主。二者表達不同,内涵一致,或非文字錯訛。妙盡無名:謂雖妙達窮盡物理,却無可稱名。無名,不可稱名。道家稱天地未形成時的狀態爲"無名"。《老子》第一章:"道可道,非常道,名可名,非常名。無名天地之始,有名萬物之母。"三國魏王弼注:"凡有皆始於無,故未形無名之時,則爲萬物之始。"老子認爲道生於天地之始,無可稱名,勉强稱之曰道。故《老子》第二四章:"吾不知其名,字之曰道。"此三句言所謂神,周遍一切而無相,妙盡物理而無名。

　　[8] 感物而動:應物而生情。《淮南子·原道訓》:"物至而神應,知之動也。知與物接,而好憎生焉。"數:指名數、法數,或曆數。佛教以數量表示名目、法門,如"三寶""三界""四大""四諦""五藴"等等。此二句言神乃應感萬物而動之,藉助名數而行之。

　　[9] 物化:莊子提出的哲學概念,意謂物之變化在形式上是有差

別的存在,在本質上則是彼我同化的無差別存在。《莊子·齊物論》:
"昔者莊周夢爲胡蝶,栩栩然胡蝶也。自喻適志與!不知周也。俄然
覺,則蘧蘧然周也。不知周之夢爲胡蝶與?胡蝶之夢爲周與?周與
胡蝶,則必有分矣。此之謂物化。"此四句言神雖應萬物而動却非物,
故物可變化而神不滅;雖藉名數而行却非數,故數可窮盡而神無窮。

[10] 此二句言因爲神有情,可由因物生感而得之;神有識,可由
因數以行而求之。

[11] 此四句言數有名數、法數之精粗分別,故其性情亦各有差
別;智有透徹、暗昧之差異,故其觀照(認知)亦不相同。

[12] 此三句言由此推論,可知物化因情而感發,神乃因物化而
無盡。按:就某一種現象變化(一化)而言,聚散有常,是有限的存在;
就宇宙整體的現象變化(萬化)而言,聚散生生,是無限的存在。神是
萬化背後的永恒存在,故不滅。

[13] 會物:情與物之交會。慧遠《遊石門詩序》:"夫崖谷之間,
會物無主,應不以情,而開興引人致深。"物與物相應而無情,却可引
發情。所論觀點與此有所不同。冥移:玄冥之境中傳化遷移。南朝
梁簡文帝《爲人作造寺廟疏》:"昔人修檀,手雨七寶,前賢薄施,掌出
雙金,福有冥移,言無多遜。"惟因神可冥移之功,故不滅。此四句言
情是感發物化之母體,神是情感產生之根本;情可體察物理之道,神
有冥移遷化之功能。

[14] 悟徹者反本:透徹之悟者復歸於本原。反本,即《求宗不順
化》所言之"反本求宗",回歸根本,探求真諦。惑理者逐物:惑於物理
者流蕩於外物。謂惑於現象也。

　　古之論道者,亦未有所同,請引而明之。莊子發玄音於
《大宗》曰:"大塊勞我以生,息我以死。"[1] 又以生爲"人羈",
死爲"反真"[2]。此所謂知生爲大患,以無生爲反本者也[3]。

文子稱黃帝之言曰："形有靡而神不化，以不化乘化，其變無窮。"[4] 莊子亦有云："特犯人之形而猶喜之[一]，若人之形，萬化而未始有極。"[5] 此所謂知生不盡於一化，方逐物而不反者也[6]。二子之論，雖未究其實，亦嘗傍宗而有聞焉[7]。論者不尋無方生死[二]之說，而惑聚散於一化；不思神道有妙物之靈，而謂精麤同盡，不亦悲乎[8]！

【校勘】

〔一〕"之"，《文鈔》脫。此據《莊子·大宗師》《慧遠大師集》《慧遠研究·遺文篇》校補。

〔二〕"無方生死"，《文鈔》校曰："一作'方生方死'，無'無'字。"卍正藏本《弘明集》卷五、乾隆藏本《集沙門不應拜俗等事》卷二作"方生方死"，語出《莊子內篇·齊物論》《莊子雜篇·天下》。

【注釋】

[1] 大塊：即天地、自然。勞我以生：意謂以生而使我牽累。息我以死：意謂以死而使我休息。此節引《莊子·大宗師》："夫大塊載我以形，勞我以生，佚我以老，息我以死。"晉郭象注："夫形生老死皆我也，故形爲我載，生爲我勞，老爲我佚，死爲我息。四者雖變，未始非我，我奚惜哉！"意即載我以形，賦予形體，使我神有寄托。

[2] 生爲人羈：生命乃是人之羈絆。《說文》："羈，馬絆也。"死爲反真：死亡則回歸自然本原。按：慧遠所言與莊子不同。《莊子·大宗師》："嗟來桑戶乎，嗟來桑戶乎，而〔汝〕已反其真，而我猶爲人猗。"人猗，猶人。猗，語助詞。唐陸德明《經典釋文》卷二六："猗，辭也。"慧遠則將"猗"解爲"羈"，同音假借。

[3] 大患：猶言大苦難。《老子》第十三章："吾所以有大患者，爲吾有身。"漢河上公章句："吾所以有大患者，爲吾有身，有身憂其勤

勞,念其饑寒,觸情從欲,則遇禍患也。"此二句言此就是説執著生命是人生苦難,忘却生命則返璞歸真。

[4]語出《文子·守樸篇》:"故形有靡而神未嘗化,以不化應化,千變萬轉而未始有極。"靡,又作摩,古代方言。《淮南子·精神訓》引此句作摩。漢高誘注:"摩,滅,猶死也。神變歸於無形,故曰未嘗化。化猶死也,不化者精神,化者形骸。"又《揚子·方言》:"摩,滅也。陳之東鄙曰摩。"乘化:順應自然。晉陶潛《歸去來兮辭》:"聊乘化以歸盡,樂夫天命復奚疑。"此二句言文子引述黄帝之言説:形可滅而神不變,以不變之神順乎自然,形雖變而神則不盡。

[5]語出《莊子·大宗師》:"特犯人之形而猶喜之,若人之形者,萬化而未始有極也。"晉郭象注:"人形乃是萬化之一遇耳,未可喜也,無極之中,所遇者皆若人耳。豈特人形可喜,而餘物無樂邪?"犯,遭遇,猶生。《廣韻》:"犯,干也,侵也。"引申而言之。此二句言莊子亦云:僅僅遭遇自然之化而成人形就喜悦之,若因成人形而喜悦,那麼萬化無窮,其造物也無窮,萬物皆有喜悦麼? 意謂造化育人,猶如化育萬物,皆自然之道,故人不必執著於生命之形也。

[6]生不盡於一化:即上句晉郭象注所言之"人形乃是萬化之一遇耳"之意。逐物而不反:意謂溺於萬物之假象,而不知返回於本原。語出《莊子·天下篇》:"惜乎惠施之才,駘蕩而不得,逐萬物而不反。"宋林希逸注:"惠施亦爲有才者,但放蕩而無所得,逐於外物而不知反,是可惜也。"此二句言這就是説,一化所生之人形始終處於輪迴之中,故衆生溺於外物假象之存在,而不知回歸於本原。

[7]傍宗:指佛教之外的其他學派。《廣韻》:"傍,側也。"此二句言文子、莊生之論,雖未能探究而得其真實(真諦),然於其他學派亦曾見同類的理論。

[8]無方:猶無所不至。《周易·益》:"天施地生,其益無方。"唐孔穎達疏:"其施化之益,無有方所。"生死之説:指莊子齊一生死之説。《莊子·齊物論》:"方生方死,方死方生。"晉郭象注:"夫死生之

變，猶春秋冬夏四時行耳。故死生之狀雖異，其於各安所遇一也。今生者方自謂生爲生，而死者方自謂生爲死，則無生矣。生者方自謂死爲死，而死者方自謂死爲生，則無死矣。無生無死，無可無不可，故儒墨之辨，吾所不能同也。至於各冥其分，吾所不能異也。"此五句言論者不追尋無所不至的方死方生之説，却迷惑於生死在於一化；不思考神道是妙達物理之靈，而説形神俱滅，不是悲哀的麼！

　　火木之喻，原自聖典，失其流統，故幽興莫尋[1]。微言遂淪於常教，令談者資之以成疑[2]。向使時無悟宗之匠，則不知有先覺之明[3]。冥傳之功〔一〕，没世靡聞[4]。何者？夫情數相感，其化無端，因緣密構，潛相傳寫[5]。自非達觀，孰識其變？自非達觀，孰識其會〔二〕[6]？請爲論者驗之以實。火之傳於薪，猶神之傳於形；火之傳異薪，猶神之傳異形[7]。前薪非後薪，則知指窮之術妙[8]；前形非後形，則悟情數之感深[9]。惑者見形朽於一生，便以謂〔三〕神情俱喪，猶睹火窮於一木，謂終期都盡耳[10]。此曲〔四〕從《養生》之談，非遠尋其類者也[11]。

【校勘】

　　〔一〕"功"，《慧遠研究・遺文篇》作"巧"。形近而誤。

　　〔二〕"自非達觀，孰識其會"二句，《慧遠大師集》《慧遠研究・遺文篇》俱脱。

　　〔三〕"謂"，《慧遠大師集》《慧遠研究・遺文篇》皆作"爲"。或當據改。

　　〔四〕"曲"，張景崗校本作"由"。形近而誤。

【注釋】

[1] 失其流統：喪失其源流宗旨。《韻會》：“統，總也，綱也。”幽興莫尋：不能追尋其深微之旨。興，猶意旨。《增韻》：“興，況意思也。”此四句言火木的比喻，本原於聖人經典，因爲在流傳過程中喪失其宗旨，所以衆生不明其幽深之道。

[2] 微言：微言大義之略，即微妙之辭包含深刻之義。漢劉歆《移書讓太常博士》：“及夫子没而微言絶，七十子卒而大義乖。”淪於常教：意謂淪喪於世俗之認知。《韻會》：“淪，没也。”資之：依據常教。《玉篇》：“資，取也，用也。”之，代指常教。此二句言遂使微言大義淪落爲世俗認知，談論者又依據世俗認知而生疑竇。

[3] 向使：假使。《後漢書·張衡傳》：“向使能瞻前顧後，援鏡自戒，則何陷於凶患乎！”楊樹達《詞詮》卷四：“向，與‘假若’同。”悟宗：指覺悟佛理宗旨。《廣韻》：“悟，心了。”《韻會》：“悟，覺也。”先覺之明：意同先見之明。先覺，事先覺悟、預見者。《孟子·萬章上》：“天之生此民也，使先知覺後知，使先覺覺後覺也。”漢趙岐注：“覺，悟也。”匠：指造詣精深者。南朝梁慧皎《高僧傳·竺道潛傳》：“往在京邑，維持法綱，内外俱瞻，弘道之匠也。”此二句言假使時代無覺悟佛理之哲人，就不明瞭先覺者之宗旨。

[4] 冥傳之功：即上文所謂“冥移之功”，指神在玄冥之境中傳化遷移之功能。没世靡聞：永世不知之。《玉篇》：“靡，無也。”

[5] 因緣：構成事物産生、變化和消亡之主要條件爲因，輔助條件爲緣。佛教認爲一切事物皆因緣而生，緣起則生，緣息則滅。傳寫：流轉不盡。寫，猶傳也。《禮記·曲禮》：“君賜餘器之漑者不寫。”漢鄭玄箋：“寫者，傳己器中乃食之也。”此四句言情（識）數互相生發，變化無端，因緣前後相續，轉移於冥境。

[6] 其變：即上文“其變無窮”，意謂宇宙之化無窮無盡。其會：即上文“會物之道”，意謂情有體察物理之道。此二句意謂非達觀之人膠著於“一化”，而不識其“萬化”；膠著於情會於物，而不知神爲情

之本根。

　　[7] 此四句言火生於薪,猶如神傳於形。前薪燃盡而再加後薪,薪有不同,火則不息;前形消亡而後形又生,形雖不同,神則永恒。

　　[8] 此句是説由前薪并非後薪,則知莊子"指窮"之道微妙。意取《莊子·養生主》:"指窮於爲薪,火傳也,不知其盡也。"晉郭象注:"窮,盡也。爲薪,猶前薪也。前薪以指,指盡前薪之理,故火傳而不滅。心得納養之中,故命續而不絶。明夫養生乃生之所以生也。夫時不再來,今不一停。故人之生也,一息一得耳。向息非今息,故納養而命續;前火非後火,故爲薪而火傳。火傳而命續,由夫養得其極也。世豈知其盡而更生哉!"宋林希逸注:"此死生之喻也。謂如以薪熾火,指其薪而觀之,則薪有窮盡之時,而世間之火,自古及今,傳而不絶,未嘗見其盡。"意謂人之心神若與天地精神相往來,雖形有盡而神不滅。《淮南子·精神訓》:"故形有摩而神未嘗化者,以不化應化,千變萬抮而未始有變。"漢高誘注:"摩,滅,猶死也。神變歸於無形,故曰未嘗化。化,猶死也。不化者精神,化者形骸。"語意甚明。

　　[9] 此二句言前一形體(現象)并非後一形體(現象),由此則可了悟情與數生生不已。

　　[10] 此四句乃論證核心,意謂論者惑於在單一生命體的形朽(死亡)變化之中,就認爲形朽而神情俱滅,就如一木火滅,而認爲火永遠熄滅一樣。

　　[11] 此二句言此乃曲解了《養生主》之談,而不能遠尋同類連貫的現象所反映的本質。即前薪滅後薪續之,火則永恒不息。

　　就如來論,假令神形俱化,始自天本;愚智資生,同稟所受[1]。試問所受者,爲受之於形耶?爲受之於神耶[2]?若受之於形,凡在有形,皆化而爲神矣[3]。若受之於神,是[一]

以神傳神，則丹朱與帝堯齊聖，重華與瞽叟〔二〕等靈[4]。其可然乎？其可然乎[5]？如其不可，固知冥緣之構，著於在昔；明闇之分，定於形初[6]。雖靈均〔三〕善運，猶不能變性之自然，況降茲已還乎[7]！驗之以理，則微言而有徵；效之以事，可無惑於大道〔四〕[8]。

【校勘】

〔一〕"是"，《慧遠大師集》《慧遠研究·遺文篇》皆作"是爲"。

〔二〕"叟"，《慧遠大師集》、張景崗校本皆作"瞍"。古二字通。

〔三〕"均"，卍正藏本《弘明集》卷五、乾隆藏本《集沙門不應拜俗等事》卷二、《慧遠研究·遺文篇》皆作"鈞"。古二字通。

〔四〕"可"，乾隆藏本《集沙門不應拜俗等事》卷二脱，卍正藏本《集沙門不應拜俗等事》卷二作"則"。又"道"，卍正藏本《弘明集》卷五、卍正藏本《集沙門不應拜俗等事》卷二、《慧遠研究·遺文篇》皆作"通"。《文鈔》按云："《高僧傳》作'五曰形盡神不滅，謂識神馳騖，隨行東西也'。此是論之大意。自是沙門得全方外之迹矣。今論無此數語，蓋《弘明集》有删節也。"

【注釋】

[1] 始自天本：始於自然之道。《説文》："木下曰本。"《玉篇》："本，始也。"資生：賴以爲生。《周易·坤》："至哉坤元，萬物資生。"唐孔穎達疏："萬物資生者，言萬物資地而生。"同禀所受：同受自然之氣。此五句言就如你文章所論，假使形神俱滅，始於天道，愚智之性，禀受元氣。

[2] 此三句言試問禀受自然之氣，是受之而成形呢？還是受之而成神呢？按：世俗之論是將形神合而論之，既然人爲天道自然所生，故生滅同之；慧遠則將形神分而論之，故發受形、受神二問。

〔3〕凡在：所有存在之物。在，存在，猶生長。《爾雅·釋訓》："在，居也。"此三句言如若形受於天道自然，那麼所有形體，皆在化生之初就形成了神。換言之，從形體形成上說，何以所受之形皆在神而非形？

〔4〕丹朱：堯子名。《史記·五帝本紀》："堯知子丹朱之不肖，不足授天下，於是乃權授舜。"重華：虞舜之美稱。《尚書·舜典》："若稽古帝舜，曰重華，協於帝。"漢孔安國傳："華，謂文德。言其光文重合於堯，俱聖明。"《楚辭·九章·涉江》："駕青虬兮驂白螭，吾與重華遊兮瑤之圃。"一說，舜目重瞳，故名。《史記·五帝本紀》："虞舜者，名曰重華。"唐張守節正義："（舜）目重瞳子，故曰重華。"瞽叟：人名。古帝虞舜之父。《墨子·非儒下》："夫舜見瞽叟就然，此時天下岌乎？"漢王充《論衡·定賢》："舜有瞽瞍，參有曾晳。"此四句言如若神受於天道自然，生命化生只是神之延續，那麼丹朱和帝堯應皆爲聖人，重華和瞽叟應同有靈性。換言之，從神之形成上說，何以所受之神皆在形而非神？

〔5〕其可然乎：難道真是如此嗎？其，表反詰，意同豈。《韻會》："其，又豈也。"

〔6〕冥緣：佛教語，指隱微難見的因緣果報。南朝宋宗炳《明佛論》："至於聖人之所存而不論者，亦一理相貫耳，豈獨可議哉？皆由冥緣隨宇宙而無窮、物情所感者有限故也。"著於在昔：彰顯於昔日。意謂可證之前事。《韻會》："著，明也。"明黯：指智愚，智則明，愚則黯。《說文》："黯，深黑也。"引申爲愚昧。此四句言如果其不能這樣說，定然可知因緣冥報之形成，彰顯於昔日；智慧明暗之區分，確定於形體生成之初。後句意謂人之靈性（神）在形體生成前就已存在。

〔7〕靈均善運：天地神靈善於運化。按：鈞與均，本爲二字，義亦不同。《楚辭·離騷》："名余曰正則兮，字余曰靈均。"漢王逸注："靈，神也。均，調也。言正平可法則者，莫過於天；養物均調者，莫神於地。"《說文》："均，和也。"又《漢書·賈誼傳》："大鈞播物，塊圠無垠。"

唐顏師古注：“如淳曰：陶者作器於鈞上，此以造物爲大鈞也。言造化爲人，亦猶陶之造瓦耳。”《六書故》：“均，造瓦之具旋轉者。董仲舒曰：泥之在均，惟甄者之所爲。《漢書》譌爲鈞。”後二者通用。此三句言天地神靈雖善於運化，尚且不能改變靈性之自然存在，何況自天地而下的萬物呢！

　　[8] 驗：檢驗，驗證。《廣韻》：“驗，證也，徵也。”效：意同驗。《韻會》：“效，效驗也。”此四句言以理檢驗之，則有聖人微言大義可證；以事驗證之，亦明瞭天之大道。

　　《論》成後，有退居之賓，步朗月而宵遊，相與共集法堂[1]。因而問曰：“敬尋雅論，大歸可見，殆無所閒〔一〕[2]。一日試重研究，蓋所未盡，亦少許處耳[3]。意以爲沙門德式，是變俗之殊制，道家之名器，施於君親，固宜略於形敬[4]。今所疑者，謂甫〔二〕創難就之業，遠期化表之功，潛澤無現法之效，來報玄而未應[5]。乃今〔三〕王公獻供，信士屈體[6]。得無坐受其德，陷乎早計之累；虛沾其惠，貽〔四〕夫素餐之譏耶[7]？”

　　主人良久乃應曰：“請爲諸賢近取其類[8]。有人於此，奉宣時命，遠通殊方九譯之俗[9]。問王者以當〔五〕資以餱糧，錫以輿服否[10]？”答曰：“然。”主人曰：“類可尋矣。夫稱沙門者何耶？謂其能發蒙俗之幽昏，啓化表之玄路[11]。方將以兼忘之道，與天下同往，使希高者挹其遺風，漱流者味其餘津[12]。若然，雖大業未就，觀其超步之迹，所悟固已弘矣[13]。然則運通之功、資存之益，尚未酬其始誓之心，況答三業之勞乎[14]！又斯人者，形雖有待，情無近寄，視夫四事之供，若蟭〔六〕蚊之過乎其前者耳[15]。濡沫之惠，復焉足語哉[16]！”

　　衆賓於是始悟冥途以開轍爲功，息心以净畢爲道[17]。乃欣然怡襟〔七〕，詠言而退[18]。

【校勘】

　　〔一〕"閒"，《佛祖歷代通載》卷七作"聞"，形近而誤。卍正藏本《弘明集》卷八、《釋文紀》卷八作"間"。古二字同。《説文》："閒，隙也。從門從月，會意亦形。"南唐徐鍇《繫傳》曰："門夜閉，閉而見月光，是有閒隙也。"《正字通》："間，同閒，俗字。"

　　〔二〕"甫"，《慧遠大師集》作"專"。形近而誤。

　　〔三〕"今"，卍正藏本《弘明集》卷五、乾隆藏本《集沙門不應拜俗等事》卷二、《慧遠大師集》、《慧遠研究·遺文篇》皆作"令"。形近而誤。

　　〔四〕"貽"，《慧遠大師集》《慧遠研究·遺文篇》皆作"同"。

　　〔五〕"問王者以當"，卍正藏本《弘明集》卷五、《慧遠研究·遺文篇》皆作"問王當"，乾隆藏本《集沙門不應拜俗等事》卷二作"問王者當"。

　　〔六〕"蟭"，卍正藏本《弘明集》卷五、《慧遠研究·遺文篇》皆作"鶴"。形近而誤。乾隆藏本《集沙門不應拜俗等事》卷二作"鷦"。古二字同。

　　〔七〕"襟"，卍正藏本《弘明集》卷五、《慧遠研究·遺文篇》皆作"衿"。古二字通。

【注釋】

　　[1] 退居之賓：退隱之士。此指出家僧侶。法堂：七堂伽藍之一，即禪林演布大法之堂。位於佛殿之後方，方丈之前方。相當於講堂，爲別於他宗，且示其教外别傳之宗旨，故後來禪宗特稱法堂。此四句言《論》成之後，有退隱之士，漫步於明月之下而夜遊寺中，一道

齊集於法堂之中。

　　〔2〕敬尋：猶探究。敬，謙辭。雅論：對他人所論之尊稱。大歸：意旨。歸，旨趣。《周易·繫辭下》：“天下同歸而殊塗，一致而百慮。”《韻會》：“指趨曰歸。”殆無所間：近乎未有闕漏。《韻會》：“殆，將也。”清王引之《經傳釋詞》卷六：“殆者，近也，幾也；將然之詞也。”間，同間，喻闕漏。此三句言探究你的高論，可明其主旨，近乎完美。

　　〔3〕少許：猶少數。晉陶淵明《飲酒》：“傾身營一飽，少許便有餘。”此三句言一日嘗試再次研究，恐亦有少數地方未能盡意。

　　〔4〕沙門德式：佛教宗門律儀。道家之名器：佛家之禮制法器。名器，原指車服與爵號。《左傳·成公二年》：“唯器與名，不可以假人，君之所司也。”晉杜預注：“器，車服；名，爵號。”此代指佛教禮制與法器。君親：偏義復詞，指君。此五句言你認爲沙門律儀，是不同於世俗的特殊制度，採用佛家禮制與法器，一旦用於君王，固然應省去形式上的拜敬。

　　〔5〕甫創難就：始創立而難成功。《玉篇》：“甫，始也。”又《爾雅·釋詁》：“就，成也。”晉郭璞注：“功績皆有成。”來報：佛教有“三報”之說。一現報，依現在之業受於現在之果報。二生報，依此生之業受於次生之果報。三後報，由作業之生隔二生以上後所受之果報。此五句言今所懷疑者，認爲佛教乃始創，難以成功，遠期超越世俗教化，然佛之澤化潛遠而無現實諸法之功能，佛教之報應玄深而無現實回報之效用。

　　〔6〕乃今：而今。清王引之《經傳釋詞》卷六：“乃，猶而也。”信士：一指居士，音譯優婆塞，受三歸五戒或八齋戒，在家信仰佛教之男。二指信佛布施之人。《通俗編》曰：“今人出財布施曰信士。”此二句言而今君王公侯獻上供品，居家善男屈身跪拜。

　　〔7〕得無：表疑問、推測語氣。猶難道，是不是。《論語·顏淵》：“爲之難，言之得無訒乎？”漢孔安國曰：“行仁難，言仁亦不得不難矣。”早計：因貪欲而空想其成。《莊子·齊物論》：“且女亦大早計，見

卵而求時夜,見彈而求鴞炙。"晉郭象注:"今瞿鵲子方聞孟浪之言,便以爲妙道之行,斯亦無異見卵而責司夜之功,見彈而求鴞炙之實也。夫不能安時處順而探變求化,當生而慮死,執是以辯非,皆逆計之徒也。"貽:遺留。《韻會》:"貽,遺也。"素餐:無功受禄,不勞而食。《詩・魏風・伐檀》:"彼君子兮,不素餐兮。"毛傳:"素,空也。"清陳奐傳疏:"今俗以徒食爲白餐。餐,猶食也。趙岐注《孟子・盡心篇》云:無功而食,謂之素餐。"此四句言佛教如此,難道不是坐受世俗德澤,陷於貪欲空想的牽累;虛受世俗之惠賜,留下不勞而食的譏諷?

[8] 近取其類:謂取身邊之事以類比之。類:類比。《説文》:"類,種類相似,唯犬爲甚,故下從尤。"

[9] 時命,猶君王之命。《晉書・王羲之傳》:"吾雖無專對之能,直謹守時命,宣國家威德。"殊方:遠方,異域。漢班固《西都賦》:"逾崑崙,越巨海,殊方異類,至於三萬里。"九譯:本指輾轉翻譯。《史記・大宛列傳》:"重九譯,致殊俗。"唐張守節正義:"言重重九遍譯語而致。"後指邊遠之國。《晉書・江統傳》:"周公來九譯之貢,中宗納單于之朝。"此三句言此有一人,奉令出使宣揚君王之命,遠至異域邊遠之國。

[10] 問王者:出訪使者。《韻會》:"問,聘也。"又《説文》:"聘,訪也。"南唐徐鍇《繫傳》:"聘,訪問之以耳也。"餱糧:乾糧。《詩・大雅・公劉》:"乃裹餱糧,於橐於囊。"宋朱熹集傳:"餱,食。糧,糗也。"錫:通賜,賜予。《廣韻》:"錫,賜也,與也。"輿服:車服與儀仗。古代車服、儀仗皆有定式,以表尊卑。《左傳・定公五年》:"王之在隨也,子西爲王輿服以保路。"此二句言這出訪使者是否應當資助其乾糧,賜予其車服儀仗?

[11] 發蒙:猶啓蒙,啓發而去其蒙昧。《周易・蒙》:"初六:發蒙,利用刑人,用説桎梏,以往,吝。"唐孔穎達疏:"初六,以能發去其蒙也。"啓:猶教。《説文》:"啓,教也。"南唐徐鍇《繫傳》:"啓,發,教道之也。"此四句言其類比之意可以明矣。佛教爲何稱爲沙門?是謂沙門能够啓蒙世俗之幽暗昏昧,教導世俗教化之外的玄妙之道。

[12] 兼忘：物我皆忘。《莊子·天運》曰："以敬孝易，以愛孝難。以愛孝易，而忘親難。忘親易，使親忘我難。使親忘我易，兼忘天下難。兼忘天下易，使天下兼忘我難。"《説文》："兼，并也。"希高者：高蹈塵世者。晉成公綏《嘯賦》："逸群公子，體奇好異。敖世忘榮，絶棄人事；希高慕古，長想遠思。"《廣韻》："希，望也。"漱流者：隱居避世者。漱流，以流水漱口，形容隱居生活。晉陸雲《逸民賦》："杖短策而遂往兮，乃枕石而漱流。"此四句言正是將與天下人同行於物我皆忘之大道，使高蹈塵世者斟酌其流風餘韻，隱居避世者咀嚼其無窮餘味。

[13] 超步：猶高步、邁步。《三國志·吳書·陸凱傳》："萬或瑣才凡庸之質，昔從家隸，超步紫闥，於或已豐，於器已溢。"此四句言如果如此，雖然佛教大業尚未成功，觀超然世俗者之足迹，其覺悟佛理却已弘揚矣。

[14] 三業：指身業、口業、意業。身業即身之所作，如殺生、偷盜、邪淫、酗酒等事；口業即口之所語，如惡口、兩舌、綺語、妄語等之言語；意業即意之所思，如貪、嗔、癡等之動念。其他尚有多種説解，不俱録。此三句言然而世俗所謂的運化通生之功德、資以生存之補益，尚未酬謝佛教誓度衆生之初心，更何况報答佛教三業教化之勞苦呢！謂世俗所謂的運通之功、資存之益，同佛教之始誓之心、三業之勞不可相提并論。其"王公獻供，信士屈體"更不值一提了。

[15] 有待：謂有所依憑，即依賴外部條件。《莊子·齊物論》："景曰：吾有待而然者邪。"晉郭象注："言天機自爾，坐起無待，無待而獨得者，孰知其故而責其所以哉！"莊子認爲世俗生活皆有待而不自由，唯有得乎天機、順應情性，則無待而絶對自由。佛教以口體所需之衣食之資爲"有待"，如晉道安《答都超書》："損米千斛，彌覺有待之爲煩。"南朝宋謝靈運《山居賦》："春秋有待，朝夕須資。"自注："謂寒待綿纊，暑待絺綌，朝夕餐飲。"四事：衣服、飲食、卧具、湯藥。或房舍、衣服、飲食、湯藥。《法華經·安樂行品》曰："衣服、卧具、飲食、醫藥。"《無量壽經》下曰："常以四事供養恭敬一切諸佛。"蟭：即蟭螟，傳

説中一種微蟲名。此五句言這類出家者,形體雖也需衣食之資,其性情却超越世俗,對待四事供養,猶如見蟭螟蚊蟲從眼前經過一樣。

[16] 濡沫:相濡以沫之略。以口相互濕潤對方。比喻同處困境,相互救助。《莊子·天運》:"泉涸,魚相與處於陸,相呴以濕,相濡以沫,不如相忘於江湖。"宋林希注:"相呴、相濡,口相向而相濡潤也。"此二句言世俗所謂相濡以沫之小惠,何足以再言之呢。

[17] 冥途:幽冥之途。《梁武帝敕答臣下神滅論·太子左率王珍國答》:"天照淵凝,妙旨周博,折彼異端,弘兹教範。信可以朗悟冥塗,棟梁千載矣。"開轍:開闢道路。後秦釋僧叡《大品經序》:"亡師安和上鑿荒途以開轍,標玄旨於性空。"息心:乃沙門之意譯,謂勤修善法,息滅惡行。晉釋道安《合放光光讚略解序》:"斯經(《光讚》)既殘不具,并《放光》尋出,大行華京,息心居士,翕然傳焉。"此二句言衆賓客於是了悟佛教有開闢世俗幽塗之功,沙門以畢竟清净爲道。

[18] 怡襟:謂心襟暢快。晉卞裕《送桓竟陵詩》:"餞行臨高阜,怡襟睦景氣。"詠言:猶永言,歌詠。漢傅毅《舞賦》:"臣聞歌以詠言,舞以盡意。"此謂禮贊佛陀,即口念佛號。

晉元興三年,歲次閼逢[1],於時天子蒙塵,人百其憂[2]。凡我同志,僉懷綴[一]旒之嘆,故因述斯論焉[3]。

【校勘】

〔一〕"綴",卍正藏本《弘明集》卷五作"輟"。

【注釋】

[1] 閼逢:十干中"甲"的別稱,用以紀年。《爾雅·釋天》:"太歲在甲曰閼逢。"

[2] 天子蒙塵:天子蒙受風塵,乃帝王逃亡之諱語。《左傳·僖

公二十四年》:"天子蒙塵於外,敢不奔問官守?"《左傳杜林合注》:"天子出奔謂之蒙塵。"據《晉書·安帝紀》載:元興二年(四○三)十二月,桓玄篡位,以晉安帝爲平固王。辛亥,帝蒙塵於尋陽。直至元興三年五月,桓玄被殺,安帝纔復帝位。人百其憂:謂人人憂思深重。

　　[3] 同志:同德同心者。《國語·晉語四》:"同德則同心,同心則同志。"僉:《説文》:"皆也。"綴旒:比喻君主爲臣下挾持,大權旁落。《漢書·五行志下之下》:"董仲舒、劉向以爲先是晉爲雞澤之會,諸侯盟,又大夫盟。後爲溴梁之會,諸侯在而大夫獨相與盟。君若綴旒,不得舉手。"唐顔師古注:"應劭曰:'旒,旌旗之旒,隨風動搖也。'言爲下所執,隨人東西也。"

【義疏】

　　此文針對設問,論述形雖盡而神不滅的問題。先引設問內容,概括其《求宗不順化》《體極不兼應》之思想邏輯:以寂滅爲至極,體證至極者則背離造化而求宗,求宗必不順從世俗教化,因此認爲歷代君王與佛教相同,若從至極之理説,則是君主居於統治地位,亦是權宜方便。然後以老莊之學駁斥之:生命禀受自然之氣、陰陽之化,化生之化死之,始聚之終散之。生命俱生於自然,神形俱托之人體。氣聚氣散,亦生亦死,死則復歸於自然,歸於虛空,此皆自然之曆數,非人力之可爲。雖然各人禀受不同,皆合乎自然之氣,同於陰陽之化。猶如火之與木,存滅、有無之本質即爲聚散、生死。故莊子認爲死生齊一,其言道亦必有據。由此觀之,至極之理在於現實人生,生命消逝則無變化,其意可知。正文正面回答設問,意分五層:

　　第一,先概括指出:神之極境爲"靈",卦象無法描摹,只能以"妙物而言之"。世俗論者以尋常之見而疑之,乃自亂其心而欺騙自我。然後描述神之特點:圓應萬物而無相,妙盡物理而無名;感物而動却非物,故不滅;假數而行却非數,故無窮;神雖可因物有情而得之,因數可識而求之,然數有世俗名數、佛教法數之分,故其性各異;智有佛性澄澈和俗性暗昧之别，故觀照不同。由此可知，情於物感而知物化，是識；神因物化而傳之無窮，是極。化以情（識）爲本，情（識）以神爲根，情可體察乎物理，神則轉移於冥境。也就是説，慧遠認爲，化是形之變，情是識之生，境生則情生，境滅則情滅，唯有神在冥境之中遷移轉化，始終不滅。唯有透徹覺悟者反宗求本，明其真諦；暗昧真諦者溺於現象，迷不知宗。值得注意的是，慧遠所論之"神"，雖取之《周易》，却釋之以老莊之道，道無始無終，神不生不滅。

第二，引古人論道，證世俗之論之謬誤。先引莊子《大宗師》，謂生死出乎自然，生爲羈絆，死爲返真，此即以無生爲返本。既形滅而神返本，則可證神之不滅。又引文子所稱黄帝之言，形有滅而神永恒，神以不滅而應化，其變——"冥移之功"，永無窮盡。再引莊子之《天下》，謂生命不因死亡而消逝，世俗僅惑於現象而不知生生未始有極。最後評價曰：二人雖未窮盡其本質，然其他學派亦有所言。論者不追尋方生方死是萬化而無極，却迷惑於生命聚散在於死亡；不深思神道是妙達物理的靈魂，而認爲形神同滅，實在可悲。

第三，再以火木之喻而論之。聖人所論火木之喻，因爲失其源流，幽微難辨，遂使微言大義淪喪於常教，導致談論者反而因此生疑。假使時無覺悟佛理之心，則人不知先覺之智，從而使神可轉移於冥境之功能，淹没無聞。現象上情數互生，變化無端，殊不知本質上現象起於因緣，隱蔽於因緣背後之神則流轉不息。非達觀之士，則不能洞察其形變而神不變的"變與不變"之辯證關係。從經驗上説，火生於薪，如神傳於形。然而，前薪盡則後薪加，薪薪不絶，故薪雖不同而火則不變；前形盡則後形生，生生不絶，故形有滅則神永恒。由前薪非後薪，則可知莊子薪有盡而火無窮之理的微妙；由前形非後形，則了悟情數生生則神之不滅。惑於現象者見一種形體消亡，便認爲神情皆滅；見一種薪盡而火熄，便認爲火永遠熄滅。也就是説，凡夫只見孤立的現象，而不知現象生滅永無止境，支配於現象生而滅、滅而生的背後之神是永恒不變。

　　第四,再回歸於質疑之論而駁之。假使形神生滅,始於天之本原,愚智同生,稟受自然之氣,那麼究竟是以形受爲主,還是以神受爲主? 若以形受爲主,則凡是形體,在化生之初神就已形成;如若以神受爲主,造化即以神傳神,則賢愚皆成聖人,明暗俱爲神靈。這顯然是不能成立的。由世俗世界的經驗現象也可證,佛教所論冥冥之中的因緣果報,可證之昔日之業;人之性靈(神)的愚昧智照之分,在形體生成之前就已確定。即使天地神靈善於運化,尚且不能改變性情的自然屬性,何況人類自身呢。之所以説神之不滅,在道理上,可證之於微言大義;在現象上,可驗之於自然之道。

　　第五,假設賓客之問,補充論述沙門雖受供養而不敬王者之緣由,作爲全文之收束。賓客在肯定慧遠之論後,又疑問道:沙門儀禮固然不同世俗,名物法器亦屬於佛家,所以在形式上可以不敬王侯。但是,仍然有所懷疑之點在於:佛教初入東土,遠期於教化之外,功業難成;佛澤幽遠,現實之功不顯;果報渺茫,報應之驗無徵。而今受王公供養,信徒卻唯跪拜佛祖,恐因坐享其成,空受其惠,而陷於世俗貪欲之牽累,留下不勞而獲之譏諷。針對世俗這一論調,慧遠進一步申論曰:沙門啓蒙世俗愚昧昏暗,教導方外玄妙之路,引領衆生兼忘物我,使高蹈者仰慕其遺風,避世者玩味其餘烈。即使大業未成,觀其超然世俗之足迹,覺悟佛理亦弘遠。其受供養,猶如奉命出使慰問荒裔之國的使者,接受糧草車服,不亦應該嗎? 即便王公供養,使沙門運化通生,賴以生存,尚不足於酬謝佛教誓度衆生之初心,報答佛教三業教化之勞苦! 怎麼能説沙門牽累於“早計”而受“素餐之譏”! 再説,沙門形體雖須受供養,情志則不牽於世俗,故視四事供養微不足道,世俗小惠何須再言。於是衆賓客始悟佛教有開闢幽暗之功,沙門以畢竟清净爲道,遂襟懷欣然,頌佛而退。

　　最後,乃補充交代本文寫作的背景及其原因。是時,天子蒙難,人心憂慮。佛門信徒亦皆嘆息天子顛沛,故作此論。這有兩點值得注意:一是含蓄説明沙門雖不敬王者卻也心繫王室——不敬只是形式,心敬則是本質;二是反對桓玄沙門應敬王者之論,亦是對抗權臣的一種隱性方式。佛教超越於世俗,亦不離於世俗,於此可見。

雖然《形盡神不滅》後出,却影響深遠。文成之後,宗炳作《明佛論》、鄭鮮之作《神不滅論》,以應遠公之論,至此這一論争告一段落。然而,至齊代,范縝又作《神滅論》重新翻案。此論一出,朝野誼譁,竟陵王蕭子良集衆僧難之而不能屈。至梁武帝初,群僚不明形神生滅之理,武帝敕令僧正法雲答之,以宣示臣下。雲乃遍與朝士書論之。如果説"不敬王者論"主要乃佛教與名教之争,那麼"神不滅論"則涉及形神之争的哲學問題,深刻影響了中國哲學與美學。

關於此組論文,方立天《略論中國佛教的特質》認爲:"東晉後期佛教領袖慧遠竭力把儒家封建禮教和佛教因果報應溝通起來,宣揚孝敬父母、尊敬君主,是合乎因果報應道理的。他强調'内外之道,可合而明'(《沙門不敬王者論》),直捷地提出'佛儒合明論'。"也就是説,調和佛儒,是其基本思想傾向。此組論文之論述藝術深受漢賦影響,反復論説,歸之於"衆賓於是始悟冥途以開轍爲功,息心以净畢爲道。乃欣然怡襟,詠言而退",與枚乘《七發》何其相似乃爾。

【附録】

奏沙門不應盡敬表并序

［晉］何　充　等

晉咸康六年,成帝幼沖,庾冰輔政,謂沙門應盡敬王者。尚書令何充等議不應敬。下禮官詳議,博士議與充同,門下承冰旨爲駁。尚書令何充,及僕射褚翜[一]、諸葛恢,尚書馮懷、謝廣等,奏沙門不應盡敬。

尚書令冠軍撫軍都鄉侯臣充、散騎常侍左僕射長平伯臣翜、散騎常侍右僕射建安伯臣恢、尚書關中侯臣懷、守尚書昌安子臣廣等言：世祖武皇帝，以盛明革命，蕭祖明皇帝，聰聖玄覽，豈於時沙門不易屈膝？顧以不變其修善之法，所以通天下之志也。愚謂宜遵承先帝故事，於義爲長。（《弘明集》卷一二）

【校勘】

〔一〕“褚翜”，《弘明集》卷一二作“褚翌”，《釋文紀》卷四作“褚翊”，前者形近而誤，後者因襲前誤。《晉書》卷七七作“褚翜”，今據改。

代成帝沙門不應盡敬詔

[晉] 庾　冰

夫萬方殊俗，神道難辨，有自來矣。達觀傍通，誠當無怪，況跪拜之禮，何必尚然？當復原先王所以尚之之意，豈直好此屈折而坐遵槃辟哉？固不然矣！因父子之敬，建君臣之序，制法度，崇禮秩，豈徒然哉？良有以矣！既其有以，將何以易之？然則名禮之設，其無情乎？且今果有佛邪〔一〕？將無佛邪？有佛邪，其道固弘；無佛邪，義將何取？繼其信然，將是方外之事。方外之事，豈方内所體？而當矯形骸，違常務，易禮典，棄名教，是吾所甚疑也！名教有由來，百代所不廢，昧旦丕顯，後世猶殆，殆之爲弊，其故難尋。而今當遠慕芒昧，依稀未分。棄禮於一朝，廢教於當世，使夫凡流憍逸憲度，又是吾之所甚疑也！縱其信然，縱其有之，吾將通之於神明，得之於胸懷耳。軌憲宏模，固不可廢之於正朝矣。凡此等類，皆晉民也；論其才智，又常人也。而當因所說之難辨，假服飾以陵度，抗殊俗之憍禮，直形骸於萬乘，又是吾所弗取也！諸君并國器也，悟言則當測幽微，論治則當

重國典。苟其不然，吾將何述焉？（《弘明集》卷一二）

【校勘】

〔一〕“邪”，《慧遠大師集》作“耶”。下同。

重　表
［晉］何　充　等

尚書令冠軍撫軍都鄉侯臣充、散騎常侍左僕射長平伯臣翼[一]、散騎常侍右僕射建安伯臣恢、尚書關中侯臣懷、守尚書昌安子臣廣等言：詔書如右，臣等闇短，不足以讚揚聖旨，宣暢大義。伏省明詔，震懼屏營，輒共尋詳。有佛無佛，固非臣等所能定也。然尋其遺文，鑽[二]其要旨，五戒之禁，實助王化。賤昭昭之名行，貴冥冥之潛操，行德在於忘身，抱一心之清妙。且興自漢世，迄於今日，雖法有隆衰，而弊無妖妄，神道經久，未有其比也。夫詛有損也，祝必有益。臣之愚誠，實願塵露之微，增潤嵩岱，區區之況，上裨皇極。今一令其拜，遂壞其法。令修善之俗，廢於聖世，習俗生常，必致愁懼，隱之臣心，竊所未安。臣雖矇蔽，豈敢以偏見疑誤聖聽？直謂世經三代，人更明聖，今不爲之制，無虧王法，而幽冥之格，可無壅滯。是以復陳愚誠，乞垂省察。謹啓。

（《弘明集》卷一二）

【校勘】

〔一〕“翼”，《弘明集》卷一二作“翌”。形近而誤。

〔二〕“鑽”，《慧遠大師集》作“讚”。形近而誤。

重代晉成帝沙門不應盡敬詔

［晉］庾　冰

省所陳具情旨，幽昧之事，誠非寓言所盡。然其較略，及夫人[一]神之常度，粗復有分例耳。大都百王制法，雖質文隨時，然未有以殊俗參治，怪誕雜化者也。豈曩聖之不達，而來聖[二]之宏通哉？且五戒之才善，粗擬似人倫，而更於世主，略其禮敬邪[三]？禮重矣，敬大矣，爲治之綱盡於此矣。萬乘之君，非好尊也；區域之民，非好卑也。而卑尊不陳，王教不得不一，二之則亂。斯曩聖所以憲章，體國所宜不惑也。通才博采，往往備其事。修之家可，以修之國及朝則不可[四]，斯豈不遠也？省所陳，果亦未能了有之與無矣。縱其了，猶謂不可以參治，而況都無，而當以兩行邪？（《弘明集》卷一二）

【校勘】

〔一〕“夫人”，《弘明集》卷一二作“大人”，語意扞格。《全晉文》卷三七作“夫人”，今據改。

〔二〕“來聖”，《釋文紀》卷三校曰：“來聖，作‘末聖’。”

〔三〕“邪”，《慧遠大師集》作“耶”。下同。

〔四〕“通才博采，往往備其事。修之家可，以修之國及朝則不可”，《釋文紀》卷三校曰：“釋彦琮集《沙門不應拜俗事》云：通才博采，往在備修之。修之身、修之家可矣，修之國及朝則不可。”

重奏沙門不應盡敬表

［晉］何　充等

臣等雖誠闇[一]蔽，不通遠旨。至於乾乾夙夜，思循王

度,寧苟執偏管而亂大倫? 直以漢魏逮晉,不聞異議,尊卑
憲章,無或暫虧也。今沙門之慎戒專專然,及爲其禮,一而
已矣。至於守戒之篤者,亡身不吝,何敢以形骸而慢禮敬
哉! 每見燒香咒願,必先國家,欲福祐之隆,情無極已。奉
上崇順,出於自然,禮儀之簡,蓋是專一守法。是以先聖御
世,因而弗革也。天網恢恢,疏而不失。臣等慺慺,以爲不
令致拜,於法無虧,因其所利而惠之,使賢愚莫敢不用情,則
上有天覆地載之施,下有守一修善之人。謹復陳其愚淺,願
蒙省察。謹啓。(《弘明集》卷一二)

【校勘】

〔一〕"闇",《佛祖歷代通載》卷六引作"愚"。

與八座論沙門敬事書〔一〕
［晉］桓　玄

　　玄再拜白,頓首:八日垂至,舊諸沙門皆不敬王者,何、
庾雖已論之,而并率所見,未是以理屈也。庾意在尊主,而
理據未盡;何出於偏信,遂淪名體。夫佛之爲化,雖誕以茫
浩,推于視聽〔二〕之外,然以敬爲本,此出處不異。蓋所期者
殊,非敬恭宜廢也。老子同王侯於三大,原其所重,皆在於
資生通運,豈獨以聖人在位,而比稱二儀哉? 將以天地之大
德曰生,通生理物,存乎王者〔三〕。故尊其神器〔四〕,而禮寔惟
隆,豈是虛相崇重,義存君御〔五〕而已哉! 沙門之所以生生資
存,亦日用於理命,豈有受其德而遺其禮,沾其惠而廢其敬
哉? 既理所不容,亦情所不安。一代之大事,宜共求其衷,

想復相與研盡之。比八日，令得詳定也。桓玄再拜頓首敬
議。（《弘明集》卷一二）

【校勘】

〔一〕《釋文紀》卷四題注：“元興中，玄爲太尉，以震主之威，欲令
道人設拜於己，因陳何、庾舊事，謂理未盡，故與八座等書，八座桓謙
等答。”

〔二〕“推於視聽”，《釋文紀》卷四校曰：“《彦琮集》作‘推乎視聽’。”

〔三〕“存乎王者”，《釋文紀》卷四校曰：“作‘存於王者’。”

〔四〕“故尊其神器”，《釋文紀》卷四校曰：“《弘明集》作‘敬尊其
神器’。”

〔五〕“君御”，《釋文紀》卷四校曰：“一作‘弘御’。”

答桓玄論沙門敬事書〔一〕
［晉］桓　謙　等

中軍將軍尚書令宜陽開國侯桓謙等，惶恐死罪。奉誨
使沙門致敬王者，何、庾雖論，意未究盡。此是大事，宜使允
中，實如雅論誨。然佛法與老、孔殊趣，禮教正乖。人以髮
膚爲重，而髡削不疑；出家棄親，不以色養爲孝。土木形骸，
絕欲止競；不期一生，要福萬劫。世之所貴，已皆落之；禮教
所重，意悉絕之。資父事君，天屬之至，猶離其親愛，豈得致
禮萬乘？勢自應廢，彌歷三代，置其絕羈，當以神明無方，亦
不以涯檢。視聽之外，或別有理。今便使其致恭〔二〕，恐應革
者多，非惟拜起。又王者奉法出於敬，信其理而變其儀，復是
情所未了。即而容之，乃是在宥之弘。王令以別答公難，孔

國、張敞在彼，想已面諮所懷。道寶諸道人，并足酬對高旨。下官等不諳佛理，率情以言，愧不足覽。謙等惶恐死罪。（《弘明集》卷一二）

【校勘】

〔一〕四部叢刊本《弘明集》作《答桓公論沙門敬事書》。

〔二〕“恭”，《慧遠大師集》作“敬”。

與王中令難沙門應敬王事[一]

［晉］桓　玄

沙門抗禮至尊，正自是情所不安，一代大事，宜共論盡之。今與八座書，向已送都。今付此信，君是宜在此理者。遲聞德音。（《弘明集》卷一二）

【校勘】

〔一〕《釋文紀》卷四題注：“并王令答，往復八道。”

答桓太尉

［晉］王　謐

領軍將軍吏部尚書中書令武岡男王謐，惶恐死罪。奉誨，及道人抗禮至尊，并見與八座書，具承高旨。容音之唱，辭理兼至。近者亦麤聞公道，未獲究盡。尋何、庾二旨，亦恨不悉。以爲二論漏於偏見，無曉然厭心處，真如雅誨。夫佛法之興，出自天竺，宗本幽邈，難以言辨。既涉乎教，故可略而言耳。

意以爲殊方異俗，雖所安每乖，至於君御之理，莫不必同。今沙門雖意深於敬，不以形屈爲禮，迹充率土，而趣超方内者矣。是以外國之君，莫不降禮，良以道在則貴，不以人爲輕重也。尋大法宣流，爲日諒久，年踰四百，歷代有三。雖風移政易，而弘之不異，豈不以獨絶之化，有日用[一]於陶漸；清約之風，無害於隆平者乎？故王者拱己，不悢悢於缺户；沙門保真，不自疑於誕世者也。承以通生理物，在乎王者，考諸理歸，實如嘉論。三復德音，不能已已。雖欲奉酬，言將無寄。猶以爲功高者不賞，惠深者忘謝，雖復一拜一起，亦豈足答濟通之德哉？公眷昒未遺，猥見逮問，輒率陳愚管，不致嫌於所奉耳。願不以人廢言，臨白反側，謐惶恐死皋[二]。（《弘明集》卷一二）

【校勘】

〔一〕“有日用”，《釋文紀》卷四脱“日”。

〔二〕“皋”，《慧遠大師集》作“罪”。古二字同。

難王中令

［晉］桓 玄

來示云：沙門雖意深於敬，而不以形屈爲體。難曰：沙門之敬，豈皆略形存心？懺悔禮拜，亦篤於事。爰暨之師，逮于上座，與世人揖跪，但爲小異其制耳。既不能忘形於彼，何爲忽儀於此？且師之爲理，以資悟爲德；君道通生，則理宜在本。在三之義，豈非情理之極哉？

來示云：外國之君，莫不降禮，良以道在則貴，不以人爲輕重也。難曰：外國之君，非所宜喻。而佛教之興，亦其旨可知。豈不以六夷驕强，非常教所化？故大設靈奇，使其畏服。既畏服之，然後順軌。此蓋是本懼鬼神福報之事，豈是宗玄妙之道邪[一]？道在則貴，將異於雅旨，豈得被其法服，便道在其中？若以道在然後爲貴，就如君言，聖人之道，道之極也，君臣之敬，愈敦於禮。如此，則沙門不敬，豈得以道在爲貴哉？

來示云：歷年四百，歷代有三，而弘之不異，豈不以獨絶之化，有日用於陶漸；清約之風，無害於隆平者乎？難曰：歷代不革，非所以爲證也。曩者晉人略無奉佛，沙門徒衆皆是諸胡，且王者與之不接，故可任其方俗，不爲之檢耳。今主上奉佛，親接法事，事異於昔，何可不使其禮有準？日用清約，有助于教，皆如君言。此蓋是佛法之功，非沙門傲誕之所益也。今篤以祇敬，將無彌濃其助哉！

來示云：功高者不賞，惠深者忘謝，雖復一拜一起，豈足[二]答濟通之恩？難曰：夫理至無酬，誠如來示。然情在罔極，則敬自從之，此聖人之所以緣情制禮而各通其寄也。若以功深惠重，必略其謝，則釋迦之德，爲是深邪？爲是淺邪？若淺邪，不宜以小道而亂大倫；若深邪，豈得彼肅其恭而此弛其敬哉？（《弘明集》卷一二）

【校勘】

〔一〕“邪”，四部叢刊本《弘明集》卷一二、《慧遠大師集》作“耶”，下同。古二字同。

〔二〕“足”，《慧遠大師集》作“是”。

答桓太尉

〔晉〕王 謐

難曰：沙門之敬，豈皆略形存心，懺悔禮拜，亦篤於事哉？答曰：夫沙門之道，自以敬爲主，但津塗既殊，義無降屈，故雖天屬之重，形體都盡也。沙門所以推宗師長，自相崇敬者，良以宗致既同，則長幼成序；資通有係，則事與心應。原佛法雖曠，而不遺小善，一介〔一〕之功，報亦應之，積毫成山，義斯著矣。

難曰：君道通生，則理應在本，在三之義，豈非情理之極哉？答曰：夫君道通生，則理同造化。夫陶鑄敷氣，功則弘矣。而未有謝惠於所禀，厝感於理本者何？良以冥本幽絕，非物象之所舉；運通理妙，豈粗迹之能酬？是以夫子云“可使由之，不可使知之”，此之謂也。

難曰：外國之君，非所應喻。佛教之興，亦其旨可知。豈不以六夷驕强，非常教所化，故大設靈奇，使其畏服？答曰：夫神道設教，誠難以言辨。意以爲大設靈奇，示以報應，此最影響之實理，佛教之根要。今若謂三世爲虛誕，罪福爲畏懼，則釋迦之所明，殆將無寄矣。常以爲周、孔之化〔二〕，救其甚弊，故言迹盡乎一生，而不開萬劫〔三〕之塗。然遠探其旨，亦往往可尋。孝弟〔四〕仁義明，不謀而自周〔五〕。四時之生殺，則矜慈之心見。又屢抑仲由之問，亦似有深旨。但教體既殊，故此處常昧耳。靜而求之，殆將然乎？殆將然乎？

難曰：君臣之敬，愈敦於禮，如此則沙門不敬，豈得以道在爲貴哉？答曰：重尋高論，以爲君道運通；理同三大，是以前條已粗言。意以爲君人之道，竊同高旨。至於君臣之敬，則理盡名教。今沙門既不臣王侯，故敬與之廢耳。

　　難曰：歷代不革，非所以爲證也。曩者，晉人略無奉佛，沙門徒衆皆是諸蕃[六]，且王者與之不接，故可任其方俗，不爲之檢耳。答曰：前所以云歷有年代者，正以容養之道，要當有以故耳。非謂已然之事，無可改之理也。此蓋言勢之所至，非畫然所據也。諸蕃[七]不接王者，又如高唱。前代之不論，或在於此邪[八]。

　　難曰：此蓋是佛法之功，非沙門傲誕之所益。今篤以祗敬，將無彌濃其助哉？答曰：敬尋來論，是不誣佛理也。但傲誕之迹，有虧大化，誠如來誨！誠如來誨！意謂沙門之道，可得稱異，而非傲誕。今若以千載之末，淳風轉薄，橫服之徒，多非其人者，敢不懷愧！今但謂自理而默，差可遺人而言道耳。前答云“不以人爲輕重”，微意在此矣。

　　難曰：若以功深惠重，必略其謝，則釋迦之德，爲是深邪？爲是淺耶？若淺邪，不宜以小道而亂大倫；若深邪，豈得彼肅其功而此弛其敬哉？答曰：以爲釋迦之道，深則深矣，而瞻仰之徒，彌篤其敬者。此蓋造道之倫，必資行功，行功之美，莫尚於此。如斯，乃積行之所因，來世之關鍵也。且致敬師長，功猶難抑，況擬心宗極，而可替其禮哉！故雖俯仰累劫，而非謝惠之謂也。（《弘明集》卷一二）

【校勘】

　　〔一〕“介”，四部叢刊本《弘明集》卷一二、《慧遠大師集》作“分”，誤。今據《釋文紀》校正。

　　〔二〕“化”，《慧遠大師集》作“代”，誤。

〔三〕“劫”，四部叢刊本《弘明集》卷一二作“物”，誤。《釋文紀》
卷四校曰：“劫，一作‘物’。”

〔四〕“弟”，《慧遠大師集》作“悌”，古二字同。

〔五〕“周”，《釋文紀》卷四校曰：“同，一作‘周’。”

〔六〕“蕃”，《慧遠大師集》作“胡”。校勘前文，應據改。

〔七〕“諸蕃”，《慧遠大師集》作“胡人”。校勘前文，應據改。

〔八〕“邪”，《慧遠大師集》作“耶”，下同。古二字同，

答王中令〔一〕

［晉］桓　玄

省示，猶復未釋所疑。因來告，復粗有其難。夫情敬之
理，豈容有二？皆是自內以及外耳。既入於有情之境，則不
可得無也。若如來言，王者同之造化，未有謝惠於所稟，厝
感於理本，是爲功玄理深，莫此之大也。則佛之爲化，復何
以過茲？而來論云：“津塗既殊，則義無降屈；宗致既同，則
長幼成序；資通有係，則事與心應。”若理在己本，德深居極，
豈得云津塗之異，而云降屈邪？宗致爲是何邪？若以學業
爲宗致者，則學之所學，故是發其自然之性耳。苟自然有
在，所由而稟，則自然之本，居可知矣。資通之悟，更是發瑩
其末耳。事與心應，何得在此而不在彼？

又云：“周、孔之化，救其甚弊，故盡於一生，而不開萬劫之
塗。”夫以神奇爲化，則其教易行，異於督以仁義，盡於人事也。
是以黃巾妖惑之徒，皆赴者如雲。若此爲實理，行之又易，聖
人何緣捨所易之實道，而爲難行之末事哉？其不然也，亦以明
矣。將以化教殊俗，理在權濟，恢誕之談，其趣可知。

又云："君臣之敬，理盡名教。今沙門既不臣王侯，故敬與之廢。何爲其然？"夫敬之爲理，上紙言之詳矣。君臣之敬，皆是自然之所生。理篤於情本，豈是名教之事邪？前論已云："天地之大德曰生，通生理物，存乎王者。"苟所通在斯，何得非自然之所重哉？

又云："造道之倫，必資功行。積行之所因，來世之關鍵也。擬心宗極，不可替其敬，雖俯仰累劫，而非謝惠之謂。"請復就來旨，而借以爲難。如來告，以敬爲行首，是敦[二]敬之重也。功行者，當計其爲功之勞耳。何得直以珍仰釋迦，而云莫尚於此邪？惠無所謝，達者所不惑，但理根深極，情敬不可得無耳。臣之敬君，豈謝惠者邪？（《弘明集》卷一二）

【校勘】

〔一〕《釋文紀》卷四作《重難王中令》。

〔三〕"是敦"，《釋文紀》卷四作"是就"，或形近而誤。

答桓太尉[一]

［晉］王　謐

奉告，并垂重難，具承高旨。此理微緬，至難厝言。又一代大事，應時詳盡。下官才非拔幽，特乏研析，且妙難精詣，益增茫惑。但高旨既臻，不敢默已，輒復率其短見，妄酬來誨，無以啓發容致，祇用反側。願復詢諸道人通才，蠲其不逮。

公云："宗致爲是何邪？若以學業爲宗致者，則學之所學，故是發其自然之性耳。苟自然有在，所由而稟，則自然之本，居可知矣。"今以爲宗致者，是所趣之至道；學業者，日用之筌蹄。今將欲趣彼至極，不得不假筌蹄以自運耳。故知所假之功，未是其絕處也。夫積學以之極者，必階麤以及妙，魚獲而筌廢，理斯見矣。公以爲神奇之化易，仁義之功難，聖人何緣捨所易之實道，而爲難行之末事哉？其不然也，亦以明矣。意以爲佛之爲教，與内聖永殊。既云其殊，理則無并。今論佛理，故當依其宗而立言也。然後通塞之塗，可得而詳矣。前答所以云："仁善之行，不殺之旨，其若似可同者，故引以就此耳。至於發言抗論，津徑所歸，固難得而一矣。"然愚意所見，乃更以佛教爲難也。何以言之？今内聖所明，以爲"出其言善，應若影響，如其不善，千里違之"。如此，則善惡應於俄頃，禍福交於目前。且爲仁由己，弘之則是，而猶有棄正而即邪，背道而從欲者矣。況佛教喻一生於彈指，期要終于永劫，語靈異之無位，設報應於未兆。取之能信，不亦難乎？是以化暨中國，悟之者尠。故《本起經》云"正言似反"，此之謂矣。

公云："行功者當計其爲功之勞，何得直以珍仰釋迦，而云莫尚於此邪？"請試言曰：以爲佛道弘曠，事數彌繁，可以練神成道，非惟一事也。至於在心無倦，於事能勞，珍仰宗極，便是行功之一耳。前答所以云"莫尚於此"者，自謂擬心宗轍，其理難尚，非謂禮拜之事，便爲無取也。但既在未盡之域，不得不有心於希通，雖一介[二]之輕微，必終期之所須也。

公云："君臣之敬，皆是自然之所生，理篤於情本，豈是名教之事邪？"敬戢高論，不容間然。是以前答云"君人之道竊同高旨"者,意在此也。至於君臣之敬,事盡揖拜,故以此爲名教耳,非謂相與之際,盡於形迹也。請復重伸,以盡微意。夫太上之世,君臣已位,自然情愛,則義著化本。於斯時也,則形敬蔑聞。君道虛運,故相忘之理泰;臣道冥陶,故事盡於知足。因此而推,形敬不與心爲影響,殆將明矣。及親譽既生,兹禮乃興,豈非後聖之制作,事與時應者乎? 此理虛邈,良難爲辨,如其未允,請俟高亮[三]。(《弘明集》卷一二)

【校勘】

〔一〕《釋文紀》卷四作"重答桓太尉"。

〔二〕"介",《慧遠大師集》作"分"。

〔三〕"亮",《慧遠大師集》作"尚"。

與王中令書[一]

［晉］桓　玄

來難手筆甚佳,殊爲斐然,可以爲釋疑處,殊是未至也。遂相攻難,未見其已。今復料要,明在三之理,以辨對輕重,則敬否之理可知。想研微之功,必在苦愈[二]析耳。八日已及,今與右僕射書,便令施行敬事尊主之道,使天下莫不敬。雖復佛道,無以加其尊,豈不盡善邪? 事雖已行,無預所論宜究也。想諸人或更有精析耳。可以示仲文。(《弘明集》卷一二)

【校勘】

〔一〕《釋文紀》卷四作"三與王中令書"。

〔二〕"愈",《慧遠大師集》無。

重難王中令〔一〕

〔晉〕桓 玄

比獲來示并諸人所論，并未有以釋其所疑，就而爲難，殆以流遷。今復重伸前意而委曲之，想足〔下〕有以頓白馬之轡，知辨制之有耳。夫佛教之所重，全以神爲貴，是故師徒相宗，莫二其倫。凡神之明闇，各有本分，分之所資，稟之有本。師之爲功在於發悟，譬猶荆璞而瑩拂之耳。若質非美玉，琢磨何益？是爲美惡存乎自然，深德在於資始，拂瑩之功，實已末〔二〕焉。既懷玉在中，又匠以成器，非君道則無以伸遂此生，而通其爲道者也。是爲在三之重，而師爲之末。何以言之？君道兼師，而師不兼君，教以弘之，法以齊之，君之道也，豈不然乎？豈可以在理之輕，而奪宜尊之敬？三復其理，愈所疑駭。制作之旨，將在彼而不在此，錯而用之，其弊彌甚。想復領其趣而遺〔三〕其事，得之濠上耳。（《弘明集》卷一二）

【校勘】

〔一〕《釋文紀》卷四作“三難”。

〔二〕“末”，《慧遠大師集》作“求”。

〔三〕“遺”，《慧遠大師集》作“貴”。

重答桓太尉〔一〕

〔晉〕王 謐

重貺嘉誨，云：“佛之爲教，以神爲貴，神之明闇，各有本分。師之爲理，在於發悟。至於君道，則可以伸遂此生，通其爲道者也。"示爲師無該通之美，君有兼師之德。弘崇主之大禮，析^{〔二〕}在三之深淺。實如高論，實如高論^{〔三〕}！下官近所以脱言鄙見，至於往反者，緣顧問既萃，不容有隱。乃更成别辨一理，非但習常之惑也。既重研妙旨，理實恢邈，曠若發蒙，於是乎在。承已命庚、桓^{〔四〕}施行其事，至敬時定，公私幸甚！下官瞻仰所悟，義在擊節，至於濠上之誨，不敢當命也。（《弘明集》卷一二）

【校勘】

〔一〕《釋文紀》卷四作"三答桓太尉"。

〔二〕"析"，《慧遠大師集》作"折"。形近而誤。

〔三〕"實如高論"，《釋文紀》卷四不重複此句。

〔四〕"桓"，《釋文紀》卷四作"恒"，誤。

沙門袒服論

【題解】

隨着外來佛教向中土社會生活的滲透，尤其是東晉以來，僧人與社會上層交涉增多，僧人的章服儀軌與傳統禮制的差異，作爲一個文化問題就凸顯了出來，引起了士流的關注。從禮法社會看，爵位和章服是禮制秩序的體現和保證，章服對禮制社會的重要性不言而喻。但從佛教制度看，剃髮和緇衣是出家人的標志和戒行之所在，沙門服制對佛教的意義也顯然易見。然而，因爲以鎮南將軍何無忌爲代表的世俗權貴，對佛教袒服制度提出質疑，這一問題頓時尖鋭複雜起來。針對世俗的質疑，也爲了調和佛教儀禮與名教禮儀的衝突，慧遠撰寫此文。事實上,《沙門不敬王者論》涉及的是佛教禮制對君主權威的挑戰,《袒服論》則涉及的是佛教儀禮對名教儀禮的挑戰,在政治與文化的雙重層面上凸顯了東晉時期佛教與名教的衝突。

從何無忌《難袒服論》及慧遠《答何鎮南書》二書看,此文是最初回應無忌對沙門袒服儀制的質疑。是時無忌已官鎮南將軍。綜考《晉書·安帝紀》《何無忌傳》,義熙五年(四〇九)正月,何無忌以興復王室之功,封安城郡開國公,加散騎侍郎,進鎮南將軍。義熙六年三月,於平盧循之亂中殉國。可知,此文當作於義興五年正月後,義熙六年三月前。

或問曰:沙門袒服,出自佛教,是禮與[1]? 答曰:然。

【注釋】

[1] 或:不定代詞,有人。由《答何鎮南書》可知,這裏指以鎮南將軍何無忌爲代表的佛教袒服禮儀的反對者。袒服:僧尼五衣之一,其形右肩袒露,左側覆肩掩腋,唐時稱掩腋,即今之所謂袈裟。與:同歟。《韻會》:"歟,俗以爲語末之辭。《增韻》:疑辭也。又嘆辭,或作歟,今經傳通作與。"

問曰:三代殊制,其禮不同,質文之變,備於前典[1]。而佛教出乎其外,論者咸有疑焉[2]。若有深致,幸誨其未聞[3]。

【注釋】

[1] 三代:指夏商周。質文之變:指禮儀繁簡變化。《論語·爲政》:"子曰:殷因於夏禮,所損益可知也;周因於殷禮,所損益可知也。"南朝梁皇侃義疏:"舉前三代禮法,言殷代夏立而因用夏禮,及損

益夏禮，事事可得而知也。周代殷立，亦有因殷禮，及有所損益者，亦事事可知也。……若一代之君以質爲教者，則次代之君必以文教也。以文之後，君則復質，質之後，君則復文，循環無窮，有興必有廢，廢興更遷，故有損益也。”質謂質樸，文謂繁縟。備於前典：前代典籍具載之。《説文》：“備，具也。”此四句言三代制度不同，禮制有別，質樸繁縟之變化，具載於前代典籍。

　　[2] 此二句言而佛教超出三代禮制，所以論議者皆有疑問。

　　[3] 深致：深遠意趣。《魏書·崔亮傳》：“亮答書曰：汝所言乃有深致。”幸誨其未聞：有幸請教我所未聞。《小爾雅》：“非分而得謂之幸，冀望得也。”《玉篇》：“誨，教示也。”

　　答曰：玄古之民，大樸未虧，其禮不文[1]。三王應世，故與時而變[2]。因兹以觀，論者之所執，方内之格言耳[3]。何以知其然？中國之所無，或得之於異俗，其民不移，故其道未亡[一][4]。是以天竺國法，盡敬於所尊，表誠於神明，率皆袒服，所謂去飾之甚者也[5]。雖記籍未[二]流兹土，其始似有聞焉[6]。佛出於世，因而爲教，明所行不左，故應右袒[7]。何者？將辨[三]貴賤，必存乎位，位以進德，則尚賢之心生[8]。是故沙門越名分以背時，不退己而求先[9]。

【校勘】

　　〔一〕“亡”，卍正藏本《弘明集》卷五、《慧遠研究·遺文篇》皆作“止”。或形近而誤。

　　〔二〕“未”，《慧遠研究·遺文篇》作“末”。形近而誤。

　　〔三〕“辨”，卍正藏本《弘明集》卷五、《慧遠大師集》、《慧遠研究·遺文篇》皆作“辯”。古二字通。

【注釋】

[1] 玄古：上古，遠古。《莊子·天地》：“玄古之君天下，無爲也，天德而已矣。”唐成玄英疏：“玄，遠也。”大樸：指原始淳樸大道。三國魏嵇康《難自然好學論》：“鴻荒之世，大樸未虧。君無文於上，民無競於下。”此三句言上古先民，天性淳樸，禮儀樸質。

[2] 三王：夏商周三代之君，指夏禹、商湯、周武王。《穀梁傳·隱公八年》：“盟詛不及三王。”晉范寧注：“三王，謂夏殷周也。夏后有鈞臺之享，商湯有景亳之命，周武有盟津之會。”應世：順應世運。南朝梁皇侃《論語集解義疏序》：“夫聖人應世，事迹多端，隨感而起，故爲教不一。”此二句言後代君王順應世運而治，禮儀遂變繁縟。

[3] 格言：至理名言。《三國志·魏書·崔琰傳》：“蓋聞盤於遊田，《書》之所戒；魯隱觀魚，《春秋》譏之，此周孔之格言，二經之明義。”《爾雅·釋詁》：“格，至也。”此三句言由此看來，汝之所論惟是執著世俗之至理名言而已。

[4] 中國：此指華夏，古與夷狄相對稱。《史記·秦本紀》：“費昌子孫，或在中國，或在夷狄。”異俗：代指異域，或荒僻地區。《陳書·吳明徹傳》：“風威懾於異俗，功效著於同文。”此四句言佛教乃華夏所無，得之於異域，其民衆不易其風，所以遠古之道傳之不絕。

[5] 天竺：古印度之稱。《大唐西域記》卷二曰：“天竺之稱，異議糾紛。舊云身毒，或云賢豆。今從正音，宜云印度。”去飾之甚：謂尤重除去裝飾。《禮記·檀弓下》：“去飾，去美也。袒、括髮，去飾之甚也。”甚，猶突出。《廣韻》：“甚，過也。”此四句言因此天竺國風俗，對所尊者無比恭敬，對神明表現虔誠，民衆全部袒服，擯棄一切裝飾。

[6] 記籍：典籍。《六度集經·戒度無極章》：“懷俗記籍萬億之卷，身處天宮極天之壽，而闇於三尊，不聞佛經，吾不願也。”此二句言雖其典籍未流傳華夏本土，開始亦似有所聞。

[7] 佛：此乃釋迦牟（摩）尼尊稱。釋迦牟尼是古印度北部迦毗羅衛國净飯王之太子，母親摩耶夫人，鄰國拘利族天臂國王之女。釋

迦二十九歲出家修道，先習禪定，後獨在林中苦修六年而覺悟，而後弘法傳教。所行不左：佛教以右爲尊，故其禮儀以右行爲尊。《無量壽經》卷上：“稽首佛足，右繞三匝。”據佛經記載，釋迦牟尼乃其母摩耶夫人從右腋誕生，故以右爲尊，袈裟亦以右袒以示禮尊佛祖。此四句言世尊出世，因此風而爲教，明確尊卑，崇敬神明，故所行皆右，袈裟亦以右袒爲尊敬。

　　[8] 將辨貴賤，必存乎位：原指以卦爻之位以別貴賤。《周易·繫辭上》：“是故列貴賤者存乎位，齊小大者存乎卦，辯吉凶者存乎辭。”晉韓康伯注：“爻之所處曰位，六位有貴賤也。”此則指以佛教之階位以別尊卑。貴賤，猶尊卑。大小乘中皆以佛爲尊，然小乘以阿羅漢爲最高果位，大乘則以菩薩爲最高果位。必存乎位，指佛教修證有若干階位。位，指修行所歷之階位、次序。謂十住、十行、十回向、十地等諸位。菩薩修到十住位以上，便不會再墮落和退失其地位。位以進德：按照修證境界決定其階位。進德，增進道德。《周易·乾》：“忠信，所以進德也。”此指修證之境界。尚賢：崇尚修行得道者。賢，指修證而達於階位者。此四句言將以此辨別尊卑，佛之尊卑乃在修行階位，而階位取決於修證境界，故沙門崇尚其修行得道者。

　　[9] 名分：名位身分。《莊子·天下》：“《易》以道陰陽，《春秋》以道名分。”此指尊卑之禮制。背時：猶言背離世俗。晉張協《七命》：“蓋聞聖人不卷道而背時，智士不遺身而匿迹。”不退己：謂使自己永不退轉而精進不已。退，退轉、退墮、退失，略稱爲退。佛教是指退失菩提心而墮於二乘（聲聞乘、緣覺乘）凡夫之地，或是退失已證得之位。求先：指精進。精進爲“六波羅蜜”之一，謂堅持修善斷惡，毫不懈怠。此二句言所以沙門超越世俗名分，永不退轉而精進不已。

　　又人之所能，皆在於右，若動不以順，則觸事生累[1]。過而能復，雖中賢猶未得，況有下於此者乎[2]？請試言之。

夫形以左右成體，理以邪正爲用。二者之來，各乘其本^[3]。滯根不拔，則事未^{〔一〕}愈^[4]。應而形理相資，其道微明^[5]。世習未移，應微^{〔二〕}難辨^[6]。祖服既彰，則形隨事感，理悟其心^[7]。以御順之氣，表誠之體^[8]。而邪正兩行，非其本也^[9]。

【校勘】

〔一〕“未”，《文鈔》作“求”，語意扞格，或形近而誤。卍正藏本《弘明集》卷五、《慧遠研究·遺文篇》皆作“未”，今據改。

〔二〕“微”，《文鈔》校曰：“一作‘徵’。”卍正藏本《弘明集》卷五、《慧遠研究·遺文篇》皆作“徵”。或形近而誤。

【注釋】

[1] 觸事生累：謂遇事則受其牽累。《韻會》：“累，同事相緣及也。”此四句言人之所能行者，皆在於崇尚向右，如若行動不順應佛教禮制，則行事即爲其所累。

[2] 中賢：一般賢者。《後漢書·荀彧傳》：“常以爲中賢以下，道無求備。”此三句言超過這一禮制而能復歸於佛教者，即使是一般賢人尚不可得，何況中賢之下的凡夫呢。

[3] 乘：猶治。《詩·豳風·七月》：“亟其乘屋，其始播百穀。”漢鄭玄箋：“乘，治也。”本：指尚右之禮制、崇正之大道。此二句言左右、邪正之產生，各應治其本。

[4] 滯根：猶鈍根，指根機愚鈍，不能領悟佛法。南朝梁簡文帝《菩提樹頌序》：“因緣假有，衆生之滯根；法本不然，至人之妙理。”愈：通諭，謂告之使曉。《淮南子·齊物訓》：“瞽師之放意相物，寫神愈舞而形乎絃者，兄不能以喻弟。”何寧注：“馬宗霍云：‘愈舞’之愈，當通作諭。”《韻會》：“諭，及其未悟，告之使曉。”此二句言衆生鈍根不去，則不明事理。

[5] 應：猶相應。《廣韻》：“應，物相應也。”道微：猶言微妙之道。此二句言袒服之形與尊卑之理相應相生，亦能彰顯佛道之微妙。

[6] 世習：猶世俗。習，反復浸染而成行爲或風氣。《論語·憲問》：“性相近也，習相遠也。”唐孔穎達疏：“性者，人所禀以生也；習者，謂生後有百儀當所行習之事也。”此二句言世俗之風俗不變，形理相應的微妙之義難以辨別。

[7] 彰：此指彰顯其志。《廣雅·釋詁四》：“彰，明也。”此三句言袒服既已彰顯其志，則外在衣著與佛教禮制亦交相感應，佛理亦了悟於心。

[8] 御：駕御。《説文》：“御，使馬也。”南唐徐鍇《繫傳》：“卸，解車馬也。彳，行也。或行或卸，皆御者之職也。”古同馭。此二句言駕御順應佛教禮制之精神，表達虔誠禮佛之内容。

[9] 此二句言若左右、邪正皆行之，則非佛教之宗旨。

　　是故世尊以袒服篤其誠而閑其邪，使名實有當，敬慢不雜[1]。然後開出要之路，導真性於久迷[2]。令淹世之賢，不自絶於無分[3]；希進之流，不惑塗而旋步[4]。於是服膺聖門者，咸履正思順，異迹同軌[5]。緬素風而懷古，背華俗以洗心[6]。尋〔一〕本達變，即近悟遠，形服相愧，理深其感[7]。如此則情化〔二〕專向，修之弗〔三〕倦，動必以順，不覺形之自恭[8]。斯乃如來勸誘之外因，斂麤之妙迹[9]。而衆談未喻〔四〕，或欲革之，反古之道，何其深哉[10]！

【校勘】

〔一〕“尋”，卍正藏本《弘明集》卷五、《慧遠研究·遺文篇》皆作“專”。形近而誤。

〔二〕“化”，卍正藏本《弘明集》卷五、《慧遠研究·遺文篇》皆作

“禮”。連帶而誤。

〔三〕“弗”，卍正藏本《弘明集》卷五、《慧遠大師集》、《慧遠研究·遺文篇》皆作“不”。古二字通。

〔四〕“喻”，卍正藏本《弘明集》卷五、《慧遠大師集》、《慧遠研究·遺文篇》皆作“諭”。古二字同。

【注釋】

［1］世尊：一指釋迦牟尼佛；二是一切佛之尊稱。因佛是世人所共尊，故稱。閑邪：防止邪惡。《周易·乾》：“閑邪存其誠。”唐李鼎祚集解：“宋衷曰：閑，防也。”名實：中國古代哲學的一對範疇，指名稱（概念）與存在（實物）相對應。《荀子·正名》：“交喻異物，名實玄紐。”唐楊倞注：“若不爲分別立名，使物物而交相譬喻之，則名實深隱，紛結難知也。”此指佛教儀禮與佛教修行。當：相對應。《説文》：“當，田相值也。”雜：混同。《玉篇》：“雜，同也。”此三句言所以世尊身著袒服以厚其虔誠且正其心性，使儀禮與修行相應，恭敬與怠慢不亂。

［2］出要：出離世俗之要道。《長阿含經》卷一三：“欲爲穢污，上漏爲患，出要爲上，演布清净。”真性：謂人不妄不變之本心。《楞嚴經》卷一：“此是前塵虛妄相想，惑汝真性。”佛教所謂“衆生皆有佛性”，正是就人皆有真性而言。此二句言然後世尊開闢出離世俗之大道，開導衆生真性以拔出久滯之迷途。

［3］淹世：溺於世俗。淹，猶淹留。《爾雅·釋詁》：“淹，留久也。”晉郭璞注：“淹，滯稽久也。”無分：無隔。《玉篇》：“分，隔也。”此二句言令溺於世俗之賢士，不自斷佛緣而與佛途無隔。

［4］希進：渴望求進。《册府元龜》卷六八《求賢》：“故人從禮讓之風，士去輕浮之行。希進者必修貞確不拔之操，行難進易退之規。”《廣韻》：“希，望也。”旋步：回轉腳步。《增韻》：“旋，回也，斡也。”此二句言亦令汲汲求進之流，不迷於仕進而回身向佛。

　　[5] 服膺：指銘記於心，衷心信奉。《禮記·中庸》：“得一善，則拳拳服膺而弗失之矣。”宋朱熹集注：“服，猶著也；膺，胸也。奉持而著之心胸之間，言能守也。”履正：躬行正道。《後漢書·劉陶傳》：“履正清平，貞高絶俗。”晉葛洪《抱朴子·明本》：“道者履正以禳邪。”思順，思得天助。《周易·繫辭上》：“天之所助者，順也；人之所助者，信也。履信思乎順，又以尚賢也，是以自天佑之。吉，無不利也。”迹，功績。《康熙字典》：“又凡功業可見者曰迹。”此猶功德。此三句言於是信奉世尊之門者，皆躬行正道，思得天助，雖功德不同，却信仰一致。

　　[6] 素風：純樸之風。《晉書·袁宏傳》：“行不修飾，名迹無愆；操不激切，素風逾鮮。”此指佛教之風。華俗：不正風俗。《韻會》：“華，與誇同，不正也。”《周禮》：無有華離之地。”此二句言緬懷佛門之風而追思古人，擯棄世俗之風而洗滌塵心。

　　[7] 達變：通達變化。晉陸機《文賦》：“苟達變而識次，猶開流以納泉。”此指佛教之方便法門。此二句言追尋佛門宗旨，通達權宜方便，由近悟遠，慚愧世俗之行迹服飾，感悟佛理之深遠。

　　[8] 化：謂因佛教化而向善。《韻會》：“改其舊質謂之變，馴致於善謂之化。”此四句言一旦如此，則情因化而專心向佛，修證佛法而不倦怠，行則遵循佛教禮制，在不自覺中表現出恭敬佛祖之行爲。

　　[9] 斂麤：謂聚衆説法。斂，聚集。《説文》：“斂，收也。”又《增韻》：“收，聚也。”麤，同粗。《韻會》：“麤，亦作粗。”如來或時爲衆生演説諸法名字章句，種種差別，以依世諦而説，故名爲粗。此二句言此即如來方便勸化之外在因緣，演説佛法之微妙法門。

　　[10] 喻：通諭。見上注。革，改變。《玉篇》：“革，改也。”此四句言衆人之論不明此理，甚或希望變革。可見，回歸於世尊開創之道，何其艱深！

【義疏】

　　亦以設問，先言沙門袒服乃佛教之禮，然後再由問者所言中土禮制雖有質文之變,却與外來佛教迥異,因此論者咸疑,由此而引出論述主體。

第一,先以遠古先民,大道淳樸,禮制簡約,爲後文佛教"去飾之甚"張本。再進一步説明三代禮制之變乃時代使然,論者所云之三代"質文之變"乃是執著方内之理,引出佛教與中土禮制差異。正面闡釋佛教未喪失遠古淳樸之道的原因,乃在於"其民不移"。所以天竺國之風,至今盡心恭敬所尊,虔誠供奉神明,衆生祖服,猶如中土遠古"去飾之甚"。佛祖誕生,因其風俗而成教,明確所行以右爲尊,其服右袒,以辨别佛教階位之尊卑,修證之境界,惟此則衆生之心皆崇尚賢者。所以沙門超越中土所謂的"名分"而修善斷惡,精進不已。

第二,人之所行,皆以右爲尊,其行若不循禮制,則凡遇事則不順。無論何人,越禮制而能復歸佛法,皆不可得。事實上,雖形體有左右,道理有邪正,但決定二者,必須各治其本——佛理。如若不去鈍根,則事理不明。一旦形理相應互生,則可明乎微妙之道。然而,世俗之風不變,形道相應難辯。佛教彰顯其袒服,使衣著與佛理交相感應,則其心了悟佛理。如此即可駕馭順應佛教禮制之精神,表達虔誠之心體,切忌左右、邪正兩行。

第三,因此世祖以袒服篤其虔誠,正其心性,使形理相應,不雜懈怠。而後開闢出離世俗之大道,導引衆生久迷之真性。從而使溺於世俗之賢士,不自絶於佛門;干進榮華之流,不惑於世塗。於是,信奉世尊之門者,皆能行於佛道,思得天助,雖功德有異,却信仰同軌。緬懷遠古質樸之風,擯棄世俗而净其心靈。如此,則能因近而悟遠,慚愧於世俗之形服,感悟佛理之深奥,其情(識)因佛之教化而專向一路,修行佛法而不倦怠,行則順應佛教禮制,自然表現出虔誠恭敬。這就是如來勸化誘導之外在因緣,方便説法之微妙法門。衆人不論其理,甚或期望改變之。可見,復歸於遠古大道,何其艱深。

簡要言之,慧遠之意有三:一是"袒服"順應古道,二是"右袒"可辨貴賤,三是"袒"即袒露本體。作用有二:一是世尊設袒服以成教,二是沙門由袒服而悟道。最後,表達了對袒服反對者違背古道的感嘆。

三報論^[一] 因俗人疑善惡無現驗作

（三報論的标题下小字：因俗人疑善惡無現驗作）

【題解】

　　佛教因果報應論,在東晉後期仍遭到普遍質疑,隱士戴逵雖崇信佛教,卻對因果報應亦持懷疑,故作《釋疑論》以示慧遠。爲了消解質疑,融通儒釋,慧遠及居士周道祖等皆著論辨析之。慧遠與戴逵的論辯,另可參閱本書書信部分。戴逵在得到《三報論》之後,"覽省反復,欣悟兼懷",這一爭論甫告終結。

　　此書所撰時間,史籍無載。考《晉書·戴逵傳》:"孝武帝時,以散騎常侍、國子博士累徵,辭父疾不就。郡縣敦逼不已,乃逃於吳。吳國內史王珣有別館在武丘山,逵潛詣之。"戴逵譙國(今安徽亳州)人,與慧遠書札論道必在逃於吳,居武丘山期間。復考《晉書·孝武帝紀》,朝廷徵召戴逵在太元十二年六月癸卯,逃官必在此後。可知戴逵作《釋疑論》及首次與慧遠書,當在太元十二年(三八七)秋。慧遠收到戴逵論文及書信後,召集道俗弟子共同參詳,周續之(道祖)因此作《難釋疑論》,後來戴逵再作《答周居士難》。慧遠見二人駁難往復,難以定奪,於是作《三報論》裁定之。由此可推,《三報論》當作於太元十三年,或稍後。

　　經說:"業有三報,一曰現報,二曰生報,三曰後報。"^[1]現報者,善惡始於此身,即此身受;生報者,來生便受;後報者,或經二生三生、百生千生,然後乃受^[2]。受之無主,必由於心^[3]。心無定司,感事而應;應有遲速,故報有先後^[4]。

先後雖異，咸隨所遇而爲對；對有强弱，故輕重不同[5]。斯乃自然之賞罰，三報之大略也[6]。非夫通才達識入要之明，罕得其門[7]。降兹已還，或有始涉[二]大方，以先悟[三]爲蓍龜[8]；博綜內籍，反三隅於未聞[9]；師友仁匠，習以移性者，差可得而言[10]。

【校勘】

〔一〕"三報論"，《出三藏記集》卷一二、《歷代三寶紀》卷七作"釋三報論"。

〔二〕"涉"，《慧遠研究·遺文篇》作"步"。

〔三〕"悟"，卍正藏本《弘明集》卷五、《慧遠研究·遺文篇》俱脱。

【注釋】

[1] 經説：此乃截取佛經之説。《阿毗曇心論》卷一："若業現法報，次受於生報，後報亦復然，餘則説不定。"又《大智度論》卷二四："現報業因緣，故受現報；生報業因緣，故受生報；後報業因緣，故受後報。"業：身、口、意三行的後果就是業。人的一切善惡之思想行爲，都叫作業。行善爲善業，作惡爲惡業。人有三業、業有三報、生有三世，乃慧遠因果報應説的理論核心。

[2] 受：此指承受苦樂身世遲速之果報。此八句言此身始作善惡，當世受善惡之報，爲現報；來生受善惡之報，爲生報；或經過二生三生乃至於百千生之後，纔受善惡之報，爲後報。按：時間無限向後挪移，無法證真，亦無法證偽，這正是佛教本質所在。比莊子之"荒唐之言，無端涯之辭"更有甚矣。

[3] 無主：指没有定數。此二句言所受之三世果報無有定數，必由心生。意謂果報或現報、或生報、或後報，雖無定數，然根源則在於善惡之行，而善惡之行又在於起心動念之間。

　　〔4〕司：指職掌，主宰。《小爾雅》云：“司，主也。”感事而應：猶言緣事而感應。感應，受外物影響而引起反應。《周易·咸》：“柔上而剛下，二氣感應以相與。”此四句言心之善惡亦無主宰，緣事而感應；感應有緩急，故果報亦有先後。

　　〔5〕對：應對。《廣韻》：“對，答也。”此指對應之果報。此四句言果報雖有先後，但全然是隨其善惡而應之；對應之善惡有大小之分別，故果報亦有輕重之不同。

　　〔6〕自然之賞罰：即《沙門不敬王者論·在家一》所言：“以罪對爲刑罰，使懼而後慎；以天堂爲爵賞，使悅而後動。”此二句言這就是任於自然之賞罰，三報內容之要旨。

　　〔7〕入要：證入佛理，證入菩提。佛教強調悟要悟道，入要證入，即通過開示，使之悟道而證菩提。罕：希，少。原指捕鳥網之孔稀疏。《玉篇》：“罕，稀疏也。俗作罕。”此三句言若非博通之才、通達之識，且證入三報要旨，難以入其法門。

　　〔8〕大方：大道，常道。《莊子·山木》：“不知義之所適，不知禮之所將；猖狂妄行，乃蹈乎大方。”蓍龜：蓍草和龜甲，古代用來占卜吉凶的工具。《周易·繫辭上》：“成天下之亹亹者，莫大乎蓍龜。”此指借鑒對象。《晉書·王鑒傳》：“前鑒不遠，可謂蓍龜。”此三句言自此以往，或有初涉佛教大道，以先覺爲龜鏡者。

　　〔9〕內籍：指佛教典籍，佛教以世俗典籍爲外典。《南史·何胤傳》：“入鍾山定林寺聽內典，其業皆通。”反三隅：由某一已知事理而反觀求證其未知事理。《論語·述而》：“舉一隅不以三隅反，則不復也。”宋朱熹注：“物之有四隅者，舉一可知其三。反者，還以求證之意。”此二句言或博覽佛教典籍，再反觀求證未聞之佛理者。

　　〔10〕習以移性：此謂習其佛教典籍而改變其情性。《論語·陽貨》：“性相近也，習相遠也。”《晏子春秋·內篇雜上》：“汩常移質，習俗移性。”差：猶大致。《韻會》：“差，較也。”此二句言近以仁者爲師友，遠習其佛典而移易性情者，方可得三報之要旨而言之。

請試論之:夫善惡之興,由其有漸,漸以之[一]極,則有九品之論[1]。凡在九品,非現報之所攝[2]。然則現報絕夫常類,可知類非九品,則非三報之所攝[3]。何者?若[二]利害交於目前,而頓相傾奪,神機自運,不待慮而發[4]。發不待慮,則報不旋踵而應[5]。此現報之一隅,絕夫九品者也[6]。又三業殊體,自同有定報[7]。定則時來必受,非祈禱之所移,智力之所免也[三][8]。將推而極之,則義深數廣,不可詳究[9]。故略而言之[四],想[五]參懷佛教者,有以得之[六][10]。

【校勘】

〔一〕“以之”,《慧遠大師集》作“之以”。

〔二〕“若”,《慧遠大師集》脫。

〔三〕“所移”“所免”,《慧遠大師集》“所”後均有“能”字。

〔四〕“略而言之”,《慧遠大師集》作“以略而言”。

〔五〕“想”,張景崗校本作“相”。又校曰:“《大正藏》及《文鈔》作‘想’。”

〔六〕“有以得之”,《慧遠大師集》作“必有以得悟歟”。“有以”,《慧遠研究·遺文篇》、張景崗校本皆作“以有”。

【注釋】

[1] 九品:佛教所描述之極樂世界有四土九品。四土,指凡聖同居土,方便有餘土,實報無障礙土,常寂光土。每一土中分爲九品,每一品中又分爲九品,如是層層無盡,品位亦無盡。修習浄土法門,上中下三根皆得往生,依此三根分爲上品上生、上品中生、上品下生;中品上生、中品中生、中品下生;下品上生、下品中生、下品下生等九個品位。此四句言善惡之產生,乃一漸變過程,以一念善惡而至於極致,則有佛教九品之論。

［2］凡在：所有存在之物。在，存在，猶生長。《爾雅·釋訓》：
"在，居也。"攝：總持，總括。《韻會》："攝，持也。一曰攝然，安也。"此
二句言所有四土九品，又非現報所能總括。

［3］絕：斷絕。《説文》："絕，斷絲也。"常類：一般事物之類。漢
王充《論衡·講瑞》："且瑞物皆起和氣而生，生於常類之中，而有詭異
之性，則爲瑞矣。"此指四土之類。此三句言然而現報與常類不同，可
知其類型不屬於九品，也就非三報之所總括。

［4］傾奪：競爭，爭奪。《史記·春申君列傳》："是時齊有孟嘗
君，趙有平原君，魏有信陵君，方爭下士致賓客，以相傾奪，輔國持
權。"此指善惡交互而生。神機自運：謂心神自然而生。神機，心神。
唐劉禹錫《酬湖州崔郎中見寄》詩："豈非山水鄉，蕩漾神機清。"此四
句言如若世俗利害交織眼前，善惡則頓時交互而生，或善或惡皆因心
神而生，不待理性思考而發。

［5］旋踵：反踵，猶轉身。比喻時間極短。此二句言善惡因心神
而生，果報亦旋即而應。

［6］一隅：一端。《論語·述而》："舉一隅不以三隅反，則不復
也。"此二句言此是現報之一個方面，與佛土九品之報應絕不相同。

［7］三業：從成因上説，指身業、口業、意業；從緣起上説，指善
業、惡業、無記業；從果報上説，指順現受業、順生受業、順後受業。此
或指後者。所謂順現受業，是此生造業此生就受果報；順生受業，是
此生造業來生纔受果報；順後受業，是此生造業三生及其以後纔受果
報。體：猶分類。《周禮·天官》："惟王建國，辨方正位，體國經野，高
官分職，以民爲極。"漢鄭玄注："體，猶分也。"自：皆。《玉篇》："自，率
也。"此二句言三業雖有本質不同，皆有確定的報應。

［8］智力：正智與神通力。《法華經·普門品》曰："觀音妙智力，
能救世間苦。"此三句言定報則按時而來，身必受之，并非祈禱所能
去、智力所能免。

［9］究：窮盡。《説文》："究，窮也。"此三句言如欲以此類推而至

窮盡,則意義、法數深廣,難以詳細論述。

[10] 參懷:共同商議。《宋書・恩倖傳》:"凡選授遷轉誅賞大處分,上皆與法興、尚之參懷。"此指參究佛法。有以:有因,有道理。《詩・邶風・旄丘》:"何其久也? 必有以也。"此言參究佛教者,則有得其宗旨的途徑。

世或有積善而殃集,或有凶邪而致慶,此皆現業未就,而前行始應[1]。故曰:"貞〔一〕祥遇禍,妖孽見福[2]。"疑似之嫌,於是乎在〔二〕[3]。何以謂之然? 或有欲匡主救時,道濟生民,擬步高迹,志在立功,而大業中傾,天殃頓集[4]。或有棲遲衡門,無悶於世,以安步爲輿,優遊卒歲,而時來無妄,運非所遇,世道交淪,乖〔三〕其閑習[5]。或有名冠四科,道在入室,全愛體仁,慕上善以進德。若斯人也,含冲和而納疾,履信順而夭年[6]。此皆立功立德之舛〔四〕變,疑嫌之所以生也[7]。

【校勘】

〔一〕"貞",《慧遠大師集》作"禎"。

〔二〕"在",《慧遠大師集》作"起"。

〔三〕"乖",卍正藏本《弘明集》卷五、《慧遠研究・遺文篇》皆作"於"。張景崗校曰:"各藏均作'於',今從《文鈔》。"

〔四〕"舛",卍正藏本《弘明集》卷五、《慧遠研究・遺文篇》皆作"行"。

【注釋】

[1] 現業:謂現世三業。前行:以前之行爲,《孔叢子・論書》:"先君僖公功德前行,可以與於報乎?"此指前世三業。此四句言世間或有積善之門而災禍聚集,或有邪惡之人却吉慶頻至,這因爲現世三

業尚未成因，而前世三業已經報應。

　　[2] 妖孽：指邪惡之事、邪惡之人。《禮記·中庸》：“國家將亡，必有妖孽。”此二句言所以説吉祥反遭災禍，邪惡反現幸福。

　　[3] 疑似之嫌：指對因果之説半信半疑，意謂因果報應之説看似成立，或非事實。《説文》：“嫌，不平於心也。一曰疑也。”此二句言於是對因果報應就將信將疑。

　　[4] 擬步高迹：謂欲行高尚之德。擬，《説文》：“度也。”高迹，高尚之德。漢傅毅《七激》：“遵孔氏之憲則，投顏閔之高迹。”天殃：天降禍殃。漢董仲舒《春秋繁露·郊語》：“由是觀之，天殃與上罰所以別者，闇與顯耳。”此六句言或有人希望匡正王室，拯救世難，以道賑濟百姓，欲行高德之途，志在建立功業，却大業中途傾毀，災禍頓時雲集。

　　[5] 棲遲衡門：猶言悠遊於陋室。《詩·陳風·衡門》：“衡門之下，可以棲遲。”宋朱熹集傳：“衡門，横木爲門也。門之深者，有阿塾堂宇，此惟横木爲之。棲遲，遊息也。”衡門，乃隱居之處。無悶：沒有煩惱。《周易·乾》：“不成乎名，遯世無悶。”唐孔穎達疏：“謂逃遯避世，雖逢無道，心無所悶。”安步爲輿：從容步行，以爲乘車。《戰國策·齊策四》：“晚食以當肉，安步以當車。”輿，車。《説文》：“輿，車底也。”優遊卒歲：悠閒度日。《左傳·襄公二十一年》：“優哉遊哉，聊以卒歲。”無妄：此指無妄之災。原指《周易·無妄》。後指必然之禍福。《戰國策·楚策四》：“世有無妄之福，又有無妄之禍。”宋鮑彪注：“無妄，言可必。”世道交淪：謂世與道交相淪喪。《莊子·繕性》：“世喪道矣，道喪世矣，世與道交相喪也。”閑習：猶從容進退。《吕氏春秋·勿躬》：“登降辭讓，進退閑習，臣不若隰朋。”閑，熟習。古同嫻。《爾雅·釋詁》：“閑，習也。”此四句言或有人棲息陋室，隱居避世，以從容而行，以爲乘車，而悠閒度日，却運遭無妄之災，命非所遇之善，世道淪喪，背離其進退之道。

　　[6] 名冠四科：指名冠於世俗功名。四科，一指孔門四科：德行、

言語、政事、文學。二指漢代取士四科:一曰德行高妙,志節清白;二曰學通行修,經中博士;三曰明達法令,足以決疑;四曰剛毅多略,遭事不惑。道在入室:謂道行高深。入室,喻高深之造詣。《論語·先進》:"由也升堂矣,未入於室也。"上善:猶至善。《老子》第八章:"上善若水。水善利萬物而不争,處衆人之所惡,故幾於道。"進德:修養道德。《周易·乾》:"君子進德修業,忠信所以進德也。"冲和:澹泊平和。《老子》第四八章:"萬物負陰而抱陽,冲氣以爲和。"信順:謂誠信不欺,順應物理。《周易·繫辭上》:"天之所助者,順也;人之所助者,信也。"此七句言或有人功名冠世,道行深厚,以仁愛立身,追慕至善,進德修業,如此之人,性含澹泊却遭遇疾病,踐行誠信而壽命夭折。

[7] 舛變:遭遇錯位之變故。《增韻》:"舛,錯也。"疑嫌:猶疑似之嫌。此二句言此皆立功立德者錯位之變故,是將信將疑之所生的緣由。

　　大義既明,宜尋其對,對各有本,待感而發[1]。逆順雖殊,其揆一耳[2]。何者?倚伏之契[一],定於在昔,冥符告命,潛相迴換[3]。故令禍福之氣,交謝於六府[二];善惡之報,舛互而[三]兩行[4]。是使事應之際,愚智同惑,謂積善之無慶,積惡之無殃,感神明而悲所遇[四],慨天殃[五]之於善人[5]。咸謂名教之書[六],無宗於上,遂使大道翳於小成,以正言爲善誘,應心求實,必至理之無此[6]。原其所由,由世典[七]以一生爲限,不明其外[7]。其外未明,故尋理者,自畢於視聽之内[8]。此先王即民心而通其分,以耳目爲關鍵者也[9]。如令合内外之道,以求弘教之情,則知理會之必同,不惑衆塗而駭其異[10]。若能覽三報以觀窮通之分,則尼父之不答仲由,顏、冉對聖匠而如愚,皆可知矣[11]。

【校勘】

〔一〕“契”，《文鈔》校曰：“一作‘勢’。”卍正藏本《弘明集》卷五、《慧遠大師集》、《慧遠研究·遺文篇》皆作“勢”。或形近而誤。

〔二〕“府”，卍正藏本《弘明集》卷五、《慧遠大師集》、《慧遠研究·遺文篇》皆作“道”。語意扞格。

〔三〕“舛互”，卍正藏本《弘明集》卷五作“殊道”，《慧遠研究·遺文篇》作“殊錯”。又“而”，《慧遠大師集》作“於”。

〔四〕“遇”，卍正藏本《弘明集》卷五、《慧遠研究·遺文篇》皆作“愚”。語意扞格。

〔五〕“殃”，卍正藏本《弘明集》卷五、《慧遠大師集》、《慧遠研究·遺文篇》皆作“喪”。依據前句，作“喪”誤。

〔六〕“書”，《慧遠研究·遺文篇》作“盡”。或形近而誤。

〔七〕“由”，《慧遠大師集》作“因”。又“世典”，卍正藏本《弘明集》卷五、《慧遠研究·遺文篇》皆作“世異典”。“異”或衍文。

【注釋】

[1] 對：應對。《廣韻》：“對，答也。”此指對應之果報。本：根本。《説文》：“木下曰本。”此指佛教之因。此四句言疑似之嫌的大意既已明瞭，應該追尋其對應之果報，對應果報各有其因，其因感發即爲果報。

[2] 逆順：佛教語，又曰違順。違背真理謂之逆，隨順真理謂之順。此指上文所言之因果顛倒則爲逆，因果相應則爲順。揆：準則，原則。《孟子·離婁下》：“先聖後聖，其揆一也。”《説文》：“揆，度也。”此二句言果報發生，形式雖有逆順，準則却是相同。

[3] 倚伏之契：禍福相倚相伏之關機。倚伏，意爲禍與福互相依存，互相轉化。《老子》第五八章：“禍兮福之所倚，福兮禍之所伏。”契，指事物轉化之關鍵。《韻會》：“契，合也。”冥符，謂神授之符命。南朝梁沈約《郊居賦》：“授冥符於井翼，寔靈命之所禀。”告命，猶天

書,上天垂告下民之文書。《三國志·魏書·張臶傳》:"寶石負圖,狀像靈龜,宅於川西,巋然磐峙,倉質素章,麟鳳龍馬,煥炳成形,文字告命,粲然著明。"迴換:改易,變換。南朝宋鮑照《擬行路難》八:"初送我君出户時,何言淹留節迴換。"此指回轉輪迴。此四句言禍福相倚相伏之關機,是由昔日善惡所定,神授天命,在冥冥之中互相回環輪迴。

　　[4]六府:指相合之四季。《淮南子·時則訓》:"孟春與孟秋爲合,仲春與仲秋爲合,季春與季秋爲合,孟夏與孟冬爲合,仲夏與仲冬爲合,季夏與季冬爲合,即六府也。"交謝:交相代謝。舛互:互相抵觸。《增韻》:"舛,錯也。"兩行:即《祖服論》所言之"邪正兩行",意指邪正。此四句言故使禍福氣運,交替變化,猶如四時;善惡報應,邪正兩行,互相抵觸。

　　[5]此六句言這就使事有報應之時,愚者智者皆生疑惑,就説積善者無吉慶,積惡者無災禍,感慨神明無徵而悲傷其善惡不同境遇,嘆息天降災禍於積善之人。

　　[6]名教之書:指世俗儒教典籍。無宗:猶言没有意旨依據。翳:遮蔽,掩蓋。《廣雅》:"翳,障也。"小成:原意爲局部認識。《莊子·齊物論》:"道隱於小成,言隱於榮華。"唐成玄英疏:"小道而有所成得者,謂之小成也。"此指三報之説。正言:合於正道之言。《老子》第七八章:"故聖人云:受國之垢,是謂社稷之主;受國不祥,是謂天下之主,正言若反。"漢河上公章句:"此乃正直之言,世人不知,以爲反言。"此六句言於是皆説儒教典籍,并無三報之説,遂使大道爲三報之説所遮蔽。如若以合乎大道之言誘導人心,則感應於心,求證其實,儒教至理之中必無此説矣。

　　[7]世典:與内典(内籍)對稱。佛家稱世俗之典籍爲世典,亦稱外典。此四句言推究本原,因爲世俗典籍皆以一世爲限度,而不明瞭方外世界。

　　[8]此三句言方外世界既不明瞭,故探尋其理,必然局限於視聽之内。

　　[9]　關鍵：門閂。《北齊書·竇泰傳》："且視關鍵不異，方知非人。"這裏引申爲界限。此二句言此乃先王之論其人心而通其性情，皆以耳目認知爲界限的原因。

　　[10]　此四句言若使方内方外之道融合，以此探求弘揚教化之情，即可知方内方外之理必然會同，就不會使衆生迷惑人生追求而驚駭其方外世界之差異。

　　[11]　窮通：困厄與顯達。《魏書·崔浩傳》："其砥直任時，不爲窮通改節。"孔子，字仲尼，故尊稱尼父。仲由，春秋魯卞（今山東泗水）人，字子路，又字季路。《論語·先進》："季路問事鬼神。子曰：'未能事人，焉能事鬼？'曰：'敢問死。'曰：'未知生，焉知死？'"顏，指顏回。冉，指冉有。聖匠，猶聖人，此指孔子。二人均爲孔子弟子，皆以德行著稱。《論語·爲政》："子曰：吾與回言終日，不違，如愚。"這裏指顏回和冉有對夫子的教誨從不懷疑。此四句言若能博覽三報之論并以此觀照窮通之差別，則仲尼不能回答子路之問鬼神、死後，顏回、冉有面對聖人如同愚人，都可明瞭矣。謂尼父、顏冉不通方外之情。

　　亦有緣起而緣生法，雖豫入諦之明，而遺愛〔一〕未忘，猶以三報爲華苑，或躍而未離於淵者也[1]。推此以觀，則知有方外之賓，服膺妙法，洗心玄門，一詣之感，超登上位[2]。如斯倫匹，宿殃雖積，功不在治，理自安消，非三報之所及[3]。因兹而言，佛經所以越名教、絕九流者，豈不以疏神達要，陶鑄靈府，窮源〔二〕盡化，鏡萬象於無象〔三〕者也〔四〕[4]！

【校勘】

　　〔一〕"愛"，卍正藏本《弘明集》卷五、《慧遠研究·遺文篇》皆作"受"。或形近而誤。

〔二〕“源”，卍正藏本《弘明集》卷五、《慧遠研究·遺文篇》皆作“原”。古二字同。

〔三〕“鏡萬象於無象”之“象”，卍正藏本《弘明集》卷五、《慧遠研究·遺文篇》皆作“像”。古二字同。

〔四〕“也”，《慧遠大師集》作“哉”。

【注釋】

〔1〕緣起法：一切有爲法之總稱。緣起，事物之待緣（生成之條件）而起，即一切有爲法皆由各種因緣而成。《中論疏》卷一〇：“所言緣起者，體性可起，待緣而起，故名緣起。”佛教言十二緣起，即“無明緣行，行緣識，識緣名色，名色緣六處，六處緣觸，觸緣受，受緣愛，愛緣取，取緣有，有緣生，生緣老、死、愁、悲、苦、憂、惱生起”。緣生：謂由緣而生。就一切之有爲法而言，與“緣起”同。但緣起者爲由其因而立之名，緣生者爲由其果而立之名，二者義有微別。緣生是指生起一法這一現象，緣起則通指一切法因緣生滅這個原理。豫：同預，預先。《周易·繫辭下》：“重門擊柝，以待暴客，蓋取諸豫。”《玉篇》：“豫，逆備也。或作預。”入諦之明：證入真諦。諦，真實不虛之理。佛教分爲二諦，世俗虛妄之理爲“俗諦”，涅槃寂靜之理爲“真諦”。真諦有四：苦（生老病死）、集（招集苦之原因）、滅（滅惑業而離生死之苦）、道（解脫而至涅槃之道）。遺愛：所存世俗之愛，如身體、財物等。《正法華經》卷一：“頭眼支體，無所遺愛，所以布施，用成佛道。”或躍而未離於淵：謂躍而未出深淵，喻溺於世俗而未能自拔。《周易·乾》：“九四：或躍在淵，無咎。”此五句言亦有緣起、緣生之法，雖然預先證入真諦，却未能割捨世俗之愛，仍然以三報爲浮華不實，此或是溺於世俗，雖欲離之而不能自拔。

〔2〕服膺：指銘記於心，衷心信奉。《禮記·中庸》：“得一善，則拳拳服膺而弗失之矣。”宋朱熹集注：“服，猶著也；膺，胸也。奉持而著之心胸之間，言能守也。”玄門：原指道教。《老子》第一章：“玄之又

玄,衆妙之門。"此指佛教法門。一詣之感:謂一入感應之旨。《小爾雅》:"詣,進也。"上位:佛教修證的最高階位。位,指修行所歷之位次。謂十住、十行、十回向、十地等諸位。菩薩修到十住位以上,便不會再墮落和退失其階位,此即上位。此六句言由此推之,即知有方外之人,衷心信奉佛法,洗盡塵心而入法門,一入感應果報之旨,即超越衆生而修證最高果位。

[3] 倫匹:猶言之流,同輩。三國魏應瑒《馳射賦》:"爾乃結翻侔,齊倫匹。"宿殃:前世注定的災殃,此指前世惡報。《廣韻》:"宿,素也。"後通作夙。功不在治:謂不再追求積善之功德。此三句言如這一類人,雖積有前世惡報,亦不再追求世俗積善之德,卻自然消除夙積惡報,這又不在三報範圍之類。此謂出家者或有夙惡,則因此超越世俗而解脱也。

[4] 九流:先秦的九個學術流派,見《漢書・藝文志》。一曰儒流,謂順陰陽,陳教化,述唐虞之政,宗仲尼之道也。二曰道流,謂守弱自卑,陳堯舜揖讓之德,明南面爲政之術,奉《易》之謙也。三曰陰陽流,謂順天曆象,敬授民時也。四曰法流,謂明賞救法,以助禮制也。五曰名流,謂正名別位,言順事成也。六曰墨流,謂清廟宗祀,養老施惠也。七曰縱橫流,謂受命使平,專對權事也。八曰雜流,謂兼儒墨之診,含名法之訓,知國大體,事無不貫也。九曰農流,謂勸屬耕桑,備陳食貨也。疏神:疏導精神。陶鑄:原指製作陶範(製作器物之模型),用以鑄造金屬器物。《墨子・耕柱》:"昔者夏后開使蜚廉折金於山川,而陶鑄之於昆吾。"此有塑造、陶冶之意。靈府:指心。《莊子・德充符》:"故不足以滑和,不可入於靈府。"唐成玄英疏:"靈府者,精神之宅,所謂心也。"無象:形容道之玄虛無形。《老子》第十四章:"繩繩兮不可名,復歸於無物。是謂無狀之狀,無象之象,是謂忽恍。"此六句言因此説來,佛經所以超絶儒家名教、世俗九流處,就是因爲其經可以疏瀹精神,從而洞悉經之要旨;陶冶心靈,窮盡造化之本原,以空無之心觀照世界萬象。

【義疏】

《三報論》乃針對"因俗人疑善惡無現驗"而作，故其內容主要論述"三報"類型及其內容。文分五層：

第一，先概述三報之內容及其成因。人有三業，皆有報應。其報應有現、生、後三種類型。果報雖無定數，皆由心之善惡所生；心之善惡無主，緣事而應，感應有緩急，故報應有先後。然而，雖有先後之分，皆是善惡之因果對應，善惡有大小，對應有强弱，故報應亦有輕重之別。由這一因果鏈條而形成的自然賞罰，正是三報之要旨。若非通才明達，則不可證悟三報要旨，不可得其法門。此外，或有始涉佛道，以先覺爲龜鑒者；或有博覽佛典，以一隅而三反者；或有以仁者爲師友，遠習佛典而移易性情者，方可得三報之要旨而言之。可見，了悟三報之要，何其難哉。

第二，進一步申述現報與四土九品的差異。善惡生成，是一個漸進積累過程，皆由小而至極，其報應亦有不同，所以方有四土九品的分類。而往生佛土(淨土)之九品，不包括現報。現報既不屬於往生淨土之類，自然亦不屬於九品以及三報之範圍。因爲，從世俗而言，利害交織眼前，善惡交互産生，皆因心神自然而生，并非因理而發，隨之而應的善惡報應之錯位，也只是心理感受上的現報現象，故與往生淨土、因果不爽的九品絶不相同。然而，三業雖有本質不同，但必有確定的報應。這種報應因時而來，身必受之，又非祈禱所能改變，智力所能避免。如果類推而追尋至極，則意義、法數深廣，難以窮盡。故簡略論之，唯期待參究佛法者得其要旨而已。

第三，補充説明世俗對於善惡之現報錯位現象的疑似之嫌産生的原因。世間有積善而遭殃，凶邪而遇吉，此是現世三業的報應尚未顯現，而前世三業的報應却已應驗的結果。在世俗之中，確有吉祥遇禍、邪惡呈福的現象存在。或有希望匡正王室、拯救時世，賑民以道，厚養道德，志在功名，却大業中途傾頹，天災頓時而至；或有棲身陋室，隱居避世，安步當車，悠遊度日，却運遭無妄之災，命無所遇之善，世道淪喪，背離其進退之道；或有功名冠世，道行深厚，仁愛立身，追慕至善，進德修業，性情澹泊，踐行誠信，却遭遇疾病，甚至壽夭。此皆立功立德之善而報應錯位，因此而引起世俗對於三報之說將信將疑。

第四，在明析疑嫌之義之後，正面闡釋三報之理論内涵。一切果報必有因，由因感發而爲果，現報雖有因果錯位現象之不同，而其準則却永恒不變。現實中禍福相倚的關鍵，乃前世所決定，是神授天命，冥冥之中交相輪迴的結果。因此造成現報善惡錯位的現象：禍福氣運，交替變化，猶如四時；善惡報應，邪正兩行，互相抵觸。這種錯位導致愚智盡皆疑惑，謂積善無吉，積惡無災，從而感慨神明無徵，善者不得善報，反遭天禍，所以都認爲佛教背離了名教宗旨，使大道爲佛家認知所遮蔽，若以大道誘導衆生，以心之善惡證之實報，則斷無此理。推究疑嫌之緣由，乃因世俗經典，以一世爲限，不知有方外世界，所論之人心與人性，皆局限於視聽的經驗世界。若使方内方外融合，以探求弘揚教化，方知二理會同，唯此則不會使衆生迷惑而驚駭方外之差異。三報窮通之理，即便古之聖賢亦不能明，由此可知矣。

第五，由執著有爲法引入，論方外之人超越三報，進入真正解脱的境界。然而亦有執著於有爲之法者，雖預先證入真諦，但難以割捨世俗遺愛，仍然以爲三報之說華而不實，此或欲超越世俗而難以自拔者。由此推論，即可知有方外之人，信奉佛法，洗心佛門，一旦了悟感應果報之旨，即超越衆生而證得上位。方外之人雖或積有前世惡報，且不求積善之德，却能自然消除夙積惡報，此又不屬於三報範圍。因此説窮盡造化本原，以空無觀照萬象，則即色成空也。

本文針對戴逵賢者“早夭絶嗣”和惡者“富樂自終”，壽夭賢愚同善惡并無必然聯繫的觀點，汲取郭象《莊子序》“夫心無爲，則隨感而應，應隨其時，言唯謹爾。故與化爲體，流萬代而冥物，豈曾設對獨邁而游談乎方外哉”的思辨方式，將郭象“獨化於玄冥之境”的空間挪移，轉化爲對善惡報應的時間挪移——“或有積善而殃集，或有凶邪而致慶，此皆現業未就，而前行始應"，採用超越經驗世界實證、純粹理論思辨而獲得理論上的自圓其説，巧妙地回答了世俗質疑。不僅如此，慧遠還針對懷疑論者多以儒家典籍爲據，特別指出："世典以一生爲限，不明其外。"運用的也是同樣的方法。

【附録】

釋疑論

［晉］戴　逵

安處子問於玄明先生曰：蓋聞積善之家必有餘慶，積不善之家必有餘殃。又曰：天道無親，常與善人。斯乃聖達之格言，萬代之宏標也。此則行成於己身，福流於後世，惡顯於事業，獲罪乎幽冥。然聖人爲善，理無不盡。理盡善積，宜歷代皆不移。行無一善，惡惡相承，亦當百世俱闇。是善有常門，惡有定族，後世修行，復何〔一〕益哉！又有束脩履道，言行無傷，而天罰人楚，百羅備嬰〔二〕，任性恣情，肆行暴虐，生保榮貴，子孫繁熾。推此而論，積善之報，竟何在乎？夫五情六欲，人心所常有，斧藻防閑，外事之至苦。苟人鬼無尤於趣舍，何不順其所甘，而强其苦哉！請釋所疑，以祛其惑。

先生曰：善哉，子之問也。史遷有言：天之報施，善人何如哉！荀悦亦云：飾變詐而爲姦詭〔三〕者，自足乎一世之間；守道順理者，不免飢寒之患。二生疑之於前，而未能辨，吾子惑之於後，不亦宜乎。請試言之：

夫人資二儀之性以生，稟五常之氣以育。性有修短之期，故有彭殤之殊；氣有精麤之異，亦有賢愚之別。此自然之定理，不可移者也。是以堯舜大聖，朱均是育；瞽瞍下愚，誕生有舜。顏回大賢，早夭絕嗣；商臣極惡，令胤克〔四〕昌。夷叔至仁，餓死窮山；盜跖肆虐，富樂自終。比干忠正，斃不旋踵；張湯酷吏，七世珥貂。凡此比類，不可稱數。驗之聖賢既如彼，求之常人又如此，故知賢愚善惡，修短窮達，各有分命，非積行之所致也。

夫以天地之玄遠，陰陽之廣大，人在其中，豈唯〔五〕稊米之在太倉，毫末之於馬體哉！而匹夫之細行，人事之近習，一善一惡，皆致冥應，欲移自然之彭殤，易愚〔六〕聖於朱舜，此之不然，居可識矣。然則積善積惡之談，蓋施於勸教耳。何以言之？夫人生而靜〔七〕，天之性也；感物而動，性之欲也。性欲既開，流宕莫檢，聖人之救其弊，因神道以設教，故理妙而化敷；順推遷而抑引，故功玄而事適。是以六合之內，論而不議，鑽之而不知所由，日用而不見所極，設禮學以開其大朦，名法以束其形迹。賢者倚之以成其志，不肖企及以免其過。使孝友之恩深，君臣之義篤，長幼之禮序，朋執之好著。背之則爲失道之人，譏議以之起；向之則爲名教之士，聲譽以之彰。此則君子行己處心，豈可須臾而忘善哉？何必循教責實，以期應報乎？苟能體聖教之幽旨，審分命之所鍾，庶可豁滯於心府，不祈驗於冥中矣。

安處子乃避席曰：夫理蘊千載，念纏一生。今聞吾子大通之論，足以釋滯疑、祛幽結矣。僕雖不敏，請佩斯言。（《廣弘明集》卷一八）

【校勘】

〔一〕“何”，《慧遠研究・遺文篇》作“可”，校曰：“宋元本作‘何’。”

〔二〕“纏”，《慧遠研究・遺文篇》作“纏”，校曰：“三本作‘嬰’。”

〔三〕“詭”,《慧遠研究·遺文篇》作“宄”。

〔四〕“克”,《慧遠研究·遺文篇》作“剋”。

〔五〕“唯”,《慧遠研究·遺文篇》作“惟”。

〔六〕“愚”,《慧遠研究·遺文篇》脱。

〔七〕“静”,《慧遠研究·遺文篇》作“靖”。

難釋疑論

［晉］周道祖

近見君《釋疑論》,蓋即情之作。料檢理要,殆乎有中。但審分命之守,似未照其本耳。

福善莫驗,亦僕所常惑。雖周覽六籍,逾深其滯,及睹經教,始昭然有歸,故請以先覺語當今之學者也。君子〔一〕爲審分命所鍾,可無祈驗於冥中。餘慶之言,存〔二〕於勸教。請審分命之旨,爲當宅情於理,任而弗營耶〔三〕?爲忘懷闇昧,直置而已耶?若宅情於理,則理未可喻。善惡分〔四〕互,逆順莫檢。苟非冥廢,豈得弗營?若直置而已,則自非坐忘。事至必感,感因於事,則情亦升降,履信獲祐,何能不慶?爲惡弗罰,焉得無怨?雖欲忘懷,其可得乎?靖求諸己,其效明矣。

又勸教之設,必傍實而動直;爲訓之方,不可一塗而盡。故或若反而後會,或曉昧於爲言。是以塗車芻靈,堂室異詔,或顯其遠,或徵其近。令循教之徒,不苟求於分表;飲和之士,自守〔五〕足於仁義。故深淺并訓而民聽不濫,而神明之頤蘊於妙物,豈得顯稱積善?正位履霜,而事與教反,理與言違。夷齊自得於安忍,顏冉長悲於履和,恐有爲之言,或異於此。若商臣之徒，教所不及，汲引之端，蓋中智已還，而安于懷仁，不没其身，臧會以僭，有後於魯國，則分命所鍾，於何而審？玄明之唱，更爲疑府矣。

是以古之君子，知通否[六]之來，其過非新，賢愚壽夭，兆明自昔。楚穆以福濃獲没，蔡靈以善薄受禍，郄宛以釁深莫救，宋桓以愆微易唱。故洗心以懷宗，練形以聞道，拔無明之沈根，翳貪愛之滯網，不祈驗於冥中，影響自徹，不期存於應報，而慶罰已[七]彰，故能反步極，水鏡萬有。但微明之道，理隔常域，堯孔拯其麤，宜有未盡，史遷造其門，而未踐乎室。惜其在無聞之世，故永悲以窮年。君既涉其津，亦應不遠而得。此乃幽明之所寄，豈唯言論而已。乖叙多年，聊以代勤。

來論又以天地曠遠，人事細近，一善一惡，無關冥應。然則天網恢恢，疏而遂失耶？莫見乎隱，莫顯乎微，但盈换藏於日用，交賒昧乎理緣，故或乖於視聽耳。山崩鐘應，不以路遠喪感；火澤革性，不以同象成親。詳檢數端，可以少悟矣。（《廣弘明集》卷二〇）

【校勘】

〔一〕“子”，《慧遠研究·遺文篇》作“以”。

〔二〕“存”，《慧遠研究·遺文篇》作“在”。

〔三〕“耶”，《慧遠研究·遺文篇》作“邪”。下同。

〔四〕“分”，《慧遠研究·遺文篇》作“紛”。

〔五〕“守”，《慧遠研究·遺文篇》脱。

〔六〕“否”，《慧遠研究·遺文篇》作“圮”。

〔七〕“已”，《慧遠研究·遺文篇》作“以”。

答周居士難釋疑論〔一〕

[晉]戴　逵

　　閒以暇日，因事致感，脫作《釋疑》，以呈法師。既辱還告，并送來難，辭喻清贍，致有旨歸。但自覺雖先，觀者莫悟，所見既殊，孰是能正。苟懷未悟，請共盡之。

　　僕所謂能審分命者，自呼識拔常均，妙鑒理宗，校練名實，比驗古今者耳。不謂淪溺生死之域，欣感失得之徒也。苟能悟彭殤之壽夭，則知脩短之自然；察堯舜於朱均，以得愚聖之有分；推淵商之善惡，足明冥中之無罰；等比干、盜跖，可識禍福之非行。既能體此數事，然後分命可審，不祈冥報耳。若如來難，宅情於理，則理未可喻，靖求諸己，其明效矣。此乃未喻由於求己，非爲無理可喻也。若捨己而外鑒，必不遠而復矣。

　　難曰：勸教之設，必傍實而動直；爲訓之方，不可以一塗而盡。僕豈謂聖人爲教，反真空設邪？答曰：夫善惡生於天理，是非由乎人心。因天理以施教，順人心以成務。故幽懷體仁者，挹玄風而載悅；肆情出轍者，顧名教而內摑。功玄物表，日用而忘其惠；理蘊冥寂，濤之不見其宗，非違虛教以眩於世也。是以前論云：因神道以設教，故理妙而化敷；順推遷而抑引，故功玄而事適者也。

　　難曰：安于懷仁，不沒其身。臧會以僭，有後魯國，則分命所鍾，於何而審；玄明之唱，更爲疑府矣。答曰：斯乃所以明善惡之有定，不由於積行也。若夫仁者爲善之嘉行，安于懷之而受福；僭者反理之邪事，臧會爲之而獲後。良由分應

没身，非履仁之所移；命當爲後，非行僭之能罰。豈異比干
忠正而嬰剖心之戮，張湯酷吏而獲七世之祜哉？苟斯理之
不殊，則知分命之先定矣。乃同玄明之有分，非爲成疑
府也。

難曰：古之君子，知通否之來，其過非新，賢愚壽夭，兆
明自昔。楚穆以福濃獲没，蔡靈以善薄受禍；郤宛以釁深莫
救，宋桓以愆微易唱。答曰：夫通否非新，壽夭自昔，信哉斯
言，是僕所謂各有分命者也。若夫福濃獲没，釁深莫救，此
則報應之來，有若影響。蔡靈以善薄受禍，商臣宜以極逆罹
殃；宋桓以愆微易唱，郤文應用行善延年，而罪同罰異，福等
報殊何明鑒於蔡、宋，而獨昧於楚、郤乎？君所謂不祈驗於
冥中，影響自徵；不期在於應報，而慶罰以彰，於斯躓矣。

難曰：然則天網恢恢，疏而遂失耶？莫見乎隱，莫顯乎
微，但盈換藏於日用，交賒昧於理緣。答曰：夫天理冥昧，變
狀難明。且當推已兆之終古，考應報之成迹耳。至於善惡
禍福，或有一見，斯自遇與事會，非冥司之真驗也。何以明
之？若其有司，當如之治國，長之一家。善無微而不賞，惡
無纖而必罰，使修行者保其素履，極逆者受其酷禍，然後積
善之家被餘慶於後世，積不善之家流殃咎乎來世耳。而今
則不然，或惡深而莫誅，或積善而禍臻；或履仁義而亡身，或
行肆虐而降福，豈非無司而自有分命乎？若以盈換藏於日
用，交賒昧於理緣者，但當報對遲晚，不切目前耳。非爲善
惡舛錯，是非莫驗。推斯而言，人之生也，性分夙定，善者自
善，非先有其生，而後行善，以致於善也。惡者自惡，非本分
無惡，長而行惡，以得於惡也。故知窮達、善惡、愚智、壽夭，

無非分命。分命玄定於冥初,行迹豈能易其自然哉? 天網
不失,隱見微顯,故是勸教之言耳,非玄明所謂本定之極致
也。既未悟妙推之有宗,亦何分命之可審乎? 將恐向之先
覺,還爲後悟矣。言面未日,聊以讜叙。(《廣弘明集》卷二〇)

【校勘】

〔一〕卍正藏本《廣弘明集》卷一八作《釋疑論答周居士難》。

明報應論二篇(答桓南郡,來問二附)

【題解】

　　本文是慧遠繼《三報論》之後,又一篇關於業報問題的重要論著。
主要內容是慧遠與桓玄之間就業報義理和教化方式問題所展開的問
答。由標題附注可知,此文乃爲桓南郡問而作。桓南郡即桓玄,因曾
襲其父桓温南郡公爵位,故世稱桓南郡。據《晉書·安帝紀》載:桓玄
隆安二年(三九八)舉兵叛亂,元興二年(四〇三)十二月篡位,國號
楚;元興三年五月被殺。標題稱"桓南郡",以理推之,本論或作於桓
玄叛亂之前,即公元三九八年前。另據遠《答戴處士安公書》:"脱因
講集之餘,龘綴所懷(即《三報論》),今寄往,試與同疑者共尋。"戴逵
作《釋疑論》及首次與慧遠書,在太元十二年(三八七)秋,慧遠作《三
報論》及答戴逵書,當在是年。此論或作於次年。華梵佛學研究所編
《慧遠大師文集》作太元十九年(三九四),或誤。

一

　　問曰:佛經以殺生罪重,地獄斯罰,冥科幽司,應若影
響[1]。余有疑焉。何者? 夫四大之體,即地、水、火、風

耳[2]。結而成身，以爲神宅，寄生棲照，津暢明識[3]。雖託之以存，而其理天絶[4]。豈唯精麤之間，固亦無受傷之地[5]。滅之既無害於神，亦猶[一]滅天地間水火耳[6]。

又問：萬物之心，愛欲森繁，但私我有己，情慮之深者耳[7]。若因情致報，乘感[二]生應，則自然之道，何所寄哉[8]？

【校勘】

〔一〕“猶”，卍正藏本《弘明集》卷五、《慧遠研究·遺文篇》皆作“由”。古二字通。

〔二〕“感”，《文鈔》作“惑”，又注曰：“疑，當作‘感’。”卍正藏本《弘明集》卷五“又問”之文作“因情致報，乘惑生應”；“答曰”之文作“因情致報，乘感生應”。《釋文紀》卷八皆作“因情致報，乘感生應”。又清錢謙益《書遠公〈明報應論〉後》亦作“因情致報，乘感生應”。推其文意“惑”當爲“感”之形近而誤，故校正之。

【注釋】

[1] 殺生罪重，地獄斯罰：《賢愚經》卷一：“夫殺生之罪，當入地獄，受諸苦惱，數千萬歲，常爲鹿頭、羊頭、兔頭、諸禽獸頭，阿傍獄卒之所獵射。”冥科：即冥府判定罪福輕重。幽司：陰間掌管亡者之事的官吏。《南史·沈僧昭傳》：“自云爲泰山録事，幽司中有所收録。”此四句言佛經以爲殺生罪孽深重，此將被罰至地獄，由幽司判定其罪孽輕重，而且其報應猶如物影、回聲。按：此類記載佛經多見。如《華嚴經》卷二四：“殺生之罪，能令衆生墮於地獄、畜生、餓鬼。若生人中，得二種果報：一者短命，二者多病。”又如《大智度論》卷一三：“殺生有十罪，何等爲十？一者，心常懷毒，世世不絶；二者，衆生憎惡，眼不喜見；三者，常懷惡念，思惟惡事；四者，衆生畏之，如見蛇虎；五者，睡時心怖，覺亦不安；六者，常有惡夢；七者，命終之時，狂怖惡

死；八者，種短命業因緣；九者，身壞命終，墮泥犁中；十者，若出爲人，常爲短命。"

[2] 四大：地大、水大、火大、風大。地以堅硬爲性，水以潮濕爲性，火以溫暖爲性，風以流動爲性。世間一切有形物質，都有堅、濕、暖、動之四性，故稱爲"大"。由於四大遍及於一切物質現象之中，所以佛經稱之爲"四大種所造諸色"。

[3] 結而成身：組合而成人體。佛教認爲，人體亦有四大組成。如人體的毛髮爪牙、皮骨筋肉等是堅硬性的地大；唾涕、膿血、痰淚、便利等是潮濕性的水大；溫度、暖氣是溫暖性的火大；一呼一吸是流動性的風大。神宅：精神依附或聚留之處。唐司馬禎《天隱子·神仙》："人生時稟得靈氣，精明通悟，學無滯塞，則謂之神宅。"津：氣息。《韻會》："津，氣液也。"此四句言四大凝結而成人體，以爲神靈依附之所，寄托生命，棲息智照，氣息流暢，見識明瞭。

[4] 天絕：自然絕滅。《說文》："絕，斷絲也。"此二句言神靈（精神）雖寄托人體而存在，然按其常理自然隨人體絕滅而絕滅。

[5] 精麤：指神靈（精神）與人體。此二句言難道精神與肉體之間，本來還存在一個不會受傷之地麼？ 意謂不可能存在的現象。

[6] 閒：同閑，安然。《韻會》："閒，安也。"此二句言人體滅了既然無害於精神，亦如世界滅而水火却安然存在。意謂天地滅則水火滅，人體滅則神亦滅。

[7] 愛欲：貪愛、欲望。《無量壽經》下："愛欲榮華，不可常保。"《韻會》："欲，貪也。或作慾。"私：偏愛。《楚辭·離騷》："皇天無私阿兮，覽民德焉錯輔。"漢王逸注："竊愛爲私，所私爲阿。"此四句言人類萬物之心，其貪愛欲望繁多，但是私愛自我，却是欲求中尤其深者。

[8] 自然：指不假任何造作之力而自然而然、本然如是之存在狀態。這是道家重要的哲學概念。此四句言若因其私欲而得到酬報，因其貪愛而產生報應，那麼自然之道，如何還能存在！

答曰：意謂此二條，始^{〔一〕}是來問之關鍵，立言之津要^[1]。津要既明，則群疑同釋；始涉之流，或因兹^{〔二〕}以悟^[2]。可謂朗滯情於常識之表，發奇唱於未聞之前^[3]。然佛教深玄，微言難辯，苟未統夫指^{〔三〕}歸，亦焉能暢其幽致^[4]？當爲^{〔四〕}依傍大宗，試叙所懷^[5]。

【校勘】

〔一〕“始”，《慧遠大師集》《慧遠研究·遺文篇》俱脱。

〔二〕“兹”，《慧遠大師集》作“之”。

〔三〕“指”，《慧遠研究·遺文篇》作“旨”。古二字通。

〔四〕“當爲”，《慧遠大師集》《慧遠研究·遺文篇》皆作“爲當”。

【注釋】

[1] 津要：喻事物之要點、主旨。南朝梁江淹《無爲論》：“宣尼六藝之文，百氏兼該之術，靡不詳其津要。”此三句言料想此兩條，纔是所問之關鍵，立論之主旨。

[2] 釋：明瞭。《説文》：“釋，解也。”此四句言一旦闡明其主旨，則衆人疑問全部釋然；初入佛門之人，或可因此而覺悟。

[3] 滯情：鬱結之情。《孔子家語·入官》：“久居而不滯情，近而暢乎遠察。”佛教指溺於世俗之情。奇唱：與衆不同之論。晉柏偉《蘭亭詩》：“數子各言志，曾生發奇唱。”《説文》：“奇，異也。”此二句言可以説是在常人認知之外，疏解其鬱結之情；於衆生未知之前，發表其驚人之論。

[4] 微言：指以微妙言辭寄托大義。《文心雕龍·論説》：“昔仲尼微言，門人追記，故仰其經目，稱爲《論語》。”指歸：主旨，歸趣。《三國志·吳書·諸葛瑾傳》：“與權談説諫喻，未嘗切愕，微見風彩，粗陳指歸。”亦作旨歸，《法華玄義》卷八上：“體者一部之旨歸，衆義之都會

也。"幽致:細微深奧之理。北魏酈道元《水經注·渭水三》:"神道茫
昧,理難辨測,故無以精其幽致矣。"此四句言然而佛教深奧玄妙,大
義難以語言辯之,假若不能統一歸趣,何能暢達其幽深之理?

[5] 大宗:佛教之主旨。晉釋僧衛《十住經合注序》:"每苦其文
約而致弘,言婉而旨玄,使靈燭映於隱藪,大宗昧於偏文。"

推夫四大之性,以明受形之本,則"假於異物,託爲同
體",生若遺塵,起滅一化[1]。此則慧[一]觀之所入,智刃[二]
之所遊也[2]。於是乘去來之自運,雖聚散而非我;寓群形於
大夢,實處有而同無[3]。豈復有封於所受,有係於所戀
哉[4]!若斯理自得於心,而外物未悟,則悲獨善之無功,感
先覺而興懷[5]。於是思弘道以明訓,故仁恕之德存焉[6]。
若彼我同得,心無兩對,遊刃則泯一玄觀,交兵則莫逆相
遇[7]。傷之豈唯無害於神,固亦無生可殺[8]。此則文殊
按[三]劍,迹逆而道順,雖復終日揮戈,措刃無地矣[9]。若然
者,方將託鼓舞以盡神,運干鏚[四]而成化[10]。雖功被猶無
賞,何罪罰之有耶[11]?

【校勘】

〔一〕"慧",卍正藏本《弘明集》卷五、《慧遠研究·遺文篇》皆作
"惠"。古二字通。

〔二〕"智刃",卍正藏本《弘明集》卷五作"智忍",亦可通。

〔三〕"按",卍正藏本《弘明集》卷五、《慧遠研究·遺文篇》皆作
"案"。古二字同。

〔四〕"干鏚",《慧遠大師集》作"戈鉞"。又"鏚",卍正藏本《弘明
集》卷五、《慧遠研究·遺文篇》皆作"鉞"。古二字意同。

【注釋】

[1] 假於異物,託爲同體:乃《莊子·大宗師》之語,意謂假托外物而成形體。遺塵:指散落之塵土。《莊子·至樂》:"物視其所一而不見其所喪,視喪其足猶遺土也。"將身體比作遺塵,形容輕微之極。唐李白《陳情贈友人》:"薄德中見捐,忽之如遺塵。"一化:自然之變化。《淮南子·精神訓》:"以死生爲一化,以萬物爲一方。"《韻會》:"因形而易謂之變,離形而易謂之化。"此六句言推究四大(地水火風)之本性,則可明瞭成形之本原,形體乃假托於不同之物,而成同一之形,生如微塵,緣生緣滅,皆盡自然之變化。

[2] 慧觀:智慧觀身之略,謂以佛覺之智,觀照生命起滅。釋法琳《對傅奕廢佛僧表》:"吾師化遊天竺,善入泥洹,智慧觀身。"智刃:喻智慧之銳利。《萬善同歸集》卷下:"智刃纔揮,疑根頓斷。"此二句言此即佛覺觀照之深入處,佛門智慧之遊覽地。

[3] 乘去來之自運:謂我之生死乃自然之運化。《莊子·田子方》:"吾以其來不可却也,其去不可止也,吾以爲得失之非我也,而無憂色而已矣。"大夢:比喻生死猶如夢幻。《往生論注》上:"長寢大夢,莫知悕出。"有:此指萬事萬物,佛教中稱爲"法"(現象),即前句之"群形"。此四句言於是因自然運化之生滅,雖有生死而非我有;萬物寄予偌大夢幻之中,看似實有而本質却無。

[4] 有封:猶彼此(物我)之存在。《莊子·齊物論》:"其次以爲有物矣,而未始有封也。"晉郭象注:"雖未都忘,猶能忘彼此。"明焦竑注:"有物有我,便是有封。"封,畛,界限。有係:有牽念,有束縛。《説文》:"係,絜束也。"此二句言如此難道還有物我存在之感受,念念牽掛之所愛麼!

[5] 先覺:事先覺悟、預見者。《孟子·萬章上》:"天之生此民也,使先知覺後知,使先覺覺後覺也。"漢趙岐注:"覺,悟也。"此指孟子。因《孟子·盡心上》有"窮則獨善其身,達則兼濟天下"之語,故感慨忘我雖在獨善則不能兼濟。此四句言若能心得此理,却不悟外物

亦空，就會悲傷雖能獨善而無功兼濟，故有感於先覺之言而慨嘆。

［6］仁恕：仁愛寬容。漢班彪《王命論》：“蓋在高祖，其興也有五：……四曰寬明而仁恕。”此二句言於是希望弘揚儒道以彰明聖人之訓導，故心存仁恕之道德。

［7］彼我同得：謂泯滅彼此之界限，即消解“有封”。心無兩對：謂泯滅是非之觀念，即消解“有係”。泯一玄觀：謂合道於净心深觀。一，道也。《老子》第二二章：“是以聖人抱一爲天下式。”玄觀，净心而深觀之。晉郗超《奉法要》：“齋日唯得專一玄觀，講誦法言。”遊刃：刀刃遊動。《莊子·養生主》：“以無厚入有間，恢恢乎其於遊刃必有餘地矣。”莫逆：沒有抵觸，情投意合。《莊子·大宗師》：“四人相視而笑，莫逆於心，遂相與爲友。”此四句言如若泯滅物我，泯滅是非，遊刃解牛者净心深觀而合乎道，戰場交鋒者亦如莫逆之交相遇。

［8］此二句言豈止是不能傷害於神，本來亦無生命可傷害。

［9］文殊按劍：指佛以文殊菩薩捉劍開示諸菩薩得無生法忍之真諦。《佛説如幻三昧經》載：彼衆會中五百菩薩，得通未得法忍，以宿命通，各見過去逆害父母及諸重罪，於自心內各各懷疑，於其深法不能得入。於時世尊，欲得開化五百菩薩，則以威神現示文殊。於是文殊右手捉劍，走到佛所。佛告文殊：“且止！且止！勿得造逆，當以善害。所以者何？皆從心發，因心生害。心已起頃，便成爲殺。”於是五百菩薩自悟本心，了法如幻，皆得無所從生法忍。以偈贊佛：“文殊大智慧，諸法度無極。手自執利劍，馳走向如來。佛亦如利劍，二事同一相。無生無所有，亦無有害者。兩足尊見之，衆生所作罪，令知殃福業，亦悉是空耳。”此四句言這就是文殊仗劍以開示佛理，表現逆於佛教真諦而內涵合乎佛道，即使終日揮戈，亦無措刃之處。

［10］鼓舞：祭祀神靈之歌舞。《周易·繫辭上》：“變而通之以盡利，鼓之舞之以盡神。”又《史記·孝武本紀》：“民間祠尚有鼓舞之樂，今郊祠而無樂，豈稱乎？”干鏚：盾和大斧。《詩·大雅·公劉》：“弓矢斯張，干戈戚揚，爰方啓行。”毛傳：“戚，斧也。”鄭玄箋：“干，盾也。”後

成爲武舞的一種形式。《淮南子・奇俗訓》:"當舜之時,有苗不服,於是舜修政偃兵,執干戚而舞之。"鏚,同戚。《説文》:"鏚,戉也。本作戚。"成化:完成教化。《文子・道原》:"天常之道,生物而不有,成化而不宰。"此三句言如此則可假托鼓舞以盡祭祀神靈,揮舞干戚而成教化衆生。按:是謂無論是文殊按劍,還是鼓舞、干戚,皆爲教化衆生的方便法門。

[11] 此二句言即使成就教化之功尚且無賞,又何有因罪受罰呢?

若反此而尋其源[一],則報應可得而明;推事而求其宗,則罪罰可得而論矣[1]。嘗試言之:夫因緣之所感,變化之所生,豈不由其道哉[2]? 無明爲惑網之淵,貪愛爲衆累之府[3]。二理俱遊,冥爲神用,吉凶悔吝,唯此之動[4]。無明[二]掩其照,故情想凝滯於外物;貪愛流其性,故四大結而成形[5]。形結則彼我有封,情滯則善惡有主[6]。有封於彼我,則私其身而身不忘;有主於善惡,則戀其生而生不絶[7]。於是甘寢大夢,昏於所[三]迷,抱疑長夜,所存唯著[8]。是故失得[四]相推,禍福相襲,惡積而天殃自至,罪成則[五]地獄斯罰[9]。此乃必然之數,無所容疑矣[10]。何者? 會之有本,則理自冥對;兆之雖微,勢極則發[11]。是故心以善惡爲形聲,報以罪福爲影響[12]。本以情感,而應自來,豈有幽司,由御失其道也[13]。然則罪福之應,唯其所感,感之而然,故謂之自然[14]。自然者,即我之影響耳[15]。於夫主[六]宰,復[七]何功哉[16]?

【校勘】

〔一〕"源",卍正藏本《弘明集》卷五、《慧遠研究‧遺文篇》皆作
"原"。古二字同。

〔二〕"無明",《文鈔》《慧遠研究‧遺文篇》皆作"無用",或形近
而誤。卍正藏本《弘明集》卷五、《釋文紀》卷八作"無明",今據改。

〔三〕"所",《文鈔》作"同",卍正藏本《弘明集》卷五、《慧遠大師
集》、《慧遠研究‧遺文篇》皆作"所",據改。

〔四〕"失得",《慧遠大師集》作"得失"。

〔五〕"則",《慧遠大師集》作"而"。

〔六〕"主",卍正藏本《弘明集》卷五、《慧遠研究‧遺文篇》皆
作"玄"。

〔七〕"復",《慧遠大師集》作"有"。

【注釋】

[1] 報應:指有施必有報,有感必有應,故現在之所得,無論禍
福,皆爲報應。從本質上説,有善報,有惡報;從時間説,有現報、生
報、後報。參見《三報論》。此四句言如若由此而反尋其本源,則可以
明瞭報應之理,由事而推求其根本,則可以論述罪罰之報。

[2] 因緣:因與緣。世間一切事物,皆由因緣和合而生。因,指
原因,事物發生的主要條件;緣,指助緣,事物發生之次要條件。如稻
穀之産生,種子爲因,泥土、雨露、空氣、陽光等等爲緣,由此種種因緣
和合而生出稻穀。變化:形狀轉換謂之"變",由無生有謂之"化"。變
化是指佛與菩薩運用神通力量,能幻化出種種事物。此三句言一切
因緣感應,變化所生,無不由其自然之道。

[3] 無明:即煩惱。指主體暗昧事物,不了實相,不達真諦,以愚
癡無知爲自相。屬於十二因緣第一支。貪愛:即貪戀愛欲,亦稱苦集
聖諦,分爲欲愛、有愛、無有愛。屬於十二因緣第八支。此二句言世
俗煩惱是愚癡迷惑之網的淵源,貪戀愛欲是種種牽累之府庫。

〔4〕二理：指因緣、變化之理。吉凶悔吝，唯此之動：謂吉凶悔
吝，乃由無明和貪愛引起。《周易·繫辭上》："吉凶者，失得之象也；
悔吝者，憂虞之象也。"《周易·繫辭下》："吉凶悔吝者，生乎動者也。"
此四句言因緣、變化之理俱生，冥冥之中皆因神而生，吉凶悔吝，乃由
無明和貪愛所起。

〔5〕情想：指知覺。晉謝鎮之《與顧道士書》："方衣則不暇工於
裁製，去食則絕情想於嗜味。"此四句言無明掩蓋其智慧觀照，故知覺
執著於外物；貪愛流蕩其本性，故四大（地、水、火、風）結合而成人體。
按：後句意思表達有省略，意謂因爲貪戀、執著，不知物我皆空，故形
成生命的輪迴。

〔6〕有封：猶彼此（物我）界限。《莊子·齊物論》："其次以爲有
物矣，而未始有封也。"晉郭象注："雖未都忘，猶能忘彼此。"明焦竑
注："有物有我，便是有封。"封，畛，界限。此二句言執著形體則有彼
我之界限，凝滯貪愛則有善惡之主體。

〔7〕此四句言因爲有彼此（物我）界限，則私愛其身而執著生命；
有善惡主體，則貪戀生命而迷於輪迴之中。

〔8〕此四句言於是溺於夢幻而不醒，溺於貪戀而暗昧，猶如長生
於漫漫長夜之中，唯守疑惑，唯存執著。

〔9〕此四句言因而造成得失交互推移，禍福相倚相伏，積惡則天
災自然而至，獲罪則被罰地獄。

〔10〕數：天數，法數。此二句言此是天數之必然產生，而無可置
疑矣。

〔11〕兆：預兆。《老子》第二十章："我獨泊兮其未兆，如嬰兒之
未孩。"晉王弼注："我獨泊然安靜，未有情欲之先兆也。"此四句言善
惡相應而有因，則冥冥之中自有報應之理，預兆雖小，趨勢發展至極
而必然發生。

〔12〕罪福：五逆十惡等爲罪，五戒十善等爲福。罪有苦報，福有
樂果。影響：從因果上說，是如影隨形，如響應聲；從存在上說，是物

影回聲,空幻不實。此二句言所以善惡乃心靈之外形聲響,罪福如報應之物影回聲。

　　[13] 此四句言皆貪戀執著之所生,而報應自然而來,豈是因爲幽司治理地獄而喪失其道。

　　[14] 此四句言那麼罪福之報應,唯因善惡所感生,感生於善惡而必然如此,故謂之自然。

　　[15] 我之影響:指罪福報應乃我心我行善惡之果報。此二句言所謂罪福報應之自然,就是我之善惡的物影回聲而已。

　　[16] 此二句言對於幽司主宰而言,又有何關係呢。

　　請尋來問之要,而驗之於實[1]。難旨,全許地、水、火、風結而成身,以爲神宅,此即[一]宅有主矣[2]。問:主之居宅,有情耶？無情耶[3]？若云無情,則四大之結,非主宅之所感[4]。若以感不由主,故處不以情,則神之居宅無情,無痛癢之知[5]。神既無知,宅又無痛癢以接物,則是伐卉翦林之喻,無明於義[6]。若果有情,四大之結,是主之所感也[7]。若以感由於主,故處必以情,則神之居宅,不得無痛癢之知[8]。神既有知,宅又受痛癢以接物,固不得同天地間水、火、風[二],明矣[9]。

【校勘】

　　〔一〕“即”,《慧遠大師集》《慧遠研究·遺文篇》皆作“則”。

　　〔二〕“風”,《慧遠大師集》《慧遠研究·遺文篇》皆脱。

【注釋】

　　[1] 驗:驗證。《廣韻》:“驗,證也。”此二句言請追尋來問的主旨,且以事實驗證之。

〔2〕神宅：指精神依附或聚留之處。唐司馬禎《天隱子·神仙》："人生時禀得靈氣，精明通悟，學無滯塞，則謂之神宅。"主：指精神。此三句言其詰難之旨在於全部贊成因四大聚集而形成人體，人體爲神之寄托之所。也就是説人體必有其神。

〔3〕此三句言試問居住宅中之神，是有情感，還是無情感？

〔4〕此三句言如果説無情，那麼四大所聚集而形成之人體，就不能與寄托於形體之精神産生感應。

〔5〕痛癢：五蘊"色、受、想、行、識"之"受蘊"舊譯。此四句言如果感應并非由神而生，且人體中亦不寄托情感，那麼寄托人體之神無情，人體即不能感覺到痛癢。意謂無情則五蘊不生。

〔6〕此四句言神既然没有知覺，人體接觸外物又没有痛癢，那麼就如伐花卉蔫木枝，無法明瞭外物存在之意義。

〔7〕此三句言如果有情，因四大聚集而形成的人體，這應是神之感應的結果。

〔8〕此四句言如果此之感應因神而生，故所處之人體也必然有情，那麼神所寄托之人體，不可能没有痛癢的感覺。

〔9〕此四句言神既然有知覺，人體接觸外物又感受到痛癢，神與人體本就不同於天地之間的四大，這就非常明確。

因兹以談，夫神形雖殊，相與而化；内外誠異，渾爲一體，自非達觀，孰得其際耶[1]？苟未之得，則愈久愈迷耳[2]。凡禀形受命[一]，莫不[二]盡然也[3]。受之既然，各以私戀爲滯[4]。滯根不拔，則生理彌固[5]；愛源不除，則保之亦深[6]。設一理逆情，使方寸迷亂，而況舉體都亡乎[7]！是故同逆相乘，共生釁隙；禍心未冥[三]，則構怨不息[8]。縱復悦畢受惱，情無遺憾，形聲既著，則影響自彰[9]。理無先期，數合使然也，雖欲逃之，其可得乎[10]？此則"因情致報，乘感[四]生應"，但立言之旨本異，故其會不同耳[11]。

【校勘】

〔一〕"命"，卍正藏本《弘明集》卷五、《慧遠研究·遺文篇》皆作"觸"。

〔二〕"不"，《慧遠研究·遺文篇》脱。

〔三〕"禍"，卍正藏本《弘明集》卷五作"稱"，翻刻之誤。"冥"，《慧遠大師集》作"泯"。古二字通。

〔四〕"感"，《文鈔》作"惑"，又注曰："疑，當作'感'。"今據改，見上文校勘。

【注釋】

[1] 際：邊際，界限。《廣韻》："際，邊也，畔也。"此七句言由此而論，精神、人體雖然不同，却生滅共於一化，神內、形外誠然不同，却渾然一體，非通達智照之人，誰可明瞭其界限？

[2] 此二句言假如不能明瞭神與形之不同，溺於世俗之論愈久則愈加迷惑。

[3] 稟形受命：謂自然賦之形體生命。《增韻》："稟，受也。"《莊子·德充符》："受命於地，唯松柏獨也在，冬夏青青。"此二句言所有自然賦之形體生命，無不完全如此。

[4] 私戀：即上文所說之無明貪戀。此二句言既然受命如此，必然各自執著於自愛貪戀。

[5] 滯根：猶鈍根，指根機愚鈍，不能領悟佛法。南朝梁簡文帝《菩提樹頌序》："因緣假有，衆生之滯根；法本不然，至人之妙理。"根，根性。佛家認爲氣力之本曰根，善惡之習曰性。人性有生善惡作業之力，故稱根性。生理：猶生命。《宋書·王敬弘傳》："年向九十，生理殆盡，永絕天光，淪没丘壑。"此二句言自愛貪戀之根性不去，則執著生命更加堅固。

　　[6] 保：猶守。《説文》：“保，養也。”又《增韻》：“保，又守之也。”
此二句言愛戀之源不去，則守之愈深。意謂執著而不可去也。

　　[7] 方寸：代指心。晉葛洪《抱朴子・嘉遁》：“方寸之心，制之在
我，不可放之於流遁也。”《五燈會元》卷二：“百千妙門，同歸方寸；恒
沙功德，總在心源。”亡，無。《正韻》：“亡，同無。”此即虛空。此二句
言假如有一理與感覺不合，就使方寸迷惑混亂，更何况佛教謂整體生
命皆空呢。按：問者認爲，“結而成身，以爲神宅”。而《維摩詰經・方
便品》曰：“是身不實，四大爲家。”後秦僧肇注：“四非常迄於上，自此
下獨明身之虛僞，衆穢過患，四大假會以爲神宅，非實家也。”此即“舉
體都亡”的佛理依據。

　　[8] 同逆：共同叛逆。《晉書・劉聰載記》：“今司馬氏跨據江東，
趙固、李矩同逆相濟。”此謂所有悖逆情感之理，交相侵擾。相乘：相
加，相繼。《漢書・王莽傳》：“政令煩多，當奉行者，輒質問乃以從事，
前後相乘，憒眊不渫。”顏師古注：“乘，積也，登也。”讎隙：怨恨，嫌隙。
《後漢書・質帝紀》：“恩阿所私，罰枉讎隙。”《一切經音義》：“《三蒼》
云：怨偶曰讎。”構怨：結怨，結仇。《詩・王風・兔爰序》：“《兔爰》，閔
周也。桓王失信，諸侯背叛，構怨連禍。”此四句言因爲這個緣故，所
有逆情侵擾糾結，共生怨恨；禍心滋生不泯，結怨不止。

　　[9] 憾：同感。《漢書・張安世傳》：“何感而上印歸邸。”《正韻》：
“感，同憾。”此四句言縱然復有喜悦，煩惱亦隨之而生，所有感覺無不
存之，無明貪戀既已彰顯，構怨迷亂必如物影隨形、迴響應聲。

　　[10] 其，同豈。《韻會》：“其，又豈也。”此四句言因理而言，一切
報應并非預先存在，乃定數使之然，即使期望逃脱，豈能得之！

　　[11] 此四句言這纔是“因情致報，乘惑生應”的真正内涵，只是
立論宗旨不同，所以結論自然不同。

【義疏】

　　開篇概括問者之意有兩點：一是質疑報應説：殺生者因罪孽深

重,罰之下地獄,并按照罪孽輕重而判之,并如物影回聲一樣具有必然? 然後説明理由:天地四大聚集而成人體,人體是精神依附之所,寄托生命,棲息智照,氣息流暢,見識明瞭。既托之人體而存在,必隨人體共生滅。猶如天地毀滅而四大不可存在一樣,人體滅而神亦不可存在。二是萬物之心,愛戀欲望紛繁,但是私愛深厚,精神欲求也必然隨有限的生命而滅亡。如果因情感而有報應,就違背了自然之道。簡要地説,無論從生命存在還是情感存在的角度上説,神皆隨形體滅亡而滅之。因此,建立在體滅神存基礎上的報應説,也就成無根之談。

正論在正面回應疑問、駁斥問者觀點之前,首先説明所概括之兩條乃是問者所言的關鍵與主旨。唯有抓住要害,纔能冰釋衆人之疑,初入佛門者也可因此而開悟。其次説明我之所論乃可疏朗鬱結之情,然而其論驚世駭俗,超出世俗認知、衆生見聞的範圍。然後説明佛教深微玄妙,難以明辯其微言大義,但若不能統一思想,則不能暢發幽旨,故應依據佛教主旨而嘗試論之。以此過渡,昭示所論之特點。正論分爲四層:

第一,從主體認知上論證其或然性。推究四大之性,可以説明:形體本原,乃藉助異物而形成一體,生如微塵,生滅盡於一化。這種緣起而生,緣息而滅,正是佛覺智慧觀照的核心。唯有如此,纔能明確生命乃自然之運化,雖有聚散,却無真我;所謂生命,僅僅是衆生托乎夢幻的形體,看似實有而本質虛無。明乎此,即無物我之別,亦無係戀之所在。然而,世俗功名之士,雖明確此理,却不能覺悟外物皆空,故憂傷自己雖在獨善却無兼濟之功,於是希望弘揚儒道,彰顯先覺訓誡,厚養仁恕之德。但是,如若泯滅物我,則合乎道而游刃有餘;泯滅是非,則泯滅紛爭而彼此一如。如此,精神形體皆無所傷害。佛教史上,所謂文殊按劍,即以逆反於道的形式表達合乎道的本質。也就是説,忘我忘物,心無是非,則全其生而養其神。唯此,纔能借助鼓舞而祭祀神靈,舞動干戚而成就教化,既無賞善之報,亦無地獄之罰。

簡言之,如若覺悟生命乃緣起性空,則可忘物忘我,泯滅是非,即無罪罰之報應。此乃就出家者説。

第二,從因果報應上論證其必然性。如果由上述現象而反觀其本原,探求根由,則可明其報應,論其罪罰。一切因緣感應,變化生滅,皆因乎緣起緣息之道。無明是昧暗迷網的淵藪,貪愛乃世俗牽累的府庫。無明、貪愛交織,冥冥之中起心動念,故産生吉凶悔吝。無明掩蓋其智照,故執著於外物;貪愛流蕩其本性,故執著於形體。執著形體即有物我之界限,這就使得私愛其身而不能忘我;執著於外物就有善惡之主體,這就使得眷戀生命而不絶輪迴。於是眾生自溺於夢幻,愚昧於迷網,漫漫長夜,唯疑方外而執著生命。因此得失相轉,禍福相倚,善惡皆有報應,這是毋庸置疑的必然之定數。因爲善惡報應之會必有其因,冥冥之中相應而生,初始唯有細微徵兆,發展至極就必然産生結果。因此,善惡是心靈的外在表現,罪福是報應的必然回應。一切皆因無明、貪戀而生,應之而來,與幽司所御之道無關。但是,罪福報應生之於善惡,感之於無明、貪戀,故曰這是自然規律。實際上與冥司主宰毫無關聯。也就是説,溺於世俗,無明、貪戀,必然有善惡,有善惡必有報應。此乃就世俗者説。

第三,從經驗現象上反詰問者之論。追尋問者詰難的要旨在於:完全認爲四大聚而形成人體,人體乃精神之宅,精神乃人體之主。那麽,精神究竟是有情,還是無情? 若其無情,則四大所聚之人體,并無精神之感覺。如果感覺不由精神所生,精神不生知覺,那麽精神與人體皆無知覺,就不會有痛癢(受蘊)的感知。精神既然没有感知,人體接觸外物亦無痛癢,則如伐花卉、蒴木枝,了無感覺,此即無法明瞭外物之意,就不可能出現問者所言"萬物之心,愛欲森繁"之類的情況。若其有情,四大所聚之人體,乃是精神之感覺。如果感覺由精神而生,精神與人體必有知覺,那麽人體接觸外物不可能没有痛癢的感覺。既然精神有知覺,人體接觸外物有痛癢,即證明人體完全不同於天地四大。唯此,問者所言精神人體皆因四大"結而成身"之類結論,也甚是荒謬。可見，無論從有情抑或無情兩方面所存在的事實上説，問者詰難都不能成立。

第四，全文之結論。先言區別神形之難。從世俗認知上説，精神人體雖有不同，俱生俱滅；神內而形外誠然不同，却渾然一體。所以若非通達智照之人，就不能區別形有生滅、神則永存的二者界限。然後具體闡釋"因情致報，乘感生應"的理論內涵。世俗不明二者界限，沉溺於經驗認知愈久，就愈加迷惑。甚至認爲人體生命受之自然，莫不如此，所以糾結於私戀。此根不除，又更加執著生命；私愛不去，則愈爲執著此情。二者互相振蕩，就難以自拔。因此，有一理悖逆其感覺認知，就方寸大亂。對於佛教所言人生皆空，更是不可接受！所以世俗之人因爲理之逆情互相糾結而生釁隙，禍心不泯而結怨不止。縱有短暫之喜悦，煩惱亦隨之而生。實際上，只要執著無明貪戀，構怨迷亂必如物影迴響。并非是預設之理論，而是必然之定數，無可逃之。這就説明，世俗之無明、貪戀也是另一種報應的形式。

概括言之，要明確報應的必然存在，首先必須證明形滅而神不滅，只是衆生惑於生命現象之生滅而不知形滅而神不滅之理，故僅僅以現世之善惡並無必然果報的關係，而否定報應論。所以此節從出家與世俗兩個方面，説明報應對衆生而言，是必然的存在；然後進一步論證無論從有情或無情上説，形生於四大，有生滅；神冥傳於形，無生滅。區別形神之別，則是理解報應論的關鍵。這也是"三報論"之理論基礎。

二

問曰：若以物情重生，不可致喪，則生情之由，私戀之惑耳[1]。宜朗以達觀，曉以大方，豈得就其迷滯，以爲報應之對哉[2]？

【注釋】

〔1〕此四句言如若衆生注重生命，不願使其喪失，那麼産生這種眷念之情的緣由，是迷惑於私戀。

〔2〕達觀：見解通達。晉陸雲《愁霖賦》：“考幽明於人神兮，妙萬物以達觀。”大方：大道。《莊子·山木》：“不知義之所適，不知禮之所將；猖狂妄行，乃蹈乎大方。”此四句言應明確宣示其通達見解，曉之以大道，怎能僅僅因爲衆生之迷惑執著，就以爲必有相對之報應。

答曰：夫事起必由於心，報應必由於事[1]。是故自報以觀事，而事可變；舉事以責心，而心可反[2]。推此而言，則知聖人因其迷滯，以明報應之對；不就其迷滯，以爲報應之對也[3]。何者？人之難悟，其日固久，是以佛教本其所由，而訓必有漸[4]。知久習不可頓廢，故先示之以罪福[5]。罪福不可都忘，故使權其輕重，輕重權於罪福，則驗[一]善惡以宅心[6]。善惡滯於私戀，則推我以通物[7]。二理兼弘，情無所繫，故能尊賢容衆，恕己施安[8]。遠尋影響之報，以釋往復之迷[9]。迷情既釋，然後大方之言可曉，保生之累可絶[10]。夫生累者，雖中賢猶未得，豈常智之所達哉[11]！

【校勘】

〔一〕“驗”，卍正藏本《弘明集》卷五、《慧遠研究·遺文篇》皆作“銓”。

【注釋】

〔1〕事：指事之善惡。此二句言事之善惡必由心而生，善惡報應必因事而起。

〔2〕舉:猶言。《周禮·雜記》:“過而舉君之諱,則起。”漢鄭玄注:“舉,猶言也。”責:尋求。《說文》:“責,求也。”此四句言所以從報應上可以反觀事之善惡,然事之善惡亦可變化;論事則可以求心之善惡,然心之善惡亦可反轉。意謂事雖可變,却可因報應而反觀事之善惡;心有反轉,却可舉事而推求心之善惡。

〔3〕迷滯:因惑於現象而生執著。此五句言由此推論,可知聖人可由衆生迷惑執著之善惡,洞悉相對之報應;并非將迷惑執著本身,作爲相對報應之依據。

〔4〕此四句言衆生難以了悟因果報應,本就由來已久,因此佛教追尋產生之緣由,且教化衆生必也循序漸進。

〔5〕頓廢:猶立即廢棄。漢王充《論衡·治期》:“人君不肖則道德頓廢,頓廢則功敗治亂。”《韻會》:“頓,遽也。”此二句言佛祖知衆生久已習慣於世俗貪戀,故先以禍福報應開悟之。

〔6〕權:稱物之重量,引申爲權衡、衡量。《孟子·梁惠王上》:“權,然後知輕重;度,然後知長短。”宅心:居心、存心。晉應貞《晉武帝華林園集詩》:“區内宅心,方隅回面。”此四句言衆生皆無法忘却禍福,故使其權衡輕重;輕重以禍福衡量,就以心之善惡驗證之。

〔7〕通物:通達物理人情。《淮南子·齊俗訓》:“夫稟道以通物者,無以相非也,譬若同陂而溉田,其受水均也。”此二句言執著於私戀而生善惡,則有自我之行識因果而通達一般的物理人情。

〔8〕二理:指上文所言之“事起必由於心,報應必由於事”,與前文“二理俱遊”之二理不同,前文之二理指無明、貪愛。弘,光大。《爾雅·釋詁》:“弘,大也。”引申爲明瞭。恕:推己及人。《賈子·道術》:“以己量人謂之恕。”又《韻會》:“恕,以己體人。”此四句言二理皆已明瞭,則情無執著,故能尊敬佛教,包容衆生,内推己及人,外安定衆生。

〔9〕釋:解脫,放下。《說文》:“釋,解也。”此二句言遠可追尋善惡如物影回聲之報應,近則解脫生滅輪迴之迷情。

[10] 迷情:迷戀世俗之念。《壇經・付囑品》:"吾本來兹土,傳法救迷情。"保生:猶養生。《説文》:"保,養也。"此引申爲執著生命。此三句言迷情既已解脱,然後就能了悟大道之言,可以斷絶執著生命之累。

[11] 生累:指生死牽累於心。晉葛洪《抱朴子・交際》:"率於爲益者寡,而生累者衆。"此三句言對於生死牽累,即使是一般賢者猶不明瞭,衆生之智豈能通達!

【義疏】

問者云:既然衆生因爲迷惑於私戀,執著生命而不願失之,就應該正面説理,曉之大道,不能僅僅就衆生之迷惑執著而産生相對之報應説明之。也就是説,俗者認爲,僅僅從心之善惡與因果報應的關係上,無法解開問題的癥結。

正論部分,首先闡明核心論點:"夫事起必由於心,報應必由於事。"從心與事、事與報的因果邏輯上,闡明三者之間必然性聯繫。雖然事之變化、心之反覆難以縷析,但是因果邏輯則永恒不變。所以,從第二層因果上,可由報應之果,考察事的善惡之因;從第一層因果上,從事的善惡之果,考察心的善惡迷滯。佛祖正是因衆生之迷滯所造成善惡的本質上,闡明與善惡相對的報應,而不是以迷滯的現象作爲相對之報應的依據(因)。佛祖之所以如此,因爲衆生迷滯日久,難以開悟,所以追尋其根本緣由,採納循序漸進的教化次序。因爲衆生雖不能了悟自身迷滯,但對於禍福,銘記於心,所以佛祖以從禍福到善惡、再從善惡到迷滯的方便法門,開示衆生,使之明白報應、善惡皆執著私戀而生,唯此則推己及物而通達物理人情。唯有明瞭心與事、事與報的内在聯繫之理,纔能尊重方外賢士,容忍芸芸衆生,由己及人,則可安定衆生之心。使之遠尋影響之報應,解脱生命輪迴之迷滯。至此,方可曉之以大道,斷絶其生命輪迴之牽累。

其實,因果報應以及神不滅問題皆是虚幻的話題,既無法進行實證研究，也難以進行本體研究，因此慧遠無論從主體認知、因果報應，還是經驗現象、教化次序上，都不可能揭示問題癥結。結尾三句，實際上以衆生無知而巧妙推開了問題癥結。

法性論[一][1]

【題解】

《蓮社高賢傳》云："乃著《法性論》十四篇。今全文散佚，此二句，特撮其要耳。"可知《法性論》本是鴻篇大論，可惜盡皆散佚。關於此論史籍記載不同。《高僧傳》卷六慧遠本傳："先是，中土未有泥洹常住之説，但言壽命長遠而已。遠乃嘆曰：佛是至極，至極則無變。無變之理，豈有窮耶？因著《法性論》。"《出三藏記集》卷一五慧遠本傳："常以支竺（支遁、竺法潛）舊義，未窮妙實，乃著《法性論》，理奧文詣。"《高僧傳》記載寫作背景有誤，慧遠時泥洹常住之説，在中土已經流行。然二書皆記："羅什見而嘆曰：邊國人未見經，便闇與理合，豈不妙哉！"此可見《法性論》也是慧遠佛教思想的重要組成部分。當時，慧遠或未見相關佛經，其論竟與佛經理合，可見其超常的佛理領悟能力。湯用彤《漢魏兩晉南北朝佛教史》曰："據慧達《肇論疏》所記，論作於廬山，在得羅什《大品經》之前。應在元興三年（四〇四）之後。"華梵佛學研究所編《慧遠大師文集》亦繫於是年。

至極以不變爲性，得性以體極爲宗[2]。

【校勘】

〔一〕《文鈔》原注："此二句，録《高僧傳》。"

【注釋】

[1] 法性:或作真如法性、真法性、真性;或爲真如之異稱。指諸法之真實體性,即宇宙一切現象所具有的真實不變之本性。《大智度論》卷三二將一切法的總相、別相同歸於法性。別相,又稱各各相(個別現象),因其自性是空,故皆爲同一,稱之爲"如";總相,亦作一切相(一切現象),一切相同歸於空,故稱空爲法性。法性無有變異,無有增益,無作無不作;復於一切處通照平等,於諸平等中善住平等,不平等中善住平等,於諸平等、不平等中妙善平等;法性無有分別,無有所緣,於一切法能證得究竟體相,故若有依趣法性者,則諸法性無不依趣。

[2] 至極:至極之境,指泥洹、涅槃。慧遠《沙門不敬王者論》云:"泥洹不變,以化盡爲宅""以化盡爲至極"。可見,"泥洹""化盡""至極"含義基本相同。不變:即齊一生滅,永恒常住。性:即法性。從佛教修證來説,法性就是涅槃,涅槃是至極,不壞不滅。體極:體證真如、佛性,體證至極(涅槃)。體,證悟體會。湯用彤《漢魏兩晉南北朝佛教史》曰:"體極者,在於冥符不變之性。不變至極之體,即爲泥洹。"宗:此指法則,究極之本原。

【義疏】

此二句論法性的特點是涅槃(泥洹)之性絶對真實,永恒不變;一旦得涅槃之性,即可體證真如,究竟本原。吕澂《中國佛學源流略講·禪數學的重興》認爲,"慧遠這一思想還是從僧伽提婆介紹的毗曇獲得的。他在《阿毗曇心論序》裏説:'己性定於自然,則達至當之有極。'一切法的自性決定於它自身的'類',從同類法看到的自性就是'不變之性';也只有在這個前提下,纔能説有'至當之極'(即涅槃)。"然而,將慧遠法性論簡單歸於接受部派佛教之影響,并謂之"并没有超出小乘理解的範圍",尚可商榷。部派佛教以諸法爲實有,各具自性,所以很難抽象出絶對真理之法性概念。唯有大乘論諸法皆因緣而生,本性空寂,故諸法皆有絕對真理之法性。慧遠固然受部派佛教思想影響,也與當時流行於中土的般若學密切相關。此外,在慧遠理論中,性空和法性是兩個不同概念,法性是真而非空,性空是空而非法性,這與龍樹般若學直接稱空爲法性,似乎亦有不同。"無性之性,謂之法性"(《大智論鈔序》),是慧遠獨特的認知。

序

廬山出《修行方便禪經》統序[一]

【題解】

《修行方便禪經》乃《達摩多羅禪經》之異名,凡二卷。係五世紀初,西域高僧達摩多羅與佛大先兩人共著,共分十七品,内容闡說修習數息、不净等禪觀之法。此經譯者佛馱跋陀（晉譯覺賢、齊譯佛賢）,幼年受學佛大先,後受慧遠邀請,於廬山譯出此經。因爲關中鳩摩羅什亦譯有《坐禪三昧經》,後羅什所譯稱之"關中禪經",此本乃稱"廬山禪經"。此經綜合大小乘禪觀,對禪觀實修之理論述尤詳,故成爲實修者指導用書。因爲此經冠"達摩多羅"之名,後世遂誤認爲係禪宗祖師達摩大師所傳。

《出三藏記集・佛馱跋陀傳》曰:"頃之,佛賢至廬山,遠公相見欣然,傾蓋若舊。自夏迄冬,譯出禪數諸經。佛賢志在遊化,居無求安。以義熙八年,遂適江陵。"又《高僧傳》本傳又曰:"停止歲許,復西適江陵。"據此可知,佛賢初至廬山當在義熙七年夏,次年離廬山適江陵。譯畢此經及慧遠序文當在義熙八年（四一二）。

夫三業之興,以禪智爲宗[1]。雖精麤異分,而階藉[二]有方[2]。是故發軔分逵,途無亂轍[三][3];革俗成務,功不待積[4]。静復所由,則幽緒告微,淵博難究[5]。然理不云昧,庶旨統可尋[6]。試略而言。

【校勘】

〔一〕此文作者典籍記載不同。《文鈔》按:"此經在明《南藏》榮字函卷七,題作《達摩多羅禪經序》,無作序人名。又單序在明《南藏》迹字函卷九,標名遠公作。"又《釋文紀》卷四四作《達摩多羅禪經序》,姚秦作。注出自"大藏榮字函"。以理推之,或因廬山禪經先出,慧遠以爲序;關中禪經後出,秦主姚興逐録慧遠序,遂至混淆,故《釋文紀》兩收之。《文鈔》校曰:"統經,《頻伽藏》作經統。庾伽遮羅浮迷,譯言修行道地。""統序"乃總序之意,與慧觀所作《不净觀序》(分序)相對而稱。

〔二〕"藉",《出三藏記集》卷九作"籍"。古二字通。

〔三〕"轍",《慧遠研究・遺文篇》作"蹤"。或乃異體字。

【注釋】

[1] 三業:身業、口業、意業。此指三業清净。禪智:禪定與智慧。禪,又稱禪那,意譯禪定、静慮、思惟修等,即住心一境,静息念慮而思惟真理;智,音譯闍那、若那,即能决斷於事理。意謂依照佛理,辨别現象、决斷是非、評判善惡的認知能力。按:佛教智與慧意義有細微差别。"慧",音譯爲末底、摩提,謂通達事理,决斷疑念,把握真諦。簡言之,决斷爲智,簡擇爲慧。一旦相合,即爲般若。《大智度論》卷四三:"般若者,秦言智慧,一切諸智慧中,最爲第一。無上無比等,更無勝者。"此二句言禪定與智慧是修持身、口、意三業清净的根本宗旨。

[2] 精麤:此指根機之慧與鈍。晉戴逵《釋疑論》:"氣有精麤之異,亦有賢愚之别。此自然之定理,不可移也。"階藉:同階級,指佛教修行之階位。菩薩階位有十信位、十住位、十行位、十回向位、十地。此二句言雖然衆生成佛根機有慧根和鈍根之不同,但修習階位之方法相同。

[3] 發軫分逵:謂分道出發。軫,車輛。《説文》:"軫,車後木也。"

逵，大道。《説文》：“逵，九達道也。”途無亂轍：車轍方向一致。《廣韻》：
“轍，車轍也。”此二句言修證途徑或有不同，修習目標却完全一致。

　　[4] 革俗成務：革除弊俗，成就事業。《周易·繫辭上》：“夫易開
物成務，冒天下之道，如斯而已者也。”不待：不依賴。《韻會》：“待，俟
也。”此二句言革除世俗而修證佛果，無須積累功德即可成就功業。
意謂一旦超越塵俗，即可修證佛果。

　　[5] 復：告訴。《韻會》：“復，白也。”此猶思之。幽緒：猶幽旨，幽
深之旨趣。告微：猶微。究：窮盡。《説文》：“究，窮也。”此三句言静
心思其緣由，則幽深之旨微妙，淵博之義難窮。

　　[6] 旨統：猶言思想體系。此二句言但是道理并非晦澀，思想體
系庶幾可以追尋。

　　禪非智無以窮其寂，智非禪無以深其照[1]。然〔一〕則禪
智之要，照寂之謂[2]。其相濟也，照不離寂，寂不離照[3]；感
則俱遊，應必同趣[4]；功玄於在用，交養於萬法[5]。其妙物
也，運群動以至一〔二〕而不有，廓大象於未形而不無，無思無
爲，而無不爲[6]。是故洗心静亂者，以之研慮；悟徹〔三〕入微
者，以之窮神也[7]。若乃將入其門，機在攝會，理玄數廣，道
隱於文，則是阿難曲承音詔〔四〕[8]。遇非其人，必藏之靈府。
何者？心無常規，其變多方。數無定像，待感而應[9]。是故
化行天竺，緘之有匠，幽關莫開，罕闚其庭〔五〕[10]。從此而觀，
理有行藏，道不虚授，良有以矣[11]。

【校勘】

　　〔一〕“然”，《出三藏記集》卷九、《慧遠研究·遺文篇》皆脱。

　　〔二〕“一”，《慧遠研究·遺文篇》作“壹”。古二字同。

　　〔三〕“徹”，《出三藏記集》卷九作“微”。或因連帶後文而誤。

〔四〕"音詔",當作"旨詔"。契嵩《傳法正宗論》卷二考證曰:"按僧祐《出三藏記集》所録,曰《廬山出修行方便禪經統序》,釋慧遠述。及考其序,求其統之之意者,有曰:'夫三業之興,以禪智爲宗。'有曰:'理玄數廣,道隱於文,則是阿難曲承音詔。'其經本,或寫爲'音韶',蓋後世傳寫者之筆誤耳。余考《遠公匡山集》,見《禪經統序》,實云'旨詔'。圭峰《普賢行願疏》,亦稱'旨詔'。"按:此二字意皆可通。

〔五〕"庭",《出三藏記集》卷九、《慧遠研究‧遺文篇》皆作"廷"。古二字通。

【注釋】

[1] 寂:澄澈静寂;照:觀寂智照。真理之體云寂,真智之用云照。此二句言若無有智照則禪不能達到寂静狀態,若無禪静則智不能觀照一切。

[2] 要:要領,要旨。《篇海》:"凡要也,要會也。"此二句言然而禪智之要領,謂之觀照静寂。

[3] 相濟:相輔相依。《韻會》:"濟,通也,益也。"此二句言禪智相濟相生,智照不離禪寂,禪寂不離智照。謂二者皆非獨立存在。

[4] 趣:同趨,猶行。《韻會》:"趣,促也。或作趨。"此二句言禪智運動則俱行,應物必同趨。謂二者相向而行。

[5] 功玄:指智照玄寂之功。交養:指智照静寂互攝。《楞嚴經》卷六:"净極光通達,寂照含虚空。"《正信念佛偈私見聞》卷四引《正陳論》曰:"真如照而常寂爲法性,寂而常照是法身,義雖有二名,寂照亦非二。"此二句言智照玄寂在於用,互攝互生在於法。以上論禪智相濟相生。

[6] 妙物:妙達萬物之理。《周易‧繫辭上》:"神也者,變化之極,妙萬物而爲言,不可以形詰者也。"唐孔穎達疏:"陰陽不測之謂神者,天下萬物皆由陰陽或生或成,本其所由之,不可測量之謂神也。"至一:自然之道。《莊子‧繕性》:"當是時也,陰陽和静,鬼神不擾,四

時得節，萬物不傷，群生不夭，人雖有知，無所用之，此之謂至一。當是時也，莫之爲而常自然。"晉郭象注："物皆自然，故至一也。"宋林希逸注："舉世皆純全，而於道無所欠闕，故曰至一。"萬物任乎自然，雖爲而無爲，故曰"群動而不有"。大象：猶道也。《老子》第四一章："大音希聲，大象無形，道隱無名。"三國魏王弼注："象，道也。"按：老子所言之道，有像、有物而非有，故曰"未形而不無"。《老子》第二一章："孔德之容，唯道是從。道之爲物，唯恍唯忽。忽兮恍兮，其中有像。恍兮忽兮，其中有物。"三國魏王弼注："道之於萬物，獨恍忽往來於其無所定也。"此五句言寂照妙達物理，能運轉萬物而任之自然故又不爲有，空廓大象而恍惚無形却又不爲無，無思慮無作爲而又無所不爲。此論禪智妙達物理之功。

　　[7] 洗心靜亂：澄澈其心，寂靜其念。悟徹入微：覺悟透徹，洞察幽微。佛教謂破迷妄，則開真智。前句指破迷妄，後句指開真智。此四句言心境清浄寂滅其念者，能用以研討思慮對象；透徹之悟者，能用以窮盡神妙。

　　[8] 機在攝會：謂關鍵在於總持要旨。《説文》："機，主發謂之機。"《韻會》："攝，持也。一曰攝然，安也。"《爾雅·釋言》："集，會也。"阿難：即阿難陀，斛飯王之子，提婆達多之弟，佛之從弟。二十五歲出家，侍佛二十五年，受持一切佛法，然於佛陀生前尚未證悟。佛陀寂滅後，大迦葉召集五百比丘於王舍城外七業窟結集佛經，阿難雖是"多聞第一"，因未證悟而被逐出石窟。阿難羞愧難當，加緊思維修行，終於在結集前夜，開悟證果，進入窟內，參與結集。於是，阿難被大衆推上獅子座，始誦曰："如是我聞……"口誦經典，衆比丘如同受佛陀教誡，爲之感動。阿難亦成爲佛十大弟子之一。音詔：音旨。《大哀經》卷一："聞佛音詔，身心坦然。"此五句言若是初入佛門，關鍵在於總持要旨，因爲道理玄妙，智慧廣大，且大道隱蔽於文辭之中，即便是阿難，亦曲受迦葉訓誡而證悟。

　　[9] 靈府：指心。《莊子·德充符》："故不足以滑和，不可入於靈

府。"唐成玄英疏:"靈府者,精神之宅,所謂心也。"《淮南子·俶真訓》:"是故聖人託其神於靈府,而歸於萬物之初。" 常規:一般規則。唐范攄《雲溪友議》卷上:"其所試賦,則準常規;詩則依齊梁體格。" 多方:多端,多方面。《楚辭·九辯》:"心怵惕而震盪兮,何所憂之多方。"宋朱熹集注:"方,猶端也。"《墨子·公孟》:"人之所得於病者多方,有得之寒暑,有得之勞苦。"

[10] 緘:猶藏也。《説文》:"緘,束篋也。" 幽關:猶玄關,喻入道之門。關,猶鎖鑰。《玉篇》:"關,扃也。"此四句言所以佛教化行於天竺,如有大匠藏之篋中,如若無人入其道門,則難以窺見其庭奥。

[11] 行藏:爲世所用則出仕,不用則歸隱。《論語·述而》:"用之則行,捨之則藏。"此指理或盛行於世,或隱蔽於世。 良有以也:確實有原因也。三國魏曹丕《與吴質書》:"少壯真當努力,年一過往,何可攀援! 古人思秉燭夜遊,良有以也。"此四句言由此看來,理論有行有隱,大道不虛傳授,確實如此啊。

　　如來泥洹〔一〕未久,阿難傳其共行弟子末田地,末田地傳舍那婆斯[1]。此三應真,咸乘至願,冥契於昔,功在言外,經所不辨[2]。必闇軌元匠,屨焉無差[3]。其後有優波崛,弱而超悟,智絶〔二〕世表,才高應寡〔三〕,觸理從簡[4]。八萬法藏,所存〔四〕唯要[5]。五部之分,始自於此[6]。因斯而推,固知形運以廢興自兆,神用則幽步無迹,妙動難尋,涉麤生異,可不慎乎? 可不察乎[7]?

【校勘】

〔一〕"泥洹",《出三藏記集》卷九、《慧遠研究·遺文篇》皆作"泥曰"。誤。

〔二〕"絶",《出三藏記集》卷九、《慧遠研究·遺文篇》皆作"終"。

形近而誤。

〔三〕“寡”，《出三藏記集》卷九、《慧遠研究·遺文篇》皆作“冥”。形近而誤。

〔四〕“存”，《出三藏記集》卷九、《慧遠研究·遺文篇》皆作“在”。形近而誤。

【注釋】

　　〔1〕泥洹：即涅槃，又名滅度，是滅盡煩惱和度脱生死之意。此指佛祖寂滅。共行：同行佛法。末田地：即末田底迦尊者，又名末闡提、末田地那、末田鐸迦、末彈地、末田提等。據《付法藏因緣傳》卷二載：阿難弟子有二人，一云末田提，二云商那和修。阿難於此二人共付法藏，令末田提布化罽賓國，商那和修布化中國。商那和修有弟子曰優婆鞠多，以法付之。由是展轉而至師子比丘，故從摩訶迦葉至師子比丘，付法藏之人有二十三祖。然依《阿育王經》卷七：阿難弟子爲末田地，末田地弟子爲商那和修，由摩訶迦葉至優婆鞠多，師資相傳有五人，故稱曰異世五師，付法藏總爲二十四祖。慧遠採納《阿育王經》説。舍那婆斯：又名舍那婆修、舍那婆私、商那和修，阿難之弟子，付法藏之第三祖。事見《景德傳燈録》卷一、《付法藏因緣傳》卷二。

　　〔2〕應真：又稱應儀。意謂應受人天供養之真人，乃阿羅漢之舊譯。《出三藏記集》卷一：“舊經無著果，亦應真，亦新經阿羅漢。”此五句言此三位阿羅漢，皆心登佛法傳播之至高願望，默契於昔日之佛理，其功在於不拘泥經典言辭，而注重言外之意。

　　〔3〕闇軌：猶暗合。《説文》：“軌，車轍也。”元匠：巨匠。《説文》：“元，始也。”此謂佛祖。屖：倉促。《説文》：“屖，迡也。”此二句言其意必暗合佛祖，倉促之間亦無差錯。

　　〔4〕優波崛：又作優婆毱多尊者，天竺吒利國人也。佛典稱他爲付法藏第五師，出世於佛滅後百年，阿育王時代，人稱爲無相佛。《五燈會元》記其爲禪宗四祖。弱而超悟：指優婆毱令劣弱的魔王波旬超

悟佛理。據《五燈會元》載：優婆毱多十七出家，二十證果。隨方行化至摩突羅國，得度者甚衆。由是魔宮震動。波旬愁怖，遂竭其魔力，以害正法。尊者即入三昧，觀其所由，波旬復伺便，密持瓔珞，縻之於頸。及尊者出定，乃取人狗蛇三屍，化爲華鬘。軟言慰諭波旬曰："汝與我瓔珞甚是珍妙，吾有華鬘以相酬奉。"波旬大喜，引頸受之，即變爲三種臭屍，蟲蛆壞爛。波旬厭惡，大生憂惱，盡己神力，不能移動。乃升六欲天，告諸天王。又詣梵王，求其解免。彼各告言："十力弟子，所作神變，我輩凡陋，何能去之。"波旬曰："然則奈何？"梵王曰："汝可歸心尊者，即能除斷。"於是，波旬下天宮，禮尊者足，哀露懺悔。毱多告曰："汝自今去，於如來正法，更不作嬈害否？"波旬曰："我誓回向佛道，永斷不善。"毱多曰："若然者，汝可口自唱言，歸依三寶。"魔王合掌三唱，華鬘悉除。乃歡喜踴躍，作禮尊者，而説偈曰："稽首三昧尊，十力聖弟子。我今願回向，勿令有劣弱。"此五句言此後有優波崛，能令劣弱魔王超脱魔境而領悟佛理，其智慧超絕世外，才高和寡，闡發佛理簡要。

　　[5] 八萬法藏：指佛所説之全部教法。又作八萬四千度門、八萬四千法聚、八萬四千法蘊。舉其大數，又稱八萬法藏、八萬藏。藏者，包藏之義。就能詮之教謂法藏，就所詮之義謂法門，故又稱爲八萬四千法門、八萬法門。衆生有八萬四千煩惱之病，佛爲對治其病而説八萬四千法門。所謂八萬四千諸度門，據隋净影寺慧遠《維摩義記》卷七所載，乃佛之三百五十功德門中，各具布施、持戒、忍辱、精進、禪定、智慧等六度，共成二千一百度門。於諸貪、淫、嗔、恚、愚癡等分四種衆生，各以此二千一百度門教化而開覺之，合成八千四百度門，一變爲十，總成八萬四千度門。此二句言因此八萬法藏，所存唯有要籍。

　　[6] 五部：即五部律，佛滅後百年間，付法藏於優波崛，優波崛下有五位弟子，於戒律上各持異見，於是大律藏便生五部之派別，即曇無德部、薩婆多部、彌沙塞部、迦葉遺部、婆麤富羅部。一説，五部之分，是將一切禪法劃分爲五部，後稱爲五門禪，亦名五停心，包括數息

觀、不净觀、慈悲觀、界分别觀、因緣觀。慧遠之時禪學方興,尚無細緻分類,故此當指前者。此二句言佛教五部派别之産生,始於此時。

　　[7] 麤:語言、論説。《莊子·秋水》:"可以言論者物之粗也,可以意致者物之精也,言之所不能論,意之所不能察致者,不期精粗焉。"粗,同麤。《韻會》:"麤,作麁,亦作粗。"如來或時以名字章句爲諸衆生演説諸法,種種差别,因依照世諦而説,亦名爲麤。此七句言由此推論,即可知外在變化,因廢興而徵兆自顯;神理之用,則潛行而無迹可尋,微妙之動難以追尋,涉及世諦即生出種種差異,必須慎重而明察!

　　自兹已來,感於事變,懷其舊典者,五部之學,並有其人[1]。咸懼大法將穨,理深共〔一〕慨,遂各述讚禪經,以隆盛業[2]。其爲教也,無數方便,以求寂然[3]。寂乎唯寂,其揆一耳[4]。而尋條求根者衆,統本運末者寡[5]。或將暨而不至,或守方〔二〕而未變[6]。是故經稱滿願之德,高普事之風[7]。原夫聖旨,非徒全其長,亦所以救其短[8]。若然,五部殊業,存乎其人,人不繼世,道或隆替,廢興有時,則互相升降,小大〔三〕之目,其可定乎[9]?又達節善變,出處無際,晦名寄迹,無聞無示,若斯人者,復不可以名部分[10]。既非名部之所分,亦不出乎其外,别有宗明矣[11]。

【校勘】

　　〔一〕"共",《文鈔》校曰:"一作'其'。"《出三藏記集》卷九作"其"。或應據改。

　　〔二〕"守方",《慧遠大師集》作"方守"。

　　〔三〕"小大",《慧遠大師集》作"大小"。

【注釋】

[1] 並：《增韻》：“並，皆也。”此五句言自此以來，有感於世事遷變，於是追思原始佛典者，各有其人，傳播五部之學。

[2] 頹：衰頹。《廣雅》：“頹，壞也。”述讚：猶闡釋。《韻會》：“讚，解也，明也。”讚頌，皆佛教之文體。此五句言五部之學傳人皆擔心佛法即將衰頹，慨嘆佛理深微，於是各自以讚闡述禪經，由此使佛教昌盛。

[3] 方便：猶言權宜，是利益他人、化度眾生的智慧和方式。“方便”與“真實”相對而言，亦即隨時設教、隨機應變的權智。寂然：寂靜澄澈貌。此三句言其作爲一種教化，有無數方便修證的法門，以達到寂靜澄澈的狀態。

[4] 揆一：準則同一，道理同一。《孟子·離婁下》：“得志行乎中國，若合符節，先聖後聖，其揆一也。”《說文》：“揆，度也。”此二句言其方便法門乃在求寂，而唯有求寂，其準則完全相同。

[5] 此二句言然而眾人修證多由現象（方便）而求其本質（唯寂），很少由本質（唯寂）統帥現象（方便）。意謂眾人修證顛倒了目的與方法的關係。

[6] 暨：達。《韻會》：“暨，及也。”此二句言因此或即將達寂靜境界却不能至，或是株守一法而不能變通。

[7] 滿願：佛教指一定實現發願所做之事。其經則有《地藏菩薩密法之摩尼寶珠滿願法》。此二句言所以佛經認爲追求圓滿的發願之功德，超過世俗之風化。

[8] 長：指滿願之德。短：指普世之風。此三句言推原聖人之旨，不僅要保全滿願之德，亦是匡救其世俗之風。

[9] 繼世：繼承先世。《孟子·萬章上》：“繼世以有天下，天之所廢，必若桀紂者也，故益、伊尹、周公不有天下。”隆替：盛衰、興廢。晉潘岳《西征賦》：“人之升降，與政隆替，杖信則莫不用情，無欲則賞之不竊。”此數句言果真如此，五部之學，存乎後人，若後人不能繼承先

世,佛道或有盛衰,興廢亦因時而變,那麼隨着佛教之起落,出現大小品目,豈能輕易確定麼?

　　[10] 達節:謂不拘常規而合於節義。《左傳·成公十五年》:"聖達節,次守節,下失節。"楊伯峻注:"最高道德爲能進能退,能上能下,而俱合於節義。"此六句言達節者善於變通,出世入世泯然無界,隱晦聲名唯托迹於世,默默無聞亦韜光息影,如此人也,又不能以部命名。

　　[11] 此三句言既不可以名部分類,也不出乎五部之學外而另立宗派,這是非常清楚。

　　　每慨大教東流,禪數尤寡,三業無統,斯道殆廢[1]。頃鳩摩耆婆宣馬鳴所述,乃有此業[2]。雖其道未融,蓋是爲山於一簣[3]。欣時來之有遇,感寄趣於若人,捨夫制勝之論,而順不言之辯[4]。遂誓被僧那,以至寂爲己任,懷德未忘,故遺訓在兹[5]。其爲要也,圖大成於末象,開微言而崇體[6]。悟惑色之悖德,杜六門以寢患[7]。達忿競之傷性,齊彼我以宅心[8]。於是異族同氣,幻形告疏[9];入深緣起,見生死際[10]。爾乃闚九關[一]於龍津,超三忍以登位[11]。垢習凝於無生,形累畢於神化[12]。故曰:無所從生,靡所不生,於諸所生,而無不生[13]。

【校勘】

　　〔一〕"闚",《出三藏記集》卷九作"闕"。

【注釋】

　　[1] 大教東流:指佛教東傳。禪數:禪法與數法。禪法屬定學,數法屬於慧學。數法亦稱對法,或指佛經中分門別類之義理,或專指禪法。殆:近乎。《廣韻》:"殆,危也,近也。"此四句言每每慨嘆自佛

教東傳，禪數尤少，使佛教大業（清淨之三業）失去統領，禪數之道近於廢棄。

[2] 頃：通傾，不久，頃刻。《韻會》：“傾，俄傾，少選時也，又傾刻。通作頃。”鳩摩耆婆：即鳩摩羅什，又譯鳩摩羅什婆、鳩摩羅耆婆，略作羅什，意譯童壽。《高僧傳・鳩摩羅什傳》：“鳩摩羅什，此云童壽，天竺人也。……初什一名鳩摩耆婆，外國製名，多以父母爲本。什父鳩摩炎，母字耆婆，故兼取爲名。”什乃東晉時期後秦高僧，中國漢傳佛教四大佛經翻譯家之一。《出三藏記集》亦有傳。馬鳴：天竺菩薩，是佛滅後六百年間出世的大乘論師，有馬鳴比丘、馬鳴大士、馬鳴菩薩等尊稱，約爲公元一世紀人。早期信仰婆羅門教，後來皈依佛門，被禪宗尊爲天竺第十二祖。鳩摩羅什譯有《馬鳴菩薩傳》。此二句言不久，鳩摩羅什初述馬鳴之著述，纔有禪數之業。

[3] 融：融貫透徹。《廣韻》：“融，和也，朗也。”一簣：一筐。簣，盛土竹器。《尚書・旅獒》：“爲山九仞，功虧一簣。”此二句言雖然羅什所宣之禪道尚不融貫透徹，亦如累積小山之一筐泥土。意謂羅什所譯之經，亦是禪學勃興東土之基礎。非貶義也。

[4] 寄趣：寄托意趣。明陸時雍《詩鏡總論》：“漢人樂府居多，盛唐人寄趣在有無之間，可言處常留不盡，又似合於風人之旨。”若人：此人。《論語・憲問》：“君子哉，若人！魯無君子者，斯焉取斯？”三國魏何晏注：“包曰：若人者，若此人也。”此指翻譯者佛馱跋陀羅（覺賢）。制勝：原意是制服對方取得勝利。《孫子兵法・虛實》：“人皆知我所以勝之形，而莫知吾所以制勝之形。”此指爭辯。不言之辯：無言之論。意謂言外之意。《莊子・齊物論》：“孰知不言之辯，不道之道？若有能知，此之謂天府。”此二句言吾欣遇嘉時之來，有感於此人所寄托之意趣，捨棄其爭辯之論，順應其言外之意。

[5] 僧那：全稱僧那僧涅。僧那舊譯爲弘誓，僧涅譯爲自誓，俱指菩薩之四弘誓（一眾生無邊誓願度、二煩惱無數誓願斷、三法門無盡誓願知、四佛道無上誓願成）。此泛指弘誓。懷德：安於道德。《論

語·里仁》:"君子懷德,小人懷土。"三國魏何晏集解:"懷,安也。"此四句言於是發誓廣開菩薩宏願,以追求禪數(至寂)爲己任,不忘信徒之德,故於此留下訓誡。

[6]圖:謀求。《爾雅·釋詁》:"圖,謀也。"大成:成就事功。《周易·井》:"元吉在上,大成也。"唐孔穎達疏:"上六所以能獲元吉者,只爲居井之上,井功大成者也。"末象:末法亂象。佛教分爲三期:正法、像法、末法。《隋書·經籍志四》:"然佛所説,我滅度後,正法五百年,像法一千年,末法三千年,其義如此。"末法時代,佛之正法衰頹而亂象橫生。《法苑珠林》卷九八總結爲"五亂",語繁不引。開:闡釋。《廣韻》:"開,解也。"微言:謂以微妙言辭寄托大義。《文心雕龍·論説》:"昔仲尼微言,門人追記,故仰其經目,稱爲《論語》。"此三句言禪數之要旨,在末法亂象之時謀求佛教興盛,崇尚佛教根本要義而闡釋禪法之微言宏旨。

[7]悖:同誖。《韻會》:"誖,亂也,逆也。或作悖。"六門:即六根,指感受外物之眼、耳、鼻、舌、身、意六個門户。此二句言覺悟惑於色相,乃違背佛教道德,杜塞六根的迷執之境,以止息禍患。此爲"不净觀",即在禪定時觀想一切根器皆污穢不净,以袪除貪欲。

[8]忿競:猶忿争。《北齊書·高隆傳》:"西魏文帝曾與隆之因酒忿競,文帝坐以黜免。"《玉篇》:"忿,怒也。"又:"競,争也。"此二句言通達忿怒競争有傷於本性,對於他人和自己,齊一彼我,常居我心。此爲"慈悲觀",即在禪定時觀想眾生可憐之相,以袪除嗔恚。

[9]幻形:幻化形狀,引申爲假像。此二句言於是明瞭異類與我同一聲氣,通達幻化之像即爲假象。此爲"界分別觀",即在禪定時觀想萬法皆由地、水、火、風、空、識"六大"和合而成,聚散不定,生滅無常,以袪除我執之障,即以爲自我和我之所有都是真實存在的"我見"。

[10]際:界限。《廣韻》:"際,邊也,畔也。"此二句言深刻理解十二緣起之理,觀照生死輪迴之際。此爲"因緣觀",即在禪定中觀想十

二因緣、生死輪迴，祛除迷於人生之愚癡。按：禪數另有"數息觀"，在禪定時計數自己出入息（呼吸之數），以對治散亂尋伺，從而使起心動念止於一境。此乃禪修之基本路徑，故慧遠略而未論。

[11] 九關：指禪定的九個階位，即初禪、二禪、三禪、四禪、空處、識處、無所有處、非想非非想處、滅受想。九個禪定階位逐層提高，最後達到極致，止息一切心識活動。龍津：龍門。北朝庾信《至仁山銘》："峰橫鶴嶺，水學龍津。"清倪璠注："《三秦記》曰：河津，一名龍門，兩旁有山，水陸不通，龜魚不能上，江海大魚，薄集龍門，不得上曝腮水次也。"此指佛門。三忍：忍是忍受、認可，即安於苦難和恥辱，以及認可佛教真理之意。佛教"三忍"有多重含義：《無量壽經》說往生極樂之人，聽到七寶樹林聲音，便得三種之忍：一音響忍，就樹林聲音而悟非有而有之真諦；二柔順忍，心柔智順，心順實相之真諦；三無生法忍，安住於無生之法理而不動心。而唯識論所說的三忍，指耐怨害忍、安受苦忍、諦察法忍。慧遠期生淨土，《無量壽經》乃淨土修證法門，故此指《無量壽經》之三忍。此二句言於是開闢禪定九關於佛門之中，超越三忍而登至極之位。

[12] 垢習：謂煩惱之習氣。垢即煩惱之穢，習即習性、習氣。凝：同疑，空也。《說文》："凝，水堅也。"南唐徐鍇《繫傳》曰："俗作疑。"《廣韻》："疑，空也。"無生：即無生法忍，三忍之一。謂生滅變化的一切現象，都是眾生虛妄分別之產物，其本質乃至虛至寂、無生無滅，達到此種認識，稱"無生法忍"，修得無生即能趣入涅槃。形累：謂形體所受之牽累。此二句言煩惱之習空於無生法忍，形體之牽累盡於神化之中。

[13] 此四句類似佛教偈頌，是言生無所生，無所不生，對於所生者而言，沒有不是生者。意謂生命本空，幻化爲像，執著於生，幻像亦如真實。《達磨多羅禪經》卷上："本無所從來，去亦無所至。去來不可得，亦不須臾住。"此乃由此發揮而來。

今之所譯,出自達摩多羅〔一〕與佛大先[1]。其人西域之俊〔二〕,禪訓之宗。搜集經要,勸發大乘。弘教不同,故有詳略之異[2]。達摩多羅闔衆篇於同道,開一色爲恒沙[3]。其爲觀也,明起不以生,滅不以盡,雖往復無際,而未始出於如[4]。故曰:“色不離如,如不離色。色不離如,色則是如。如不離色,如則是色〔三〕[5]。”佛大先以爲,澄源引流,固宜有漸[6]。是以始自二道,開甘露門[7]。釋四義以反迷,啓歸塗以領會[8]。分別陰界,導以正觀,暢散緣起,使優劣自辨[9]。然後令原始反終,妙尋其極[10]。其極非盡,亦非所盡,乃曰無盡,入於如來無盡法門[11]。非夫道冠三乘,智通十地,孰能洞玄根於法身,歸宗一於無相,静無遺照,動不離寂者哉[12]!

【校勘】

〔一〕“達摩多羅”,《出三藏記集》卷九作“達磨多羅”。不同音譯,是爲常態。

〔二〕“俊”,《出三藏記集》卷九作“儁”。古二字同。

〔三〕“色不離如,色則是如。如不離色,如則是色。”《文鈔》校曰:“‘色不離如’,一無此句。‘如不離色,一無此句’。”《出三藏記集》卷九、《慧遠大師集》、《慧遠研究·遺文篇》皆無此兩句。

【注釋】

[1] 達摩多羅:原名菩提多羅,後改名菩提達摩,又稱菩提達摩多羅,通稱達摩。古天竺人,南朝梁武帝時泛海到達中國廣州,武帝迎至建業,因與武帝話不投機,遂渡江入魏,在嵩山少林寺面壁九年有奇,爲中國禪宗之始祖,圓寂於東魏天平以前,葬熊耳山。佛大先:五世紀北印度罽賓國人。約於我國晉末時行化西域。是説一切有部之禪法傳持者。又作佛馱先、佛陀斯那,意譯爲覺將(覺軍)。達摩多

羅與佛大先,二人爲同時代人,約生活於公元四、五世紀。據慧觀《修行地不净觀經序》記,曇(達)磨多羅從天竺來,將禪要傳與婆陀羅,婆陀羅傳與佛陀斯那。佛大先,即佛陀斯那,行化於罽賓,佛馱跋陀羅爲其弟子。

[2] 西域:此泛稱西土,西方。達摩并未傳法西域,慧遠時代達摩尚未進入中國,見上注。此六句言二位大德皆爲西土俊傑,禪學之宗,搜羅佛教要籍,勤奮宣傳大乘佛教,然由於二人弘揚教義不同,故形成詳略之差異。

[3] 闓:猶整合。《正韻》:"闓,總合也。"恒沙:恒河沙。恒河是印度大河,兩岸多細沙,佛説法,每以恒河之細沙喻數之極多。此二句言達磨多羅綜合小乘上座系五部禪法爲統一禪法,即以一色爲遍處,通觀一切事物。"遍處"是一種禪觀法,即在禪觀中,或融合一切事物爲同一對象,或想像一種對象周遍於一切事物。如觀水時,一切事物皆是水的形象;觀地時,一切事物都變成地的形象。這種觀法有十種可選擇,即地、水、火、風、青、黄、赤、白、空、識,稱爲"十遍處"。

[4] 觀:諦視,觀照。《增韻》:"觀,諦視也。"如:佛教謂一切萬物真實不變之本性。這一本性極難用語言文字描述,故借"如"標識之。本性即實相,實相即如,因其不二、不易、不變、不動,萬法一相,故名爲如。此五句言其禪定觀照,明瞭緣起不因之而生,緣滅也不因之而盡,雖然生滅循環往復而無邊際,也未嘗不是出於一如。也就是説,從萬象一色,本體一如的角度上説,一切事物生就是不生,滅也是不滅,生與滅同一不二。一切往復循環之生滅之相皆爲假象,無不是萬物不變之本性的呈現。

[5] 此七句言現象不離本體,本體不離現象。從現象不離本體上説,現象就是本體;從本體不離現象上説,本體就是現象。也就是説現象與本體既不可分割——一如,又即體即用——不二。

[6] 此三句言佛大先認爲,澄清源頭,引述流變,禪觀本應有一個漸進過程。

〔7〕二道：指方便道、勝進道。方便道又稱加行道，是爲斷煩惱而在趨進無間道之前所作的預備性修行。勝進道又名勝道，是指解脫道之後修其餘殊勝之修行，以完成證悟，增進定慧。甘露門：普度衆生，使得安静之法門。《達摩多羅禪經》卷上："度諸未度，令得安隱，謂二甘露門。各有二道：一方便道，二曰勝道。"此二句言因此禪法始於方便、勝進二道，開啓涅槃之法門。

〔8〕四義：指住、縛、增益、升進。《達摩多羅禪經》卷上："清净具足甚深微妙，能令一切諸修行者出三退法，遠離住縛，增益升進。"此二句言闡釋遠離住縛、增益升進之義以使衆生迷途知返，開啓回歸禪法之塗而悟其要旨。

〔9〕陰界：五陰和十八界。五陰（蘊），即色、受、想、行、識；十八界，即六根（眼耳鼻舌身意）、六境（色聲香味觸法）、六識（六根所生之眼識、耳識，鼻識、舌識、身識、意識）。正觀：相對於邪觀之稱。觀與經合，則稱正見，即正觀。此二句言分别五陰和十八界，并以禪觀之法引導之，明確分析十二緣起之理，辨明其優劣。

〔10〕原始反終：推究開始，返回終點。《周易·繫辭上》："原始反終，故知死生之説。"此二句言然後令其由迷途之始而復歸於禪觀，追求至極之境。

〔11〕所盡：所以盡。意謂追求盡。此四句言這種至極之境，不是盡（空），也不是理性所追求之盡（空），是離開生滅相而入如來無盡法門。

〔12〕三乘：指小乘之聲聞乘（聽聞佛陀言教而覺悟者）、緣覺乘（觀悟十二因緣之理而得道者）和大乘之菩薩乘（修持大乘教理，救度衆生，于未來成就佛果之修行者）。度人而使各至其果地之教法，名爲乘。十地：或曰十住。佛典中常以"地"形容能生長功德的菩薩行。十地即指佛教修行過程中的十個階位。大乘菩薩十地爲歡喜地、離垢地、發光地、焰慧地、極難勝地、現前地、遠行地、不動地、善慧地、法雲地。另有三乘十地、四乘十地、真言十地等，名目各有不同。南朝

宋謝靈運《辨宗論》:"一合於道場,非十地之所階,釋家之唱也。"玄根:玄妙之根性。後秦釋僧肇《涅槃無名論》曰:"仰攀玄根,俯提弱喪。"法身:佛三身之一,又名自性身,或法性身,即諸佛所證之真如法性之身。《大乘大義章》慧遠與羅什往返論之,可參閱。無相:與"有相"相對。指擺脫世俗之有相認識所得之真如實相。南朝梁蕭統《和梁武帝遊鍾山大愛敬寺詩》:"神心鑒無相,仁化育有爲。"此六句言如果不是達磨多羅和佛大先之禪法統括了聲聞、緣覺、菩薩三乘,其智慧通於修行的十個階位,誰能够洞察到玄妙之根本在於法身,返歸宗本同於無相,寂静無所遺照,活動不離寂滅呢?

【義疏】

此序在中國禪學發展史上是具有建構意義的一篇理論文獻。文章以佛馱跋陀所譯《修行方便禪經》爲核心,一是從源流上敘述禪經的傳承分化,二是從比較中闡釋禪觀的理論内涵,三是從要旨上指明禪智的修習方法。其分層論述如下:

第一,説明作序之緣由、目的。總論禪經對於修習三業清净之意義,説明禪觀修習雖有精粗不同之階位,然途徑不同,目標一致,皆可革除世俗而證得佛果。因爲其旨幽微,其意淵深,故作序文略論之。

第二,論述禪智與寂照相生相濟之關係、思維運動之特點以及修習之方法。先總論禪與智相生,因智窮盡其寂,因禪窮盡其照;接下引出禪智與照寂相濟相生,因禪而寂,因智而照。思維上"感則俱遊",結果上"應必同趣",功用上"交養萬法"。其寂照萬物,物動至寂而"不有",象空無形亦"非無",雖思而静寂,不爲却有爲。所以静心息念,究竟觀照對象;徹悟幽微,窮盡神化之妙。最後以阿難爲例,説明禪觀因道理玄妙,智慧廣大,且道隱文中,即使化行於天竺,猶如大匠藏於箧中,不入其道門,則難以窺其奥,故初入佛門者必須善於總持要旨,明確其理論有行有隱,大道傳授不虚。

第三,敘述禪經之傳承、五部分類之來源及其原因。阿難及弟子末田地、再傳弟子舍那婆斯,皆以傳播佛法爲至願。其理論既默契佛祖之理,又超越經典言辭,注重整體意旨。其後優波崛智絕世外,才高曠代,其闡發之佛理方便簡要,竟能令頑劣之魔王解脱魔境而領悟佛理。從摩訶迦葉、阿難至優婆鞠多(崛),雖同轍而異軌,故使禪法雖意旨融貫,却學分五部。由此可知,部派之變因時而顯,神理之用潛行無迹,微妙之動難以追尋。必須慎重而明察,不可從世俗眼光考察其形式之種種差異。

第四,闡釋五部之學的共同特點,以及"統本運末"的理論觀照、"達節善變"的修習方法。禪法之學雖分五部,傳承各有其人,却殊途而同歸,共裹禪學之隆業。作爲佛教,五部之學雖有不同的方便法門,但皆以追求寂静爲修習目的,這也是五部之學的共同準則。然而世俗衆生往往多由現象而求其本質,很少由本質而統觀現象,因此或追求寂静而其志不達,或株守一法而不能變通,故皆難以達到"寂乎唯寂"的境界。其實,推究佛祖本意,乃是以圓滿弘願之德,匡救世俗之風。可見圓滿弘願之德乃教化衆生的本質,所以五部之學因爲傳承不同、時代變遷,大道有隆替,品目有大小,但二者互爲因果,不可以品目定其高下。此外,達節者權宜方便,或出或處,無聞無名,唯寄迹於世而息影韜光,這類人亦不可簡單歸之於某一學部之下。簡言之,不可膠著於學分五部而認爲禪觀之外別有宗派。

第五,追叙禪學在東土的傳播過程以及廬山禪經的佛學特點。佛教東流,唯禪數不聞,不久羅什初傳馬鳴學説,乃粗開其端,然説理不够透徹。直至自己欣遇佛馱,纔使禪學之光融徹。其人也,誓開菩薩宏願,以禪數爲己任,故翻譯此經。其所譯之經不守門户,能够洞悉經典言外之意,把握整體意旨。其大要乃在於謀求佛教興盛,弘揚佛教要義,闡釋微言宏旨。能使衆生不惑亂於悖德之色相,不迷執於禍患之六根,了悟忿爭傷性,達到齊一彼我之心境。從而覺悟一切異類(彼我)皆和合而生,聲氣相同,虚幻不實;唯有深入觀照緣起緣滅,生死輪迴,纔能開闢禪定九關法門,超越三忍而登至極,消解一切世俗煩惱和形體牽累,真正進入"無所從生,靡所不生"的生滅一如之境。

第六,簡要説明譯本的來源及其原因,比較達摩多羅和佛大先禪學内涵之差異,以及修習禪智的基本原則。二人雖皆爲"禪訓之宗""勸發大乘",但"弘教不同",故有詳略。達摩善於整合不同之佛典,其禪學要點是:緣起不生,所生實爲假象;緣滅不盡,所滅亦是假象,所以生即不生,滅亦不滅,一切輪迴,皆出乎一如。也就是説,現象(色)與本體(如),既不可分割,無色即無如;又體用不二,色如互證。佛大先則認爲,禪學發展有源流,禪觀修習在漸進,始於方便,終於勝進,如此方可開啓涅槃清净之法門;修習過程必須遠離住縛,增益升進,迷途知返,如此方可開啓回歸禪法之塗。經歷如此修習,纔能達到至極之境——是非盡,又非所盡,這就離開了生滅相,而證得如來無盡法門。最後概括説,達摩和佛大先之禪法統括了聲聞、緣覺、菩薩三乘,其智慧通於修習的十個階位,能使人洞察到玄妙之本在於法身,返歸宗本同於無相,寂静無所遺照,活動不離寂滅。

慧遠論止與觀、禪與智的關係,直接繼承其師道安,并汲取羅什之"關中禪經"。道安不僅在《十二門經序》中認爲禪定是修行的基本門徑,而且《人本欲生經序》明確指出:"道從禪智,得近泥洹。"後來,羅什於關中譯出《禪經》後,僧叡所作《關中出禪經序》亦曰:"明全在於忘照,照忘然後無明非明。無明非明,爾乃幾乎息矣。幾乎息矣,慧之功也。故經云:'無禪不智,無智不禪。'然則禪非智不照,照非禪不成。"然而系統論述,則自慧遠始。

《大智論鈔》序[一]

【題解】

《大智度論》,又稱《大智度經論》《摩訶般若釋論》《大智釋論》,凡一百卷。大智度乃摩訶般若波羅蜜之意譯,《大智度論》是詮釋《大品般若經》之論著,龍樹菩薩著。姚秦弘始四年至七年(四〇二至四〇五),鳩摩羅什譯於長安逍遥園。鑒於《大智度論》内容廣博,卷帙浩繁,繁緟蕪雜,初學入門不易,慧遠乃删繁就簡,將《大智度論》之重要内容抄出,名爲《大智度論鈔》,凡二十卷。"序致淵雅,使夫學者息過半之功矣"(《高僧傳》慧遠本傳)。原來,羅什翻譯完成《大智度論》後,後秦姚興請慧遠作序,遠成《大智度論鈔》後,并作此序回應之。據《出三藏記集·大智度論記》可知,《大智度論》譯迄於弘始七年十二月二十七日,可知,即便姚興在《大智論》譯訖即遣使送論并遺書求序,也當於次年即弘始八年(晉義熙二年)才可到達廬山,故《大智度論鈔》及此序應作於是年,即公元四〇六年,或稍後。

　　夫宗極無爲以設位,而聖人成其能[1]。昏明代謝以開運,而盛衰合其變[2]。是故知險〔二〕易相推,理有行藏;屈伸〔三〕相感,數有往復[3]。由之以觀,雖冥樞潛應,圓景無窮,不能均四象之推移,一其會通[4]。況時命紛謬,世道交淪,而不深根固蔕,寧極以待哉[5]? 若達開塞之有運,時來非由遇,則正覺之道,不虚凝於物表,弘教之情,亦漸可識矣[6]。

【校勘】

　　〔一〕《文鈔》校曰:"《出三藏記集》第十,在明《南藏》迹字函卷一〇。"

　　〔二〕"險",《出三藏記集》卷一〇、《慧遠研究·遺文篇》皆作"嶮"。古二字同。

　　〔三〕"伸",《慧遠研究·遺文篇》作"申"。古二字同。

【注釋】

　　[1] 宗極:至極之理。《肇論·宗本義》:"至虚無生者,蓋是般若

玄鑒之妙趣,有物之宗極者也。"無爲:佛教謂無因緣造作曰無爲,無生、住、異、滅四相之造作亦曰無爲。爲,造作。《爾雅·釋言》:"作、造,爲也。"設位:猶言立位。《周易·繫辭上》:"天地設位,而易行乎其中矣。"此二句言天地設位以無爲爲至極之理,而聖人(佛祖)成就其功。

[2] 昏明代謝:晝夜交替。晉劉琨《勸進表》:"臣聞昏明迭用,否泰相濟。"唐李善注:"昏明,謂晝夜也。《文子》曰:春秋之代謝,日月之晝夜。"此二句言自然運化以晝夜交替爲標志,而萬物盛衰合乎變化。

[3] 行藏:原指出仕與退隱。《論語·述而》:"用之則行,捨之則藏。"此指盛行與遮蔽。感:運動,活動。《廣韻》:"感,動也。"此四句言因此可知險易互相推移轉化,真理或盛行或遮蔽;屈伸交替運動,天數循環往復。

[4] 冥樞:謂造化之主宰。晉支遁《詠八日詩》:"大塊揮冥樞,昭昭兩儀映。"《說文》:"樞,戶樞也。"《廣韻》:"樞,本也。"圓景:指月亮。三國魏曹植《贈徐幹》:"圓景光未滿,衆星粲以繁。"唐李善注:"圓景,月也。"此指月之盈虧。四象:古人爲便於觀察和研究星空,將星空分成的四個大組。即將二十八宿分成四大組,每組七宿,合成一象。四組分別同四個方向、四種顏色、四種動物相匹配。具體對應關係爲東方蒼龍,青色;南方朱雀,紅色;西方白虎,白色;北方玄武,黑色。此五句言由此看來,雖造化潛在相應,月影盈虧無窮,也不能均衡其四象推移轉化,統一其交會通變。

[5] 時命:猶時運。《楚辭·哀時命》:"哀時命之不及古人兮,夫何予生之不遘時。"漢王逸注:"言己自哀生時年命,不及古賢聖之出遇清明之時,而當貪亂之世也。"交淪:即交相淪喪,《莊子·繕性》:"由是觀之,世喪道矣,道喪世矣,世與道交相喪也。"後因以喻衰亂。深根固蒂:謂固其根本。《晉書·劉頌傳》:"若乃兼建諸侯而樹藩屏,深根固蒂,則祚延無窮。"此喻固守本性。寧極:謂寧靜至極之性。

《莊子·繕性》:"不當時命而大窮乎天下,則深根寧極而待,此存身之道也。"唐成玄英疏:"深固自然之本,保寧至極之性。"此四句言何況時運紛紜混亂,世道交相淪喪,不能固守根本,如何保寧至極本性?

[6] 開塞:猶否泰。三國魏王弼《易論》:"故象以體示而爻以變明,存斯以考其義,則窮通之旨顯,而開塞之塗見矣。"正覺:又作正解、等覺、等正覺、正等正覺。謂證悟一切諸法之真正覺智,即如來之實智,故成佛又稱"成正覺"。《長阿含經》卷二:"佛昔於鬱鞞羅尼連禪水邊,阿遊波尼俱律樹下,初成正覺。"凝:凝結而成。《增韻》:"凝,成也。"此六句言若能通達人生否泰乃天命曆數,四時之來非偶然可遇,那麼正覺之道,非成於世外空談,弘揚佛教之志,亦漸可清晰認知。

　　有大乘高士,厥號龍樹,生於天竺,出自梵種[1]。積誠曩代,契心在兹[2]。接九百之運,撫頹薄之會,悲蒙俗之茫昧,蹈險迹而弗恡[3]。於是卷隱〔一〕衡門,雲翔赤澤[4]。慨文明之未發,思或〔二〕躍而勿用[5]。乃喟然嘆曰:"重夜方昏,非熒燭之能照;雖白日寢光,猶可繼以朗月[6]。"遂自誓落簪,表容玄服,隱居林澤,守閑行禪[7]。靖慮研微,思通過半。因而悟曰:"聞之於前論,大方無垠,或有出乎其外者[8]。"俄而迴步雪山,啓神明以訴〔三〕志,將歷古仙之所遊[9]。忽遇沙門於巖下,請質所疑,始知有方等之學[10]。及至龍宮,要藏秘典,靡不管綜[11]。滯根既拔,則名冠道位,德備三忍[12]。然後開九津於重淵,朋鱗族而俱遊,學徒如林,英彥必集[13]。由是外道高其風,名士服其致[15],大乘之業,於兹復隆矣[14]。

【校勘】

　　〔一〕"隱",《出三藏記集》卷一〇、《全晉文》、《慧遠研究·遺文篇》皆作“陰”。音同而誤。

〔二〕“或”,《出三藏記集》卷一〇、《慧遠研究·遺文篇》皆作
“忽”。音同而誤。

〔三〕“訴”,《文鈔》校曰:“一作‘訊’。”《出三藏記集》卷一〇、《慧
遠研究·遺文篇》皆作“訊”。或形近而誤。

【注釋】

〔1〕大乘高士:大乘菩薩之舊譯。乃指上求佛道,下化衆生,修
六度萬行之大乘衆。《涅槃經疏三德指歸》卷二:“菩薩……古《維摩
經》翻高士。”龍樹:菩薩名,又譯作龍猛,南天竺人,生於佛滅後八百
年間,提倡中觀性空之學,著作很多,且有大乘佛教“八宗之祖”的美
譽。《龍樹菩薩傳》曰:“龍樹菩薩者,出南天竺梵志種也。……其母
樹下生之,因字阿周陀那。阿周陀那,樹名也,以龍成其道,故以龍配
字,號曰龍樹也。”梵種:又稱梵志種,即婆羅門種姓。婆羅門,意譯净
行。或在家,或出家,世世相承,以道學爲業,守道居貞,潔白其操,故
謂之净行。

〔2〕曩代:前代。南朝宋鮑照《河清頌》:“固以業光曩代,事華前
德矣。”契心:心意投合,稱心。晉郄超《奉法要》:“然則契心神道,固
宜期之。”《韻會》:“契,合也。”此二句言歷世積累誠心,棲心於佛教。

〔3〕九百之運:指佛教運化。然“九百”意殊費解。龍樹於佛滅
後七百年出世於南天竺,乃馬鳴弟子迦毗摩羅尊者之弟子。按時間
計算應爲七百,言九百或爲虛指。撫:《説文》:“安也。”頹薄之會:指
佛教衰頹之際。頹薄,衰微卑下。《魏書·司馬昌明傳》:“于時,尼媪
構扇内外,風俗頹薄,人無廉恥。”蒙俗:同矇俗,愚昧世俗。《十六國
春秋·鳩摩羅什傳》:“若必使大化流傳,洗悟矇俗,雖復身當鑪鑊,苦
而無恨。”《韻會》:“矇,不明也。”《康熙字典》:“矇,通作蒙。”茫昧:模
糊不清。《宋書·律志》:“天道茫昧,難以數推。”恡,同吝。《韻會》:
“恡,慳也。”《增韻》:“恡,俗作悋,通作吝。”此四句言上接佛教之運

化,拯救衰頹之現實,慈悲世俗之愚昧,足蹈險境而不吝惜己身。

　　[4]卷隱衡門:謂隱居山陵陋室。卷,曲折之山陵。《詩·大雅·卷阿》:"有卷者阿,飄風自南。"毛詩傳:"卷,曲也。"漢鄭玄箋:"大陵曰阿,有大陵卷然而曲。"衡門,橫木爲門,隱士之所居。《詩·陳風·衡門》:"衡門之下,可以棲遲。"此指出家。赤澤:水名。《山海經·大荒北經》:"竹南有赤澤水,名曰封淵。"比喻淵深之佛門。晉釋道安《十法句義經序》:"阿毗曇者,數之苑藪也。其在赤澤,碩儒通人不學阿毗曇者,蓋闕如也。"此二句言於是抽身於山陵衡門,而遊心淵深之佛門。

　　[5]文明之未發:謂衆生尚處於蒙昧之中。文明,文采光明。《周易·乾》:"潛龍勿用,陽氣潛藏。見龍在田,天下文明。"唐孔穎達疏:"天下文明者,陽氣在田,始生萬物,故天下有文章而光明也。"躍而勿用:謂雖龍翔赤澤而無所用之。勿用,謂不可有所作爲。《周易·乾》:"初九,潛龍勿用。"唐孔穎達疏:"聖人雖有龍德,於此時唯宜潛藏,勿可施用,故言勿用。"此二句言慨嘆衆生蒙昧,憂思雖遊心佛門而無所用之。

　　[6]熒燭:微弱燭光。漢班固《答賓戲》:"守突奧之熒燭,未仰天庭而睹白日也。"唐張銑注:"熒燭,小光也。"寢光:無光。《韻會》:"寢,息也。"此五句言乃喟然嘆息曰:"正值深夜晦暗,不是微弱燭光所能照耀;即使白日無光,尚可以明月照之。"意謂誓願以佛門之光照耀衆生。

　　[7]落簪:猶落髮,指剃度出家。簪,古代綰髮之首飾。本作先。《説文》曰:"先,首笄也。"《廣韻》:"簪,同先。"表容玄服:外著緇衣。表容,外著,含頌美之意。晉殷景仁《文殊師利讚序》:"由是冥懷宗極者,感悲長津之喪源,懼風日之潛損,遂共表容金石,繼以文頌。"玄服,緇衣,黑色衣服,乃僧尼之服。守閑:恪守佛法。《廣韻》:"閑,法也,習也。"行禪:佛教語,謂打坐靜修。此四句言於是誓願出家,外著緇衣,隱居山林,恪守佛法,打坐靜修。

[8] 靖慮：寂静心志。《韻會》："靖，安之也。"此五句言寂静心志，研究幽微佛理，其通達過半之佛理，因此而覺悟曰：聽聞前賢所言，大道無際，或有出乎所見之外者。

[9] 雪山：又作雪嶺、冬王山。横亘於印度西北方之山脉。古今所指不同，或有以之爲喜馬拉雅山者，或有以之爲葱嶺西南、興都庫什山脉之總稱者。此地邊國於阿育王時代即有佛教弘傳，《善見律毗婆沙》卷二即載大德末示摩等至雪山邊宣説《初轉法輪經》，得道八億人，出家五千人。又根本上座部曾入雪山宣揚宗義，故一名雪山部。啓：禀告。《增韻》："啓，又諮也。"此三句言不久轉行至雪山，禀告神明以訴説其志向，又將遊歷古代神靈所遊之處。

[10] 方等：方是廣之義，等是均之義，佛於第三時，廣説藏、通、别、圓四教，均益利鈍之機，故名方等。後爲一切大乘經教的通名。《龍樹菩薩傳》："既出入山，詣一佛塔，出家受戒。九十日中誦三藏盡，通諸深義。更求異經，都無得處。遂入雪山，山中深遠處有佛塔，塔中有一老比丘，以摩訶衍經與之。"摩訶衍經，亦即大乘經。此三句言忽在山巖之下遇見高僧，請求質詢其所疑，始知方等之學。

[11] 龍宮：在大海中，源於佛經。《法華經·提婆達多品》："爾時文殊師利坐千葉蓮花，大如車輪，俱來菩薩亦坐寶蓮花，從於大海，娑竭羅龍宮自然踊出。"又《龍樹菩薩傳》："更蒙大龍菩薩接其入海，於宮殿中，開七寶藏，以諸方等深奧經典、無量妙法受之；深入無生，二忍具足。龍還送出，于南天竺，大弘佛法，摧伏外道，廣明大乘。"宋趙彦衛《雲麓漫抄》指出："古祭水神曰河伯。自釋氏書入，中土有龍王之説，而河伯無聞矣。"管綜：統管，總攝。晉孫綽《丞相王導碑文》："雖管綜時務，一日萬幾，夷心以延白屋之士，虚己以招巖穴之俊，道遥放意，不峻儀軌。"此三句言及至龍宮，佛教重要秘藏之典籍，無不總覽領會。

[12] 滯根：猶鈍根，指根機愚鈍，不能領悟佛法。南朝梁簡文帝《菩提樹頌序》："因緣假有，衆生之滯根；法本不然，至人之妙理。"道

位：修道之位次。如菩薩之十地、聲聞之七方便位等。三忍：有多義，《無量壽經》説往生極樂的人，聽到七寶樹林聲音，便得三種之忍：一音響忍，就樹林的聲音而悟非有而有的真理；二柔順忍，心柔智順，對實相的道理很信順；三無生法忍，安住於無生的法理而不動心。唯識論所説的三忍，即耐怨害忍、安受苦忍、諦察法忍。《中論疏》一曰："名貫道位，德備三忍。"此三句言既已拔除愚鈍根機，則名在最上道位，體備於三忍之德。按：上六句所述之事皆截取《龍樹菩薩傳》。龍樹得摩訶衍經後，又"雖知實義，未得通利。周遊諸國，更求餘經。於閻浮提中，遍求不得。外道論師、沙門義宗，咸皆摧伏。即起憍慢心，自念言：'世界法中，津途甚多。佛經雖妙，以理推之，故有未盡。未盡之中，可推而説之，以悟後學，於理不違，於事無失，斯有何咎？'思此事已，即欲行之。立師教誡，更造衣服，今附佛法，所別爲異。方欲以無所推屈，表一切智相。擇日選時，當與諸弟子受新戒、著新衣，便欲行之。獨在靜室，水精地房。大龍菩薩見其如此，惜而湣之，即接入海。於宮殿中開七寶藏，發七寶函，以諸方等深奧經典、無量妙法，授之龍樹。龍樹受讀，九十日中，通練甚多，其心深入，體得實利。龍知其心，而問之曰：'看經遍未？'答言：'汝諸函中經甚多無量，不可盡也。我所讀者，已十倍閻浮提。'龍言：'如我宮中所有經典，諸處此比，復不可知。'龍樹既得諸經一箱，深入無生三忍具足。龍還送出。"

　　[13] 九津：古謂日出的地方。《呂氏春秋・求人》："禹東至搏木之地，日出九津、青羌之野。"漢高誘注："搏木，大木。津，崖也。《淮南子》曰：日出陽谷、青羌東方之野也。"重淵：深淵。《莊子・列御寇》："千金之珠，必在九重之淵。"鱗族：魚類和爬行類等有鱗動物之總名。此由上文言龍樹入龍宮而獲經藏，故連帶言之。英彥：英俊之士，才智卓越之人。此四句言然後開啓佛光，照之深淵，以魚鱗爲侶而與之遊，其學徒如林，俊才雲集。

　　[14] 外道：又作外教、外法、外學，指佛教以外之一切宗教。此指南天竺國。《龍樹菩薩傳》卷一："時南天竺王甚邪見，承事外道，毀

謗正法。龍樹菩薩爲化彼故，躬持赤幡，在王前行，經歷七年。……
王乃稽首，伏其法化。殿上有萬婆羅門，皆棄束髮，受成就戒。”此四
句言由此外道推崇其風儀，名士服膺其雅致，大乘佛教，於此更爲隆
盛矣。

其人以《般若經》爲靈府妙門、宗一之道，三乘十二部由
之而出，故尤重焉[1]。然斯經幽奧，厥趣難明，自非達學，
尠〔一〕得其歸[2]。故叙夫體統，辨其深致[3]。若意在文外，而
理蘊於辭，輒寄之賓主，假自疑以起對，名曰“問論”[4]。其
爲要也，發軫中衢，啓惑智門[5]。以無當爲實，無照爲宗[6]。
無當，則神凝於所趣；無照，則智寂於所行[7]。寂以行智，則群
邪革慮，是非息焉；神以凝趣，則二諦同軌，玄轍一焉[8]。非夫
正覺之靈，撫法輪而再轉，孰能振大業於將頹，紐遺綱之落緒，
令微言絶而復嗣，玄音輟而復詠哉[9]！雖弗獲與若人並世，叩
津問〔二〕道，至於研味之際，未嘗不一章三復，欣於有遇[10]。其
中可以開蒙朗照，水鏡萬法，固非常智之所辨〔三〕[11]。

【校勘】

　〔一〕“尠”，張景崗校本作“鮮”。古二字同。

　〔二〕“問”，《出三藏記集》卷一〇、《慧遠研究·遺文篇》皆作
“聞”。古二字通。

　〔三〕“辨”，《慧遠大師集》作“辯”。

【注釋】

　[1]《般若經》：説般若波羅蜜深理之經典總名。舊譯曰般若波
羅蜜經，新譯曰般若波羅蜜多經。有數十部。靈府：指心。《莊子·
德充符》：“故不足以滑和，不可入於靈府。”唐成玄英疏：“靈府者，精

神之宅，所謂心也。”妙門：領悟精微妙理之門徑。《老子》第一章：“玄之又玄，衆妙之門。”三乘：聲聞乘、緣覺乘、菩薩乘。詳見上注。十二部：一切經教内容分爲十二類，稱之十二部經，亦名十二分教。包括長行、重頌、孤起、因緣、本事、本生、未曾有、譬喻、論議、無問自説、方廣、記别或授記。詳參《三法度論序》注。此十二部中，只有長行、重頌與孤起是經文格式，其餘九種都是依照經文中所載之别事而立名。又小乘經中無自説、方等、授記（記别）三類，故僅有九部。此三句言其人以《般若經》爲心靈修證之法門、唯一之大道，佛教之三乘十二部由此而誕生，故尤其爲世所重。按：《龍樹菩薩傳》：“是時龍樹於南天竺大弘佛教，摧伏外道，廣明摩訶衍。作《優波提舍》十萬偈，又作《莊嚴佛道論》五千偈、《大慈方便論》五十偈，令摩訶衍教大行於天竺。又造《無畏論》十萬偈，於《無畏》中出《中論》也。”

[2] 幽奥：深邃。《後漢書·馮衍傳下》：“覽天地之幽奥兮，統萬物之維綱。”唐李賢注：“幽奥，深邃也。”厥趣：猶其意。《廣韻》：“厥，其也。”達學：猶博學。《後漢書·班固傳上》：“弘農功曹史殷肅，達學洽聞，才能絶倫。”尠得其歸：很少得其旨歸。尠，同鮮，亦作尟。《説文》：“鮮，少也。本作尟，從是少。”《廣韻》：“尟，俗作尠。”此四句言然而此經意義深邃，其意難明，若非博學，很少能理解其旨歸。

[3] 體統：文章或著作之體裁、體例、條理，引申爲體系。《朱子語類》卷九四：“若以體統論之，仁却是體，義却是用。”深致：深遠意趣。《韻會》：“致，趣也。”此二句言故其論叙述經之理論體系，辨析經之深遠意旨。

[4] 此五句言如果意在文句之外，而理含言辭之中，就假托於賓主對話，藉助自疑的方式以行文對答，名爲“問論”。

[5] 發軔：出發，啓程。軔，車輛。《説文》：“軔，車後木也。”比喻事物之開端。南朝梁慧皎《高僧傳·釋僧徹》：“汝城隍嚴固，攻者喪師，發軔能爾，良爲未易。”中衢：四通八達的大路。《淮南子·繆稱訓》：“聖人之道，猶中衢而致尊邪，過者斟酌多少不同，各得其所宜。”

高誘注:"道六通謂之衢。"智門:佛教有智悲二門,自利之德行稱智門,利他之德行稱悲門。此三句言其要旨,出之於佛學大道,啓發惑於世俗之智門。

[6] 無當:猶無實。《莊子·逍遥遊》:"吾聞言於接輿,大而無當,往而不反。"宋林希逸注:"無當者,無實也;往而不反者,謂其大言只説前去而不回顧也。"實:真實不滅之義,含有永久、究極之意味。照:真智之用云照,猶言觀照。此二句言以無實爲實,無照爲照。按:中觀論强調不落兩邊,此即謂非無實,非有實;非無照,非有照。故曰無實爲實,無照爲照。

[7] 神凝:猶凝神。指用志不分,如佝僂承蜩。所趣:猶所趨。謂意所趨指,指觀照對象。智寂:猶寂智。謂湛然空無,而生智照。寂:真智之體云寂。此四句言無當即空,故凝神於觀照對象;無照即寂,故空無而智照一切。此與《廬山出〈修行方便經〉統序》所言"禪非智無以窮其照,智非禪無以深其照"意義相近。

[8] 二諦:俗諦和真諦。俗諦又名世諦,或世俗諦,即凡夫所見之世間事相;真諦又名第一義諦,或勝義諦,即聖智所見之真實理性,亦即内證的離言法性。上述二諦,世俗諦略近於哲學上的本質,勝義諦則屬於本體。隋吉藏《大乘玄論》卷一:"若有若空,皆是世諦;非有非空,始是真諦。"此六句言智因寂而照,則革除叢生的邪念,熄滅了是非;凝神觀照,則真諦與俗諦并行,所顯現之玄理則一致。

[9] 法輪:佛之教法,謂之法輪。佛所説之法,能够碾碎衆生一切煩惱,猶如巨輪能够碾碎一切巖石和沙礫一樣。佛所説之法,輾轉傳人,好像車輪之旋轉,無遠弗届。説教法,謂之轉法輪。玄音:佛之聲音,指佛教經義。紐:猶締結。《説文》:"紐,系也。"嗣:繼承,復興。《廣韻》:"嗣,繼也。"輟:止,停下。《廣韻》:"輟,已也。"此六句言如果没有正覺之菩薩,安住法輪而使之再轉,誰能振興即將衰頹之佛教大業,締結業已墜落之佛教綱領,而令斷絶之微言大義而復興,已經停止之佛音而再被詠歌呢! 此論龍樹對佛學之巨大貢獻也。

　　[10] 叩津：意謂叩求要津。《廣韻》：“叩，與扣同，亦擊也。”引申爲叩求。《説文》：“津，渡也。”引申渡於彼岸之途徑。研味：研究玩味；仔細體味。南朝梁劉勰《文心雕龍·情采》：“研味《孝》《老》，則知文質附乎性情。”一章三復：意謂每一章則反復閱讀，感嘆不已。《論語·先進》：“南容三復白圭，孔子以其兄之子妻之。”三國魏何晏集解：“《詩》云：白圭之玷，尚可磨也。斯言之玷，不可爲也。南容讀詩，至此三反覆之，是其慎言也。”此五句言雖不能與其人并生同世，叩問佛典津要，但至於研究玩味其佛理之時，未曾不是反復詠誦，因其所遇而欣喜不已。此謂自己對龍樹佛典愛不釋手也。

　　[11] 水鏡：如水照影，謂明鑒，明察。此三句言其文也可以開導愚蒙，明照一切，如水鑒影而頓顯萬法，固非平常智慧所能辨析。此謂龍樹佛典托意深遠也。

　　請略而言：生途兆於無始之境，變化構於倚伏之場，咸生於未有而有，滅於既有而無[1]。推而盡之，則知有無迴謝於一法，相待而非原[2]；生滅兩行於一化，映空而無主[3]。於是乃即之以成觀，反鑑[一]以求宗[4]。鑑明，則塵累不止，而儀像可睹；觀深，則悟徹入微，而名實俱玄[5]。將尋其要，必先於此，然後非有非無之談，方可得而言[6]。

【校勘】

　　〔一〕“鑑”，《出三藏記集》卷一〇、《慧遠大師集》、《慧遠研究·遺文篇》皆作“鑒”。古二字同。

【注釋】

　　[1] 無始：一切世間如衆生、諸法等皆無有始，如今生乃從前世之因緣而有，前世亦從前世而有，如是輾轉推究，故衆生及諸法之原

始皆不可得,故稱無始。倚伏:謂禍與福互相依存,互相轉化。《老子》第五八章:"禍兮福之所倚,福兮禍之所伏。"此五句言請簡略言之:生命之途開始於冥冥無始之境,禍福變化形成於互相依存轉化,皆是生於未有而成於有,滅於已有而歸於無。按:"未有而有",則是有而非無;"既有而無",則是無而非有。非有非無,亦即中道。有無相待,自非本原;生滅兩行,映空無主。這也正是"緣起性空"的思想。

〔2〕迴謝:代謝。迴,同回。《正韻》:"迴,與回同。"《説文》:"回,轉也,從口中象回轉之形。"一法:一事或一物之意。一切事物盡備法則,故總名爲法。相待:指有差別界之現象互相對立而依存。即一切有爲法皆自他對立,藉之以存立。如長短、東西、有無、是非、浄穢、迷悟、生死等,彼此相待相倚而存立。此三句言展開而詳盡言之,則可知一物之中有與無交相代謝,相互依存却非本原。意謂有無之變化只是現象(假象),是相對存在而非本原(非有非無)存在。

〔3〕生滅:萬物生滅皆因緣和合,緣起則生,緣息則滅。有生有滅,是有爲法;不生不滅,是無爲法。根據中道思想,一切有爲法之生滅,皆虛假不實(假象);一切無爲法之生滅,皆真實不虛(法相)。一化:謂一種變化。《淮南子・精神訓》:"以死生爲一化,以萬物爲一方。"映空:昭明虛空。《增韻》:"映,明相照也。"此二句言生滅是交相變遷於同一變化之中,生滅之象昭明虛空而無主宰。意謂同一事物的生滅變化,也是虛假空無,并非本原之變化。

〔4〕即之:就之。即,趨向,接近。《韻會》:"即,猶就也。"成觀:成爲觀照現象。《五燈會元・六祖大鑒禪師旁出法嗣第一世》:"九則觸途成觀,十則妙契玄源。"反鑑:猶反觀。晉釋僧衛《十住經合注序》:"故十住者,静照息機,反鑒之容目者也。"《説文》:"鑑諸,可以取明水於月。從金,監聲。"《廣韻》:"照也,又明也。"《韻會》:"鑑,或作鑒。"此二句言於是依據生滅之現象而形成觀照,反觀這一現象而尋求根本。意謂衆生觀照乃爲假象,并由此而求宗,所求之宗即爲俗諦。

〔5〕塵累:指煩惱惡業。因心爲煩惱惡業所染污、繫縛,故稱塵累。南朝梁蕭映《答王心要書》:“下官惑緣既積,塵累未消。”名實:古代哲學一對範疇,指名稱(概念)與存在(實物)。《荀子·正名》:“交喻異物,名實玄紐。”唐楊倞注:“玄,深隱也。紐,結也。若不爲分別立名,使物物而交相譬喻之,則名實深隱,紛結難知也。”玄,此指空。此六句言所以即使觀照明瞭,亦不可止息凡塵牽累,只可見其儀像而已;真正深入觀照,覺悟透徹而體察微妙,則概念、物象俱空。

〔6〕非有非無:即非有非空,乃中道的核心概念。《成唯識論》認爲:一切諸法有遍計所執性(凡夫迷悟所現之虛妄相也,如於繩見蛇)、依他起性(因緣所生之法也,如繩之相)、圓成實性(諸法之實性即真如也,如繩之麻)之三性。此三性,遍計爲空而非有,故爲非有;依他圓成爲有而非空,故爲非空。要之,心外之法(遍計)爲非有,而心内之法(依他、圓成)爲非空。非有非空,即中道。《楞嚴經》認爲,“非有非無”是實相的特質之一,實相非三處——不在内、不在外、不在中間,覓之了不可得。實相超越空間,周遍十方。此四句言若將尋求其要旨,必須首先在於“觀深”,然後纔能討論“非有非無”。

嘗試論之:有而在有者,有於有者也;無而在無者,無於無者也[1]。有有則非有,無無則非無[2]。何以知其然? 無性之性,謂之法性[3]。法性無性,因緣以之生[4]。生緣無自相,雖有而常無,常無非絶有,猶火傳而不息[5]。夫然,則法無異趣,始末淪虛,畢竟同爭〔一〕,有無交歸矣[6]。故遊其奥〔二〕者,心不待慮,智無所緣,不滅相而寂,不修定而閑[7]。非〔三〕神遇以斯〔四〕通,焉識空空之爲玄[8]? 斯其至也,斯其極也[9]。過此以往,莫之或知[10]。

【校勘】

〔一〕“争”,《文鈔》校曰:“疑當作‘途’。”或當據改。

〔二〕“奧”,《出三藏記集》卷一〇、《慧遠研究•遺文篇》皆作“樊”。

〔三〕“非”,《出三藏記集》卷一〇、《慧遠研究•遺文篇》皆作“不”。

〔四〕“斯”,《慧遠大師集》、張景崗校本作“期”。形近而誤。

【注釋】

［1］在有:執著於有。有者:執著有者。此四句言以有爲有,有便被執著爲有;以無爲無,無便被執著爲無。按:執有、執無的兩種意念皆非中道。

［2］有有:所執著的有。無無:所執著的無。此二句言所執著之有即非有,所執著之無乃非無。按:按照中道觀點,“非有”不是無,是有而非有;“非無”不是“有”,是無而非無。

［3］無性:性者體也,一切諸法無實體,謂之無性。法性:諸法之本體、本性。這種諸法之本性,從有情方面説,謂之佛性;從無情方面説,謂之法性。法性又謂之實相、真如、法界、涅槃。此三句言因何知其如此? 諸法并無實體,亦即法性。也就是説,“無性之性”是一切現象、存在的本性。所謂法性也者,就是性空。按:慧遠所言之法性或兼論空、有二宗之法性,非獨論空宗之法性。

［4］因緣:佛學謂因緣果報。因是事物產生的主要條件,緣是事物產生的次要條件,有因有緣,必然成果。相對於因而言,此果即爲報,故曰因緣果報,亦簡稱因果。佛教所言之因果,或一因一果,或多因一果。因果之間,既具有必然性聯繫,又不是唯一性聯繫。此二句言因爲諸法并無實性,因緣纔能由此而生。因爲法性無性是因緣的條件,因緣是事物產生的條件,這是説“性空緣起”。

［5］生緣:猶緣生,指緣起而生之事物。自相:一切事物,有自、共二相。獨自個別之體相,與其他諸法不共通者,稱爲自相;與自相相對,不囿於自相,諸法共通之相,稱爲共相。此四句言事物緣起而

生并無自相，故雖是有却又通常是無，雖通常是無却也不是斷絶有，這就猶如薪火，薪有燒盡之時，火則永傳不息。也就是説，事物有生有滅，其本性則是永恒存在。這是説“緣起性空”。

[6] 同爭：猶并存。爭，競而并行之意。《廣韻》：“爭，競也。”此五句言如此則説明諸法之性（法性）并無不同，從始到終淪爲虛無，究竟是生滅同存，有無交相歸之。換言之，一切事物雖始生終滅，却皆有不滅之本性，這本性也就是寂浄之法性，是有無之本體。

[7] 遊其奥：指心遊玄理。謂了悟玄理。奥，深奥。《説文》：“奥，宛也。”南唐徐鍇《繫傳》曰：“宛，深也。”此指玄妙之理。滅相：一是有爲四相之一，謂有爲法有現法滅而入於過去之相也；二指真如三相之一，真如寂滅，無二種之生死，謂之滅相；三謂業盡命終，身亦壞滅，是爲滅相。此當取第二義。修定：於諸善定，親近數習；殷重、無間、勤修不捨，是名修定。此五句言了悟其玄妙之理者，心無所思慮，智無所攀緣，不滅相而空寂，不修禪而閑静。

[8] 神遇：指神與不滅相遇合。斯通：指通於寂智。空空：以空爲空。謂一切法皆空，此空亦空，故名空空。此二句言若非神遇於相而能通達寂智，怎麽能够洞悉空空爲玄之理？

[9] 斯：指前所言之“神遇以斯通”“識空空之爲玄”。此二句言這就達到般若境界，達到般若波羅蜜至極之境。

[10] 此二句言除此以外，則不知之。意謂修證般若波羅蜜，唯有此道，没有他方。

又論之爲體，位始無方而不可詰，觸類多變而不可窮[1]。或開遠理以發興，或導近習以入深；或闔殊途於一法而弗雜，或闢百慮於同相而不分[2]。此以絶夫壘土〔一〕之談，而無敵於天下者也[3]。爾乃博引衆經以贍其辭，暢發義音以弘其美[4]。美盡則智無不周，辭博則廣大悉備[5]。是故

登其涯而無津，挹其流而弗竭，汪汪焉莫測其量，洋洋焉莫
比其盛[6]。雖百川灌河，未足語其辯矣；雖涉海求源，未足
窮其邃矣[7]。若然者，非夫淵識曠度，孰能與之潛躍[8]。非
夫越名反數，孰能與之澹漠[9]。非夫洞幽入冥，孰能與之沖
泊哉[10]！

【校勘】

〔一〕"壘土"，《文鈔》校曰："一作'疊凡'。"《出三藏記集》卷一
〇、《慧遠研究·遺文篇》皆作"疊凡"，《釋文紀》卷八、《慧遠大師集》
皆作"壘瓦"。

【注釋】

[1] 位始無方：謂方法上沒有一定準則。位，方位。《韻會》："凡
所當立者皆曰位。"此代指準則。無方，無所際限，亦無一定之方法。
《莊子·秋水》："其若四方之無窮，其無所畛域，兼懷萬物，其孰承翼？
是謂無方。萬物一齊，孰短孰長，道無終始，物有死生，不恃其成，一
虛一滿，不位乎其形。"晉郭象注："無方故能以萬物爲方。成無常處，
不以形爲位，而守之不變。"觸類多變：接觸（猶比較）相類事物而變化
不定。《周易·繫辭上》："觸類而長之，天下之能事畢矣。"唐孔穎達
疏："觸類而長之者，謂觸逢事類而增長之。"此二句言另外作爲論之
文體，沒有一定準則且不可追問原委，比較同類文體亦變化不定而難
以窮盡奧妙。謂《大智度》之文體變化無端，奧妙無窮。

[2] 一法：唯一真如。法，即軌則。謂諸佛菩薩，莫不軌則真如
之法修成正覺。故《華嚴經》卷一三云："惟以一法而得出離，成阿耨
多羅三藐三菩提（無上正等正覺）。"闢：開啓，猶言明瞭。《説文》：
"闢，開也。"同相：六相之一。謂萬法諸緣和合而成一緣起之法，雖多
義而互不相違。近習：有二義：一指熟悉之學。《廣韻》："習，學也。"

二指環境所染。《論語·陽貨》:"性相近也,習相遠也。"唐孔穎達疏:
"此章言君子當慎其所習也。性,謂人所禀受以生而静者也。未爲外
物所感,則人皆相似,是近也;既爲外物所感,則習以性成。若習於善
則爲君子,若習於惡則爲小人,是相遠也。故君子慎所習。"此取第二
義,與"遠理"相對。此四句言或用幽遠之理啓發之以激發意興,或從
眼前之學開導之以進入深意;或雖有殊途却同歸於一法而心無雜念,
或雖有百慮却明瞭諸法緣起而無分别。此乃舉證其文或因意遠而引
人深思,或由近學而深入説理,或縱横捭闔而旨歸明確,或意義紛紜
而并同佛法。

　　[3] 壘土之談:指疊床架屋之論。壘土,同累土,層層堆積泥土。
《老子》第六四章:"九層之臺,起于累土。"此二句言以此而杜絶種種
世俗之論,則無敵於天下。意謂辭鋒犀利而無可辯駁。

　　[4] 此二句言於是此書廣博引用衆經以使文辭富贍,流暢闡發
音義以弘揚佛音之美。意謂廣徵博引,文辭繁富,而論證流暢,備俱
佛音美感。

　　[5] 此二句言盡美佛音則智照無不周遍,辭博衆經則廣大之義
皆備。

　　[6] 挹:舀起,汲取。《説文》:"挹,酌也。"南唐徐鍇《繫傳》曰:
"從上酌之也。"汪汪:廣大無邊。《後漢書·黄憲傳》:"叔度汪汪若千
頃陂,澄之不清,淆之不濁,不可量也。"量:容量。《韻會》:"能容謂之
量。"洋洋:盛贊其美。《論語·泰伯》:"師摯之始,《關雎》之亂,洋洋
乎盈耳哉!"宋陳祥道注:"洋洋,盛美之辭。"此四句言欲登其岸而無
津梁,若汲取其水則不枯竭,廣大無邊不能測其容量,其美無比不可
擬其深厚。

　　[7] 百川灌河:江流湖澤灌注入黄河。辯:通辨,辨識。《莊子·
秋水》:"秋水時至,百川灌河,涇流之大,兩涘渚崖之間,不辨牛馬。"
晉郭象注:"言其廣也。"此四句言即便是百川注入黄河,也不足以形
容廣大;即便是渡海而求源頭,也不足以窮盡其深邃。

〔8〕曠度：恢弘之氣度。晉夏侯湛《東方朔畫讚》：“遠心曠度，瞻志宏材。”潛躍：沉潛與跳躍，此言遨遊。此三句言既然如此，若非見識深廣、氣度恢弘，誰能與之遨遊於佛海？

〔9〕越名：超越世俗名教。三國魏嵇康《釋私論》：“物情順通，故大道無違；越名任心，故是非無措也。”反數：回歸天數。反，同返。數，曆數。《尚書·大禹謨》：“天之曆數在汝躬，汝終陟元后。”此指回歸自然。澹漠：恬淡寡欲。《莊子·繕性》：“古之人在混芒之中，與一世而得澹漠焉。”此二句言若非超越世俗、回歸自然，誰能與之恬淡無欲？

〔10〕冲泊：即冲漠，虛寂恬靜。晉張協《七命》：“冲漠公子，含華隱曜。”此二句言若非洞悉幽微、寂入冥境，誰能與之虛寂寧靜？

　　有高座沙門，字曰童壽，宏才博見，智周群籍，玩[一]服斯論，佩之彌久[1]。雖神悟發中，必待感而應[2]。於時秦主姚王，敬樂大法，招集名學，以隆三寶，德洽殊俗，化流西域，是使其人聞風而至[3]。既達關右，即勸令宣譯[4]。童壽以此論深廣，難卒精究，因方言易省，故約本以爲百卷[5]。計所遺落，殆過三[二]倍[6]。而文藻之士，猶以爲繁，咸累於博，罕既其實[7]。譬太羹不和，雖味非珍；神珠內映，雖寶非用[8]。信言不美，固有自來矣[9]。若遂令正典隱於榮華，玄樸虧於小成，則百家競辯[三]，九流爭川，方將幽淪長夜，背日月而昏逝，不亦悲乎[10]？

【校勘】

〔一〕“玩”，《出三藏記集》卷一〇、《慧遠研究·遺文篇》皆作“翫”，下文同。古二字通。

〔二〕“三”，《出三藏記集》卷一〇、《慧遠研究·遺文篇》皆作“參”。古二字通。

〔三〕"辯"，《出三藏記集》卷一〇、《慧遠研究·遺文篇》皆作"辨"。古二字通。

【注釋】

〔1〕高座：説法、講經、説戒、修法時，模仿釋尊成道時所坐之金剛寶座，設置一個較通常席位爲高之床座。其形狀依律之規定，大小各異。大多爲一兩米見方，三十至五十厘米高。我國講經法師，依古式，必登高座講經或説法，稱開大座。童壽：鳩摩羅什之名意譯。此六句言有沙門高僧童壽，才大識廣，穎悟非常，博覽經籍，尤其服膺此論，長久帶於身邊，反復玩味。

〔2〕神悟：非凡領悟能力。《世説新語·言語》："謝仁祖年八歲，謝豫章將送客，爾時語已神悟。"此二句言其人雖神悟發乎心内，然亦必待於外物而感應。謂待機而弘揚佛法。

〔3〕秦主姚王：指後秦姚興。後秦弘始三年（四〇一）姚興攻伐後凉，親迎羅什入長安，待以國師之禮。羅什既至，乃請入西明閣之逍遥園。於時，姚興使沙門僧肇、僧䂮、僧遷等八百餘人諮受羅什旨意，譯出衆經，并屢請羅什講説新經。事見《出三藏記集》卷一四。三寶：佛、法、僧，稱之三寶。佛者覺知之義，法者法軌之義，僧者和合之義。洽：猶和諧。《説文》："洽，霑也，一曰和也。"此七句言在這時後秦君主姚興，敬奉佛法，招集名僧飽學之士，以此隆盛佛業，使佛德和諧邊裔，教化廣被西域，這就使得羅什聞風而至。

〔4〕關右：漢唐時泛指函谷關或潼關以西地區，此指長安。此二句言羅什既到達長安，興就勸令其宣講翻譯佛經。

〔5〕此四句言羅什因爲《大智度論》意藴深廣，終難以窮究其精義，因爲秦地方言易於省察，故簡約其譯本，以成百卷。

〔6〕殆：猶言近於。《廣韻》："殆，近也。"此二句言統計其遺漏内容，大約超過譯文數倍。

〔7〕此四句言文章之士仍然認爲繁多，皆爲篇幅廣博所累，很少

有人已得其要義。

[8] 太羹：亦作大羹，不和五味的肉汁。《禮記·樂記》：“大饗之禮，尚玄酒而俎腥魚，大羹不和，有遺味者矣。”漢鄭玄注：“大羹，肉湆，不調以鹽菜。”此四句言譬如大羹不調和鹽梅，雖爲至味却不珍愛；珠玉蘊含於石内，雖是大寶却不適用。喻《大智度論》雖如至味至寶，因其文辭紛繁、卷帙浩繁，却不爲佛界所珍愛。

[9] 信言不美：真實之語不事雕琢。《老子》第八一章：“信言不美，美言不信。”此二句言真實之語不美，原本就是有來由啊。

[10] 正典：此指佛教原典。南朝宋釋慧通《駁顧道士夷夏論》：“泥洹滅度之説，著乎正典。”玄樸：猶大樸，上古之質樸。《晉書·景帝紀》：“履端初政，宜崇玄樸，并敬納焉。”榮華：原指樹木之花，此喻綺麗之言。小成：原指局部認識，此謂小的技巧。《莊子·齊物論》：“道隱於小成，言隱於榮華。”唐成玄英疏：“小道而有所成得者，謂之小成也。榮華者，謂浮辯之辭，華美之言也。”百家：指學術上各種派別。《史記·五帝本紀》：“然《尚書》獨載堯以來，而百家言黃帝，其文不雅馴。”九流：原指先秦九種學術流派。《漢書·述天文志》：“秦人是滅，漢修其缺。劉向司籍，九流以別。”唐顏師古注：“應劭曰：儒、道、陰陽、法、名、墨、從横、雜、農，凡九家。”後泛指各種學術流派。幽淪：沉淪，湮滅。《韻會》：“淪，一曰没也。”此七句言如此就使佛教原典隱匿於華美繁縟，大樸虧損於表層文辭，因此百家競相論辯，學派争其源頭，其要旨却將湮滅於漫漫長夜，背離日月而飄逝於昏暗之中，不是令人悲傷嗎？

於是静尋所由，以求其本，則知聖人依方設訓，文質殊體[1]。若以文應質，則疑者衆；以質應文，則悦者寡[2]。是以化行天竺，辭樸而義微，言近而旨遠[3]。義微則隱昧無象，旨遠則幽緒莫尋[4]。故令翫常訓者，牽於近習；束名教者,惑^{〔一〕}於未聞^[5]。若開易進之路,則階藉有由;曉漸悟之方,則始涉有津^[6]。遠於是簡繁理穢,以詳其中,令質文有體,義無所越^[7]。輒依經立本,繫以問論,正其位分,使類各有屬^[8]。謹與同止諸僧,共別撰以爲集要,凡二十卷^[9]。雖不足增暉聖典,庶無大謬。如其未允,請俟來哲^[10]。

【校勘】

〔一〕"惑",《出三藏記集》卷一〇、《慧遠研究·遺文篇》皆作"或"。或音同而誤。

【注釋】

[1] 訓:説理。《説文》:"訓,説教也。"此四句言於是吾静心尋繹這一現象的生成原由,以求其根本,則知聖人依照所説之理而確立説理方式,或繁縟或質樸,採用文章體制各有不同。

[2] 應:與之相應。《廣韻》:"應,物相應也。"此四句言如果以繁縟文辭表達質樸内容,則懷疑者多;以質樸文辭表達繁縟内容,則喜悦者少。

[3] 此三句言因此佛祖教化盛行於天竺,乃因其文辭質樸而意義微妙,語言淺近而旨歸深遠。

[4] 幽緒:幽微之綱領。《説文》:"緒,絲端也。"此二句言意義微妙則隱晦而無象可求,旨歸深遠則綱領幽微而不可追尋。

[5] 翫:反復賞玩。《説文》:"翫,習厭也。"常訓:世俗之説教。此四句言所以使玩味世俗説教者,牽累於眼前所學;束身儒家名教者,迷惑於孤陋寡聞。

[6] 階藉:同階級,指佛教修行之階位。漸悟:循序修習而漸入徹悟境地。漸與頓,是佛教兩種悟道之方式。此四句言開闢易入佛門之路,則有修習階位可因;明確漸悟之理,則始於渡佛海之津梁。

謂修習須循序漸進,把握要津。

〔7〕遠:慧遠之自稱。詳:詳盡考察。《説文》:“詳,審議也。”其中:謂佛典之核心。《韻會》:“中,要也。”此四句言吾於是簡約其繁縟,清理其蕪雜,以詳盡考察其意旨核心,使質與文皆符合文體要求,且不逾越原典意義。

〔8〕繫:同係,聯結。《增韻》:“係,聯絡也。”此四句言就依據原典闡釋本旨,再以問與論互相聯結,確定其位置分類,使每一類各有所屬。

〔9〕同止:指同居於廬山。《廣韻》:“止,停也,息也。”此三句言吾恭謹地與同在廬山之諸位高僧,共同撰寫《大智度論鈔》,以集其要旨,共二十卷。

〔10〕庶:希冀之詞。《爾雅·釋言》:“庶,幸也。”俟:同竢,等待。《説文》:“竢,待也。”此四句言雖然不能爲聖人佛典增加光輝,希望亦無大錯,如其抄本有不允當處,請等待後來賢哲匡正之。

【義疏】

此文雖爲“序”,却意義繁富,有論有叙。其説理也,有概述,有分論;其叙述也,有寫人,有叙事。具體分爲八層:

第一,從自然和人事上論證般若宗極之理以及弘揚佛教之人生意義。先總述聖人以無爲爲天地之間宗極之理的意義,然後從自然與人事兩方面説明之。從自然上説,晝夜交替彰顯自然運化,萬物盛衰合乎自然之變,然而造化潛應不已,月影盈虧無窮,也不具有均衡、統一之規律;從人事上説,險易互相推移轉化,真理盛行遮蔽相依,屈伸交感,天數循環,更何况時運紛紜混亂,世道交相淪喪? 所以,不能固守根本,即不能保全至極本性。最後得出結論:如果通達人事否泰之天命曆數,四時變化之不可逆轉,就能明白佛教正覺之道并非世外空談,如此即可清晰地認知弘揚佛教之志。由抽象説起,再以現象證之,再到抽象説理,最後合而言之。

　　第二，叙述龍樹學佛過程以及在隆盛大乘佛學建設上的意義。首先介紹龍樹的高士身份、高貴出身以及歷世積善、棲心佛教的家世背景；然後介紹其繼承佛教之運化，慈悲世俗之愚昧，欲拯救衰頹世風，於是抽身世俗，翺翔佛海，即使足蹈險境亦奮不顧身的精神；接下叙述其出家前的心理活動以及出家過程：慨嘆衆生蒙昧，擔心雖遊心佛門而無所用之；轉而又認爲，雖燭光微弱，不能朗照黑夜，然白日無光，却可以明月照之。正是鑒於這一認知，纔毅然出家。接下又細緻叙述其追求佛法的過程：先是"隱居林澤，守閑行禪""靖慮研微，思通過半"；再因感悟"大方無垠，或有出乎其外者"的前賢之論，走出林藪，翻越雪山，遊歷古代神靈所遊之處，欲稟告神明，訴説其志；又因在山巖之下偶遇高僧，質詢所疑，始知方等之學；最終在大龍菩薩引導下得至龍宫，總覽佛教秘籍。這一過程雖也充滿神異，但其矢志不渝的精神却貫穿始終。惟此，纔達到祛除鈍根、名冠道位、體備三忍的境界，然後開啓佛光，照之深淵，外道推崇其風儀，名士服膺其雅致，魚鱗爲侣，學徒如林，俊才雲集，大乘佛教於此更爲隆盛矣。

　　第三，論述龍樹佛學意義取向以及《大智度論》的體例特點、理論主旨及其歷史貢獻。先總論龍樹以《般若經》爲修證法門，以"一"爲宗的佛學思想，以及對於構建佛教三乘十二部的佛學史意義；再説明《般若經》及其《大智度論》之特點。其經也，意義深邃難明，若非博學，罕解旨歸；其論也，則重在闡述經之理論體系，辨析經之深遠意旨，如果意在文外，理含辭中，就假托賓主對話，設疑對答，名爲"問論"。論之著眼點，在於出乎佛學之大道，啓發衆生之智門；理論點，在於有實相而不執著於相，有智照而無自我成見；無當即空，故智照其所表達之意旨；無照即寂，故智行於所觀照之對象。智照因寂，則邪念不生，是非齊一；凝神觀照，則二諦并行，玄理一轍。最後論述龍樹以菩薩之正覺，再轉法輪，重整佛教之綱領，復興佛教之大業，使微言大義得以紹續，梵唄經音再被詠歌，從而對建構大乘佛學作出巨大貢獻；自己雖不能與其人生於同世，叩問其佛典津要，然在玩味其佛理、詠誦其經卷之時，欣喜不已，從而產生歡喜之心；而其文開導愚蒙，明照一切，如水鑒影，頓顯萬法，固非常智所能辨，則又謂龍樹之論托意深遠。其中所敘述自己的歡喜之心、經論之托意深遠則是開啓下文之樞紐。

　　第四，申述"無當""無照"的智照方法。生命之途没有起點（亦無終點），禍福變化互相依存，都是生於無而成於有，滅於有而歸於無，生滅、有無皆相對存在，互爲條件。由此推論，事物有無的交相代謝，其變化只是現象（假象），是相對存在而非本原（非有非無）；同一事物生滅交相變遷，也是虚假空無，并非本原之變化，亦無主宰之存在。然後正面論證自己觀點，衆生依據生滅之現象而觀照對象，反觀現象而尋求根本，因觀照對象乃爲假象，故所求之宗亦非真諦。因此即使觀照明瞭，也仍然牽於凡塵之累，僅僅見其假象而已。唯有悟徹入微，方達名實俱空之境；真正"觀深"，才能尋其要旨，討論"非有非無"。吕澂認爲："這些看法雖然也講到了'空''無主'，但骨子裏仍承認法爲實有，且有生住異滅的作用，并没有超出小乘理解的範圍。繼之説到'主觀'（鑒）方面，只要能'明'，即可不沾染污而了解事物之動静儀態，深刻地理解諸法名實的關係。這些説法，也不完全是大乘的。"（《中國佛學源流略講·禪數學的重興》）此論有待商榷。郭朋《中國佛教思想史》認爲，慧遠所講的法性乃空宗的法性，而非有宗的法性。"法性無性，因緣以之生"，是講"性空緣起"；"生緣無自相，雖有而常無"，講"緣起性空"。似乎更切中肯綮。

　　第五，再論"有""無"之關係。不論是認知中的有抑或無，都是起心動念的結果。執著爲有，便以有爲有；執著爲無，即以無爲無，二者皆非中道。從本質上説，所執著之有即是非有，所執著之無亦爲非無。其理論依據是：所謂法性，乃"無性之性"——一切現象與存在的本性。諸法無實性，纔能產生因緣。也就是説，法性無性是因緣產生的條件，因緣是事物產生的條件。緣起而生，并無自相，故雖有而無，雖無而又非無，猶如薪火，薪可燃盡，火則不熄。事物雖有生滅，本性則永恒存在。這説明物有生滅,本性不滅,這種本性也就是寂净之法性,有無之本體。唯有體悟這種玄妙之理,方能心無所慮,智無攀緣,不滅相而空寂,不修禪而閒静。最後指出,若非神遇於相而能通達寂智,則不可洞悉空空之理! 唯有明確空空之理,纔達到般若波羅蜜的至極之境。吕澂認爲:"這種以無性爲性的説法,顯然是受到道安的影響,也接近於中觀的思想。但他却仍然把無性看成是實在的法性,那就還是他原來《法性論》的主張了。"(《中國佛學源流略講·禪數學的重興》)實性無性,是慧遠一以貫之的理論主張。

第六,補充交代《大智度論》文體、説理及其整體特徵。作爲論,其文體也,變化無端,不可究詰,觸類而長,奥妙無窮;其説理也,或以抽象之理啓迪深思,或由眼前之學導入深意;其思致也,或殊途同歸而心無雜念,或意義紛紜而同歸一相。因此,杜絶世俗之論而無可辯駁。從整體上説,博引衆經,文辭富贍,故佛教廣大之義無不賅備;佛音暢達,其美恢弘,智照一切而無不周遍,從而形成廣大無涯不可測量、深厚無比美不勝收的特點。所以百川灌河,不足以形容其大;涉海求源,不足以窮盡其深。若非見識深廣、氣度恢弘,不能與之遨遊;超越世俗、回歸自然,不能與之恬淡無欲;洞悉幽微、寂入冥境,不能與之虛寂寧静。一言以蔽之,其論乃大乘之淵藪,修習之指南。

第七,介紹《大智度論》翻譯過程、譯本特點及存在不足。高僧鳩摩羅什(童壽)弘才博識,博覽經籍,穎悟非凡,尤重龍樹之論,隨身攜帶,反復玩味,嘆服不已。恰逢秦主姚興,樂禮佛法,廣招博學高僧,試圖興隆佛教,以和殊俗,以化西域,故羅什一至長安,即勤勉於宣講、翻譯此經。因爲《大智度論》内容深廣,卒難精深研究,故羅什藉助西域方言,節譯其主要内容而成百卷。然而,文章之士仍然認爲篇幅廣大,内容繁瑣,難得要領。所以,作者感嘆猶如太羹缺少鹽梅,珠玉尚藴石中,唯存語言華美而已,遂使原典意旨爲文辭所遮蔽,深遠質樸之論爲形式所損害,此則造成諸家議論蜂起,争論不已,原典意

旨反而淪落隱晦。論羅什譯作之特點與不足，也間接説明自己另作
《大智論鈔》的緣由。

第八，闡釋《大智論鈔》遵循的理論原則及其抄録的基本方法。
鑒於譯本浩繁蕪雜，故思其所由，探尋其本，則知佛祖之所以或文或
質，採用文體不同，乃在於依照所説之理，確立不同説理方式，使文質
彬彬，辭意相應。天竺佛教言辭質樸而旨意微妙，語言淺近而意蘊深
遠。然而，傳入中土，則又因旨意微妙而無象可求，意蘊深遠而微義
難尋，遂使習於世俗訓誡者，累於所學；束身儒家名教者，惑於寡聞。
故《大智論鈔》開闢易入佛門之路，始涉佛海之津，使之修習者有階位
可循，而可漸悟佛理要旨。於是化繁縟爲簡約，去蕪雜爲明晰，使核
心突出，質文得體，且遵循原意。其形式，則是以原典闡釋爲宗，以問
論互相聯結，使意有條理，類有所屬。

全文開宗明義，點明佛教至極之理，然後論證弘揚佛教之必要，
轉入對龍樹獻身佛學之頌美，再具體論述《大智度論》，申論其兩大核
心理論，最後補充交代《大智度論》以及羅什譯本特點，自然過渡到闡
釋編撰《大智論鈔》的必要性。雖爲序文，却是對般若理論扼要而系
統的闡釋。

《阿毗曇心》序

【題解】

《阿毗曇心》即《阿毗曇心論》，略稱《心論》，印度法勝造。是以《發
智論》《六足論》爲基礎的説一切有部。因爲《阿毗曇》過於博大，法勝遂
於公元二五〇年撮取要義，略撰爲《心論》。《心論》將原書五萬四千頌
濃縮爲二五〇偈，通過對小乘佛教基本概念如有漏、無漏、色法、十八
界、十二因緣、三十七道品等論釋，凸顯"以我爲無，以法爲有"的基本教
義，并由此指出解脱一路。由於法勝《阿毗曇心論》，兼采早已失傳的

“九分毗曇”及其所派生的各種毗曇之精要,契領鈎玄,風靡天竺。

東晉太元十六年(三九一),僧伽提婆南止廬阜,慧遠請其重譯《阿毗曇心》《三法度論》,慧遠作《阿毗曇心序》《三法度論序》。《高僧傳》慧遠本傳曰:“昔安法師在關,請曇摩難提出《阿毗曇心》,其人未善晉言,頗多疑滯。後有罽賓沙門僧伽提婆,博識衆典,以晉太元十六年,來至潯陽。遠請重譯《阿毗曇心》《三法度論》,於是二學乃興,并製序標宗,貽於學者。”《出三藏記集·僧伽提婆傳》亦作“太元十六年”。此後,《阿毗曇》學大興。其異譯本有劉宋僧伽跋摩等譯之《雜阿毗曇心論》(《雜心論》)十一卷,北齊那連提耶舍與法智共譯之《阿毗曇心論經》六卷。

《阿毗曇心》者,三藏之要頌,詠歌之微言[1]。管統衆經,領其宗會,故作者以“心”爲名焉[2]。有出家開士,字曰法勝,淵識遠覽[一],極[二]深研機,龍潛赤澤,獨有其明[3]。其人以爲《阿毗曇經》源流廣大,難卒尋究,非贍智宏才,莫能畢綜[4]。是以探其幽致,別撰斯部[5]。始自“界品”,訖於“問論”,凡二百五十偈,以爲要解,號之曰“心”[6]。其頌聲也,擬象天樂,若雲[三]篇自發,儀形群品,觸物有寄[7]。若乃一吟一詠,狀鳥步獸行也;一弄一引,類乎物情也[8]。情與類遷,則聲隨九變而成歌;氣與數合,則音協律呂而皆作[9]。拊之金石,則百獸率舞;奏之管絃,則人神同感[10]。斯乃窮音聲之妙會,極自然之衆[四]趣,不可勝言者矣[11]。

【校勘】

〔一〕“覽”,張景崗校本從《永樂北藏》《全晉文》作“鑒”。

〔二〕“極”,《文鈔》作“探”,又校曰:“一作‘極’。”《出三藏記集》卷一〇、《慧遠大師集》、《慧遠研究·遺文篇》皆作“極”。今據改。

〔三〕“雲”，張景崑校曰：“《永樂北藏》《全晉文》作‘靈’。”蓋形近而誤。

〔四〕“衆”，張景崑校曰：“《永樂北藏》《全晉文》作‘象’。”或當據改。

【注釋】

[1] 阿毗曇：梵文音譯，意譯對法、高等法，亦即對世間客觀存在的深層分析。其學者稱毗曇師（阿毗達摩師）。毗曇，則爲中國佛教學派特定稱謂，亦稱毗曇學派。毗曇是南傳佛教説一切有部阿毗曇義學的略稱。三藏：佛教經典分經、律、論，總稱三藏。其中，經説定學，律説戒學，論説慧學。後來，通三藏、達三學者亦稱三藏。要頌：呈示要義之頌。頌，梵語“偈佗”。一指偈頌，即佛經中濃縮經義之唱頌詞；二指頌讚，僧侶禮讚佛陀高僧之詩。微言：微言大義之略，即微妙之辭包含深刻之義。漢劉歆《移書讓太常博士》：“及夫子没而微言絶，七十子卒而大義乖。”此三句言《阿毗曇心》經，是闡釋三藏要義之偈頌，乃詠歌佛教之大義。

[2] 管統：猶統領。宗會：謂集要旨之大成。三國魏王弼《周易略例》：“統之有宗，會之有元。”晉韓康伯注：“統領之以宗主，會合之以元首。”《韻會》：“領，統領也。”此三句言此經統管衆經，總領佛經要旨，故作者以“心”命名。

[3] 開士：菩薩之異名，以法開導衆生之士，故稱。亦指開悟之士，爲和尚之尊稱。唐玄應《一切經音義》卷四：“開士，謂以法開導之士也。”“格義”譯經依據《論語》“士志於道”之義，將菩薩意譯爲“開士”。前秦苻堅時對沙門之有德者賜號開士，以後多用以指高僧。唐李白《贈僧》詩：“衡嶽有開士，五峰秀真骨。”法勝：《阿毗曇心論》之作者、説一切有部之論師。音譯爲達磨尸梨帝。西域之土火羅縛蠋國人，事迹不詳。極深研機：探究事物幽微之理。《周易·繫辭上》：“夫易，聖人之所以極深而研幾也。”晉韓康伯注：“極未形之理則曰深，適

動微之會則曰幾。幾本作機,幾微也。"赤澤:一指水名。《山海經·大荒北經》:"竹南有赤澤水,名曰封淵。"比喻淵深之佛門。二指天竺國名。晉釋道安《十法句義經序》:"阿毗曇者,數之苑藪也。其在赤澤,碩儒通人不學阿毗曇者,蓋闕如也。"唐元康《肇論疏》卷二:"迦夷是中天竺國名,此云赤澤國也。"此六句言有出家高僧,字曰法勝,學問淵博,見識高遠,善於探究事物幽微之理,如龍隱佛海,智慧曠世。

[4]《阿毗曇經》:又名《阿毗曇八犍度論》。《阿毗曇八犍度論》與《阿毗達磨發智論》屬同本異譯。究:究竟,窮盡。《說文》:"究,窮也。從穴,九聲。"南唐徐鍇《繫傳》:"九,亦究竟之意。"畢綜:猶盡覽。《晉書·郭璞傳》:"景純篤志綿細,洽聞彊記,在異書而畢綜,贍往滯而咸釋。"《康熙字典》:"畢,《博雅》:畢竟也。"此三句言其人認爲《阿毗曇經》源流複雜,終難探尋究竟,若非足智大才,不能盡覽之。

[5] 此二句言因此探尋幽微意趣,別撰此一切有部。

[6] 界品:《阿毗曇心論》計分十品:界品、行品、業品、使品、賢聖品、智品、定品、契經品、雜品、論品。此謂問論,即論品。《俱舍光記》一曰:"界者性也,性之言體也。此品明諸法體,以界標名。"以爲要解:以之爲要旨闡釋。

[7] 擬象天樂:模擬天樂之意象。天樂,天之伎樂。《法華經·化城喻品》曰:"四王諸天,爲供養佛,常擊天鼓,其餘諸天,作天伎樂。"雲籥:雲門之籥。雲門,《周禮·大司徒》:"以六樂防萬民之情而教之和。"漢鄭司農云:"六樂,謂雲門、咸池、大招、大夏、大濩、大武。"籥,古管樂器。《詩·小雅·賓之初筵》:"籥舞笙鼓,樂既和奏。"漢鄭玄箋:"籥,管也。"儀形:儀容形貌。《晉書·王承傳》:"閑習禮度,不如式瞻儀形。"此作動詞。群品:萬物。《說文》:"品,眾庶也。"此五句言其偈頌之聲,模擬天樂之象,如自發的雲門管樂,描摹萬物之儀容,且藉物寄托情志。

[8] 弄:樂曲之一闋,一遍。如《梅花三弄》。引:樂曲之序曲,曲名。《集韻》:"引,一曰曲引。"此四句言至於一吟一誦,描摹鳥獸之行

狀；一闋一曲，類同於萬物之情。

[9] 九變：多次演奏。《周禮·春官·大司樂》：“若樂九變，則人鬼可得而禮矣。”漢鄭玄注：“變猶更也，樂成則更奏也。”此指音節多次變化。氣與數合：節氣與度數相合。《宋史·樂志四》：“天地兆分，氣數爰定。律厥氣數，通之以聲。”氣，指四時節氣。數，指音樂度數。古代認爲音樂度數與四時節氣相應。律呂：即六律六呂。《宋書·律志序》：“黃帝使伶倫，自大夏之西，阮隃之陰，取竹之嶰谷，生其竅厚均者，斷兩節間而吹之，以爲黃鍾之宮，製十二管，以聽鳳鳴，以定律呂。”經過後代改進，或用竹管或用金屬管製成，共十二管，管徑相等，以管之長短確定音之不同高度。由低音到高音，成奇數之六管稱謂“律”；成偶數之六管稱爲“呂”。亦泛指樂律或音律。此四句言情應物而變，則聲隨音節變化而形成歌詠；氣與節奏相合，則音與律呂和諧而俱生聲樂。

[10] 拊：擊也。金石：樂器名。漢鄭玄《周禮·樂師》注：“金，鍾鎛也。石，磬也。”百獸率舞：百獸皆歌舞之。《尚書·舜典》：“夔曰：於！予擊石拊石，百獸率舞。”漢孔安國傳：“石，磬也，磬音之清者。拊，亦擊也。舉清者和，則其餘皆從矣。樂感百獸，使相率而舞，則神人和可知。”按：百獸率舞，乃指人模仿百獸之狀而歌舞，孔注誤。此四句言拍擊金石，則百獸皆歌舞之；奏於管絃，則人神感應和諧。

[11] 妙會：美妙之組合。會，集，轉訓爲聚合。《爾雅·釋言》：“集，會也。”宋邢昺疏：“《説文》云：集若群鳥在林木之上，故曰集，指事也。故經典通謂聚會爲集。”此三句言此乃窮盡音聲之美妙組合，使萬物自然之趣達到極致，簡直不可盡言。

又其爲經，標偈以立本，述本以廣義，先弘内以明外，譬由根而尋條[1]。可謂美發於中，暢於四肢[一]者也[2]。發中之道，要有三焉：一謂顯法相以明本，二謂定己性於自然，三謂心法之生，必俱遊而同感^[3]。俱遊必同於感，則照數會之相因^[4]。己性定於自然，則達至當之有極^[5]。法相顯於真境，則知迷情之可反；心本明於三觀，則睹玄路之可遊^[6]。然後練神達思，水鏡六府，洗心淨慧，擬迹聖門^[7]。尋相因之數，即有以悟無；推至當之極，每^{〔二〕}動而入微矣^[8]。

【校勘】

〔一〕"四肢"，《出三藏記集》卷一〇、《慧遠研究·遺文篇》皆作"四枝"。古二詞同。

〔二〕"每"，《文鈔》校曰："別本無'每'字。"《出三藏記集》卷一〇、《慧遠大師集》、《慧遠研究·遺文篇》皆脫"每"。從上下文句式看，當有"每"。

【注釋】

[1] 標：標舉。《廣韻》："標，舉也，標記也。"弘：光大。《正韻》："弘，大之也。"内、外：全書之論共十品，前八品是全書根本思想，故稱之曰"内"。後二品帶有附錄性質，故稱之"外"。尋：演繹道理。《説文》："尋，繹理也。"此四句言又其作爲經的形式，標舉偈頌以確立宗旨，闡述宗旨以豐富意蘊，首先弘揚宗旨，再闡明外在意蘊，譬如由根本而散爲枝條。

[2] 美發於中，暢於四肢：意謂美發乎内，而洋溢於外。《周易·坤》："君子黃中通理，正位居體，美在其中，而暢於四支，發於事業，美之至也。"唐孔穎達疏："黃中通理，是美在其中。有美在於中，必通暢於外，故云暢於四支。四支，猶人手足，比于四方物務也。"吕澂認爲："前八品爲一組織，是全書的根本思想所在，所以也叫作'内'；後二品爲一組織，是附屬性質，稱之爲'外'；由内而外的闡述，好比由根到枝條，正同人身内部活潑潑的生氣暢達於四肢。"（《中國佛學源流略

講·禪數學的重興》）

[3] 法相：諸法一性而相萬殊，殊別之相，由外可見，謂之法相。指諸法的差別相，即事物的差別相、特徵，如事物之相狀、名稱、概念等。按：此句概括《界品》"若知諸法相，正覺開慧眼"之意。己性：自我本性。《莊子·則陽》："人之好之，亦無己性也。"晉郭象注："若性所不好，豈能久照？"自然：此指本然狀態。中國佛教汲取道家思想，主張物我同一、眾生平等，達到"妙圓平等"的境界。吕澂認爲："這裏説的自然，根據譯者在同書所譯六因中'同類因'爲'自然因'，可見其意同於'自類''自性'。"（《中國佛學源流略講·禪數學的重興》）按：此句概括《界品》"諸法離他性，各自住己性，故説一切法，自性之所攝"之意。心法：一切諸法，分爲色法和心法二種。眼所識爲色法，指一切有形的物質；心所識爲心法，是指一切無形的精神。心法的特點是"心不孤起，有數（心數、心所法）相應"。按：此句概括《行品》"若心有所起，是心必有俱，心數法等聚"之意。此六句言美發於中的途徑，概括有三：一是顯明法相以彰顯其智照之本；二是確立物之自性生乎自然，三是心法之產生，必與心數俱遊而同感於一相。

[4] 數：法數，亦稱之名數。佛教指按照數字與教義相對的分類，如三界、四諦、五蘊、六度、八正道、十二因緣、五位七十五法等。相因：以所作善惡業相爲因，由因感果，無有斷絕，故名相因。此二句言心物俱遊必同感於一相，則是智照法數交會之因果。

[5] 至當之有極：即至當之極。有，語助詞。《莊子·齊物論》："春秋經世，先王之志，聖人議而不辯。"晉郭象注："順其成迹，而擬乎至當之極，不執其所是以非衆人也。"原意是至爲恰當，然慧遠所用乃是"至極"之緩語，與前文"數會之相因"對仗。至極，指泥洹、涅槃。慧遠《沙門不敬王者論》云："以化盡爲至極。"然此處之至極，乃指至寂之性。此二句言確立己性出乎自然，則達到至寂之性。

[6] 真境：真理之境界，即佛教真如之境界。《維摩經序》曰："冥心真境，既盡環中。"此指四諦之境。迷情：即迷惑之心，迷惑轉倒之

念。凡夫不能認識萬有之實相，執有爲無，計虚妄之假相爲有，故妄念不絶。心本：即心，三觀本之於心，故本即心。三觀：此指三種智慧。《阿毗曇心論・智品》曰："三智佛所説，最上第一義，法智、未知智及世俗等智。"玄路：佛教謂超越有無、迷悟等二見之空寂路，亦即滅度。此四句言顯現法相於真境之中，衆生則知抽身於世俗迷情；内心世界明瞭三種智慧，則可見心之可遊的滅諦境界。

[7] 練神：類似於莊子所言之"心齋"，後爲道教一種修煉方式。唐皇甫松《大隱賦》："吸玉露之英，擷金芝之秀，鍊神化骨，以爲榮乎？"引入佛教則類似於禪靜。晉王謐《重答桓太尉》："以爲佛道玄曠，事數彌繁，可以練神成道，非惟一事也。"神府：即六腑。《莊子・列御寇》："窮有八極，達有三必，形有六府。"成玄英疏："八極三必窮達，猶人身有六府也。"府，同腑。《韻會》："腑，人之六腑也。通作府。"擬迹：即將行之也。擬，揣度。《説文》："擬，度也。"此四句言然後澡雪精神而達到思明，如水照六腑，心靈澄澈而清净寂照，則擬行於佛門。

[8] 每動：指心之頻頻而動。《廣韻》："每，頻也。"此四句言尋繹法數之互爲因果，即可因有而悟無；尋繹至寂之性，則每每由心動而可入於微妙之法門。

　　罽賓沙門僧伽提婆，少玩兹文[一]，味之彌久[1]。兼宗匠本，正關入神[2]。要其人情悟所參，亦已涉其津矣。會遇來遊，因請令譯[3]。提婆乃手執梵本[二]，口宣晉言，臨文誠懼，一章三復[4]。遠亦寶而重之，敬慎無違[5]。然方言殊韻，難以曲盡[6]。儻或失當，俟之來賢，幸諸明哲，正其大謬[三][7]。

【校勘】

　　〔一〕"玩"，《出三藏記集》卷一〇、《慧遠研究・遺文篇》皆作"翫"。
　　〔二〕"梵"，《出三藏記集》卷一〇、《慧遠研究・遺文篇》皆作"胡"。

〔三〕《慧遠研究·遺文篇》在此句後尚有"晉太元十六年出"一句。或當據補。

【注釋】

[1] 罽賓:漢西域國名,在北印度,新稱迦濕彌羅,在今克什米爾一帶。僧伽提婆:意譯衆天,罽賓國之高僧。符秦建元(三六五至三八四)中,來入長安,宣流法化。後渡江,廬山慧遠請入廬山。晉太元(三七六至三九六)中,請譯出《阿毗曇心》及《三法度》等。見《高僧傳》卷一本傳。少玩兹文,味之彌久:謂僧伽提婆少通《阿毗曇心》,反復玩味。《高僧傳》卷一本傳:"(提婆)入道修學,遠求名師,學通三藏,尤善《阿毗曇心》,洞悉其旨。"

[2] 兼:猶整合。《説文》:"兼,併也。"匠:猶作。《説文》:"匠,木工也。"正關:謂正其心念。關,在道教和佛教中有不同含義。道教指臍下與丹田之間,可藏納呼吸之氣。荀悦《申鑒·俗嫌》:"夫善養性者無常術,得其和而已矣。鄰臍二寸,謂之關。"佚名注:"關者,所以關藏呼吸之氣,以稟授四體也。宣其氣,調其體,平其神,則得其和矣。《黄庭外景經》解云:關,元在臍下三寸,元陽之命在其前,懸精如鏡,明照一身,不休是道,氣出爲呼,氣入爲吸。"佛教則指人之六根、六境,即六種感覺器官:眼、耳、鼻、舌、身、意;以及感覺器官的六種認知能力:色、聲、香、味、觸、法。慧遠所謂正關類似佛教所謂的閉關,即關閉六根、六境,使身心進入空靈狀態。此二句言整合佛教主旨,樹立其本,正其心念,入乎神悟。

[3] 情悟:謂心之覺悟。慧遠《襄陽丈六金像頌序》:"追述八王同志之感,魂交寢夢,而情悟於中,遂命門人鑄而像焉。"此四句言總括而言,其人(僧伽提婆)心所參悟,亦已涉及《阿毗曇心》之要津。正值其遊方廬山,因請其重新翻譯。

[4] 臨文誡懼:面對經文,警戒惶恐。《三國志·魏書·楊阜傳》:"近覽漢末之變,足以動心誡懼矣。"《廣韻》:"誡,言警也。"《韻

盧山慧遠集義疏

會》：“戒，通作誡。”一章三復：意謂每一章則反復閱讀，而後宣講。
《論語·先進》：“南容三復白圭，孔子以其兄之子妻之。”三國魏何晏
集解：“《詩》云：白圭之玷，尚可磨也。斯言之玷，不可爲也。南容讀
詩，至此三反覆之，是其心慎言也。”此四句言提婆譯經，手持梵文經
卷，以晉言（漢語）宣講，面臨經文，謹慎至極，每一章節皆數次反復。

　　［5］敬慎：恭敬謹慎。《詩·大雅·抑》：“敬慎威儀，維民之則。”
違：此指背離經文。《説文》：“違，離也。”此二句言慧遠亦寶重此經，
恭敬謹慎，冀無違誤。由此可見，遠亦參與譯經。

　　［6］方言：此指梵漢語言。韻：猶文字，文章。晉陸機《文賦》：
“收百世之闕文，采千載之遺韻。”此二句言然而梵漢地域不同，語言
有別，難以曲盡其妙。

　　［7］此四句言倘若有不當之處，等待後來賢者，希冀諸位明達睿
智者，匡正其謬誤。

【義疏】

　　《阿毗曇心序》簡要論述《阿毗曇心》之命名原因、經論特點、主要
內容及翻譯過程。具體分爲以下三層：

　　第一，扼要闡釋《心論》的命名、作者、生成、特點及其深厚意蘊與
音樂藝術。先概括其以“心”命名之原因。此經乃以頌的形式闡釋三
藏之要旨，發掘其微言大義，具有統領衆經，標舉經意之大成的特點，
因此以“心”命名之。再叙述《心論》生成緣由。此經原生於《阿毗曇
經》，然原經源流深廣，難以尋其究竟；意義複雜，難以盡得其意。因
此，有一位知識淵博、博覽群書且潛心佛海、探究幽微，又獨有昭昭之
明的高僧法勝，尋繹其幽深意旨，另撰寫此書，始於“界品”，止於“問
論”，共二五〇首偈頌，勾玄提要，直探文心，故名之曰“心”。其偈頌
之特點：“擬象天樂，若雲籥自發”，其聲得乎天籟；“儀形群品，觸物有
寄”，其意精粹厚重。就“儀形群品”而言，一吟一詠，一弄一引，得乎
群品之狀，應於萬物之情；就“觸物有寄”而言，聲隨音節之變而成歌

詠,情與萬物相應而變;音與律吕和諧而作音聲,氣與度數相合而生。所以,擊金石之樂,則百獸皆舞之;奏管絃之歌,即人神同感應。所以作者感慨此經"乃窮音聲之妙會,極自然之衆趣",簡直推崇備至!

第二,概論其主要内容。先説明其由内而外的説理方式:標舉偈頌以立宗,闡釋宗旨而發掘意藴,先内後外,猶如由根尋條,是乃美發於中而洋溢於外。接下則依據《心論》之《界品》《行品》,從三個方面概括其核心内容:一是彰顯法相以明智照(真境),則衆生即迷途知返;二是明確自性生乎自然,則無我而達至極;三是心法與物俱遊而同感於一相,則是智照法數交會之因果。一旦得其三種智慧則心明,心明則可見心之遊於滅諦境界,即《心論》所言"智慧性能了,明觀一切有"(《智品》第六)。在此基礎上,就能够澡雪精神而思明,如水照六腑,心靈澄澈而寂照,如此即可擬行於佛門,尋繹法數之間互爲因果,即有而無;至寂之性,動而入微。

第三,叙述譯者"少玩""彌久"的棲心專注,"兼宗匠本"的理論修養,"正關入神"的修證態度,以及"情悟所參,已涉其津"的超凡慧根。特别詳細介紹"手執梵本,口宣晉言"的對譯方法,"臨文誡懼,一章三復"的審慎態度,以及因爲語言差異可能出現的謬誤,既謙遜又客觀。

從理論上説,全文以"顯法相以明本"爲核心思想,以《心論》之主體《界品》《行品》《智品》爲闡釋對象,實際上即有即無的中觀思想也滲透其中。

《三法度論》序[一]

【題解】

《三法度論》屬於小乘部派犢子部的經典,又名《三法度經論》,乃據《四阿含暮鈔解》重譯。《四阿含暮鈔解》二卷,天竺阿羅漢婆素跋陀(意譯世賢)撰,後秦鳩摩羅什等譯,東晉罽賓國沙門僧伽提婆共慧遠重譯,改爲《三法度論》。是書按照陰、界、入三法分爲三卷:德品、惡品、依品。每品各分三真度,即以三種分類法闡述四阿含的要義。一、德品:第一真度初述三法(德、惡、依)之緣由,次説德有福、根與無惡三者;第二真度依"方便"而解説戒、上止、智三者;第三真度依"果"而解説佛、辟支佛及聲聞三者。二、惡品:第一真度説身、口、心三惡行,第二真度明染、恚、慢三愛,第三真度闡明非智、邪智及惑智三無明。三、依品:第一真度説色、行及知三陰,第二真度説欲、色及無色三界,第三真度説細滑、度與解脱三入。

此經所譯及此序所作時間,當與《阿毗曇心序》同時,即太元十六年(三九一),或稍後。

《三法度論》[二]者,蓋出《四阿含》[1]。《四阿含》則三藏之契經,十二部之淵府也[2]。以三法爲統,以覺法爲道[3]。開而當名,變而彌廣[4]。法雖三焉,而類無不盡;覺雖一焉,而智無不周[5]。觀諸法而會其要,辯衆流而同其源[三][6]。斯乃始涉之鴻漸,舊學之華苑也[7]。

【校勘】

〔一〕《文鈔》校曰:"頻伽藏作《三法度經》,兹從清藏改正。《出三藏記集》第十,在明南藏迹字函卷一〇。"按:《出三藏記集》卷一〇、《慧遠研究‧遺文篇》皆題作"三法度序"。

〔二〕"三法度論",《出三藏記集》卷一〇作"三法度經論",《慧遠研究‧遺文篇》作"三法度經",或爲異名。

〔三〕"源",《出三藏記集》卷一〇、《慧遠研究‧遺文篇》皆作"原"。古二字同。

【注釋】

[1]《四阿含》:指四部《阿含經》。即《增一阿含經》五一卷,集法門之數者;《長阿含經》二二卷,集長經文者;《中阿含經》六〇卷,集不短不長之經文者;《雜阿含經》五〇卷,混集前三者。四部之名,因經文之體裁而名,爲一切小乘經之根本經典。

[2] 三藏之契經:屬於三藏之經。三藏,指經、律、論,乃佛典之總稱。契經,亦專稱經,相對律、論而言,經契合真諦,故稱。唐法藏《華嚴經探玄記》卷一:"初名三藏者,一名修多羅或云修妬路,或云素咀囕,此云契經。契有二義,謂契理故、合機故;經亦二義,謂貫穿法相故,攝持所化故。"意即經既契合衆生根機,又契合真理;貫穿法相,總攝所化衆生。十二部之淵府:佛經十二部之淵源所在。十二部,指十二部經。佛説一切法,皆可統攝爲一修多羅,類集爲經、律、論三藏。由於一切經之體裁及所載事相之不同,故分出十二種名稱,通稱三藏十二部經。總則稱一切經,別則稱十二部。一、長行,以散文直説法相,不限定字句者,因行類長,故稱長行。二、重頌,既宣説於前,更以偈頌結之於後,有重宣之意,故名重頌。三、孤起,不依前面長行文的意義,單獨發起的偈頌。四、因緣,述説見佛聞法,或佛説法教化的因緣。五、本事,是載佛説各弟子過去世因緣的經文。六、本生,是載佛説其自身過去世因緣的經文。七、未曾有,記佛現種種神力不思議事的經文。八、譬喻,佛説種種譬喻以令衆生容易開悟的經文。九、論議,以法理論議問答的經文。十、無問自説,如《阿彌陀經》,乃無人發問而佛自説。十一、方廣,佛説方正廣大之真理的經文。十二、記別或授記,是記佛爲菩薩或聲聞授予成佛時名號的記別。淵府,形容文書典籍集聚之地。

[3] 以三法爲統:即以德、惡、依三品爲統領。以覺法爲道:以覺悟(菩提)之法爲修習之道。按:佛教通常所言之三法,是指講法(教法)、修法(行法)和果法(證法)。講法,指釋迦一代所説十二分教;修法,指依教奉行四諦、十二因緣、六度等;果法,指依修證果之菩提、涅

槃。此三者統攝一切佛法。覺法，即佛家悟道之法。《隋書·經籍志四》：“（釋迦）捨太子位，出家學道，勤行精進，覺悟一切種智，而謂之佛。”

［4］此二句言細分法相，皆有相應之名；形態變化，種類更加廣泛。意謂法之三類，尚可細分，乃至於無所不包。

［5］此四句言法雖僅有三種，但其種類却包含一切諸法；覺悟雖僅有一種，但其智慧却無不周遍一切。意謂法之變化無窮，然歸趣則一。《三法度論》所論法三種，覺悟法一種，却與一切法契合。

［6］此二句言觀察一切諸法而能領會其要領所在，辨別衆多流派而能尋其共同源頭。

［7］鴻漸：謂鴻鵠飛翔從低到高，循序漸進。《周易·漸》：“初六，鴻漸於幹”“六二，鴻漸於磐”“九三，鴻漸於陸”“六四，鴻漸於木”“九五，鴻漸於陵”。舊學：指《三法度論》所依據之舊經，即《四阿含經》。此二句言這便是初學漸進之次序，舊學之精華。

有應真大人，厥號山賢[一]，恬思閒宇，智周變通[1]。感達識之先覺，愍後矇之未悟，故撰此三法，因而名云[2]。自“德品”暨於“所依”，凡三章、九真度，斯其所作也[3]。其後有大乘居士字僧伽，先以爲山賢所集，雖辭旨高簡，然其文猶隱，故仍前人章句，爲之訓傳[4]。演散本文，以廣其義；顯發事類，以弘其美[5]。幽讚之功，於斯乃盡[6]。自兹而後，道光於世，其教行焉[7]。於是振錫趣[二]足者，仰玄風而高蹈；禪思入微者，挹清流而洗心[8]。高座談對之士，擬之而後言；博識淵有之賓，由之而贍聞也[9]。

【校勘】

〔一〕“山賢”，乃“世賢”翻刻之誤，因無版本可校改，故保留原文。下同。

〔二〕“趣”,《出三藏記集》卷一〇、《慧遠研究·遺文篇》皆作“取”。音同而誤。

【注釋】

〔1〕應真:又稱應儀,乃阿羅漢之舊譯。意謂應受人天供養之真人。《出三藏記集》卷一:“舊經無著果,亦應真,亦應儀,新經阿羅漢。”閒宇:閒靜之屋宇。三國魏曹植《仲雍哀辭》:“幽房閒宇,密於雲夢之野。”此四句言有位阿羅漢大德,其號山賢(世賢),居閒靜之屋宇,恬靜深思,智照周遍,善於權宜變通。

〔2〕愍:憐憫。《廣韻》:“愍,悲也,憐也。”後矇:後人迷蒙。《韻會》:“矇,不明也。”此四句言感嘆前代覺者通達之論,憐憫後人迷蒙而不悟,故撰此三法,因以“論”名。

〔3〕揵度:又作犍度、建陀、建圖、塞犍陀、塞建圖、娑犍圖、塞建陀。意譯蘊、聚、陰、衆、肩、分段。在佛典中,將同類之法聚爲一處,即爲一揵度。《大智度論》共分三品,每品三揵度。此三句言自“德品”及至“依品”,共三章九段,此乃世賢所作。

〔4〕居士:居家信佛者。僧伽:印度居士,不詳所指何人。仍:《説文》:“用也。”章句:古人注釋典籍分章析句、解説意蘊的一種方式。《東觀漢記·明帝紀》:“親自製作五行章句。每饗射禮畢,正坐自講,諸儒并聽,四方欣欣。”訓傳:對典籍詞語、文句之解説。訓,解説語詞。《説文》:“訓,説教也。”南唐徐鍇《繫傳》:“訓者,順其意以訓之也。”傳,闡釋文句。漢孔安國《尚書序》:“於是遂研精覃思,博考經籍,采摭群言,以立訓傳。”唐孔穎達疏:“以注者多言曰傳。傳者,傳通故也。”此六句言其後有位信奉大乘字僧伽之居士,以爲世賢所集經論,雖然辭旨深奧簡要,然其文意隱晦,故用前人章句之法,爲之訓詁闡釋。

〔5〕演散:演繹發散,謂詳細闡釋。《十二門論·觀因緣門》:“問

曰:摩訶衍無量無邊,不可稱數,直是佛語尚不可盡,況復解釋演散其義?"顯發:彰顯闡釋。《梁書·司馬筠傳》:"經傳互文,交相顯發,則知慈加之義,通乎大夫以上矣。"此四句言詳細闡釋原文,以發掘其意義;彰顯闡釋事之類別,以弘揚其美德。

[6] 幽讚:顯明幽深之意。《周易·説卦》:"昔者聖人之作《易》也,幽贊於神明而生蓍。"晉韓康伯注:"幽,深也。贊,明也。"贊,同讚。《韻會》:"讚,明也,解也。贊助之義,與讚同。"此二句言彰顯幽深之功,於此《論》盡明之。

[7] 此三句言自此之後,佛教光照於世間,其教化行於天下。

[8] 振錫:謂僧人持錫出行。錫,錫杖。《開元釋教録·總括群經録上》:"僧會欲使道振江左,興立圖寺,乃杖錫東遊,以吴赤烏十年初達建業,營立茅茨,設像行道。"趣足:猶行走。趣,同趨,疾行。《説文》:"趣,疾也。"又《韻會》:"趣,或作趨。"玄風:魏晉指玄言清談之風。此指佛教之風。晉丘道護《道士支曇諦誄》:"其遠肅爾,其虚眇眇。玄風愔愔,僧徒味道。"挹:酌起,舀起。《説文》:"挹,酌也。"南唐徐鍇《繫傳》:"從上酌之也。"此四句言於是杖錫而行者,瞻仰玄風而高蹈塵世;静慮照微者,酌起清流而洗滌其心。後句謂澄净其心也。

[9] 高座:後代説法、講經、説戒、修法時,模仿佛祖成道時所坐之金剛寶座,設置一個較通常席位爲高之床座。其形狀依律之規定,大小各異。大多爲一兩米見方,三十至五十厘米高。我國講經法師,依古式,必登高座講經或説法,稱開大座。此代指上座。談對:談論對答。漢王充《論衡·自紀》:"才高而不尚苟作,口辯而不好談對。"擬,揣度。《説文》:"擬,度也。"贍聞:博聞。贍,周遍。《玉篇》:"贍,周也。"此四句言上座論辯之士,揣摩其意而後言之;知識淵博之人,因讀此經而博其聞。

　　有遊方沙門,出自罽賓,姓瞿曇氏,字僧伽提婆[1]。昔在本國,豫聞斯道,雅翫神趣,懷佩以遊[2]。其人雖不親承二賢之音旨,而諷味三藏之遺言,志在分德,誨人不倦,每至講論,嗟詠有餘[3]。遠與同集,勸令宣譯。提婆於是自執梵本[一],轉爲晉言。雖音不曲盡,而文不害意,依實去華,務存其本[4]。自昔漢興,逮及有晉,道俗名賢,并參懷聖典[5]。其中弘通佛教者,傳譯甚衆,或文過其意,或理勝其辭[6]。以此考彼,殆兼先典[7]。後來賢哲,若能參通晉、梵[二],善譯方言,幸復詳其大歸,以裁厥中焉[8]。

【校勘】

〔一〕"梵本",《出三藏記集》卷一〇、《慧遠研究·遺文篇》皆作"胡經"。

〔二〕"梵",《出三藏記集》卷一〇、《慧遠研究·遺文篇》皆作"胡"。

【注釋】

[1] 遊方:原指遊於常俗之外。晉夏侯湛《東方朔贊》:"可謂拔乎其萃,遊方之外者已。"唐呂向注:"言其才器超拔群類,遊於常俗之外也。萃,類也。方,常也。"因古印度僧人周遊各地寺刹,參學問道,居無定所,"日中一食,樹下一宿",沿門分衛(乞食),故亦曰遊方。

[2] 豫:猶預先。《玉篇》:"豫,早也。"雅翫:高雅地玩味。翫,同玩,玩味。《説文》:"翫,習厭也。"《集韻》:"翫,或作抏。"抏,通玩。《荀子·王霸》:"齊桓公閨門之内,懸樂奢泰,游抏之修。"唐楊倞注:"抏與玩同。"神趣:神理意趣。慧遠《廬山諸道人遊石門詩序》:"乃悟幽人之玄覽,達恒物之大情,其爲神趣,豈山水而已哉!"此四句言從前在本國時,預先聽聞此經,慢慢玩味其神趣,遊方之時亦隨身攜帶之。

〔3〕分德：分享其所得，猶言傳其道。德，通得。《墨子·節用》：“故用財不費，民德不勞，其興利多矣。”誨人不倦：此指不倦於教化衆生。《論語·學而》：“學而不厭，誨人不倦。”唐孔穎達疏：“學古而心不厭，教誨於人不有倦怠。”此六句言此人雖然没有親受二賢教誨，却諷頌玩味三藏（經律論）流傳之文字，志在分享二人所得之道，立志於傳道，不倦於教化，每至其講論經卷時，嗟嘆歌詠其不盡之餘意。

〔4〕文不害意：謂不因文辭浮華而妨礙意義表達。原指超越文辭而領悟作者之意。《孟子·萬章上》：“故説《詩》者，不以文害辭，不以辭害志，以意逆志，是爲得之。”漢趙岐注：“文，《詩》之文章，所引以興事也；辭，詩人所歌詠之辭；志，詩人志所欲之事；意，學者之心意也。”此四句言雖然音聲不能曲盡經意，却不因文辭而害意，依其本質去其浮華，務必存其宗旨。

〔5〕逮及：及至。《韻會》：“逮，及也。”參懷：共同商議。《宋書·恩倖傳》：“凡選授遷轉誅賞大處分，上皆與法興、尚之參懷。”此指參究佛法。此四句言自昔日漢代佛教興起，及至於晉，方内方外、名士賢達，皆參究佛典。

〔6〕此四句言其中有通達弘揚佛教者，傳授翻譯甚多，或是文辭浮華而遮蔽經意，或是説理豐贍而文辭樸拙。

〔7〕殆：《韻會》：“將也，近也。”先典：指《四阿含暮鈔解》。僧伽提婆乃據此重譯，改名《三法度論》。此二句言此經翻譯乃以晉言考定梵文，且將兼顧前代譯本。

〔8〕大歸：大要，大旨。《漢書·王莽傳中》：“其文爾雅依託，皆爲作説，大歸言莽當代漢有天下云。”厥中：其中正之道。《尚書·大禹謨》：“人心惟危，道心惟微，惟精惟一，允執厥中。”唐孔穎達疏：“惟當一意，信執其中正之道。”《爾雅·釋言》：“厥，其也。”參通：參究通達。《春秋繁露·王道通》：“取天地與人之中以爲貫而參通之，非王者孰能當是！”此五句言後來賢哲之士，若能參究通達晉言梵文，并善

於翻譯不同語言,希望其詳盡其要旨,以裁決其中正之道。

【義疏】

《三法度論序》簡要介紹其經論的佛學淵源、意義以及特點、影響,以及譯本之特點。具體可分三層:

第一,總論《四阿含》及《三法度》共同的理論特點。先述説《三法度論》淵源於《四阿含》,緊接着重點介紹重要佛學意義——"三藏之契經,十二部之淵府";理論特點——"以三法爲統,以覺法爲道"。然後説明如若細分,三法度形體多變、種類繁多,以至於無所不包。故《三法度》之佛法雖三,然三類可包含一切法;覺法唯一,一智則周遍一切。因而,修習者考察諸法須體會要旨,辨別諸家則明其一源,這既是初學須遵循之次序,也是原典精華之所在。

第二,介紹由《三法度經》到《三法度論》的産生、特點及其深遠影響。先介紹《三法度經》作者及其結構。作者世賢,恬静深思,智照周遍,善於通變,仰慕先覺之達識,憐憫衆生之迷蒙,故撰此書——從"德品"至"依品",共三章九真度。再叙説《三法度論》之産生。原典雖然辭旨深奧簡要,然文意隱晦,所以依照章句之法,爲之訓詁釋意,演繹本旨,擴展意蘊,彰顯事類,弘揚其美,盡在昭明原典之微言大義。因而,自此之後,佛光普照,教化盛行。於是方外之人,棲心佛門者,瞻仰佛教風範而高蹈塵世;禪照入微者,手抱清流而洗滌塵心。方内之士,上座論辯者,擬其經意而縱論言之;知識淵博者,藉此經卷而廣博其聞。

第三,重點介紹譯者及其譯本之特點。先叙述譯者僧伽提婆對此經"懷佩以遊"的珍視,以及對其神趣玩味不已之至愛。故雖不親受世賢、僧伽教誨,却諷味其遺文,立志分享其所得之道,教誨衆人,乃至每次講論經卷,嗟嘆其餘味不盡。再説明其翻譯過程及譯本特點。提婆手執梵本,譯爲晋言。針對早先譯本"或文過其意,或理勝其辭"之不足,遵循"以此考彼,殆兼先典"的翻譯原則,力求"文不害意,依實去華,務存其本"。其態度之審慎、方法之科學,斑斑可見,其譯本之可靠則意在言外。

序文所論之《三法度》的理論核心,表現在"德惡依覺,善勝法門"的總標一頌之中。其特點:第一,一切法分爲德、惡、依三類,"以三分法統攝一切相類的法",形成與"四諦、六度、十二處等一般分類"不同的方法;第二,"在此三分法中,又以覺法作爲主導",形成"目的在於使人生覺(智)"的價值指向,即對此三類的理解(覺),達到解脫(善勝)的法門(呂澂《中國佛學源流略講・禪數學的重興》)。

《念佛三昧詩集》序〔一〕[1]

【題解】

晉安帝元興元年(四〇二),慧遠六十九歲。是年初秋,慧遠率僧侶、居士凡一百二十三人,共誓念佛,往生彌陀净土(西方净土)。這一行爲標志着廬山教團——後人謂之"蓮社"的形成。在中國佛教史上,這是值得注意的一種現象。據《净土聖賢錄・慧遠法師傳》記載:"(遠)乃造三聖像,建齋立社,令劉遺民著《發願文》,勒之石。時王喬之等數人,復爲《念佛三昧詩》以見志。遠爲作序。"今之所見的《發願文》《念佛三昧詩》及《念佛三昧詩集序》,也成爲了解當時念佛的動機、方法等問題的最直接的資料。

　　夫稱三昧者何? 專思寂想之謂也[2]。思專,則志一不分;想寂,則氣虛神朗[3]。氣虛,則智恬其照;神朗,則無幽不徹[4]。斯二者〔二〕,是自然之玄符,會一而致用也[5]。是故靖恭閒宇〔三〕,而感物通靈[6]。御心惟正,動必入微[7]。此假修以凝神,積習〔四〕以移性,猶或若兹〔五〕[8]。況乎〔六〕尸居坐忘,冥懷至極,智落宇宙,而闇蹈大方者哉[9]! 請言其始。
菩薩初登道位,甫闚玄門,體寂無爲,而無弗爲[10]。及其神
變也,則令修短革常度,巨細互相違〔七〕,三光迴景以移照,天
地卷舒而入懷矣[11]。

【校勘】

〔一〕《文鈔》校曰:"《廣弘明集》卷三九。"按:卍正藏本《廣弘明
集》三十卷,本篇即第三十卷。

〔二〕"者",卍正藏本《廣弘明集》卷三〇、《慧遠研究·遺文篇》
皆作"乃"。

〔三〕"閒宇",卍正藏本《廣弘明集》卷三〇作"聞守",《慧遠研
究·遺文篇》作"閑守"。形近而誤。

〔四〕"習",卍正藏本《廣弘明集》卷三〇、《慧遠研究·遺文篇》
皆作"功"。

〔五〕"兹",卍正藏本《廣弘明集》卷三〇、《慧遠研究·遺文篇》
皆作"夫"。

〔六〕"況乎",卍正藏本《廣弘明集》卷三〇、《慧遠研究·遺文
篇》俱脱,張景崗校本作"況夫"。

〔七〕"違",卍正藏本《廣弘明集》卷三〇、《慧遠研究·遺文篇》
皆作"圍"。音同而誤。

【注釋】

[1] 念佛三昧詩集:乃廬山僧團所作"念佛三昧詩"結集,與《遊
石門詩》之結集類似。此集散佚,唯存有王喬之《念佛三昧詩》四首。

[2] 念佛三昧:禪觀之一,指以念佛爲觀想内容的一種禪定。具
體法門分爲三種:一是稱名念佛,即口念佛名,如口念佛號七萬、十萬
聲,即可成佛;二是觀想念佛,即静坐入定,觀想佛之種種美好形相和

功德威神,以及所居佛土之莊嚴美妙;三是實相念佛,即洞觀佛之法身"非有非無、中道實相"之理。第一種也叫作散心念佛,後兩種合稱定心念佛,也稱觀察念佛。此外,亦有另分別觀像念佛,與實相念佛方法接近。慧遠修持乃是念佛三昧中觀想念佛,而非稱名念佛。念,爲禪定十念法門之一。十念法門,指念佛、念法、念僧、念戒、念施、念天、念休息、念安般、念身、念死。三昧,梵語之音譯,又譯爲三摩地、三摩提,意譯爲定,亦謂等持,即心定於一境的精神狀態。《大智度論》卷二八:"四禪亦名禪,亦名定,亦名三昧。除四禪,諸餘定亦名定,亦名三昧,不名爲禪。"定有兩種:一是生定,即人與生俱有的精神功能;二是修定,指專爲獲得佛教智慧、功德或神通的精神活動,即嚴格按照佛教規定的思維方法以控制意志、意識活動的心理過程和心理狀態。此二句言何以稱之爲三昧? 即思維專一、心念不生之狀態。

[3] 志一不分:意謂觀照對象,心志凝定。《莊子・達生》:"用志不分,乃凝於神,其痀僂丈人之謂乎?"宋林希逸注:"用志不分,其志不貳也;凝於神,凝定而神妙也。"氣虛神朗:意謂心氣澄澈,神情清朗。《莊子・人間世》:"氣也者,虛而待物者也。"晉郭象注:"遺耳目,去心意,而符氣性之自得,此虛以待物者也。"此四句言雜念不生,則心止一境而凝神觀想;靜寂禪定,則心靈虛靜而神情澄澈。

[4] 智恬其照:謂心志恬靜而智照萬物。《莊子・繕性》:"古之治道者,以恬養知。生而無以知爲也,謂之以知養恬。"晉郭象注:"恬靜而後知不蕩,知不蕩而性不失也。夫無以知爲而任其自知,則雖知周萬物而恬然自得也。知而非爲則無害於恬,恬而自爲則無傷於知,斯可謂交相養矣。"無幽不徹:謂胸中澄澈而幽微畢顯。《莊子・大宗師》:"朝徹而後能見獨,見獨而後能無古今。"宋林希逸注:"朝徹者,胸中朗然。如在天平旦,澄澈之氣也。"《廣韻》:"徹,通也,明也。"

[5] 自然:作爲哲學概念皆指宇宙萬物存在的狀態。然而,老莊言自然,又指自然而然,即本然無爲的存在狀態。《老子》第二五章:"人法地,地法天,天法道,道法自然。"以自然描述道存在的狀態。佛

教言自然，則指自然空寂，即本然靜寂的心理狀態。《光讚經》卷二：
"自然之空，自然寂寞。其自然者，則無所起，亦無所得，亦無所念。"
玄符：天符，自然之標志。漢揚雄《劇秦美新》："玄符靈契，黃瑞涌
出。"唐李善注："玄符，天符也。"會一：會通一乘之旨。此三句言此二
者，乃佛教自然之標志，會通一乘而致用。

[6] 靖恭：寧靜恭謹。《漢書·宣元六王傳》："詩不云乎，靖恭爾
位，正直是與。"唐顏師古注："《大雅·小明》之詩也。與，偕也。言人
能安靜而恭以守其位，偕於正直，則明神聽之，用錫福善。"閒宇：閒靜
之屋宇。三國魏曹植《仲雍哀辭》："幽房閒宇，密於雲夢之野。"此二
句言因此寧靜恭謹，居於靜室，而感應外物，通於神靈。

[7] 御：駕馭。《說文》："御，使馬也。"南唐徐鍇《繫傳》："卸，解
車馬也；彳，行也。或行或卸，皆御者之職也。"此二句言唯以正覺駕
馭心念，動必入於微妙。

[8] 假：猶藉，借助。《廣韻》："假，借也。"此三句言此藉助修習
以凝靜精神，積累修習以改變心性，尚或如此。

[9] 尸居坐忘：謂寂然寧靜，忘我忘物。尸居，寧靜而居。《莊
子·天運》："然則人固有尸居而龍見，雷聲而淵默，發動如天地者
乎？"宋林希逸注："尸居者，其居如尸然，即《曲禮》所謂坐如尸也。"
《說文》："尸，陳也，象臥之形。"坐忘，物我兩忘之境界。《莊子·大宗
師》："墮肢體，黜聰明，離形去知，同於大通，此謂坐忘。"晉郭象注：
"夫坐忘者，奚所不忘哉！既忘其迹，又忘其所以迹者。內不覺其一
身，外不識有天地，然後曠然與變化爲體而無不通也。"冥懷至極：冥
想達於至寂之性。晉支遁《詠禪思道人》："研幾革麤慮，冥懷夷震
驚。"智落宇宙：智照超越宇宙，謂周遍天下也。《莊子·天道》："古之
王天下者，知雖落天下，不自慮也。"宋林希逸注："落天地，言籠絡也。
絡與落同。"黯蹈：猶言默守。《韻會》："黯，默也。"《廣韻》："蹈，踐
也。"此四句言更何況寂然寧靜，物我皆忘，冥想入定，達於至寂，而智
照天下，周遍一切，默守於大道哉！

[10] 道位：修道之位次。如菩薩之十地，聲聞之七方便位等。甫：開始。《玉篇》：“甫，始也。”玄門：道家形容幽深神妙之道。《老子》第一章：“玄之又玄，衆妙之門。”佛教指玄妙之法門、深奧之妙理。亦爲佛法之總稱。又作佛門、空門、真門。無爲而無弗爲：謂順乎道，則無所爲，却無所不爲。《老子》第三七章：“道，常無爲而無不爲。”此五句言請允許從開始説起，菩薩初修道位，始見佛門，體寂無爲，却無不爲。

[11] 神變：爲教化衆生，佛菩薩等以超人間之不可思議力（神通力），變現於外在之各種形狀與動作。狹義言之，一般乃以身示現，即指六神通中之神足通；廣義言之，則包括身、語、意。《大寶積經》卷八六列舉説法（意）、教誡（語）、神通（身）等三種神變（指三示現）。相對於神足通之神變，另有震動乃至放大光明等十八種，稱爲十八變、十八神變。三光：日、月、星辰。迴景：星斗運行。此五句言及至菩薩之神變，則使之長短不同常度，大小互有不同，能使三光回影而移其所照，天地舒卷而入於懷中。謂其神變之不可思議也。

又諸三昧，其名甚衆，功高易進，念佛爲先[1]。何者？窮玄極寂，尊號如來，體神合變，應不以方[2]。故令入斯定者，昧然忘知，即所緣以成鑑[一][3]。鑑[二]明，則内照交映，而萬像生焉[4]。非耳目之所暨[三]，而聞見行焉[5]。於是睹夫淵凝虚鏡之體，則悟靈根[四]湛一，清明自然[6]。察夫玄音以[五]叩心聽，則塵累每消，滯情融朗[7]。非天下之至妙，孰能與於此哉[8]？以兹而觀，一覩之感，乃發久習之流覆，割昏俗之重迷[9]。若以匹[六]夫衆定之所緣，固不得語其優劣，居可知也[10]。

【校勘】

〔一〕 “鑑”，卍正藏本《廣弘明集》卷三〇、《慧遠研究・遺文篇》

皆作"鑒"。古二字同。

〔二〕"鑑",卍正藏本《廣弘明集》卷三〇、《慧遠研究·遺文篇》皆脫。

〔三〕"暨",卍正藏本《廣弘明集》卷三〇、《慧遠研究·遺文篇》皆作"至"。

〔四〕"根",《文鈔》校曰:"一作'相'。"或形近而誤。

〔五〕"以",卍正藏本《廣弘明集》卷三〇、《慧遠研究·遺文篇》皆作"之"。

〔六〕"匹",卍正藏本《廣弘明集》卷三〇、《慧遠大師集》皆作"疋"。古二字同。

【注釋】

[1] 其名甚衆:三昧,又作三摩地、三摩提、三摩帝;意譯爲等持、定、正定、定意、調直定、正心行處等,故謂其名甚衆。此四句言三昧諸說,名稱甚多,功業雖高却易於修習,念佛三昧則是第一選擇。

[2] 尊號如來:是指以虔誠之心敬念佛祖如來之號。應不以方:意謂應物感化,不拘一法。晉王喬之《念佛三昧詩》云:"與化而感,與物斯群。應不以方,受者自分。"《韻會》:"方,義之所在曰方。《論語》:且知方也。"此五句言爲何? 虔心敬念如來之號,即可窮盡玄理,性達至寂,體合神靈,變化無窮,雖應物感化,不拘一法,然念佛爲先則爲應感之重要法門。

[3] 鑑:即鏡。《說文》:"鑑,大盆也。從金,監聲。一曰監諸也,可以取明水于月。"南唐徐鍇《繫傳》:"按《周禮》曰:春始治鑒。注曰:如甄,大口。鑒,諸鏡也。"此謂如鏡之澄澈照物。《大乘阿毗達磨雜集論》卷一一:"鏡者,謂緣此境有相三摩地。此三摩地即緣多聞,爲境與定相俱,故名有相。由此三摩地,猶帶所知事同分影像相故。又此三摩地能審照察所知事質,故譬於鏡。"此三句言故念佛如來,使入此禪定,冥寂而萬念不生,即因所緣之境而澄澈照物。

[4] 交映：指寂照互生，交相映照。此三句言澄澈明照，内照外物，因寂照互生，則產生萬象。

[5] 暨：至，達到。《韻會》：“暨，及也。”此二句言雖非耳目之所至，却聽聞知覺即時而動。按：《莊子·人間世》：“若一志，無聽之以耳而聽之以心，無聽之以心而聽之以氣。……氣也者，虛而待物者也。唯道集虛。虛者，心齋也。”與此意相近。

[6] 靈根：猶慧根，爲五根（定、中、觀、智、慧）之一。由定、中、觀、智所起，而了知如實真理者。即智照一切，能生善法，可成就一切功德以至成道，故稱慧根。簡言之即能信入佛法之根機。湛一：澄澈寂静合一。宋張載《正蒙·誠明》：“湛一，氣之本；攻取，氣之欲。”《增韻》：“湛，澄也，澹也。”此三句言因此反觀乎深厚專一、澄澈空靈之體性，即覺悟慧根澄澈寂静而本性自然。

[7] 心聽：聽之以心，謂心意也。《莊子·人間世》：“若一志，無聽之以耳，而聽之以心；無聽之以心，而聽之以氣。”晉郭象注：“去異端而任獨也。遺耳目，去心意，而符氣性之自得，此虛以待物者也。”塵累：指煩惱惡業。因心爲煩惱惡業所染污、繫縛，故稱塵累。南朝梁蕭映《答王心要書》：“下官惑緣既積，塵累未消。”每消：漸漸消失。《廣韻》：“每，頻也。”滯情：鬱結之情。《孔子家語·入官》：“久居而不滯情，近而暢乎遠察。”佛教指溺於世俗之情。融朗：通透明朗。晉木華《海賦》：“若乃三光既清，天地融朗。”唐劉良注：“融，通。朗，明也。言海氣浮，三光清，見天地之通明也。”此三句言察其佛音而叩擊心意，則塵俗之累漸消，鬱結之情朗暢。

[8] 與：猶至於。《增韻》：“與，又及也。”此二句言若非天下至爲神妙的修持方法，怎麼能達到這一境界？

[9] 覿：相見。《爾雅·釋詁》：“覿，見也。”昏俗：盲昧之塵俗。南朝梁釋寶林《破魔露布文》：“聖皇悼昏俗之聾瞽，悲弱喪以增懷。”此四句言由此而觀，一見之感應，可開導持久習俗之流蕩淹没，祛除盲昧凡塵之重重迷惑。

[10] 居:語助詞。《廣韻》:"居,語助。"所緣:所攀緣之境。眼所攀緣爲色境,心所攀緣爲法境。此三句言如果以凡夫所共同確定的攀援之境爲準則,本來就不能論其優劣,此則斷然可知。

是以奉法諸賢,咸思一揆之契,感寸陰之頹影,懼來儲之未積[1]。於是洗心法堂,整襟清向,夜分忘寢,夙興唯〔一〕勤[2]。庶夫貞詣〔二〕之功,以通三乘之志,臨津濟物〔三〕,與九流而〔四〕同往[3]。仰援超步,拔茅之興;俯引弱進,垂策其後[4]。以此覽衆篇之揮翰,豈徒文詠而已哉[5]!

【校勘】

〔一〕"興唯",卍正藏本《廣弘明集》卷三〇、《慧遠研究·遺文篇》皆作"宵惟"。

〔二〕"貞詣",《慧遠大師集》作"貞諸佛"。

〔三〕"物",卍正藏本《廣弘明集》卷三〇、《慧遠研究·遺文篇》皆脱。

〔四〕"流",卍正藏本《廣弘明集》卷三〇、《慧遠研究·遺文篇》皆作"緣",且無後文"而"字。

【注釋】

[1] 諸賢:指參加發願并創作《念佛三昧詩》的諸位賢能。一揆:猶一理。《孟子·離婁下》:"得志行乎中國,若合符節,先聖後聖,其揆一也。"意謂古代聖人舜和後代聖人文王所作所爲完全相同。後因以之謂同一道理。《玉篇》:"揆,度也。"寸陰:日影移動一寸,喻時間短暫。晉左思《吳都賦》:"責千里於寸陰,聊先期而須臾。"唐李善注:"寸陰,晷之短也。"又《説文》:"晷,日影也。"頹影:日影墜落。後秦釋僧肇《鳩摩羅什法師誄》:"朝陽頹景,瓊嶽顛覆。宇宙晝昏,時喪道

目。"頽,下沉。《康熙字典》:"頽,墜也。"來儲:喻未來時光。儲,儲備。《説文》:"儲,偫也。"南唐徐鍇《繫傳》:"積聚以爲副貳也。"此四句言因此奉行佛法諸位賢能,皆思契合同一之理,感慨時光易逝,憂懼來日不多。

[2] 洗心:猶齋心,洗滌塵心,擯棄雜念。《周易・繫辭上》:"聖人以此洗心。"晉韓康伯注:"洗濯萬物之心。"法堂:寺院講經説法藏經之場所。後來專指演説佛法之講堂。《華嚴經・世主妙嚴品》:"世尊凝睎(眄)處法堂,炳然照耀宮殿中。"夙興:早起。《詩・衛風・氓》:"夙興夜寐,靡有朝矣。"漢鄭玄箋:"無有朝者,常早起夜卧,非一朝然。"此四句言於是法堂之上,擯棄雜念,整理衣襟,澄心向佛,夜半不眠,勤勉早起。

[3] 貞詣:正心拜詣,此指虔心向佛。《玉篇》:"貞,正也。"又:"詣,往也,到也,至也。"三乘:指小乘之聲聞乘、緣覺乘和大乘之菩薩乘。度人而使各至其果地之教法,名爲乘。此指菩薩乘。九流:原指先秦九種學術流派。《漢書・述天文志》:"秦人是滅,漢修其缺。劉向司籍,九流以別。"唐顏師古注:"應劭曰:儒、道、陰陽、法、名、墨、從横、雜、農,凡九家。"此指佛教不同學術流派。此三句言希冀以虔心向佛的修習之功,通達菩薩乘之旨趣,從而能身臨佛教之津而普度衆生,與不同流派共同弘法。

[4] 超步:猶高步、邁步。《三國志・吴書・陸凱傳》:"萬或瑣才凡庸之質,昔從家隸,超步紫闥。於或已豐,於器已溢。"此指高步佛門之大德。拔茅:拔茅連茹之略,意謂拔起一株茅根而其他茅根也連帶拔起。比喻引薦任用一人,即可連帶引進多人。《周易・泰》:"拔茅茹以其彙。"三國魏王弼注:"茅之爲物,拔其根而相牽引者也。茹,相牽引之貌也。"此謂拔擢衆生。垂策:猶言布施佛法。策,簡册。漢蔡邕《獨斷》:"策,簡也。"此二句言上仰賴佛門大德之援引,拔擢衆生之情而勃興;下延引劣弱之人而同進,布施其佛法於後進。

[5] 揮翰:揮毫書寫。漢張衡《歸田賦》:"揮翰墨以奮藻,陳三皇

之軌模。"唐劉良注:"翰,筆也。"文詠:即詩文。《北齊書·蕭放傳》:
"放性好文詠,頗善丹青。"此二句言以此閲覽衆人揮翰之文,豈止僅
僅詩文而已! 意謂衆作皆有"仰援""俯引"達乎三乘之意。

【義疏】

塑造聖像,建立齋社,發願期生彌陀净土(西方净土),確立佛教
信仰與人生目標相統一;觀聖像,念佛號,追求三昧境界,確立自我修
習與普度衆生相統一,是慧遠創造的修證佛法和弘揚佛法的基本法
式,《念佛三昧詩》正是這一佛教文化的産物。故其序文以念佛三昧
以及詩歌創作的佛學意義爲核心而展開論述。

第一,論述念佛三昧修習的核心及意義,且以菩薩修習實踐而證
之。念佛三昧的核心即"專思寂想"。專思,如佝僂承蜩,思維專注一
境;寂想,猶南郭隱几,神氣虛空清朗。氣虛,則智照周遍;神清,則洞
察一切。從佛教上説,就是止觀(禪智)雙修。止觀這兩個方面得之
天地自然,渾融合一而致用。所以,静居而寧静恭謹,則感應萬物,通
達神靈;正心而擯棄雜念,則寂而神動,入於微妙。如此反復修習以
凝神易性,即可達到這一境界。若進一步修習,寂然寧静,物我皆忘,
冥想至寂,智照一切,默守於大道,則近乎菩薩境界! 菩薩始登道位,
初窺佛門,亦守至寂無爲而無不爲。及其證悟,其神變也,權宜方便,
或長或短,或大或小,皆不同於常度而不可思議。若然,則可使日月
星辰回影移照,天地舒卷而入於懷。從而産生不可思議之力矣。

第二,論述念佛三昧的實踐意義。三昧雖然命名繁雜、功業高
尚,然而虔心念佛,即可入定。因爲敬念佛祖如來之號,即可覺悟終
極真理,至寂而澄澈虛空。體合神變、權宜方便的途徑雖多,然"念佛
爲先"則爲主要法門。如若念佛三昧,能够入之禪定,心境進入冥然
狀態,無心智照,即又緣相成鏡,智照一切。從而寂與照相映,心生萬
像,雖無耳目之用,却有聞見之功。在這種情況下,返觀内照於深厚
專一、澄澈空靈之境,即可覺悟慧根沉静一體,清澈自然。所以説念

佛三昧,是"天下之至妙"的修持方法,可以將外在的察聽佛音轉化爲内在的聽之以心,一旦完成這一轉化,就漸漸消解塵累滯情,進入通透明澈的境界。由此可見,觀佛念佛,心生感應,可以蕩滌世俗之積習,祛除蒙昧之迷情。這種不可思議的境界,絕非凡夫所緣之境,固不可以俗諦論其優劣。

　　第三,交代念佛三昧詩的産生及意義。信奉佛法之諸賢,皆渴望契合佛教真諦,且又感慨時光易逝,來日無多。於是,在法堂之上,齋心虔誠,佛像之前,恭謹清向,夙興繼夜,廢食忘寢,希冀以虔心向佛之修習,通達大乘之旨趣,從而身臨津渡,普度衆生,與其他部派共同弘揚佛法。故所作之《念佛三昧詩》,并非止於文詠,而是上仰大德之援引,脱穎而出於凡俗;下引鈍根而同進,布施佛法於後進。既是修習,也是弘法,即佛教所謂"自覺"而"覺他"也。

　　從總説念佛三昧之理論内涵,再論其修習實踐,最後闡釋《念佛三昧詩》的佛教旨趣,由理而行,因詩及理,乃使詩文序別具一格者。直至宋代沙門遵式所作《念佛三昧詩四首》并叙,是這一詩歌體式影響的遥遠回聲。

【附録】

念佛三昧詩四首

　　[晉]王喬之[一]

　　妙用在兹,涉有覽無。神由昧徹,識以照麁。積微自引,因功本虛。泯彼三觀,忘此毫餘。(其一)

　　寂漠何始,理玄通微。融然忘適,乃廓靈暉。心悠緬域,得不踐機。用之以沖,會之以希。(其二)

　　神資天凝,圓映朝雲。與化而感,與物斯群。應不以方,受者自分。寂爾淵鏡,金水塵紛。(其三)

慨自一生，夙乏惠識。託崇淵人，庶藉冥力。思轉毫功，在深不測。至哉之念，主心西極。（其四）

【校勘】

〔一〕"王喬之"，諸本並作"王齊之"，誤。此據宋遵式《念佛三昧詩四首叙》校改。

念佛三昧詩四首 并叙

［宋］遵　式

　　念佛三昧，踐聖之妙道。凡揭屬於法流者，何莫由斯矣。晉慧遠師化潯陽，集賢輩乘之爲際極之軌。琅琊王喬之泊群賢，皆爲念佛三昧詩，遠爲序。皇宋丙申，沙門遵式，會四明高尚之賓百餘人，春冬二仲，一日一夜，萃寶雲講堂，想無量覺，行漢魏經。壬寅既廢，適台之東山，忽思俄成故事，惜無遠焉，乃擬晉焉，作詩寄題於石，垂於後世也。詩四章，章八句。

萬感外形骸，儼然虛堂寂。明毫冠群彩，幽神資始績。妙象非夙預，俗覽豈良覿。析之會入微，清玩心無懌。（其一）

金肌昧真見，八音愚正聞。玄空了無託，至涉寧有勳。森羅會都寂，長空銷積氛。良哉此達觀，局士安與云。（其二）

融抱回曲照，熙如鑑中象。諦覽無遺心，虛求非滯想。追夢忘始終，通幽宛如往。藉此會神姿，逍遙期西賞。（其三）

鑒極玄想孤，動靜如爲區。大象詎形儀，大方誰廉隅。正賞不隱括，妙踐無回迂。心澄徧知海，粲粲黃金軀。（其四）

澡罐銘序[一]

【題解】

澡罐是佛教法物之一,乃僧侶盥洗之具,亦可用之盛水飲用。或石製,或銅製,或金製。大或盛水一斗,小或盛水數升。《南史·劉之遴傳》載:劉之遴獻古器四種於東宮,其第三種外國澡罐一口,有銘云:元封二年(前一〇九),龜兹國獻。據此可知,漢武帝時此即傳入中土。據慧遠《與鳩摩羅什書》"去歲得姚左軍書具承德問"及鳩摩羅什《答慧遠書》有"今往常所用鍮石雙口澡罐,可備法物之數也",知慧遠所得澡罐爲鳩摩羅什所贈,所贈時間則在元興二年(四〇三)。

得摩羅勒石澡罐一枚,故以此銘答之[1]。

【校勘】

〔一〕《文鈔》校曰:"《北堂書鈔》百三十五。銘軼。"按,"罐",《北堂書鈔》卷一三五、《格致鏡原》卷五二作"灌"。或同音假借。

【注釋】

[1] 摩羅:即鳩摩羅什。勒石:刻字於石。

記

廬山記略^{〔一〕}[1]

【題解】

慧遠《廬山記略》散佚已久。宋陳舜俞《廬山記》三卷即云“每恨慧遠、周景式輩作山記疏略”，可見其所見已非完本。今之所見乃是陳氏《廬山記》所附《廬山記略》或曰《廬山略記》。《四庫全書總目》曰：“釋惠遠《廬山記略》一卷，舊載此本之末，不知何人所附入，今亦併録存之，備參考焉。”又可見《廬山記略》亦非慧遠著作原名，或編者爲有别於陳氏著而改是名，故後人仍將慧遠所著，以《廬山記》名之。明人梅鼎祚《釋文紀》卷八、章潢《圖書編》卷六五，以及清人所編《江西通志》卷一二〇皆録有慧遠此文，然異文較多，殊難詳辨。

據《遊山記》（見後文）記載可知，慧遠在作《遊山記》前，另有《（廬山）别記》等文。《廬山記》或是在諸作基礎上整理而成記録廬山山水之完帙，故當作於《遊山記》之後。《遊山記》作於晉元興二年（四〇三），故《廬山記》必在元興二年後，具體時間已不可考。

山在江州潯陽南，南濱宫亭^{〔二〕}，北對九江[2]。九江之南，爲小江，山去小江三十里餘^{〔三〕}。左挾彭蠡，右傍通川^{〔四〕}，引三江之流，而^{〔五〕}據其會[3]。《山海經》云：“廬江出三天子都，入江彭澤西，一曰天子障。”^{〔六〕}[4]彭澤也，山在其西，故舊語以所濱爲彭蠡[5]。有匡續^{〔七〕}先生者，出自殷、周之際，遯世隱時，潛居其下[6]。或云：續受道於仙人，而適遊其巖，遂託室巖岫^{〔八〕}，即巖成館[7]。故時人謂^{〔九〕}其所止爲神仙之廬而名焉〔一〇〕[8]。

【校勘】

〔一〕《文鈔》校曰："陳舜俞《廬山記》題爲《廬山略記》。又見《全晉文》。"按：據《廬山記》卷一記載，《廬山略記》並《廬山諸道人遊石門詩序》，刊石於寺，至宋猶存。或當名《廬山略記》。

〔二〕"宫亭"，《文鈔》校曰："宫亭者，即《安清傳》之邸亭，見《高僧傳》卷一。後同。"《釋文紀》卷八作"官亭"，形近而誤。

〔三〕"九江之南，爲小江，山去小江三十里餘"，《廬山略記》作"九江之南，江爲小江，山去小山三十餘里"。

〔四〕"川"，《文鈔》作"州"，《釋文紀》卷八作"川"。從下句看，應作"川"，故據改。

〔五〕"而"，《全晉文》《文鈔》皆作"而"，四庫全書本作"西"。形近而誤。

〔六〕此句，《文鈔》校曰："天子都、天子障，'子'字疑誤。"《廬山略記》作"廬江出三天子都，彭澤西入江，一曰天子障。"

〔七〕"續"，《文鈔》校曰："《水經·廬江水》篇注作'匡俗'。"陳舜俞《廬山記》引《豫章舊志》亦作'匡俗'。《圖書編》卷六五《廬山略記》作"匡裕"，並校曰："一作'俗'。"唐盧潘《廬江四辨》考證："東漢《地理志》：建武十年，省六安國，以縣屬廬江郡。郡十四城，有舒、潯陽、襄安。郡南有九江，東合爲大江。大江之南，與彭澤相接。既得潯陽，潯陽有廬山，廬山因江而名，古矣。廬江之地，包江南北而有之。周景武（式）《廬山記》云：匡俗，周威王時，生而神靈，居於此山上，世稱'廬君'，則是俗因山爲號，不因俗爲廬而名山。爲西域法者曰惠遠，作《廬山記》，不知所始，乃曰匡俗出殷周之際，結廬山上，因名山曰廬。其謬甚矣。按《豫章舊志》：俗父與番陽令吳芮佐漢定天下而亡，漢封俗於潯陽。武帝南巡，封俗爲明公。是山不因俗而名愈明矣。"吳宗慈《廬山記·地域》曰："匡續或作俗，作裕……音訛互異也。"無論從歷史傳説，抑或此文考證，皆應作"續"，作"裕"作"俗"，乃音訛互誤。

〔八〕"適遊其巖，遂託室巖岫"，《廬山略記》作"共遊此山，遂託室崖岫"。大正藏本《廬山記》、《慧遠研究・遺文篇》皆作"共遊此山，遂託空崖"。

〔九〕"謂"，《文鈔》作"感"，又校曰："《水經注》作'謂'。"《廬山略記》《慧遠研究・遺文篇》皆作"謂"。因據改。

〔一〇〕"而名焉"，《廬山略記》《慧遠研究・遺文篇》皆作"因以名山焉"。

【注釋】

〔1〕廬山：位於江西九江，北倚長江，東接鄱陽湖。又稱匡山、匡廬、廬阜等不同名稱。傳説殷商（或周代）之際，有匡續者，於山中結廬隱棲修仙道，後羽化而去，僅存空廬，自此遂有廬山之名。佛教傳入中土，廬山亦成爲佛教聖地。東漢靈帝時，安世高常遊此山。其後，僧衆來此者頗多。東晉太元（三七六至三九六）初年，道安之門人慧永來山，於香谷建西林寺。十一年，慧遠應慧永之請，來山建東林寺，世稱東林、西林二寺爲廬山之二林。十五年建般若臺精舍，遠安奉阿彌陀佛像，與道俗百二十餘人共結"白蓮社"，作爲浄土教修行之根本道場，提倡念佛法門。自此，來山之僧俗益衆，乃逐漸成爲我國浄土教之聖地。慧遠又廣爲招請西域沙門前來從事佛典翻譯；或遣使赴西域求經。如僧伽提婆曾來此山弘法譯經，譯出《阿毗曇心論》《三法度論》等；佛馱跋陀羅於此譯出《達摩多羅禪經》等；佛陀耶舍亦嘗至此。四方前來參集之衆多達三千，廬山不僅成爲當時南地佛典翻譯之大道場，更蔚爲佛教一大中心。其後桓玄禁佛汰僧，獨有此山得以幸免。又於當時，除修道之士外，如陶淵明、雷次宗等一代名士亦厭離世亂，紛紛遁居此山。東晉大書法家王羲之亦於山中建歸宗寺，迎請佛陀耶舍住之。

〔2〕江州：東晉始置，轄境爲江西大部，後南朝多次分割，使江州轄境變小。江州亦是唐朝、宋朝的行政區劃之一，一直沿置到元代。今指江西省九江市。潯陽：古縣名。唐武德四年（六二一）改湓城縣置，治今江西省九江市。以在潯水之陽得名。爲江州治，天寶、至德間爲潯陽郡治。五代南唐改名德化縣。宮亭：《高僧傳》卷一《安清傳》作邲亭，也稱宮亭湖，古彭蠡湖之別稱。因湖旁廬山下有宮亭廟而得名。

〔3〕彭蠡：鄱陽湖別名，在江西省北部。三江：《尚書・禹貢》：“三江既入。”漢鄭玄注：“三江分於彭蠡，爲三孔，東入海。”

〔4〕語出《山海經・海内南經》《海内東經》。相傳黃帝曾遊止於此，故又稱三天子都、三天子鄣。宋陳舜俞《廬山記》卷一：“晉張僧鑒《尋陽記》：山廬東南有三宮，所謂三天子都也。盧宮，溪水出焉。上宮，人所不至，有三石梁，長十餘丈，闊纔盈尺，其下無底。中宮在別巖，悉是文石。兩邊有小員峰，號爲右障封，爲形若羊馬夾道相對。下宮，彭蠡湖際，宮亭廟舊所也。山高二千三百六十丈，圓基周回垂五百里。其山九疊，川亦九派。”

〔5〕彭澤：澤名，即今鄱陽湖。在江西省北部。又名彭湖、彭蠡。

〔6〕匡續：曾於殷周之際結廬於江州南障山，遂易名匡山，亦曰廬山、匡廬。按：慧遠論廬山之名由來，誤矣。宋陳舜俞《廬山記》卷一：“又《豫章舊志》云：匡裕，字君平，夏禹之苗裔也。或曰字君孝。父東野王，與吳芮佐漢定天下而亡。漢封裕於鄡陽，曰越廬君。裕兄弟七人，皆好道術，遂寓情於洞庭之山，故謂之廬山。”

〔7〕即：近，接近。《説文》：“即，即食也。一曰就也。”南唐徐鍇《繫傳》曰：“即，猶就也。”此五句言有人説：匡續受學仙人道術，而又遊歷於廬山山巖，於是以巖穴爲室，就山嶺以爲舍。

〔8〕廬：《玉篇》：“屋舍也。”此句言所以時人感慨他所居住之處爲神仙之廬，而名之曰廬山。

其山，大嶺凡有七重，圓基周回，垂五百里[1]。風雨〔一〕之所攄，江山〔二〕之所帶[2]。高巖仄〔三〕宇，峭壁萬尋[3]。幽岫窮崖，人獸兩絶[4]。天將雨，則有白氣先搏，而纓絡〔四〕於山嶺下[5]。及至觸石吐雲，則倏忽而集[6]。或大風振巖，逸響動谷，群籟競奏，其〔五〕聲駭人，此其變化不可測者矣[7]。

【校勘】

〔一〕“雨”，《廬山略記》《慧遠研究·遺文篇》皆作“雲”。或是。

〔二〕“江山”，《廬山略記》《慧遠研究·遺文篇》皆作“江湖”。或當據改。

〔三〕“巖”，《廬山略記》作“崖”。按：“巖”“崖”二字，《廬山略記》所用與《文鈔》常有互換的現象，下文不再一一注出。又“仄”，《慧遠研究·遺文篇》作“反”。

〔四〕“纓絡”，《廬山略記》《慧遠研究·遺文篇》皆作“瓔珞”。古二詞通用。

〔五〕“其”，《廬山略記》《慧遠研究·遺文篇》皆作“奇”。

【注釋】

[1] 圓基周回：謂山下四周成圓形。《漢書·劉向傳》：“秦始皇帝葬於驪山之阿，下錮三泉，上崇山墳，其高五十餘丈，周回五里有餘。”

[2] 攄：猶舒，舒展。《韻會》：“攄，《博雅》：舒也。《增韻》：又摛也。”

[3] 高巖仄宇：謂山巖高峻，山嶺之間所形成之空間逼仄。尋：古代一種長度單位，或曰八尺，或曰六尺。《小爾雅》：“四尺謂之仞，倍仞謂之尋。”《韻會》：“六尺曰尋，倍尋爲常。《禮·媒氏》注疏云：八尺曰尋也。”

〔4〕幽岫：幽深之巖洞。《説文》：“岫，山穴。從山，由聲。”

〔5〕搏：這裏指雲氣卷舒結聚。《説文》：“搏，以手圜之也。”又《韻會》：“搏，卷也。”纓絡：亦作瓔珞，一種裝飾性頸飾。一般用珠玉，亦有用鮮花或骷髏骨串成。《梁書·諸夷傳·林邑國》：“其王服天冠，被纓絡，如佛像之飾。”此引申爲纏繞。

〔6〕倏忽：迅疾貌。《吕氏春秋·決勝》：“儵忽往來，而莫知其方。”儵，同倏。《集韻》：“儵，倏本字。”

〔7〕逸響動谷：奔逸迴蕩之聲震動山谷。逸響，奔放迴蕩之音。《古詩十九首·今日良宴會》：“彈箏奮逸響，新聲妙入神。”《廣韻》：“逸，奔也。”群籟競奏：宇宙萬物競相發出聲響。群籟，宇宙萬物。晉王羲之《蘭亭詩》：“群籟雖參差，適我無非新。”

　　衆嶺中，第三嶺極高峻，人迹[一]之所罕經也。昔[二]太史公東遊，登其峰而遐觀，南眺五[三]湖，北望九江，東西肆目，若登天庭[四]焉[1]。其嶺下半里許，有重巖[五]，上有懸崖，傍有石室，即[六]古仙之所居也。其後有巖，漢董奉復館於巖下，常爲人治病，法多神驗[七]，絶於俗醫[八][2]。病癒者，令栽杏五株，數年之間[九]，蔚然成林。計奉在人間[一〇]，近三[一一]百年，容狀常如三十時。俄而升仙[一二]，遂[一三]絶迹於杏林。

【校勘】

〔一〕“迹”，《文鈔》脱，據《廬山略記》補。

〔二〕“昔”，《文鈔》脱，據《廬山略記》補。

〔三〕“五”，《慧遠研究·遺文篇》作“三”。形近而誤。

〔四〕“東西肆目，若登天庭”，《廬山略記》作“東西四目，若陟天庭”。“肆”作“四”，音近而誤；“陟”，意同“登”。

〔五〕“巗”,《慧遠研究·遺文篇》作“巘”。

〔六〕“即”,《文鈔》脱,據《廬山略記》補。

〔七〕“法多神驗”,《廬山略記》作“法多奇神驗”,《慧遠研究·遺文篇》作“法多奇神”。

〔八〕“絶於俗醫”,《文鈔》脱,據《廬山略記》《慧遠研究·遺文篇》補。

〔九〕“間”,《廬山略記》《慧遠研究·遺文篇》皆作“中”。

〔一〇〕“人間”,《廬山略記》《慧遠研究·遺文篇》皆作“民間”。

〔一一〕“三”,《廬山略記》《慧遠研究·遺文篇》皆作“二”。

〔一二〕“仙”,《慧遠研究·遺文篇》作“舉”。

〔一三〕“遂”,《文鈔》脱,據《廬山略記》補。

【注釋】

[1] 太史公:太史令掌天文圖書等,古代主天官者皆上公,故沿舊名而稱之。司馬遷任此職,且《史記》之評歷史多用“太史公曰”,故後世多以“太史公”稱司馬遷。遐觀:遠眺。《爾雅·釋詁》:“遐,遠也。”五湖:五大湖之總稱,但名稱各説不一:《史記·河渠書》唐司馬禎《索隱》:“郭璞《江賦》云,具區、洮滆、彭蠡、青草、洞庭是也。”宋王應麟《小學紺珠》:“五湖:湖州太湖、楚州射湖、岳州青草、潤州丹陽、洪州宫亭。”近人一般以洞庭、鄱陽、巢湖、洪澤、太湖爲五湖。此當以郭璞《江賦》爲是。肆目:縱目遠眺。《廣韻》:“肆,又恣也,放也。”

[2] 董奉:東漢建安時期名醫。又名董平,字君異(一説字君平,一説字昌),號拔墘,侯官縣董墘(一説董厝)村(今屬福建福州市長樂區)人。少年學醫,信奉道教。董奉晚年到豫章廬山下隱居,繼續行醫。《潯陽志·董奉太乙觀》記載:“董奉居廬山大中祥符觀。”《真仙通鑒》記載:“奉在人間百年,其顔色常如三十許人。”

其北嶺,兩巗之間〔一〕,常有懸流遥霑〔二〕,激勢相趣,百餘仞中，雲氣映天，望之若山有雲霧〔三〕焉[1]。

其南嶺，臨宮亭湖，下有神廟，即以宮亭爲號〔四〕，其神安侯也[2]。亭有所謂感化，事在《安侯傳》〔五〕[3]。

【校勘】

〔一〕“兩巖之間”，《慧遠研究·遺文篇》作“西崖”。《廬山略記》作“西崖之間”。皆誤。

〔二〕“有”，《文鈔》脱，此據《廬山略記》《慧遠研究·遺文篇》校補。又“霑”，《廬山略記》作“注”，《慧遠研究·遺文篇》作“霈”。

〔三〕“山有雲霧”，《廬山略記》《慧遠研究·遺文篇》皆作“山在霄霧”。

〔四〕“宮”，《文鈔》校曰：“《高僧傳》作‘邾’。”

〔五〕“事在安侯傳”，《文鈔》脱，又校曰：“此間有闕文。”按：“其神安侯也，亭有所謂感化。”《廬山記》卷一作：“安侯世高所感化，事在叙。”《慧遠研究·遺文篇》作：“安侯世高所感化事，在叙山北篇。”張景崗校本作“安侯世高所感化，事在《安侯傳》”。此據張本補。

【注釋】

[1] 懸流遥霑：謂瀑布飛濺，遠遠潤染對方。《説文》：“霑，雨染也。”激勢相趣：謂水波激蕩，互相交織。激，水波激蕩。《韻會》：“激，水礙也，疾波也。《增韻》：蕩激也。”趣，相向而動。《韻會》：“趣，向也。”仞：古籍説法不同。一曰仞同尋，八尺。《説文》：“仞，伸臂一尋，八尺。”一曰仞乃尋之半，四尺。《小爾雅》：“四尺謂之仞，倍仞謂之尋。”或曰七尺，或曰五尺六寸。《韻會》：“包咸、鄭玄皆謂七尺。《漢書》應劭注：五尺六寸。師古曰：非也，八尺曰仞。取人伸臂一尋。”

[2] 其神安侯：指神化安侯。安侯，即安清，字世高。因其原來

是王族出身，故西域來華之人稱之爲安侯。曾口述翻譯《阿含口解》《十二因緣經》)一卷，稱爲《安侯口解》。宮亭，又作𨚍亭。《文鈔》："按：安侯，即《高僧傳》卷一安清，字世高。𨚍亭廟神，即世高前生出家同學，現蒙高度脫者，言其神安侯也。文有誤。所謂感化者，係説該廟神靈感等事。《(高)僧傳》載，高於靈帝末，遊化中國。云：'我當過廬山，度昔同學。'行達𨚍亭湖廟，同旅三十餘船，奉牲請福。神降祝曰：'舫有沙門，可呼上。'客咸驚愕，請高入廟。神告曰：'吾昔與子俱出家學道，好行布施，性多瞋怒，今爲廟神。以布施故，珍玩甚豐。以瞋恚故，墮此神報。今見同學，悲欣可言。此身滅後，恐墮地獄。吾有絹物，請立法營齋，使生善處。'高曰：'故來相度，何不出形?'神從床後出頭，乃是大蟒。高梵語數番，讚唄數契。蟒悲淚如雨，須臾隱去。高取絹物，達豫章，爲造東寺。高去後，神即命過。暮，一少年上船，長跪高前，受咒願，忽不見。高曰：'少年即𨚍亭廟神，得離惡形。'自是廟神歇矣，無復靈驗。"

[3] 此二句言亭有所謂安侯感化𨚍亭神靈之記載，事在《安侯傳》中。

　　七嶺同會於東，共成峰崿[1]。其巖窮絶，莫有升之者[2]。有野夫見人著沙彌[一]服，陵雲[二]直上，既至，則踞其峰[三]，良久乃與雲氣俱滅，此似得道者[3]。當時能文之士，咸爲之異。又所止多奇，觸象有異[4]。北背重阜，前帶雙流[5]。所背之山，左有龍形，而右[四]塔基焉。下有甘泉涌出，冷暖與寒暑相變，盈減經水旱而不異，尋其源，出自於[五]龍首也。南對高峰[六]，上有奇木，獨絶於林表數十丈，其下似一層浮圖[七][6]，白鷗[八]之所翔，玄雲之所入也[7]。

【校勘】

〔一〕“沙彌”,《廬山略記》《慧遠研究·遺文篇》皆作“沙門”。

〔二〕“陵雲”,《廬山略記》《慧遠研究·遺文篇》皆作“凌虚”。

〔三〕“則踞其峰”,《廬山略記》作“則迴身踞其鞍”,《慧遠研究·遺文篇》作“則回身踞鞍”。皆語意扞格。

〔四〕“右”,《廬山略記》《慧遠研究·遺文篇》作“石”。形近而誤。

〔五〕“出自於”,《廬山略記》作“仍出於”,《慧遠研究·遺文篇》作“似出於”。

〔六〕“峰”,《廬山略記》《慧遠研究·遺文篇》皆作“岑”。

〔七〕“浮圖”,《廬山略記》《慧遠研究·遺文篇》皆作“佛浮圖”。“佛”字當是衍文。

〔八〕“鷗”,《廬山略記》作“鶴”。

【注釋】

[1] 峰崿:峰崖險峻。《宋書·劉穆之傳》:“既而至一山,峰崿聳秀,林樹繁密。”《韻會》:“崿,崖也。亦作崿。”

[2] 窮絕:人迹罕至之處。南朝梁沈約《詠杜若詩》:“生在窮絶地,豈與世相親。”阩:同陟。《廣韻》:“陟,登也,躋也。”

[3] 野夫:草野之人,農夫。《禮記·郊特牲》:“野夫黃冠。黃冠,草服也。”唐孔穎達疏:“田夫則野夫也。”陵雲:駕雲飛升。《漢書·揚雄傳下》:“往時武帝好神仙,相如上《大人賦》,欲以風,帝反縹縹有陵雲之志。”此數句乃引當時之傳説。湛方生《廬山神仙詩序》曰:“尋陽有廬山者,盤基彭蠡之西。其崇標峻極,辰光隔輝,幽澗澄深,積清百仞。若乃絶阻重險,非人迹之所遊;窈窕冲深,常含霞而貯氣。真可謂神明之區域,列真之苑囿矣。太元十一年,有樵採其陽者,于時鮮霞襄林,傾暉映岫,見一沙門披法服,獨在巖中,俄頃振裳揮錫,凌崖直上,排丹霄而輕舉,起九折而一指。既白雲之可乘,何帝

鄉之足遠哉。窮目蒼蒼,翳然滅迹。”

　　[4] 所止多奇,觸象有異:謂所至之處景多奇異,眼前之象各不相同。

　　[5] 重阜:重迭之山巒。晉陸機《挽歌》之二:“重阜何崔嵬,玄廬竄其間。”

　　[6] 林表:林外。《增韻》:“表,外也。”浮圖:又名佛圖、浮屠,同爲佛陀之音譯,意譯净覺。此指佛塔。

　　[7] 玄雲:黑雲,濃雲。《楚辭·九歌·大司命》:“廣開兮天門,紛吾乘兮玄雲。”《玉篇》:“玄,幽遠也。又黑色。”

　　東南有香鑪山,孤峰獨秀起[1]。遊氣籠其上,則氤氳〔一〕若香煙[2]。白雲映其外,則炳然與衆峰〔二〕殊別[3]。天〔三〕將雨,則其下水氣涌出如馬車〔四〕,蓋此即〔五〕龍井之所吐。其左則〔六〕翠林,青雀、白猨〔七〕之所憩,玄鳥之所蟄[4]。西有石門,其前似雙闕,壁立千餘仞,而瀑布流焉。其中鳥獸草木之美,靈藥方物〔八〕之奇,焉可得勝名哉〔九〕,略舉其異而已〔一〇〕耳[5]。

【校勘】

　　〔一〕“氤氳”,《廬山略記》《慧遠研究·遺文篇》皆作“氛氳”。

　　〔二〕“炳”,《慧遠研究·遺文篇》作“昺”。“衆峰”,《廬山略記》《慧遠研究·遺文篇》皆作“衆山”。

　　〔三〕“天”,《文鈔》脱,據《廬山略記》校補。

　　〔四〕“涌出如馬車”,《廬山略記》作“涌起如馬車”,《慧遠研究·遺文篇》作“涌起如車馬蓋”。《文鈔》校曰:“《廬山志》‘馬車’作‘車馬’,是。”《江西通志》卷一二〇亦作“車馬”。

　　〔五〕“即”,《文鈔》脱,據《廬山略記》校補。

〔六〕“則”，或形近而誤。《廬山略記》《慧遠研究·遺文篇》皆作“有”。當據改。

〔七〕“猨”，《廬山略記》《慧遠研究·遺文篇》皆作“猿”。古二字同。

〔八〕“方物”，《釋文紀》卷八、《文鈔》皆作“萬物”。陳舜俞《廬山記》卷一、《慧遠研究·遺文篇》皆作“方物”，今據改。

〔九〕“焉可得勝名哉”，《文鈔》脱，據《廬山略記》《慧遠研究·遺文篇》校補。“勝”，四庫全書本作“聲”。

〔一〇〕“而已”，《慧遠研究·遺文篇》脱。

【注釋】

［1］秀起：聳立而起。秀，特出。《廣韻》：“秀，出也。”

［2］遊氣：浮動之雲氣。《莊子·逍遥遊》：“野馬也，塵埃也，生物之以息相吹也。”晉郭象注：“野馬，遊氣也。”氤氳：彌漫貌。北魏酈道元《水經注·沮水》：“漢武帝獲寶鼎於汾陰，將薦之甘泉。鼎至中山，氤氳有黃雲蓋焉。”香煙：指香爐峰上的煙霧。

［3］炳然：明顯，顯然。《說文》：“炳，明也。”

［4］所憩：休憩之處。《玉篇》：“憩，安息也。”所蟄：藏身之所。《說文》：“蟄，藏也。”按：從句式結構看，青雀或非鳥名，而是山峰名，當斷前句。疑不能明。

［5］靈藥：傳説中的仙藥。《海内十洲記·長洲》：“長洲，一名青丘。……仙草、靈藥、甘液、玉英，靡所不有。”聲名：猶稱名。《韻會》：“聲，聲音。”

【義疏】

《廬山記略》，是慧遠所作山水散文。全文雖不可見，然從所存殘篇斷簡亦可窺見其審美藝術之高妙。

首先叙述廬山之方位，并引歷史傳説，説明廬山之得名。然後從山嶺之疊嶂,地域之廣大,風雨江山之映帶,概括描繪;接着從"高巖""峭壁""幽岫"寫其山嶺之雄峻,從"白氣""縈絡""吐雲""倏忽"寫其雨雲之飄逸,從"振巖""動谷""競奏""駭人"寫其風聲之蕭森,廬山風景之殊勝已是沁人心脾。

最後具體描繪山嶺峰巒,詳細暈染。先選擇第三嶺而描述之,簡約寫其峻極,重點以太史公東遊之退觀,從方位上,寫其襟九江而帶五湖的遼闊縹緲,及其"若登天庭"的心理感覺。爾後,視點回至嶺下,細緻敘述仙人所居,使廬山之清嘉疊巘,染上仙風道骨,顯現其神秘之色調。再選擇南北二嶺寫其奇異風光。寫北嶺,描摹飛瀑,在雲氣氤氳之中,凸顯其"異";寫南嶺,敘述神廟,在湖光浩渺中,凸顯其"奇"。接下寫東嶺,因爲七嶺交會,山峰攢集,故尤爲奇絶。其前望之,晴天朗日,有人見沙彌身著袈裟,凌雲而至,盤踞山峰,久則與雲氣俱滅,既似得道之高僧,又如雲霞之幻化,而"觸象有異",又更使整個山巒籠罩一層神異面紗;其背面視之,重阜雙流,山左龍形,右如佛塔,龍首泉涌,四時而變,旱潦一如,南臨高峰,奇木秀出,下似浮圖,雲鳥縈繞。境像無端,亦真亦幻。最後詳盡描述香爐峰,孤峰獨秀,殊別衆巒。其晴也,炳煥朗然,雲氣氤氳,狀如爐煙裊裊;其雨也,龍井飛瀑,水氣噴涌,聲猶車馬喧囂。左有翠林,百鳥雲集於上,色彩斑爛;西有石門,前有千仞石壁,聳如雙闕,而瀑布飛湍縱貫其間。

從最後"之美""之奇"不可名狀,唯"略舉其異而已"的作者感慨看來,其寫景的立足點在於凸顯廬山不同於其他名山之景致。所以,首先描繪廬山雄峻與飄逸統一、怡人與蕭森交織的風格特點。然後,取景上,以山嶺、峰巒爲主,取江湖、雲氣點染之;以飛瀑、林秀爲主,取飛鳥、煙霞點染之。取境上,以眼前之境爲實寫,將歷史、傳説交織其中,輔之以幻化之像,既是化實爲虛,亦是化幻爲真。插入歷史傳説,增殖了廬山深厚的文化底蘊;虛實相生相襯,呈現了廬山迷人的景致變幻。而且,寫景摹境,不僅有視點之變,也有陰晴之變,方位之變;不僅有形態描繪,也有色調對比。有視覺,有聽覺,有感覺;有聯想,有想象,有實境,紛紜揮霍,萬象畢顯。

遊山記[一]

【題解】

《遊山記》是一篇遊記,早佚。《世說新語》劉孝標注、《太平御覽》所載皆爲節引而非原文。《四庫全書・廬山記》附録之《廬山記略》輯文最爲豐富。據《總目提要》可知,此書乃"兵部侍郎紀昀家藏本"。紀昀博學,精於版本,所藏當屬善本,故依之。從文後附詩五首(詳後)看,此文或爲組詩序文,然絶非所附之《遊石門詩》。由此文"自託此山二十三載"可知,慧遠所作乃在適廬之二十三年。公於太元六年(三八一)適廬,順推之,則是晉元興二年(四〇三)。

　　自託此山二十三載[二],凡再詣[三]石門,四遊南嶺[1]。始入林渡雙闕[四],謂則踐其基[1]。登涉十餘里,乃出[五]林表,迴步少許[六],便得重嶺[3]。東望香鑪[七],秀絶衆形[八];北眺九江,目流神覽[4]。

【校勘】

〔一〕《文鈔》在《廬山記》後附録《遊山記》兩則,同於《全晉文》卷一六二。一輯自《太平御覽》卷四一:"自託此山二十二載,凡再詣石門,四遊南嶺,東望香爐,秀絶衆形,北眺九疑,流神覽視,四巖之内,猶觀之掌焉。傳有石井、方湖,足所未踐。"另一輯自《世說新語》卷中《規箴》"遠公在廬山中"條劉孝標注引《遊山記》:"自託此山二十三載,再踐石門,四遊南嶺,東望香爐峰,北眺九江。傳聞有石井、方湖,中有赤鱗踊出,野人不能叙,直嘆其奇而已矣。"本篇文字從《四庫全書》中輯出。四庫全書本作《遊廬山記并詩》，"廬"或爲衍字，據劉孝標注而删。

〔二〕"自託此山二十三載"，《太平御覽》卷四一引作"自託此山二十二載"，四庫全書本作"自記此二十三載"。《世説新語·規箴》劉孝標注引作"自託此山二十三載"，今據改。

〔三〕"詣"，《世説新語·規箴》"遠公在廬山中"條劉孝標注引、《慧遠研究·遺文篇》皆作"踐"。

〔四〕"闗"，日本元禄本《廬山記》卷一引文作"闕"。前慧遠《廬山記略》："西有石門，其前似雙闕，壁立千餘仞。"或當據改。

〔五〕"出"，四庫全書本脱，據日本元禄本《廬山記》卷一補。

〔六〕"迴步少許"，張景崗校本作"百步許"，又校曰："宋本、《大正藏》作'回步許'，四庫全書本作'迴步少許'，今從東方學會重刊日本元禄十年《廬山記》本。"

〔七〕"東望香鑪"，《世説新語·規箴》"遠公在廬山中"條，劉孝標注引作"東望香鑪峰"，見校勘〔一〕。

〔八〕"形"，日本元禄本《廬山記》卷一引文作"流"。

【注釋】

〔1〕再詣：猶言兩次登臨。《玉篇》："詣，往也，到也。"石門：石門山。北魏周景式《廬山記》曰："石門山在康王谷東北八十餘里，是一山之大谷，有澗水，亦名石門澗。吐源渡遠，爲衆泉之宗。每夏霖秋潦，轉石發樹，聲動數十里。"南朝宋謝靈運《名山志》曰："石門山兩巖間微有門形，故以爲稱。瀑布飛瀉，丹翠交曜。"另可參見《廬山諸道人遊石門詩并序》。

〔2〕雙闗：當作雙闕。《廬山記》曰："西有石門，其前似雙闕，壁立千餘仞。"謂則踐其基：進入山林，渡過石門，纔能説剛剛登上南嶺之山脚。

〔3〕林表：林梢，林外。南齊謝朓《休沐重還丹陽道中》詩："雲端

楚山見，林表吳岫微。"唐李善注："表，猶外也。"重崿：猶重嶺。《韻
會》："崿，崖也。亦作崿。"

[4] 秀絕衆形：謂突出於衆山嶺之上。《廣韻》："秀，出也。"目流
神覽：謂環顧山嶺而神與境遊。

　　過此，轉覺道隘而狹〔一〕，力進復數百步，方造頹嶺[1]。
積石連阜，霜崿相乘，及鑒斯觀，三倍於前矣[2]。然後攀弱
條，涉〔二〕峭徑，足惡體疲，僅達孤松[3]。其下有盤石，可坐十
人。四瞻遼朗，寓目長懷[4]。用兹暢而悟曰：小大之相出，
量不可窮，高下之相傾，豈孤顯於氣象也哉[5]？

【校勘】

　　〔一〕"狹"，日本元禄本《廬山記》卷一引文作"合"。

　　〔二〕"涉"，張景崗校本作"陟"，又校曰："《廬山記》及四庫全書
本均作'涉'，今從《叢書集成初編·廬山記略》本。"

【注釋】

　　[1] 過此：指經過重崿。力進：用力前行。方造：方至，即將到
達。《説文》："造，就也。"頹嶺：地名。

　　[2] 積石連阜：石塊累積，連接山嶺。《説文》："阜，大陸山無石
也。"霜崿相乘：霜覆山嶺，層層向上。《廣韻》："乘，登也。"鑒：猶覽，
視之也。《玉篇》："鑒，察也。"

　　[3] 峭徑：險峻小道。《廣韻》："陗，山峻。同峭。"孤松：地名。

　　[4] 遼朗：遼闊明朗。晉桓玄《鸚鵡賦》："翔清曠之遼朗，棲高松
之幽蔚。"《説文》："遼，遠也。"長懷：遐想，悠思。晉嵇喜《答嵇康》詩：
"感寤長懷，能不永思。"

　　[5] 相傾：謂對立而相存。《老子》第二章："長短相形，高下相

傾。"漢河上公章句："見高而爲下也。"此五句言因此通達而覺悟曰：小與大互相顯現，高與下互相依存，由小襯大，由下顯高，變化之數不可窮盡，哪裏有孤立的大與高顯現出不同小與下的氣象呢！若從佛教而言，若無衆生，則何有高僧、羅漢、菩薩、世尊呢！

於時日將禺而未中，訊諸行人，去〔一〕松林尚有十〔二〕四五里[1]。既至，乃傍林際，憩龜嶺，視四嶺〔三〕之内，猶觀掌焉[2]。未至松林，又有石懸溜，其下翛然，使人目眩[3]。斯瀑布之源，三流之始，水霆天池，已備叙於別記[4]。其上有雙石臨虛，若將墜而未落。傍有盤崖〔四〕紆迴，壁立千仞，翠林被崖，萬籟齊響，遺音在岫，若絶而有聞[5]。靖〔五〕尋所由，似境窮其邃、器深其量故也[6]。傳聞有石井方湖，足〔六〕所未踐，乍睹之者，疑爲神淵[7]。中有赤鱗涌出，狀若龍魚，野人不能叙〔七〕，直嘆其奇而已耳[8]。

【校勘】

〔一〕"去"，日本元禄本《廬山記》卷一引文作"至"。

〔二〕"十"，四庫全書本《廬山記》卷一作"三"。日本元禄本《廬山記》卷一作"十"，據此改。

〔三〕"嶺"，《太平御覽》卷四一一引作"巖"。

〔四〕"崖"，張景崗校曰："《廬山記》及四庫全書本均作'屋'，今從《叢書集成初編·廬山記略》本。"按：從下文"壁立千仞，翠林被崖"看，作"崖"是。

〔五〕"靖"，張景崗校曰："四庫全書本作'請'，今從《廬山記》。"

〔六〕"足"，四庫全書本作"是"。《太平御覽》卷四一一作"足"，今據改。

〔七〕"叙"，四庫全書本作"取"。《世説新語》卷中《規箴》"遠公在廬山中"條注引作"叙",今據改。

【注釋】

[1] 日禺:即禺中,臨近中午時分。明朱謀埠《駢雅・釋天》:"日將出曰朏明,將午曰禺中,晡後曰高春,將昏曰懸車,日落曰桑榆。"訊諸:詢之於。《説文》:"訊,問也。"諸,之於。松林:地名。

[2] 憩龜嶺:謂於龜嶺之上稍作休息。《玉篇》:"憩,安息也。"觀掌:觀於掌上,喻一覽無余。南朝宋顔延之《大筮箴》:"雖紫微迢遞,如觀掌握青龍,顯晦易乎窺覽。"

[3] 懸溜:瀑布。北魏酈道元《水經注・耒水》:"兩岸連山,石泉懸溜,行者輒徘徊留念,情不極已也。"倏然:迅疾貌。倏,同倐。《廣韻》:"倐,忽,犬疾走也。通作儵。"《玉篇》:"倏,或倐。"

[4] 霂:猶灌注。《集韻》:"霂,本作澍。時雨澍生萬物。"《説文》:"澍,時雨也。"別記:應爲慧遠所作之"廬山別記"之類,已佚。

[5] 臨虚:謂雙石突出,其下虚空。盤屋:謂盤旋如屋。《太平御覽》卷二九:"《括地圖》曰:桃都山有大桃樹,盤屋三千里。"紆迴:曲折,迴環。北魏酈道元《水經注・江水二》:"此巖既高,加以江湍紆回,雖途經信宿,猶望見此物。"岫:《説文》:"山穴。"絶而有聞:謂山穴回音若斷若續。

[6] 境窮其邃、器深其量:謂境之窮盡、器之深底。《説文》:"邃,深遠也。"《增韻》:"量,槩量多少也。"

[7] 踐:猶言行至。《説文》:"踐,履也。"南唐徐鍇《繫傳》:"若履行之而已。"乍睹之:初見之。《説文》:"睹,見也。覩,古文從見。"之,指水霂天池。

[8] 龍魚:即龍鯉。一説指鯢魚,人魚。《山海經・海外西經》:"龍魚陵居在其北,狀如貍。一曰鰕。"郭璞注:"或曰:龍魚似貍,一角。"清郝懿行箋疏:"龍魚,郭氏《江賦》作龍鯉,張衡《思玄賦》仍作龍魚……貍當爲鯉字之譌。"袁珂校注:"龍魚,疑即《海内北經》所記陵

魚，蓋均神話傳説中人魚之類也。”

　　每因暇時，追述所經，覺情無定位，以所遇爲通塞[1]。或撫常事而牽於近，感至言而達遠[2]。更以俯圓池之内，思不出局，乘高眺物，乃發深懷。嗟詠不足，聊復寄以興云[3]。

【注釋】

　　[1] 覺情無定位：謂或了然覺悟，或觸物生情，無有定則。通塞：原指境遇之順逆。《周易・節》：“不出户庭，知通塞也。”唐孔穎達疏：“知通塞者，識時通塞，所以不出也。”此指了然覺悟爲通，牽於物情則塞。此四句言每趁閒暇之時，追述其經歷，或覺悟或生情，因其所遇而有通塞之别。

　　[2] 撫：猶習。《説文》：“撫，安也。”達遠：是謂通達佛理。此二句言或是習於瑣事而累於所見之感，則藉之至理而通達佛門。

　　[3] 圓池：原指辟雍，天子所設之學宫。《太平御覽》卷五三四：“桓譚《新論》曰：王者作圓池如璧形，實水其中，以圜壅之，故曰辟雍。言其上承天地，以班教令，流行王道，周而復始。”此指世俗之學。局：通跼，狹隘。《廣韻》：“局，侷。侷，促也，與局、跼並通。”嗟詠不足：謂嗟嘆歌詠難以表達。《詩大序》：“詩者，志之所之也。在心爲志，發言爲詩。情動於中而形於言，言之不足，故嗟嘆之；嗟嘆之不足，故永歌之；永歌之不足，不知手之舞之，足之蹈之也。”興：譬喻以寓理。《論語・陽貨》：“詩可以興，可以觀，可以群，可以怨。”漢孔安國注：“興，引譬連類。”此六句言更是因爲俯視世俗之學中，思維狹隘，於是登高遠眺，乃可發抒深思，嗟嘆歌詠難以表達，姑且托詩以寄興耳。

【義疏】

　　由結尾可見，此文乃組詩之序。因其詩及諸弟子“奉和”散佚，疑不能明。其文詳細描述了元興二年秋，與廬山諸道人登臨廬山之所見、所感，交代其作詩之緣由。

　　首先叙述由林渡登臨重崿。先叙述登臨時間，用"始入"交代此次遊歷地點與此前所遊之不同，且又叙述始"踐其基"，再以"登涉十餘里"以及"迴步少許"交代具體的登臨過程，最後簡要描述登上"重崿"之後，"東望""北眺"之所見。

　　其次，叙述由重崿登上頹嶺再達孤松。登頹嶺，"道隘而狹"，雖險要而有道可循；達孤松，"攀弱條，涉峭徑"，則人迹不至矣。故登頹嶺，"力進""方造"，雖行進艱難却可忍受；達孤松，則"足惌體疲"，近乎憊極矣。然登上二峰，所見風景殊異：登上頹嶺，雖"及鑒斯觀，三倍於前"，却唯見"積石連阜，霜崿相乘"而已；達於孤松，則"下有盤石""四瞻遼朗"，不惟地勢寬敞，且江山入懷。作者由此而了悟：小、下固然襯托大、高，然小與大、下與高始終具有相對性，始則爲大爲高，繼之爲小爲下。從量上説，這種轉化永無止境，所以世界上永遠沒有一座孤立的山峰而特顯其宏偉氣象者。人生境界如此，佛教境界何嘗不如此！這種哲學認知，比起後來者蘇軾感慨"不識廬山真面目，只緣身在此山中"（《題西林壁》），顯然更加驚策人心。作者的這種認知，就現實而言，源於漸登漸高之所見；就表達而言，則源於層層遞進的叙述手法。

　　復次，叙述由孤松登臨松林。亭午之後，登至松林，休憩于林邊之龜嶺之上，一覽衆山，四嶺如在掌中。視其下，懸石飛瀑，喧隐湍急，倏然而下，灌注於天池之中，成爲三流之源頭；視其上，雙峰臨空飛出，其險也，"若將墜而未落"，其奇也，"盤屈紆迴，壁立千仞"；望之則"翠林被崖"，聽之則"萬籟齊響"。音落山岫，流動林中，裊裊婷婷，不絶如縷。若尋其本原，似乎已窮至境，猶見器皿之底。然更有石井方湖，人雖未至，乍見之，"赤鱗涌出，狀若龍魚"，則如神境矣。自然之境，亦如小與大、下與高，"量不可窮"。人生的錯覺竟在一個"似"字上。文章由因境悟理，到理寓境中，説理雖一，表達却異。

最後交代"追述所經"的作文、作詩之緣由。雖然"覺情無定位，以所遇爲通塞"，然而，由習於瑣事，累於近見，而追求至理，通達遠識；由俯就俗學，思不越俗，而登高遠眺，發諸深思，既是一種人生境界的追求，也是修習佛學的途徑。其詩作正是這一追求的詩性表達。

此文或爲後人所輯録，然結構完整，叙事邏輯分明，説理層層遞進，由眼前之境到了悟自然玄理，由人生之境到了悟佛學修習，或理由境生，或理寓境中，如羚羊掛角，有相而無迹，達到至妙的審美化境。研究散文史的著作，忽略了慧遠山水遊記的開拓意義，實在是不小的失誤。

銘頌讚

萬佛影銘并序[一][1]

【題解】

慧遠聞天竺佛影，是佛祖昔日度化毒龍時所存之瑞迹，故欣感於懷。後因邪舍律士叙述光相，於是背山臨流，營築龕室，妙算畫工，淡采圖寫，色疑積空，望如煙霧，暉相炳瓊，若隱而顯。慧遠復製五銘，刻於石。江州太守孟懷玉、別駕王喬之、常侍張野、晉安太守殷隱、黄門毛修之、主簿殷蔚、參軍王穆夜、孝廉范悦之、隱士宗炳等，咸賦銘讚。事見《高僧傳》卷六、陳舜俞《廬山記》。

據其後序可知，序與銘并作於義熙八年（四一二）五月。此外，遠公又派弟子道秉赴京城，請謝靈運作銘和序，靈運欣然領命。謝靈運所作亦存於世。

夫滯於近習，不達希世之聞[2]；撫常永日，罕懷事外之感[3]。是使塵想制於玄襟，天羅網其神慮[4]。若以之窮齡，則此生豈遇[二][5]；以之希心，則開悟[三]靡期[6]。於是發憤忘食[四]，情百其慨，静慮閒夜，理契其心[7]。爾乃恩霑九澤之惠，三復無緣之慈[8]。妙尋法身之應，以神不言之化[9]。化不以方，唯其所感[五]；慈不以緣[六]，冥[七]懷自得[10]。譬日月麗天，光影彌暉，群品熙榮，有情同順[11]。咸欣懸映之在己，罔識曲成之攸寄[12]。妙物之談，功盡於此[13]。將欲擬夫幽極，以言其道，髣髴存焉，而不可論[14]。

【校勘】

〔一〕《文鈔》校曰：“《廣弘明集》卷一六，又《高僧傳》卷六，有銘無序。”卍正藏本《廣弘明集》卷一五題作《佛影銘》，并注云：“佛影今在西那伽訶羅國南山，古仙石室中。度流沙，從徑道，去此一萬五千八百五十里。感世之應，詳於前記也。”吳宗慈《廬山志》卷一一輯録“佛影銘并序”。

〔二〕“遇”，卍正藏本《廣弘明集》卷一五、《慧遠研究·遺文篇》皆作“過”。形近而誤。

〔三〕“悟”，卍正藏本《廣弘明集》卷一五、《慧遠大師集》、《慧遠研究·遺文篇》皆作“徹”。誤。

〔四〕“食”，卍正藏本《廣弘明集》卷一五、《慧遠大師集》、《慧遠研究·遺文篇》皆作“寢”。誤。

〔五〕“化不以方，唯其所感”，卍正藏本《廣弘明集》卷一五、《慧遠大師集》、《慧遠研究·遺文篇》皆作“化不以其所感”。

〔六〕“慈不以緣”，卍正藏本《廣弘明集》卷一五、《慧遠大師集》、《慧遠研究·遺文篇》皆作“慈不以其所緣”。

〔七〕“冥”，卍正藏本《廣弘明集》卷一五、《慧遠研究·遺文篇》皆作“宴”。形近而誤。

【注釋】

[1] 佛影：北印度那揭羅曷國，阿那斯山巖之南有佛影窟，乃古印度著名聖地。據《觀佛三昧經》卷七載，佛陀嘗於此石窟度化龍王眷屬，因龍王至誠，勸請留止於此，佛陀遂於窟中作十八變，踊身入石，猶如明鏡，在於石内，復映現於外。距十餘步遠望，則如見佛金色相好、光明炳然之真形；近觀，則冥然不見，以手觸之，唯餘四壁。諸天衆等聞佛還入窟中，皆來供養佛影，影亦爲其説法。此窟高一丈八尺，深二十四步，石清白色。其西有高約七八丈之塔及七百餘僧所止之寺。窟北一里有目連窟，北面尚有一山，山下有高達十丈之浮圖。

東晉法顯、道整、慧景等皆曾至此。

　　[2] 近習：有二義：一指熟悉之學。《廣韻》：“習，學也。”二指環境所染。《論語・陽貨》：“性相近也，習相遠也。”唐孔穎達疏：“此章言君子當慎其所習也。性，謂人所禀受以生而靜者也。未爲外物所感，則人皆相似，是近也；既爲外物所感，則習以性成。若習於善則爲君子，若習於惡則爲小人，是相遠也。故君子慎所習。”此取後一義，引申爲世俗所習染。希世：世所少有。《三國志・魏書・合洽傳》：“洽同郡許混者……明帝時爲尚書。”南朝宋裴松之注引《汝南先賢傳》曰：“召陵謝子微高才遠識，見（許）劭年十八時，乃嘆息曰：‘此則希世出衆之偉人也。’”此二句言迷執於習染之世俗，則不能通達希世之所聞。

　　[3] 撫：猶習。《説文》：“撫，安也。”事外：指塵世之外。晉孫綽《竺法汰讚》：“事外蕭灑，神内恢廓。”此二句言習慣於日常之瑣事，則不能胸懷世外之所感。

　　[4] 塵想：猶俗念。晉陶潛《歸園田居》詩之二：“白日掩荊扉，對酒絶塵想。”玄襟：猶玄想。宋周密《武林舊事》卷三：“蘇子瞻昭曠玄襟，追蹤遐躅。”天羅：天網。《説文》：“羅，以絲罟鳥也。”此誇飾塵俗之思。神慮：猶神思。晉干寶《搜神記》卷一八：“左右驚怖伏地，叔高神慮怡然如舊。”此指神妙之思。此二句言這使牽於世俗制約了玄理之想，囿於塵見籠蓋了神妙之思。

　　[5] 窮齡：年壽已盡。晉紫微夫人《詩十七首》之十一：“誰能步幽道，尋我無窮齡。”此二句言若因此而終生，那麼此生豈能得遇佛影！

　　[6] 希心：猶無心。《增韻》：“希，少也，罕也。”按：漢魏文獻所用之“希心”，意謂傾心。如漢賈誼《新書・匈奴》：“一國聞之者見之者，希心而相告，人人冀幸。”慧遠用詞，取《老子》“大音希聲”之義，與漢魏習用之意大相徑庭，須悉心辨別之。開悟：開智悟理。《史記・商君傳》：“吾説公以帝道，其志不開悟矣。”後專指佛教之覺悟。特別是

禪宗興盛,强調參禪惟以悟明心性爲宗旨,若禪修有省或明心見性,謂之開悟。此二句言若因此而無心,那麼終身不能覺悟。

[7] 發憤忘食:勤奮而不思茶飯。《論語·述而》:"其爲人也,發憤忘食,樂以忘憂,不知老之將至云爾。"理契其心:謂心悟其理。《韻會》:"契,又合也。"此四句言於是我發憤忘食,百感交集,静夜思之,心悟其理。

[8] 九澤:九州湖泊。《尚書·禹貢》:"九川滌源,九澤既陂。"唐孔穎達疏:"九澤,九州之澤。"泛稱天下。三復:反復誦讀。《論語·先進》:"南容三復白圭,孔子以其兄之子妻之。"三國魏何晏集解:"孔曰:《詩》云:白圭之玷,尚可磨也。斯言之玷,不可爲也。南容讀詩,至此三反覆之,是其心慎言也。"此乃反復思量之意。無緣之慈:即無緣慈,三種慈悲(生緣慈、法緣慈、無緣慈)之一。謂菩薩以平等智,普救一切。不但超拔衆生之苦樂,甚至對一切有情動物,皆起憐憫愛護之心。此二句言佛乃慈恩惠霑天下,自然覆被衆生。此乃慧遠所悟之理。

[9] 法身:佛三身(法身、報身、應身)之一,又名自性身,或法性身,即諸佛所證真如法性之身。此雖爲佛之真身,然以聚集正法而爲體,故名法身。身,聚集義。不言之化:即無言之教化。《莊子·知北遊》:"夫知者不言,言者不知,故聖人行不言之教。"此二句言尋其微妙法身以權宜應變,乃以神妙無方而行不言之教化。

[10] 方:常規。晉郭璞《江賦》:"動應無方,感事而出。"唐李善注:"孔安國《尚書傳》曰:神妙無方。鄭玄《論語注》曰:方,常也。"此四句言教化無方,唯在衆生所感應;慈愛無緣,則可冥然而自得。謂佛祖教化,權宜方便,以平等智,行無緣慈,衆生則自然感應,冥然得之。

[11] 日月麗天:日月照之於天。《周易·離》:"日月麗乎天,百穀草木麗乎土。"同順:情順乎道。《周易·繫辭下》:"情順乘理以之吉,情逆違道以蹈凶,故曰吉凶以情遷也。"晉韓康伯注:"泯然同順,

何吉何凶。"此四句言譬如日月照之於天,光影輝煌,衆物興盛繁榮,一切有情,皆同順於自然之道。

[12] 曲成:謂應時而變,育成萬物。《周易·繫辭上》:"曲成萬物而不遺。"晉韓康伯注:"曲成者,乘變以應物,不係一方者也。"唐孔穎達疏:"言聖人隨變而應,屈曲委細,成就萬物。"攸寄:所寄。《爾雅·釋言》:"攸,所也。"此二句言衆物皆欣然自得日月懸照於己,不識日月應物而變以育萬物所蘊含的自然之道。

[13] 此二句言妙達萬物之理,其功績盡在於上述所論之中。

[14] 擬:揣度。《説文》:"擬,度也。"幽極:幽深至極之理。後秦姚嵩《重上後秦主姚興表》:"陛下爰發德音,光闡幽極。拓道義之門,演如來之奧。"髣髴:隱約,依稀。漢張衡《西京賦》:"髣髴曾其若夢,未一隅之能睹。"唐李善注:"《説文》曰:彷彿,相似見不諦也。"此四句言將要揣度其幽深至極之理,以論其道,却又依稀存在,而難以證實。按:此境即如陶淵明《飲酒詩》所謂"此中有真意,欲辨已忘言"也。

何以明之?法身之運物也,不物物而兆其端,不圖終而會其成[1]。理玄於萬化之表,數絕乎無形[一]無名者也[2]。若乃語其筌寄,則道無不在[3]。是故如來或晦先迹以崇基,或顯生途而定體[4]。或獨發於莫尋之境,或相待於既有之場[5]。獨發類乎形,相待類乎影[6]。推夫冥寄,爲有待耶?爲無待耶[7]?自我而觀,則有間於無間矣[8]。求之法身,原無二統,形影之分,孰際之哉[9]!而今之聞道者,咸摹聖體於曠代之外,不悟靈應之在兹,徒知圓化之非形,而動止方其迹,豈不誣哉[10]!

【校勘】

〔一〕"無形",卍正藏本《廣弘明集》卷一五、《慧遠研究·遺文篇》皆無此二字。按：依照前後句式以及後句語意，"無形"或爲衍文。

【注釋】

[1] 運物：運化萬物。《莊子·山木》："天地之行也，運物之泄也。"清王先謙集解："皆天地之行，而運動萬物之所發見也。"物物：以物爲物，意謂役使、主宰外物。《莊子·在宥》："有大物者，不可以物；物而不物，故能物物。"唐成玄英疏："不爲物用而用於物者也。"不物物，指順物自然之性。此四句言何以説明之？佛祖法身運化萬物，順乎自然却又形（引導）於開端，不圖結果却又能見其成功。

[2] 萬化：萬物之運化。《莊子·大宗師》："人之形者，萬化而未始有極也。"無形：不見形迹。《老子》第四一章："大音希聲，大象無形。"無名：不可稱名，道家謂天地之始無可名之。《老子》第一章："道可道，非常道，名可名，非常名。無名天地之始，有名萬物之母。"三國魏王弼注："凡有皆始於無，故未形無名之時，則爲萬物之始。"無名無形，佛教指空諸名相。此二句言真諦蘊含於萬物運化之外，法數絶迹於名相之内。

[3] 筌寄：猶筌蹄，比喻爲達到某種目的之手段或工具。《莊子·外物》："筌者所以在魚，得魚而忘筌；蹄者所以在兔，得兔而忘蹄。"荃，通筌。《玉篇》："筌，捕魚筍也。"此如佛教指月之論，乃代指權宜方便。此二句言然而如果論其以名相爲權宜方便，其道則無所不在。

[4] 生途：指生死之道途。定體：指確立真俗之界限。南朝梁蕭統《令旨解二諦義》："真俗二諦，定體立名。尋真諦之理，既妙絶言慮，未審云何有定體之旨。"此二句言因此佛祖如來或隱晦其成佛之迹而崇其大法，或顯現其世俗生死而確立真俗二諦之界限。

[5] 莫尋之境：不可見之境，猶冥冥之境。佛教言色空，則是不可尋之境。按：獨發於莫尋之境，乃取晉郭象《莊子序》"獨化於玄冥之境"説。相待：猶相互依存。《莊子·齊物論》："化聲之相待，若其

不相待。”晉郭象注：“是非之辯爲化聲。夫化聲之相待，俱不足以相正，故若不相待也。”宋林希逸注：“相待者，相對相敵也。”此二句言佛祖或於色空之境中獨顯其佛教真諦，或在名相之場中闡釋其相對之理。是乃承上真俗二諦之界限而言。

　　[6] 此二句言獨顯佛教真諦類似於存在之形，闡釋相對之理類似於虛幻之影。

　　[7] 有待：依賴外部條件。無待：順乎自然之性。《莊子·齊物論》：“吾有待而然者邪？吾所待又有待而然者邪？”晉郭象注：“言天機自爾，坐起無待，無待而獨得者，孰知其故而責其所以哉？若責其所待而尋其所由，則尋責無極，卒至於無待，而獨化之理明矣。”宋林希逸注：“吾有待而然者，言影之動所待者形也。我雖待形，而形又有所待者，是待造物也。我既待形，形又有待，則惡知所以然與不然哉？此即是非待彼之喻也。”慧遠所言之“莫尋之境”爲無待，“既有之場”則爲有待。此三句言推論其玄冥之境中寄托之理，究竟是有待，還是無待呢？意謂“冥寄”是由名相言之，抑或由色空言之？

　　[8] 有間：有差別之存在。《莊子·天地》：“比犧樽於溝中之斷，則美惡有間矣，其於失性一也。跖與曾史行義有間矣，然其失性均也。”意謂一切有差別之存在皆失其自然之性。無間：無差別之存在。《莊子·天地》：“泰初有無，無有無名；一之所起，有一而未形。物得以生，謂之德；未形者有分，且然無間，謂之命。”意謂一切無差別之存在則葆其天然之性。佛教謂正行者，意念無間斷，故稱無間；雜行者，意念有間斷，故稱有間。爲淨土門於正行、雜行相對中，所立的五種得失（親疏對、近遠對、無間有間對、不回向回向對、純雜對）之一。此二句言在我看來，則是以有差別之存在表達無差別之存在矣。意謂“有間”與“無間”，猶如名相與色空、雜行與正行、俗諦與真諦，既有差別，亦是一體。

　　[9] 際之：以之爲際，即區分邊界。《廣韻》：“際，邊也，畔也。”此四句言求之法身，與佛祖之應身，并非兩種存在；“獨發”之真諦，與

“相待”之俗諦,亦無截然界限。

[10] 曠代:猶絕代。晉葛洪《抱朴子・時難》:“高勳之臣,曠代而一。”靈應:靈驗。《後漢書・光武帝紀下》:“地祇靈應而朱草萌生。”方:比擬。《漢書・衛青霍去病傳》:“驃騎亦方此意,爲將如此。”《集韻》:“方,音倣,效也。”圓化:指佛教圓融有無、色空的教化方式。晉孫盛《老聃非大聖論》:“伯陽欲執古之道,以御今之有;逸民欲執今之有,以絕古之風。吾故以爲彼二子者,不達圓化之道,各矜其一方者耳。”按:佛教在佛像上崇奉圓像,在教義上崇奉圓融,在境界上崇奉圓寂。誣:《韻會》:“與事不信曰誣。”此六句言今之求道者,皆描摹聖人法身於絕代之外,不悟其靈驗就在此眼前;只知圓融教化之無形,而動靜僅僅模仿其行爲之現象,這難道不是虛妄的麼!意謂佛祖不止於方外,而在眼前;不止於非形,亦且有像。

遠昔尋先師,奉侍歷載[1]。雖啓蒙慈訓,託志玄籍,每想奇聞以篤其誠[2]。遇西域沙門,輒餐遊方之説,故知有佛影,而傳者尚未曉然[3]。及在此山,值罽賓禪師,南國律學道士,與昔聞既同,並是其人遊歷所經,因其詳問,乃多有先徵〔一〕[4]。然後驗神道無方,觸像而寄,百慮所會,非一時之感[5]。於是悟徹其誠,應深其信〔二〕[6]。將援同契,發其真趣,故與夫隨喜之賢,圖而銘焉[7]。

【校勘】

〔一〕“有先徵”,卍正藏本《廣弘明集》卷一五、《慧遠研究・遺文篇》皆脱“有”。

〔二〕“信”,卍正藏本《廣弘明集》卷一五、《慧遠研究・遺文篇》皆作“位”。形近而誤。

【注釋】

[1] 先師：指其師釋道安。道安，兩晉十六國時期高僧、著名佛學家。俗姓衛，常山扶柳人。十二歲出家，受具足戒後，遊學至鄴城，入中寺，事名僧佛圖澄爲師。佛圖澄死後，道安因避戰亂，顛沛流離於晉豫之間，先居樊、沔十五載，每歲講《放光波若》；後居長安五級寺，大弘法化，僧眾數千。道安在襄陽、長安之際，整理佛教典籍，編纂佛典目錄，確立戒規，且定僧侶以釋爲姓，培養了慧遠、慧持等一批高僧大德。奉侍歷載：慧遠侍奉道安，凡二十四年。據《高僧傳》慧遠本傳載：永和十年（三五四），慧遠年二十一，依道安出家。太元三年（三七八），慧遠年四十五，別安公東下，并於太元六年止於廬山。

[2] 託志：寄托情志。晉夏侯湛《莊周贊》：“望風寄心，託志清流。”此謂寄托虔誠之心。玄籍：指佛教典籍。後秦釋僧肇《注維摩詰經序》：“至韻無言，而玄籍彌布；冥權無謀，而動與事會。”此三句言雖受師啓發蒙昧，慈恩訓誡，且虔心佛典，然常欲聞佛祖奇妙之迹以深厚其虔誠之心。

[3] 餐：猶聽。南齊王儉《褚淵碑》：“餐輿誦於丘里，瞻雅詠於京國。”唐劉良注：“餐，聽也。”遊方：此指僧人因問道或化緣而雲遊四方。南朝梁釋慧皎《高僧傳·竺僧朗傳》：“竺僧朗，京兆人，少而遊方，問道長安。”此四句言此前偶遇西方沙門，就聽其雲遊四方之奇聞，故知有佛影，而中土傳説者尚未完全明瞭此事。

[4] 罽賓禪師：湯用彤《漢魏兩晉南北朝佛教史》、許理和《佛教征服中國》認爲是指佛馱跋陀羅。罽賓，漢西域國名，在北印度，新稱迦濕彌羅，即今克什米爾一帶。此地是西域律學發祥地，并非指跋陀羅之籍貫。佛馱跋陀羅，晉譯覺賢，齊譯佛賢，伽維羅衛人。少以禪律馳名，後至長安，大弘禪業。因法理與羅什有別，遂遭眾僧擯遣，門徒數百，驚懼奔散。應慧遠所請，率侶宵征，南指廬嶽。南國律學道士：當指法顯。南朝宋謝靈運《佛影銘》：“法顯道人至自祇洹，具説佛影，偏爲靈奇。幽巖嵌壁，若有存形。容儀端莊，相好具足。莫知始

終,常自湛然。廬山法師,聞風而悦,於是隨喜幽室,即考空巖,北枕峻嶺,南映滮澗,摹擬遺量,寄託青彩。"法顯,俗姓龔,平陽武陽(今山西臨汾縣境)人。爲求佛法,於公元三九九年西行取經,從長安(今西安)出發,經西域,前後十四年遊歷天竺、獅子國(今斯里蘭卡)、耶婆提國(今印尼爪哇)。然後經南海、東海回國,於四一二年到青州牢山(今青島嶗山)登陸。是中國經陸路到達印度并由海上回國而留下記載的第一人。所著《佛國記》(又名《法顯傳》)是研究南亞各國古代史的重要資料。此七句言及在廬山,適遇西域禪師,南方律學之士,所言與我昔日所聞相同,并且又是此二人遊歷所見,因其人而詳細詢問之,乃於先前多有靈驗。

　　[5] 無方:無與倫比。漢牟融《理惑論》:"況佛身相好,變化神力無方,焉能捨而不學乎?"此四句言然後驗證於無方之神道,每接佛影而寄托虔心,乃百感所交集,非一時之感應也。

　　[6] 誠:真實。《説文》:"誠,信也。"此二句言於是徹悟其真實,深信其感應。

　　[7] 同契:猶同志,同心。晉陸機《贈顧令文爲宜春令》之四:"比志同契,惟予與子。"此指契心向佛者。真趣:本真之意趣。南朝梁江淹《雜體詩·效殷仲文〈興矚〉》:"晨遊任所萃,悠悠蕴真趣。"此指佛教之真諦。隨喜:謂見到他人所做功德而生歡喜之心。南朝梁沈約《懺悔文》:"弱性蒙心,隨喜讚悦。"此指布施者。此四句言率領契心向佛者,欲啓發佛教真諦,故與布施襄成此事之諸賢,銘刻佛像而作銘文。

其　一

　　廓矣大象,理玄無名[1]。體神入化,落影離形[2]。迴暉層巖,凝映虛亭[3]。在陰不昧,處暗愈[一]明[4]。婉步蟬蜕,朝宗百靈^[5]。應不同方,迹絕兩^{〔二〕}冥^[6]。

【校勘】

〔一〕"愈",卍正藏本《廣弘明集》卷一五、《慧遠研究·遺文篇》皆作"逾"。古二字通。

〔二〕"兩",《文鈔》作"而",又校曰:"一作'兩'。"《高僧傳》卷六、卍正藏本《廣弘明集》卷一五,《慧遠研究·遺文篇》皆作"兩"。"而"乃形近而誤,今據改。

【注釋】

[1] 廓矣大象:意謂大象無形。《老子》第三九章:"大象無形,道隱無名。"三國魏王弼注:"道之所成也,在象則爲大象,而大象無形;在音則爲大音,而大音希聲。物以之成而不見其成形,故隱而無名也。"《説文》:"廓,空也。"此二句言大象虛空無形,玄理不可指稱。

[2] 體神:體悟神妙。《周易·繫辭上》:"神而明之存乎其人。"晉韓康伯注:"體神而明之,不假於象,故存乎其人,默而成之。"此二句言體悟神靈,超絕形影而進入圓融化境。

[3] 迴:同回。《説文》:"回,轉也。"《韻會》:"回,或作迴。"此二句言佛影光輝回映,凝照空靈之亭。

[4] 陰:暗處。《説文》:"陰,暗也。"此二句言處於陰暗之處,不瞑昧反而更加光明。

[5] 蟬蜕:如蟬脱外殼。喻指修道成真或羽化仙去。晉左思《吳都賦》:"桂父練形而易色,赤須蟬蜕而附麗。"唐吕延濟注:"赤鬚仙人,食柏葉,齒落復生,如蟬之蜕身。"朝宗:古代諸侯春夏朝見天子。《周禮·春官·大宗伯》:"春見曰朝,夏見曰宗,秋見曰覲,冬見曰遇。"此指叩拜佛祖。百靈:各種神靈。漢班固《東都賦》:"禮神祇,懷百靈。"唐李善注:"《毛詩》曰:懷柔百神。"此二句言步履迴旋而欲仙,百神叩拜其神靈。

〔6〕 無方:沒有常則。亦謂法度無邊。《玉篇》:“方,法術也。”迹絕:喻空闊無相。此二句言感應衆生有無際之權宜方便,却名相空無玄冥。

其 二

茫茫荒宇,靡勸靡獎[1]。淡[一]虛寫容,拂空傳像[2]。相具體微,冲[二]姿自朗[3]。白毫吐曜,昏夜中爽[4]。感徹乃應,扣誠發響[5]。留音停岫,津悟冥賞[6]。撫之有會,功弗由曩[7]。

【校勘】

〔一〕“淡”,《文鈔》作“談”。并校曰:“《僧傳》作‘淡’。”《蓮社高賢傳》有“淡采圖寫”語,卍正藏本《廣弘明集》卷一五亦作“淡”。作“談”乃形近而誤,今據改。

〔二〕“冲”,卍正藏本《廣弘明集》卷一五、《慧遠研究·遺文篇》皆作“中”。

【注釋】

〔1〕 靡勸靡獎:猶言沒有勸勉獎勵。《説文》:“勸,勉也。”《廣韻》:“獎,勸也。”此二句言茫茫宇宙洪荒,天地沒有私德。此意是説天無私覆,地無私載。佛祖慈航普渡,平等衆生。

〔2〕 淡虛:清淡空靈。唐元稹《春月》:“纖粉澹虛壁,輕煙籠半牀。”拂:猶掠過。《集韻》:“拂,泊風動貌。”此二句言壁上淡摹虛寫之佛影,其像遠傳掠過天空。

〔3〕 相:此指佛像,佛祖如來有三十二相。冲:玄遠。《韻會》:“冲,深也。”此二句言佛像莊嚴而佛影細微,其玄遠之姿則自然光明。

　　〔4〕白毫：如來三十二相之一。世尊眉間有白色之毫相，右旋宛轉，如日正中，放之則有光明，初生時長五尺，成道時有一丈五尺，名白毫相。《佛藏經下・了戒品九》：“如來滅後，白毫相中百千億分，其中一分供養舍利及諸弟子……設使一切世間人皆共出家，隨順法行，於百毫相百千億分，不盡其一。”中爽：和諧光明。《説文》：“中，和也。”《韻會》：“爽，明也。”此二句言眉間白毫放射光芒，黑夜散發和諧光明。

　　〔5〕感徹：通於神靈。《後漢書・鄧皇后紀》：“誠在濟度百姓，以安劉氏，自謂感徹天地，當蒙福祚。”《説文》：“徹，通也。”扣誠：内叩誠心。《楚辭・九嘆》：“行叩誠而不阿兮，遂見排而逢讒。”漢王逸注：“叩，擊也。”《韻會》：“扣，通作叩。”此二句言通于神靈而感應于心，内叩誠心而播之佛音。

　　〔6〕岫：猶山谷。《説文》：“岫，山穴也。”賞：謂受其教化。《説文》：“賞，賜有功也。”此二句言佛音在山谷中迴蕩，悟其要津而有冥冥之功德。

　　〔7〕撫：安心。《説文》：“撫，安也。”弗由曩：不由過去，意即在於眼前也。《説文》：“曩，曏也。”南唐徐鍇《繫傳》：“曩，猶攘也，相故舊也。”此二句言静心向佛必有會通（領悟），修持功德即在眼前。

其　三

　　旋踵忘敬，罔慮罔識〔1〕。三光掩暉，萬象一色〔2〕。庭宇幽藹，歸途莫測〔3〕。悟之以静〔一〕，震〔二〕之以力〔4〕。慧風雖遐，維塵攸〔三〕息〔5〕。匪伊〔四〕玄覽，孰扇其極〔6〕！

【校勘】

　〔一〕“静”，《文鈔》校曰：“《僧傳》作‘靖’。”古二字同。

〔二〕"震",《文鈔》校曰:"《僧傳》作'開'。"卍正藏本《廣弘明集》卷一五、《慧遠研究·遺文篇》皆作"挹"。

〔三〕"攸",《文鈔》校曰:"《僧傳》作'假'。"

〔四〕"伊",《文鈔》校曰:"《僧傳》作'聖'。"

【注釋】

[1] 旋踵:旋轉足跟,形容時間短暫。南朝梁江淹《慰勞雍州詔》:"秣馬星驅,全羽十萬,殄兹氛鯨,曾不旋踵。"《廣韻》:"踵,足後也。"罔:《廣韻》:"無也。"此二句言刹那之間遺忘恭敬,也沒有思維認知。是乃描述觀想念佛時進入入定解脫的心理狀態。

[2] 三光:日月星。《尚書·堯典》唐孔穎達疏:"日月與星,天之三光。"掩:遮蔽。《增韻》:"掩,遮也。"此二句言日月星辰掩蔽其光輝,森羅萬象化爲一色。謂日影西下,萬象一空。

[3] 幽藹:幽靜。晉張協《七命》:"其居也,崢嶸幽藹,蕭瑟虛玄。"唐吕向注:"崢嶸幽藹,并深貌。蕭瑟虛玄,寂靜貌。"《廣韻》:"藹,晻藹,樹繁茂貌。"莫測:不可測度。《廣韻》:"測,度也。"此二句言庭院屋宇幽深寂靜,漫漫歸途不知何處。謂幽暗静寂也。

[4] 静:寧靜。禪靜則智生,智照則覺悟。震:震懾。《維摩經·佛國品》以獅子吼比喻佛菩薩説法時震懾一切外道邪説的神威。此二句言因寧靜而覺悟,因佛力而畏懼。謂懾於佛力而覺悟。

[5] 慧風:比喻佛陀之風。後秦僧叡《毗摩羅詰提經義疏序》:"自慧風東扇,法言流詠已來,雖曰講肆,格義迁而乖本,六家偏而不即性。"維塵:維塵冥冥之略。《詩·小雅·無將大車》:"無將大車,維塵冥冥。"漢鄭玄箋:"冥冥者,蔽人目明,令無所見也。"維塵,猶塵。維,語助詞。塵在佛教中又指不净而污濁真性之事物,如色塵、聲塵、香塵、味塵、觸塵、法塵之六塵。攸息:所息。《玉篇》:"攸,所也。"此二句言佛陀之風雖然幽遠,但因佛影照臨而凡塵止息。

[6] 玄覽:寂照萬物之道。《老子》第十章:"滌除玄覽,能無疵

乎?"漢河上公章句:"當洗其心使潔静也。心居玄冥之處,覽知萬事,故謂之玄覽也。"此二句言若非爾之玄覽,誰能傳播其至極之境。

其 四

希音遠流,乃眷東顧[1]。欣風慕道,仰規玄度[2]。妙盡毫端,運微輕素[3]。託采虚凝〔一〕,殆映霄〔二〕霧[4]。迹以像真〔三〕,理深其趣[5]。奇興開襟,祥風引路[6]。清氣迴軒,昏交未曙[7]。髣髴神容,依俙欽遇〔四〕[8]。

【校勘】

〔一〕"采",《慧遠大師集》作"彩"。古二字通。又"凝",《文鈔》校曰:"《僧傳》作'淡'。"

〔二〕"霄",《慧遠大師集》作"宵"。形近而誤。

〔三〕"真",卍正藏本《廣弘明集》卷一五、《慧遠研究·遺文篇》作"告"。形近而誤。

〔四〕"清氣迴軒,昏交未曙。髣髴神容,依俙欽遇",《文鈔》作:"清氣迴於軒宇,昏明交而未曙。髣髴鏡神儀,依俙若真遇。"卍正藏本《廣弘明集》卷一五、《釋文紀》卷八、《古今禪藻集》卷一、《慧遠研究·遺文篇》皆同此。然《文鈔》校曰:"末四句,《僧傳》作'清氣迴軒,昏交未曙。髣髴神容,依俙欽遇。'"按照文獻生成,《高僧傳》先出;按照銘文格式,前後皆爲四言,故據《高僧傳》改。又"俙",《慧遠大師集》作"稀"。古二字同。

【注釋】

[1] 希音:猶大音。《老子》第四一章:"大音希聲,大象無形,道隱無名。"漢河上公章句:"大音,猶雷霆,待時而動。"此指佛音,代佛

影也。乃眷東顧:仍然關注東土。《詩·大雅·皇矣》:"乃眷西顧,此維與宅。"毛傳:"顧,顧西土也。"漢鄭玄箋:"乃眷然運視西顧,見文王之德而與之居。"《説文》:"眷,顧也。"又:"顧,還視也。"此二句言佛影傳播遠方,乃眷顧東土。

[2] 玄度:玄妙法理。三國魏曹植《釋愁文》:"願納至言,仰崇玄度,衆愁忽然,不辭離去。"趙幼文注:"玄度,妙法之意。"此指佛法。此二句言欣得佛教之風,追慕佛祖之道,瞻仰玄妙之法,規矩人生之迹。

[3] 輕素:輕柔之素練。南朝梁沈約《宿東園詩》:"夕陰帶層阜,長烟引輕素。"指繪畫用作底色的絹帛。此二句言微妙盡於筆端,細微運於底色。

[4] 采:彩。《尚書·益稷》:"以五采彰施于五色,作服汝明。"虛凝:形容佛之神態玄虛凝一。《子華子·孔子贈》:"惟道無定形,虛凝爲一氣。"殆:近於。《韻會》:"殆,近也。"此二句言托於色彩描摹玄虛凝一,其像輝映雲霄霧氣。

[5] 迹以像真,理深其趣:以外形擬像法身,蘊含之理深乎其趣。迹,行迹,指形象。《説文》:"迹,步處也。"《廣韻》:"跡,同迹。"像,擬像。《韻會》:"像,模擬也。"

[6] 興:托喻之意。《增韻》:"興,況意思也。"此二句言奇妙之意使人心襟開闊,瑞祥之風引人虔心佛塗。

[7] 軒:猶軒宇,房屋。《集韻》:"軒,簷宇之末曰軒,取車像。"《説文》:"宇,屋簷也。"昏交:昏明之交。《説文》:"昏,日冥也。"南唐徐鍇《繫傳》:"會意。《周禮·司寤氏》注疏云:日入三刻爲昏,不盡三刻爲明。"此二句言清明之氣迴旋於屋宇之間,如晨夜相交却黎明未至。

[8] 髣髴:隱約。漢張衡《西京賦》:"髣髴曽其若夢,未一隅之能睹。"唐李善注:"《説文》曰:彷彿,相似見不諦也。"神容:神情儀態。南朝宋鮑照《舞鶴賦》:"忽星離而雲罷,整神容而自持。"依俙:今作依

稀。《韻會》:“依俙,猶言髣髴也。”此二句言隱約照其神態儀表,似乎真得敬遇佛祖。

其　五

銘之圖之,曷營曷求[1]? 神之聽之,鑑[一]爾所修[2]。庶茲塵軌,映彼玄流[3]。漱情[二]靈沼,飲和至柔[4]。照虛應簡,智落乃周[5]。深懷冥託,霄[三]想神遊[6]。畢命一對,長謝百憂[7]!

【校勘】

〔一〕“鑑”,《慧遠大師集》《慧遠研究·遺文篇》俱作“鑒”。古二字同。

〔二〕“情”,《文鈔》校曰:“《僧傳》作‘清’。”今本《高僧傳》作“情”。

〔三〕“霄”,《文鈔》校曰:“《僧傳》作‘宵’。”《高僧傳》卷六、《慧遠大師集》、《慧遠研究·遺文篇》皆作“宵”。形近而誤。

【注釋】

[1] 曷:疑問代詞。《説文》:“曷,何也。”營:營造。《廣韻》:“營,造也。”此二句言銘刻描摹佛影,何造何求? 意謂造此佛影有何目的。

[2] 神之聽之:謂神明監視之。《詩·小雅·小明》:“神之聽之,式穀以女。”漢鄭玄箋:“穀,善也。神明若祐,而聽之其用善人。”神,此指佛祖。鑑:鏡,明鑒。《增韻》:“鑑,照也。”此二句言佛祖聽之,監視爾之所修功德。

[3] 塵軌:塵世軌轍,即塵俗之規矩。軌,《説文》:“車轍也。”引申規矩、法度。此二句言希冀佛影之玄流,映照塵俗之規矩。謂庶幾

以玄流蕩滌塵軌也。

[4] 靈沼：池沼名。《詩·大雅·靈臺》："王在靈沼，於牣魚躍。"此喻佛法。飲和：謂使人感覺到自在，享受和樂。《莊子·則陽》："故或不言而飲人以和。"晉郭象注："人各自得，斯飲和矣，豈待言哉？"至柔：原指如水柔弱之性。《老子》第四三章："天下之至柔，馳騁天下之至堅。"漢河上公章句："至柔者水，至堅金石，水能貫堅入剛，無所不通。"引申指忍辱受垢的平等之性。晉釋道安《十二門經序》："故訓之以等，丹心讎親，至柔其志，受垢含苦，治之未亂，淳德邃厚，兒不措角，況人害乎！"此二句言於佛法之沼中洗滌塵俗情懷，在享受和樂中復歸至柔之性。

[5] 智落乃周：意同《念佛三昧經序》之"智落宇宙"，謂智照周遍天下。《莊子·天道篇》："古之王天下者，知雖落天下，不自慮也。"宋林希逸注："落天地，言籠絡也。絡與落同。"此二句言空靈寂照，應於一如，智籠天下，周遍一切。

[6] 此二句言虔心向佛，托身冥境，思入靈霄，神遊佛土。

[7] 畢命：終其一生。《雲笈七籤》卷八六："仲產知道，遁化神仙，七十不娶，畢命幽山。"長謝：長辭，永遠離開。南朝梁江淹《與交友論隱書》："請從此隱，長謝故人。"百憂：種種憂慮。《詩·王風·兔爰》："我生之後，逢此百憂。"此二句言終生一對佛影，則永辭世俗之憂。

晉義熙八年[一]，歲在壬子，五月一日，共立此臺，擬像本山，因即以寄誠[1]。雖成由人匠，而功無所加[2]。至於歲次星紀赤奮若，貞於太陰之墟，九月三日，乃詳檢[二]別記，銘之於石[三][3]。爰自經始，人百其誠，道俗欣之，感遺迹以悅心[4]。於是情以本應，事忘其勞[5]。於時揮翰之賓，僉焉同詠[6]。咸思存[四]遠猷，託相異聞，庶來賢之重軌，故備時人於影集[7]。大通之會，誠非理[五]所期[8]。至於佇襟遲慨，固已超夫神境矣[9]！

【校勘】

〔一〕“八年”，陳舜俞《廬山記》作“十八年”，誤。

〔二〕“檢”，陳舜俞《廬山記》作“驗”。

〔三〕以上文字與陳舜俞《廬山記·叙山北篇》所載異文甚多：“遠公《匡山集》云：佛影在西方那伽阿羅國南，古仙人石室中。以晉義熙十八年，歲在壬子，五月一日，因罽賓禪師、南國律學道士共立此臺，擬像本山，因迹以寄誠。雖成由人匠，而功無所加。至於歲在星紀赤奮若，貞于太陰之墟，九月三日，乃詳驗别記，銘之于石。”録以備考。

〔四〕“存”，《慧遠研究·遺文篇》作“好”。形近而誤。

〔五〕“非理”，《文鈔》校曰：“《廣弘明集》卷一五作‘悲現’。”《慧遠研究·遺文篇》作“悲現”。形近而誤。

【注釋】

[1] 壬子：中國古代以干支紀年，一個輪迴是六十年，其第四十九年稱壬子。義熙八年爲壬子年。本山：佛教對各宗派傳法中心寺院之通稱。也叫本寺，下屬各寺稱爲末寺。因即以寄誠：因就佛影而寄托虔誠之心。《説文》：“即，即食也。”南唐徐鍇《繫傳》：“即，就也。”

[2] 此二句言雖然由工匠銘刻佛影，而其功德則無量矣。

[3] 星紀：星次名。古代爲了説明星辰運行和節氣變换，將黄赤道帶（赤道經度）一周天，按照由西向東方向劃分爲十二等分，以冬至爲開頭，此即十二星次。其名稱是：星紀、玄枵、娵訾、降婁、大梁、實沈、鶉首、鶉火、鶉尾、壽星、大火、析木。星紀居十二星次之首。與十二辰之丑時相對應，與二十八宿中之斗、牛二宿相對應。赤奮若：即古代星歲紀年法所用名稱。太歲在丑、歲星在寅之年，稱之爲赤奮若。《史記·天官書》：“赤奮若歲，歲陰在丑（當斗、牛二宿之位），星居寅（當尾、箕二宿之位）。”太陰：北方。《淮南子·道應訓》：“盧敖遊

乎北海,經乎太陰,入乎玄闕,至於蒙谷之上。"漢高誘注:"太陰,北方
也。"墟:指山嶺。《說文》:"墟,大丘也。"此四句言直至太歲在星紀赤
奮若之年,占卜確定選擇北方之山,九月三日,又詳細檢閱其他關於
佛影記載之後,方銘於石上。

[4]爰:介詞,從,在。《爾雅·釋詁》:"爰,於也。"經始:規劃開
始。《詩·大雅·靈臺》:"經始靈臺,經之營之。"唐孔穎達疏:"經,度
也。"人百其誠:眾人皆懷誠心。《宋書·謝晦傳》:"輒糾勒義徒,繕治
舟甲,舳艫互川,駟介蔽野,武夫鷙勇,人百其誠。"百,形容所有也。
此四句言從規劃銘刻開始,眾人皆內懷虔誠;至其竣工,僧侶俗士盡
皆欣然,無不叩佛影而感動歡喜。

[5]此二句言因此情因佛影而感生,勤於事而忘其辛苦。

[6]僉:《說文》:"皆也。"此二句言於此時諸位揮毫之賓客,盡同
歌詠佛影。

[7]遠猷:長遠之謀劃。《尚書·康誥》:"顧乃德,遠乃猷。"漢孔
安國傳:"遠汝謀,思爲長久。"此四句言皆思量存其長遠之謀劃,於異
聞佛影之中寄托佛祖莊嚴,希望未來之賢士尊崇其準則,故備存當時
賢人集於佛影前之歌詠。

[8]大通:猶大道。《莊子·大宗師》:"顏回曰:墮肢體,黜聰明,
離形去知,同於大通,此謂坐忘。"唐成玄英疏:"大通,猶大道也。"此
二句言會通大道,誠然又非《佛影銘》說理之所期。

[9]遐慨:遙遠之感慨。晉孫綽《賀司空讚》:"哲人遐慨,垂漠澄
神。"此指追思遠古佛祖之感慨。神境:神境智證通之略,五通、六通、
十通之一。神境通者,謂依止靜慮,於種種神變威德具足中若定若
慧,及彼相應諸心心法。種種神變威德具足者,謂變一爲多等、種種
神變、自在具足。晉丘道護《道士支曇諦誄序》:"故能振靈風於神境,
演妙化於季葉。"此處或指歌詠之神思之境,疑不能明,故備存之,以
俟博考。此二句言至於胸中之遙思感慨,固已超越於佛影所蘊含的
神思之境矣。

【義疏】

前序闡述銘石佛影之因緣。然序文却從世俗經驗之鄙陋論起。執著近習者,不明曠世之聞,凡塵之思制約了玄想;安於常識者,不生事外之想,世俗之網遮蔽了神思。因而終身不遇希世所聞,永墜於世俗迷執之中。唯因如此,自己百感交集,發憤向佛,静夜沉思而深契佛理:佛祖乃惠賜彌天恩澤,慈航平等衆生,并以法身之妙應,權宜方便;以不測之方,行不言之教,只是希望衆生有所感應,自得於冥冥之境。因而佛如日月經天,光影輝映,使品類萬物熙熙繁盛,有情衆生同乎自然。但是,萬物衆生皆欣然接受日月之光輝,却不知日月應時而變所蘊含之真諦。於是論物之妙,亦淺嘗輒止。故欲論其幽深至極之道,則迷離惝恍,道之雖存,却難以論之。此節説明希世之聞難以明達,曠世之道難以確論,因此佛影所蘊含的"九澤之惠""無緣之慈",亦難以爲衆生所"自得",故下文從佛理上細緻闡釋其緣由。

法身運化萬物,順乎物性却引導其始,不慮結果却得其成功——自然無爲而無所不爲。從法理上説,法身超絶萬化而蘊含至理,超絶名相而包孕法數,但是佛教方便法門中的筌蹄之語、指月之論,亦無不是道存其中。所以佛祖如來或隱晦其先前覺悟之迹而弘揚大法,或顯現其世俗生死流轉而確立真俗二諦;或是獨得真如之理於玄冥之境,或顯現虛幻之影於色相之場。推究其蘊涵之理,既是有待(名相),亦爲無待(色空)。從自身而言,是由執著彼此差別(有間)而進入一如之境(無間);從法身而言,有待無待本爲一體,佛理之真、相待之幻亦無截然界限——此即色空一如之真諦。然而當今的求道者,皆於方外世界求其佛身,不悟其靈驗就在眼前;只知佛祖圓化無形,唯在行爲上規仿其方便之迹,簡直是大謬! 此節意在説明佛影是"莫尋之境"(無)與"既有之場"(有)、"形"(真實)與"影"(虛幻)、"圓化"(無形)與"其迹"(有形)的統一,唯有"有間於無間",纔能在叩拜佛影中了悟真諦。

最後叙説銘刻佛影之緣由。早年在拜師學佛過程中,即對天竺

"奇聞"充滿嚮往,每遇西域沙門,聞其遊方之説,得知佛影之靈驗,可惜不得其詳。直至棲身廬山之後,恰逢闍賓禪師、南國律士適廬,述其遊歷,皆親見佛影,且所言與我昔日所聞相同,於是詳盡問之,乃多能證實吾先前所聞。且又謂神道無方,每有靈驗,叩拜佛影,虔誠向佛,乃可由百慮而交集於一點,并非獲得一時之感應。即便由一時之感應而升華,亦可洗滌塵心,深契佛理。吾之由此而徹悟佛影靈驗之真實,於是率領契心向佛者,欲啓發佛教真諦,故與襄成此事之諸賢,刻佛像而作銘文五首。

第一首描述所繪佛影亦真亦幻的神秘儀態,雖有名相却入於空幻的境界。前四句説理,佛影之像空闊,玄理含蘊於名相之外,真正體悟神妙化境,須擯落形影。意在説明:即便神妙佛影,亦爲應身而已,超絶形影,方悟真諦。然而"無待""有待"并無判然界限,故佛影雖爲相,却又爲入道之方。故接下四句描述佛影在明與暗光綫轉換中的奇妙變化,烘托其真與幻相生的神秘氣氛。後四句寫佛影迴旋之仙姿,令萬神盡敬,且感應衆生權宜方便,觀其佛影而悟空無玄冥。

第二首描述佛影不可思議的莊嚴之相,慈航衆生的偉大功德。前二句闡述洪荒宇宙,没有私德,意即佛祖慈航普度,平等衆生。接下六句描摹佛影莊嚴之像:雖摹寫之容清空,却像映雲霄;佛祖之像微細,却玄冲清朗;眉間白毫閃爍光芒,照亮漫漫長夜。最後六句謂衆生通於神靈而心生感應,内稟虔誠之心而發乎法音;佛音迴蕩於山谷,方可領悟要津,建立冥冥之功。若心静志篤,契心佛理,功德即在眼前。

第三首描述惑於迷途者,拜佛影而入定,從而止息塵心的修持過程。首二句謂叩拜佛影,心靈寂静解脱,渾然忘我,無思無識,完全進入解脱的境界。接下四句描述三光掩其光輝,萬象一如,庭院屋宇一片幽静,茫茫歸途,不知所之。然而,恰在此時,藉佛力而心動,因寂静而覺悟,從而抽身迷途,獲得解脱。由此,佛陀之風雖然悠遠,叩拜佛影亦可止息塵心。若非爾輩叩拜佛影而玄覽萬物,誰能傳播佛音而使爾輩覺悟至極之道！

　　第四首重點描述佛影銘刻之微妙傳神以及給人豐富之聯想。佛祖眷顧，佛影流播東土，使吾衆生欣然向風，追慕佛道，瞻仰佛法，以爲規矩。其銘刻之佛影，微妙盡於筆端，纖細運於底色，托色彩描摹而至虛凝一之神態，其影像與雲霧互相輝映。其形也，若其法身；其理也，得其神趣。奇妙之意蕩滌胸襟，祥瑞之風引人向佛。清明之氣回映屋宇，猶如黑夜將盡，黎明即至。佛影隱約圓照佛祖神態，仿佛見法身於目前。

　　第五首闡述銘刻佛影之意義。銘刻佛影，目的何在？以佛祖之神聽，鑒照吾輩所修功德，庶幾可在佛流之中，照徹塵世陋俗；可在佛沼之中，洗滌塵世情懷，使之心境和諧，復歸至柔的平等之性，從而達到智慧籠罩天下，周遍一切；寂照虛空，境應一如。故叩拜佛影，可生虔誠之心，可消解煩惱，托身冥境，思入靈霄，而神遊佛土矣。

　　在銘文之後，作者另作“後序”。後序詳盡交代了銘刻佛影之時間、功德；追述銘刻之前的時間選擇、占卜地址、校檢文獻，說明其審慎和虔誠；銘刻過程中道俗之歡喜、“事忘其勞”，描述其辛勞至誠；銘刻完成後文學之士歌詠頌贊，特別指出編輯詩集的意義；最後以謙遜的口吻——雖不能期望歌詠會通大道，但是所寄托的“佇襟遲慨”的佛理意蘊則超越神境，簡約評價其歌詠意義。

【附録】

佛影銘并序

［南朝宋］謝靈運

　　夫大慈弘物，因感而接，接物之緣，端緒不一，難以形檢，易以理測，故已備載經傳，具著記論矣。雖舟壑緬謝，像法猶在，感運欽風，日月彌深。法顯道人至自祇洹，具說佛影,偏爲靈奇,幽巖嵌壁,若有存形,容儀端莊,相好具足,莫知始終,常自湛然。廬山法師聞風而悅,於是隨喜幽室,即考空巖,北枕峻嶺,南映澎澗,摹擬遺量,寄託青彩。豈唯像形也篤,故亦傳心者極矣。道秉道人遠宣意旨,命余製銘,以充刊刻。石銘所始,寔由功被。未有道宗崇大,若此之比,豈淺思膚學所能宣述?事經徂謝,永眘罔已,輒罄竭劣薄,以諧心許。徽猷秘奧,萬不寫一。庶推誠心,頗感群物。飛鴉有革音之期,闡提獲自拔之路,當相尋于淨土,解顏於道場。聖不我欺,致果必報。援筆興言,情百其慨!

　　群生因染,六趣牽纏,七識迭用,九居屢遷。劇哉五陰,倦矣四緣,遍使輪轉,苦根迭遭。迭遭未已,輪轉在己,四緣雲薄,五陰火起。亹亹正覺,是極是理,動不傷寂,行不乖止。曉爾長夢,貞爾沉誠,以我神明,成爾靈智。我無自我,實承其義;爾無自爾,必袪其僞。僞既殊途,義故多端,因聲成韻,即色開顏。望影知易,尋響非難,形聲之外,復有可觀。觀遠表相,就近曖景,匪質匪空,莫測莫領。倚巖輝林,傍潭鑒井,借空傳翠,激光發冏。金好冥漠,白毫幽曖,日月居諸,胡寧斯慨! 曾是望僧,擁誠俟對,承風遺則,曠若有概。敬圖遺蹤,疏鑿峻峰,周流步欄,窈窕房櫳。激波映墀,引月入窗,雲往拂山,風來過松。地勢既美,像形亦篤,彩淡浮色,群視沉覺。若滅若無,在摹在學,由其潔精,能感靈獨。誠之云乎,惠亦孔續,嗟爾懷道,慎勿中惕。弱喪之推,闡提之役,反路今睹,發蒙茲覲。式厲厥心,時逝流易,敢銘靈宇,敬告振錫!《廣弘明集》卷一五)

襄陽丈六金像頌并序[一][1]

【題解】

東晉武帝寧康元年(三七三),道安爲避石氏亂,率弟子慧遠等四百餘人至襄陽。後來,因其僧衆甚多,原來白馬寺已顯狹小,於是更造檀溪寺。寺成,"凉州刺史楊弘忠送銅萬斤,擬爲承露盤,安曰:'露盤已訖汝公營造,欲回此銅鑄像,事可然乎?'忠欣而敬諾。於是衆共抽捨,助成佛像,光相丈六,神好明著,每夕放光,徹照堂殿"。釋道宣《釋迦方志》曰:"寧康三年二月八日……道安於襄陽郊西鑄丈六無量壽佛像。明年冬季,嚴飾成就。"而《法苑珠林》卷一三《敬佛篇觀佛部》謂道安鑄造佛像始於寧康三年四月八日,翌年十月完成。慧遠此文作於寧康四年(三七六)之後。華梵佛學研究所編《慧遠大師文集》作寧康三年,誤。

昔衆祐降靈,出自天竺[2]。託化王[二]宮,興於上國[3]。顯迹重冥,開闢神路[4]。明暉宇宙,光宅大千[5]。萬流澄源,圓映無主[6]。覺道[三]虛凝,湛焉遺照[7]。於是乘變化以動物,而衆邪革心[8];跬[四]神步以感時,而群疑同釋[9]。法輪玄運,三乘並轍[10]。道世交興,天人攸夢[四][11]。净音既暢[五],逸響遠流,密風遐扇[12]。

【校勘】

〔一〕《文鈔》校曰:"《廣弘明集》卷一六。"按:卍正藏本《廣弘明集》卷一六作"晉襄陽丈六金像讚序",又另起一行曰:"因釋和上立丈六像作。"此或爲副標題。

〔二〕"王",《慧遠研究·遺文篇》作"生"。形近而誤。

〔三〕"道",卍正藏本《廣弘明集》卷一六、《慧遠大師集》、《慧遠研究・遺文篇》皆作"已"。

〔四〕"跬",卍正藏本《廣弘明集》卷一六、《慧遠研究・遺文篇》皆作"躇"。

〔四〕"天人攸夢",《文鈔》校曰:"疑誤。"然校卍正藏本《廣弘明集》卷一六、《釋文紀》卷八、《古今禪藻集》卷一皆無異文。

〔五〕"凈音既暢",《文鈔》校曰:"疑有脫文。"從句式看,或在"逸響遠流"後有脫文,然校卍正藏本《廣弘明集》卷一六、《釋文紀》卷八、《古今禪藻集》卷一皆同《文鈔》,無從校補。

【注釋】

[1] 丈六金像:即佛像。《後漢書・西域傳》:"明帝夢見金人,長大,頂有光明,以問群臣。或曰:西方有神,名曰佛。其形長丈六尺而黃金色。帝於是遣使天竺,問佛道法,遂於中國圖畫形像焉。"丈六像,又作丈六佛、等身像,即與佛身等高之雕像或畫像。據諸經所載,佛世之時,凡人之身長約八尺,佛陀倍之,故爲丈六。又佛像多作黃金色,故通常之丈六佛身像多稱爲丈六金身。《法苑珠林》卷一三《敬佛篇觀佛部》作"丈八",誤。

[2] 衆祐:佛陀之尊稱,爲如來十號之一。音譯爲婆伽婆、婆伽梵。舊譯衆祐,西晉以後,新譯爲世尊。即衆德助成、衆福助成、具足衆德,而爲普世所共同尊重恭敬者之義。唐玄應《一切經音義》一曰:"衆祐,祐,助也,謂衆德相助成也。舊經多言衆祐者,福祐也。今多言世尊者,爲世所尊也。此蓋從義立名耳。"《僧史略》上曰:"漢末魏初傳譯漸盛,或翻佛爲衆祐。"降靈:降臨於世而爲神靈。

[3] 託化王宫:意謂生於王宫。釋迦牟尼佛是開創佛教之教主,本是古印度迦毗羅衛國太子,父名凈飯,母名摩耶,爲了追求真理,而出家修道成佛。託,釋道謂化形托生。南朝梁釋僧祐《釋迦譜》卷一:"玄符冥契,託化釋種,名兆於未形之前,迹乎於既生之後。"興:《説

文》:"起也。"引申爲成長。上國:諸侯稱帝都爲上國,乃尊稱。三國魏曹植《與楊德祖書》:"吾雖德薄,位爲蕃侯,猶庶幾戮力上國,流惠下民。"此指迦毗羅衛國。

[4] 重冥:無知之異名。無知有二:一染污無知,二不染污無知。《俱舍論》卷一:"以諸無知能覆實義及障真見,故爲冥。"此二句言雖顯行迹於愚昧塵俗,却開闢其成佛之路。

[5] 明暉:光輝。漢禰衡《鸚鵡賦》:"體金精之妙質兮,合火德之明煇。"《集韻》:"煇,亦作暉。"此作動詞。光宅:喻德著天下。《尚書·堯典序》:"昔在帝堯,聰明文思,光宅天下。"唐孔穎達疏:"故此德充滿,居正於天下,而遠著德成。"大千:即大千世界。佛教所言之世界,猶如漢語之宇宙,是一個時空概念。《淮南子·齊俗訓》:"往古來今謂之宙,四方上下謂之宇。"《楞嚴經》卷四:"世爲遷流,界爲方位。"後來成爲偏義復詞,僅含空間之意。佛教以須彌山爲中心,周圍環繞之四大洲及七山八海,稱爲一小世界或須彌世界。積一千小世界,爲小千世界;積一千小千世界,爲中千世界;積一千中千世界,爲大千世界。以三積千,故名三千大千世界。此二句言其光輝普照天下,其德澤彰顯世界。

[6] 萬流:代指佛教産生之前婆羅門等各種教派。圓映:猶圓照,即依圓覺自性之智還照寂滅清净之心體。《圓覺經·文殊師利菩薩》曰:"一切如來本起因地,皆依圓照清净覺相,永斷無明,方成佛道。"又曰:"如來因地修圓覺者,知是空花,即無輪轉,亦無身心受彼生死。"此二句言澄清種種學派之本原,圓照寂滅清净之心體。

[7] 覺道:指大覺之道。《維摩經·佛國品》曰:"始在佛樹力降魔,得甘露滅覺道成。"僧肇注曰:"大覺之道,寂滅無相,至味和神如甘露。"虛凝:玄虛凝一,即無念無欲之空靈境界。《魏書·尉元傳》:"夫大道凝虛,至德冲挹,故後王法玄猷以御世,聖人崇謙光而降(隆)美。"遺照:謂遺其外物,寂照周遍。《周易·繫辭上》:"陰陽不測之謂神。"晉韓康伯注:"夫唯知天之所爲者,窮理體化,坐忘遺照。至虛而

善應,則以道爲稱;不思而玄覽,則以神爲名。"此二句言覺悟大道,寂滅無相;遺其外物,寂照澄澈。

[8] 動物:謂感化萬物。南朝梁釋慧皎《高僧傳·唱導論》:"故以懇切感人,傾誠動物,此其上也。"此二句言於是運用變化之方便法門,以感化萬物,革除衆生邪念。

[9] 跬:猶舉步。《説文》:"跬,半步也。"南唐徐鍇《繫傳》:"一舉足也。"《韻會》:"司馬法:一舉足曰跬,跬三尺;兩舉足曰步,步六尺。"神步:神靈步履。唐柳泌《玉清行》:"照徹聖姿嚴,飄飄神步徐。"此二句言高邁神步而感化衆生,一切疑問皆涣然冰釋。

[10] 法輪:佛之説法,能摧破衆生之惡,猶如輪王之輪寶,能輾摧山嶽巖石,故謂之法輪。又曰佛之説法,不停滯於一人一處,輾轉傳人,如車輪然,故譬之法輪。三乘:指聲聞乘、緣覺乘和菩薩乘。此二句言運動玄妙之法輪,佛法三乘并爲一軌。謂融貫大小乘。

[11] 道世交興:意謂釋迦牟尼傳法之時,佛法與塵世俱興。這是佛法中的圓滿境界。天人:天與人,天界與人間。《長阿含經》卷二《遊行經》:"如來可止一劫有餘,爲世除冥,多所饒益,天人獲安。"攸夢:喻歸仰。《無量壽經》上曰:"天人歸仰。"《韻會》:"攸,所也。"此二句言佛法與塵世俱興而圓滿,天界與人間皆仰而歸之。

[12] 净音:猶法音,解説佛法之聲音。《法華經·譬喻品》:"我聞是法音,得所未曾有。"净,佛教語,如净土、净瓶、净食等。逸響:超邁之回音。《古詩十九首·今日良宴會》:"彈箏奮逸響,新聲妙入神。"密:静寂。《周易·繫辭上》:"聖人以此洗心,退藏於密,吉凶與民同患,神以知來,知以藏往。"晉韓康伯注:"言其道深微,萬物日用而不能知其原,故曰退藏於密,猶藏諸用也。"宋王安石《漣水軍淳化院經藏記》:"蓋有見於無思無爲,退藏於密,寂然不動者,中國之老莊,西域之佛法也。"密風,猶佛法。遐扇:傳向遠方。《爾雅·釋詁》:"遐,遠也。"此三句言法音流暢,佛法遠播,佛教之風扇動於天下矣。

　　遠生善教末年，垂千祀，徒欣大化，而運乖其會，弗獲叩津妙門，發明淵極[1]。魍魎[一]神影，餐服至言[2]。雖欣味餘塵，道風遂邁[3]。擬足逸步，玄迹已邈[4]。每希想光晷，髣髴容儀，寤寐興懷，若形心目[5]。冥應有期，幽情莫發，慨焉自悼，悲憤靡寄[6]！乃遠契百念，慎[二]敬慕之思，追述八王同志之感[7]。魂交寢夢，而情悟於中，遂命門人鑄而像焉[8]。

【校勘】

　　〔一〕“魍魎”，卍正藏本《廣弘明集》卷一六、《慧遠研究·遺文篇》皆作“罔兩”。古二詞通用。

　　〔二〕“慎”，《慧遠大師集》脱。

【注釋】

　　[1] 末年：末法之年，佛法分爲正法、像法、末法三個時期。釋尊法運期限，各經所載不同，古德多依用正法一千年，像法一千年，末法一萬年之説。《法華嘉祥疏》卷五曰：“轉復微末，謂末法時。”末法，謂距離佛世長遠而教法轉微末之時期。千祀：千年。祀，一年。《尚書·太甲中》：“惟三祀十有二月。”唐孔穎達疏：“三祀者，太甲即位之三年也。”大化：佛陀之教化。《法華玄義》卷一〇：“説教之綱格，大化之筌罤。”乖：背離。《廣雅》：“乖，背也。”會：時機。王充《論衡·命禄》：“逢時遇會，卓然卒至。”叩津：意謂叩求要津。《廣韻》：“叩，與扣同，亦擊也。”引申爲求。《説文》：“津，渡也。”引申爲渡於彼岸之途徑。妙門：佛教指領悟精微教理之門徑。《華嚴經》卷二：“普應群情闡妙門，令入難思清净法。”發明：印證，或闡釋、彰明。晉干寶《搜神記序》：“及其著述，亦足以發明神道之不誣也。”淵極：猶淵深，形容至深之理。南朝宋謝靈運《辨宗論》：“淵極朗鑒，作則於上；愚民蒙昧，伏從於下。”此六句言慧遠生於佛教末法時代，相去將近千年，只能欣

慕佛陀之教化,却命運背離其際遇,未得叩求佛門之途徑,印證其淵深至極之理。

〔2〕魍魎:同罔兩,影子邊緣之陰影。《莊子·齊物論》:"罔兩問景曰:曩子行,今子止,曩子坐,今子起,何其無特操與?"晉郭象注:"罔兩,景外之微陰也。"《左傳·宣公三年》:"螭魅罔兩,莫能逢之。"亦作魍魎。餐服:比喻欽慕至極。《晉書·賀循傳》:"餐服玄風,景羨高矩。"至言:至理、至極之言。《俱舍論》卷三〇曰:"佛至言真法性。"此二句言雖然欽慕佛教之至理,却僅得佛影之餘陰。

〔3〕欣味:體味。餘塵:殘餘之塵土,猶餘風。《宋史·李煜傳》:"思追巢許之餘塵,遠慕夷齊之高義。"道風:道之化人如風之靡草者,稱爲道風。《無量義經·德行品》:"天人象馬調御師,道風德香熏一切。"邁:往行之也。《正韻》:"邁,往也。"此二句言雖欣然品味流風餘韻,却終是道風高邁而莫尋。

〔4〕擬足:揣度脚步,追隨。漢揚雄《解嘲》:"欲談者,卷舌而同聲;欲步者,擬足而投迹。"唐李善注:"欲行者擬足不前,待彼行而投其迹也。"逸步:猶高步。南朝梁劉勰《文心雕龍·辨騷》:"自《九懷》以下,遽躡其迹,而屈宋逸步,莫之能追。"玄迹:猶佛之足迹,或指佛門。南朝宋釋慧琳《龍光寺竺道生法師誄序》:"爰初志學,服膺玄蹟。"蹟同迹。《説文》:"迹,步處也。從辵,亦聲。蹟,或從足、責。"此二句言欲追隨佛門高迹,佛之足迹却邈遠而難蹤。

〔5〕希想:仰慕追思。《廣韻》:"希,望也。"光暑:日光。漢王逸《魯靈光殿賦》:"葱翠紫蔚,礛碏璁瑋,含光暑兮。"唐劉良注:"暑,日也。言綠色金玉皆含日光。"髣髴:隱約,依稀。漢張衡《西京賦》:"髣髴曾其若夢,未一隅之能睹。"唐李善注:"《説文》曰:彷彿,相似見不諦也。"寤寐:醒與睡,指日夜。《詩·周南·關雎》:"窈窕淑女,寤寐求之。"毛傳:"寤,覺;寐,寢也。"此四句言每每仰慕追思佛光,佛之容貌儀態依稀可見,日夜感觸於懷,心目中若隱若現。

〔6〕冥應:指冥冥之報應。南朝宋宗炳《明佛論》:"天道至公,所

希者命，寧當許其虐命，而抑其冥應哉！”佛教講果報，果報即爲冥應。幽情：幽隱鬱結之情。晉陸士衡《嘆逝賦》：“幽情發而成緒，滯思叩而興端。”此即指敬慕之思。此四句言冥冥之應或可期待，幽隱之情難以表達，因此慷慨自傷，悲憤無寄。

[7] 百念：百般思念。南朝梁何遜《相送詩》：“客心已百念，孤遊重千里。”八王：即過去日月燈明佛，未出家時之八位王子。一有意王子，又稱有志王子；二善意王子；三無量意王子，又稱加勸王子；四寶意王子，又稱寶志王子；五增意王子，又稱持意王子；六除疑意王子，又稱除慢王子；七響意王子；八法意王子。《法華經》卷一《序品》：“過去無量劫，有佛號日月燈明，後有二萬同名之佛，相次出世，於最後之日月燈明佛，未出家時，有八位王子，聞父王出家成正覺，亦皆捨王位出家，隨文殊師利前身之妙光菩薩學佛道，復供養無量百千萬億佛而成佛。”此三句言於是爲表達悠遠之思，恭謹仰慕之意，追述八王同心欲成正覺之感。

[8] 此三句言夢魂與佛交接，而仰慕覺悟生於心中，遂使同門鑄造佛像。按：由此可見，鑄造佛像，慧遠用力最勤，故其師道安令其作頌。

　　夫形理雖殊，階途有漸；精麤誠異，悟亦有因[1]。是故擬狀靈範，啓殊津之心；儀形神模，闢百慮之會[2]。使懷遠者，兆玄根於來葉；存近者，遘重劫之厚緣[3]。乃道福兼宏[一]，真迹可踐，三源[二]反流，九神同淵[4]。於時四輩悦情，道俗齊[三]趣，迹響和應者如林[5]。鑄均有虛室之供，而進助者不以纖毫爲挫[6]；勸佐有彌劫之勤，而操務者不以昏疲告勞[7]。因物任能，不日而成[8]。功自人事，猶天匠焉[9]。夫明志莫如詞，宣德莫如頌[10]。故志以詞顯，而功業可存；德以頌宣，而形容可像。匪詞匪頌，將何美焉！乃作頌曰：

【校勘】

〔一〕"宏",卍正藏本《廣弘明集》卷一六、《慧遠研究·遺文篇》皆作"弘"。古二字同。

〔二〕"源",卍正藏本《廣弘明集》卷一六、《慧遠研究·遺文篇》皆作"原"。古二字同。

〔三〕"齊",卍正藏本《廣弘明集》卷一六、《慧遠研究·遺文篇》皆作"高"。形近而誤。

【注釋】

[1] 階途:指佛教修持之階位和途徑。菩薩階位有十信位、十住位、十行位、十回向位、十地。十信是最初十位應修之十種心,全稱十信心。從十住、十行至十回向,共三十階位,乃菩薩之賢者位,簡稱三賢位。因未見道故,所以只能稱爲菩薩。十回向的最後一念(法界無量回向心),首先破一分無明,便入初地(歡喜地)。凡登十地之菩薩行者,稱爲"摩訶薩"或"菩薩摩訶薩"。精麤:指根機之慧與鈍。晉戴逵《釋疑論》:"氣有精麤之異,亦有賢愚之別。此自然之定理,不可移也。"漸:漸次。《周易·漸卦》唐孔穎達疏:"漸者不速之名,凡物有變移,徐而不速謂之漸。"此四句言佛教之相與理雖有不同,修持階位也有漸進次序,且人之根機慧與鈍誠然有別,然其開悟必也有原因。

[2] 靈範:佛之儀態。唐吳筠《步虛詞》:"衆仙仰靈範,蕭駕朝神宗。"殊津:猶殊途。晉釋智静《檄魔文》:"明將軍輪下相與,玄途殊津,人天一統。"儀形:謂畫其形貌。晉左思《魏都賦》:"丹青炳煥,特有温室,儀形宇宙,歷象聖賢。"唐李周翰注:"言於温室殿畫天地之形、聖賢之象。"神模:指法相。三國吳康僧會《安般守意經序》:"其爲人也,博學多識,貫綜神模。"《説文》:"模,法也。"闢:擯除。《墨子·尚賢上》:"舉公義,辟私怨。"《韻會》:"辟,一曰除也。"又:"闢,通作辟。"百慮:形容思慮繁雜。《周易·繫辭下》:"天下同歸而殊途,一致而百慮。"此四句言所以模擬佛之儀態,啓發殊途之心於同歸;描繪佛

之法相，擯除繁雜之思而會道。

[3] 玄根：道之根本。《廣韻》：“玄，道也。”此指佛性。《涅槃經·無名論》曰：“仰攀玄根，俯提弱喪。”來葉：後世。後秦釋僧肇《百論序》：“諷味宣流，被於來葉。”葉，世。《詩·商頌·長發》：“昔在中葉，有震且業。”毛傳：“葉，世也。”存近：猶存身，保全身體。《周易·繫辭下》：“近取諸身。”慧遠《沙門不敬王者論》：“出家則是方外之賓，迹絶於物，其爲教也，達患累緣於有身，不存身以息患。”遘：相遇。《説文》：“遘，遇也。”重劫：猶累劫。《無量壽經》下：“世世累劫，無有出期。”佛教認爲，宇宙經歷若干萬年毀滅一次，爾後重新開始，周而復始。其一個周期爲一劫。劫分小、中、大三種。此四句言使之緬懷未來者，昭示佛性於來世；近慮其身者，遭累劫之後得遇深厚之善緣。

[4] 真迹：猶言佛門。晉張君祖《道樹經讚》：“中有神化長，空觀體善權。私呵晞光景，豈識真迹端！”九神：指九天神明。《楚辭·九嘆》：“徵九神於回極兮，建虹采以招指。”漢王逸注：“言己乃召九天之神，使會北極之星。”此四句言是乃道福兼修且弘大，可以踐行於佛門，使三教（儒釋道）回歸於本原，傳説之九神皆淵源於佛祖。

[5] 四輩：指比丘、比丘尼、優婆塞、優婆夷等善男信女。此三句言此時善男信女皆心生愉悦，僧侶俗士盡皆奔走相告，足迹回聲而應和者如林。

[6] 均：同鈞，製造瓦器之模具，其上可旋轉者曰鈞。《漢書·董仲舒傳》：“泥之在鈞，唯甄者之所爲。”唐顏師古注：“甄，作瓦之人也。鈞，造瓦之法，其中旋轉者。”《六書故》：“均，《漢書》譌爲鈞。”虛室：虛静潔净之室。《莊子·人間世》：“瞻彼闋者，虛室生白。”晉郭象注：“夫視有若無，虛室者也，室虛而純白獨生矣。”挫：挫折。《説文》：“挫，折也。”引申爲沮喪。此二句言有信士提供虛静潔净之室而鑄造之，而贊助者不以布施之微而沮喪。

[7] 彌劫：消除劫難。彌，消滅。《廣韻》：“彌，息也。”《韻會》：

"彌,止也。"告勞:訴説勞苦。《詩·小雅·十月之交》:"黽勉從事,不敢告勞。"漢鄭玄箋:"雖勞不敢自謂勞。"此二句言勉勵輔佐者有消災之勤勞,而操持事務者不以困倦而謂辛苦。

[8] 任能:委用有才能之人。《左傳·閔公二年》:"敬教勸學,授方任能。"唐孔穎達疏:"任能,其所委任信能用之人也。"清俞樾《群經平議·左傳一》:"任能者,任用其才能之人也。"不日:形容時間短暫。漢張衡《東京賦》:"經始勿亟,成之不日。"三國吳薛綜注:"成之不日,言不用一日即成也。"此二句言因其物之所需而選才任用,不日即大功告成。

[9] 天匠:天工神匠。隋智越《天台山眾謝啓》:"伏惟弘護殷勤,慈澤周至,香鱸微妙,天匠莊嚴。"此二句言功業雖在於人事,却猶如天工神匠。

[10] 詞:泛指詩文。《説文》:"詞,意内而言外也。"頌:猶讚。《詩大序》:"頌者,美盛德之形容,以其成功告於神明者也。"佛教則指偈頌。此二句言詩文明志,頌則弘揚德業。

堂堂天師,明明遠度[1]。陵邁群萃〔一〕,超然先悟[2]。慧〔二〕在恬虚,妙不以數[3]。感時而興,應世成務[4]。金顔映發,奇相暉布[5]。肅肅靈儀,峩峩〔三〕神步[6]。茫茫造物,玄運冥馳[7]。偉哉釋迦,與化推移[8]!静也淵默,動也天隨[9]。綿綿遠御,亹亹長麾[10]。反宗無像,光潛影離[11]。仰慕千載,是擬是儀[12]。

【校勘】

〔一〕"陵邁群萃",卍正藏本《廣弘明集》卷一六、《慧遠大師集》、《慧遠研究·遺文篇》皆作"邁群挺萃"。

〔二〕"慧",《慧遠研究·遺文篇》作"惠"。古二字通。

〔三〕“峨峨”,卍正藏本《廣弘明集》卷一六、《慧遠研究·遺文篇》皆作“依依”。

【注釋】

[1] 堂堂:形容容貌壯偉。《後漢書·伏湛傳》:“湛容貌堂堂,國之光輝。”天師:即天人師,佛陀十號之一。南朝宋宗炳《明佛論》:“感大塊之風,稱天師而退者,亦十號之稱矣。”明明:明察貌。晉束皙《補亡詩·由儀》:“明明后辟,仁以爲政。”唐李善注:“《爾雅》曰:明明,察也。郭璞曰:聰明鑒察也。”此二句言佛祖儀容壯偉,器度明察。

[2] 群萃:猶同類,儕輩。晉陸機《謝平原内史表》:“擢自群萃,累蒙榮進。”唐李善注:“賈逵曰:萃亦處也。”唐吕向注:“萃,聚也。言拔於群聚之中。”此二句言高逸同類,拔乎凡萃,超越塵世,率然先覺。

[3] 恬虚:恬淡冲虚。《晉書·王薈傳》:“恬虚守靖,不競榮利。”數:此指《周易》闡釋陰陽之概念。《周易·繫辭上》:“天一,地二;天三,地四;天五,地六;天七,地八;天九,地十。”其奇數爲天數,象徵陽;偶數爲地數,象徵陰。此二句言寂静虚空而慧照一切,神達玄理而不測陰陽。

[4] 此二句言應時而生,拯救衆生;權宜用世,成就功德。

[5] 金顏:猶佛光。佛法廣大,覺悟衆生,猶如太陽破除昏暗,故云。《念佛三昧寶王論》卷中:“金山晃然,魔光佛光,自觀他觀,邪正混雜。”奇相:不同凡塵的莊嚴之相。據《大智度》卷四,佛有三十二種不同凡俗之“相”(像狀)與八十種之“好”(神姿),合稱相好。此二句言佛光映照衆生,奇相輝布天下。

[6] 蕭蕭:嚴正貌。《詩·小雅·黍苗》:“蕭蕭謝功,召伯營之。”漢鄭玄箋:“蕭蕭,嚴正之貌。”靈儀:指佛像。南朝宋釋道高《重答李交州書》:“聞法音而稱善,芻狗非謂空陳;睹形像而曲躬,靈儀豈爲虚設!”峨峨:高聳貌。漢張衡《西京賦》:“清淵洋洋,神山峨峨。”三國吴薛綜注:“峨峨,高大也。”此二句言其儀像嚴正,步履高邁。

［7］此二句言天地造物，茫茫悠遠，佛之運化，冥冥流播。

［8］此二句言偉岸呀佛祖，造化時世而與世遷變。

［9］淵默：深沉静默。晉左思《魏都賦》：“迴時世而淵默，應期運而光赫。”呂向注：“淵默，謂沈静也。”天隨：隨順天然，純任自然。《莊子·在宥》：“尸居而龍見，淵默而雷聲，神動而天隨，從容無爲而萬物炊累焉。”晉郭象注：“神順物而動，天隨理而行。”此二句言寂静則深沉默然，神動則天理隨之。

［10］綿綿：不絶如縷。晉陶淵明《始作鎮軍參軍經曲阿作》：“眇眇孤舟逝，綿綿歸思紆。”唐李善注：“《楚辭》曰：縹綿綿之不可紆。王逸曰：綿綿，細微之思難斷絶也。”遠御：統治遠方。《玉篇》：“御，治也。”此指佛之影響廣大，普照天人。亹亹：勤勉不倦貌。晉束晳《補亡詩·白華》：“竭誠盡敬，亹亹忘劬。”唐李善注：“毛萇詩傳曰：亹亹，勉勉也。”長縻：長索。晉劉琨《答盧諶詩》：“乃奮長縻，是戢是鑣。”唐李善注：“《廣雅》：縻，索也。”引申爲束縛。《韻會》：“縻，一曰繫也。”此二句言教化綿綿不絶，影響廣大；勤勉不倦，籠罩天下。

［11］反宗：返本。《廣韻》：“宗，本也。”無像：猶無象。道之玄虚無形。《老子》第十四章：“是謂無狀之狀，無象之象，是謂忽恍。”漢河上公章句：“一無物質，而爲萬物設形象也。一忽忽恍恍者，若存若亡，不可見之也。”後來佛經翻譯作無相。此二句言返本而求佛教真諦，則無狀無像，佛光潛隱，佛影消失。意謂影像光輝雖在，其本原則空。

［12］此二句言佛祖功德千年仰慕，因此摹擬其佛像威儀也。

【義疏】

《襄陽丈六金像頌》有序有頌。序分三段，主要贊美佛祖功德，叙述自己艱辛求佛歷程，以及佛像鑄造之過程及意義。前兩段是“因”，後一段是“果”。

第一段主要介紹佛祖其人、其德、其功、其性、其智及其權宜方便的教化法門。先從神靈屬性、籍貫所在，以及高貴出身、成長過程，扼要介紹佛祖其人。再由超拔暝昧、開闢佛門，從而光照宇宙大千，澄清萬流而圓映性空，虛一寧靜而智照周遍，描述佛祖不可思議之修持、功德、性靈和寂照之智。最後描述佛祖高邁神步，又權宜機變，感時動物，教化衆生，祛除邪念，虔心向佛，從而法輪潛運，三乘合一，佛法圓滿，天人所歸，佛音朗暢，佛風遠拂，佛法遠播矣。

第二段叙述自己皈依佛門的艱難過程，説明鑄造佛像之緣由。先叙述自己生於末法時期，佛法已垂範千年，雖欣慕大化，却不遇其時，故欲禮叩佛門而無路，體證佛理而無由，虔心佛理，却唯能得佛之餘陰；雖欣然品味佛之餘韻，欲追蹤佛迹，却佛風高遠，玄迹邈然，而難以企及。每每追思佛光，隱約見其容儀，日夜懷想，仿佛見於目前。雖冥冥之中感應有期，然幽深之情無法表達，故感慨傷懷，悲憤無可寄托。於是爲表達輾轉之思，恭謹仰慕之意，追念八王修持正覺之欣慕，夢魂與佛交接，心中覺悟佛之威儀，遂使同門鑄造而呈現佛像。

第三段以説理的形式説明鑄造佛像對於弘道修持的意義，明其因；具體描述道俗裏成佛像之鑄造，言其果；作頌弘揚其德，則因果同體矣。先是説理承接上文，因像爲形而非理，故曰"形理雖殊""精麤誠異"，然而"階途有漸""悟亦有因"，因此摹擬佛之儀態、法相，可以啓發吾輩殊途而同歸，百慮而會一，可以近得善緣於累劫，遠昭佛性於未來。此乃兼修福道，踐行佛迹，三教合一，諸神一體。然後描述善男信女心生歡喜，奔走相告，應者雲集。富者貢獻虛室，貧者盡其微力；操持者不避辛勞，裏助者勤勞修福——各盡其能，不日即畢其功。所造之像，雖由人爲，却如天匠。惟因如此，爲了明道俗之志、宣佛祖之德，而作此頌，以存其功業，頌美佛德矣。

其頌則捨棄鑄造功業之叙述，主要頌美佛德。先以佛像之壯偉，器度之非凡，寫其外；然後以超邁凡塵，先知先覺，寂靜智照，陰陽不測，寫其内；再以應時而生，權宜方便而成功德，寫其功。再由應世、用世引申，佛光普照，法相遍布，靈儀莊嚴，神步高邁，寫世人之所見；

天之造物，佛教化之，玄風冥扇，權變隨時，寫無量之功德；淵深寂静，動應天機，勤勉永恒，開悟衆生，寫佛性之廣被。最後説明反宗求本，必離像息影，摹擬其威儀，唯在表達仰慕之情而已，正面論證叩佛問津的唯一法門。

曇無竭菩薩讚[一]

【題解】

曇無竭菩薩，具名達摩鬱伽陀，秦言法盛。《大智度論》卷九七曰："鬱伽陀，秦言盛；達磨，秦言法。此菩薩在衆香城中，爲衆生隨意説法，令衆生廣種善根，故號法盛。其國無王，此中人民皆無吾我，如鬱單越人，唯以曇無竭菩薩爲主。其國難到，薩陀波侖（意譯常啼）不惜身命，又得諸佛菩薩接助能到。大菩薩爲度衆生，故生如是國中。"此讚當作於慧遠撰《大智論鈔》之後。據《出三藏記集·大智度論記》可知，《大智度論》譯迄於弘始七年（四〇五）十二月二十七日，故《大智論鈔》應作於是年之次年，即公元四〇六年，或稍後。

因畫波若臺，隨變立讚等[二][1]。

　　曡曡淵匠，道玄數盡[2]。譬彼大壑，百川俱引[3]。涯不俟津，途無旋軫[4]。三流開源，於焉同泯[5]。

【校勘】

〔一〕此讚《文鈔》《慧遠大師文集》並收録，皆注出《初學記》卷二三。然而，今本如《思溪藏》本《廣弘明集》卷三〇作王齊之；清嚴可均《全晉文》兩收，一作慧遠，一作王齊之。故此讚是否爲慧遠所作，亦成爲疑案。李謨潤《〈全晉文〉載〈曇無竭菩薩讚〉作者辨正》考證曰：

"早期入《大藏經》三十卷本《廣弘明集》中,載《曇無竭菩薩讚》作者爲釋慧遠,後期《大藏經》三十卷本《廣弘明集》則載爲王齊之。"依據早期文獻,"《曇無竭讚》應爲釋慧遠所作。"(《洛陽大學學報》二〇〇五年第三期)據考證:《開寶藏》爲東土第一部佛經刻本,後來傳入契丹和高麗,深刻影響了《契丹藏》和《高麗藏》刻本。《開寶藏》《契丹藏》惟存殘卷,不見《廣弘明集》,然《高麗藏》本《廣弘明集》卷三〇目録"晉沙門釋慧遠《念佛三昧詩序》(並《佛菩薩讚》)",另附"晉王齊之《念佛三昧詩》"。據此,另四首"佛菩薩讚"也應是慧遠所作。然而,另四首"佛菩薩讚"不見後代文獻徵引,唯《曇無竭菩薩讚》見録於《初學記》,按照孤證不立的原則,另四首存疑,此首則確定爲慧遠所作。可參閲本書"存疑之作"。按:王齊之應作王喬之,諸本皆誤。

〔二〕 此是《廣弘明集》卷三〇在《佛菩薩讚》的簡短序言,當是組詩(讚)的序言。

【注釋】

[1] 波若臺:即般若臺,慧遠所造。臺上有精舍,供奉佛菩薩像。慧遠曾率廬山僧團一百二十三人於此臺的阿彌陀像前,敬薦香華,發誓棲心佛門,期生净土。詳見《與隱士劉遺民等書》注。隨變立讚:意謂依據不同佛菩薩像而創作頌讚。

[2] 亹亹:勤勉不倦貌。晉束晳《補亡詩·白華》:"竭誠盡敬,亹亹忘劬。"唐李善注:"毛萇詩傳曰:亹亹,勉勉也。"淵匠:學識淵博之聖人,此指菩薩。晉殷晉安《文殊師利讚》:"思對淵匠,靖一惟恭。"匠,同匚。《康熙字典》:"匠本字匚,聖人。"道玄:佛理深奧。道本是能通之義。佛教之道有多種解釋,一是有漏道;二是無漏道;三是涅槃之體,排除一切障礙,無礙自在,謂之道。此二句言菩薩學識淵深,道行深厚,法數盡悉,且教化衆生亹亹不倦。

[3] 俱引:俱歸之。《增韻》:"引,及也。"此二句言猶如深山大壑,容納百川。

[4] 涯：岸。《韻會》："涯，水畔也。"俟津：等待於渡口之人。俟，
同竢。《説文》："竢，待也。"南唐徐鍇《繫傳》："立而待之也。"《漢書·
賈誼傳》："竢罪長沙。"唐顏師古注："古俟字。"旋軫：還車。晉潘岳
《西征賦》："駕橫橋而旋軫，歷敝邑之南垂。"唐劉良注："旋軫，還車
也。"此二句言到達佛之彼岸，無須津渡；踐行佛門，永不退轉。

[5] 三流：指衆生流轉於三界。三界即欲界、色界、無色界，乃迷
妄之有情衆生，在三界之生滅變化中流轉。《生經》卷四《佛説五百幼
童經》："人在三界，猶如繫囚，得道度世，乃得自由。歸命三寶，脱於
三流，發菩薩心，乃得長久。"此二句言開闢源頭，使衆生脱於三流，於
此皆泯滅流轉之苦。

【義疏】

曇無竭乃般若臺精舍所供奉的菩薩像之一。此讚抓住"道"和
"德"兩個主要方面，頌美曇無竭菩薩。從"道"上説，猶如大壑容納百
川，"曡曡淵匠，道玄數盡"——佛學深厚，包容博大；從"德"上説，引
導衆生解脱於三界流轉，"涯不俟津，途無旋軫"——佛法簡易，功德
永恒。此讚既是慧遠見菩薩像而應感，也是其披閲《大智度論》之後
所產生的真實感慨。

詩偈

廬山東林寺雜詩[一][1]

【題解】

　　吴宗慈《廬山志》卷一一引《豫章詩話》曰："慧遠此詩爲廬山有題詠之始。"并認爲："此詩刻石應在東林,使石今存,不僅爲廬山題詠之始,即以石刻論,紫霄峰下石寓刻字外,似無更古者。儻於瓦礫堆中偶爬梳得之,不幾爲廬山瓌寶乎?"這説明此詩不僅是廬山題詠之始,也是廬山石刻之始,在廬山文化中占有重要地位。如果從山水詩發展史考察,此詩與支遁佛教山水詩、張君祖《贈沙門竺法頵》,以及竺法頵與康僧淵贈答詩,皆是東晉佛教山水詩開拓之作,對謝靈運山水詩産生了直接影響,在山水詩發展史上是非常值得注意的。此詩所作具體時間無考。

　　崇巖吐氣清[二],幽岫棲神迹[2]。希聲奏群籟,響出山溜滴[3]。有客獨冥遊,徑然忘所適[4]。揮手撫雲門,靈關安足闢。流心叩玄扃[三][5],感至理弗隔[6]。孰是騰九霄,不奮[四]衝天翮[7]? 妙同趣自均[五],一悟超三益[8]。

【校勘】

　　〔一〕《文鈔》校曰:"此下五首(按:指此首和《廬山諸道人遊石門詩》《五言奉和劉隱士遺民》《五言奉和王臨賀喬之》《五言奉和張常侍》),皆名'廬山東林雜詩'。"《古今禪藻集》卷一、《石倉歷代詩選》卷四、《古詩紀》卷四七、《佩文齋詠物詩選》卷六一、《淵鑑類函》卷二八所收《廬山東林雜詩》僅此一首，不含另外四首。《四庫全書》之《廬山略記》題作《五言遊廬山》。又《古詩紀》卷四七作《廬山東林雜詩》，題下注：“一作《遊廬山》。”楊慎《丹鉛餘録·總録》卷二〇作《遊廬山詩》。從詩境看，此詩是寫望廬山而“冥遊”亦即神遊，與《遊石門詩》真實遊覽大不相同。以理推之，“廬山東林雜詩”原當爲組詩，前所收録之《遊山記》或即此組詩之“序”，因爲諸詩散佚，唯存此一首而已。

〔二〕“氣清”，吴宗慈《廬山志》卷一〇“歷代詩存”作“清氣”。注云：一作“氣清”，《廬山志》卷一一“金石目”之“慧遠廬山詩”作“氣清”，《慧遠研究·遺文篇》作“清氣”。

〔三〕“流”，《古詩紀》卷四七、《古今禪藻集》卷一皆注云：“一作‘留’。”按：《升菴詩話》、《佩文齋詠物詩選》卷六一皆作“留”。又“玄扃”，《廬山略記》附詩、大正藏本《廬山記》卷四作“音聽”。《慧遠研究·遺文篇》、張景崗校本皆作“玄聽”，張校曰：“《四庫全書·廬山略記》作‘音聽’，《廬山志》及《文鈔》作‘玄扃’。今從陳舜俞《廬山記》宋刻本。”

〔四〕“奮”，《慧遠研究·遺文篇》作“奪”。或形近而誤。

〔五〕“均”，大正藏本《廬山記》卷四作“拘”。意義扞格，蓋形近而誤。

【注釋】

[1] 廬山：慧遠《廬山紀略》：“有匡俗先生者，出自殷周之際……受道於仙人，共遊此山，遂託室巖岫，即巖成館，故時人謂其所止爲神仙之廬，因以名山焉。”

[2] 幽岫：深山巖洞。晉張協《雜詩》之八：“荒庭寂以閑，幽岫峭且深。”此二句言高聳山嶺飄動清泠雲氣，幽深山穴棲身神靈之迹。

[3] 希聲：若隱若顯之音。《老子》第四一章：“大音希聲，大象無形。”三國魏王弼注：“聽之不聞名曰希，不可得聞之音也。有聲則有分，有分則不宫而商矣。分則不能統衆，故有聲者非大音也。”老子指

無聲之音，恍惚窅渺，此乃指天籟之音。籟：絲竹樂器。《説文》：“籟，三孔籥。從竹，賴聲。大者謂之笙，其中謂之籟，小者謂之箹。”《廣雅》：“籟，謂之簫。”山溜：亦作山霤，山間向下傾注之細流。晉陸機《招隱詩》：“山溜何泠泠，飛泉漱鳴玉。”唐李善注：“枚乘《上書》曰：泰山之霤穿石。”《廣韻》：“水溜，水垂下也。通作霤。”此二句言天籟之音如絲竹之合奏，回聲飄蕩乃山溜之音。

　　[4] 有客：作者自謂。冥遊：猶神遊。漢劉向《列仙傳》：“務光自仁，服食養真。冥遊方外，獨步常均。”徑然：直往貌。《集韻》：“徑，直也。”所適：所去之地。《説文》：“適，之也。”此二句言有人神遊於此，徑直往之却不知所去之地。

　　[5] 揮手：謂彈奏之動作。三國魏嵇康《琴賦》：“伯牙揮手，鍾期聽聲。”撫，猶彈奏。《説文》：“撫，安也。一曰揗也。”清段玉裁注：“揗者，摩也。拊亦訓揗，故撫、拊或通用。”雲門：周六樂舞之一，用於祭祀天神，相傳爲黃帝時所作。《周禮·春官·大司樂》：“以樂舞教國子。舞《雲門》《大卷》《大咸》《大磬》《大夏》《大濩》《大武》。”漢鄭玄注：“此周所存六代之樂，黃帝曰《雲門》《大卷》。黃帝能成名萬物，以明民共財，言其德如雲之所出，民得以有族類。”靈關：仙界之關門，此指佛門。晉王喬之《薩陀波崙始悟欲供養大師讚》：“歸途將啓，靈關再闢。神功難圖，待損而益。”靈關安足闢，乃“安足闢靈關”之倒裝。此二句言揮手彈奏雲門之曲，安步於所開啓之靈關之門。

　　[6] 流心：遊移放縱之心性。《國語·晉語七》：“（祁午）柔惠小物，而鎮定大事，有直質而無流心，非義不變，非上不舉。”三國吳韋昭注：“流，放也。”此指適意任心。玄扃：奧秘之門户，佛家喻入道之法門。扃，外門栓。《説文》：“扃，外閉之關也。”引申爲門户。感：感應。衆生有善根、感動之機緣，佛應之而來謂之感應。理弗隔：指通於佛理。此二句言任心遨遊而叩啓佛門，應物生感而理亦隨之。按：感與理是晉詩中經常出現的概念，可理解爲心靈與外界的神秘溝通。

　　[7] 九霄：九重雲天。道家謂仙人居處。南朝梁沈約《遊沈道士

館詩》:"鋭意三山上,託慕九霄中。"唐張銑注:"九霄,九天仙人所居
處也。"佛教認爲天分九重,九霄即最高一層。翮:鳥翅。《增韻》:
"翮,鳥之勁羽。"此二句言誰騰飛雲霄,能不展翅衝天?

　　[8] 妙同:同享絶妙之佳境。《法華玄義序》:"妙者,褒美不可思
議之法也。"趣:趣向。《俱舍論·分別定品》:"趣謂所往。"均:平正無
欲之意。超三益:超越三界因緣和合之無常現象。三益,佛教指三界
(欲界、色界、無色界)之利,泛指三界中五欲六塵之享受。按:佛教修
行有三種得益,即下種益、調熟益、解脱益。推其語意似非指此。此
二句言所往絶妙之境而平正無欲,一旦開悟即超越三界矣。

【義疏】

　　此詩或即以《遊山記》爲序,然而絶非遊山所作,而是事後登寺遠
眺,追憶遊山經歷之所作。雖以"冥遊"爲主體,亦隱含遊山之思。或
有弟子"奉和",慧遠輯録成帙,故謂之"雜詩",惜乎諸作散佚,詳情不
得而知。

　　詩之開頭"崇巖吐氣清"四句寫景:高聳山巖吞吐雲氣,幽深山穴
充滿神秘色調;天籟之音如絲竹合奏,山溜滴石餘音裊裊。寫景擷取
澄澈之清、幽深之静,雖如絲竹合奏却是"希聲",山溜滴石竟然餘音
迴蕩,群籟希聲,山溜滴響,更襯托了山谷之寂静,與唐人王維《鳥鳴
磵》"人閒桂花落,夜静春山空"取境相同。而山溜滴響同時也隱含水
滴於石的清澈意象,與"氣清"構成互生性聯繫,與王維《山居秋暝》
"明月松間照,清泉石上流"取境近似。然而,二者抑又不同,不唯一
寫明月、清泉,一寫清氣、山溜,取象有别,而且慧遠是立體呈現,王維
是平面呈現。此詩"棲神迹"的聯想顯然又包含特定佛教內涵——因
静寂而生智照,是佛教禪静的重要話頭。

　　如果説,前四句寫景還應包含詩人所見、所聞,那麼通過"有客獨
冥遊,逕然忘所適"轉折,則完全進入冥想神遊的狀態。詩人之遊并
非真實地登山臨水,這與《遊石門詩》全然不同,此詩是欲登臨而"忘

所適”，獨以“冥遊”的方式，體悟廬山山水神趣。從這個意義上説，題爲“廬山東林寺雜詩”比作“遊廬山”更爲恰當。或許正是詩人登寺上遠眺而“冥遊”。所以接下“揮手撫雲門”四句，完全描述詩人“冥遊”狀態：揮手奏《雲門》之曲，而已安步於佛門，心遊於廬山山水，應物而感，玄理生矣。從詩歌取境的邏輯關係看，“揮手撫雲門”亦非真實情境，而是冥想所生。詩人何以聯想起《雲門》之曲？因爲此曲乃黄帝時代的音樂。那個時代，衆人熙熙鼓腹，順乎自然而機心不生，這正是道家謳歌的“本真”，亦是佛教崇尚的“真性”。所以，詩人纔能又由此樂而産生安足於靈關、心叩於玄扃的感悟。

“孰是騰九霄”四句，具體申述感物而生之理：若不奮翅衝天，誰能騰躍九霄？爲何詩人渴望騰躍九霄？是否具有李白《上李邕》“大鵬一日同風起，搏摇直上九萬里”的審美意藴，顯然不是。倒是傳説布袋和尚《插秧歌》却意外給予了合理解釋。歌云：“三十三天天外天，九霄雲外有神仙；神仙本是凡人做，只怕凡人心不堅。”顯然，所言之“神仙”不是中國道家所説之羽化升天者，而是進入兜率天中的彌勒佛之類。唯有飛入“九霄雲外”，達到神仙境界，纔能真正超越凡塵，進入佛的境界。所以結尾云“妙同趣自均，一悟超三益”，詩人的終極追求是平正無欲的絶妙之境，是一覺而悟的超越三界。

關注現象與本體的關係，是道家宇宙生成哲學的理論命題，也是佛教心性哲學的理論命題，色與空之關係即是佛教哲學觀照的核心。所以佛教山水詩往往都藴含象與理的關係。作者不僅是一位詩人，更是一位高僧，所以詩人的眼界始終與泥身凡塵的詩人究竟有所不同。其審美指向是佛境嚮往，審美趣味是佛理闡釋，審美選擇是静寂之景。然而，作爲詩人，也特別注重詩境之美，結構渾融，理趣互生。開頭取境，剛柔并濟，動静互生；結構從“神迹”到“冥遊”，再由“靈關”到“騰九霄”“衝天翮”，前後照應，互相勾連；説理有“揮手”“遊心”的瀟灑，有“徑然忘所適”的通脱，有“騰九霄”“衝天翮”的遐想，都寫得趣味橫生。可見，作者是真高僧，也是真詩人。所以，雖是説理，讀來毫無味同嚼蠟之感。

明楊慎《丹鉛餘録・總録》卷二〇作《遊廬山詩》：“此詩世罕傳，《弘明集》亦不載，猶見於廬山古石刻耳。‘孰是騰九霄’與陶靖節‘孰是都不營’之句同調，真晉人語也。杜子美詩‘得似廬山路，真隨慧遠遊’，正用此事，字亦不虛。千家注杜，乃不知引此。”由此也可見此詩的影響。

廬山諸道人遊石門詩 并序[一]

【題解】

《廬山諸道人遊石門詩》是輯録廬山僧團所作的同題組詩。晉安帝隆安四年(四〇〇)仲春，慧遠率道俗弟子同遊廬山石門，興感於懷，歌以詠之。慧遠首唱，弟子奉和，而後慧遠又將其編爲一帙，并作序以記其原委且刊刻於石。然據唐白居易《東林寺白氏文集記》：“昔余爲江州司馬時，常與廬山長老於東林寺經藏中，披閲遠大師與諸文士唱和集卷。”白氏被貶江州司馬是在唐元和十年(八一五)，可見直至此時，慧遠與諸文士唱和集仍然完整存在。但是遺憾的是，後來不惟所編詩帙散佚，刊石亦湮滅無聞。其弟子奉和今唯存劉遺民、王喬之、張野三首。

石門在精舍南十餘里，一名障山[1]。基連大嶺，體絶衆阜[2]。闢三泉之會，并立而開流[3]。傾巖玄映其上，蒙形表於自然，故因以爲名[4]。此雖廬山之一隅，實斯地之奇觀。皆傳之於舊俗，而未睹者衆[5]。將由懸瀨險峻，人獸迹絶，徑回曲阜，路阻行難，故罕經焉[6]。

【校勘】

〔一〕關於此詩須校考者有三：第一，詩題。《古今禪藻集》卷一作"廬山諸釋遊石門詩并序"。《文章辨體彙選》卷三三一作"遊石門詩序"，下以小字標"廬山道人"。《釋文紀》卷八、《石倉歷代詩選》卷四、《古詩紀》卷四七皆作"廬山諸道人遊石門詩并序"，然"廬山諸道人"與"遊石門詩并序"分行排列。也就是説，除了《古今禪藻集》外，上述數種文獻皆認爲詩題爲《遊石門詩》(并序)，"廬山道人"或"廬山諸道人"是詩之作者。第二，詩序。《文鈔》録詩無序。上述明代文獻皆迻録序文。此外，《淵鑑類函》卷二九之"石門山"條載北魏周景式《石門澗記》録"詩序"全文。《石門澗記》又見於《重刊道藏輯要》本《天下名山記》"江西卷"中。第三，作者。其一，關於詩之作者：吴宗慈《廬山志》"歷代詩存"録《廬山諸道人遊石門詩并序》，并注曰："《序》見副刊《古今遊記叢鈔》，兹略。舊志誤爲廬山諸道人詩，今據《方輿紀要》訂爲慧遠作。"清蔡瀛《廬山小志》云："是詩爲釋慧遠作，舊志誤以題上'廬山諸道人'字爲作者名，今據顧祖禹《方輿紀要》訂正。"也就是説，先前文獻所載"廬山諸道人遊石門詩"，實際上是慧遠一人所作。此從上文關於"詩題"的所引文獻亦可看出。其二，關於序之作者。上文關於"詩題"的所引文獻還可看出，除了《文章辨體彙選》作"廬山道人"、《古今禪藻集》作"廬山諸釋"外，其餘皆作"廬山諸道人"。蔡瀛《廬山小志》又云："今考序文内有'釋法師以隆安四年仲春之月，因詠山水，遂杖錫而遊'等語，此'釋法師'當係指慧遠言。若遠所作，似無自稱法師理。豈序爲諸道人所作，詩則慧遠作乎？是不可解。竊謂《方輿紀要》之言，亦未可謂盡是也。姑照《小志》列慧遠廬山詩後。"也就是説，蔡瀛懷疑"詩序"非慧遠所作。

如果仔細考察前代文獻，《釋文紀》卷八、《石倉歷代詩選》卷四、《古詩紀》卷四七排版最爲清楚，"廬山諸道人"單立一行，既非作者，亦非詩題，而是抄録前代文獻所致。推其前代文獻的基本格式是"廬山諸道人"單立一行，"遊石門詩并序"又獨立一行，後文另附"奉和"

詩若干首,每首奉和詩下注明作者,故今見"奉和劉隱士遺民"云云。也就是説,當時慧遠率道俗三十餘人同遊石門,慧遠作詩記其盛事,衆人能詩者皆奉和之。慧遠將其編爲一帙。因爲作者皆爲廬山僧團(包括出家和居士兩類),故總題爲"廬山諸道人"。慧遠首唱,置於首,奉和之作分列其後,因文獻散佚,今僅存其"奉和"三首。而慧遠編輯唱和詩時,又另作序文記其原委,且置於唱和組詩之前。至於序中自稱"釋法師",乃因同遊者皆屬廬山僧團,是慧遠弟子,故遠公以法師自稱之。另外,景式北魏人,距慧遠生活時代最近,所録序文當爲確證。以常理推之,序止一篇,詩非聯句,不可能出自衆人之手。因爲《游石門詩》是同題組詩,慧遠首唱,弟子"奉和",故慧遠輯録成帙,故總稱之"廬山諸道人"。由此亦可見,序應名《廬山諸道人遊石門詩序》,詩則應名《遊石門詩》,今作《廬山諸道人遊石門詩》(并序)則誤。

【注釋】

[1] 石門:又名障山。廬山西面,天池、鐵船二山并峙如門,稱爲石門。《後漢書·地理志》:"廬山西南,有雙闕壁立千仞,有瀑布焉。"北魏酈道元《水經注·廬江水》記載:"石門水,水出嶺端,有雙石高竦,其狀若門,因有石門之目焉。水導雙石之中,懸流飛瀑,望之連天,若曳飛練於霄中矣。"精舍:原指相對於正宅而另建書屋之類。漢曹操《述志令》:"故以四時歸鄉里,於譙東五十里,築精舍,欲秋夏讀書,冬春射獵。"後專指道士、僧侶修煉居住之所。《魏書·外戚傳上·馮熙》:"熙爲政不能仁厚,而信佛法,自出家財,在諸州鎮建佛圖精舍,合七十二處。"此指東林寺。

[2] 絶:超越。《增韻》:"絶,冠也,超也。"衆阜:群山。《説文》:"阜,大陸山無石也。"南唐徐鍇《繫傳》:"彌高大也。"此二句言山脚連着主峰,山體超越群山。

[3] 闢:開闢。《説文》:"闢,開也。"三泉:或即三疊泉。會:彙

聚。《集韻》：“會，合也。”并立：指天池峰與鐵船峰并立。

[4] 傾巖：形容山巖高聳峥嶸。晉習鑿齒《諸葛武侯宅銘》：“傾巖搜寶，高羅九霄。慶雲集矣，鸞駕亦招。”蒙形表：覆蓋其外。《廣韻》：“蒙，奄也。”《增韻》：“蒙，被也。”此三句言山巖青黑，投映泉上，泉掩嶺表，形於自然，故因此稱謂三泉。按：此之“玄”乃是山之水中倒影之色，非山之真實之色。

[5] 舊俗：原指歷時彌久之風俗。唐杜甫《謁先主廟》：“舊俗存祠廟，空山立鬼神。”此猶指民間舊説。此二句言此皆在民間傳之，很多人都未親眼目睹其“奇觀”也。

[6] 懸瀨：懸注之瀑布。《説文》：“瀨，水流沙上也。”此指疾流。阻：艱險。《説文》：“阻，險也。”此五句言將沿着瀑布險峻，人獸絶迹之處，直接折回彎曲山嶺，道路艱險，行走困難，故罕有人迹經過。

釋法師以隆安四年仲春之月，因詠山水，遂杖錫而遊[1]。於時，交徒同趣三十餘人，咸拂衣晨征，悵然增興[2]。雖林壑幽邃，而開途競進；雖乘危履石，並以所悦爲安[3]。既至，則援木尋葛，歷險窮崖，猿臂相引，僅乃造極[4]。於是擁勝倚巖，詳觀其下，始知七嶺之美，蘊奇於此[5]。雙闕對峙其前，重巖映帶其後。巒阜周迴以爲障，崇巖四營而開宇[6]。其中則有石臺、石池、宮館之象，觸類之形，致可樂也[7]。清泉分流而合注，渌淵鏡净於天池。文石發彩，焕若披面。檉松芳草，蔚然光目[8]。其爲神麗，亦已備矣[9]。斯日也，衆情奔悦，矚覽無厭[10]。遊觀未久，而天氣屢變：霄霧塵集，則萬象隱形；流光迴照，則衆山倒影[11]。開闔之際，狀有靈焉，而不可測也[12]。乃其將登，則翔禽拂翮，鳴猿厲響[13]。歸雲迴駕，想羽人之來儀[14]；哀聲相和，若玄音之有寄[15]。雖髣髴猶聞，而神之以暢；雖樂不期歡，而欣以永日[16]。當其冲豫自得，信有味焉，而未易言也[17]。

【注釋】

[1] 釋法師：慧遠自稱。隆安：東晉安帝年號，隆安四年即公元四〇〇年。仲春之月：農曆二月。杖錫：拄着錫杖。錫，僧人所持之錫杖，亦稱禪杖，杖頭有一鐵卷，中段用木，下安鐵鐏，振時作聲。

[2] 交徒：計門徒總數。《廣韻》：“交，合也，共也。”同趣：猶同行。《玉篇》：“趣，趨也。”拂衣：撩起衣襟。《左傳·襄公二十六年》：“（叔向）曰：‘姦以事君者，吾所能御也。’拂衣從之。”唐杜預注：“拂衣，褰裳也。”按：僧侣著袈裟，衣長，故登高必撩衣服，以輕快前行。晨征：清晨遠行。《説文》：“征，正行也。”南唐徐鍇《繫傳》：“謂以正道行也。”悵然：猶宕然。《經典釋文》：“宕然，李（頤）云：猶悵然。”此猶悠然。明凌義渠《泛畫溪》：“悵然增興緒，那問暮烟沉。”此四句言此時同行弟子共三十餘人，皆撩起衣服，清晨出發，遊山之興悠然彌增。

[3] 乘：攀登。《廣韻》：“乘，登也。”危：高而險。《説文》：“危，在高而懼也。”此四句言雖樹林山谷幽深，却開闢道路，爭相前行；雖登高攀石，皆因心情喜悦而心安自得。

[4] 援：攀援。《説文》：“援，引也。”《廣韻》：“援，攀也。”尋：與援意同。僅乃：猶纔。《增韻》：“乃，辭之緩也。或作迺。”造極：到達頂點。《廣韻》：“造，至也。”此五句言將已到達，則攀援樹木藤葛，經歷險峻，至其崖頂，如猿猴之臂互相牽引，纔到達峰頂。

[5] 此四句言於是倚於山巖下，飽覽勝景，端詳山下，始知七嶺奇異之美，蘊含於此處矣。

[6] 映帶：景物互相襯托。晉王羲之《蘭亭集序》：“又有清流激湍，映帶左右。”縈：圍繞，纏繞。《公羊傳·莊公二十五年》：“以朱絲縈社。”《説文》：“縈，匝居也。”此意後作“縈”。此二句言兩山如城門

之觀相對聳立於前，重巖疊嶂映帶於後，山巒、高嶺四周環繞，或以爲屏障，或如敞亮屋宇。

[7]觸類：謂同類相連。三國魏王弼《周易略例·明象》："是故觸類可爲其象，合義可爲其徵。"晉韓康伯注："觸逢事類則爲象，魚龍牛馬鹿狐鼠之類。大人、君子，義同爲驗也。"致：《增韻》："極也。"此三句言其中有類似於石臺、石池、宮館，同類相連而成形，特別令人歡愉。

[8]淵鏡净：緑波清澈猶如明鏡。《韻會》："渌，水清也。"天池：廬山天池峰頂有二池，相傳爲文殊菩薩雙手插石而成，今合二爲一。文石：有花紋之石。《説文》："文，錯畫也。"焕若：光耀貌。唐裴鉶《傳奇·孫恪》："忽車馬焕若，服玩華麗，頗爲親友之疑訝。"披面：猶開面，女子修飾面部的一種方式。《玉篇》："披，開也。"檉：檉柳，落葉灌木，亦稱三春柳、紅柳。蔚然：草木茂密貌。北魏酈道元《水經注·河水四》："山南有古冢，陵柏蔚然。"此六句言分流之清泉在此會合而成天池，池水碧緑，清澈如鏡，池邊文石散發光彩，明麗如開面之少女，檉柳芳草交織，茂盛照人。

[9]神麗：神妙妍麗。漢班固《東都賦》："宮室光明，闕庭神麗。"

[10]矚覽：矚目流覽，引申爲觀賞。厭：飽，滿足。《韻會》："厭，足也。通作饜。"此三句言此日，衆人前行因景物變幻而心生喜悦，矚目所見亦無可滿足。謂遊興之濃也。

[11]塵集：喻如飛塵之密集。此六句言遊覽不久，天氣反復變化，雲霧聚集，則萬象隱去，雲縫射出餘光返照天池，則可見衆山之倒影。"萬象隱形"乃遠眺之景，"衆山倒影"乃近觀之景，所寫視角不同。

[12]此三句言雲霧與天光開合之際，其形狀若有神靈，而變化莫測。

[13]乃其：猶乃，就。清王引之《經傳釋詞》卷五："其與乃同意，故又以乃其連文。"拂翮：振翅掠過。《説文》："拂，過擊也。"南唐徐鍇

《繫傳》:"擊而過之也。"厲響:聲高而疾。晉陶潛《飲酒詩》之四:"厲響思清晨,遠去何所依。"此三句言乃將再登山上,則飛鳥振翅掠過,猿鳴聲音淒厲。此乃登臨山頂之聞見。

[14] 羽人:仙人。《楚辭·遠遊》:"仍羽人於丹丘兮,留不死之舊鄉。"漢王逸注:"因就眾仙於明光也。《山海經》言:有羽人之國,不死之民。或曰人得道,身生毛羽也。"宋洪興祖補注:"羽人,飛仙也。"來儀:謂鳳凰來舞而有容儀,古人以爲吉兆。《尚書·益稷》:"《簫韶》九成,鳳皇來儀。"漢孔安國注:"儀,有容儀。"此二句言行雲仿佛如回歸之車駕,遙想乃是仙人之來也。

[15] 玄音:玄妙之音樂,此指佛音。晉支遁《釋迦文佛像讚》:"大象罕窺,乃圓其明,玄音希和,文以八聲。"此二句言飛鳥和猿鳴音聲相和,如若寄托佛音。

[16] 髣髴:隱約,依稀。《楚辭·遠遊》:"時髣髴以遥見兮,精皎皎以往來。"宋洪興祖補注:"《説文》云:髣髴,見不諟(諦)也。"此四句言雖若隱若顯,似有所聞,精神因此而舒暢;雖并未期待歡樂,却整日沉浸欣喜之中。

[17] 冲豫:猶和悦。明王褘《菊房賦》:"雖凝塵之滿席兮,情晏然猶冲豫。"《廣韻》:"冲,和也。"《增韻》:"豫,悦樂也。"信:誠然,確實。《説文》:"信,誠也。"此三句言當和悦而自得其樂,確實有韻味,而難以言説。

退而尋之:夫崖谷之間,會物無主,應不以情,而開興引人,致深若此,豈不以虛明朗其照,閒邃篤其情耶[1]?並三復斯談,猶昧然未盡[2]。俄而太陽告夕,所存已往[3]。乃悟幽人之玄覽,達恒物之大情,其爲神趣,豈山水而已哉[4]!於是徘徊崇嶺,流目四矚;九江如帶,邱阜成垤[5]。因此而推,形有巨細,智亦宜然[6]。乃喟然嘆:宇宙雖遐,古今一契;靈鷲邈矣,荒途日隔;不有哲人,風迹誰存[7]？應深悟遠,慨焉長懷[8]！各欣一遇之同歡,感良辰之難再,情發於中,遂共詠之云爾[9]！

【注釋】

[1] 退:指返歸内心。尋:尋繹,推求。《説文》:"尋,繹理也。"會物無主:物與物交會,没有主宰。《淮南子·原道訓》:"夫太上之道,生萬物而不有,成化像而弗宰。"然而,佛教認爲世界本是虚無,萬物因緣而生,不存在主宰與從屬關係。會物,此亦包含精神與萬物交會之意。慧遠《沙門不敬王者論·形盡神不滅》:"情有會物之道,神有冥移之功。"開興:引發興致。《增韻》:"開,啓也。"虚明:空明,清澈明亮。也指内心清虚純潔。"虚明朗其照"源於慧遠"念佛三昧"之"氣虚神朗",亦即寂想。閒邃:閒静深遠。晉丘道護《道士支曇諦誄》:"幽境湛默,人肆誼引。閒邃易一,華紛難泯。"此八句言静心尋繹其理:山谷之間,物物交會并無主宰,物之相感亦非因情,却能引發人的興致,且達到如此深度,難道不是因爲主體内心空靈澄澈而觀照明朗,閒静深遠而情感深厚嗎？

[2] 三復:多次重複。《論語·先進》:"南容三復白圭,孔子以其兄之子妻之。"三國魏何晏集解:"南容讀詩,至此三反覆之,是其心慎言也。"昧然:昏暗不明貌。《韻會》:"昧,冥也。"此二句言且又反復思考此論,仍然懵懂不能盡其意也。謂其意無窮也。

[3] 俄而:少頃。南朝宋謝惠連《雪賦》:"俄而微霰,零密雪下。"唐李善注:"王肅《家語注》曰:俄,有頃也。"唐劉良注:"俄而,猶少間也。"此二句言少頃,太陽西沉,一切存在已成過往。謂萬物掩蓋在昏暗之中。

[4] 幽人:隱士,幽隱山林之人。《周易·履》:"履道坦坦,幽人貞吉。"亦指佛家高僧。晉袁宏《單道開讚》:"物儔招奇,德不孤立。

遼遼幽人，望巖凱入。"此之幽人即指法師單道開。玄覽：深徹觀照。
特指靜寂觀照萬物而深見其理。《老子》第十章："滌除玄覽，能無疵
乎?"漢河上公章句："當洗其心使潔靜也。心居玄冥之處，覽知萬事，
故謂之玄覽也。"此四句言於是感悟大德之寂照，即通達萬物永恒之
本性，其所蘊含的佛教意趣，豈止只是山水的本身！意謂超越山水即
可了悟佛理。即所謂即色悟空。

　　[5] 流目：猶放眼遠眺。漢張衡《思玄賦》："流目眺夫衡阿兮，睹
有黎之圮墳。"唐李周翰注："眺視圮毀，懷歸也。"邱阜成垤：山丘如蟻
冢。因登高俯瞰所見之。《説文》："垤，螘封也。"螘封即蟻冢，喻小
丘。邱阜，小丘。《集韻》："丘，亦書作坵，古作峑。"《釋名》："土山曰
阜。"此四句言於是徘徊於高山峻嶺之中，放眼遠眺四周，九江如衣
帶，山丘亦如蟻冢。

　　[6] 此三句言由此而推理，形有大小，智慧亦應如此。

　　[7] 遐：久遠。《爾雅·釋詁》："遐，遠也。"一契：同理。《説文》：
"契，大約也。"即書契，引申爲理。靈鷲：即靈鷲山，簡稱靈山或鷲峰，
印度佛教聖地。山在古印度摩揭陀國王舍城之東北，梵名耆闍崛。
山中多鷲，故名。或云山形像鷲頭而得名。如來曾在此説法，故佛教
以爲聖地。邈：渺遠。《增韻》："邈，渺也。"哲人：智慧卓越之人。
《詩·大雅·抑》："其維哲人，告之話言。"風迹：教化之迹。《後漢
書·朱浮傳》："浮年少有才能，頗欲屬風迹，收士心。"唐李賢注："風
化之迹也。"此七句言於是喟然感慨：宇宙雖然遼闊，古今卻爲一理；
靈鷲邈遠，道路荒蕪且佛祖説法久隔，然若無哲人，誰可存其教化衆
生之風！

　　[8] 長懷：久久思之。晉嵇喜《答嵇康詩》之四："感寤長懷，能不
永思。"此二句言應感深長所悟久遠，故慨嘆而久久思之。

　　[9] 情發於中：情生於心。《詩大序》："詩者，志之所之也。在心
爲志，發言爲詩。情動於中而形於言，言之不足，故嗟嘆之，嗟嘆之不
足，故永歌之。"此四句言各自欣逢一遇之歡愉，感嘆良辰美景難以再

來,情發内心,遂共同歌詠之而已。

　　超興非有本,理感興自生[1]。忽聞石門遊,奇唱發幽情[2]。褰裳思雲駕,望崖想曾城[3]。馳步乘長巖〔一〕,不覺質有〔二〕輕[4]。矯首登靈闕,眇若凌太清[5]。端坐運虛輪,轉彼玄中經[6]。神仙同物化,未若兩俱冥[7]。

【校勘】

〔一〕“巖”,《文鈔》作“嚴”,校曰:“疑作‘巖’。”

〔二〕“有”,《廬山小志》卷一三作“自”。

【注釋】

[1] 理感:感物而悟理。《宋書·符瑞志下》:“三極協情,五靈會性。理感冥符,道實玄聖。”此二句言超然之興并無主宰,感物悟理自然而生其興致。

[2] 奇唱:與衆不同之論。晉柏偉《蘭亭詩》:“數子各言志,曾生發奇唱。”《説文》:“奇,異也。”幽情:深遠之情思。漢班固《西都賦》:“攄懷舊之蓄念,發思古之幽情。”唐李周翰注:“幽情,深情也。”此二句言忽聞遊歷石門,各生奇唱抒發幽思。

[3] 褰裳:撩起下裳。《詩·鄭風·褰裳》:“子惠思我,褰裳涉溱。”漢鄭玄箋:“揭衣渡溱水,往告難也。”《説文》:“裳,下裙也。”南唐徐鍇《繫傳》:“上曰衣,下曰裳。”雲駕:仙人之車駕。因以雲爲車,故稱。晉陶潛《聯句》:“遠招王子喬,雲駕庶可餰。”曾城:重疊之高城。傳説神仙聚居之地。晉陸機《前緩聲歌》:“游仙聚靈族,高會曾城阿。”唐李善注:“《淮南子》曰:掘崑崙墟以下,地中有層城九重,其高萬一千里一十四步二尺六寸。”唐李周翰注:“曾城九重,王母所居處,在崑崙山上也。”《韻會》:“曾,今皆作層。”此二句言撩起下衣登山遥

思仙人車駕,遠望山嶺遐想仙人所居。

[4]馳步:猶飛步。《説文》:"馳,大驅也,從馬也。"此二句言飛步登上綿綿山嶺,不覺之中身體亦如仙人輕盈。

[5]矯首:昂首。晉陶淵明《歸去來兮辭》:"策扶老以流憩,時矯首而遐觀。"《韻會》:"矯,通作撟。"《説文》:"撟,舉手也。"靈闕:猶靈關,仙界之關門,此指佛門。晉王喬之《薩陀波崙始悟欲供養大師讚》:"歸塗將啓,靈關再闢。神功難圖,待損而益。"《廣韻》:"闕在門兩旁,中央闕然爲道也。"眇:渺茫。《博雅》:"眇,遠也。"此意後作渺。陵:通凌,登臨,唐杜甫《望嶽》:"會當凌絶頂,一覽衆山小。"太清:天空。《楚辭·遠逝》:"譬若王僑之乘雲兮,載赤霄而凌太清。"漢王逸注:"上凌太清,遊天庭也。"此二句言舉首登上仙人關門,邈遠猶如登上雲霄。

[6]虛輪:指法輪。佛教認爲地、水、火、風四大皆空,故云虛輪。隋慧遠《維摩義記》:"如轉輪王所有輪寶能摧剛强,轉下衆生上升虛空。四諦如是,能摧衆生惡不善法,轉下衆生上入聖道,故名爲輪。"轉:誦讀。唐段成式《酉陽雜俎》云:"素公不出院,轉《法華經》三萬七千部。"玄中經:意爲極其高深玄妙的佛經。按:佛教亦有《中經》《中論》,不詳所指。此二句言端坐蓮臺,運轉法輪,頌讀深奧之佛經。

[7]物化:泯滅事物差別,彼我同化。《莊子·齊物論》:"昔者莊周夢爲胡蝶,栩栩然胡蝶也,自喻適志與! 不知周也。俄然覺,則蘧然周也。不知周之夢爲胡蝶與,胡蝶之夢爲周與? 周與胡蝶,則必有分矣。此之謂物化。"唐成玄英疏:"夫新新變化,物物遷流,譬彼窮指,方茲交臂。"兩俱冥:指物我兩冥。冥,即冥寂,不見一物曰冥,斷絶諸相云寂。形容真空之理也。《止觀輔行》曰:"四眼二智,萬象森然,佛眼種智,真空冥寂。"此二句言神仙亦與萬物同化,與其渴慕神仙,不如物我俱空,進入冥寂涅槃境界。

【義疏】

序文以石門遊爲核心，叙述登臨，描寫景致，攄發感悟，交代歌詠之生成緣由。文分三段：

第一段在簡要説明石門地理位置、别名之後，著力描述其地貌特點及其命名緣由：山基與大嶺綿延相連，山體聳立衆山之上。三泉交會，雙峰并峙，而泉流於雙峰之間，山巖青翠，映於泉上，泉掩嶺表，形於自然，如石門焉。故雖僅是廬山一角，却成奇觀。然而，傳説者衆，親歷者寡。原因乃在飛瀑險峻，陡折回環，道行艱難，故人獸不至，山徑罕見。交代其名，先言其形——飛瀑懸於兩大主峰之間，中間掩蓋山阜，形成自然之門狀。所言之"傾"，非山之傾側，乃倒影泉流之變形；"玄"非山之本色，亦是倒影泉流之變色。最後描述其險，説明人迹不至，既補充石門"奇觀"之外的"險峻"，也爲下文寫其登臨石門的遊興之高、所悦爲安提前做好反向鋪墊。

第二段首先簡要叙述登臨時間、同行弟子以及遊興之濃。"仲春"乃登臨之佳季，"晨征"乃登臨之佳時，"交徒"乃登臨之佳侣，故遊山之興悠然而增。然後，描寫登臨過程，"開途"顯寫幽邃，"既至"隱寫高聳。而開途之"競進"，乘危履石之"所悦爲安"，豐滿了"增興"之内涵。接下寫"造極"之所見。先以"七嶺之美，藴奇於此"總寫奇美，再以前有雙闕對峙，後有層巖映帶，四周巒阜以爲屏障，崇巖伸展猶如屋宇，在山嶺錯落上寫其"奇"；又選擇其臺、池、公館之象，清泉之分合、天池之澄澈、文石之燦然、草木之蔥蔚，在空間平面上寫其"美"；以"神麗"收束，以"衆情奔悦，矚覽無厭"承上而啓下。又詳細描述"天氣屢變"中的奇美之景。霄霧集也，萬象頓失；散也，迴照山影。用"塵集"喻霄霧之濃厚，用"流光"寫光映水上之動感。霧集霧散，變化莫測，此亦廬山之奇異景觀。"狀有靈焉"，寫其"神"；"流光迴照"，摹其"麗"。又以擬將再登之所見，補寫翔禽、鳴猿，有聲有形。再由翔禽拂翮聯想羽人之來儀，由猿鳴聯想佛音之有寄。"髣髴猶聞"，既有猿鳴之斷續有致，也有佛音之縹緲想象。無論眼前之景抑或縹緲想象,都讓詩人神暢心怡,所以不期之歡,"欣以永日",其"冲豫自得"之韻味,得之於心,難以形之於言也。

第三段闡釋"退而尋之"之理。物物交會,互相應感,内無主宰,外無情感,何以能引發人的深遠情志? 其原因乃在主體虛静澄澈而觀照明晰,閒静深遠而情志深厚。究其本原,詩人却百思而難盡其意——前已論其意,此言難盡意,發人深思,餘音裊裊。然而,詩人在自然變化中却豁然而悟:太陽西沉,一切成空。大德之人玄覽萬物,通達萬物之本性,所悟之神趣,超越了山水! 反觀山水,則見九江即如衣帶,丘嶺亦成蟻穴,如是而已。詩人進而深思:自然之形有巨細,人之智慧何嘗無大小! 由此深入,則又覺悟古今一揆,佛凡同在,然佛法邈遠,時空阻隔,若無哲人,誰可弘揚之耶? 惟因"應深悟遠",所以"慨焉長懷"! 那種任重道遠之感沉積心頭,然而詩人究竟是高僧大德,脱然放下,良辰美景,一遇同歡,時過境遷,何可再得? 於是情發於内,寄托歌詠以言其志。簡言之,詩人所悟者三:主體觀照之所因——心境虛明,所得——自然神趣,所思——智慧小大;所嘆者一:風迹誰存。轉折騰挪,却主旨鮮明;説理的背後躍動着鮮活靈動的靈魂,故雖説理而情不枯槁。

詩以"超興""理感"籠罩全篇,然後以"忽聞石門遊"轉入叙事,所謂"奇唱"乃是因遊覽而論佛理,所發"幽情"亦爲深遠的靈鷲之思。所以詩人揭衣登山,不見奇觀;遥望山嶺,未睹神麗,唯有仙人"雲駕""曾城"的遥想。輕快疾行登上長巖,再無"援木尋葛,歷險窮崖,猿臂相引"的艱難,而是只覺身如仙人之輕盈。接下以"矯首登靈闕"轉入遐思,舉首登上靈闕,悠然縹緲,如飛升於太清之中,於是産生如端坐蓮臺,轉法輪、頌佛經的幻覺。正是在這種心境下,詩人驀然而覺悟:神仙亦與萬物同化,唯有無我無物,冥寂俱空,纔是體證終極的涅槃境界,也是佛教人生的終極目標。整個攀登石門的過程,并非爲了"矚覽""遊觀",領略山水奇異奇妙奇峻之美,而成爲弘揚佛法的别一道場。

　　然而,此詩之美不在取象,而在於取境。所取之境有二:一是空靈寥廓的詩境。詩中間六句,除了"馳步乘長巖"可看作實寫之外,其他如"思雲駕""望曾城""登靈闕""凌太清"等皆爲想象。通過想象,構成杳然寥廓的境界。此外,"褰裳思雲駕""不覺質有輕""眇若凌太清",在"褰裳"之隨意、"不覺"之隨性、"眇若"之恍惚中,又同時構成一種輕盈空靈的境界。二是玄虛冥寂的佛境。詩最後四句的描寫:所運法輪之"虛",所頌經卷之"玄",凸顯法相法理之虛空;再以縹緲玄虛的"神仙同物化"爲襯托,用"未若"翻進一層,凸顯無我無物的冥寂涅槃境界。由詩境而寫佛境,重點抒寫"乃悟幽人之玄覽,達恒物之大情"的"神趣",從而與詩序構成互補性聯繫。

　　此詩與《廬山東林寺雜詩》都屬於佛教山水詩。佛教山水詩,既可視之爲廣義上的山水詩,亦可視之爲山水詩別一體式。既深刻影響了後代山水詩,又與東晉玄言詩合之,影響了後代詩歌理趣的形成。

【附録】

五言奉和

劉隱士遺民[一][1]

【題解】

　　關於此詩,《文鈔》校曰:"此下三首,均據重修《廬山志》,從守山閣本刊正,訂爲遠公作。"其實,此詩及下面二首皆非慧遠所作。吳宗慈《廬山志·歷代詩存》題爲"和慧遠遊廬山",作者劉遺民。既詩題"奉和",必是由下對上,或徒對師者,絕無師和弟子之詩稱爲"奉和"之理。而且從詩歌所涉及内容及説理風格看,此首及以下二首,皆是奉和慧遠《遊石門詩》而作。所誤原因,可參見《廬山諸道人遊石門詩》(并序)校考。此外,在現存文獻中,三首"奉和"最早見於《廬山記略》之附録,誤作爲"奉和"《廬山東林寺雜詩》。吳宗慈《廬山志·歷代詩存》題作“和慧遠遊廬山”，逯欽立《先秦漢魏晉南北朝詩》題作“奉和慧遠遊廬山詩”。吳宗慈、逯欽立皆以爲乃奉和慧遠“遊廬山詩”，乃因襲《廬山記略》之誤。

　　理神固超絶，涉麤罕不群[2]。孰至銷煙外，曉然與物分[3]。冥冥玄谷裏，響集自可聞[4]。文峰〔二〕無曠秀，交嶺有通雲[5]。悟深婉冲思，在要開冥欣[6]。中巖擁微〔三〕興，臨〔四〕岫想幽聞[7]。弱明反〔五〕歸鑒，暴懷傅〔六〕靈薰[8]。永陶津玄匠，落照俟虛昕〔七〕[9]。

【校勘】

　　〔一〕四庫全書本《廬山略記》作“五言奉和劉隱士遺民”，大正藏本《廬山記・廬山略記》卷四作“奉和劉隱士遺民”。

　　〔二〕“文峰”，四庫全書本《遊廬山記并詩》作“交峰”。或形近而誤。

　　〔三〕“微”，四庫全書本《遊廬山記并詩》作“激”。

　　〔四〕“臨”，大正藏本《廬山記》卷四、吳宗慈《廬山志・歷代詩存》並脱。

　　〔五〕“反”，四庫全書本《遊廬山記并詩》作“友”。形近而誤。

　　〔六〕“傅”，《文鈔》校曰：“新志注：一作‘博’。”四庫全書本《遊廬山記并詩》作“博”。形近而誤。

　　〔七〕“昕”，大正藏本《廬山記》卷四、吳宗慈《廬山志・歷代詩存》、逯欽立《先秦漢魏晉南北朝詩》皆作“斤”。或誤。

【注釋】

　　[1] 劉隱士遺民：劉程之，字仲思，號遺民，彭城人，與陶淵明、周續之同隱於柴桑，號“潯陽三隱”。遺民於廬山西林澗北別立禪坊，與

宗炳、張野、周續之、雷次宗群賢遊處，研精玄理。遠乃遺書，於是山居道俗，日加策勵。

[2] 麤：謂如來或時爲諸衆生演説諸法名字章句，種種差別，以依世諦而説，故名爲麤。不群：不凡，高於同輩。《楚辭·九章·惜誦》：“行不群以顚越兮，又衆兆之所咍也。”此二句言理致精神固然超凡絶倫，一旦涉及名相即少能超越衆生。

[3] 銷煙：雲霧消散。銷，通作消。煙，同烟，指雲霧。《廣韻》：“烟，烟熅，天地氣。《易》作絪緼。”與物分：與塵世之萬物相分，即超然世俗。此二句言誰知至於雲霧消散之天外，則可明白與塵世之萬物相分。

[4] 玄谷：幽深山谷。三國魏應瑒《愍驥賦》：“赴玄谷之漸塗兮，陟高岡之峻崖。”此二句言冥暗的幽深山谷中，可聽到天籟之音聚集相和。

[5] 文峰：廬山山峰名。曠秀：珍稀花草絶世少有。秀，可結果實之花。《爾雅·釋草》：“不榮而實者謂之秀。”此泛指花草。交嶺：亦爲廬山山峰名稱。或謂連綿之山嶺。此二句言文峰之上雖無曠世之花草，交嶺之間却是連綿相接的雲靄。

[6] 婉：《説文》：“順也。”冲思：恬静虚寂之思。《老子》第四五章：“大盈若冲，其用不窮。”《玉篇》：“冲，虚也。”此二句言深刻之悟因虚静之思而生，其要領在於開啓冥境之中歡喜心。

[7] 擁：心生。《説文》：“擁，抱也。”此二句登臨山巖之中産生幽微之情，面臨山穴聯想起神秘的傳説。

[8] 弱明：猶佛教之無明。謂愚鈍之心不能智照諸法事理。《本業經》上曰：“無明者，名不了一切法。”大乘佛法把無明分爲一念無明、無始無明兩類。鑒：青銅鏡。《正韻》：“鑑，鏡也，照也。”《韻會》：“鑑，或書作鑒。”這裏代指水面。暴懷：袒露胸懷。暴，日曬。《説文》：“暴，晞也。”傅：同敷，佩戴。《韻會》：“敷，一曰陳也。或作傅。”熏：同薫，香草名，即蕙草。《韻會》：“熏，通作薫。”《説文》：“薫，香草

也。"此二句言愚暗無明却返照萬物,胸懷袒露又佩戴香草。謂衆生泥身塵世,所欲皆不可得也。

[9]永陶:意謂永受其陶冶。南朝梁王茂《答梁武帝〈敕答臣下神滅論〉》:"方當積累來因,永陶慈誘,藻悦之誠,非止今日。"陶,做瓦器模子。金曰鈞,瓦曰陶。《玉篇》:"陶,作瓦器也。"津:渡口。《説文》:"津,水渡也。"玄匠:巨匠。南朝宋朱廣之《諮顧道士夷夏論書》:"夫義奥淵微,非所以宜參,誠欲審方玄匠,聊伸一往耳。"此指佛祖。俟:待也。虚昕:空明澄澈之日光。昕,黎明。《説文》:"昕,旦明日將出也。"此二句言唯有永受佛祖陶冶渡往彼岸,雖在日落之時,却期待澄澈的早晨陽光升起。

【義疏】

此詩乃奉和慧遠《遊石門詩》而作。首二句説理,是説佛教之精神神理固然超絶世俗,然而一旦涉及名相仍然落入世諦。"孰至"二句,以登臨感受説明唯有身至雲靄散盡之處,天光澄澈,纔能明曉"理神"與外物的分别。緊接四句描寫身臨玄谷,遠眺峰嶺所聞、所見。玄谷之中,一片冥寂,耳邊所聞,唯有天籟之聲交集;眼中所見,只是文峰交嶺的浮雲流動。再四句則抒發所思、所悟。詩人説明深刻的感悟生於虚静之思,冥境之中的歡喜心纔是津要所在。面對山巖、山岫而産生對神秘傳説的聯想,正是所"興"的具體内涵。最後四句説理,如果無明而返照,袒胸而簪花,簡直不啻癡人説夢,唯有永遠接受佛祖陶冶,纔能在黑暗過去後等來澄澈之朝陽。

毫無疑問,此詩無論説理抑或藝術,都在慧遠詩作之下。從"孰至銷煙外,曉然與物分"看,詩人仍然執著彼我的分别;"在要開冥欣"描述冥冥之境中的欣喜,顯然亦未完全達到涅槃境界。而"銷煙外""無曠秀"的取象,語言不倫而無味;"在要開冥欣""永陶津玄匠"的表達,文辭破碎而意斷。唯有"落照俟虚昕",尚有些許亮色,否則全然理淺、象乏、味淡,不值一談了!

五言奉和

王臨賀喬之〔一〕[1]

【題解】

　　吳宗慈《廬山志·歷代詩存》題作“和慧遠遊廬山”，逯欽立《先秦漢魏晉南北朝詩》題作“奉和慧遠遊廬山詩”。吳宗慈、逯欽立皆以爲乃奉和慧遠“遊廬山詩”，誤。慧遠“遊廬山”（見《廬山東林寺雜詩》）主要描繪“冥遊”情境，而此詩則是真實之遊。所言理、所寫景，都與慧遠《遊石門詩》近似，故應是奉和《遊石門》而非《遊廬山》。

　　超遊罕神遇，妙善自玄同[2]。徹彼虛明域，曖然〔二〕塵有封[3]。衆阜平寥廓〔三〕，一岫獨凌空[4]。霄景憑巖落，清氣與時雍[5]。有標〔四〕造神極，有客越其峰[6]。長河濯茂楚，險雨列秋松[7]。危步臨絕冥，靈壑映萬重[8]。風泉調遠氣，遥響多喈嗋[9]。遐麗既悠然，餘盼覿九江[10]。事屬天人界，常聞清吹空。

【校勘】

　　〔一〕此詩《文鈔》作“五言奉和王臨駕喬之”，四庫全書本《廬山記略》作“五言奉和王臨賀喬之”。大正藏本《廬山記》卷四題作“奉和王臨賀喬之”。關於此詩作者可參閱《廬山諸道人遊石門詩》（并序）校考。“駕”乃“賀”之誤，故據改。

　　〔二〕“曖然”，四庫全書本《遊廬山記并詩》作“暖兹”。誤。

　　〔三〕“寥廓”，大正藏本《廬山記》卷四作“廖廓”。古二字同。

　　〔四〕“標”，四庫全書本《遊廬山記并詩》作“摽”。古二字同。

【注釋】

[1] 王臨賀喬之：清彭際清《居士傳》記載："王喬之，琅琊人，官臨賀太守。已而入白蓮社，事遠公，與劉遺民諸賢作《念佛三昧詩》，而喬之詩獨傳於世。"

[2] 超遊：超然而遊。謂遊於山水而超越於山水。神遇：謂以精神感知事物或事理，猶言直覺。《莊子·養生主》："臣以神遇而不以目視，官知止而神欲行。"晉郭象注："神遇，向（秀）云：闇與理會謂之神遇。"此謂精神與山水猝然遇合而直覺其山水之道。妙善：妙悟美善。南朝宋謝靈運《田南樹園激流植援》："賞心不可忘，妙善冀能同。"唐李周翰注："賞心之樂不可忘者，則妙善之道，所望同於古人也。"玄同：謂冥默與道混同爲一。《老子》第五六章："塞其兌，閉其門，挫其銳，解其紛，和其光，同其塵，是謂玄同。"宋蘇轍注："默然不言，而與道同矣。"《莊子·胠篋》："削曾子之行，鉗楊墨之口，攘棄仁義，天下之德玄同矣。"唐成玄英疏："與玄道混同也。"此二句言超然而遊石門，罕有此神遇，妙悟山水與玄道冥然混一。謂有此石門"神遇"，方得"妙善自玄同"。乃強調神遇難得，凸顯石門之遊對於悟道的意義。

[3] 徹：洞察。《廣韻》："徹，明也，達也。"虛明：清澈明亮，指內心清虛純一。宋林希逸《莊子口義·人間世》曰："言此心不雜，則純一虛明。"虛明域，即空明之境。域，疆界。《説文》："域者，邦也。"曖然：昏暗不明貌。南朝宋謝靈運《過瞿溪山飯僧》詩："同遊息心客，曖然若可睹。"有封：哲學概念，謂心存物我之界限。《莊子·齊物論》："其次以爲有物矣而未始有封也，其次以爲有封焉而未始有是非也。"宋林希逸注："且如一念未起，便是未始有物之時。此念既起，便是有物。因此念而後有物我，便是有封。"此二句言至此方能明察內心的清虛純一，因爲塵封而昏昧。按：此二句似是駁斥劉遺民"孰至銷煙外，曉然與物分"所表達的哲學觀念。

[4] 衆阜：衆山。《廣雅》："（山）無石曰阜。"寥廓：深遠空曠。

岫:山穴。《廣韻》:“山有穴曰岫。”此指峰巒。此二句言遠眺衆山猶如小丘,平坦遼闊,唯有一峰,特立凌空而起。

[5] 霄景:雲霄之光影。南朝梁江淹《始安王拜征虜將軍南兖州刺史章》:“不悟旻靈拂采,霄景汰色。”明胡之驥注:“霄,霄漢也。景,光也。”清氣:天空中清明之氣。雍:和諧。《韻會》:“雍,和也。”此二句言天光日影灑落於山崖,山林之氣與仲春雍和渾融,一片清澈明朗。

[6] 標:原指枯枝。《莊子・天地》:“上如標枝,民如野鹿。”宋林希逸注:“標枝,枯枝也。但見其枝,不見其葉,故曰標枝。”此指樹梢。造:至。《説文》:“造,就也。”神極:原指神靈所設之極限。南朝梁江淹《爲蕭驃騎讓封第二表》:“日薄星迴,昊天無以爽其節;山盈川冲,厚地不能虧其度。豈不靈鑄有限,神極無爽!”此指雲霄。此二句言峰頂樹木直插雲霄,却有遊客穿越其山峰。乃描摹登臨山頂如入雲霄之感,寓情於寫景之中。

[7] 濯:灌溉。《儀禮・特牲饋食禮》:“反降東北,面告濯具。”漢鄭玄注:“濯,溉也。”茂楚:茂盛之草木。《説文》:“楚,叢木也。”險雨:猶言暴雨。《周易・需》:“象曰:雲上於天。”唐孔穎達疏:“坎既爲險,又爲雨,今不言險雨者,此象不取險難之義也。”列:分開。《説文》:“列,分解也。”此二句言長河沾溉,山林草木茂盛;風狂雨急,鬱鬱松林散開。按:此是仲春,言秋松者并非指秋季之青松,而是蘊含青松歷秋冬不凋之意。

[8] 危步:艱難的步履。《説文》:“危,在高而懼也。”絶冥:深澗。《淵鑑類函》卷二八《天台山》:“天台山去天不遠,路經楢溪,溪水清冷,前有石橋,闊不盈尺,長數十丈,下臨絶冥之澗,惟忘其身,然後能濟。”此二句言艱難登上山嶺,下臨絶澗,層層神靈山壑,垂映其中。

[9] 遠氣:遠方雲氣。南朝宋劉駿《華林清暑殿賦》:“山懷風兮谷吐泉,清潭邃兮遠氣宣。”與此句意近。喈喈:衆鳥和鳴。晉葛洪《抱朴子・詰鮑》:“靈禽喈喈於阿閣,金象焜晃乎清沼。”此二句言風落泉上,調和雲氣;遠處回聲,如鳥和鳴。

[10] 遐麗:遠處美景。《爾雅·釋詁》:"遐,遠也。"悠然:邈遠貌。《集韻》:"悠,一曰遠也。"盼:目光環顧。《説文》:"詩曰:美目盼兮。從目,分聲。"南唐徐鍇《繫傳》曰:"目好流視也。"覯:看見。《韻會》:"覯,《爾雅》:見也。《集韻》:或作靚。"此二句言遠處美景已經邈然,餘光縱覽於九江。是乃描摹夕陽西下之景,山林一色,唯有九江如帶映入眼簾。

[11] 天人:順應自然之道者。《莊子·天下》:"不離於宗,謂之天人。"此指佛法。天人界:猶言天人之際。又,佛教稱凡夫生死往來之世界有三:欲界、色界、無色界。天界爲欲界六重天之一。人界即人間界。兩説皆通。清吹:清越之管樂,如琴笙笛簫之類。宋王質《栗里華陽窩辭·琴》:"柏下之人已往兮,清吹毋爲之輕彈。"空:盡,虛無。佛教謂萬物因緣而生,没有自性,虛幻不實。此二句言此事已經進入佛法境界,常聞此天籟清音,則覺悟名相皆空。

【義疏】

此詩以摹寫景物爲核心,以闡釋佛理爲歸趣,採用因理入景、由景悟理的方式,抒寫遊石門的見聞、感悟。

首四句説理,雖遊石門山水,却超然於山水,頓生罕見的精神與山水猝然相合,而妙悟冥然混一之道。由此可知,如果執著彼之心境純一空寂的界限,仍然是昏昧於塵俗執著物我之差異。接下十二句皆是寫景,先總寫登高所見,遠眺衆山平坦遼闊,一峰凌空飛峙,雲影依山巖而落下,澄澈山氣夾帶着仲春之祥和。然後以樹木聳立而穿雲、遊客攀越而登頂作轉折,寫登臨之近覽,長河滋潤蔥蔚之草木,急雨分開茂密之青松;再寫身登絶澗而視下,萬壑千重,疊映水中,風落泉中,調和遠氣,谷中回響,如鳥和鳴。最後又寫夕陽西下,遠處美景邈然,唯有九江如帶,尚且可見。故詩人因此而了然覺悟:天地一色,是爲法界,天籟之音,原是一空。

其説理也,以"妙善自玄同"爲核心,强調既不執著於名相——超遊，又强調不執著於心空——徹彼，前者是得魚忘筌，後者物我兩忘。不落兩邊，是爲中觀。最後又將自己的了然之悟呈現出來，天地一色，有色而無色，萬籟清吹，有聲而無聲，真正進入“色不異空，空不異色，色即是空，空即是色”（《心經》）的一如境界。這種對佛理的透徹之悟，絕非劉遺民詩所能及。其寫景也，中間穿插“有客越其峰”“危步臨絕冥”叙事，寫出或遠眺、或近觀、或視下的視點變化，使散落的景致貫穿一綫。此外，“退麗既悠然”又隱含着時間的變化，這些方面都體現了詩人內在思致的嚴密性。在取象上，“衆阜平寥廓，一岫獨凌空”的遼闊無垠且高標特立，“長河濯茂楚，險雨列秋松”的虛實相生且色調豐滿，以及“風泉調遠氣，遥響多喈嗌”的空靈悠遠且生機勃勃，都構成獨特的審美境界。其用語也，用“獨”突出一岫凌空的氣勢，用“落”寫出影照山巖的錯覺，用“濯”用“調”寫想象，用“列”用“盼”摹神態，如此等等，都達到極高的藝術水準。使此詩迴拔於其他“奉和”之上，也超出了慧遠原唱。

五言奉和

張常侍野[一][1]

【題解】

　　此詩詩題，吳宗慈《廬山志·歷代詩存》作“和慧遠遊廬山”，逯欽立《先秦漢魏晉南北朝詩》作“奉和慧遠遊廬山詩”，皆誤。參閱前詩“題解”。

　　覿嶺混太象，望崖莫由檢[二][2]。器遠蘊其天，超步不階漸[3]。褐來越重垠，一舉拔[三]塵染[4]。遼朗中天[四]盼，迴[五]豁邃瞻慊[5]。乘此攄[六]瑩心，可以忘遺玷[6]。曠[七]風被幽宅，妖塗故死減[7]。

【校勘】

〔一〕四庫全書本《廬山記·廬山略記》作"五言奉和張常侍野"，大正藏本《廬山記·廬山略記》卷四作"奉和張常侍野"。

〔二〕"檢"，四庫全書本《遊廬山記并詩》作"險"。或形近而誤。

〔三〕"拔"，《文鈔》校曰："新志注：或作'披'。"形近而誤。

〔四〕"天"，大正藏本《廬山記》卷四、吳宗慈《廬山志·歷代詩存》皆作"大"。形近而誤。

〔五〕"迴"，大正藏本《廬山記》卷四作"迥"，可通。四庫全書本《遊廬山記并詩》作"向"，乃"迴"之誤。

〔六〕"摅"，大正藏本《廬山記·廬山略記》卷四作"櫨"。形近而誤。

〔七〕"曠"，四庫全書本《遊廬山記并詩》作"曠"。形近而誤。

【注釋】

[1] 張野：字萊民，居潯陽柴桑，與陶淵明有婚姻契。學兼華梵，尤善屬文。州舉秀才、南中郎府功曹、州治中，徵拜散騎常侍，俱不就。依遠公修淨土業，及遠公卒，爲序自稱門人，世服其義。義熙十四年（四一八）卒，年六十九。

[2] 覯：見。《韻會》："覯，《爾雅》：見也。《集韻》：或作靚。"太象：即大象。《廣韻》："太，大也。"《韻會》："太也，或作大。"此指日月星辰等天象。晉支遁《釋迦文佛像讚》："峻誕崑岳，量哀太清。大象罕窺，乃圓其明。"檢：約束，限制。《孟子·梁惠王上》："狗彘食人食而不知檢，塗有餓莩而不知發。"此二句言遠望山嶺，與天象混一而無界限。謂山嶺聳入雲霄。

[3] 器遠：指胸襟和度量闊大。器，氣量，度量。《論語·八佾》："子曰：管仲之器小哉！"三國魏何晏注："言其器量小也。"蘊：含。《説文》："蘊，積也。"引申爲藏、蘊含。階漸：循序漸進之途徑。漸，漸次。《易·漸卦》唐孔穎達疏："漸者不速之名，凡物有變移，徐而不速謂之

漸。"此二句言器度闊大,蘊含天宇,猶如不由階途,一步踏入雲霄。按:此句承接前句,仍然寫廬山,而非寫遊客。

[4]曷:何。《吕氏春秋・貴因》:"膠鬲曰:曷至?"漢高誘注:"曷,何也。言以何日來至殷也。"此一意項後來通作曷。重垠:重巖疊嶂。漢揚雄《衛尉箴》:"設置山險,畫爲防禦。重垠累垓,以難不律。"《增韻》:"垠,崖也。"塵染:塵世之侵染。塵,又譯作境、境界。謂一切世間之事法,染污真性者。如四塵(色香味觸)、五塵(色聲香味觸)、六塵(色聲香味觸法)等。《法界次第》曰:"塵即垢染之義,謂此六塵能染污真性故也。"此二句言何來攀越重巖疊嶂,一舉超拔塵世之染污!

[5]遼朗:遼闊明净。晉桓玄《鸚鵡賦》:"有遐方之令鳥,超羽族之拔萃。翔清曠之遼朗,栖高松之幽蔚。"迴豁:曲折通敞之山谷。《説文》:"豁,通谷也。"遐瞻:遠望。《爾雅・釋詁》:"遐,遠也。"慊:愜意。《韻會》:"慊,一曰愜也。"此二句言顧盼遼闊明净之天宇,愜意遠觀曲折敞亮之山谷。

[6]攄:抒發。漢班固《西都賦》:"攄懷舊之蓄念,發思古之幽情。"《廣雅》:"攄,舒也。"瑩心:晶瑩純潔之心,明净、覺悟之心。北周王褒《温湯碑》:"華清駐老,飛流瑩心。"《玉篇》:"瑩,玉色也。"遺玷:殘存之瑕疵。玷,玉之瑕疵。《韻會》:"玷,玉病也。"此二句言藉此抒寫晶瑩之心境,忘懷世俗欲求,令心不受玷污。

[7]曠風:遥遠之風。《廣韻》:"曠,空明也,遠也。"此指佛教之風。幽宅:墳墓。《儀禮・士喪禮》:"度兹幽宅兆基,無有後艱。"漢鄭玄注:"今謀此以爲幽冥居兆域之始。"妖塗:鬼路之意。死减:即减死,古代一種刑法,减免死刑。漢荀悦《漢紀・高祖紀四》:"無藩國之義,减死可也,侯之過歟!"此二句言佛教之風廣被冥界,故墜於鬼途亦得减其罪孽。

【義疏】

此詩以説理爲主,寫景爲輔。首四句寫景,言遠眺廬山峰嶺與太清渾然一體，無邊無際，以"器遠蘊其天"描寫其恢弘寥廓，以"超步不階漸"比喻其直聳雲天。再四句抒情，先言同來攀越重巖之緣由，乃在藉此而超拔塵世對真性之污染；然後描述遠望天宇、空谷、顧盼生情，愜意無比。最後説理，是説希冀藉此而抒寫澄澈晶瑩之心境，忘却世俗染污所存之瑕疵，并由此而悟，佛教之風廣被鬼宅，超度墜入地域之亡靈。詩人要表達的是：天上、人間、地獄，佛音無處不在。

表層上看，詩人寫景、抒情、説理，綫條清晰，然而其寫景空乏而無意象，抒情虛矯而失真切，其説理粗淺而不警策。特別後六句，所謂"中天盻""退瞻慄"破碎不成句，"攄瑩心""忘遺砧"意隔不成理，最後兩句不惟取境陰森，且"妖坌故死滅"簡直就是拼凑成言。在"奉和"三首中，此詩最爲平庸粗糙。由此也可旁證，這類粗製濫造之詩絶不可能出自文學修養深厚的遠公之手。

報羅什法師偈[一]

【題解】

《高僧傳》卷六慧遠本傳載：慧遠聞羅什入關，即遣書通好，羅什法師答書云："今往常所用鍮石雙口澡灌，可以備法物數也。并遺偈一章曰：既已捨染樂，心得善攝不？若得不馳散，深入實相不？畢竟空相中，其心無所樂。若悦禪智惠，是法性無照。虛誑等無實，亦非停心處。仁者所得法，幸願示其要。"遠復書，并答以偈。此偈所作時間在元興二年（四〇三），參見《澡罐銘序》。華梵佛學研究所編《慧遠大師文集》作義熙二年（四〇六），或誤。

本端竟何從，起滅有無際[1]。一微涉動境，成此頹山勢[2]。惑相更相[二]乘，觸理自生滯[3]。因緣雖無主，開途非

一世[4]。時無悟宗匠，誰將[三]握玄契[5]。末[四]問尚悠悠，
相與期暮歲[6]。

【校勘】

〔一〕《文鈔》校曰："《高僧傳》卷六，《詩紀》卷三十七。"

〔二〕"相"，《佛祖歷代通載》卷七作"想"。或音同而誤。

〔三〕"將"，《古詩紀》卷四七、《石倉歷代詩選》卷四作"謂"。

〔四〕"末"，《佛祖歷代通載》卷七作"來"，《古今禪藻集》卷一校
作"來"，皆非。"末問"乃慧遠自謙。

【注釋】

[1] 本端：根本，本原。《宋高僧傳·後唐南嶽般舟道場惟勁
傳》："舜韶齊聞，不覺頓忘於肉味，嗟其無識，不究本端。"端，同耑，開
始。《説文》："耑，物初生之題也。"《韻會》："耑，通作端。"按：佛教所
言之本原(本端)即爲真如。真，真實不虛妄；如，常住不變其性。即
大乘佛教所言之"萬有之本體"。起滅：謂事物之生與滅。佛教認爲，
萬物因緣和合則生，因緣離散則滅。《圓覺經·金剛藏菩薩》曰："空
本無華，非起滅故。生死涅槃，同於起滅，妙覺圓照，於離華翳。"有
無：即有無二見。有指常見，即固執身心爲實有的邪見；無指斷見，即
堅持人死後身心斷滅不復再生的偏見，爲五惡見之一。《大乘大義
章·次問分破空》慧遠問羅什曰："有無之際，其安在乎？"此二句言
"本端"從何而來，乃生於起滅有無之間。

[2] 一微：一微塵，指最微細之物。佛經謂物質之最小單位爲一
微塵，略稱一塵。《三藏法數》："動者，搖揚不安之謂。動有三相：一
方獨動名動，四方俱動名遍動，八方齊動名普遍動。"頽山：倒塌之山。
頽，暴風吹落於地。《爾雅·釋天》："焚輪謂之頽。"晉郭璞注："暴風
從上下。"《廣韻》："頽，通作積。"引申爲墜落。此二句言小如微塵，一

旦涉及動境,就形成大山傾頹之勢。

〔3〕惑相:惑於現象。後秦釋僧肇《維摩詰經注》:"心者何也?惑相所生。"佛教認爲,相本是空,因緣而生,若心生執著即爲惑相。相乘:猶相因。《孟子·公孫丑上》:"雖有知慧,不如乘勢。"此二句言虛假之像又層層相因,故一旦觸及佛理則生執著之心。

〔4〕因緣無主:謂因緣而生且無自性。因緣,即因與緣。佛教認爲,一切現象皆由因緣和合而生。因,是結果生成的内在原因;緣,是結果生成的間接原因。因緣聚散即成爲現象生滅的依據。因此,由因緣生滅之一切法(現象),也稱爲因緣生滅法;由因緣相互作用而産生的結果,即稱因緣和合。因爲物乃因緣和合而生,故無自性,無自性則"無主"。此二句言佛法佛性雖是因緣和合而生且無自性,然而開闢修證佛法佛性之路則非一世之功。

〔6〕悟宗匠:指覺悟佛學宗旨之大師。慧遠《形盡神不滅論》:"向使時無悟宗之匠,則不知有先覺之明,冥傳之功,没世靡聞。"玄契:猶玄思。晉釋道安《平心露布文》:"於是潛機密會,玄契冥馳。"此指佛理。此二句言若當代没有大師,誰又能掌握佛學深奧之理。

〔7〕末問:自謙遺書問詢。《説文》:"問,訊也。"相與:共同。晉陶潛《移居詩》:"奇文共欣賞,疑義相與析。"期:約。《説文》:"期,會也。"清段玉裁注:"會者,合也。期者,邀約之意,所以爲會合也。"此二句言吾之書信,送達時間尚遠,期待歲暮能送達耳。

【義疏】

此偈乃答羅什法師偈。羅什偈之意是,既已捨棄塵俗染污而生歡喜之心,然善於保持心性否? 若能做到心性專一,然能深切覺悟法身否? 在畢竟空的法相中,其心寂滅且并無歡喜心。如若愉悦於禪靜智慧,則證法性寂照而無照。一切法相又是虛無空幻,亦非心之念念關注之處。你所得之法,能够開示其要旨麽? 其偈核心乃是討論佛教法性、法相問題。指出一切法性、法相亦是畢竟空,心念一生即是妄想妄執。願汝（仁者）闡明其所得佛法之要津。

　　慧遠所回復的偈語，亦繼續討論這一問題。所謂"本端"，按照《阿含經》的理論，就是"真如緣起"，所以說"本端"（真如）緣於起滅與有無之際。然而緣起性空，其特徵本是湛然常寂，廓然空明。一旦不守自性，微念一生，即涉"動境"，就會內生六道輪迴、生死不息的五蘊根身，外生荆棘叢生、瓦礫遍地的山河大地，因而就有起滅、有無的"頹山"之勢。此即《金剛經·真性空品》所言："真如種子，爲妄所翳……意（意識）、言（概念）、分別（差別境界），隨意顯現。"在這種情境下，迷惑之心性與所生之幻相互相干涉、互相影響，所涉及之法理亦是滯於執著。所謂"因緣無主"，亦即"緣生無性"。此即《金剛經·真性空品》所言："因緣性相，相本空無，緣緣空空，無有緣起；一切緣法，惑心妄見，現本不生，緣本無故。心如法理，自體空無。……凡夫之心，分別妄見。"雖然法性因緣和合而生且無自性，但是修證法性之空則在於永恒。如果沒有覺悟佛學要旨之大師，誰能掌握這一深刻道理！顯然，慧遠贊成羅什畢竟空觀的大乘理論，然而凸顯修持對於佛教徒的意義。

　　所言"時無悟宗匠，誰將握玄契"，既是贊美對方，亦蘊含自信，措辭十分微妙。而結句"末問尚悠悠，相與期暮歲"，對長路漫漫，音書久遠，充滿期待，有濃郁的抒情意味，也使枯燥的說理染上一點詩的情調。

書

與隱士劉遺民等書[一]

【題解】

《廣弘明集》卷二七上於題下云："彭城劉遺民，以晉太元中除宜昌、柴桑二縣令。值廬山靈邃，足以往而不反。遇沙門釋慧遠，可以服膺。丁母憂去職，入山，遂有終焉之志。於西林澗北，別立禪坊，養志閒處，安貧不營貨利。是時閒退之士，輕舉而集者，若宗炳、張野、周續之、雷次宗之徒，咸在會焉。遺民與群賢遊處，研精玄理，以此永日。遠乃遺其書。"此書雖短，對廬山僧團影響甚大。自此之後，山居道俗日加勤勉，劉遺民尤其精勤徧至，遵循佛門一切禁戒，雷次宗、周續之、畢穎之、張秀實、宗炳等人，悉依慧遠，雖修持不及遺民，亦專念禪坐。於是形成一百二十三人廬山僧團，且於阿彌陀像前，率以香華敬薦，并發誓棲心佛門，期生净土。遺民作《發願文》以記其盛事，明其情志。這就形成了影響深遠的後代所稱之"蓮社"，净土宗也由此而法門大盛。

此書作於劉遺民《發願文》之稍前。《發願文》云"維歲在上章攝提格，秋七月戊辰朔"，攝提格是歲陰名，乃干支紀年法中的寅年。《爾雅·釋天》："太陰在寅曰攝提格。"《發願文》所言之上章攝提格是庚寅年，故明喬桑《廬山紀事》謂"建齋設誓"的時間是太元十五年。然而，太元十五年雖是庚寅年，此年七月却非戊辰。湯用彤《漢魏兩晉南北朝佛教史》考之曰："按太元十五年雖爲庚寅年，而七月朔系丁未。元興元年壬寅七月乃爲戊辰也。"也就是說，太元十五年七月是丁未，而元興元年七月纔是戊辰。太元十五年是庚寅年，元興元年是壬寅年。而據《釋文紀》卷五、《佛祖歷代通載》卷七、《高僧傳》卷六所載《發願文》俱無"上章"二字,這説明《發願文》只記了"攝提格"(寅年),而没有確切記爲"上章攝提格"(庚寅),"上章"二字乃後出衍文。因此《發願文》應作於元興元年(四〇二)七月初一。此書乃勸劉作《發願文》,固當作於《發願文》之前月。

　　每尋疇昔,遊心世典,以爲當年之華苑也[1]。及見《老》《莊》,便悟名教是應變之虛談耳[2]。以今而觀,則知沉冥之趣,豈得不以佛理爲先[3]? 苟會之有宗,則百家同致[4]。君與〔二〕諸人,并爲如來賢弟子也,策名神府,爲日已久[5]。徒積懷遠之興,而乏因藉之資。以此永年,豈所以勵其宿心哉[6]? 意謂六齋日,宜簡絶常務,專心空門[7]。然後津寄之情篤,來生之計深矣[8]。若染翰綴文,可託興於此[9]。雖言生於不足,然非言無以暢一詣之感[10]。因驥之喻,亦何必遠寄古人歟〔三〕[11]!〔四〕

【校勘】

〔一〕《文鈔》校曰:"遠公《書》,《廣弘明集》卷三十二。"按:卷三二,乃卷二七之誤。另,《文鈔》先録劉遺民《發願文》,本書將《發願文》移至"附録"。

〔二〕"與",卍正藏本《廣弘明集》卷二七、《釋文紀》卷八、《慧遠研究·遺文篇》皆脱。

〔三〕"歟",卍正藏本《廣弘明集》卷二七、《釋文紀》卷八、《慧遠研究·遺文篇》皆脱。

〔四〕卍正藏本《廣弘明集》卷二七《誠功篇録》、《慧遠研究·遺文篇》於《與隱士劉遺民等書》後,俱有一段文字,言及遠公此《書》的影響,並録於此。"於是山居道俗,日加策勵。遺民精勤偏至,具持禁戒,宗、張等所不及。專念禪坐,始涉半年,定中見佛,行路遇像。佛於空現,光照天地,皆作金色。又披袈裟,在寶池浴。出定已,請僧讀經,願速捨命。在山一十五年,自知亡日。與衆別已,都無疾苦。至期,西面端坐,斂手氣絕。年五十有七。先作《篤終誡》曰:'皇甫謐《遺論》,佩《孝經》示不忘孝道,蓋似有意小兒之行事。今即土爲墓,勿用棺椁。'子雍從之。周續之等,築室相次,各有芳績,如別所云。"

【注釋】

[1] 疇昔:往日,從前。《禮記·檀弓上》:"予疇昔之夜,夢坐奠於兩楹之間。"遊心:猶潛心。漢蔡邕《玄文先生李子材銘》:"休少以好學,遊心典謨,既綜七經,又精群緯。"世典:佛家稱世俗典籍爲世典。《維摩詰經·方便品》:"雖明世典,常樂佛法。"

[2] 應變:應付世變。《史記·太史公自序》:"非信廉仁勇不能傳兵論劍,與道同符,內可以治身,外可應變,君子比德焉。"上四句叙述早年讀書之過程。是説每尋思從前潛心於儒學,認爲此爲當代之華美文苑也。及至閱讀《老》《莊》,纔明白儒家名教乃應於世變之空談。

[3] 沉冥:佛教語,猶幽冥,喻指塵世。亦指幽冥中人,即衆生。《楞嚴經》卷四曰:"引諸沉冥,出於苦海。"趣:同趨,疾行。《韻會》:"趣,促也。或作趨。"此三句言從今天看來,則明瞭墜入塵世者,必須以虔心佛理爲途徑。

[4] 百家:指學術上各種派別。《荀子·解蔽》:"今諸侯異政,百家異説,則必或是或非,或治或亂。"同致:同歸,同一趨向。三國魏嵇康《與山巨源絕交書》:"故君子百行,殊塗而同致,循性而動,各附所安。"此二句言假如融會貫通而取之有宗,則諸家之説殊途同歸。

[5] 策名:即仕者書名於簡册。《左傳·僖公二十三年》:"策名委質,貳乃辟也。"晉杜預注:"名書於所臣之策。"唐孔穎達疏:"古之仕者於所臣之人書己名於策,以明繫屬之也。"策,同册。《説文》:"册,符命也。諸侯進受於王者也。"此指在佛教神府中榜上有名。神

府：神仙洞府。晉竺道爽《檄太山文》："沙門竺道爽敢告太山東嶽神府，及都録使者。"此喻弘法道場。唐釋智昇《開元釋教録》卷五上："俄而，於寺開講《法華》及《十地》，法席之日，軒蓋盈衢，觀矚往還，肩隨踵接，跋摩神府。"此四句言君與諸位，皆是如來賢能弟子，名著於道場，時日已久。

[6] 因藉：依傍。《廣韻》："因，託也，仍也，緣也。"《韻會》："藉，又借也。"永年：長年以往。《説文》："永，水長也。象水巠理之長永也。"勵：盡力。《説文》："勵，勉力也。"宿心：猶初心。三國魏嵇康《幽憤詩》："内負宿心，外恧良朋。"吕向注："宿心，謂宿昔本心也。"這裏指成佛的願望。這四句言空懷遥遠身後之思，而缺乏藉以達到目的之措施，長年以往，豈能勉力於當初向佛之心嗎？

[7] 六齋日：又作六齋。謂每月清净持戒之六日。每逢大月爲農曆初八、十四、十五、廿三、廿九、三十日；若逢小月，爲農曆每月初八、十四、十五、廿三、廿八、廿九日。僧衆每月於此六日須集會一處，布薩説戒。在家二衆於此六日受持一日一夜八關齋戒。印度自古傳説鬼神每於此六日伺機害人，故至此等日中，遂盛行沐浴斷食之風，其後佛教沿用此一行事，并謂於此六日，四天王必下降世間，探查人間之善惡。簡絶：猶擯棄。《魏書·王肅傳》："清身好施，簡絶聲色，終始廉約，家無餘財。"常務：日常事務。南朝宋劉義慶《世説新語·政事》："望卿擺脱常務，應對玄言。"空門：佛教教義以空爲極致，并以空法作爲進入涅槃之門，故稱佛門爲空門。此三句言佛教之意是六齋日，應該擯棄日常事務，虔心向佛。

[8] 津寄：意謂可依附之處。《魏書·高允傳》："稽之舊典，欲置學宫於郡國，使進修之業有所津寄。"《廣韻》："寄，附也。"此指托身佛門。來生之計：謂修未來之生報。此指往生佛土之理想。此二句言然後托身佛門之志虔誠，往生佛土之理想深遠。

[9] 染翰：潤筆。晉潘岳《秋興賦序》："於是染翰操紙，慨然而賦，於時秋也，故以秋興命篇。"唐李善注："翰，筆毫也。興者，託事於

物。"綴文：聯綴字句而成文章。《玉篇》："綴，輯也。"此二句言如若操筆以成文章，可托情志於此。

[10] 一詣之感：謂一入佛門之感。《小爾雅》："詣，進也。"此二句言雖然語言之產生不足以達其真諦，然没有語言則無法流暢表達一入佛門之感受。

[11] 因驥之喻：指孔子以馬喻德之比喻。《論語·憲問》："驥不稱其力，稱其德也。"《説文》："驥，千里馬，孫陽所相者。"南唐徐鍇《繫傳》："孫陽，即伯樂。"此二句言操筆爲文，亦如駿馬之德，何必托意於遙遠之古人呢！此乃勸勉劉遺民作《發願文》。

【義疏】

此書先追憶其虔心佛學之過程，早年遊心儒家經典，以爲是天下之美文，及至閲讀《老》《莊》，便明瞭儒家名教只是順應時世變化的一種空談。爾後棲心佛典，才真正覺悟墜入俗塵者，必須以學習佛理爲先。再勉勵遺民及諸弟子，皆是佛門賢能，并名登道場，時日已久；又告誡諸位，不能空懷往生佛門净土之志，而無往生佛門净土之修持方法，長期以往，則有悖於初心。接下説明其簡要的修持方法，在家居士，在六齋日也必須擯棄世務，虔心向佛，如此則托身佛門之志篤厚，往生净土之理想深遠。最後説明，如若操筆作《發願文》，則可以此寄托情志，并進而説明：言相不足以明瞭佛門真諦，但非言亦無法暢達一入佛門之感。所以勸勉遺民創作《發願文》，亦如駬驥，有馳騁遠方的負重之德矣。

此書促進了《發願文》的産生，而《發願文》又成爲廬山結社的綱領性文字。令人解頤的是，《發願文》所謂"其有驚出絶倫，首登神界，則無獨善於雲嶠，忘兼全於幽谷，先進之與後升，勉思彙征之道"，不僅使這一莊嚴的佛教儀軌成爲衆生成佛的方便法門，而且帶有互助合作、共謀福祉的世俗意味。

【附錄】

發願文〔一〕
[晉]劉程之

　　維歲在上章〔二〕攝提格〔三〕，七月戊辰朔，二十八日乙未。法師釋慧遠，真感幽奧〔四〕，霜〔五〕懷特發。乃延命同志息心貞〔六〕信之士，百有二十三人，集於廬山之陰，般若雲臺〔七〕精舍，阿彌陀像前，率以香華敬薦而誓焉。

　　推〔八〕斯一會之衆，夫緣化之理既明，則三世之傳顯矣。遷感之數既符，則善惡之報必矣。推交臂之潛淪，悟無常之期〔九〕切。審三報之相催，知險趣之難拔。此其同志諸賢，所以夕惕宵勤，仰思攸濟者也。蓋神者可以感涉，而不可以迹求。必感之有物，則幽路咫尺。苟求之無主，則渺茫何〔一〇〕津。今幸以不謀而僉心西境，叩篇開〔一一〕信，亮情天發。乃機象〔一二〕通於寢夢，欣歡百於子來。於是靈〔一三〕圖表暉，影伴神造。功由理諧，事非人運。兹實天啓其誠，冥運〔一四〕來萃者矣。可不剋心〔一五〕，重〔一六〕精疊思，以凝其慮哉！

　　然其景績參差，功福〔一七〕不一。雖晨祈〔一八〕云同，而夕歸攸隔。即我師友之眷，良可悲矣，是以慨焉。胥命整襟〔一九〕法堂，等施一心，亭懷幽極。誓兹同人，俱遊絕域。其有驚〔二〇〕出絕倫，首登神界，則無獨善於雲嶠，忘兼全〔二一〕於幽谷，先進之與後升，勉思彙〔二二〕征之道。然復〔二三〕妙觀大儀，啓心貞照，識以悟新，形由化革。藉芙蓉於中流，蔭瓊柯以詠言。飄雲〔二四〕衣於八極，汎〔二五〕香風以窮年。體忘安而彌穆，心超樂以自怡。臨三途而緬謝，傲天宮而長辭。紹衆靈以繼軌，指太息[二六]以爲期。究兹道也，豈不弘哉！

【校勘】

〔一〕《文鈔》校曰："《願文》，《高僧傳》卷六、及《樂邦文類》卷二。"《釋文紀》卷五作《西方誓文》，并注云："慧遠之在廬山也，彭城劉遺民、豫章雷次宗、鴈門周續之、新蔡畢穎之、南陽宗炳、張萊民、張季顯等并棄世遺榮，依遠遊止。遠乃於精舍無量壽像前，建齋立誓，共期西方。乃令遺民著其文，沙門道昺、梵僧佛馱跋陀羅、弟慧持等咸預焉，稱蓮社十八賢。"注見《出三藏記集》。按：蓮社十八賢乃後人所謚之名號，非當時之稱謂。

〔二〕《釋文紀》卷五、《佛祖歷代通載》卷七、《高僧傳》卷六俱無"上章"二字。《文鈔》校曰："即歲次庚寅，乃東晉孝武帝太元十五年。"按："上章"二字應爲衍文，《發願文》當寫於元興元年（四〇二），詳見《與隱士劉遺民等書》題解。又"維"，《高僧傳》卷六作"惟"。古二字同。

〔三〕"格"，《高僧傳》卷六湯用彤校云："原本'格'作'秋'，據弘教本及其他資料改正。"

〔四〕"真"，《文鈔》校曰："《僧傳》作'貞'。"古二字通。又"奧"：《高僧傳》卷六湯用彤校云："《祐錄》作'冥'。"

〔五〕"霜"，《高僧傳》卷六作"宿"。

〔六〕"貞"，《佛祖歷代通載》卷七作"正"。古二字同。《高僧傳》卷六湯用彤校云："《祐錄》作'清'。"

〔七〕"般若雲臺"，《文鈔》校曰："《文類》無'雲'字。"《佛祖歷代通載》卷七、《高僧傳》卷六、《樂邦文類》卷二亦無"雲"字。《高僧傳》卷六湯用彤校云："三本、金陵本'若'下有'雲'。"雲，或爲衍文。

〔八〕"推"，《文鈔》校曰："《文類》作'惟'，應是。"《佛祖歷代通載》卷七、《高僧傳》卷六、《樂邦文類》卷二皆作"惟"，唯《釋文紀》卷五作"推"。或形近而誤。

〔九〕“期”，《高僧傳》卷六湯用彤校云：“《祐録》作‘斯’。”

〔一〇〕“何”，《釋文紀》卷五、《高僧傳》卷六皆作“河”。

〔一一〕“開”，《高僧傳》卷六湯用彤校云：“三本作‘則’。”

〔一二〕“象”，《高僧傳》卷六湯用彤校云：“《祐録》作‘衆’。”

〔一三〕“靈”，《佛祖歷代通載》卷七、《高僧傳》卷六作“雲”。

〔一四〕“運”，《高僧傳》卷六湯用彤校云：“《祐録》作‘數’。”

〔一五〕“尅心”，《文鈔》校曰：“《文類》多‘尅念’二字。”《佛祖歷代通載》卷七作“克心克念”。

〔一六〕“重”，《文鈔》校曰：“一作‘專’。”

〔一七〕“福”，《高僧傳》卷六、《釋文紀》卷五作“德”。

〔一八〕“祈”，《佛祖歷代通載》卷七作“期”。

〔一九〕“襟”，《佛祖歷代通載》卷七作“衿”。古二字同。

〔二〇〕“驚”，《文鈔》校曰：“《文類》作‘警’。”

〔二一〕“全”，《高僧傳》卷六湯用彤校云：“元本作‘令’，金藏作‘合’。”

〔二二〕“彙”，《高僧傳》卷六作“策”。

〔二三〕“復”，《文鈔》校曰：“《文類》作‘後’。”又“觀大”，《高僧傳》卷六作“觀大”。湯用彤校云：“宋本作‘觀天’；元本、明本、金陵本作‘觀大’。金藏‘大’作‘天’。”

〔二四〕“雲”，《佛祖歷代通載》卷七作“靈”。

〔二五〕“汎”，《佛祖歷代通載》卷七作“沉”。

〔二六〕“太息”，《文鈔》校曰：“他本皆作‘大覺’。”

答戴處士安公書〔一〕[1]

【題解】

戴逵字安道，東晉著名美術家、雕塑家。在南京瓦官寺所雕之無量壽佛像,與顧愷之之維摩詰像及獅子國(錫蘭島)之玉像,并稱"三絕"。他本是"置心天人之際,抗身煙霞之表"(何尚之《答宋文帝讚揚佛教事》)的崇佛名士,却因對佛教因果報應持有異議,於太元十二年(三八七)作《釋疑論》(詳《三報論》題解)。并隨書附《釋疑論》向慧遠請教。未曾料到的是,此文在佛教界引起軒然大波,周道祖作《難釋疑論》以駁之,遂又作《答周居士難釋疑論》回應之。慧遠收到《釋疑論》并書之後,先後作《答戴處士安公書》《再答戴處士安公書》,并且作《三報論》闡釋佛教因果報應;戴逵除了遺文附書之外,又作《重與遠法師書》《答遠法師書》等,雙方反復辯難,成爲東晉佛教史上一椿有名公案。

由此書"去秋與諸人共讀君論,并亦有同異"可知,此書作於《釋疑論》之次年,即太元十三年(三八八)。華梵佛學研究所編《慧遠大師文集》作太元十九年,或誤。

省君別示,以爲慨然[2]。先雖未善相悉[一],人物往來[三],亦未始[四]暫忘[3]。分命窮達,非常智所測[4]。然依傍大宗,似有定檢[5]。去秋與諸人[五]共讀君論,並亦[六]有同異。觀周郎作答,意謂世典與佛教,驫是其中[6]。今封相呈,想暇日能力尋省[7]。釋慧遠頓首[七][8]。

【校勘】

〔一〕本篇卍正藏經本《廣弘明集》卷一八、《釋文紀》卷五作《答戴處士書》,《慧遠大師集》作《答戴安公書》。按:書信本無標題,後人編集乃各以其意而加之。題不相同,乃屬常態。本書所取標題,乃是題意明瞭者。

〔二〕"相悉",卍正藏經本《廣弘明集》卷一八、《慧遠大師集》、《慧遠研究·遺文篇》皆作"想患"。語意扞格,形近而誤。

〔三〕“往來”，卍正藏經本《廣弘明集》卷一八、《慧遠研究·遺文篇》皆作“來往”。

〔四〕“始”，《慧遠大師集》作“於”。

〔五〕“諸人”，《慧遠大師集》作“諸君”。

〔六〕“並亦”，卍正藏本《廣弘明集》卷一八、《慧遠大師集》、《慧遠研究·遺文篇》皆作“亦並”，當據改。

〔七〕“釋慧遠頓首”，卍正藏本《廣弘明集》卷一八、《釋文紀》卷五、《慧遠研究·遺文篇》均置於開頭。

【注釋】

[1] 戴處士安公：戴逵（三二六至三九六），字安道，譙郡銍縣（今安徽省濉溪縣臨渙鎮）人。東晉時期隱士、美術家、雕塑家，金城太守戴綏之子。著《釋疑論》，因質疑因果報應説而引發佛教界之論難蜂起。

[2] 省：閱讀。《説文》：“省，視也。”此二句言閱讀君另外所示之論文，因此而慨嘆。

[3] 此三句言先前雖然無緣相識，然而有客人往來，時時提起君，亦未曾須臾忘記君。

[4] 分命：猶運命，先天決定之命運。宋王讜《唐語林·文學》：“世言文字可以見分命之優劣。”窮達：困頓、顯赫。《墨子·非儒下》：“窮達賞罰，幸否有極，人之知力，不能爲焉。”此二句言命運有困頓、有顯赫，并非常人之智所能預料。

[5] 大宗：本原，此指佛教。檢：約束，限制。《孟子·梁惠王上》：“狗彘食人食而不知檢，塗有餓莩而不知發。”此指準則。此二句言然而依照佛教，似乎亦應有確定準則。

[6] 同異：相同之異議。麤，同粗，粗略。此二句言去年秋與諸位同讀君之《釋疑論》，亦皆有與君不同之議。

[7] 周郎：據《廣弘明集》所載文，知是周道祖，即周續之。《宋書·周續之傳》：“周續之，字道祖，鴈門人。過江，居豫章建昌縣，徵

太學博士,不就。常以嵇康《高士傳》得出處之美,因爲之注。"周道祖閑居樂志,好讀《老》《易》,入廬山,事沙門慧遠。時彭城劉遺民遁迹廬山,陶淵明亦不應徵命,時人謂之"潯陽三隱"。此三句言閲覽周郎所作《答難》,所論儒家經典與佛教理論之差異,粗略表述於文中。

[7] 尋省:推求省察。此三句言現在密封呈送君,希望你閒暇之時能盡力省察。

[8] 頓首:叩頭,古代的一種交際禮儀。書簡用此語表示一般致敬,表奏用此語則表示恭行大禮。

【義疏】

此書先言閲讀《釋疑論》時的感慨,然後説明自己與君雖未謀面,却神交已久。再以"然依傍大宗,似有定檢"大略回應戴逵對於因果報應論的懷疑,意謂所謂因果報應,佛典已有詳盡闡釋,可爲定則,只是這一理論所涉及的"分命窮達,非常智所測",這一措辭,既暗示君之所論乃依經驗常識,又説明周郎作《答難》的必要。最後,補充説明周郎之《答難》,乃吾與諸位之同感,雖是粗略其中,却分辨了儒家經典與佛教理論之差異,故希望君"能力尋省"。

書信雖短,有三個特點:一是用"雖未善相悉"云云,動人之情;二是"似有定檢"云云,用語謙和却持之以道;三是"想暇日能力尋省",則又藴含着誘之以理,以期開悟。

【附録】

與遠法師書

[晉] 戴　逵

安公和南。弟子常覽經典,皆以禍福之來,由於積行。是以自少束脩,至於白首,行不負於所知,言不傷於物類。

而一生艱楚，荼毒備經，顧影[一]塊然，不盡唯[二]已。夫冥理
難推，近情易纏。每中宵幽念，悲慨盈懷，始知修短窮達，自
有定分，積善積惡之談，蓋是勸教之言耳。近作此《釋疑
論》，今以相呈，想消息之餘，脱能尋省。（《廣弘明集》卷一八）

【校勘】

〔一〕“影”，《文鈔》校曰：“一作‘景’。”卍正藏本《廣弘明集》卷一
八、《慧遠研究·遺文篇》皆作“景”。古二字同。

〔二〕“唯”，《慧遠大師集》作“無”。

重答戴處士安公書[一]

【題解】

慧遠在收到戴逵書信及《釋疑論》之後，作《答戴處士安公書》并
附上《三報論》，從理論上深入闡釋佛教的因果報應，周續之亦作《難
釋疑論》以駁之。戴逵一方面復書慧遠，聲稱“三報曠遠，難以辭究”；
另一方面又作《答周居士難釋疑論》，回應周續之的駁論。於是慧遠
再作《重答戴處士安公書》。此書時間比前一答書時間稍後，但似應
作於同一年。

見君與周居士往復，足爲賓主[1]。然佛教精微，難以事
詰[2]。至於理玄數表，義隱於經者，不可勝言[3]。但恨君作
佛弟子，未能留心聖典耳[4]。頃得書論，亦未始暫忘，年衰
多疾，不暇有答[5]。脱因講集之餘，龘綴所懷[6]。今寄往，
試與同疑者共尋，若見其族，則比干、商臣之流，可不思而
得[7]。釋慧遠頓首。

【校勘】

〔一〕本篇四庫全書本《廣弘明集》卷一八、《釋文紀》卷五皆作"與戴處士書"。《慧遠大師集》作"重答戴安公書"。

【注釋】

[1] 賓主:原指主客,此指主次。此二句言見君與周居士之往復論難,已經分辨出了主次。

[2] 詰:究詰,追究查詢。《説文》:"詰,問也。"此二句言佛經意蘊精微,難以用人間世俗之事探究其本原。

[3] 數:名數。《説文》:"數,計也。"《群經音辨》:"計之有多少曰數。"此三句言至於深刻之理超越於名數之外,幽隱之意蘊含於經典之内,難以盡言。

[4] 恨:遺憾。《正字通》:"恨與憾,聲義微别。憾意淺,恨意深;憾音輕,恨音重。"聖典:佛經,三藏之總名。此二句言只是遺憾君作爲佛之弟子,却不能留心佛典。

[5] 頃:通傾,不久,頃刻。《韻會》:"傾,俄傾,少選時也,又傾刻。通作頃。"論:指戴逵《答周居士難釋疑論》。有答:猶答。有,語言助詞。清王引之《經傳釋詞》卷三:"有,語助也。一字不成詞,則加有字以配之。"此四句言不久前收到君之書信和論文,亦未嘗有短暫忘却,因年衰老而多病,無閒暇回復。

[6] 脱因:或許因爲。唐魏徵《十漸不克終疏》:"脱因水旱,穀麥不收,恐百姓之心,不能如前日之寧帖。"講集:指講經説法之集會。南朝梁釋寶唱《比丘尼傳·道儀尼》:"聞中畿經律漸備,講集相續,晉泰元末乃至京師,住何后寺。"綴:綴叙。《玉篇》:"綴,輯也。"輯叙而成文。所懷:猶所思。三國魏嵇康《琴賦》序:"故綴叙所懷,以爲之賦。"此指慧遠爲此而作之《三報論》(見前文)。此二句言或許因爲講經説法之餘遐,作文而粗略表達所思。

[7] 尋:尋思,思索。《説文》:"尋,繹理也。"清段玉裁注:"謂抽

繹而治之。凡治亂，必得其緒而後設法治之。"族：同類。《尚書·堯典》："方命圮族。"漢孔安國傳："族，類也。"比干：古代著名忠臣。商末，帝辛（紂王）暴虐荒淫，橫征暴斂，濫用重刑，比干直諫而被紂王剜心而死。商臣：楚穆王，弑父奪位。楚成王在位時，立商臣爲太子。公元前六二六年，商臣得知其父楚成王想改立王子職爲太子，於是帶兵包圍王宮，逼迫楚成王上吊而死，自立爲君，是爲穆王。此五句言現在將吾輩所論寄去，君可與同有疑義者共同探討，如若仍然有其相類者，則猶如比干之忠、商臣之奸之流，則可以不思考而可得出結論矣。按：在戴逵、周續之論辯中，二人分别列舉同一事實，彼此却有不同解釋。楚成王之子商臣，十分殘忍，弑父即位。後來，其子孫却相繼爲王，家國興旺。故戴逵歸納爲"商臣極惡，令胤克昌"，作爲惡無惡報、人各有其"分命"的一個證據；周續之却謂之"楚穆以福濃獲没"，意思是商臣得以善終，且後世昌盛，乃祖上積累功德之所至。前者著眼現世，後者著眼於前世，雖同言報應，結論迥異。

【義疏】

此書與上書在表達上迥異。書之開頭即謂二人往復，是非判然有别。所謂"賓主"者，乃隱其鋒芒也。然後説理，佛理精深微妙，難以按照世事之經驗而探究之。至於佛理之深遠，超越名數，意義之隱約，蘊含經中，又難以言説。只是君雖作爲佛門弟子，却不留心佛典，甚是遺憾。然後説明没有及時回書之原因，非暫忘之，而是無閒暇。今之所以作《三報論》回應者，乃是弘法之餘暇，而粗陳其所思。希望同疑者閲覽而思之。如若仍然堅持己見，則猶如比干之忠與商臣之奸，道不同而不可同日而語矣。

此書與上書措辭大相徑庭。上書措辭平和，此書措辭尖鋭。如果説開頭"足爲賓主"，尚屬於綿里藏針，譬喻含蓄，那麽結尾"比干、商臣之流"之比擬，則鋒芒畢露，涇渭分明。其中，"不暇有答"若與"講集之餘"對照閲讀，參之"恨君作佛弟子，未能留心聖典"之指責，其不屑於説,又不得不説的意味濃郁矣。佛教派别之争,固然有理論立場之别,亦難免摻雜世俗意氣之争。《三報論》論述之斬釘截鐵,亦自有内在原因。

【附録】

重與遠法師書

[晉]戴 逵

安公和南:閒[一]作《釋疑論》,以寄其懷,故呈之匠者,思聞啓誨。既辱還告,開示宗轍,並送周郎難,甚有趣致。但理本不同,所見亦殊。今重申[二]鄙意答周,復以相呈。旨誠可求,而辭不自暢,想脱覽省。(《廣弘明集》卷一八)

【校勘】

〔一〕“閒”,卍正藏本《廣弘明集》卷一八作“間”。古二字同。

〔二〕“申”,卍正藏本《廣弘明集》卷一八作“伸”。古二字同。

答遠法師書

[晉]戴 逵

安公和南:辱告,並見《三報論》,旨喻弘遠,妙暢理宗。覽省反復,欣悟兼懷。弟子雖伏膺法訓,誠信彌至,而少遊人林,遂不涉經學。往以艱毒交纏,聊寄之《釋疑》以自攄散。此蓋情發於中,而形於言耳。推其俗見之懷,誠爲未盡。然三報曠遠,難以辭究。弟子尋當索歸,必覿[一]展,冀親承音旨,益[二]袪其滯。諸懷寄之周居士[三]。(《廣弘明集》卷一八)

【校勘】

〔一〕“覩”,卍正藏本《廣弘明集》卷一八作“觀”。

〔二〕“益”,卍正藏本《廣弘明集》卷一八作“蓋”。

〔三〕 所附二書之末,卍正藏本《廣弘明集》卷一八分別有“戴公和南”“戴安公和南”文字,《釋文紀》卷五均作“戴安公和南”。

答戴處士書

［晉］周道祖

見重伸〔一〕《釋疑論》,辭理切驗,善乎校實也。但僕意猶有不同,乃即欲更言所懷。一日侍法師坐,粗共求君意云:氣力小佳,當自有酬。因君論旨,兼有所見也。僕是以不復稍厝其爝火,須成旨因上。君云:審分命者,乃是體極之人。既非所同,又僕所立不期存於應報,而慶罰已彰;亦不如君所位也。書不盡言,於是信矣。其中小小,亦多未喻,付之未遇。(《廣弘明集》卷一八)

【校勘】

〔一〕“伸”,《釋文紀》卷五作“申”。古二字通。

遣書通好流支法師〔一〕[1]

【題解】

據唐釋智昇《開元釋教録》卷四上記載:後秦弘始六年(四〇四)十月,秦主姚興集義學沙門六百餘人於長安中寺,延請罽賓高僧弗若多羅,與鳩摩羅什一起翻譯《十誦律》,約譯有三分之二,多羅遘疾,奄然棄世。弘始七年秋，善於律學的西域高僧曇摩流支遊方關中。慧遠聞之，派遣弟子曇邕，攜其書信，通好流支，希望得其一部完整律書。流支既得遠書，又因秦主姚興敦請，遂與羅什繼續翻譯《十誦律》，卒究大業。由曇摩流支入關時間，可以推定慧遠此書當作於晉義熙元年、後秦弘始七年年底，或次年初，即公元四〇五或四〇六年之間。

　　佛教之興，先行上國，自分流已來，四百餘年^[2]。至於沙門律戒〔二〕，所闕尤多^[3]。頃有西域道士弗若多羅，是罽賓人〔三〕，其諷《十誦》梵〔四〕本^[4]。有羅什法師〔五〕，通才博見，爲之傳譯。《十誦》之中，文始過半〔六〕，多羅早喪，中途而寢〔七〕，不得究竟大業，慨恨良深^[5]。傳聞仁者齎此經自隨，甚欣所遇，冥運之來，豈人事而已耶^[6]！想弘道爲物，感時而動，叩之有人，必情無所恡^[7]。若能爲律學之徒〔八〕，畢〔九〕此經本，開示梵行，洗〔一〇〕其耳目^[8]。使始涉之流，不失無上之津；澡〔一一〕懷勝業者，日月彌朗^[9]。此則惠深德厚，人神同感矣^[10]！幸願〔一二〕垂懷，不乖往意〔一三〕，一二，悉諸道人所具〔一四〕^[11]。

【校勘】

　　〔一〕《文鈔》校曰：“《高僧傳》卷二。”《釋文紀》卷八作“遺曇摩流支書”，并注云：“曇摩流支，此云法希，一云法樂，南印度人，以律藏馳名。後秦弘始中，達自關中。初，弗若多羅誦出《十誦》，未竟而亡。遠聞支善毗尼，希得究竟律部，遺書通好。支以姚興請，與鳩摩羅什共譯《十誦》都畢，研尋審定，而什猶恨文繁未善。”

　　〔二〕“律戒”，《高僧傳》卷二、《開元釋教録》卷四上、《出三藏記集》卷三、《慧遠研究·遺文篇》皆作“德式”。語意扞格，當誤。

　　〔三〕“是罽賓人”，《出三藏記集》卷三作“是罽賓持律”。

〔四〕“其”，《高僧傳》卷二、《慧遠研究·遺文篇》皆作“甚”，《出三藏記集》卷三作“其人”。又“梵”，《出三藏記集》卷三作“胡”。

〔五〕“羅什法師”，《出三藏記集》卷三作“鳩摩耆婆者”。同人異譯。

〔六〕“文始過半”，《出三藏記集》卷三作“始備其二”。

〔七〕“寢”，《出三藏記集》卷三作“廢”。

〔八〕“徒”，《出三藏記集》卷三作“衆”。

〔九〕“畢”，《出三藏記集》卷三作“留”，《開元釋教録》卷四上作“冀”。皆誤。

〔一〇〕“洗”，《開元釋教録》卷四上作“浣”。

〔一一〕“澡”，《出三藏記集》卷三、《開元釋教録》卷四上、《高僧傳》卷二、《慧遠研究·遺文篇》皆作“參”。

〔一二〕“願”，《出三藏記集》卷三作“望”。

〔一三〕“不乖往意”，《出三藏記集》卷三作“不孤往心”。

〔一四〕“悉諸道人所具”，《出三藏記集》卷三於此句下還有“不復多白”一句。或當校補。

【注釋】

[1] 流支法師：曇摩流支，意譯法樂、法希，西域高僧。通曉律藏，後秦弘始七年（四〇五）至長安。此前，有罽賓沙門弗若多羅誦出《十誦律》之大半，師乃應姚興之請，誦出其餘，鳩摩羅什譯之，凡五十八卷。此乃我國廣律傳譯之嚆矢。《高僧傳·曇摩流支傳》：“曇摩流支，此云法樂，西域人也。棄家入道，偏以律藏馳名，以弘始七年秋，達自關中。初，弗若多羅誦出《十誦》，未竟而亡。廬山釋慧遠聞支既善毗尼，希得究竟律部，乃遣書通好。曰……流支既得遠書，及姚興敦請，乃與什共譯《十誦》都畢。研詳考覈，條制審定，而什猶恨文煩未善。既而什化，不獲刪治。流支住長安大寺，慧觀欲請下京師，支曰：彼土有人有法，足以利世，吾當更行無律教處。於是遊化餘方，不

知所卒。或云終於涼土,未詳。"

[2] 上國:本指國都以西地區。《左傳·昭公十四年》:"夏,楚子使然丹簡上國之兵於宗丘。"晉杜預注:"上國,在國都之西。西方居上流,故謂之上國。"此指天竺。分流:傳布,傳播。《法苑珠林》卷二八引南朝齊王琰《冥祥記》:"惠帝末,[耆]域至洛陽。洛陽道士悉往禮焉。域不爲起,譯語譏其服章曰:汝曹分流佛法,不以真誠,但爲浮華,求供養耳。"四百餘年:關於佛教傳入中土史籍記載兩説:第一,《魏書·釋老志》:哀帝元壽元年,博士弟子秦景憲(景盧)受大月氏王使伊存口授浮屠經。第二,《後漢書·王英傳》《後漢紀》卷一〇:漢明帝夜夢金人,太史傅毅對以西方之佛。帝乃遣中郎將蔡愔、秦景、博士王遵等十八人使西域。永平十年於大月氏遇沙門迦葉摩騰、竺法蘭二人,得佛像經卷,用白馬載抵洛陽,明帝爲其建白馬寺,譯《四十二章經》。是爲中國佛教之始。元壽元年,即公元前二年;永平十年,即公元六十七年。從慧遠書看,顯然前説更爲可靠。

[3] 律戒:即戒與律。戒,梵語尸羅,指防非止惡之戒法。律,梵語優婆羅叉,或毗尼,指僧侶生活之節律。

[4] 弗若多羅:又作不若多羅,意譯爲功德華,北印度罽賓國人。少即出家,以持戒著稱。博通三藏,專精《十誦律》。姚秦弘始年間入關中,姚興待以上賓之禮。弘始六年(四〇四)十月,應請於逍遙園誦出梵文《十誦律》,由鳩摩羅什譯成漢文。然僅誦出三分之二(一説二分)即示寂,年壽不詳。其後,《十誦律》由曇摩流支與鳩摩羅什繼續合譯,再由卑摩羅又對校梵本而成現行之《十誦律》。後世,遂將弗若多羅奉爲傳承《十誦律》之一祖。《十誦》:即《十誦律》,佛教戒律書,是古薩婆多部之廣律,又稱《薩婆多部十誦律》。相傳律文原有八十誦,大迦葉傳承以後至第五師優波掘多始删爲十誦。全書由十回誦出,故稱十誦。今存六十一卷,後秦弘始六至七年(四〇四至四〇五)間,弗若多羅、鳩摩羅什共譯。

[5] 寢:止息。《説文》:"寢,卧也。"引申爲止息。究竟:猶畢成,

終於完成。南朝陳徐陵《雙林寺傅大士碑》："洗浴究竟,扶坐著衣。"
大業:指《十誦律》之翻譯。慨恨:遺憾之慨嘆。

[6] 仁者:佛教對人之尊稱。《大日經疏》卷四："梵音爾儞,名爲
仁者。"《法華經·序品》："四衆龍神,瞻察仁者。"此指曇摩流支。齎:
攜帶,懷持。《説文》："齎,持遺也。"此四句言據説流支隨身攜帶此
經,吾非常欣慰能夠重新得遇此經,冥冥之中運數自來,哪裏是人之
所能求得! 此乃表達幸得此經之意外驚喜。

[7] 叩:叩問,叩求。《韻會》："叩,問也,發也。"悋:同吝,吝嗇,
吝惜。《廣韻》："悋,鄙也,慳也。本作吝。"此四句言推想是物(《十誦
律》)亦可弘揚大道,感應時世而行,叩求弘道之物亦有其人(曇摩流
支),必無吝惜之情。此乃表達渴求流支翻譯《十誦》之意。

[8] 律學:佛教戒律之學。東漢時期,佛教傳入中國,但却是經
論先行,戒律遲至。南北朝時期,包括《十律誦》《僧祇律》《四分律》在
内,不同部派的佛教律典被大量翻譯并介紹到中國。唐初,律學成爲
專門學問。開示:高僧大德爲弟子及信衆説法,稱爲開示。開,點
化,爲對方開悟;示,指出,并展現給你。梵行:佛教謂清净除欲之
行,僧俗二衆所修的清净行爲。因梵天爲斷淫欲、離淫欲者,故稱
梵行。在佛教中,以不淫,受持諸戒,稱爲梵行。經典中則以行八
正道、慈悲喜捨等四無量心爲梵行。此四句言如若能如此,研究律
學之人,完全掌握這一經本,爲信徒開示修持清净無欲之行,則可
洗滌耳目之欲。

[9] 無上:至高,無出其上。《荀子·君子》："天子也者,執至重,
形至佚,心至愈,志無所詘,形無所勞,尊無上矣。"此四句言此經亦可
使開始涉及佛門之人,不會喪失至高無上的佛學要旨;已經情懷清净
勝任佛教大業之流,隨着時間推移更加明净空曠。

[10] 此二句言如此則德澤深厚,信徒、佛祖皆感激之。

[11] 一二:一一,逐一。漢揚雄《長楊賦》："僕嘗倦談,不能一二
其詳,請略舉其凡,而客自覽其切焉。"此四句言慶幸您願意垂示其所

思,不會違背吾派遣使者之初衷。書短意不能盡,請呈示所有高僧吾所具述之意。

【義疏】

　　此書意分兩層。第一,抒寫律學大業未究之"慨恨"。佛教流播東土,雖有四百餘年,然沙門戒律之學所缺甚爲嚴重。後來幸有西域高僧弗若多羅入關,多羅精通律學,口誦《十誦》梵文,由"通才博見"之羅什翻譯爲漢語。但是,事有倉猝,翻譯過半,多羅染疾下世,翻譯中途而廢,大業未能畢成。第二,表達渴求流支翻譯《十誦》之殷切。欣聞仁者隨身攜帶此經,感慨冥冥之中運數天定。推想是物(《十誦》)亦可弘道,應世而行,叩物有人(流支),必然會毫不吝嗇翻譯此經。若能完成此經之翻譯,不惟爲研究律學者,"開示梵行,洗其耳目",提供了一個完整範本,而且一面可使初入佛門者,掌握佛門要津;一面又可使修持入道者,更加空明其心。所以,這是一件德澤深厚、人神同感的盛舉。通過深入論述《十誦》之意義、翻譯之功德,蘊含深厚的敦請、期待之意。

　　後來,流支果然繼承多羅未竟之業,與羅什譯出《十誦》,傳入東土,流傳彌廣。《高僧傳·明律論》曰:"後曇摩流支又誦出所餘,什譯都竟。……雖復諸部皆傳,而《十誦》一本最盛東國。"

遺書通好羅什法師[一][1]

【題解】

　　《高僧傳》卷六慧遠本傳:"(遠)孜孜爲道,務在弘法。每逢西域一賓,輒懇惻諮訪。聞羅什入關,即致書通好。"所謂通好,即派遣使者以問候之。慧遠與羅什通好,主要在於尋求中土所闕之佛典,諮詢佛法之大義,互通法物之有無。慧遠此次派遣使者去長安,贈羅什裘裘一襲、天漉袋一個,并致書表達欽敬之意、緬思之情。

關於此書寫作時間,湯用彤《漢魏兩晉南北朝佛教史》定爲公元四〇六或四〇九年,日本木村英一《慧遠研究·遺文篇》則認爲不早於四〇三而不遲於四〇四年。由書"去歲得姚左軍書,具承德問"句可知:第一,慧遠致書羅什前,羅什已藉姚左軍致慧遠書轉致了對慧遠的問候;第二,慧遠致羅什書是在得姚左軍書後一年,而羅什來長安已是弘始三年即晉隆安五年(四〇一)十二月,姚左軍書不可能作於是年,至早亦是作於羅什來長安第二年,故慧遠致羅什書應在羅什來長安的第三年,即晉安帝元興二年,公元四〇三年。華梵佛學研究所編《慧遠大師文集》將慧遠二書並作義熙二年(四〇六),誤。

釋慧遠頓首:去歲得姚左軍書,具承德問[2]。仁者曩絕殊域,越自外境[3]。於時音驛[二]未交,聞風而悦[4]。但江湖難實[三],以形乖爲嘆[四]耳[5]。頃[五]知承否通之會,懷寶來遊,至止有閒[六],則一日九馳[6]。徒情欣雅味,而無由造盡,寓目望途,固已[七]增其勞佇[7]。每欣大法宣流,三方同遇[8]。雖運鍾[八]其末,而趣均在昔[9]。誠未能叩津妙門,感徹遺靈[10]。至於虛襟遺契[九],亦無日[一〇]不懷[11]。夫栴檀[一一]移植,則異物同熏;摩尼吐曜,則衆珍自積[12]。是惟教合[一二]之道,猶虛往實歸,況宗一無像[一三],而應不以情者乎[13]?是故負荷大法者,必以無執[一四]爲心[14]。會友以仁者,使功不自己[15]。若令法輪不停軫於八正之路,三寶不輟音於將盡之期[一五],則滿願不專美於絕代,龍樹豈獨善於前蹤[16]。今往比量衣裁,願登高座爲著之[17]。并天漉之器,此既法物,聊以示懷[18]。釋慧遠頓首。

【校勘】

〔一〕《文鈔》校曰:"《高僧傳》卷六。"《釋文紀》卷八作《與鳩摩羅
什書》,並注曰:"遠太元中來至潯陽,孜孜爲道,每逢西域一賓,懇惻
諮訪。聞什入關,遣書通好。"《慧遠大師集》作《與羅什法師書》。

〔二〕"驛",《釋文紀》卷八、《高僧傳》卷六、《慧遠研究·遺文篇》
皆作"譯"。音同而誤。

〔三〕"實",《高僧傳》卷六、《慧遠研究·遺文篇》皆作"冥"。形
近而誤。

〔四〕"嘆",《慧遠大師集》作"喜"。

〔五〕"頃",《文鈔》校曰:"《僧傳》作'須'。"按:今本《高僧傳》卷
六作"項"。形近而誤。

〔六〕"閒",《釋文紀》卷八、《高僧傳》卷六、《慧遠大師集》皆作
"問"。形近而誤。

〔七〕"已",《釋文紀》卷八作"以"。古二字同。

〔八〕"運鍾",《釋文紀》卷八校云:"一作'運逢'。"

〔九〕"虛襟遺契",《高僧傳》卷六作"虛衿遺契"。襟同衿。

〔一〇〕《釋文紀》卷八校云:"'無日'下有'而'字。"

〔一一〕"栴",《釋文紀》卷八作"旃"。古二字通。

〔一二〕"教合",《釋文紀》卷八校云:"'教合'作'教令'。"應據改。

〔一三〕"無像",《釋文紀》卷八校云:"'無像'作'無緣'。"或誤。

〔一四〕"執",《高僧傳》卷六作"報"。或形近而誤。

〔一五〕《釋文紀》卷八下有"折世智之角,杜異人之口"兩句,《文
鈔》無。《釋文紀》卷八下校云:"《高僧傳》無'折世智'二句。"或當
校補。

【注釋】

[1] 羅什法師:即鳩摩羅什,意譯童壽,原籍印度,生長於龜茲
(今新疆省庫車縣和沙雅縣之間)。出家後,通大乘經論。後秦姚興

弘始三年（四〇一）至長安，被奉爲國師，在逍遥園主持佛典翻譯與研究，前後所譯經論，凡三百八十餘卷，弘始十五年（四一三）圓寂。

　　[2] 姚左軍：即姚嵩，姚興之弟，時官拜左軍將軍。具承德問：謂詳細奉告羅什道德聲譽。承，告之敬辭。《説文》：“承，奉也，受也。”德問，道德聲譽。《魏書·釋老志》：“道安後入苻堅，堅素欽德問，既見，宗以師禮。”《正韻》：“問，與聞同，聲問也。”

　　[3] 仁者：佛教對人之尊稱。《大日經疏》卷四：“梵音爾儞，名爲仁者。”《法華經·序品》：“四衆龍神，瞻察仁者。”此指鳩摩羅什。曩：以往，從前。《爾雅·釋言》：“曩，曏也。”晉郭璞疏：“在今而道既往，或曰曩，或曰曏。”此二句言仁者從前聲名稱絶於遠方，自西域而來之。此指羅什因博通佛教經論，名聞西域諸國。

　　[4] 音驛：書信傳遞。《後漢書·馬援傳》：“前别冀南，寂無音驛。”驛，驛站，供傳遞公文者中途休息、换馬之官舍。《説文》：“驛，置騎也。”此二句言當時雖然音訊傳遞不通，却人聞其至而欣喜。此指羅什聲名亦傳聞於漢地，故吾聞風而悦。

　　[5] 江湖：代指社會。漢曹操《述志令》：“江湖未静，不可讓位。”寘：立身。《説文》：“寘，置也。”又《玉篇》：“置，立也。”形乖：謂背於時運。《玉篇》：“乖，睽也，背也。”此二句言但因爲社會混亂，難以立身，故嘆息其乖於時運。按：羅什在龜兹弘揚佛法，名震遐邇。前秦建元十八年（三八二）苻堅遣吕光攻伐焉耆，繼滅龜兹，將羅什劫至涼州。三年後姚萇殺苻堅，滅前秦，吕光割據涼州，羅什隨吕光滯留涼州達十六七年。此二句乃隱述這一段往事。

　　[6] 頃：通傾，不久，頃刻。《韻會》：“傾，俄傾，少選時也，又傾刻。通作頃。”否通：猶否泰，指世道盛衰和人事通塞。《晉書·涼武昭王李玄盛傳》：“經涉累朝，通否任時。”此指由否而通泰。懷寶：喻懷才。漢王襃《四子講德論》：“幸遭聖主平世而久懷寶，是伯牙去鍾期，而舜禹遁帝堯也。”至止：到達，到來。止，語氣詞。《詩·秦風·終南》：“君子至止，錦衣狐裘。”有間：同有間，有些時日。《列子·仲

尼》:"孔子愀然有間曰:有是言哉? 汝之意失矣。"一日九馳:一日而數度疾行之,此形容極度嚮往。此四句言不久前知汝在由否通泰之時,懷才而游方長安,到達已有時日,吾則心嚮往之極。

[7] 由:緣由。《韻會》:"由,因也。"造:造訪。《説文》:"造,就也。"寓目:猶過目。《左傳·僖公二十八年》:"請與君之士戲,君憑軾而觀之,得臣與寓目焉。"佇:《説文》:"久立也。"此四句言空有欣喜其高雅韻味之心,而没有造訪而盡達情懷之緣,舉目遥望長安遠道,只是增其久久佇立之勞而已。

[8] 大法:佛法。《法華經·序品》曰:"今佛世尊欲説大法。"宣流:弘揚傳播。三方:指三方佛,即東方净琉璃世界的藥師佛,中央娑婆世界的釋迦牟尼佛,西方極樂世界的阿彌陀佛。此二句言每每欣喜佛法弘揚傳播,同遇三方大佛。

[9] 運鍾:天運所在。三國魏曹植《磐石篇》:"經危履險阻,未知命所鍾。"《正字通》:"天所賦予亦曰鍾。"末:指末法時代。佛法共分爲正法、像法、末法三個時期。釋尊法運期限,各經所載不同,古德多依用正法一千年,像法一千年,末法一萬年之説。《法華嘉祥疏》五曰:"轉復微末,謂末法時。"末法,謂距離佛世長遠而教法轉微末之時期。在昔:從前,往昔。《尚書·洪範》:"我聞在昔,鯀陻洪水,汩陳其五行。"此二句言雖然天運所在末法時代,然而佛教宗旨却均産生於佛之正法時代。

[10] 叩津:意謂叩求要津。《廣韻》:"叩,與扣同,亦擊也。"引申爲求。《説文》:"津,渡也。"引申渡於彼岸之途徑。妙門:微妙法門,佛道教指領悟精微教理之門徑。《華嚴經》卷二:"普應群情闡妙門,令入難思清净法。"又《老子》第一章:"玄之又玄,衆妙之門。"遺靈:前賢之神靈,此指佛祖。此二句言誠然不能叩求佛門,透徹感悟佛教之精髓。

[11] 虚襟:虚懷,空澈襟懷。《晉書·載記·姚興下》:"太子詹事王周亦虚襟引士,樹黨東宫。"遺契:謂棲心佛理。《説文》:"遺,縱

也。"又"契，大約也。"此二句言至於空澈襟懷而棲心佛理，却是無日不心嚮往之。謂修持佛理，無日懈怠也。

[12] 栴檀：梵語樹木名，也作旃檀，全稱旃檀那，譯爲與樂，産於南印度摩羅耶山，此山形如牛頭，故又名牛頭旃檀。唐慧琳《一切經音義》："旃檀，此云與樂，謂白檀能治熱病，赤檀能去風腫，皆是除疾安身之藥，故名與樂。"此指佛法。熏：熏染。《無量義經・德行品》："天人象馬調御師，道風德香熏一切。"熏：同薰，香草名，即蕙草。《韻會》："熏，通作薰。"《説文》："薰，香草也。"摩尼：佛珠。又譯作真陀摩尼、振多摩尼、震多摩尼，意譯如意寶、如意珠，又作如意摩尼、摩尼寶珠、末尼寶、無價寶珠。凡意有所求，此珠皆能出之，故稱如意寶珠。此四句言佛法傳於東土，則異域衆生亦受其熏染；佛珠散發光輝，則諸多珍寶亦自然累積。謂佛教東傳而衆生受其教化，而佛教教化亦使衆生向佛也。

[13] 是惟：惟是，因此。唐韓愈《柳子厚墓誌銘》："是惟子厚之室，既固既安，以利其嗣人。"教合：猶教答，教令，謂教化。虛往實歸：虛心而往，得其理而歸。《莊子・德充符》："立不教，坐不議。虛而往，實而歸。固有不言之教，無形而心成者邪？"晉郭象注："各自得而足也。"唐成玄英疏："虛心而往，得理則實腹而歸。"無像：即無相，與有相相對。指擺脱世俗之有相認識所得之真如實相。南朝梁蕭統《和梁武帝遊鍾山大愛敬寺》詩："神心鑒無相，仁化育有爲。"此四句言因此教化之道，尚且虛心而往且得理而歸，何況佛教歸宗於一如而無相，且不以情而應之者乎？意謂虛往實歸是教化的一般規律，佛教宗一無相，不應之以情，更須空虛其心而悟其真諦。

[14] 以無執爲心：念佛之人，常以智慧觀察於一切法，不生執著，是名無執著心。此二句言因此身負佛法者，必須心無執著。

[15] 會友以仁：與仁者交朋友。《論語・衛靈公》："事其大夫之賢者，友其士之仁者。"此二句言以共同弘揚佛教之德而會友，并且不居其功。

[16] 軫:代指車。《説文》:"軫,車後橫木也。"八正之路:八正道,不邪曰正,能通曰道。又名八聖道,即八條聖者之道法。一、正見,即正確的知見。二、正思惟,即正確的思考。三、正語,即正當的言語。四、正業,即正當的行爲。五、正命,即正當的職業或生活。六、正精進,即正當的努力。七、正念,即正確的觀念。八、正定,即正確的禪定。修此八正道,便可證得阿羅漢果。三寶:佛教謂佛、法、僧爲三寶。一切之佛,即佛寶;佛所説之法,即法寶;奉行佛所説之法的人,即僧寶。佛者覺知之義,法者法軌之義,僧者和合之義。滿願:爲滿願子之略稱,即指富樓那尊者,釋迦牟尼佛十大弟子之一,以其長於辯才,善於分別義理,後專事演法教化,因聞其説法而解脱得度者,多達九萬九千人,故被譽爲"説法第一"。龍樹:菩薩名,又譯作龍猛,南天竺人,大乘佛教開派祖師名,贍洲六嚴之一。詳見《大智論鈔序》。此四句言如若能使佛法之輪在八正之路運轉不停,三寶之音在末法時代亦音聲不絕,那麼滿願不能專美於遠古,龍樹豈能獨美於前代。

[17] 比量衣裁:根據《慧遠研究‧遺文篇》,"比量衣裁"是指依據戒律規定而製作的袈裟。慧遠隨信向鳩摩羅什贈送法衣,既表達敬重對方之情,也反映了他對戒律的嫻熟。比量,比照度量。衣裁,裁衣。高座:説法、講經、説戒、修法時,模仿釋尊成道時所坐之金剛寶座,設置一個較通常席位爲高之床座。其形狀依律之規定,大小各異。大多爲一二米見方,三十至五十厘米高。我國講經法師,依古式,必登高座講經或説法,稱開大座。此二句言今所送之法衣(袈裟)乃比照其身而裁製之,希望法師登座説法而穿著之。

[18] 天漉之器:漉水囊,又曰漉水袋、濾水囊、水濾、水羅、漉水器、漉囊。比丘六物之一,漉水去蟲之具。比丘受具足戒後,常攜帶此具。當澡盥時,恐水中有蟲,故以漉水囊漉除之。此三句言一併奉上天漉之器這一法物,略以表達微薄之思。

【義疏】

從文意看,此乃初次致書羅什。文分四層。第一,表達感激、興奮、關懷、嚮往之情。感激其藉姚嵩之書所致之問候。因爲高僧名絶異域,故由西域而至長安,雖音訊難通,但聞此消息而興奮不已;曾經嘆息高僧命途多舛,不久即知否極泰來,懷抱其才而游方長安,至之有日,吾則心馳神往而不能自已,然而却徒有欣喜雅味之情,却無造訪問安之由,遥望通往長安之道,只能增其佇立之辛苦而已。第二,叙述自己虔心佛法。大法傳播,滋潤天下,雖生遭末法時代,但昔日佛祖所傳大法則一以貫之;自己雖尚未達其佛門要津,徹悟佛祖意旨,但却超越世俗,潛心佛理,且修持不倦。由此可見,佛教東流,衆生同受恩澤;法光普照,萬物自積其珍。第三,希望羅什不執著自我而不吝賜教,使法輪常轉,佛音永恒。唯因衆生對於世俗教化尚且虚其心而得其理,佛教宗一無相,不可以世俗之情應之,欲悟其真諦,更須空虚其心,所以身負弘揚佛法大任者,必須不執著自我,以德會友,且不居功。如此則使八正之途,法輪常轉;末法時代,佛音永傳。若仁者羅什亦復如此,則有滿願、龍樹之大德矣。第四,説明所奉之袈裟、漉囊等法物,唯在表達其懷思之情而已。

此書抒情,真摯而濃郁;述己,謙遜而自信;説理,生動而明晰。然而有一點特別值得注意。佛教僧侶雖處方外,却難免染有方内之習。教派理論相同者,則視之以同懷;教派理論相異者,則視之以異黨。如佛馱跋陀羅至長安,弘揚禪業,清静自守,却因與羅什不合而遭擯棄。所以慧遠"負荷大法者,必以無執爲心。會友以仁者,使功不自己"云云,實際上隱約而有所指,將希望羅什抉破教派壁壘、不吝賜教之意隱於言外。

【附錄】

答慧遠書[一]

［後秦］鳩摩羅什

鳩摩羅什[二]和南：既未言面，又文辭殊隔。導心之路不通，得意之緣坵絕。傳驛來睨[三]，麤承風德[四]，比知何如[五]。備聞一途[六]，可以蔽百。經言："末後東方，當有護法菩薩。"勖哉[七]仁者，善弘其事！

夫財[八]有五備：福、戒、博聞、辯才、深智。兼之者道隆，未具者疑滯[九]，仁者備之矣。所以寄心[一〇]通好，因譯傳意[一一]，豈其能盡，麤酬來意耳。損所致比量衣裁，欲令登法座時著，當如來意。但人不稱物，以爲愧耳。今往常所用鍮石雙口澡罐[一二]，可備法物之數也。并遺偈一章曰：

既已捨染樂，心得善攝不？若得不馳散[一三]，深[一四]入實相不？畢竟空相中，其心無所樂。若悦禪智慧，是法性[一五]無照。虛誑等無實，亦非停心處。仁者所得法，幸願示其要。（《釋文紀》卷八）

【校勘】

〔一〕《釋文紀》卷八題作《鳩摩羅什答慧遠書》。

〔二〕"鳩摩羅什"，《高僧傳》卷六、《慧遠研究·遺文篇》皆作"鳩摩羅耆婆"。同人異譯。

〔三〕"驛"，《釋文紀》卷八、《佛祖歷代通載》卷七作"譯"。或音同而誤。又"睨"，《高僧傳》卷六、《慧遠研究·遺文篇》皆作"況"。或形近而誤。

〔四〕"麤承風德"，《佛祖歷代通載》卷七作"麤述德風"。

〔五〕"比知何如",《佛祖歷代通載》卷七無"知"字,《高僧傳》卷六、《慧遠研究·遺文篇》皆作"比復如何"。

〔六〕"備聞一途",《佛祖歷代通載》卷七、《高僧傳》卷六、《慧遠研究·遺文篇》"備"前皆有"必"字。

〔七〕"勖哉",《釋文紀》卷八校云:"《佛祖統紀》作'欽哉'。"

〔八〕"財",《佛祖歷代通載》卷七作"才"。古二字同。

〔九〕"疑滯",《佛祖歷代通載》卷七作"凝滯"。

〔一〇〕"心",《佛祖歷代通載》卷七作"言"。

〔一一〕"意",《佛祖歷代通載》卷七作"心"。

〔一二〕"罐",《佛祖歷代通載》卷七、《高僧傳》卷六皆作"灌"。

〔一三〕"散",《慧遠大師集》作"聘"。

〔一四〕"深",《慧遠大師集》作"心"。

〔一五〕"性",《慧遠大師集》作"身"。

再遺書通好羅什法師〔一〕

【題解】

《高僧傳·釋曇邕傳》曰:"後爲遠入關,致書羅什,凡爲使命,十有餘年,鼓擊風流,搖動峰岫,强悍果敢,專對不辱。"可知,慧遠致羅什書,均以曇邕爲使,時間跨度較長,今止存二書。此書乃慧遠聽到羅什欲還龜兹的傳聞之後,條列自己有所疑問之經義,諮詢之,并附書問候。所諮詢之經義或即《大乘大義章》之慧遠問之内容。

日有涼氣,比復何如[1]? 去月法識道人至,聞君欲還本國,情以悵然[2]。先聞君方當大出諸經,故未〔二〕欲便相諮求[3]。若此傳不虛,衆恨可〔三〕言。今輒略問數十條事[4],冀有餘暇，一一〔四〕爲釋。此雖非經中之大難，要〔五〕欲取決於君耳〔六〕[5]。

【校勘】

〔一〕《文鈔》將此書與上書并爲一帙，作《遺書通好羅什法師二篇》。《釋文紀》卷八則作《重與羅什書》，并注云："慧遠學貫群經，棟樑遺化，而時去聖久，疑義多端，乃封以諮什。"《慧遠大師集》作《又與羅什法師書》。此書與上書意義迥異，且時間相距較遠，故易爲是題。

〔二〕"未"，《高僧傳》卷六、《慧遠研究·遺文篇》皆作"來"。

〔三〕"可"，《慧遠大師集》作"何"。

〔四〕"一一"，《高僧傳》卷六、《慧遠研究·遺文篇》皆作"一二"。

〔五〕"要"，《高僧傳》卷六、《慧遠研究·遺文篇》皆無此字。

〔六〕此書另報偈一章，即前所錄之《報羅什法師偈》。《文鈔》收錄"詩偈"中，本書亦遵循《文鈔》體例。

【注釋】

[1] 比：近來。《説文》："比，密也。二人爲從，反從爲比。"此引申爲時間相從。《廣韻》："比，近也。"此二句言日復增凉，近來身體又如何？

[2] 法識道人：生卒、事迹不詳。聞君欲還本國：此乃傳聞。羅什入關十七年，後來亦圓寂於長安，并無歸國之記載。悵然：猶惆悵，失志貌。楚宋玉《神女賦》序："罔兮不樂，悵然失志。"

[3] 方當：正當，將要。《梁書·簡文帝紀》："方當玄默在躬，棲心事外。"大出諸經：羅什自後秦弘始三年入長安，至弘始十一年，與弟子譯成《大品般若經》《法華經》《維摩詰經》《阿彌陀經》《金剛經》及《中論》《百論》《十二門論》等經論，系統介紹龍樹中觀學派的學説。

總計翻譯經律論傳九十四部，凡四百二十五卷。諮求：詢求，訪求。南朝宋何承天《答宗居士書》：“前送《均善論》，并諮求雅旨，來答周至。”

〔4〕數十條事：此處提到的“數十條事”，應包括在後世結集的《大乘大義章》中，疑不能詳。

〔5〕取決：由某人、某方面或某種情況決定。《梁書·陶弘景傳》：“雖在朱門，閉影不交外物，唯以披閱爲務，朝儀故事，多取決焉。”

【義疏】

此書一是問候，二是表達“聞君欲還本國”之遺憾，三是聞君“大出諸經”，經學滿腹，故“略問數十條事”（參見本書所附《大乘大義章》），希冀予以解答。

答王謐書〔一〕[1]

【題解】

此書乃答王謐。《釋文紀》卷四題注云：“司徒王謐、護軍王默等，并欽遠風德，遙致師敬。謐修書云（略），遠答之，人皆稱公善誘。”王謐書有“年始四十”（按：《高僧傳》作“年始四十”，《出三藏記集》卷一五作“年始四十七”。未詳孰是，待考）之句，説明謐致書慧遠時年已四十或四十七。復考《晉書·王謐傳》，謐卒於晉安帝義熙三年（四〇七）十二月，年四十八。若將王謐致書慧遠定爲年四十，上推九年（古人以虛齡計歲），則是晉安帝隆安三年（三九九）。謐修書與慧遠答書皆在是年或四〇六年。華梵佛學研究所編《慧遠大師文集》作隆安二年，或誤。

　　古人不愛尺璧而重寸陰，觀其所存，似不在長年耳〔二〕[2]。檀越既履順而遊性〔三〕[5]，乘佛理以御心，因此而推，復何羨於遐齡耶[3]？ 聊〔四〕想斯理，久已得之，爲復酬來信〔五〕耳[4]。

【校勘】

　　〔一〕《文鈔》校曰："《高僧傳》卷六。"明賀復徵《文章辨體彙選》卷二六一作佛圖澄《答王諡》。《釋文紀》卷四校云："《尺牘》作'佛圖澄答諡'，誤。"佛圖澄與王諡素無交集，故必誤。

　　〔二〕"在長年耳"，《慧遠研究·遺文篇》作"存長年"。

　　〔三〕"性"，《慧遠研究·遺文篇》脱。

　　〔四〕"聊"，《出三藏記集》卷一五、《慧遠研究·遺文篇》皆脱，元熙仲《歷朝釋氏資鑑》卷二作"抑"。

　　〔五〕"信"，《慧遠研究·遺文篇》作"訊"。

【注釋】

　　[1] 王諡：字稚遠，琅琊臨沂（今山東臨沂）人。東晉大臣，丞相王導之孫，吳國內史王劭之子。少有美譽，拜秘書郎，承繼父爵，遷秘書丞，歷任中軍長史、黃門侍郎。後官至中書監，領司徒，封武昌縣公。劉裕破桓玄，以爲揚州刺史，錄尚書事。義熙三年（四〇七）卒，年四十八，追贈侍中、司徒，謚號文恭。著有文集十卷，行於世。

　　[2] 古人不愛尺璧，而重寸陰：古代諺語，謂光陰之可貴。魏文帝《典論·論文》："夫然則古人賤尺璧而重寸陰，懼乎時之過已。"唐李善注："《淮南子》曰：聖人不貴尺之璧，而重寸之陰，時難得而易失。"尺璧，玉之大者，言其珍貴。寸陰，猶寸晷。古人設立標桿，用以測日影，計時間。日影移動，以寸爲單位。清阮元《疇人傳》："夏至日中立八尺之表，其景尺有五寸，謂之地中。"所存：謂心志所在。《孟

子·盡心上》：“夫君子，所過者化，所存者神，上下與天地同流。”宋朱熹集注：“心所存主處。”長年：指長壽。《管子·中匡》：“道血氣以求長年、長心、長德。”此三句言古人不珍視尺璧，却珍重光陰，考察其心志所在，似乎并不在於追求長壽。

[3] 檀越：梵語音譯，意譯施主，即施與僧衆衣食，或出資舉行法會等之信衆。《增一阿含經》卷四《護心品》云：“檀越施主，當恭敬如子孝順父母，養之侍之，長益五陰，於閻浮利地現種種義。觀檀越主，能成人戒聞三昧智慧，諸比丘多所饒益，於三寶中無所掛礙，能施卿等衣被、飲食、床榻、卧具、病瘦、醫藥。是故諸比丘當有慈心於檀越所，小恩常不忘，況復大者。”履順：謂踐行佛理。履，踐行。《説文》：“履，足所依也。”清段玉裁注：“引伸之訓踐。”順，此指理。《説文》：“順，理也。”清段玉裁注：“理者，治玉也。玉得其治之方謂之理。凡物得其治之方皆謂之理。理之而後天理見焉，條理形焉。”遐齡：古代年五十即稱遐壽，後泛指高壽。《魏書·常景傳》：“以知命爲遐齡，以樂天爲大惠。”此四句言施主行踐其理，遊則適性，秉承佛理以駕馭其心，由此推之，又何以羡慕高壽呢。

[4] 聊：無意。《韻會》：“聊，語助詞。”此三句言料想此理，君久已明瞭，只是復書以酬答其來信而已。

【義疏】

慧遠此書首先説明人生重視光陰，并非爲了追求長壽。謐既能順應物理，秉持本性，且又以佛理而駕馭心欲，此亦足矣，何必羡慕高壽呢！也就是説，順乎自然，得其本性，無欲無念，即是人生最高境界。故宋晁迥《法藏碎金録》卷二引王謐、慧遠書信後，評之曰：“予因思之，壽長不及於道勝，況諸悠悠之事，豈勝於道乎？”所以“人皆稱公善誘”，絶非虚語。

【附録】

與慧遠書[一]

［晉］王 謐

年始四十[二]，而衰同耳順。（《釋文紀》卷四）

【校勘】

〔一〕《文鈔》無題，此據《釋文紀》卷四。《釋文紀》卷四題注：“司徒王謐、護軍王默等，并欽遠風德，遙致師敬。謐修書云（略），遠答之，人皆稱公善誘。”

〔二〕“年始四十”，明何良俊《語林》卷一九作“身年始四十”。“身”，衍字。《慧遠研究·遺文篇》作“年始四十七”。

答盧循書[一][1]

【題解】

《高僧傳》慧遠本傳：“盧循初下據江州城，入山詣遠。遠少與循父嘏同爲書生，及見循，歡然道舊，因朝夕音問。僧有諫遠者曰：‘循爲國寇，與之交厚，得不疑乎？’遠曰：‘我佛法中情無取捨，豈不爲識者所察？此不足懼。’……及宋武追討盧循，設帳桑尾，左右曰：‘遠公素王廬山，與循交厚。’宋武曰：‘遠公世表之人，必無彼此。’乃遣使齎書致敬，并遺錢米。”考《晉書·安帝紀》《盧循傳》，盧循初陷江州在義熙六年（四一〇）二月，謁見慧遠當在是月。所作《答盧循書》具體時間雖難以確考，當在盧循被劉裕大破之前。劉裕追討盧循并大破之，在是年十二月。

捐餉六種，深抱情至[2]。益智，乃是一方異味，即於僧中行之[3]。

【校勘】

〔一〕《文鈔》校曰：“《藝文類聚》八十七，《御覽》九百七十二。”

【注釋】

[1] 盧循：字於先，小名元龍，司空從事中郎盧諶之曾孫。善草隸、弈棋之藝。沙門慧遠有鑒裁，見而謂之曰：“君雖體涉風素，而志存不軌。”循娶孫恩妹。及恩作亂，與循通謀。恩性酷忍，循每諫止之，人士多賴以濟免。恩亡，餘衆推循爲主。事迹見《晉書》卷一〇〇。

[2] 捐餉：捐贈食物。餉，食物。《吳越春秋·王僚使公子光傳》：“吾見子有饑色，爲子取餉，子何嫌哉？”深抱：深情。《韻會》：“抱，懷也。”

[3] 益智：果名。《廣雅·釋木》：“益智，龍眼也。”此三句言龍眼乃一地之不同風味，當即在僧中頗受青睞。

【義疏】

因爲慧遠少時與盧循父親盧嘏乃舊交，故盧循舉兵叛亂，占據江州時，饋贈慧遠六種食物，并致書。當時即有僧諫遠者曰：“循爲國寇，與之交厚，得不疑乎？”遠曰：“我佛法中，情無取捨，豈不爲識者所察？此不足懼。”慧遠既不嚴詞拒絕，開罪盧循；又不深致款曲，觸犯當權，故此書簡約，止於平淡叙述而已。方外之人亦善周旋，於此亦可見。

答秦主姚興書〔一〕[1]

【題解】

《高僧傳》卷六慧遠本傳記載:"秦主姚興,欽德風名,嘆其才思,致書殷勤,信餉連接,贈以龜兹國細縷雜變像,以伸款心。又令姚嵩獻其珠像。《釋論》新出,興送《論》并遺書。"《釋文紀》卷九《遺慧遠書》又注云:"遠謂《大智論》文句繁廣,初學難尋,乃抄其要文,序致淵雅,以書答之。"據《出三藏記集・大智度論記》可知,《大智度論》譯迄於弘始七年(四〇五)十二月,此書當與《大智度鈔序》所作時間相近,即公元四〇六年。

欲令作《大智論序》,以伸〔二〕作者之意[2]。貧道聞:"懷大非小褚〔三〕所容,汲深非短綆所測[3]。"披省之日,有愧高命[4]。又體羸多疾〔四〕,觸事有廢,不復屬意已來,其日亦〔五〕久[5]。緣來〔六〕告之重,輒〔七〕麤綴所懷[6]。至於研究之美,當復寄〔八〕諸明德[7]。

【校勘】

〔一〕《文鈔》校曰:"《高僧傳》卷六,原書附。"《釋文紀》卷九作"慧遠答姚嵩書",校云:"《尺牘》作'遠答鳩摩羅什',誤。"文末注:"出《出三藏記集》《高僧傳》。"今檢《高僧傳》卷六、《出三藏記集》卷一五皆作"姚興",《尺牘》誤。

〔二〕"伸",《高僧傳》卷六、《出三藏記集》卷一五、《慧遠研究・遺文篇》皆作"申"。古二字同。

〔三〕"褚",《釋文紀》卷九作"楮",《慧遠研究・遺文篇》作"渚"。皆形近而誤。

〔四〕“疾”,《慧遠研究·遺文篇》作“病”。

〔五〕“亦”,《慧遠研究·遺文篇》作“爾”。

〔六〕“來”,《文鈔》脱。此據《釋文紀》卷九、《高僧傳》卷六、《慧遠研究·遺文篇》校補。

〔七〕“輒”,《慧遠研究·遺文篇》作“轍”。形近而誤。

〔八〕“寄”,《高僧傳》卷六作“期”。

【注釋】

［1］姚興:字子略,赤亭(今甘肅隴西西)人,羌族,姚萇長子,繼姚萇爲後秦國君。在位二十二年,勤於政事,治國安民。提倡佛教和儒學,廣建寺院,邀請龜兹高僧鳩摩羅什來長安講學譯經,支持法顯赴印度等國取經訪問,轟動一時,遂使長安成爲當時全國佛教中心。

［2］《大智論》:即《大智度論》,凡一百卷,龍樹撰。姚秦弘始四年(四〇二)夏,鳩摩羅什於長安逍遥園中西明閣上創譯,至七年十二月二十七日乃訖,詳見《大智論鈔序》。《大智度論》譯出後,姚興曾請慧遠作《大智度論序》,以申述作者意旨。

［3］懷大非小褚所容,汲深非短綆所測:意謂容小之器,不可以貯藏大物;短促之繩,不可以汲水深井。《莊子·至樂》:“褚小者不可以懷大,綆短者不可以汲深。”清郭慶藩注:“綆,汲索也。”《玉篇》:“褚,裝衣也。”《集韻》:“褚,囊也。”此二句謙稱自己才德淺薄。

［4］披省:猶披覽。晉左芬《答兄感離詩》:“披省所賜告,尋玩悼離詞。”此二句言披覽《大智度論》,有愧不能接受崇高之命令。

［5］羸:瘦弱。《説文》:“羸,瘦也。”《六書統》卷一八引宋徐鉉注:“羊主給膳,以瘦爲病,故從羊。”觸事:遇事。晉郭璞《方言序》:“余少玩雅訓,旁味方言,復爲之解。觸事廣之,演其未及,摘其謬漏,庶以燕石之瑜,補琬琰之瑕。”廢:通癈。《增韻》:“癈,固疾不復可用者。通作廢。”屬意:謂留心爲文。晉劉琨《答盧諶詩并書》:“不復屬意於文,二十餘年矣。”此四句言加之身體瘦弱多病,一遇勞心之事即

生大病，不再留心作文以來，已經很久。

　　[6] 麤：今作粗。清段玉裁《説文解字注》：“麤，行超遠也。鹿善驚躍，故從三鹿。引伸之爲鹵莽之偁。《（玉）篇》《（集）韻》云：不精也、大也、疏也。皆今義也。俗作麁，今人概用粗。粗行而麤廢矣。”此二句言因爲您來信所告重要，就只得粗略連綴所思而成文。

　　[7] 明德：指才德兼備之人。《詩·大雅·皇矣》：“帝遷明德，串夷載路。”宋朱熹集傳：“明德，謂明德之君，即太王也。”南朝宋謝靈運《擬魏太子鄴中集詩·陳琳》：“余生幸已多，矧迺值明德。”此二句言至於深入探討其究竟之義，當再托之於諸位大德。

【義疏】

　　此書或爲殘篇。開宗明義點明對方來信之目的——請其作序而申述作者之旨，然後先謙稱自己才德不足，所以披覽之時，慚愧而不能從命；再説明因爲體弱多病，不可勞心，所以不留意文章已經由來已久。最後作一轉折，由於君命之崇而難違，又不得不遵循之，所以纔粗略陳述一己之見（或即《大智論鈔序》），至於探究微言大義之美，則當托之諸位大德。其書用語謙虛，則以崇尊者；詳説原因，則反跌下文，凸顯“來告之重”。這與通好羅什之書顯然不同。

【附録】

遺慧遠書[一]

［後秦］姚　興

　　《大智論》新譯訖，此既龍樹所作，又是《方等》旨歸，宜爲一序，以宣作者之意。然此諸道士，咸相推謝，無敢動手。法師可爲作序，以貽[二]後之學者。（《釋文紀》卷九）

【校勘】

〔一〕《釋文紀》卷九作姚嵩《遺慧遠書》。《高僧傳》卷六、《出三藏記集》卷一五皆作“姚興”，《釋文紀》誤。

〔二〕“貽”，《釋文紀》卷九作“遺”。古二字通。

答桓玄勸罷道書^{〔一〕[1]}

【題解】

《高僧傳》卷六慧遠本傳：“（桓）玄後以震主之威，苦相延致，乃貽書騁説，勸令登仕。遠答辭堅正，確乎不拔，志逾丹石，終莫能迴。”慧遠息影山林，迹不入俗，本與桓玄没有交集。然而桓玄擅政之後，爲招攬人才，貽書慧遠，勸其罷道登仕，於是二人纔有交集。桓玄貽書當在其入廬初見慧遠之後。《高僧傳》本傳又載：“後桓玄征殷仲堪軍，經廬山，要遠出虎溪，遠稱疾不堪，玄自入山。……玄出山謂左右曰：‘實乃生所未見。’”只有當桓玄發現慧遠人才難得之後，纔可能産生勸令罷道登仕之心。復考《晉書·安帝紀》，桓玄征殷仲堪是隆安三年十二月，故初見慧遠當在是時。因爲初見慧遠已是年末，故此書當作於隆安四年初，即公元四〇〇年初。華梵佛學研究所編《慧遠大師文集》作隆安五年，或誤。

大道淵玄，其理幽深，銜^{〔二〕}此高旨，實如來談^[2]。然貧道出家，便是方外之賓^[3]。雖未踐古賢之德，取其一往之志，削除飾好，落名求實^[4]。若使幽冥有枉^{〔三〕}，故當不謝於俗人^[5]。外似不盡，内若斷金，可謂見形不及道，哀哉哀哉^[6]！

【校勘】

〔一〕《文鈔》於“桓玄”下注：“《弘明集》作‘南郡’。”《釋文紀》卷四、四庫全書本《弘明集》卷一一皆作“慧遠《答桓南郡書》”，卍正藏本《弘明集》卷一一作“廬山慧遠法師《答桓玄勸罷道書》”。

〔二〕“銜”，《慧遠大師集》作“啣”。古二字同。

〔三〕“枉”，卍正藏本《弘明集》卷一一、《釋文紀》卷四、《慧遠研究·遺文篇》作“在”。形近而誤。

【注釋】

[1] 桓玄：字敬道，譙國人，襲父溫，封南郡公，篡位後號楚。《高僧傳》卷六慧遠本傳載：桓玄征殷仲勘，軍經廬山，要遠出虎溪。遠稱疾不堪。玄自入山。左右謂玄曰：“昔殷仲堪入山禮遠，願公勿敬之。”玄答：“何有此理？ 仲堪本死人耳。”及至見遠，不覺致敬。玄問：“不敢毀傷，何以翦削？”遠答云：“立身行道。”玄稱善。所懷問難，不敢復言。乃説征討之意，遠不答。玄又問：“何以見願？”遠云：“願檀越安穩，使彼亦無他。”玄出山謂左右曰：“乃生所未見。”其他交往事，參見《高僧傳》卷六。

[2] 淵玄：深邃。漢蔡邕《文範先生陳仲弓銘》：“於熙文考，天授弘造。淵玄其深，巍峨其高。”高旨：尊稱對方詩文之意。晉盧諶《贈劉琨》詩：“慷慨遐蹤，有愧高旨。”此四句言大道淵邃，説理深刻，品味其高論，確實如你所談。

[3] 貧道：寡於聖道之人，乃沙門謙稱。《世説新語·言語》：“支道林常養數馬……支曰：貧道重其神駿。”《香祖筆記》卷一〇引宋葉夢得曰：“晉宋間佛教初行，未有僧稱，通曰道人，自稱則曰貧道。”此二句言然而我已經出家，就是超越世俗之人。

[4] 一往之志：積累其行而不退縮之心。意取《論語·子罕》：“譬如爲山，未成一簣，止，吾止也；譬如平地，雖覆一簣，進，吾往也。”飾好：此指世俗冠服之美。宋釋德洪《送親上人乞食三首》其三：

“剃頭捨飾好，則以乞爲活。”此四句言雖然不能踐行古代賢士之德，却取其修持佛法永不退縮之心，故祛除世俗冠服，棄其聲名而求其本真。

　　[5] 幽冥：猶沉冥，或沉滯世俗之人。《楞嚴經》卷四曰：“引諸沉冥，出於苦海。”此指地獄。俗人：世俗之人，與出家人相對。晉法顯《佛國記》：“諸國俗人及沙門盡行天竺法，但有精麤。”此二句言如果幽冥世界尚有冤屈，就應不能辭絕於世俗之人。意謂不可如隱士那樣超然世俗，而是紮根世俗，普度衆生。

　　[6] 斷金：同心。《周易・繫辭上》：“二人同心，其利斷金。”唐孔穎達疏：“金是堅固之物，能斷而截之，盛言利之甚也。”此喻態度之決絶。見形不及道：謂見其形而不達大道。《鬼谷子・反應》：“己審先定以牧人，策而無形容，莫見其門，是謂天神。”南朝梁陶弘景注：“己能審定，以之牧人。至德潛暢，玄風遠扇，非形非容，無門無户，見形而不及道，日用而不知，故謂之天神也。”此四句言外表似乎未盡於世俗，内心向佛則態度決絶，可以説世俗僅見其外表而不明其道，真是悲哀啊。

　　帶索枕石，華而不實，管見之人，不足羨矣[1]。雖復養素山林，與樹木何異[2]？夫道在方寸，假鍊〔一〕形爲真[3]。卞和號慟於荆山，患人不别故也[4]。昔聞其名，今見其人[5]。故莊周悲慨：“人生天地之間，如白駒之過隙。”[6]以此而尋，孰得久停，豈可不爲將來作資[7]？言學步邯鄲者，新則無功，失其本質，故使邯〔二〕人匍匐而歸[8]。百代之中，有此一也，豈混〔三〕同以通之[9]？

【校勘】

　　〔一〕“鍊”，卍正藏本《弘明集》卷一一、《釋文紀》卷四、《慧遠大師集》皆作“練”。古二字通。

〔二〕"邤",《釋文紀》卷四作"其"。或當據改。

〔三〕"混",卍正藏本《弘明集》卷一一、《慧遠大師集》、《慧遠研究·遺文篇》皆作"渾"。古二字通。

【注釋】

[1] 帶索枕石:形容安貧守道之隱士衣著、行爲。帶索,以繩索爲衣帶。《列子·天瑞》:"孔子遊於太山,見榮啓期行乎郕之野,鹿裘帶索,鼓琴而歌。孔子問曰:先生所以爲樂,何也? 期對曰:吾樂甚多:天生萬物,唯人爲貴,而吾得爲人,是一樂也;男女之別,男尊女卑,故以男爲貴,吾既得爲男,是二樂也;人生有不見日月、不免繈褓者,吾既已行年九十矣,是三樂也。貧者士之常也,死者人之終也,處常得終,當何憂哉? 孔子曰:善乎! 能自寬者也。"枕石,枕於石上。《三國志·蜀書·彭羕傳》:"伏見處士緜竹秦宓,膺山甫之德,履雋生之直,枕石漱流,吟詠緼袍,偃息於仁義之途,恬淡於浩然之域,高概節行,守真不虧,雖古人潛遁,蔑以加旃。"管見:管中窺物,比喻所見淺小。《晉書·陸雲傳》:"臣備位大臣,職在獻可,苟有管見,敢不盡規。"此四句言那些以索爲帶、以石爲枕之隱士,華而不實,乃識見淺陋之人,不足以羨慕。意謂隱士雖超然世俗,却仍然遊走於現實山林,并未進入空諸一切的境界,故不足羨矣。

[2] 養素:修養并保持其本性。三國魏嵇康《幽憤詩》:"志在守樸,養素全真。"唐張銑注:"養素全真,謂養其質以全真性。"此二句言隱士雖修養保持本性,但與山林無異。此謂"不足羨"的原因。

[3] 方寸:喻心。《宗鏡録》卷九七載,禪宗四祖道信告誡牛頭山法融禪師曰:"百千妙門,同歸方寸;恒沙功德,總在心源。"鍊形:道家謂修煉自身形體。《漢武帝内傳》附録:"又夜恒存赤氣,從天門入周身内外,在腦中變爲火以燔身,身與火同光,如此存之,亦名曰鍊形。"此二句言道存于心,藉助修煉形體而成真人。

[4] 卞和號慟於荆山:謂卞和慟哭於荆山之下。《太平御覽》卷

三七二：“韓（非）子曰：楚和氏得玉璞楚山之中，獻之武王，武王使玉人相之，曰石也，刖其左足。武王薨，文王即位，又奉獻之，玉人相之，曰石也，刖其右足。成王即位，和抱其璞，哭於楚山之下，三日三夜，泣盡，繼之以血。王使玉人理之，得寶焉，名曰和氏璧。”此二句言卞和所以慟哭於荆山之下，乃憂慮世人不能分別玉與石之故。

[5] 此二句言昔日只聽説此事，今則見其人。意謂今日真見其不能分別玉與石之人呢。

[6] 駒：小馬。《説文》：“馬兩歲曰駒。”隙：地之縫隙。《玉篇》：“隙，穿穴也，裂也。”引文出自《莊子·知北遊》。此三句言所以莊周悲傷感慨曰：人生存於天地間，猶如白色馬駒躍過地之裂縫。形容人生短暫也。

[7] 尋：探究。《説文》：“尋，繹理也。”此三句言以此而論，誰能久留於世？怎能不爲將來留下資本？意謂修持佛教即是人生將來之資，所以慧遠提倡修持佛教，期生净土。

[8] 學步邯鄲：比喻模仿他人，反而喪失本能。《莊子·秋水》：“且子獨不聞夫壽陵餘子之學行於邯鄲與？未得國能，又失其故行矣，直匍匐而歸耳。”唐成玄英疏：“趙都之地，其俗能行，故燕國少年遠來學步。”此四句言邯鄲學步，求其新而無功，反而喪失本能，故使其人匍匐而歸。意謂佛教出家并非學步被褐帶索之隱士。

[9] 此三句言百世之中，僅有此一人，豈可將常人與學步邯鄲者混同而通稱之？意謂不可將出家之人與山林隱士混爲一談也。此皆針對桓玄來信之意而論之。

　　貧道已乖世務，形權於流俗，欲於其中化未化者[1]。雖復沐浴踞傲[一]，奈疑結何[2]？一世之榮，劇若電光，聚則致離，何足貪哉？淺見之徒其惑哉[二][3]！可謂[三]“下士聞道大笑之[四]”，真可謂迷而不反也[4]。貧道形不出人，才不應世，是故毀其陋質，被其割截之服，理未能心冥玄化，遠存大聖之制[5]。豈捨其本懷，而酬高誨[6]？

【校勘】

〔一〕"踞傲"，卍正藏本《弘明集》卷一一、《慧遠研究·遺文篇》皆作"踞於云云"。

〔二〕"其惑哉"，《慧遠大師集》作"其惑"。

〔三〕"可謂"，《慧遠大師集》作"何論"。

〔四〕"大笑之"，卍正藏本《弘明集》卷一一、《慧遠大師集》、《慧遠研究·遺文篇》皆作"大而笑之"。"而"或衍文。

【注釋】

[1] 乖：背離。《玉篇》："乖，睽也，背也。"權：權宜。《孟子·離婁上》："男女授受不親，禮也；嫂溺援之以手者，權也。"佛教指以方便法門教化衆生，亦稱之權。此三句言貧道已經超越世務，形迹混於世俗，乃是希望以方便之法門，度化尚未開化者。

[2] 雖復：猶縱令。三國魏嵇康《家誡》："雖復守辱不已，猶當絕之。"沐浴：特指以水、湯、香水等洗凈身體。自古以來，印度人即認爲以恒河之水沐浴，能去除污垢罪障。踞傲：即倨傲，傲慢不恭。晉葛洪《抱朴子·行品》："捐貧賤之故舊，輕人士而踞傲者，驕人也。"奈疑結何：意謂無奈懷疑怨恨之心已經形成而毫無辦法。《法句經·刀杖品》："雖保翦髮，長服草衣，沐浴踞石，奈疑結何？"此二句言世間以刀杖殘害衆生者，縱然沐浴齋心、倨傲權貴，無奈怨恨之心已經形成而毫無辦法。按：此取《法句經·刀杖品》勸誡桓玄"無行刀杖，賊害衆生"。桓玄亦是衆生中"未化者"。

[3] 劇：甚。《玉篇》："劇，甚也。"電光：閃電之光。前蜀韋莊《哭同舍崔員外》詩："却到同遊地，三年一電光。"佛教多以電光、泡影、夢

幻比喻人生。此五句言一世榮華，比電光迅疾，聚合就是離散，哪裏值得貪戀？見識短淺之人真是非常糊塗！

　　[4] 下士聞道大笑之：謂見識淺陋者聽説道而大笑。《老子》第四一章："上士聞道，勤而行之；中士聞道，若存若亡；下士聞道，大笑之。不笑不足以爲道。"此二句言老子所謂下士聞道而大笑之者，真可以説身陷迷途却不知返啊！

　　[5] 出人：出衆，超出衆人。《商君書・畫策》："凡人主德行非出人也，知非出人也，勇力非過人也。"應世：應付世事。北齊顔之推《顔氏家訓・涉務》："不知有勞役之勤，故難可以應世經務也。"陋質：容貌醜陋，乃謙稱。三國魏曹植《出婦賦》："以才薄之陋質，奉君子之清塵。"割截之服：指袈裟。袈裟乃後譯名，初稱百衲衣。因用許多方形小塊布片拼綴製成，故慧遠稱之割截之服。心冥：猶冥心，即潛心苦思，專心致志。《晉書・隱逸傳・辛謐》："是故不嬰於禍難者，非爲避之，但冥心至趣而與吉會耳。"玄化：聖德教化。晉左思《魏都賦》："玄化所甄，國風所稟。"唐張銑注："玄，聖；甄，成也。言皆聖化所成。"大聖：對佛、菩薩及大聲聞等之尊稱，乃有別於世俗之聖人。如大聖普賢菩薩、大聖文殊師利菩薩、大聖觀自在菩薩、大聖不動明王、大聖歡喜天等，概皆出於尊敬之意。此六句言貧道外表不能超出衆人，才能不能應付世事，所以毁其醜陋容貌，身披僧服，然而尚未能潛心聖德教化之理，遠存佛祖之制度。

　　[6] 本懷：心迹，心願。《魏書・苻堅傳》："卿遠來草創，得無勞乎？今送一袍，以明本懷。"高誨：對別人教誨或書論之尊稱。此二句言豈可捨棄自己心願，而曲從您的教誨？

　　貧道年與時頹，所患未痊，乃復曲垂光慰，感慶交至[1]。檀越信心幽當，大法所寄，豈有一傷毀其本也[一]，將非波旬試嬈之言[2]？辭拙寡聞，力[二]酬高命，蓋是不逆之懷耳[3]。

【校勘】

〔一〕“也”,《慧遠大師集》作“哉”。

〔二〕“力”,《慧遠研究·遺文篇》作“方”。

【注釋】

[1]頹:衰頹。《廣雅》:“頹,壞也。”曲垂:敬詞,猶言俯賜。北周庾信《謝趙王賚絲布啓》:“遠降聖慈,曲垂矜賑。”乃:猶汝。《尚書·大禹謨》:“惟乃之休。”漢孔安國注:“乃,猶汝也。”光慰:猶廣慰,問安。《三國志·魏書·文帝紀》裴松之注引《獻帝傳》:“非所以奉答天命,光慰衆望也。”《説文》:“慰,安也。”此四句言貧道年齡與時光一起衰頹,所患疾病尚未痊愈,你又屈駕問安,感激慶幸交相産生。

[2]檀越:施主。即施與僧衆衣食,或出資舉行法會等之信衆。此指桓玄。信心:佛教指對所聞之法生起信仰之心。大法:佛法。《妙法蓮華經·序品》:“今佛世尊,欲説大法,雨大法雨,吹大法螺,擊大法鼓。”一傷:一次損害。指桓玄之書對佛教之誹謗。波旬:常作魔波旬。意譯殺者、惡物、惡中惡、惡愛。指斷除人之生命與善根之惡魔。爲釋迦在世時之魔王名。據《太子瑞應本起經》卷上載,波旬即欲界第六天之主。《大智度論》卷五六謂魔名,爲自在天王。此魔王常隨逐佛及諸弟子,企圖擾亂之;而違逆佛與嬈亂僧之罪,乃諸罪中之最大者,故此魔又名極惡。嬈:同擾。《正韻》:“嬈,音擾。”乃同音假借。此三句言施主信仰之心應與佛法宗旨暗合,豈能因爲您這一次損害而毀壞你向佛之心的根本。否則,你之所言殆非如波旬之擾亂僧侶修持之心?

[3]不逆之懷:意謂坦誠之情懷。《論語·憲問》:“不逆詐,不億不信,抑亦先覺者,是賢乎!”宋朱熹集注:“逆,未至而迎之。楊氏曰:君子一於誠而已,然未有誠而不明者。”此三句言吾拙於言辭,孤陋寡聞,勉力酬答您的高論,亦是表達自己坦誠的情懷而已。

【義疏】

此書乃針對桓玄來信勸其罷道而發，具有駁論性質。在內容上，慧遠之書詳細闡釋了佛教僧侶與世俗世界之關係、僧侶出世與隱士避世之差異，以及佛教度化眾生與權勢殘害眾生之本質不同，最後說明回信之緣由。

作者欲抑先揚，首先肯定來信所言"至道緬邈，佛理幽深"云云之是，再用一"然"轉折，說明貧道已是出家之人，雖暫時尚未能踐行聖賢之德，卻如聖賢一樣一往無前，所以擯棄世俗之名實，落髮出家，乃因爲幽冥之地獄或有冤屈，故不離世俗而企求度化眾生。因而外雖不盡脫俗，內卻意志決絕。但是，世人徒見我世俗之形迹而不明我虔佛之行道。這就明確說明吾輩看似"常徒"，然所"習求"則非常人之所能爲。其用語雖也謙虛，意志卻堅如磐石。

然後直接駁斥對方。桓玄來書曰"沙門去棄六親之情，毀其形骸，口絕滋味，被褐帶索，山棲枕石，永乖世務"，將僧侶出世與隱士避世混爲一談。慧遠駁之曰：隱士沽名釣譽，華而不實，故不足羨慕，其身隱山林，養其本真，然不可拯救眾生，與林木本質無異，唯在求道而存其心，煉形而得其真而已。昔日卞和痛哭工匠不辨玉石，"昔聞其名，今見其人"，君之所論亦如楚之工匠，不辨隱士與僧侶之別。再引莊子之語，説明人生短暫，然以隱士的方式尋求長生，絕不可能得之。所以作者以質問的口吻：既然人生短暫，隱士又不可求得長生，難道眾生不爲自己的未來積聚資糧！佛教僧侶的行爲正是爲自己、爲眾生積累未來資糧，也就是覺己、覺他，最後進入自覺圓滿的人生境界，怎麼能够與"學步邯鄲，新則無功，失其本質"，最後只能"匍匐而歸"之人混爲一談！

接着又針對桓玄"皆是管見，未體大化""迷而知反，去道不遠"之論，進一步申述道：自己已超越世俗，之所以行迹存於世俗，乃是以方便法門度化尚未開化之眾生。這與世俗中沐浴齋心、倨傲王侯的假作清高者抑又不同。這類人縱然假作清高，奈何卻以刀杖殘害眾生。

結怨既成，不復回轉。其實，無論是沐浴齋心以沽名，抑或倨傲王侯以得勢，一生榮華，皆疾於電光，聚散相倚，不足貪戀，唯有見識淺陋之徒泥身其中，纔是真正的聞道大笑、迷不知返之下流。所以，自己才性平庸而落髮出家，身著袈裟。雖未能冥心於玄化之道，遠存乎佛祖之制，但絕不能捨棄初衷，而曲從君之所謂高論。

最後，在表達對桓玄屈垂問安的感激欣喜之後，立即指出：不惟佛教僧侶虔誠向佛，而且施主之信仰亦暗合佛教宗旨，不可因爲這一次勸我罷道而損毀您向佛之心的根本。否則，施主所論則成爲魔王波旬擾亂僧侶虔心向佛之言。作者以謙遜口吻，説明自己所言乃是坦誠之懷。

因爲桓玄來書雖短，却否定了佛教存在的合理性，因此慧遠據理力爭，故這封書信與一般書信有別。此書緊扣對方觀點，以説理爲主，且層層遞進，義正辭嚴。其中既有正面説理，亦有調侃反諷。特別是復書之結尾，先假設肯定：你信仰之心合乎佛理。然後設疑肯定：若非如此，你之所論則是魔王波旬。假設肯定，是避免徹底分道揚鑣；設疑肯定，是指明對方行爲的實質性危害。其説理藝術之高，非他人所及之。

補充一點：東晉早期，名士認爲沙門不及高士，王坦之《沙門不得爲高士論》曰："高士必在於縱心調暢，沙門雖云俗外，反更束於教，非情性自得之謂也。"謂沙門束縛於教規，不得縱情適性；孫綽《道賢論》將晉代七位高僧比作竹林七賢；慧遠却認爲高士唯在養真，不能拯救衆生，與林木無異。這種對高士的否定，其深層反映了名士與沙門的分離。從早期名士超越高僧，中期高僧與名士合流，後期高僧與名士分離，大致反映了東晉文化發展的兩次轉向。

【附録】

與遠法師勸罷道書

［晉］桓　玄

　　夫至道緬邈，佛理幽深，豈是悠悠常徒所能習求？沙門去棄六親之情，毀其形骸，口絶滋味，被褐帶索[一]，山棲枕石，永乖世務。百代之中，庶或有一髣髴之間。今世道士，雖外毀儀容，而心過俗人。所談[二]道俗之際，可謂學步邯鄲，匍匐而歸。先聖有言：“未知生，焉知死？”而令一生之中，困苦形神，方求冥冥[三]黃泉下福，皆是管見，未體大化。迷而知反，去道不遠，可不三思？運不居人，忽焉將老，可復追哉！聊贈至言，幸能納之。（《弘明集》卷一一）

【校勘】

　　〔一〕“索”，《慧遠大師集》作“素”。形近而誤。

　　〔二〕“談”，四庫全書本《弘明集》卷一一、《釋文紀》卷四皆作“謂”。

　　〔三〕“冥冥”，卍正藏本《弘明集》卷一一、《慧遠研究·遺文篇》皆作“真實”。或形近而誤。

與桓玄論料簡沙門書[一][1]

【題解】

　　元興元年（四〇二），桓玄攻入建康後，矯詔自命爲總百揆，加侍中、都督中外諸軍事、丞相、録尚書事、揚州牧，領徐州刺史；又加假黃鉞、羽葆鼓吹、班劍二十人等，署置丞相府的大小僚屬。爲了實現篡位自立之野心，一是整肅朝綱，罷黜凡庸，任用社會賢達，試圖提高官僚素質；二是沙汰衆僧，整頓佛教，增加人口稅收，充實國家財政。於是下令料簡沙門："有能申述經誥，暢説義理者；或禁行修整，奉戒無虧，恒爲阿練若者；或山居養志，不營流俗者，皆足以宣寄大化，亦所以示物以道，弘訓作範，幸兼内外。其有違於此者，皆悉罷道。"顯然，料簡沙門，與京城佛教頹靡及其對政治、經濟以及社會人口結構造成的負面影響密切相關。然而，慧遠唯恐其因事廢教、殃及無辜，於是在桓玄令下達之後，即遺書以論之。華梵佛學研究所編《慧遠大師文集》作元興二年，或誤。

佛教陵[二]遲，穢雜日久，每一尋思[三]，憤慨盈懷[2]。常恐運出非意，混然淪胥[四]，此所以夙宵嘆懼，忘寢與食者也[3]。見檀越澄清諸道人教，實應其本心[4]。夫涇以渭分，則清濁殊流[五][5]；枉以正直，則不仁自遠[6]。推此而言，符命既行，必二理斯得[7]。然後令飾僞取容者，自絶於假通之路；通道懷真者，無復有負俗之嫌[8]。如此，則道世交興，三寶復隆於兹矣[9]。貧道所以寄命江南，欲託有道以存至業[10]。業[六]之隆替，寔由乎人[11]。值檀越當年，則是貧道中興之運，幽情所託，已冥之在昔[12]。是以前後書疏，輒以憑寄爲先[13]。每尋告慰，眷懷不忘，但恐年與時乖，不盡檀越盛隆之化耳[14]。今故諮白數條，如別疏[15]。

【校勘】

〔一〕《文鈔》校曰："《弘明集》卷一二，并節録《高僧傳》卷六。"四庫全書本《弘明集》卷一二、《釋文紀》卷四作"慧遠《與桓太尉論料簡沙門書》"，卍正藏本《弘明集》卷一二作"廬山慧遠法師《與桓玄論料簡沙門書》"。按：《高僧傳》卷六對此文有節録。

〔二〕“陵”，《慧遠研究・遺文篇》作“凌”。古二字同。

〔三〕“思”，《高僧傳》卷六作“至”。

〔四〕“胥”，卍正藏本《弘明集》卷一二、《釋文紀》卷四、《慧遠大師集》、《慧遠研究・遺文篇》皆作“湑”。音同而誤。

〔五〕“流”，《高僧傳》卷六作“勢”。作“流”意善。

〔六〕“業”，《釋文紀》卷四脫後一“業”。

【注釋】

[1] 料簡：選擇，揀擇。漢蔡邕《司空楊秉碑》：“（公）復拜太常，遂陟上司，沙汰海內，料簡貞實。”又作料揀，《隸續・漢平輿令薛君碑》：“料揀真實，好此徽聲。”此即沙汰。

[2] 陵遲：漸趨衰敗。《詩・王風・大車》序：“禮義陵遲，男女淫奔。”此四句言佛教漸趨衰敗，信徒良莠混雜已非一日，每每想起，滿懷憤慨。

[3] 淪胥：相率牽連而獲罪。《詩・小雅・雨無正》：“若此無罪，淪胥以鋪。”毛傳：“淪，率也。”漢鄭玄箋：“胥，相；鋪，徧也。言王使此無罪者見牽率相引而徧得罪也。”夙宵：日夜。《説文》：“夙，早敬也。”此四句言常常擔憂佛教之運化并非佛祖本意，且混雜而互相牽連，所以日夜嘆息恐懼，廢寢忘食。

[4] 檀越：施主。此指桓玄。澄清：謂肅清混亂局面。《後漢書・黨錮傳・范滂》：“滂登車攬轡，慨然有澄清天下之志。”此二句言見施主欲肅清諸位僧徒教化的混亂局面，實是合乎我的本意。

[5] 涇以渭分：涇渭分明。《詩・邶風・谷風》：“涇以渭濁，湜湜其沚。”涇河水清，渭河水渾。比喻界限清楚或是非分明。此二句言涇河因渭水而分明，則清濁本不同流。

[6] 枉以正直，則不仁自遠：意謂舉薦正直而罷黜邪惡，則不仁者自然遠去。《論語・顏淵》：“樊遲退，見子夏，曰：‘鄉也，吾見於夫子而問知。子曰：舉直錯諸枉，能使枉者直。何謂也？’子夏曰：‘富哉

言乎！舜有天下，選於衆，舉皋陶，不仁者遠矣。湯有天下，選於衆，舉伊尹，不仁者遠矣。'"

[7] 符命：原指述説瑞應以頌帝王功德之文體。《漢書·揚雄傳贊》："惟寂寞，自投閣；爰清静，作符命。"此尊稱桓玄之教令。此三句言由此推論，你之教令既已頒布施行，必然能夠得到涇渭分明、舉直錯枉之二理。

[8] 取容：曲從討好，取悦於人。《管子·形勢》："小人者，枉道而取容，適主意而偷説，備利而偷得，如此者，其得之雖速，禍患之至亦急。"懷真：懷抱堅貞的節操。《三國志·魏書·管寧傳》："寧抱道懷貞，潛翳海隅。"負俗：謂與世俗不相諧。三國魏嵇康《卜疑集》："若先生者，文明在中，見素表璞，内不愧心，外不負俗，交不爲利，仕不謀禄。"此四句言然後可以使僞裝修飾而取容他人者，自斷其借此通往佛教之路；使節操堅貞而通達佛理者，不再有背離世俗之嫌疑。

[9] 道世交興：意謂大道與世道交相興盛。此取莊子之言，反其意而用之。《莊子·繕性》："由是觀之，世喪道矣，道喪世矣，世與道交相喪也。"三寶：佛寶、法寶、僧寶。一切之佛，即佛寶；佛所説之法，即法寶；奉行佛所説之法者，即僧寶。此三句言如此，則世道興盛，佛教亦再盛於此世。

[10] 寄命：猶托身。《三國志·吳書·吳主傳》："若罪在難除，必不見置，當奉還土地民人，乞寄命交州，以終餘年。"有道：謂政治清明。《論語·衛靈公》："邦有道，則仕；邦無道，則可卷而懷之。"此二句言吾所以寄身江南，就是希望藉助清明之世而保存佛教大業。

[11] 隆替：猶盛衰，興廢。晉潘岳《西征賦》："人之升降，與政隆替。"寔：實。《説文》："寔，止也。"南唐徐鍇《繫傳》："寔如此，止如此也。"《增韻》："寔與實通。"此二句言佛教大業之興廢，乃因人而定。

[12] 當年：壯年。《墨子·非樂上》："將必使當年，因其耳目之聰明，股肱之畢强，聲之和調，眉之轉樸。"清孫詒讓《閒詁》："王云：當年，壯年也。當有盛壯之義。"幽情：深遠之情思。漢班固《西都賦》：

“攄懷舊之蓄念，發思古之幽情。”唐李周翰注：“幽情，深情也。”此乃借指威權正盛。在昔：從前，往昔。《尚書·洪範》：“我聞在昔，鯀陻洪水，汩陳其五行。”此指昔日佛教之大業。此四句言值此施主威權正盛之時，即是貧道佛運中興之際，所寄托之深遠之情，已經暗合於昔日之佛教矣。

　　[13] 書疏：猶信札。北齊顏之推《顏氏家訓·雜藝》：“江南諺云：尺牘書疏，千里面目也。”此二句言所以前後書信，就以所依憑寄托之佛理爲先導。

　　[14] 乖：背離。《玉篇》：“乖，睽也，背也。”此四句言每次尋思施主所示之安慰，就眷戀不忘，只是唯恐吾之年衰而時世背離，不能完成施主隆盛之教化。

　　[15] 諮白：稟告，陳述。《佛説本行集經·耶輸陀羅夢品下》：“或復諮白，作如是言。”此二句言所以今日稟告數條，同於下文所陳。

　　經教所開，凡有三科：一者禪思入微，二者諷味遺典，三者興建福業[1]。三科誠異，皆以律行爲本[2]。檀越近制，似大同於此，是所不疑[3]。或有興福之人，内不毁禁，而迹非阿練若〔一〕者[4]。或多誦經，諷詠不絶，而不能暢説義理者[5]。或年已宿長，雖無三科可記，而體性貞正，不犯大〔二〕非者[6]。凡如此輩，皆是所疑[7]。今尋檀越所遣之例，不應問此[8]。而外物惶惑，莫敢自寧，故以別白[9]。

【校勘】

　　〔一〕“若”，《慧遠研究·遺文篇》脱。

　　〔二〕“大”，《文鈔》作“人”，又校曰：“《弘明集》作‘大’。”《釋文紀》卷四、《慧遠大師集》、《慧遠研究·遺文篇》皆作“大”。作“人”則語意扞格，故據《釋文紀》等校改。

【注釋】

[1] 經教:經典之教訓,猶佛教。《圓覺經·賢善首菩薩》曰:"問於如來如是經教功德名字。汝當諦聽,當爲汝說。"開:開啓,建立。《説文》:"開,張也。"科:品,類型。《説文》:"科,程也。"又:"程,品也。"福業:感福德之行業。《百論疏》卷一:"福是富饒爲義,起善業招人天樂果,故稱爲福。"《增一阿含經·三寶品》謂有三福業:一、施福業,布施;二、平等福業,起平等之慈悲愛護之心;三、思惟福業,思惟出世之要法。此五句言佛教所開闢之路,共有三品:一是静慮一境而照微,二是諷詠佛祖之經典,三是興建佛德之業報。

[2] 律行:戒律之行。《維摩詰經·方便品》:"雖爲白衣,奉持沙門清净律行。"此二句言三品誠然不同,却皆以奉行戒律爲根本。

[3] 檀越:施主。指桓玄。此三句言施主近來確立之制度,似與此相同,是乃毋庸置疑不在料簡之内。

[4] 興福:造福,致福。《漢書·孔光傳》:"應天塞異,銷禍興福。"阿練若:又譯作阿蘭若。本義爲山林、荒野。因適於比丘修行與居住,後引申指出家人修行與居住之林野。此三句言或有廣造福田,内守戒律,却行迹不入修行之處所者。此指居家信佛者。

[5] 此三句言或常頌佛經,諷詠不斷,却不能流暢闡釋佛教義理者。此指出入佛門者。

[6] 體性:禀性。《商君書·錯法》:"夫聖人之存體性,不可以易人。"貞正:堅貞端正。《戰國策·齊策四》:"(顔)斶願得歸,晚食以當肉,安步以當車,無罪以當貴,清静貞正以自虞。"宿長:猶宿老,前輩。此三句言或有年在長輩,雖不屬於三品之類,却禀性堅貞端正,不犯俗人之過錯者。此指年長信佛者。

[7] 此二句言舉凡如此三類人,皆是疑慮自己在料簡之内。

[8] 此二句言今尋思施主所遣散之條例,不應過問此三類人。

[9] 外物:此指外人。《梁書·陶弘景傳》:"雖在朱門,閉影不交外物,唯以披閲爲務。"惶惑:疑懼,疑惑。《楚辭·九嘆·思古》:"閔

先嗣之中絶兮，心惶惑而自悲。”別白：辨別告白。《漢書·董仲舒傳》：“辭不別白，指不分明。”此三句言外人惶恐疑惑，無人自安，故以此辨別而告之。

　　夫形迹易察，而真僞難辯，自非遠鑒，得之信難[1]。若是都邑沙門，經檀越視聽者，固無所疑[2]。若邊局遠司，識不及遠，則未達教旨，或因符命，濫及善人，此最其深憂[3]。若所在執法之官，意所未詳，又時無宿望沙門可以求中，得令送至大府，以經高鑑[一]者，則於理爲弘[4]。想檀越神慮，已得之於心，直是貧道常近之情，故不能不及耳[5]。

【校勘】

　　〔一〕“鑑”，卍正藏本《弘明集》卷一二、《慧遠大師集》、《慧遠研究·遺文篇》皆作“覽”。“鑑”同“鑒”，又“鑒”同“覽”，轉相訓也。

【注釋】

　　[1] 辯：通辨，分辨。《説文》：“辨，判也。”自非：若非。《左傳·成公十六年》：“自非聖人，外寧必有内憂。”此四句言外在行爲表現容易覺察，而内在情性真僞難以辨別，若非見識深遠者，確實難以得其真相。

　　[2] 都邑：京都。宋蔡絛《鐵圍山叢談》卷一：“上元張燈，天下止三日，都邑舊亦然。後都邑獨五夜。”此三句言若是京城佛教信徒，經過施主考察者，固然無所懷疑。

　　[3] 邊局遠司：指邊遠轄地。局，地。晉陶淵明《歸園田居》：“漉我新熟酒，隻雞招近局。”司，統轄，治理。《説文》：“司，臣司事於外者。”此六句言若邊遠轄地，考察不可達之，則不能明瞭告諭，或因爲你的教令，濫用而傷及道德良善之人，此最令人深深憂慮。

　　[4] 宿望：素負重望之人。《三國志‧魏書‧張既傳》“令既之武都”裴松之注引晉摯虞《三輔決錄注》：“（遊殷）以子楚託之；既謙不受，殷固託之。既以殷邦之宿望，難違其旨，乃許之。”求中：猶求正。大府：公府。《史記‧酷吏列傳》：“以湯爲無害，言大府。”南朝宋裴駰集解引韋昭曰：“大府，公府。”《漢書‧張湯傳》唐顏師古注云：“大府，丞相府也。”高鑑：敬詞。稱他人對事物之明察。《宋書‧南郡王義宣傳》：“此則丹心微款，未亮於高鑑；赤誠幽志，虛感於平日。”此六句言如若所在之地的執法官吏，未能詳盡理解施主之意，且是時沙門中又無素負重望之高僧可求，中途得其教令，一律將僧侶送至公府，因經過明察者審理，則按照常理應寬宥這類信徒。

　　[5] 直：只是。《增韻》：“直，當也。”此三句言推想施主神思妙算，已經於心得知此事，只是貧道按照常理，所以不能不言及之也。

　　若有族姓子弟，本非役門，或世奉大法，或弱而天悟，欲棄俗入道，求作沙門[1]。推例尋意，似不塞其清途[2]。然要須諮定，使洗心向味者，無復自疑之情[3]。

【注釋】

　　[1] 族姓：指世族大姓。《晉書‧諸葛恢傳》：“導嘗與恢戲争族姓，曰：人言王葛，不言葛王也。”役門：猶役户，須服徭役之家。因古代世族無須服徭役，故又以役門指尋常百姓之家。《宋書‧宗越傳》：“（宗越）本爲南陽次門，安北將軍趙倫之鎮襄陽，襄陽多雜姓，倫之使長史范覬之條次氏族，辨其高卑，覬之點越爲役門。”此五句言若有貴族子弟，本非出自服徭役之家，或是世代尊奉佛法，或體弱却天資穎悟，欲抛棄世俗而追求佛道，希望作佛門信徒。

　　[2] 清途：原指清要之仕途。《南史‧荀伯子傳》：“荀伯子少好學，博覽經傳，而通率好爲雜語，遨遊閭里，故以此失清途。”此指清明

之世道。此二句言按照此例推尋其本意，似亦未堵塞清明之世道。

[3] 要須：必須，需要。《三國志・魏書・蔣濟傳》：“天下未寧，要須良臣以鎮邊境。”洗心：洗滌心胸。比喻除去惡念或雜念。《周易・繫辭上》：“聖人以此洗心。”此三句言然而必須詢問而確定其心志，使之蕩滌塵心，虔心向佛，不再有猶豫不定之情。

　　昔外國諸王，多參懷聖典，亦有因時助弘大化，扶危救弊，信有自來矣[1]。檀越每期情古人，故復略叙所聞[2]。

【注釋】

[1] 外國：此指西域之國。參懷：共同論議。《宋書・戴法興傳》：“凡選授遷轉誅賞大處分，上皆與法興、尚之參懷。”聖典：佛經，三藏之總稱。大化：此指佛之教化。《法華玄義》卷一〇：“說教之綱格，大化之筌罤。”有自：有其原因。《莊子・寓言》：“有自也而可，有自也而不可。”陳鼓應注：“有自也，有所由來，即有其原因。”此五句言從前西域諸國王，大多與僧侶共同論議佛典之真諦，亦有因其時世而協助弘揚佛之教化，救助危艱匡正時弊，的確亦有其原因。

[2] 期情：期待合乎情理。《說文》：“期，會也。”此二句言施主每每期待自己所爲合乎前人情理，故又略叙述吾之所知。

【義疏】

慧遠治理佛門，以律行爲先，所以在聞桓玄下達料簡沙門令之後，一方面於心戚戚，欲藉此整頓佛門；另一方面又擔心桓玄及其地方官僚乘機打擊佛教，造成沙汰衆僧擴大化。於是遺書桓玄，據理說之。

首先，說明佛教陵遲，僧徒魚龍混雜，所以自己“每一尋思，憤慨盈懷”“夙宵嘆懼，忘寢與食”，常常憂懼佛教運化有悖於佛祖本意，并造成相互牽連影響，敗壞佛門風氣。以此說明，沙門整頓勢在必行，桓玄之澄清佛門，"實應其本心"。此之教令意在通過整頓，使涇渭分明，清濁異流，舉直錯枉，不仁者遠去。由此亦可使僞飾佛門取容當世者，自斷假通佛道之路；精通佛道内懷貞静者，不復有背離世俗之嫌。由此則大道與時世交相興盛，佛教也興隆於此代。接下說明，自己之所以托身江南，乃藉世道清明而繼續佛道大業。道之興廢，實乃在人。正值施主當權，是乃貧道之佛運中興，所寄托之深情，亦暗合於昔日佛教。所以，吾與你前後書札，就以佛理爲先，每每尋思你所告慰，耿耿於心，唯恐歲月與時運乖離，不能完成你隆盛教化大業。故今日條陳如下。書之開宗明義，亮明態度，尋繹雙方共同點，乃爲了對方接受自己建議。其說理技巧可見一斑。

然後，申述佛教之路凡有三品：一是静慮智照者，二是諷詠經卷者，三是興建福報者。三品不同，皆須遵循律行。施主頒布教令，基本與此相同，這是毋庸置疑的。然而尚有三類信徒：一是福報布施者，雖未入佛門，却内循佛教律行；二是諷頌經卷者，雖不能暢說佛理，却虔心誦經；三是年長宿德者，雖不在三品之内，却體性堅貞端直，行爲世範。如此之輩，皆對施主之料簡有所疑慮。吾現在尋思按照施主沙汰條理，也不應過問這三類。然而，他們却非常惶恐，不能自安，故吾另以辯白之。慧遠所舉三類乃是針對桓玄所確立的三條無須沙汰之標準而發，實際上是希望保護初入佛門之沙彌以及世俗之信衆。

其次，從人情物理上進一步申述可能造成沙汰不當的情況。一般說來，人之外表易於明察，情之真僞難以分辨，非識見高遠明察者，確難明其本質。至於京城沙門，施主親自考察，沙門料簡固然無可質疑。但是若是邊遠轄地官僚，目光短淺，就未能明瞭教令之旨，或因一紙令文，殃及德善之人，這最令人深憂。此外，如若執法官吏，不能詳盡領會教令意圖，所在寺院又無高僧大德可求正，得其教令，即將僧侶送至公府，經過見識高明者審理，自可寬宥之。作者省略了另一層意思：假設遇到見識短淺者，亦可能濫及無辜，此亦令人憂慮。因爲作者不願筆觸刺痛權貴，故意蘊言外。而在本節收束時，又以"檀越神慮，已得之於心"，頌美對方，以"常近之情"，謙稱自己所論，亦是出於同樣的遊説藝術。

再次，因爲桓玄之所以料簡沙門，除了整治"傷治害政，塵滓佛教"之風外，另有一層含義，即佛教興盛，造成"避役鍾於百里，逋逃盈於寺廟"，擾亂了國家的經濟政策，所以慧遠再次申述，世族弟子"求作沙門"，并非逃避徭役，而是或世代信奉佛法，或體弱而天資穎悟。推尋本意，似乎并未影響國家政策。但是對這類人必須諮詢考定，使之能虔心佛理，不再産生自己有被沙汰之疑慮。

最後，總結説：從前西域諸國王亦參究佛典，因其時世而弘揚教化，得到了拯救艱危、匡正時弊的正面效應。由此可見，"道世交興"是一個互爲因果的關係，這爲佛教之發展掃清了政治上的障礙。

此書雖是提醒桓玄料簡沙門，情況複雜，僅憑一紙令文，也可能傷及無辜，進而對佛教發展産生負面影響，但是作者并未以言之不預的口吻，而是自始至終採取與遊説對象立場一致，一再暗示自己所言也正是對方所想，這就强化了遊説的效果。無論在説理立場上，還是在措辭選擇上，與前文《答桓玄勸罷道書》都迥不相同。可能與桓玄教令"唯廬山道德所居，不在搜簡之例"有關。

【附録】

欲沙汰衆僧與僚屬教[一]

［晉］桓　玄

夫神道茫昧，聖人之所不言。然惟其制作所弘，如將可見。佛所貴無爲，慇懃在於絶欲。而比者陵遲，遂失斯道。京師競其奢淫，榮觀紛於朝市。天府以之傾匱，名器爲之穢黷。避役鍾於百里，逋逃盈於寺廟。乃至一縣數千，猥成屯落,邑聚遊食之群,境積不羈之衆。其所以傷治害政,塵滓佛教,固已彼此俱弊,實〔二〕污風軌矣。便可嚴下:在此〔三〕諸沙門,有能申述經誥,暢説義理者;或禁行修整,奉戒無虧,恒爲阿練若〔四〕者;或山居養志,不營流俗者,皆足以宣寄大化,亦所以示物以道,弘訓作範,幸兼内外。其有違於此者,皆悉罷遣〔五〕,所在領其户籍,嚴爲之制。速申下之,并列上也。唯廬山道德所居,不在搜簡之例。(《弘明集》卷一二)

【校勘】

〔一〕四庫全書本《弘明集》卷一二題作《與僚屬沙汰僧衆教》。《釋文紀》卷四於《與僚屬沙汰僧衆教》題下注云:"玄輔政教僚屬。遠與玄書,因廣立條制。玄從之。"

〔二〕"實",卍正藏本《弘明集》卷一二、《慧遠研究·遺文篇》皆作"寔"。《詩·召南·小星》:"肅肅宵征,夙夜在公,寔命不同。"宋朱熹集傳:"寔,與實同。"

〔三〕"此",卍正藏本《弘明集》卷一二、《慧遠研究·遺文篇》皆作"所"。

〔四〕"若",《慧遠研究·遺文篇》脱。

〔五〕"遣",《文鈔》作"道",語意扞格。卍正藏本《弘明集》卷一二、《高僧傳》卷六、《慧遠大師集》皆作"遣"。故據改。

答桓玄書論沙門不應敬王者〔一〕

【題解】

圍繞沙門是否應致敬王者,桓玄與桓謙、王謐、何充、庾冰、卞嗣之、袁恪之以及慧遠等反復論難,唐弘福寺沙門釋彦悰所纂録《集沙門不應拜俗等事》、《釋文紀》卷四全部輯錄其文,本書亦有附録,可以參閱。元興元年,桓玄致書"八座",重議沙門禮敬王者。有同其議者,亦有異其議者。後來在慧遠及八座中異議者的力爭之下,於元興二年十二月,桓玄下《許沙門不致禮詔》,"禮敬"之爭始告結束。慧遠此書當作於桓玄《與八座書》稍後,亦即元興元年(四〇二)。華梵佛學研究所編《慧遠大師文集》亦繫是年。

詳省別告及《八座書》,問沙門所以不敬王者意,義在尊主崇上,遠存名體[1]。徵引老氏,同王侯於三大,以資生運通之道,故[二]宜重其神器[2]。若推其本以尋其源,咸稟氣於兩儀,受形於父母,則以生生通運之道爲弘,資存日用之理爲大,故不宜受其德而遺其禮,霑[三]其惠而廢其敬[3]。此檀越立意之所據,貧道亦不異於高懷[4]。求之於佛教,以尋沙門之道,理則不然[5]。

【校勘】

〔一〕卍正藏本《弘明集》卷一二題作"廬山慧遠法師《答桓玄書》"另起行"沙門不應敬王者書"。卍正藏本《集沙門不應拜俗等事》卷一題作《遠法師答桓太尉》。

〔二〕"故",卍正藏本《弘明集》卷一二、《慧遠研究·遺文篇》皆作"設"。

〔三〕"霑",卍正藏本《弘明集》卷一二、《慧遠研究·遺文篇》皆作"沾"。古二字同。

【注釋】

[1] 八座書:即桓玄《與八座桓謙等論沙門應致敬事書》。八座:中央政府八類高級官員。東漢稱六曹尚書及尚書令、尚書僕射爲八

座。三國魏與南朝宋、齊僅有五曹尚書,合尚書令與尚書左、右僕射爲八座。桓謙,字敬祖,譙國龍亢縣(今安徽省懷遠縣)人,太傅桓沖之子。桓玄輔政,以爲尚書令,領吏部尚書,改封寧都侯,加散騎常侍。名體:名教體統。晉袁宏《三國名臣序讚》:"玄伯剛簡,大存名體。志在高構,增堂及陛。"此四句言詳細省察你另賜書信及《八座書》,你詢問沙門不叩拜王者之緣由,意在於尊崇君主,保留古代名教體統。

[2] 三大:指道、天、地。南朝陳徐陵《勸進梁元帝表》:"擬茲三大,賓是四門。歷試諸難,咸熙庶績。"清吳兆宜注引《老子》:"故道大、天大、地大,王亦大。域中有四大,而王居其一焉。"資生:賴以生存之資。《周易·坤》:"至哉坤元,萬物資生。"唐孔穎達疏:"萬物資生者,言萬物資地而生。"佛教用來指衣食住之具,以資助人之生命者。運通:運化通生,謂依據天道而通乎生理。《晉書·李充傳》:"然則聖人之在世,吐言則爲訓辭,蒞事則爲物軌,運通則與時隆,理喪則與世弊矣。"神器:代表國家政權的實物,如玉璽、寶鼎之類。晉左思《魏都賦》:"劉宗委馭,巽其神器。"唐呂延濟注:"神器,帝位。"此指君主和王侯。此四句言你引用老子之言,謂王侯與三大同樣尊貴,乃眾生生存、化育之依憑,所以應該尊重王侯。

[3] 兩儀:陰陽。《周易·繫辭上》:"是故易有太極,始生兩儀,兩儀生四象,四象生八卦。"唐孔穎達疏:"不言天地而言兩儀者,指其物體;下與四象(金、火、水、木)相對,故曰兩儀,謂兩體容儀也。"生生:孳息不絕,繁衍不已。《周易·繫辭上》:"生生之謂易。"唐孔穎達疏:"生生,不絕之辭。"按:此指世俗之"生生",與佛教之"生生"意義迥異。此七句言如果推尋其根本,其人之精氣受之天地,形體受之父母,那麼因爲生生不息、運化孕育之道,生存所資、日用所需之理最爲重要,所以不應該接受其德澤而捨棄其禮儀,沾潤其恩惠而廢棄其恭敬。

[4] 檀越:施主。貧道:和尚謙稱。高懷:猶高論。《韻會》:"懷,

一曰情也,又懷抱胸臆也。"此二句言這正是你立意之依據,吾對於高論亦無異議。

　　[5] 此三句言但是於佛教中求證之,并以此探尋沙門之理,則并非如此。

　　何者？佛經所明,凡有二科:一者處俗弘教,二者出家修道[1]。處俗,則奉上之禮,尊親之敬,忠孝之義,表於經文[2];在三之訓,彰於聖典[3]。斯與王制同命,有若符契[4]。此一條,全是檀越所明,理不容異也。出家,則是方外之賓,迹絕於物[5]。其爲教也,達患累緣於有身,不存身以息患;知生生由於禀化,不順化以求宗[6]。求宗不由於順化,故不重運通之資;息患不由於存身,故不貴厚生之益[7]。此理之與世乖,道之與俗反者也[8]。

【注釋】

　　[1] 上四句言佛經所明確的共有兩種規制:一是在家弘揚教義,二是出家修持佛法。

　　[2] 表之經文:經文明確表達之。大乘佛教鼓勵人們在家修行,遵守禮法。《大智度論》卷四四:"世間善法者,知有罪、有福果報,有今世、後世,有世間、有涅槃,有佛等諸賢聖,今世後世及諸法實相證。所謂孝順父母等,乃至十念,如法得物,供養供給沙門、婆羅門。沙門名爲出家求道人,婆羅門名爲在家學問人。是二人,於世間難爲能爲,利益衆生故,應當供養。尊長者、叔伯、姊兄等,恭敬供養,是一切修家法。"

　　[3] 在三之訓:謂禮敬君主、父母、師傅之訓示。《國語·晉語一》:"民生於三,事之如一。父生之,師教之,君食之。非父不生,非食不長,非教不知,生之族也,故一事之。唯其所在,則致死焉。報生

以死,報賜以力,人之道也。"三國吳韋昭注:"三,君、父、師也。"後以之爲禮敬君、父、師之典。此二句言禮敬君主、父母、師傅之訓示,也明確記載於佛典。

[4] 王制:君王之典章制度。《荀子・正論》:"天下之大隆,是非之封界,分職名象之所起,王制是也。"符契:符節,朝廷調動軍隊之信物。《韓非子・主道》:"符契之所合,賞罰之所生也。"此二句言這些方面與君主典章制度具有相同的規定性,猶如軍隊調動之信物,互相契合。

[5] 方外之賓:世外之人。佛教認爲"法無我""我無我",故以"賓"稱之。迹絕於物:意謂超然物外,此指超然塵俗。《廣韻》:"迹,足迹。"又:"絕,斷也。"此三句言出家就是方外之人,行迹超絕於外物。謂遊於方外,則與世俗決絕也。

[6] 此五句又見《沙門不敬王者論・出家》。意謂作爲佛教,其宗旨乃使衆生明瞭世俗之憂患緣於執著己身,忘却己身則可以祛除禍患;知生死流轉輪迴稟受自然造化,不順應自然生死輪迴而探求生命本原。

[7] 此四句言因爲追尋寂静涅槃而超越生死流轉,所以不注重運化孕育之物質;熄滅世俗憂患而不執著形體生命,所以不珍視厚養生命之利益。

[8] 乖:猶反,不同。《廣韻》:"乖,離也,背也。"此二句言這一道理與世俗相反。

是故凡在出家,皆隱居以求其志,變俗以達其道[1]。變俗,則服章不得與世典同禮;隱居,則宜高尚其迹[2]。夫然,故能拯溺俗於沈[一]流,拔幽根於重劫[3]。遠通三乘之津,廣開人天之路[4]。是故內乖天屬之重,而不違其孝;外闕奉主之恭,而不失其敬[5]。若斯人者,自誓始於落簪,立志成於暮歲[6]。如令一夫全德，則道洽六親，澤流天下[7]。雖不處王侯之位，固已協契皇極，大庇生民矣[8]。如此，豈坐受其德，虛霑其惠，與夫尸禄之賢，同其素餐者哉[9]？

【校勘】

〔一〕“沈”，卍正藏本《集沙門不應拜俗等事》卷一作“沉”。古二字同。

【注釋】

[1] 變俗：改變原有習俗。《晏子春秋·問下》：“昔吾先君桓公，變俗以政，下賢以身。”此謂不同於世俗。達：通達。《廣雅·釋詁》：“達，通也。”

[2] 服章：古代表示官階身份之服飾。《左傳·宣公十二年》：“君子小人，物有服章。”晉杜預注：“尊卑別也。”此泛指衣冠。世典：世俗之典章禮制。《廣韻》：“典，法也。”高尚：使高潔。《周易·蠱》：“不事王侯，高尚其事。”三國魏王弼注：“最處事上而不累於位，不事王侯，高尚其事者也。”此四句言不同於世俗，則服飾不能與世俗禮制相同；隱居於方外，即應該高潔其行爲。

[3] 溺俗：沉溺世俗。南朝梁釋僧祐《世界記目録序》：“若披圖六趣群分，照如臨鏡，庶溺俗者發蒙，服道者瑩解。共建慧眼之因，俱成覺智之業焉。”沈流：猶濁流。《韻會》：“沈，一曰濁黙也。亦作沉。”幽根：沉滯之性。佛教以根比喻天性，根性能産生感覺、善惡觀念。重劫：累劫。《無量壽經》下曰：“世世累劫，無有出期。”佛教認爲，宇宙經歷若干萬年毀滅一次，爾後重新開始，周而復始。其一個周期爲一劫。劫分小、中、大三種。溺俗、幽根，指衆生狀態；沈流、重劫，指世俗世界。此三句言唯因如此，纔能拯救沉溺世俗之濁流，纔能拔去沉滯之性於累劫之中。

[4] 三乘:依據衆生根機,佛應方便而説聲聞乘、緣覺乘、菩薩乘等三種教法。聲聞乘,聞佛聲教而悟四諦之理,以證阿羅漢者;緣覺乘,因外緣而覺十二因緣之理,以證辟支佛果者;菩薩乘,度一切衆生,修六度萬行,以證無上菩提。乘,比喻度衆生超越生死而至涅槃彼岸的法門。人天之路:指人間通向天堂之路。晉郗超《奉法要》:"三界之内,凡有五道:一曰天、二曰人、三曰畜生、四曰餓鬼、五曰地獄。全五戒則人相備,具十善則生天堂。"

[5] 天屬:有血緣關係之直係親屬。《莊子·山木》:"或曰:'棄千金之璧,負赤子而趨,何也?'林回曰:'彼以利合,此以天屬也。'"漢蔡琰《悲憤詩二首》之一:"天屬綴人心,念別無會期。"此四句言所以内背離重視血緣之親,却不背離孝;外缺少跪拜君主之恭,而不缺少敬。

[6] 落簪:猶落髮,指剃度出家。簪,古代縮髮之頭飾。本作先。《説文》曰:"先,首笄也。"《廣韻》:"簪,同先。"暮歲:晚年。南朝宋謝靈運《撰征賦》:"屈盛績於平生,申遠期於暮歲。"此三句言這類人自剃度出家開始,直至暮年,發誓立志,虔心佛門。

[7] 全德:德行至善。《後漢書·桓榮傳論》:"而佚廷議戚援,自居全德,意者以廉不足乎?"唐李賢注:"全德,言無玷缺也。"此指信徒修證無上菩提。道洽:道德滋潤。《説文》:"洽,霑也。"六親:指父母兄弟妻子。又有父六親、母六親,父六親指父之伯叔兄弟兒孫,母六親指母之舅姨兄弟兒孫。澤流:恩澤廣被。晉穆帝《竺法汰喪事詔》:"汰法師道博八方,澤流後裔。"此三句言若使一人德行至善,即可德澤沾潤六親,廣被天下。

[8] 協契:猶同心,一致。《晉書·簡文帝紀》:"群后竭誠,協契斷金。"《韻會》:"契,合也。"皇極:帝王統治天下之準則,即至大中正之道。《尚書·洪範》:"五曰建用皇極。"漢孔安國傳:"皇,大;極,中也。凡立事當用大中之道。"在宥:指任物自在,無爲而化。《莊子·在宥》:"聞在宥天下,不聞治天下也。"晉郭象注:"宥使自在則治,治

之則亂也。”唐成玄英疏：“宥，寬也。在，自在也。《寓言》云，聞諸賢
聖任物自在寬宥，即天下清謐。”此三句言雖然不居王侯之位，却已與
君主治理天下的準則一致，庇護廣大衆生。

[9] 尸禄、素餐：享受俸禄，謂身居官位者，空食俸禄而不盡其
職，無所事事。漢劉向《説苑・至公》：“久踐高位，妨群賢路，尸禄素
飡，貪欲無猒。”《漢書・鮑宣傳》：“以苟容曲從爲賢，以拱默尸禄爲
智。”唐顔師古注：“尸，主也。不憂其職，但主食禄而已。”此四句言如此
之人難道是坐享君主德澤，空受王侯恩惠，與尸禄素飡之官吏相同嗎？

　　檀越頃者以有其服而無其人，故澄清簡練，容而不
雜[1]。此命既宣，皆人百其誠，遂之彌深，非言所喻[2]。若
復開出處之迹，以弘方外之道，則虛襟[一]者挹其遺風，漱流
者味其餘津矣[3]。若澄簡之後，猶不允情，其中或真僞相
冒，涇渭未分，則可以道廢人，固不應以人廢道[4]。以道廢
人，則宜去其服；以人廢道，則宜存其禮[5]。禮存則制教之
旨可尋，迹廢則遂志之歡莫由[6]。

【校勘】

　　〔一〕“襟”，卍正藏本《弘明集》卷一二、《慧遠研究・遺文篇》皆
作“衿”。古二字同。

【注釋】

　　[1] 頃：通傾，不久，頃刻。《韻會》：“傾，俄傾，少選時也，又傾
刻。通作頃。”簡練：淘汰選擇。《禮記・月令》：“天子乃命將帥，選士
厲兵，簡練桀俊，專任有功，以征不義。”此三句言施主不久前因爲沙
門空著僧服而缺乏貞信之人，所以澄清濁流、沙汰選擇，容納虔誠僧
侶而清理混雜之徒。

〔2〕既：猶完全。《博雅》：“既，盡也。”人百其誠：衆人皆懷誠心。《宋書·謝晦傳》：“輒糾勒義徒，繕治舟甲，舳艫互川，駟介蔽野，武夫鷙勇，人百其誠。”百，形容所有也。遂：猶通達。《商君書·算地》：“此其墾田，足以食其民；都邑遂路，足以處其民。”喻：猶明確表達。《玉篇》：“喻，曉也。”此四句言這一教令道理完全正當，衆人皆內懷虔誠之心，更能深刻地通達其意，此非語言所能表達。

〔3〕出處：此指出家與居家四衆。虛襟：虛懷，襟懷澄澈。《晉書·載記·姚興下》：“太子詹事王周亦虛襟引士，樹黨東宮。”漱流：謂以山水漱口。形容隱居生活。晉陸雲《逸民賦》：“杖短策而遂往兮，乃枕石而漱流。”其：代指佛教。此四句言如若再開闢出處之途，以弘揚方外大道，則襟懷澄澈者斟酌其流風餘韻，隱居避世者咀嚼其無窮餘味。

〔4〕允情：猶滿意。《玉篇》：“允，當也。”真僞相冒：謂真僞混雜。冒，遮蔽。《玉篇》：“冒，覆也。”以道廢人：因道而否定其人。句擬《論語·衛靈公》：“君子不以言舉人，不以人廢言。”此六句言如若澄清簡練之後，仍然不能令人滿意，其中或是真僞混雜，清濁不分，則可因佛道而淘汰其人，定然不可因人而捨棄其佛道。

〔5〕此四句言因佛道而淘汰其人，則應去其佛教服飾；若因人而廢棄佛道，則應考慮保存佛教之禮制。按：此句表達語意費解，由語境推之，則意思應是可以按照佛門律行沙汰僞僧者，令其還俗；不可因有僞僧者而廢棄佛教之道，應該保存佛教之禮制。

〔6〕尋：以理治之。《説文》：“尋，繹理也。”清段玉裁注：“謂抽繹而治之。凡治亂，必得其緒而後設法治之。”此二句言保存佛教禮制則你所制定的教令之意旨可施行，佛道被廢則僧侶實現其志之歡樂則無由實現。

何以明其然？夫沙門服章法用，雖非六代之典，自是道家之殊制，俗表之名器[1]。名器相涉，則事乖其本；事乖其本,則禮失其用[2]。是故愛夫禮者,必不虧其名器,得之不可虧,亦有自來矣[3]。夫遠遵古典者,猶存告朔之餼羊[4]。餼羊猶可以存禮,豈況如來之法服耶[5]？推此而言,雖無其道,必宜存其禮[6]。禮存則法可弘,法可弘則道可尋,此古今所同,不易之大法也[7]。又袈裟非朝宗之服,鉢盂非廊廟之器[8]。軍、國異容,戎、華〔一〕不雜[9]。髡〔二〕髮毀形之人,忽厠諸夏之禮,則是異類相涉之象,亦竊所未安[10]。檀越奇韻挺於弱年,風流邁於季俗,猶參究時賢,以求其中,此而推之,必不以人廢言[11]。

【校勘】

〔一〕“華”,《慧遠大師集》作“革”。形近而誤。

〔一〕“髡”,卍正藏本《弘明集》卷一二、乾隆藏本《集沙門不應拜俗等事》卷一、《慧遠研究‧遺文篇》皆作“剔”,誤。《釋文紀》卷四、《慧遠大師集》皆作“剃”,古二字同。

【注釋】

[1] 法用:指所用之法物。六代:指黄帝、唐、虞、夏、殷、周。《晉書‧樂志上》:“周始二《南》,《風》兼六代。”此泛指古代。道家:此指佛家。俗表:謂塵世之外。南朝宋朱昭之《難顧道士夷夏論并書》:“初若登天,光被俗表。”名器:用以分別尊卑的爵位及車服儀制。《左傳‧成公二年》:“唯器與名,不可以假人,君之所司也。”晉杜預注:“器,車服。名,爵號。”此指佛教之法物。此五句言因何明其理？沙門服飾及所用法物,雖不符合古代典章制度,卻是佛教特殊禮制,是超越塵世之器物。

[2] 乖:背離。《説文》:“乖,戾也。”此二句言若佛教牽涉世俗禮制,則其事背離佛教宗旨,一旦背離佛教宗旨,則佛教禮制失去意義。

〔3〕自來：來由。《左傳·昭公元年》："叔出季處，有自來矣。"此四句言因此珍視禮儀者，必然不能缺失服飾儀制，得之禮儀且不缺失服飾儀制，自古而然。

〔4〕古典：古代典章制度。《後漢書·儒林傳上》："乃修起太學，稽式古典。"《廣韻》："典，法也。"告朔餼羊：古代一種祭禮制度。《論語·八佾》："子貢欲去告朔之餼羊。子曰：賜也！爾愛其羊，我愛其禮。"告朔，古代一種祭祀儀式。周天子在歲末時，將來年每月的曆書頒布諸侯，諸侯拜受，藏於祖廟，每月朔日，以活羊祭告於廟，然後聽政。這一儀式名之曰告朔。《周禮·春官·大史》："頒告朔於邦國。"朔，每月初一日。子貢欲廢棄這一儀式，所以孔子告之不能因吝惜羊而廢棄禮。此二句言前代亦遵循古代典章制度，尚且保留告朔餼羊之禮儀。

〔5〕法服：僧尼所穿的法衣。《法華經·序品》："剃除鬚髮，而被法服。"此二句言古代尚且以告朔餼羊保存禮儀，何況如來所留之法服制度呢。

〔6〕此三句言由此推論，即使佛門有無道之徒，也應保存佛教禮制。謂不可因人廢道也。

〔7〕此四句言保存佛教禮制就可弘揚佛法，弘揚佛法即其道可以施行，這是古今相同、不可變易之根本法則。

〔8〕朝宗：泛指朝拜天子。《周禮·春官·大宗伯》："春見曰朝，夏見曰宗，秋見曰覲，冬見曰遇。"鉢盂：可用於化齋或誦經敲擊之器物。廊廟：指朝廷。《後漢書·申屠剛傳》："廊廟之計，既不豫定，動軍發衆，又不深料。"唐李賢注："廊，殿下屋也；廟，太廟也。國事必先謀於廊廟之所也。"此二句言袈裟不是朝拜天子之服飾，鉢盂也不是朝廷所用之器物。

〔9〕戎華：戎狄與華夏。《隋書·音樂志中》："至永熙中，錄尚書長孫承業，共臣先人太常卿瑩等，斟酌繕修，戎華兼采，至於鐘律，煥然大備。"此二句言猶如軍隊與國家之儀禮不同，戎狄與華夏不可混

雜。比擬沙門與世俗禮儀不同。

[10] 髡:剃之正字。《説文》:"髡,鬄髮也。大人曰髡,小兒曰鬄,盡及身毛曰鬄。"南唐徐鍇《繫傳》:"今俗别作剃,非是。"厠:混雜。《釋名》:"厠,言人雜在上,非一也。或曰溷,言溷濁也。或曰圊,至穢之處,宜常修治使潔清也。"諸夏:原指分封中原各諸侯國。《左傳·閔公元年》:"諸夏親暱,不可棄也。"此泛指中原地區。此四句言剃髮毁容之僧,忽然混雜於中原禮儀之中,這是不同類型禮儀互相牽涉的現象,故私下感覺不安。

[11] 風流:灑脱放逸;風雅瀟灑。《後漢書·方術傳論》:"漢世之所謂名士者,其風流可知矣。"季俗:指末世頽敗之風俗。以人廢言:因人有過而廢棄其正確言論。《論語·衛靈公》:"君子不以言舉人,不以人廢言。"人,代指慧遠自己。此乃謙遜之表達。此六句言施主幼小就韻致特出,風雅灑脱超越季世之風,尚且勘驗考察當代之賢能,以求其中允公正,由此推之,必不會因人而廢言也。

　　貧道西垂之年,假日月以待盡,情之所惜,豈存一己,苟悋所執[1]? 蓋欲令三寶中興於命世之運,明德流芳於百代之下耳[2]。若一旦行此,佛教長淪,如來大法於兹泯滅,天人感嘆,道俗革心矣[3]。貧道幽誠所期,復將安寄? 緣眷遇之隆,故殫〔一〕其所懷[4]。執筆悲懑,不覺涕泗橫流[5]。

【校勘】

　　〔一〕"殫",卍正藏本《弘明集》卷一二、乾隆藏本《集沙門不應拜俗等事》卷一、《慧遠研究·遺文篇》皆作"坦"。或音近而誤。

【注釋】

　　[1] 西垂之年:喻暮年。西垂,日光西沉。唐裴説《棋詩》:"臨軒

纔一局，寒日又西垂。"苟恡：苟且吝惜。《宋書·徐湛之傳》："而靦然視息，忍此餘生，實非苟吝微命，假延漏刻。"恡，同吝。《增韻》："恡，俗作悋，通作吝。"此五句言吾已入暮年，假借時光以耗盡生命，愛惜之情，哪裏是保護自己，苟且吝惜自己所執著之生命？

[2]三寶：泛指佛教。《釋氏要覽·三寶》："三寶，謂佛、法、僧。"命世：即名世，著名於當世。漢趙岐《孟子題辭》："可謂直而不倨，曲而不屈，命世亞聖之大才者也。"明德：崇高顯明之德性。《禮記·大學》："大學之道，在明明德。"此指高僧大德。此二句言乃希望佛教中興於當代，大德流芳於百代。

[3]行此：指推行沙門恭敬君主王侯。此六句言一旦推行這一制度，則佛教長久淪喪，如來佛法亦泯滅於此，天人感慨嘆息，佛門、世俗亦因此而變易其心志。

[4]眷遇：殊遇，優待。《北史·房彥謙傳》："忝蒙眷遇，輒寫微誠，野人愚瞽，不知忌諱。"此四句言如此則吾之冥冥誠心所期待之佛教中興，又將寄托於何處？緣於施主殊遇深厚，所以盡抒吾之所思。

[5]涕泗橫流：眼淚鼻涕縱橫流淌，形容憂傷之至。《南史·蕭鈞傳》："年七歲，出繼衡陽元王，見高帝，未拜，便涕泗橫流。"又《詩經·陳風·澤陂》："有美一人，傷如之何！寤寐無爲，涕泗滂沱。"毛傳："自目曰涕，自鼻曰泗。"此二句言執筆之時悲憤滿懷，不覺淚流滿面。

【義疏】

桓玄在下令料簡沙門之後，緊接着又要求沙門應敬王者。此書即是應桓玄"君可述所以不敬意"而作。因爲料簡沙門與應敬王者是一個問題的兩面，故書中對這兩個問題均有詳細論證。文分六層：

第一，扼要闡釋對方書信及《八座書》主旨，説明其理論之合理之處。桓玄遺書慧遠，詢問何以沙門不敬王者，其目的乃在尊主崇上，強調名教。且徵引《老子》説明王侯與天地道三者同尊，乃衆生生存、化育之依憑，故一切生民皆應恭敬王者。就世俗衆生而言，在生命本原上,人之精氣禀之天地,形體受之父母;在生命過程上,生生之資、化育之道、日用所取,皆受君主恩澤,其恩德也大,道理也弘,不應該受其恩德、霑其惠澤,却廢棄其禮敬,所以作者對桓玄之立論并無異議。但是,"求之於佛教,以尋沙門之道,理則不然"。以此轉折,進入下文説理。此一段從對方立場落筆,欲抑而先揚,這是慧遠辯駁式説理的基本模式。

第二,分説佛教信徒在家、出家兩種類型,故亦有禮敬王者和不敬王者之別。首先引證佛典,説明同爲虔心向佛者,却有"處俗弘教"與"出家修道"之別。前者必須遵循奉君、尊親之禮敬,忠孝、在三之義訓。在這一點上,佛教與王制命意相同,猶如符節之契合,故桓玄之要求完全合理。但是,後者是方外之人,超絶世俗,若執著生命,牽累於世俗,則禍患生;唯有不執著生命,通達生命本空,則禍患息。了悟生死流轉於自然運化,超越生死流轉而達到寂静涅槃之境界,是出家人的本質特點。唯此,則不重生生之資、厚生之益。無論從道理上,還是從現實中,沙門與世俗都有本質不同。上一段從世俗衆生著眼,此一段從佛門信徒著眼。以"處俗弘教"者直承上文,最大限度地尋找道俗之共同點;再重點論述"出家修道"者,顯豁點明出家信徒超越世俗利益的本質屬性。

第三,進一步申述出家信徒特點及其存在意義。出家信徒蹈隱山林而達超絶之志,變易世俗而求佛門之道。故其服飾與世典禮儀不同,行爲高潔亦在世俗之上。惟因如此,纔能拯救沉溺於濁世之衆生,祛除沉滯之性於累劫之中,使之遠通佛門三乘之要津,廣開升登天堂之路。因此,佛門雖然在内背離了重視血緣至親,却没有違背孝,在外缺失了恭奉君主,却没有喪失敬。這類信徒自落髮之日起,終身虔心佛門,如此德行至善之人,則可道和六親,德澤天下,雖無王侯之位,却行王侯之道,并非坐享其成、虚霑君惠之徒,與尸位素餐之"賢者"亦迥不相同。作者論出家信徒,特别注重其超絶世俗却又拯救世俗的特點,最大限度地調和佛教與名教的衝突,始終將佛教置於教化衆生上，凸顯其對於"協契皇極，大庇生民"意義。

　　第四，回歸於桓玄沙汰衆僧之主題。先論沙汰衆僧之意義。不久前，施主針對身著袈裟而不虔心佛教的現狀，試圖澄清佛門，沙汰選擇，容納佛教而純潔僧侶隊伍，這一教令其理允當，故所有佛門信徒，内懷虔誠，深達施主之意，簡直難以言表。教令猶如重開出家之途，以弘揚佛教之道，使虛空其心、蹈隱山林者，能領略佛祖流風餘韻，咀嚼佛理無窮餘味矣。再設想沙汰之後可能出現的情況，并提出具體對策。如果沙汰選擇，不能如意，仍然存在真僞混雜、涇渭不分的現象，可以依照佛門之道，令其還俗，但不可因人而廢棄佛門之道。若保存佛門禮制，教令之旨可申；若堵塞佛門之途，則向佛之情無由。作者在此提出一個重要的沙汰原則："可以道廢人""不應以人廢道"。這也是此書的核心宗旨。

　　第五，再申述"不應以人廢道"之理，簡約説明沙門不敬王者之緣由。沙門之衣冠、法物，雖不合古代典章，却是佛家特殊之禮制。佛教法物超絶世俗，如若與世俗名器相混雜，則背離了佛教宗旨，如此則佛教禮制也失去了意義。所以，從世典上説，遵循禮儀者，不減損名器。證之前代亦復如此。前代遵循古代典制者，尚且保留告朔餼羊之禮儀，何況如來所傳之法服！由此看來，佛門之中，可料簡"無其道"之人，却應存其禮制。因爲佛教之禮制、弘法、求道亦存在内在的因果關聯，這是古今必須共同遵循的不刊之法。此外，袈裟不是朝拜之服，鉢盂不是朝廷名器，猶如軍隊國家不同儀制，戎狄華夏不同禮儀。如果讓佛門信徒恭敬王者，置身華夏禮儀之中，則使不同禮儀互相牽涉，故"竊所未安"。作者進而指出：施主少而韻致奇偉，長則風流超世，且又明察時賢，力求中允，由此看來，必不會因吾之過而廢棄其言。作者所論佛門禮制超越塵俗，然其説理却緊扣世俗典制，取意也近，説理則深。

　　最後，表達對佛教未來命運之擔憂。首先説明吾已入暮年，唯是消磨時光而已，所表達的珍惜佛教儀制之意，并非爲一己之私，而是希望佛教中興於當代，佛祖大德流芳後世而已。如果一旦施行因人廢道、恭敬王者之教令，可能造成佛教淪喪，佛法泯滅，則天人感嘆，道俗皆易其虔誠向佛之心。吾之冥冥之志則亦無所寄托矣。最後抒寫自己直抒情懷的緣由，及其深深的擔憂。這一段叙述充滿抒情意味，而結尾"執筆悲懣，不覺涕泗横流"，則無意中表達了一位獻身佛教面對强權時的無奈和憂傷。

　　慧遠與桓玄三書，説理雖較接近，風格却不相同。由義正辭嚴，到説理娓娓，再到情詞并茂。這實際上暗示了一條軌迹：從"勸罷道"到"料簡沙門"，再到"恭敬王者"，佛門所面臨的外在壓力一步步增大。即便是超絶世俗的高僧大德，在保持高潔襟懷的同時，也不得不尋求佛教與名教、王制的共同點。中國佛教最大限度地追求與儒家思想的契合，既是文化發展使然，也是集權政治使然。明乎此，纔能了悟慧遠説理藝術之妙，纔能了悟《沙門不敬王者》正論的内涵。

【附録】

與遠法師書〔一〕

［晉］桓　玄

　　沙門不敬王者，既是情所不了，於理又是所未論，一代大事，不可令〔二〕其體不允。近與〔三〕八座書，今以呈君〔四〕，君可述所以不敬意也。此便當行之於〔五〕事，一一〔六〕令詳遣，想君必有以釋其所疑耳。王領軍大有任此意，近亦同遊謝中〔七〕，面共諮之，所據理殊，未釋所疑也。令〔八〕郭江州取君答，可旨付之。（《弘明集》卷一二）

【校勘】

　　〔一〕《慧遠大師集》題作《爲沙門不應敬王者與遠法師書》。

〔二〕"令",卍正藏本《弘明集》卷一二、《慧遠研究·遺文篇》皆作"命"。古二字同。

〔三〕"與",《慧遠研究·遺文篇》脱。

〔四〕"今以呈君",《釋文紀》卷四、卍正藏本《弘明集》卷一二、乾隆藏本《集沙門不應拜俗等事》卷一、《慧遠研究·遺文篇》皆作"今示君"。

〔五〕"於",卍正藏本《弘明集》卷一二、乾隆藏本《集沙門不應拜俗等事》卷一、《慧遠研究·遺文篇》皆無此字。

〔六〕"一一",《釋文紀》卷四、卍正藏本《弘明集》卷一二、乾隆藏本《集沙門不應拜俗等事》卷一、《慧遠研究·遺文篇》皆作"一二"。

〔七〕"謝中",《釋文紀》卷四作"謝中書"。或奪"書"。

〔八〕"令",《釋文紀》卷四、乾隆藏本《集沙門不應拜俗等事》卷一、《慧遠研究·遺文篇》皆作"今"。誤。

答慧遠書并詔停沙門敬事

〔晉〕桓 玄

知以方外遺形,故不貴爲生之益。求宗不由順化,故不重運通之資。又云:"内乖天屬之重,而不違其孝;外闕奉主之恭,而不失其敬。"若如來言,理本無重,則無緣有致孝之情;事非資通,不應復有致恭之義。君親之情,許其未盡,則情之所寄,何爲絶之?夫累著在於心滯,不由形敬,形敬蓋是心之所用耳。若乃在其本,而縱以形敬,此復所未之諭。又云:"佛教兩弘,亦有處俗之教,或澤流天下,道洽六親,固已〔一〕協贊皇極,而不虛霑其德矣。"夫佛教〔二〕存行,各以事應,因緣有本,必至無差者也。如此,則爲道者,亦何能違之哉?是故釋迦之道,不能超白净於津梁,雖未獲須陀,故是同國人所蒙耳。就如來言，此自有道深德之功，固非今之所謂宣〔三〕教者所可擬議也。來示未能共求其理，便使〔四〕大致慨然，故是未之諭也。想不惑留常之滯，而謬情理之用耳。（《弘明集》卷一二）

【校勘】

〔一〕“已”，卍正藏本《弘明集》卷一二、乾隆藏本《集沙門不應拜俗等事》卷一皆作“以”。古二字通。

〔二〕“教”，《文鈔》校曰：“《弘明集》作‘敬’。”乾隆藏本《集沙門不應拜俗等事》卷一作“教”。

〔三〕“宣”，卍正藏本《弘明集》卷一二、乾隆藏本《集沙門不應拜俗等事》卷一作“宜”。形近而誤。

〔四〕“使”，乾隆藏本《集沙門不應拜俗等事》卷一、《釋文紀》卷四俱脱。

許沙門不致禮詔〔一〕

［晉］桓　玄

門下：佛法宏誕，所不能了。推其篤至之情，故寧與其敬耳。今事既在己，苟所不了，且當寧從其略，諸人勿復使禮也。便皆使聞知〔二〕。十二月三日。（《釋文紀》卷四）

【校勘】

〔一〕《釋文紀》卷四曰：“玄既篡位爲楚，下詔停沙門致敬，嗣之等因啓奉詔。”

〔二〕“知”，《慧遠大師集》作“之”。

答桓玄啓
［晉］卞嗣之　袁恪之

　　十二月三日，侍中臣卞嗣之、給事黃門侍中臣袁恪之言：詔書如右。神道冥昧，聖詔幽遠。陛下所弘者大，爰逮道人奉佛者耳。率土之民，莫非王臣，而以向化法服，便抗禮萬乘之主，愚情所未安。拜起之禮，豈虧其道？尊卑大倫，不宜都廢。若許其名教之外，闕其拜敬之儀者，請一斷引見，啓可紀識。謹啓。（《釋文紀》卷四）

報卞嗣之袁恪之[一]
［晉］桓　玄

　　何緣爾便宜奉詔。（《釋文紀》卷四）

【校勘】

　　〔一〕《釋文紀》卷四題注：“大亨二年十二月四日，門下通事令史臣馬範按玄討道子元顯，大赦，改元大亨，自署太尉，是時未僭王稱楚。至後永始元年，則篡爲帝矣。此四啓報，非一時事，當由輯者統叙爾。”

再　啓
［晉］卞嗣之　等

　　侍中臣嗣之等啓事：重被明詔，崇沖挹之至，履謙光之道。愚情眷眷，竊有未安。治道雖殊，理至同歸。尊君尊親，法教不乖[一]。老子稱四大者，其尊一也。沙門所乘雖異，迹不超世，豈得不同乎天民？陛下誠欲弘之於上，然卑高之禮，經〔二〕治之典，愚謂宜俯順群心，永爲來式，請如前啓〔三〕。謹啓。（《釋文紀》卷四）

【校勘】

〔一〕“尊君尊親，法教不乖”，乾隆藏本《集沙門不應拜俗等事》卷二脱“尊君”。

〔二〕“經”，《釋文紀》卷四校曰：“一作‘化’。”

〔三〕“請如前啓”，《釋文紀》卷四校曰：“《弘明》：請如前所啓。”

再　報
［晉］桓　玄

置之使自已，亦是兼愛九流，各遂其道也。（《釋文紀》卷四）

三　啓
［晉］卞嗣之　等

侍中祭酒臣嗣之言：重被詔如右。陛下至德圓虛〔一〕，使吹萬自已，九流各狥〔二〕其美，顯昧並極其致。靈澤幽流，無思不懷。群方所以資通，天人所以交暢。臣聞佛教以神慧爲本，導達爲功，自斯已〔三〕還，蓋是斂麤之用耳。神理緬邈，求之於自形，而上者虔肅拜起，無虧於持戒。若行道不失其爲恭，王法齊敬於率土，道憲兼隆，内外咸得矣。臣前受外任，聽承疏短，乃不知去春已有明論。近在直被詔，便率其愚情，不懼允合。還此，方見斯事屢經神筆。宗致悠邈，理析微遠，非臣駑鈍所能擊讚。沙門禮，已行之前代，今大明既昇，道化無外，經國大倫，不可有闕。請如先所啓，攝外施行。謹啓。(《釋文紀》卷四)

【校勘】

〔一〕"虛"，《釋文紀》卷四脱，乾隆藏本《集沙門不應拜俗等事》卷二作"虛"，今據補。《全晉文》作"靈"，或形近而誤。

〔二〕"狗"，乾隆藏本《集沙門不應拜俗等事》卷二、《全晉文》皆作"徇"。"狗"同"徇"，"徇"同"徇"，轉相訓也。

〔三〕"已"，乾隆藏本《集沙門不應拜俗等事》卷二、《全晉文》皆作"以"。

三　報

[晉]桓　玄

自有內外兼弘者，何其於用前代理？卿區區惜此，更非讚其道也。(《釋文紀》卷四)

四　啓〔一〕

[晉]卞嗣之　等

侍中祭酒臣嗣之言：重奉詔。自有內外兼弘者，聖旨淵通，道冠百王。伏讀仰嘆，非愚淺所逮。尊主祇法，臣下之節，是以拳拳，頻執所守。明詔超邈，遠略常均。臣短暗〔二〕不達，追用愧悚，輒奉詔付外宣攝遵承。謹啓。(《釋文紀》卷四)

【校勘】

〔一〕《釋文紀》卷四校曰："永始元年十二月二十四日上。永始，《弘明集》作'元始'，誤。玄僭位，無元始。並《弘明集》《沙門不應拜俗事》參校。"

〔二〕"短暗"，卍正藏本《弘明集》卷一二作"暗短"。暗，同暗。

答何鎮南書難袒服論〔一〕[1]

【題解】

本文是在袒服之辯（見《沙門袒服論》）的基礎上，因何無忌（鎮南）的追問，探討的主題又由袒服儀制深化爲對三教關係的辨析。何鎮南通過論證三教雖有"因循不同"，却"必無逆順之殊"——具有本質上的一致性，説明道俗在儀制形式上也不應存在根本差異。進而又先引證"《老》明兵凶處右，《禮》以喪制不左"，再引證《左傳》鄭伯肉袒、許男輿櫬，對沙門以右爲尊、服飾肉袒提出了質疑。慧遠依據佛理，詳盡論述三教之異同，系統回答了無忌的質疑。

前文已考，義熙五年（四〇九）正月，無忌以興復王室之功，封安城郡開國公，加散騎侍郎，進鎮南將軍。義熙六年三月，在平盧循之亂之中殉國。此書既稱無忌爲鎮南，且又是慧遠就沙門袒服儀制最後一次回復無忌，故當作於義興五年歲暮或六年年初。

敬尋問旨，蓋是開〔二〕其遠途，照所未盡，令精麤並順，内外有歸[2]。三復斯誨，所悟良多[3]。常以爲道訓之與名教，釋迦之與周、孔，發致雖殊，而潛相影響；出處誠異，終期則同[4]。但妙迹隱於常用，指歸昧而難尋，遂令至言隔於世典，談士發殊途之論[4]。

【校勘】

〔一〕《文鈔》題注:"《難袒服論》,原書附。《弘明集》卷五。"卍正藏本《弘明集》卷五作《答何鎮南書》。

〔二〕"開",卍正藏本《弘明集》卷五、《慧遠研究·遺文篇》皆作"聞"。

【注釋】

[1] 何鎮南:何無忌,因時任鎮南將軍,故稱爲何鎮南。《晉書》卷八五有傳。

[2] 精麤:指根機之慧與鈍。晉戴逵《釋疑論》:"氣有精麤之異,亦有賢愚之別。此自然之定理,不可移也。"內外:方內與方外。此五句言敬思你所問之深意,乃是爲佛門開闢一條闊遠之道,智照他人所未能盡照之處,使慧根和鈍根皆能通達,方內和方外盡有所歸。

[3] 三復:指數次閱讀。《論語·先進》:"南容三復白圭,孔子以其兄子妻之。"三國魏何晏集解:"南容讀詩,至此三反覆之,是其心慎言也。"《説文》:"復,往來也。"清段玉裁注:"《辵部》曰:返,還也。還,復也。皆訓往而仍來。"此二句言數次閱讀,此之教誨使我覺悟之理良多。

[4] 道訓:謂道家之準則。晉葛洪《抱朴子·勖學》:"漸漬道訓,成化名儒。"此指佛教。名教:先秦指正定名分、教化於民,以維護社會倫理秩序。《管子·山至數》:"昔者周人有天下,諸侯賓服,名教通於天下。"其思想源於《論語》"正名",其核心是"君君臣臣,父父子子"。漢以後指以三綱五常爲主要内容的封建禮教。西漢武帝時,董仲舒强調"審察名號,教化萬民",將政治倫理、道德規範、人倫秩序等制定爲名分、名目、名節,以教化於民,故又稱之"以名爲教"。出處:原指出仕與退隱。《周易·繫辭上》:"君子之道,或出或處,或默或語。"此指出家與居家四衆。此四句言吾常認爲佛教與名教、釋迦牟尼與周公孔子,出發點和目標雖然不同,而其深層則互相影響;方內

和方外誠然不同,最終目的則相同。

　　[4] 指歸:主旨,意向。《三國志・吳書・諸葛瑾傳》:“與權談説諫喻,未嘗切愕,微見風彩,粗陳指歸,如有未合,則捨而及他。”殊途:不同途徑。《周易・繫辭下》:“天下同歸而殊途,一致而百慮。”此四句言但是佛教微妙之迹隱蔽於日常行爲,意旨深隱而難求,遂使佛典至理之言與世俗典籍意義隔膜,談論者發出途徑不同的議論。

　　何以知其然? 聖人因弋釣以去其甚,順四時以簡其煩[1]。三驅之禮,失前禽而弗〔一〕吝[2]。網罟之設,必待化而方用[3]。上極行葦之仁,内匹〔二〕釋迦之慈,使天下齊己,物我同觀[4]。則是合抱之一毫,豈直〔三〕有間於優劣,而非相與者哉[5]? 然自迹而尋,猶大同於兼愛;遠求其實,則階差有分[6]。分外〔四〕之所通,未可勝言,故漸兹〔五〕以進德,令事顯於君親[7]。從此而觀,則内外之教可知,聖人之情可見[8]。但歸途未啓,故物莫之識[9]。若許其如此,則祖服之義,理不容疑[10]。

【校勘】

　　〔一〕“弗”,卍正藏本《弘明集》卷五、《慧遠大師集》、《慧遠研究・遺文篇》皆作“不”。古二字同。

　　〔二〕“匹”,卍正藏本《弘明集》卷五、《慧遠大師集》、《慧遠研究・遺文篇》皆作“延”。行書形近而誤。

　　〔三〕“直”,卍正藏本《弘明集》卷五、《慧遠大師集》、《慧遠研究・遺文篇》皆脱。

　　〔四〕“外”,卍正藏本《弘明集》卷五、《慧遠大師集》、《慧遠研究・遺文篇》皆脱。

　　〔五〕“兹”,卍正藏本《弘明集》卷五、《慧遠研究・遺文篇》皆作

"慈"。或音同而誤。

【注釋】

[1] 聖人因弋釣以去其甚：聖人因弋釣傷生而去其過度漁獵。《論語·述而》："子釣而不綱，弋不射宿。"《韻會》："弋，繳射飛鳥也。"孔子只用魚竿釣魚而不用大網，雖用箭射鳥却不射歸宿之鳥，是乃避免過度捕獵，故曰"去其甚"。順四時以簡其煩：順應四季而去其頻繁濫狩。如《左傳·隱公五年》所載："春蒐、夏苗、秋狝、冬狩。"晉杜預注："蒐，索擇不孕者。"南朝梁沈約《均聖論》："春蒐免其懷孕，夏苗取其害穀，秋狝冬狩，所害誠多。"

[2] 三驅：古時天子田獵之法，三面驅禽，前開一路，使之可去。《周易·比》："九五，顯比，王用三驅。"唐孔穎達疏："褚氏諸儒皆以爲三面著人驅禽。必知三面者，禽唯有背己、向己、趣己，故左右及於後，皆有驅之。"此即網開一面之意。《史記·殷本紀》："湯出，見野張網四面，祝曰：'自天下四方，皆入吾網。'湯曰：'嘻，盡之矣！'乃去其三面。"此二句言天子田獵遵循三驅之禮制，雖前禽逃逸而毫無吝惜。

[3] 網罟：捕魚之網曰網，捕獸之網曰罟。此指法網，刑罰。三國魏阮籍《五言詠懷》之七十："苟非嬰網罟，何必萬里畿。"此二句言法網之設立，必須待其教化而後方用之。

[4] 行葦：道旁蘆葦。《詩·大雅·行葦》："敦彼行葦，牛羊勿踐履。"《詩序》："行葦，忠厚也。"指仁慈之至，連路旁蘆葦也不去踐踏。後多用於稱頌朝廷。漢班彪《北征賦》："慕公劉之遺德，及行葦之不傷。"天下齊己，物我同觀：謂天下與我、萬物與我齊一。《莊子·齊物論》："天地與我并生，而萬物與我爲一。"此四句言君主行葦之至仁，内與釋迦之慈悲媲美，天下與我、萬物與我皆等同視之。此雜糅儒釋道三家之言而論之。

[5] 合抱之一毫：合抱之木與微小新芽。《老子》第六四章："合抱之木，生於毫末；九層之臺，起於累土。"之，猶之於。末，樹梢。《説

文》:"木上曰末。"此指樹木初生之嫩苗。此以合抱喻之佛教,毫末喻之世典。豈直:豈止。南朝梁劉勰《文心雕龍·詔策》:"豈直取美當時,亦敬慎來葉矣。"直,僅僅。有間:有差別。《莊子·天地》:"跖與曾史,行義有間矣,然其失性均也。"相與:相偕。漢馬融《長笛賦》:"於是遊閑公子,暇豫王孫,心樂五聲之和,耳比八音之調,乃相與集乎其庭。"此三句言這就猶如合抱之木之於微小之芽,何以還有優劣的差別而不是和諧相存的關係麼?

[6] 大同:平等和諧之世界,是乃孔子的理想世界。《禮運·大同》:"是故謀閉而不興,盜竊亂賊而不作,故外戶而不閉,是謂大同。"兼愛:泛愛眾人。《墨子·兼愛》:"兼相愛,交相利。"階差:次序分別。《釋名》:"階,梯也,如梯之等差也。"此四句言然而從現象看來,釋迦之慈與行葦之仁猶如大同之於兼愛;但遠求佛教慈悲之本質,則與世俗之至仁有次序等級之差別。謂釋迦之慈悲非方內之至仁所能及也。

[7] 進德:修養深厚之道德。《周易·乾》:"君子進德修業,忠信所以進德也。"此四句言這種次序差別在形式上可以分爲無窮級次,不可盡言,所以由此階梯漸進而修德,可使佛教之事亦顯現其尊君愛親之道。

[8] 聖人:通指佛祖和孔子。此三句言由此看來,則可以明瞭方內與方外之教化本質不同,佛祖與聖人之情感深厚有別。謂佛祖與孔子皆爲聖人,同是教化眾生,然其慈悲與仁義則有等級之不同。

[9] 歸途:謂回歸佛教之道。此二句言但是回歸佛教之路尚未開闢,故眾生莫能識之。

[10] 祖服:僧尼五衣之一,其形右肩袒露,左側覆肩掩腋,唐時稱掩腋,即今之所謂袈裟。此三句言如若贊同其理確實如此,則祖服的意義就不容許置疑。

來告何[一]謂宜更詳盡,故復究叙本懷[1]。原夫形之化也,陰陽陶鑄,受左右之體;昏明代運,有死生之説[2]。人情咸悦生而懼死,好進而惡退,是故先王即順民性,撫其自然,令吉凶殊制,左右異位[3]。由是吉事尚左,進爵以厚其生;凶事尚右,哀容以毀其性[4]。斯皆本其所受,因順以通教,感於事變,懷其先德者也[5]。世之所貴者,不過生存,生存而屈伸〔二〕進退,道盡於此,淺深之應,於是乎在[6]。

【校勘】

〔一〕"何",當爲衍字。

〔二〕"伸",《慧遠研究·遺文篇》作"申"。古二字同。

【注釋】

[1] 何謂:即謂,指何鎮南《難袒服論》所言之"故率所懷,宜更詳盡,令内外有歸"。何,或爲衍字。究:窮盡。《説文》:"究,窮也。"此二句言來書謂應更詳盡闡釋,故再次細緻叙述自己所思。

[2] 陶鑄:用模型鑄造金屬器具,後比喻造就、培育。《莊子·逍遥遊》:"是其塵垢粃穅,將猶陶鑄堯舜者也。"昏明:黑夜白晝。晉劉琨《勸進表》:"昏明迭用,否泰相濟。"唐李善注:"昏明,謂晝夜也。"此四句言推原形體之變化,乃因陰陽化育,受之而生左右;日月運化,謂之生死相依。

[3] 撫:順應。《楚辭·九章·懷沙》:"撫情效志兮,冤屈而自抑。"此六句言人之常情皆喜歡生而畏懼死,愛好進而厭惡退,所以先王就順乎百姓自然之性,使吉祥、災凶儀制不同,左右位置有別。

[4] 此四句言因此吉祥之事居左,進其封爵以厚養生命;災凶之事居右,形容哀感而毀傷性命。此乃回應《難袒服論》言"《老》明兵凶處右,《禮》以喪制不左"。方立天注《老子》第三一章:"夫佳兵者,不祥之器。物或惡之,故有道者不處。君子居則貴左,用兵則貴右。……

吉事尚左,凶事尚右。偏將軍居左,上將軍居右。言以喪禮處之。”又帛書甲乙本均無“佳”字。王念孫説:“佳當作佳字之誤也。佳,古唯字也。”高亨注:“自漢以來,即有‘佳兵不祥’之論。佳,猶美也。自美其兵善戰,是謂‘佳兵’,與‘勝而不美’相反。故言‘佳兵’不祥。”兩説均可通。又,《禮記·檀弓上》:“孔子與門人立,拱而尚右。二三子亦皆尚右。孔子曰:‘二三子之嗜學也,我則有姊之喪故也。’二三子皆尚左。”漢鄭玄注:“喪尚右,右,陰也。吉尚左,左,陽也。”

[5] 此四句言此皆本於所受之情,因乎自然而通於教化,有感於突然變故,懷念先德。

[6] 道:指世俗人生之規律。應:指衆生對於世事之情感反應。

　　沙門則不然。後身退己,而不謙卑;時來非我,而不辭辱[1]。卑以自牧謂之謙,居衆人之所惡謂之順[2]。謙順不失其本,則日損之功易積,出要之路可遊[3]。是故遁世遺榮,反俗而動[4]。動而反俗者,與夫方内之賢,雖貌同而實異[5]。何以明之?凡在出家者,達患累緣於有身,不存身以息患;知生生由於禀化,不順化以求宗[6]。推此而言,固知發軫歸途者,不以生累其神;超落世務者,不以情累其生[7]。不以情累其生,則生可絶;不以生累其神,則神可冥[8]。

【注釋】

[1] 此四句言不執著生命與自我,且不謙卑於王侯;時運與我無關,且没有所謂榮辱。謂佛教信徒不貴世俗人生,無屈伸進退也。

[2] 卑以自牧:謂謙卑自守。《周易·謙》:“謙謙君子,卑以自牧也。”三國魏王弼注:“牧,養也。”高亨注:“余謂牧猶守也,卑以自牧,謂以謙卑自守也。”居衆人之所惡:處於衆人所厭惡之處,謂順乎自然而不與人争利也。《老子》第八章:“上善若水,水善利萬物而不争,處

衆人之所惡,故幾於道。"此二句言佛門之所謂謙,就是謙卑而養其德;所謂順,就是如水而尚其善。

[3] 日損:即聞道日損,謂修道之人日去其執著。《老子》第四八章:"爲學者日益,聞道者日損。損之又損,以至於無爲,無爲而無不爲。"漢河上公章句:"學謂政教禮樂之學也。日益者,情欲文飾日以益多。道謂自然之道也,日損者,情欲文飾日以消損。損情欲又損之,所以漸去。當恬淡如嬰兒,無所造爲。情欲斷絶,德與道合,則無所不施,無所不爲也。"出要:出離生死之道。《十地義記·四本》:"出要者,謂果爲出,因爲要道。"《長阿含經》卷一三:"欲爲穢污,上漏爲患,出要爲上,演布清净。"此二句言謙卑、順應而不喪失本性,則易於逐漸去其執著,心遊於出離生死之道。

[4] 遺榮:抛棄榮華富貴。晉張協《詠史》:"達人知止足,遺榮忽如無。"此二句言所以避世蹈隱,擯棄榮華富貴,行爲與世俗相反。

[5] 方内之賢:指世俗中隱居避世之士。

[6] 後四句又見《沙門不敬王者論·出家》《求宗不順化》。此五句言凡是出家之人,必須明瞭世俗之憂患緣於執著己身,忘却己身則可以祛除禍患;知生死流轉輪迴禀受自然造化,不順應自然生死輪迴而探求生命本原。所謂本原,亦即生命本體,指寂静涅槃之境。

[7] 發軔:出發,啓程。軔,車輛。《説文》:"軔,車後木也。"比喻事物之開端。南朝梁釋慧皎《高僧傳·釋僧徹傳》:"汝城隍嚴固,攻者喪師,發軔能爾,良爲未易。"此五句言由此推論,固可知開始獻身佛門,即不因色身而牽累精神;超絶塵世榮華,就不因俗情而牽累生命。

[8] 神冥:即涅槃,又稱泥洹。慧遠《沙門不敬王者論·求宗不順化》:"冥神絶境,故謂之泥洹。"

　　然則向之所謂吉凶成禮、奉親事君者,蓋是一域之言耳,未始出於有封[1]。有封未出,則是翫其文,而未達其變[2]。若然，方將滯名教以徇[一]生，乘萬化而背宗[3]。自至順而觀，得不曰逆乎[4]？漸世之與遺俗，指存於此[5]。

【校勘】

〔一〕"徇"，卍正藏本《弘明集》卷五、《慧遠大師集》、《慧遠研究·遺文篇》皆作"殉"。古二字通。

【注釋】

[1] 一域：一地。《説文》："域，邦也。"此指世俗世界。有封：哲學概念，謂心有彼此（物我）之界限。《莊子·齊物論》："其次以爲有物矣而未始有封也，其次以爲有封焉而未始有是非也。"宋林希逸注："且如一念未起，便是未始有物之時。此念既起，便是有物。因此念而後有物我，便是有封。"此三句言然而前之所言之以吉凶制訂之禮制、贍養六親、侍奉君主者，僅是世俗之言，未曾達到泯滅物我界限之境界。

[2] 此三句言没有超越物我之界限，即是玩味其典章，而未能明瞭其變通。

[3] 徇：通殉，凡以身從物皆曰殉。《莊子·駢拇》："小人則以身殉利，士則以身殉名，天下盡殉也。"《漢書·賈誼傳》："貪夫徇財，烈士徇名。"萬化：萬物之運化。《莊子·大宗師》："人之形者，萬化而未始有極也。"此三句言若如此則將滯著於名教而犧牲生命，順應萬物之運化而背離根本。謂殉於名教，流轉生死，不明佛教之宗旨也。

[4] 至順：猶至順之理，即不違背一切理與法。北魏釋法藏《華嚴經探玄記》卷二："德周法界曰普，至順調善曰賢。"此二句言從至順之理上看，難道不是恰恰違背了至理嗎？

[5] 漸世：猶正世。漢韋孟《諷諫詩》："饗國漸世，垂烈於後。乃及夷王，克奉厥緒。"此二句言周孔之匡正世俗與釋老之超越世俗，意義正在於此。

【義疏】

此書乃回復何無忌《難袒服論》而作，從形異實同、同而有異、異而有同、非同非異的四重關係上，系統闡釋了三教之間的一致性和差異性，從而解答了何鎮南的質疑。最後結論是質疑沙門袒服乃"一域之言"，"未始出於有封"。

第一，首先贊美無忌所問的意義，遠開佛門之途，智照他人所未周，使衆生與佛門、方内與方外皆有準則可依。接下闡釋自己之所悟，佛道與名教、釋迦與周孔，雖然拯救時世的方式不同，且有出世與在世之别，但是互爲補充，目標一致。然而，佛門迹隱世俗，佛理深微難明，導致佛教真諦與世俗經典意義隔膜，論者發出三教不同之論。此段承接無忌所難，整體論述三教之同，以及佛門、佛典遭遇世俗誤解之原因。

第二，先從世典記載禮義説起，聖人弋釣不過其度，順應自然避免濫捕，故每次狩獵，網開一面。雖國家設立法網，必也以教化爲先，不得已方以用之。這種不願傷及微小生命的至極之仁與釋迦慈悲衆生完全一致，皆出於衆生與我、萬物與我的平等意識。如此看來，佛教與世典，雖有合抱與毫末之别，却無優劣之分，二者構成一種互補關係。所以，從現象上看，猶如"大同"之於"兼愛"。但是，從本質上説，二者又有次序等級之差别。這種差别級次無窮，難以盡言，所以佛門教化衆生由階差而漸修養德，亦可顯現其尊君愛親之道。由此可見，方内方外之教化、釋迦周孔之情懷是一而不二的關係。只是衆生回歸佛教之途尚未開闢，世俗之人無人識之而已。最後，特别點明，如果你確實承認這一點，那麼沙門袒服的意義，就不容置疑了。此段抓住佛教與世典教化的共同點論述之。

第三，回應對方要求"宜更詳盡"而展開抽象性的理論論述。從造化自然上説，人體之形成，受陰陽之孕育而形成左右之分；因時光之更替而產生死生之現象。貪生怕死，好進厭退，皆人之常情，所以先王順乎民性，因乎自然，制訂出以左右區分吉凶的不同禮儀。吉事尚左，因封爵而厚養其生；凶事尚右，因哀戚而毀其性命。此乃本乎自然，因乎民性而通於教化，感於變故而緬懷先德。可見，世俗所貴，不外乎生命存在，因珍視生命存在而或屈或伸，或進或退，其道理盡在於此，於是也就產生了情感反應深淺的區別。此乃論證先王以左右區分吉凶之禮，乃在因乎自然，順乎民性而已。

　　第四，論述沙門與世俗以及出家與隱士之差異。沙門空諸生命與自我，故超越世俗之謙卑；忘乎時運否泰，故超越世俗之榮辱。所謂"謙"，唯在於卑身以自養其德；"順"，亦在於身處於至善之地。所以，謙卑隨順而不喪失本性，能日去其執著之念，遊心於寂滅之中。因而能夠身隱於世，且心去榮辱，與世俗相反而行之。沙門的這一行爲，與世間隱士雖貌合而神離。因爲凡是出家人，了悟牽累於世俗之憂患乃緣於執著色身，世俗之生生死死乃流轉於自然運化，故空諸色身而止息憂患，超越運化而追求寂滅。由此推論，固可知出家皈依佛門者，不因色身而累神；超絕塵世榮華者，不因俗情而累生。如此則超絕生死，達到寂靜涅槃之境界。這正是沙門與隱士本質不同之處。

　　第五，進一步説明所謂"吉凶成禮、奉親事君"，僅僅是方內之言，并未達到物我平等的境界。如若不能平等物我，只是賞玩其禮典，而不悟變通，必然滯著於名教而因生殉名，順應於運化而背離大道。從"至順"的角度説，這纔是你所説得"逆"（背理）呢。周孔之漸化世俗與釋老之遺棄世俗，本質區別就在這一點上。此乃重申沙門袒服之儀，正在於其超然世俗，不可以世俗"儀形之設"律之。

　　毫無疑問，作者站在僧侶的立場上，將佛教的意義置於三教之上，所謂論其同者，乃在於爲佛教本土化尋找一片文化沃土。但是，在客觀上却也深化了對三教關係的認識，從而爲三教由碰撞走向融合拓寬了道路，在中國佛教發展史上具有重要意義。此外，此書所論佛教與名教異多於同，與老莊則同多於異，這顯然折射出釋老異源同質的文化特質。《魏書・釋老志》之標目也可以作如是觀。

【附録】

難祖服論

［晉］何無忌

　　見答問祖服，指訓兼弘，標末文於玄古，資形理於近用。使敬慢殊流，誠[一]服俱盡，殆無間然。至於所以明順，猶有未同。何者？儀形之設，蓋在時而用。是以事有內外，乃可以淺深應之。李、釋之與周、孔，漸世之與遺俗，在於因循不同，必無逆順之殊，明矣。故《老》明兵凶處右，《禮》以喪制不左。且四等窮奉親之至，三驅顯王迹之仁，在後而要，其旨可見。寧可寄至順於凶事，表吉誠於喪容哉？鄭伯所以肉祖，亦猶許男輿櫬，皆自以所乘者逆，必受不測之罰。以斯而證，順將何在？故率所懷，宜[二]更詳盡，令內外有歸。

（《弘明集》卷五）

【校勘】

　　〔一〕 "誠"，卍正藏本《弘明集》卷五作"識"。

　　〔二〕 "宜"，《文鈔》校曰："一本作'想'。"卍正藏本《弘明集》卷五、《釋文紀》卷八、《慧遠研究·遺文篇》皆作"想"。

答晉安帝書[一][1]

【題解】

　　《高僧傳》卷六慧遠本傳："及桓玄西奔，晉安帝自江陵旋於京師，輔國何無忌勸遠候覲，遠稱疾不行。"考《晉書·安帝紀》，桓玄西奔在元興三年（四〇四）三月，五月被誅。安帝自江陵返京在義熙元年（四〇五）三月。何無忌勸慧遠朝覲安帝，當在安帝返京後。是月，安帝遣使勞問慧遠；次月，遠修書答謝，安帝復《詔答慧遠》。

　　釋慧遠頓首：陽月和暖，願御膳順宜[2]。貧道先嬰重疾，年衰益甚[3]。狠[二]蒙慈詔，曲垂光慰，感懼之深，實百於懷[4]。幸遇慶會，而形不自運，此情此慨，良無以喻[5]。

【校勘】

〔一〕《文鈔》校曰：“《高僧傳》卷六。”《釋文紀》卷八作《謝安帝勞問書》，題校云：“此與佛圖澄謝石虎全同，且竝出《高僧傳》。”

〔二〕“狠”，《高僧傳》卷六、《慧遠研究·遺文篇》皆作“狠”。形近而誤。

【注釋】

[1] 晉安帝：司馬德宗，字安德，晉孝武帝司馬曜長子，晉恭帝司馬德文同母兄。東晉第十位皇帝，公元三九七年至四一九年在位。司馬德宗即位後，內亂頻發，國勢日衰，公元四一九年被劉裕所弒，時年三十七。

[2] 陽月：陰曆十月。《爾雅·釋天》：“十月爲陽。”御膳：帝王之飲食。《漢書·王莽傳上》：“衣重練，減御膳。”順宜：順心安康。《説文》曰：“宜，所安也。”

[3] 嬰重疾：重病纏身。嬰，纏繞。晉陸機《赴洛道中作》：“借問子何之？世網嬰我身。”唐李善注：“《説文》：嬰，繞也。”

[4] 狠蒙：謙辭。猶辱蒙。《後漢書·張奮傳》：“司空無功於時，狠蒙爵土，身死之後，勿議傳國。”曲垂：敬詞，猶言俯賜。北周庾信《謝趙王賚絲布啓》：“遠降聖慈，曲垂矜賑。”光慰：猶廣慰，問安。《三國志·魏書·文帝紀》南朝宋裴松之注引《獻帝傳》：“非所以奉答天

命,光慰衆望也。"《説文》:"慰,安也。"實百於懷:謂百感交集。

[5]　慶會:指安帝由江陵還京之歡慶盛會。形不自運:即身體不能行走。《雲笈七籤・洞神誡身保命篇》:"故聖人知無形而用者心也,形不自運者身也。"良無以喻:猶言難以言喻。喻,猶明確表達。《玉篇》:"喻,曉也。"古喻、諭二字同。

【義疏】

安帝蒙桓玄之難,西狩江陵。後,桓玄爲劉裕所敗,車駕旋於京師,朝野歡慶。安帝在返斾之時,遣使勞問慧遠。在這一情況下,於理於情,慧遠都應朝覲安帝,然因其重疾纏身,難以成行,故作此書答謝安帝遣使勞問。首先祝福帝之安康,然後説身患重病,受皇上慈詔,垂恩慰問,感動與戰慄皆深,可謂百感交集。有幸遇到如此盛會,却心嚮往之而身不能至,其感慨之情無以表達。書雖短而情至真,非止於禮尚往來之套語可比。

【附録】

詔答慧遠
晉安帝

陽中感懷,知所患未佳,甚情耿[一]。去月發江陵,在道多諸惡情,遲兼常,本冀經過相見。法師既養素山林,又所患未痊,邈無復因,增其嘆恨。(《釋文紀》卷八)

【校勘】

〔一〕"甚情耿",《高僧傳》卷六作"其情耿耿"。當據改。

遺　誡〔一〕

【題解】

《高僧傳》慧遠本傳：“以晉義熙十二年八月初動散，至六日困篤，大德耆年，皆稽顙請飲豉酒，不許，又請飲米汁，不許，又請以蜜和水爲漿。乃命律師，令披卷尋文，得飲與不，卷未半而終，春秋八十三矣。……遺命使露骸松下，既而弟子收葬。潯陽太守阮保，於山西嶺鑿壙開隧，謝靈運爲造碑文，銘其遺德，南陽宗炳又立碑寺門。”據此，《遺誡》應作義熙十二年（四一六）八月初。

吾昔以知命之年，託業此山，自審有畢盡之期，便欲絶迹外緣，以求其志[1]。良由性弱於斷，遂令同趣相引，時賢過眷，情以類感，不覺形與運頽，今年已八十三矣[2]。仰尋違離之誨，俯慨自負之心，徒令此生虛謝，以悼往疾之深[3]。今於至時，露骸松林之下，即嶺爲墳，與土木〔二〕同狀[4]。此乃古人之禮，汝等勿違[5]。苟神理不昧，庶達其誠。大哀世尊，亦當祐之以道〔三〕[6]。

【校勘】

〔一〕按：慧遠《匡山集》散佚，詳情不得所知。今此文早期文獻并見於《蓮宗寶鑒》與《佛祖統紀》，異文較多。《文鈔》抄自《蓮宗寶鑒》。然而，《佛祖統紀》乃宋代志磬編撰，《蓮宗寶鑒》則是元代普度編撰，在文獻生成上，應以《佛祖統紀》爲早。比較二書文字，亦以《佛祖統紀》叙述更爲完整，故亦應以《佛祖統紀》爲是。另，此文又見於《説郛》卷五七下《東林蓮社十八高賢傳·慧遠法師》。

〔二〕“土木”，《蓮宗寶鑒》卷四作“草木”。或當據改。

〔三〕以上文字《蓮宗寶鑒》卷四作:"吾自知命之年,託業此山,自審有畢盡之期,乃絕迹外緣,以求其志。不覺形與運頽,已八十三矣。時至,欲厝骨於松林之下,即嶺爲墳,與草木同狀。此古人之禮,汝等勿違。苟使神理不昧,庶達其誠,大哀世尊,亦當祐之以道。"録以備考。

【注釋】

[1] 知命之年:指年齡五十。《論語・爲政》:"吾十有五而志於學,三十而立,四十而不惑,五十而知天命,六十而耳順,七十而從心所欲,不踰矩。"天命,天道意志,自然規律。按:《蓮社高賢傳・慧遠法師》曰:"太元六年至潯陽,見廬山閑曠,可以息心,乃立精舍。"是年慧遠四十八歲,言"知命之年"乃取其整數概言之。託業:謂托身佛門。《宋書・隱逸傳・雷次宗》:"暨於弱冠,遂託業廬山,逮事釋和尚。"佛教以人之一切善惡的思想行爲,皆稱之業。自審:猶自知。審,本作宷,明瞭。《説文》:"宷,悉也。知宷諦也。"畢盡:全部。《禮記・月令》:"句者畢出,萌者盡達。"此引申爲結束,完畢。絕迹:形迹與外界隔絕。《後漢書・杜根傳》:"周旋民間,非絕迹之處,邂逅發露,禍及知親,故不爲也。"外緣:佛教謂眼、耳、鼻、舌、身、意之六根的感覺,緣起於色、聲、香、味、觸、法之六塵的外物。遂泛指使人與外界發生關係的各種因素。此五句言吾自從五十以來,托身此山,弘揚佛業,自知形體有終結之時,於是絕迹於塵緣,以追求虔心佛門之志。

[2] 形與運頽:形體在自然運化中衰頽。言衰老。頽,衰頽。《廣雅》:"頽,壞也。"此六句言皆因我性情暗弱,不善於明斷佛教真諦,遂使志同道合者加以引導,承蒙當代賢哲眷顧甚多,同趣之情令我感動,不知不覺形體與歲月一起老去,已至八十三矣。

[3] 違離:背離。《漢書・韋玄成傳》:"違離祖統,乖繆本義。"自負:枉自辜負。清龔自珍《明良論》三:"奈何忘其積累之苦,而曉然以自負其歲月爲?"虛謝:猶空度。《增韻》:"謝,衰也,雕落也。"此四句

言仰思違背師傅之教誨,俯嘆辜負同趣之期待,空使人生虛度,悲悼歲月迅疾。是乃悲嘆佛教大業未建也。

[4] 此四句言如今在大限至時,將吾之骸骨露天置於松林之下,以山嶺爲墳墓,與丘土草木之狀相同。

[5] 古人之禮:一是指古代順乎自然的薄葬之禮。《禮記·禮運》:"夫禮,必本於天,殽於地,列於鬼神。"二是指古天竺葬儀之一,即棄置屍體於林野,施與鳥獸噉食。此處兼有兩意。此二句言古代順乎自然之葬禮,汝等不可違背。

[6] 神理:猶神靈。南朝宋劉義慶《世説新語·傷逝》:"戴公見林法師墓曰:德音未遠,而拱木已積,冀神理緜緜,不與氣運俱盡耳。"不昧:猶不滅。南朝宋謝惠連《雪賦》:"玄陰凝,不昧其潔。"大哀:猶大悲。佛教語,救人苦難之心,謂之悲;佛菩薩悲心廣大,故稱大悲。《大般涅槃經》卷一一:"三世諸世尊,大悲爲根本。……若無大悲者,是則不名佛。"世尊:佛陀尊號之一,意爲世間及出世間共同尊重之人。此三句言假使神靈不滅,庶幾明瞭吾之誠心,慈悲世祖亦會因我順乎道而保佑吾。

【義疏】

《遺誡》首先簡要回顧入廬山以來超絶塵世、息影山林、虔心佛教之過程;謙稱自己性情暗弱,不能明斷佛理,於是藉助同趣者之引領;感激諸位賢哲眷顧有甚,情感同心,感慨形神衰頽,年已耄耋;追思歲月不居,人生空度,上愧師傅之教誨,下負同趣之期待,使佛教大業未弘。然後交代圓寂之後遺體的處理方式:骸骨露置松林之下,以山嶺爲墳墓,與山丘草木同形,並希望弟子勿違其志。且遺願神靈不滅,庶幾明達其虔誠之心,世尊慈悲,祐助其期生净土。其"即嶺爲墳,與土木同狀"之告誡,説明其一以貫之的"物我同觀"(《答何鎮南書》)慈悲襟懷。然其弟子不忍,仍乃"收葬",潯陽太守阮保又於廬山西嶺鑿壙開隧。

劉運好 李山嶺 著

廬山慧遠集義疏

（下冊）

鳳凰出版社

【續編】

大乘大義章（慧遠問，羅什答）

【題解】

　　《佛學大詞典》曰："《大義章》凡三卷。東晉廬山慧遠問，鳩摩羅什答。又稱《大乘大義章》《鳩摩羅什法師大義》《法問大義》《問大乘中深義十八科》。民國十九年（一九三〇），中國佛教歷史博物館重刊，題名《遠什大乘要義問答》。收於大正藏第四十五册。共分十八條：……據僧祐之《出三藏記集》卷一二所載劉宋陸澄之《法論目録》第一帙，及隋代費長房所編《歷代三寶紀》卷七'慧遠條'之記載，可推知隋代以前已將羅什、慧遠兩師往來問答之文疏編纂成書，亦爲三卷十八章之形式，以便利當世學者，惟其條目内容與今本略有出入。羅什於本書中直接闡明對於大乘佛教教義及信仰之理念，並將龍樹、提婆一系之中觀佛教思想介紹至我國，促成般若等大乘經典之翻譯與研究。又書中反覆論述有關佛、菩薩、法身之問題，顯示此爲慧遠及當世佛教界所共同矚目之焦點。此外，由慧遠、羅什之問答，亦可作一中印思想文化之比較。"説明十分詳盡。

　　所謂"條目内容與今本略有出入"，據陳揚炯《大乘大義章》（選譯）"題解"，通過今本與《出三藏記集》所收宋陸澄《法論目録》比較，發現二書雖然所列條目數一致，但是，"今本中《問答受决》《問答造色法》兩章，《法論目録》中没有。《法論目録》中的《問法身非色》，不見於《大乘大義章》。《大乘大義章》中《問遍學》一章，《法論目録》分爲《問遍學》《重問遍學》兩項。……又《法論目録》中的《問四相》，只説慧遠問，而不説鳩摩羅什答，但《大乘大義章》中載有。"這説明兩點：第一，《大乘大義章》，南朝宋前或許晉宋即已編輯成書。第二，宋陸澄編撰《法論目録》所見該書與後來《大正藏》所録之内容，應略有所不同。該書後代亦有散佚，或經重新編輯、校補，至於何人編輯、校補，已不可考。但是，整體內容可以確定爲是慧遠和羅什所作，這是毋庸置疑的。

　　本書內容幾乎涉及漢晉佛教的所有核心問題。圍繞着這些核心問題，二人分別闡釋了自己的觀點。陳揚炯《大乘大義章》（選譯）“題解”曰：“在鳩摩羅什看來，中國僧人對佛教義理缺乏真正的理解，往往臆解佛義，甚至對一些名詞概念，也有所歪曲，不合原意。他在回答之中，從大乘與小乘對名詞概念的不同解釋，到宇宙萬物的生成、法身的實質、涅槃實相之理，以至大乘與小乘的異同等問題，都按照大乘佛教中觀學派的觀點作了介紹和發揮。實際上比較全面地介紹了印度佛教的基本理論，特別是宣傳了中觀學派的空觀。慧遠具有中國傳統文化的深厚修養，他從玄學立場來理解印度佛學，往往感到迷惑不通。他提出的問題，有的屬於不懂而求答性質，有的則是批評。因此，鳩摩羅什和慧遠兩位大師的討論，實際上也是中印兩國佛學思想一次重要的交流和撞擊。”這一分析十分中肯。慧遠所問，既表現了江左高僧對於佛教核心問題的認知水平，反映了佛教初傳東土，因爲體系尚不完善而引發疑竇叢生，從而刺激了本土僧侶鍥而不捨地跋涉西域、取得真經的宗教激情；也表現了佛教末法時期，因爲部派林立，所據經典不同，所持理論各異，而造成佛教內部難以彌合的理論裂痕。也唯因如此，隋唐以降，中國僧侶各習一類、各修一門，從而形成了如天台宗、三論宗、法相宗、律宗、净土宗、禪宗、華嚴宗、密宗等中國化佛教宗派。

　　關於此文所作時間，華梵佛學研究所編《慧遠大師文集》作義熙三年（四〇六）。從慧遠所問涉及內容看，《大乘大義章》之問答當非一時之作。羅什入關之後，慧即派遣弟子曇邕作爲使者，致書通好羅什。關於慧遠與鳩摩羅什通好時間，各位學者所言不同。《慧遠研究·遺文篇》認爲在四〇三至四〇四年。湯用彤《漢魏兩晉南北朝佛教史》認爲在四〇四年前後。四〇三之後，劉裕與秦通和之後，聘使不絕。慧遠可能在此之後聞知鳩摩羅什到達長安，而後遣書通好。此後二人既有書信往來，討論法理，亦互贈法物，流通經卷。然而，從《大乘大義章》所涉及大量《大智度論》內容推理，往來問答當在弘始八年羅什所翻譯的《大智度論》傳入廬山之後，弘始十五年羅什圓寂之前，即公元四〇六至四一四年之間。

《大乘大義章》在我國久已失傳。現存《大乘大義章》最古鈔本，是日本京都東山禪林寺（永觀堂）所藏三卷本，抄寫於日本鎌倉時代永仁元年（一二九三），名曰《鳩摩羅什法師大義》。該本在日本流傳有緒，其版本之可靠毋庸置疑。民國十九年（一九三〇），中國佛教歷史博物館以《遠什大乘要義問答》爲名將其重刊。

《大乘大義章》原文錯訛甚多，此據《卍續藏經》九六《鳩摩羅什法師大義》（以下簡稱卍續藏經本）錄入。參校日本學者木村英一《慧遠研究·遺文篇》及張景崗點校《廬山慧遠大師文集》、陳揚炯《大乘大義章》（節選）、釋聖賢《慧遠文集·大乘大義章》（內刊本）。無異議處，不另出校。另外，本章注釋、義疏，與前體例稍有差別。第一，除了《次問遍學並答》（此科十問）篇幅過長，乃以每一問答分節注釋外，其餘各章皆是以問、答爲意群單位，整篇注釋。第二，"義疏"分段與正文分段構成對應聯繫，或以序數標志之。

卷　上

宋〔一〕國廬山慧遠法師〔二〕，馳問常安草堂摩訶乘法師鳩摩羅什〔三〕大乘經中深義，十有八途。什法師一一開答。今分爲上、中、下三卷，上卷有六事，中卷有七事，下卷有五事〔四〕。

初問答真法身，次重問答法身，次問答法身像類，次問答法身壽量，次問答三十二相，次問答受決。

【校勘】

〔一〕“宋”,誤,當作“晉”。慧遠圓寂於東晉安帝義熙十二年(四一六),距劉裕代晉尚有三年有奇。故《高僧傳》卷六作《晉廬山釋慧遠》。

〔二〕卍續藏經本注:“公少瞻儒道,擅堅白之名。及脱俗高尚,亦江左須彌。凡所述作,莫非皆是實歸之路。”

〔三〕卍續藏經本注:“《苻書》云,什是天竺大婆羅門鳩摩羅炎之子也,其母須陀洹人。什初誕生,圓光一丈。暨長超絶,獨步閻浮。至乎歸伏異學,歷國風靡。法集之盛,雲萃草堂。其甘雨所洽者,融、倫、影、肇、淵、生、成、叡八子也。照明之祥,信有徵也。”

〔四〕“今分爲”以下四句,卷中、卷下皆以小字排列。或爲原本注釋。

一、 初問答真法身[1]

遠問曰:佛於法身中爲菩薩説經,法身菩薩乃能見之,如此則有四大、五根[2]。若然者,與色身復何差別,而云法身耶[3]? 經云:“法身無去無來[一],無有起滅,泥洹同像。”云何可見? 而復講説乎[4]?

【校勘】

〔一〕“無去無來”,《慧遠研究·遺文篇》作“無來無去”。

【注釋】

[1] 法身:又作法佛、理佛、法身佛、自性身、法性身、如如佛、實佛、第一身。佛所説之正法(佛法),佛所得之無漏法(法性),佛之自性、真如、如來藏(佛真身),皆謂之法身。既是二身(生身與法身)之

一,也是三身(法身、報身和化身)之一。據《佛地經論》卷七及此章羅什所答,小乘諸部對佛所説之教法及其所詮之菩提分法、佛所得之無漏功德法等,皆稱爲法身。大乘則除此之外,別以佛之自性真如净法界,稱爲法身,謂法身即無漏無爲、無生無滅。按:佛教法身諸家解釋最爲紛繁,佛所説之法爲法身,佛所證境界爲法身,佛所顯真身亦爲法身。慧遠所指乃佛真身,作爲佛之真身又有總相法身與別相法身二種。

　　[2] 法身菩薩乃能見之:謂唯有法身菩薩方能見佛法身。菩薩分爲生身菩薩和法身菩薩。《大智度論》卷三八:"法身菩薩斷結使,得六神通。生身菩薩不斷結使,或離欲得五神通。"十住菩薩即爲法身菩薩。又《大智度論》卷三〇:"佛化度衆生,神器利用,悉皆備足。譬如日出,有目則睹,盲者不見;設使有目而無日者,則無所睹,是故日無咎也。佛明亦如是。"簡言之,佛方便説法,衆生罪重,故"盲者不見";菩薩清净,故"有目則睹"。四大、五根:四大指地、水、火、風,構成宇宙的基本元素;五根指眼、耳、鼻、舌、身。此三句言佛法身爲菩薩説經,法身菩薩就能見佛真身,如此説明佛法身亦由四大五根所構成。

　　[3] 色身:亦稱肉身、生身,即物質構成的肉體之身,由地、水、火、風四大色法所構成的生死之身。此三句言如此,法身與色身又有何區別,而獨稱爲法身呢?

　　[4] 經云:此三句所概括經文乃出自《放光般若經》卷一三:"莫以色身而觀如來。如來者法性,法性者亦不來亦不去。諸如來亦如是,無來無去。"又曰:"善哉,善哉! 須菩提! 汝乃能問阿惟越致深奧之處。説甚深空、無相、無願,説無所有,説無所生滅。諸淫垢説泥洹净,説如,説寂、真際法性,是諸深法皆是泥洹之像。"泥洹,亦譯爲涅槃,意爲滅、滅度、圓寂,指熄滅一切煩惱所達到的精神境界,亦爲佛教修習所追求的最高理想。《放光般若經》卷二〇謂爲泥洹"不起不滅";《摩訶般若波羅蜜經》卷二七謂佛法身"無來無去"。據《大智度論》卷一八,佛、般若及涅槃,三者一相,其實無有異。此六句言經説:

法身是永恒存在，既無始無終，又没有生滅，涅槃同樣。那麽何以説法身可見呢？而又稱之爲法身呢？

【義疏】

此章所問乃關於佛的法身與色身，及其與四大五根的關係問題。按照慧遠理解，法身即佛真身。既然能爲菩薩説經，菩薩亦可見之，就是真實存在。這就説明法身生成於物質世界，與色身没有差別；與色身相同，必然有時空、生滅的存在，這同佛經有關法身"無去無來，無起無滅"、同於涅槃而無相的記載即有矛盾。亦即法身有相與泥洹無相互相矛盾。由此可見，一方面慧遠對於不同經典中的法身概念不能完全判別，試圖尋求互相融通的闡釋；另一方面慧遠將法身與色身之相好聯結，説明其密切關注法身的形象存在問題。

什答曰：佛法身者，同於變化，化無四大五根[1]。所以者何？造色之法，不離四大[2]。而今有香之物，必有四法：色、香、味、觸；有味之物，必有三法：色、味、觸；有色之物，必有二法：有色、有觸；有觸之物，必有一法，即觸法也[3]。餘者，或有或無，如地必有色、香、味、觸，水有色、味、觸。若水有香，即是地香。何以知之？真金之器，用承天雨，則無香也。火必有觸，若有香者，即是木香。何以知之？火從白石出者，則無香也。風但有觸，而無色也。若非色之物，則異今事，如鏡中像、水中月，見如有色，而無觸等，則非色也[4]。化亦如是，法身亦然[5]。

又，經言法身者，或説佛所化身，或説妙行法生身[一][6]。妙行法性生身者，真爲法身也。如無生菩薩，捨此肉身，得清净行身[7]。又如，《法華經》説："羅漢受記[二]爲佛[8]。"經復云：羅漢末後之身[9]。是二經者，皆出佛口，可不信乎？但以羅漢更不受結業形故，説言後邊耳[10]。譬如法身菩薩，净行生故，説言作佛[11]。如是佛事，雖皆是實，而有參差，有真有偽[12]。真法身者，遍滿十方虚空法界，光明悉照無量國土[13]。説法音聲常周十方無數之國，具足十住菩薩之衆，乃得聞法[14]。從是佛身方便現化，常有無量無邊化佛遍於十方，隨衆生類若干差品而爲現形，光明色像，精麤不同[15]。

如來真身，九住菩薩尚不能見，何况惟越致及餘衆生[16]？所以者何？佛法身者，出於三界，不依身、口、心行，無量無漏、諸净功德、本行所成，而能久住，似若泥洹[17]。真法身者，猶如日現，所化之身，同若日光。如《首楞嚴經》，燈明王佛壽七百阿僧祇劫，與此釋迦同[18]。是彼一身，無有異也。若一佛者，此應從彼而有。法性生佛、所化之佛，亦復如是[19]。

若言法身無來無去者，即是諸法〔三〕實相，同於泥洹，無爲無作[20]。又云，法身雖復久住，有爲之法，終歸於無，其性空寂[21]。若然者，亦法身實相，無來無去。如是，雖云法身説經，其相不生不滅，則無過也[22]。

【校勘】

〔一〕“妙行法生身”，《慧遠研究・遺文篇》作“妙行法身性生身”。從下句“妙行法性生身者”看，此句當作“妙行法性生身”。

〔二〕“記”，卍續藏經本作“起”，語意扞格。吉藏《法華玄論》卷一：“如《釋論》第百卷云：‘《法華》明阿羅漢受記作佛，故名秘密法。’”今據改。

〔三〕“諸法”，《慧遠研究・遺文篇》作“法身”。

【注釋】

[1] 佛法身者,同於變化:佛之法身具有神通力之變化。能轉換舊形,稱爲變;無而忽有,稱爲化。佛法身,又名五分法身,指佛自體所具備的戒、定、慧、解脱、解脱知見五種功德。其中戒、定、慧三者爲因,解脱、解脱知見爲果。五分法身即爲成佛之道、成佛的次第:因戒生定,由定發慧,由慧而解脱,由解脱而圓滿具足解脱知見。佛具足五種功德即成就法身。《釋氏要覽》:"戒定慧解知見香,遍十方界常芬馥。"此三句言説佛之法身,同於神通變化,而此變化,並非生於四大五根。

[2] 造色之法:指構成物質成分之法。佛教之法,一指佛之教法、佛法,即佛教真諦;二指成分、現象、事物,即現象存在。四大:《成實論》第三六品:"地、水、火、風,因色、香、味、觸,故成四大。"

[3] 四法、三法、二法、一法:分别指不同的現象存在。色、香、味、觸:色,指眼根所識别之對象,有形色,即對象之外形;顯色,即對象之顏色;表色,即對象之形態。香,指鼻根所識别之對象,即鼻子所嗅之氣味,分好香、惡香、等香(有養生功效之香)和不等香(無養生功效之香)四種。觸,指身根所識别之對象,分地性、水性、火性、風性、滑性、澀性、重性、輕性及冷、饑、渴十一種。此數句乃闡釋從現象界辨别有味之物、有色之物、有觸之物所對四法(現象)反應之不同。

[4] 非色之物:指非客觀存在之物,如鏡像、水月。則異今事:謂異於上述所言之現象。此數句言其餘或有四法(現象),或無四法。唯有地含藴四法的全部,水、火、風則只有四法部分存在。比如水無香,有香則生於地香,如果用金器承雨,其水無香;火只有觸而無香,有香則生於木香,如果火從石出,即無香;風亦有觸却又無色,如果非無色而有色之物,都不是真正風之色。若是非色之物,則與上述現象不同,如鏡中像、水中月,看似有色,又非實相,不可觸之,就不是真正的色。

[5] 化亦如是,法身亦然:謂佛之化身、法身即非色之物,故曰如

是、亦然。

　　[6]　妙行法性生身：意謂法身生於佛之妙行法性。陳揚炯注：《大智度論》談佛身，有法性生身與隨世間身、真身與化身、法身與色身三種相對應的提法。這裏的妙行法性生身，當即法性生身、真身、法身。

　　[7]　無生菩薩：證得無生法忍的菩薩，稱爲法身菩薩，又作法身大士，亦名無生菩薩。清净行身：此指法性生身、妙行法性生身。因爲無生菩薩已斷滅一切煩惱，不受後有（未來之果報、後世之心身），因此得清净行身。又因清净行身非肉體所生，故亦稱妙行法性生身。無生，既指“無生無滅”的空性智慧，也指不再轉世的“無餘涅槃”。七地以上的大菩薩方爲法身菩薩，亦稱阿惟越致菩薩，意即永不退轉菩薩。

　　[8]　受記爲佛：《法華經·受記品》：“五百阿羅漢受記爲佛。”受記，音譯和伽羅那，意譯受莂，受決，又作記莂、記別。佛記弟子來生因果及將來成佛之事即爲記別。又稱授記，聖言説與曰授，果與心期曰記。授記有四種：一是未發菩提心授記，謂諸佛觀諸衆生根機利鈍，其有具增上信者，佛則令其發菩提心而爲授記當得作佛；二是共發菩提心授記，謂菩薩善根成熟，得增上行，但欲度脱一切衆生，同諸衆生共發菩提心，誓願同城正覺，蒙佛授記；三是隱覆授記，謂此人修行精進，固當授記，恐其自聞授記則志滿意足不復更發精進之心，如不授記復恐衆人生疑而謂此人修行精進不蒙授記，故佛以威神之力，密爲授記當作佛，使他人聞，不使其自聞；四是現前授記，謂諸菩薩成熟出世善根，得不動地，即時蒙佛授記。

　　[9]　羅漢末後之身：即羅漢最後身。《法華經·方便品》：“是諸比丘、比丘尼，自謂已得阿羅漢，是最後身，究竟涅槃。”阿羅漢爲聲聞乘中最高的第四果，已斷一切煩惱，滅絕生死，此身爲最後身，不更受生，故謂之“末後之身”。

　　[10]　結業形：煩惱結縛衆生不使解脱，謂之結；由煩惱而造作善

惡之業,謂之結業。《百喻經·爲二婦故喪其兩目喻》:"造作結業,墮三惡道。"由結業而在三界生死苦海中流轉之肉身,謂之結業形。此數句言《法華經》説"羅漢受記成佛",又説羅漢身是最後存在的肉身,因爲出自佛口,不用質疑。只是因爲羅漢此後就不再受煩惱肉身,所以説"後邊身"。

[11] 法身菩薩:大乘菩薩道的修行階位分爲十地,其中七地以上的大菩薩方爲法身菩薩,亦稱阿惟越致菩薩,意即永不退轉菩薩。净行生:即上文所言之清净行身。此三句言比如法身菩薩,因爲其身清净,故説可以成佛。

[12] 此四句言如此法身之記載,雖皆是真實,却又參差不同,有真僞之分。

[13] 十方虚空法界:泛指宇宙世界。十方,指八方及上下。法界,一指宇宙一切存在現象;二指宇宙現象的本原、本體,特指成佛的原因,與真如、法性、實相概念内涵相同;三指衆生之心性,此心生世間、出世間一切諸法。此三句言真法身無所不在,佛光普照大千世界。

[14] 具足十住菩薩:指十地中最高階位的法雲地菩薩。十住,指大乘菩薩十地。《十住經》卷一:"何等爲十? 一名喜地,二名净地,三名明地,四名焰地,五名難勝地,六名現前地,七名深遠地,八名不動地,九名善慧地,十名法雲地。諸佛子,是十地者,三世諸佛已説、今説、當説。我不見有諸佛國土不説是菩薩十地者。何以故? 此十地,是菩薩最上妙道、最上明净法門,所謂分別十住事。諸佛子,是事不可思議,所謂菩薩摩訶薩隨順諸地智慧。"此四句言佛説法之音聲周遍十方諸國,只有具足十地的菩薩,纔能聽佛之説法。

[15] 此五句言由此佛身以方便法門而現化身,常有無量無邊的化身遍於十方世界,隨着衆生類型不同分爲若干不同品相而爲之現形,其光明色像,又有精粗的差異。

[16] 惟越致:梵文音譯,意譯爲退轉。菩薩不能保持其所修得果位而退失轉變,稱惟越致。此指七地以下的菩薩。此三句言如來

真身,修習九地的菩薩尚且不能見到,何况退轉菩薩及衆生呢。

[17] 出三界:超越三界。三界,指衆生所居之欲界、色界、無色界。欲界,指有淫、食二欲的衆生所居世界,上自六欲天,中自人畜所居的四大洲,下至無間地獄。色界,指雖無淫、食二欲但有色身之相的衆生所住之四禪十八天。無色界,指無色相而住心識於深妙禪定的衆生所居之四空天。三界皆凡夫生死往來之境界。無漏:無煩惱。漏,煩惱。因一切煩惱皆從六根流出,故曰漏。離開煩惱的清净地,即無漏。本行所成:本身修持功德之所成就。久住:指不退轉。此數句言佛之法身超越三界,不依賴三業之行,不可計量,没有煩惱,功德清净,乃佛自身德行而成就,且能永恒存在,有如涅槃。

[18] 燈明王佛:《法華經》稱日月燈明佛,《首楞嚴三昧經》稱照明莊嚴自在王如來,《大智度論》稱神通遍照佛。此佛光明,如日月在天,如燈在地。阿僧祇:梵文音譯,意譯無數。《大智度論》:“僧祇,秦言數;阿,秦言無。”《菩薩地持經》:“一者,日月晝夜歲數無量,名阿僧祇;二者,大劫無量,名阿僧祇。”劫:佛教時間單位,有小劫、中劫、大劫之分。此數句言真法身如日出,化身如日光,《首楞嚴經》說燈明王佛壽有七百個無數劫,釋迦牟尼佛與之相同。

[19] 此數句言燈明王佛與釋迦皆是同一法身,没有差別。如果其他一佛,皆從此法身產生。法性所生佛、所化身佛,也是如此。

[20] 諸法實相:又名真如、法性、實際等,即一切事物的真相或真理。斷一切語言道,滅一切心行,名爲諸法實相。《大智度論》卷九九:“諸法實相即是佛。”諸法,即世間法與出世間法之一切萬法;實相,又名佛性、法性、真如、法身、真諦等,凡所有相皆是虛妄,唯此獨實,不變不壞,故名實相。此四句言如果法身無始無終,就是諸法實相,與涅槃相同,寂然無爲。

[21] 有爲法:又稱緣起法。泛指因緣和合而生的一切事物和由因緣和合所爲、有生滅變化的一切現象。無因緣造作之法,即無爲法。此五句言又說,若從有爲法上說,法身雖然是恒久存在,然終歸

於空無,本性空無而静寂。

[22] 此數句言果真如此,這就是法身實相,無始無終。既然無始無終,説法身實相不生不滅,並以此解説經籍,就没有過錯。

【義疏】

此章回答法身是"有"是"無"、有相無相以及法身與色身區别的問題。

第一,論法身之變化,説明法身變化與四大五根所造之色的差異。佛之法身,雖亦同於化身變化,却並非由四大五根所形成。因爲所造之色,離不開四大五根。一切有香、有味、有色、有觸之物,皆五根之識。其餘有色之物,無非如此。但是,非色之物則完全不同於有色之物,如鏡像、水月,看似有色却虚空,此即非色。法身之變化亦如非色之變化,故不同於有色之變化。亦即法身不生於四大五根,與色身有本質區别。

第二,論法身與化身之關係,説明化身雖同法身,却因方便衆生而顯現,衆生品類不同,所顯化身亦有精粗差異。佛經所言之法身,或謂佛所化身,其本質是妙行法生身。所謂妙行法生身,是真法身、清净行身。羅漢授記成佛,乃是最後色身,此説出自佛經,毋庸置疑。但是,因爲羅漢自此解脱煩惱,不再流轉三界,故曰最後色身。猶如法身菩薩,清净身行,所以經謂之可以成佛。然而這些佛典所載之事,雖然都是事實,却又參差不同,真僞相雜。真法身遍滿十方世界,其光明悉照所有大地,法音亦周遍所有國土,唯有十地中具足最高階位的法雲地菩薩,可聽聞法音。縱然是佛身因方便教化而顯現化身,無量無邊,遍被十方世界,也隨衆生品類差别而顯現不同形狀,其光明色像,也有精粗不同。這説明真法身是第一真實,是無量化身之本體。

第三,論佛真身、化身之特點,説明真身如日,化身如光,衆生可見光而不可見日。佛真身,居九地階位的菩薩尚且不可見,何况居可退轉階位的菩薩及其餘眾生！因爲佛真身已經超越了三界，這與一般意義上所說，按照修行身口意三業，已經證得無量無漏的智慧，獲得清净妙覺佛果，自身德行而成佛，且能久住而如無生無滅之涅槃，是完全不同的。佛之真法身，猶如升起的太陽，化身却是普照的日光。唯有燈明王佛其壽已歷經七百無數劫，纔與釋迦佛祖具有相同的佛身。這一佛身，與法身無異。若是專指一佛，此法身應從釋迦而生。法性所生佛身、佛之化身，亦復如此。亦即法身是佛真身，具有無量壽；法身如日，是本體；化身如光，是示現。

第四，結論法身即諸法實相。法身無來無去，猶如涅槃無生無滅，此亦即諸法實相。法身雖亦久住，然亦緣起性空，歸之於無，本性空寂。也就是說法身是有爲與無爲、有相與無相的統一。惟因如此，法身實相亦無來無去，雖以法身解經，說實相不生不滅，並無過錯。

　　遠領解曰：尋來答要，其義有三：一謂法身實相無來無去，與泥洹同像。二謂法身同化，無四大五根，如水月、鏡像之類。三謂法性生身是真法身，能久住於世，猶如日現[1]。此三各異，統以一名，故總謂法身。而傳者未詳辨，徒存名而濫實，故致前問耳。君位序有判，爲善[2]。

【注釋】

[1] 此數句言慧遠領悟羅什所答，探求你所答要旨，有三層意義：一是法身實相無始無終，與涅槃相同；二是法身同於神通變化，其變化不生於四大五根，如鏡像、水月，雖有相而虛空；三是法性所生之身是真法身，永存世間，如同日光之普照。

[2] 此數句言三者雖有不同，皆名之法身，因爲傳授佛經者未加詳細辨析，空存其不同名稱而混淆了真實，所以我有前問。你回答判明其次序，非常正確。

【義疏】

此節乃補述慧遠對羅什回答的領悟。第一,法身的本質。森羅萬象皆因緣和合而生,生滅無常,唯有法身真實不變,無始無終,不生不滅,與涅槃同相。第二,法身的特點。法身法性,二者同化,超越四大五根,如水月鏡像,皆爲虛空清净之像。第三,法身的生成。法身生于法性,永恒不滅,如日光之衆生可見,遍照世界。此三點闡釋的不同,若統一稱之,即是法身。傳授者未能詳細辨證,徒知其名而失其本質,故使人疑寶叢生。按:此節文字或爲錯簡。史經鵬認爲,“這明顯應該屬於慧遠再次發問的内容”(《〈大乘大義章〉的時間界定及慧遠的問題意識》,《宗教研究》二〇〇九年)。此説或是。

二、 次重問法身并答

遠問曰:法身實相,無去無來。《般若經》中,法上菩薩答常悲,已有成觀[1]。又,法身同化,如鏡像之類,方等諸經引喻言:“日月宫殿不移,而光影現於江河[2]。”此二條,是所不疑。今所問者,謂法性生身,妙行所成。《毗摩羅詰經·善權品》云:“如來身者,法化所成。”來答之要,似同此説[3]。此一章所説列法,爲是法性生身所因否[一][4]? 若是前因者,必由之以致果。聞[二]致果之法,爲與實相合不? 若所因與實相合,不雜[三]餘垢,則不應受生。請推受生之本,以求其例[5]。

從凡夫人,至聲聞得無著果、最後邊身,皆從煩惱生,結業所化也[6]。從得法忍菩薩受清净身,上至補處大士坐樹王下取正覺者,皆從煩惱殘氣生,本習餘垢之所化也。自斯以後,生理都絶[7]。夫生者,宜相與癡言[8]。若大義所明,爲同此不？若同此，請問所疑[9]：

得忍菩薩，捨結業，受法性生身時，以何理而得生耶[10]？若由愛習之殘氣，得忍菩薩煩惱既除，著行亦斷，尚無法中之愛，豈有本習之餘愛[11]？設有此餘，云何得起，而云受身[12]？爲實生爲生耶，不生爲生乎？若以不生爲生，則名實生〔四〕，便當生理無窮[13]。若以生爲生，則受生之類，皆類有道[14]。假〔五〕令法身菩薩以實相爲已住，妙法爲善因，至於受生之際，必資餘垢以成化[15]。但當撫〔六〕之，以論所有理耳[16]。

今所未了者，謂止處已斷，所宅之形，非復本器，昔習之餘，無由得起[17]。何以知其然？煩惱殘氣，要從結業後邊身生[18]。請〔七〕以效明之：向使同〔八〕舍利弗，常禪定三昧，聲色交陳於前，耳目無用，則受淡泊而過[19]；及其任〔九〕用，暫過鼻眼之凡夫，便損虧大業〔一〇〕，失覺〔一一〕支想[20]。所以爾者，由止處未斷，耳目有所對故也[21]。至於忘對，猶〔一二〕尚無用，而況絕五根者乎[22]？此即〔一三〕煩惱殘氣，要由結業五根之效也[23]。假使慈悲之性，化於受習之氣，發自神本，不待諸根，四大既絕，將何所攝〔一四〕，而有斯形[24]？陰陽之表，豈可感而成化乎？如其不可，則道窮數盡，理無所出[25]。水、鏡之喻，有因而像，真法性生，復何由哉[26]？

【校勘】

〔一〕“否”，張景崗校曰：“原本作‘非’，今參照丘本、陳本改。”按：《慧遠研究·遺文篇》作“非”，語意扞格。

〔二〕“聞”，陳揚炯釋譯本作“問”。古二字通。

〔三〕“雜”，張景崗校曰：“原本作‘離’，今參照木村本、陳本改。”

按:《慧遠研究・遺文篇》作"離"。或形近而誤。

〔四〕"則名實生",陳揚炯釋譯本曰:按照前後文意,"則名實生"應爲"則不名實生"。"若以不生爲生,則名實生,便當生理無窮。"意思是説,如果以不生作爲生,那就不叫實生,不生自然不死,所以,這種不生之生,便是永恒無窮之生。録以備考。

〔五〕"假",《慧遠研究・遺文篇》、陳揚炯釋譯本皆作"就"。

〔六〕"撫",卍續藏經本作"换"。諸本皆作"撫",今據改。

〔七〕"請",張景崗校曰:"原本作'諸',今參照丘本、陳本改。"

〔八〕"同",張景崗校曰:"原本作'問',今參照丘本改。"《慧遠研究・遺文篇》、陳揚炯釋譯本皆作"問"。

〔九〕"任",張景崗校曰:"原本作'在',今參照丘本、陳本改。"《慧遠研究・遺文篇》作"在"。

〔一〇〕"虧",陳揚炯釋譯本作"虚"。"業",卍續藏經本作"乘",又校曰:"一作'業'。"諸本作"虧",今據改。

〔一一〕"覺",張景崗校曰:"原本作'賢',今參照丘本、陳本改。"

〔一二〕"猶",卍續藏經本、《慧遠研究・遺文篇》作"由",或音同而誤。此據張景崗校本、陳揚炯釋譯本改。

〔一三〕"即",張景崗校曰:"原本作'既',今參照丘本、陳本改。"《慧遠研究・遺文篇》作"既"。

〔一四〕"攝",陳揚炯釋譯本作"構",語意扞格。

【注釋】

[1] 法身實相:此指法身與法性。法性,亦爲實相、真如、法界、涅槃之别名。法上菩薩:名達摩鬱伽陀,梵文音譯曇無竭菩薩,意譯有法上、法盛、法勇、法起、法來、法生菩薩諸名稱。在衆香城中,常宣説般若波羅蜜。《大智度論》卷九七曰:"鬱伽陀,秦言盛。達磨,秦言法。此菩薩在衆香城中,爲衆生隨意説法,令衆生廣種善根,故號法盛。其國無王,此中人民皆無吾我,如鬱單越人,唯以曇無竭菩薩爲

王。其國難到,薩陀波侖不惜身命,又得諸佛菩薩接助能到。大菩薩爲度衆生故,生如是國中。"常悲:梵文音譯薩陀波倫菩薩,又作普慈菩薩、常啼菩薩。所以稱常啼者,有諸種説法:或謂菩薩因見惡世之人身受苦惱而悲哀哭泣;或以菩薩生於無佛之世,然爲利益衆生,追求佛道,於空閒林中憂愁啼哭七日七夜,天龍鬼神遂號之爲常啼;或以幼時喜啼而得名。後因聞曇無竭菩薩説經而得其法。《摩訶般若波羅蜜經·法上品》:"爾時,曇無竭菩薩摩訶薩語薩陀波倫菩薩言:善男子,諸佛無所從來,去亦無所至。何以故?諸法如、不動相,諸法如即是佛。善男子! 無生法,無來無去,無生法即是佛。無滅法,無來無去,無滅法即是佛。"此四句言法身實相,無始無終,在《般若經》中,曇無竭菩薩回答普慈菩薩,已有完整闡釋。

[2] 方等諸經:即大乘諸經,大乘佛理方正平等,故稱。日月宮殿:佛教稱太陽爲日天子、月亮爲月天子,所住爲日宮殿、月宮殿。《佛説長含經·本緣品》:"日有二義:一曰住常度,二曰宮殿。宮殿四方,遠見故圓,寒温和適,天金所成,頗梨間厠。二分天金,純真無雜,外内清徹,光明遠照;一分頗梨,純真無雜,外内清徹,光明遠照。"《起世經》卷一〇:"月天子宮……月天宮殿,純以天銀天青琉璃而相間錯。"此五句言另外,法身同於神通變化,却又如鏡像之虛空,大乘諸經譬喻曰,如同日月宮殿,雖然不動,而光影普照於江河。

[3] 如來身者,法化所成:如來真身,法性生成。《維摩詰經·方便品》:"佛身者即法身也,從無量功德智慧生;從戒、定、慧、解脱、解脱知見生;從慈、悲、喜、捨生;從布施、持戒、忍辱、柔和、勤行、精進、禪定、解脱、三昧、多聞、智慧諸波羅蜜生;從方便生;從六通生;從三明生;從三十七道品生;從止觀生;從十力、四無所畏、十八不共法生;從斷一切不善法、集一切善法生;從真實生;從不放逸生;從如是無量清净法生如來身。"意謂一切法性皆可生法身,即佛真身。此數句言這兩點没有懷疑。現在所問,是"法性生身,妙行所成"問題。你回答的主旨,似與《毗摩羅詰經·善權品》"如來身者,法化所成"之意相同。

[4] 列法：列舉成佛之法。《維摩詰經·方便品》列舉成佛之法，見上注。法性生身所因：謂上述所列成佛之法，乃法性生身之原因？

[5] 餘垢：即餘習、餘氣。指殘留的煩惱繫縛身心。受生，投胎，出生。《韶州大梵寺施法壇經》："莫百物不思，念盡除却，一念斷即無，別處受生。"此數句言如果法性是生身之前因，那麼生身則是法性所得之果。所聽説的得到果報法，與法性生身的實相相合否？如果法性之因與實相之果相合，不摻雜煩惱繫縛身心，就不應有實相的産生。請允許我推求受生的根本，以例證之。

[6] 聲聞：謂聞佛陀説法而開悟，原指佛在世時弟子。後來，大乘佛教立三乘之説，即聲聞乘、緣覺乘、菩薩乘，遂以前二乘爲小乘，後一乘爲大乘。於是，聲聞乘唯指只求個人解脱的修行者。無著果：佛教四果之一。聲聞中最高果位爲阿羅漢，舊譯無著果。指證悟無我，不再隨入生死輪迴的聖者境界。《出三藏記集》卷一："舊經無著果，新經阿羅漢。"結業：佛教謂衆生因迷惑、煩惱而作的惡業。結，結習，煩惱的異名。《百喻經·爲二婦故喪其兩目喻》："造作結業，墮三惡道。"亦可參"結業形"注。此四句言從凡夫至聲聞果，再至阿羅漢果，及最後肉身，都是從煩惱中生，所作三業之化。

[7] 法忍菩薩：法忍，或稱無生法忍、無生忍、無生忍法。諸法無生無滅，觀此無生之法，破生滅之煩惱，真智安住於無生無滅之理而不動，稱爲得法忍。無生法，即遠離生滅之真如實相理體；忍，即智。七地以上菩薩爲得法忍菩薩，是初地菩薩境界。《大智度論》卷一二："菩薩得無生法忍，捨肉身得法身。"《大般若波羅蜜經》卷三七六："云何名爲無生法忍？謂之煩惱畢竟不生，及觀諸法畢竟不起，微妙智慧常無間斷，是故名爲無生法忍。"補處大士：前佛既滅之後，補其位而成佛的菩薩，稱爲補處菩薩，又稱補處大士。此乃"一生補處大士"之略稱。一生補處，原爲"最後之輪迴者"。指菩薩於當下階位起，境界不退轉，功德不斷增長，只須一生即成佛道。略稱補處，候補佛位，即前佛滅後，補其處而成佛。亦指菩薩之最高位——等覺菩薩。一般

皆稱彌勒爲一生補處之菩薩。樹王：即樹中之王，此乃指菩提樹。釋迦牟尼佛在菩提伽耶的菩提樹下結跏趺坐七日七夜，終於覺悟真諦，得無上正等正覺而成佛。煩惱殘氣：亦稱煩惱習，指已斷盡煩惱，但還有不隨智慧的身業、口業，似仍由煩惱所生。如從香氣中取走香，然香氣仍在。本習餘垢之所化：煩惱斷而未盡净，實際上仍是原來煩惱之殘餘，故曰本習餘垢之所化。生理都絶：產生煩惱之因已經斷絶。謂煩惱不生也。此數句言從得法忍菩薩受清净之身，上至即將成佛之菩薩坐於菩提樹下而取得正覺者，都從繫縛身心之煩惱中產生，從原來未盡之餘垢中化育。自此之後，纔煩惱不生。

[8] 相與癡言：謂是言煩惱與無明相生。癡，無明。按照十二因緣説，無明是造成生死之始因。流轉於生死則煩惱叢生，故曰煩惱與無明相與而生。

[9] 此四句言經之大義所闡明的是否與此相同？ 如果同此，則有以下所疑。

[10] 此四句言得法忍菩薩，已斷絶煩惱，受之法性而生真身時，因何理而生呢？

[11] 著行亦斷：謂無著行，即諸行圓融而無執著障礙。無著，無礙，爲菩薩十行之第七。法中之愛：指法愛。愛有兩種，一是欲愛，乃凡夫執著之愛；二是法愛，乃愛涅槃及菩薩未斷法執而愛樂善法。法愛，又稱順道法愛、善法欲。《摩訶般若波羅蜜經·勸學品》："舍利弗問須菩提：云何名菩薩生？ 須菩提答舍利弗言：生名法愛。舍利弗言：何等法愛？ 須菩提言：菩薩摩訶薩行般若波羅蜜，色是空受念著，受、想、行、識是空受念著。舍利弗，是名菩薩摩訶薩順道法愛生。"此五句言若是由殘留的煩惱餘習而生，而得法忍菩薩境，煩惱盡除，已無著行，法愛尚無，豈有本身煩惱殘氣？

[12] 此三句言假設得忍菩薩尚有本習餘愛，這又是從哪裏產生，而説由本習餘氣之身（最後身）而受身？

[13] 實生：真身生成。不生：緣起而生。此五句言所説法忍菩

薩之受身,這裏的"生"是指真身之生,還是指緣起而生? 如果緣起而生,也名之實生,那麼法身的生成就無窮無盡。

[14] 此三句言如果"生"是指真身之生,那麼受法性生身,皆類似於一般的生身之道。

[15] 此四句言假如法身菩薩是以實相爲永恒存在,以妙行法性爲生身的善因,那麼在受法性生身之時,必然仍藉助煩惱餘習、超越煩惱餘習而生成法身。

[16] 撫:猶言妥帖。《廣韻》:"撫,安存也,又持也。"此二句言只是爲了論述妥帖起見,勉強地論述其理而已。

[17] 止處:即大依止處,謂得忍菩薩。《無量義經·德行》曰:"是諸衆生安穩樂處,救處,護處,大依止處。"此六句言現在所疑問的是,謂已經斷絕心止之處,所居之形體也非本來肉身,昔日煩惱餘習,即無由而生。

[18] 此三句言因何知其是如此呢? 因爲煩惱餘習,必然從煩惱惡業的最後肉身而生。

[19] 向使:假使。《後漢書·荀彧傳》:"向使臣退軍官渡,紹必鼓行而前。"舍利弗:釋迦牟尼佛十大弟子之一,乃以智慧第一,也稱舍利子、鶖鷺子、羅睺羅,密行第一,原係佛陀獨子。三昧:梵語之音譯,又譯爲三摩地、三摩提,意譯爲定,亦謂等持,即心定於一境的精神狀態。《大智度論》卷二八:"四禪亦名禪,亦名定,亦名三昧。除四禪,諸餘定亦名定,亦名三昧,不名爲禪。"可參《念佛三昧詩集序》注。此六句言諸説可以經籍證明之:假使詢問舍利弗,試於禪定三昧時,聲色交錯呈現面前,耳目却無所用之,因爲心止於淡泊而聲色飄然而過。意即一旦禪定三昧,則聲色亦不可亂其心智。

[20] 暫過鼻眼:鼻眼暫時攀援外境。失賢支想:喪失七種覺悟途徑。釋聖賢曰:"覺,覺了。支,品類。通常説七覺支,又稱爲七等覺支、七覺分、七菩提分,即達到佛教覺悟的七種類別、途徑和方法,即念、擇法、精進、喜、輕安、定、捨。見《雜阿含經》卷二十六。"此三句

言及其任用墜入鼻眼攀援外境的凡夫,便虧損大乘修持行爲,喪失七種覺悟的途徑。

〔21〕此三句言所以如此,由於未能斷絕止業,耳目仍然有所攀援之故。

〔22〕此三句言至於無所攀援,由於耳目尚且無所用,更何況已經斷絕五根呢。

〔23〕此二句言這就説明既有煩惱餘氣,主要是因眼耳鼻舌身攀援外境而結煩惱之結果。

〔24〕諸根:一指眼、耳、鼻、舌、身、意六根;二指信、勤、念、定、慧五根。《無量壽經》卷上:"諸根智慧,廣普寂定。"净影慧遠疏:"信、勤、念等名爲諸根。若通論之,一切善法,悉名諸根,如涅槃説。"此應指眼、耳、鼻、舌、身五根。此數句言假使佛慈悲本性,化生於本習餘氣,發自精神本原,不依賴五根,斷絕四大,又將何以統攝其性,且有此形?

〔25〕此五句言難道陰陽之外,還有可以感應而化育其形的嗎?如若没有,那麼即便窮盡道數,也没有闡釋此理的依據。

〔26〕此四句言水月、鏡像之喻,尚有成像之因,真法性生,又有由何而生?

【義疏】

此章核心乃是質詢"法性生身"問題。説"法性生身"不僅與"餘垢"説、"實生""不生"説有内在矛盾,尤爲重要的是,"法性"又是如何產生?

第一,點明詰詢核心——"法性生身,妙行所成"。所不疑者,乃法身同於諸法實相,無生無滅。法身變化猶如鏡像,所變者是現象而非本體。然而,經所説佛身(如來身)是法化所成。如果説法化是"法性生身"之因,"法性生身"是法化之果,那麼"法性生身"與"法身實相"是否相合?如若"法化"與"實相"相合,那麼就没有煩惱餘習,如此則不應產生法身。下文即列舉例證推求受生的根本。

　　第二，説法身實相皆從本習餘垢之所化生，質疑是否合乎經義。一切真身從凡夫至阿羅漢，皆從煩惱世界所生；無生法忍、一生補處之菩薩，亦生於煩惱餘氣。這些皆因襲餘垢所化生。自此以往，絶無法身所生之理。而凡夫之生，煩惱與無明相與而生，流轉於生死，如何能産生法身！意謂所有"實相"之身皆生於肉身餘垢，所以"法性生身"與"法身實相"實際上是矛盾的。所以疑問：佛典大義是否明確説"法身實相"？

　　第三，以得法忍菩薩爲例，質疑法性生身究竟是"實生"還是"不生"。得法忍菩薩捨棄無明煩惱之惡業，無所造作，畢竟不生，謂稟受法性而生法身，這又有何理由？如果説由欲愛的餘垢殘氣而生，得忍菩薩已經斷絶煩惱、執著，法愛尚無，難道還有愛欲？假使法忍菩薩尚有餘垢殘氣，這餘垢殘氣又從哪裏産生，而説法身生於最後身？是由真實生命所生（實生），還是緣起而生（不生）？如果將"不生爲生"稱之"實生"，就有無窮種孕育生身的方式；如果"以生爲生"，那麼又類似於凡夫生生之道。也就是説，説"法性生身"，無論是"實生"還是"不生"，都難以自圓其説。假設法身菩薩以實相爲永恒存在，以妙行法性爲生身善因，那麼在受法性生身之時，必然仍藉助煩惱餘習而生成法身。於是如何妥帖闡釋其理就成了問題。實際上這也揭示了佛教理論上的内在矛盾。

　　第四，以質疑的形式，論述佛教理論的内在矛盾。得法忍菩薩心行斷絶，形非肉身，昔日煩惱餘氣，沒有再生的途徑，因爲一切煩惱餘氣皆生於最後肉身的造作之業。如昔日之舍利弗，禪定三昧之時，即使聲色交陳眼前也不會亂其心智，一旦如同凡夫墜入聲色，就不可能修持大乘，覺悟迷津，就是因爲心行不能斷絶，耳目攀援聲色之故。至於齋心坐忘，聲色無所用之，更何況已斷絶五根之境！假使菩薩慈悲之性化生於本習餘氣，發自精神本原，且不依賴五根，四大皆空，那麼究竟是統攝何物而形成真身之形？難道在陰陽之外，另生感應而化生的麼？如果不能化生於陰陽之外，那麼窮盡佛理法數，也無法闡釋清楚。即使是水鏡所喻的形象，也必然有像之生成原因，真法性又生於何處？此乃針對法性生身而言。

什答曰：後後[一]五百歲來，隨諸論師，遂各附所安，大小判別[1]。小乘部者，以諸賢聖所得無漏功德，謂三十七品，及佛十力、四無所畏、十八不共等，以爲法身[2]。又以三藏經顯示此理，亦名法身[3]。是故天竺諸國皆云："雖無佛生身，法身猶存。"大乘部者，謂一切法無生無滅，語言道斷，心行處滅，無漏無爲，無量無邊，如涅槃相，是名法身[4]。及諸無漏功德，并諸經法，亦名法身[5]。所以者何？以此因緣，得實相故[6]。又，大乘法中，無決定分別是生身、是法身[7]。所以者何？法相畢竟清净故[8]。而隨俗分別，菩薩得無生法忍，捨肉身，次受後身，名爲法身[9]。所以者何？體無生忍力，無諸煩惱，亦不取二乘證，又未成佛，於其中間所受之身，名爲法性生身[10]。

然諸論師，於此法身，而生異論。或言：無諸煩惱者，已得涅槃，不應復生[11]。如[二]《自在王經》說，"佛告自在王菩薩：'我於燃燈佛時，通達四自在，即於爾時已得佛道，後[三]入於涅槃，是吾末身也。'自在菩薩言：'若爾時得涅槃者，從是以來，復何所作？'佛言：'自利已辦，但爲教化衆生，净佛國土，具足諸神通力威德故。'"[12]以此[四]因緣，可知身分雖盡，常以化身度脱衆生[13]。

或言：是事不然。所以者何？若爾時得涅槃實道者，身分都盡，又無心意，云何能現化五道，度脱衆生、净佛土耶[14]？譬如實有幻師，然後能幻事；若無幻師，則無幻事[15]。是故，菩薩得無生法忍，雖無煩惱，應有餘習。如阿羅漢成道時，諸漏雖盡，而有殘氣[16]。但諸羅漢於諸衆生中無大悲心，諸有餘習，更不受生[17]。而菩薩於一切衆生深入，大悲徹於骨髓，及本願力，并證實際，隨應度衆生，於中受身，存亡自在，不隨煩惱[18]。至坐道場，餘氣及〔五〕盡。若不爾者，佛與菩薩，不應有別[19]。

　　或言：得無生法忍菩薩有二：一者得五神通，二者六神通[20]。得五神通者，煩惱成就，但不現前。如人捕得怨賊，繫之在獄，不能爲患[21]。如是諸菩薩，無生忍力故，制諸煩惱，永不復生，但以清净心，修六波羅蜜功德[22]。如凡夫人，成就三界煩惱。上二界煩惱，不現在前，雖有煩惱，無所能爲。住五神通，種種現化，度脱衆生[23]。故留餘結，續復受生；若無殘結，則無復生，猶如賣米，故留穀種[24]。漸漸具足六波羅蜜，教化衆生，净佛國土，乃坐道場，捨煩惱結，然後成佛[25]。具六神通者，所作已辦，自利已足〔六〕，如阿羅漢、辟支佛，無復異也。此身盡已，更不受生[26]。但以本願大悲力故，應化之身，相續不絶[27]。度衆生已，自然成佛；所度既畢，自然而滅[28]。先是實滅，以汲引衆生故，變化其身，今〔七〕復示其都滅[29]。

　　又，三藏論師：菩薩雖得六神通，不盡諸漏；行四無量心，生色界中；乃至末後身，生羅睺羅[30]。於尼連禪河浴，爲大水所漂，力不能制。嫌憒五人，捨我而去[31]。坐道場時，以十六心，得阿那含；以十八心，斷無色界結；以三十四心，破一切煩惱，得一切智[32]。成佛已，具受人法：饑、渴、寒、熱、老、病、死等。雖心得解脱，身猶有礙，但以一切智慧、大悲心爲勝耳[33]。

如是等諸論義師,皆因佛語,説菩薩相,於是各生異端,得中者少[34]。意謂菩薩得無生法忍,捨生死身,即墮無量無邊法中[35]。如阿羅漢,既入無餘涅槃,墮在無量無邊法中,不得説言若天若人、若在若滅[36]。何以故?因緣故,名爲人;因緣散,自然而息,無有一定實滅者,但名有變異身[37]。得如是法門,便欲滅度時[38]。十方佛告言:“善男子,汝未得如是無量無邊見諸佛身,又未得無量禪定智慧等諸佛功德。汝但得一法門,勿以一法門故,自以爲足。當念本願,憐愍衆生,今[八]不知如是寂滅相故,墮三惡道,受諸苦惱。汝所得者,雖是究竟真實之法,但未是證時。”[39]爾時,菩薩受佛教已,自念本願,還以大悲,入於生死[40]。是菩薩名之不在[九]涅槃,不在世間,無有定相,以種種方便,度脱衆生[41]。

設有問言:菩薩若[一〇]爾,無復實生,現受[一一]懃苦,無諸惱患,功勳甚少[42]。應答:是事不然。著於凡夫時,以顛倒著心,要期果報,雖修苦行,皆非實行[43]。今得諸法實相,具涅槃樂,而入生死,化度衆生,是爲稀有[44]。設復問言:若此人戲想都滅,又無我心,何復以功德稀有耶[45]?應答:菩薩之心無有斯事,但爲分別者,言有大功德耳[一二][46]。如師子有大力,不以爲大,但餘獸以爲大耳[47]。又如神藥,爲益衆生故,出於世間,而無分別,但餘人知有大力[48]。如此[一三]之人,言身畢竟寂滅相,如幻如夢,如鏡中像,不可以生相、不生相爲難[49]。何以故?此人墮在無數量,不應以戲論求之[50]。但以人妄謂菩薩有至道場,盡諸結使。斷彼意故,説言菩薩唯有結使殘氣耳[51]。

如大乘論中説,結有二種:一者,凡夫結使,三界所系;

二者,諸菩薩得法實相,滅三界結使[52]。唯有甚深佛法中愛、慢、無明等細微之結,受於法身[53]。愛者,深著佛身及諸佛法,乃至不惜身命;無明者,於深法中不能通達;慢者,得是深法,若心不在無生忍定,或起高心[54]:"我於凡夫,得如是寂滅殊異之法[55]。"此言殘氣者,是法身菩薩結使也,以人不識故,說名爲氣[56]。是殘氣不能使人生於三界,唯能令諸菩薩受於法身,教化眾生,具足佛法[57]。譬如凡夫結使,或有障天人道者,所謂邪見、瞋恚、慳、嫉等,以甚惱害眾生故;或有不障者,所謂身見、戒取、愛、慢、無明等,以其不惱眾生故[58]。結使或生三界,亦如是。是故菩薩亦名得解,亦名未脫。於凡夫結使爲脫,於佛功德結使未脫[59]。或言得六神通,爲盡三界結使故;或言得五神通,爲未破菩薩結使故[60]。

又言:"尚無法中之愛"者,謂無凡夫、二乘法中之愛[61]。所以者何?菩薩出過二地故[62]。如須陀洹,知一切法無常苦患,即不生愛。若心不在道,即有所愛[63]。又如羅漢,於一切中無所愛,於佛法中而有所愛[64]。如舍利弗、摩訶迦葉,聞佛甚深智慧、無量神力,便與以[一四]言:"若我本知佛功德如是者,在於地獄中,寧一脅著地,乃至徑劫,於佛道中,心不應有悔。"[65]又諸聲聞皆大號泣,聲振三千大千世界。云:"何乃失如是大利[66]?"是故二乘成道,雖斷三界愛結,於佛功德法中,愛心未斷[67]。諸菩薩亦[一五]如是,無生忍力故,總言一切無所愛,而念佛恩重,深愛佛法,但不起戲論耳[68]。若於一切法中已斷愛者,即不復能具足上地。而此人未滿應滿,未得應得[69]。

又言:"止[一六]處已斷,所宅之形,非復本器,昔習之餘,無由得起”者，三界外，形現妙，愛習之餘亦微[70]。是故設復異形，理相因發，即無過也[71]。又此涅槃而爲障，如大乘經：一切法從本以來，常寂滅相[72]。一切衆生，所作已辦，但無明等諸結使障故，不能自知我等即是寂滅相[73]。菩薩如是滅除障礙，爾乃自知我今作佛；若無菩薩結使障者，先已是佛[74]。有二〔一七〕種障：一者，三界諸煩惱，障涅槃道；二乘〔一八〕、菩薩結使，障於佛道，此最難斷，以其微隱故，譬如怨賊易〔一九〕避，内賊難識難知[75]。得無生法忍時，世間實相，雖破凡夫結使，未除佛道結使，於佛道中，猶有錯謬[76]。若無錯謬，得無生法忍時，即應是佛；若欲教化衆生，净佛國土，便可一時頓具[77]。何以故？得先礙實智〔二〇〕故。所以不得爾者，以有微障故[78]。又，無生忍力，但能破邪戲論等，示諸法實相，後得佛時，乃於一切法中通達，無近無遠，無深無淺[79]。聞〔二一〕有菩薩阿毗曇，當廣分別結使相，如聲聞阿毗曇廣分別根本十結[80]。

又言：“四大既絶，將何所構，而有斯形”者，既云生塗不絶，法身之應無所疑也[81]。但阿毗曇法、摩訶衍法，所明各異[82]。如《迦旃延阿毗曇》説，幻、化、夢、響、鏡像、水月，是可見法，亦可識知，三界所繫，陰、界、入所攝[83]。大乘法中，幻、化、水月，但誑心眼，無有定法[84]。又，小乘經説，化人爲何界所攝？答：無處所。今以大乘法論説，法身無有四大、五根[85]。幻化之事，肉眼所見，尚無所攝，何况法身微妙耶[86]？是故但無三界麤四大、五根耳[87]。爲度衆生，因緣故現，緣盡則滅，譬如日現清水，濁則不見[88]。如是，諸菩薩常在法性中，若衆生利根、福德清净者，即隨其所見應度之身[89]。

　　復次，若欲求其實事者，唯有聖人初得道時，所觀之法，滅一切戲論，畢竟寂滅相[90]。此中涅槃相、生死相，尚不可得，何況四大、五根？如是不應以四大、五根爲實，謂無此者即不得有法身也[91]。如一切〔二二〕有爲法，皆虛妄不實。有爲法者，即是五陰，五陰中最麤者，所謂色陰。若然者，虛妄之甚，不〔二三〕過四大[92]。所以者何？思惟分別〔二四〕，乃至微塵〔二五〕，亦復不有，《論》中廣説[93]。但於凡夫數法和合，得名色陰，色陰無有決定，何況四大、五根[94]？是故，不得以凡夫虛妄所見色陰，以爲實證，而難無量功德所成之身[95]。若欲取信者，應信法身。如經中説，所有色皆從四大有，爲三界繫使因緣故。説菩薩法身四大、五根〔二六〕，同於〔二七〕變化，不得以之爲一也[96]。又，欲界、色界衆生，以四大、五根桎梏，不得自在[97]。乃至阿羅漢、辟支佛，心雖得離三界之累形，猶未免寒、熱、饑、渴等患[98]。法身菩薩即不然，無有生死，存亡自在，隨所變現，無所罣礙[99]。

【校勘】

　　〔一〕“後後”，卍續藏經本校曰：“‘後’字疑剩。”陳揚炯譯釋本據刪。釋聖賢校曰：“太虛大師《判攝佛法》一文透徹論述：佛陀滅度後，初五百年爲‘小行大隱’時期，即小乘佛教流通，大乘佛教隱而不彰；佛滅度後第二個五百年爲‘大主小從’時期，即大乘佛教開始逐步發揚光大，小乘佛教退而從之，此五百年以大乘爲主、小乘爲輔大乘佛教之發揚，是從佛滅度五百年後開始，即第二個五百年開始，也即‘後後五百歲’，故校訂本恢復保持原文。又，《金剛般若波羅蜜經‧正信稀有分第六》：如來滅後後五百歲，有持戒修福者。”所校極是。

　　〔二〕“如”，卍續藏經本作“如如”，校曰：“‘如’字疑剩。”《慧遠研究·遺文篇》亦作"如如"。今删其重。

〔三〕"後",卍續藏經本脱,參校諸本補。

〔四〕"此",《慧遠研究·遺文篇》作"是"。

〔五〕"及",張景崗校本作"乃"。或形近而誤。

〔六〕"足",卍續藏經本校曰:"'足'上有一'已'字。"今據補。

〔七〕"今",張景崗校曰:"原本作'令',今參照丘本、陳本改。"《慧遠研究·遺文篇》作"令",形近而誤。

〔八〕"今",卍續藏經本、《慧遠研究·遺文篇》作"令",語意扞格。參照張景崗校本、陳揚炯釋譯本校改。

〔九〕"之不在",陳揚炯釋譯本作"爲不住"。

〔一〇〕"若",張景崗校曰:"原本作'答',今參照丘本、陳本改。"

〔一一〕"現受",卍續藏經本奪"現",又校曰:"'受'上有一'現'字。"參校諸本補。

〔一二〕"言有大功德耳",《慧遠研究·遺文篇》作"言有大有"。張景崗校曰::"原本作'言有大有',今參照丘本、陳本改。"

〔一三〕"如",卍續藏經本校曰:"'如'下疑脱'此'字。"參校諸本補。

〔一四〕"與以",陳揚炯釋譯本作"相與"。

〔一五〕"亦",卍續藏經本作"忽",又校曰:"'忽'疑'得'。"張景崗校曰:"原本作'忽',或作'得',今參照木村本、陳本改。"《慧遠研究·遺文篇》作"亦"。

〔一六〕"止",卍續藏經本作"正",又校曰:"'正'疑'止'。"諸本作"止",今據改。

〔一七〕"二",《慧遠研究·遺文篇》、張景崗校本皆作"三"。

〔一八〕"乘",陳揚炯釋譯本作"者"。

〔一九〕"易",張景崗校曰:"原本作'界'。參校諸本改。"

〔二〇〕"先礙實智",陳揚炯校曰:"疑爲'無礙實智'之誤。無礙實智,即一切智、無分別智、根本智,爲達於一切法實性之智。此智通達自在,所以用‘無礙’形容。”録以備考。

〔二一〕“聞”,卍續藏經本作“問”,校曰:“‘問’作‘聞’。”古二字同,據改。

〔二二〕“一切”,張景崗校曰:“‘切’字,原本無,今參照丘本補。”

〔二三〕“不”,《慧遠研究·遺文篇》作“無”。

〔二四〕“別”,卍續藏經本作“裂”,又校曰:“‘裂’疑‘別’。”《慧遠研究·遺文篇》亦作“裂”。語意扞格,諸本作“別”,今據改。

〔二五〕“塵”,張景崗校曰:“原本作‘麤’,今參照各校勘本改。”

〔二六〕“菩薩法身四大、五根”,陳揚炯校曰:“疑‘菩薩法身’之下漏‘無’字。在前章《初問答真法身》中,羅什一開始便説:‘佛法身者,同於變化,化無四大五根。’羅什的觀點,前後應當是一致的。”録以備考。

〔二七〕“於”,卍續藏經本、《慧遠研究·遺文篇》皆作“如”,語意扞格。此據陳揚炯釋譯本校改。

【注釋】

[1] 大小判別:謂大小乘判然分別。此四句言佛滅度後第二個五百年以來,隨各派論師產生,各自附和所論,於是大小乘判然有別。

[2] 小乘部:即小乘學説。公元一世紀左右,大乘佛教興起,稱原始佛教和部派佛教爲小乘。無漏:漏乃煩惱之異名。一爲漏泄,意謂貪嗔等煩惱,日夜由眼耳等六根門漏泄流注而不止。《俱舍論》卷二〇:“諸境界中,流注相續,泄過不絶,故名爲漏。”二爲漏落,意謂煩惱能令人漏落於三惡道謂之漏。上文又謂:“流注不絶,其猶瘡漏,故名爲漏。”有煩惱之法云有漏,離煩惱之法云無漏。三十七品:又稱三十七道品、三十七菩薩分、三十七覺支,指達到成佛的覺悟,證得涅槃的七類三十七種途徑。即《大智度論》卷一九所言之四念處、四正勤、四神足、五根、五力、七覺支、八正道。十力:指佛的十種智力,即《大智度論》卷四八所言之知覺處非處智力、知三世業報智力、知諸禪解

脱三昧智力、知諸根勝劣智力、知種種解智力、知種種界智力、知一切
至所道智力、知天眼無礙智力、知宿命無漏智力、知永斷習氣智力。
四無所畏：即《大智度論》卷四八所言之一切智無所畏、漏盡無所畏、
說障道無所畏、說盡苦道無所畏。十八不共：即十八不共法，全稱十
八不共佛法，即不共於聲聞、緣覺二乘，唯佛菩薩特有之十八種功德
法。《自在王菩薩經》卷下："何故名爲不共法？菩薩隨順一切佛法
故。諸聲聞、辟支佛初發意者之所無有，而況凡夫。"《大智度論》卷二
六所言之諸佛身無失、口無失、念無失、無異想、無不定心、無不知已
舍心、欲無減、精進無減、念無減、慧無減、解脫無減、解脫知見無減、
一切身業隨智慧行、一切口業隨智慧行、一切意業隨智慧行、智慧知
過去世無礙無障、智慧知未來世無礙無障、智慧知現在世無礙無障。
此言小乘部所論之法身。

　[3] 三藏：此指小乘經、律、論。因爲各包含藏之文義，故稱三
藏。大乘則爲別處所結集，單名摩訶衍藏。此言佛教三藏所論之法
理亦爲法身。

　[4] 大乘部：即大乘學說。羅什所論主要指以龍樹爲代表的中
觀學派觀點。語言道斷：謂佛理意義深奧微妙，無法用言辭表達。心
行處滅：心行之處滅絕，謂不及思慮分別之境地。《大乘起信論義記》
卷中："離心緣者，非意言分別故；心行處滅，非思慧境。"此即法性真
如之理，不可以語言說明，亦非分別思慧可知。此數句言所以天竺諸
國都說：雖然佛無生身，却有法身。大乘學說一切法無生無滅，不可
言說，不可思慮，無煩惱亦無爲，無數量無邊際，猶如涅槃相，這也是
法身。

　[5] 此三句乃概括無漏功德、諸經一切法，皆名法身。

　[6] 因緣：佛教謂使事物生起、變化和壞滅的主要條件爲因，輔
助條件爲緣。《四十二章經》卷一三："沙門問佛：以何因緣，得知宿
命，會其至道?"《翻譯名義集·釋十二支》："前緣相生，因也；現相助
成，緣也。"此三句言所以如此，乃因無漏功德、一切法皆是法身，皆得

其實相。是亦謂法身即實相。

[7] 生身：此指後邊身，即脱於生死輪迴的最後肉身。此三句言大乘法中，並没有決定區分是生身還是法身。

[8] 法相：諸法真實之相。《法華經·化城喻品》："大聖轉法輪，顯示諸法相。"此二句言大乘法之所以不作生身與法身的區分，因爲二者皆具有究竟清净法相。

[9] 此五句言但是依隨世俗分别，菩薩得無生法忍，捨去肉身，受最後肉身，皆名爲法身。

[10] 二乘證：二乘指聲聞乘、緣覺乘。釋聖賢注：大乘菩薩由於發願普度衆生，即使自身覺悟已達到佛的境地，可以證入涅槃，也不像二乘人那樣去證入，叫做不取二乘證。體無無生法忍之力，亦無煩惱，亦不取二乘證入，又尚未成佛，在此之間所受之身，名爲法性生身。簡言之，已達到成佛境界，却未成佛，所受之身謂之法性生身。這説明法性所生之身與法身尚有區别。

[11] 此三句言没有煩惱，已經進入涅槃境界，不應再生身。因爲涅槃超越生死輪迴，不生不滅，故曰不應再生身。

[12] 自在王經：《自在王菩薩經》。自在王，即大自在王天，居於色界之頂，爲三千大世界之主。在三千大世界中得大自在，故稱。燃燈佛：音譯提和竭羅、提洹竭，又作定光如來、普光如來等。是過去莊嚴劫中所出世的千佛之一，因出生時身邊一切光明如燈。《大智度論》卷九："燃燈佛生時，一切身邊如燈，故名燃燈，作佛亦名燃燈。"燃燈佛是三世佛中最著名的過去佛，釋迦牟尼佛因行中第二阿僧祇劫滿時逢此佛而出世。釋迦牟尼成佛之前燃燈佛授記，將在九十一劫後的賢劫成佛。《金剛經》第十七："汝於來世，當得作佛，號釋迦牟尼。"四自在：指《自在王菩薩經》卷上所言之一戒、二神通、三智、四慧。自在，指擺脱了煩惱繫縛而通達無礙。自利：指自我覺悟。佛教强調自利利他，自覺覺他，最後進入覺行圓滿。此數句言佛告訴自在菩薩：我在燃燈佛時，已經通達四大自在，已經得成佛之道，入於涅槃

之境,這是我後邊身(最後肉身)。自在菩薩問:如若那時您已得涅槃,從此之後,又作何修證? 佛曰:此時自我覺悟已經完成,但爲了教化衆生,清净佛國,具足各種神通威德的原因。意謂此時雖已入佛境,但仍然以後邊身顯於世,是爲了教化衆生,清净佛國,具足各種神通威德。

[13] 此三句言因爲此一因緣,可知肉身分化已經完成,却常以化身普度衆生。

[14] 五道:欲界中的地獄、餓鬼、畜生、人、天五大生類,稱爲五道。後來犢子部北道派於第四位後加阿修羅,稱爲六道。此六句言如若那時已得涅槃實相,肉身分化已經結束,又心念不起,何能顯現化身於五道、普度衆生、清净佛國呢? 謂化身之説與涅槃之説,亦有牴牾。

[15] 此四句以幻師與幻事之間的必然關係,説明涅槃已空,何生化身!

[16] 餘習:又稱殘習,餘氣,習氣。指既斷煩惱,猶存殘餘之習氣。二乘不能斷此餘習,獨佛斷之。《大智度論》卷二:"阿羅漢、辟支佛雖破三毒,氣分不盡,譬如香在器中。香雖去,餘氣故在。又如草木薪火煙燒出,炭灰不盡,火力薄故。佛三毒永盡無餘,譬如劫盡,火燒須彌山,一切地都盡,無煙無炭。如舍利弗嗔恚氣殘,難陀淫欲氣殘,必陵伽婆蹉慢氣殘,譬如人被鎖,初脱時,行猶不便。"又《大智度論》卷七三:"阿鞞跋致菩薩得無生法忍時,斷諸煩惱,但未斷習。"此四句説明菩薩即便已得無生法忍,諸漏(煩惱)雖盡,却未斷餘習(餘氣)。這與得道的阿羅漢完全相同。

[17] 受生:投生。《韶州大梵寺施法壇經》:"莫百物不思,念盡除却,一念斷即無,別處受生。"此指生身。此三句言阿羅漢雖已得道,但是没有度化衆生的大慈悲之心,直接證入涅槃,不再受生。

[18] 本願力:根本誓願之心。菩薩之心廣大,誓願無量,唯以此願爲根本,故曰本願。菩薩本願有總願與別願之分。衆生無邊誓願

度、煩惱無盡誓願斷、法門無量誓願學、佛道無上誓願成之四弘誓願，稱爲總願。菩薩除共有的總願外，另有各自獨特的誓願，稱爲別願。如阿彌陀如來之四十八願，藥師如來之十二願。《無量壽經》上："皆是無量壽佛威神力故，本願力故。"《無量壽經》下："其佛本願力，聞名欲往生。皆悉到彼國，自致不退轉。"實際：指法性、實相。《大智度論》卷三二："如、法性、實際，是三皆諸法實相異名。"上數句言菩薩慈悲衆生，深徹骨髓，既發誓願，且證之諸法實相，並隨應方便而普度衆生，雖生身於其中，却存亡自在，煩惱不生，故不墜入生死輪迴。

[19] 道場：亦稱菩薩道場、菩提場。原指中印度菩提伽耶於菩提樹下之金剛座上佛證聖道之處，後引申爲學道、供養之處。此指佛陀證道之處，亦引申爲法身菩薩功德圓滿，證道成佛。上數句言及菩薩證道成佛，則已袪除餘習。否則，佛與菩薩就没有分別。

[20] 五神通：亦稱五通、五神變。不思議爲神，自在爲通，即菩薩修習禪定所得的五種不可思議力。據《大智度論》卷五，不思議自在之用有五種：一是天眼通，謂色界四大所造之清净眼根，色界及欲界六道中之諸物，無一不照者。二是天耳通，爲色界四大所造之清净耳根，能聞一切之聲者。三是他心通，得知一切他人之心者。四是宿命通，得知自心之宿世事者。五是如意通（亦曰神境通、神足通），飛行自在，石壁無礙，又得行化石爲金，變火爲水等之奇變者。五神通加漏盡通，即爲六神通。具稱漏盡智證通，亦稱漏盡神通、漏盡通證。也就是證得漏盡智，煩惱盡除、得解脱、威德具足的境界。

[21] 此六句言得五神通的無生法忍菩薩，雖曾結業煩惱，却不再出現於眼前，如怨賊入獄，不生禍患。

[22] 六波羅蜜：波羅蜜，意譯爲度、到彼岸。六波羅蜜，即六度，由生死此岸度到涅槃彼岸的六種途徑與方法，即布施（檀那）、持戒（尸羅）、忍辱（羼提）、精進（毗梨耶）、禪那（禪定）、般若（智慧）六種波羅蜜。《金剛心總持論》："若人能具六波羅蜜者，名出生死，名到彼岸，名超三界，名登十地，成佛之數也。"此六句言如此菩薩因爲得無

生法忍，能永遠控制煩惱，不使之復生，僅以清淨之心，修習六波羅蜜功德。

［23］上數句言如同凡人，結業欲界、色界、無色界之煩惱。但是菩薩之欲界、色界的煩惱却不顯於前，雖有煩惱，却因無色界乃無色相而住心識於深妙禪定的衆生所居之四空天，而煩惱不擾於心；安住五神通，有種種呈現化身，爲度脫衆生。

［24］猶如責米，故留穀種：猶如借米於人，留下穀種，以便產米再借。責，同債。釋聖賢注：這是一個譬喻，比喻菩薩留有煩惱殘氣，方能繼續受生，以便在世間度脫衆生，此即“留惑潤生”之意。此六句言所以若殘留結業餘氣，後續又有生身；若無殘留結業餘氣，則不復有生身，猶如借人於米，則須留下穀種，方能再度脫衆生。

［25］此六句言在這一修習過程中逐漸具足六波羅蜜，教化衆生，清淨佛土，直至修證聖道，捨棄煩惱結業，爾後成佛。

［26］辟支佛：梵文音譯辟支迦佛陀之簡稱，又譯作鉢羅翳迦佛陀；意譯緣覺、獨覺。言緣覺者，觀因緣而覺悟：一謂因觀十二因緣而斷惑證理；一謂因觀飛花落葉之外緣而覺悟無常，斷惑證理。言獨覺者，出無佛世，宿因所萌，或觀十二因緣、或觀飛花落葉，無師自悟而獨自善證寂滅之理。《大智度論》卷二一：“出值佛世，聞因緣法，名爲緣覺；出無佛世，自然得悟，名爲獨覺。”此數句言具足六神通的無生法忍菩薩，所自利自覺的修證已完成，與阿羅漢、辟支佛相比，並無本質不同，此身滅度，就不再受生。即超越生死輪迴也。

［27］此三句言但是因爲菩薩有誓願度脫衆生的大慈悲之心，所以應化之身，連綿不斷。

［28］此四句言一旦度脫衆生結束，自然成佛；一旦度脫衆生結束，化身也自然寂滅。

［29］汲引：引導。南朝梁沈約《爲竟陵王發講疏並頌》：“無相非色，空不可極，而立言垂訓，以汲引爲方。”此四句言起初是肉身寂滅，因爲引導衆生的緣故，又因方便而變化其應身，現在既已成佛，又顯

示其化身也都滅度了。

[30]　三藏論師：此指會通小乘經、律、論三藏之學者。四無量心：即慈、悲、喜、捨。據《大智度論》卷二一：四無量心依四禪而修行，可生於色界之梵天。羅睺羅：釋迦牟尼佛之子，十五歲出家，成爲佛的十大弟子之一，號稱密行第一。他雖然已經證得阿羅漢果，但是後來在法華會上回歸於大乘。此數句言三藏論師又認爲，菩薩（此指未成佛之釋迦）雖得六神通，卻並未滅盡煩惱；雖行四無量心，卻未離色界；乃至於藉最後肉身生下其羅睺羅。

[31]　尼連禪河：亦稱尼連禪那、尼連河，爲恒河支流。嫌憤五人，捨我而去：爲嫌憎佛陀之五人，棄釋迦而去。五人指憍陳如、阿説示、跋提、十力迦葉、摩訶男拘利五人，乃佛陀於鹿苑初轉法輪時所度五比丘，是佛陀最初之弟子。初，釋迦牟尼出家求道，其五人相隨苦行。釋迦牟尼苦行六年，始悟苦行無效，便棄苦行，於尼連河洗浴，接受少女難陀、婆羅供養的乳糜，使身體恢復元氣，然後在菩提樹下坐禪四十九個日夜，終於證得佛果。然而此五人認爲釋迦牟尼破戒墮落，嫌憎而去。事見《過去現在因果經》卷三。此五句言在尼連河中洗浴，因爲力弱而不能控制自己，被大水所漂流，後又有五比丘嫌憎其行爲而棄釋迦而去。

[32]　十六心：八忍八智合稱見道十六心。即苦法忍、苦法智，苦類忍、苦類智，集法忍、集法智，集類忍、集類智，滅法忍、滅法智，滅類忍、滅類智，道法忍、道法智，道類忍、道類智。得阿那含：十六心見道即得須陀洹果，繼續修行，纔得阿那含果。阿那含，梵文音譯，意譯不還、不來，爲聲聞乘四果（須陀洹果、斯陀含果、阿那含果、阿羅漢果）中的第三果，死後生於色界天，僅次於阿羅漢果。十八心：指九無間道和九解脱道。欲界、色界、無色界三界共有九地，每地各有九品修惑，斷每一品的修惑有無間、解脱二道，每地便有九無間、九解脱十八道，又稱十八心。三十四心：前十六心加後十八心，共計三十四心。一切智：佛智之一。《大智度論》卷二七：“總相是一切智。……一切

智者,總破一切法中無明闇。"陳揚炯注:《大智度論》認爲,一切智有總、別二相義。若依總義,則總稱佛智,即一切種智;若依別義,則是聲聞、辟支佛所得之智。此數句言佛陀修證聖道時,由修證阿那含果到斷滅無色界結業餘習,再到破滅一切煩惱,得一切種智。

〔33〕此數句言釋迦成佛之後,又遍受凡人之苦集,雖心已解脱,肉身尚有阻礙,只是因得一切種智、發大慈悲而勝於菩薩而已。

〔34〕此五句言還有如這類經義論師,皆藉成佛的語言,説菩薩實相,於是就産生種種異端,切中肯綮者很少。

〔35〕無量無邊法:形容佛法無限深遠廣大。《阿毗達磨品類足論》卷六:"無量法云何? 謂無量信,無量欲,無量勝解,及彼相應法,彼俱有法;若諸色法多廣,無邊無際無量;若擇滅,是名無量法。"此四言所論的意思是菩薩得無生法忍,超越生死輪迴,墜入無量無邊法中。

〔36〕無餘涅槃:涅槃即不生不滅,又分爲有餘涅槃與無餘涅槃。亦作有餘依,無餘依。依者,有漏之依身。對於惑業而曰餘。有餘涅槃,指斷除貪欲,斷絶煩惱,已盡滅生死之因,然猶餘有漏依身之苦果,即作爲前世惑業的果報身(肉身)仍然存在,且有思慮活動。無餘涅槃,更滅依身之苦果無所餘,即不僅斷滅生死之因,也斷滅生死之果,前世惑業之肉身亦絶滅,諸念不生。《佛説大乘金剛經論》:"文殊菩薩問佛:云何是無餘涅槃? 佛言:寂然不動心是也。三世諸佛,共一路頭,同到不動心中,齊受無樂之樂,更無有樂過於此樂,故名無餘涅槃。"天人:一稱天衆,音譯爲提婆,指住於欲界及色界諸天界之有情衆生;二指天界與欲界人間的有情衆生,因此也稱作"人天"。《地藏經·稱佛號品》:"世尊,現在未來一切衆生,若天若人,若男若女,但念得一佛名號,功德無量,何況多名。"此六句言比如阿羅漢,已進入無餘涅槃境界,墜入無量無邊法中,不可言説,若天界若人界,若善男若善女,若存在若寂滅。

〔37〕上數句言這是何故? 因緣聚而生,名之爲人;因緣散而滅,

自然而止。没有確定真實的斷滅，只有變異肉身之名稱。

[38] 法門：指修行者入道的門徑。《法華經·序品》："以種種法門，宣示於佛道。"滅度：涅槃之異名。意謂滅煩惱，度苦海。《金剛經》第三："我皆令入無餘涅槃而滅度之，如是滅度，無量無數無邊衆生。"此二句言明瞭如此真諦，就進入涅槃之境。

[39] 寂滅相：涅槃之相離一切相，圓覺普照，寂滅無二。《法華經·方便品》："諸法從本來，常自寂滅相。"《大智度論》卷八七："涅槃即是寂滅相。"這與斷滅相不同。斷滅相，只是諸聲聞所圓境界，身心語言皆悉斷滅，終不能至彼之親證所現涅槃。三惡道：亦稱三惡趣。六道輪迴中作惡業者受生的三個去處：即造上品十惡業者墮入地獄道；造中品十惡業者墮入餓鬼道；造下品十惡業者墮入畜生道。究竟：音譯郁多羅。形容至高無上的境界。《大智度論》卷七二："究竟者，所謂諸法實相。"真實之法：即諸法實相，第一義諦。《法華經·方便品》："十方佛土中，唯有一乘法，無二（指聲聞乘、緣覺乘）亦無三（指聲聞乘、緣覺乘、菩薩乘），除佛方便説。"此段文字言世尊告訴説："善男子，你尚未得到如此廣大無邊的顯現諸佛法身，尚未得到無邊禪定智慧的諸佛功德。你僅僅得到一種修行入道的門徑，不能因爲得到一種修行門徑，就自滿自足。應當常念自己成佛之誓願，慈悲衆生，使衆生明瞭因爲不能寂滅色相之故，而墜入三惡道中，受諸種痛苦煩惱。你雖已得到諸佛實相之本質，但這尚未證得佛果。"

[40] 此五句言爾時菩薩受佛教化之後，自持自我成佛之誓願，又復還世俗，出入於生死輪迴，以慈悲教化衆生。

[41] 此五句言此菩薩不以涅槃名，不在於人世間，亦無一定相，以種種方便法門，度脱衆生。

[42] 懃：同勤。《説文》："勤，勞也。"《字彙》："勤，與懃同。"此六句言假設有人問説，菩薩若如此，方便入世而非復生實相，且受種種勤苦，却無生煩惱，如此亦功德甚少。

[43] 著心：執著於事理之心。《大智度論》卷四六："若以著心修

善,破則易。若著空生悔,還失其道。譬如火起草中,得水則滅。"常見著心有六種:貪著心,愛著心,嗔著心,疑著心,欲著心,慢著心。苦行:又曰難行苦行,敢爲身所難堪之諸種行爲。天竺佛教以苦行爲出離解脱之道,世尊成佛之前經歷六年苦行。實行:即真實行,菩薩十行之一。菩薩修行,雖於十信十住滿足自利,然利他之行未滿,故不可不經此目:一、歡喜行,爲佛子之菩薩以如來之妙德,隨順十方;二、饒益行,利益一切衆生;三、無嗔恨行,又曰無恚恨、無違逆,自覺覺他,無違逆者;四、無盡行,隨衆生之機類而現其身,三世平等,通達十方,利他之行無盡也;五、離癡亂行,種種之法門雖不同,然一切合同而無差誤;六、善現行,以離癡亂故,能於同類中現異相,於一一異相各現同相,同異圓融;七、無著行,十方虛空滿足微塵於一一塵中現十方界,塵界不留礙;八、尊重行,又曰難得行,以前種種現前皆般若觀照之力,故於六度中特尊重般若波羅蜜;九、善法行,圓融之德能成十方諸佛之軌則;十、真實行,以前圓融德相,一一皆清净無漏,一真無爲之性,本來常恒。上數句言應答曰此事並非如此。顯現應身於凡夫之際,以顛倒執著之心,邀約定期果報,雖然修持外道苦行,却非菩薩修證的真實行。

［44］此五句言現在已得諸法實相,具足涅槃之樂,却化身世俗,重入生死輪迴,從而度化衆生,却功德少也。

［45］此三句言如若此人斷滅一切世俗之念,且又無我執之心,何又以此而功德少有?

［46］此三句言菩薩之心並無功德之事,只是爲了分別菩薩與衆人,説菩薩有大功德。

［47］師子:即獅子,梵文音譯僧伽彼,獸中之王也。經中以譬佛之勇猛。《無量壽經》上:"人雄師子,神德無量。"此三句以力大勇猛的獅子不以爲自己力大勇猛,比喻菩薩功德無量亦不以爲自己功德無量。慈航衆生,乃菩薩心無所念的佛性使然也。

［48］此五句又以神藥爲喻,説明藥利益衆生,行於世間,雖有大

功效,却與衆藥物無别也。

[49] 此六句言如這類人,是説肉身實相已經寂滅,猶如幻夢之像,鏡中之像,既不能産生相、也不能不生相。謂法身實相不生不滅也。

[50] 無數量:即無量,不可計量之意。指空間、時間、數量之無限,亦指佛德之無限。《法華義疏》卷一〇:"六情不能量,故名無量;又不墮三世,名爲無量;又言無空、有之量,故稱無量。"戲論:非理、無義之言論。《百喻經·父取兒耳璫喻》:"凡夫之人亦復如是,爲名利故,造作戲論。"此三句言乃因爲此類人乃墜入無可計量之中,不應以無理之論而求之。

[51] 至道場:即道場,指法身菩薩功德圓滿,證道成佛之處。見上注。結使:結與使,皆煩惱别名。煩惱繫縛身心,結成苦果,故稱爲結;隨逐衆生又驅使衆生,故稱爲使。《雜阿含經》卷四八九:舍利弗言:"縛者,四縛,謂貪欲縛、瞋恚縛、戒取縛、我見縛。""結者,九結,謂愛結、恚結、慢結、無明結、見結、他取結、疑結、嫉結、慳結。""使者,七使,謂貪欲使、瞋恚使、有愛使、慢使、無明使、見使、疑使。"此四句言只是因爲有人妄説,菩薩證至道而成佛,斷滅諸種煩惱,因爲菩薩斷絕種種意念,故説菩薩唯有煩惱餘習。

[52] 此數句言正如大乘論所説:煩惱繫縛有兩種:一是凡夫之煩惱,乃爲色界、欲界、無色界所繫縛;二是諸菩薩證得諸法實相,斷滅色界、欲界、無色界繫縛之煩惱。

[53] 甚深佛法:甚爲深微之佛教諸法。《攝大乘論》卷三:"云何名爲甚深佛法? ……謂常住法是諸佛法,以其法身是常住故;又斷滅法是諸佛法,以一切障永斷滅故;又生起法是諸佛法,以變化身現生起故;又有所得法是諸佛法,八萬四千諸有情行及彼對治皆可得故;又有貪法是諸佛法,自誓攝受有貪有情爲己體故;又有瞋法是諸佛法;又有癡法是諸佛法;又異生法是諸佛法。……又無染法是諸佛法,成滿真如、一切障垢不能染故;又無污法是諸佛法,生在世間、諸

世間法不能污故。是故説名甚深佛法。"此三句言唯有深微之佛教諸法,所言愛、慢、無明等細微的煩惱繫縛,受之於法身。謂法身唯有煩惱之餘氣而已。

［54］上數句言所謂愛,深深執著於佛身及其佛教諸法,乃至於不惜身體性命;無明,心於深微諸法中而不能通達要旨;慢,雖得其深微諸法,如若心不能定於無生法忍,或起高傲心氣。

［55］寂滅:乃涅槃之異譯,其體寂静,離一切之相,故云寂滅。《法華經‧序品》:"或有菩薩見寂滅法。"《維摩詰經‧佛國品》:"知一切法皆悉寂滅。"此二句言我之於凡夫,乃得其如此寂滅特殊不同之佛法。謂凡夫不得而我得之也。

［56］此四句言此所説殘留餘習,是法身菩薩繫縛於甚深佛法之故,因爲常人不識,説是肉身殘留餘氣。謂法身菩薩之餘習乃執著於廣大無邊之佛法,而非肉身之餘習。

［57］此四句言這類殘留餘習不能使之生於色界、欲界、無色界,只能使諸菩薩受之於法身,以之教化衆生,且具足佛法。

［58］天人道:即六道輪迴中的天道與人道,爲善業所招之樂果。邪見:無視因果報應之見解。瞋恚:忿怒與怨恨。慳嫉:吝嗇與嫉妒。身見:或稱我見,即以爲我和我所(我心之作用)都是真實的存在。戒取:又作戒取見、戒禁取見,指將錯誤戒律作爲可以引導進入涅槃的戒律。愛:貪物染著。慢:傲慢,乃心所之名。無明:亦稱爲癡,即不明事相。此與上文所愛、慢、無明內涵不同。此數句言凡夫煩惱繫縛身心,或障礙天人道之樂果,即所謂邪見、瞋恚、慳嫉等,因爲煩惱甚深而有害衆生;或有並不障礙天人道之樂果,即所謂我見、戒取、愛、慢、無明等,因爲其並無煩惱衆生。此乃概括殘氣生於三界的兩種類型,故後文曰"結使或生三界,亦如是"。此論菩薩結使與凡夫結使生於三界之不同。

［59］此四句言因此菩薩既謂之曰得解脱,亦謂之曰未得解脱。對於凡夫煩惱繫縛身心而言是已得解脱;對於佛功德繫縛身心而言

是未得解脱。是謂説解脱,指解脱於三界繫縛;未解脱,指執著於甚深佛法。

　　[60] 此四句言或謂之已得六神通,因爲斷滅了三界的煩惱繫縛身心,或謂之已得五神通,因爲尚未破除菩薩功德繫縛身心。因爲五神通尚未進入六神通之"漏盡通"的境界,故仍有煩惱餘氣。

　　[61] 法中之愛:指法愛。愛有兩種,一是欲愛,乃凡夫執著之愛;二是法愛,乃愛涅槃及菩薩未斷法執而愛樂善法。法愛,又稱順道法愛、善法欲。見上注。此二句言所謂尚已斷滅法愛,是説菩薩没有凡夫之愛欲,亦無聲聞乘、緣覺乘的小乘之法愛。

　　[62] 二地:此指聲聞與緣覺。此二句言所以如此,因爲菩薩已超越了聲聞與緣覺。

　　[63] 須陀洹:意譯入流、預流。乃聲聞乘四果(須陀洹果——入流、斯陀含果——一來、阿那含果——不來、阿羅漢果——不生)之初果。一切法無常:謂世間一切事物生滅無常,遷流不住。釋聖賢注:從運動變化的角度説,稱刹那無常;從相對持續的角度説,稱相續無常。《無常經》云:"未曾有一事,不被無常吞。"《涅槃經》卷一四:"諸行無常,是生滅法;生滅滅已,寂滅爲樂。"佛家認爲世間事物都是變易法,有生必有死,有成必有毀,有合必有離,不存在永恒不變的東西。無常毀滅一切,稱爲無常火;無常吞噬一切,稱爲無常狼。人身易老易死,亦不免無常。《涅槃經·壽命品》云:"是身無常,念念不住,猶如電光、瀑布、幻焰。"此五句言如入聲聞乘初果,若知一切事物無常,衆生皆苦,就不生貪愛;若心不明此無常,即產生貪愛。

　　[64] 羅漢,即阿羅漢,意譯無學,聲聞乘第四果。見上注。此四句言如入聲聞乘第四果(羅漢),不貪愛一切事物,唯對於佛教諸法而生愛戀。

　　[65] 舍利弗:又作舍利弗多、舍利弗羅、舍利子,新譯舍利弗多羅、舍利富多羅、舍利補怛羅。舍利者,母之名,弗義爲子。因是舍利女之子,故曰舍利弗、舍利子。又父名雲優婆提舍,故從父而稱之曰

優婆提舍。舍利古來有二釋：一爲鳥名，譯曰秋露、鶖鷺、鴝鵒、鋪鵒、鶖、百舌鳥。或言母之眼似彼鳥，又言母之才辯猶如鶖鷺，故以爲名。舍利弗與目連皆爲佛最重用的弟子。初因外道而出家，逢師死，茫茫求道，於途中見馬勝比丘，比丘爲之說"因緣所生法"之偈，遂出家。摩訶迦葉：即大迦葉，釋迦牟尼佛十大弟子之一，號稱頭陀第一。徑劫：經歷一劫之苦。徑，通經。此數句言舍利弗、摩訶迦葉聞佛微妙諸法、無量智慧之神力，便與之言："如我則本來就知佛陀如此功德，在地獄中，寧願自己肋骨著地，乃至於經一劫之苦，虔心佛道，毫無後悔。"

[66] 聲聞皆大號泣：謂於一切聲聞中聞不可思議法門而號泣也。《大智度論》卷一一：舍利弗言："我於一鳥尚不能知其本末，何況諸法！我若知佛智慧如是者，爲佛智慧故，寧入阿鼻地獄，受無量劫苦，不以爲難。"《維摩詰經·不思議品》："是時，大迦葉聞說菩薩不可思議解脫法門，嘆未曾有，謂舍利弗……我等何爲永絕其根於此大乘，已如敗種。一切聲聞，聞是不可思議解脫法門，皆應號泣，聲振三千大世界。"三千大世界，乃古天竺宇宙觀。認爲世界包含小千、中千、大千三種。其中，以須彌山爲中心，周圍環繞四大洲及九山八海，稱爲一小世界，乃自色界之初禪天至大地底下之風輪，其間包括日、月、須彌山、四天王、三十三天、夜摩天、兜率天、樂變化天、他化自在天、梵世天等。此一小世界以一千爲集，而形成一個小千世界，一千個小千世界集成中千世界，一千個中千世界集成大千世界。此大千世界因由小、中、大三種千世界所集成，故稱三千大世界。大利：廣大之利益衆生。《無量壽經》下："當知此人爲得大利。"此三句言二菩薩又於一切聲聞中聞不可思議法門，皆大聲號泣，聲振三千大世界，說如何乃失去如此廣大利益衆生！

[67] 此四句言所以聲聞、緣覺二乘所成之道，雖然斷絕三界貪愛繫縛身心，但在佛陀功德法中，却未能斷絕愛心。

[68] 無生忍：謂通達無生無滅之理而不動心。《大智度論·出

到品》："無生忍法者,於無生滅諸法實相中,信受,通達,無礙,不退,是名無生忍。"此六句言諸菩薩亦如此,因爲得無生法忍之力,所以概括説一切無所愛,却心念佛陀之恩重,而深愛佛法,只是不生非理不義之論而已。

[69] 上地:猶佛地。通教十地之第十位,謂第九地之菩薩最後頓斷煩惱所知二障之習氣而成道之位。《壇經·般若品》："若識自性,一悟即至佛地。"此四句言如若斷絶愛戀一切諸法,就不再能够具足上乘佛地,而此人也未能圓滿功德,亦未能得菩薩智慧。意謂法愛是菩薩成佛的重要條件。

[70] 此數句言所謂"已經斷絶心止之處,所居之形也非本來肉身,昔日煩惱餘習,即無由而生"者,其實三界之外,所顯現之形微妙,貪愛的餘氣也細微。

[71] 此三句言所以假設有與本相有異,理之不同,相亦有異,互相生發,此亦即無過錯。

[72] 常寂滅相:恒久不變的寂滅之相。《法華經·方便品》："我雖説涅槃,是亦非真滅。諸法從本來,常自寂滅相。"此四句言另外,此言涅槃却爲語障。大乘經曰:一切法從本原而言,常自相寂滅。意謂從嚴格意義上説,説涅槃相也是語障,因爲諸法無相。

[73] 無明:爲煩惱之別稱。不如實知見之意;即闇昧事物,不通達真理與不能明白理解事相或道理之精神狀態。亦即不達、不解、不了,而以愚癡爲其自相。泛指無智、愚昧,特指不解佛教道理之世俗認識。大乘佛法把無明分成兩類:一念無明,無始無明。此四句言一切衆生,自利自覺的修證已經完成,但是無明執著等諸煩惱繫縛身心之緣故,不能自知我等本相即寂滅相。

[74] 此四句言菩薩能如此斷滅殘留餘氣,即自知自己今將成佛;若已經斷滅菩薩殘留餘氣,就已經成佛。

[75] 怨賊:喻色身之煩惱。《維摩詰經·方便品》："是身如毒蛇、如怨賊、如空聚,陰界諸入,所共合成。"内賊:六塵之貪欲。佛教

所謂"六賊",即眼、耳、鼻、舌、身、意六根的貪欲,故亦稱爲"家賊"。此數句言所說之障有二:一是三界諸種煩惱,成爲涅槃的障礙;二是菩薩煩惱餘氣,成爲成佛的障礙。後者最難斷滅,因爲幽微隱蔽的緣故。譬如外賊易於迴避,内賊難以認知。

[76] 佛道結使:當爲菩薩結使,一旦成佛,即無結使。此六句言已得無生法忍,安住世間實相,雖已解脱凡夫煩惱繫縛身心,却未能斷滅菩薩殘留餘氣,就佛道而言,猶有錯謬。按陳揚炯釋譯:"得無生法忍時,世間實相"一句費解,疑"世間實相"上脱漏"住"(或"知")字。《大智度論》卷二七:"菩薩位者,無生法忍是。得此法忍,觀一切世間空,心無所著,住諸法實相中,不復染世間……"卷五〇:"無生法忍者,於無生滅諸法實相中,信受、通達、無礙、不退,是名無生忍。"卷八六:"菩薩住無生法忍法,得諸法實相。"可參考。

[77] 此六句言如若無錯謬,得無生法忍之時,就應已成佛;如若以方便教化衆生,清净佛土,即可一時頓即具備。意謂既具無生法忍,又有菩薩結使。

[78] 先礙實智:當作無礙實智。按陳揚炯釋譯:"先礙實智"疑爲"無礙實智"之誤。無礙實智,即一切智、無分別智、根本智,爲達於一切法實性之智。此智通達自在,所以用無礙形容。所言甚是。微障:即指上文"菩薩結使,障於佛道,此最難斷,以其微隱故"。此四句言其原因乃在先得無礙實智的緣故,若非如此,乃因有菩薩結使微障於佛道。

[79] 此六句言另外,無生忍之理,只能破除邪見戲論,呈示諸法實相,後來成佛時,乃對於一切法通達無礙,無論世間法與出世間法,真實相與方便相,皆通達之。

[80] 菩薩阿毗曇:指大乘阿毗曇。聲聞阿毗曇:指小乘阿毗曇。阿毗曇,梵文音譯,意爲對法、無比法、大法等。唐玄應《一切經音義》卷一七:"阿毗曇,或言阿毗達磨,或云阿鼻達磨,皆梵言轉也。此譯云勝法,或言無比法,以詮慧故也。"亦可泛指佛典三藏中的一切經

典,包括各教派的論著。十結:小乘阿毗曇説五結(貪、恚、慢、嫉、慳)、九結(愛、恚、慢、癡、疑、見、取、慳、嫉),未嘗有十結。唯在《阿含》《俱舍》諸經論中,有五上分結(色貪、無色貪、掉舉、慢、無明)與五下分結(欲貪、瞋、身見、戒禁取見、疑),合稱十結。此不詳所指。此三句言問中有菩薩阿毗曇,應是廣泛所言不同的菩薩結使相,如同小乘阿毗曇廣泛分別十根本煩惱相。

[81] 構:當作攝,方與上文統一。此三句言所謂"既已斷絕四大,將因何而攝持本性,而形成此形"者,既云生生之途不盡,而應之法身,應無所懷疑。

[82] 阿毗曇法:即小乘所言之法。摩訶衍法:即大乘所言之法。摩訶衍,又作摩訶衍那,意譯大乘。此謂小乘與大乘對於法身之闡釋亦有不同。

[83] 迦旃延阿毗曇:乃《阿毗曇八犍度論》之異名,是小乘佛教說一切有部的基本典籍。陰:指五陰,亦稱五蘊,即色、受、想、行、識五蘊。入:指十二入,亦稱十二處,即眼、耳、鼻、舌、身、意六根及色、聲、香、味、觸、法六境。六根與六境互相攝入,故稱十二入。界:指十八界,即在十二入的基礎上再加上相應的六識,亦即合六根、六境、六識,總爲十八界。佛教把宇宙萬物概括爲五蘊、十二入、十八界,總稱爲三科。此數句言《迦旃延阿毗曇》所説的如幻、化、夢、回聲、鏡像、水月,皆是可見現象,可以認知,因爲這些皆屬於三界,乃五蘊、十八界、十二入所攝持。

[84] 上四句言大乘法則認爲,所説的幻化、水月之類,皆是誑人心眼,並非實有的現象。

[85] 此五句言另外小乘經説,化育人形爲何界所統攝? 回答曰無界所統攝;所以,現在若按照大乘法論所説,法身並無四大、五根。

[86] 此四句言如小乘之論,幻化之事,肉眼可見,尚不屬於三界中任何一界所統攝,何況微妙的法身呢!

[87] 此二句言所以法身絕無三界中那種粗重的四大、五根。

[88] 此五句言只是爲了度脫衆生,因緣而顯現化身,緣盡即滅,譬如水清則現日,水濁則不見。

[89] 利根,猶言慧性,與鈍根相對。謂易於悟解之根器。《法華經·妙音菩薩品》:"精進勇猛攝諸善法,利根智慧善答問難。"此四句言惟因如此,諸菩薩在法性中恒常不變,如若衆生根器穎悟、福德清净,則可隨其所見菩薩之應身(化身)。

[90] 聖人:此指釋迦牟尼佛。畢竟:佛教表示終歸、到底、究竟等意義,表示追根究底,最終所得的結果或最後所達到的狀態。寂滅相:涅槃之相離一切之相,謂之寂滅相。《法華經·方便品》:"諸法從本來,常自寂滅相。"《大智度論》卷八七:"涅槃即是寂滅相。"此六句言此外,如若要證之事實,唯有佛祖初得道時,所觀之法,已斷滅一切無理之戲論,而得究竟寂滅相。按:從下句看,羅什認爲寂滅相乃無相之相,即斷滅一切相。與涅槃相尚有細微區別。

[91] 涅槃相、生死相:釋聖賢注:《中論·論涅槃品》:"涅槃與世間,無有少分別;世間與涅槃,亦無少分別。"《思益梵天所問經·分別品》:"涅槃者,但有名字,猶如虛空;但有名字,不可得取。"是以涅槃爲空相、實相,而世間生死相,也畢竟是空,都是空相,而無須分別也無法分別。此六句言在法身之中既不可得涅槃相、生死相,何可得四大、五根!如果不是以四大、五根爲實相,謂無寂滅相者,就不可能有法身存在。按:在羅什看來,涅槃相、生死相雖皆畢竟空,卻尚未達畢竟寂滅空。故曰在畢竟寂滅空中,"尚不可得"法身。四大、五根是其粗者,即使斷滅之,亦不能謂得法身也。

[92] 有爲法:釋聖賢注:佛教分宇宙諸法爲有爲法和無爲法兩類。爲是造作之意,由因緣和合所作爲、有生滅變化的一切現象和事物,稱有爲法;非因緣和合而成、無生滅變化的絕對存在,即無所作爲、不待所爲而存在者,稱無爲法。任何有爲法,都由色、受、想、行、識五蘊和合而成,故一切有爲法無自性,都是空。五蘊本身也可以剖析而無有自性,也是空。此數句言一切有爲法,皆虛妄而不真實。有

爲法即五陰（五蘊），五陰中最下者，即所謂色陰。如若這樣，最爲虛妄者，無過於四大。意謂四大、五陰皆無自性，尤與法身無關。

[93] 微塵：原作微麤，誤。釋聖賢注：原文“微麤”，應爲“微塵”之誤。微塵指最細微的物質顆粒，不能再分割了，又稱極微。小乘説一切有部認爲，地、水、火、風四大可以分成極微。《大智度》則破極微，從而破四大，所舉理由大致有三：一、“極微有十方分”（辨得出十個方向的部分），故不能稱爲極微；二、極微“應有虛空分齊”（占體積相等的空間），故不能叫作極微；三、“色香聲味觸作分”（具有色香聲味觸），故不應當稱爲極微。論：指《大智度論》，乃龍樹菩薩注釋《大品般若經》而作，共百卷，其卷一二論微塵無有。此四句言在思維中把四大層層分析，直至微塵，微塵亦非實有，《大智度論》有詳細叙説。

[94] 色陰無有決定：無有決定，即並非實有，並無自性。《大智度論》卷三一：“是色以香、味、觸及四大和合故有色，可見除諸香、味、觸等，更無別色。”也就是説，色也是香、味、觸及四大因緣和合而成，並無自性，因而是空。此五句言對於凡夫，現象的因緣和合，名曰色陰，色陰並非實有且無自性，更何況四大五根！

[95] 此三句言所以不能以凡夫虛妄所見之色陰，作爲實有的證明，而責難無量功德所成之法身。謂法身不是現實之現象。

[96] 菩薩法身：陳揚炯釋譯：疑“菩薩法身”之下漏“無”字。在前章《初問答真法身》中，羅什一開始便説：“佛法身者，同於變化，化無四大、五根。”羅什的論點，前後應當是一致的。此數句言如若取信於佛，應當相信法身，如經中所説，所有色皆由四大所生，是爲説明三界是因緣和合所生之理。前已説明，菩薩法身並無四大、五根，法身變化也同樣如此，不能以爲法身與色身、法身變化與色身生滅是一樣的。意謂不能認爲二者同受四大、五根之支配。

[97] 欲界：釋聖賢注：欲有四種，一者情欲，二者色欲，三者食欲，四者淫欲，下極阿鼻地獄，上至第六他化天，男女相參，多諸染欲，故名欲界。梵語阿鼻，華言無間。第六他化天者，假他所化而自娛樂

也。此三句言欲界、色界中的衆生，因爲受四大、五根的桎梏，不能進入自在境界。

[98] 此三句言即便修證阿羅漢、辟支佛的果位，心雖超越三界的肉身之累，猶不免寒熱饑渴之苦難。

[99] 此五句言法身菩薩却非如此，没有生死，存亡隨心，可以隨因緣而現身，毫無掛礙。

【義疏】

首先闡釋法身的理論内涵。點明法身之説歧義紛紜的原因，乃在於佛滅度千年以來，諸位論師，各依據所是而判然區分大乘小乘。而大小乘關於法身之内涵，又闡釋各不相同。第一，小乘之説，以得無漏功德、得三十七品覺悟、得佛十種功力、得四無畏智慧、得十八功德法之諸位聖賢，皆爲法身；小乘三藏所呈現之真理，亦爲法身。所以天竺佛教認爲，在佛之生身外，另有法身存在。這説明在小乘部中，佛身爲生身，佛法爲法身。第二，大乘之説，謂一切法爲法身。因此諸法不生不滅、不可言説、不可智分、寂然無爲、無邊廣大，既是涅槃相的特點，也是法身特點。此外，無漏功德爲法身，諸經之法亦爲法身，因爲二者皆因緣於得實相之故；大乘並無生身（後邊身）與法身的分别，因爲諸法真實之相畢竟清净，生身（後邊身）亦具有清净相。隨俗分别，菩薩得無生法忍，捨棄肉身，固然是法身；然而受後邊身，亦名法身，因爲雖然體有無生法忍力，心無諸煩惱，且不取聲聞、緣覺以成證，但在尚未成佛之際，於其中所受之身（後邊身），稱之曰法性生身。

然後以"然諸論師，於此法身，而生異論"作爲轉折，分述經書不同説法。

第一，有人認爲，斷絶煩惱，證入涅槃，就不復生身。如《自在王菩薩經》記載佛與自在王對話，説佛在燃燈佛時，即已通達四大自在境界，得成佛之道，後來證入涅槃，乃是最後肉身。解脱煩惱、已證涅槃之後，爲了教化衆生，清净佛土，具足各種神通威力，仍以"末身"（最後肉身）現世。由此可知，佛之肉身分化雖已不存，却又常以化身普度衆生。也就是説，末身、化身和法身具有同質性。

　　第二，有一種觀點認爲事實並非如此。因爲佛證得涅槃實道，既無"末身"，亦心念不生，怎麽可以説化身示現"五道"，度脱衆生、清净佛國？猶如没有幻師，就不可能産生幻事。所以菩薩得無生法忍，雖煩惱不生，却尚有餘習。阿羅漢即是如此。但是羅漢雖有餘習，却無大慈悲心，故證入涅槃，不再受生身。與羅漢不同的是，菩薩有大慈悲、發誓願心，並隨應方便，普度衆生，雖已證之法性實相，却不證入涅槃。其中雖也受"末身"，却存亡自在，不隨煩惱而輪迴。一旦證道成佛，即餘習盡除。這説明菩薩和佛不同，菩薩有餘習，佛則斷絶餘習，菩薩一旦證道成佛，則既無餘習，亦無受生；菩薩和羅漢有同有異，同者皆有餘習；不同者，羅漢證入涅槃，故不受生，菩薩不證涅槃，普度衆生，故又受生。

　　第三，也有認爲同是得無生法忍菩薩又有兩種類型。一是得五神通，曾經煩惱結業，但是現在却不再出現，猶如怨賊入獄，不再爲患；因爲如是菩薩得無生法忍，能够控制煩惱，使之永不再生，僅以清净之心，修證六波羅蜜功德。如此之人，雖結業三界煩惱，但是欲界、色界不生於前，雖有殘留餘氣，而無所爲之，安住五神通，顯現種種化身，度脱衆生，所以殘留結業餘習而生身，如無殘留結業餘習則不生身，所殘留的結業餘習，恰恰成爲化身之因。這類菩薩漸漸修習六波羅蜜，教化衆生，清净佛土，直至修證聖道，滅絶煩惱結業，爾後即成佛。二是得六神通，煩惱漏盡，修證已成，其自利自覺，同阿羅漢與辟支佛無異。但是，此菩薩肉身已盡，不再生身，只是因爲本願誓發大慈悲之故，纔使應化之身，相續不絶，一旦完成度脱衆生，自然成佛，一切寂滅。這種寂滅，先是肉身滅而存化身，爾後肉身、化身皆滅。這説明得無生法忍菩薩，具足五神通，殘留煩惱餘氣而生身，須修習六波羅蜜，證成聖道，絶滅有漏餘氣，方可成佛；具足六神通，煩惱已絕而無生身,一旦覺他,覺行圓滿,即已成佛。

第四,又引小乘學者論佛祖成佛過程。先是得六神通却不盡煩惱,行四無量心而生在色界之中,乃至於以後邊身生下羅睺羅;因苦行修行而羸弱不堪,乃至洗浴尼連河,無力而爲水漂流,後來又因接受供養乳糜而遭到五比丘嫌憎而去。證悟聖道時,也經歷從得阿那含果,到斷無色界之結業餘習,再到破一切煩惱,得一切種智的成佛過程。成佛之後,遍受凡人所受的種種苦、集,雖心已解脫,肉身猶在,僅僅因爲得一切種智、發大慈悲心勝於菩薩而已。這説明佛祖成佛亦自肉身,肉身、法身與法性、實相是統一的關係。

第五,以"如是等諸論義師"爲轉折,闡釋另一類經論學者的觀點。這類學者皆藉助佛陀語言闡釋菩薩相,認爲菩薩得無生法忍,超越生死輪迴,即入佛陀無限廣大之法中。如同阿羅漢,雖得無餘涅槃,入於無量無邊法中,其法身也難以言説,仿佛在人界又在天界,若存在又若寂滅。因爲作爲人乃緣聚而生,緣息則止,無有真實的斷滅,唯有不同的肉身變化。只有得無量無邊之法門,纔能入無餘涅槃之境界。所以世尊告誡善男子,汝既未得佛無量無邊之法身,又未得佛無量禪定之智慧。汝僅僅得此一種法門,切不可因爲得一法門,就滿足於自利自覺,而應修持入佛之誓願,慈悲衆生,使衆生不可因不明寂滅無相而墜入三惡道中,遭受種種苦惱。汝雖得諸法實相,却未證得諸法實相。菩薩受佛教化後,自持成佛誓願,因慈悲而入世,由普度衆生而入生死輪迴。唯此,菩薩既不在涅槃,不在世間,亦無定相,以種種方便法門,度脱衆生。這説明法身實相,既是"無量無邊見諸佛身""無量禪定智慧諸佛功德"的主體存在,又是"無有定相""種種方便"的現象存在。

第六,以設問進一步論菩薩"不在涅槃,不在世間,無有定相,以種種方便,度脱衆生"的特點。第一種錯誤:認爲這類菩薩,雖應身入世,並非復生實相;雖受勤苦,且無煩惱,却功德不高。其實不然。凡夫顯現於世界時,以顛倒的執著之心,彰顯果報不爽,雖修外道苦行,却非菩薩的真實行。今之菩薩已得諸法實相，具足涅槃之樂，而再入生死輪迴之現象，是爲了度脱衆生，所以表面看功德不多，其實不然。第二種錯誤，認爲如若此類菩薩斷絕俗念，心空無我，如何能説功德不多？其實菩薩並不系心功德，只是爲了有所分别，以世俗言有大功德。再以獅子、神藥爲喻，説明菩薩之功德乃出乎自然的大威力。然後結論曰：如此菩薩，寂滅諸法實相，如夢幻，如鏡像，不生不滅，遍照十方。因爲這類菩薩，無邊廣大，不應以戲論求之。只是因爲有人妄言菩薩證成至道，方斷絕諸種繫縛身心之煩惱，斷絕種種意念的原因，就説菩薩有煩惱繫於身心，尚殘留餘習。其實菩薩亦法身無相，不生而生，滅而不滅。

　　第七，由"菩薩唯有結使殘氣"引申，先是引證大乘論，闡釋凡夫之"結使"與菩薩之"結使"的本質區别在於：一是三界煩惱繫縛身心，一是深微諸法愛、慢、無明之細微心念繫縛身心。然後在解釋"愛、慢、無明"特殊内涵的基礎上，進而説明相對於凡夫，菩薩已得寂滅殊異之法，所説的"殘氣"，是法身菩薩執著深微諸法，教化衆生，實際上已具足佛法。猶如凡夫結使有兩種：一是邪見、瞋恚、慳嫉障礙天人道，給衆生帶來煩惱甚深；二是身見、戒取、愛、慢、無明不障天人道，幾乎没有給衆生帶來煩惱。菩薩之結使亦有兩種：一是得六神通，斷滅三界煩惱；二是得五神通，尚未破滅"無漏通"。然而，菩薩相對凡夫結使而言，皆已解脱，所未解脱者唯在執著功德而已。這説明菩薩亦有解脱與未解脱之分，唯有寂滅諸法實相，有大功德而出乎自然，纔是佛境。

　　第八，具體回答"尚無法中之愛"問題。所謂"無法中之愛"，是指没有凡夫、二乘（聲聞、緣覺）法之愛。菩薩超越凡夫、二乘法之愛。譬如須陀洹知道世事無常、衆生苦集，而不生貪愛之心，若不明此道，即有所愛（貪欲）；阿羅漢身心清净，已破愚昧煩惱，故於一切事物皆無所愛，唯有執愛佛法；舍利弗、摩訶迦葉聞佛法甚妙、智慧無量之力，便相互言曰：如若本知佛之功德如此，即便身在地獄，寧願一肋著地,甚至經歷劫難,對於佛道,亦心不退轉。又聞聲聞中不可思議之境,又大號泣,聲振三千大世界,又云怎麼能失去如此大利衆生之法!所以二乘成就佛道,雖斷三界貪愛,却不斷對佛功德法之愛。諸菩薩亦復如此,因爲得無生法忍之力,所以一切無所愛,却深愛佛法,不生戲論。如若對於一切法皆斷絕所愛,就不能具足菩薩上地境界,就不能圓滿功德,得菩薩智慧,修證正覺。此乃謂斷絕凡夫之欲愛,修持菩薩之法愛也。

第九,回答"止處已斷……無由得起"。止處已斷,即出三界。三界外雖亦有相,却十分微妙;貪愛(法愛)餘習,亦復細微難察。所以理既不同,相亦有別,相因緣而發,假若説復有不同於本器之相,亦無過錯。另外,此言涅槃,亦爲語障,比如大乘經説,一切法依其根本,亦是常寂滅相。對於衆生而言,自利自覺已修證完成,但因爲無明執著諸煩惱繫縛之障礙故,不能自知我即將證寂滅相;對於菩薩而言,若斷滅如此障礙,即自知我即將成佛;若已無煩惱繫縛障礙,早已成佛。所以障礙有二種:一是三界諸種煩惱,成爲涅槃之道的障礙;二是菩薩煩惱繫縛,成爲成佛之道的障礙。其中菩薩煩惱繫縛幽微隱約,故最難斷滅。即使得無生法忍,住世間實相,雖然破除凡夫煩惱繫縛,猶未能除盡菩薩煩惱繫縛,所以對於佛道而言,菩薩尚有謬誤。若無謬誤,一旦得無生法忍,就應是佛身;若欲方便教化衆生,清净佛土,便是既具菩薩煩惱繫縛,又具有無生法忍。之所以能如此,就是已得無礙實智之故;所以不能如此,因爲尚有幽微障礙之故。唯有有無生忍力,且能破除邪見戲論,顯示諸法實相,爾後成佛時,就通達一切法。此外你所問之菩薩對法,也應當廣泛分別種種煩惱繫縛相,亦如小乘對法廣泛分別種種根本十結相一樣。這又説明不惟諸法實相,大、小乘阿毗曇亦有種種分別相。

第十,回答"四大既絕,將何所攝,而有斯形"。既云法身之應身方便,生生不絕,就不應有所疑問。但是這一問題大乘和小乘所説,各有不同。如小乘《迦旃延阿毗曇》説法身如幻、化、夢、回響、鏡像、水月，是可見可知的現象，因爲這些現象屬於三界，爲五陰、十二入、十八界所統攝。這些現象在大乘中都是假有，誆人心眼，並非實像。另外，小乘經所説，化人亦非三界所統攝；大乘則論曰：法身没有四大五根。幻化之事，肉眼可見，尚不爲三界所統攝，何況微妙之法身！所以，法身絕非三界四大五根所生。只是爲了度脱衆生，化身之相因緣而生，緣盡則滅。諸菩薩常在法性之中，若衆生有利根、福德清净者，便可隨其所見而顯現的菩薩法身。

第十一，進一步説明"畢竟寂滅相"。假如一定要追問事實，那就只有舉釋迦初得道時所觀之法，此法破除一切戲論，而成就畢竟寂滅相。此寂滅相中無涅槃相、無生死相，當然不可能有四大五根。如此，就不應産生四大五根是實有、没有四大五根就不可能有法身的錯誤觀念。四大五根如一切有法一樣，皆虛妄不實。有爲法便是五陰，五陰中最下者是色陰。如此説來，虛妄之甚，莫過於四大。《大智度論》曾細緻論述，人的思維把四大分析至最細微的程度，最小的細微即微塵，微塵也不是真有，故所構成的四大當然亦非真有。對於凡夫而言，因緣和合而生的現象，叫作色陰。色陰無自性，何況四大五根！所以不能以凡夫虛妄所見之色陰，作爲實有的證明，從而責難無量功德所成就的法身，認爲法身也是實有。如若信仰佛門，必應信仰法身。如經中所説，所有色皆從四大而生，這是爲了説明三界因緣和合而有聲色之理，説菩薩法身無四大五根，如同説法身應身變化一樣，不可混爲一談。另外，欲界、色界的衆生，正因爲桎梏於四大五根，故不能達到自在的境界。即使修證阿羅漢、辟支佛的果位，心雖超越三界之形累，猶未免寒熱饑渴之苦。法身菩薩完全不然，法身無生無死，應身存亡自在，隨緣應身，一無掛礙。

此節先是辨別大乘、小乘關於法身不同説法，然後以佛教事實詳細説明之。

三、 次問真法身像類并答

　　遠問曰：眾經説佛形，皆云身相具足，光明徹照，端正無比，披服德式，即是沙門法像[1]。真法身者，可類此乎？若類於此，即有所疑[2]。何者？佛變化之形，託生於人，於〔一〕人中之上，不過於轉輪聖王[3]。是故世尊表出家之形、殊妙之體，以引凡俗。此像類大同，宜以精麤爲階差耳[4]。且如來真法身者，唯十住之所見，與群麤隔絶[5]。十住無師，又非所須，縱使有待於來足，不俟之以進業。將何所引，而有斯形[6]？若以功報自然，不期而後應，即菩薩不應摽墢有位，以立德本[7]。

【校勘】

　　〔一〕“於”，卍續藏經本校曰：“一無‘於’字。”或爲衍字。

【注釋】

　　[1] 身相具足：指世尊具足三十二相、八十種好，這是無量劫行善積德福報圓滿所顯報身相。身相，法身之相狀。具足，猶具備。元德異《〈壇經〉序》：“一一法門，具足無量妙義。”法像：即法相，本指佛身之相，即佛祖三十二相。此指“披服德式”的沙門像。此六句言眾經中説佛之形象，皆云種種身相具備，光明照徹世界，端莊無與倫比，身披象征佛德之服，此即沙門之像。

　　[2] 此四句言真法身就類似佛之相狀（佛身）乎？如若類此，即有疑問。

　　[3] 轉輪聖王：梵文音譯斫迦羅伐剌底、遮迦羅跋帝、遮迦越，意譯輪轉聖王、轉輪王。此王擁有七寶（輪、象、馬、珠、女、居士、主兵臣），具足四德（長壽、無疾病、容貌出色、寶藏豐富），統一須彌四洲，

以正法御世，其國土豐饒，人民和樂。轉輪聖王出現之說盛行於釋迦時代，諸經論將佛陀與之比擬處甚多，如《雜阿含經》卷二七、《大智度論》卷二五，即以其七寶及其治化與佛之七覺支等並舉。或將佛陀說法稱作轉法輪，比擬轉輪聖王之轉輪寶。此五句言爲何？因爲佛變化之相，寄托於人形，又超越衆生之上者，無過於轉輪聖王。

　　[4]　此四句言所以世尊標榜出家人之相狀，呈現特別微妙之形體，以引導凡俗。佛之真法身像與此大同，應該只有精細、粗下之級差而已。

　　[5]　十住：指十地。釋聖賢注：此處及書中多處所言“十住”，非指菩薩五十二階位中的十住位，而都是指十地菩薩中的最高果位，即法雲地。此三句言再說如來真法身者，唯具有十住果位的菩薩所能見，與其他果位低下者隔絕。

　　[6]　此六句言修證十住果位者無所師承，亦非十住菩薩者所必須，縱然是有待於未來，也不足以待之進業，如此則世尊何以顯真法身而引導之。

　　[7]　摽：同標，標志。清朱駿聲《說文通訓定聲》：“摽，又叚借爲標。”埵，方言，通段，段位，佛教修證所達之果位。此四句言如若因爲功德果報自然而成佛，並不期待後來之報應，菩薩就不應標舉段位，以作爲樹立道德之本。

【義疏】

　　慧遠所問的核心是法身與法像是否類同，故曰“像類”。諸經叙說佛身，皆云三十二相具足，光明照徹世界，且端正莊嚴，身披袈裟，這就是沙門法像。那麼，真法身與法像是否同類？若是同類，即有疑問。因佛像變化，托形於人，尤以轉輪聖王爲範式，所以世尊標榜出家之相，殊妙之狀，以引導凡俗。釋迦與轉輪像類相同，只是有精粗的等級差異而已。如來法身，唯有十地果位（法雲地）的菩薩方能見之，其他果位低下者則不可見之。菩薩修證十地，果位已極，縱使對未來有所期待,亦無須俟之於師而進德修業,世尊顯此法身,抑又有何引導意義? 若是因爲功德果報,自然是不期而後應,菩薩修證圓滿,無須再標立段位,以爲立德之本。世尊又如何引導十地菩薩呢? 可見,經中所説,法像與法身、佛陀法身與菩薩法身,存在着難以自圓其説之處,故疑問之。

　　什答曰:佛法身、菩薩法身,名同而實異。菩薩法身,雖以微結,如先説;佛法身即不然,但以本願業行因緣,自然施作佛事[1]。如《密迹經》説:佛身者,無方之應。一會之衆生,有見佛身金色,或見銀色,車渠[一]、馬瑙等種種之色[2]。或有衆生見佛身與人無異,或有見丈六之身,或見三丈[二],或見千萬丈形,或見如須彌山等,或見無量無邊身[3]。如以一音,而衆生隨意所聞,或有聞佛音聲,崇濡微妙,如迦陵頻伽鳥、白鵠之聲,如獅子吼聲,如野牛王聲,如打大鼓之聲,如大雷聲,如梵王聲等,種種不同[4]。有於音聲中,或聞説布施,或聞説持戒、禪定、智慧、解脱、大乘等,各各自謂爲我説法,是法身神力,無所不能[5]。若不爾者,何得一時演布種種音聲、種種法門耶? 當知可皆是法身分也[6]。白净王宮佛身,即是法身分,不得容有像類[7]。何以故? 釋迦牟尼佛身,能一時於千萬國土皆作佛事,種種名號,種種之身,教化衆生[8]。

　　言"十住無師"者,爲下凡夫、二乘、九住已還可,非於諸佛言無師也[9]。乃至坐道場菩薩,尚亦有師,何況十住[10]? 如《十住經》中説:菩薩坐道場欲作佛,爾時十方佛口中放光明,來入其頂,是菩薩即時深入無量三昧、諸佛三昧、陀羅尼解脱等,通達過去、未來劫數[11]。無量劫爲一劫,一劫爲無量劫;一微塵爲無量色,無量色爲一微塵[12]。分別無量、十方、三世、國土名號,及衆生名字、行業、因緣、本末,種種解脱道門次第,以一心[三]相應慧,通達一切法,得無礙解脱,名之爲佛[13]。無礙解脱是佛法之根本,如經説:十住菩薩,當知如佛。是佛讚嘆十地功德,如讚誦《法華》者,即爲是佛[14]。又言:我以兩肩荷負此人[15]。

又如《放鉢經》中,文殊師利語彌勒大士:"汝可取鉢[16]。"彌勒不能取之;文殊師利即申其臂,下方取鉢[17]。爾時彌勒語文殊師利:"汝今雖有如是之力,我作佛時,如汝之比,無量無數,不能知我舉足下足之事[18]。"而此大菩薩皆是十住,於[四]佛法不可思議,皆不能及[19]。又文殊、彌勒等,於佛法中,處處多有所問。或爲利益衆生故,或復自爲利益,使得甚深佛法故。若然者,云何言十住無師耶[20]?

又諸大菩薩,不分別是麤是細,能觀一切法皆細,能觀一切法皆麤[21]。如《般若波羅蜜經》中説:須菩提言:"世尊,般若波羅蜜甚深。"佛言:"菩薩觀般若波羅蜜,觀淺亦失。是故不得説如眼所見爲麤,心所見爲細[22]。大菩薩聞已,離於眼等諸根,但以法界從佛聞法[23]。"如《不可思議解脱經》中説,文殊師利與十方菩薩在佛會中共坐聽法,而能有身南國遊行[24]。又大菩薩常在定中,而能見佛聽法,聲所不能及[25]。如《思益》中説:普華菩薩問舍利弗:"汝入滅盡定,能聽法不?"答言:"不能[26]。"菩薩即能,如是法身菩薩所能行,無量不可思議[27]。若有果報生身五[五]根者,可有此難?精麤不同[28]。然體平等者,身心無復差別之相[29]。復有人言:法身菩薩利益衆生故,以眼等見佛、聞法,施立[六]供養,而有所聞[30]。所以者何？欲爲開引新發意菩薩故[31]。

【校勘】

〔一〕“車渠”，張景崗校本作“硨磲”。舉凡西域之物，多音譯，有多種字形。

〔二〕“丈”，卍續藏經本校曰：“‘丈’疑‘尺’。”

〔三〕“心”，卍續藏經本校曰：“‘心’疑‘念’。”張景崗校本作“念”。

〔四〕“於”，卍續藏經本、《慧遠研究・遺文篇》作“施”，張景崗校曰：“原本作‘施’，今參照丘本改。”

〔五〕“五”，卍續藏經本作“三”，校曰：“‘三’一作‘五’。”參校諸本改。

〔六〕“施立”，張景崗校曰：“丘本作‘於法’。”

【注釋】

[1] 業行：佛教之思想、語言、行爲等方面的活動。此六句言如前所説，菩薩法身有細微煩惱繫縛；佛法身却無煩惱繫縛，只是因爲本願慈悲，因緣而行，自然施行弘揚佛德之事。謂佛法身方便教化衆生而示現，此即像類。

[2] 車渠：深海貝殼，可造佛像佛珠。明李時珍《本草綱目・車渠》：“車渠，大蛤也。大者長二三尺，闊尺許，厚二三寸。殼外溝壟如蚶殼而深大，皆縱文如瓦溝，無橫文也。殼内白皙如玉。”此數句言如《密迹經》所説，佛身應之無方，一旦衆生相會，有見金身，有見銀身，或是見車渠、瑪瑙等不同顏色。

[3] 須彌山：梵文音譯名稱繁多，意譯爲寶山、妙高山等。是山乃宇宙中樞，是日月星辰賴以轉動的軸心。山有金、銀、琉璃、水晶四寶所成，故稱寶山；諸山不能與之比高，故稱妙高。山上住梵天、毗濕奴、濕婆、因陀羅四王。山根有七重金山、七重香水海環繞之。金山外有鹹海，鹹海外有大鐵圍山，四大部洲在鹹海之四方。此數句言或

衆生見佛身與常人無異,或見丈六,或見三丈,或見千萬丈,或見如須彌山,或見無量無邊。上言佛身色澤應之無方,此言形狀應之無方。

〔4〕崇濡:謂崇高温潤。迦陵頻伽:梵文音譯,名稱繁多,意譯好聲鳥、美音鳥、妙聲鳥等,是佛國中的一種神鳥。《正法念處經》曰:"山名曠野,其中多有迦陵頻伽,出妙音聲,如是美音,若天若人,若緊那羅(歌神),若阿修羅,無能及者,唯除如來。"其形象,常是人首鳥身,形似仙鶴,彩色羽毛,翅膀張開,兩腿細長,頭戴童子冠或菩薩冠,立在蓮花或樂池平臺上,有張翅引頸歌舞,有抱持樂器演奏。佛經以此鳥聲喻佛菩薩之妙音。白鵠:白鶴。《佛説阿彌陀經》卷一:"復次,舍利弗,彼國常有種種奇妙雜色之鳥——白鶴、孔雀、舍利、迦陵頻伽、共命之鳥。是諸衆鳥,晝夜六時,出和雅音,其音演暢五根、五力、七菩薩分、八聖道分如是等法。其土衆生,聞是音已,皆悉念佛、念法、念僧。"梵王:即色界初禪天的大梵天王。此數句言雖然佛音唯一,而衆生隨意聽之而有種種不同,或聞佛音崇高温潤,如迦陵頻伽、白鶴之聲,如獅子吼、野牛王聲,如鼓聲,如雷聲,如梵王之音等。

〔5〕持戒:與"破戒"對稱。即護持佛所制之戒法而不觸犯。戒,音譯尸羅,六波羅蜜之一。禪定:令心專注於某一對象而不散亂的心理狀態。解脱:擺脱煩惱業障的繫縛而復歸自在。此數句言在佛音聲中,或聽到布施,或聽到持戒等不同内容,各自認爲佛乃爲己説法,因而法身神力無所不能。上言佛陀之音變化無窮,此言所説之法應之無方,皆得之於法身神力。

〔6〕此四句言如若不是如此,佛怎麽能够同時演布種種音聲、種種法門呢?然而也應知這也是法身分身使然。意謂法身之分爲不同應身,乃佛教信徒各自不同感應而已。

〔7〕白净王:即净飯王,又作真净王。中印度迦毗羅之城主,佛陀之生父。其子難陀、孫羅睺羅皆爲佛陀弟子。據《起世經》卷一〇載:净飯王爲師子頰王之長子,以摩耶及摩訶波闍波提爲王妃。佛陀即摩耶所生。此三句言白净王宫中佛身,就是法身之分身,不能够容

有另一同類佛身之相存在。

　　[8] 此數句言因爲釋迦佛身，能够同時在千萬國土上作佛事，以種種名號、種種法身教化衆生。按：羅什所言有内在矛盾，佛祖在宮中之身是法身的分身，這是一種"像類"；作佛事的"種種之身"，也是"像類"。以"不得容有像類"將法身與法像區别開來，難以自圓其説。

　　[9] 此三句言説"十住無師"者，是説相對於凡夫、二乘（聲聞、緣覺）、九住（九地）以下尚可無師，不是説相對於諸佛而言十住（十地）已無師。謂須以佛爲師也。

　　[10] 至坐道場：即道場修證，指法身菩薩功德圓滿，證道成佛之處。見上注。此三句言及至聖道圓滿的菩薩尚且有師，何况十住（十地）菩薩？

　　[11] 無量三昧：指佛陀欲説《法華經》時所入之三昧。指生出無量法義依處之實相無相三昧，又稱爲無量義處三昧。無量，乃三乘、五乘等無量法門，即無量義；義處，乃無量義之依處，即實相。諸佛三昧：見十方世界諸佛，現顯自己前説法之三昧。三昧，是佛教修行方法之一，意爲排除一切雜念，使心神平静。詳參《念佛三昧詩集序》注。陀羅尼解脱：持善不失解脱之道。陀羅尼，意譯爲能持，謂於一切善法能持守而使之不散不失。又翻譯爲總持，謂持善不失，持惡不生（見《大智度論》卷五）。此數句言如《十住經》中説，菩薩修證聖道圓滿，將欲成佛，此時十方佛口中放大光明，佛光照耀其頂，是時菩薩即深入無量三昧、諸佛三昧、陀羅尼解脱等，從而通達過去、未來之劫數。謂十住菩薩唯有師佛，方可進入這一境界。

　　[12] 無量劫爲一劫，一劫爲無量劫：意謂無限劫數與一劫數並無截然分别。《十住經·明地》："是菩薩念知宿命諸所生處，所謂一世、二世、三四五世，乃至十、二十、三十、四十、五十，乃至百世、千世、萬世、百千萬億那由他（兆）世，一劫、二劫，乃至百千萬億那由他無量劫數，其中諸劫無量成壞，於諸劫中所經因緣，悉能念知。"一微塵爲無量色，無量色爲一微塵：意謂一微塵與無限色亦無截然分别。《十

住經·明地》:"是菩薩或於一微塵中,有一三千大世界鐵圍山川而不
迫隘;或二、三、四、五、十、二十、三十、四十、五十,若百、若千、萬億無
量,不可説世界諸莊嚴事,皆示入一微塵。"謂十住菩薩仍須修證之
境界。

[13] 此數句言所謂無量、十方、三世、國土名號,以及衆生名字、
行業、因緣、本末等分别,只是説明種種解脱法門的次序,以止於一心
而感應諸種智慧,通達一切現象,獲得一無掛礙之解脱,即名之爲佛。
謂十住菩薩也仍須循序修證以成佛。

[14] 十地:佛家謂菩薩修行所經歷的十個境界。大乘菩薩十地
爲:歡喜地,離垢地,發光地,焰慧地,難勝地,現前地,遠行地,不動
地,善慧地,法雲地。此數句言一無掛礙的解脱是佛法的根本。就如
經所説,十住菩薩應知如佛之住。這正是佛贊嘆十地功德,如贊誦
《法華經》者就成爲此佛。謂十住菩薩居十住而不退轉,始終贊誦經
典,方可成佛。

[15] 我以兩肩荷負此人:此句不詳所出。或比喻以佛地與經典
引導十住菩薩成佛。

[16] 鉢:此指僧人所用之食器,有瓦鉢、木鉢、鐵鉢、金鉢等。僧
人僅被允許攜帶三衣一鉢,鉢乃化緣(乞食)之用。《佛説放鉢經》:
"舍利弗白彌勒菩薩言:仁者高才,功德已滿,智慧備足,次當來佛,當
知鉢處。彌勒菩薩語舍利弗言:我雖次當來佛,功德成滿,其行具足,
不如文殊師利菩薩。譬如十方恒邊沙佛刹,滿中萬物草木,及爾所菩
薩,不能知佛一步之中所念何等。文殊師利菩薩知深三昧,獨文殊師
利菩薩能知佛鉢處。"釋聖賢注:經中無有"文殊師利菩薩語彌勒大
士:汝可取鉢"之句,只載有"佛語文殊師利:汝行求鉢來"。此説誤。

[17] 申:通伸。文殊取鉢事見《佛説放鉢經》卷一:"文殊自念:
舍利弗當不起於坐而致鉢來。即入三昧,譬如日出光明無所不照,菩
薩入三昧者,十方無所不至。文殊内手從袈裟裏下探過十佛刹,手指
諸節其一節放千萬光明出,一光明端各有一蓮花,蓮花上有一菩薩

坐,皆如文殊。其下刹有佛蓮花上菩薩者,皆持釋迦文佛聲謝諸佛,復持文殊聲遥爲諸佛作禮。如文殊手,逮至賴毗羅耶佛刹。……文殊師利下手探鉢。賴毗羅耶佛刹,及中央無央數佛刹,上至釋迦文佛刹皆大震動,一切人皆令驚怖。舍利弗起前,長跪叉手白佛言:今以何因緣震動如是,莫不驚恐者? 佛語舍利弗:今是地震動者,文殊師利探鉢,是故震動。舍利弗問佛言:鉢在何所止? 佛言:鉢乃在下,過無數佛刹,有佛字賴毗羅耶,其刹名波陀沙,鉢止是中。舍利弗白佛言:今諸菩薩、阿羅漢及諸天、人、阿須倫(阿修羅)、鬼、神、龍,欲見下方賴毗羅耶佛刹及中央諸佛刹,欲見文殊師利變化取鉢。時,佛便放足下百億光明,悉照十方無數諸佛刹土,如是悉遍見賴毗羅耶佛刹諸菩薩,見文殊師利變化取鉢。"此三句言彌勒不能取鉢,文殊菩薩伸臂於下方即取得鉢。此喻彌勒修證佛法不及文殊不可思議之神力。

[18] 作佛:凡憶佛,念佛,觀佛,禮佛,畫佛,皆名作佛。此六句言那時,彌勒對文殊説:汝今雖有如此神力,我虔心向佛時,若與汝相比,亦無量無數,人不能知我舉足下足之事。彌勒意謂吾亦神通廣大,文殊菩薩亦有不及。由此證佛道修習亦無止境。釋聖賢曰:查對《佛説放鉢經》,經中未見文殊師利與彌勒大士對話,只有舍利弗與彌勒菩薩問答。

[19] 此三句言這些大菩薩皆是十住境地,所施佛法不可思議,非他人所能及。

[20] 此數句言文殊、彌勒等菩薩,對於佛法,處處多有問學。或爲了利益衆生,使之覺悟;或爲了利益自己,使己自覺,乃因深得微妙佛法之故。自然如此,怎麼能説十住菩薩無師呢?

[21] 此四句言對於諸位大菩薩而言,不可分別其修證階位之精粗,有能細微觀察一切法,有只能粗疏觀察諸法。按:從後文看,眼識之法爲粗,心識之法爲細。

[22] 須菩提:佛陀十大弟子之一。出生於婆羅門教家庭,古印度拘薩羅國舍衛城長者鳩留之子,以"恒樂安定、善解空義、志在空

寂”著稱，號稱“解空第一”。般若波羅蜜：此乃爲説般若波羅蜜甚深
法理的經典總名。魏晉時期分爲“大品”和“小品”兩類。般若波羅
蜜，意謂到彼岸的智慧。此數句言如《般若波羅蜜經》記載：須菩提
曰：世尊，般若波羅蜜佛法意義深廣。佛曰：菩薩觀照般若波羅蜜，如
果觀照粗淺亦失其旨，所以不得一概而言眼所觀色爲粗，心所見法爲
深。意謂色法和心法也有精粗之分，不能簡單認爲色法粗淺，心法
精深。

　　[23] 諸根：指眼、耳、鼻、舌、身、意六根。此四句言大菩薩聽後，
斷離六根所識，只從法界、諸佛聞其弘法。

　　[24] 佛會：佛菩薩聖衆會聚的地方。禮佛的法會，包括念佛、誦
經、拜懺、唱贊等内容。《轉經行道願往生净土法事讚》卷上：“一念乘
華到佛會，即證不退入三賢。”此四句言如《不可思議解脱經》説，文殊
師利與十方菩薩，在禮佛活動中，共於坐中聽法，却能有法身遊行於
南國。

　　[25] 定：入定，即入於禪定。乃僧人修行的一種方法，端坐閉
眼，心神專注。定爲三學、五分法身之一，能令心專注於一境。可區
分爲有心定、無心定等種。有爲佛道修行而入定者，亦有爲等待多年
後將出現於世的聖者而入定者。此三句言又有大菩薩常在入定中，
却能觀佛聽法，而其聲又不會擾亂其禪定。

　　[26] 思益：乃《思益梵天所問經》之簡稱。滅盡定：又稱滅受想
定，爲二無心定之一；得不還果（阿那含）以上的聖者，作假入涅槃之
想而入於此定，最長七日，心及心法一切都滅。《思益梵天所問經·
幻化品》：“爾時，有一菩薩名曰普華，在會中坐，謂長老舍利弗：仁者
已得法性，佛亦稱汝於智慧人中爲最第一，何以不能現如是智慧辯才
自在力耶？舍利弗言：普華，佛諸弟子隨其智力能有所説。……普華
言：汝入滅盡定，能聽法耶？舍利弗言：入滅盡定，無有二行而聽法
也。”此五句言又如《思益》中説，普華菩薩問舍利弗：你入盡滅定，能
同時聽法否？舍利弗答曰：不能。

[27] 此三句言上所說文殊即十方菩薩就能如此，如這些法身菩薩所能行此無量不可思議之事。

[28] 五根：一指能生一切善法的五種根本法，即信根、精進根、念根、定根、慧根。二指眼、耳、鼻、舌、身五種感覺器官。此三句言如若尚有果報、生身、五根者，可有此無量不可思議之事？修行階位高下有別。

[29] 此二句言然而體性平等者，身心亦無差別之現象。

[30] 此五句言又有人說：法身菩薩，利人覺他，故以眼耳見佛聞法，供養佛陀，且聞之佛音。按：眼見耳聞是乃色法，然爲教化衆生，亦不可謂之"粗"。

[31] 新發意：即初發意，亦稱初發心、新發心。略稱新發、初心。即新發菩提心而入佛道之謂。新發意菩薩相當於五十二位中之最初的十信位；以其修學佛道日淺，故又稱新學菩薩。十信位是信心、念心、精進心、慧心、定心、不退心、回向心、護法心、戒心、願心。信爲道源功德母，只要對佛教升起信心的凡夫，即爲初發意菩薩。此二句言何以如此？欲爲開悟、引導衆生成新發意菩薩。

【義疏】

此章回答"法身"與"像類"的關係問題。先概括說明同云"法身"，內涵亦有不同，佛陀法身與菩薩法身即有所不同；然後說明菩薩即使修證到最高果位、具有不可思議之力，仍然需要問學、精進不已；最後補充說明不可思議的諸大菩薩也各有不同，然皆須精進不已，直至最終解脫。以"法身"種種不同，闡釋"像類"也不可一概而論。

第一，說明佛陀法身與菩薩法身名雖同而實異：異者，菩薩法身有微結，佛陀法身則無之；同者，佛亦如菩薩本願慈悲，藉因緣而作佛事。因爲佛亦隨緣而作佛事，應之無方，故衆生所見所聞，其應身有種種不同之色澤、不同之相狀；其佛音亦有種種不同之表現，或溫潤美妙，或莊嚴雄壯；其布道亦有種種不同之內容，或聞說布施，或聞說持戒、禪定、智慧、解脱、大乘。造成這一現象，一是聽者"各各自謂爲我説法"，一是"法身神力無所不能"。所以，佛陀演布佛法有種種音聲、種種法門。這一切都是法身所分的種種應身而已。當初白净王在官中的佛身，就法身之應身，並非法像與法身相類。釋迦牟尼佛身能在千萬國土上同時作佛事，且有種種名號、種種應身，皆教化衆生的種種因緣故。意在説明應身不是法身，亦非法像，不可混淆。此則回應"真法身者，可類此乎"的問題。

第二，闡述十住有師，方可成佛。首先，所謂"十住無師"，乃相對於凡夫及修習階位低下者而言，並非相對於佛陀而言。其次，修證聖道圓滿之菩薩尚且有師，十住菩薩必然有師。又引《十住經》進一步説明之：菩薩修證聖道圓滿之時，十方佛口中所放之光明，籠罩其頂，於是菩薩即時深入三昧，頓得解脱，且通達一切劫數，進入無量劫與一劫、無量色與微塵刹那間圓融統一的境地。然後又解釋道：以一心相應於一切分别、種種解脱道門次第的智慧，通達一切法，得無礙解脱，即爲佛。其中，解脱是佛法之根本。最後補充説明，如經所言，十住菩薩應知如佛之住，這正是佛所讚嘆的十地功德，亦如讚誦《法華經》即爲是佛一樣。經又説的"我以兩肩荷負此人"正是此意。此則批評"十住無師"説。

第三，以文殊不可思議之神力，説明菩薩修證亦無止境。據《放鉢經》記載：彌勒是佛，却不能取得佛祖之鉢，而文殊菩薩則以不可思議的神力，伸其臂於袈裟下即取其鉢。是時，彌勒又告訴文殊：你今日雖有如此神力，然我虔心成佛時，與你相比，也是無量無數，你亦不能知我舉手投足之事。這些佛菩薩皆有十住之境，施行佛法不可思議，人皆不能及。而且文殊、彌勒亦時時叩問佛法，或爲利人覺他，或自利自覺，可以得佛法深微之故。這説明佛與菩薩修證不同，各有不可思議處，皆須虔心叩法。由此可證十住菩薩不可無師，不可"不俟之以進業"。

第四，補充説明具有不可思議的諸大菩薩亦有種種差異。首先，對於諸大菩薩,不可簡單地以修行階位之高低、觀照佛法之精粗而分別之。如《般若波羅蜜經》中,佛言:即使是菩薩觀般若波羅蜜,亦有"觀淺亦失"者,所以不能一概而論,就如眼觀色、心觀法亦有淺深。大菩薩聽聞後,遠離五根所識,只在法界中隨佛聽法。這説明菩薩對於甚深佛法尚待精進,亦須開脱五根餘習。其次,據《不可思議解脱經》載:文殊與十方菩薩,佛會聽法,却能身遊諸國;也有大菩薩入定,却能見佛聽法而不亂禪定。然而《思益經》記載,舍利弗入滅盡定時,則不可同時聽法,有的菩薩如法身菩薩,就能入滅盡定時亦能同時聽法,具有無量不可思議之力。這説明同是大菩薩,所具有的不可思議之力則不相同,但是有一點可以肯定:如若尚有果報、生身、五根者,就不可能有此無量不可思議之事,因爲修行階位高下有別。最後,還有人認爲,法身菩薩爲了利益衆生,所以見佛聞法,供養佛陀,且聞之佛音。其目的乃在於開悟、引導衆生而成新發意菩薩。由此可見,一切菩薩,唯在精進不已,故不可無師。

四、 次問真法身壽量并答

遠問曰:凡夫壽,皆行業之所成,成之有本。是故雖精麤異體,必因果業[一][1]。來答云:法身菩薩非身、口、意業所造[2]。若非意業,即是無因而受果,其可然乎? 如其不然,妙體之來,由何而得[3]?

又問:從法忍菩薩始還[二]法身,暨於十住,精麤優劣,不可勝言[4]。其中所受,皆有命根長短,亦應隨精麤而爲壽量[5]。自十住已還,不復精論,今所問[三]者,旨在十住[6]。《十住經》説:十住菩薩,極多有千生補處,極少至一生補處者。此即是法身生否[四][7]? 若是者,必爲功報轉積,漸造於極,以至一生也[8]。爲餘垢轉消,生理轉盡,以至一生乎[9]？若餘垢轉消,即同須陀洹七生之義,以聖道力故,不至於八[10]。今十住不過千生者,爲是何力耶？若是遍學時,道力所制者,即生理有限,不得至千[11]。以是而推,即不同生七可知[12]。

若功報轉積理極故唯一生者,一生即是後邊身,身盡於後邊,即不得不取[五]正覺[13]。若不得不成,何故菩薩有自誓不取正覺者[14]？自誓之言,爲是變化形,爲真法身乎[15]？若變化形者,便是權[六]假之説;若是真法身者,數有定極,即不得有自誓無窮之言也[16]。

【校勘】

〔一〕"業",張景崗校曰:"原本作'乘',今參照丘本改。""必因果業",《慧遠研究·遺文篇》、陳揚炯釋譯皆作"必因果相乘"。

〔二〕"始還",陳揚炯校曰:"應爲'始得'之誤。"

〔三〕"問",張景崗校曰:"原本作'聞'。《慧遠研究·遺文篇》作'問'。今參校諸本改。"

〔四〕"否",《慧遠研究·遺文篇》作"非"。張景崗校曰:"原本作'非',今參照丘本改。"

〔五〕"取",《慧遠研究·遺文篇》作"成"。

〔六〕"權",卍續藏經本、《慧遠研究·遺文篇》作"推"。張景崗校曰:"原本作'推',今參照丘本、陳本改。"

【注釋】

〔1〕行業:即業行,所有作爲皆是作業。詳上注。因果業:當作因果相乘,指因果互爲條件,互相依賴。因是種因,是能生;果是結果,是所生。因是所作者,果是所受者;種善因必得善果,種惡因必得

惡果。眾生所作身、口、意三業爲因，必定招致相應的果報。果報分爲有漏、無漏兩種。有漏果報是由有漏業因所招之果，又分善惡兩類：善法招樂果，在六道輪迴中得人天果報；惡法招苦果，在六道輪迴中墮入三惡道，得地獄、餓鬼、畜生果報。無漏果是由無漏善業所招果報，如成就阿羅漢、菩薩和佛。慧遠《三報論》《明報論》詳細論述這一問題。此四句言凡夫壽量皆由業行所造成，成之必有因，所以壽命雖有長短，必是因果相依。

　　〔2〕來答云：指羅什第一章所答：“所以者何？佛法身者，出於三界，不依身口心行。”法身菩薩：又作法身大士，指累積修行而斷除一分無明，即顯現一分法性之菩薩。業：佛教指身（行爲）、口（語言）、意（思維）三業。眾生壽量以三報爲因，法身菩薩則非如此。此乃在第一章的基礎上再深入追問菩薩法身成因的問題。

　　〔3〕此六句言若無意業之因而受果報，豈可如此？如不如此，微妙法身之得，由何因而得其果？

　　〔4〕法忍菩薩：菩薩修道中安忍饑、渴、寒、熱、天災、人禍、疾病等世間一切苦法。忍者，忍耐，謂堪忍違逆之境而不起瞋心，信難信之理而不惑爲忍，即施於所觀之法而忍許。《瑜伽師地論》卷四二：“云何名忍，自無憤勃，不報他怨，亦不隨眠流注恒續，故名忍。”始還：陳揚炯注：應爲“始得”之誤。所言是。此五句言所以又問：從法忍菩薩始得法身，居於七住，直至於十住，其修行階位之高下優劣，難以枚舉。

　　〔5〕命根：謂由前世之業所決定的今生壽命之依據。亦泛指壽命。此三句言其中凡夫所受果報，皆由業行爲因而決定長短，菩薩亦應依據階位高下而決定壽量。

　　〔6〕此四句言從十住之下，無須詳論，現在所問，主旨僅在十住。

　　〔7〕一生補處：乃大乘菩薩稱謂，指菩薩於當下階位起，境界不退轉，功德不斷增長，直至成佛道。補處，指菩薩之最高位——等覺菩薩。原爲“最後之輪迴者”，謂經過此生，來生定可在世間成佛。

按：慧遠認爲，十住菩薩最少是一生補處，最多至千生補處，然後纔能生成法身。其實，這是慧遠誤解，羅什在答文中有説明。

〔8〕此四句言若是如此，必然由功德轉相積累，漸漸至於極境，也只需一生足矣。

〔9〕此三句言或因殘留之塵垢漸相消除，生生之理也漸相斷滅，也只有一生嗎？

〔10〕須陀洹：又譯爲預流、入流，是聲聞乘四果中的初果。小乘初果者，尚須往返天上人間，受七度也最多受七度生死，纔能斷盡見思煩惱，永脱輪迴，證得阿羅漢果。然並非所有的須陀洹都要在人天中七生。見《俱舍論》卷二三。此四句言如若餘垢轉相消除，即與須陀洹七生之義相同，因爲聖道之神力，無須至於八生。

〔11〕遍學：菩薩爲了成一切智，遍學聲聞、緣覺二乘之法。道力：亦作道行，因修佛道而得之神力。南朝梁元帝《香爐銘》：“執云道力，慈悲所薰。”此六句言今之十住不超過千生，是因爲何種神力？若是遍學二乘，以致於餘垢轉消的時間拖延至千生，也難以解釋，因爲菩薩道力所制畢竟有限，亦即生命之理只有七生，不能至於千生之久。

〔12〕此二句言由此推論，可知十住菩薩千生之理不同於須陀洹七生。

〔13〕後邊身：最後肉身。《大毗婆沙論》卷三三：“最後自體，名後邊身。永斷因緣，不復更受當來生死，是故説彼住後邊身。”此四句言如果功德轉相積累達到極點，也只需要一生，那麽這一生就是後邊身，此後肉身即已滅盡，所以不得不取正覺而成佛。

〔14〕自誓不取正覺：謂菩薩未實現大願之前，發誓不取正覺成佛。《無量壽經》卷上：阿彌陀佛未成佛時，名法藏菩薩，發四十八大願，此願不實現，誓不取正覺。如第一大願：“設我得佛，國中有地獄、餓鬼、畜生者，不取正覺。”正覺，謂證悟一切諸法之真正覺智，即如來之實智，故成佛又稱“成正覺”。此二句言若是果真不得不成佛，菩薩

何故自誓不取正覺成佛呢？

　　［15］此三句言既然菩薩已至成佛境地，却自誓不成佛，此間之身是菩薩的變化身，還是真法身？意謂已達到成佛境地，此身即非後邊身；自誓不成佛，此身又非佛身。在肉身斷滅後、佛身未成前之間的菩薩身是變化身，還是真法身？

　　［16］此五句言如果説是菩薩的變化身，那就是方便假説；如果説是真法身，那麼這一法身仍由菩薩後邊身轉化而來，其壽量必然有定數；既有壽量的定數，就不能有自誓無窮、永不成佛之言。

【義疏】

　　此問核心即真法身有無壽量問題。首先，從因果報應上質疑法身壽量問題。凡夫壽命皆是修行三業的果報，壽命長短亦有本因，所以佛與凡夫雖有無限階位的差異，但皆決定於因果。而你之所答，謂法身菩薩即非三業所造。如果非意業所造，就是無因而得果報，難道真是這樣嗎？若非如此，法身菩薩壽身之妙，又是因何而得？

　　其次，從法身產生上質疑十住菩薩壽量問題。菩薩安受苦忍，始得法身，及於十住，其階位的精粗優劣之別，難以言説。其中壽量長短，皆決定於階位之精粗優劣。十住階位之菩薩，至極者經歷千生補處，至少亦經一生補處，如此方能產生法身。若非如此，必然是積累功德果報，漸漸進入至極的一生補處之境。此時塵俗餘垢漸漸袪除，不再墜入生命輪迴，以至於一生補處嗎？若餘垢漸除，就與證得初果，尚須受七度生死，纔能斷盡見思，永脱輪迴之義相同。至此境界，已得永不退轉的聖道之力，故不再有第八次生死輪迴。今所言之十住，却又不過千生補處，此又是何種聖道之力？若是遍學二乘，以致於餘垢轉消的時間拖延至千生，也難以解釋，因爲菩薩道力所制畢竟有限，亦即生命輪迴也止於七生，不可能至於千生補處之久。由此推論，十住不同於一生補處的復歷七世輪迴明矣。

　　最後，從菩薩自誓上質疑法身壽量的矛盾。若是唯有一生補處，功德果報積累七世輪迴而至極，一生補處之後，永斷因緣，然而此身既止於最後的肉身，就不能達到無上正覺。若是不能成就無上正覺，爲何菩薩又自誓不取正覺？這一自誓，是因爲後邊身就是真法身嗎？若是經歷七次輪迴的形體（後邊身），便是推論假說；若是真法身，後邊身就是壽量的定數之至極，這就不應有自誓無窮之言。這說明一生補處與十住之說有矛盾對立處，一生補處的後邊身與正覺所言之法身，也有矛盾對立處。

什答曰：今重略叙。法身有二種：一者，法性常住如虛空，無有爲、無爲等戲論；二者，菩薩得六神通，又未作佛，中間所有之形，名爲後〔一〕法身[1]。法性者，有佛無佛，常住不壞，如虛空無作無盡[2]。以是法，八聖道分、六波羅蜜等，得名爲法，乃至經文章句，亦名爲法[3]。如須陀洹，得是法分，名爲初得法身；乃至阿羅漢、辟支佛，名後得法身[4]。所以者何？羅漢、辟支佛，得法身已，即不復生三界〔二〕[5]。是佛分別三乘義故，不説有法所去處，准〔三〕《法華經》有此説耳[6]。若處處説者，《法華經》不名爲秘要之藏，又亦不能令人多修習涅槃道，盡諸漏結[7]。是故天竺但言“歌耶”，秦言或名爲“身”，或名爲“衆”，或名爲“部”，或名“法之體相”。或以心、心數法名爲“身”，如經説六識身、六觸身、六受身、六愛身、六相身、六思身等[8]。始八聖道等，衆事和合，不相離故，得名爲“身”[9]。得無生法忍菩薩，雖是變化虛空之形，而與肉身相似故，得名爲“身”[10]。而此中真法身者，實法體相也[11]。言無身、口、意業者，是真法身中説[12]。或有人言，得無生法忍菩薩，解脱〔四〕業相，壞三界業故，但以大悲心，起菩薩事[13]。以壞業故，名爲無業，謂無如凡夫分別之業耳[14]。如佛言：“我從得佛已來，不復起業。”滅業相故，名爲非業[15]。又諸菩薩有所起業，皆與無生忍合故，名爲無業[16]。是故菩薩於〔五〕業中，不分別取相，名爲無業[17]。

　　經言千生者，所未聞故，不得委要相答耳[18]。如普賢、觀世音、文殊師利等，是十住菩薩，具足佛十力、四無所畏、十八不共法，以本願廣度衆生，故不作佛[19]。如《文殊師利受記經》中説：若干阿僧祇劫，當得作佛，而釋迦文佛等，皆以文殊師利爲發意因緣[20]。爾時，勢力已成，如是推求本末，即不限千生也[21]。若經言有千生者，即是本無別願，久住世間。或是鈍根，未具足諸佛法故，即有多生[22]。若功德具足者，即是一生；又，功德積滿，唯有一生，不得不成正覺[23]。菩薩有二種。一者，功德具足，自然成佛，如一切菩薩初發心時，皆立過願〔六〕言：“我當度一切衆生。”而後漸漸心智轉明，思惟籌量；“無有一佛能度一切衆生，以是故，諸佛得一切智，度可度已，而取滅度，我亦如是[24]”。二者，或有菩薩，猶在肉身，思惟分別：“理實如此，必不得已。我當別自立願，久住世間，廣與衆生爲緣，不得成佛。”[25]譬如，有人知一切世間皆歸無常，不可常住，而有修習長壽業行，往非有相、非無相處，乃至八萬劫者；又阿彌陀等清净佛國，壽命無量[26]。

【校勘】

〔一〕“後”，卍續藏經本校曰：“‘後’一作‘復’。”《慧遠研究·遺文篇》作“復”。

〔二〕“三”，卍續藏經本作“二”，又校曰：“‘二’疑‘三’。”《慧遠研究·遺文篇》作“二”，張景崗校本作“三”。

〔三〕“准”，陳揚炯校曰：“‘准’應爲‘唯’字之誤。”

〔四〕“脱”，卍續藏經本、《慧遠研究·遺文篇》作“能”，語意扞格。張景崗校曰：“原本作‘能’，今參照木村本、陳本改。”

〔五〕“於”，卍續藏經本、《慧遠研究·遺文篇》作“施”，語意扞格。張景崗校曰：“原本作‘施’，今參照丘本改。”

〔六〕“願”，卍續藏經本作“度”，又校曰：“‘度’一作‘願’。”張景崗校本作“願”。

【注釋】

〔1〕法性：又作真如法性、真法性、真性，亦爲真如之異稱。乃指諸法之真實體性，即宇宙一切現象所具有的真實不變之本性。詳見《法性論》注。此數句言法身有二種類型：一是法性永恒存在，其性虛空，既不可以有爲法論之，亦不可以無爲法論之。二是菩薩得六神通，又未成佛，這中間所具有的形體，名爲後法身。按：從“今重略叙”看，羅什或已有答疑，惜乎文獻失載，今不可考。

〔2〕此四句言所謂法性，無論成佛或未成佛，皆永恒存在，不可壞滅，猶如虛空，無作無爲，却又無窮無盡。

〔3〕八聖道分：又稱八支聖道、八直聖道、八聖道、八正道。指正見、正思惟、正語、正業、正命、正精進、正念、正定。六波羅蜜：波羅蜜，意譯爲度、到彼岸。六波羅蜜，由生死此岸度到涅槃彼岸的六種途徑與方法，即布施（檀那）、持戒（尸羅）、忍辱（羼提）、精進（毗離耶）、禪定（禪那）、般若波羅蜜。又稱六度。此五句言因爲這個法性又稱法身，八聖道分、六波羅蜜等，由於性空，得名爲法身，乃至於經文章句，也稱作法身。

〔4〕此五句言如須陀洹，得其部分法性，稱之初得法身；至於阿羅漢、辟支佛，稱之後得法身。

〔5〕此四句言何以稱之後得法身？因爲阿羅漢、辟支佛得法身後，就不再生於三界。

〔6〕准：陳揚炯注：此句中，“准”應爲“唯”字之誤。此三句言佛分別説聲聞、辟支佛、菩薩之三乘，指出阿羅漢、辟支佛也將成佛，所以不説阿羅漢、辟支佛得法身之後的去處，唯有《法華經》有此説法，別經皆無。

〔7〕秘要之藏：指《法華經》。《法華經·安樂行品》：“此《法華經》，諸佛如來秘密之藏，於諸經中最在其上。”令人多修習涅槃道：《法華經·方便品》中，釋迦佛説，如只説佛乘，衆生不能信，墮於三惡道。所以，爲諸衆生故，分別説三乘。即引導衆生修習涅槃道而方便説三乘。此三句言如若經書處處皆有此説，《法華經》就不能稱之秘藏，也就不能使人多修習涅槃之道，斷滅諸煩惱繫縛身心。

〔8〕秦言：即漢語。因鳩摩羅什弘法後秦，受姚興禮遇，所以羅什稱漢語爲秦言。心、心數法：即心法與心數法。陳揚炯注：心法，指六識（眼識、耳識、鼻識、舌識、身識、意識）或八識（大乘佛教瑜伽行派在六識上加末那識、阿賴耶識，合稱八識）的認識主體，也稱心王。心數法，又稱心所法、心所有法，是相應於心法而生的心理活動和精神現象，即心在發生作用過程中所引起的各種心理活動。因爲是依心而起，係屬於心，不能獨立，與心一起纔發生作用，即爲心所有，所以稱爲心所。小乘説一切有部心法一種，心所有法四十六種。大乘瑜伽行派分心法八種（八識），心所有法五十一種。參見《俱舍論》《成唯識論》。六觸：眼觸、耳觸、鼻觸、舌觸、身觸、意觸。陳揚炯注：指心識具有的感觸事物的能力。其相對於觸覺，能使根、境、識三者和合，令心、心所感觸自己的認識對象，並引出受、想、思等其他心理活動，爲心所法之一。六受：即由六觸引生相應的眼受、耳受、鼻受、舌受、身受、意受，由此引起苦、樂、舍（不苦不樂）等感受。六愛：由受而引起六種愛的心理活動。六相：即六想，執取六境種種形象的六種思維活動。六思：指六種令心生起善、惡、無記（非善非惡）的心理活動。陳揚炯注：無論是六識中哪種心法生起，都相應地生起觸、受、愛、想、思。後來唯識宗有所謂“五遍行”，即觸、作意、受、想、思。這些心、心

所法,《俱舍論》《雜阿含經》名爲身。上數句言法身就是法性,因此天竺語中言"歌耶",漢語有"衆""部""諸法之體相"不同名稱,也可將心、心數法稱爲"身",如經説六識身、六觸身、六受身、六愛身、六相身、六思身等。

[9] 此四句言修行始於八聖道等佛法,和合諸種佛事,能持而不離,故得名爲"身"。

[10] 此四句言得無生法忍菩薩,雖然是變化虛空之形體,因與肉身相似,故亦得名爲"身"。

[11] 實法體相:即諸法體相。諸法,世間與出世間一切萬法,乃有差別的現象;實相,即真實體相,乃平等實在、不變之理。《大品般若經》卷一七與《法華經》卷一認爲諸法實相唯佛所自證究竟,非名字、語言所能顯示。《大智度論》卷一八認爲,諸法實相即般若波羅蜜,唯有菩薩於初發心即發大弘誓,起大慈悲,供養一切諸佛,以大利智捨棄净觀不净觀、樂觀苦觀等妄見心力之諸觀,而觀諸法之非净非不净,乃至非我非無我;復捨如上諸觀,達於言語道斷、心行處滅,此乃究竟之諸法實相。此二句言這其中的真正法身,也就是實法體相。

[12] 此二句言你所説的無身、口、意業,是指真法身而言。

[13] 業相:三細相之一。即依根本無明而真心始動作者。相當於阿賴耶識之自體分。《大乘起信論》卷一:"無明業相,以依不覺故心動,説名爲業。"業有二義:一指動作或行爲,二指果報之因。此六句言有人解釋説,得無生法忍菩薩,已經解脱三界的所作業之相,故已斷滅三界之業,只是以大慈悲之心,作菩薩度脱衆生而已。

[14] 此三句言由於已經斷滅三業,故稱之無業,就是説已没有三界凡夫的身、口、意分別之業。

[15] 此五句言正如佛所言,我自成佛以來,不再起三業。因爲已斷滅三業之相,故名曰非業。

[16] 此三句言諸菩薩所起三業,其相與無生法忍境界没有分別,亦仍名曰無業。

[17] 此三句言所以菩薩所起之業,既不取欲界也不取色界、無色界之相,故名無業。

[18] 委要:謂曲應其求也。《説文》:"委,隨也。"南唐徐鉉《繫傳》:"委,曲也。"此三句言你所説"《十住經》説:十住菩薩,極多有千生補處",我没有聽説過,不能應其要求而相答。

[19] 普賢:亦譯遍吉菩薩,音譯三曼多跋陀羅,專司理德、行德。文殊師利:梵文音譯,又稱曼殊室利,意譯妙吉祥,簡稱文殊菩薩,專司智慧、正德,因德才超群,居菩薩之首,故亦稱法王子。文殊、普賢爲釋迦牟尼佛左右脅侍菩薩,並稱"華嚴三聖"。觀世音:又稱觀自在菩薩,唐代因避李世民之諱而簡稱觀音菩薩,是西方極樂世界阿彌陀佛座下的上首菩薩,與大勢至菩薩分爲阿彌陀佛左右脅侍菩薩,並稱"西方三聖"。佛十力,四無所畏,十八不共法:並見《次重問法身》注。此數句言此三菩薩皆是十住菩薩,具足成佛的十力、四無所畏、十八不共法的所有條件,因爲他們的本願是廣度衆生,所以不成佛。

[20] 阿僧祇劫:無數劫。見《初問答真法身》注。當得作佛:謂文殊應成佛而未作佛。《大寶積經》卷五九載:文殊師利,"於往昔過七十萬阿僧祇恒河沙劫,初發菩提之心;次過六十四恒河沙劫,得無生法忍,能具足菩薩十地、如來十力,佛地諸法悉皆圓滿,而未曾起一念之心:我當作佛"。皆以文殊師利爲發意因緣:意謂釋迦牟尼佛向文殊師利發作佛之心願。釋迦文佛:即釋迦牟尼佛之簡稱。發意因緣:即發心因緣。關於釋迦發心的因緣有幾種説法:《大智度論》卷四、《俱舍論》卷一八,阿僧祇劫前有釋迦牟尼佛,逢此佛而發心,而且如願爲釋迦牟尼佛。《法華經·化城喻品》,有大智通勝如來,其佛出家前有十六王子,後來也出家成佛,其中之一即釋迦牟尼佛。《悲華經》卷二三,無諍念王時,寶海梵志向寶藏如來發五百大願而成佛,即釋迦佛。這裏所説是以文殊爲發心因緣。如《菩薩處胎經·文殊身變化品》:"本爲能仁(釋迦牟尼)師,今爲佛弟子。"又是另一説。此五

句言《受記經》中説,在若干個無數劫之前,文殊就應當成佛,而釋迦文佛(釋迦牟尼佛)等皆因文殊引導而發心作佛。

[21] 此四句言那時,文殊已經具足成佛之勢力,如果推論原委,文殊作菩薩已經不止於千生。

[22] 此六句言如果《十住經》説有千生,應該是指那些本無自己本願,只求久住世間的菩薩,或者是指鈍根菩薩,長期不能具足諸佛法,所以有多生。

[23] 正覺:指真正之覺悟。又作正解、等覺、等正覺、正等正覺、正等覺、正盡覺。等者,就所證之理而言;盡者,就所斷之惑而言。即無上等正覺、三藐三菩提之略稱。三菩提,謂證悟一切諸法之真正覺智,即如來之實智,故成佛又稱"成正覺"。此五句言如菩薩若功德具足,一生即可成佛;又功德積累圓滿,也是唯有一生就不得不成佛。以上乃回答一生補處和千生補處的壽量問題。

[24] 我亦如是:諸菩薩亦復如此。我,指諸位菩薩。是,指開悟之理。此數句言菩薩有二種:一是功德圓滿,自然成佛,如一切菩薩在初發願心時,皆立大願:我當度脱一切衆生,而後心智漸漸開悟,思維考量,知没有一佛能度一切衆生,因此諸佛得一切智,度可度之人,便已滅度。諸菩薩亦應如此,開悟功德圓滿,自然成佛。

[25] 此數句言二是也有菩薩,仍在肉身(後邊身),思量菩薩亦有分别:認爲佛理亦復如此,非不得已必須成佛,我就應别立大願,久住世間,廣結衆生之緣而度之,不度衆生即不成佛。

[26] 一切世間:通指四土(即凡聖同居土、方便有餘土、實報莊嚴土、常寂光土)器世界與九界有情世界(即六道衆生凡夫法界與聲聞、緣覺、菩薩三種聖賢法界)。非有相非無相處:即非有想非無想處,亦譯爲非想非非想處。乃無色界的第四天,三界中的最高階段;外道以此處爲真涅槃處。《大鞞婆沙論》卷八四:"如契經説,空無邊處二萬劫壽,識無邊處四萬劫壽,無所有處六萬劫壽,非想非非想處八萬劫壽。"阿彌陀:意譯無量、無量壽、無量光等。《無量壽經》云阿

彌陀有十三聖號，發四十八願。其第十五願：“設我得佛，國中天人，壽命無能限量，除其本願，修短自在。若不爾者，不取正覺。”此數句言比如有人知道世間一切皆是無常，不可能永恒存在，却又修習長壽之業行，住於非有想非無想天，乃至於得八萬劫之壽量；或又往生阿彌陀清凈佛國，亦可以壽命無量。

【義疏】

此章回答真法身的“壽量”問題。因爲法身與法性不一不二，法性永恒不壞，法身壽量無限。

第一，闡釋法身問題。首先，法身與法性不一不二。法身有兩種：一即法性身。法性常住，其質虛空，非有爲法，非無爲法，説有爲無爲即是戲論；二是後法身。已得六神通且未成佛之菩薩身，名爲後法身。所以法性，不論成佛與否，皆永恒不壞，不生不滅。其次，法與法性、法身異名同質。所證之八聖道、波羅蜜是法，經籍章句亦是法。因爲法性之分，有初得法身，如須陀洹；有後得法身，如阿羅漢、辟支佛。後得法身，即不復生於三界，亦將成佛，因爲佛分別三乘，所以皆没有説阿羅漢、辟支佛得法身之後的去處（成佛），唯有《法華經》有其成佛的記載。《法華經》不惟是“秘要之藏”，亦使人多修習涅槃之道，斷滅諸煩惱繫縛身心。再次，法身即實法、體相。天竺所言之“歌耶”，漢語謂之“身”“衆”“部”“法之實相”等。或名心、心數法（心所）爲“身”，經所説的六識、六觸、六受、六愛、六相、六思，皆名之曰“身”；修行始於八聖道等佛法，和合衆事，能持而不離，故得名爲“身”；得無生法忍菩薩，虛空之形變化，相似於肉身，故亦名爲“身”。可見，實法、體相是真法身。最後，無業、非業即法性、法身。得無生法忍菩薩，消解業相，損三界業，唯以慈悲起菩薩事，“名爲無業”；佛陀成佛後，不復起業，斷滅業相，“名爲非業”。此外，諸菩薩雖有所起業，因與無生法忍相合，亦名無業。廣而言之，菩薩起業，不取欲界、色界、無色界之相，故皆名無業。這説明雖然法身與法性不一不二，但是法性具有唯一性,法身則有"法性生身"之法身,即佛身;也有雖具法性,却又有最後身,即菩薩身。

　第二,回復法身壽量問題。首先,説明菩薩法身壽量無限。普賢、觀音、文殊皆是十住菩薩,具足佛的一切條件,因爲他們本願廣度衆生,故不成佛。特別是文殊,經歷無數劫難,早當成佛,據説還是釋迦發心作佛的引導者,其佛的勢力已經成就。無論從經歷、佛果、威力上説,文殊菩薩皆不止於修習千生。然後,説明成佛關鍵在具足佛法,而不在修習時間短長。假定《十住經》真是説過千生菩薩,或即本無別願,久住世間;或本即鈍根,不能具足佛法,以至於修習千生。如若功德已經圓滿,或功德漸積圓滿,一生即可修成正覺而成佛。其次,依據菩薩不同類型,説明法身壽量不可一概而論。菩薩有兩種:一種是功德圓滿,具足成佛,然發願當度一切衆生,然後心智漸明,方纔明瞭一佛不可能度盡衆生,因此亦如諸佛,得一切智,度可度人,一旦圓滿,即滅度成佛;另一種菩薩,最後身尚存,然而別立大願,久住世間,廣結衆生之緣而度之,不度衆生,誓不成佛。最後,説明兩種例外的無限壽量者:一是明知世間無常,不可永恒存在,却修習長壽之業行,住於無色界第四天,乃至於得八萬劫之壽量;另一是往生阿彌陀清净佛國,亦可以壽命無量。這兩者也是法身壽量無限。這又説明菩薩法身即壽量無限,或修習一生,或修習千生,其關鍵在於是否具足佛法,而不取決於修習時間。

五、　次問修三十二相并答

　遠問曰:三十二相,於何而修? 爲修之於結業形,爲修之於法身乎[1]? 若修之結業形,即三十二相,非下位之所能。若修之於法身,法身無身口業,復云何而修[2]? 若思有二,種其一,不造身口業,而能修三十二相[3]。問:所緣之佛，爲是眞法身佛？ 爲變化身乎[4]？ 若緣眞法身佛，即非九住所見；若緣變化，深詣之功，復何由而盡耶[5]？ 若眞形與變化無異，應感之功必同，如此，復何爲獨稱眞法身佛妙色於[一]九住哉[6]？

【校勘】

〔一〕"於"，卍續藏經本脫。諸本皆有"於"，今校補。

【注釋】

[1] 三十二相：《大智度論》卷四：佛陀具有三十二種不同凡俗之相與八十種微細特徵之好，合稱"相好"。這種"相"乃佛陀由長劫修習善行而感得的具足的莊嚴德相。其他修行者可修得某種莊嚴特徵，唯有佛陀及轉輪聖王纔能具足三十二種殊勝微妙之相，具體包括足安平相、千輻輪相、手指纖長相、手足柔軟相、手足縵網相、足根滿足相、足趺高好相、腨如鹿王相、手過膝相、馬陰藏相、身縱廣相、毛孔生青色相、身毛上靡相、身金色相、常光一丈相、七處平滿相、兩腋滿相、身如獅子相、身端直相、肩圓滿相、四十齒相、齒白齊密相、四牙白净相、頰如獅子相、咽中津液得上味相、廣長舌相、梵音深遠相、眼色如紺青相、眼睫如牛王相、眉間白毫相、頂成肉髻相。結業：謂衆生因迷惑、煩惱而作之業。結，結習、煩惱之異名。業，梵語音譯羯磨，指有情之行爲。有造作、行爲之義。此四句言佛三十二相如何修得？是修之於輪迴之身而得此相狀，還是修之法身實相而得其相狀？

[2] 此六句言若是修之於輪迴之身，此三十二相非階位低下者所能得；若修之於法身實相，法身是無漏功德，已無身、口之業，又如何修得？

[3] 種其一：意謂一種意識。意乃相之生成之因，故曰種。《大智度論》卷四："問曰：一思種？ 爲多思種？ 答曰：三十二思種三十二

相，一一思種一一相，一一相百福德莊嚴。”此三句言若意業有二，其一種意識是不造身、口二業，即能修三十二相。

　　[4] 此三句言我之疑問是：因緣所成之佛相，是佛的真法身相，還是佛的變化身（應身）之相？

　　[5] 九住：一指九住心。即行者修禪定時令心不散亂而住於一境之九種心：安住心、攝住心、解住心、轉住心、伏住心、息住心、滅住心、性住心、持住心；二指住於九地之菩薩。《最勝問菩薩十住除垢斷結經·定意品》：“是時最勝菩薩復白佛言：何謂常净菩薩於第九地而净其住？爾時世尊告最勝曰：九住菩薩修習定意一心解門，三昧正受而不耗損，於净不净常若一心，雖處塵勞恚恨之中，不興亂想生若干念，觀知衆生心意識著，緣結苦惱之所繫縛，所因報應而致此患，復求方便權詐之法，當何巧便得至永滅而取度脱？”九地，一欲界五趣地，二離生喜樂地，三定生喜樂地，四離喜妙樂地，五捨念清净地，六空無邊處地，七識無邊處地，八無所有處地，九非想非非想處地。此四句言若緣生於佛之真法身相，又非修習九住者所能見；若緣生於佛之變化身之相，佛深詣的修行之功又由何而盡顯之？

　　[6] 妙色九住：謂佛身微妙之相超過九住菩薩之相。妙色，指三十二相。九住，指九住菩薩。此二句言若真法身與變化身没有差别，應感的結果必然相同。既然如此，又爲何獨稱佛真法身之相比修行至九住之時更美妙呢？按：此數句所問乃源於羅什第一章答：“從是佛身方便現化，常有無量無邊化佛，遍於十方，隨衆生類若干差品，而爲現行。光明色像，精粗不同。如來真身，九住菩薩尚不能見，何況惟越致及餘衆生。”

【義疏】

　　慧遠所問乃佛三十二相如何修行而成，所關注的乃是法身與相好的關係問題。佛之三十二相緣何修行而得？是修行功德而形成，還是修得法身而形成？若是修行功德而形成，三十二相又非下位（最低階位)修行所能得;若是修得法身而形成,法身並無身業、口業,又緣何而修? 若想來有兩種形成途徑,其中一種就是不造身口惡業,而能修成三十二相。試問因緣所見之佛,是真法身佛,還是應身之佛? 若因緣所見是佛之真身,即非九住(九地)者所能見。若因緣所見是佛之應身,則佛陀至極的功德又由何而顯現之? 若真身與化身沒有差別,應感之功必然相同。如此,爲何又獨稱真法身之佛相一定比九住(九地)菩薩所見之相美妙呢? 這實際上也揭示了佛教所說之法身與色身有難以自圓其說之處。

　　什答曰:法身可以假名說,不可以取相求[1]。所以者何? 聲聞三藏法中,唯說佛十力等諸無漏法爲法身[2]。佛滅度後,以經法爲法身,更無餘法身之[一]名也[3]。《摩訶衍》中說:菩薩無生法忍,斷諸煩惱,爲度衆生故,而爲受身[4]。諸論議師,名此爲法身[5]。何以故? 是中無有結使及有漏罪業,但是無爲清净、六波羅蜜果報,此身常有,自在無礙,乃至成佛也[6]。

　　轉輪聖王,人中第一,唯有三十二相。是故菩薩應世之身,有三十二相,於生死中,種其因緣;於菩薩法身,令增益明净[7]。所以者何? 三十二相,凡夫亦有,非爲難事。如佛弟難陀,前身以雌黄畫[二]辟支佛塔,而作是願:"願我當得金色相好之身。"[8]如是福德因緣,壽終之後,爲波羅捺國造[三]利奢王子,復見迦葉塔,心懷歡喜,即中作蓋[9]。以是因緣故,天人中受無量福樂,末後生爲迦毗羅婆國白净王子,具三十二相,出家學道,得阿羅漢,於諸端正比丘中最爲第一[10]。阿泥律陀,供養波利陀辟支佛,七世生忉利天上,七世生人中,作轉輪聖王,七寶具足,得三十二相[11]。又如佛言："汝等比丘，見有受最上樂者，當知我亦曾受如是樂。所以者何？從無始世界以來，所生之處，無不徑歷。"[12]而今雖復惡世，猶有得一相、二相、五三相者[13]。以是故知，生死身中，修諸相好，但相好所得，莊嚴清净，光明照耀，威德具足，名爲佛[14]。

所問三十二思者，迦旃延弟子，自以意説耳，非佛所説[15]。又所謂三十二思者，非一念中具也。一念時促不住，事不成辨[四][16]。一切有爲法，要須和合，能有所成[17]。如人見三十二人過惡，若欲害者，非但一念，然當斷命時，乃名殺心[18]。雖前後多有殺心，但是得名稱三十二思[五][19]。

有人言：菩薩若見佛身，若見佛有三十二相，以所修福德回向："願我得如是果報。"或時佛爲人説修三十二相法，人眼見佛三十二相，便發願言："我當於未來世，得如是相。"然後以净功德，令其成就[20]。如先下種，後加溉灌，如施草蓐牀[六]等，得立安[七]相[21]；施燃燈明等，得大光明相；慈悲等觀衆生，得紺清[八]眼；常以頭面敬師長賢聖，及施蓋帽等因緣故，得肉髻相[22]。或有人不從佛聞，亦不見[九]佛，但聞他説有三十二相；或自讀經書，便發願言："我得三十二相。"漸漸滿足[23]。如上所説，或有人若見佛、若不見佛，其心無在，但聞大乘義，於衆生中[一〇]起慈悲心，欲以諸法實相利益衆生："願我當得第一心身，汲引衆生，令信我説。"[24]如《智[一一]印經》中，佛爲彌勒説："有七因緣，發阿耨多羅三藐三菩提心：一者佛令發心；二者見正法壞時，護持法故發心；三者見衆生可愍，故發心；四者菩薩令發心；五者見人發心，亦發心；六者大布施，故發心；七者聞佛有三十二相、八十隨形好而發心。"[25]佛告彌勒:"前三發心,必得成佛,不復退轉;後四發心,不能當定,多有退轉。"[26]是故當知,種三十二相,其事不同[27]。

又法身菩薩者,經亦不了了,說有法身國土處所也。但以理推之,應有法身[28]。若諸菩薩滅諸煩惱,出於三界,既無生身,亦[一二]不入涅槃,於是中間,若無法身,其事云何[29]?是故諸論師言:於此中間,從無漏法性生身,名爲法身[30]。又此非徒[一三]一身而已,隨本功力多少,而有其身[31]。或有二身、三身、十身、百千萬無量阿僧祇身,乃至無量十方世界,皆現其身。爲具足餘佛法,兼度衆生故[32]。

《迦旃延阿毗曇》中,無漏法無[一四]有果報[33]。何以故?聲聞法中,但說三界事,及小涅槃門;大乘中過凡夫法及小涅槃門,更說清净大乘事,如《不可思議經》等[34]。如凡夫雖起善業,煩惱未斷故,侵奪福德;以性相違故,不令善業增益[35]。諸阿羅漢,雖無煩惱毀損善法,證涅槃故,其心不發,不能增長佛道善根[36]。是菩薩滅諸[一五]煩惱,無有虧損善法故,復不證涅槃故,心即不廢[一六],功德增長。爾時起一切德,勝本從無始世界來所爲福德[37]。如《思益經》說:"我以五華施佛,勝本一切所施頭目髓腦等。何以故?本布施皆是虛妄,雜諸結使,顛倒非實。此施雖少,清净真實[一七]。"[38]如人夢中得無量珠[一八]寶,不如覺時少有所得[39]。

以菩薩三界障礙都滅,唯有佛道微障未盡耳[40]。如以一燈破暗,不能破第二燈分。若能破者,第二燈即無所增益;而第二燈所破闇與初燈合,但無初燈所破之闇[41]。菩薩得無生法忍,亦如是。捨生死身,受法身。破三界凡夫障礙，不能破諸菩薩障礙。若破者，即是十住，便應作佛[42]。是人爾時起業，無有三界結縛，唯有菩薩結縛微礙。有所超[一九]業，皆悉真實，清净無量[43]。何以故？不爲生死所拘，不與煩惱共合故。心志廣大，從法身以後所受之身，如幻、如鏡中像，業亦如是[44]。心所起業隨身[二〇]，所得果報隨業[二一]，不可以三界麤身，難菩薩微妙出過三界之形也[45]。

問“所緣佛爲真法身、爲變化身”者，是事先已答，如上説。或有見者，或有聞者，或自爲衆生故，莊嚴其身[46]。或有人不見佛、不聞法，尚能發阿耨多羅三藐三菩提心，何況見佛聞法者[47]！此人以心眼，緣三世佛相，過去佛身相，我當如[二二]是；念現在、未來世佛身相，我身亦當如是[48]。或有人隨所好樂，自生憶想：“我所作功德，回向佛道。後作佛時，壽命、國土、功德、相好，當如是。”[49]此[二三]緣《釋迦文佛本初發心經》説：於無佛、無佛法國中，爲大王，名光明。時有小王，以好白象子，奉光明王[50]。王見已歡喜，令象師如法調伏。象師如法善治，令王乘之，遊戲林野[51]。是象於林中聞牝象香氣，淫欲心發，馳走趣向[52]。王語象師：“制之，令住。”象師即以鈎制，不能令止[53]。時王眼視外物，物皆運轉，深入榛藪，壞衣傷體，即仰攀樹枝，得免濟[54]。象後念人間飲食，還來至宫。王問大臣：“若人爲王作此因緣者，應何治之？”大臣言：“罪應極法。”[55]時象師言：“莫誑殺，我已善治[二四]。”王言：“象惡如此，如何善治？”[56]象師即於[二五]王前，燒大鐵丸，語象言：“取赤鐵丸吞之。若不吞者，還以本法治汝。”[57]象自籌量，寧須臾而死，不能久受苦痛，便取鐵丸吞之，燒身徹過，大吼而死[58]。王見此，已知其調伏。即問象師：“調伏如此，近以何因緣，有此惡事？”象師言：“心有淫欲重病，勢用發故，無所預[二六]計。”[59]王聞已驚怖：“淫欲大病，此從何來？”象師言：“我亦不知所從來，及其增減時。”[60]王言：“如是之病，無人能治耶？”象師言：“欲治之者衆，皆不得其法，還自墜溺[二七]。有人爲破淫欲賊故，離五欲，受苦行；或有人其受五欲，情即厭離，以是因緣，得脫此病。或有出家，種種因緣，欲免斯患，皆不拔此淫毒樹之根。”[61]王聞已憂怖，說象師言：“如此之病，難可得治，於天人之中，有能破此病者耶？”象師言：“我傳聞有大人出世，身體金色，有三十二相、八十隨形好，常光遠照，愍哀衆生，號之爲佛。是人了知淫欲生滅之道，愍衆生故而[二八]爲説之。”[62]王聞是已，即便下床，右膝著地，合掌而言：“我以如法治國及布施等功德，以此福德因緣，當得成佛，治一切衆生淫欲重病。”[63]從是發心已後，初值佛號名釋迦文，於壽百歲衆生中作佛，今釋迦文[二九]佛事，皆同彼佛[64]。時光明王作陶師，字廣炤。彼釋迦文佛，度衆生已，與五百阿羅漢度廣炤。從祇園[三〇]出，至其家，廣炤即以暖湯、塗油、燃燈、石蜜漿等，供養於佛[65]。陶師從聞佛法，而發其心：“我當來世作佛，亦當如是。”是人於無佛法世，尚能發心，何況見佛聞法，種三十二相者[66]！

若初發心了了不錯者，復何貴成佛耶？唯佛一人得無錯耳[67]。是故當知，如光明王，遇得因緣，便自發心。以是因緣，復得人身，值釋迦文佛，從佛聞法，然後發[三一]願[68]。昔於暗中發願，但爲破淫欲病者。後得值佛，了了分別名號，而發其願。漸漸心轉微妙，能自以身施轉[69]。後於諸法中，無所取相，安住畢竟空，具足六波羅蜜，發清净願[70]。本願與吾我貪著心雜，今之所願，清净無垢。又不可無因，唯願而得净願，是事爲難[71]。如蓮華雖净，必因泥生，不可生於金山上，如《維摩詰經》中説[72]。

又佛法離一異相故，無決定真身；離異相故，無決定麤身[73]。但以人顛倒罪因緣故，不能見佛；顛倒漸薄，净眼轉開，乃能見也[74]。佛身微妙，無有麤穢。爲衆生故，現有不同[75]。又衆生先世種見佛因緣，厚薄各〔三二〕異。薄者如今見形像、舍利等，厚者得見相好生身，施作佛事[76]。見生佛亦有二種：或見下，或見佛上妙之身。見上妙身，亦有二種〔三三〕：或有見佛如須彌山等，或有見佛無量無邊之身[77]。如轉法輪時，持力菩薩欲量佛身，是見上身也。如上諸身，能度衆生[78]。破除塵勞者，雖精妙不同，皆爲是實，於妙中又有妙焉[79]。乃至真法身，十住菩薩亦不能具見，唯諸佛佛眼乃能具見[80]。又諸佛所見之佛，亦從衆緣和合而生，虛妄非實，畢竟性空，同如法性[81]。若此身實者〔三四〕，彼應虛妄，以此〔三五〕不實故，彼不獨虛妄[82]。虛妄不異，故麤妙同。宜以麤身能爲衆生作微妙因緣，令出三界，安住佛道，亦不名爲麤也[83]。

【校勘】

〔一〕“之”，卍續藏經本脱。諸本皆有“之”，今校補。

〔二〕“畫”，卍續藏經本作“盡”，校曰：“‘盡’疑‘畫’。”《慧遠研究·遺文篇》作“畫”，句中“雌黄”有圖畫之用，故以“畫”爲是，因據改。

〔三〕“造”，卍續藏經本校曰：“‘造’一作‘告’。”

〔四〕“辨”,張景崗校本作“辦”。

〔五〕“思”,卍續藏經本、《慧遠研究・遺文篇》作“相”,張景崗校曰:“原本作‘相’,今參照丘本改。”

〔六〕“牀”,卍續藏經本作“林”,校曰:“‘林’疑‘牀’。”張景崗校本作“牀”,《慧遠研究・遺文篇》作“林”。

〔七〕“立安”,《慧遠研究・遺文篇》作“安立”。

〔八〕“清”,卍續藏經本校曰:“‘清’疑‘青’。”張景崗校本作“青”。

〔九〕“見”,卍續藏經本作“從”,又校曰:“‘從’一作‘見’。”張景崗校本作“見”。按:前句爲“不從佛聞”,此若作“亦不從佛”,似有重複。

〔一〇〕“中”,卍續藏經本脫,又校曰:“‘生’下一有‘中’字。”參校諸本補。

〔一一〕“智”,卍續藏經本、《慧遠研究・遺文篇》脫,此據張景崗校本補。

〔一二〕“亦”,《慧遠研究・遺文篇》作“又”。

〔一三〕“徒”,張景崗校曰:“原本作‘從’,今參照丘本、木村本改。”

〔一四〕“無”,卍續藏經本作“元”,又校曰:“‘元’疑‘無’。”《慧遠研究・遺文篇》、張景崗校本皆作“無”。據改。

〔一五〕“諸”,卍續藏經本脫,又校曰:“‘滅’下一有‘諸’字。”參校諸本補。

〔一六〕“廢”,張景崗校曰:“原本作‘復’,木村本作‘後’,今改。”

〔一七〕“實”,卍續藏經本、《慧遠研究・遺文篇》脫。張景崗校曰:“原本無,今參照丘本補。”

〔一八〕“珠”,《慧遠研究・遺文篇》作“珍”。

〔一九〕“超”,《慧遠研究・遺文篇》作“起”。

〔二〇〕“隨身”,卍續藏經本脫“身”,又校曰:“‘隨’下一有‘身’字。”參校諸本補。

〔二一〕“業”,卍續藏經本脫,又校曰:“‘隨’下一有‘業’字。”參校諸本補。

〔二二〕“如”，卍續藏經本作“知”，又校曰：“‘知’疑‘如’。”《慧遠研究·遺文篇》作“如”。據改。

〔二三〕“此”，卍續藏經本校曰：“‘此’疑‘比’。”

〔二四〕“莫誑殺，我已善治”，《慧遠研究·遺文篇》作“莫誑殺我，我已善治。”

〔二五〕“即於”《慧遠研究·遺文篇》作“即時於”。

〔二六〕“預”，卍續藏經本、《慧遠研究·遺文篇》作“領”。張景崗校曰：“原本作‘領’，今參照丘本改。”

〔二七〕“溺”，卍續藏經本、《慧遠研究·遺文篇》作“浴”。張景崗校曰：“原本作‘浴’，今參照丘本改。”

〔二八〕“而”，卍續藏經本脱，又校曰：“‘爲’上一有‘而’字”。參校諸本補。

〔二九〕“文”，卍續藏經本脱，諸本皆有“文”，今據補。

〔三〇〕“從祇園”，張景崗校曰：“原本作‘極行圓’，今參照丘本改。”

〔三一〕“發”，張景崗校曰：“原本無，今參照丘本補。”

〔三二〕“各”，卍續藏經本作“名”，語意扞格。《慧遠研究·遺文篇》、張景崗校本皆作“各”，今據改。

〔三三〕“或見下，或見佛上妙之身。見上妙身，亦有二種”，卍續藏經本脱，又校曰：“‘或’下一有‘見下或見佛上妙之身見上妙身亦有二種或’十八字。”參校諸本補。

〔三四〕“者”，卍續藏經本脱，諸本皆有“者”，今據補。

〔三五〕“此”，卍續藏經本脱，又校曰：“‘以’下一有‘此’字。”諸本皆有“此”，今據補。

【注釋】

[1] 此二句言法身只是托名號之假說，因此不可因名求相。謂

法身無相,既非真實存在,亦不可言説。今言法身者,假説之名號耳。

〔2〕佛十力:指佛的十種智力。見《次重問法身》注。無漏法:爲有漏法之對稱。指遠離煩惱垢染之清净法。《俱舍論》卷一:"此虚空等三種無爲及道聖諦,名無漏法。所以者何? 諸漏於中不隨增故。"即虚空、擇滅、非擇滅等三種無爲法,及七覺支、八正道等道聖諦之法,皆無"隨增"煩惱,故稱無漏法。此三句言何以如此? 小乘經律論中,只是説佛具足十力等諸無漏法皆可稱爲法身。

〔3〕滅度:圓寂之舊譯,意謂圓滿諸德寂滅諸惡。賢聖命終爲圓寂,又稱入於涅槃。此三句言佛祖圓寂之後,以佛經之法理爲法身,更没有其他法身的名稱。也就是説,佛之真身爲法身,佛教真諦亦爲法身。按:此説不惟與法性、法身不一不二觀點不同,也與法身實相有異。

〔4〕摩訶衍:即摩訶衍經,諸大乘法經典之通名,如《華嚴》《法華》等。《大智度論》卷三:"諸摩訶衍經,多在耆闍崛中説。"此五句言摩訶衍經中説:菩薩得無生法忍,斷滅諸種煩惱,爲了度脱衆生之故,纔又生身。按:此生身乃爲應身(化身),而非肉身。

〔5〕此二句言諸位論議師,又將度衆生之受身稱之法身。按:名此之"此"當指前所言之受身。

〔6〕有漏罪業:即有漏業,爲無漏業之對稱。指不離煩惱是非的諸善惡業。在黑白等四業中,以招欲界惡果的黑黑業、招色界善果的白白業,及招欲界善果的黑白業等三業爲有漏業;非黑非白業斷盡前三業,是爲無漏業。見《俱舍論》卷一六。六波羅蜜:即六度。由生死此岸度到涅槃彼岸的六種途徑與方法。詳見《次問真法身壽量並答》注。自在:又作無礙、縱任。即自由自在,隨心所欲,做任何事均無障礙。此爲諸佛及上位菩薩所具之功德,故佛亦稱爲自在人。此數句言是何緣故? 是因爲這種生身已經斷滅煩惱繫縛以及有漏罪業,只有無爲清净身及修習六波羅蜜果報,使得此生身常存,且自由自在,一無掛礙,乃至達到成佛的境界。

[7] 轉輪聖王：指轉法輪之佛陀。詳見《次問真法身像類并答》注。此數句言唯有轉輪聖王是人中第一，纔有真正的三十二相。菩薩的三十二相只是應身而已，與佛三十二相有本質不同。因爲菩薩應身仍然在生死輪迴中，播種其因緣果報；至於菩薩法身，則在修習中令其日益增加其明净。也就是説，菩薩應身並非法身，然而日益增其明净則可漸至法身也。

[8] 難陀：又作難努、難屠、難提，釋尊之異母弟。身長一丈五尺四寸，容貌端正，具三十相（唯缺佛相中之白毫相，又耳垂較佛稍短）。佛陀於尼拘律園度其出家，然出家後猶戀其妻孫陀利，屢歸妻處。後以佛陀之方便教誡，始斷除愛欲，證阿羅漢果。於佛弟子中，被譽爲調和諸根第一者。雌黄：一種半透明、柠檬黄色的礦物質，此指以雌黄製成的顏料。此六句言比如佛祖弟弟難陀，其前身因用雌黄礦物顏料粉飾整個辟支佛塔，且許願説：願我也得金色之相美之身。

[9] 波羅捺：中印度古代王國。又作波羅奈、波羅奈斯等，意思是江繞城，是將古代印度的城市名作爲國名的稱謂，也是印度次大陸佛陀時代十六大國之一。法顯《佛國記》、玄奘《大唐西域記》均有記載。此六句言因爲有如此福德因緣，壽終之後，轉生於波羅奈國國王造利奢之王子，又見到迦葉塔，心生歡喜，就於塔上製作華蓋。

[10] 末後：即後邊身，最後的肉身。迦毗羅婆：即迦毗羅衛國，是印度次大陸佛陀時代的國家，釋迦牟尼佛的故國。又作迦維羅衛國、劫比羅伐窣堵國、迦毗羅蟠窣都、迦毗羅婆蘇都、迦毗羅、迦毗梨等。意譯蒼城、黄赤城、妙德城等。巴利語音譯又作舍夷國，意爲證得聖位者之國。端正比丘：威儀端正的比丘。比丘，指受具足戒的出家人。此數句言因爲這一因緣之故，人、天衆生皆普受無限幸福快樂，最後肉身生於迦毗羅婆國白净王之王子，具有佛之三十二相，出家學道，證得阿羅漢果位，在諸威儀端正的比丘中，稱爲調和諸根第一者。按：難陀僅具三十相，此作三十二相未知何據。

[11] 阿泥律陀：又作阿那律、阿那律陀、阿尼盧陀、阿樓馱、阿難

律、阿那律、阿樓陀。意爲滅無如、無滅、如意、無障、無貪、隨順義人、不爭有無、如意無貪等。古代印度迦毗羅衛城之釋氏，佛陀從弟，亦是其十大弟子之一，號稱天眼第一，能見天上地下六道衆生。供養：指以香花、明燈、飲食等資養三寶（佛、法、僧）。又分爲財供養、法供養兩種。波利陀辟支佛：或爲辟支佛之異譯。波利，意譯圓，圓滿之義。忉利天：又作三十三天。在佛教宇宙觀中，此天位於欲界六天之第二天，乃帝釋天所居之天界，位於須彌山頂；山頂四方各八天城，加上中央帝釋天所止住之善見城（喜見城），共有三十三處，故稱三十三天。七寶具足：轉輪聖王出生時，即有七寶出現。《大寶積經》卷一四：“轉輪聖王生種姓家，七寶則現。何謂爲七？ 一曰紫金輪，有千輻；二曰白象，有六牙；三曰紺色神馬，烏頭朱髦；四曰明月化珠，八角；五曰玉女后口優鉢香，身旃檀香；六曰主藏聖臣；七曰主兵大將軍，御四域兵。”此數句言阿泥律陀曾供養辟支佛，有七世生於忉利天，有七世生於人間，而後修成轉輪聖王，具足七寶，纔獲得三十二相。

[12] 無始：無有元始。釋聖賢注：諸法皆由因緣生，因上有因，因因無始，如是輾轉推究，一切衆生及諸法之原始，皆不可得，故云無始。徑，經過。《正韻》：“徑，過也。”此數句言汝輩比丘，現在受最上勝樂，須知我也曾經受如此之樂，何以如此？ 從混沌世界開始以來，凡有生命處，我無不經歷。

[13] 此二句言而今雖然又是惡行大盛之世，仍然有得其一相、二相、三五之相者。

[14] 此數句言由此可知，在生死輪迴的肉身中，可以修行各種相好，但是要得到莊嚴清净、光明照耀、威德具足的三十二相、八十好，則唯有佛。

[15] 迦旃延：佛十大弟子中論議第一之摩訶迦旃延子，又云迦甄延尼子、迦陀衍尼、迦旃延子等。意譯作翦剃種、文飾、好肩。出身於印度婆羅門名門，以姓爲名。爲小乘佛教宣揚一切有部之大論師。

此四句言你所問三十二思，是迦旃延弟子引申佛尊之意，非佛所言。按：此段文意前後牴牾。慧遠問未及三十二思，唯言二思。未知是文字有誤抑或慧遠別有問。

〔16〕此四句意謂一念之中不可能具有三十二思，而一念又存在時間短暫而不能停留，不可能思考一個完整的事理。

〔17〕此三句乃進一步説明前意。因爲一切有爲法，都必須因緣和合，纔能形成新的事理。

〔18〕斷命：傷人性命。唐玄奘《大唐西域記・迦畢試國》："王若殺我，我之與王，俱墮惡道。王有斷命之罪，我懷怨讎之心，業報皎然，善惡明矣。"此五句列舉例證説明之。比如有人見三十二人罪大惡極，若欲除其害時，絕非一念而生，但是唯有在取其性命那一刻的心念，纔叫做殺心。

〔19〕此二句言雖然前後都有除害之念，但是只有刹那間所生之殺心稱之三十二思。按："思"原本作"相"，前後牴牾，故據邱檗《遠什大乘要義問答》改正。

〔20〕回向：回轉自己所修之功德而趣向於所期，謂之回向。回，回轉。向，趣向。此數句言有人説，菩薩若見到佛身、佛三十二相，以其所修福德以祈求曰："願我修得如此佛身之果報。"或是佛爲了開悟衆人修習三十二相之法，衆人親眼見佛三十二相，便發願説："我應在未來世，得其三十二相。"這兩類皆是在得見佛相之後，修習清净功德，使其得以成功。

〔21〕此四句以比喻説明：發願向善猶如下種；修習福德亦同灌溉，如同從苗床除其野草，使下種所生之苗得聳立安定之相。

〔22〕此數句舉例説明：燃燈供養佛前，得大光明相；慈悲平等之心對待衆生，得目色紺清相；常以頭面膜拜師長、聖賢，布施蓋帽等因緣，得肉髻相。

〔23〕上數句列舉未聞佛説、亦未見佛相的兩類人，一類是聞他人所説三十二相，一類是自讀經書知三十二相，然這兩類皆發願"我

得三十二相",然後漸積福德,滿足所願。

　　[24] 上數句言如上所説,還有另一類人,似乎見過佛相,又似乎未見過佛相,其心不在見佛相與否,只是聞大乘佛理,即對衆生産生慈悲之心,欲以諸法實相利益覺悟衆生,並發願"願我應以全部身心,引導衆生,使其信仰我所弘揚的大乘佛法。"

　　[25] 智印經:即《佛説如來智印經》,南朝梁僧祐《出三藏記集》云"闕譯人"。七因緣:因《智印經》佛爲彌勒説法所言之七因緣而發菩提心。其卷一:"彌勒,有七法發菩提心。何等爲七? 一者如佛菩薩發菩提心;二者正法將滅,爲護持故發菩提心;三者見諸衆生衆苦所逼,起大悲念發菩提心;四者菩薩教餘衆生發菩提心;五者布施時自發菩提心;六者見他發意隨學發心;七者見如來三十二相、八十種好具足莊嚴,若聞發心。彌勒,如是七因緣發菩提心。"與羅什所引略有差異,録以備考。阿耨多羅三藐三菩提:梵語音譯,意爲無上正等正覺,即真正平等覺知一切真諦的無上智慧。乃佛陀所證得之一切種智,超勝二乘之一切智與菩薩之道種智。《大智度論》卷八五:"唯佛一人智慧,爲阿耨多羅三藐三菩提。"此數句言在《智印經》中,佛對彌勒説,有七種因緣,發願無上正等正覺,一是佛使之發願;二是見佛教大法遭到破壞,發願護持大法;三是悲憫衆生,故發願度脱之;四是菩薩使之發願;五是見人發願而自己亦發願;六是發願布施;七是見佛有三十二相、八十種好而發願修證佛法。

　　[26] 退轉:佛教謂位次下降,功行減退,道心退縮等。《法華經·序品》:"菩薩摩訶薩八萬人,皆於阿耨多羅三藐三菩提,不退轉。"此數句言佛告訴彌勒,前三種所發菩提心,必能成佛,不再退轉。後四種所發菩提心,不能穩定,多有退轉。

　　[27] 此三句言因此可知,形成三十二相的種因,修習之事並不相同。

　　[28] 有法身國土處所:語意不明,或指法身生於佛國之處所。此五句言關於法身菩薩,佛教記載不甚明瞭,説是法身生於佛國之

地，但是以理推論，應有菩薩法身之存在。

[29] 涅槃：此指滅度。此數句言如若諸菩薩已經斷絶煩惱，超出三界，肉身既已不存，却又未滅度，介於二者之間，如若没有法身存在，這又作何解釋呢？意謂是菩薩身亦爲法身。

[30] 此四句言所以諸位論師說，在“既無生身，亦不入涅槃”之間，因無漏（無煩惱）法性所生之身，就叫做法身。

[31] 此三句言此法身並非從一身而來，而是隨着本願、功德、神力之多少，乃有無數法身。

[32] 此五句順承上三句，説明法身既有空間上的二身、三身、十身，乃至於無量十方世界中皆現其身，亦有時間上經歷百千萬無量無數劫亦現其身。這些顯現之身，是爲了具足其餘之佛法，也是兼有度脱衆生之故。

[33] 迦旃延阿毗曇：乃《阿毗曇八犍度論》之異名，是小乘佛教説一切有部的基本典籍。此二句言《迦旃延阿毗曇》經中，即説一旦產生無漏法，就不再有果報的存在。

[34] 聲聞法：聲聞之名義有三：就得道之因緣而釋，聞佛之聲教而悟解得道，稱爲聲聞。就所觀之法門而釋，如《大乘義章》卷一七：“我衆生等，但有名故，説之爲聲，於聲悟解，故曰聲聞。”就化他之記説而釋，如《法華經・信解品》：“以佛道聲，令一切聞，故稱聲聞。”前二者爲小乘之聲聞，第三則爲菩薩，隨義而稱爲聲聞。此乃指小乘聲聞。小涅槃：即有餘涅槃，與無餘涅槃相對。小乘指斷一切之煩惱而絶未來生死之因者，尚餘今生之果報身體，謂之有餘涅盤；今生之果報盡而歸於寂滅，謂之無餘涅盤。即證得阿羅漢，其身存生，爲有餘涅盤；其身死時，乃無餘涅盤。故有餘涅盤無生死之因，唯有生死之果；無餘涅盤，無生死之因，亦無果。不可思議經：即《不可思議解脱經》，又稱《維摩詰所説經》。此數句言是什麼原因呢？聲聞法中只説三界之事及有餘涅槃，大乘法中超越凡夫之性及有餘涅槃法門，而説清净法身、大乘之事，如《不可思議經》等。

［35］此五句言如凡夫雖然也行善業,因爲不能斷絶煩惱,故侵奪福德;因爲色相與法性背離,故不能增益善業。

［36］善根:此指發菩提心,修持三十七道品。此五句言諸阿羅漢,因爲證得涅槃,所以没有煩惱毀壞善法。但是不發心阿耨多羅三藐三菩提(無上正等正覺),就不能增長佛道之善根。

［37］此數句言諸菩薩已斷滅煩惱,因爲不再有虧損善法之行,無須再證涅槃,所以發心不廢,功德日益增長。那時,再行一切功德,勝過原來從無始世界以來所積之所有福德。

［38］此數句言如《思益經》説:我以五種花供養佛陀,勝過原來以頭目腦髓的一切供養。什麽原因呢? 因爲原本布施都是虛妄,夾雜着各種煩惱繫縛身心,顛倒了布施的心物關係,故虛妄不實。此布施雖然很少,却清净真實。

［39］此二句言猶如人在夢中得到無限珠寶,還不如醒時所得很少珠寶。比喻虛妄時布施之多不及虔誠時布施之少也。

［40］微障:即前文所説的餘垢、餘習、餘氣。此二句言因爲菩薩已斷滅三界的煩惱障礙,唯有證悟佛道必須斷滅之餘垢尚未完全斷滅。

［41］此六句言比如兩盞燈光,第一盞燈光所破除之黑暗,却不能與第二盞燈光所破除之黑暗分開;第一盞燈光若能破除第二盞燈光所未破除之黑暗,第二盞燈光就無法增益其光明的空間;而第二盞燈光所破除之黑暗與第一盞燈光所破除的黑暗疊合,就不再有第一盞燈光所破除之黑暗。此比喻以第一燈所破除者乃凡夫煩惱,第二燈所破除者乃菩薩微障。按:《次問法身佛盡本習並答》曰:“如燃燈時有闇有明者,得有所見。有闇者,燃第二燈時,其明增益,當知先有微闇故。若光無闇,燃第二燈時,不應有異。”此意甚明。

［42］十住:即十地。此謂十住菩薩居十住(地)而不退轉。見《次問真法身像類並答》注。此數句言菩薩得無生法忍也是如此。捨棄生死輪迴之肉身而受法身,雖已破除了三界凡夫煩惱障礙,却不能斷滅諸菩薩繫縛身心的餘氣。如若能斷滅繫縛身心的餘氣,就達到

第十地的境界，便應成佛。

［43］起業：猶作業。業，指身、口、意三業。此數句言這類菩薩那時再作業時，則没有三界煩惱繫縛身心，只有菩薩境地之餘氣的微障。其超出三業之處，悉皆真實，具有清净無量之功德。

［44］此數句言是什麽原因？因爲這類菩薩已經超脱生死輪迴，不再有煩惱，心襟廣大，在法身之後，所受之身，皆如幻影、鏡像，所作之業亦復如此。

［45］此四句乃概括説明，心念所生，意業隨之生，所得到的果報又隨意業而生，不可用三界肉身之色相，而質疑菩薩超出三界的微妙之法相。

［46］莊嚴其身：指佛莊嚴之相，即三十二相。按：羅什如上所説因緣所見之佛，是真法身，亦爲變化身。有親眼所見，或親耳所聞，是皆法身；或菩薩爲方便教化衆生，顯現莊嚴之相。

［47］此三句言不見佛相、不聞佛法尚能發無上正等正覺心，更何況見佛聞法者？此乃强調發無上正等正覺之心是佛教之核心，然方便教化更能引導衆生萌發此心。

［48］心眼：謂以心應之，以眼觀之。是：前一“是”代指無上正等正覺，後一“是”代指莊嚴佛相。此六句言發心無上正等正覺之人，因緣以心眼應觀三世佛相。眼觀過去世佛身法相，應發願我當知佛之真諦；心念現在、未來世佛身法相，應發願我身亦應如此。

［49］回向：回轉自己所修之功德而趣向於所期。見上注。此數句言或有人隨其所喜好，自生念想：我所作功德，虔心佛道，後來成佛時，所得壽量、所居佛土、所積功德、所成相狀，應當如此。

［50］此數句言據《釋迦文佛本初發心經》所説，這位“自生憶想”之人生在没有佛、没有佛法的國土中，名光明大王。當時有個小王，將所好之小白象，奉獻給光明大王。

［51］此五句言大王見小白象心生歡喜，令訓象師依訓象之法調教制服之。訓象師依法訓練好之後，令大王乘坐之，遊玩於山野。

［52］淫，原作媱，同淫。《説文》：“媱，私逸也。”《集韻》：“媱，通作淫。”此四句言此象遊於林中，聞到雌象香氣，頓生淫欲之心，疾向雌象奔馳而去。

［53］此四句言大王對訓象師説，制服它，使之停下。訓象師就以鐵鈎制服它，不能使之停下。

［54］榛藪：山林。晉陸雲《榮啓期讚》：“遂放志一丘，滅景榛藪。”此五句言當時，王眼看外物，外物旋轉，一直奔入叢林深處，衣服掛壞，身體受傷，旋即仰攀於樹枝上，纔免於災難而全身。

［55］此數句言後來小象貪念人間飲食，回到宮中。王問大臣：“如果有人爲王遇此孽緣，應如何處治他？”大臣説：“按罪應處以極刑。”

［56］此數句言當時，訓象師説：“莫以欺騙手段殺之，我已有妥善處治之方。”大王説：“象作如此惡行，如何妥善處治之？”

［57］此數句言訓象師就在大王面前，燒紅一個大鐵球，對象説：“你取火紅鐵球吞下去。若不吞下它，還按照原本的法律處治你。”

［58］此六句言小象暗自思量，寧願須臾而死，也不能久受苦痛，於是就取鐵球吞下，大火燒過全身，象大叫而死。

［59］此數句言王見此狀，已知其調服之法，就問訓象師：“你既有如此調服之方，最近爲何原因，而使象作此惡行？”訓象師説：“因爲心有淫欲重病，因勢必發，故没有預先制服之策。”

［60］此數句言王聽後内心驚怖：“淫欲重病，此又因何而生？”訓象師曰：“我亦不知所生之因及其強弱發生之時。”

［61］賊：佛教將能劫奪一切善法喻之爲賊。如産生煩惱根源之色、聲、香、味、觸、法等六塵，亦稱之爲六賊。苦行：即斷除肉體欲望，堪忍諸種難忍之痛苦折磨自己，以獲得精神解脱。佛教之苦行，稱爲頭陀。五欲：又作五妙欲、妙五欲、五妙色。指染着色、聲、香、味、觸等五境所起之五種情欲。即色欲、聲欲、香欲、味欲、觸欲。又相對於欲界粗弊之五欲，稱色界、無色界之五欲爲“净潔五欲”。此數句言王曰：“如此重病，無人能治療？”訓象師曰：“欲治此病者衆多，皆不得治

療之術,反而墜溺欲中。於是有人或爲破除淫欲,遠離五欲而忍受苦行;或接受五欲,而產生厭惡遠離之情,因此緣由,能得解脫此病;或出家離俗,然因種種緣由,希望免除此患,皆不能從根本拔除其貪淫毒樹。”

　　[62]八十隨行好:指佛陀在三十二相上又有八十種賦予形體的微妙特徵。《瑜伽師地論》卷四九:“云何如來八十隨好? 謂兩手足具二十指及以節爪并皆殊妙,是即名爲二十隨好。兩手兩足、表裏八處,手四足四并皆殊妙,是即名爲八種隨好。兩踝、膝、股六處殊妙,是即名爲六種隨好。兩臂、肘、腕六處殊妙,是即名爲六種隨好。腰、縫殊妙,各一隨好。兩核殊妙,爲二隨好。陰藏殊妙,爲一隨好。兩臀殊妙,爲二隨好。臗、臚、臍三,并皆殊妙,各一隨好。兩脅、腋、乳并皆殊妙,爲六隨好。腹、胸、項、脊各一隨好。如是所説,除頸已上,於下身分,六十隨好。上下齒鬘,并皆殊妙,爲二隨好。齗腭殊妙,爲一隨好。兩唇眷屬,并皆殊妙,爲二隨好。頤善圓滿,爲一隨好。兩頰圓滿,善安其所,爲二隨好。兩目眷屬,并皆殊妙,爲二隨好。兩眉殊妙,爲二隨好。其鼻二孔,并皆殊妙,爲二隨好。其額殊妙,爲一隨好。角鬢兩耳,并皆殊妙,爲四隨好。頭髮殊妙,爲一隨好。如是所説,從頸已上,二十隨好。前有六十,後有二十,總合説爲八十隨好。”此數句言王聞之驚怖憂慮,對訓象師曰:“如此重病,難以治療,在天人之中,有能夠破除此病之人嗎?”訓象師曰:“我聽傳聞,有聖人出世,全身金色,有三十二相、八十隨形之妙,常光照遠土,哀憫衆生,名號爲佛。此人了知淫欲生滅之道,哀憫衆生而爲之説法。”

　　[63]此數句言王聞其説畢,便即走下高座,右膝著地,合掌祈禱曰:“我願以此法治理國家以及布施等種種功德,藉此福德因緣,當能成佛,治療一切衆生淫欲重病。”

　　[64]此六句言王從此發心之後,初遇於佛,名號釋迦文,在百歲之壽時於衆生中成佛,今釋迦佛之事迹,皆與此佛相同。

　　[65]祇園:印度佛教聖地之一。《藝文類聚》卷六五引《法顯

記》:"舍衛精舍東北六百里,毗舍佉母作精舍,請佛及借此處,故在祇洹舍大園落,有二門。一門東向,一北向。此園即須達長者布金錢買地處也。精舍當中央,佛住此處最久,説法度人。經行坐處,亦盡起塔,皆有名字。"大光明:音譯摩訶波羅婆修,釋迦如來於過去因位修菩薩行時的王名。《賢愚經》卷三:過去無量無邊阿僧祇劫,閻浮提有大工,名大光明,聰明勇慧,王相具足。時有一邊國之王,獻二象子,王大悦,延請象師散闍調教,教成,王乘之出城,象見群象在蓮華池,而奔逐之入林,王傷而怒,象師乃請王觀其調象之法,遂作七熱鐵丸,令象吞之,象焦爛而死。王見之,大爲驚悔,召問象師,象師謂:己唯能調其身,而未能調其心,唯佛能調身調心。王聞言,即便發心,誓願作佛,精勤歷劫,果獲其報。爾時之王即釋尊,象師即舍利弗,象即難陀。此所記大光明王的本生故事,與羅什所言同異互見。陶師:製陶之人。《百喻經·觀作瓶喻》:"譬如二人至陶師所,觀其蹋輪而作瓦瓶,看無厭足。"此數句言當時,大光明王作陶人,字廣照(炤)。釋迦文佛,普度衆生之後,與五百阿羅漢度脱廣照。於是從祇園行至其家,廣照就以煖湯、塗油、燃燈、石蜜漿等,供養釋迦文佛。

[66] 此數句言陶師(光明王)從佛聞法,而發心宏願:"我於來世成佛,亦應如文佛普度衆生。"此人在佛法尚未誕生之世,還能發心普度衆生,何況已經見佛聞法、廣種三二十相因!

[67] 錯:通措。此四句言如若起初所發心願清晰準確,亦不必看重成佛。因爲佛陀唯有一人,恐怕他人也不必措身其中。

[68] 此數句言由此可知,虔心向佛必須如光明王,遇到這一機緣,就暗自發心。也因爲這一緣由,且得以肉身遇到釋迦文佛,從佛聽法,然後再發宏願。

[69] 此數句言從前暗自初發宏願,只是爲了破除淫欲重病。後得遇佛陀,已清晰分別佛陀名號而再發宏願,此後内心漸漸轉向微妙佛法,且能將自身布施轉向佛門。

[70] 無所取相:法相無相,故觀相而無所取。《思益梵天所問

經》卷四："雖持戒，無所貪著；雖忍辱，知内外空；雖精進，知無起相；雖禪定，無所依止；雖行慧，無所取相。"清净：遠離惡行與煩惱。此五句言後來在佛之諸法中，無取相，安住於畢竟空中，且具足六種修行成佛的法門，發願清净。

[71] 此六句言光明王最初所發之願與貪念執著之心交錯，現在所發之願，清净而無餘垢。然而凡事皆有因，只是發願而得清净，此事尚難成。意謂光明王後來雖然發清净之願，然而後邊身猶在，仍然尚有餘氣而不得清净。故後文以蓮花喻之。

[72] 此四句言如《維摩詰經》中所説，蓮花雖然清净，必因淤泥而生，而不能生於金山之上。

[73] 異象："一相"之對稱。謂一切法其自性差別，非唯一元之義。《楞嚴經》卷八："則於同中顯設群異，一一異相，各各見同。"一異相，即異中見同之相，猶言共相。無决定真身、無决定麤身：此即《次重問法身問答》"又大乘法中，無决定分別是生身是法身"之意。真身，指法身。麤身，指肉身。此四句言此外，佛法既非共相亦非異相，就佛法非異中見同之相而言，並無决定的法身；就非同中見異之相而言，亦無决定的肉身。

[74] 此四句言只是因爲衆生的認知顛倒了罪業産生的因緣，所以不能見到佛相；這種顛倒漸漸離去，清净之眼漸漸睜開，乃能見到佛相。

[75] 此四句言佛陀真身微妙，没有污穢之肉身相，只是爲了教化衆生之故，纔顯現不同之相。

[76] 此五句言再説衆生前世已經種下見佛的因緣，但因緣的厚薄各不相同。因緣薄者如今得見佛陀應身形象、舍利子等，因緣厚者得見佛之三十二相、八十種好之真身，並修行成佛之事。

[77] 此三句言見佛之真身也有二種情况：或是見佛如須彌山之色界相，或是見佛無量無邊之真法身相。

[78] 法輪：亦稱梵輪、寶輪，意指佛法。印度傳説，佛陀説法，如

同轉輪聖王治天下時轉寶輪降伏衆魔,能摧破衆生之惡,濟度一切衆生,因此喻之爲法輪。故佛之説法稱爲轉法輪,佛最初説法的經典也稱《初轉法輪經》。此五句言如轉動法輪時,弘法菩薩,若欲量佛身,只能見佛上身。如上佛之諸身,即能度脱衆生。

　　[79] 塵勞:謂世俗之煩惱。《無量壽經》卷上:"散諸塵勞,壞諸欲塹。"此四句言破除世俗煩惱之佛陀,雖微妙有所不同,然皆是佛身實相,簡直妙不可言。

　　[80] 此三句言至於佛之真法身,十住菩薩亦不能見其全部,唯有諸佛之佛眼乃得見其全部。

　　[81] 此五句言另外,諸佛所見佛陀真身,亦由各種因緣和合而生,故虛妄而不真實,因爲畢竟性空,故又與法性相同。

　　[82] 此四句言若佛身真實,則肉身亦應虛妄,因爲肉身和合而生且不真實,故不獨肉身虛妄,佛身亦虛妄也。

　　[83] 此數句言佛身、肉身虛妄而無差別,所以肉身、佛身本質相同。是因爲肉身能爲衆生作微妙之法因緣,使衆生解脱三界,安住佛道,亦不名之爲粗也。按:羅什認爲真身與應身、真身與肉身並無嚴格區別。

【義疏】

　　此章回答慧遠關於法身與三十二相的關係問題。法身非佛所獨有,三十二相也非佛所獨有,皆可修習而得之。然而佛真身唯一,佛三十二相殊妙意義亦是唯一。

　　第一,論三種法身。開宗明義説明,法身只是假説而非實相。法身有三種:一是只有佛具足十力等無漏法者爲法身;二是"如是我聞"之經的法理爲法身;三是菩薩得無生法忍,已斷滅煩惱,爲了普度衆生而又生身,論議經師將這種生身亦稱之法身。原因乃在於:這種生身身心已無煩惱繫縛,已離世俗罪業,僅僅是無爲清净、六波羅蜜之果報而生,且此身常住,自在無礙,直至成佛。這説明,佛身是法身,佛理是法身,菩薩應身亦是法身。

　　第二,論三十二相。先説轉輪聖王有三十二相,菩薩應身有三十二相。菩薩受身在生死輪迴中,有方便衆生之因緣的種因;菩薩法身,可使其增益其清净空明,故二者皆有三十二相。凡夫亦有相,比如佛尊弟弟難陀本爲凡夫,因爲前身粉飾辟支佛塔,並發願得"金色相好之身",由此福德因緣,壽終而轉世利奢王子。王子年長後,見迦葉塔,復心生歡喜,又爲之作華蓋,由此福德因緣,生世在天人之間享受無量福樂,死後再轉世爲白净王子。是時,難陀雖爲凡夫,却具三十二相(實則三十相),出家學道,又得阿羅漢果位,在端正比丘中號稱調和諸根第一。另有阿泥律陀,因爲供養辟支佛,七世生於忉利天上,七世生於人間中,後作轉輪聖王,得三十二相。從難陀到阿泥律陀始以凡夫,皆積德向佛,終於修得正果,亦得三十二相。這説明三十二相並非唯佛陀所獨有,從凡夫到菩薩亦可有之。再引佛與比丘之言,説明佛之三十二相,亦"從無始世界以來,所生之處,無不徑歷"而形成。今雖惡行彌世,却仍有得一相直至三五之相者。由此可知,生死輪迴的肉身亦可修得相好,但真正得"莊嚴清净,光明照耀,威德具足"的三十二相、八十種好,則唯有佛陀。由此可知:相,既是因緣種因的外在呈現,也是增益明净的勸導形式。三十二相菩薩法身可有之,凡夫修行可得之,轉輪聖王具備之。但是佛陀之三十二相則有更爲特殊的象征意義,唯佛所獨有。

　　第三,插入論三十二思,爲下文論三十二相之修習張本。首先指出"三十二思",是迦㫋延弟子引申佛陀之意,非佛所説。然後説明一念之中不可能具備三十二思。因爲一念短暫且念念不住,一念不成事理,所以一切有爲法認爲,一切事理也須因緣和合而有所成。再舉"殺心"爲例,起心非止一念,念念相續,唯當"斷命"之念産生,纔名之殺心。殺心雖斷於一念,却又是念念累積而成,故殺心概念形成的刹那間,即包含三十二思。因慧遠所問已佚,不詳所指,從內容看,當是説明修習的過程也是念念不住的過程。

第四，論發願修持對於得三十二相的意義。先列舉發願得生佛相的幾種類型。有人說，菩薩若見佛身，見佛三十二相，故以修福德而祈求得生佛相之果報。或聽佛說修三十二相法，見佛三十二相，即發願來世得此佛相，然後修行清淨功德，使其有成，猶如耕稼，下種、灌溉、除草，方使"得立安相"，積種種功德，施種種奉養，然後得種種佛相；或有未從佛聽法，未見佛相，只是聞他人之說者、自讀經書者，即發願得佛三十二相，漸積功德，終得以滿足願景；或無論見佛與否，只聞大乘義，便起慈悲心，欲以諸法實相開悟眾生，發願獻身佛法，引導眾生，使之信仰佛門。故三十二相，從果位上說，菩薩可修，凡夫亦可修；從途徑上說，見佛聞法者可修，未見未聞者亦可修；從功德上說，修身覺己者可修，方便覺人者亦可修。關鍵在於願心，在於修持。再引《智印經》佛爲彌勒說法，闡釋發無上正等正覺心的七種因緣：一是佛陀引導而發心，二是護持正法而發心，三是悲憫眾生而發心，四是菩薩引導而發心，五是見人發心而發心，六是布施功德而發心，七是聞佛相好而發心。佛又指明：前三發心，必能成佛，且不退轉；後四發心多有退轉，難以確定是否成佛。由以上種種虛擬實證，說明形成三十二相的種因亦各不同。這也證明修持三十二種思，發願七種因緣，是修得三十二相的主體保證。

第五，論生身與法身、應身與法身之關係。關於法身菩薩，經典記載雖不明瞭，但以理推之，應有法身菩薩存在。因爲這類菩薩，已斷滅煩惱，超出三界，既無生身，亦未涅槃，故在這一時段中必有法身存在。因此諸位經論法師皆說，在這一時段中，由無漏法性所生身，即是法身。這一法身非僅僅表現爲一身，而是依照所修功力之多少，而有不同法身呈現，少則二身、三身、十身，多則"百千萬無量阿僧祇身，乃至無量十方世界，皆現其身"。其目的，一是具足呈現諸法，二是兼度眾生。這說明，在羅什看來，菩薩生身即法身，佛菩薩之應身亦即法身。

第六，論菩薩修行之意義。例舉一切有部《迦旃延阿毗曇》經典説明：一旦生無漏身即無果報存在。因爲聲聞法中所説皆三界事、有餘涅槃法，唯有大乘説清净法身。凡夫雖積善德，未斷煩惱，如此則侵奪所修福德，色相與法性違離，故不能增益善業；阿羅漢雖證涅槃，亦無煩惱侵奪善德，但不發普度衆生之願心，故不能增長佛道善根；菩薩斷滅煩惱，無虧損善法，復不證涅槃，即使不發普度衆生之願心，亦能增長功德，爾時菩薩所行之一切功德，勝過原來所積之福德，即如《思益經》所説：以五花奉佛，勝過一切布施。因爲若布施者錯雜諸種繫縛身心之煩惱，顛倒是非真實，故是時之布施猶如夢中得無量珠寶，亦皆虛妄。一旦清净真實，布施雖少却真。在這裏，羅什否定一切有部，推崇大乘佛法，强調斷滅煩惱，以不證爲證，如此方可達乎佛境，亦即得佛三十二相也。

第七，論菩薩微障與凡夫有漏之本質不同。因爲菩薩斷滅三界障礙，唯存成佛之微障。猶如第一燈破除黑暗，却不能破除第二燈所破除第一燈所留下的黑暗。如果能破除第二燈所破除之黑暗，第二燈存在則毫無意義；如果第二燈所破除之黑暗與第一燈相同，則黑暗已經被第一燈所破除。這一比喻就是説明破除凡夫煩惱與破除菩薩微障關係。所以菩薩得無生法忍，猶如第一燈。捨棄生死輪迴之身而受法身，雖已破除凡夫障礙，却不能破除菩薩微障。一旦破除微障，即位登十住，便是成佛境地。菩薩未登十住之時，所行之業，無三界之身心繫縛，唯存繫縛身心之微障。一旦超越三業，心性悉皆真實，便得清净無量之法身。因爲此時已超越生死輪迴，脫離凡塵煩惱，心志寬廣無邊，所以隨法身之後所受的生身，亦如幻影、鏡像，所起之業也是如此。而三界肉身，起心動念，三業隨之；所起業行，果報應之，這與菩薩超越三界的微妙之形，有本質區別。這又説明，縱然菩薩尚存微障，然而其法身、受身皆與凡夫肉身大相徑庭矣。

第八，回答佛是真法身還是變化身問題。先論佛陀應身之功用。所見所聞之生身，皆是佛爲教化衆生而顯莊嚴之相的應身。之所以如此，因爲見佛聞法，更是引導衆生發願無上正等正覺心的方便法門。這些受教化衆生又可分爲兩類：或以心眼觀佛，緣生於三世佛相。觀過去世佛相，發願我心當知佛法；念現在、未來世佛相，發願我身當如佛相；或隨其喜好，自生念想：積累功德，虔心向佛，將來成佛，亦如佛之得壽量、居佛土、積功德、成三十二相。再舉《釋迦文佛本初發心經》所載光明王本生故事，以小象心發淫欲，終至身亡，説明淫欲沁人骨髓。接下通過光明王與訓象師對話説明：其一，淫欲毒根，難以根除。淫欲痼疾，因勢而發，無治理之上策；淫欲無端而生，强弱亦無規律可循。治理淫欲，唯有或受苦行遠離五欲，或厭離情欲擺脱此病，或剃度出家免於斯患，然而"皆不拔此淫毒樹之根"。其二，要根治淫病，唯在弘法。佛陀出世，以莊嚴之相、遠照之光、慈悲情懷，憐憫衆生而爲之説法。再描述光明王聞訓象師之言後發心救世。王聞是言，伏地合掌，發願如佛法治理，積累布施功德，以福德因緣證成佛身，而後治理衆生淫欲重病。後來得遇釋迦文佛，並在佛與五百羅漢的導引下，誓願成佛。最後强調，光明王生於佛法問世之前，尚能發心誓願，更何況生於見佛聞法、可播種三十二相種因之世！這就是説，成三十二莊嚴相，以發心無上正等正覺爲前提，而要發此心，必須斷淫欲，立誓願，積功德，虔心佛門。在此，羅什仍然堅持佛身與應身不一不二的關係。

第九，説真法身唯佛所獨有，發心向佛只可得清净身。如若初發心明暸正確，亦不必以追求成佛爲第一目標，因爲佛尊唯有一人，恐怕難以措身其間。因此光明王一遇機緣，便自發心。也因此機緣，纔又使得以肉身得遇釋迦文佛，從佛聞法，再發宏願。比較前後兩次發願（發心），前次發願僅僅是爲了破除淫欲重病，遇佛之後再次發願，則了悟菩薩與佛名號之分別，其心也漸漸轉向微妙之法身，且能以自身布施而向佛。後一發願"我當來世作佛"，已是在諸法中不取相，安住畢竟空，具足六波羅蜜，期得清净身。故第一願尚與我貪欲執著之心交錯，第二願則唯在清净無垢。由此可以概括，凡事不可能無因，唯有發願而得清净，方爲難事。爲什麼呢？猶如《維摩詰經》所譬喻，蓮花雖然清净，必因淤泥而生且非生於金山。也就是説，由凡塵而走向清净，唯在自我的願景和覺悟。清净身雖非佛法身，亦是前文所言之菩薩法身。

　　第十，法身（佛身）無相，既非真身，亦非肉身。所見真身亦有佛真身與應身之別，然皆虛妄不實。首先説佛法（佛身）特點及其應身生成的原因。佛法遠離共相，所以没有決定真身；遠離異相，所以無決定肉身。只是因爲常人顛倒了罪業生成的因緣，所以不能見佛真身。只有這種顛倒漸漸消失，清净之眼轉開，纔能見佛真身。佛身微妙，没有肉身之污穢，只是爲引導衆生，纔現種種不同相。其次説衆生見佛身的兩種類型，又因衆生前世種下見佛真身的種因，却又有功德厚薄的差異。功德薄者於今世間見佛之應身、舍利，功德厚者得見莊嚴美妙之真身所施之佛事。衆生見佛亦有兩種：或見佛之應身相，後見佛之無量無邊之真身。比如轉法輪時，用力的菩薩，欲打量佛身，也只能見佛之上身，乃至於佛的真法身，甚至十住菩薩也不可見其全身，唯有具有佛眼的諸佛方能見其全身。復次説佛真身畢竟空的本質。諸佛所見之佛尊，也是隨衆緣和合而生，虛妄而不真實，因爲佛真身也畢竟性空，猶如法性。如若諸佛所見佛身是實相，那麽彼應身亦爲虛妄，因爲此身不是實相，故非僅僅彼身虛妄也。因爲佛真身與應身虛妄不異，故應身之粗與佛身微妙亦同虛妄。只是因爲應身能爲衆生作微妙法身之因緣，使之拔出三界，安住佛道，故也不應以"粗"名之。在這裏，羅什認爲所見佛真身亦因緣而生，故畢竟空而非實相，在這一點上佛身、法身、法性亦異名同質。這也説明法身實相與法身無相是一種辯證存在。

六、　次問受決法并答

　　遠問曰：受決菩薩，爲受真法身決，爲變化之決[1]？若受變化之決，則釋迦受決於定光、彌勒受莂於釋迦是也。斯類甚廣,皆非真言[2]。若受真法身決,後成佛時,則與群麤永絶,唯〔一〕當十住菩薩共爲國土,此復何功何德也[3]？若功德有實,應無師自覺〔二〕,復何人哉？如其無實,則是權假之一數[4]。經云：“或有菩薩,後成佛時,其國皆一生〔三〕補處。”此則十住共爲國土明矣[5]。若果有十住之國,則是諸菩薩終期之所同,不應云說“或有”；“或有”〔四〕而非真,則是變化之流[6]。如此,真法身佛,正當獨處於玄廓之境[7]。

【校勘】

〔一〕“絶”“唯”,卍續藏經本作“唯”“絶”,《慧遠研究·遺文篇》、張景崗校本皆作“絶”“唯”,據改。

〔二〕“覺”,卍續藏經本亦作“貴”,又校曰：“‘貴’疑‘覺’。”《慧遠研究·遺文篇》作“貴”。張景崗校本作“覺”,下文什答引作“言‘無師自覺’者”,並據改。

〔三〕“生”,張景崗校曰：“原本作‘處’,今參照木村本、陳本改。”

〔四〕“或有”,卍續藏經本校曰：“‘或有’二字更勘。”

【注釋】

[1] 受決：同受記,或作受莂,受決定之記別也。謂從佛受將來必當作佛之記別。《法華經·譬喻品》曰：“見諸菩薩受記作佛,而我等不預斯事。”簡單說,乃是授予之所以成佛之標記。此三句言菩薩之所以受記作佛,是真法身受記,還是變化身受記？

[2] 定光：燃燈佛又名定光佛、定光如來。燃燈佛,本作然燈佛,梵文音譯提洹竭、提和竭羅。釋迦如來因行中第二阿僧祇劫滿時逢此佛出世,買五華之蓮,以供養佛,髮布於泥,令佛蹈之,以受未來成佛之記別。《大智度論》卷九：“如燃燈佛生時,一切身邊如燈,故名燃燈太子,作佛亦名燃燈。”《瑞應經》卷上：“錠光佛時,釋迦菩薩名儒

童,見王家女曰瞿夷者,持七枝青蓮華,以五百金錢買五莖蓮,合彼女
所寄託二枝爲七莖蓮奉佛。又見地泥濘,解皮衣覆地,不足,乃解髮
布地,使佛蹈之而過,佛因授記曰:是後九十一劫,名賢劫,汝當作佛,
號釋迦文如來。"釋迦文如來,即釋迦文佛。《增一阿含》卷一一:"爾
時,定光如來觀察梵志心中所念,便告梵志曰:汝將來世當作釋迦文
佛、如來、至真、等正覺。"梵志,古印度一切"外道"出家者的通稱。彌
勒受莂:《摩訶般若波羅蜜經‧夢行品》:"須菩提語舍利弗:彌勒菩薩
今現在前,佛授不退轉記,當作佛。"《中阿含經‧説本經》:"佛告諸比
丘,未來久遠人壽八萬歲時,當有佛,名彌勒如來。"此五句言若是變
化身受記成佛,則有釋迦受決於定光佛,彌勒受決於釋迦佛,這類記
載甚多,皆不可靠。

　　[3] 群麤:指凡夫或修行階位低下,如二乘、九住菩薩以下者。
此五句言如若是真法身受記成佛,後來成佛之時,就與修行階位低下
者永遠隔絶,唯與十住菩薩與之同住一個佛國,那麼什麼功德纔能達
到受決境界呢?

　　[4] 此五句言菩薩如若真有這種功德,應該是無師而自覺,又何
必要菩薩爲之授記? 如果沒有這種功德,那就是爲了引導衆生而作
一種假説。按:第三章中慧遠問:"十住無師,又非所須。"羅什答:"言
十住無師者,爲下凡夫二乘九住已還,可非於諸佛,言無師也。乃至
坐道場菩薩,尚亦有師,何况十住。"羅什意思是十住菩薩仍然需要相
好具足的諸佛接引,纔能進一步修行佛道以至於解脱。

　　[5] 經云:指《無量壽經》所云。其卷下:"佛告阿難:彼國菩薩,
皆當究竟一生補處,除其本願爲衆生故,以弘誓功德而自莊嚴,普欲
度脱一切衆生。"一生補處:乃最後身菩薩的稱謂,指菩薩於當下階位
起,境界不退轉,功德不斷增長,只須一生即成佛道。如觀音、彌勒
等。補處,候補佛位,即前佛滅後,菩薩補其處而成佛。《摩訶般若波
羅蜜經‧往生品》:"舍利弗,有菩薩摩訶薩,行六波羅蜜時變身如
佛,遍至十方,如恒河沙等諸佛國土,爲衆生説法。亦供養諸佛及

净佛國土,聞諸佛説法,觀採十方,净妙國相而已。自起殊勝國土,其中菩薩摩訶薩,皆是一生補處。"此五句言經説:或有菩薩,後來成佛時,其佛國所居者皆是一生補處。此即説明一生補處與十住菩薩共住佛國净土,是非常明瞭啊。

[6] 此五句言如果真有十住菩薩的佛國,那麽諸菩薩最後期待的歸宿相同,就不應説不確定的"或有"語氣。"或有"就不是真實,而屬於變化虛幻之類。

[7] 此三句言果真如此,真法身佛,正應獨居於玄遠遼闊的玄妙之境。按:此説乃取自郭象《莊子·齊物論》注之"獨化於玄冥之境"。

【義疏】

此章乃質疑受決(受記)成佛説,亦即菩薩受決的法身究竟是真身還是化身。慧遠首先疑問:決定菩薩成佛,是真法身受決,還是變化身受決? 若是變化身受決,那麽釋迦受決於定光佛,彌勒受決於釋迦佛。這類説法非常普遍,皆非真實之言。若是真法身受決,後來成佛,就與其他低級階位的菩薩永遠斷絕。《大般涅槃經》所説的十住(十地)菩薩就共生於同一國土(十地),既已達到十住境界,就不必再修功德。若修習功德有真實果報,應是無所師從而自修功德而成,又受決於何人呢? 若修習功德無真實果報,那麽就僅僅是一種假説而已。佛經説:或有菩薩,後來成佛時,其所在國土皆共同處於補處菩薩境界,這就明確説明一生補處與十住菩薩共爲同一佛國。若果有十住之地,這就是菩薩相同的期待目標,經書就不應説"或有"。説"或有"即非真法身,乃是屬於變化身之類。如此看來,真法身佛正應獨居於玄冥之境。這也證明,從"受決"上説,真法身與變化身在理論上也存在矛盾。

什答曰:説菩薩受記者,各各不同[1]。或有人言:爲利衆生故,與其受記;或以肉身菩薩於無量劫久行菩薩道,爲彼受記,示其果報,安慰其心耳[2]。或云變化麤中有受記義,義[一]於法身,則無此事[3]。或有人言受記是實事,唯應與法身受記,不應爲變化身也[4]。"此復此何功德"者? 如來智德無量無邊,利益十住,其功最勝,以彼利根所受彌廣故也[5]。如般若中説:供養無量阿惟越致,不如一人疾作佛者[6]。

言"無師自覺"者,但不目外道爲師耳。此義上以明[7]。若如實語[二]者,諸佛威儀麤事,尚不可知,何況受記深奧義乎[8]? 有衆生未發心,而佛與受記;有人現前發心,不與受記;有人發心時,便與受記;有人[三]於生死身,得無生法,而爲受記;有捨生死身,受法身,而得受記,如文殊師利等是也[9]。有菩薩,從無量諸佛受記,如釋迦牟尼從燃燈佛衆中與受[四],華上名佛乃至迦葉佛,皆從受記[10]。有天王佛,與釋迦牟尼真身受記[11]。或於大法身菩薩衆中與受記[五]。是菩薩雖於大衆中,佛先受記,不以爲悦[六][12]。何以故? 自知處處身受記故,不以一身受記爲喜,亦不可見喜事故[13]。譬如阿那婆達多龍王受記時,阿闍世王言:"汝得大利,於大衆中受記爲佛。"[14]龍王言:"誰受記者? 若身也,身如瓦石;若心也,心如幻化。離此二法,無受記者。當知,有何利而生歡喜也? 若我受記,一切衆生,亦當受記。其相同故[15]。"如是無量不可思議,不應以事迹爲難[16]。又諸佛菩薩身,無量[七]音聲説法,無量神通方便,爲利益菩薩,兼利衆生故,而與受決[17]。

難言"衆生不應説云'或有'"者,佛法無量,不可頓盡,隨時應物,漸爲開示[18]。十住之國,是諸菩薩終期所同,理故然矣。佛種種廣分別諸菩薩相,故《往[八]生品》中説言"或有"[19]。"獨處玄廓之境"者,若以獨處玄廓爲本,來化衆生,此復何咎[20]? 諸佛從無量無邊智慧方便生,其身微妙,不可窮盡。衆生功德,未具足故,不能具見佛身,唯佛與[九]佛,乃能盡耳。功德、智慧等,皆亦如是[21]。如四大河,從阿那婆達[一〇]多池出,皆歸大海。人但見四河,而不見其源,唯有神通者,乃能見之。人雖不見,推其所由,必知有本[22]。又彼池中清净之水,少福衆生,不能得用。從彼池出,流諸方域,爾乃得用。其佛法身,亦復如是[23]。當其獨絶於玄廓之中,人不蒙益。若從其身,化無量身,一切衆生,爾乃蒙益[24]。

【校勘】

〔一〕"義",卍續藏經本校曰:"'義'字更勘。"疑爲衍字。

〔二〕"語",卍續藏經本作"諸",又校曰:"'諸'疑'語'。"諸本作"語",今據改。

〔三〕"有人",卍續藏經本脱,又校曰:"'於'上一有'有人'二字。"據《慧遠研究·遺文篇》校補。

〔四〕"衆中與受",卍續藏經本作"蓮華上佛",《慧遠研究·遺文篇》作"衆中與受"。據改。

〔五〕"中與受記",卍續藏經本無"與受記",又校曰:"'中'下一有'與受記'三字。"參校諸本補。

〔六〕"悦",卍續藏經本作"説",《慧遠研究·遺文篇》、張景崗校本皆作"悦"。據下句"不以一身受記爲喜,亦不可見喜事故。"當以"悦"爲是,據改。

〔七〕"無量",卍續藏經本脱"無",又校曰:"'身'下一有'無'字。"參校諸本補。

〔八〕"往",卍續藏經本作"住",又校曰:"'住'疑'往'。"參校諸本改。

〔九〕“與”，《慧遠研究·遺文篇》、陳揚炯釋譯皆作“見”，或誤。

〔一〇〕“達”，卍續藏經本脱，又校曰：“‘婆’下疑脱‘達’字。”諸本皆有“達”，據補。

【注釋】

〔1〕菩薩受記者，各各不同：謂典籍記載菩薩受記成佛也各有不同。《首楞嚴三昧經》卷下：“菩薩受記凡有四種，何謂爲四？有未發心而與受記，有適發心而與受記，有密受記，有得無生法忍現前受記，是謂爲四。”《大智度論》卷七六：“有人言，有二種阿鞞跋致：一者已得記，二者未得記。得受記有二種：一者現前受記，二者不現前受記。不現前受記有二種：一者具足受記因緣，二者未具足受記因緣。”受記，一作授記。阿鞞跋致，即阿惟越致。詳下注。

〔2〕肉身菩薩：佛教又稱之爲全身舍利，即生身菩薩，以父母所生之身而至菩薩位者。此數句言有人説，佛爲了有利引導衆生，爲普度衆生之菩薩受記；或是肉身菩薩從無數劫以來久行菩薩之道，佛爲之受記，預示其能得到成佛的果報，乃安慰其心。

〔3〕此三句言或者説，在凡夫、二乘或九住以下菩薩者中，確有受記的説法，但是説這類人因爲法身而受記，則佛經無此記載。

〔4〕此三句言也有人説，受記是實有其事，唯應是佛爲法身受記，而不應是佛爲化身受記。

〔5〕利益：此謂利其覺悟，益其成佛。利根：與鈍根相對，猶言慧性，謂易於悟解之根器。此五句言你問受記成佛，“唯當十住菩薩共爲國土，此復何功何德”？這是佛的功德而非菩薩功德。如來佛智慧功德無量無邊，利於十住菩薩成佛，其功德最大，因爲菩薩有利根，所受佛之利益十分廣泛。

〔6〕阿惟越致：又音譯阿鞞跋致，意譯不退轉。乃依菩薩心行清净程度劃分的修行階位（位地）之一。在《大般若波羅蜜多經》中稱爲菩薩地，下一個階位是如來地，上一個階位是辟支佛地。《圓覺經》中

"入地菩薩"即是入菩薩地之菩薩,也就是阿鞞跋致菩薩。此位菩薩斷盡妄心,唯餘菩提心,故稱不退轉。《無量義經》稱其爲"無生無滅菩薩地"。隨着功德增長,可於妄心不斷而離,變妄心爲菩提者即入如來地。此三句言《般若經》中説,供養無量不退轉菩薩,不如供養一位能迅疾成佛的菩薩。按:如般若中説之句,陳揚炯注:《般若經》中似没有明確的這種話。《摩訶般若波羅蜜經·遍學品》:"若三千大世界中入法位菩薩,不如向佛道菩薩百千萬倍、巨億萬倍乃至算數譬喻所不能及。"這句話似相近。

[7] 外道:佛陀所説之教法,是爲内道,凡不是源於佛陀之教,皆是外道。此義上以明:指《次問真法身像類並答》。羅什答曰:"言十住無師者,爲下凡夫、二乘、九住已還,可非於諸佛,言無師也。乃至坐道場菩薩,尚亦有師,何況十住?"此三句言至於你所説"無師自覺",只是不將外道視之爲師耳,這在上面已經説明。意謂菩薩有師,謂之無師乃指不以外道爲師。

[8] 威儀麤事:此指諸佛之行、住、坐、臥之無關莊嚴之日常行爲。此四句言若如實説明此事,諸佛威儀中日常行爲之事,人們尚且不知,更何況受記這類具有深奥意義之事呢。

[9] 此數句言有人尚未發心求佛,佛爲之受記;有人於佛前發心,佛却不爲之受記;有人初一發心,佛便爲之受記;也有在生死輪迴肉身時得無生法忍,佛爲之受記;有捨棄生死輪迴肉身而得法身,佛爲之受記,如文殊菩薩等即是如此。上説明受記與不受記的幾種類型。

[10] 燃燈佛:又名定光佛、定光如來。詳見《次問受決法并答》。蓮花上佛:佛坐蓮花,故代指無量諸佛。華上名佛:特指某佛。此數句言有的菩薩從無量諸佛受記,如釋迦牟尼於衆人中從燃燈佛受記,華上名佛以至於迦葉佛等,皆從釋迦牟尼受記。

[11] 天王佛:指提婆達多。《法華經·提婆達多品》:"(佛)告諸四衆:提婆達多却後過無量劫,當得成佛,號曰天王如來。"提婆達多,又作提婆達兜、掦婆達多、地婆達多,爲世尊叔父斛飯王之子,阿難之

兄長。於佛世時犯五逆罪,破壞僧團,與佛陀敵對之惡比丘。後墮地獄時,方才懺悔,佛陀感念過去世前,提婆達多曾幫助過佛陀,故爲之受記。此二句言又有天王佛,得釋迦牟尼的真法身受記。

[12]此四句言或在衆多的大法身菩薩受記中,有一種菩薩雖然在大衆中佛首先爲之受記,却並不感到喜悦。

[13]處處身:指衆生身。此四句言什麽原因呢?因爲自己追求所有衆生受記,所以不因一身受記而喜悦,也不見受記之事有何可喜。

[14]阿那婆達多:又稱阿耨達,爲八大龍王之一。住於雪山頂之阿耨達池,遠離三患,於諸馬形龍王中其德最勝。《法華經·序品》:"阿那婆達多龍王,從池得名,此云無熱、無熱池。"《長阿含經》卷一八:"雪山頂有池,名阿耨達池。中有五柱堂,從池爲名,龍王常處其中。"阿闍世王:佛陀時代中印度摩竭陀國太子,因聽信提婆達多之唆使,幽禁父王於地牢中,欲致之死。即位後,併吞鄰近諸小國,威震四方,奠定印度統一之基礎。後因弑父之罪而遍體生瘡,至佛前懺悔即平愈,遂皈依佛陀。佛陀滅度後,爲佛教教團之大護法。摩訶迦葉於七葉窟結集經典時,阿闍世王爲大檀越,供給一切之資具。此四句言比如阿那婆達多龍王受記時,阿闍世王曰:你已經得到大利益,能在大衆中先受記爲佛。

[15]此數句言龍王説:是什麽受記成佛呢?若是身受記成佛,身如瓦石;若心受記成佛,心如幻如化。離開身心,就別無受記者。可見有何大利而值得心生歡喜?我若受記成佛,一切衆生也應受記成佛,因爲我與衆生相同的緣故。

[16]此二句言因爲這類相同的如此不可思議之事記載不可勝數,不應以某一受記之事的記載而否定其他種種形式的受記。

[17]此六句言又有諸佛菩薩法身以無量的音聲説佛,以無量神通的方便法門,不僅是爲利益菩薩,也是爲利益衆生,所以佛纔爲菩薩受記。

[18] 此五句言你所辯難"眾人不應説云'或有'"者,其實佛法無量,不可在刹那間全部示現,於是隨時間外物之不同因緣,逐漸爲眾生示現且開悟眾生。

[19] 往生品:指《摩訶般若波羅蜜經·往生品》。此五句言十住於佛國是諸菩薩共同期待的最終歸宿,道理固然如此,但佛能分別諸菩薩種種不同之相,能够往生十住於佛國者,或只有其中的一種菩薩相,故《往生品》説"或有"。

[20] 此四句言你所説"佛獨處於玄遠寥廓之境",如果説佛以獨處玄遠寥廓之境爲佛性的根本,且以此教化眾生,那麼説"或有"又有什麼過錯? 意謂並非所有菩薩都能"獨處玄廓之境"。

[21] 此數句言諸佛界從無量無邊智慧的方便法門而生,佛身微妙,不可窮盡,眾生因爲功德尚未具足的原因,不能見佛身全貌,唯有佛見佛,纔得見全貌。佛的功德智慧,亦皆如此。意謂眾生或菩薩只可見部分而難窺全貌。

[22] 阿那婆多池:亦稱阿耨達多池、阿耨達池。意謂無熱、無熱惱、清涼之池,即喜馬拉雅山佛母嶺瑪那薩羅瓦湖,潛流地中,爲恒河之源。佛典説,池中住有阿耨龍王,出清泠水,爲滋潤閻浮洲四大河的水源地。此數句言如同四大河皆發源於阿那婆多池,又同歸大海。眾人只見四大河,却不見其源,唯有法力神通者,纔能見其源。眾人雖不見其源,推論其所生原由,必然知其生成根本。

[23] 此數句言另外,阿耨池中的清净之水,福薄的眾生則不能享用。只有水從池中流出,所流過諸方區域,眾生纔能用之。其佛真法身,也是如此。謂眾生只可見佛之化身,而不可見真法身。

[24] 此五句言當佛在獨絕玄遠寥廓之境中,眾生不能蒙受其利益,但如若從法身中變化出無量應身時,一切眾生纔能得其利益。

【義疏】

此章回答慧遠所問"受決"(受記)是真身還是化身的問題。

　　第一，針對慧遠所問，首先總説"受記"（受决）的種種差異。先直接説明菩薩受記，情況複雜。雖然同是受記，受記之因却不相同，有的是爲利益衆生；有的是對菩薩在無量劫中久行菩薩道而示其果報，以安慰其心。但是，凡夫及修證階位低下的菩薩，雖有受記的説法，却並非實有其事。所有受記者，皆是佛爲法身受記，而不是佛爲化身受記。後回答"此復此何功德"問題。如來智慧功德無量無邊，對於十住菩薩利其覺悟，益其成佛，也是因爲菩薩慧根之故，所以接受受記的途徑十分廣泛。《般若經》説，供養無量不退轉菩薩，不如供養能迅疾成佛者。能迅疾成佛的菩薩，即是有慧根的表現。

　　第二，回答菩薩"無師自覺"問題。首先指出其實並非菩薩無師，而是指不師外道。這一點我以上已經説明。實事求是地説，諸佛威儀中日常行爲衆人尚不可知，對於受記的深奧之義必然不甚明瞭。佛之受記有種種不同，有未發心而與之受記者，有發心佛前而不與之受記者，有初一發心便與之受記；還有在生死輪迴之肉身時即與之受記，也有已捨棄肉身已得法身而與之受記。後者如文殊菩薩等。其次説明菩薩受記的不同類型。有菩薩是從無量諸佛受記，如釋迦牟尼；有天王佛，受釋迦牟尼佛真身受記。還有一類大法身菩薩，雖在大衆菩薩中，却不追求佛首先與之受記，而追求大衆菩薩人人受記。譬如阿那婆達多龍王受記時，不以受記爲喜，亦不認爲其中有可喜之事。他認爲：就受記本質而言，究竟是哪一部分受記呢？是身受記，身如瓦石；是心受記，心如幻影。離其二相，即無可受記者。所以受記對於自己無任何利益，故不生歡喜心。"若我受記，一切衆生，亦當受記"，方是其受記成佛的目標追求。最後結論：諸佛有無量真身，有無量弘法音聲，有無量神通方便，既爲利益菩薩，亦爲利益衆生，故與諸菩薩受記成佛。諸菩薩受記，也就是"有師"的明證。

　　第三，首先從菩薩分別相上，回答"或有"表述存在的原因。因爲佛法無量，不可頓然全部示現，所以隨因緣之不同，而逐漸示現以開悟衆生。十住於佛國，固然是諸菩薩共同期待的目標，但是佛又對諸菩薩之相作出種種分別,其中並非所有菩薩相皆可往生十住於佛國,故經曰"或有"。然後論述"獨處玄廓之境"表述的合理性。如若佛以"獨處玄廓"爲法性之本,且用來教化衆生,説"或有"也並無過錯! 諸佛是以無邊無量智慧的方便法門示現衆生,一方面佛身微妙,難以窮盡,另一方面衆生或菩薩功德尚不具足,故不能見佛身之全貌,唯有佛與佛之間纔能得見全貌。所見佛之功德智慧,亦復如此。最後以比喻説明佛之利益衆生在於方便法門。須彌四大河皆發願於阿那婆多池,終又歸之大海。人但見其河,却不見其源,唯有神通廣大者方能見之。但是人雖不見其源,却可推想其本。再如阿那婆多池中清浄之水,福薄之衆生,亦不能用之。然而池水一旦流出,諸方流域,纔得其所用。其佛真身,亦如此池水。佛身獨絶於玄遠寥廓之境時,衆生不能受益,若其佛身化爲無量變身時,一切衆生纔能受益。這也是"或有"的一種存在狀態。

這説明佛爲菩薩受記是法身而非化身;"受決"(受記)雖有種種不同,但是都是菩薩成佛的必由之路,不存在菩薩"無師自覺"的問題,但是菩薩有種種分別相,並非所有菩薩皆可成佛,故也可謂之"或有"。

卷　中

宋[一]國廬山慧遠法師,默問常安草堂摩訶乘法師鳩摩羅什大乘經中深義,十有八途。什法師一一開答。(今)分爲上中下三卷,上卷有六事,中卷有七事,下卷有五事[二]。

次問答法身感應,次問答法身盡本(習),次問答造色法,次問答羅漢受決,次問答觀(念)佛三昧,次問答四相,次問答如法性真際。

【校勘】

〔一〕"宋"，乃"晉"之誤。詳見上卷"校勘"。

〔二〕"分爲"以下四句，《遺文篇》以小字排列。或爲原本注釋。

七、　問法身感應并答

遠問曰：夫[一]形開莫善於諸根，致用莫妙於神通。故曰：菩薩無神通，猶鳥之無翼，不能高翔遠遊，無由廣化衆生、净佛國土[1]。推此而言，尋源求本，要由四大。四大既形，開以五根；五根在用，廣以神通；神通既廣，則[二]隨感而應[2]。法身菩薩，無四大、五根。無[三]四大、五根，則神通之妙，無所因假[3]。

若法身獨運，不疾而速。至於會應群麤，必先假器。假器之大，莫大於神通[4]。故經稱如來有諸通慧，通慧則是一切智海。此乃萬流之宗會，法身祥雲之所出，運化之功，功由於玆。不其然乎！不其然乎[5]！若神通乘衆器以致用，用盡故，無器不乘。斯由吹萬不同，統以一氣，自本而觀，異其安在哉[6]？則十住之所見，絕於九住者，直是節目之高下，管窺之階差耳[7]。

【校勘】

〔一〕"夫"，卍續藏經本作"天"，又校曰："'天'疑'夫'。"諸本作"夫"，今據改。

〔二〕"則"，卍續藏經本脱。諸本作"則"，今據補。

〔三〕"無"，卍續藏經本脱，又校曰："'四'上一有'無'字。"諸本上"四"前有"無"，今據補。

【注釋】

[1] 諸根:指眼、耳、鼻、舌、身五根。猶鳥之無翼:喻神通之不可無。《摩訶般若波羅蜜經·畢定品》:"譬如鳥無翅不能高翔,菩薩無神通,不能隨意教化衆生。"此數句言形體之用莫過於五根,五根之用莫妙於神通,所以説猶如鳥無翅膀,不能高飛遠遊,菩薩没有神通,就無法廣泛度化衆生、清净佛土。

[2] 此數句言由此推論,追尋菩薩神通的本源,無不由地、水、火、風之四大形成,四大構成形體,形體開啓五根;五根運用,因神通而功能廣大;神通既已廣大,無不應之外緣而變化應身。

[3] 此四句言經説法身菩薩没有四大、五根,但是一旦没有四大、五根,那麼菩薩奇妙神通,即無依托。意謂既然説菩薩無四大、五根,何以産生基於四大、五根之廣大神通?

[4] 不疾而速:意謂似舒緩而迅疾。《易·繫辭上》:"夫《易》,聖人之所以極深而研幾也。……唯幾也,故能成天下之務;唯神也,故不疾而速,不行而至。"晉韓康伯注:"極未形之理則曰深,適動微之會則曰幾。"此六句言如果是法身自身運行,寂然而動疾,至於應會衆生,必須藉助形體之功能,而藉助形體之功能,無過於廣大之神通。

[5] 通慧:神通之智慧。因爲神通以智慧爲體,故稱通慧。通即慧也。《俱舍論》卷二七:"如是六通解脱道攝。慧爲自性。"《無量壽經》上:"諸通慧聲。"此數句言經書稱如來有種種通慧,而通慧是一切智慧之大海。這也是一切思想的集大成,是法身瑞祥的發源地,運動變化之功用,無不由此産生。難道不是這樣嗎?按:重復"不其然乎"表示強調。其表達邏輯:法身應感衆生,應感生於神通,神通生於五根,五根生於四大,故應身乃法身之變化,法身乃實相之存在。

[6] 乘:猶因。《孟子·公孫丑上》:"雖有智慧,不如乘勢。"吹萬不同:謂同樣之風吹動萬竅。《莊子·齊物論》:"夫吹萬不同,而使其自己也,咸其自取,怒者其誰邪!"吹,指風;萬,萬竅。謂風吹萬竅,發出各種音響。此數句言如若神通必須假借衆多根器(如五根)而致其

用,一種根器的功用已經用盡,則其他根器無不用之。這就如風吹萬竅,音響不同,風則唯一。所以萬竅之音之本原,並無差異。意謂神通生於根器,每一根器的功用雖有不同,但是都是產生神通的本原。衆生的根器之用與菩薩之神通不同,但二者也無本質區別。亦即神通乃諸根器綜合生成的產物,凡聖一如。

[7] 節目:樹木堅硬難以治理處。樹木枝幹交接處稱之爲節,樹木紋理糾結處稱之爲目。《禮記・學記》:"善問者如攻堅木,先其易者,後其節目,及其久也,相説以解。"清孫希旦集解:"節目,木之堅而難攻處。"此喻修行階位。管窺:通過竹管看天。《莊子・秋水》:"是直用管窺天,用錐指地也,不亦小乎?"此喻見識差別。此四句言那麼十住菩薩之所見和九住菩薩之所見的佛身完全不同,絶非佛身不同,只是菩薩階位有高下,所見有階差而已。

【義疏】

本章主要質疑"法身感應"是真實還是虛幻的問題。慧遠認爲:菩薩神通生於五根,五根生於四大,從生成關係上説,神通是一種真實存在。菩薩法身獨運或無所依憑,應感衆生則是根器之致用。

第一,説明菩薩神通與四大、五根之關係。形體開啓認識外界的關鍵,無過於五根;五根之妙用,無過於神通。也就是説,無論神通如何廣大,必以五根爲憑藉。所以説菩薩神通廣大,普度衆生、清净佛土,皆以佛身爲憑藉,猶如鳥有翅膀,方能高飛遠翥。由此沿波討源,菩薩身亦緣以四大。四大化之以體相,開之以五根。五根在於功用,神通廣大則是其功用;神通既已廣大,爾後應之外緣而變化應身。菩薩之身生於四大,開之五根;神通之用緣之五根,形之應身。二者皆存在本末、因果關係。

第二,説明菩薩法身與衆器致用之關係。法身菩薩雖無四大五根,却有神通妙用,且無所依憑。若是法身獨運於玄冥,不疾而速,達乎至極。至於應會衆生,必先假借形體根器,假借形體根器而廣大,莫大於神通,所以佛經稱如來有各種神通,各種神通就是智慧的大海,就是一切思想的集大成,法身祥雲的發祥地。自然造化之功,皆由此(四大、五根)而生。若是神通藉助眾根器以致用,欲盡其用,眾根器皆可憑藉之。也就是説,神通乃眾根器合力的結果。就如莊子所言"吹萬不同",皆憑藉天籟。從根本上説,法身之神通與眾根器之致用没有本質差異。如此看來,所見之十住地,止於九住地,僅僅是所見之範圍高下,管窺之階位差別而已,並無本質差異。由於佛陀菩薩之神通,源於法身,藉助根器,故法身神通本質上亦未離真實存在,這説明法身獨運和五根神通亦無本質區別。這也是法身實相的理論基礎。

　　什答曰:法身義以[一]明。法相義者,無有、無等戲論,寂滅相故。得是法者,其身名爲法身。如法相不可戲論,所得之[二]身亦不可戲論若有若無也[1]。先言無四大、五根,謂三界凡夫麤法身,如法相寂滅清净者,身亦微細,微細故説言無[2]。如欲界天身,若不令人見,則不見也。色界諸天,於欲界天亦爾[3]。又如欲界人,得色界禪定,有大神通,而餘人不見,以微細故[4]。又如禪定生無數色[三],雖常隨人,而不可見。雖有而微,微故不現。菩薩四大、五根,復微於此[5]。凡夫、二乘所不能見,唯同地以上諸菩薩及可度者,乃能見耳[6]。

　　又如變化法中説,欲界變化色,依止欲界四大;色界變化色,依止色界四大[7]。菩薩法身如是,似如變化。然別自有微細四大、五根神通,非可以三界繫心及聲聞心所能見也。若得菩薩清净無障礙眼,乃能見之[8]。如《不可思議解脱經》説:十方大法身菩薩,佛前會坐聽法。爾時,千二百五十大阿羅漢,佛左右坐,而不能見,以先世不種見大法身菩薩會坐因緣故[9]。如人夢中見天上之園觀,及至覺時,設近不見。又如人入水火三昧,若不聞者,雖共一處,都無所見[10]。

或人言:法身菩薩神通,不須因假四大、五根乃有施用;世間神通,要因四大、五根耳。如地上火,因木而出;天上電火,從水而出[11]。及變化火,亦不因木有。當知,不得以四大、五根,定爲神通之本。如佛變化種種之身,於十方國施作佛事,從佛心出[12]。菩薩法身亦如是,任其力勢,隨可度衆生而爲現身。如是之身,不可分別戲論,如鏡中像,唯表知面相好醜而已,更不須戲論有無之實也[13]。

若"神通乘衆器以致用,用盡故,無器不乘"者,聖人所可引導群生器用,無非神通,皆是初通中說[14]。神通之事,或有功行所成,或有果報所得。若以果報得者,不須功業,隨意應物;非果報得者,假於定力,乃有所用[15]。

若九住、十住所見麤細不同者,是則爲異[16]。十住所見之身雖妙,亦非決定。何故?唯諸佛所見者,乃是法身決定[17]。若十住所見是實者,九住所見應是虛妄。但此事不然,故有所見精麤、淺深爲異也。乃至須陀洹,但見實相身,十住大菩薩,亦同所見[18]。如蚊子得大海之底,乃至羅睺阿修羅王,亦得其底。雖得之是同,而深淺有異[四]。深淺有異,則因佛法身相精麤了[19]。

聲聞人及初習行菩薩,因丈六身而得實相[20]。或有菩薩功德純厚,信力彌固,所見之身,過於丈六,隨愛色而得實相[21]。如《密迹經》說:得無生忍阿惟越致菩薩,所見佛身,無量無邊,世間端正第一無比,而不取相,不生貪著,因此身已得甚深三昧、陀羅尼等,如是轉勝[22]。如聲聞法中所有不同,須陀洹欲得斯陀含道,捨本所得大道,雖非顛倒,以斯陀含道微妙大利故,如人爲大利故,捨於小利。菩薩從一地至一地亦如是[23],雖得無生法忍,實事爲定。而得一地捨一地,以本地鈍不明瞭、不微妙故[24]。此二俱趣佛道,不名爲異同也,不出於實相故[25]。實相則是佛[五],無復別異大小。菩薩分別佛身者,所見爲異[26]。

【校勘】

〔一〕"以",張景崗校本作"已",校曰:"原本作'以',二字相通。"

〔二〕"之",卍續藏經本脫,據《慧遠研究·遺文篇》補。

〔三〕"生無數色",卍續藏經本無"生"字,校曰:"'無'上一有'生'字。""數",《文鈔》校曰:"數,作'微'。"《慧遠研究·遺文篇》作"生無數色"。張景崗校本作"生微色",校曰:"原本作'無數色',或作'生無微色',今改。"

〔四〕"深淺有異",卍續藏經本僅一"深淺有異",校曰:"'異'下一有'深淺有異'四字。"據《慧遠研究·遺文篇》校補。

〔五〕"佛",卍續藏經本脫。據《慧遠研究·遺文篇》校補。

【注釋】

[1] 此數句言關於法身之義前已説明。所謂法相之義,無論説有還是説無,都是戲論,因爲法相就是寂滅之相,非有非無。覺悟法相是寂滅之相者,其身就是法身。如果説法相不可説有、説無,所得之法身亦不可説有、説無。

[2] 此數句言先説菩薩法身無四大、五根,是相對於三界凡夫那種粗重物質構成的法身而言,至如法相寂滅清净,其法身所藴含的四大、五根也十分微細,唯此微細,故説是無,即没有四大五根。按:此

所謂法身與色身則無截然的界限。本質上，並没有從現象存在上説明法身，無四大、五根。故"三界凡夫麤法身"句或衍一"法"字。

[3] 欲界天身：欲界之上的生類，指高於人和阿修羅的上界生類，爲六道之一。欲界共有六天：四天王天、切利天、夜摩天、兜率天、樂變化天、他化自在天。色界諸天：色界有四禪十七天。一是初禪三天：梵衆天、梵輔天、大梵天；二禪三天：少光天、無量光天、極光净天；三禪三天：少净天、無量净天、遍净天；四禪八天：無云天、福生天、廣果天、無煩天、無熱天、善現天、善見天、色究竟天。此五句言欲界天中之身，如果不願讓人見到，別人就不可見到。色界天中之身，亦同欲界天之身。意謂在欲界、色界天中，生類之身都是有形有相，有生有滅。

[4] 色界禪定：於色界所修持的禪定。陳揚炯注：色界的四禪十七天與四種禪定相對應。色界的初禪是感受到離開欲界生活的喜樂，但仍有對事理的粗略活動（尋）和細密深入思考活動（伺）。二禪是斷滅"尋""伺"，消除一切理性活動，形成内心信仰，產生神秘直覺，由此感受到禪定自身的喜樂。三禪是捨去二禪的喜樂，住於非苦非樂境地，產生"離妙喜樂"即非常清净的静觀。四禪是進一步捨去三禪的妙樂，唯念修養功德，而得不苦不樂的極深感受。修持色界四禪，可以脱離欲界感受和色界觀想與感受相應，死後可以生於色界的四禪天。按：色界四禪亦稱色界定。禪即静慮，四禪之體是"心一境性"，其用爲"能静慮"，特點是已經脱離欲界之感受而與色界的觀想、感受相應。自初禪至四禪，心理活動漸次展開，形成不同的精神境界。此四句言又如欲界之人一旦得色界禪定，有大神通，其他人就不能見到，因爲其身中四大、五根已是十分細微。

[5] 上數句言又如禪定可以產生無數細微之色，色雖然常隨其人，別人却不可見之，因爲雖有色而細微，因細微而不顯現。菩薩的四大、五根必然比禪定之人更加細微，更不可見。按：色界禪定是心止於色界之一境，境亦即色。色界禪定的對象（境）並非唯一，"界"中

之色無數,故禪定對象(境)亦有無限,故曰"禪定生無數色"。就特定的禪定主體而言,禪定的對象(境)則唯一,其境雖是主體禪定生成之因緣,他人卻不可見,故曰"雖常隨人而不可見"。相對於四大、五根而言,緣生禪定之色,則細微而可忽略不計,且"不可見",故曰"雖有而微,微故不現"。

[6] 同地:指同一修行的階位。地,十地,又稱十住。見上注。此五句言凡夫和聲聞、緣覺之人,都不能見到禪定之微色,只有同一階位以上的諸菩薩,以及可度的衆生,纔能看到。

[7] 此五句言如果按照變化的現象,解說欲界中的物質變化,其變化就依賴於欲界中的四大;色界中的物質變化,其變化亦依賴色界中的四大。謂一切現象變化,無論欲界還是色界,都不離四大。

[8] 三界繫心:意謂繫心於三界,亦即身心爲三界所繫縛也。此數句言菩薩法身亦如現象變化,看似同樣的變化,但是菩薩自身的四大非常細微、五根具有神通,不是以繫心三界以及普通聲聞人的心眼所能見。只有得菩薩清净無障礙之法眼,方能見之。

[9] 如《不可思議解脱經》説:十方大法身菩薩,聚坐於佛前聽法,當時有一千二百五十大阿羅漢亦在佛左右坐而聽法,却不能看見這些法身菩薩,因爲這些羅漢前世没有種下見大法身菩薩聚集而坐之因緣之故。意謂没有見法身菩薩的種因。按釋聖賢曰:陳揚炯注"《不可思議解脱經》:《華嚴經》異名"。此注不知何以據之。經查對諸典,《不可思議解脱經》即後秦鳩摩羅什所譯《維摩詰所説經》,三卷十四品,一稱《不可思議解脱經》,又稱《維摩詰經》,其第六品爲《不思議品》。此説甚是,陳注誤。

[10] 水火三昧:即水火定,於水火中得自在的禪定。如具此定,便使身之内外爲水爲火。依此禪定所處對象,分爲水光三昧和火光三昧。水光三昧,一心觀想水,觀法成就,則在水得自然,於身之内外,顯現出水,亦得隨意,是爲水定。《楞嚴經》卷五:"月光童子即從座起,頂禮佛足而白佛言:我憶往昔恒河沙劫有佛出世,名爲水天,教

諸菩薩修習水觀，入三摩地。"火光三昧，由己身生出火焰之禪定。
《佛本行集經》："如來爾時亦入如是火光三昧，身出大火。"此數句如
人夢中見天上的園林臺觀，及至醒來，眼前陳設也不可見；又若人於
水火之中得其自在禪定，若是無聞見之緣者，即使共處一地，什麼也
不能見。

　　[11]　此數句言有人説法身菩薩的神通，無須憑藉四大、五根，就
能運用；世間的神通，則要憑藉四大、五根，如地上之火因木而出，天
上電光從水而出。

　　[12]　此數句言及由變化之火並非因木所生，就應當推知法身菩
薩亦不是以四大、五根作爲神通之本。猶如佛變化的種種之身，於十
方國中施行佛事，此變化之身乃從佛心（性）生出。

　　[13]　此數句言菩薩法身也是如此，任憑其威力氣勢，隨着可以
度化衆生而形成不同應身。如此應身，不可説有，也不可説無，如同
鏡像，唯有知其表面的好醜而已，更無須戲論其是實有還是實無。此
即説明法身非有非無。

　　[14]　此數句言如你所説，神通必須假借物質根器而致其用，其
中盡一種根器之功用，其他根器也無不用之。聖人所能引導群生，無
非是運用根器之神通，然而，這只是就初得神通而言。

　　[15]　或有功行所成，或有果報所得：《大智度論》卷五："見天眼
有二種：一者從報得，二者從修得。是五通中，天眼從修得，非報得。
何以故？常憶念種種光明得故。"此數句言神通的形成，或因積累功
德所得，或由因果報應所得。若因因果報應所得者，無須功德，而神
通隨意應物而生；若非因果報應所得，藉助定力，纔能運用神通。

　　[16]　麤細：本指佛身，佛法身謂之細，應身謂之粗。然羅什解釋
異於是。此三句言你所言九住菩薩和十住菩薩所見之佛身，有粗細
不同，這確有差異。

　　[17]　此五句言十住菩薩所見佛身雖然微妙，但也不是決定的真
身。爲何？唯有諸佛所見者，纔是法身所決定的真身。

[18] 須陀洹:又譯爲預流、入流,是聲聞乘四果中的初果。詳見上注。此數句言如果十住菩薩所見是真身,九住菩薩所見就是虛妄之身,但是此事並非如此,九住、十住所見,只有精粗、深淺的不同而已。即使是須陀洹所見的實相身,同十住大菩薩所見佛身也是相同的。意謂九住所見是虛妄身,十住所見也是虛妄身,須陀洹所見還是虛妄身。這説明所見實相與真身仍然不同。

[19] 羅睺阿修羅王:或稱羅睺羅阿修羅王,是《法華經・序品》所列四種阿修羅王之一。阿修羅乃梵文音譯,意譯非天,爲欲界六道之一,居住在大海邊或海底。此數句言就像蚊子可以見海底,至於羅睺阿修羅王也能見海底。雖然得到的結果相同,但却有深淺的差別。由深淺差異之理,可知須陀洹和十住菩薩所見佛的法身相也有精粗不同。

[20] 聲聞人:一般是指聽聞佛陀聲教而證悟之出家弟子,以四諦而入諸法實相。詳見《次問遍學並答》。此三句言聲聞人以及初修菩薩道行者,憑藉佛的丈六金身,覺悟其實相。

[21] 信力:菩薩五力(信力、精進力、念力、定力、慧力)之一。謂由信而有勢力也。信根增長,破諸邪信,不爲偏小所動,故名信力。學道之人,非有信力,不能精進。此五句言有的菩薩功德純厚,信力彌加穩固,所見佛身,超過丈六,因愛慕佛相金身而覺悟實相。

[22] 密迹經:即《密迹金剛力士經》,西晉竺法護譯。陀羅尼:梵文音譯,意譯總持:總一切法、持一切義,能持能遮(不動),謂持善法而不散,伏惡法而不起的意志力。《大智度論》卷五:"何以故名陀羅尼? 云何陀羅尼? 答曰:陀羅尼,秦言能持,或言能遮。能持者,集種種善法,能持令不散不失。譬如完器盛水,水不漏散。能遮者,惡不善根心生,能遮令不生,若欲作惡罪,持令不作,是名陀羅尼。"阿惟越致:意爲不退轉。詳見上注。此數句言如《密迹經》所說:得無生法忍、永不退轉菩薩,所見佛身,是無量無邊,世間第一德行端正而無與倫比,但菩薩不取相,不生貪念執著,因爲自身已經得到甚深的三昧陀羅尼等,功德反而轉爲殊勝。

　　〔23〕斯陀含：梵文音譯，爲聲聞乘四果（須陀洹、斯陀洹、阿那
含、阿羅漢）之第二果。意爲一來，意思是死後生於天道，做一世天
人，再生到人道，做一世之人，便能斷盡煩惱，不再受生。菩薩從一地
至一地：謂菩薩修行階位從一地達到另一地。地，意爲住處、住持、生
成。即住其位爲家，並於其位持法、育法、生果。諸經論所舉菩薩修
持共十地，亦作十住。此數句言這與在聲聞法中所見的丈六身相不
同。從須陀洹到欲得斯陀含道，捨去本來所得的須陀洹道，這並非顛
倒的做法，因爲斯陀含道比須陀洹道有微妙大利，就像人爲了獲得大
利捨棄小利一樣。菩薩從一地到另外一地也是這樣。

　　〔24〕此數句言雖然得無生法忍，已得實相，但是之所以得一地
捨去一地，乃因爲前一本地實相還不夠圓通明瞭、不夠微妙之故。

　　〔25〕此三句言從須陀洹到斯陀含，二地的階位雖有不同，却皆
趨向佛道，並無差異，皆爲證悟實相。

　　〔26〕此三句言所證悟的實相即是佛，並無差異大小，但大小菩
薩所分別的佛身，則是因爲所見不同而產生差異。

【義疏】

　　羅什回答，以“非有非無”爲核心，論法相寂滅、法身微細。唯其
微細，可見或不可見由主體修證的階位及其因緣所決定；唯其寂滅，
故不生於四大、五根，如佛之應身，乃虛幻鏡像；神通或生於功德、或
生於果報，與四大、五根無關；法身所見有二：佛所見是真身，別所見
是虛妄身；現實中所見之佛像，修證階位低下者，證悟之相是法相是
虛，唯有菩薩，證悟之相是佛身是真。

　　第一，因爲法相寂滅無相，故不可以有無論之，論之則爲戲論。
得寂滅相之身即名法身。法身亦如法相，也不可以有無戲論之。菩
薩無四大、五根，四大、五根乃指凡夫粗重之身。法相則寂滅清净，法
身亦微妙細小，因而謂之無四大、五根。如在欲界天中，身若不讓人
見之，則不可見；色界諸天，身若不讓人見之，也不可見。又如欲界中

人,一旦得色界禪定,有大神通,因其身微細故,他人也不可見。再如禪定產生於無數細色,雖某一細色是主體禪定的對象,人亦不可見,因爲這一細色雖有而細故。菩薩的四大、五根,比上述所説之色更加微細,所以凡夫和聲聞、辟支佛二乘人皆不能見,只有同地(同一階位)以上的菩薩以及可度的衆生纔能見之。簡要地説,法相無相,法身微細,凡夫、二乘之人不可見,唯有同地菩薩、可度之衆生可見之。值得注意的是,羅什在此並没有否定法身的物質構成,只是因爲這一物質微細,凡夫、二乘人不可見之而已。其"微細"論並不能否定慧遠的"生成"論,因爲微細也是一種物質存在。這一問題可與《次問分破空》互參。

第二,因爲法身微細,見與不可見決定於主體因緣。依照現象變化理論,無論是欲界抑或色界,物質變化皆依憑四大。菩薩法身似亦如此,但又有不同。因爲法身之四大微細,且有五根神通,故非繫心三界、心止聲聞之人所能見,唯因菩薩有清净身、無障礙法眼纔能見之。猶如《解脱經》所説,十方法身菩薩與衆多阿羅漢,同聚集於佛前聽法,阿羅漢因爲前世没有種下見法身菩薩的種因,所以也不能見到法身菩薩。就如人在夢中可見天上園林臺觀,醒來不見眼前之物;又如人入水火禪定中,即便同居一處,若無前世聞見之緣,也不可見之。這説明,可見或不可見,並非決定於法身是否是物質存在,而是決定於主體修習階位及前世因緣。

第三,菩薩神通不假四大、五根。有人説,法身菩薩神通之用,無須藉助四大、五根,如天上電光從雨水而生;世間神通,亦因四大、五根而生,如地下火焰因木而生。二者比較,就可知法身菩薩的神通不以四大、五根爲本,就如佛陀種種變化之身,同時在十方國土施行佛事,這變化之身,乃生於佛性。菩薩法身也是如此,憑藉其神力威勢,隨緣可度化之衆生而爲之現身。其應身也不可以有無論之,如同鏡像,似真實而虛幻,唯知其表面現象而已,並無有無實相。

第四,論神通之生成。誠如你所言,神通皆因某一根器而致用,也是所有根器共同作用的結果。其實,聖人引導衆生,所可用之"器"

唯有神通，這還是就初得神通者而言。神通的形成有兩類：一是功行積累而形成，二是因果報應而形成。若是由果報所得，則無須藉助功業，隨心應物而生；若非由果報而得，則是藉助自我定力。這二者皆說明，神通生成與四大、五根無關。

　　第五，如果說九住、十住菩薩所見有精粗的不同，這確有差異。然而，即使十住所見之身雖然微妙，也不是法身所決定之真身。唯有諸佛所見，纔是法身所決定的真身。不能說十住所見是真身，九住所見是虛妄，二者僅僅只有精粗、深淺的區別而已。即便是須陀洹所見的所謂"實相身"，實際上也同於十住菩薩所見之虛妄。比如蚊子和羅睺阿修羅王都能見海底，表面相同，本質則有深淺的差異，蚊子所見者淺，羅睺所見者深，然皆非真實的海底。由此理證之，須陀洹所見和十住菩薩所見佛的法身相有精粗不同。須陀洹所見乃爲粗也。這又說明須陀洹與菩薩所見皆是虛妄之相而非實相。

　　第六，只有聲聞乘之人及初修習菩薩行者，見佛像丈六金身，而能覺悟法身實相。這說明相由心生而非真實。或是功德醇厚、信力堅固的菩薩，所見佛身，超過丈六，因愛金身而覺悟法身實相。如《密迹經》所說，得無生法忍、永不退轉的菩薩，所見佛身，是無量無邊，德行第一，儀像端正莊嚴，但是這類菩薩不取實相，不貪念執著，因爲自身修持三昧境地，不執著實相，功德反而轉爲殊勝。也就是說，修行階位低下者，所見實相皆由心生；修行境地高上者，所見佛身乃法身實相，却不執著。因爲法身實相無量無邊，雖實亦虛。這就進一步說明：論法身，不可說有亦不可說無。在聲聞法中，所悟實相不同。即使從須陀洹到斯陀含，雖然捨棄本來所得之道地，而進入更爲微妙的有利之道地，直至於得無生法忍，已得實相，亦復如此。之所以得一地即捨棄一地，因爲前一地所證實相不能圓融明瞭，不够微妙之故。所以須陀洹和斯陀含都趨向佛道，並不因爲階位名稱不同而有分別，都沒有離於覺悟實相。覺悟實相沒有本質差異，但是大小菩薩所分別的佛身，所見之佛相却不相同。

八、 次問法身佛盡本習并答

遠問曰:《大智論》曰[一]:"阿羅漢、辟支佛盡漏,譬燒草木,煙炭有餘,力劣故也。佛如劫燒之火,一切都盡,無殘無氣。"[1]《論》又云:"菩薩違[二]法忍得清净身時,煩惱已盡。乃至成佛,乃盡餘氣。"[2]如此,則再治而後畢,劫不重燒,云何爲除耶[3]?若如《法華經》説,羅漢究竟與菩薩同,其中可以爲階差,煩惱不在殘氣[4]。又三獸度河,三士射的,今同大除。此皆都聞經,非大類立言之本意,故以爲疑[5]。

又問:真法身佛,盡本習殘氣時,爲以幾心?爲三十四心耶?爲九無礙、九解脱耶?爲一無礙、一解脱耶[6]?若以三十四心,煩惱先已盡,今唯盡殘氣,不應復同聲聞經説[7]。若[三]以九無礙、九解脱,煩惱有九品,雙道所斷故,無有此用耳[四]。煩惱殘氣,非三界漏結之所攝,餘垢輕微,尚無一品,況有九乎[8]?若以一無礙、一解脱,計三界九地中,皆應有殘氣,不得偏[五]治上地。若從不用以上,先以世俗道斷,今雖上地而有疑[9]。何者?無漏法與世俗道,俱斷九品結,功同而治異,故有斯義。推本習殘氣,尚非無漏火所及,況世俗道乎[10]?夫功玄則治深,數窮則照微,理固宜然。想《法身經》當有成説,殘氣中或有差品之異。是所願聞[11]。

【校勘】

〔一〕"曰",《慧遠研究・遺文篇》作"云"。

〔二〕"違",卍續藏經本校曰:"'違'一作'逮'。"《慧遠研究・遺文篇》作"逮",語意扞格。

〔三〕"若",卍續藏經本作"答",又校曰:"'答'一作'名'。今謂疑‘若’。"《慧遠研究·遺文篇》亦作"名"。別本皆作"若",今據改。

　　〔四〕"耳",張景崗校曰:"原本作‘可’,今參照木村本改。"

　　〔五〕"偏",張景崗校曰:"原本作‘徧’,今參照木村本改。"

【注釋】

　　［1〕劫燒之火:佛教謂世界毀滅時大火燃燒至二禪天。《高僧傳·康僧會傳》:"會進而言曰:舍利威神豈直光相而已,乃劫燒之火不能焚,金剛之杵不能碎。"此引文言《大智度論》説:阿羅漢、辟支佛煩惱已經除盡,然而如焚燒草木已盡,却留下煙炭,修行之力低劣之故。佛却如世界劫難時燃燒的大火,燒盡一切,無任何殘迹餘氣。

　　［2〕餘氣:殘留的習氣,謂煩惱的殘餘成分。佛教認爲一切煩惱皆分現行、種子、習氣三者,既伏煩惱之現行,且斷煩惱之種子,尚有煩惱之餘氣,現煩惱相,名爲習氣。此引文言《大智度論》又曰:菩薩離法忍而得清净身時,煩惱已經除盡,乃將成佛,纔能真正除盡餘氣。

　　［3〕此三句言如此説來,阿羅漢、辟支佛要經歷第二次修治,然後纔能在所有劫中無須重新袪除餘氣,爲何説是除其餘氣呢?

　　［4〕此四句言如果像《法華經》所説,羅漢終究與菩薩相同,其中可能因爲修行階位的差異,而不是尚存煩惱餘氣。意謂阿羅漢、辟支佛與菩薩差異在於修證階位,而不是煩惱餘氣。

　　［5〕三獸渡河:佛教以兔、馬、象三獸渡河入水之深淺,喻小、中、大三乘證道之高下。其中兔子浮而渡河,足在水上,喻聲聞悟道最淺;馬足在水中,或到底或不到底,喻緣覺悟道稍深;象足在水底,蹈沙而渡,比喻菩薩悟道最深。《優婆塞戒經·三種菩提品》:"善男子,如恒河水,三獸俱渡:兔、馬、香象。兔不至底,浮水而過;馬或至底,或不至底;象則盡底。恒河水者,即是十二因緣河也。聲聞渡時,猶如彼兔;緣覺渡時,猶如彼馬;如來渡時,猶如香象,是故如來得名爲佛。"三士射的:三士泛指證道高下不同之三類,射的,佛教指袪除煩惱。《瑜伽師地論》卷六一:"復次,依行差別建立三士,謂下中上。無

自利行,無利他行,名爲下士;有自利行,無利他行,有利他行,無自利行,名爲中士;有自利行,有利他行,名爲上士。""復有三士。一重受欲;二重事務;三重正法。初名下士,次名中士,後名上士。"另有廣説數種,不具引。此六句言猶如三獸渡河,三士袪欲,悟道階位各有不同,現在却同謂之除去餘氣。而且這些都載之於經籍,恐非佛尊立言的根本宗旨,故有疑問。

　　[6] 三十四心:一生補處菩薩,從兜率天下、入胎、出胎、出家、降魔、成道、轉法輪、入涅槃,這便是八相成道。菩薩降魔以後,安坐不動,準當小乘中忍位。經過一刹那,到上忍位。再經過一刹那,到世第一位。這時,發真無漏三十四心。見道位中八忍、八智的十六心,加上了修道位九無礙、九解脱的十八心,合爲三十四心。九無礙、九解脱:此乃依三界九地思惑而言。每一地有一無礙、一解脱,九地成九無礙、九解脱。用三十四心,頓斷見思、煩惱和習氣,坐於菩提樹下,以生草爲座,成丈六應身佛,受梵王請,三轉法輪,度三種根性的衆生,化緣已盡,便入涅槃,如薪盡火滅。究竟和阿羅漢、辟支佛一樣,同證徧真法性,灰身泯智,既無正報,也無依報。此數句言真法身佛除盡本來所習餘氣,是用幾心? 是三十四心? 是九無礙、九解脱,還是一無礙、一解脱呢?

　　[7] 此四句言若是用三十四心,得三十四心,煩惱先已除盡,現在又説唯在除盡殘氣(餘氣),二者存在矛盾,不應又同時載之於經籍。

　　[8] 煩惱九品:即貪、嗔、慢、無明等四種修惑,就其粗細而分爲上、中、下等九品,又作九品煩惱。總三界有欲界、四禪、四無色,共爲九地。其中,欲界具有四種修惑,四禪、四無色除嗔之外尚有其餘三惑。於各地又分上上乃至下下九品,九地合爲八十一品,稱爲八十一品修惑。此通有漏、無漏二斷,凡夫亦得斷其中下八地七十二品;若就聖者而言,於修道位斷欲界之前六品者爲第二果,斷欲界九品者爲第三果,斷盡上二界七十二品者爲第四果。另外,每斷此一品,各有

無間、解脱二道；所斷之障，於一地中各有九品，故能對治之道亦有九，稱爲九無間道、九解脱道。無學之聖者修練根時，亦有九無間、九解脱。雙道：即二道，指九無間道、九解脱道。此四句言若是用九無礙、九解脱，煩惱有九品，九無礙、九解脱二道已斷煩惱，故無此用。煩惱餘氣，並非三界煩惱繫縛身心，餘氣非常輕微，斷一品尚無煩惱餘氣，更何況九品呢？

[9] 一無礙：能體悟"生死即涅槃"後，能融通生死與涅槃且無礙悟道，即爲一無礙。一解脱：一切衆生皆有佛性，本來解脱，因心生執著，妄自迷倒，受諸纏縛。若能一念反妄歸真，了縛無縛，則與諸佛如來同一解脱，無有差別。此數句言若是從一無礙、一解脱，直至三界九地中，皆應有殘留餘氣，不得僅僅修治上地。若是從來不用修治九地上品，先應是斷滅世俗之道，今只説修治上地，故而令人生疑。

[10] 無漏法：爲有漏法之對稱，指遠離煩惱垢染之清淨法。《俱舍論》卷一："此虛空等三種無爲及道聖諦，名無漏法。所以者何？諸漏於中不隨增故。"即虛空、擇滅、非擇滅等三種無爲法，及七覺支、八正道等道聖諦之法，皆無"隨增"煩惱，故稱無漏法。本習：業行之習。此數句言爲何呢？因爲無煩惱法和世俗之道，皆斷滅九品煩惱結縛，功德相同而修治階地不同，所以纔有這一説法。推原其本習的餘氣，尚且不是無煩惱之火的餘燼所及，更何況世俗之道？

[11]《法身經》：不詳所指。今存此經則是宋法賢所譯。主要闡明化身及法身之二種功德，法中具説增一之法數。此六句言功德深厚則修持深厚，階數窮盡則智照深微，道理本來如此。推想《法身經》應有現成説法，言殘留餘氣或也有品階的差異。因此願聞其詳。

【義疏】

慧遠所問核心是"法身佛盡本習"。實際上佛——作爲天竺人格神，已經脱盡菩薩殘氣，不存在"本習"問題。唯有法身菩薩是否亦已斷盡本習，纔能成爲問題。

　　第一，法身菩薩已無本習餘氣，何以還說"除"其餘氣？《大智度論》説：阿羅漢、辟支佛皆無煩惱，譬如燒草木，積有煙炭，是修持功力不足的原因。佛祖在世界毀滅的大火中，一切皆化爲灰燼，没有殘留餘氣。《論》又曰：菩薩遠離安受苦忍、得清净身時，已經無一切煩惱，乃至於成佛，且盡無餘氣。如果這樣，再修治而度盡餘劫也不再有餘氣，爲何又説"除"去餘氣呢？ 如果像《法華經》所説，羅漢至極之境與菩薩相同，其中只有階位差別，而不在煩惱之餘氣。如三獸渡河、三士射的，境界本不相同，今却皆同於盡除餘氣。這些方面皆聞於佛經所説，却非佛祖立意之根本，故因生疑問。

　　第二，法身除盡餘氣，所用"幾心"？ 真法身佛，除盡本身殘留習氣時，是以幾心？ 是三十四心？ 是九無礙、九解脱，還是一無礙、一解脱？ 若是三十四心，煩惱先已除盡。現今乃盡除殘氣，不應又同於聲聞經中所説。若是説九無礙、九解脱，煩惱有九品，因爲有漏、無漏雙斷，没有無礙、解脱之用，可是殘留的煩惱餘氣，又不是三界煩惱鬱結所攝持。餘氣塵垢輕微，在一品中都不存在，更何況九品呢？ 若因一地中的一無礙、一解脱，計算三界、九地之中，皆無殘留餘氣，不可能再治上一地的階位。亦即既已無礙、解脱，就無須再修持上一地階位。若從來不用修持上一地階位，因先已達到世俗之道斷絕煩惱的境地。今雖達上地却仍懷疑有殘留餘氣，爲何？ 無漏法與世俗諦，俱斷滅九品結惑，功德同而修持異，所以纔有此意。推斷本來業行之習所殘留之餘氣，尚且無煩惱之餘燼，何況世俗諦呢？ 功德高則修持深，窮盡法數則智照幽微，理本如此。推想《法身經》應有現成説法，殘留餘氣或也有品階的差異。

　　釋聖賢曰："慧遠問：是謂《大智度論》説佛已斷一切煩惱，又説七地菩薩得清净法身，煩惱已盡，直到成佛，纔除盡殘餘的習氣，法身菩薩究竟是否已斷盡煩惱？"此乃所問之關鍵。

　　什答曰：聲聞人謂，佛與阿羅漢、辟支佛俱共得〔一〕，若斷

諸煩惱，無復有異，是故世間大劫盡火[二]爲喻[1]。又以菩薩
至坐道場，乃斷煩惱，是故分別習有餘、無餘爲異耳[2]。如
《摩訶衍經》説，得無生忍菩薩，斷諸煩惱，具六神通[3]。而
諸論師所明不同。或言：若菩薩斷煩惱，得漏盡通者，則同
漏盡阿羅漢。漏盡阿羅漢，永不復生[4]。是事不然。所以
者何？以阿羅漢[三]未斷習氣，而證於涅槃，無大悲心故，不
能復生。菩薩無此二故，明生生不絕[5]。或有人言：菩薩得
無生法忍時，三界繫煩惱及習氣俱盡，而法身菩薩別有結使
未滅，雖然，亦不妨習行佛道。如賊繫縛在獄，雖爲未死，無
所能作[6]。是菩薩結使，並地地中斷，至坐道場，實欲成佛，
爾乃滅盡[7]。此義如上燈喻中説。如是義者，則無所妨礙。
以其不滅故[8]。而今菩薩具足十地。言法身菩薩斷煩惱
者，此説亦實，爲斷三界凡夫煩惱故[9]。法身菩薩不斷煩惱
者，此説亦實，有菩薩細微煩惱故[10]。如燃燈時有闇有明
者，得有所見。有闇者，燃第二燈時，其明增益。當知，先有
微闇故。若先[四]無闇，燃第二燈時，不應有異[11]。

又三十四心、九無礙道、九解脱道，皆非佛説。何以故？
《四阿含毗尼》及《摩訶衍》中，無此説故。但《阿毗曇》者，作
如是分別。若佛有此説者，當求本末。而來難以之爲過[五]，
不受所論[12]。又三十四心、九無礙、九解脱道，以人通議故，
是以於《大智論》中説，爲分別佛與二乘爲異耳[13]。諸《摩訶
衍經》説，佛以一念慧，斷一切煩惱習。所有應知應見，無不
通達。此一念慧[14]，於無量劫來修習，明利最爲第一，不復
須假餘心力也[15]。若聲聞、辟支佛諸菩薩，所有智慧不能如
是者，乃用九無礙道、九解脱，以其鈍故。如人刀鈍，手力劣

弱,多斫乃斷。若大力利刀,一斫則斷[16]。如是佛坐道場,末後之慧,最第一利,無能勝者。一時斷諸煩惱,永盡無餘。以人不識⁽六⁾故,名爲殘氣耳[17]。而有爲諸⁽七⁾法,皆羸劣故。衆緣和合,乃有所作[18]。最後金剛之慧,則不然也。以有大力故,唯用相應共生心、心數法處,不須餘心力[19]。如是説者,於理爲便。如凡夫結使習氣,不能大悲事,而令身、口、業相小有異相,起彼不净之心[20]。菩薩結使亦如是,勢力衰薄,雖不能起罪業,但稽留菩薩,不令疾至佛道。是故説法身菩薩成佛時,斷煩惱習[21]。昔聞有菩薩阿毗曇,地地中分別諸菩薩結使及其功德,如《大品》十地説:捨若干法,得若干法。先來之日,不謂此世無須菩薩阿毗曇事[22]。而來問精究,苦求殘氣之差品,今未有此經,不可以意分別,是故不得委曲⁽八⁾相答也[23]。

【校勘】

〔一〕"得",張景崗校曰:"丘本後補'漏盡通'三字。"

〔二〕"火",張景崗校曰:"原本作'大',今參照丘本、木村本改。"

〔三〕"阿羅漢",卍續藏經本、《慧遠研究・遺文篇》作"菩薩"。張景崗校曰:"原本作'菩薩',今參照丘本、木村本改。"

〔四〕"先",張景崗校曰:"原本作'光',今參照丘本、木村本改。"

〔五〕"過",張景崗校曰:"原本作'遇',今參照丘本、木村本改。"

〔六〕"識",卍續藏經本作"議",又校曰:"'議'字更勘。"《慧遠研究・遺文篇》作"議"。張景崗校本作"識",又校曰:"原本作'議',今參照丘本改。"

〔七〕"諸",卍續藏經本、《慧遠研究・遺文篇》作"議"。張景崗校曰:"原本作'議',今參照木村本改。"

〔八〕“曲”，張景崗校：“原本作‘由’，今參照木村本改。”《慧遠研究·遺文篇》作“曲”。

【注釋】

〔1〕聲聞人：指聽聞佛陀聲教而證悟之出家弟子。見上注。此五句言聲聞人認爲，佛與阿羅漢、辟支佛皆得“法身盡本習”。若就斷滅諸種煩惱而言，佛與阿羅漢、辟支佛沒有差異，所以用世間大劫之火喻之。

〔2〕至坐道場：即道場修證，道場指法身菩薩功德圓滿，證道成佛之處。見上注。此四句言聲聞人又認爲菩薩功德圓滿，乃斷滅煩惱，所以菩薩又有分別，乃修習有餘涅槃和無餘涅槃的差異而已。

〔3〕摩訶衍經：又名《摩訶乘經》，凡十四卷，已佚。無生忍：即無生法忍。《大智度論》卷五〇：“無生法忍者，於無生滅諸法實相中，信受通達，無礙不退，是名無生忍。”詳見上注。六神通：即神境通、天眼通、天耳通、他心通、宿命通、漏盡通。詳見上注。

〔4〕漏盡通：六神通之一，又稱漏盡神通、漏盡通證。意謂漏盡智證通，即煩惱不斷減少，直到沒有煩惱。有了大智慧，智慧不斷增加而不減少。《舍利弗阿毗曇論》卷一〇：“云何漏盡智證通？若智生漏盡，生無漏解脱、心解脱、慧解脱，現身自證知成就行，我生已盡、梵行已立、所作已辦，不復還有，是名漏盡智證通。”漏盡阿羅漢：指斷盡一切煩惱而住於阿羅漢之果位者。《法華經·序品》：“皆是阿羅漢，諸漏已盡，無復煩惱，逮得己利，盡諸有結，心得自在。”此六句言然而諸位論師所闡明的又不相同。有人説，如若菩薩斷滅煩惱，證得漏盡智通，則與證漏盡智通的阿羅漢相同。證得漏盡智通的阿羅漢，脱盡生死輪迴，永不受生。

〔5〕此數句言其實，此事並非如此。原因在於阿羅漢尚未斷絶本習餘氣，而證得涅槃，却又無度脱衆生的大慈悲心，故不能再有生身。菩薩已斷絶本習餘氣，且又有度脱衆生的大慈悲心，所以其身生

生不絕。按：此生生之身乃指方便衆生的應身（化身）。因爲阿羅漢無慈航衆生之心，故無應身。

〔6〕結使：煩惱之異稱。諸煩惱纏縛衆生，不使出離生死，故稱結；驅役而惱亂衆生，故稱使。詳上注。此數句言也有人説，菩薩證得無生法忍時，三界繫縛之煩惱及本習餘氣皆已除盡，而法身菩薩另有尚未斷滅的繫縛身心之煩惱，即便如此也並不妨礙其修習佛道，這結使猶如賊被繫縛於獄中，雖未殺之，却不能再作惡行。

〔7〕並：相繼。《廣韻》：“並，比也，皆也。”地：菩薩修習的階位。詳十地注。此四句言這類菩薩雖有煩惱繫縛身心，却在修證十地的每一地中相繼斷滅，但直至功德圓滿，實際上即將成佛，繫縛身心的煩惱纔會完全斷滅。

〔8〕此義如上燈喻中説：《次問修三十二相》羅什答：“以菩薩三界障礙都滅，唯有佛道微障未盡耳。如以一燈破暗，不能破第二燈分。若能破者，第二燈即無所增益；而第二燈所破闇與初燈合，但無初燈所破之闇。”此四句言關於結使漸次斷絶問題在上文的燈光之喻中已經説明。也不妨用來闡釋此義，因爲煩惱繫縛身心雖未斷滅而可漸次斷滅之故。

〔9〕此五句言如今菩薩修證已經具足十地的境界，仍然説法身菩薩斷滅煩惱，此説是真實的，主要是指菩薩已斷滅三界凡夫煩惱。按：《大智度論》卷三八：“法身菩薩斷結使，得六神通；生身菩薩不斷結使，或離欲，得五神通。”法身菩薩，或指具足十地之菩薩。此菩薩累積修行而斷除一分無明，即顯現一分法性。斷除一分無明，也就是斷滅凡夫煩惱。

〔10〕此三句言法身菩薩没有完全斷滅煩惱，此説也是真實的，因爲法身菩薩有細微煩惱。按：法身菩薩細微煩惱，已不是三界凡夫之煩惱，而是如劫火之餘燼耳。

〔11〕此數句言比如點燃燈光時，有暗有明，也能有所見之處。有暗處，燃第二燈時，可增益其光明，應知這是先有微小黑暗存在之

故。若全然光明而無黑暗,點燃第二燈時,與只點燃第一燈的效果没有差異。

〔12〕此數句言佛祖並未分别三十四心、九無礙道、九解脱道,所以《四阿含毗尼》及《摩訶衍》中,皆無此説。只有《阿毗曇》纔有如此分别。如若佛祖有此分别,應當探求本末,而你之辯難認爲此乃錯誤,不接受《阿毗曇》所論,似亦不妥。

〔13〕此四句言因爲三十四心、九無礙道、九解脱道的分别成爲共識,所以《大智度論》中纔有此説,這是爲了分别佛與二乘之説的不同。

〔14〕一念慧:即一念相應慧,指與現前一刹那之念相應的定慧,或與真理契合之謂。達此境界,則物亡境滅,完全洞徹其靈知之本性。《大般若波羅蜜多經》卷三九三:"若已圓滿無量無邊不可思議諸妙法,從此無間,以一刹那金剛喻定相應妙慧,永斷一切煩惱、所知二障、麁重習氣相續,證得無上正等菩提。"此五句言諸本《摩訶衍經》説,佛藉其一念相應的智慧,就能斷滅一切煩惱餘氣;此一念相應的智慧,通達所有應知之智、應見之物。

〔15〕此四句言此一念相應的智慧,使佛在無量劫中所修習其爽利明達智慧,是至極之第一,也無須再假借其餘之心力。

〔16〕此數句言像聲聞乘、辟支佛諸菩薩,所有智慧都不能達到這樣境地,於是用九無礙道、九解脱道分别之,因爲這類菩薩根性愚鈍於佛的緣故。二者比較,一是如人愚刀鈍,手力又劣弱,反復砍之纔能斷;一是如大刀利刃,一砍之即斷之。

〔17〕此數句言如此佛坐於道場中修習功德,最後的智慧乃是至極之鋒利,没有勝過此智慧者。刹那之間就斷滅種種煩惱,徹底斷盡,永無餘爐。因爲常人不識,乃將最後一斷的煩惱稱之爲餘氣。

〔18〕有爲諸法:即有爲法,指因緣和合而生的一切事物。詳見上注。此四句言而有爲法認爲皆因劣弱之故,皆爲衆緣和合而生,於是纔有如此之分别。

〔19〕金剛之慧:指通達實相之理而破除諸相之智。《維摩經·

不二品》:"達罪性則與福無異,以金剛慧决了此相。"《維摩經注》卷
八:"什曰:金剛置地下至地際,然後乃止;實相慧要盡法性,然後乃止
也。肇曰:金剛慧,實相慧也。"心數法:即心所有法,是五位百法(即
八種心法、五十一種心所有法、十一種色法、二十四種不相應行法及
六種無爲法之合稱)中的第二位法,又名心相應行,從屬於心王,依心
王而起。《大乘百法明門論》卷一:"言心所有法者,具三義故。一恒
依心起,二與心相應,三繫屬於心。"此數句言最後的金剛智慧,則不
是如此。因爲有大力之故,唯有用相應共生之心,心相應處,無須其
他心力。

　　[20]習氣:煩惱的殘餘成分。佛教認爲一切煩惱皆分現行、種
子、習氣三者,既伏煩惱之現行,且斷煩惱之種子,尚有煩惱之餘氣,
現煩惱相,名爲習氣。《華嚴經·普賢行願品》:"摧伏衆魔及諸外道,
滅除一切煩惱習氣,入菩薩地,近如來地。"異相:一是生、住、異、滅四
相之一。異,衰損、變異之意。異相即令一切有爲法的現在位變易衰
敗之法。此法非色非心,爲不相應行蘊所攝。二是總、別、同、異、成、壞
六相之一。異,差別、差異之義。異相指一切諸法各各相異之狀態。此
數句言如此說者,於理相宜。比如凡夫煩惱餘氣繫縛身心,不能作佛菩
薩慈悲之事,而使身業、口業之相逐漸衰壞,遂産生不净之心。

　　[21]此數句言菩薩煩惱繫縛也是如此,勢力衰微單薄,雖不會
再産生惡行,但是却滯留在菩薩地上,而不能使之迅疾成佛。所以説
法身菩薩成佛時,必然已經斷滅煩惱餘氣。

　　[22]此數句言從前聽説有關菩薩,在《阿毗曇》中於十地的每一
地上分別諸菩薩的煩惱繫縛及其功德之不同,如同《大品般若》説十
地曰:捨棄若干法,可得若干法。先前,你也没有説過此世有無關於
《阿毗曇》分別菩薩之事。

　　[23]此五句言你的詢問是乃精心研究,苦苦探求殘留餘氣有階
位之差,今尚未見有此經,不能够因主觀之意而勉强分別,所以不能
分別原委而答之也。

【義疏】

羅什答疑,重在説明:法身菩薩既已斷煩惱,所斷之煩惱指三界凡夫煩惱,即所謂"本習";又未斷煩惱,未斷之煩惱乃菩薩之細微煩惱,即所謂"餘燼"。二者有本質差異。

第一,首先,從兩個不同視角,回答法身是否"盡本習"問題。從小乘上説,佛與阿羅漢、辟支佛俱得"法身盡本習"。若僅就斷滅諸煩惱而言,没有差别,故以世間劫火餘燼喻之。從成佛上説,菩薩修習道場,證成佛道,斷滅煩惱,所以與阿羅漢、辟支佛又有分别,前者修習無餘涅槃,後者修習有餘涅槃。即如《摩訶衍經》所説,菩薩得無生法忍,斷滅諸煩惱,具有六神通。其次,列舉論師兩種不同説法,分析所斷煩惱本質有别。諸家論師,有人説若菩薩斷滅煩惱,得漏盡通,與漏盡阿羅漢相同。阿羅漢一旦漏盡,永遠不復生身。此説似是而非。因爲阿羅漢並未斷盡本習餘氣,雖證涅槃,無慈渡衆生之心,故不再生身。菩薩雖斷盡本習餘氣,證道涅槃,却因慈渡衆生,故其身生生不絶。也有説,菩薩唯得無生法忍,纔能斷盡三界煩惱及本習餘氣,而法身菩薩則煩惱繫縛,僅僅是不妨礙其修習佛道而已。所以,菩薩煩惱繫縛,且在修習每一地的過程中漸漸趨於斷滅,直至道場修習,證成佛道時,方使之斷滅盡净。此義上文以二燈喻之,説明因其煩惱尚未斷滅,故漸次斷滅之。最後概括説:如果菩薩具足十地境界,仍説法身菩薩斷滅煩惱,此説真實,其所斷之煩惱,乃指三界凡夫煩惱;説法身菩薩未斷煩惱,此説也真實,其未斷之煩惱,是指法身菩薩尚存劫火餘燼之煩惱。二者有本質不同。猶如初燃燈光,已得光明,尚存微暗,復燃第二燈光,再增益其光明矣。

第二,詳細闡釋關於三十四心、九無礙、九解脱問題。首先指出慧遠所言之三十四心等問題,皆非佛説,乃出自後人之論,委婉批評其未能"當求本末",即加質疑。所謂"三十四心、九無礙道、九解脱道",原始佛經皆無記載。直至《阿毗曇》,方作此分别。因爲成了信徒的共識(通議),《大智度論》纔分别佛與二乘的差異。其次,説明九無礙、九解脱産生的原因。引證諸《摩訶衍經》之説：佛以一念相應智慧，即斷一切煩惱，智照萬物，周遍天下，所以在經歷無量劫過程中，所修習之智慧明達敏鋭，達乎至極，無須假借其餘心力。只有聲聞、辟支佛、諸菩薩，智慧不及，根性愚鈍，纔有九無礙、九解脱的分別。至如佛坐道場，以最後的極爲鋒利的智慧之刃，斬斷一切煩惱，永盡而無餘。因爲常人不識，纔以爲佛所斬斷的最後一縷煩惱，是本習餘氣。而一切有爲法所議皆鄙陋淺薄，認爲法身亦是因緣和合而生，纔有如此九無礙、九解脱的分別。復次，説明九無礙、九解脱的分別乃是以常理論之。最後的金剛智慧全非如此，因博大神力之故，只需運用與金剛智慧相應的共生之心，無須假借其他心力。所謂分別之説似乎通達於常理，纔導致人們認識上的誤差。比如凡夫本習餘氣繫縛身心，且無慈航衆生之事，從而使其身、口、意三業相漸有衰壞，遂生不净之心。其實，菩薩煩惱繫縛也是如此，因爲勢力衰損，雖不會産生惡行，却滯留在菩薩地（階位）而難以迅疾成佛。因此，佛經説法身菩薩成佛時，必須斷滅煩惱餘氣。最後總括説明，菩薩在每一不同階位皆有"捨"與"得"的辯證關係。從前聽説有關菩薩，在《阿毗曇》中分別諸菩薩於每一地中有不同的煩惱繫縛，修行不同功德，這就如同《大品》十地所説"捨若干法，得若干法"。又補充説明，此前你並没有諮詢此世有無《阿毗曇》關於分別諸菩薩事。而此次來問如此精心探究菩薩餘氣的品階問題，我至今未見此經，不可臆度而勉强分別之，故不能詳盡原委而答之。

九、　次問造色法并答[一]

遠問曰：經稱，四大不能自造，而能造色[1]。又問：造色能造色不？若能造色，則失其類。如其不能，則水月、鏡像，復何因而有？若有之者，自非造色如何[2]？又問：水月、鏡像,色陰之所攝不? 若是色陰,直是無根之色,非爲非色[3]。何以知其然? 色必有象,象必有色。若像而非色,則是經表之奇言。如此,則阿毗曇覆〔二〕而無用矣[4]。

【校勘】

〔一〕此題諸本作"問答造色法",唯釋聖賢《慧遠文集》作"次問造色法并答"。依照體例,釋本是。今據改。

〔二〕"覆",陳揚炯釋譯本作"復"。古二字通。

【注釋】

[1] 能造色:色法有能造色、所造色兩種。地、水、火、風四大,能造一切色法,故稱能造色。五根和六塵,這十一個色法是由四大所造,故稱所造色。《尊婆須蜜菩薩所集論》卷一:"如是非色相,四大所造色有何等異? 或作是説:無有異也,諸四大即是造色。……或作是説:諸緣彼四大、四大所興色。問:四大亦因四大,欲使是興色耶? 答曰:彼雖因四大,有若干所因,四大是興色相。"所謂能造色,能造化一切物質;所造色,所産生一切現象。此三句言佛教説,四大雖然不能自造,却能造化一切物質。

[2] 此數句言四大造化一切物質(色),還能造化現實存在之外的其他物質否? 若能造出現實之外的其他物質,那麼所造現實之外的物質與原來現實之内的物質就不是同類。若不能造出現實之外的其他物質,那麼水月、鏡像又因何而産生? 若有水月、鏡像的存在,不是四大所造之物質,又是如何産生的?

[3] 色陰:指四大及四大所造色。《鞞婆沙論・陰處》:"如是更有契經説,色陰云何? 諸所有色,彼一切四大及四大造色。"色陰,又名色受陰,即色蘊,五蘊之一。《顯揚聖教論》卷五:色蘊略有五種相:一自相,即色身諸法各有不同之自相。二共相,即色身諸法和合之

相,謂一切色身皆從地、水、火、風和合爲相。三所依能依相屬相,即色身四大種是所依相,四大造色是能依相。四受用相,謂眼等諸根有增上力,故諸色塵境界得以産生,遂有苦樂逆順受用之相。五業相,謂色身能作種種業行之相,故一切業行,皆依色身攝受增長。此五句言水月、鏡像是色陰所攝持否? 若屬於色陰,却又終究是無根之色,但不能説不是色。按:慧遠追究"水月鏡像"和"色陰"的關係,乃源自羅什第一章所答:"有色之物,必有二法,有色有觸。……如鏡中像,水中月,見如有色,而無觸等,則非色也。化亦如是,法身亦然。"

[4] 此六句言何以知其是色呢? 因爲色必有形象,有形象必然有色。如果説有形象而不是色,那就是經外的奇談。如此,則整個阿毗曇經典亦復無用矣。

【義疏】

此章慧遠所問主要圍繞小乘《阿毗曇》論書中關於四大及其造色的關係,其關注點仍然是法身問題。四大不自造,却能造色。所造之色,既有現象存在的真實之色,也有主體知覺的虛幻之色。然而,真實之色與虛幻之色本質不同。如果説四大不能造虛幻之色,那麽水月、鏡像又緣何而生? 若有水月、鏡像,其非四大所造之色又是如何産生的呢? 水月、鏡像受色陰統攝否? 若屬於色陰,乃因緣和合而生,只是無根之色,非生色、非真色。因爲色與象互相依存。若謂有像而無色,則無經書依據,阿毗曇之論亦復無用。這説明四大造色與緣起性空理論互相矛盾。

什答曰:經言,一切所有色,則是四大及四大所生[1]。此義深遠難明,今略叙其意。

地、水、火、風,名爲四大,是四法,或内或外[2]。外者何也? 則山、河、風、熱等是。内者,則骨、面、溫、氣等是。四大如是，無所不在，而衆生各各稱以爲身，於中，次生眼等五根[3]。五根雖非五識所知，亦不得謂之無也[4]。所以者何？譬如髮、爪，雖是身分，無所分別，以離根故。又如癩病之人，身根壞敗，雖有皮肉，而無所覺。是故當知，皮肉之內，別有覺用，又能生身識，以是故，名爲身根[5]。假令身肉但有身根者，以指觸食，唯知冷熱，不知香味，是故當知，別有鼻、舌根等[6]。若然者，四大之身，必生五根，分別五塵故。五根之色，其爲微細，非五識所知，難了難明，是故佛名四大所生色[7]。若問：五根難明，佛名爲四大生色者，五塵何以復名四大所生色耶？答曰：五塵亦復微細。如水月、鏡像等，雖復眼見，無有餘塵。若離餘塵，則非是色[8]。若聲從觸有，謂爲可聞，無有住處，時過則滅，因緣雖存，無聲可聞。若香離色、味、觸，則不可得。味、觸亦然。是故五塵，亦名四大所生色，以其小故[9]。

　　或言：身根遍於一體，其餘四根，少分處生。如瞳子內鍼頭之處，眼根見色，餘處因此總名爲眼。其餘根皆亦如是[10]。身根所觸，審有所覺。凡夫之人，身所覺事，以之爲實。如人得罪於官，苦以刀杖治之，終不以餘塵爲用也[11]。樂亦如是。衆生多五欲，於細滑中，淫欲偏重，乃有隨而死者，是故佛經或以之爲初[12]。又如人畫[一]見於色，闇中雖無所見，以身觸故，便得其事。當知身根常有實用，餘根無有此力[13]。又，身根遍生身識，是故身所覺法，名爲四大[14]。若問：身根所覺有十一事，何故但説四法爲大也[15]？答：其餘七法，皆四大所攝，四大爲根本，是其氣分耳[16]。輕、重是覺分，堅是相密，若分散則爲輕物，若集之則爲重物。澀亦然[17]。地有二種：一微塵，次密相近，名爲滑物；若微塵疏遠，名爲澀物[18]。寒是風、水之分。水常冷相，若與火合則熱，離火還歸本相[19]。風亦冷相，若火力偏多，名爲熱風，離火還爲冷風。如熱時搖扇，即得冷風；又身內風發，便令體冷；若服熱藥，冷風則止[20]。水有二相：一爲流相，二爲冷相。經中多説流相，以相常有，不可壞故[21]。一切法皆有二相：客相、舊相。佛通達一切法本末故，説其舊相[22]。如水或與火相，可使爲熱。流是舊相，雖與熱合，猶不捨流相，是故寒是水〔二〕所攝[23]。饑渴者，以人腹內風火力故消食，消食已則從克〔三〕人身。是故饑，雖食難消之物而無所患，以能消故[24]。若如是分別，四大氣分，乃應無量。如長短、此彼、麤細、方圓、燥濕、合散等，皆可以身根覺知，何止七事耶[25]？佛是一切智人，是故但説四大色及四大所生色[26]。

　　或言：眼見草木從種出生，如是細爲麤因[27]。如種中無樹，推樹爲從何來？有人言，無因無緣，自然而生；或有人言，萬物皆從天〔四〕生；有人言，從微塵生；有人言，從常性生。唯佛言從四大生，所謂種中地、水、火、風也[28]。此中雖有餘物，佛但説四大，以四大能利成果故[29]。堅相能持，水相能爛，火相能成熟，風相能增長，如是樹得成〔五〕茂。色等無有此用，是故不説[30]。又內四大。人初入胎時，地能持之，水能和合，火能成熟，風能開諸竅，令得增長[31]。爾時，小兒未有眼等根故，不能分別，以初得身根故，而分別四大所能。是故説，一切色皆四大爲根本[32]。如經説，六種、十二觸、十八〔六〕意行、四善處，名之爲人[33]。是中分別義者，如小兒初入胎時，未有眼等故，但有六種：四大、虛空及識。雖有色、香、味等，以其不覺，不爲利益，故不説也[34]。六入既成，於外麤受樂，名爲觸生受。而復意識，常多發用[35]，眼識[七]所見色，分別好醜中間，乃至意所知法，分別好醜中間，是名十八意行[36]。又終能住於四善之處，所謂樂分別諸法，是智慧處；樂實不虛，是誠諦處；樂捨則捨惡，是捨處；樂離憒鬧，是寂滅處[37]。

　　或言：次第而生。如大劫盡時，無所復有，唯有虛空[38]。爾時虛空中，有諸方風來，互相對持。後有天雨，風持此水，水上有風，擾動而生水沫。水沫積厚，爾[八]乃成地，從生草木等[39]。以觀一切水色，初始皆從風出，以能持故，是以説，所有盡[九]皆以四大爲根本[40]。今之[一〇]色、味等，亦爲四大因緣，四大亦爲色等之[一一]因緣，但以初得名故[41]。如穀子中四大[一二]，有色有味等；芽[一三]時色、味等，亦有四大，但分別先後因果，得其名耳[42]。如内四大，初入胎時，識[一四]繫在赤白不净之中，雖有色、香、味，以無眼等故，不覺不知，唯有身根，覺知四大有用[43]。佛因此心故，説四大爲生色之本[44]。是故十二因緣中第三因緣時，雖有四大所生色，以微細未能遮識，識力[一五]增發故，説識因緣名色[45]。歌羅羅時，四大成就，反名爲色；歌羅羅時，中識成就，反名爲名[46]。所謂成就者，了了相現也。是故説内四大，爲生色之本[47]。

　　佛言：所有色，四大、四大生有，是總相説耳。或有三大、二大、一大[48]。四大者，如身也；三大者，如死人身，中無有火大；二大者，如熱水、熱風、熱合名等；一大者，如風，風中無有地、水也[49]。四大生色中亦如是，或四或一，如飲食有味、香、觸；如净潔玉器承天雨，但有色、味、觸，無有香氣，地氣合故，乃可有香[50]；如火從珠、日出者，無香無味，但有色、觸，燒爲觸，照爲色；如鏡像、水月，唯有一色[51]。

“四大不能自造，而能造色”者，經無此説，亦無“造”名，但傳譯失旨耳[52]。佛唯説所有色，若四大、四大所生。因四大復生四大，如種中四大，復生芽中四大；芽中四大所生色，復生四大所生色，亦互相生，如前説[53]。又外道説，四大是常，無時不有。若佛説，諸[一六]所有色皆是四大，則外道增其邪見。是故佛言，色非唯四大[一七]而已，因四大故，更有色生，是名四大所生色[54]。是色有三種：善、不善、無記[55]。以善身口業色，能生天、人報四大；不善身口業色，能生三惡處報四大；無記色，自然因、共生因。《阿毗曇》中，亦如是説[56]。若然者，云何言四大不自生也？如人還生人，或生畜生，而生中不正説[57]。從四大生者，皆是四大所生色，如《阿毗曇》分別四大，一陰、一入、界所攝[58]。若[一八]但四大，則無別陰、界、入，以四大少故[59]。四大所生色陰，十一入、十一界所攝[60]。若但四大所生色，則無別陰也，十入、十界所攝[61]。如是四大、四大所生色，雖復[一九]自生，生彼無咎。所以者何？生生之大，以有空名。如前説水月、鏡像，阿毗曇人有法相者，謂是陰、界、入所攝[62]。

如經説三種色：有色可見有對，有色不可見有對，有色不可見無對[63]。又如不見、不聞、不嗅、不味、不觸，尚名爲色，何况眼鏡像，如非色耶[64]？是故水月、幻、化等，是可見色，而佛法爲度衆生故，説水月、鏡像、影、響、炎、化、喻等，使[二〇]人終不貪著，謂之爲有，是故以爲空喻[65]。如幻化色,雖是不實事〔二一〕,而能誑惑人目。世間色像,亦復如是[66]。是以過五百年後,而諸學人多著於法,墮於顛倒,佛以幻化爲喻,令斷愛法,得於解脱,是故或時説有,或時説無[67]。凡夫人無有慧眼,深著好醜、麤細等,起種種罪業,如是何得言無耶? 佛説,一切色皆虚妄顛倒,不可得觸,捨離性,畢竟空寂相[68]。諸阿羅漢以慧眼,諸菩薩以法眼,本末了達,觀知色相,何得言定有色相耶[69]? 諸佛所説好醜、此彼,皆隨衆生心力所解而有利益之。法無定相,不可戲論。然求其定相,來難之旨,似同戲論也[70]。

【校勘】

〔一〕“晝”,卍續藏經本作“盡”,校曰:“‘盡’疑‘晝’。”諸本作“晝”,今據改。

〔二〕“水”,卍續藏經本作“火”,校曰:“‘火’疑‘水’。”諸本作“水”,今據改。

〔三〕“克”,《慧遠研究·遺文篇》作“剋”。古二字同。

〔四〕“天”,卍續藏經本作“大”,《慧遠研究·遺文篇》作“天”。張景崗校本作“大自在天”,又校曰:“‘大自在天’,原本作‘大’,今參照丘本補。”

〔五〕“成”,卍續藏經本校曰:“‘成’一作‘增’。”《慧遠研究·遺文篇》、張景崗校本皆作“增”。

〔六〕“十八”,卍續藏經本作“八十八”,校曰:“‘八’字疑剩。”《慧遠研究·遺文篇》亦作“八十八”。下文有“是名十八意行”句,並據改。

〔七〕“眼識”,卍續藏經本校曰:“一無‘識’字。”

〔八〕“爾”,卍續藏經本作“於”,又校曰:“‘於’疑‘爾’。”參校諸本改。

〔九〕"盡",《慧遠研究·遺文篇》作"無"。

〔一〇〕"之",卍續藏經本無,又校曰:"'今'下一有'之'字。"參校諸本補。

〔一一〕"之",卍續藏經本校曰:"一無'之'字。"

〔一二〕"四大",《慧遠研究·遺文篇》無"四",語意扞格。張景崗校曰:"原本作'大',今參照木村本補。"

〔一三〕"芽",卍續藏經本、《慧遠研究·遺文篇》作"牙",據張景崗校本改。

〔一四〕"識",卍續藏經本無,校曰:"'時'下一有'識'字。"諸本皆有"識",今校補。

〔一五〕"力",卍續藏經本無,又校曰:"'識'下一有'力'字。"諸本皆有"力",今校補。

〔一六〕"諸",卍續藏經本無,又校曰:"'所'上一有'諸'字。"諸本皆有"諸",今校補。

〔一七〕"四大",《慧遠研究·遺文篇》重"四大",後"四大"衍。

〔一八〕"若",卍續藏經本無,又校曰:"'但'上一有'若'字。"後文有"若但四大所生色"句,參校諸本補。

〔一九〕"復",卍續藏經本作"没",校曰:"'没'一作'復'。"今據改。

〔二〇〕"使",張景崗校曰:"原本作'默',今參照丘本改。"

〔二一〕"雖是不實事",《慧遠研究·遺文篇》作"難是實事"。

【注釋】

[1] 此二句言一切色皆由四大所生,或由四大所生之再生。《鞞婆沙論·陰處》:"如是更有契經說,色陰云何? 諸所有色,彼一切四大及四大造色。"意謂四大生色,四大所生之色又可以再生色。如四大生身,身又生五根,五根又生五識。

[2] 或内或外:謂四大造色有内有外。《鞞婆沙論·界處》:外地

界爲房屋、墙壁、樹木、巖石、山、金銀等,内地界爲髮、毛、爪、齒、筋骨等;内水界爲眼淚、涎唾、膏肪、腦髓、膿血等,外水界爲涌泉、深淵、流水、河水等;内火界爲身熱、温暖等,外火界爲炬火、燈火等;内風界爲下風、上風、支節風等,外風界爲塵土風、無塵風、隨藍風等。此四句言所謂四大,也就是四種物質存在,這種物質存在,從現象上説,有内與外的不同。

〔3〕此數句言外在自然、現象,内在人體、知覺,皆由四大所造,四大無所不在。衆生每人稱爲身體者,也由四大所造,其中又生出眼、耳、鼻、舌、身五根。

〔4〕此二句言五根雖然不是眼識、耳識、鼻識、舌識、身識之五識所能認知,但不能説五根不是客觀存在。意謂五根的本質在於"識",但不能因其"用"而否定其"體"。

〔5〕此數句言爲什麽呢?比如頭髮、爪牙,雖然是身體的構成部分,與身體無法分别,却又是身體中獨立部分。又如得癩病的人,身根已經腐壞,雖然皮肉還在,却没有了觸覺。由此可知,頭髮、爪牙不能産生觸覺,皮肉之内,另有觸覺的存在。這種存在的觸覺,又能産生身識,因此稱之身根。

〔6〕此六句言假使肉體只有身根,用手指接觸食物,只能知其温度,却不知其香味。因此必須明白,身體不僅有身根,還另有鼻根、舌根等等。

〔7〕五塵:亦稱五境,即色、聲、香、味、觸五種可感覺的對象,因染污真性,故曰塵,亦稱微塵。五根之色,其爲微細:陳揚炯注曰:所謂五根,相當於五種感覺器官,但確切地説,是指分别散布在五種感覺器官上面、具有某種特性的因素,即能進行感覺的若干微細的質點。如眼根不是指眼球,而是散布在眼球各處具有視功能的因素(質點);鼻根不是鼻子,而是散布在鼻孔裏面具有嗅功能的因素(質點)。耳、舌、身五官也是如此。此數句言既然如此,四大所構成的身體,必然再生五根,分别感知色、聲、香、味、觸五塵。五根作爲物質的存在

（色），非常細微，不是五識所能認知，很難明瞭其本質，所以佛將其統稱爲"四大所生色"。

[8] 此數句言若問：五識既然難以明了五根，佛稱之"四大生色"，五根爲"四大所生色"，五塵爲何也稱"四大所生色"？答曰：因爲五塵也微細，如水月、鏡像等，雖然眼可見其相，却没有其餘聲、香、味、觸四塵。若離開其餘四塵，就不具有色的物質性。意即虛幻之像不是真實的物質存在。

[9] 此數句言比如聲從觸中産生，能够聽到，却不能停留，聲過則消失，觸與聲的因緣雖在，却已無聲可聞。假若香離開了色、味、觸，便不可得其香；味離開了色和觸，也就没有味。因此，五塵之所以也稱之"四大所生色"，就是因其微細之故。

[10] 此數句言有人説，身根遍布全身，其餘四根，只生於身體的一小部分。如瞳仁内只有針頭大小之處，纔是眼根，眼根見色，其餘地方和瞳仁結合，總名爲眼。其他三根也都是如此。

[11] 審：猶皆。《説文》："審，悉也。"此數句言身根接觸外物，皆有感覺。於是凡夫之類將身根所接觸之事物，認爲是真實存在。如人獲罪於官府，苦於所治之刀杖刑罰，而對於其他色、聲、香、味四塵始終無所覺知。

[12] 五欲：謂由色、聲、香、味、觸五境生起的情欲。亦謂財欲、色欲、飲食欲、名欲、睡眠欲。此指後者。細滑：指微細柔滑之觸境。多用於指男女美好之色相，與"細色"同義。又與十二因緣中第六之"觸"同義，皆指引起官能上微細柔滑快感之觸覺。《修行道地經》卷六："見諸五樂皆歸無常，不能盡除。所以者何？用見色、聲、香、味、細滑之念。"又貪著身體之軟細滑澤，稱細滑欲，爲六欲之一。此六句言快樂也是如此，衆生中充滿五欲，在貪念美好色相中，又偏重於淫欲，甚至有因此而死者，所以佛經以之爲五欲之首。

[13] 此六句言又比如人在白晝可見之色，在黑暗中則不可見之，用身體接觸，便能得知其事物。可見，身根常具有實用功能，其餘

諸根則没有這種功力。

[14] 此三句言身根能遍生身識,其他根識則無此功力,所以全身所覺知之色,纔名之四大。意謂身根所覺知之色乃四大造色。

[15] 身根所覺有十一事:《雜阿毗曇心論》卷一:"觸入者十一種,謂四大及七種造色。七種造色,謂澀、滑、輕、重、冷暖、飢、渴。澀者龐强,滑者細軟,輕者不可稱,重者淳厚,冷者求暖,飢者欲食,渴者欲飲。……水火增故滑,地風增故澀,地水增故重,風火增故輕,水風增故冷,風增故飢,火增故渴。"此二句言身根所知覺共有十一種色,什麼原因只説四大之法呢?

[16] 七法:七種造色,即澀、滑、輕、重、冷暖、饑、渴。此四句言答曰:其餘七種現象,皆爲四大所統攝,四大是根本,其他七種因其性質而分,屬於四大組合的不同類型。

[17] 此五句言物之輕重是據觸覺而分别,堅硬就依密度而分别,若密度鬆散就是輕物,密度集中則爲重物。所謂"澀"的感覺也是如此。

[18] 此六句言地有二種:一是微塵依次密集,名爲滑物;若微塵相距疏遠,名爲澀物。

[19] 此四句言寒是風、水的特性。水常是冷物,若與火結合則熱,離開火又還原爲冷物。

[20] 此數句言風也是冷物,若火力偏多,就是熱風,離開火仍然是冷風。比如熱時摇扇,就能得到冷風;另外體内一有風産生,便使得體冷;如果服性熱之藥,冷風就停止。

[21] 此五句言水有兩種形態:一是流動形態,二是寒冷形態。經中多説流動形態,因爲流動是水的常態,不可改變。

[22] 一切法:泛指一切有爲法、無爲法及不可説法。又作一切諸法、一切萬法,即包含一切事物、物質、精神,以及所有現象之存在。原意是"由因緣而起之存在者"。客相:猶現相,指事物存在形態。舊相:猶本相,指事物本來形態。此四句言一切現象皆有二種形態:一

是客相、二是本相。佛通達一切現象本末的緣故，所以多説本相。

　　[23]此六句言如水或與火因緣和合，可使之産生熱之現相（客相）。流是水之本相，雖然與熱相合，仍然没有捨棄流動的形態，所以寒也爲水所統攝。意即寒是水的本質屬性。

　　[24]此六句言由四大所構成之饑渴，因爲人之腹中有風、火之力故能消食，一旦食物消化之後，若不進食則損傷身體，所以飢餓時，雖進難以消化的食物却無危害，因爲能夠消化之故。

　　[25]此數句言若是如此分別而説之，四大所造萬物按照物性分類，應是無窮無盡。如長和短、彼和此、粗和細、方和圓、燥和濕、聚和散等，這些物質形態都可以憑藉身根而覺知，何止於上文所説的澀、滑、輕、重、冷暖、饑、渴之七事（七法）？

　　[26]一切智：音譯爲薩婆若、薩云然，指了知内外一切法相之智。《仁王護國般若波羅蜜多經》卷下："滿足無漏界，常浄解脱身，寂滅不思議，名爲一切智。"《瑜伽師地論》卷三八："於一切界、一切事、一切品、一切時，智無礙轉，名一切智。"即如實了知一切世界、衆生界，有爲、無爲事，因果、界趣之差別，及過去、現在、未來三世者，稱爲一切智。一切智對於一切種智有總、別二相之義。若依總義，則總稱佛智，義同一切種智，如《華嚴經大疏》卷一六："如來以無盡之智，知無盡法，故稱一切智。"若依別義，則一切智爲視平等界、空性之智，此即聲聞、緣覺所得之智；一切種智爲視差別界、事相之智，乃了知"平等相即差別相"之佛智。《大智度論》卷二七："總相是一切智，別相是一切種智；因是一切智，果是一切種智；略説一切智，廣説一切種智。一切智者，總破一切法中無明闇；一切種智者，觀種種法門，破諸無明。……佛自説：一切智是聲聞、辟支佛事，道智是諸菩薩事，一切種智是佛事。聲聞、辟支佛但有總一切智，無有一切種智。"此二句言佛是一切智者，所以只説四大以及四大所造色。

　　[27]細：此指種子。麤：此指草木。此四句言有人説，眼睛所見之草木，乃從種子中出生，如此説來，種子就是草木之因。

[28] 此數句言如果種子不能生樹,推想樹從何處而生? 有説没有因緣,自然所生;有説從天而生;有説從微塵生;還有説從自性生。唯有佛説萬物乃四大所生,此即所謂草木乃是種子在四大中所生出。

[29] 此三句言雖然其中還有其他生長條件,佛却只説生於四大,因爲四大能有益於草木生長、結果。

[30] 堅相:指地。此數句言地是堅固之相能使縈根,水相能使滋潤,火相能使成熟,風相能使增長。如此樹木能够成長茂盛。其他物質則没有這種作用,所以不説。詳見下注。

[31] 内四大:四大或分爲二種,稱正報之人身爲内四大,亦稱有識之四大;依報之諸色曰外四大,一稱無識之四大。《圓覺經・文殊師利菩薩》曰:"妄認四大爲自身相,六塵緣影爲自心相。"又《普眼菩薩》曰:"恒作是念:我今此身四大和合,所謂髮毛、爪齒、皮肉、筋骨、髓腦、垢色皆歸於地,唾涕、膿血、津液、涎沫、痰淚、精氣、大小便利皆歸於水,暖氣歸於火,動轉歸於風。四大各離,今者妄身當在何處?"按羅什以"骨、面、温、氣"概括之。與上文"或内或外"句注互參。此數句言另外所謂内四大,人所初成胎兒時,地能保持之,水能和合之,火能成熟之,風能開啓七竅,並令其生長。

[32] 此六句言在小兒尚未生成眼、耳、鼻、舌等四根時,還不能分别諸種事物,然而因爲初得身根之故,却能分别感受四大的基本功能。所以説一切色也都是以四大爲根本。

[33] 六種:指地、水、風、火、空、識六種。十二觸:亦稱十二入,即六根與色處、聲處、香處、味處、觸處、法處六境。一曰六根與四大、空、識爲十二觸。十八意行:亦稱十八意近行。即以意識爲近緣所生起之十八種受。全稱十八意近行受,略稱十八受、十八意行。即喜、憂、舍三受以意識爲近緣,各行於色、聲、香、味、觸、法等六境,生起十八受;分别爲色喜意近行乃至法喜意近行之六種喜意近行,色憂意近行乃至法憂意近行之六種憂意近行,色舍意近行乃至法舍意近行之六種舍意近行。四善處:指智慧處、誠諦處、捨處、寂滅處。善處,净

土。《法華經・藥草喻品》:"現世安隱,後生善處。"此三句言如經中
所說,具有六種存在與知覺、十二類器根與感覺、十八種意識與感受、
四大清净之處,方稱之爲人。這說明人體是由物質與精神、存在和主
體諸方面的有機組合體。

[34] 此數句言其中又分不同的階段,如小兒初形成胎兒時,因
爲尚未長出眼睛,只有六種存在與知覺,即四大與空、識,雖有色香味
等六境存在,因爲不能覺知,未能利其成長,所以經中不説。

[35] 六入既成:指六根生長成熟。六入,即六根;既成,指主體
具有的感覺機能、感覺器官已經完備,一般認爲這是在母胎中最後成
熟之際。麤受樂、觸生受;觸,指主體(嬰兒)同外界的接觸;受,指主
體(嬰兒)對於外界初步具有感受苦、樂的能力。此五句言六根既已
成熟,對於外界具有初步的苦樂意識,這是説因爲有了觸覺而産生感
知,爾後再形成意識,意識常常就能發揮其功用。

[36] 此五句言比如對於眼睛所見之物,分別出其中的好醜;至
於意識所感知之物,亦能分別其中的好醜,這就是十八意近行。

[37] 憒鬧:猶喧囂。《百喻經・小兒得歡喜丸喻》:"比丘亦爾,
樂在衆務憒鬧之處,貪少利養,爲煩惱賊奪其功德,戒寶瓔珞。"此數
句言最終又能安住於四善之處,所謂樂於分別諸物之性分,是智慧
處;樂於真實而不虛的真理,是誠諦處;樂於捨棄種種惡行,是捨處;
樂於遠離凡塵喧囂,是寂滅處。

[38] 此四句言有人説,宇宙生成按照一定的次序。在經歷過一
次大劫盡之後,一切都毀滅無存,唯有虛空。

[39] 此數句言那時在虛空的世界中,風從各方吹來,不同方向
及雲層之風相互交錯、對立,然後有天空下雨,風挾帶雨水落在地上,
地上積水又有風,風擾動水而生水沫,水沫聚集深厚,於是生成大地,
從大地中生長出草木等。

[40] 此四句言憑藉觀察由水生成的一切現象(水色),最初皆始
從風出,又因風持續穩固,而生出地、火,所以佛説所有色(物質存在)

皆以四大爲本原。

　　[41]　此四句言從萬物生成到現在的色與味等,也都是四大因緣和合而生,所以四大也是色、味等和合而生的因緣,因爲四大是存在的先決條件,所以只説四大。

　　[42]　此六句言如穀子中有四大,生成色、味等;發芽時所産生之色、味等,也由四大所生,只是按照前後次序分別其因果,而各得其名而已。

　　[43]　此數句言比如人體之内的四大,初形成胎兒時,乃在紅白不净的胎衣中,雖有色香味,因爲没有眼睛等緣故,而無法覺知,唯有身根能覺知四大的功用。

　　[44]　此二句言佛因爲此心識而覺知之緣故,説四大是一切色生成的本原。按:色爲心生,因爲有了心識,纔能覺知四大之功用——因緣和合而産生種種事物。

　　[45]　十二因緣:亦名十二支,又名緣起、緣生。所謂無明緣行、行緣識、識緣名色、名色緣六入(六根)、六入緣觸、觸緣受、受緣愛、愛緣取、取緣有、有緣生、生緣老死。釋聖賢曰:十二因緣是衆生輪迴的現象、規律和流轉生死的十二個過程,乃是人生生死苦果之起源及次序,其前後之間構成互爲因果、互爲生滅的條件。此五句言因此在十二因緣中第三因緣(識緣名色)這個階段,四大所生色十分微細,尚未遮蔽心識,因爲心識增益發展,又産生分別諸色之智慧,所以説"識因緣名色"。

　　[46]　歌羅羅:亦作歌羅邏、羯邏藍,意譯凝滑,又曰雜穢,狀如凝酥。初受胎七日之時,寄托於此時之心識,即十二因緣中的第三因緣之識(識緣名色),稱爲歌羅羅,又曰無明。《釋禪波羅蜜次第法門》卷三:"我初生時,攬父母身分以爲己有,名歌羅邏。"《維摩經玄疏》卷一:"如《大集經》云:歌羅邏時,即有三事:一命,二煖,三識。出入息者,名爲壽命;不臭不爛,目之爲煖;此中心意,名之爲識。攬此三事,名歌羅邏。"此五句言在初受胎兒七日時,因四大而成就胎兒,反而名

之色（五陰之色陰）；成就心識，反而名之曰名（受想行識四陰）。

[47] 此四句言所謂成就，就是胎兒生長過程清晰地顯現了出來，所以説内四大是身體各種物質産生的本原。

[48] 四大生有：即下文"四大所生，因四大復生四大"之意。此五句言佛説所有的色，或由四大所生，或由四大所生之再生，這只是就總相而言。具體説，也有由三大、二大甚至一大所生。

[49] 此數句言由四大所生者，如身體；三大所生者，如死人，死人身體中没有火大；二大所生者，如熱水、熱風及由熱生成物；一大所生者，如風，風中没有地和水。

[50] 此數句言由四大所生之色也是如此，或由四大所生，或由一大所生。如飲食有味、香、觸；如潔净的玉器所盛接的雨水，只有色、味、觸，没有香氣，唯有同地氣契合，纔能産生香。

[51] 珠：珠玉，取火工具。燒：燃燒，燃燒生暖。此數句言又如火從珠玉、日光中産生，無香無味，只有色和觸，温暖爲觸，光照爲色；再如鏡像、水月，只有色這一種。

[52] 此四句言你所説"四大不能自造，而能造色"者，經中並無此説，也没有這一名稱（概念），只是流傳、翻譯者失去佛的本意罷了。

[53] 此數句言佛唯有説所有色，如四大生色、四大生色之再生色、因四大復生四大色等。如種子中的四大，再生芽的四大，芽中四大所生色，再生四大所生色等，亦互相生成，這在前文已説過。

[54] 此數句言外道説，四大是永恒，無時不在。如果佛説各種所有色都是四大，那麽反而增益外道邪説。所以佛説：色不僅僅是由四大所生，却因爲四大存在之故，更有色復生色，這些也都稱爲"四大所生色"。

[55] 善、不善、無記：業，按行爲，分身業、口業、意業三種；按性質，分善、不善、無記三種。所謂無記，即無分別，爲中性。能感召有益於衆生身心之果的業，是善業；能感召有害於衆生身心之果的業，是不善業；能感召衆生身心無益亦無害之果的業，是無記業。

[56] 三惡處：指地獄、餓鬼、畜生。自然因：又稱自種因、自分因、同類因。陳揚炯注：因果相似、相類，名爲同類，同類因。所謂同類，指善、不善、無記同類，如善爲善的因，不善爲不善的因，無記爲無記的因。共生因：又稱俱有因、共有因。陳揚炯注：宇宙萬物的因果關係，從時間上説，有同時的，也有不同時的，共生因就是在同一時間上所立的因果法，即同時而起的對於産生結果有着同一作用的原因。此數句言善的身業、口業之色，能産生天人果報的四大；不善的身業、口業之色，能産生三惡處果報的四大；無記色與同時成爲同類的無記果報的自然因、共生因，就能産生無記果報的四大。《阿毗曇》中也是這樣説的。

[57] 此五句言既然如此，怎麼能説四大不是自生呢？比如人死後或仍投胎人，或投胎畜生，至於如何投胎而生，經就没有正面説明瞭。

[58] 一陰：指色、受、想、行、識五陰中之色陰。一入：六根六境中之色入。界：依前例當作一界，即六根六境六識中之眼識。此四句言由四大所生者，都是四大所生色。依照《阿毗曇》分類，四大屬於五陰中的一陰（色陰），爲十二入中的一入（色入）、十八界中的一界（眼識對象）所統攝。

[59] 此三句言如果只説四大所生色，那就無須區別與陰、界、入的關係，因爲四大就是一陰（色陰）、一入（色入）、一界（眼識對象）的一小部分。

[60] 此二句言至於四大所生的色陰，即爲其他十一入、十一界所統攝的對象。陳揚炯注：這裏所説的十一界，實際上便是十一入。六根、六境與六識合爲十八界，除去六識，則十二入與十二界的内容相同。十二入、十二界之中，色處相當於色陰，只是範圍較窄，專指眼根所識別的對象而言。按羅什這裏所説，即四大所生色，爲其他十一入、十一界所攝。

[61] 此三句言如若只説四大所生色，則與色陰没有區別，因爲

此色爲十入、十界所統攝。陳揚炯云：關於四大、四大所生色與陰、界、入的關係，這裏説得比較混亂，疑有脱漏錯衍，但無從查考，不敢妄斷。

［62］大：音譯摩訶、麼賀。一指自體寬廣、周遍含容，因多、勝、妙、不可思議而稱爲大。二指元素，如四大、五大，因其廣大造作，故稱爲大。三指大乘之教，六波羅蜜之道爲諸佛所乘，能滅除衆生大苦，予以大利益事，亦能盡一切諸法之邊底，故稱爲大。四指大諦，印度數論學派所立二十五諦之第二，爲萬象變現最初之法。此當意謂不可思議之境。此三句言由此可見，四大和四大所生色，雖曰既自生色，又復生他色，無論説自生還是他生皆錯誤。爲什麼呢？因爲生生不已，不可思議，且皆以空名之，猶如前文所説的水月、鏡像。堅持法相觀點的阿毗曇學者就認爲是陰、界、入所統攝。

［63］有色可見有對：指眼根所識別的對象，顏色、形色以及來、去、坐、卧等相狀的對象物。有色不可見無對：指聲香味觸等四塵以及眼耳口鼻舌身等五根，都爲不可見的對象物。有色不可見無對：指沒有相狀，從而也不可眼見的對象物，即無表色。具體地説，可見，指肉眼可見者；有對，指由極微細物質組成而具有障礙之性者。有色可見有對，即可見有對色，指色境。蓋色法有眼等五根、色等五境及無表色等十一種，其中，色境爲可見有對色，眼等五根與聲等四境爲不可見有對色，無表色爲不可見無對色。如山河大地、草木器物等，具有色彩、形體，而能障礙其他物質者，皆爲可見有對色。《大智度論》卷二〇：“佛説三種色：有色可見有對，有色不可見有對，有色不可見無對。過色相者，是可見有對色；滅有對相者，是不可見有對色；不念異相者，是不可見無對色。”

［64］此四句言又如也有人認爲，不可見、不可聞、不可嗅、無味、無觸的事物，尚且名爲色，何況眼中所見之鏡像，哪能説不是色呢？

［65］此數句言所以水月、幻像、變化等，皆是可見之色，而佛法爲了慈渡衆生之故，纔以水月、鏡像、影響、火焰、幻化等比喻，使衆生

明瞭:世事的所謂有,本質是空,從而不生貪婪執著之心。

　　〔66〕此四句比如幻化色,雖然不是實在的事物,却能欺騙迷惑人的眼根,誤以爲真實。世間的色像,也是如此。

　　〔67〕此數句言因此佛滅五百年之後,那些學佛之人多執著世間色相,墜入顛倒之見,所以佛以幻化爲比喻,使其斷滅對世間色相的貪愛執著,從而獲得解脱。由此,佛有時説有(真實存在),有時説無(空幻)。

　　〔68〕此數句言凡夫没有慧眼,深深執著好醜、粗細等世間現象,產生種種惡業,所以佛教化衆生不説“無”,而説一切色都是虚妄顛倒,不能够觸,没有自性,其相畢竟空。意謂凡夫愚妄,不可認知一切現象的本質是“無”,故只能從虚妄的“有”説起。

　　〔69〕慧眼、法眼:佛教概括認知世界有五種不同方式:肉眼、天眼、慧眼、法眼、佛眼。肉眼、天眼屬於世俗的認知,慧眼、法眼、佛眼屬於賢聖的認知。陳揚炯注:“以慧眼觀諸法皆虚妄,唯涅槃爲實。”意謂慧眼就是視世間一切皆空的智慧,這是整個般若認知過程的初級階段。“但慧眼不能度衆生。所以者何? 無所分別故。”無所分別的認知,也稱無分別智,如果停止於這一認知,也是一種執著,還必須運用它分析具體事物,拯救迷惘於諸法實有中的衆生,這就是法眼的任務。“引導衆生入(實)法中,故名法眼。”至於佛眼,則“無法不見、不聞、不知、不識”。見《大智度論》卷三三、卷四〇。此五句言諸阿羅漢具有慧眼,諸菩薩具有法眼,明瞭通達現象與本質,觀照覺悟色相假有、本性空寂之理,所以佛説色相本無。意謂羅漢慧眼、菩薩法眼,以了知一切現象本質是“無”,故佛爲之説法不必再從顛倒相的“有”説起。

　　〔70〕此四句言諸佛所説的好醜、彼此等有差別的現象,皆是隨衆生心之感悟力所能理解而採取的利益衆生的方便之法,不確定説有,也不確定説無,不能採用戲論,爾後探求佛所説的確定之相。你所辯難的主旨,似乎就是戲論。

【義疏】

針對慧遠所問“造色法”，羅什開宗明義，指出佛教説一切所有色，就是由四大所生（所造色）或由四大所生之再生（能造色）。因爲義深難明，故略叙之。

第一，回答“四大所造色”及其内、外兩種類型。四大或曰四法（地、水、火、風之四種現象存在），分爲外四大和内四大。世界之山河風熱等，是外四大；人體之骨面温氣等，是内四大。世界的一切現象皆由四大所構成。所謂内四大，即衆生的身體，其中又生五根。五識雖不可認知五根自身，但不能説五根就不存在。還有一種現象，不屬於五根，却又是身體的組成部分，例如髮爪由身所生，與身無所分別，但不屬於五根，故無知覺；癩病生於敗壞之身根，雖然亦屬於皮肉，却無知覺，也不屬於五根。唯有皮肉之内另有知覺，且生身識，纔能稱爲身根；身根有知覺，且又生識，如眼耳鼻舌，纔又稱爲根。四大生身，身生五根，又別之以五塵。然而，作爲存在物（色），五根又非常微細，並非五識所了然認知，所以佛統稱之爲“四大所生色”——即四大生色之再生色。如若再有疑問：五根非五識所能明瞭，爲四大所生色，爲何又將五塵也稱爲“四大所生色”？我的回答是，五塵比五根更微細，猶如水月、鏡像等，眼可見之，却無其餘四塵，離開了其餘四塵，就不是表達物質存在的色。同樣，聲從耳觸所得，雖説可聞，却不停留，時過境遷，因緣雖在，却無聲聞；香離開色，僅靠味覺則不可得；味離開色，僅靠嗅覺亦不可得。所以五塵也稱爲“四大所生色”，只是因爲其更加細微而已。這説明世間現象（色）皆生於四大，既有四大生色與四大所生色的區別，即便是四大所生色，也有種種細微區別。有色而無識，不能稱之爲“根”。相對於人體而言，五根細微；相對於五根而言，五塵尤爲細微，且只是以“一塵”而無“餘塵”的現象存在，佛教將這類細微或細微中尤其細微者，皆稱之爲“四大所造色”。簡言之，世界一切現象（色）——無論是自然還是人類自身皆生於四大，即“四大所造色”。

　　第二，以內四大的認知爲例，説明身根所覺知的一切現象（色），皆是"四大生色和四大所生色"。有人説，在人體中，身根遍布全體，其餘四根則僅占有少數部位。所以身根所觸，皆有知覺。凡夫亦身根所知覺事物，皆認爲真實存在。重身根而輕其他四根，是認知偏頗的原因之所在。貪圖歡樂，故衆生多五欲，而五欲中，正因身觸細滑，而最重淫欲，甚至因之而死，因此佛經以淫欲爲五欲之首。比如人於白晝見色，暗中雖無所見，却因爲身觸之故，便生淫欲。身根這種實用功能，則是其他四根所没有的。正因爲身根遍生身識，所以身所知覺之事物（色），名爲四大生色。如若再問，身根能知覺十一事，何以唯説四大之色。我認爲，其餘七種所造色，皆爲四大所統攝，所以四大爲本，其餘皆按照其性質分類。比如輕重由觸覺所分别，觸覺的堅固是質量結合的疏密所分别，疏散則輕，密集則重。澀亦如此，地的微塵排列密集，名爲滑物；排列疏散，則名澀物。寒是風、水之性，常温的水是冷相，若與火結合則是熱相，離開火又恢復冷相；風亦冷相，若熱量多則爲熱風，離開熱量即復歸於冷風。水有二相：一是流動，二是寒冷。經中所説流動，因爲此相爲常態，不可改變。一切法有二相：客相、本相。佛通達一切事物的現象和本質，故所説皆是本相。如水或與火結合，可使之熱，然而流動是水的本相，雖然與熱結合，在熱的狀態下仍然保持流動本相，所以寒爲水所統攝，寒仍然是水的本質屬性。饑渴，是因爲腹内風與火結合而産生消化功能的緣故，消食已畢則須進食，否則就傷害身體。因爲可以消化，故飢餓時即使進食是難以消化食物，也無後患。如果作如此分别，四大之色按照性質分類，就應無窮無盡。長短、此彼、粗細、方圓、燥濕、合散等等，都可憑藉身根所覺知，豈止七事（七法）？佛是具有一切智者，所以只説四大色及四大所生色。此則涵蓋一切色。這又説明：之所以以四大生色和四大所生色概括之，因爲二者實際上包含了身根所知覺的一切色。

　　第三，以外四大之草木、内四大之人體的生成爲例，進一步説明"四大所生色"。有人説：草木從種子中生出，如此可知細（種子）是粗

（草木）因。如果種內無樹，樹從何而生？於是答案歧出。或説自然生成，或説上天所生，或説從微塵中生，或説從自性生，唯有佛説從四大生，即所謂種子是在四大中所生。其中雖有其他條件，佛只説四大，因爲四大能利益草木生長結果。地堅固能保持之，水能滋潤之，火能成熟之，風能增長之，唯有如此，樹纔得生長茂盛。其他物質没有這種功用，所以不説。同樣，作爲内四大之人體，剛受胎時，地能保持之，水能和合之，火能成熟之，風能開啓諸竅，使之發育生長。但是，因爲那時小兒未有眼耳鼻舌四根，不能分辨外物，然已初得身根，而能分別四大所能造色，所以説一切所生色，皆以四大爲本。如佛經所説，具有六種、十二入、十八意近行、四善處，纔稱之爲人。其中仍然有所分別，如小兒初成胎時，尚未生眼等四根，只有六種存在與覺知：四大與空、識。雖有色香味等，因其不能覺知，不能利益其生長，故經不説。六根既已成熟，即能初步感受接觸外物之樂，此又稱爲"觸生受"，再有了意識，即能常常發揮六根之用。如眼見色，分別其中美醜；至於意中所覺知諸物，分別其中美醜，是名十八意近行。最終能住於四善之地，所謂樂於分別諸法性分，是乃安住智慧；樂於真實而不虛妄，是乃安住真諦；樂於取捨而捨棄惡，是乃安住捨得；樂於超越喧囂，是乃安住寂滅。這説明無論是外四大，還是内四大，皆以四大爲本。所不同的是，内四大從受胎到知覺生成，有一個複雜的過程而已，即下文所説"次第而生"。無論由種子到草木，還是從胚胎到人體，都足以證明"四大生色"與"四大所生色"是世界現象生成的一個複雜的統一體。

第四，由外、内四大"次第而生"的内在次序，説明一切所生色，亦是以四大爲本原。宇宙大劫過後，一切不復存在，唯有虛空。此時，虛空中有不同方向之風來，且形成對流，然後生成雨水，風挾帶雨水下落，積水上復有風，擾動水而生泡沫，泡沫一旦聚集深厚，就形成地，於是草木從地中生長。考察一切由水所生之相，開始從風生出，因爲風持續存在，又逐步生地、火，因此佛説所有在"大劫盡"之後所生物質（色）都是以四大爲本。從萬物生成到形成色味等，亦是四大因緣而生，四大是色味等生成的緣故，只以四大名之而已。比如穀子中因有四大而有色味等；發芽時所具有的色味，亦有四大，只是分別其前後因果，各得不同名稱而已。再回到内四大上説，初受胎時，是在赤白不净的胎衣中，即使有色香味，因爲没有眼根等緣故，不可覺知，唯有身根覺知到四大的功用。佛因爲此心識之故，而説四大是生色之本。所以在十二因緣中的第三因緣（識緣名色）時，雖然也有四大所生色的存在，因爲所生之色微細，尚未遮蔽識，而且識還在繼續增長發育，所以説識因緣於名色。初受胎，識緣色而生時，由四大成就之，反而稱之色（物象）；識一旦成熟，反而稱之名（概念）。所謂不斷發育成熟，歷歷呈現之，所以説内四大，也是生色之本。也就是説，外四大和内四大，雖然有一個次第而生的内在次序，但究其本原仍然是以四大爲本原。所不同的僅僅有四大生色和四大所生色的次序差異而已。

第五，概括説明佛經所言四大生色、四大所生色的緣由。佛説：所有色乃四大生、四大所生，只是就總相而言。也有由三大、二大甚或一大所生。四大所生，如人身也；三大所生，如死人也；二大所生，如物也；一大所生，如風相也。四大生色，亦是如此，或四或一，各有不同。如飲食，唯有味香觸；玉器所盛天雨，唯有色味觸；火從火器、日光中出，唯有色觸，其燃燒是觸，其光明是色；鏡像、水月，則唯有一色。此亦説明，無論是外四大抑或内四大，先乃四大生色，後乃四大所生色。然而，佛説四大生、四大所生，只是概括而言，具體情况也有不同，三大、二大、一大皆可生色，不可膠柱鼓瑟。這又説明四大生色與四大所生色，從哲學關係上説，是共相（總相）與殊相的關係。

第六，回答"四大不能自造，而能造色"。羅什明確指出，經無此説，亦無造色之名。今所言之造色，是傳譯産生的訛誤。佛唯説所有色，或是四大生色，或是四大所生色。如種子藴涵四大生因，芽也藴涵四大生因，然而芽又是四大所生色，芽再生出四大所生色，如開花、結果等等,由所生色到再所生色,是一個生生不已的過程。另外,外道認爲,四大是常態,無時不有。如果佛所說一切所有色都是四大所生,實際上就助長了外道的邪見。所以佛說,色並非完全由四大所生,也由四大所生色的再生之色。但是,即便再生之色生生不息,也是建立在四大生色的基礎上,所以說一切現象(色)都是四大所生色。這說明一切色皆有生成的果因,四大生色與四大所生色也並無本質差異。按照《阿毗曇》的說法,色有三種:善、不善、無記。因爲善的身業、口業之色,能生天人果報之四大;不善的身業、口業之色,能生三惡果報之四大;無記之色,也因有善惡之別而無記果報之四大。既然如此,怎麼能說四大不能自生呢? 從果報上說,人死後投胎或爲人,或爲畜生,此即證明四大也可自生。所以,從四大生色的角度說,一切色又都是四大所生色。依《阿毗曇》的說法,四大屬於五陰之一陰(色陰)、十二入之一入(色入)、十八界之一界(色識對象)。若只說四大,則沒有陰、界、入的分別,而這三者都只是四大的一小部分。四大所生的色陰,皆爲十一入、十一界所統攝。如果說籠統地說上述三者皆是四大所生色,就不能說明色陰爲色入、色識所統攝的關係。如此說來,四大、四大所生色,雖然也生生、再生,然而說由此生彼,也無過錯。爲何? 生生的現象不可思議,只有以"空"名之,如前所說的水月、鏡像。阿毗曇學者說法相,也認這些相爲陰、界、入所統攝。這也說明陰、界、入與四大沒有直接關係。

　　第七,說明虛幻之色也是色,是乃四大生色之再生色。佛經說色有三種:"有色可見有對,有色不可見有對,有色不可見無對。"如不可見、不可聞、不可嗅、不可味、不可觸,尚且稱之色,何況眼所見之鏡像,難道就不是色麼? 所以說,水月、幻化等,都是可見之色。因爲佛法爲了普度眾生,纔運用水月、鏡像、影響、火焰、幻化等比喻,目的是讓眾生不生貪念執著,所以說是"有",却以"空"比喻之。這說明四大生色,却非皆由四大直接生,或爲四大生之所生。比如幻化之色,雖然不是真實相,却能欺人眼。世界色像,也是如此。佛滅度後五百年，諸位學者多著述佛法，却墜入顛倒認知中，所以佛以幻化爲喻，使之斷滅執著所愛之相，得以解脱。因此有時説"有"，有時説"無"，是乃方便之法門。凡夫没有慧眼，深深執著美醜、粗細等等，所以産生種種惡業，在這種情況下，怎麽能够和凡夫説"無"呢？佛説一切現象都是虛妄顛倒，不可能真實接觸它，這現象也無自性，畢竟空寂。諸阿羅漢因爲有慧眼，諸菩薩因爲有法眼，所以都能明瞭事物之本質與現象，觀知色相而知本質，對於羅漢、菩薩而言，何以必須説有確定的色相呢？諸佛所説的美醜、彼此，都是爲了適應衆生心的感悟能力所能理解而採取利益衆生之法，所以説相雖可見，却爲虛妄。後來者不可以戲論而探求其所説之相。你所問之主旨，有似於戲論。

簡言之，四大生色，從生成種類上説，分爲外四大生色和内四大生色兩類，前者就自然現象而言，後者就生命現象而言。從生成本原上説，分爲四大生色和四大所生色兩類，前者是四大生色，四大是現象生長的直接本原，後者是由四大生色的再生之色，四大是所生色的間接本原。從絕對意義上説，四大之色因空而生，宇宙每一劫火之後，一片虛空，其色的形成也經歷了由風而水、而地、而火的從生色到所生色的過程。而且虛幻之色也是由四大所生，是乃四大所生色而已。

十、 次問羅漢受決并答

"來答稱：《法華經》説，羅漢受記爲佛"；"譬如法身菩薩，净行受生故，記菩薩作佛"[一][1]。居此，爲法身之明證[2]。遠問曰：經説，羅漢受決爲佛。又云，臨滅度時，佛立其前，講以要法。若此之流，乃出自聖典，安得不信？但未了處多，欲令居決[二]其所滯耳[3]。

所疑者衆，略序其三：一謂聲聞無大慈悲；二謂無溫和、般若；三謂臨泥洹時，得空空三昧時，愛著之情都斷，本習之餘不起，類同得忍菩薩，其心泊然，譬如泥洹後時[4]。必如此，愛習殘氣復何由而生耶？斯問以[三]備於前章[5]。又，大慈大悲，積劫之所習，純誠著於在昔，真心徹於神骨。求之羅漢，五緣已斷，焦種不生，根敗之餘，無復五樂，慈悲之性，於何而起耶[6]？又，漚和、般若，是菩薩之兩翼，故能凌虛遠近，不墜不落。聲聞本無此翼，臨泥洹時，縱有大心，譬若無翅之鳥，失據墮空。正使佛立其前，羽翮復何由頓生[7]？若可頓生，則諸菩薩無復積劫之功。此三最是可疑，雖云有信，悟必由理，理尚未通，其如信何[8]？

【校勘】

〔一〕“譬如法身菩薩，净行受生故，記菩薩作佛”，《初問真法身並答》：“譬如法身菩薩，净行生故，説言作佛。”可知此文“記”，當作“説”。“受生”，或當作“生”。

〔二〕“决”，卍續藏經本校曰：“‘决’一作‘釋’。”《慧遠研究·遺文篇》作“釋”。

〔三〕“以”，張景崗校本作“已”。古二字通。

【注釋】

[1] 受記：同受决，或作受莂，受决定之記別也。謂從佛受將來必當作佛之記別也。詳見《次問受决法問答》。此説亦見《初問真法身並答》。記，當作説，見校勘。

[2] 居，據。《廣雅·釋言》：“居，據也。”此二句言據此可知，法身菩薩因爲已受清静身，故即證明法身非肉身。

[3] 講以要法：《法華經·化城喻品》：“諸比丘，若如來自知涅槃時到，衆又清净，信解堅固，了達空法，深入禪定，便集諸菩薩及聲聞

衆，爲説是經。"令居：善居。《詩經·大雅·韓奕》："慶既令居，韓姞燕譽。"朱熹《集傳》："令，善也，喜其有此善居也。"此代稱羅什。此數句言經説，羅漢受決成佛。又説羅漢臨滅度時，佛立於其前，宣講佛法。如此之類，是佛經所説，焉能不信？但是没有明確之處多，期望你解決我之疑難。

〔4〕漚和：意譯方便，即依據具體情境，採用不同形式説法。般若：意譯智慧，指悟解佛教真諦的智慧。晉僧肇《肇論·宗本義》："漚和般若者，大慧之稱也。諸法實相，謂之般若；能不形證，漚和功也。適化衆生，謂之漚和；不染塵累，般若力也。然則般若之門觀空，漚和之門涉有。涉有未始迷虚，故常處有而不染。不厭有而觀空，故觀空而不證。是謂一念之力，權慧具矣。"《維摩詰經·佛道品》："智度菩薩母，方便以爲父，一切衆導師，無不由此生。"空空三昧：即大空三昧，又作正覺三昧、究竟三空三昧。三空三昧即三解脱門。所謂大空三昧，即不執於空，亦不著有，照見空與不空、畢竟無相而具一切相之三昧；住此三昧者，即住於佛之無礙智慧。陳揚炯注：阿羅漢先以無漏智觀諸法皆空，以空破有，叫作空觀；由此空觀直接得出"無我""無我所"之結論。然後，再以無漏觀那個破有的空，把那個空也破得乾乾净净，這種以空捨空，叫作"空空"。空空三昧，即悟得空空的三昧（禪定）。《摩訶般若波羅蜜經·問乘品》："何等爲空空？一切法空，是空亦空，非常非滅故。何以故？性自爾，是名空空。"本習：業行之習。餘：即餘氣，殘留的習氣，謂煩惱的殘餘成分。詳見《次問法身佛盡本習並答》注。此數句言我所疑問甚多，略叙之有三點：一是聲聞乘無大慈悲心，唯在自利；二是聲聞乘無方便和般若二法；三是羅漢涅槃，得空空三昧時，貪愛執著之情皆已斷滅，本習餘氣不生，類似於得無生法忍菩薩。其心境空寂（淡泊），猶如涅槃之後。

〔5〕此三句言一定如此，貪愛之習的殘留煩惱，又由何而産生？此問已備見於前章。

〔6〕五緣：指持戒清净、衣食具足、閑居静處、止諸緣務、近善知

識。焦種、根敗：種子焦枯，諸根毀壞。《成實論‧明因品》：“阿羅漢無漏智慧燒煩惱，故不應復生，如焦種子不能復生。”又《維摩詰經‧佛道品》：“我等今者，不復堪任發阿耨多羅三藐三菩提心。乃至五無間罪，猶能發意生於佛法，而今我等永不能發，譬如根敗之士，其於五欲，不能復利。”五樂：即五欲之樂，指凡夫貪染色聲香味觸五境所生的快樂。此數句言另外，大慈大悲是菩薩積累若干大劫之後所修習，純潔虔誠已顯現於前代，真心洞徹骨髓。驗證於羅漢，其五緣已經斷滅，如焦枯之種不能再生，諸根已敗壞之後，不再生五樂，然慈悲之性又是因何而生？

[7] 大心：一指大菩提心，乃求大菩提之廣大願心。《大智度論》卷四：“菩提名諸佛道，薩埵名或眾生、或大心。是人諸佛道功德盡欲得，其心不可斷不可破，如金剛山，是名大心。”二指方便心，即住諸法皆空之觀，度一切眾生而起大悲之心。《大智度論》卷四一：“初發心名菩提心，行六波羅蜜名無等等心，入方便心中，是名大心。”菩薩之兩翼：《大智度論》卷七二：“大鳥者，金翅鳥，在於天上。……是鳥初出卵，羽翼未成，意欲飛去，即時墮落。……鳥身是菩薩……無兩翼者，是無般若波羅蜜，無方便。……欲遊無量佛法虛空中而自退没，是心雖欲作佛而不能得。”此數句言此外，漚和、般若，是菩薩之兩翼，故能飛過遠近的雲空，不會墜落。聲聞乘本無此翼，臨涅槃時，即使有成佛的雄心，却無度脫眾生之方便法門，猶如無翼之鳥，無所依憑而從空中墜落，就算使佛立於其前，怎麽能頓生羽翼？

[8] 此數句言如果能頓生羽翼，那麽諸菩薩也就無須有累劫修習之功德。這第三點最爲可疑。雖說有經書依據，但是開悟必由其理，道理不通，哪裏能真正相信！

【義疏】

慧遠所疑乃“羅漢受决”問題。或云羅漢受决（受記）成佛，或云羅漢滅度時，佛立於羅漢前講授大法而使之成佛。此乃出於佛典，不可不信。但是意義不明處甚多，欲請教你而疏通疑滯。

所疑者多，概括有三：一是羅漢屬於聲聞乘，無大慈悲心；二是羅漢無漚和、般若之大智慧；三是羅漢臨涅槃、得到空空三昧時，嗜欲斷絕，本習餘氣不生，與得法忍菩薩同類，其心空寂，猶如涅槃之後。既已如此，嗜愛本習的餘氣又由何而生？另外，佛大慈大悲乃累劫修習而然，純誠彰顯於成佛之前，真心透徹於神靈骨髓。求之於羅漢，五緣已經斷絕，如燒焦種子、枯敗之根不再生芽，五根之樂斷絕，慈悲之性又緣何而生？又漚和與般若是菩薩兩翼，故能凌空飛翔，或遠或近，不會墜落。聲聞乘本無此兩翼，面臨涅槃時，縱然有菩提廣大願心而無大慈悲心，這就如同没有雙翼之鳥，無所依憑而墜落，即使佛立於前，羽翼又緣何而頓生？若可頓生羽翼，則諸菩薩即無須累劫如一的修習功德。此第三點最爲可疑。雖然説有經書依據，但是開悟必因理，理尚且不明，又如何因崇信理而覺悟？此乃質疑佛經有關羅漢受決成佛的理論内在矛盾處，實際上深層揭示聲聞乘與菩薩乘理論上内在矛盾處。

什答曰：一切阿羅漢，雖得有餘涅槃，心意清净，身、口所作，不能無失念[1]。不知之人，起不净想，其實無復別有垢法[2]。如人鎖脚，久久乃離，脚雖不便，更無別法，阿羅漢亦如是[3]。從無始生死來，爲結所縛。得阿羅漢道，雖破結縛，以久習因緣故，若心不在道，處於憒閙，因妄念，令身、口業而有失相[4]。是人入無餘涅槃時，以空空三昧，捨無漏道，從是以後，永無復有身、口業失。時間[一]促故，不應難言更當起也[5]。又謂“以空空三昧，能斷餘習”者，是事不然。何以故？用此三昧捨無漏者，則非無漏定。若然者，何得謂煩惱習氣都盡耶[6]？

又，阿羅漢還生者，唯《法華經》説，無量千萬經皆言，阿

羅漢於後邊身滅度[7]。而《法華經》是諸佛秘藏，不可以此
義難於餘經。若專執《法華經》以爲決定者，聲聞三藏及餘
摩訶衍經，寢而不用[8]。又有經言："菩薩畏阿羅漢、辟支佛
道，過於地獄。何以故？墮於地獄，還可作佛[9]。"若爾者，
唯有《法華》一經可信，餘經皆爲虛妄。是故不應執著一經，
不信一切經法。當應思惟因緣，所以取涅槃，所以應作
佛[10]。然五不可思議中，諸佛法是第一不可思議[11]。佛法
者，謂阿羅漢涅槃當作佛。不不作佛〔二〕，唯佛知之[12]。又，
聲聞人以愛爲集諦，阿羅漢愛盡故，則無復生理[13]。摩訶衍
人言有二種愛：一者三界愛；二者出三界愛。所謂涅槃，佛
法中愛。阿羅漢雖斷三界愛，不斷涅槃、佛法〔三〕中愛[14]。
如舍利弗心悔言："我若知佛有如是功德智慧者，我寧一劫
於阿鼻地獄，一脅著地，不應退阿耨三菩提[15]。"又，《毗摩羅
詰經》，摩訶迦葉與目連〔四〕悔責："一切聲聞，皆應號泣。"此
是愛習之氣[16]。又，《首楞嚴三昧》中説："如盲人夢中得眼，
覺則還失。我等聲聞智慧，於佛智慧，更無所見。"此似若無
明[17]。如是愛、無明等，往來世間，具菩薩道，乃當作佛。
佛〔五〕設入菩薩道，尚不得同直修菩薩道者，何況同無生法忍
菩薩也[18]。何以故？是人於衆生中，不生大悲心，直趣佛
道。但求自利，於無量甚深法性中，得少便證。以是因緣
故，教化衆生，净佛國土，皆爲遲久，不如直趣佛道者疾成
於佛〔六〕[19]。

又，阿羅漢慈悲，雖不及菩薩慈悲，與無漏心合故，非不
妙也[20]。如經中説，比丘慈心和合，修七覺意，設斷五道因
緣者，慈悲猶在[21]。發佛道心時，還得增長，名爲大慈大悲。

如《法華經》中説，於他方現在佛聞斯事，然後發心。又涅槃法，無有決定不相應焦羅漢耳[七][22]。何以故？涅槃常寂滅相，無戲論諸法。若常寂滅、無戲論，則無所妨[23]。又，諸佛、大菩薩，深入法性故[八]，不見法性有[九]三品之異，但爲度衆生故，説有三分耳[24]。

　　“漚和、般若，是菩薩兩翅”者，而《法華經》義不以此説也。是《般若波羅蜜經》，經[一〇]中讚嘆般若波羅蜜故[25]。有菩薩離般若波羅蜜，但以餘功德求佛道者，作此喻耳[26]。是故佛言：“雖有無量功德，無般若、漚和，如鳥無兩翅，不能遠至。如是成阿羅漢，到於涅槃，大願以滿，不能復遠求佛道[27]。”若《法華經》説，實有餘道。又諸佛贊助成立，何有難事哉[28]？佛有不可思議神力教化，能令草木説法往來，何況於人[29]？如焦穀不能生，此是常理。若以神力、咒術、藥草力、諸天福德願力，尚能移山住流，何況焦種耶[30]？如以無漏火，燒阿羅漢心，不應復生，但以佛無量神通[一一]力接佐，何得不發心作佛也[31]？假使佛語阿難，作衆惡事，以恭敬深愛佛故，尚亦當作，何況佛記言作佛，爲開其因緣，而不成佛乎[32]？如大醫王，無有不治之病；如是佛力所加，無有不可度者[33]。又阿羅漢於涅槃不滅，而作佛者，即是大方便也[34]。又，菩薩先願，欲以佛道入涅槃，無般若、方便故，墮聲聞、辟支佛地，如無翅之鳥[35]。今阿羅漢欲以聲聞法入涅槃，或於中道，以有漏禪，生增上慢，如無翅鳥，不得隨願，便當墮落[36]。若能隨佛所説，與禪定、智慧和合行者，得入涅槃。是名阿羅漢中有二事：以禪定爲方便，無漏慧爲智慧[37]。

　　又，佛説般若波羅蜜時，未説《法華經》。《法華經》[一二]

是諸佛欲入涅槃時,最後於清净衆中,演説秘藏[38]。若有先聞者,心無疑難。而諸阿羅漢謂所願以畢,佛亦説言,阿羅漢末後身滅度[39]。菩薩聞已,於阿羅漢道則有畏[40]。今略説二因緣,故佛有此説:一者秘《法華》義故,多令衆生樂小乘法,得於解脱;二者欲使菩薩直趣佛道,不令迂迴[41]。所以者何? 阿羅漢雖疾證無爲法,盡一切漏,得到苦邊。後入菩薩道時,根不〔一三〕明利,習大道爲難,以所資福德微薄故[42]。若無此二因緣者,阿羅漢終歸作佛,不應爲作留難也[43]。

【校勘】

〔一〕“間”,卍續藏經本作“聞”,又校曰:“‘聞’字更勘。”張景崗校曰:“原本作‘聞’,今參照丘本、陳本改。”

〔二〕“不不作佛”,卍續藏經本脱,又校曰:“‘佛’下一有‘不不作佛’四字。”諸本皆在前句“佛”後有此四字,今據補。

〔三〕“佛法”,卍續藏經本脱“法”,又校曰:“‘佛’下疑脱‘法’字。”諸本作“佛法”,今據補。

〔四〕“目連”,《慧遠研究·遺文篇》作“因”,誤。

〔五〕“佛”,卍續藏經本校曰:“‘佛’字疑剩。”當據删。

〔六〕“疾成於佛”,陳揚炯譯釋本作“疾於成佛”。

〔七〕“耳”,卍續藏經本校曰:“‘耳’一作‘牙’。”

〔八〕“法性故”,卍續藏經本脱“故”,又校曰:“‘性’下一有‘故’字。”諸本皆有“故”,今據補。

〔九〕“有”,卍續藏經本作“不”,校曰:“‘不’作‘又’字。”《慧遠研究·遺文篇》作“又”。張景崗校曰:“‘有’,原本作‘不’,或作‘又’,今改。”

〔一〇〕“經”,卍續藏經本校曰:“‘經’字疑剩。”乃連前句“經”字而衍,當據删。

〔一一〕“神通”,卍續藏經本脱“通”。諸本作“神通”,今據補。

〔一二〕“法華經”,卍續藏經本脱,又校曰:“‘經’下一有‘法華經’三字。”諸本在前一“法華經”下皆另重“法華經”,今據補。

〔一三〕“根不”,《慧遠研究・遺文篇》作“不根”。張景崗校曰:“原本作‘不根’,今參照丘本改。”

【注釋】

[1] 有餘涅槃:涅槃即不生不滅,又分爲有餘涅槃與無餘涅槃。有餘涅槃,指斷除貪欲,斷絶煩惱,已盡滅生死之因,然尚存有漏依身之苦果,即作爲前世惑業的果報身(肉身)仍然存在,且又有思慮活動。無餘涅槃,斷滅依身之苦果而無所餘,即不僅斷滅生死之因,也斷滅生死之果,前世惑業之肉身亦絶滅,且諸念不生。《法華經・信解品》:“我等長夜,修習空法,得脱三界苦惱之患,住最後身有餘涅盤。”又《佛説大乘金剛經論》:“文殊菩薩問佛:云何是無餘涅槃?佛言:寂然不動心是也。三世諸佛,共一路頭同到不動心中,齊受無樂之樂,更無有樂過於此樂,故名無餘涅槃。”簡言之,涅槃不徹底,謂有餘;涅槃徹底,謂無餘。此五句言一切阿羅漢雖然已得有餘涅槃,内心清净,但身業、口業,尚不能無所過失。

[2] 無復別有垢法:意謂不再另有污穢心性之惑,僅存煩惱餘習而已。垢法,即六垢法,污穢真心之六法。即誑、諂、憍、惱、恨、害之六惑。此三句言其中有不智之人,難免亦生不净之念,其實這種不净之念已不是別有的世俗煩惱,而是煩惱餘氣。《大智度論》卷二七:“煩惱習,名煩惱殘氣,若身業、口業不隨智慧,似從煩惱起,不知他心者,見其所起,生不净心,是非實煩惱,久習煩惱故,起如是業。”羅什此語即取此義。

[3] 此五句言猶如人被鎖住雙足,很久纔脱去枷鎖,脚行雖仍不方便,其實脚上已無別物,阿羅漢也是如此。羅什比喻取自《大智度論》卷二:“如舍利弗瞋恚氣殘,難陀淫欲氣殘,必陵迦婆磋慢氣殘,譬

如人被鎖，初脱時，行猶不便。"意謂羅漢得有餘涅槃，已得解脱，然初一解脱，殘氣猶在。

　　[4]　此數句言阿羅漢從無始世界、輪迴生死以來，爲種種煩惱繫縛身心。得阿羅漢道之後，雖然已破身心繫縛，但因爲久已成習之緣故，如若心不在佛道，處於世俗喧囂之中，心生妄念，遂使身業、口業而有所喪失本相。

　　[5]　捨無漏道：意謂藉無漏道捨棄有漏。無漏道，即有爲法（由因緣和合所造作、有生滅變化的現象）分有漏法和無漏法兩種：衆生從眼、耳、鼻、舌、身、意流出不净，造成新的業因，以至於生死流轉，輪迴不絶，稱爲有漏法；離開煩惱垢染的清净法，稱爲無漏法。修習無漏的途徑，即無漏道。漏，煩惱的別名。此數句言此人進入無餘涅槃時，在空空三昧中，藉無漏道捨棄有漏，從此以後，永遠不再有身業、口業之失。因爲這一過程時間短促，或仍有不盡之有漏，但却不應再責難其還會産生身業、口業之失。

　　[6]　無漏定：指於出世間無漏心所得之禪定。又作出世間定、出世間禪。出世間，爲無漏之別稱。《俱舍論》等謂於未至定、中間定、四根本静慮（即四根本定）、下三無色定等九地能生起無漏定。此數句言你説"以空空三昧，能斷餘習"，其實並非如此。爲什麼呢？因爲用空空三昧，藉無漏捨棄有漏，那也不是無漏定。果真如此，哪裏能説煩惱餘氣盡皆斷盡？

　　[7]　此四句言另外，阿羅漢再生的故事，唯有《法華經》中説過，其他無數佛經皆説阿羅漢是以後邊身（最後的肉身）滅度。

　　[8]　諸佛秘藏：意謂少數佛陀所秘藏，流傳不廣。聲聞：此指小乘。摩訶衍：此指大乘。此五句言《法華經》是諸佛所説秘藏典籍，流傳不廣，不能引用《法華經》義而詰難其他經書。如若一定要以《法華經》作爲決定的準則，小乘三藏及其他大乘經典，就被懸置不用。

　　[9]　阿羅漢：本是聲聞乘修習的最高果位，此代指聲聞乘。辟支佛：本指過去生曾經種下因緣，進而出生在無佛之世，因性好寂静，或

行頭陀，無師友教導，而以智慧獨自悟道，通説爲觀察十二因緣，進而得到證悟而解脱生死、證果之人。此代指獨覺或緣覺。此六句言也有經説，菩薩畏懼墜入聲聞、緣覺道，甚於懼怕墜入地獄。什麽原因呢？墜入地獄，仍可成佛。《十住毗婆沙論·易行品》：“若墮聲聞地，及辟支佛地，是名菩薩死，則失一切利。若墮於地獄，不生如是畏；若墮二乘地，則爲大怖畏。墮於地獄中，畢竟得至佛；若墮二乘地，畢竟遮佛道。佛自於經中，解説如是事。”羅什所論即源於此經。

〔10〕此數句言若真如此，唯有《法華經》可信，其餘諸經皆爲不實。這顯然不可取。所以不應執著一經而不相信一切經之道法。應當由一切經而思考所以得涅槃、所以成佛的因緣所在。

〔11〕五不可思議：不能以心慮量，亦不能以言語説之的五種不思議境界。即衆生多少不可思議，謂衆生永久之增減不斷；業果報不可思議，謂依業力而萬物變現；坐禪人力不可思議，謂依定力現出神通等；諸龍力不可思議，如由龍之一滴水而降大雨；諸佛力不可思議，如依佛法而證得涅槃之大果。不可思議，指佛教中無法想象、難以理解、不可言説的神秘現象。

〔12〕此四句言在佛法中謂阿羅漢應當成佛，是否成佛，此唯有佛知之。不應有所懷疑。

〔13〕集諦：全稱集聖諦，爲佛教基本教義苦、集、滅、道四聖諦之一。若心與結業相應，未來定能招聚生死之苦，曰集；審實不虛之義，曰諦。審察一切煩惱惑業，即知其於未來實能招集三界生死苦果，故稱集諦。集諦就是關於世間人生諸苦之生起及其根源之真理。認爲苦之根源爲渴愛，以渴愛之故，形成來世與後有。渴愛之核心乃由無明生起之虛妄我見，若有渴愛，便有生死輪迴；欲免除生死之苦，須以智慧照見真理、實相，證得涅盤，斷除渴愛，超脱輪迴之苦。此三句言小乘中人以愛謂集諦，阿羅漢已經斷滅愛欲，就没有再生之理。

〔14〕此數句言大乘人言愛有二種：一是產生於三界之愛（欲愛）；二是超越三界之愛（法愛），這就是所謂涅槃——佛法中所言之

愛。阿羅漢雖然斷滅了三界之愛（欲愛），却没有斷滅涅槃——佛法中所言之愛（法愛）。

[15] 阿鼻地獄：又稱無間地獄，爲八大地獄之一。阿鼻，意譯無間，即痛苦無有間斷，比喻無法擺脱的極其痛苦的境地。入阿鼻地獄，即受無間斷之苦。此五句言舍利弗曾内心後悔言：我如果明瞭佛有如此功德智慧，我寧願在阿鼻地獄中經歷一劫磨難，忍受一脅著地之苦，也不該退却無上正等正覺之心。

[16] 毗摩羅詰經：即《維摩詰所説經》。其《不可思議品》：“於是，耆年大迦葉聞説菩薩不可思議門，謂舍利弗：……我等何爲永絶其根，於此大乘，已如敗種。一切弟子聞是説者，當以悲泣曉喻三千大世界。”陳揚炯注：據此，“皆應號泣”是大迦葉與舍利弗談話所説。本書第二章《次重問法身並答》中，也説是大迦葉和舍利弗談話所説。而羅什在此處又説是大迦葉與目連悔責所説。目連，又稱目犍連、摩訶目犍連，佛十大弟子之一，號神通第一。此六句言此外，《毗摩羅詰經》記載：摩訶迦葉與目連後悔自責：如了知佛有如此功德智慧，一切聲聞都應該號泣，而聲震三千世界。此三位這種愛習的餘氣，就是佛法之愛（法愛）。

[17] 此段文字見於《首楞嚴三昧》卷下：“爾時，長老摩訶迦葉白佛言：世尊，譬如從生盲人，夢中得眼，見種種色，心大歡喜，即於夢中與有眼者共住共語，是人覺已，不復見色。我等亦爾。未聞是首楞嚴三昧時，心懷歡喜，謂得天眼，與諸菩薩共住共語，論説義理。世尊，我今從佛聞是三昧，不知其事，如生盲人，不能得知諸佛菩薩所行之法，我等從今已往，自視其身，如生盲人，於佛深法，無有智慧，不知不見世尊所行。”無明：煩惱之别稱，不如實知見之意。即闇昧事物、不通達真理、不理解事相的精神狀態。亦即不達、不解、不了，而以愚癡爲其自相。泛指無智、愚昧，特指不解佛教道理之世俗認識。爲十二因緣之一。又作無明支。此數句言另有《首楞嚴三昧》比喻説，如盲人夢中得明亮之眼，醒來又失。我等只是聲聞智慧之人，以爲已得天

眼，其實對於佛智慧、佛深法，猶如盲人醒來而無所見。這種對佛智
慧的無知，即如煩惱愚昧。

　　[18]　此數句言如以上舍利弗等這種佛法之愛、無明之自責的因
緣，往來於世間，一旦具有菩薩道時，即可成佛。但是阿羅漢即使入菩
薩道，尚且不能直接修菩薩道者，更不可能達到無生法忍菩薩的境界。

　　[19]　此數句言爲什麼呢？因爲阿羅漢在衆生之中，當初並沒有
生慈悲之心，直接趨向佛道（修證涅槃），只是追求自利，對於無量甚
深法性，只求得少量佛法便證入涅槃。因爲此一因緣之故，教化衆
生，清净佛國，皆作爲很久之後的事，自然不如直修菩薩道的成佛迅
速。意謂阿羅漢修證佛道，唯在自利，亦如凡塵之急功近利也。

　　[20]　此四句言但是阿羅漢的慈悲，雖不及菩薩慈悲，由於同無
漏心相合的緣故，也並非不妙。

　　[21]　七覺意：亦稱七覺支、七等覺支、七覺分、七菩提分等，是乃
達到佛教覺悟的七種類型。覺，覺了、覺察，此爲使定慧均等之法，故
名等覺。覺法分七種，故曰支，或曰分。一擇法覺支，以智慧簡擇法
之真偽。二精進覺支，以勇猛之心離邪行行真法。三喜覺支，心得善
法即生歡喜。四輕安覺支，止觀及法界次第名爲除覺分，斷除身心粗
重，使身心輕利安適。五念覺支，常明記定慧而不忘，使之均等。六
定覺支，使心住於一境而不散亂。七行捨覺支，捨諸妄謬，捨一切法，
平心坦懷，更不追憶，是行蘊所攝之捨之心所，故名行捨。以此七事
得證無學果（阿羅漢果）。五道：欲界中的地獄、餓鬼、畜生、人、天五
大生類。後來犢子部北道派在第四位後加阿修羅而爲六道。小乘各
派多取五道説，大乘各派多取六道説。這裏依小乘説法。此五句言
如經中所説，比丘由慈心和合，修七覺支，若斷絕了五道因緣，雖不再
輪迴於五道之中，慈悲心仍然存在。

　　[22]　於他方現在佛聞斯事，然後發心：陳揚炯注：這裏的意思是
説，釋迦佛滅度後，此土現在無佛，但可以在別的佛國現在佛處，聞佛
法而發心作佛。見《法華經・化城喻品》："我滅度後，復有弟子不聞

是經,不知不覺菩薩所行,自於所得功德生滅度想,當入涅槃。我於餘國作佛,更有異名。是人雖生滅度之想,入於涅槃,而於彼土求佛智慧,得聞是經,唯以佛乘而得滅度,更無餘乘,除諸如來方便說法。"

焦羅漢:即焦種羅漢。陳揚炯注:因爲阿羅漢入於涅槃,不再受生,不能成佛,如同焦枯種子。阿羅漢是修行而成的,由於修行,有阿羅漢之因,得阿羅漢之果,這叫因果相應。但也有不相應的,即有阿羅漢之因,不一定就入於涅槃而成爲焦種羅漢。還有慈悲之心,慈悲增長,則仍可成佛。當然,是否增長慈悲成佛,也並無一定。此數句言當發佛道心時,這種存留的慈悲心可以增益,形成名爲大慈大悲之心。如《法華經》中所説:阿羅漢可以在他所在的佛國中從佛聽法,然後發願成佛。另外,涅槃法中,並沒有規定修阿羅漢不能相應成爲焦種羅漢。

[23] 戲論諸法:即初發心菩薩在説法時著重於文字言辭,追求析文釋義的言辭美妙,以與他人説法一較高低,忽略了諸法啓發衆生智慧觀照之意義,此即戲論諸法。此六句言爲何呢?因爲涅槃是常寂滅諸相,以諸法啓發智慧觀照。如果是阿羅漢涅槃常寂滅相,以諸法啓發智慧觀照,即不妨"受記成佛"。

[24] 三品、三分:皆指聲聞乘、緣覺乘(辟支佛乘)、菩薩乘(佛乘)三乘。三乘歸於一乘,於一乘分別三乘,是《法華經》的基本觀點。其《方便品》曰:"如來但以一佛乘故,爲衆生説法,無有餘乘,若二若三。"《譬喻品》:"但以智慧方便,於三界火宅拔濟衆生,爲説三乘。"意思是三乘皆爲一乘(菩薩乘)所統攝,只是從一乘爲出發點而分別説三乘,説三乘只是方便衆生之法門,其本質仍然只是一乘。此五句言此外,因爲諸佛、大菩薩深入法性之故,不見法性中有聲聞、辟支佛、菩薩三乘的差異,只是爲了度脱衆生的方便,便説有三乘。其實,三乘歸一,皆可以成佛。

[25] 般若波羅蜜經:此指般若波羅蜜經典總名。一般分爲《大品》和《小品》兩類。此四句言你所引述"漚和般若,是菩薩兩翅"之

語,《法華經》中並無這類意義的説法,這是《般若波羅蜜經》經中贊嘆般若波羅蜜之語。

[26] 此三句言只是因爲有的菩薩離開般若波羅蜜,只是用其他功德以求佛道,而作此比喻。意謂菩薩不可脱離般若之智,否則即斷其一翅。

[27] 此數句言所以佛説,雖有無量功德,没有般若和漚和,就如鳥無兩翼,不能至遠。即使修證阿羅漢果,達到涅槃,大願已經圓滿,仍然不能再遠求佛道。

[28] 實有餘道:實有其他成佛途徑。《法華經・化城喻品》:"若衆生住於二地,如來爾時即便爲説,汝等所作未辦,汝所住地近於佛慧,當觀察籌量所得涅槃非真實也。但是如來方便之力,於一佛乘分别説三。"意謂衆生所住之地近於佛慧,雖非得真實涅槃,如來亦以方便法門,説以三乘使歸一乘(菩薩乘)。諸佛贊助成立:十方諸佛爲之説法,助其成佛。《法華經・方便品》:"尋念過去佛,所行方便力,我今所得道,亦應説三乘。作是思惟時,十方佛皆現,梵音慰喻我,善哉釋迦文。"此四句言如《法華經》則説,其實仍有别的途徑,且諸佛又贊助成佛立德之道,可見羅漢成佛有何難事呢?

[29] 此三句言佛有不可思議的神力教化衆生,能使草木往來説法,何况對於人呢?

[30] 此六句言比如説,焦枯的穀種不能再生,這是常理。但是若用神力、咒術、藥草之力、諸天福德願力,就可使大山移動,河水停留,何况讓焦種再生?

[31] 此五句言如若以無漏之火燃燒阿羅漢之心,阿羅漢當然不會再生發心,但是用佛的無量神力接引輔助,阿羅漢怎麽可能不發願心成佛呢?

[32] 阿難:即阿難陀,意譯爲歡喜、慶喜、無染。是佛陀之堂弟,出家後二十餘年間爲佛陀之常隨弟子,成爲佛陀十大弟子之一。因善記憶,對於佛陀之説法多能朗朗記誦,故譽爲多聞第一。此數句言

假使佛令阿難陀去做罪惡之事,阿難陀因恭敬深愛佛的緣故,尚且去做,何況佛受記阿難陀成佛,並爲其開示成佛因緣,難道阿難陀不願成佛嗎?

[33] 大醫王:指佛菩薩。佛菩薩善能分別病相,通曉藥性,治療衆病,故以大醫王喻稱之。《雜阿含經》卷一五:"爾時,世尊告諸比丘,有四法成就,名曰大醫王者,所應王之具、王之分。何等爲四? 一者善知病,二者善知病源,三者善知病對治,四者善知治病已,當來更不動發。""如來、應、等正覺爲大醫王,成就四德,療衆生病,亦復如是。"此四句言如同大醫王,没有不能治療的疾病;如此之佛力所加持,也没有不可度脱之人。

[34] 此三句言另外,阿羅漢在涅槃中没有滅度而成佛,這就是佛的大方便啊。

[35] 此四句言又菩薩原先發願,欲以佛道而入涅槃,因爲没有般若、方便之故,墜入聲聞、緣覺二乘,如同無翅之鳥。

[36] 有漏禪:即有漏定,又作世間禪。世間乃有漏之別名。與有漏心相應之定,稱爲有漏定。凡夫修有漏之六行觀,於下地觀粗、苦、障而厭離之,於上地觀静、妙、離而欣求之。以此六行觀,能斷除下地之煩惱,而住於四禪、四無色等定中,此即爲有漏定。於四禪等定中,依其性質可分爲味定、净定、無漏定等三種,其中,味定、净定即屬有漏定。增上慢:即對於教理或修行境地尚未有所得、有所悟,却起高傲自大之心。《法華論疏》卷下列舉七種增上慢之心,並分別以法華七喻配當、對治之。一顛倒求諸功德增上慢心,以火宅喻對治之;二聲聞一向決定增上慢心,以窮子喻對治之;三大乘一向決定增上慢心,以雲雨喻對治之;四實無謂有增上慢心,以化城喻對治之;五散亂增上慢心,以繫珠喻對治之;六實有功德增上慢心,以頂珠喻對治之;七實無功德增上慢心,以醫師喻對治之。此外,將他人與自己比較而產生自負高傲之心,亦稱爲增上慢,即通常所謂的"貢高我慢"。此數句言現在阿羅漢原先亦欲以聲聞法證入涅槃,或在修習中

途,因爲有漏禪定,又生增上慢之心,即也如無翅之鳥,不能如願,而墜落於凡夫。

[37] 此六句言如若能按照佛所教導,再將修行與禪定、智慧和合,便得入涅槃。因此説阿羅漢中有兩件事:一是禪定就是方便(溫和),無漏慧就是智慧(般若)。

[38] 最後於衆生中,演説秘藏:是指佛滅度前最後一次演説《法華經》。《法華經・化城喻品》:"如來不久當入涅槃,佛欲以此《妙法華經》付囑有在。"此五句言佛説般若波羅蜜時,没有説《法華經》,《法華經》是諸佛將入涅槃時,最後在清浄的衆生中演説的秘密經藏。

[39] 此四句言如若先前聞説《法華經》,菩薩心中就不會産生疑難。然而諸阿羅漢聲稱所發願心已經滿足,佛也説阿羅漢末後身(最後肉身)已經滅度。

[40] 此二句言菩薩聽聞已畢,對阿羅漢道即心存畏懼。即上文所説寧願入地獄而不願得阿羅漢道。

[41] 此數句言我現在簡略所説的二因緣之故,佛也有此説。一是因爲秘藏《法華經》義之故,以使更多衆生樂於追求小乘佛法,以求得解脱;二是以使菩薩直接趨向佛道,不走阿羅漢的迂迴之路。意謂我轉述佛之此説,是爲了揭示《法華經》不被小乘弘教者重視的兩點原因。

[42] 此數句言爲何這麽説呢? 阿羅漢雖渴望迅疾修證無爲法,斷盡一切煩惱,超越苦海,但後來再入菩薩道時,没有明利慧根,修習佛道就有難處,因爲所憑藉的修習之福德微博之故。

[43] 此三句言如果没有這兩個原因,阿羅漢終歸成佛,不應留作後人非難的議題。意謂阿羅漢成佛,是佛的本意,對於阿羅漢成佛問題,也不應有所非議。

【義疏】

此章回答慧遠有關"羅漢受决"問題的質疑,詳細論説了阿羅漢受記的可能性以及基本前提。

　　第一，論阿羅漢不可能斷滅餘習。一切阿羅漢雖得有餘涅槃、心意清淨，但是身業、口業，也可能持念不堅，生不淨之想，其實不是別生污垢之性，而是煩惱餘習的緣故。阿羅漢亦如身受桎梏之人，雖得解脫，仍有殘留餘氣。因爲從天地無始、流轉生死以來，一直爲結縛所羈絆，得阿羅漢果之後，雖已破除結縛，但積久成習，加之身處喧囂之地，一旦不能虔心佛道，心生妄念，就使身口業有所過失。只有此人入於無餘涅槃，以空空三昧之道，藉無漏而捨棄有漏，自此之後，方能永無三業之失。但是由於初入此道，時間短促，也很難求全責備其無身、口業之失。其實，你所説的“以空空三昧，能斷餘習”，事實並非如此。因爲即便用空空三昧，藉無漏而捨棄有漏，也未能完全進入無漏定的狀態，否則怎麼還説要徹底除盡煩惱習氣呢！這説明即便是阿羅漢，入有餘涅槃時，有煩惱餘習；即使入空空三昧，得無漏道，也仍然有煩惱餘習。可見慧遠所謂“以空空三昧，能斷餘習”，不符合經義。

　　第二，論阿羅漢具有成佛之因緣。首先，説明阿羅漢不再受生，具有成佛因緣。關於阿羅漢是否受生，只有《法華經》有受生説，其他經皆言阿羅漢以後邊身（最後肉身）而滅度，不存在受生問題。不可因《法華經》説而廢諸經。別經之所以説，菩薩畏懼阿羅漢、緣覺道，甚於畏懼地獄，是因爲即使墜入地獄，亦可成佛，而阿羅漢、緣覺道則不然。如若此經所言真實，而你認爲唯《法華經》可信，其餘經皆是虛妄，就是執著一經而否定諸經，這顯然是不可取的。正確的態度是：應思考成佛之因緣，以及所以取涅槃、應作佛的原因。證之經典，在五不可思議中，諸佛法是第一不可思議。佛法説阿羅漢入涅槃、當成佛否，唯有佛知之，凡夫何可知之而置喙！其次，説明阿羅漢雖存愛習餘氣，是乃法愛，故仍可成佛。小乘人認爲愛是集諦，阿羅漢已經斷滅愛欲，就不會有再生愛欲之理。大乘人認爲愛有兩種：一是三界愛（欲愛），二是出三界愛（法愛）。所謂涅槃，就是佛法中愛，是乃超出三界愛。阿羅漢雖斷滅三界愛，却没有斷滅涅槃、佛法之超出三界愛。如舍利弗内心悔之、摩訶迦葉與目連追悔自責,都是崇仰佛之功德智慧,這類超出三界愛,也是一種執著之心,也是一種愛習餘氣。與阿羅漢的愛習餘氣,並無本質的區別。《首楞嚴三昧經》所説"盲人夢中得眼,覺則還失",正是我輩的寫照。我等只具備小乘智慧,對於佛智慧則別無所見,此亦如盲人之無明。就阿羅漢而言,唯有如佛法中愛、超出三界愛以及如摩訶迦葉等無明自責,即使往來世間,只要具有這種菩薩道,就應可成佛。復次,説明由於阿羅漢不直接修證菩薩道,故其成佛不及菩薩。假設阿羅漢已入菩薩道,却仍然不及直接修菩薩道者,更不可能得無生法忍菩薩。因爲阿羅漢尚無慈悲衆生之心,僅僅直趨佛道,以求利己,對於無量深刻之法性,唯求其可證入涅槃的少許佛法而已。惟因如此,將教化衆生、清净佛國,皆推遲到未來,認爲這類修習不如直奔佛道、迅疾成佛而來得便捷。這説明阿羅漢即便追求成佛,也必然殘留本習餘氣。

第三,論阿羅漢若具有慈悲之心,即可受記成佛。阿羅漢慈悲之心雖不及菩薩,然一旦與無漏心相合,即具有菩薩之微妙。經中即言,一般受具足戒的出家人一旦慈心和合,修習七覺支,設若再斷滅欲界五道因緣,就能慈悲衆生,何況阿羅漢! 阿羅漢一旦發心佛道,慈悲日益增長,即進入大慈大悲的境界。如《法華經》所説,阿羅漢可以於所在的佛土聆聽佛法,然後發大願心,證入涅槃,或許就能斷滅欲界,成爲焦種羅漢。因爲涅槃通常寂滅其相,以諸法啓發智慧觀照,阿羅漢一旦修達這一境界,即可"受記成佛"。另外,諸佛、大菩薩深入法性,並無法性中有聲聞、緣覺、菩薩三乘的差異。佛説三乘,只是爲了方便度脱衆生。並不能作爲阿羅漢不能受記成佛的理論依據,其實,三乘歸一,皆可以成佛。這一段主要批評慧遠"聲聞無大慈悲"之説,進一步説明,阿羅漢也可能有慈悲之心,一旦心生慈悲,就能受記成佛。

第四,駁斥"漚和般若,是菩薩兩翅"的觀點。明確指出,這一觀點乃《般若經》針對有的菩薩脱離般若智慧,專以其餘功德修習佛道所作的比喻，《法華經》並無此説。所以佛説，即使無量功德，没有般若與漚和，也如鳥無雙翅，不能遠至。從而導致有人認爲，即便阿羅漢達到涅槃之境，宏願已經滿足，因無般若、漚和，也不能遠求佛道。但是，不僅《法華經》指出，確有其他成佛途徑，而且諸佛亦贊助阿羅漢立德成佛，其成佛又有何難事呢？佛有不可思議的神力教化衆生，能使草木往來説法，何况羅漢；佛可移山住流，使焦穀生芽，更何况焦種羅漢。如果以無漏火，燒阿羅漢心，理應不復再生，但是佛以無量神力接引輔佐，也同樣可以使之發心成佛。假使佛令阿難陀做惡事，阿難陀都會因爲崇信佛而爲之，更何况佛爲阿羅漢受記作佛，開悟成佛因緣，阿羅漢怎麽可能不信受佛之教化而成佛呢？猶如大醫王没有不可治療之病，佛力所加，也没有不可度脱之衆生。阿羅漢所以没有滅度而成佛，正是佛的大方便法門。如果説當初阿羅漢欲以小乘法證入涅槃，或在中途，因有有漏禪定，且生增上慢之心，如鳥無雙翅，不能如願成佛，而墜入凡夫；那麽後來，阿羅漢若按照佛所説而修習，且與禪定、智慧和合而行，最後證入涅槃，這類阿羅漢就以禪定爲方便，以無漏慧爲智慧，類似於菩薩有漚和、般若，由此而言，也必然可以成佛。

第五，補充説明《法華經》説法影響不彰的原因。一般説來，佛説般若波羅蜜時，並未提及《法華經》，只是佛在即將滅度之時，纔對清净衆生演説曾經作爲秘藏的《法華經》。這有兩種原因。其一，是如果菩薩先得聞知此經，心中再無疑難，加之諸阿羅漢謂發願已經完成，佛也説阿羅漢最後肉身即已滅度，菩薩也就不會在聆聽佛説大乘法之後，產生墜入阿羅漢道的恐怖畏懼。也就是説，佛之所以没有先説《法華經》，乃在弘揚大乘般若。其二，即我今天所引證佛説的兩種因緣：一是秘藏《法華》而不示人，使衆生多樂於小乘法，得以解脱；二是使菩薩直趨佛道，不作迂迴。

所以，阿羅漢雖然渴望迅速證入無爲法，斷滅一切煩惱，超越苦海，但是因爲所修福德微薄，在真正入菩薩道時，又因慧根不明利，難以修習大道。如果阿羅漢脱離此樂於小乘佛法、唯在解脱,直趣佛道、唯在自利的二重因緣,就必將成佛,也不會成爲後人非議詰難的議題。這又直接揭示了阿羅漢成佛的基本前提。

十一、　次問念佛三昧并答

　　遠問曰:念佛三昧,如[一]《般舟經》念佛章中説,多引夢爲喻[1]。夢是凡夫之境,惑之與解,皆自厓已還理了[2]。而經説念佛三昧見佛,則問云,則答云,則決其疑網[3]。若佛同夢中之所見[二],則是我想[三]之所矚,想相專則成定,定則見佛[4]。所見之佛,不自外來,我亦不往,直是想專理會,大同[四]於夢了[5]。疑夫我或不出,化佛或不來[五],而云何有解? 解其安從乎[6]? 若真兹[六]外應,則不得以夢爲喻。神通之會,自非實相,則有往來。往則是經表之談,非三昧意,復[七]何以爲通[7]?

　　又《般舟[八]經》云:有三事得定:一謂持戒無犯,二謂大功德,三謂佛威神[8]。問:佛威神[九]爲是定中之佛,外來之佛? 若是定中之佛,則是我想之所立,還出於我了。若是定外之佛,則是夢表之聖人。然則神會之來[一〇],不專在内,不得令同[一一]於夢明矣[9]。念佛三昧法,法爲爾不? 二三之説,竟何所從也[10]?

【校勘】

　　〔一〕“如”,卍續藏經本脱。又校曰:“‘般’上一有‘如’字。”諸本皆有“如”,今據補。

　　〔二〕“夢中之所見”,《慧遠研究・遺文篇》中重出,或誤。

〔三〕"想",張景崗校曰:"原本作'相',今參照木村本、陳本改。"

〔四〕"同",卍續藏經本、《慧遠研究‧遺文篇》作"聞"。張景崗校曰:"原本作'聞',今參照丘本、木村本、陳本改。"

〔五〕"疑夫我或不出,化佛或不來",張景崗校曰:"原本作'疑大我或或不出,境佛不來',今參照丘本、陳本改。"

〔六〕"兹",《慧遠研究‧遺文篇》作"惑"。

〔七〕"復",卍續藏經本作"後"。又校曰:"'後'疑'復'。"《慧遠研究‧遺文篇》作"復"。今據改。

〔八〕"舟",卍續藏經本作"若"。又校曰:"'若'一作'舟'。"《慧遠研究‧遺文篇》作"舟"。據前段,當作"舟",故校改。

〔九〕"問佛威神",卍續藏經本脱,又校曰:"'神'下一有'問佛威神'四字。"諸本皆有此四字,今據補。

〔一〇〕"神會之來",《慧遠研究‧遺文篇》作"成會之來",誤。"來",卍續藏經本作"表"。又校曰:"'表'一作'來'。"

〔一一〕"同",卍續藏經本亦作"聞"。又校曰:"'聞'疑'同'。"諸本作"同",今據改。

【注釋】

[1] 念佛三昧:禪觀之一,指以念佛爲觀想内容的一種禪定。具體法門分爲三種:一是稱名念佛,即口念佛名,如口念佛號七萬、十萬聲,即可成佛;二是觀想念佛,即静坐入定,觀想佛之種種美好形相和功德威神,以及所居佛土之莊嚴美妙;三是實相念佛,即洞觀佛之法身"非有非無中道實相"之理。第一種也叫做散心念佛,後兩種合稱定心念佛,也稱觀察念佛。此外,亦有另分別觀像念佛,與實相念佛方法接近。慧遠修持乃是念佛三昧中觀想念佛,而非稱名念佛。念,爲禪定十念法門之一。十念法門,指念佛、念法、念僧、念戒、念施、念天、念休息、念安般、念身、念死。三昧,梵語音譯,又譯爲三摩地、三摩提,意譯爲定,亦謂等持,即心定於一境的精神狀態。《大智度論》

卷二八：“四禪亦名禪，亦名定，亦名三昧。除四禪，諸餘定亦名定，亦名三昧，不名爲禪。”定有兩種：一是生定，即人與生俱有的精神功能；二是修定，指專爲獲得佛教智慧、功德或神通的精神活動，即嚴格按照佛教規定的思維方法以控制意志、意識活動的心理過程和心理狀態。般舟三昧：心止一境、佛立於前之意。乃定行之一種。又作常行三昧、般舟定、諸佛現前三昧、佛立三昧。在一特定期間（七日至九十日）内，修行三昧，得見諸佛。據《般舟讚》載，以九十日爲一期，常行無休息，除用食之外，均須經行，不得休息，步步聲聲，念念唯在阿彌陀佛。《般舟讚》又謂，行此定法，須正身業，口稱佛名，意觀佛體，三業相應，故總稱爲三業無間。廬山慧遠最早聚衆結社行此定法。般舟，梵文音譯，意譯爲佛立、常行。原爲現在、現前之意。《般舟三昧經》三卷，又名《佛立三昧》，東漢支婁迦讖譯，專論一心念佛——專念阿彌陀佛名號，即證得三昧，一旦證得三昧，即能見十方諸佛立於面前。

　　[2] 自厓已還：即自涯而返，謂送客自水岸而返。《莊子·山木》：“送君者皆自厓而返，君自此遠矣。”厓，同涯。理了：道理明瞭。此三句夢是凡夫所經歷的境界，無論是迷惑或開悟，都是猶如完整的幻境而已。

　　[3] 則問云，則答云：此見《般舟三昧經·行品》：“菩薩於是間國土，聞阿彌陀佛，數數念，用是念故，見阿彌陀佛。見佛已從問：當持何等法生阿彌陀佛國？爾時，阿彌陀佛語是菩薩言：欲來生我國者，常念我，數數常當守念，莫有休息，如是得來生我國。”疑網：佛教四惡之一，謂衆多疑念，致人困惑不能解脱。《法苑珠林》卷八〇：“佛言：菩薩布施，遠離四惡：一破戒，二疑網，三邪見，四慳悋。”此四句言經説在念佛禪定之境中可以見佛，且有問有答，疏决其諸多疑惑之處。

　　[4] 此四句言如若三昧所見之佛如同夢中所見之佛，就是我心念所止的産物，專注一境即可進入禪定，禪定即可見佛。

　　[5] 此六句言所見之佛，不是自外而來，也不是我往佛國所見，只是心念止於一境、因理而生，與夢境高度相同。

　　〔6〕此四句言我所疑問的是，我既没有去佛國，化生之佛也没有來，那麽如何解釋三昧見佛與夢中見佛大同？這種解釋有何依據？

　　〔7〕實相：指不依人的主觀意志而獨立存在的客觀真理。鳩摩羅什把實相作爲如、真如、法性、真際、實際的同義詞，即是佛。此數句言如果真是對於外來之佛的心理感應，就不能以夢爲比喻。佛之與我神通相會，所見之佛自然不是實相，唯有感應之佛方可與我往來；我也不可能往於佛國，若是説我往佛國，則是經外之談，亦非三昧本意。如此，我之精神如何能與佛之神靈相通呢？

　　〔8〕此五句言又《般舟經》曰：有三件事可以定中見佛：一是嚴持戒律而不犯戒，二是有大功德，三是有佛之威神。按《般舟三昧經·行品》：“是三昧，佛力所成，持佛威神於三昧中，立者有三事：持佛威神力，持佛三昧力，持本功德力。用是三事，故得見佛。”與慧遠説略有差異，兹録之。

　　〔9〕此數句言佛之威神是定中所見之佛，還是外來之佛？若是定中所見之佛，則是我想象所産生，還是完全從我心而出。若是定外之佛，那便是夢境之外的聖人（佛）。若是後者，那麽在三昧中佛與我神通交會，不單單是我内心所産生，不能説與夢境相同，這是非常清楚的。

　　〔10〕此四句言念佛三昧法，其法就是如此否？幾種説法，究竟依從哪一種呢？按：當代學者認爲，慧遠所引用的《般舟三昧經》並非是現存的三種古譯本，即《般舟三昧經》一卷本、三卷本及《拔陂菩薩經》，而是另有其本。其理由有三點。其一，慧遠所引經的名稱爲《般舟經念佛章》，而現行三本中都没有“念佛品”的名目，另《出三藏記集》中載有《般舟三昧念佛章經》一卷的存在，應該是指此經；其二慧遠所引《般舟經》，説有三種方法入定，“一謂持戒無犯，二謂大功德，三謂佛威神”，現行三本中都没有“持戒無犯”一條，而是代之爲持佛三昧力；其三，慧遠所説，“而經説念佛三昧見佛，則問云，則答云，則決其疑網”，現行三本中不見其文。（參見史經鵬《〈大乘大義章〉的時間界定及慧遠的問題意識》，《宗教研究》二〇〇九年）

【義疏】

　　此章慧遠問難的核心是念佛三昧所見之佛的意識存在問題，顯然與慧遠坐禪實踐密切相關。《般舟經》以夢境比喻念佛三昧，然而夢是凡夫之境，夢之惑與覺之解皆如莊子所言自涯而返，由夢至覺即告了結。而佛經所說的念佛三昧，十方諸佛立於面前，既有問有答，且斷其諸疑。如若見佛與夢中所見之像相同，那麼就是我所專思想象之像。專思即禪定，禪定即見佛。所見之佛，不是來自外在，亦非我往見佛土，只是因爲專思寂想而神會，與夢境相同。因此，我即產生疑問：我既不往，化佛不來，何有所云的覺之解，此解又從何而生？如若諸佛之像真是由外感應而生，就不能以夢爲喻，精神通於佛境，當然不是真實佛身。將禪定入佛境與夢境佛來等同，那麼佛來之説出自經外，並非三昧本意，爾後三昧又緣何而通達佛境？

　　另外，《般若經》又云，有三事可得禪定：一是修持戒法而不犯，二是菩提之功德，三是佛之神威光明。那麼我又有疑問：佛之神威光明，是禪定見佛，還是外來之佛？如若是禪定見佛，那麼此佛乃我觀想之所生，出定則於我亦了無。如若禪定之外有佛，則此猶夢外之聖人（佛），那麼佛像成於神會之外，不存在專思寂想而見佛，也不可能於夢中見之，此是清楚的。念佛三昧法，法是如此否？幾種説法，究竟依從哪一種説法？此皆説明念佛三昧究竟是相由心生，抑或是佛身立現？專思寂想所見之"像"與夢境所見之"像"是否性質相同？

　　什答：見佛三昧有三種：一者，菩薩或得天眼、天耳，或飛到十方佛所，見佛難問，斷諸疑網；二者，雖無神通，常修念阿彌陀等現在諸佛，心住一處，即得見佛，請問所疑；三者，學習念佛，或以離欲，或未離欲；或見佛像，或見生身；或見過去、未來、現在諸佛。是三種定，皆名念佛三昧[1]。其實不同〔一〕：上者〔二〕得神通，見十方佛；中者雖未得神通，以般舟三昧力故,亦見十方諸佛[三];餘者最下,統名念佛三昧[2]。

復次,若人常觀世間厭離相者,於衆生中,行慈爲難[3]。是以爲未離欲諸菩薩故,種種稱讚般舟三昧。而是定力,雖未離欲[四],亦能攝心一處,能見諸佛,則是求佛道之根本也[4]。又,學般舟三昧者,雖[五]言憶想分別而非虛妄[5]。所以者何?釋迦文佛所説衆經,明阿彌陀佛身相具足,是如來之至言[6]。又,《般舟經》種種設教,當念分別阿彌陀佛,在於西方過十萬佛土,彼佛以無量光明,常照十方世界[7]。若行人[六]如《經》所説,能見佛者,則有本末,非徒虛妄憶想[七]分別而已[8]。以人不信,不知行禪定法,作是念:“未得神通,何能遠見諸佛也?”是故佛以夢爲喻耳[9]。如人以夢力故,雖有遠事,能到能見。行般舟三昧菩薩,亦復如是。以此定力故,遠見諸佛,不以山林等爲礙也[10]。以人信夢故,以之爲喻。又,夢是自[八]然之法,無所施作,尚能如是,何況施其功用而不見也[11]?

又,諸佛身有決定相者,憶想分別當是虛妄。而經説,諸佛身皆從衆緣生,無有自性,畢竟空寂,如夢如化。若然者,如説行人[九]見諸佛身,不應獨以虛妄也[12]。若虛妄者,悉應虛妄;若不虛妄,皆不虛妄。所以者何?普令衆生,各得其利,種諸善根故[13]。如《般舟經》中見佛者,能生善根,成阿羅漢、阿惟越致。是故當知,如來之身,無非是實[14]。又,憶想分別,亦或[一○]時有,若當隨經所説,常應憶想分別者,便能通達實事,譬如常習燈燭日月之明,念後[一一]、障物,便得天眼,通達實事[15]。

又,下者持戒清净,信敬深重,兼彼佛神力及三昧力,衆

緣和合，即得見佛，如人對見鏡像[16]。又，一凡夫，無始以來
曾見，皆應離欲得天眼、天耳，還復〔一二〕輪轉五道[17]。而般
舟三昧，無始生死以來，二乘之人尚不能得，況於凡夫？是
故不應以此三昧所見，謂爲虛妄[18]。

　　又，諸菩薩得此三昧，見佛則問，解釋疑網。從三昧起，
住麤心中，深樂斯定，生貪著意[19]。是故佛教行者，應作是
念："我不到彼，彼佛不來，而得見佛聞法者，但心憶想〔一三〕分
別了[20]。"三界之物皆從憶想分別而有，或是先世憶想果報，
或是今世憶想所成[21]。聞是教已，心厭三界，倍增信敬。佛
善説如是微妙理也，行者即時得離三界欲，深入於定，成般
舟三昧[22]。

【校勘】

　　〔一〕"同"，《慧遠研究·遺文篇》作"聞"，誤。

　　〔二〕"上者"，卍續藏經本脱"上"，又校曰："'者'上一有'上'
字。"諸本作"上者"，今據補。

　　〔三〕"中者雖未得神通，以般舟三昧力故，亦見十方諸佛"，張景
崗校曰："原本無，今據木村本補。"

　　〔四〕"離欲"，卍續藏經本脱"欲"。又校曰："'離'下一有'欲'
字。"諸本作"離欲"，今據補。

　　〔五〕"雖"，《慧遠研究·遺文篇》作"離"，張景崗校曰："原本作
'離'，今參照丘本、陳本改。"

　　〔六〕"行人"，卍續藏經本脱"人"。又校曰："'行'下一有'人'
字。"諸本作"行人"，今據補。

　　〔七〕"憶想"，卍續藏經本脱"想"。又校曰："'憶'下一有'想'
字。"前文有"雖言憶想分別而非虛妄"，據《慧遠研究·遺文篇》亦作
"憶想"。今據補。

〔八〕"自",卍續藏經本作"不",又校曰:"'不'一作'自'。"諸本作"自",今據改。

〔九〕"行人",卍續藏經本、《慧遠研究·遺文篇》脱"人"。據上段"若行人如經所説",當作"行人",今據補。

〔一○〕"或",卍續藏經本作"有"。又校曰:"'有'一作'或'。"諸本作"或",今據改。

〔一一〕"後",卍續藏經本作"復",又校曰:"'復'一作'後'。"參校諸本改。

〔一二〕"復",《慧遠研究·遺文篇》作"後"。

〔一三〕"想",卍續藏經本脱。今據陳揚炯釋譯本校補。

【注釋】

[1] 天眼、天耳:《大智度論》卷五:"天眼通者,於眼得色界四大造清净色,是名天眼。天眼所見,自地及下地六道衆生諸物,若近若遠,若麤若細,諸色無不能照。……云何名天耳通? 於耳所得色界四大造清净色,能聞一切聲:天聲、人聲、三惡道聲。云何得天耳通修得? 常憶念種種聲,是名天耳通。"過去、未來、現在諸佛:總名三世佛。指過去佛燃燈佛、現在佛釋迦牟尼佛、未來佛彌勒佛。此數句言見佛三昧有三種情況:一是有的菩薩天眼、天耳,能飛到十方諸佛之所,見佛並提出疑難問題,斷決各種疑難;二是雖然没有神通,在修行中常念阿彌陀等現在諸佛,心能專住於一境,就能見佛,問佛疑難;三是學習念佛,或能斷離貪欲,或尚未斷離貪欲;或見到佛像,或見到佛身,或見到過去、未來、現在諸佛。這三種禪定,皆名念佛三昧。按:此皆所言"離欲"之欲,有欲界、貪欲兩種義。羅什不加分別,内涵使用尚欠嚴謹。

[2] 此數句言其三者本質不同:上等者得神通,能見十方佛;中等者雖未得神通,因爲般舟三昧定力之故,亦能見十方諸佛;其餘是最下等。三者雖有不同,統名之念佛三昧。

［3］此四句言其次，有菩薩常觀想世間種種可厭離之相，就難以在衆生中行慈悲之心。按：厭棄世間相而脱離世間，脱離世間即遠離衆生，故不能在衆生中行其慈悲之心。

［4］此數句言又因爲佛見諸菩薩未脱離欲界，於是反復贊賞般舟三昧。而般舟三昧之定力，雖然仍未能完全使其脱離欲界，但能使其心統歸於一處（止於一境），如此即能見諸佛，是乃追求佛道之根本。

［5］憶想分别：陳揚炯注：爲鳩摩羅什譯著中的專有詞。憶即念，指過去的經驗和認識的重新活動。有憶念活動，便會産生種種主觀的景象，即想。在想中，種種主觀景象會有差別性，各有不同，即分別。所以，憶想分别，即由憶想而産生出千差萬别的現象世界來。此二句言另外，學習般舟三昧，在三昧中所見之佛儘管是憶想分别，却並非虚妄。

［6］釋迦文佛：即釋迦牟尼佛。牟尼，意譯爲文。此四句言爲什麽？釋迦牟尼佛所説衆經，明白説明阿彌陀佛具足佛的身相，這是如來至理之言。

［7］分别阿彌陀佛：即主觀意念中的阿彌陀佛。念佛主體不同，主觀意念中的阿彌陀佛之相亦分别。十萬佛土：當作十萬億佛土。《佛説阿彌陀經》卷一："從是西方過十萬億佛土，有世界名曰極樂，其土有佛號阿彌陀。……彼佛何故號阿彌陀？舍利弗，彼佛光明無量，照十方國無所障礙，是故號爲阿彌陀。"此六句言《般舟經》的種種教化，皆勸世人虔心念阿彌陀佛，阿彌陀佛在西方超過十萬（億）佛土。此佛以無量光明，常照十方世界。

［8］行人：即行者，又稱修行人。乃指觀行者，或泛指一般佛道之修行者。一般修念佛法門者，稱念佛行者；專持《法華經》之行者，稱法華行者。此四句言若如經所説，修行者能見佛，則一定具有因果聯繫，並非説只是憶想分别虚妄之相。

［9］此六句言因爲有人不信，不知修行禪定三昧之法，却認爲，

雖然也作念佛，却不能得到我與佛應感相通境界，怎麼能够遠見諸佛呢！因此佛以夢境比喻念佛三昧而開示之。

[10]　此數句言因爲人藉夢的力量，雖然是遥遠之事，夢中却能見到。修行般舟三昧的菩薩，也是如此。正是藉助念佛三昧的定力，得以遠見諸佛，不受山林等障礙的阻隔。

[11]　此數句言因爲人皆相信夢境，故佛以夢爲比喻。另外，夢是自然的現象，無所造作，尚且能够如此，何况有意修行念佛三昧之功用，豈能不見佛也。

[12]　決定相：即定相。指常住不變之相。佛身皆從衆緣生：《摩訶般若波羅蜜經》卷二七："善男子，諸佛身亦如是。從無量功德因緣生，不從一因一緣一功德生，亦不無因緣有，衆緣和合故有。"此數句諸佛身皆有常住不變之相，所以憶想分別，應是虚妄之相。然而，經説諸佛身皆是衆緣和合而生，没有自性，畢竟空寂，如夢境如幻化。果真如此，如果説修行者得見諸佛身，又不應獨以虚妄之相論之。

[13]　此數句言若認爲是虚妄，皆是虚妄；若認爲不虚妄，皆不虚妄。爲什麼説佛身不虚妄呢？因爲諸佛能普遍地使衆生得修行之利，種下善根。

[14]　阿惟越致：意謂永不退轉。詳見上注。此數句言如《般舟經》中所説，見到佛身，能生善根，能成阿羅漢，能永不退轉，所以應當知道，如來之身，無不是真實之身。《般舟三昧經·羼羅耶佛品》："是三昧誰當信者？獨怛薩阿竭、阿羅訶、三耶三佛、阿惟越致、阿羅漢乃信之。"按：怛薩阿竭爲如來，阿羅訶爲應，三耶三佛爲正遍知。此乃佛十號中之三號。此即取此經義。

[15]　此數句言又憶想分別，或許也是實在之相。如依照經所説，常常伴隨着憶想分別，就能通達真實，比如常修習燈燭日月之光明，念佛之後，便得天眼，即使障之以物，也能通達事實真相。

[16]　下者：即前文"餘者最下"。此六句言即使下者，能持戒律、修清净，信敬佛道、深重念佛，再加上佛的神力和三昧之力，和合種種

因緣，即可得見佛，如人對鏡，即得見鏡中之像。

[17]　此四句言又如一位凡夫，從無始以來，就曾見佛，本來應離欲界而得天眼、天耳神通，反而又墜入凡夫的五道輪迴之中，乃因不能信敬佛道、深重三昧之故。

[18]　此六句言只是因爲般舟三昧，自天地無始、生死輪迴以來，聲聞、辟支佛二乘之人，尚且難以修持成功，何況凡夫呢！所以不應以這類修持三昧、不得見佛的二乘、凡夫，而説三昧所見佛是虛妄。

[19]　此數句言諸菩薩得此三昧，可以見佛問難，解釋種種疑問。但是有菩薩始於修習三昧，却住心浮躁之中；深愛禪定，却滋生執著之心。

[20]　此六句言所以佛告誡修行者，應作如此想：我未往佛國，佛亦未來我前，而能見佛聞法者，只是因爲内心憶想分別而了然眼前。

[21]　此四句言三界之物，皆由憶想分別而產生，或是前世憶想的果報，或是今世憶想之所得。

[22]　此數句言修行者聞此教化之後，内心厭離三界，倍增信敬佛道之心。由於佛善説般舟三昧的如此微妙之理，修行者即時脱離三界之欲，深入到禪定之中，修成般舟三昧。

【義疏】

羅什此章主要以《般舟三昧經》爲依據，論述念佛三昧的意義、所見佛身與夢中之見的不同以及似幻實真、似虛亦實的特點。

第一，概論般舟三昧的修行意義。見佛三昧有三種禪定類型：一是或得天眼、天耳通，飛身十方佛土，見佛問難，斷一切疑惑；二是雖無神通，却心住一境，亦可得見佛，請教所有疑難；三是學習念佛，或離欲，或未離欲；或心見佛像，或見佛真身；或見過去、未來、現在三世諸佛。三種禪定本質不同：上者得其神通，見十方佛；中者雖不得神通，却可見十方諸佛；餘者最下，然皆名念佛三昧。羅什所論，邏輯不够謹嚴。前二種類型有大乘禪與小乘禪之分別；第三種類型又有不同情況，一是衆生念佛三昧，雖則未離欲界，却可見佛像；二是菩薩念佛三昧，已離欲界，可見佛真身，同於第二類；三是菩薩念佛三昧，得其神通，見三世佛，同於第一類。所謂餘者最下，乃指衆生念佛。

　　第二，論佛稱贊般舟三昧、念阿彌陀佛以及以夢比喻的原因。有未離欲界之人，智觀世間相，欲離世間相，故不能行方便法門，度脱衆生。（按：此類念佛三昧，唯在自利，乃阿羅漢境界，而非菩薩境界。）因爲這類人，未離欲界，諸菩薩亦有此餘氣之故，佛亦對諸菩薩反復引導其修行般舟三昧。因爲無論對諸菩薩或某一菩薩而言，三昧的禪定之力，雖不離欲界，却能攝心一境，得見諸佛，此則求佛道之根本。另外，學習般舟三昧，雖説有憶想分別的差異，却非虛妄；雖然不可見現在佛，却可見未來佛。因爲世尊所説的衆經，明白説明阿彌陀佛是具足佛身相。《般舟經》中種種所設教化，就是説應當念種種阿彌陀佛。阿彌陀佛在西方，超過十萬億佛國，有無量光明，可照十方世界。正如經所説，修行者能見佛乃有因果本末，並非只是憶想分別的虛妄之相。因爲衆生不信，不知修行禪定法，雖生念佛之想，却不能使我與佛心神相通，必然不能見佛，所以佛以凡夫夢境喻之。如果常人因爲夢之力量，雖是遥遠之事，也能到能見。修行菩薩的般舟三昧，就能達到這一功用。因爲三昧的禪定之理，亦可使之遠見諸佛。衆生皆相信夢之力量，故以此爲喻。此外，夢是自然現象，毫無人爲因素，尚能“雖有遠事，能到能見”，修行念佛三昧之功用，必然即可見佛。

　　第三，由佛身實相的特點，説明般舟三昧見佛具有實相性。或許有人認爲，佛身有決定相，憶想分別應是虛妄之相。然而經説佛身皆從衆因緣生，没有自性，畢竟空寂，如夢如幻。如此，説修行者見之佛身，不應獨以爲虛妄。若説虛妄，一切盡虛妄；若説不虛妄，一切盡不虛妄。之所以説佛身不虛妄，因爲諸佛普度衆生，使之廣種善根。如《般舟經》説，修三昧，見佛身，能生善根，能成阿羅漢，能至永不退轉果位，由此可知，如來之身，無不真實。憶想分別或許也是實相。如依經說，伴隨着憶想分別，也常能通達真實，修習念佛三昧，得大光明，得天眼通，穿越一切障礙，通達事實真相。

第四，強調修行般舟三昧，必須"信敬深重"，不可退轉。即便是"餘者最下"之人，能持戒律，修清净，信敬佛道，深愛念佛，即可兼有佛之神力和三昧定力，再和合諸緣，即可見佛，此亦如人照鏡立見影像之靈驗。但是，也有凡夫或自無始以來曾見佛身，本應脱離欲界，得其天眼、天耳神通，却因不能"信敬深重"，而墜入凡夫五道輪迴。般舟三昧，自天地無始、生死流轉以來，二乘之人，尚難得之而不退轉，何況凡夫！但是不能因此而認爲三昧所見佛身，皆爲虛妄。

第五，進一步補充上層，並論證憶想的真實性。即使是諸菩薩得此三昧，見佛身，决疑問，解釋諸惑。但若始於修習三昧，却又住心浮躁；深樂禪定，却又心生貪欲執著，終亦不得見佛真身。所以佛教化修行者，應作此想：縱然我不往佛土，佛亦不來我前，却又能見佛身、聞佛法者，只是内心憶想分別，了然真實。退一步説，三界事物皆由憶想分別而産生，或是前世憶想之果報，或是今世憶想之所生。修行者聞此教誨之後，即心厭離三界，倍增信敬佛道、深重三昧。佛善説般舟三昧如此之微妙之理，修行者即時就能遠離三界之欲，深入三昧禪定，成就般舟三昧境界。

十二、 次問四相并答

遠問曰：經云：前四相各行人法，後四相各行[一]一相。二相更相爲，故不受無窮之難[1]。而《大智論》云："若生能生生，則生復有生。"若復有生，則有生。夫生生者如此，便爲無窮[2]。若果無窮，則因緣[二]無崖分；若其有窮，則因緣無由而生[3]。據今有生，則不應受無窮之難。若不受無窮之難^[三],則四相更相爲^[4]?設^[四]令前能生法,復生生,則反覆有能生之力。若前生能反覆,則不應限後生之不能,如此復^[五]還入於無窮矣^[5]。

又問:四相與心法爲因^[六]。若有因,爲有前後之差,爲一時并用也^[6]?若一時并用,則生滅性相違,滅時不應生,生時不應滅^[7]。若有前後之差,則生中無滅,滅中無生^[8]。若生中無滅,則生墮有見;若滅中無生,則滅墮無見。有無既分,則斷常兩行矣^[9]。若生中有少滅,滅中有少生,則前生與後生相陵,前滅與後滅相踐^[10]。如此,則不應云“新新生滅,相離無故”也。必其無故,則因緣之興^[七]不陵踐明矣^[11]。若生爲住因,住爲滅因,則生中無住,住中無滅^[12]。假令如新衣之喻,則生中已有住,住中已有滅,則是因中有果,果不異因。因果并陳,厚^[八]然無差別^[13]。若然者,進退落於疑地,反覆入於負門也^[14]。

【校勘】

〔一〕“各行”,卍續藏經本脫“各”。又校曰:“‘行’上一有‘各’字。”諸本作“各行”,今據補。

〔二〕“因緣”,卍續藏經本脫“緣”。又校曰:“‘因’下一有‘緣’字。”諸本作“因緣”,今據補。

〔三〕“若不受無窮之難”,卍續藏經本、《慧遠研究・遺文篇》重出,疑衍。參校諸本删。

〔四〕“設”,張景崗校曰:“原本作‘没’,今參照丘本改。”

〔五〕“此復”,卍續藏經本脫“復”。又校曰:“‘此’下一有‘復’字。”《慧遠研究・遺文篇》有“復”,今據補。

〔六〕“因”,卍續藏經本、《慧遠研究・遺文篇》作“同”。張景崗校曰："原本作'同',今參照丘本改。"

〔七〕"興",張景崗校曰："原本作'與',今參照丘本、木村本改。"

〔八〕"厚",卍續藏經本校曰："'厚'字更勘。"然無從校改。

【注釋】

〔1〕前四相:指四本相。有爲法四相,即一生相,起事物也;二住相,安事物也;三異相,衰事物也;四滅相,壞事物也。有此四相者名有爲法,無此四相者名無爲法。《俱舍論》卷五:"頌曰:相謂諸有爲,生、住、異、滅性。論曰:由此四種是有爲相,法若有此,應是有爲。與此相違,是無爲法。此於諸法能起名生,能安名住,能衰名異,能壞名滅。"小乘有部謂離所相之法,則有能相的別體;成實及大乘,謂此四相只是有爲法變異的差別,没有所相與能相之别體。因此,有部的四相爲實法,成實及大乘的四相爲假法。人法:當爲八法之誤。一切有爲法都具有四相。顯示諸法生滅變遷之生相、住相、異相、滅相,此稱本相、大相;此四相的自體也是有爲法,故又另有使此四相生、住、異、滅之法,於是又有生生相、住住相、異異相、滅滅相,此稱隨相、小相。四本相與四隨相合稱八法。實際上,有爲法的生成,具有九法。即除了四本相法、四隨相法之外,還有一個法的自體。每一種現象都是九法同時俱起、缺一不可的産物。其中,四本相的作用,每一相都涉及除了法的自體以外的八法,即生、生生,住、住住,異、異異,滅、滅滅。四隨相的作用,每一相則僅涉及本相中與之相應的一法,如生生只涉及生,住住只涉及住,異異只涉及異,滅滅只涉及滅。後四相:稱四隨相,即生生相、住住相、異異相、滅滅相。行一相:四隨相的作用,每一相則僅涉及本相與之相應的一法。馬鳴《大乘起信論上》將這種只涉及本相與相應的一法,稱之"一真法界之相"。"從本以來,離虛妄相,離言説相,離名字相,離一切諸法之相,故名一相。"二相:指四本相生、住、異、滅與四隨相生生、住住、異異、滅滅相對應的兩種相。遠問之五句言前四相各生八法,後四相唯行一相,因爲四本相與四隨相互

證相生的存在,並非無窮。

〔2〕此數句言《大智度論》説:如果生相能够産生新的生相,那麽新的生相又産生新的生相。如果生復有生,則又有再生。生而復生,則又有新的生。如此生生不絶,就是無窮。如此則無由緣起而生。意思是如果由"生"到"生生"、再由生生之"生"再到新的"生生",就永無止境,所以説"無窮"。如此生生不息,因果相續,哪裏還有緣起而生呢? 按:顯然,慧遠所理解的四本相與四隨相互證相生,存在内在的矛盾。所以下文就矛盾兩點展開。

〔3〕此四句言如果真無窮,那麽"生"與"生生"就因此而没有界限分别;若是有窮,那麽"生"與"生生"就没有再生的因緣。意思是:按照"無窮"論,原始的"生"與"生生"之再生的"生",就没有差别;按照"有窮"論,就缺乏再生之"生"的緣由。

〔4〕四相:此包含前四相與後四相。此四句言依據當下所生之相,就不應有無窮之累;如若不受無窮之累,則有爲法的前四相與後四相互證相生,也就不復存在。

〔5〕此五句言假如使前相生後相,後相復又生相,就有反復再生的能力。如若前生之相能够反復再生,就不應説後生之相不能生相,如此還是陷入生生無窮之中。

〔6〕心法:相對於色法而言,即指眼識、耳識、鼻識、舌識、身識、意識、末那識、阿賴耶識等八種心法。因爲心法和四相都是一種主觀認知,所以説二者相同。此三句言生、住、異、滅四相與心法八識本質相同,如若有特定的生成緣由,或有因果,前後時間差異;或無因果,同時發生。

〔7〕此四句言如若同時發生,則生與滅本性不同。滅時不能同時有生,生時不能同時亦滅。

〔8〕此三句言若有前後時差,則生時没有滅,滅中没有生。

〔9〕斷常二見:乃外道之種種偏見,即認爲自我常住不變,爲常見,亦稱有見、邪見;認爲一切斷滅,人死之後一切皆空,我亦可以不

受果報，爲斷見，亦稱無有見、惡見。據《大毘婆沙論》卷二百所載，諸惡見趣雖有多種，皆不出有見、無有見二見之中；有見即指常見，無有見即指斷見。以此二見皆爲邊見，故世尊主張離常離斷而取中道。《大智度論》卷七："見有二種：一者常；二者斷。常見者，見五衆常，心忍樂；斷見者，見五衆滅，心忍樂。一切衆生，多墮此二見中。菩薩自斷此二，亦能除一切衆生二見，令處中道。"此六句言如若生中没有滅，則生下時則有見；如若滅中没有生，則滅來時則無有見。有見和無有見如此分明，則斷見、常見就同時存在。

[10] 陵：同凌，《玉篇》："凌，犯也。"踐：踐踏。《廣韻》："踐，踢踐也。"二詞皆有矛盾對立之意。此四句言如若生中藴含有少量滅的因素，滅中也藴含有少量生的因素，那麼前一生與後一少量生之間互相矛盾，前一滅與後一少量滅之間也互相對立。

[11] 新新生滅：意謂新之生新，遷謝不停；生之趨滅，流轉不住。《楞嚴經》卷二："世尊，我此無常變壞之身，雖未曾滅，我觀現前，念念遷謝，新新不住，如火成灰，漸漸銷殞，殞亡不息，決知此身，當從滅盡。"此四句言既然如此，就不應該説新之生新、生之衰滅，兩相分離，没有因果。假令二者之間必無因果，那麼新與新生、生與衰滅又並非相互對立，這也非常清楚。

[12] 此四句言如果説在四相中生是住的因，住是滅的因，那麼生中就不包含住，住中也不包含滅。意謂既有因果聯繫，必然不可能同時發生。

[13] 此數句言如果以新衣爲喻，那麼生中已經有住，住中已經有滅，如此則因中有果，果因無異；因果並陳，二者就完全没有了差別。意謂生與住、住與滅同時發生，二者就不應有因果聯繫。

[14] 負門：與他對論而歸於敗者，謂之墮於負門，或曰墮於負處。《大智度論》卷一："佛置我著二處負門。"即今之二律背反，或曰悖論。此三句果真如此，無論採用哪一種説法，都留下疑問，反而又使我墜入進退失據的境地。

【義疏】

此章核心即討論有爲法四相八法問題。釋聖賢曰:"佛教將一切受因緣條件制約的現象稱爲有爲法,有爲法的特點是有生、住、異、滅,叫做四相。小乘的一切有部認爲生、住、異、滅四相中任何一相發生時,都會具有生、住、異、滅、生生、住住、異異、滅滅八法,使四相具有有爲法的性質;而生生、住住、異異、滅滅後四相中任何一相發生時,則只有生、住、異、滅前四相中相應的一相與之發生作用,如'生生'發生時,只有'生'與之發生作用。一切有部這種邏輯不清晰的論述,本來是要證明四相是實在的,'生'是世界萬物產生的本原。《大智度論》則要證明'生'還需要'生',即使追溯到無窮,也找不到最初的'生'。於是,慧遠惶惑了,要求解答。"這一段意義表達清晰,但對慧遠詰難核心把握尚不够準確。

第一,質疑四相生生無窮與四相生生有盡的矛盾對立問題。有爲法有四本相,四本相的每一相,除了自體之外各行八法;四隨相的每一相,唯行一真法界之相,如生生相唯行生相、住住相唯行住相、異異相唯行異相、滅滅相唯行滅相,本相與隨相互證相生,却唯行一相,並非無盡無窮。《大智論》云:若"生相"能產生"生相",那麼"生相"復又生相。如此生生不絕,便是無窮。這就使人疑問:如果生生無窮,則前生後生之間就無界限分別;如果生生有盡,則無由因緣而生。永遠只有當下所生之相,就不應有無盡無窮之累。若不受無盡無窮之累,有爲法的前四相和後四相之間的互證相生就不復存在。假令前相能生相,相又生相,就有了反復生生的能力。如果前生之相,有反復生生之理,那麼不能説後生之相不能生生不已,如此還是進入無盡無窮的狀態。這就是説四相生生無窮與四相生生有盡,是一對相互矛盾的命題。

第二,質疑有爲法四相所存在的生滅矛盾。有爲法四相與八種心法,同屬於主體認知,故本質相同。若有因果聯繫,就有前後差異;或無因果聯繫,即是同時發生。若是同時發生,則生滅性質完全不同，生滅不可能同時發生。若有前後時間差異，則生滅不可能同時存在。若生中不存在滅，那麼生一旦消失則可見滅；如若滅中不存在生，那麼滅一旦消失則不見生。既有有見和無有見的分別，那麼這就包含斷見和常見兩種。若生中存在部分滅的因素，滅中存在部分生的因素，那麼前生與後生就互相矛盾，前滅於後滅也互相對立。如此，就不應説"新新生滅，相離無故"。如果説生滅變化必然沒有因果，那麼因緣相生與所生之相之間就沒有矛盾對立，這是顯然的。若生爲住之因，住爲滅之因，就説明生中無住，住中無滅。假使喻之以新衣，則是生時就已經有住，住中就已經有滅，這又説明因果同體，本質相同，二者同時呈現，並無大的差別。如此，則無論是前後差異説或同時發生説，都令人生疑，陷入自相矛盾。

　　什答曰：言有爲法四相者，是迦旃延弟子意，非佛所説[1]。衆經大要有二：所謂有爲法，無爲法。有爲法，有生、有滅、有住、有異；無爲，無生、無滅、無住、無異[2]。而佛處處説，但有名字耳，尚不決定言有生相，何況生生也[3]？此是他人意，非所信〔一〕受，何得相答？如他人有過，則非所知[4]。然佛説一切法，若常，若無常〔二〕。無常名，先無今有，已有便無；常名則離如是之相。無常是有爲法，常即是無爲法[5]。佛爲衆生説諸因緣出世法，名爲生，如母子，如芽從種生，此是現所見事，名之爲生[6]。滅，名衆緣壞敗。若衆生而言，名爲死；若萬物而言，名〔三〕爲壞[7]。從生至滅，於其中間異相，名住、異。若衆生而言，名老死病廢；若非衆生而言，名委異變故[8]。如是内外之物，名爲生、滅、住、異。直信之士，聞此事已，即生厭離，得道解脱。佛大意所明，其旨如此[9]。而比丘深心愛法，戲論有爲之相，分別有八法俱生,理尚失中,則是衆難之府[10]。若一時生〔四〕,則無因緣;若次第生,則是無窮[11]。又不應離法有生。所以者何？生是有爲相。若離生有法者,則非有爲法。若生能合法爲生者,法何故不能合生爲非生[12]？亦如來難之咎,如是多過[13]。是故佛小乘經中説生、滅、住、異,但有名字,無有定相也[14]。

大乘經中説,生是畢竟空,如夢幻,但惑〔五〕凡夫心耳。大乘之法,是所信伏故,以之爲論[15]。諸法無生,求生定相,不可得故[16]。若因中有法者,則不應名生,如囊中出物〔六〕,非囊所生[17]。若因中先無者,法何故不從非因中生？如乳中無酪,水亦因〔七〕無。若有生者,爲説瓶初時有也？爲泥後非起瓶時有也[18]？此二時俱不然。所以者何？已生未生故,生時過亦如是[19]。若即瓶成爲生,此亦不無生分,無瓶亦不應以妄生。何以故？三事相離即無也[20]。若一時生〔八〕,即無因緣,無因緣者,應各自生。如是等無量之過[21]。是故諸佛如來,知生法無有定相,經説〔九〕凡夫之目,如夢中事,無有本末。以此因緣,説一切法無生無滅,斷言語道,滅諸心行,同泥洹相。得此妙理,即成無生法忍[22]。

【校勘】

〔一〕"所信",卍續藏經本、《慧遠研究·遺文篇》作"信所"。張景崗校曰:"原本作'信所',今參照丘本、陳本改。"

〔二〕"若無常",卍續藏經本作"若無常多"。又校曰:"一無'多'字。"今據删。

〔三〕"名",卍續藏經本脱。又校曰:"'言'下一有'名'字。"今據《慧遠研究·遺文篇》校補。

〔四〕“時生”，卍續藏經本脱“生”。又校曰：“‘時’下一有‘生’字。”今據《慧遠研究·遺文篇》校補。

〔五〕“惑”，卍續藏經本作“或”。今據《慧遠研究·遺文篇》、張景崗校本校改。

〔六〕“出”，卍續藏經本脱。又校曰：“‘中’下一有‘出’字。”今據《慧遠研究·遺文篇》校補。

〔七〕“因”，《慧遠研究·遺文篇》作“同”。

〔八〕“生”，卍續藏經本、張景崗校本俱脱。據上段“若一時生，則無因緣”校補。

〔九〕“説”，卍續藏經本、《慧遠研究·遺文篇》作“誑”，張景崗校曰：“原本作‘誑’，今參照丘本改。”

【注釋】

〔1〕迦旃延：佛十大弟子中論議第一，是小乘佛教一切有部之大論師。詳上注。此三句言説有爲法四相者，是佛弟子迦旃延，佛並没有説。

〔2〕此數句言一切有部經的要旨有二：即有爲法和無爲法。有爲法説有生、住、異、滅四相，無爲法則説無生、無住、無異、無滅。

〔3〕此四句言佛多處所説的“生”，只是一個概念，並未明確説有生相，更不可能説生生之相。

〔4〕信受：信仰接受。《梁書·任孝恭傳》：“孝恭少從蕭寺雲法師讀經論，明佛理，至是蔬食持戒，信受甚篤。”此五句言你所質疑的核心是他人的理論，並非我所信仰接受的理論，怎麽能回答你？如他人所説理論有過錯，也不是我所能知。

〔5〕一切法：又作一切諸法、一切萬法。乃指一切有爲法、無爲法及不可説法，即包含物質、精神以及所有現象之存在。原意作“由因緣而起之存在者”。常：謂一切無爲法無生無滅，常住不變。《成唯識論》卷一〇：“清浄法界無生無滅，性無變易，故説爲常；四智心品所

依常故,無斷盡故,亦説爲常。非自性常,從因生故。生者歸滅,一向記故。不見色心,非無常故。然四智品由本願力所化有情無盡期故,窮未來際,無斷無盡。"無常:謂一切有爲法生滅遷流,而不常住。一切有爲法皆由因緣而生,依生、住、異、滅四相,於刹那間生滅,而爲本無今有、今有後無,故總稱無常。無常有二:一念念無常,指一切有爲法之刹那生滅;二相續無常,指相續之法壞滅,如人壽命盡時則死滅。此數句言然而佛説一切法,如常、無常。先前没有無常之名,後來纔産生,是爲了解説已有而無的遷流之相;常名則斷離如此生滅遷流之相。常是無爲法,無常是有爲法。

　　[6] 此六句言佛爲衆生説種種出生於世的因緣,稱之曰生,如母生子,如種生芽,這是現世所見之事,統名之生。

　　[7] 此三句言所謂滅,是説生之諸緣毀壞。就衆生而言稱之爲死,就萬物而言稱之爲壞。

　　[8] 此四句言有爲法從生至死過程中,又産生不同的相,名住相、異相。就衆生而言,稱之爲衰老、死亡、疾病、殘廢;就萬物而言,稱之爲委頓、異化、遷變、衰敗。

　　[9] 内外之物:身内、身外之物,指衆生與萬物。此數句言如此身内、身外之物,就名之曰生、滅、住、異。貞正虔誠之信徒,聞聽生滅遷流之事後,就産生厭離塵世之心,從而得解脱之道。佛所明確闡釋的大意,主旨即如此。

　　[10] 此五句言然而比丘篤心信仰佛法,戲論曰有爲之相,並分別稱生、生生,住、住住,異、異異,滅、滅滅八法,所有關於生、生生之理尚且失去允正,因此而成爲詰難紛起的淵源。

　　[11] 此四句言所以有人説若是一時俱生,則没有生成的因緣;若是次第而生,則又是生生無窮。

　　[12] 此數句言如果論生與生生,皆不應該離相而談生。是什麼原因呢?生是有爲法的所謂之相,如果離開了有爲法而談生,這就不再是有爲法中所説之生。如果談生能够符合有爲法所言之生,爲何

有爲法不能合論生與非生,而是合論生與生生呢?

[13] 此二句言如你來信詰難之錯誤,也多屬於此類的錯誤。

[14] 此二句言所以小乘經中説生、滅、住、異,只有名稱,而無決定之相。

[15] 此數句言大乘經中説,生也是畢竟空,也如夢幻,只可迷惑凡夫之心。因爲大乘法是我所崇信服膺,所以下文以此爲論證的基點。

[16] 諸法無生:一切法空無所有、空無自性,故曰無生。《大般若波羅蜜多經》卷四九一:"具壽善現復白佛言:世尊,云何諸法無生、無起、無知、無見? 佛言:善現,以一切法空無所有,皆不自在、虛誑不堅故,一切法無生、無起、無知、無見。復次,善現! 一切法性無所依止,無所繫屬,由此因緣,無生、無起、無知、無見。善現當知! 甚深般若波羅蜜多雖生如來、應、正等覺,亦能示現世間相,而無所生亦無所示。"此三句言一切法空無所有、空無自性,故尋求決定之生相,即不可得。

[17] 此四句言如果説因中有相,這個相就不應稱之生相,比如囊中有物,物並非囊所生。意謂若説有因,此因如囊,囊何可生物。按:這一比喻並不貼切,因緣而生,生是一切條件和合而生,並非生生成於單一的因。雞生於蛋,蛋並無雞相,故不應稱蛋有雞相。蛋是因,卻不是唯一因。蛋殼如囊,卻也是雞生成的條件。

[18] 此數句言如果説因中先就沒有這一相的存在,有爲法爲何不説從非因中所生? 比如乳酪,只有乳,沒有酪。酪既然沒了,水也因此不復存在。如果説是生,是説瓶裝乳酪開始就有呢,還是瓶成爲泥後而不是瓶原來就有呢?

[19] 此四句言説因果同時、因果異時都不正確。爲什麼呢? 因爲其實生是畢竟空,所以已生就是未生,所謂生時的住、異也是如此。

[20] 此五句言如果説瓶是乳酪生之因,那麼瓶也確實是生的條件,沒有了瓶就不可妄言生。什麼原因呢? 乳、水、瓶一旦相離,就是

空的緣故。按：這一結論正確，但是與"因中先無"則又有矛盾。

[21] 此五句言生若視爲孤立的生於一時，就沒有所生之因緣，沒有因緣，就皆是自生。如此則是陷入生生無窮的理論陷阱。

[22] 斷言語道，滅諸心行：即言語道斷，心行處滅。意謂究竟之真理，言語之道斷而不可言説，心念之處滅而不可思念。心行，即心念之異名，心者遷流於刹那，皆云心行。《瓔珞經》下："一切言語斷道，心行處滅。"《維摩詰經・止觀》："言語道斷，心行處滅，故名不可思議境。"此數句言諸佛如來，知生相並無定相，如經中所説，是凡夫所見，其實如夢中所見之事，並無因果本末。因爲這一緣故，佛説一切法無生無滅，不可言説，不可思議，同與涅槃（泥洹）。得此妙理者，就能成無生法忍菩薩。

【義疏】

此章乃回答慧遠本四相與隨四相問題。釋聖賢曰："鳩摩羅什認爲，'四相八法'是小乘的戲論，不是佛説，由此自然造成各種邏輯上的混亂，不能自圓其説。其實，佛説衆緣和合，名爲生；中間的變化，名爲住、異。一切現象都是生、住、異、滅，都是無常，由此引導衆生厭離世間，哪裏有什麼作爲萬物本原的實在的'生'呢？有的小乘已指出，生、住、異、滅，只有名字，無有定相；大乘則認爲，'生'是畢竟空，如同夢幻。鳩摩羅什總結道：'一切法無生無滅，斷語言道，滅諸心行，同泥洹相'。"具體論之如下。

第一，從小乘上論四相説之失。四相之説，出自迦旃延弟子，非佛所説。佛經説一切法皆分成有爲法、無爲法二種。有爲法有四相，無爲法則無之。且佛所説四相，只是名稱，皆未對"生""生生"相作出界定。佛經先前並無"無常"之名，後來纔産生，只是爲了解釋由有至無的遷流變化。説"常"則沒有這種"無常"之相。之所以説無常，乃是佛爲了方便衆生。説因緣出世之法稱之"生"，如母生子、種出芽，是乃世間所見；説衆緣壞敗稱之曰滅，如衆生之死亡，萬物之朽壞。

而在生滅之間，又有住、異，描述衆生衰頹病死，萬物委頓變異。佛概括有情界和無情界二種所合稱之四相，目的是引導貞正虔心之徒，生厭離心，得解脱道。比丘篤信愛法，却戲論有爲四相，且分八法，引起詰難紛紜。主要集中於兩方面：從時間上説，若謂一時俱生，則没有生成的因緣，背離了因緣而生的佛理；若謂次第而生，則又是生生無窮，混淆了因緣而生之間的界限。從佛理上説，一切生相皆不能離相而談生，因爲生就是有爲法所謂的相，如果離開了有爲法，所談之生就不是有爲法所言之生；如果所談之生符合有爲法所言之生，有爲法既能合論生與生生，亦能合論生與非生（無生）。而生即非生（無生），正是大乘法的觀點。由此而論，小乘經所説的四相，僅僅是名稱，而不是實相。

　　第二，從大乘上論四相説之失。大乘經所言之生，是畢竟空，是虚幻像，只能迷惑凡夫之心。從大乘理論上説，諸法無生，故不存在"生"之定相。若説因生有相，就不應説生，因爲其"因"如囊，"生"如囊中物，二者並無因緣而生的邏輯聯繫；若説因中無相，也不應説生，因爲這裏的相（法）可能非此因所生，如乳酪無乳，水亦不存；若説有生，是瓶中先有乳酪，還是乳酪藉瓶而有？這説明相生於因、有時間前後的説法皆難以自圓其説。因爲已生就是未生，所生的住、異也是如此。如果乳酪因瓶而生，瓶也確實是乳酪生成的條件，没有瓶就不可妄言生，因爲乳、水、瓶三者相離就無法産生乳酪，亦即空無。如果説一時並生，就没有因緣而生的條件，一旦没有因緣而生的條件，如此論生，就陷入生生無窮的理論陷阱。所以諸佛如來，明瞭生無定相，在經中説所謂生相，是凡夫所見，如夢幻之事，不存在因果本末。由此可以結論：離一切相，即一切法，一切法無生無滅，言語道斷，心行處滅，如同涅槃之相，有相而無相。唯有得其妙理者，即成無上法忍。

十三、 次問如、法性、真際并答

遠問曰:經説法性,則云有佛無佛,性住如故[1];説如,則明受決爲如來[2];説真際,則言真際不受證[3]。三説各異,義可聞乎[4]? 又問:法性常住,爲無耶,爲有耶? 若無,如虚空,則與有絶,不應言性住[5]。若有而常住,則墮常見;若無而常住,則墮斷見;若不有不無,則必有異乎有無者[6]。辨而詰〔一〕之,則覺愈深愈隱。想有無之際,可因緣而得也[7]。

【校勘】

〔一〕“詰”,卍續藏經本作“結”。又校曰:“‘結’一作‘詰’。”今參校諸本改。

【注釋】

[1] 法性:又作真如法性、真法性、真性,亦爲真如之異稱。乃指諸法之真實體性,即宇宙一切現象所具有的真實不變之本性。詳見《法性論》注。有佛無佛,性住如故:意謂無論有佛抑或無佛之世,法性常住,永恒不變。《大般涅槃經》卷二一:“涅槃之體,非本無今有。若涅槃體本無今有者,則非無漏、常住之法。有佛無佛,性相常住。以諸衆生煩惱覆故,不見涅槃,便謂爲無。菩薩摩訶薩以戒、定、慧勤修其心,斷煩惱已,便得見之。當知涅槃是常住法,非本無今有,是故爲常。”又《放光般若經·建立品》:“須菩提言:世尊,有佛無佛,法性常住耶? 佛言:如是! 有佛無佛,法性常住。以衆生不知法性常住,是故菩薩生道因緣欲度脱之。”此三句言經言法性,就説無論有佛無佛,法性常住永恒。

[2] 如:又作如如、真如、如實、真如實際。即一切萬物真實不變

之本性——宇宙本體。蓋一切法（現象）雖有各自不同的屬性，如地有堅性、水有濕性等，然這種各自不同的屬性非爲實有，而皆以空爲實體，故稱實性爲如；又如爲諸法之本性，故稱法性；而法性爲真實究竟之至極邊際，故又稱實際。由此可知，如、法性、實際三者，皆爲諸法實相之異名。諸法雖各有差別，然本體之理則平等無異，這種諸法本體之理平等相同，亦稱爲如。如亦爲理之異名；又此理真實，故稱真如；此理爲一，故稱一如。另外，就如的本體之理而言，因各個教門不同，故立論亦異，如《般若經》將如立爲空，《法華經》將如立爲中。受決爲如來：受記成佛號曰如來。《放光般若經·大明品》：“如來無所著、等正覺，悉知諸法之如。爾，非不爾，無能令不爾，悉知諸如諸爾。以是故，諸佛世尊名曰如來。”受決，即受記，即成佛之記別。詳見上注。如來，音譯多陀阿伽陀，意同真如。佛十大稱號之一。此二句言説如，就言受記成佛爲如來。

［3］真際：真實的邊際，含有至極之意。常指成佛的境界，亦指宇宙本體。《放光般若經·嘆深品》：“菩薩雖得空、無相、無願之道，離般若波羅蜜，不持漚和拘舍羅（方便善巧），便證真際、得弟子乘。”此二句言真際，又説真際不要受記、證入佛境。

［4］此二句言三説各不相同，你可解釋其義使我聞之嗎？

［5］此六句言法性常住永恒，是無，還是有？若是無，即如虛空，就沒有真實物性的存在，不應言法性常住。

［6］常見、斷見：簡言之，常住不變爲常見，斷滅虛空爲斷見。詳見《次問四相並答》注。此六句言如果説法性有而常住，就墜入常見；如果説法性無而常住，就墜入斷見；如果説非有非無，就一定是與有無不同的境界。

［7］此四句言辨析而追究之，就會覺得辨析追究越是深入，就越不明瞭。想來在有無之間，按照因緣説來，應該得“不有不無”的境界。

【義疏】

此章慧遠所問乃如、法性、真際三者的關係問題。按照佛經說法、法性，無論是有佛還是無佛時期，皆常住世間，永恒不變；如，是羅漢受決而爲佛；真際，雖曰真實却不可體證。三種說法不同，故疑而問之。此外，說法性常住，究竟是無還是有？若是無，即如虛空，虛空就沒有"有"，沒有"有"則不可言法性常住。這就陷入邏輯的兩難問題：說法性是有而常住永恒，即墜入常見；說法性是無而常住永恒，即墜入斷見；說法性非有非無又同"有無"說對立。辨析越深，越生疑問。按照我之思考，應該在有無之間另非有非無的存在。簡言之，慧遠認爲，諸法實相既非有，亦非無，而是非有非無。

什答曰：此三義，上無生忍中已明。又[一]《大智度論》廣說其[二]事，所謂"斷一切語言道，滅一切心行"，名爲諸法實相[1]。諸法實相者，假爲如、法性、真際。此中非有非無，尚不可得，何況有無耶[2]？以憶想分別者，各有有無之難耳[三][3]。若隨佛法寂滅相者，則無戲論。若有、無戲論，則離佛法[4]。《大智論》中，種種因緣，破有破無。不應持所破之法爲難也[5]。若更答者，亦不異先義。若以異義相答，則非佛意，便與外道相似[6]。

今復略說。諸法相隨時爲名，若如實得諸法性、相者，一切義論所不能破，名爲如。如其法相，非心力所作也[7]。諸菩薩利根者，推求諸法如相，何故如是寂滅之相，不可取、不可捨？即知諸法如相，性自爾故[8]。如地堅性、水濕性、火熱性、風動性，火炎上爲事，水流下爲事，風傍行爲事，如是諸法性，性自爾，是名法性也[9]。入如、法性[四]，更不求勝事，爾時心定，盡其邊極，是名真際[10]。是故其本是一，義名爲三。如道法是一，分別上、中、下故，名爲三乘[11]。初爲如，中爲法性，後爲真際。真際爲上，法性爲中，如爲下。隨觀力故，而有差別[12]。

又，天竺語音相近者以爲名。是故説，知諸法如，名爲如來，如正遍知一切法，故名爲佛[13]。又，小乘經中亦説如、法性。如《雜〔五〕阿含》中，一比丘問佛：“世尊，是十二因緣法，爲佛所作？爲餘人所作？”佛言：“比丘，是十二因緣，非我所作，亦非彼所作。若有佛，若無佛，諸法如、法性、法位〔六〕常住世間。”所謂：“是法有故是法有，是法生故是法生〔七〕。”無明因緣識，乃至生因緣老死，老死〔八〕因緣諸苦惱。“若無明滅故行滅，乃至老死滅，故諸苦惱滅。”[14]但佛爲人演説顯示，如日顯照萬物，長短好醜，非日所作也。如是聲聞經説，世間常有生死法，無時不有。是名有佛無佛，相常住[15]。

真際義者，唯大乘法中説。以法性無量，如大海水，諸聖賢隨其智力所得[16]。二乘人智力劣故，不能深入法性，便取其證，證知如實之法微妙理極，深厭有爲，決定以此爲真，無復勝也[17]。而諸菩薩有大智力，深入法性，不隨至爲證。雖復〔九〕深入，亦更無異事。如飲大海者，多少有異，更無別事[18]。又，諸菩薩其乘順忍中，未得無生法忍，觀諸法實相，爾時名爲如[19]。若得無生法忍已〔一〇〕，深觀如故，是時變名法性[20]。若坐道場，證於法性，法性變名真際[21]。若未證真際，雖入法性，故名爲菩薩，未有聖果[22]，乃至道場。諸佛以一切智無量法性故爾〔一一〕，乃出菩薩道，以論〔一二〕佛道也[23]。

【校勘】

〔一〕“又”，《慧遠研究·遺文篇》、陳揚炯釋譯本皆作“文”，斷入前句。

〔二〕“其”，卍續藏經本作“五”。又校曰：“‘五’一作‘其’。”今據《慧遠研究·遺文篇》校改。

〔三〕“耳”，陳揚炯釋譯本作“也”。

〔四〕“入如法性”，卍續藏經本脱。又校曰：“‘性也’下一有‘入如法性’四字。”今據《慧遠研究·遺文篇》校補。

〔五〕“雜”，卍續藏經本作“離”。又校曰：“‘離’疑‘雜’。”今據校勘及諸本校改。

〔六〕“位”，卍續藏經本作“性”，校曰：“‘性’一作‘位’，一作‘住’。”今據《慧遠研究·遺文篇》校改。

〔七〕“是法生”，卍續藏經本脱“是法”。又校曰：“‘生’上一有‘是法’二字。”今據《慧遠研究·遺文篇》校補。

〔八〕“老死”，張景崗校曰：“‘老死’二字，原本無，今參照《大智度論》補。”

〔九〕“復”，張景崗校曰：“原本作‘放’，今參照丘本改。”

〔一〇〕“已”，陳揚炯釋譯本無。

〔一一〕“爾”，卍續藏經本作“爾爾”。又校曰：“‘爾’字疑剩。”今據《慧遠研究·遺文篇》删其重。

〔一二〕“論”，《慧遠研究·遺文篇》作“於”。

【注釋】

[1]《大智度論》廣説其事：指此經對如、法性、真際之闡釋。《大智度論》卷三二：“問曰：如、法性、實際（真際）是三事爲一？ 爲異？ 若一，云何説三？ 若三，今應當分别説。答曰：是三，皆是諸法實相異名。”意思雖是三個概念，却皆指諸法實相。諸法實相：即真如、法性、實際（真際）等，指究極之真理。諸法者，諸法爲十界因果之法；實相

者,言離本來虛妄之相而相相真實也。從認知上説,自心藏識——無餘涅槃之實際,即是實相心,非我之我,名爲非心之心,是乃諸法實相。《中論·觀法品》:"諸法實相者,心行言語斷,無生亦無滅,寂滅如涅槃。"此六句言如、法性、真際三詞的含義,上論無生法忍時已經闡明。另外,《大智度論》也曾有廣泛説明。即所謂言語道斷(不可言説),心行處滅(心念斷滅),就是諸法實相。

[2] 此五句言因爲諸法實相不可言説,就假名爲如、法性、真際。其中,既無"非有非無",更没有"有無"。按陳揚炯注:參看慧遠《大智論鈔序》。慧遠認爲,"未有"而生,名爲"有","既有"而滅,名爲"無"。説有説無,都是虛妄的認識,應當否定,這就叫作"非有非無"。這個"非有非無",慧遠又稱之爲"無性之性""法性無性",這是一種實在的境界。鳩摩羅什在這裏所説,是對慧遠這種"非有非無"的批判。

[3] 此二句言若是從憶想即主觀想象中分別,就可以提出有與無的詰難。意謂慧遠所謂有無之説,是一種主觀想象分別的產物,於佛經無據。

[4] 此四句言如果按照佛法,以法性爲寂滅相,就不會有如此戲論。若有戲論,就背離了佛法。意謂慧遠之説是没有佛理依據、没有意義的戲論。

[5] 此四句言在《大智度論》中,從種種因緣之理上,破除有、無的觀念。你不應該以已經被破除的理論作爲詰難的問題。

[6] 此五句言我如果還要回答,也没有與先前不同。如果回答有不同之義,就違背了佛意,就與外道邪見相似。

[7] 此數句言現在再略説法相三個不同名稱。諸法相皆隨時而稱名,比如"如",一旦證得諸法法性、本相者,就會排除一切議論,而稱諸法曰如。如也就是諸法的本相,並非思維之力可以生造。

[8] 此數句言諸菩薩皆有利根(慧性),推究探求諸法一如之相的本原,就是寂滅相,無形而不可取之,有相而不可捨之,由此可知諸法一如之相,本性自然如此。

〔9〕此數句言諸法本性，如地有堅固之性，水有潤濕之性，火有燥熱之性，風有流動之性；火以燃上，水皆流下，風傍物而動，如此種種法性，皆是本性自然如此，故又稱之法性。

〔10〕勝事：指寺觀中法會、齋醮等法事。《南齊書·竟陵文宣王子良傳》：“（子良）善立勝事，夏月客至，爲設瓜飲及甘果，著之文教。”此五句言菩薩一旦進入一如法性的境界，就不再追求其他法事，此時心已入禪定、智照一切法的至極邊際，此即稱之真際。

〔11〕此五句言所以説，其本原只有一個諸法實相，隨時所悟深度不同，按照隨時所悟之義而有三種名稱。就如佛道只有一種，却分別爲上、中、下三類，所以命名爲三乘。

〔12〕此數句言就諸法實相而言，初名爲如，中間爲法性，後來稱真際。按照隨時所悟深淺，真際爲上，法性爲中，如則爲下。隨着觀照之智力，纔有此差别。按此三個名稱語言表達方式有别：如是比喻用法，意思是諸法像什麽；法性是概念抽象，意謂諸法本性；真際是描述特徵，意謂諸法真實邊界。《大智度論》卷三二：“實相者，於各各相中分别，求實不可得，不可破，無諸過失。……如是推求地相則不可得，若不可得其實皆空，空則是地之實相。一切别相皆亦如是，是名爲如。法性者，如前説各各法空，空有差品，是爲如；同爲一空，是爲法性。……實際者，以法性爲實證，故爲際。如阿羅漢，名爲住於實際。”

〔13〕如來：質言之即如實（真際）而來。《摩訶般若波羅蜜經·佛母品》：“佛知一切法如相，非不如相、不異相。得是如來相故，佛名如來。”正遍知：又作三耶三佛檀、正遍智、正遍知、正遍覺、正真道、正等覺、正等正覺、正覺等、正等覺者，佛十號之一。音譯作三藐三佛陀。三藐，意正；三，意遍；佛陀，意知、覺。正遍知，即真正遍知一切法。此五句言另外，天竺語言以語音相近者作爲名字，所以説諸法“如”，就命名爲如來，如正遍知一切法，故名之爲佛。

〔14〕法位：即真如之異名。真如爲諸法安住之位，故稱法位。

《宗鏡録》卷七：“言法位者，即真如正位。”故《大智度論》曰：“法性、法
界、法住、法位，皆真如異名。”陳揚炯注：鳩摩羅什在這裏所引述的小
乘經之説，實際上是轉引於《大智度論》卷三二，而略有不同。《大智
度論》卷三二：“問曰：聲聞法中何以不説是如、法性、實際，而摩訶衍
法中處處説？答曰：聲聞法中亦有説處，但少耳。如《雜阿含》中説，
有一比丘問佛：十二因緣法，爲是佛作？爲是餘人作？佛告比丘：我
不作十二因緣，亦非餘人作。有佛無佛，諸法如、法相、法位常有。所
謂是事有故是事有，是事生故是事生。如無明因緣故諸行，諸行因緣
故識，乃至老死因緣故有憂悲苦惱。是事無故是事無，是事滅故是事
滅，如無明滅故諸行滅，諸行滅故識滅，乃至老死滅故憂悲苦惱滅。
如是生滅法，有佛無佛常爾。是處説如。”此數句言小乘法中也説如、
法性。如《雜阿含》記載：一比丘問佛曰：這十二因緣法，是佛所造，還
是他人所造？佛答曰：比丘，這個十二因緣，不是我所造，也不是他人
所造。不論有佛無佛時期，諸法之如、法性、真如常住世間。所謂“因
爲此法有、此法生，一切法皆有、一切法皆生”。只是因爲衆生無明，
由因緣而生的現象而產生眼識，乃至於又由生而老死的現象而產生
心識，再因生死因緣而產生種種煩惱。如果斷絶無明，斷滅心行，乃
至斷絶老死之識，種種痛苦煩惱亦隨之斷滅。

　　[15] 此數句言只是佛爲衆生演説諸法、顯示實相，乃如日光普照
萬物，所顯示之長短好醜，皆非日光所造，皆自然如此。如此則正如聲
聞之類小乘經所説，世間本來就有生死，是無時無刻皆存在的現象，這
也不是佛所造。這就是稱之爲“有佛無佛，諸法實相常住”的緣由。

　　[16] 大乘法中説：《大智度論》卷三二：“是處（指《雜阿含》）但説
如、法性，何處復説實際？答曰：此二事（如、法性）有因緣故説實際，
無因緣故不説實際。”此五句言關於真際（實際）義，唯有大乘法中有
説。因爲法性無量，如大海之水，諸位聖賢按照自身的智力，各有所
得。意謂聖賢所得亦有深淺之別。

　　[17] 此數句言聲聞、緣覺二乘之人智力低劣之故，不能深入法

性,就去取其證悟,證知如實之法微妙,説空之理至極,於是深深厭離因緣和合、生滅變化的有爲法,決定以此(空)爲真實,認爲没有任何理論勝過此説。

[18] 此數句言然而,諸菩薩有大智力,能深入法性,不是隨自己所得階位而作爲終極證悟。雖再深入,也仍然不以隨至爲異事,就猶如飲水大海,只有多少的差異,而没有本質區别。

[19] 順忍:五忍之一。指伏、信、順、無生、寂滅五忍。前四忍各分上、中、下三品,後一忍分上、下二品,總稱爲十四忍。一伏忍,初地前三賢之人未得無漏,煩惱未斷,但能伏住煩惱,令之不起。其中十住爲下品,十行爲中品,十回向爲上品。二信忍,入地上菩薩得無漏信,隨順不疑。其中初地爲下品,二地爲中品,三地爲上品。三順忍,菩薩順菩提道,趨向無生之果。其中四地爲下品,五地爲中品,六地爲上品。四無生忍,菩薩妄惑已盡,了知諸法悉皆不生。其中七地爲下品,八地爲中品,九地爲上品。五寂滅忍,諸惑斷盡,清凈無爲,湛然寂滅。其中十地爲下品,佛爲上品。此五句言諸菩薩在順忍階位時,尚未得無生法忍,觀諸法實相,此時名爲如。意謂只達到"如"的境界。

[20] 此四句言如果得無生法忍之後,再深入觀照"如",此時所悟即變名爲法性。

[21] 此三句言如果再安坐道場功德圓滿,證得法性,法性就變名爲真際(實際)。

[22] 此四句言如果尚未證真際,雖然已入法性,所以名之曰菩薩,但還没有佛的果位。

[23] 此四句言直至於道場修證功德圓滿,諸佛以一切智慧無量法性之故,這類菩薩纔能出菩薩道,可以論其佛道。意謂諸菩薩修證道場,佛又以一切智慧無量法性引導之,菩薩纔能成佛。

【義疏】

羅什圍繞慧遠所問如、法性、真際三者之間的關係問題,力證三者乃一本三義,三義乃因時而名,核心即諸法實相,本質乃言語道斷,心行處滅。

第一,概括説明如、法性、真際的本質特點。首先説明這一問題不可言説,不可思議,既非"有",亦非"無",也非"非有非無"。三義問題,我在論無生法忍時已經説明,《大智度論》也有反覆闡釋。其特點是斷一切語言,滅所有心行,總名之曰諸法實相。乃假借如、法性、真際(實際)之名,既不是非有非無,也不是有無。唯因主觀臆斷,纔有其"有無"之詰難。如果按照佛法乃寂滅相,就不會有如此戲論。一旦有"有無"之類的戲論,就遠離了佛法。所以《大智度論》説種種因緣,就是既破除"有",也破除"無"。所以,以《大智度論》已經破除之"有無"説,作爲詰難的問題,是不妥的。如果我再回答,也與前義没有不同。如有不同,即背離了佛意,墜入外道邪説。

第二,具體闡釋如、法性、真際概念爲三、意義唯一的具體内涵。諸法之相因時而名。比如"如"是實得諸法法性、本相,其他一切義理、論議都不可能移易之,這就名曰如。至於諸法本相,則非一般思維之力所能通達。而諸菩薩皆有利根,推究探求諸法一如之相,方了悟"如"亦是寂滅之相,既不可取,也不可捨;諸法一如之相,本性自然而已。就如地性堅、水性濕、火性熱、風性動,火焰上揚,水流就下,風隨物動一樣。這種自然而生的諸法本性,又名之曰法性。菩薩入於如、入於法性,無須再追求隆盛法事,而心入禪定,智照萬物邊際,是時又名之曰真際。所以,本原唯一——諸法實相,依其隨時證悟之義有別而分爲三。這就如同佛法唯一,却分別爲上、中、下三等,而名之曰三乘。諸法實相,開始名曰如,中間名曰法性,最後名曰真際。真際是上,法性是中,如爲最下。此乃因爲各自觀照智力的不同之故,纔有此分別。要言之,實相一如,是亦非相(寂滅相);諸法之性,即本性自然;諸法真際,乃寂照至極。其中有一個難以自圓其説的理論裂痕:自然之性是客觀存在,實相一如則無生無滅;"盡其邊際",亦有空間屬性。其結果又墜入慧遠所言之非有非無論中。

第三,論述小乘"如、法性"的本質及其概念產生的原因。首先說明天竺語稱"如"的原因。因爲天竺語言以語音相近爲名,所以說諸法一如爲如來,正遍知一切法爲佛。接着說明小乘經所言之如、法性的本質。小乘所說之如、法性是永恒而自然的存在。如《雜阿含》指出:十二因緣非佛所造,也非他人所造。無論有佛或無佛時代,諸法之如、法性、真如都是常住世間。此即所謂"此法有之前即有此法存在,此法生之前就有此法產生"。也就是說,天地無始以來,諸法實相就已經存在,非人所造,乃是自然如此。猶如中國哲學所言之"天理"。只因衆生無明,由因緣所起之現象而生眼識,乃至於由生趨老死之現象而生心識,再依照生死因緣而產生諸煩惱,因而無法認知諸法實相。如果斷絕無明,斷滅心行,乃至斷絕老死之識,諸痛苦煩惱亦隨之斷滅。如此,則復歸於諸法實相。佛說諸法實相,就是爲了開悟衆生。然而,佛爲衆生演說法理、顯示本相,如日光照臨萬物,物之長短好醜亦是自然存在,並非日光所照使然。這就如同小乘經所說,世間常有生死,無時不在。世間"長短好醜""生死之法"也是自然存在,超世的諸法實相亦復如此,所以說"有佛無佛,本相常在"。

第四,論述大乘"真際"的本質內涵及其產生的原因。所謂真際之義,唯有大乘法方有此說。因爲法性如大海之無量,諸位聖賢(菩薩)只能依其智力之深淺而有所得之多少。但是,二乘人智力低劣,尚未深入法性,便依其修行階位而證悟,這種證悟淺嘗輒止,故只能證知"如實之法"唯"空"而已,且認爲此法微妙至極,於是深深厭離有爲法,決定以"空"爲真,並以此爲至極之論。但是,諸菩薩有大智力,能深入法性,並不隨所達之階位而以爲證悟。即使再次深入法性,也仍然不以所達之階位而以爲證悟,如飲海水,只有多少差別,却無本質差別。所以菩薩證悟法性,漸次深入,直至達乎至極而成佛矣。而菩薩之證悟諸法實相亦有階地,故又有不同名稱。如諸菩薩在順忍之階位時,尚未得無生法忍,此時觀照諸法實相,即名之曰如。如果得無生法忍之後,深深觀照諸法實相如故,如就名之曰法性。再如果坐道場修證功德，證悟法性，此時之法性就名之曰真際。但是，没有證悟真際，雖然已入法性，因爲未得佛果，仍名曰菩薩。直至修行道場，諸佛以一切智、無量法引導之，爾等纔能出菩薩道而進入佛道矣。

按照羅什説法，如、法性、實際雖然是諸法實相的不同異名，但是三者的境界並不相同。菩薩得順忍，觀照諸法實相，名爲"如"；得無生法忍，再深觀"如"，名爲"法性"；安坐道場，體證"法性"，則名爲"真際"。後者乃佛的境界。

卷　下

宋[一]國廬山慧遠法師，默問常安草堂摩訶乘法師鳩摩羅什，大乘經中深義，十有八途。什法師一一開答。分爲上中下三卷，上卷有六事，中卷有七事，下卷有五事[二]。

次問答實法有，次問答分破空，次問答後議追憶前議，次問答遍學，次問答經壽。

【校勘】

〔一〕"宋"，誤，當作"晉"。詳見上卷"校勘"。

〔二〕"分爲"以下四句，《遺文篇》以小字排列。或爲原本注釋。

十四、問實法有并答

遠問曰：《大智論》以色、香、味、觸爲實法有，乳酪爲因緣有[1]。請推源求例，以定其名。夫因緣之生，生於實法[2]。又問：實法爲從何生？經謂色、香、味、觸爲造之色，色則以四大爲本[3]。本由四大，非因緣如何？若是因緣，復如[一]何爲實法？尋實法以求四大，亦同此疑[4]。何者？
《論》云：一切法各無定相，是故得神通者，令水作地，地作
水。是四大之相，隨力而變[5]。由兹以觀[二]，故知四大與造
色，皆是因緣之所化，明矣[6]。若四大及造色非因緣，則無
三相。無三相，世尊不應說以非常爲觀。非常，則有新新生
滅[7]。故曰：不見有法，無因緣而生；不見有法[三]，常生而不
滅。如此則生者皆有因緣。因緣與實法，復何以爲差[8]？

　　尋論所明，謂從因緣而有，異於即實法爲有。二者雖同
於因緣，所以爲有則不同[9]。若然者，因緣之所化，應無定
相；非因緣之所化，宜有定相。即此論“神通章”中說四大無
定相[10]。定相無故，隨滅而變，變則捨其本。色、香、味、觸
出於四大，則理同因緣之所化，化則變而爲異物[11]。以此
推，實法與因緣未爲殊異。《論》意似別[四]有所明，非是窮崖
本極之談，故取於君[12]。

【校勘】

　　〔一〕“如”，《慧遠研究·遺文篇》、陳揚炯釋譯本皆作“云”。

　　〔二〕“由兹以觀”，張景崗校曰：“原本作‘由以慈觀’，今參照丘
本改。”

　　〔三〕“法”，張景崗校曰：“原本作‘常’，今參照丘本改。”

　　〔四〕“別”，張景崗校曰：“原本作‘旨’，今參照丘本、木村本改。”

【注釋】

　　[1] 實法有：包含實我、實法。有常、一、主、宰等義的實在我體，
稱爲實我；有固定不變的實體存在，稱爲實法。認爲有實我、實法，乃
是外道、凡夫等之見解。小乘說一切有部主張構成存在要素之法體

即是實法；即認爲以五蘊和合而成之人爲假有，五蘊、十二處、十八界等七十五法之法體爲實有。後來，大乘唯識宗主張並無所謂之實我、實法，一切現象之存在無非是自己内心所顯現之似我、似法，故説名爲"我、法"者，均爲"假我、假法"；凡夫、外道等誤認爲内識所變之似我、似法爲實我、實法。執著實我、實法，則輪迴於生死。此三句言《大智度論》以色、香、味、觸爲實有之物，故爲"實法有"。乳酪是色、香、味、觸四者因緣和合而成，故爲"因緣有"。按《大智度論》卷一二："復次，'有'有三種：一者相待有，二者假名有，三者法有。相待者，如長短、彼此等，實無長短，亦無彼此，以相待故有名……如是等，名爲相待有。是中無實法，不如色、香、味、觸等。假名有者，如酪，有色、香、味、觸，四事因緣合故，假名爲酪。雖有，不同因緣法有；雖無，亦不如兔角、龜毛無，但以因緣合故，假名有酪。"此與慧遠所説之意似有不小的區别。

　　[2] 此四句言推究本源求其例證，方能定其"實法有"與"因緣有"的名稱。所謂因緣和合而生，其實就是實法（實在之物）因緣和合而生。

　　[3] 色、香、味、觸爲所造之色，色則以四大爲本：陳揚炯注：小乘認爲，人們所感知的對象物是由色、香、味、觸等多種因素組成的復合體，没有自性，是因緣有；構成這個複合體的色、香、味、觸則具有自己不變的單一的性質，是實在的，是實法有。因色、香、味、觸構成各種物質複合體，故曰"色、香、味、觸爲造之色"；但色、香、味、觸又是有地、水、火、風四大元素造成的，所以從根本上説"色則以四大爲本"。本書第二章《次重問法身並答》中，羅什説："所有色皆從四大有。"第九章《次問造色法並答》中，羅什亦説："是故一切色，皆四大爲根本。"可以參看。此三句如果進一步追問，實法又是從何而生？ 經説色、香、味、觸是造成萬物之色的本原，而色又是以地、水、火、風四大爲生成本原。

　　[4] 此六句言既然以四大爲生成本原，那麼色、香、味、觸必然也

是由四大因緣而生。如果説色、香、味、觸是由四大因緣而生,又如何稱之爲"實有法"? 如果以實有法逆推四大,四大也難以成爲實有。

[5] 得神通者,令水作地,地作水:《大智度論》卷二八:"菩薩離五欲,得諸禪,有慈悲故,爲衆生取神通,現諸希有奇特之事。令衆生心清净。……菩薩摩訶薩作是念已,繫心身中虚空,滅麤重色相,常取空輕相,發大欲精進心,智慧籌量,心力能舉身未? ……二者亦能變化諸物,令地作水,水作地,風作火,火作風,如是諸大皆令轉易。"此數句言爲何這樣説呢?《大智度論》説:一切法(現象)都没有確定的相,所以得神通的菩薩,可以使水變爲地,使地變爲水。可見四大之相,也可以隨神力而變化,且無自性。

[6] 此四句言由此看來,就可知四大與色、香、味、觸所造色,都是因緣和合變化而成,這是明確的。

[7] 三相:指有爲法三相:生、住、滅。《中論·觀三相》:"有爲法有三相:生、住、滅。萬物以生法生,以住法住,以滅法滅,是故有爲法。"或指四相:生、住、異、滅。《大智度論》卷三一:"一切有爲法,皆從因緣生,從因緣生,則是作法;若不從因緣和合,則是無法。"非常:無常。一切行法,亦名有爲法、世間法皆具有三種本質——無常、苦、無我。"以滅盡之義爲無常""以怖畏之義爲苦""以無實之義爲無我"。其中無常、苦是一切行法的本質,無我則是一切法——有爲法、無爲法的本質。此六句言如果四大及四種造色不是因緣和合而生,那麼就没有生、住、滅三相,没有三相,世尊就不應説以非常(無常)觀一切法。所謂非常(無常),就是新的不斷産生,舊的不斷滅亡。

[8] 不見有法,無因緣而生;不見有法,常生而不滅:其意分别見諸《金剛般若波羅蜜經·應化非真分》:"一切有爲法,如夢幻泡影,如露亦如電,應作如是觀。"《中論·觀四諦》:"未曾有一法,不從因緣生。是故一切法,無不是空者。"《大智度論》卷三:"諸一切有爲法,因緣生故無常,本無今有,已有還無,故無常。"有法,即有作爲之法。若體用俱全的一切事物,叫有法。若體用全無如龜毛兔角等,則叫無

法。此六句言所以佛説,不見有什麼現象不是因緣而生,也不見有什麼現象是常生而不滅。如此看來凡是産生的現象無不是因緣而生。那麼因緣和實法又有什麼差別呢?

[9] 此五句言追尋《大智度論》所闡釋,説是從因緣而有,與實法有所説的有不同。二者雖然都是由因緣而生,但作爲"有"則又有不同。

[10] 此六句言如果真是如《大智度論》所論,因緣所化生,應没有定相;非因緣所化生,應有定相,這就是上文論"神通"一章《次重問法身》中所説的四大無定相。

[11] 此六句言因爲没有定相,萬物隨着生滅而發生本質變化,一旦變化就喪失了原來事物的性質。色、香、味、觸四種造色由四大所生,按理就應同於因緣所化生,因緣所化生就有變化,變化而成爲不同事物。

[12] 此五句言由此推論,實法有與因緣有並無特別不同之處,《大智度論》的意思似乎另有所指,並非是追根究底的討論真理。因有所疑,故求之於君。

【義疏】

此章慧遠所問乃《大智度論》中因緣有與實法有的矛盾表達問題。

永恒存在的實體(實法)究竟緣何而生?佛經謂色、香、味、觸是所造色,色是地、水、火、風四大能造色。同爲色,《大智度論》何以以色、香、味、觸爲實法有,以乳、酪、瓶、水爲因緣有?所造色亦由四大所生,如何非因緣而生?若是因緣而生,即爲空,又如何稱之爲永恒存在的實體(實法)?若再進一步由實法追尋四大的存在,亦有同樣疑問。因爲經論曰:一切法皆無固定之相,所以能得其神通。令水變爲地、地變爲水。水、地屬於四大之相,却又隨着外力而發生變化。由此觀之,故可知四大四種能造色和色、香、味、觸四種所造色,皆是因緣之所化生。如若四大及其四種造色非因緣而生，就没有生、住、滅三相。没有三相，佛祖就不應説以"無常"觀照世界。肯定"無常"，就有遷流不停的生滅輪迴。所以説：一切有法，皆由因緣而生；一切法身，皆常生而不滅。如此説來，一切生者皆因緣而生，因緣而生與存在實有（實法），又因何而有差異？

推尋經論所明，乃謂從因緣上説而有差異，於實法上説則分爲二。雖然"有法""有常"同是生於因緣，但是存在"有"的狀態則不同。果真如此，因緣之所生，應是没有定相，如有法；非因緣之所生，應有定相，如有常，此即論神通一章中所説的四大無定相。惟因没有定相，就因生滅而發生變化，變化就背離本質。色、香、味、觸出於四大，其道理則同於因緣所生，所生就改變了原來的性質而成爲不同事物。以此推之，實法有與因緣有並無特別的差異，經論已經明示，然而似乎並非窮盡至理之談，故問義於君。

什答曰：有二種論：一者大乘論，説二種空，衆生空、法空。二〔一〕者小乘論，説衆生空[1]。所以者何？以陰、人、界和合，假爲衆生，無有別實。如是論者，説乳等爲因緣有，色等爲實法有〔二〕[2]。以於諸法生二種著：一者著衆生，二者著法。以著衆生故，説無我法，唯〔三〕名色爲根本[3]。而惑者於名色取相，分別是衆生、是人、是天、是生、是舍、是山林、是河等[4]。如是見者，皆不出於名色。譬如泥是一物，作種種器，或名甕〔四〕、或名瓶。甕破爲瓶，瓶破爲甕，然後還復爲泥[5]。於甕無所失，於瓶無所得，但名字有異。於名色生異相者亦如是，若求其實，當但有名色[6]。聞是説已，便見一切諸法，無我、無我所，即時捨離[7]。無復戲論，修行道法。有人於名色，不惑〔五〕衆生相，惑於法相。貪著法故，戲論名色[8]。爲是人故説色[六],名色虚誑,色[七]如幻如化,畢竟空寂,同如[八]衆生,因緣而有,無有定相[9]。是故當知,言色等爲實有,乳等爲因緣有。小乘論意,非甚深論法[10]。何以故？以衆生因此義故,得於解脱。若言都空,心無所寄,則生迷悶[11]。爲是人故,令[九]觀名色二法[一○],無常、苦、空。若心厭離,不待餘觀。如草藥除患,不須大藥也[12]。又令衆生離色等錯謬,若一[一一]相,若異相,若常相,若斷相。以是故説,色等爲實有,乳等爲假名[13]。有如是觀者,即知衆生緣法,非有自性,畢竟空寂。若然者,言説有異,理皆一致[14]。

又,佛得一切智慧,其智不可思議。若除諸佛,無復有人,如其實理,盡能受持。是故佛佛隨衆生所解,於一義中三品説道[15]。爲鈍根衆生故,説無常、苦、空,是衆生聞一切法無常、苦已,即深厭離,即得斷愛、得解脱[16]。爲中根衆生故,説一切無我、安穩、寂滅、泥洹,是衆生聞一切法無我,唯[一二]泥洹、安穩、寂滅,即斷愛、得解脱[17]。爲利根者,説一切法從本已來,不生不滅,畢竟空,如泥洹相[18]。是故於一義中,隨衆生結使心錯,便有深淺之異。如治小病,名爲小藥；治大病,名爲大藥。隨病故,便有大小[19]。衆生心有三毒之病,輕重亦復如是。愛[一三]、恚力等,愚癡則漏[20]。所以者何？愛,小罪而難離；恚,大罪而易離；癡,大罪而難離[21]。以愛難離故是惡相,以小罪故非惡,以恚大罪故是惡相,易離故非惡相。是二力等故,遣之則易[22]。所謂不净、慈悲、無常、苦觀。癡心若發,即生身見等十二見。於諸法中,深墮錯謬[23]。爲此病故,演説無我、衆緣生法,則無自性,畢竟常空,從本以來,無生相[一四][24]。是故佛或説衆生空，或説法空，言色等爲實法，乳等爲因緣有，無咎[25]。

【校勘】

〔一〕“二”，張景崗校曰：“原本作‘空’，今參照丘本、木村本、陳本改。”

〔二〕“有”，《慧遠研究·遺文篇》、張景崗校本皆作“又”。

〔三〕“唯”，張景崗校曰：“原本作‘准’，今參照丘本、木村本、陳本改。”按：《慧遠研究·遺文篇》作“准”。

〔四〕“甕”，陳揚炯釋譯本作“瓮”。古二字同。

〔五〕“不”，卍續藏經本校曰：“‘不’字更勘。”又“惑”，《慧遠研究·遺文篇》作“或”。張景崗校曰：“原本作‘或’，今參照木村本、陳本改，下同。”

〔六〕“色”，卍續藏經本、張景崗校本皆脱。今據《慧遠研究·遺文篇》、陳揚炯釋譯本校補。

〔七〕“色”，《慧遠研究·遺文篇》無。或當據删。

〔八〕“如”，陳揚炯釋譯本作“於”。

〔九〕“令”，卍續藏經本作“今”。又校曰：“‘今’疑‘令’。”今據改。

〔一〇〕“法”，張景崗校曰：“原本作‘相’，今參照木村本、陳本改。”

〔一一〕“一”，卍續藏經本作“二”，《慧遠研究·遺文篇》、張景崗校本、陳揚炯釋譯本皆作“一”。今據改。

〔一二〕“唯”，《慧遠研究·遺文篇》作“准”。或形近而誤。

〔一三〕“愛”，卍續藏經本作“憂”。又校曰：“‘憂’疑‘愛’。”作“愛”，形近而誤。今據下文承接關係改。

〔一四〕“無生相”，卍續藏經本校曰：“‘無’上一有‘以’字。”陳揚炯釋譯本作“以無生相”。張景崗校本作“無生滅相”，校曰：“‘滅’，原本無，今參照丘本補。”

【注釋】

[1] 生空、法空：意謂生死是空，諸法亦空。前者是生命現象之空，後者現象本質之空。《大智度論》卷一八："若説誰老死，當知是虛妄，是名生空。若説是老死，當知是虛妄，是名法空。"衆生空：指衆生界盡，衆生業盡，衆生煩惱盡。意謂衆生世界、業行、煩惱皆空。《華嚴經·普賢菩薩行願品》："虛空界盡，我禮乃盡。以虛空界不可盡故，我此禮敬無有窮盡。如是乃至衆生界盡，衆生業盡，衆生煩惱盡，我禮乃盡。而衆生界乃至煩惱無有盡故，我此禮敬無有窮盡。"此五句言有兩種理論，一是大乘理論，謂生空、法空二種；二是小乘理論，説衆生空一種。陳揚炯曰：意思是説，大小乘都説空，但小乘不徹底，只説衆生空，大乘則還説法空。鳩摩羅什給大小乘所歸納的這一理論上的區別，是他的貢獻。

[2] 陰、界、入：佛教大小乘都承認的分類法，即把一切諸法分爲五蘊（色、受、想、行、識）、十二處（又稱十二入，眼、耳、鼻、舌、身、意六根及色、聲、香、味、觸、法六境）、十八界（六根、六境以及由此而産生的六識：眼識、耳識、鼻識、舌識、身識、意識）。這是佛教中對於宇宙萬有的詳略不同的三種分類，其中最略的是蘊，最詳的是界，酌中的是處。色等爲實法有：即構成乳這一復合物的色、香、味、觸是實法有。此數句言什麽是衆生空？因爲五陰、十二入、十八界和合而生，假借爲衆生之形，此外則没有別的實相。如《大智度論》所論，如乳等是因緣而生，色、香、味、觸等諸色爲實法有。意謂衆生之形雖非實相，却是真實存在，故假名爲實相，因此衆生色、香、味、觸四種造色，也姑且謂之實法有。這種實法有與因緣有是相待而存在，並非真實的獨立存在。

[3] 名色：指五蘊，其中受、想、行、識四蘊爲名，色爲色蘊。前者是精神現象，後者是物質現象。無我法：指人無我和法無我的二種無我，亦名二空。所謂人無我，即五蘊假合，緣聚則生，緣散則滅，無有真實之我體存在；法無我，即不論佛法、世法，都是依緣假立，相待而

有,没有獨立存在的實體。此數句言對於諸法,有二種執著:一是執著衆生實有,二是執著諸法(一切現象)實有。爲了教化衆生執著實有者,就説無我法;以名色即以實法有和因緣有作爲標準而説明之。

［4］此三句言而迷惑於五蘊之名色者,纔分别出衆生、人、天、生、舍、山林、河流等。

［5］此數句言産生這類所見,都没有超出五蘊名色。比如泥只是一種事物,却可以製造種種器皿,可以名之爲甕,可以名之爲瓶。甕破了可以製作瓶,瓶破了可以製作甕,然後又回歸於泥土。

［6］此數句言其實,即使甕破了對於甕並無所失,對於瓶亦無所得,只有名稱的差異。對於五蘊名色所産生的不同物質現象,也是如此。如果求其實在之物,應是只有名色存在,本質仍然是空。

［7］無我:無有實我,不執著於有我之心。無我所:亦無我身外之物,不執著於外物存在。有我即執著自身,我所即執著外物。《大智度論》卷三一:"我是一切諸煩惱根本,先著五衆(五蘊)爲我,然後著外物爲我所。"捨離:捨棄而去。《百喻經・婦詐稱死喻》:"邪淫心盛,欲逐傍夫,捨離己婿。"此三句言一旦明白佛的這一理論,就能明白一切諸法(現象)既是我空,也是我所空,就會立刻放下。

［8］此六句言如此就不再産生戲論,一心修行佛道。但是有人在名色上不會迷惑於衆生相,却又對諸法之相(萬物)心生執著,戲論諸法實有。

［9］此數句言因爲有這樣一類人,所以佛纔進一步説,色虚妄不實,如幻如化,畢竟空寂,同衆生相,皆因緣而生,没有定相。

［10］此五句言所以應該明確,説色、香、味、觸四種造色是實法有,乳、酪等是因緣有,都是小乘的理論,没有非常深入研究佛法之故。

［11］此數句言爲何小乘要説這一觀點呢? 因爲衆生接受這一觀點而能獲得解脱,如果説衆生空、諸法空,一切皆空,衆生之心就無所寄托,因而産生迷惘苦悶。意謂衆生信仰佛法,説諸法皆空,衆生

的信仰就無處安放了。

[12] 此數句言爲了衆生獲得解脱，就使之觀察名、色兩種現象是無常、苦、空，如果衆生産生厭離世間之心，就不必再說其他理論。猶如一般疾病用草藥可根除，就無須再用猛藥。

[13] 假名：意指藉助他物而得之名，略稱假。亦即立於衆緣和合而生之法上假借預設的名詞。一切現象皆由因緣和合而生，並無自性，故是空。雖空，卻並非不存在，也仍然是有，但是假有。用文字表達假有，即稱假名。《成實論·滅盡定品》分假名爲二種：一是如人乃五陰之因緣和合，稱爲因和合假名。二是諸法從衆緣而生，無定性，但有名字，稱爲法假名。此數句言又使衆生遠離五蘊等錯誤認知，或言現象的統一性，或言現象的差異性，或舉常見之相，或舉斷見之相，由此原因，說色、香、味、觸爲實有，說乳、酪爲假名。

[14] 理皆一致：說色空與說色空、法空的理論一致。《大智度論》卷三一："以人多著我及我所，故佛但說無我、無我所，如是應當知一切法空。若我、我所法尚不著，何況餘法！以是故，衆生空、法空，終歸一義，是名性空。"此數句言具有這一觀照方法者，就能明瞭衆生的各種現象皆因緣而生，没有自性，畢竟空寂。由此可見，說法雖有不同，說空的道理卻是一致。

[15] 受持：謂領受在心，持久不忘。《百喻經·婦詐稱死喻》："如彼外道，聞他邪說，心生惑著，謂爲真實，永不可改，雖聞正教，不信受持。"一義三品：意義唯一，解說三層。《大智度論》卷二三："問曰：是無常、苦、無我（空）爲一事，爲三事？若是一事，不應說三；若是三事，佛何以故說無常即是苦、苦即是無我（空）？答曰：是一事，所謂受有漏法、觀門分別故，有三種異。"此數句言又因佛有一切智慧，其智慧不可思議。除了佛之外，没有他人能夠以名色之理教化衆生，唯有其理切實可行，衆生纔能領悟而持久。所以每一佛各自又按照衆生理解能力，將實相之理分爲三層解說。

[16] 鈍根：指根機遲鈍，即缺少慧性。又作下根，乃利根（慧根）

之對稱。於佛道修證上，根機之利、鈍，影響其進趨之遲速與證果之勝劣。此五句言爲鈍根衆生，説無常、苦、空。這些衆生聞知一切現象皆無常、苦之後，就深深厭離世間，就能斷愛欲，得解脱。

　　[17]　此六句言爲中等根機衆生，説一切無我（空），唯有泥洹安穩寂滅而永恒。這些衆生聞知一切現象無我（空），以安穩寂滅的泥洹爲準則，即斷愛欲、得解脱。

　　[18]　此五句言爲根機敏利衆生，説一切現象從産生以來，就無生無滅，畢竟空寂，猶如泥洹。

　　[19]　此數句言所以在諸法實相的一義中，按照衆生煩惱錯雜、繫縛身心的不同，説法也就有深淺的分別。如治小病用小藥，治大病用猛藥，根據病情，用藥有大小之分。

　　[20]　三毒：指貪、嗔、癡三種煩惱。一切煩惱之本通稱爲毒，然此三種煩惱通攝三界，乃毒害衆生出世善心之最甚者，能令有情長劫受苦而不得出離，故特稱三毒。此三毒又爲身、口、意等三惡行之根源，故亦稱三不善根，爲根本煩惱之首。《金剛經總持論》專有《三毒論》。此四句言衆生有三毒之病，也有如病之輕重。愛欲（貪欲）與嗔恚的毒力相同，愚癡即爲漏（煩惱），是最重的病。

　　[21]　此數句言是什麼原因？愛（貪）是小罪過却最難割捨，恚是大罪過却易於割捨，癡既是大罪又最難割捨。

　　[22]　此六句言愛難離，所以是惡相，因其罪小故非惡行；恚是大罪，所以是惡相，又因爲易於割捨而非惡相。愛與恚毒力相等之故，皆易於驅遣。

　　[23]　不净、慈悲、無常、苦觀：小乘禪法，以不净觀對治貪愛重者，以慈悲觀對治嗔恚重者，以無常觀對治愚癡重者，以苦觀對治我見重者。身見：自身是“我”，自身之外的萬物爲“我所”。執著於“我”“我所”爲真實存在，即爲身見。身見爲五見（身見、邊見、邪見、見取見、戒禁取見）之一。十二見：當爲六十二見之誤。指在釋迦牟尼時代，佛教以外的六十二學説。關於六十二見，諸家説法各異，隋灌頂

《大般涅槃經會疏》卷二三謂我見有五十六種,邊見有六種,合我見、邊見爲六十二見。《大智度論》卷七〇亦列舉身見六十二種。此六句言所謂禪法提倡不净觀、慈悲觀、無常觀、苦觀分别對治衆生之疾。但癡心一旦發生,就産生身見等六十二種邪見,在諸現象中,是墜入最深,謬誤最重的心魔。

[24] 此六句言佛爲了治衆生之病,演説無我、現象皆因緣而生之理,一切法皆無自性,畢竟空,從本原上説,即無生相,故亦無滅相。

[25] 此五句言所以佛説衆生空,或説法空,説色、香、味、觸四種造色爲實法有,乳、酪等爲因緣有,也無過錯。

【義疏】

羅什圍繞實法有和因緣有二説的産生、差異以及内在統一的問題,回答慧遠疑問。

第一,首先説明,説空有二種:大乘説衆生空、諸法空;小乘唯説衆生空。之所以唯説衆生空,因爲五陰、十二入、十八界和合,藉衆生而形之,此外則别無實相。故姑且以"實相"論之。因此《大智度論》以乳、酪等爲因緣有,以色香味觸四種造色爲實法有。由於對諸種現象也易於生二種執著:執著衆生實有(我執),執著諸法實有(法執)。因而佛之演説佛法又分兩種類型。一是破我執。執著衆生實有之故,佛説無我法,以名色即實法有與因緣有爲準則而明示之。然而人們惑於五蘊名色,於是分别出衆生、人、天、生、舍以及山林、河流等。其實所産生的這類所見,都没有超出名色。猶如甕瓶之喻,雖有形色之别,名稱之異,然最初皆由泥所造而成形,最後又破碎復歸於泥。所謂五蘊名色所生的不同色相,亦復如此。若追尋本質,唯在五蘊名色而已。衆生聞佛説法之後,便可明瞭一切諸法(現象)既是無我,亦無我所(外物),如此即可立刻捨棄五蘊名色,摒棄戲論,虔心佛法。二是破法執。有人在五蘊名色的理解上,不惑於衆生相空,而惑於法相空,故執著於法相,對於五蘊名色又生戲論。於是佛對於這類人説,五蘊名色皆是虛幻不實,如幻如化,畢竟空寂,如同衆生空一樣,也是因緣而生,沒有定相。所以說色是實有,乳酪等是因緣有。然而,這只是小乘説法,不是對佛法理解甚深之論。之所以採取這一説法方式,乃因衆生能接受此小乘觀點而得身心解脱。如果説一切皆空,衆生就因身心無處安放而産生迷惘。

因爲這類衆生之故,佛説名色兩種現象都是無常、苦、空,若果能使衆生厭離世間,無須再論他法,譬如小疾而無須猛藥。又爲使衆生遠離名色錯誤認知,或説一相(總相),或説異相(別相),或説常相,或説滅相,因而説色爲實有,乳、酪等爲假名。一旦有了這一觀照方法,就明瞭衆生相亦是因緣而生,沒有自性,畢竟空寂。如果真是如上所説,就可以看出,説實法有與因緣有,或曰説衆生空與諸法空,説法不同,理致同歸。羅什意在説明,因緣有是絕對,實法有是相對,衆生空與諸法空也是絕對。一言以蔽之,因緣有是真諦,實法有是假説。

第二,佛有一切智慧,其智力不可思議,對衆生而言,諸佛無可取代,所以佛説理真實,衆生皆領悟而銘心不忘。因此,諸佛依據衆生所能理解的層次,而將佛理一義分三品解説。對鈍根衆生,説無常、苦、空,目的是使之聞知一切現象無常、苦之後,就深深厭離世間,斷貪愛,得解脱;對中根衆生,説一切無我(空),唯有涅槃(泥洹)安寧、寂滅、永恒,使之聞一切法無我(空),以涅槃爲準則,斷貪愛,得解脱;對利根衆生,從本根上説一切法,比如直接説涅槃(泥洹)相,不生不滅,畢竟空寂。

所以在佛理一義三品的解説中,也依據衆生錯雜於心的煩惱繫縛的程度不同,而有深淺的區別,這實際上是所採取的方便法門不同而已,如同小病用小藥,大病用猛藥,隨着病情不同,而用藥有別。衆生心有貪嗔癡三毒,亦如病情,亦隨其輕重而決定佛理的解説方式。貪愛、嗔恚毒力相等而輕,愚癡則煩惱如漏泄流而重。因爲愛雖罪小却難以割捨,恚雖罪大却易於離去,癡既罪大却又難以割捨。所以愛因難以割捨而是惡相,因其罪小而非惡行,而恚罪大而是惡相,又因此易於割捨而非惡行。此二者毒力相等,遣之皆易,以所謂不淨觀、慈悲觀、無常觀、苦觀即可對治之。然而癡心一法,就産生身見(我執)等六十二邪見,在一切現象中,唯癡入世最深,謬誤最重。因爲衆生有此癡病,佛演説無我,破我執;衆生相因緣而生,既無自性,畢竟空寂,從本根上説既無生相,從結果上説必無滅相。所以佛或説衆生空,或説法空,言色、香、味、觸四大造色爲實法有,乳、酪、瓶、水爲因緣有,只是演説重點不同,層次有別,何曾謬誤!

也就是説,佛所説一義三品之不同,乃針對不同慧根的衆生而言;就衆生結縛身心而言,亦有鮮明的針對性。所謂實有,亦非真有,假有而已,一切皆空。

十五、 次問分破空并答

遠問曰:《大智論》推疊[一]求本,以至毛分。推[二]毛分以求原,是極微。極微即色、香、味、觸是也[1]。此四於體[三]有之,色、香、味、觸則不得,謂之寄[四]名[2]。然則極微之説,將何所據?爲有也?爲無也?若有實法,則分破之義,正可空疊,猶未空其本。本不可空,則是尺棰之論[五],墮於常見。若無實法,則是龜毛之喻,入乎[六]斷見。二者非中道,并不得謂之寄名[3]。

設令十方同分,以分破爲空,分焉詘有[4]?猶未出於色,色不可出故,世尊謂之細色非微塵[5]。若分破之義,唯[七]空因緣有,不及實法故。推疊至於毛分盡,而復知[八]空可也[6]。如此,復[九]不應以極微爲寄[一〇]名。極微爲寄名,則空觀不止於因緣有,可知矣[7]。然則有無之際,其安在乎?不有不無,義可[一一]明矣[8]。

【校勘】

〔一〕"疊",張景崗校曰:"'氍',細毛布。原本作'疊',二字通。今參照丘本改。下同。"既爲通假,則不改原本,故仍作"疊"。

〔二〕"推",張景崗校曰:"原本作'唯',今參照各校勘本改。"

〔三〕"於體",卍續藏經本、《慧遠研究·遺文篇》作"味觸"。張景崗校曰:"原本作'味觸',今參照丘本、陳本改。"

〔四〕"寄",陳揚炯釋譯本作"假"。下同。

〔五〕"尺",卍續藏經本作"天"。又校曰:"'天'一作'尺'。"又"之論",卍續藏經本脱"論"。又校曰:"'之'下有論字。"今據補。另,陳揚炯釋譯本作"論之"。"棰",卍續藏經本作"捶",張景崗校本作"棰"。《莊子·天下篇》:"一尺之棰,日取其半,萬世不竭。"今據改。

〔六〕"孚",卍續藏經本校曰:"'孚'疑'于'。"或爲"乎"之形近而誤。羅什答引作"于"。

〔七〕"唯",卍續藏經本、《慧遠研究·遺文篇》作"推",張景崗校曰:"原本作'推',今參照丘本改。"

〔八〕"知",張景崗校曰:"原本作'智',今參照各校勘本改。"

〔九〕"復",張景崗校曰:"原本作'後',今參照丘本、陳本改。"

〔一〇〕"寄",張景崗校曰:"原本作'奇',今改。下同。"

〔一一〕"可",陳揚炯釋譯本作"自"。

【注釋】

[1] 疊:事物構成的基本材料。一作氍,《廣韻》:"氍,細毛布。"是構成衣物的基本材料。毛分:事物構成的"極微"物質,如細毛布由獸的細毛構成。此五句言《大智度論》由構成事物的基本材料而推究本原,乃至分析至細微的毛分;再由細微的毛分推求本原,原是極微,而極微就是色、香、味、觸。按《大智度論》卷一二:"有極微色、香、味、觸,故有毛分,毛分因緣故有毛,毛因緣故有毳,毳因緣故有縷,縷因緣故有疊,疊因緣故有衣。若無極微色、香、味、觸因緣,亦無毛分,毛

分無故無毛,毛無故亦無毳,毳無故亦無縷,無縷故亦無疊,無疊故亦無衣。"是乃以衣爲喻,衣由疊構成,疊由縷構成,縷由毳構成,毳由毛構成,毛由毛分構成。色、香、味、觸即如毛分,是物象構成的"極微"。毳,鳥獸細毛。《說文》:"毳,細羊毛也。"

　　[2] 此四:指構成疊的四種物質存在形式,即縷、毳、毛、毛分。寄名:托名,假名。此三句言《大智度論》所言之四者(縷、毳、毛、毛分)是真實的物體存在,色、香、味、觸則不是真實的物體存在,就不能假借"極微"之名而說之。意謂"毛分"是物質存在,色、香、味、觸並非物質存在,《大智度論》爲何皆以"極微"言之?

　　[3] 分破:分層剖析,直至細微。《後漢書·南匈奴傳論》:"於是匈奴分破,始有南北二庭焉。"尺棰:一尺之棰。《莊子·天下》:"一尺之棰,日取其半,萬世不竭。"此謂分破猶如一尺之棰,日分其半,可以無限分破下去。常見、斷見:簡言之,常住不變爲常見,斷滅虛空爲斷見。詳見《次問四相並答》注。龜毛之喻,入乎斷見:意謂龜毛比喻,亦墜入斷見之中。龜身無毛,兔身無角,所以佛教常以此喻無。《大智度論》卷一:"說一切有道人輩言:神人,一切種、一切時、一切法門中求不可得,譬如兔角龜毛常無。"乎,或爲乎之形近而訛誤。中道:陳揚炯注:世俗之人誤認爲一切現象皆有自性,都是真實的,這種以一切爲有的觀點叫作俗諦。認爲一切現象都由因緣和合而生,自性皆空,這種觀點叫作真諦。把真諦和俗諦統一起來,既要看到現象性空,又要看到現象假有,即綜合空假而爲中。既不偏於俗諦一邊,也不偏於真諦一邊,便是中道。中道是中觀學派的基本概念。《中論·觀四諦品》解釋說:"衆因緣生法,我說即是空,亦爲是假名,亦是中道義。"此數句言那麼這極微之說,又有何依據呢?是有還是無?如果是實在現象(是有),那麼分破正可從疊分析至空無自性,然而其本原仍然是物質存在,無法空其本原。本原既不可空,就猶如"一尺之棰",可以無窮分破,這就入乎常見之中。如果不是實有現象(是無),那麼以色、香、味、觸的比喻猶如龜毛兔角,入乎斷見之中。二者都不

符合中道觀點,並不能將色、香、味、觸説成是寄名。

[4] 十方:佛教原指十大方向,即上天、下地、東、西、南、北、生門、死位、過去、未來。亦指十方世界。《無量壽經》卷下:"佛告阿難,無量壽佛,威神無極,十方世界,無量無邊,不可思議,諸佛如來,莫不稱嘆。"詘:猶窮盡。《管子·國蓄》:"利出於一孔者,其國無敵;出二孔者,其兵不詘。"此三句言假使從十方同時分割,以分破之法直至空,但是分破如何能窮盡有?

[5] 細色非微塵:意謂佛稱細色,而不稱微塵。微塵,即眼根所取最微細之色量。極微,是色法存在的最小單位。以一極微爲中心,四方上下聚集同一極微而成團者,即稱微塵。合七極微爲一微塵,合七微塵爲一金塵,合七金塵爲一水塵。此外,諸經論亦以微塵比喻量極小、以微塵數比喻數極多。《大鞞婆沙論》卷一三六:"應知極微是最細色。不可斷截破壞貫穿,不可取捨乘履搏掣,非長非短,非方非圓,非正不正,非高非下,無有細分,不可分析,不可睹見,不可聽聞,不可嗅嘗,不可摩觸。故説極微是最細色。此七極微,成一微塵。是眼識所取色中最微細者。"《大智度論》認爲,極微只是一種虛擬存在,不可名之,不可分破,故亦爲空。其卷一二曰:"問曰:亦不必一切物皆從因緣和合故有,如微塵至細故無分,無分故無和合,疊粗故可破,微塵中無分,云何可破? 答曰:至微無實,强爲之名。何以故? 粗細相待,因粗故有細,是細復應有細。復次,若有極微色,則有十方分,若有十方分,是不名爲極微;若無十方分,則不名爲色。復次,若有極微,則應有虛空分齊,若有分者,則不名極微。復次,若有極微,是中有色、香、味、觸作分,色、香、味、觸作分,是不名極微。以是推求,微塵則不可得。如經言,色若粗若細,若内若外,總而觀之,無常無我。不言有微塵,是名分破空。"此五句言如果分破不能窮盡其有,就没有超出色的範疇,因爲没有超出色的範疇,所以世尊稱之細色,而不稱之微塵。

[6] 此五句言如果分破的意義,説明事物因緣而有,本性是空,

並非實有之物,那麼由疊直至毛分,不可分割,就能知疊性爲空。

　　[7] 此四句言如此説來,就不應以極微作假借之名。如果以極微爲假借之名,那麼就可知空觀就不止是因緣有,且又包括實法有。

　　[8] 既然極微既包括因緣有,又包括實法有,那麼就不能以有或以無來定性極微。所以説極微的本質是"非有非無"。

【義疏】

　　慧遠所質疑的核心是分破是否爲"空"的問題。《大智論》推斷分析疊加的現象,探求本原,以至於細微(毛分)。唯有細微以求本原則至極微小,極微小也就如色、香、味、觸。從疊至毛分有四種(疊、縷、㲲、毛分)都是一種存在,不是因緣和合而生,所以不能稱爲寄名(假名)。然而,極微小之説,又有何依據? 是有還是無? 如若是實有的現象,那麼分破細微之義,只可證明疊加是因緣而有,其性是空,却不能證明疊加之本的極微也是性空。本不可空,猶如"一尺之棰,日取其半,萬世不竭",亦即無論分割如何細微,仍然還是有而非空。如果執著極微即空,則墜入常見;如若説極微不是實有的現象,是空而非有,那麼就如兔角龜毛之喻,則墜入斷見。這兩種觀點皆非中道,並不能簡單謂之寄名。

　　假使十方皆可分割,以分破的極微爲空,分破永遠不可窮盡。分破至極微處,仍然屬於色而不是空,正因爲分破不能超越色,佛祖稱之爲細色,細色也不是微塵。如果分破的極微的意義,由因緣有而推論出本性是空,並非實有之物,那麼由疊直至毛分,窮盡物色,方能知疊性爲空。如此説成立,後來就不應單把極微稱之爲寄名(假名),那麼由此則可知空觀並不止於因緣有,也應包括實法有。如此,無論説極微是有還是無,都缺少理論依據。由此可見,極微的本質是非有非無,其義是十分明瞭。這實際上揭示了説極微是有或是空,皆存在着内在矛盾處,所以慧遠姑且以"非有非無"稱謂之。

　　什答曰：佛法中都無微塵之名，但言色若麤若細，皆悉無常，乃至不説有極微極細者。若以極細爲微塵，是相不可得，而論者於此多生過咎，是故不説[1]。又〔一〕極細色中，不令衆生起於愛縛。若有縛處，佛則爲縛説解之法[2]。又大乘經中，隨凡夫説微塵名字，不説有其定相，如極麤色不可得，極細色亦不可得[3]。如優樓迦弟子説《微塵品》，謂微塵定相有四：色、香、味、觸。水微塵有色、味、觸，火微塵有色、觸，風微塵但有其觸[4]。是大〔二〕離四法別有，以地大故，四法屬〔三〕地。極小地〔四〕名爲微塵，一切天地諸色之根本，是不可壞相[5]。佛弟子中亦有説微塵處，因佛説有細微色，而細中求細，極細者想以爲微塵抒〔五〕[6]。爲破外道邪見，及佛弟子邪論故，説微塵無決定相，但有假名。何以故？如五指和合，假名爲拳；色等和合，假名微塵[7]。

　　以佛法中常用二門：一無我門，二空法門[8]。無我門者，五陰、十二入、十八性、十二因緣，決定有法，但無有我。空法門者：五陰、十二入、十八性、十二因緣，從本以來無所有，畢竟空[9]。若以無我門破微塵者，説色、香、味、觸爲實法，微塵是四法和合所成，名之假名[10]。所以者何？是中但説我空，不説法空故。若以法空者，微塵、色等皆無所有，不復分別是實是假[11]。又不可謂色等爲常相。所以者何？以從衆因緣生，念念滅故。爲陰、界、入攝故，亦不得言無[12]。凡和合之法，則有假名，但無實事耳。如色入、觸入，二事和合，假名爲火。若以二法和合，有第三火法者，應別有所作，然實無所作[13]。當知一火能燒、造色能照〔六〕，無別法也，但有名字。是故或説假名，或説實法，無咎[14]。

又，佛法聖觀有四種：一無常，二苦，三空，四無我[15]。佛或以無我觀度衆生，或以空觀度衆生。若説無我，則有餘法；若説空，則無所有[16]。若以空法破微塵者，則人不信受。何以故？汝乃言無麤色，何獨説無微塵也？若以無我法、無微塵者，人則易信[17]。

“若無實法，則龜毛之喻，入于斷見”者，是事不然[18]。何以故？或有言我同於身，若身滅者，我即同滅，亦復無有至後身者[19]。若無微塵，不在此例也。又不以我爲斷常見，所以者何？我、我所見，名爲身見[20]。五見各別故。或言五陰，因變爲果，名之爲常。或以五陰是有爲法，因滅更有果生，名之爲斷[21]。而智者分別尋求微塵理極，本自無法，則無所滅。如我本來自無，雖復説無，不墮斷滅之見[22]。如是以無我門説〔七〕破微塵，不墮斷〔八〕滅中[23]。

又，摩訶衍法，雖説色等至微塵中空，心、心數法至心中空，亦不墮滅中[24]。所以者何？但爲破顛倒邪見故説，不是諸法實相也[25]。若説無常，破常顛倒故；若説心、心數法念念滅，破衆緣和合一相故[26]。常不實，不常亦不實；若合相不實，離相亦不實；若有相不實，無相亦不實[27]。一切諸觀滅，云何言斷見？斷見名先有今無[28]。

若小乘法，初不得極麤色，乃至極細色。若大乘法，畢竟空，現眼所見，如幻如夢，決定相尚不可得，況極細微塵也[29]？極麤、極細，皆是外道邪見戲論耳[30]。如外道《微塵品》中，師云：“微塵是常相。何以故？是法不從因生故[31]。問曰：其云何可知？答曰：微塵和合，麤色可見。當知麤色是微塵果，果麤故可見，因細故不可見。是故有因必有果，有果必有因[32]。"又,無常遮常故,當知定[九]有常法。所以者何?與無常相違故。以無明故,定有常法。令無常明故,當知無明中有常法[33]。麤[一〇]物多和合故,色在其中,而可明見。微塵中雖有色,以無餘故,而不可見。設多風和合,色不在中,則不可見[34]。如一二寸數法、量法,一、異、合、離、此、彼、動作等,因色如故則可見。若數量等,於無色中者,則不可見[35]。如是等外道戲論微塵,是故說微塵如水中月,大人見之,不求實事[36]。如是若麤色若細色,若遠若近,若好若醜,若過去若未來,悉是虛妄,皆如水中月,不可說相。但欲令人心生厭離,而得涅槃。受、想、行、識亦如是[37]。

又,衆生無始世界以來,深著戲論故,少於有無中見有過患,直至涅槃者[38]。是故佛意欲令出有無故,說非有非無,更無有法。不知佛意者,便著非有非無。是故佛復破非有非無[39]。若非有非無能破有、無見,更不貪非有非無者,不須破非有非無也[40]。若非有非無雖破有、無,還戲論非有非無者,爾時佛言:捨非有非無,亦如捨有無[41]。一切法不受不貪,是我佛法。如人藥以治病,藥若爲患,復以藥治,藥[一一]若無患則止[42]。佛法中智慧藥亦如是,以此藥故,破所貪著[43]。若於智慧中,復生貪著者,當行治法;若智慧中無所貪著者,不須重治也[44]。

【校勘】

〔一〕"又",陳揚炯釋譯本作"有"。

〔二〕"大",卍續藏經本、《慧遠研究・遺文篇》皆作"人"。陳揚炯釋譯本校曰:"疑有脱漏,應爲'四大'。""'四大離四法別有',意思是説,地、水、火、風四大與色、香、味、觸四法各自獨立存在。"今據改。

〔三〕“屬”,張景崗校曰:“原本作‘屈’,今參照木村本、陳本改。丘本改作‘居’。”

〔四〕“地”,陳揚炯釋譯本無。

〔五〕“抒”,陳揚炯釋譯本作“桿”。又校曰:“‘微塵桿’,不詳,疑‘桿’字爲衍文。”

〔六〕“照”,陳揚炯釋譯本作“造”。

〔七〕“説”,卍續藏經本校曰:“‘説’一作‘設’。”《慧遠研究·遺文篇》作“設”。

〔八〕“斷”,卍續藏經本、《慧遠研究·遺文篇》皆脱,此據陳揚炯釋譯本並參照前句“不墮斷滅之見”補。

〔九〕“定”,卍續藏經本、《慧遠研究·遺文篇》皆作“空”。張景崗校曰:“原本作‘空’,今參照木村本、陳本改。”

〔一〇〕“矗”,卍續藏經本校曰:“‘矗’一作‘遮’。”《慧遠研究·遺文篇》作“遮”。

〔一一〕 以上四个“藥”字,《慧遠研究·遺文篇》均作“亦”。似誤。

【注釋】

[1] 此數句言佛法中没有微塵這一名稱,只有説色有粗色、有細色,盡皆無常,甚至没有説有極微極細的概念。如果把極細當爲微塵,就不可得極細之相,這説明極細無相,而後代論者在這一問題上多容易産生誤讀,所以經不説極細。

[2] 此四句言之所以不説極細,是爲了不使衆生在追尋極細色中産生愛心的繫縛。如果一旦衆生有了愛心的繫縛,佛就爲之闡釋解除繫縛的方法。

[3] 不説有其定相:謂經書不説微塵有定相。如《法華經·化城喻品》:“譬如三千大千世界所有地種,假使有人磨以爲墨,過於東方千國土,乃下一點,大如微塵。又過千國土,復下一點,如是展轉,盡

地種墨。"此五句言大乘經中，隨凡夫方便而説微塵之名稱，然而並未説微塵有確定之相。猶如極粗之色不可得其定相，極細之色也不可得其定相。

[4] 優樓迦：生於佛出世以前八百年，善説六句義之勝論，成爲勝論宗祖師。《百論疏》卷上之中："(優樓迦)此人釋迦未興八百年前已出世。而白日造論，夜半遊行。欲供養之，當於夜半營辦飲食。仍與眷屬，來受供養。所説之經，名衛世師，有十萬偈，明於六諦，因果無果，神覺異議，以斯爲宗。"此數句言優樓迦弟子説《微塵品》，謂微塵的確定相有四類：色、香、味、觸；水的微塵有色、味、觸；火的微塵有色、觸；風的微塵只有觸。

[5] 是大離四法別有：陳揚炯注：疑有脱漏，應爲"是四大離四法別有"，意思是説，地、水、火、風四大與色、香、味、觸四法各自獨立。所説甚是。此六句言此乃四大與四法各自獨立。因爲地博大之故，所以色、香、味、觸四造色屬於地；又因地可分割到極小，又稱地之最小色爲微塵，微塵是宇宙一切現象的根本，是不可再分割的色相。

[6] 微塵桴：陳揚炯注：《阿毗達磨俱舍論》卷一二對極微作了具體描述，説隙游塵(飛散在虛空中的塵)的七分之一，名爲牛毛塵；牛毛塵的七分之一，名爲羊毛塵；羊毛塵的七分之一，名爲兔毛塵；兔毛塵的七分之一，名爲水塵；水塵的七分之一，名爲金塵；金塵的七分之一，名爲微；微的七分之一，名爲極微。"微塵桴"不詳，疑"桴"字爲衍文。此説甚是。此五句言佛弟子中，也有談到微塵，因爲佛説過極微細色，其弟子細中求細，在主觀上將分割到極細，以極微爲微塵。

[7] 此數句言佛爲了破除外道邪見以及弟子邪論，説微塵没有決定實相，只有假名(寄名)。這就猶如五指和合而成形，假名爲拳；色、香、味、觸等和合，假名爲微塵。意謂佛説微塵没有決定實相，是假名，但也是一種相的存在。如《大智度論》卷九九："如五指和合名爲拳，不得言無拳。"

[8] 門：派別、類型。無我：不執著於我是真實存在，是佛發現五

蘊的共相之一,五蘊的共相是無常、苦、無我;共相是指一切事物的共同特徵。佛陀説:"無我者非我、非我所,非我之我。"以不實之義爲無我。當觀受無常,如是觀者則於受調伏欲貪、斷欲貪;當觀識無常,如是觀則識非我,非我所、亦非我體。空法:顯示一切現象皆空的真諦。《中論·觀行品》:"大聖説空法,爲離諸見故;若復見有空,諸佛所不化。"此三句言因爲佛法中常有兩類:一是無我,二是空法。

[9] 五陰:色、受、想、行、識。陰,暗中覆蓋,指暗中覆蓋出世真明之慧。有形質之現象名爲色,色有十四種,謂四大、五根、五塵;接受所緣而生之現象名爲受,受有六種,即六觸因緣生六受;能取所接受之現象名爲想,想有六種,謂取所接受的六塵之相爲六想;造作之心能趨於果名爲行,行有六種,謂於六想之後,各起不善業、善業、無動業;了別所緣之境名爲識,識有六種,謂之六識。十二入:指眼、耳、鼻、舌、身、意六根入和色、聲、香、味、觸、法之六塵入,合稱十二入。入即涉入,根與塵相對即生識,識又依根與塵而存在,故根與塵即是所入。又稱十二處,處即生成之意,即由六根、六塵生成六識。十八性:六根、六塵、六識合稱十八界。從下文"爲陰界入攝故"句看,羅什所言之十八性就是十八界。十二因緣:即無明、行、識、名色、六入、觸、受、愛、取、有、生、老死。此數句言所謂無我,是説五陰、十二入、十八性、十二因緣等,和合爲人,没有自性,是"無有我"(即人我空)。所謂空法門,是説五陰、十二入、十八性、十二因緣等,從無始以來就没有自性,是"畢竟空"(即法我空)。

[10] 此四句言如果以無我法門破除微塵,則説色、香、味、觸爲實法有,微塵是色、香、味、觸和合而成的因緣有,只是假名爲微塵。意謂微塵是因緣有,故不是實有的存在。

[11] 此數句言爲何如此説呢? 因爲其中只説我空,並没有説法(現象)空。如果就法空而言,微塵、色香味觸皆無自性而空,無須分别是實有還是假名。意謂不惟假名是空,實有也是空。

[12] 此數句言也不可説色、香、味、觸爲不變的常相,爲什麽呢?

因爲色、香、味、觸也是有各種因緣和合而生，在念念不住中不斷消失，只是因爲受五陰、十八界、十二入統攝而産生，故又不能説是無。

[13]　此數句言凡是因緣和合而生成的現象，就有假名，却不是實在之物。如色入、觸入二法和合而生成的現象，假名爲火。假如因爲色入、觸入二法和合而生火外，還有第三種火的生成法，那應該是别一生火法，但實際並没有。意謂假名之物，雖是和合而生，其生成法則是唯一的。

[14]　此數句言應該明瞭，和合所生的火，只有一種能燃燒，能照明，再没有别的火存在。但是這個火也只是假名而無自性。所以關於微塵，或説是假名（因緣有），或説是實法（實法有），都没有錯誤。

[15]　無常、苦、空、無我：即有漏果報之四種行相，乃四諦十六行相中苦諦之四種行相。即人生苦諦、緣起性空、諸行無常、諸法無我。此六句言另外，佛法中記載聖人之觀照世界有四種：無常、苦、空、無我。

[16]　此六句言佛有時説無我以度脱衆生，有時説空觀度脱衆生。如果只説無我，就意味着有别的法（現象）存在；如果只説空，就意謂法、我皆空。

[17]　此數句言如果只是以空法破除微塵實有的觀念，衆生就不相信接受。什麽原因呢？只須説粗重之色是空即可，一切皆空，爲何還要單獨説微塵是空呢？如果以無我法説微塵是空，衆生就容易接受。

[18]　此二句言你所説“如果極微不是實法，就如龜毛之喻，墜入斷見”，這話並不正確。

[19]　此數句言或有人説，“我”即自身，若身滅，“我”即隨之而滅，“我”也就不再傳之後身。這一觀點纔是斷見。

[20]　身見：即執著“我”“我所”（自身之外的萬物）爲真實存在。爲五見之一。詳見《問實法有并答》注。此數句言至於微塵是無（空），則不在此斷見、常見的例證中。再説，既不能以“我”爲斷見，也

不能以"我"爲常見。爲什麼呢？我見、我所見，皆名爲身見，屬於五見之一。

[21]五見：即身見、邊見、邪見、見取見、戒禁取見。此數句言五見内涵也各不相同。有人認爲我（我身）是由五陰和合而生，乃由前世之因變化爲今世之果，因爲前世之因在今世之果中，所以我（我身）常住不變，這就是常見。也有人認爲五陰是因緣和合而生、有生滅變化的有爲法，前世之因滅而有今世果，前世五陰已滅，今世五陰新生，所以人死一切斷滅，不受果報，這就是斷見。

[22]此六句言智者分析探求微塵的至理，知道微塵本無，既無生必然無滅。猶如我（我身）原本來自於無，所以即使説無，也没有墜入斷滅之見中。

[23]此二句言如此用無我之法，破除微塵實有之論，也不會墜入斷滅中。

[24]心數法：即心所有法，又名心相應行。謂一切相皆依心而起，且與心産生相應變化。《大乘百法明門論》卷上："言心所有法者，具三義故。一恒依心起，二與心相應，三繫屬於心。"此四句言另外大乘法，雖然説從色、香、味、觸直至微塵都是空，心空、心所法空，乃至心中亦空，也没有墜入斷滅之見中。

[25]此三句言爲何呢？只是爲了破除各種顛倒的邪見，故説色、香、味、觸及微塵都不是諸法實相。

[26]説心、心數法念念滅，破衆緣和合一相故：陳揚炯注：一切現象都由因緣和合而生，也由因緣離散而滅，有生、住、異、滅四相。有的人却只看到因緣和合而生這一相，説心、心數法念念滅，以破除只見生這一相的錯誤觀念。此四句言比如説無常，就是爲了破除關於"常"的顛倒認知；又比如説心、心數法念念相滅，就是爲了破除衆緣和合而生一相的錯誤觀念。

[27]合相：相之聚合，如生、住、異、滅。離相：獨立之相，如離住、異、滅而言生相。此六句言就内涵上説，常不真實，無常也不真

實；合相不真實，離相也不真實；有相不真實，無相也不真實。意謂一切之有皆是假有，故不真實。

　　[28] 此三句言一切觀照的現象都是空無（滅），何以還說斷見！所謂斷見，是說先前存在，而今消失。意謂先前即無，今亦說無，怎麼能說是斷見呢？

　　[29] 此數句言小乘法起初就認爲，極粗色乃至極細色皆不可得，故不說微塵。大乘法說一切法畢竟空，眼前所見的一切現象，如幻如夢，決定的相狀尚且不能得，何況極細的微塵呢？意謂大乘和小乘皆不說微塵，故今說微塵，不可謂之斷見。

　　[30] 此二句言極粗色與極細色，都是外道邪見的戲論。

　　[31] 外道《微塵品》：指前面所說的優樓迦弟子說微塵品，即勝論的觀點。此五句言如在前文所舉的勝論派所說《微塵品》中，勝論師曰：微塵是常相。爲什麼呢？因爲微塵不是因緣所生。

　　[32] 此數句言其弟子問曰：何以知微塵不是因緣所生？師答曰：因爲各種事物都是微塵和合而生。我們所見粗重之色，都是微塵生成。微塵是因，粗色是果。果是粗色，故可見；因是細色，故不可見。這就是細色之因必生粗色之果，粗色之果必成之於細色之因。

　　[33] 此數句言另外，因爲無常的觀念遮蔽常的觀念，所以就確信既有"無常法"，就有"常法"。爲什麼呢？常與無常是相對立而存在，所以在衆生無明中，可以推斷出一定有常法存在；從凸顯的生滅無常的現象中，故又可以確信一定有常法存在。

　　[34] 此數句言由於粗重之物多是和合而生，其中有色，即可明見；微塵雖然有色，因爲純净，却不可見。假如是多種風和合，其中唯有觸而沒有色，也不可見。

　　[35] 因色如故則可見：陳揚炯注：勝論的"德句義列十七德"：色、香、味、觸、數、量、別體、合、離、彼體、此體、覺、樂、苦、欲、嗔、勤勇，表示實體的形狀、位置等静止的屬性。這十七種分爲三類，前四種色、香、味、觸爲一類，是實法；後六種覺、樂、苦、欲、嗔、勤勇爲一

類,是業,其實是精神現象,不可見;中間的七種數、量、別體、合、離、彼、此爲一類,與色和合則可見,無色和合則不可見。此六句言如一二寸數法、量法,一、異、合、離、此、彼、動作等,因與色和合,所以可見。如數量等,沒有色,就不可見。

[36] 此四句言如此等都是外道關於微塵的戲論,爲了破除外道戲論,所以佛説微塵如水中月,有智之人見之,就不再把微塵作爲實有之物。

[37] 此數句言由此可見,色無論是粗是細,是遠是近,是美是醜,是過去是將來,皆是虛妄,悉如水中月,其相也不可説。由此引導衆生心生厭離塵世一切色,而求得涅槃。受、想、行、識也是如此虛妄。

[38] 此四句言由於衆生自無始世界以來,就深受外道戲論的影響,很少有人看到有、無之論錯誤和後患,認爲由此也可以直接達到涅槃境界。

[39] 此數句言所以佛意在引導衆生超出有無的觀念,説非有非無,更沒有實法的存在。不明瞭佛的旨意者,便執著非有非無,所以佛又反過來再破除非有非無説。

[40] 此五句言如果非有非無説能够破除有、無之見,便無須執著於非有非無;既不執著於非有非無,也無須再破除非有非無之説。

[41] 此數句言如果非有非無已然破除了有、無之見,却仍然戲論非有非無,於是佛就進一步説:捨棄非有非無,就如捨棄有、無之見一樣。

[42] 此六句言對於一切現象不受納、不執著,這纔真正是我佛之法。如同人們以藥治病,如果藥本身有害,再以他藥治之,如果藥本身無害,就不必另行用藥。意謂對症下藥,不必疊床架屋。佛之所以先破有無之論,再破非有非無論,這種疊床架屋的説法,乃因衆生無明之故。

[43] 此三句言佛法中的智慧之藥也是如此,唯有非有非無之藥,破除衆生對有無的貪戀執著。

[44] 此五句言如果對於這種智慧之藥,又生貪戀執著,必須再採取新的治法;若對於智慧之藥無所貪戀執著,就無須再治。意謂對於佛所破之非有非無説,也不可生執著之心。此即"法無我"。

【義疏】

羅什主要回答分破究竟是"空",還是"非有非無"的質疑。文分七層:

第一,闡釋微塵之名的産生、特點及其與色的關係。佛法中並無微塵的名稱,只説無論粗色還是細色,悉是無常,處於生滅變異之中,所以就不再説極微極細的問題。之所以不談這一問題,是因爲如果説以極細作爲微塵,則微塵無相,而論者在這一問題上偏多錯誤的理解,如果再這樣説,就可能引導衆生走向謬誤一途,故不説極微極細。另外,極微極細之色,不易使衆生産生貪戀繫縛,一旦極微極細之色也能使之産生繫縛,佛就隨方便而爲之説解脱繫縛之法。大乘經只是以方便衆生而説微塵,然而也沒有説微塵有定相,如果説極粗色沒有定相,極細色也不可能有定相。但是,優樓迦弟子説《微塵品》,認爲微塵有四種定相——色、香、味、觸。其中,水微塵有色、味、觸,火微塵有色、觸,風微塵只有觸。其實,四大與四法各自獨立,只是因爲地廣大之故,所以將色香味觸歸屬於地所造色;又因爲地可分割爲極小,將極小稱之微塵。且將微塵視之爲宇宙之間一切色的根本,是不可再分割之相。在佛弟子中,也説微塵相,但是因爲佛説有細微色,他們便追求細而又細之相,將極細作爲微塵。佛正是爲了破除勝論派的邪見及佛弟子的邪論,説微塵沒有定相,只有假名。然而假名也有相的存在(假相),如五指和合而成拳,四法和合而成微塵。此段旨在説明,微塵亦是色,沒有定相,只有假名。

第二,從佛法的兩大法門上,説明微塵是假名,四法(色、香、味、觸)是實法亦是假名。佛法常有兩大法門:無我、空法。無我是説,五陰、十二入、十八界、十二因緣,雖有決定的現象,却無我;空法是説,五陰、十二入、十八界、十二因緣,從生成之始就不是真是存在,是畢竟空。由此引出兩點。一是如果以無我觀破除微塵說,即謂色、香、味、觸四法是實法有,四法和合而生之微塵是因緣有,稱之假名。之所以這樣說,是因爲只是從我空的角度立論,而没有涉及法空。二是如果以法空觀破除微塵說,即便微塵、四法也都不是真實存在,所以不必分別是實法還是假名,也不可說四法是常相。之所以如此說,因爲四法也是種種因緣而生,且因爲念念不住,亦爲陰、界、入所統攝,所以又不能說是無。然而,凡是因緣和合的現象,悉有假名而無真實。比如色入、觸入和合而生者,假名爲火。由上可知,說微塵是假名,四法是實法,都没有錯誤。只是考察的視角不同而已。

第三,述說佛以無我法,闡釋微塵亦空及其緣由。從佛法四種聖觀上說,雖然通言之無常、苦、空、無我,然而在方便法門上則有區別。如佛或以無我觀度脱衆生,或以空觀度脱衆生。且又有利弊,如果只說無我,就意味着有餘法存在;如果只說空,又意味着一無所有。同樣,如果以空觀破除微塵說,衆生就不信受。因爲你說粗色空,即一切皆空,何必特別說微塵是空呢?佛只得以無我法說微塵空,由己及物,由近及遠,衆生纔易於相信。

第四,正面回應關於分破極微是實法有抑或因緣有、所論是常見抑或斷見的問題。引述慧遠"若無實法,則龜毛之喻,入于斷見"之論,明確指出"是事不然"。先列舉關於我、我身的斷見。有人認爲我與我身相同,如果身滅,我亦隨之而滅,斷無"我"及其再生之身的可能,這就是斷見。雖然也說微塵是無(空),却與我、我身的斷見、常見不同。從我、我身的角度說,既不能以"我"爲斷見,也不能以"我"爲常見。因爲無論是"我"或"我所見",都是五見之一的身見。對於身見的理解也不相同。有人認爲我(我身)是由五陰和合而生,前世與今世因果相依,由於果報不爽,我(我身)常住不變,這就是常見。也有人認爲五陰屬於有爲法,也是因緣和合而生、也有生滅變化,前世果滅纔有今世果生,故我(我身)生滅遷流,這就是斷見。智者探尋微塵至極之理,因爲本原於無,即無所滅。如同我(我身)亦本原於無,雖有生身亦謂之無(無我),也没有墜入斷滅之見。由此可見,以無我說破除微塵有無説,也没有墜入斷滅之見中。

第五,進一步駁斥慧遠的斷見説。大乘法雖説色、香、味、觸四法直至微塵是空,心、心數法直至心念亦是空,這一説法也没有墜入斷見中。因爲這種説法只是爲了破除顛倒邪見,纔説四法及微塵都不是諸法實相。比如説無常,就是因爲有"常"的存在,説無常是爲了破除有"常"的顛倒認知;説心、心數法念念斷滅,就是因爲有生、住、異、滅四種現象的存在,説心、心數法就是爲了破除執著種種因緣和合而生的一相(生相)。所以常不真實,無常也不真實;聚合之相不真實,獨立之相也不真實;有相不真實,無相也不真實。一言以蔽之,一切相皆假有。斷滅一切觀念而止觀,何曾有斷見? 所謂斷見,是先存在有而後空無,既先前已是空無,今亦説無,就不能説是斷見。

第六,小乘法最初就認爲,極粗色和極細色都不是真實存在,所以不言微塵;大乘法,一切現象畢竟空,眼識所見,亦是空幻,既無決定相,何曾有極細微塵! 小乘和大乘皆不言微塵。今之所言微塵,難以簡單判斷爲斷見和常見。極粗極細,都是外道的邪見戲論。比如優樓迦《微塵品》就詳細記載了勝論師徒關於微塵的對話。其核心就是説明:其一,微塵是永恒不變之常相,因爲微塵並非因緣而生;其二,一切現象皆微塵和合而生,微塵是生成之因,粗色是生成之果,其粗色之"果"可見而細色之"因"則不可見,這種因果關係證明微塵亦不可見。他們還認爲,衆生執著無常的觀念,因而遮蔽了對常的認知。實際上常與無常二者相反相成,缺一不可,所以由無常也可以推斷出常的存在。如從衆生無明執著於無常中,可以推斷出常的存在;從凸顯一切現象斷滅無常中,也可推斷出常的存在。因爲粗色因緣而生,色在其中,故顯著可見;微塵雖也有色,却色細而純净,故不可見。假設風是和合而生,其中唯有"觸"而無色,就不可見。在勝論"十七德"中,有數量、變化、位置等現象,即因色而可見;如果唯有數量,其中無色即不可見。爲了破除這一類關於微塵的外道戲論,佛經將微塵喻之爲水中月,從而使智者明瞭微塵亦是因緣而生的虛幻之相,而不是真實之相。由此就可知,所謂色,無論粗細、遠近、美醜,或過去、未來,悉皆是虛妄,皆如水中月,無相可求。佛陀只是爲了引導衆生厭離塵世,求得涅槃而已。受、想、行、識也是如此,不可以相求。

第七,駁斥慧遠的"非有非無"論。因爲衆生從無始世界以來,就深受戲論邪見的影響,很少有人認識到有無之論的謬誤,甚至認爲由此論也可以直達涅槃。針對這一現象,佛欲以方便法門引導衆生脱離有無謬誤,而演説"非有非無",更没有實法有的存在。但是不能領悟佛之旨意者,又執著非有非無,所以佛又引導衆生破除非有非無。如果非有非無能破除有無之見,且又不執著非有非無,佛也無須破除非有非無説。如果非有非無雖然破除了有無之論,却仍然有戲論非有非無者,佛就告誡説:既須捨棄有無,也須捨棄非有非無。對於一切法皆不能貪戀執著,對於佛法也是如此。如用藥治病,止於對症而已。佛法智慧之藥也是如此,以藥治貪戀執著,也是針對不同衆生,採取的方便法門而已。在這裏,羅什强調一切唯空,無論"有無"論抑或"非有非無"論,只是佛方便引導衆生,而不是不刊之論,故也不可執著。

十六、　次問後識追憶前識并答

遠問曰:前識雖冥傳相寫,推之以理,常、斷二非故。際[一]之而無間,求相通利則有隔[1]。何者? 前心非後心故,心心不相知;前念非後念,雖同而兩行。而經有憶宿命之言,後識知前識之説,義可明矣[2]。《大智論》云:"前眼識滅,生後眼識,後眼識轉利[二]有力。色雖暫有不住,以念力利故能知[3]。"推此而言,則後念可得追憶前識。若果可追憶,則有所疑[4]。請問:前識、後念,爲相待而生? 爲前識滅而後念生？爲一時俱耶[5]？若相待而生，則前際其塞路；若前滅而後生，則後念不及前識；若生滅一時，則不應有利鈍之異[6]。何以知其然？前識利於速滅，後念利於速生。利既同速，鈍亦宜然[7]。若其間別有影迹相乘，則會〔三〕玄於文表，固非言緣所得[8]。凡此諸問，皆委之於君，想理統有本者，必有釋之[9]。

【校勘】

〔一〕"際"，卍續藏經本作"除"。又校曰："'除'一作'際'。"《慧遠研究·遺文篇》及別本皆作"際"。今據改。

〔二〕"轉利"，卍續藏經本、《慧遠研究·遺文篇》作"利轉"。張景崗校曰："原本作'利轉'，今依原論及各校勘本改。"

〔二〕"會"，卍續藏經本、《慧遠研究·遺文篇》作"令"。張景崗校曰："原本作'令'，今參照各校勘本改。"

【注釋】

[1] 寫：猶傳。《增韻》："寫，盡也，輸也。"際：猶分別。《廣韻》："際，邊也，畔也。"此五句言前世之識雖然冥冥之中傳之後世，但是以理推論，既不屬於常（不滅），也不屬於斷（斷滅），試圖分別之，却又二者相連無間；探求其流暢相通，則又有時間阻隔。

[2] 憶宿命：憶想宿命。佛教宿命之論，比比皆是。如《顯無邊佛土功德經》："於生生中，常憶宿命。修菩薩行，速得圓滿。"又《大智度論》卷一："雖常用神通，自念宿命，迦葉佛時持戒行道，而今現修苦行，六年求道。"此數句言爲什麽呢？前心不是後心，心雖相同，却互不相知；前念不是後念，念雖相同，却前後並行。而佛經有"常憶宿命"之言，既有宿命可憶，則後世之識（認知）知道前世之識，是非常明白的。

〔3〕此六句言《大智度論》說，前一眼識斷滅，後一眼識產生。後一眼識比前一眼識反而變得更加銳利有力。外來現象雖只是短暫存在而不停變化，但因爲心念之力銳利，所以能知前識之色。

〔4〕此四句言由此推論，則後念就可以追憶前識，然而如果眞可追憶，就有以下疑問。

〔5〕此四句言請問前識與後念是相互依存而存在，是前識斷滅而後念產生，還是二者共生於一時？

〔6〕此六句言如果是相互依存而生，則前識堵塞後念生成之路；如果是前識滅而後識生，則後念就不能連接前識；如果是前識、後念同時共生，二者又存在銳利、遲鈍之差異。

〔7〕此五句言何以知其必然如此？如果言銳利，後念速生，前識必然速滅；如果説遲鈍，後念生成遲鈍，前識斷滅遲緩。意謂二者具有因果關係，不可能一利一鈍。

〔8〕相乘：猶相襲，相因。漢賈誼《論積貯疏》："兵旱相乘，天下大屈。"《廣韻》："乘，登也。"此三句言如果前識、後念之間另有一種影迹相因，則又使其玄理生於文外，本來就不是緣於語言而可得知。

〔9〕理統：指理論體系。晉支遁《大小品對比要抄序》："巧辭辯僞，以爲經體，雖文藻清逸，而理統乖宗。"此四句言所有這些疑問，皆委托你解答之。想來其理論必有本原，你也必能闡釋之。

【義疏】

此章慧遠所疑乃前識與後識在存在上的關係問題。前識雖也冥冥相傳，然而，無論是五蘊永恒不變之常見、還是五蘊滅後不起之斷見，皆不可同時存在。由此推之，前識去而後識生，雖前後相連，但追求二者相通則不可能。什麼原因？前世之心非後世之心，心心之間不能互相貫通；前一念想非後一念想，性質相同而運動時間次序不同。但是佛經却有"常憶宿命"之言，明確説明後識與前識相通。《大智論》曰：前一眼識滅，後一眼識生，後一眼識變得更加銳利有力。緣生之色雖暫時存在而生滅不止,因爲心念之力鋭利,故能由後生之色而知已滅之前色。由此推論,則後念能够追憶前念。如若後念可以追憶前念,則又産生疑問。請問:前識與後識是互相依存而産生,是前識滅而後識生,還是前識、後識同時存在? 如若相互依存而産生,則前識暫存之時堵塞了後識産生之路;如若前識滅而後識生,則後識與前識並不貫通。如若前識與後識生滅同時産生,就不應有思維敏鋭遲鈍的差異。何以知其如此? 前識敏鋭即速滅,後念敏鋭則速生。敏鋭與生滅既同,遲鈍與生滅亦然。如若其間另有影迹連貫生成,則其玄理生成於文外之意,固非緣於此之所説而可得。慧遠以諸疑問,就教於羅什。

慧遠之所以提出疑問,因爲這一問題則是"神不滅"是否存在的核心,也涉及生命現象乃至一切現象,究竟是"斷"還是"常"的問題。

什答曰:有人言,一切有爲法,雖無常相[一],念念生滅,有念力名爲心法[1]。此念生時,自然能緣身所經來,相自爾故。如牛羊生時自趣乳,譬之如鐵自趣磁石[2]。如是念有大力,所經雖滅,而能智[二]之。譬如聖智者能知未來事,雖未生來,有聖智力故而能知之。念過去事,亦復如是[3]。又,念與心義同,不相離故,是故説念則説心[4]。

復[三]有人言,諸法實相若常,虚妄顛倒無常,亦如是[5]。如《般若波羅蜜》中,佛告須菩提:"菩薩若常,不行般若波羅蜜;若無常,亦不行般若波羅蜜[6]。"是故不應難無常是實法滅,云何後心能知前心也[7]? 是故《如品》中,佛説:"現在如即是過去如,過去如即是未來如,未來如即是過去現在如,過去現在如即是未來如。"[8]如是等際三世相。際三世相故,云何言後心爲實有,以過去心爲實無耶[9]?

復有人言，心有二種：一者，破裂分散，至念念滅，似如破色，至於微塵。二者，相續生故，而不斷滅[10]。若念念滅，生滅中不應以後心知前心事；若相續不斷中，則有斯義[11]。如佛告諸比丘："心住者，當觀無常相。"以心相續不斷故，名爲心住。相續中念念生滅故，當觀無常相[12]。如燈焰〔四〕，雖有生滅，相續不斷故，名有燈炷，而有其用。若焰中生滅故，則無燈用[13]。心亦如是，有二種義，故無咎。雖念念滅，以不斷故，而有其用。能以過去未來之事，設心異緣[14]。但以後心緣於前心者，不須緣彼所緣。若以前心，則能通其所緣[15]。

【校勘】

〔一〕"雖無常相"，卍續藏經本、《慧遠研究·遺文篇》作"離無常想"。諸本作"雖無常相"，今校改。

〔二〕"智"，《慧遠研究·遺文篇》作"如"。"如"或是形近"知"而誤。

〔三〕"復"，卍續藏經本作"後"。又校曰："'後'疑'復'。下同。"諸本作"復"，今校改。

〔四〕"焰"，卍續藏經本作"炎"。今據張景崗校本改。下同。

【注釋】

[1] 無常相：即無定相。《大智度論》卷三："諸一切有爲法，因緣生，故無常；本無今有，已有還無，故無常。"心法：一切諸法，分色法、心法二種。有物質存在爲色法，無物質存在而有緣慮之用，或是緣起諸法之根者爲心法。簡言之，即客觀現象和心理現象。此四句言有人説，一切有爲法，雖然没有常相，念念之間生滅不已，但是有一種思維定力，叫作心法。

〔2〕此五句言此念産生時,自然是因緣自身經歷而來,這是因爲心力的自性如此,就如牛羊剛一出生就知自己走向母乳,亦如鐵自然趨向磁石一樣。意謂念力即自然之性(本性),非有爲法。

〔3〕此數句言如果這個念力强大,所經歷之事已經消失,却仍然能够知道。譬如有聖智之人,能知未來事。雖然未來的事並未發生,因爲有聖人智力,故能知之。追憶過去,也是如此。

〔4〕此三句言另外,念與心意義相同,因爲念不離心、心不離念之故。所以説念也就是説心。

〔5〕諸法實相:諸法,世間與出世間之一切萬法,乃差别之現象、隨緣之事;實相,其真實之體相,乃平等之實在、不變之理。《大智度論》卷一八:菩薩以大利智捨棄净觀、不净觀,樂觀、苦觀等妄見心力之諸觀,而觀諸法之非净、非不净,乃至非我、非無我;復捨如上諸觀,達於言語道斷、心行處滅,此乃究竟之諸法實相。《中論·觀法品》《大智度論》卷一五亦以遠離不生、不滅、不斷、不常等諸戲論,心行處滅,即諸法實相。與上注互參。此四句言又有人説,諸法實相是常(永恒),虚妄顛倒是無常(生滅),心與心法也是如此。

〔6〕此六句言在《般若波羅蜜》中,佛告須菩提:如果菩薩執著常,不修行般若波羅蜜;如果執著無常,也不修行般若波羅蜜。意謂因爲諸法實相非常非無常,不生不滅,一旦執著一邊,即生邊見,即非般若中智。

〔7〕此二句言所以你不應詰難無常就是實相的斷滅,並且認爲一旦實相斷滅,怎麼能説後心能知前心? 意謂實相不生不滅,不可以無常戲論而理解實相。

〔8〕如:又作如如、真如、如實,即一切萬物真實不變之本性。蓋一切法雖各有不同的屬性,如地有堅性,水有濕性等,然此各自不同的屬性非爲實有,皆以空爲實體,故稱實性爲如。又如爲諸法之本性,故稱法性;而法性爲真實究竟之至極邊際,故又稱實際。由此可知,如、法性、實際三者,皆爲諸法實相之異名。參見《次問如、法性、

真際并答》。此數句言所以在《摩訶般若波羅蜜經·大如品》中佛說：現在之實相就是過去實相，過去實相就是未來實相，未來實相就是過去、現在實相，過去、現在實相就是未來實相。按：此引《大品般若經》意，略加改造。其卷一六曰："復次，如來如不在過去如中，過去如不在如來如中；如來如不在未來如中，未來如不在如來如中；如來如不在現在如中，現在如不在如來如中。過去、未來、現在如，如來如，一如，無二無別。"意謂無論是現在還是過去，過去還是未來，過去、現在還是未來，作爲如（法性）是永恒不變的。

　　[9] 等際：具有相同邊際的交會點。際，交會。《易·泰》："無往不復，天地際也。"此四句言這個"如"就是交會於過去、現在、未來三世的共相，因爲是交會於三世之共相，怎麼能說後心是實際存在，過去心是虛無存在呢？

　　[10] 此數句言也有人說，心有二種：一種是思維斷裂分散，以至念念旋生旋滅，猶如分破粗色直至微塵那樣；另一種是思維連貫集中，而至念念生生相續。

　　[11] 此四句言如果念念旋生旋滅，在前念滅、後念生的過程中，後生之心就不知前心之事；如果念念生生相續，在思維連貫不斷中，後生之心就可追憶前識。

　　[12] 此數句言如佛告之於比丘：心住於一境者，就應觀得無常之相。因爲念念相續不斷，故稱之心住；因爲在思維連貫中，有念念生、念念滅，所以應該觀無常之相。意謂心住一境，所觀皆世間無常之現象，故生厭離心，故生慈悲心。

　　[13] 此數句言猶如燈的火焰，雖有生有滅，但是因爲相續不斷，纔有燈光的火柱，纔有照明之用。如果燈的火焰亦生亦滅，不相連續，就不能用來照明。

　　[14] 設心：將思想集中於某一境界。宋俞文豹《吹劍録外集》："姑就其外境觀之，設心廣大，置身清高，絶勢利心，無人我相，則亦未易能也。"異緣：不同因緣。此指前心與後識。此數句言心也是如此，

説心有二種情況,一是旋生旋滅,一是念念相續,也没有過錯。就念念相續而言,雖然前念斷滅,却因爲前念滅而後念生,思維從不間斷,故有心念之用,能以過去、未來之事,乃因心住一境,後識緣於前心而相續。

[15] 此四句言但是只須後心緣於前心,而無須緣於前心所緣之前心。如果後心緣於前心,就能貫通前心所緣之前心。意謂因爲心心相續,由後心所緣之前心,就能推知前心所緣之前心。

【義疏】

羅什列舉三種不同説法,説明後識可以追憶前識。

第一種説法,一切有爲法,都斷離無常(生滅)相,雖然有念念生滅的現象,但是因爲有念力即心法的存在,所以此念生時,雖是緣於此身經歷而來,然此念之自性即斷離無常。這一屬性就如牛羊初生即能找到母乳、鐵自然趨向磁石一樣。如果心法强大,所經歷之身之相,雖已消亡,後識對於前識却能知之。也就是説,後識能追憶前識,乃自性使然。譬如聖人之智者,未來之事雖未發生,因心力强大而能知之,所經歷之身之相已經斷滅,亦可知前世之事。後識能追憶前識,也是如此。是乃從有爲法上,説後識可以追憶前識。

第二種説法,諸法實相是常,虛妄顛倒的認知是無常,心與心法也是如此,可能是常,也可能是無常,然不可心生執著。在《般若波羅蜜》中,佛就告誡須菩提:菩薩如果執著於常,無法修行到達智慧彼岸;如果執著於無常,也不能修行到達智慧彼岸。由此可見,詰難無常是實相滅,又説後心能知前心,乃心生執著,背離了佛法。也就是説,不生執著之心,無常之生滅、前後之心相知,皆相待而依存。所以在《大品般若經》中佛説:現在實相就是過去實相,過去實相就是未來實相。因爲實相(如)就是平等交會於三世之相,就貫通了未來、過去、現在。自然"如"貫通三世之相,怎麽能説後心是實有相,前心是虛無相! 是乃從"如"(法性)的角度,説明前心與後心本質相同,前後相續。

　　第三種説法,心有二種,一是散漫斷裂,此念彼念,旋生旋滅,如同分破粗色直至微塵一樣,念念之間没有必然邏輯聯繫;二是心住一境,念念相續,前念去、後念生而不斷滅,雖有後念生而前念滅,念念之間有内在邏輯聯繫。如果前念、後念不相連貫,在思維斷裂的生滅過程中,後心就不知前心;如果前念、後念連貫不斷,後念即可追憶前識。佛曾告誡比丘:心住一境,當觀無常相。念念相續不斷,是名心住。心住,不是一念不生,而是止於一境,念念相續。相續之中,也有念念生滅,由此也可見無常之相。猶如燈焰,雖然也有生滅,但是一旦相續不斷,就形成火柱,有火柱則有照明之用;如果燈焰旋生旋滅,就不可能有照明之用。心(念)也是如此,有念念旋生旋滅和念念相續不斷二種,所以説或後心知前心、或後心不知前心,這兩種説法,都没有過錯。雖然後念生而前念滅,因爲念念相續不斷,而有心法之用。乃因心住一境,過去、未來之事,能够以後識緣於前心之故而得以相續。此則從思維特點上,説明後識追憶前心的可能性。前念、後念既非相待而生,亦非前滅而後生,又非一時俱生。

　　簡言之,無論從有爲法的自性説,還是從大乘法的法性説,抑或從心法的類型上説,後識皆可追憶前識。這是神不滅説、因果説存在的理論基礎。

十七、　次問遍學并答（此科十問）

　　遍學菩薩,雖入二道,悉行悉知,而不決定取泥洹證[1]。所以者何? 本有不證之心,不捨一切故,理窮則返,如入滅盡定。先期心生,設復暫滅,時至則發[一][2]。遠問曰:如菩薩觀諸法空,從本以來不生不滅。二乘道者,觀法生滅。何得智及斷,是菩薩無生法忍[3]?

【校勘】

〔一〕"遍學"至"則發"一段文字,張景崗校本參照丘本將此段置於羅什答後。按:從本章第二答"前答云:遍學菩薩雖入二道……時至則發"數句可知,此段文字乃羅什答語,後文第二答有征引,或有錯簡,或段前脫"來答曰",無從校正。又"入滅盡定",張景崗校本無"盡"字。

【注釋】

[1] 遍學菩薩:內外道兼通,大小乘並習的菩薩。研修真理,慕求勝見,稱之爲學;學遍聲聞、緣覺二乘以至於外道神通諸善之法,以成就一切智,稱之遍學。二道:指無間道和解脫道。其智不爲惑所間斷,稱無間道。其智離繫縛之惑,稱解脫道。《瑜伽師地論》卷一○○:"解脫道者,謂斷無間,心得解脫。"此三句言遍學菩薩雖進入無間道和解脫道,皆知二道內容、按二道修行,却不決定取證入涅槃(泥洹)之境。

[2] 滅盡定:亦稱滅受想定,爲二無心定(無想定、滅盡定)之一。得不還果(阿那含)以上的聖者,最長者七日,心及心法一切皆滅。此數句言爲什麼呢? 這類菩薩本無證入涅槃之心,因爲不願捨棄一切而要度脫衆生,是乃洞悉涅槃之理而返回世間慈航衆生。就如入滅盡定,先有不滅之心,又假設暫時滅定,出定之時則又發慈悲之心。

[3] 得智及斷:既得智慧,又得斷滅。《摩訶般若波羅蜜經·遍學品》:"須菩提,是八人若智若斷,是菩薩無生法忍。須陀洹若智若斷,斯陀含若智若斷,阿那含若智若斷,阿羅漢若智若斷,辟支佛若智若斷,皆是菩薩無生忍。"此數句言慧遠問曰:如果菩薩觀諸法(一切現象)皆空,從開始以來,就是不生不滅。得二乘道者觀諸法(一切現象)却有生有滅,他們怎麼能得智與斷、得菩薩無生忍的境界呢? 也就是說,這種得智與斷、得菩薩無生忍,是否與遍學有關?

【義疏】

此章十問十答,標題是圍繞《摩訶般若波羅蜜經‧遍學品》"菩薩遍學"(修行)問題展開,然而具體論述則又時時逸出這一範圍。

第一問,二乘道何以得菩薩智與斷及無生法忍問題。羅什曾復書曰:遍學菩薩入無間道、解脫道,悉知其理,悉修其行,本可取證涅槃却不證入。因爲是菩薩也,不捨衆生,發願慈渡,雖也窮極涅槃之理,却返回世間,故有不證之心。猶如人入滅盡定,開始就没有證入涅槃之心,雖然暫入禪定,出定之時,仍發慈航衆生之本願。由此而引出慧遠疑問:菩薩可觀諸法皆空,尋其本原,諸法就是不生不滅。修二乘道者仍未脫離生滅輪迴,怎麼能够得到菩薩智和斷、且證入無生法忍的境界? 也就是説,如果説遍學菩薩因爲慈航衆生而身入世間,二乘道者身在世間,不脱生滅輪迴,怎麼能得菩薩境? 這與遍學有何關聯?

什答曰:二乘雖觀生滅,不别於不生不滅。所以者何? 以純歸不異故[1]。如觀苦生滅,觀盡不生不滅。但爲盡諦,而觀三諦[2]。是以經言:"苦諦知已,應見如惡如賊,皆爲虚妄;集諦知已應斷;道諦知已應修;滅諦知已應證[3]。"又,聲聞經[一]言:"入泥洹時,以空空三昧等,捨於八聖道分。"以是故言盡諦爲真無上之法[4]。若三諦是實,不應有捨,捨故則非實也。經言實者,欲爲顛倒故,於實法相則非諦也[5]。若不受不著,而不取相,則爲真諦。不生不滅,其相亦然,二皆同歸無相解脫門[6]。又,聲聞經言:"無常即是苦,苦即是無我,若無我則無我所。無我所者,則爲是空,不可受著。"若不受著,則是不生不滅[7]。

【校勘】

〔一〕"聲聞經",卍續藏經本脱"經"。又校曰:"'聞'下疑脱'經'字。"下文亦作"聲聞經"。諸本皆同,今據改。

【注釋】

[1] 此四句言聲聞、辟支佛雖然仍觀有生有滅(無常),却與不生不滅(常)没有不同。什麽原因呢? 因爲二者歸趣精粹而没有差異的緣故。

[2] 盡諦:即滅諦,謂滅二十五有(四惡趣爲四有,四洲六欲天共成十有;四禪天共成十一有,合二十五有),寂滅涅槃,盡三界結業煩惱,永無生死患累。此四句言如由苦諦觀苦,苦有生有滅,觀到究竟,就見不生不滅。如果只以滅諦,而觀其他三諦(苦諦、集諦、道諦),無不如此。按:就邏輯生成而言,四諦以"苦"爲邏輯起點;"集"是探究苦因,追究衆生皆苦的本原;"滅"是斷除執念,無有分別,滅除煩惱,而增菩提;最後進入"道",明心見性,得證菩提,現大涅盤,得無上果,無生無滅,寂静無爲,即得大圓滿正果。因爲"苦"亦是因緣聚散而造成生滅。苦的本身無有自性,本來是空,所以觀得徹底,就了悟苦的本體也是不生不滅。

[3] 此數句言所以經説:明瞭苦諦之後,應見到人生如惡如賊(心魔),皆是虚妄;明瞭集諦之後,應該斷除對人生貪戀;明瞭道諦之後,應該知道如何修行;明瞭滅諦之後,應該證入涅槃。

[4] 空空三昧:就是悟得空空的禪定。《摩訶般若波羅蜜經·問乘品》:"何等爲空空? 一切法空,是空亦空,非常非滅故。何以故? 性自爾,是名空空。"詳見《次問羅漢受決並答》。八聖道:即正見、正思惟、正語、正業、正命、正勤、正念、正定。詳見《次問真法身壽量并答》。此六句言聲聞經又説:入涅槃時,以空空三昧,捨棄道諦的八聖道分。因此而言盡諦(滅諦),盡諦即是真正的無上之法。意謂其餘三諦,皆虚妄不實。按《大智度論》卷九四:"問曰:二諦(苦諦、集諦)

有漏，凡夫所行法故，可是虛誑不實。道諦是無漏法，無所著，雖從因緣和合生，而不虛誑。又滅諦是無爲法，不從因緣有，云何言四法皆是虛誑？ 答曰：初得道，知二諦是虛誑。將入無餘涅槃，亦知道諦虛誑，以空空三昧等捨離道諦，如說筏喻，滅諦亦無定法。如經中說：離有爲，無無爲，因有爲，故說無爲。苦滅如燈滅，不應戲論求其處所，是故佛說：不以用苦乃至用道得滅。"陳揚炯注：《大智度論》在這裏說的是四諦都不實，羅什則以滅諦爲實，其他三諦不實，有所不同。又按：羅什以滅諦爲實，此之識是"真實""真際"之意，本質亦空。陳氏理解或有誤。

[5] 此數句言如果三諦（苦、集、滅）是真實存在，就不應有捨棄，既然捨棄就證其不是真實。經所言三諦是真實，是爲了引導顛倒認知的衆生，如果從諸法實相而言，這三諦並非佛法真諦。

[6] 無相解脫門：三解脫門之一。三解脫門，又稱三無漏定，因爲能入涅槃之門，所以稱解脫門：一空解脫門（空我、空我所）；二無相解脫門，即無十相（色相、聲相、香相、味相、觸相、生相、住相、壞相、男相、女相），諸法皆空；三無願解脫門，又稱無作解脫門，對諸法無所願樂，所以無所造作。此六句言如果對待諸法（一切現象），既不受納，亦不執著，且不執著相，這纔是真諦。涅槃是空、不生不滅，諸相亦空、不生不滅，得此二者就同歸於無相解脫法門。

[7] 此數句言聲聞經還說，無常就是苦，明瞭苦就是無我（我空），如果無我則必然無我所（無外物）。一旦達到無我所即萬物皆空，這就是真正的空。然對於空也不可受納，不可執著。如果不受納、不執著，就進入觀一切法皆不生不滅——這也就是無生法。按《大智度論》卷二三："問曰：是無常、苦、無我，爲一事？爲三事？若是一事，不應說三；若是三事，佛何以故說無常即是苦，苦即是無我？"大乘觀三事即一，一即三事。辨一辨三，是小乘觀。

【義疏】

　　第一答，主要闡明二乘觀生滅的終極仍然是不生不滅問題，四諦中唯"滅"爲真實,其餘三諦悉爲虛誑。

首先明確指出,二乘觀生滅,却同於不生不滅,因爲二者雖殊途而同歸。比如觀苦諦是生滅無常,觀滅諦(盡諦)是不生不滅,但是如果從滅諦,反觀其他三諦(苦、集、道),又皆是不生不滅,苦諦也是如此,其相生滅輪迴,本體是無是空,最終歸趣於不生不滅。然後引述大小乘經,分三層説明:其一,大乘經説,明瞭苦諦,應見人生悉盡虛妄;明瞭集諦,應斷人生執著貪戀;明瞭滅諦,應證涅槃境界。其二,小乘聲聞經説,進入涅槃時,就藉助空空三昧,捨棄八聖道分。因此而言滅諦,是乃真正至極無上之妙法。苦、集、道三諦亦非真實存在,否則就不該捨棄,捨即非真。經之所以説是真實,乃爲了引導顛倒認知的衆生。從諸法實相上説,這三諦亦非真諦。只有不受納、不執著,且不取向,纔是真諦。唯有了悟一切相也不生不滅,進入涅槃之境,纔能真正獲得無相解脱。其三,聲聞經又説:無常是苦,苦即無我(我空),無我即無我所(相空)。了知諸相皆空,不生執著貪戀之心,就進入觀一切法(現象)皆不生不滅的境界。

羅什解釋了二乘所觀之生滅,同於大乘所觀之不生不滅,雖並未直接回答智與斷及無生法忍問題,所論四諦之觀即爲智斷,安住不生不滅,達乎智斷境界即無生法忍。

問曰:諸佛雖非我所[1],云何則不生不滅耶?

【注釋】

[1] 我所:我所有之簡稱。有我見(我執)之人,認爲身外之物都皆我所有,即稱我所。此二句言唯因諸佛非我所能見,怎麽説諸佛不生不滅呢? 意謂既不可見,何知其不生不滅!

【義疏】

第二問,主要針對羅什所言一旦無我、無我所,就是無爲法,就不生不滅。慧遠疑問：既然無我，即無我所，觀一切皆空，不可接受，不可執著，也就是觀一切不生不滅。而諸佛並不在"我所"的範圍，怎麼也説是不生不滅？

　　答曰：不然。若實生滅，應可受著，又不應用空空三昧。如佛常云："一切不受，心得解脱，得泥洹。"是豈虚言[1]？若生滅可取著者，則是分別，非爲實相。若非實相，不得以不生不滅爲虚，生滅爲實[2]。但爲生死麤觀念心厭離〔一〕故，説言生滅[3]。如人遠見青氣，近無所睹。如是一切賢聖，皆應一道，無有異耶[4]！而大小之稱，根〔二〕有利鈍，觀有深淺，悟有難易，始終爲異，非實有別。如人食麵，精麤著品，而實不異[5]。前答云：遍學者菩薩雖入二道，悉行悉知，而不決定取泥洹證。所以者何？本有不證之心，心不捨一切故，理窮則返。如入滅定，先期心生，設復暫滅，時至則發[6]。

【校勘】

　　〔一〕"離"，卍續藏經本、《慧遠研究·遺文篇》皆脱，據陳揚炯釋譯本校補。

　　〔二〕"根"，張景崗校曰："原本作'致'，今參照丘本、陳本改。"

【注釋】

　　[1] 一切不受：不受納一切，包括相、行、識、道。《摩訶般若波羅蜜經·相行品》："是般若波羅蜜自性不可得，故不受。何以故？無所有法是般若波羅蜜。舍利弗，以是故，菩薩摩訶薩行般若波羅蜜，行亦不受，不行亦不受，行不行亦不受，非行非不行亦不受，不受亦不受。何以故？一切法性無所有，不隨諸法行，不受諸法相故，是名菩薩摩訶薩諸法無所受三昧廣大之用。"此數句言你所説不然。如果有

真實的生滅現象，就應可以受納，可以執著，就無須應用空空三昧而斷滅之。佛常說，一切不受，可以解脫，得證涅槃。這豈是虛言！此數句的邏輯關係是：先假設有生滅的真實存在，可以受著；然後說明生滅並非真實存在，所以仍然符合“一切不受，心得解脫，得證涅槃”的佛教原理。

[2]　此六句言如果生滅可以受納，可以執著，這就是假有的分別相，不是實相。如果不是實相，就不能以不生不滅爲虛相，以生滅爲實相。意謂生滅也不是實相，所謂“若實生滅，應可受著”的本身就是不存在。

[3]　此二句言只是爲了引導衆生了悟生死粗色的觀念而使之厭離世間，纔說生滅相。

[4]　遠見青氣：比喻生滅猶如清氣，遠看似有，其實本無。一道：到達佛果唯一無二之道路。亦同於一乘，有別於二乘、三乘法門，以成佛之法，實非有二三，餘法悉爲此法的方便法門。《六十華嚴·明難品》：“一切無礙人，一道出生死。”一道亦謂一實之道，例如一乘、一如；以其具有平等不二之義，故稱之“一”。此五句言猶如人們遠見青氣，近無所見。正是如此一切聖賢，皆以唯一佛道而應之，並無任何差異。

[5]　大小之稱：意謂雖有大小乘之分別，並非區別虛妄與實相。大乘以生滅爲虛妄，小乘以生滅爲實相，不是生滅之相有何區別。此數句言所以分別爲大小乘，是因爲根器不同，致使證有利鈍，觀有深淺，悟有難易，始終有所不同，並非本質有別。如人吃麵，所做食物雖有精粗等級的差別，其本質皆是麵。

[6]　此數句見本章第一問注。

【義疏】

第二答，回應“諸佛雖非我所，云何則不生不滅”問題。先以假設說明生滅、不生不滅並非真實存在。如果真有生滅現象，應該可受納、可執著，且無須用空空三昧而斷滅之。但問題在於：其一，佛說，不受納一切，纔能心得解脫，體證涅槃。其二，生滅若可執著，就是分別相，而不是實相。既非實相，本無自性，生滅與不生不滅也就不一不二，何嘗有虛實之分別！佛之所以分別生滅和不生不滅，只是爲了以生死的粗相引導衆生厭離塵世。其三，生滅這一現象猶如人見青氣，遠視則存，近看却無，本無自性，豈有實相？所以一切聖賢皆認爲生死一理，並無差異。之所以大乘稱之不生不滅，小乘稱之生滅，因爲衆生根器不同，致使道行有利鈍，觀照有深淺，覺悟有難易，雖然不同根器始終有差異，本質無分別。如食麵食，做法有精粗不同，却無法改變麵食的本質。前答“遍學菩薩雖入二道……時至則發”云云，所說菩薩雖證入無間道和解脫道，却不取證涅槃，皆爲方便衆生故。生滅與不生不滅，也可作如是觀。證入不生不滅，返回生滅現象，亦是方便衆生。也就是說，生滅現象不是真實存在，不生不滅現象也不是真實存在，只是大小乘用來教化衆生的方便法門而已，所以也根本不存在“我所”“非我所”的問題。

　　問曰：無漏聖法，本無當於二〔一〕乘。二乘無當，則優劣不同，階差有分[1]。分若有〔二〕當，則大乘自有其道。道而處中，其唯菩薩，乘平直往，則易簡而通，復何爲要徑〔三〕九折之路，犯三難以自試耶[2]？又三乘之學，猶三獸之度岸耳。涉深者不待於往復〔四〕，往復既無功於濟深，而徒勞於往返[3]。若二乘必是遍學之所徑，此又似香象〔五〕，先學兔馬之涉水，然後〔六〕能蹈涉於理深乎[4]？如其不爾，遍學之義，未可見也[5]。

【校勘】

　　〔一〕“二”，卍續藏經本、《慧遠研究·遺文篇》皆作“三”，張景崗校曰："原本作'三'，今參照各校勘本改。"按：從下句"二乘無當"看，亦以作"二"是。

〔二〕"有"，張景崗校本參照丘本改爲"無"，則語意扞格。

〔三〕"徑"，張景崗校本作"經"，下同。古二字通。

〔四〕"往復"，張景崗校曰："原本作'假後'，今參照丘本、陳本改。下同。"

〔五〕"象"，卍續藏經本作"像"。《優婆塞戒經·三種菩提品》說："如恒河水，三獸俱渡：兔、馬、香象。兔不至底，浮水而過；馬或至底，或不至底；象則盡底。"今據改。

〔六〕"後"，張景崗校曰："原本無，今參照丘本補。"

【注釋】

[1] 無漏聖法：即無漏法，是有漏法之對稱。指遠離煩惱垢染之清净法。《俱舍論》卷一："此虛空等三種無爲及道聖諦，名無漏法。所以者何？諸漏於中不隨增故。"即虛空、擇滅、非擇滅等三種無爲法，及七覺支、八正道等道聖諦之法，皆無"隨增"煩惱，故稱無漏法。此五句言聖道無漏法，本來就不是專門用於聲聞、辟支佛的二乘修行之法。因爲不是專指二乘修行，故修行無漏法者甚衆，其中有優有劣，分出不同階位。

[2] 道而處中：即中道，不落兩邊，非有非無，即爲中道。易簡而通：簡易而通達至理。《易·繫辭上》："易簡而天下之理得矣。"三難：三惡道（地獄道、餓鬼道、畜生道）之苦難。此數句言如果階位分別恰當，則大乘佛法自然遵循佛道，此即中道，唯有菩薩能行中道。因平坦之道而直行，則簡易而通達至理，又爲何要經歷種種曲折之路，在六道中遭受三惡道之苦難呢？

[3] 三獸之度岸：指兔、馬、象三獸渡河，兔子浮而渡河，足在水上，比喻聲聞悟道最淺。馬足在水中，或到底或不到底，比喻緣覺悟道稍深。象足到水底，蹈沙而渡，比喻菩薩悟道最深。詳見《次問法

身佛盡本習》注。度,同渡。佛教用之,不加分別。此六句言三乘之學,猶如兔、馬、象渡河至岸上。如象涉過深水,無須再來回往返,來回往返既無助於渡過深水,且又徒勞在往返途中。

〔4〕此四句言如果二乘是菩薩遍學所必須學習者,這又好似香象必須先學習兔、馬渡河,然後纔能涉過深水之理。意謂菩薩遍學並不包括二乘之學。

〔5〕此三句言如果無須這樣,所謂菩薩遍學之義,也難以見到呢。意謂菩薩遍學也具有選擇性。

【義疏】

第三問,遍學是否必經二乘之學。聖道無漏法,本來並非專用於二乘法,因爲不是專門用於二乘法,所以修行無漏法,就有優劣、階位的分別。如果這種分別恰當,那麽大乘自有不同於小乘之道,這就是中道,唯有菩薩行於中道。既然乘中道而直行,簡易而通達,又爲何還要經歷非常曲折之路,且親自嘗試遭受三惡道的苦難呢? 另外,三乘之學猶如三獸渡河,香象渡深水而無須往返,兔、馬難渡深水,往返徒勞。如果菩薩遍學,必經二乘,即如香象學兔、馬渡河,再涉過大乘之甚深佛理麽? 如若不是如此,菩薩也無須遍學,明矣。所問核心乃在説明學以大乘爲宗,可擯棄二乘。

答曰:菩薩欲成一切智〔一〕故,於不善、無記法中,尚應學知,何況善法耶? 外道神通諸善之法,亦當學知,況賢聖道法乎〔1〕? 如人目見一切好醜之事,須用則用,若不用者,見之而已,菩薩如是〔2〕。以慧眼見知一切法,直入大乘行者而行之,餘二乘法,唯知而已〔3〕。

或有人言:佛説遍學,爲以導二乘人故。如佛本爲菩薩時,雖知六年苦行非道,但爲度邪見衆生故,現行其法。既成佛已,毀訾苦行,説言非道[4]。聞者即皆信受,以佛曾行此法,實非道也[5]。若菩薩但學大乘法者,二乘之人謂菩薩雖總相知諸法,而不能善解二乘法也[6]。又,二乘法,是菩薩道。所以者何?用此二道,度脱貪著小乘衆生,取之則易[7]。又,如人密知是道非道,便離非道,行正道。菩薩亦如是,明知二乘行法不能至佛,即離其法,行於大道[8]。然行者〔二〕雖學二乘之法,而不失其功,以成佛乘故[9]。而小乘人鈍根,不能通達大乘法故,迂回爲難。大乘之人利根,智力強故,不以爲難〔三〕也[10]。如能浮人,雖入深水,不以爲難[11]。九折三難者,此皆畢竟空智慧之分,不得以之爲難。雖不能度,不期成佛爲異耳[12]。

以諸菩薩從發意以來所行之道,與畢竟空智和合。如《般若波羅蜜・初品》中説:施者、受者、物不可得,是故非爲難也[13]。言三獸者,如兔不能及象、馬之道〔四〕,馬不能及象所蹈。如馬要先徑兔道,然後自行其道;香象要先徑兔、馬之道,後乃自到〔五〕其地[14]。菩薩亦如是,先經〔六〕二乘之地,然後自到其道也[15]。

【校勘】

〔一〕 "智",卍續藏經本作"智智"。又校曰:"一無'智'字。"今據《慧遠研究・遺文篇》删其重。

〔二〕 "然行者",張景崗校曰:"原本作'道然者',今參照丘本、陳本改。"

〔三〕 "難",張景崗校曰:"原本作'離',今參照各校勘本改。"

〔四〕 "道",陳揚炯釋譯本作"蹈"。依據後句,當以"蹈"是。

〔五〕 "到",卍續藏經本作"倒"。又校曰:"'倒'疑'到'。"諸本作

“到”,今據改。

〔六〕“經”,卍續藏經本作“洗”。又校曰:“‘洗’字更勘。”張景崗校曰:“原本作‘洗’,今參照丘本、陳本改。”

【注釋】

〔1〕一切智:廣義上,通達總相與別相之智,此即佛智。《大智度論》卷二七:“佛於一切衆生中第一故,獨得一切智。”狹義上,三智(一切智、道種智、一切種智)之一,即了知一切諸法總相之智。此乃聲聞、緣覺之智。《大智度論》卷二七:“一切智是聲聞、辟支佛事,道智是諸菩薩事,一切種智是佛事。聲聞、辟支佛但有總一切智,無有一切種智。”陳揚炯注:一切智,大乘佛教又稱爲根本無分別智,即從現象的總體上觀一切皆空,唯有涅槃爲實的智慧。這是羅什介紹的整個般若認知過程的一個初級階段,講空徹底的小乘派別也可以達到這個階段。可與《次重問法身并答》注互參。無記法:與記法對稱。指非善非惡無可記別之法。《摩訶般若波羅蜜經·句義品》:“何等記法? 若善法若不善法,是名記法。何等無記法? 無記身業、口業、意業,無記四大,無記五陰、十二入、十八界,無記報,是名無記法。”此數句言菩薩爲了成就一切智,對於不善、非善非惡的各種業,尚且遍學,何況善法;對於外道神通諸種善法,亦當遍學,何況聖道佛法!

〔2〕此五句言如同人對於所見的一切美醜之事,可用則用之,如果不用,見之亦有益處,菩薩就是如此。

〔3〕一切法:又稱一切萬法、一切諸法,是總該萬有之稱。《大智度論》卷二:“一切法,略説有三種:一者有爲法,二者無爲法,三者不可説法,此三已攝一切法。”詳細言之,善法、非善法,有記法、無記法,世間法、出世間法,有漏法、無漏法,有爲法、無爲法,共法、不共法,諸如是等名一切法。此五句言菩薩用慧眼見知一切法,直接進入大乘學中,須修行者則修行之,對於另外聲聞、辟支佛二乘之法,唯求了解而已。

　　[4]六年苦行非道：據《因果記》卷三、《修行本起經》卷下記載：悉達多出家後，到深山幽谷靜坐，苦行六年，每日吃一麻一米，四時風雨雷電，坐姿不變，身體消瘦，形同枯木。後來拋棄苦行，獨自來到菩提伽耶的一棵菩提樹下結跏趺坐，修習禪觀，並發誓"不成佛道，不起此座"。經過七日七夜（一說四十九日）的冥想禪觀，悉達多夜睹明星而徹悟本心，證得無上正等正覺而成佛，號釋迦牟尼佛。釋迦佛悟道後嘆曰："奇哉奇哉，一切眾生皆具如來智慧德相，只因妄想執著，不能證得。若離妄想，則無師智、自然智，一切顯現。"此數句言佛説：遍學是爲了引導二乘之人。如佛當初是菩薩時，雖然知道六年苦行不是成佛之道，但是爲了度脱邪見的眾生，示現其苦行之法。既成佛之後，纔非議苦行，説不是成佛之道。

　　[5]此三句言然而，聞知"苦行非道"者竟然皆相信接受，認爲佛祖從修行此苦行之法，證實並非成佛之道。

　　[6]總相：陳揚炯注：總相是與別相相對的一組概念，表示全體與部分、一般與個別。總相指現象的整體特徵、現象的一般本質；別相指個別、特殊的現象。菩薩得一切智，把握了現象的總相，即把握了現象的空性本質，還必須用一切智觀察每一別相，都能指出其虛妄的總相來，纔進到一切種智（佛智）。一切種智纔盡知諸法總相、別相，盡知佛教修習的無量法門。此三句言如果菩薩只學大乘法，二乘之人又會説，菩薩雖能從總相上知道諸法的本質屬性，却不能善解二乘之法。

　　[7]此六句言二乘之法，也是菩薩道。爲何如此説呢？用聲聞、辟支佛的二乘之道，可以度脱那些執著小乘佛法的眾生，且眾生修習小乘方法簡易。

　　[8]此數句言又如有人深知聲聞、辟支佛二乘不是成佛之道，就離開此二乘之道而修行大乘道。菩薩就是如此。深入了解二乘修行之法，明瞭其不能成佛，於是離開二乘法，而修行大乘道。

　　[9]此三句言如此學道之人，雖然也學習二乘之法，却不失修習

大乘功德,所以能够成佛。

　　[10]　此六句言小乘之人根器遲鈍,不能通達大乘之法,故難以修習其迂迴曲折的成佛之路;大乘之人,根器智慧之力强盛,就易於在迂迴曲折中走向成佛之路。

　　[11]　此三句言如同能够浮水之人,雖進入深水之中,亦不以爲難。

　　[12]　畢竟空:一切究極皆空。即大至三世十方,小至微塵一念;從世俗因果報應,到佛所得真如實際,無不是空。《大智度論》卷三一:"以有爲空、無爲空,破諸法令無有遺餘,是名畢竟空。"畢竟,究竟、至竟,即究極、至極、最終之意。此六句言你所説"九折三難",這都是證入畢竟空的必由之路。大乘小乘之人有智慧分別,不能一概以之爲難。小乘之人不能渡過深水,並不能期待其成佛,這是大小乘人的不同處。

　　[13]　施者、受者、物不可得:《摩訶般若波羅蜜經·序品》:"佛告舍利弗,菩薩摩訶薩以不住法住般若波羅蜜中,以無所捨法,應具足檀那波羅蜜,施者、受者及財物不可得故。"陳揚炯注:這就是説,布施的態度必須端正,要求不惜不悔,不望報,不自高,還要不念誰是施者,誰是受者,所施何物,纔算具足檀那波羅蜜。檀那波羅蜜,即布施得波羅蜜之智。此數句言諸菩薩從發願成佛以來,所行之法,與畢竟空的智慧和合。如《般若波羅蜜·初品》中説,行布施波羅蜜時,布施者、受施者及布施之物,皆無所知,心無一念,即無繫縛,也就是畢竟空,所以達到畢竟空之境並非難事。

　　[14]　香象:佛經中指諸象之一,其身青色,有香氣,故曰香象。此數句言所説的三獸,兔不能涉水象、馬之道,馬又不能涉水象所至之深。然而馬要先經過兔所過之道,然後纔能行自己須行之道;香象要先經過兔、馬所過之道,然後纔能到自己所至之地。

　　[15]　此三句言菩薩也是如此,先學習二乘之道,然後自菩薩之道而證佛道。

【義疏】

第三答,回應"遍學是否必經二乘之學"問題。菩薩一切智即包括內、外善道,二乘法是善法,菩薩成佛亦必經二乘地,故菩薩遍學必經二乘之學。

首先說明菩薩欲成一切智,就必須兼學內、外道之善法。因爲菩薩欲成就一切智慧,對於善與不善、非惡非善之道,尚須廣泛學知之,何況善法!外道神通種種善法,也須學知之,何況聖道之法!也就是說,二乘法亦爲善法,亦爲聖道法。學習二乘,猶如眼見一切,不分美醜,可用則用之,不可用唯見之而已。菩薩以慧眼見聞一切法,直入大乘之道,用之而爲修行準則,其餘二乘法,只是了解而已。這說明,遍學有類:"直入"而"行之"是修習重點,"唯知而已"是廣泛涉獵。

然後闡釋關於遍學的兩種觀點:其一,佛說,遍學二乘,是爲了引導二乘人。就如佛初爲菩薩時,雖知苦行非成佛之道,但爲能度脫邪見衆生,仍然苦行六年亦示其法。直至成佛之後,纔非議苦行,說僅修苦行非成佛之道。聞者信受苦行非成佛之道說,忽略了苦行亦是必要的修道過程。如果菩薩只學大乘法,二乘人必然說,菩薩雖然知總相諸法,卻不能善解聲聞、辟支佛二乘之法。再說,二乘法也屬於菩薩道,因爲用二乘法,可以度脫執念小乘法的衆生,取之則易於引導衆生。此說明遍學大乘可了悟總相之空,遍學二乘可了悟別相之空。其二,如果有人深知此道非成佛之道,就會擯棄此道而行成佛之道。菩薩只有在明瞭修行二乘法不能成佛之後,纔可斷然擯棄其法,而修行大乘佛道。如此學道,雖也學二乘法,卻能有助其大乘之功,以成就證入佛門。只是因爲小乘人根器遲鈍,不能通達大乘法,難以從迂迴於小乘中而歸之大乘;大乘人根器銳利,智力强大,故易於學小乘而超越小乘,最終成就佛道。你所說"九折三難",終極目標是畢竟空,因爲智慧有別,不可一概以爲難以成佛。其差別在於:大乘人遍學小乘,超越小乘而成佛;小乘人則陷入小乘,不能度脫,不能成佛。這說明遍學小乘,對於大乘人而言,有助成佛之功。

最後概括言之，諸菩薩發願以來，所修行之道，皆與畢竟空智和合相生。如《般若波羅蜜·初品》中所説，一旦對於布施者、收受者及布施之物於心中不存一念，就是畢竟空，所以達到畢竟空的境界並非難事。你所列舉的三獸渡河，雖然兔不及象、馬涉水之深，馬不及象足蹈水底，但是馬必先經兔所涉之道，香象必先經兔、馬所涉之道，然後纔能至其水底。菩薩也是必先經二乘之地，然後纔能自至佛道矣。也就是説，菩薩遍學必始於二乘而終至佛道。

又問：聲聞、緣覺，凡有八輩，大歸同趣，向泥洹〔一〕門[1]。又，其中或有次第得證，或有超次受果。利鈍不同，則所入各異[2]。菩薩云何而學般若耶？心利者，不可挫之爲鈍；鈍者，不可鋭之令利[3]。菩薩利根，其本超此，而甫就下位之優劣，不亦難乎[4]？若云能者爲易，於理復何爲然？其求之於心，未見其可。而經云遍學，必有深趣[5]。

【校勘】

〔一〕“泥洹”，陳揚炯釋譯本作“涅槃”。此乃新舊翻譯之差異，意義相同。

【注釋】

[1] 八輩：即四雙八輩，包括四向四界。聲聞教中，根據修習淺深，分爲四大階段，稱爲四界，即須陀洹果、斯陀含果、阿那含果、阿羅漢果。趨向四果者，稱爲四向，須陀洹向、斯陀含向、阿那含向、阿羅漢向。四向四果，共爲八輩。此四句言聲聞、緣覺的修行，共有八個層次，要旨同歸，皆指向涅槃。

[2] 次第得證、超次受果：四果爲修習的四大階段，八輩則是每大階段中分出的兩個小階段，四果的四大階段即成爲八個小階段。

依次修習者,稱之爲次第得證;超越修習者,稱之爲超次受果。如須陀洹果可以超越斯陀含向、斯陀含果而直趨阿那含向。此四句言其中或按照順序依次修證,或超越次序而修證果位,根據修習者根器利鈍不同,則所證入果位也不同。

[3] 此五句言菩薩爲何而須學般若? 心智敏銳者,不可挫其銳而使之鈍;心智鈍者,不可磨其鈍而使之利。意謂菩薩根器穎慧,心智過人,何必遍學二乘。

[4] 優劣:此乃偏義復詞,意爲劣。此四句言菩薩根器銳利,本已超越聲聞、緣覺,而始就聲聞、緣覺的低下階位,豈不是爲難菩薩嗎?

[5] 此六句言如果説能者可做易事,又有什麼理由必須這樣做呢? 若按照我的思考,認爲不見得有此必要,而經説這就是菩薩遍學,想來必有深意吧。

【義疏】

第四問,對於菩薩遍學二乘的質疑。聲聞、緣覺的八個層次,其歸趣皆指向涅槃。其中有依照階位次序修證者,也有超越階位次序修證者,這是由根器利鈍所決定,根器不同,證入果位不同。菩薩修習般若波羅蜜,根器銳利,不必再學習二乘。根器本原天性,既不可挫銳使之鈍,也不可磨鈍使之利。菩薩根器銳利,本已超越二乘,何以必須始於低劣之二乘修習? 如果説菩薩修習二乘,是能者爲易,於理似有不然。故我未見其可,但是經云菩薩遍學,包含二乘,其中究竟有何深意?

答曰:學者善分別諦知其法。如有大德之人,往觀殺生法[1]。其弟子問之何故? 答言:"我未得道,靡所不更。或至此處,知彼要脈,不令眾生受諸苦惱[一][2]。"若以三解脫門,觀涅槃法,知斷如是結使,得如是涅槃。三結盡,得涅槃分,謂無爲須陀洹果,乃至羅漢得漏盡涅槃果[3]。

又,如人眼見坑塹[二],終不墮落。假令入其法者,於法不證,不受信行、法行之名[4]。以諸菩薩利根故,超出二乘,於大菩薩有所不及了,如師子雖處於百獸爲勝也[5]。如國王行百里,應中道宿,見有大臣住處,王雖在中入出觀者而無宿意,作是念言:"此雖爲妙,自知別有勝處。"菩薩亦如是[6]。

若入道慧時,分別觀知。外道禪定五神通法,及二十七種賢聖法,所謂十八種學法、九種無學法,及辟支佛道[三][7]。分別觀已,續行菩薩道。得二種利益:一者自了了知其法用,度衆生時,無所疑難。二者所度衆生,知彼體行此法,則便信受[8]。若不爾者,同在生死,彼我無異,便不信受[9]。

【校勘】

〔一〕"苦惱",卍續藏經本脱"惱"。又校曰:"'苦'下一有'惱'字。"諸本作"苦惱",今校補。

〔二〕"塹",卍續藏經本脱,此據張景崗校本補。

〔三〕"道",卍續藏經本脱,此據陳揚炯釋譯本補。

【注釋】

[1] 大德:漢語原意指道德高尚,佛家乃敬稱年長德高僧人或佛、菩薩。梵語音譯婆檀陀。北魏楊衒之《洛陽伽藍記·秦太上君寺》:"常有大德名僧講一切經,受業沙門,亦有千數。"《翻譯名義集·釋氏衆名》:"婆檀陀,《大論》:秦言大德。"此三句言學習佛經者應善於分別二諦,確知佛法的真實含義。比如有位大德之人,也往觀殺

生。意謂從殺生中領悟俗諦。

[2] 更：經歷，經過。戰國楚屈原《九章·悲回風》："惟佳人之永都兮，更統世以自貺。"此數句言其弟子問他，爲何去看殺生。他回答説：我尚未得道，無所不應經歷之。到達殺生之地，就能知道生死的要害之處，從而獲得解脱衆生遭受諸種苦惱的法門。

[3] 如是：前一"如是"指生死現象（殺生），後一"如是"指解脱法門（三解脱）。三結：得須陀洹果之人所斷之三結，即見結（我見）、疑結（懷疑佛教）、戒取結（行邪戒）。涅槃分：指不斷煩惱而得涅槃。分有三義：一是分圓之義，謂往生於極樂證涅槃之一分，涅槃之分得，證理未爲圓滿。二爲因之義，謂可至涅槃之因分，正定聚之身分。三爲分齊之義，謂涅槃證果之分齊，即言涅槃。無爲須陀洹果，乃至羅漢：指無爲須陀洹果、無爲斯陀含果、無爲阿那含果、無爲阿羅漢果。這一問題相當複雜，故贅引如下。《阿毗曇毗婆沙論》卷五〇："問曰：'道是有爲，墮世，已得今得當得，此事可爾。斷是無爲，不墮於世，已得今得當得，云何可爾？'答曰：'《波伽羅那經》應如是説：諸結斷，今得今解今證，而不説者有何意耶？'答曰：'此説在身中得已得者，説過去身得；今得者，説現在身得；當得者，説未來身得。如須陀洹果、斯陀含果、阿那含果，説亦如是。''云何阿羅漢果？'答曰：'阿羅漢果有二種：謂有爲、無爲。''云何有爲阿羅漢果？'答曰：'證阿羅漢果時，已得今得當得，諸無學法。廣説如上，施設經説。''云何須陀洹果？'答曰：'須陀洹果有二種：謂有爲、無爲。''云何有爲須陀洹果？'答曰：'彼果得、彼得得。果得者，謂須陀洹果得。得得者，謂彼得得。以得故名果，以得得故名成就。諸學根、學力、學戒、學善根、學八法，如是等諸學法，名有爲須陀洹果。''云何無爲須陀洹果？'答曰：'永斷三結，如是等諸結法斷；八十八使斷，如是等諸使法斷，是名無爲須陀洹果。''云何斯陀含果？'答曰：'斯陀含果有二種：謂有爲、無爲。廣説如上。此中差別者，漸斷愛恚癡，及漸斷愛恚法。''云何阿那含果？'答曰：'阿那含果有二種：謂有爲、無爲。有爲阿那含果，如上説；無爲

阿那含果者，永斷五下分結，永斷如是等結法，永斷九十二使，永斷如是等使法，是名無爲阿那含果。’‘云何阿羅漢果。’答曰：‘阿羅漢果有二種：謂有爲、無爲。’‘云何有爲阿羅漢果?’答曰：‘阿羅漢果得，及彼得得。果得者，謂阿羅漢得；得得者，謂彼得得。以得故名果，以得得故名成就。諸無學根、無學力、無學戒、無學善根、無學十種法。如是等諸無學法，是名有爲阿羅漢果。’‘云何無爲阿羅漢果?’答曰：‘永斷愛、慢、癡一切煩惱，出一切趣，斷一切生死道，滅三種火。已過四流，摧滅諸慢，離於渴愛，破散巢窟。無上究竟，無上寂滅，無上安樂。愛盡無欲涅槃，是名無爲阿羅漢果。’此是沙門果體性。乃至廣説。”漏盡涅槃：從須陀洹修行到阿羅漢果，已斷除貪欲，斷絕煩惱，不僅滅除了生死之因，也滅除了生死之果，證入涅槃，無垢清净，此即無漏涅槃果。此數句言如果菩薩用三解脱法門觀察涅槃之法，了知斷滅繫縛身心的生死煩惱，達到真正解脱的涅槃境界，滅盡見結、疑結、戒取結，逐步在煩惱未斷之時證得涅槃。最終進入無爲須陀洹果，以至無爲阿羅漢果，證得漏盡涅槃果。

〔4〕眼見坑塹，終不墮落：比喻菩薩遍學二乘，亦不會墜入其中。信行：信佛教而行。鈍根之人因信行而成聞慧。法行：依佛法而行。利根之人因法行而成思慧。此數句言比如人眼見陷坑，終不會墜落其中。假使菩薩遍學二乘，既不證入法門，也不受信行、法行的名號。

〔5〕此四句言因爲菩薩根性鋭利，超越二乘，只是比起大菩薩來却有所不及。大菩薩就如同獅子，雖然與百獸共處，却也高出百獸。

〔6〕大臣住處：比喻二乘地。此數句言比如一位國王日行百里，應在中途住宿，見到大臣住處，雖然在其間出入觀察，却無留宿之意，當時產生這一想法：此處雖妙，但另外自有美好之地。菩薩也是如此。意謂菩薩雖出入二乘，却不墜入二乘地中，而追求菩薩勝地。

〔7〕道慧：佛教真義。陳揚炯注：道慧有多種解釋，這裏可以理解爲一切智。一切智是從認識狀態説，道慧則從引導衆生的角度説，指能分別知聲聞、緣覺方便之道。此解切合文意。外道禪定五神通：

指外道在禪定中所得的神足通、天眼通、天耳通、他心智通、自識宿命通等五種神通。這與《妙法蓮華經·序品》"又見離欲，常處空閒，深修禪定，得五神通"的意義有所不同。二十七種賢聖法：聲聞乘四果中，須陀洹、斯陀含、阿那含稱有學，阿羅漢稱爲無學。無學即學道圓滿、無須再學之意。《中阿含大品福田經》説十八種學法：信行、法行、信解脱、見到、身證、家家、一種、向須陀洹、得須陀洹、向斯陀含、得斯陀含、向阿那含、得阿那含、中般涅槃、生般涅槃、行般涅槃、無行般涅槃、上流色究竟。九種無學法：思法、升進法、不動法、退法、不退法、護法、實住法、慧解脱、俱解脱。十八種學法及九種無學法合稱二十七種聖賢法。辟支佛道：有兩種情況，一是無師自通獨立成佛，叫做獨覺；二是多世積善修行，最後一世雖是無佛之世，無師可從，而緣業成熟，自然成佛，叫做緣覺。兩種皆無所師承，也不説法傳道，所以實際上沒有留下什麼辟支佛道。此六句言菩薩初入道慧時，即能分別觀察了解外道禪定五神通法、二十七種賢聖法，即所謂十八種學法、九種無學法，以及辟支佛道等等，但仍然堅守修行菩薩道。

[8] 此數句言及其分別觀察了解外道、二乘之後，繼續行菩薩道。觀察了解外道、二乘，可以得到兩種好處：一是自己清楚了知這些法的修行方式，在度脱衆生時，就不會遇到疑難；二是所度脱的衆生，知道菩薩雖修菩薩道，却也修習過這類諸法，就更相信接受菩薩道。

[9] 此四句言如果菩薩不如此遍學，衆生就會誤認爲菩薩與我皆在生死輪迴之中，並無差異，就不願相信接受菩薩道。意謂菩薩遍學外道、二乘，目的乃在於通過示現衆生易於信受的神通和法門而度脱衆生。

【義疏】

第四答，回應慧遠對於菩薩遍學二乘的質疑。證菩提須分別二諦，二乘即爲俗諦，故須遍學；其境界，乃在遍學二乘且超越二乘；其功用,乃在遍學二乘方便普度衆生。

第一,總説善學者必須善於分別二諦,方證菩提。學者必須善於分別俗諦和真諦,方能確證佛法的真正意義。例如有大德之人也會往觀殺生,弟子怪而問之"何故",其答曰:我尚未真正得道,必須豐富閲歷。往觀殺生,或可明瞭生死現象的關鍵之所在,以便將來引導衆生超越生死,不受諸種痛苦煩惱。從這一事例可以看出,如果以三解脱法門,觀照有餘涅槃法,就能了悟斷滅生死之煩惱繫縛身心,證得解脱涅槃,真正進入須陀洹果所斷之三結,且不斷煩惱餘氣而得涅槃,最終進入無爲須陀洹果、無爲斯陀含果、無爲阿那含果、無爲阿羅漢果,無垢清浄的無漏涅槃果的境界。

第二,菩薩遍學二乘,却又超越二乘。菩薩遍學二乘,猶如人眼見陷坑,終不會墜落其中,所以即使菩薩遍學小乘法,也既不證入法門,也不受信行、法行的名號。因爲諸菩薩根器鋭利,雖然境界不及大菩薩,却已超越二乘,如獅子身鳴百獸之中而自有勝地。又如國王日行百里,中道需要住宿,雖見大臣住處,且出入往觀,却並無留宿之意。原因乃在於自知前方别有勝處。菩薩出入二乘,也可作如是觀。

第三,菩薩遍學外道、二乘,有利於度化衆生。菩薩初入道慧時,即能分別觀察了悟外道禪定五神通法、二十七種賢聖法即所謂十八種學法、九種無學法,以及辟支佛道等等,然而一旦觀察了悟之後,仍然堅守修行菩薩道。出入於外道、二乘,可得兩種好處:一是可以清晰理解二乘法之功用,及至度脱衆生時,一無疑難;二是所度衆生,明白菩薩身體力行二乘之法後,再修行菩薩道,於是就信仰受納菩薩教化。菩薩若不能做到這一點,衆生就會誤認爲菩薩亦墜入生死輪迴,與自己並無差異,於是就不會信仰受納菩薩的教化。這就從教化衆生的結果上,説明菩薩遍學外道及二乘的意義。

又問:若菩薩遍學,爲從方便始,爲頓入無漏一道也[1]?若從方便始,以何自驗其心,知必不證而入無漏也? 若不先學方便以自驗,則是失翼而墮空無相,酬[一]可自反[2]? 若先學漚和般若,心平若稱,一舉便可頓登龍門,復何爲遍學乎[3]?

【校勘】

〔一〕"酬",張景崗校本作"儔"。又校曰:"'儔',表疑問,意爲'誰'。原本作'酬'。今參照丘本改。"陳揚炯校曰:"《摩訶般若波羅蜜經·不證品》:'譬如有翼之鳥,飛騰虛空而不墮墜,雖在空中,亦不住空。須菩提,菩薩摩訶薩亦如是。學空解脱門、學無相、無作解脱門,亦不作證。以不證故,不墮聲聞、辟支佛地。'按照這一段的意思,'酬可自反'的'酬'字疑誤,應爲'不'或'難'。"按:酬,通儔,同音假借,表疑問。《字彙》:"儔,誰也。"

【注釋】

[1] 無漏道:滅盡煩惱,趨向涅槃之聖道。詳見《次問羅漢受決并答》注。此三句言如果菩薩遍學,是從方便法門開始呢,還是一開始就立即學無漏道呢?

[2] 失翼而墮:謂如鳥失去翅膀,從空中墜地。空、無相:三解脱門之二種。《摩訶衍般若波羅蜜經·不證品》:"譬如有翼之鳥,飛騰虛空而不墮墜,雖在空中,亦不住空。須菩提,菩薩摩訶薩亦如是。學空解脱門、學無相、無作解脱門,亦不作證。以不證故,不墮聲聞、辟支佛地。"此六句言如果遍學從方便開始,用什麼驗證自己內心,知道不必體證就入無漏道? 若不先自學方便法門,頓入無漏道而驗證己心,則又如鳥失雙翼,墜入無漏道的空解脱、無相解脱之中,而何可返回?

[3] 登龍門:原是比喻受到社會名士援引而身價百倍。《後漢書·黨錮傳·李膺》:"膺獨持風裁,以聲名自高。士有被其容接者,名爲登龍門。"唐李賢注:"以魚爲喻也。龍門,河水所下之口,在今絳州龍門縣。辛氏《三秦記》曰:河津一名龍門,水險不通,魚鱉之屬莫

能上,江海大魚薄集龍門下數千,不得上,上則爲龍也。"此喻佛門。此四句言如果先學漚和(方便)和般若,内心如秤桿平正,一舉即登龍門,又何必遍學呢?

【義疏】

第五問,乃菩薩遍學,從何學起的問題。究竟是從方便衆生學起,還始爲頓入無漏道學起,抑或二者兼顧?然而,無論從何學起,都存在難以彌合的矛盾。若從方便衆生學起,即無法證其心是否進入無漏道的階地;若從頓入無漏學起,則又如鳥失羽翼,墜落在空、無相之中,不可返諸世間,普度衆生;若是兼顧方便和般若,平正允當,便可一舉頓入佛門,既已成佛,又何須遍學?

答曰:是事,佛於般若已說。菩薩入三解脱門,要先立願:"學觀如已,心則厭離,唯[一]不取其證。我學觀時,非是證時。"[1]以如是之心,入無漏者,終不證也[2]。

又人言,菩薩先以二因緣故,不取其證也。一者,深心貪樂阿耨多羅三藐三菩提;二者,於衆生中大悲徹於骨髓,不欲獨取涅槃[3]。雖知一切法中涅槃無爲,但以時未至故。是名菩薩,於衆生中大悲之至,所謂得涅槃味而不取證也[4]。

復有人言,菩薩無量劫來,修習福德利根故,入三解脱門時,即深入無漏法[5]。以此勢力,不能自反。譬如大魚,隨順恒河,入於大海,不能得反,以水力牽故[6]。爾時,十方諸佛現其身相,語言:"善男子! 當念本願,度一切衆生,莫獨入涅槃[7]。汝但得一法門,我等如是無量阿僧祇法門,憐愍衆生故,猶住世間,何況於汝[8]?"時菩薩信受佛語故,不取果證。菩薩遍學義如前說,是故不得以乘平直往[二]爲難[9]。

【校勘】

〔一〕“唯”，卍續藏經本、《慧遠研究·遺文篇》作“雖”，形近而誤。今據張景崗校本改。

〔二〕“往”，卍續藏經本、《慧遠研究·遺文篇》作“住”，形近而誤。今據張景崗校本改。

【注釋】

[1] 我學觀時，非是證時：意謂我遍學諸法而不證解脱。《大智度論》卷七六：“須菩提白佛言：世尊，如佛所説，菩薩摩訶薩不應空法作證。世尊，云何菩薩住空法中而不作證？佛告須菩提：若菩薩摩訶薩具足觀空，先作是願：我今不應空法作證，我今學時，非是證時。”證，即證果，猶得道。此數句言這件事，佛在般若經中已經説過，菩薩進入空、無相、無願（無作）三解脱門時，要先立願：一旦修習完成，心便厭離，但不取證。我遍學解脱，不證解脱。此所謂“心則厭離，唯不取其證”，乃爲度脱衆生故。

[2] 此三句言以如此之心，即便進入無漏道，最終也不取證入佛果。

[3] 阿耨多羅三藐三菩提：梵語音譯，意譯無上正等正覺。見《次問修三十二相并答》注。此數句言有人説，菩薩最初由於二種因緣而不取證入佛果：一是深深樂於無上正等正覺；二是對於衆生，大慈悲之心徹入骨髓，不願獨自取證涅槃。

[4] 此五句言雖然明知一切法中涅槃無爲是終極歸趣，但是因爲衆生尚未度脱，故證入涅槃時機尚未至。這類對於衆生有大慈悲之心，是名爲菩薩。所謂得涅槃之妙而不取證涅槃，就指這類菩薩。

[5] 此五句言又有人説，菩薩自無數劫以來，一直修習福德、培育利根，所以入三解脱門時，就已經深證無漏道。

[6] 此六句言因爲福德利根勢力强大，即不退轉。譬如大魚隨着恒河進入大海，不能返回，以水力强大牽引魚行之所致。

　　[7] 此數句言那時，十方諸佛，顯現真身，開導説：善男子，應當持守本願，度脱一切衆生，切莫獨自證入涅槃。

　　[8] 此五句言汝等只是得到一個法門，而我等有如此無量無數法門，因爲憐憫衆生，猶住在世間，何況你們！

　　[9] 不取果證：因爲度衆生故，不取證佛果。《大智度論》卷一〇："菩薩亦如是，立七住中，得無生法忍，心行皆止，欲入涅槃。爾時，十方諸佛皆放光明，照菩薩身，以右手摩其頭，語言：善男子，勿生此心，汝當念汝本願，欲度衆生。汝雖知空，衆生不解，汝當集諸功德，教化衆生，共入涅槃。汝未得金色身、三十二相、八十種隨形好、無量光明、三十二業，汝今始得一無生法門，莫便大喜。是時，菩薩聞諸佛教誨，還生本心，行六波羅蜜以度衆生。"此四句言當時，菩薩信仰受納佛的教誨，不取證佛果。至於菩薩遍學之義已如前説，不能因爲菩薩因循平坦之道而直往，便詰難菩薩不應遍學。

【義疏】

　　第五答，回應慧遠遍學的起點問題。首先説明，菩薩修習，進入空、無相、無願（無作）三解脱境界時，就發心立願：修習完成，心便厭離塵世，但不取證涅槃。如經所言"我學觀時，非是證時"，以如此之心，即便進入無漏之道，也不取證入涅槃。然後，假設言問，分層論述。

　　第一，菩薩由於兩種因緣而不取證涅槃：一是虔心歡喜於無上正等正覺；二是對於衆生，慈悲度脱之心徹於骨髓，故不欲自證涅槃。雖知一切法的歸趣皆指向涅槃無爲（無餘涅槃），但因衆生尚未度畢，故未到自證涅槃之時。這類菩薩雖得涅槃之妙，却不取證，故名之"衆生中大悲之至"菩薩。

　　第二，菩薩自無量劫以來，修習福德，孕育利根，入三解脱門，深觀無漏道，由於福德利根勢力强大，已是永不退轉，如大魚隨恒河入海，水力牽引，使之不可返回。一至此時，十方諸佛，現真法身，開悟曰:善男子,應持守本願,度脱一切衆生,切莫獨自證入涅槃。汝輩唯得一法門,我等已是無量無數法門,因爲憐憫衆生故,猶住人間,何況汝輩! 菩薩信受佛的教誨,不取果證。

由此可見,菩薩遍學,已入解脱法門,已達涅槃,已進入永不退轉境界,所以不自證佛果,乃是發願普度。也就是説,以"乘平"的境界,"直往"的精神,慈航衆生。故不存在方便(漚和)、般若,無須遍學的問題。

又問:經云,四道與辟支佛智及滅智〔一〕,皆是菩薩之忍。尋〔二〕意,似是學彼滅智,以成此忍[1]。彼學本自不同,法忍云何而成? 若必待此而不證,即諸佛世尊大會説法,其中應不俄爾之頃,頓至法忍者[2]。推此而言,反覆有疑[3]。

【校勘】

〔一〕"四道與辟支佛智及滅智",陳揚炯校曰:"下面慧遠的問文中,有'聲聞、辟支佛智及滅,則是菩薩忍',可見這裏'四道與辟支佛智及滅智',應爲'四道與辟支佛智及滅'。"後一"智"衍。陳所言是。

〔二〕"尋",張景崗校曰:"原本作'辱',今參照木村本、陳本改。"

【注釋】

[1] 經云:此引經指《摩訶般若波羅蜜經》。四道與辟支佛智及滅智:陳揚炯校:衍後一"智"字。智及滅,即智與斷,指既得智慧,又得斷滅。若智若斷是無生法忍的本質屬性之一。《摩訶般若波羅蜜經·遍學品》:"須菩提,是八人若智若斷,是菩薩無生法忍。須陀洹若智若斷,斯陀含若智若斷,阿那含若智若斷,阿羅漢若智若斷,辟支佛若智若斷,皆是菩薩無生忍。"四道,即聲聞四果。此六句言經説,聲聞的須陀洹、斯陀含、阿那含、阿羅漢四道及辟支佛的智與滅(斷),都是菩薩的無生法忍。追尋其意,似乎是説菩薩學習聲聞及辟支佛

之滅和智，纔得成就無生法忍。

[2] 此六句言聲聞、辟支佛之學本來就與菩薩道不同，怎麼能成就無生法忍？如果必須待學習聲聞、辟支佛之道且不證入，纔能成就無生法忍，諸佛世尊的大會説法，其中不應該有頃刻之間頓悟而獲得無生法忍者？

[3] 此二句言由此反復推論，即生疑問。

【義疏】

第六問，菩薩遍學是否必須學習聲聞四道及辟支佛之智、斷？經説聲聞須陀洹、斯陀含、阿那含、阿羅漢四道與辟支佛智、斷，都具有菩薩無生法忍的性質，似乎意在説明：菩薩必須學習聲聞四道及辟支佛智、斷，纔能成就無生法忍。這就産生如下疑問：第一，聲聞、辟支佛與菩薩所學本來不同，學聲聞四道、辟支佛如何能成就無生法忍？第二，菩薩於諸佛世尊大會説法時，諸佛世尊何以有頓悟而證無生法忍者的説法？

答曰：經云，須陀洹乃至阿羅漢、辟支佛，若智若斷，皆是菩薩無生法忍者。智名學人四智，無學人六智；斷名學人有餘斷，無學人無餘斷，是皆以諸法實相爲己用[1]。但二乘鈍故，須以六智。菩薩利故，唯用一智，所謂如實智[2]。如鈍斧伐樹，數下乃斷，若以利斧，一斫〔一〕便斷。是一樹一斷，但功用有異耳[3]。諸賢聖如是，斷諸結樹，以小乘智慧鈍故，分爲分智[4]。

凡夫所想〔二〕顛倒，往來生死，受諸苦惱，説名爲苦。以無漏智慧，深厭此苦，厭已即捨，苦無自性故[5]。所以者何？是畢竟不生性。如是知已，結使自然不生，是名集滅道智。修此行已，增其盡智、無生智[6]。菩薩利根故，知苦諦一相，所謂無相。但以凡夫顛倒之心，分別有苦有樂[7]。

又，此苦因於愛等，亦是一相。因同果故，此中無所斷，亦無所證[8]。於其觀中，善能通達。是故當知，聲聞智慧鈍故，先習此道，後乃得力。以菩薩深入故，觀四諦爲一諦[9]。如《思益經》中，說四諦爲一諦[10]。

又，《般若波羅蜜》中，說聲聞所有智、所有斷，皆在菩薩無生法忍中[11]。聲聞人以四諦入諸法實相，菩薩以一諦入諸法實相。聲聞智慧鈍故，多以厭怖爲心；菩薩智慧利故，多以慈悲爲心，同得諸法實相故[12]。名爲所有智、所有斷，皆是菩薩無生法忍。如以蘇作種種食，名雖有異，而蘇是一也[13]。

或有人言：衆生或愛多，或見多。愛多者，以無作解脫，能入涅槃。無作解脫者，所謂諸法無常、苦〔三〕[14]。見多者，以空解脫門，能入涅槃。空解脫門〔四〕者，所謂空、無我[15]。若觀無常、苦者，化之則易；若觀空、無我者，所行之道，轉深轉微[16]。

所謂諸菩薩深愛樂佛法，亦未斷結使，生諸戲論，分別常、無常，苦、非苦，空、非空，我、非我，有無、非有非無，生、不生，非生、非不生等[17]。滅此戲論故，佛爲說無生法忍。如人服散除病，散復爲患，覆〔五〕以下散藥爲稀有也。無生法忍亦如是[18]。觀諸法性故，得名爲深。以除細微之病故，藥名爲妙[19]。復有人言：有人謂菩薩不得聲聞、辟支佛道功德之利，是故說菩薩無生法忍中，悉得其利[20]。又此章中，不言學彼以成此用，先云遍觀十地者，名之爲學耳[21]。又答云：如〔六〕入滅定，先期心生，設復暫滅，時至自發[22]。

【校勘】

〔一〕“斫”，陳揚炯釋譯本作“砍”。或形近而誤。

〔二〕“所想”，卍續藏經本作“所想”，又校曰：“‘所想’疑‘取相’。”

〔三〕“苦”，陳揚炯釋譯本作“若”。形近而誤。

〔四〕“解脱門”，卍續藏經本校曰：“一無‘門’字。”

〔五〕“覆”，張景崗校本作“復”。古二字同。

〔六〕“如”，卍續藏經本校曰：“一作‘以’。”

【注釋】

[1] 學人四智：即修習聲聞中須陀洹、斯陀含、阿那含所悟之苦、集、滅、道四諦。無學人六智：即聲聞中阿羅漢及辟支佛具有的六智，除上述四諦智外，另有盡智、無生智。無須修習即得其智，謂無學人。名學人有餘斷：謂修習者斷惑不盡。凡人皆有見惑及修惑，須陀洹得四智，已斷見惑，但修惑難斷。因“惑”有許多層次，如把三界分爲九地，每地又各分爲九品，共有三界九地八十一品之多。斯陀含只斷除初地中的前六品，阿那含能把初地九品徹底斷除。故須陀洹、斯陀含、阿那含等學人之斷是有餘斷，没有斷盡。無學人無餘斷：阿羅漢及辟支佛已斷盡見惑及修惑，再無殘餘，故稱無餘斷。此數句言經説，從須陀洹到阿羅漢、辟支佛之智與斷，都屬於菩薩無生法忍。然而，其智，從陀洹到阿羅漢、辟支佛之智，稱之學人四智，尚未達到無學人六智；其斷，稱之學人有餘斷，尚未達到無學人、無餘斷。其智與斷皆以覺悟諸法實相的本質爲目的。

[2] 如實智：如諸法實相之智、知諸法實相之智，是唯佛所得之智。《大智度論》卷八四：“問曰：十智各各有體相，如實智有何等相？答曰：有人言能知諸法實相，所謂如、法性、實際，是名如實智相。……此中説：如實智唯是諸佛所得。何以故？煩惱未盡者猶有無明故，不能知如實。二乘及大菩薩習未盡故，不能遍知一切法、一

切種,不名如實智。但諸佛於一切無明盡無遺餘故,能如實智。"按:《大智度論》認爲唯有佛有如實智,而羅什在此所説,菩薩亦有如實智,二者觀點有所不同。此五句言但是聲聞、辟支佛二乘人根器愚鈍,覺悟實相,必須修習六智;菩薩根器鋭利,只須用一智,即所説之如實智。

〔3〕此六句言如同用鈍斧砍伐樹木,數次纔能砍斷,如果用利斧,一砍即斷。同一棵樹、同一樣斷,但是二種功用却有差異。前喻二乘人,後喻菩薩。

〔4〕分智:斷煩惱智慧的分别。《大智度論》卷八四:"須菩提聞是已,問佛:智慧故有上中下分别,煩惱斷復有差别不? 佛言:無差别,斷時有差别,斷已無差别。譬如刀有利鈍,斷時有遲速,斷已無差别。"此四句言諸位賢聖也是如此,要伐斷諸種煩惱繫縛身心之樹,因爲小乘智慧愚鈍,要分别用六種智纔能伐斷之。

〔5〕顛倒:謂違背常道、正理,如以無常爲常,以苦爲樂等反於本真事理之妄見。對於顛倒妄見之分類,諸經論所説有異。有二顛倒、三顛倒、四顛倒、七顛倒數種。此數句言凡夫所想,皆是顛倒的認知,往來於生死輪迴,遭受諸種痛苦煩惱,簡言之名苦。藉助無漏智慧,使之深深厭棄世間之苦,一旦厭棄即可捨棄其苦。因爲苦没有自性,所以能够捨棄。

〔6〕盡智:斷盡煩惱之智,即知苦、斷集、證滅、修道之智。無生智:聲聞果十智之第十智,爲阿羅漢的最高智,即已斷三界煩惱,知自身不再受生於三界的阿羅漢果之智。此數句言苦何以没有自性?因爲因緣和合而生,畢竟不能産生自性,一旦了悟這一本質,繫縛身心的煩惱自然不會産生,這就稱之曰集智、滅智、道智。修習苦、集、滅、道四智之後,再增益其盡智、無生智,即可了悟諸法實相。

〔7〕此五句言菩薩根器鋭利,了知苦諦一相,即是無相,但是凡夫認知顛倒,纔分别有苦有樂。

〔8〕因同果故:四諦有兩重因果:苦爲果,集是因,苦、集二諦爲

世間生死因果；滅是果，道是因，滅、道二諦爲出世因果。即由造積有漏業因而感有漏因果，由修有漏道因而證滅諦涅槃。《大般涅槃經》卷一二："有漏果者則名爲苦，有漏因者則名爲集，無漏果者則名爲滅，無漏因者則名爲道。"此即上注所説的知苦、斷集、證滅、修道之義。苦與愛亦是因與果相依相存，苦爲果，愛爲因，故苦既是空，愛亦是空。菩薩對其他三諦的認知也是如此。此五句言人生之苦因爲愛等貪欲所生，愛欲也是一相。苦與愛二者因果相依相存。四諦中的因果皆是相依相存。此中既無"斷"，也就無須取證。

[9] 觀四諦爲一諦：意謂觀一諦即悟四諦之義。《大智度論》卷八六："聲聞人以四諦得道，菩薩以一諦入道。佛説是四諦皆是一諦，分别故有四，是四諦、二乘智斷，皆在一諦中。"四諦即苦、集、滅、道四真諦，諦謂真實不虚，如來親證。四諦是佛教的基本教義，是佛教大小乘各宗共修、必修之法。此數句言在這一認識中，善知者能由一諦實相通達四諦實相，所以"四諦、二乘智斷皆在一諦中"。因爲聲聞智慧愚鈍，首先必須修習四諦，然後纔能取得功效。因爲菩薩深入佛法，故觀一諦即覺悟四諦。

[10] 説四諦爲一諦：意謂將四諦歸納爲一諦。一諦，此指聖諦，其内涵是一切法空、無我。《思益梵天所問經・解諸法品》："梵天，以是因緣故，當知聖諦非苦、非集、非滅、非道。聖諦者，知苦無生，是名苦聖諦；知集無和合，是名集聖諦；於畢竟滅法中，知無生無滅，是名滅聖諦；於一切法平等，以不二法得道，是名道聖諦。"又《談論品》："一切法空、無我，是爲聖諦；若能如是求諦，是人不見苦，不斷集，不證滅，不修道。"此二句言如在《思益經》中，將四諦歸納爲一諦，即聖諦之一切法空、無我。

[11] 此三句言又《摩訶般若波羅蜜經・遍學品》中説，聲聞的所有智、所有斷，皆在菩薩無生法忍之中。

[12] 此數句言聲聞人藉四諦方悟諸法實相，菩薩藉一諦即悟諸法實相，二者智慧有差異；因爲聲聞智慧愚鈍，多恐怖人生而心生厭

離;菩薩智慧敏鋭,多憐憫衆生而心生慈悲,二者階地也不同,但是因爲同是覺悟諸法實相,並無本質區別。

　　[13] 此五句言所以説所有智、所有斷,都是菩薩無生法忍。如同用酥做成種種食品,名稱雖有不同,其本質都是同一種酥。

　　[14] 愛多、見多:愛多者,執著於愛欲,故爲之説無作解脱門,使之體悟一切現象的無常、苦皆因緣而生,其性本空,一旦體悟法空,即得道而斷愛;見多者,執著於諸相,所以説空解脱門,一切諸相因緣而生,其性亦空,一旦體悟其性空,即諸見滅。無作解脱門:三解脱之第三門。三解脱,又稱三脱門,即空解脱門、無相解脱門、無願解脱門。無願門,又稱無作門,謂若知一切法無相,則於三界無所願求;若無願求,則不造作生死之業;若無生死之業,則無果報之苦而得自在。此數句言有人説,衆生有的愛多,有的見多。愛多者,藉助無作(無願)解脱門,就能證入涅槃。無作(無願)解脱,就是觀諸法的無常、苦。按:羅什此段所説,意取《大智度論》卷二○:"應度者有三種:愛多者、見多者、愛見等者。見多者爲説空解脱門,見一切諸法從因緣生,無有自性,無有自性故空,空故諸見滅;愛多者爲説無作解脱門,見一切法無常、苦從因緣生,見已,心厭離愛,即得入道;愛、見等者,爲説無相解脱門,聞是男女等相無故斷愛,一異等相無故斷見。"

　　[15] 空解脱門:三解脱之第一門。謂觀一切法皆無自性(空),由因緣和合而生;若能如此通達,則離於諸法而得自在。此六句言見多者,藉助空解脱門,就能證入涅槃。所謂空解脱門,就是空、無我。

　　[16] 此五句言如果能觀無作(無願)解脱之悟無常、苦者,容易教化;如果觀空解脱之悟空、無我者,修習之道愈轉向深奧微妙。意謂了悟諸法實相易,了悟諸法皆空,則需要一個過程。

　　[17] 此數句言諸菩薩深深愛樂佛法,却没有斷除繫縛身心的煩惱。於是産生諸種戲論,分别出常、無常,苦、非苦,空、非空,我、非我,有無、非有非無,生、不生,非生、非不生等等。

　　[18] 此數句言爲滅除這些戲論,佛纔爲菩薩説無生法忍。猶如

服藥散治病,藥散有害,又再下藥散,後一種藥散就是稀有之物。無生法忍就如同袪除藥散之害的稀有之藥。

[19] 此四句言無生法忍能觀照諸相(一切現象)的法性,故説其深入佛理;能袪除細微之病,故説其爲妙藥——稀有之藥。

[20] 此五句言又有人説,菩薩難道沒有獲得聲聞、辟支佛之道的功德利益?其實,菩薩是在無生法忍中已經全部獲得聲聞、辟支佛之利。

[21] 此四句言在這一章中,沒有説學聲聞、辟支佛以成就無生法忍的功用,而是先説菩薩在遍觀十地,名之遍學。

[22] 此五句言我前已答云:菩薩入定時,初即不生證入涅槃之心,唯使之暫時入定,定時一過,本心自然又生。此處意謂菩薩遍學聲聞、辟支佛等等,也只是一種修習手段。

【義疏】

第六答,回應慧遠菩薩遍學是否必須學習聲聞四道、辟支佛之智、斷及其與無生法忍的關係問題。

按照經説,從須陀洹到阿羅漢、辟支佛,皆有智、斷,這種智、斷在本質上就是菩薩的無生法忍。所不同的是:從智的方面説,修習聲聞學者,有須陀洹、斯陀含、阿那含所悟之苦、集、滅、道之四種智;無須修習聲聞學者,如阿羅漢、辟支佛,有苦、集、滅、道四諦及盡智、無生智之六種智;從斷的方面説,修習聲聞學者,如須陀洹、斯陀含、阿那含,尚斷滅不盡;無須再修習聲聞者,如阿羅漢、辟支佛,斷滅已盡,但是無論有無餘斷,他們都是以解悟諸法實相爲目的。只是因爲二乘人鈍根,必須修習六智;菩薩慧根,只須修習如實智。如同鈍斧伐木,數下砍斷;利斧伐木,一砍即斷。同樣的樹、同樣的斷,用功及效果却有差異。諸賢聖在斷繫縛身心煩惱之樹時,由於小乘智慧遲鈍,分爲六種智的類型,分別修習而斷之。這説明修習六智與菩薩無生法忍有内在聯繫,遍學六智也是修習至菩薩道的必經之路。

　　凡夫所想，皆顛倒認知，輪迴於生死，遭受諸種煩惱，名之曰"苦"。認識到苦的存在，就是苦智。藉助無漏苦智，就可使眾生深深厭離此苦，一旦心生厭離，即可捨棄世間之苦。其實，因爲苦是因緣和合而生，畢竟不能由自身產生，所以苦並無自性。一旦解悟苦的這種本質，繫縛身心的煩惱就不會產生。這種智慧名曰集、滅、道之智。修習苦、集、滅、道四種智後，再增益盡智、無生智，就能了悟諸法實相。但是，菩薩慧根，了知苦諦唯有一相——無相。只是因爲凡夫認知顛倒，纔分別有苦有樂。此亦説明菩薩與二乘對於四諦體悟的差異。

　　其實，人生之苦因愛欲產生，愛欲也是一種相，雖然愛爲因，苦爲果，但是因果有一個共同的本質特徵——空。在認識過程中，善知者由一諦實相既了悟四諦實相，所以四諦、二乘智斷，皆蘊含在所了悟的一諦實相之中。只是聲聞者智慧遲鈍，必須修習四諦，纔能取得功效。而菩薩佛法甚深，觀一諦就能覺悟四諦。《思益經》就是將四諦概括爲一諦，即一切法空、無我之聖諦。此乃進一步説明菩薩與二乘觀照方式的差異。

　　《般若波羅蜜》説，聲聞乘中所有智、斷，皆屬於菩薩無生法忍。聲聞人藉四諦證入諸法實相，菩薩藉一諦（聖諦）證入諸法實相。因爲聲聞智慧遲鈍，大多是恐怖世間而心生厭離；菩薩智慧鋭利，大多是憐憫眾生而心生慈悲，但是二者皆了悟諸法實相，所以纔説所有的智、斷——包括聲聞所證之智、斷，都具有菩薩無生法忍的性質。如同酥有種種不同的種類，但本質上都還是酥。這又説明聲聞乘的智、斷是構成菩薩無生法忍的內涵之一。

　　也有人説，眾生有的執著愛欲，有的執著諸相。執著愛欲者，可由無作（無願）解脱門而證入涅槃。無作解脱的核心就是諸法無常、一切皆苦，眾生一旦了悟諸法皆空，即厭離愛欲而證入涅槃。執著諸相者，即由空解脱門而證入涅槃。空解脱門的核心是空、無我，眾生一旦了悟諸相皆空、我亦空，即斷滅諸相而證入涅槃。就眾生而言，觀無常、苦者，教化使之證入涅槃易；觀空、無我者，所修習之道，纔逐步轉向深微。也就是説，後者的修習尚有一個艱難過程。這也説明無作（無願）解脱，尤其是空解脱，皆與菩薩無生法忍有密切關聯。

進一步説，諸菩薩雖然深深愛樂佛法，却因爲不能盡斷繫縛身心之煩惱（即前文所謂的餘氣、餘習），故産生種種戲論，於是纔産生常、無常，苦、非苦，空、非空，我、非我，有無、非有非無，生、不生，非生、非不生等分别。正是爲了祛除這些戲論，佛纔爲菩薩説無生法忍。聲聞小乘之類猶如治病之藥，雖可治病，亦有害於人，於是再用無生法忍之藥，以消解聲聞小乘之藥的有害成分。因爲無生法忍能觀照諸相的法性，故謂之深入佛理；能祛除細微之病，故謂之妙藥。因爲又有人疑問，菩薩難道就没有獲得過聲聞、辟支佛道的功德利益麽？因此佛説菩薩無生法忍中盡得聲聞、辟支佛道之利益矣。所以，在這一章中，没有詳細説明遍學聲聞、辟支佛對於成就無生法忍的功用，而是先説菩薩遍觀十地，此亦謂之遍學。其實，這一切亦如前文所説，也只是一種修習法門而已。這説明無生法忍只是佛爲了破除種種戲論而提出的概念，立足與聲聞小乘而又超越了聲聞小乘，而且無生法忍的内藴也有聲聞小乘的功德之利。由此説明遍學並未將聲聞小乘排斥在外。

　　問曰：若菩薩不證，必同此喻。以此則凡造〔一〕遍學，不應有退轉，豈非失位於龍門乎[1]？若未經遍學，便云退轉。此猶未涉險而頓駕，而本自不行，復何所論[2]？

【校勘】

　　〔一〕“造”，卍續藏經本校曰：“一作‘告’。”《慧遠研究・遺文篇》亦作“告”。

【注釋】

　　[1] 此喻：指上文結尾“以入滅定，先期心生，設復暫滅，時至自

發"。龍門:喻指佛門。詳見上注。此五句言如果菩薩不證涅槃,確實可以比喻爲入於滅定。由此則凡至於遍學,也不應退轉,豈不失去成佛的際遇嗎?

[2] 此五句言如果未有經歷遍學,便即退轉,這如同尚未歷險就停下車駕,而自己本不前行,又何必論之?

【義疏】

第七問,菩薩遍學也有兩種類型:一類是精進於遍學者,永不退轉,就失去涅槃成佛的際遇;另一類是不能精進於遍學者,倦怠不前,亦失去涅槃成佛的際遇。如此則存在一個難以彌合的矛盾:菩薩無論精進遍學與否,都難以涅槃成佛。

答曰:菩薩有二種,有退,有不退。退亦有二種:一者,直行五波羅蜜,如舍利弗等,持頭目施,而生厭退。二者,無方便行般若波羅蜜,入三解脱門,觀涅槃時,以深妙樂[一]故,即便取涅槃證[1]。取涅槃證有二種:一行菩薩道,以無方便,入三解脱門,證於涅槃。二者,菩薩聞佛説:"菩薩應學聲聞、辟支佛道,度脱衆生。"雖是菩薩,而用聲聞、辟支佛法,入三解脱門[2]。是人無方便,慈悲心薄,深怖畏老、病、死、苦,取涅槃證。如人若能乘馬,不隨馬也。不善乘者,便隨馬力[3]。諸菩薩亦如是,起無漏心,入解脱門,隨順無漏,不能自拔[4]。如是退轉菩薩,優劣不同。若久行菩薩道者,成就方便力,雖起無漏心,而不隨之。以慈悲方便力故,不令墮落。如是者,則同滅定爲喻也[5]。

又,退轉者,雖有本願,以福德智慧力用薄故,不能自出。如入賊陣[二],皆願欲出其身,力方便者,乃能得出。無力者,雖有其意,不能得出[6]。又,如説《法華經》畢竟空〔三〕,設有退轉,究竟皆當作佛[7]。佛説退者,意欲令菩薩當得直道,始終無退[8]。如《般若波羅蜜・不退品》中説。又,須菩提言:"世尊,菩薩退爲以何法退? 色陰退也? 受、想、行、識退也?"佛言:"不也。""離五陰有退也?"佛言:"不也。"須菩提言:"若不爾者,云何有退?"佛爲〔四〕須菩提漸以明《法華經》義〔五〕[9]。

【校勘】

〔一〕"樂",卍續藏經本、《慧遠研究・遺文篇》皆作"藥"。今據張景崗校本改。

〔二〕"陣",卍續藏經本作"陳"。陳揚炯校曰:"此'陳'字,疑爲'陣'字之誤寫。"古二字同。

〔三〕"説《法華經》畢竟空",陳揚炯校曰:"《法華經・譬喻品》:'爾時,佛告舍利弗……舍利弗,我昔教汝志願佛道,汝今悉忘,而便自謂已得滅度。我今還欲令汝憶念本願所行道,故爲諸聲聞説是大乘經……汝於未來世過無量無邊不可思議劫,供養若干千萬億佛,奉持正法,具足菩薩所行之道,當得作佛。'這一段説明菩薩雖退轉,當得作佛。但這一句之前'説《法華經》畢竟空'一句,與前後文義没有關聯,疑'畢竟空'三字本爲本段最後一句'漸以明'下漏文,最後一句中的'《法華經》義故'則爲衍文。"録以備考。

〔四〕"佛爲",丘本云:"'爲'下疑脱簡。"

〔五〕"義",《慧遠研究・遺文篇》、陳揚炯釋譯本皆作"義故"。

【注釋】

[1] 持頭目施,而生厭退:舍利弗曾布施眼睛,而受施者嗅之嫌臭,舍利弗即生退轉之心。《大智度論》卷一二:"如舍利弗於六十劫

中行菩薩道,欲渡布施河。時有乞人來乞其眼,舍利弗言:'眼無所任,何以索之? 若須我身及財物者,當以相與!'答言:'不須汝身及以財物,唯欲得眼。若汝實行檀者,以眼見與!'爾時,舍利弗出一眼與之。乞者得眼,於舍利弗前嗅之嫌臭,唾而棄地,又以脚蹋。舍利弗思惟言:'如此弊人等,難可度也! 眼實無用而强索之,既得而棄,又以脚蹋,何弊之甚! 如此人輩,不可度也。不如自調,早脱生死。'思惟是已,於菩薩道退,回向小乘,是名不到彼岸。若能直進不退,成辦佛道,名到彼岸。"五波羅蜜:波羅蜜有六種,指檀那(布施)波羅蜜、尸羅(戒)波羅蜜、羼提(忍辱)波羅蜜、毗梨耶(精進)波羅蜜、禪(静慮)波羅蜜。五波羅蜜,是除了般若(智慧)波羅蜜外的其餘五種。五種波羅蜜與般若波羅蜜有主從關係,由般若功德,可得其他五種波羅蜜。此數句言菩薩本來就有退轉和不退轉二種。退轉又有二種:一是直接修行五波羅蜜,如舍利弗成佛前,布施眼睛,因爲對布施貪厭者而心生厭離,由佛退轉爲菩薩。二是沒有同時修行方便(溫和),唯修行般若波羅蜜,一入三解脱門,觀照涅槃,以爲得其深妙無生法忍之藥,就立即證入涅槃。

〔2〕菩薩道:指修行六波羅蜜,即六度。六度乃大乘佛教中菩薩欲成佛必須修持的六種德目:布施度慳貪、持戒度毀犯、忍辱度瞋恚、精進度懈怠、禪定度散亂、智慧度愚癡。此數句言證入涅槃的菩薩也有二種:一是行菩薩道,擯棄方便(溫和),直接進入三解脱門,證入涅槃;二是聞佛説法,遍學聲聞、辟支佛道,度脱衆生,雖然仍是菩薩,却能用聲聞、辟支佛法,進入三解脱門。

〔3〕此數句言前一種菩薩,不修行方便(溫和),慈悲心薄弱,恐怖衰老、疾病、死亡、痛苦,於是取證涅槃。如人騎馬,善乘者,能駕馭馬而不是信馬由繮;不善乘者,信馬由繮而無明確方向。

〔4〕此五句言諸菩薩也是如此,有無漏(無煩惱)之心,入解脱法門,隨着無漏而證入涅槃,深陷無漏道中不能自拔。

〔5〕此數句言此類退轉菩薩,優劣又有不同。如果久行於菩薩

道者,又能成就方便(漚和)度化衆生之力,雖然已有無漏心,可證入涅槃,却不自證涅槃,因爲有慈航衆生之力,也不會使之墜入小乘的聲聞、辟支佛中。像這類菩薩,就如同由滅定而出定所比擬的那一類。

［6］此數句言退轉的菩薩,雖然也有發心普度衆生的本願,但是因爲福德、智慧、功用都比較薄弱,仍然不能從小乘佛法中自拔出來。如同進入賊陣,都願意全身而出,只有方便(漚和)普度衆生者,纔能全身而出,無方便(漚和)之力者,雖欲跳出賊陣,仍不得脱身。

［7］此三句言又如解説《法華經》,一旦進入畢竟空,即便有退轉現象發生,最終仍當成佛。

［8］退、無退:若能體悟畢竟空,退即不退。《般若波羅蜜‧不退品》:"須菩提白佛言:世尊,若一切法無行、無類、無相貌,菩薩於何等轉名不轉? 佛言:若菩薩摩訶薩色中轉,受、想、行、識中轉,是名菩薩不(退)轉。"此三句言佛所説的退轉,意在告誡菩薩應當走成佛之正道,保持始終不退。

［9］此數句言如《般若波羅蜜‧不退品》中説,須菩提問世尊,菩薩退轉在何種情況下發生退轉? 是在色陰中發生退轉,還是在受、想、行、識中發生退轉? 佛説,都不是。又問:是在五陰之外另有退轉? 佛説,也不是。須菩提説,如果不是這樣,何以説有退轉。佛又爲須菩提逐步説明《法華經》畢竟空之義。意謂退轉是空,不退轉也是空,何必糾纏這個概念呢?

【義疏】

第七答,回應慧遠菩薩無論精進遍學與否,都難以涅槃成佛。

首先論菩薩修習的類型。就修習行爲而言,可以分爲退轉和不退轉兩種。然而,退轉有兩種情況:一是捨棄般若波羅蜜,而修行另外五種波羅蜜,如舍利弗布施眼睛,因厭離受施者的貪厭而退轉自證涅槃;二是不行方便度脱衆生而修行般若波羅蜜,進入三解脱,觀照且取證涅槃。取證涅槃者又可分兩種：一是不行方便度脫衆生，直接行菩薩道，入三解脫門，而自證涅槃；二是遵循佛的教誨，遍學聲聞、辟支佛道，行方便度脫衆生，且以聲聞、辟支佛直接證入三解脫。前一類菩薩，無方便（漚和）之力，慈悲之心淡薄，唯是畏懼世間衰老、疾病、死亡、痛苦，而自證涅槃。故這類菩薩雖有無漏心，入解脫門，依無漏心而修證涅槃，然如人騎馬，信馬由韁而不由自主，故易於墜落聲聞、辟支佛果位；後一類菩薩，行菩薩道，成就方便力，雖有無漏心，却行慈悲方便，度脫衆生，亦如人騎馬，駕馭前行而不是信馬由韁，故不會墜入聲聞、辟支佛果位。由此可見，即便同是退轉菩薩，優劣各有不同。

　　然後進而論述退轉菩薩可能成佛的條件。退轉菩薩雖有度脫衆生的本願，因爲福德、智慧、功用單薄，如果只憑藉一己之力，難以跳出聲聞、辟支佛果位。如同身陷賊陣，皆願脫身，唯有方便之力者乃得脫身，無方便之力者，雖欲脫身而不可得。所以，退轉的本質不在於是退轉或不退轉，如果覺悟《法華經》所説之“畢竟空”──一切之有爲法與無爲法終極皆空，就會證悟退轉是空，不退轉也是空。了悟此理，縱有退轉，究竟亦能成佛。佛所説的退轉，是告誡菩薩直行佛道，退即不退。就如《般若波羅蜜·不退品》所記載須菩提與佛對話，退轉既不在五陰之内，也不在五陰之外，而是如《法華經》所言之畢竟空。也就是説，有方便力──慈航衆生，悟畢竟空──退與不退皆空，則是不墜落阿羅漢、辟支佛果位的關鍵之所在。簡要言之，“當得直道，始終無退”是一切修習的核心，退與不退只是漚和（方便）和般若的延伸而已。

　　問曰：聲聞、辟支佛智及滅，則是菩薩忍。菩薩於智滅中不證時，爲是無生滅觀力也？爲是度人心力也[1]？若是無生滅觀力，則遍學時，不得并慮。若不并慮，則無生滅之觀,玄而不徵[2]。以其無徵[一],菩薩便應隨至取證。若是度人心力,時至則反[3]。

　　凡爲菩薩,以僧那自誓。此心豈不必欲度人,而中退轉者,何也[4]？又云,《大智論》云:"得忍菩薩,解諸法實相,廓然都無時,猶如夢中乘筏渡河,既覺,無復度意[5]。"若爾者,先期其[二]有,何功用有？得忍大士,已超[三]陰路,猶尚若茲,況未至者乎[6]？君來喻雖美,吾喻是其族[四]也[7]。

【校勘】

　　〔一〕"玄而不徵""以其無徵"之"徵",卍續藏經本作"微"。《慧遠研究·遺文篇》、陳揚炯釋譯本皆作"徵"。從下句中"隨至取證"看,當以"徵"爲是,故據改。

　　〔二〕"其",卍續藏經本校曰:"一作'後'。"《慧遠研究·遺文篇》亦作"後"。

　　〔三〕"超",卍續藏經本、《慧遠研究·遺文篇》皆作"起",參照張景崗校本改。

　　〔四〕"族",卍續藏經本作"捨"。又校曰:"一作'族'。"諸本作"族",今據改。

【注釋】

　　[1] 無生滅觀:即無生觀,又稱二空。二空,一指我空與法空。我空即悟五蘊無我,法空即悟諸法緣起性空;二指性空與相空。性空是說諸法因緣而生且無自性,相空是說諸法緣生之相虛妄不實。由此而形成二空觀,即人空觀與法空觀。觀五蘊之中無人我故,不見有衆生相,謂之人空觀;觀五蘊諸法,但有假名並無實體,不見有法相,謂之法空觀。因爲無人我、無實體,故無有生滅。又,無生無滅乃涅槃之別名。《維摩經略疏》卷一:"故《大經》曰:涅言不生,槃言不滅,

不生不滅，名大涅槃。"此五句言聲聞、辟支佛的智與滅，都是菩薩無生法忍。那麼，菩薩在聲聞、辟支佛的智與滅中，不證入涅槃，是因爲無生滅的二空觀之力呢，還是爲了普度衆生的心願之力呢？ 按：如果菩薩已經覺悟無生滅的二空觀，不證涅槃却有涅槃之境；如果菩薩發願普度衆生，就不可自證涅槃。

　　[2] 此五句言如果是由於無生滅的二空觀之力而不證入涅槃，那麼菩薩遍學時就不可能同時考慮聲聞、辟支佛的小乘觀和無生滅的二空觀。如果不同時考慮小乘觀和二空觀，那麼無生滅的二空觀就深微而不可取證。按：聲聞（羅漢）、緣覺（辟支佛），雖然解脫生死、超越輪迴，但仍然心求外法，尚不能明心見性，故未進入大乘二空觀的境界。然而，二空觀也是建立在聲聞、緣覺之無常、苦、空、無我的體證基礎上，所以離開了聲聞、緣覺，二空觀就玄之又玄而不可取證。

　　[3] 此四句言以無生滅的二空觀不可取證，菩薩就會隨應聲聞、辟支佛之道而取證涅槃。如果是由於普度衆生的心願之力而不取證涅槃，則到時候又回歸於聲聞、辟支佛之道。

　　[4] 僧那：梵語摩訶僧那僧涅陀的略稱，《摩訶般若波羅蜜經》意譯爲大誓莊嚴，後來通稱爲四弘誓願。即一切菩薩初發心時共有的本願："衆生無邊誓願度、煩惱無盡誓願盡、法門無量誓願學、佛道無上誓願成。"此四句言凡是菩薩，皆發四弘誓願，既有度脫衆生的誓願之心，却又中途退轉自證涅槃，何也？

　　[5] 此數句言再說，《大智度論》云：得無生法忍菩薩，解悟諸法實相，寥廓皆是空無之時，好像夢中乘竹筏而渡河，醒來却無再渡之意。按《大智度論》卷一〇："如七住菩薩觀諸法空無所有，不生不滅。如是觀已，於一切世界中心不著，欲放捨六波羅蜜入涅槃。譬如人夢中作筏，渡大河水，手足疲勞，生患厭想，在中流中夢覺已，自念言：何許有河而可渡者？ 是時勤心都放。菩薩亦如是，立七住中，得無生法忍，心行皆止，欲入涅槃。"所以此處的意思是，這類菩薩精進不足，雖

得無生法忍，却以證入涅槃爲目的，而不是成佛。

　　[6] 大士：佛教對菩薩的通稱。南朝齊周顒《重答張長史》：“夫大士應世，其體無方，或爲儒林之宗，或爲國師道士，斯經教之成説也。”此數句言果真如此，先前所期待成佛的目標，用什麼功德實現呢？得無生法忍菩薩，已經超越五蘊肉身，尚且如此，何況尚未達到無生法忍菩薩境界者呢。

　　[7] 此二句言你來信比喻雖然美妙，我之乘筏渡河之喻亦是其同類啊。

【義疏】

　　第八問，聲聞、辟支佛的智、斷，屬於菩薩無生法忍。那麼，菩薩在聲聞、辟支佛斷、滅中却不證入涅槃，究竟是因爲無生滅之二空觀的緣故，還是爲了普度衆生之弘願的緣故？ 也就是説，究竟是覺悟二空觀乃不證而證，還是爲度脱衆生而不願取證？ 這就引出以下問題：如果是因爲覺悟無生滅之二空觀而不證，那麼菩薩遍學時就不會同時考慮修習聲聞、緣覺。一旦没有修習聲聞、緣覺，無生滅之二空觀就玄之又玄而難以徵信，一旦難以徵信，菩薩就會隨應聲聞、緣覺而證入涅槃；如果是爲了普度衆生而不證涅槃，届時就會由聲聞、緣覺回歸於菩薩道。這就是説，無論是“無生滅觀力”，還是“度人心力”，都不能作爲菩薩不證涅槃的理由。

　　從另一方面説，所有菩薩，皆發心四弘誓願，其中就有“衆生無邊誓願度”，也有“佛道無上誓願成”，怎麼會又中途退轉而自證涅槃呢？《大智度論》也説，得無生法忍菩薩，解悟諸法實相了然而無時，就不再期待證入涅槃。猶如夢中乘筏渡河，既醒來就不願再渡。若然，當初所期待證入涅槃，還有何功用？ 法忍菩薩已經超越五蘊肉身，得清净身，尚且如此，更何況未達到法忍菩薩之境者！ 這又補充説明，對於法忍菩薩而言，普度衆生本是其弘願之一，並非因此而不自證涅槃。一旦覺悟諸法實相了然而無，也就覺悟自證涅槃亦如夢中乘筏渡河，虛幻而已。

答曰：無生觀力劣而玄[一]有同，何以故？無生滅故[二][1]。一切法從本以來，不生不滅。以不滅法故，滅諸觀行[三][2]。菩薩如是智力，雖二道不應爲證。何以故？證名第一真[四]實，更無勝法[3]。而菩薩以利智慧，深得法性，不應以法爲證也[4]。然雖心不並慮，因見小乘法卑陋故，深發本識，知非所樂，但爲度小乘人故，觀其法耳[5]。譬如大鳥常有甚深清净之池，以小[五]緣故，暫住濁水，事訖便去，不樂久也[6]。此亦如是，隨大力所牽，不爲小力所制[7]。

度人心力者，諸菩薩，雖入無漏禪定，而能不捨慈悲之心。小乘則不然，以其力劣故，心在無漏，則不應復有心所念[8]。又，菩薩以小乘法觀泥洹時，有樂小乘道者，因用其法而度脱之，此則是度人心也[9]。凡言善學小乘法者，皆是得忍無生忍菩薩。所以者何？以彼謗言：“尚不得[六]此法，何能以是度人也[10]？”是故學不[七]以有殊妙之事故。如富樓那，過去無量佛所，於弟子衆中，第一法師。今佛弟子中，亦爲第一。是故當知是大菩薩，現行小法[11]。

又，小菩薩未[八]得甚深大乘之法，行五波羅蜜[12]。若入小乘空法者，不知般若波羅蜜，無方便力，慈心弱，不能自拔，爾時隨至而證[13]。佛若教如是等菩薩遍學者，則生厭心，失菩薩道。如人有咒火之力，能入大火，若無咒力，則不堪任[14]。又人言：菩薩利根故，知涅槃寂滅相真實之法，雖有慈悲之力，不能自制。但以十方諸佛現其妙身，而教化之[15]。譬如身大者墮在深坑，一切繩用不能令出，唯有大士，以金剛璅，爾乃出之[16]。菩薩亦如是，深見生死過患，涅槃寂滅安穩之處，唯有諸佛乃能令出，更無餘人也[17]。

【校勘】

〔一〕"玄"，卍續藏經本作"去"。又校曰："一作'玄'。"《慧遠研究·遺文篇》作"玄"，今據改。

〔二〕"無生滅故"，張景崗校曰："原本作'無生各'，今參照丘本、陳本改。丘本云：原'滅故'二字錯入'以不滅法故'句下，今正。"按：卍續藏經本"各"斷入下句。

〔三〕"滅諸觀行"，卍續藏經本、《慧遠研究·遺文篇》皆作"滅故滅諸觀行"。卍續藏經本校曰："'滅故'二字疑剩。"今據删。

〔四〕"真"，張景崗校曰："原本作'直'，今參照各校勘本改。"

〔五〕"小"，《慧遠研究·遺文篇》作"少"。或當據改。

〔六〕"得"，張景崗校曰："原本作'則'，今參照丘本、陳本改。"

〔七〕"不"，卍續藏經本作"者"。又校曰："一作'不'。"《慧遠研究·遺文篇》作"不"，今據改。

〔八〕"未"，卍續藏經本作"等"，語意扞格。《慧遠研究·遺文篇》作"未"，今據改。

【注釋】

[1] 此三句言"無生觀"力量不足，玄妙則同與涅槃。爲什麼呢？因爲無生觀與涅槃寂滅，都没有了生滅變化。

[2] 觀行：於心觀理，如理而身行之。亦爲觀心之行法。此五句言一切現象，本來就不生不滅。既然一切現象不生不滅，那麼一切觀行亦即斷滅。意謂一切現象無生無滅，一切觀行自然不復存在，也自然無須求證涅槃。所以無生觀對於證入涅槃而言，就顯得"力劣"。

[3] 此五句言菩薩具有一切智力，即使進入聲聞、緣覺（辟支佛）二道，也不取證涅槃。爲什麼呢？因爲證入涅槃是第一真實，要獲得

解脱,別無其他更徹底的方法。按:第一真實,是指大乘至極的涅槃。因爲大乘涅槃與小乘涅槃不同,小乘涅槃偏於真且空,大乘涅槃則空亦空,是爲中道實相之空,故稱爲第一真實。

[4] 此三句言菩薩亦以鋭利的慧根,深得法性即涅槃,就不會以法性之空去證入涅槃。此即前注所言覺悟二空觀,以不證而證。

[5] 此六句言菩薩在遍學聲聞、緣覺(辟支佛)二道時,雖然没有同時考慮無生觀,由於見小乘法平庸淺陋,深入發現自己本有覺識,便了知小乘二道不是自己所愛之法。僅是爲了度脱小乘之人,纔遍學小乘法。

[6] 此五句言譬如大鳥常在甚深清净的池中,由於某一小因緣故,暫且身住濁水之中,事情結束後便離去,因爲不樂於久住濁水之故。此以濁水喻小乘,以清静之池喻佛地。

[7] 此三句言菩薩也是如此,會隨着大力(菩薩智力)所牽引的方向走,而不會被小力(小乘之力)所制約。

[8] 此數句言再説所謂"度人心力"問題,諸菩薩雖然入於小乘的無漏禪定,却又能不捨棄普度衆生的慈悲之心。小乘則不如此,因爲智力平庸淺薄,集中身心修習無漏,就不再有其他想法。意謂小乘唯求自我解脱,而缺少普度衆生的慈悲之心。

[9] 此四句言菩薩在以小乘法觀照涅槃時,見有樂於小乘之道者,就用小乘之法度脱他們,這就是度人心力。意謂菩薩遍學小乘,一是慈航之心使然,一是方便法門使然。

[10] 此六句言凡是説善於學習小乘法者,皆指得無生法忍的菩薩。爲什麼呢? 因爲如果你不明瞭小乘法,就有人批評你:菩薩自己尚且不能以小乘法爲修習準則,怎麼能夠以此法度脱衆生呢?

[11] 富樓那:釋尊十大弟子之一,全名富樓那彌多羅尼子,略稱富婁那、彌多羅尼子,意譯爲滿慈子、滿祝子、滿願子。乃迦毗羅婆蘇(即迦毗羅衛)人,净飯王國師之子,屬婆羅門種。容貌端正,自幼聰明,能解韋陀等諸論,長而厭俗,欲求解脱,遂於悉達多太子出城之

夜,與朋友三十人同時於波梨婆遮迦法中出家,入雪山,苦行精進,終得四禪五通。及佛成道,於鹿野苑轉法輪,其乃至佛所求出家受具足戒,後證得阿羅漢果。以其長於辯才,善於分別義理,後專事演法教化,因聞其說法而解脫得度者,多達九萬九千人,故被譽爲"說法第一"。此數句言所以善於學習小乘者,不因大乘殊妙而輕視小乘。如富樓那,於過去無量佛土,在衆弟子中爲說法第一;在今佛弟子中,仍然第一。由此可知,只有大菩薩,纔善於修習小乘法。按:《法華經・五百弟子授記品》謂富樓那"内秘菩薩行,外現是聲聞。"羅什之言乃據此。

〔12〕此二句言至證悟尚淺的小菩薩等雖已得甚深的大乘之法,却只行五波羅蜜,而未能行般若波羅蜜。

〔13〕此六句言這類小菩薩如果證入小乘空法(無漏法),由於不知般若波羅蜜,没有方便衆生之力,慈悲心單薄,就可能深陷其中而不能自拔,那時就隨着無漏道而證入涅槃。按:般若波羅蜜,雖直接意譯爲到彼岸的智慧,然而菩薩行般若波羅蜜則有更深刻的内涵,菩薩以慈悲不捨衆生故,離於身心,不捨身心,善調身心,具足一切善根;菩薩不離於善根、慈悲而行般若。所以羅什謂小菩薩"不知般若波羅蜜,無方便力,慈心弱"。

〔14〕此數句言佛如果教誨這類菩薩遍學,他們就會因爲執著無漏道,厭惡一切法産生,從而失去菩薩道而證入小乘涅槃。如同有咒火之力,纔能進入火中,如果没有咒火之力,就不能入於火中。

〔15〕此六句言有人説,因爲菩薩根器鋭利,了知涅槃寂滅之相是第一真實之法,雖有慈悲之心力,却由於不能自制而證入涅槃,此時只須十方諸佛顯現法身而教化他們,即可使之跳出小乘涅槃。

〔16〕金剛瑣:鏤玉爲連環叫瑣,後來以金屬代玉即寫作鎖。此五句言好似身體龐大者,墜入深坑,用一切繩索都不能救出,唯有菩薩用金剛鎖,纔能使之從深坑出來。

〔17〕此五句言菩薩也是如此,深刻見到生死災難之苦,涅槃寂

滅安穩,證入小乘涅槃,亦如墜入深坑,唯有諸佛纔能救之使出,再無他人有這種力量。

【義疏】

第八答,回應慧遠關於"無生滅觀力""度人心力"與證入涅槃關係問題。

先說"無生(滅)觀力"。無生觀微妙,玄同於涅槃,皆是無生無滅。一切現象從根本上說,也是無生無滅,如果以此作爲出發點,則一切觀、一切行自然斷滅。然而相較於大乘涅槃而言,無生觀却顯得"力劣"。菩薩智力强大,雖入聲聞、緣覺(辟支佛)二道,却不取證涅槃。雖然涅槃是第一真實,證入涅槃就獲得徹底解脫,但是菩薩智慧銳利,深得法性即涅槃之真諦,故不以法性之空作爲證入涅槃的路徑,更不會由小乘證入涅槃。然而,菩薩修習無生觀的同時,又遍學聲聞、緣覺。在遍學過程中,發覺小乘法平庸淺陋,由此深刻反省內心本識,知小乘法不是自己所愛好,只是爲了度脫小乘人,纔觀照其法。這就如鳥棲深湛清净之池,因爲偶一機緣,又暫息於濁水(喻入世度人)之中,然事盡便去,而不樂於久留。菩薩習小乘亦復如此,因爲菩薩智力强大,不會墜入濁水中而無可自拔。這說明無生觀既不足以證入涅槃,菩薩也不會因習小乘而證入涅槃,所以遍學小乘,僅僅是度脫衆生的方便法門而已。

再說"度人心力"。諸菩薩雖入小乘無漏禪定,却不捨棄度脫衆生的慈悲之心,這種慈悲之心,就是"度人心力"。小乘則不然,因爲法力單薄,心止於無漏禪定,就不再有其他心念,不可能產生度人心力。然而,菩薩以小乘法觀照涅槃時,見衆生有樂於小乘道者,於是借用小乘法而度脫衆生。所以凡是善學小乘者,皆是得無生法忍菩薩。無生法忍菩薩之所以遍學小乘,乃在避免衆生"尚不則此法,何能以是度人"的誤解,而影響衆生對佛法的信受。所以這類菩薩不因大乘殊妙而輕視小乘,就如佛十大弟子之一的富樓那,是佛弟子中第一法師,仍然去無量佛土,演法教化,度脱無數衆生。由此可知,大菩薩也行小法(小乘法),目的是慈航衆生而已。

然後補充説明兩種情况:其一,小菩薩雖得甚深大乘佛法,行五波羅蜜,但是一入小乘空法(無漏法),既無般若智慧,又無漚和(方便)之力,加之慈航衆生之心薄弱,一旦墜入小乘空法,即難以自拔,就可能隨着無漏道而證入小乘涅槃。對待這類菩薩,佛若教誨遍學小乘,則易於因執着小乘無漏道而厭棄其他佛法,從而喪失菩薩正道。其二,因爲菩薩根器鋭利,了知涅槃寂滅相乃第一真實,故雖有慈悲之心,不能自制而期待證入涅槃,在這種情况下,只要十方諸佛現其法身而教化之,即能使其開悟,袪除迷執。猶如身體龐大者墜入深坑,一切繩索無所用之,唯有菩薩金剛瑣,方能救出。菩薩亦如此,一旦見世間生死災難,唯有涅槃寂滅安穩,就易於深陷自證涅槃之中,唯有諸佛可以救贖之。上述兩類,一是修習階地低下者,不宜遍習小乘法;二是修習階地較高,迷失於自證涅槃者,唯佛可開悟之。這説明菩薩遍學因爲境界不同所得之結果也各不相同。

簡言之,菩薩遍學小乘也存在"善學"和"不善學"。大菩薩善學,以小乘法門慈航衆生;小菩薩不善學,墜入小乘而難以自拔。關於大菩薩、小菩薩的區分參閲下問。

又問:遍學以何爲始終? 從發意至[一]得忍,其中住住皆是遍學不[1]? 若初住遍學,於二乘智滅中,已得無生法忍,則不應復住住遍學。若果不住住遍學,則其中無復諸住階差之名[2]。若初住不得忍,即住住皆應遍學。若住住遍學,則始學時,漏結不盡。如其不盡,則雖學無功。想諸菩薩,必不徒勞而已[3]。

又問:《十住除垢經》説:"菩薩初[二]住中遍學,雖入聖諦,不令法[三]滅,亦不令[四]起[4]。"此語似與《大智論》異,亦是來^{〔五〕}答所不同[5]。是乃方等之契經,於理有^{〔六〕}所共信[6]。若不會通其趣,則遍學^{〔七〕}之説,非常智所了之^{〔八〕}者,則有其人[7]。

【校勘】

〔一〕"至",卍續藏經本作"生"。《慧遠研究·遺文篇》、張景崗校本作"至",今據改。

〔二〕"初",卍續藏經本作"切"。《慧遠研究·遺文篇》、張景崗校本作"初",今據改。

〔三〕"法",卍續藏經本、《慧遠研究·遺文篇》皆作"經"。張景崗校本作"法",今據改。

〔四〕"令",《慧遠研究·遺文篇》作"使"。

〔五〕"來",卍續藏經本作"成"。又校曰:"'成'疑'來'。"諸本作"來",今據改。

〔六〕"有",卍續藏經本作"者"。又校曰:"'者'疑'有'。"諸本作"有",今據改。

〔七〕"學",張景崗校曰:"原本無,今參照各校勘本補。"

〔八〕"之",陳揚炯釋譯本作"知"。或當據改。

【注釋】

[1] 住:即地,梵語,乃有住處、住持、生成之意。即菩薩修行所經歷的十個階位(階地),通常分爲十地,也稱十住。有聲聞乘十地、緣覺乘十地、菩薩乘十地、佛乘十地四種類型。其中大乘菩薩十地指:歡喜地、離垢地、發光地、焰慧地、難勝地、現前地、遠行地、不動地、善慧地、法雲地。其中八地菩薩即證得無生法忍。此三句言遍學以哪裏爲始點,哪裏爲終點?菩薩從發心誓願到得無生法忍,即由初地到七地,其中每一地皆須遍學否?

〔2〕此六句言如果初地時即遍學二乘（聲聞、緣覺），在二乘的智、斷（滅）中，就已得無生法忍，那麼不應每一地皆遍學；如果不是每一地皆遍學，那麼其中地與地之間不再有階位的差別，也無須命名爲若干地。

〔3〕漏結：煩惱結使，即煩惱繫縛身心。此數句言如果初地没有得無生法忍，就要每一地皆遍學。如果每一地皆遍學，就證明始學時煩惱結使而不盡。如若煩惱結使而不盡，那麼學習無漏法就没有任何功用。推想諸菩薩一定不至於學習無漏法徒勞無功吧。

〔4〕十住除垢經：又稱《十住斷結經》，全稱《最勝問菩薩十住除垢斷結經》，共有三十三品，姚秦竺佛念譯。經中講述釋迦牟尼佛在祇園，照十方界，東方執志通慧菩薩，與五萬菩薩相集。其中有最勝菩薩問他法要，釋迦牟尼以十住法相答。聖諦：即四聖諦，釋迦牟尼所體悟的苦、集、滅、道四大真諦。不令法滅，亦不令起：既不使現象滅，亦不使現象生。謂諸法皆空，不生不滅。此五句言《十住除垢經》說：菩薩在初地中遍學，既已悟入四聖諦，體證諸法皆空，不生不滅。按《十住除垢斷結經・道引品》："亦無色、痛、想、行、識之屋室，亦不眼色、耳聲、鼻香、舌味、身細滑之處所，何以故？不可目視而見衆想解，不起不滅之法無始無終，是謂菩薩於初地中而净其迹。"慧遠語意蓋取此。

〔5〕《十住除垢經》此語似乎與《大智度論》不同，與你來答也是有所不同。

〔6〕方等契經：指大乘佛教十二分教全部的三藏十二部經。方等，意謂方廣平等。契經，大乘經典之總稱。契爲契理契機，上契十方諸佛之教理，下契一切衆生之根機。是類經文，謂之契經。此二句言這兩部著作乃是屬於方等之大乘經典，按理說都應該相信。意謂二經互相矛盾，如何取捨？

〔7〕則：天理不差。《易・乾》："乾玄用九，乃見天則。"此指了悟其理者。此四句言如果不能會通二經旨趣，那麼遍學之說，並非常人

智慧所能了悟的。了悟其理者有其人乎？

【義疏】

　　第九問，一是關於遍學的始點與終點問題。遍學從何而起，因何而終？是從菩薩發心誓願始至得無生法忍終（即從初地至七地）？其中菩薩修習的每階位（階地）皆須遍學？若初地遍學，即於二乘智、斷中得無生法忍，就不應每一地遍學；如不是每一地遍學，那麼其中就不應有菩薩修習階地之差，且每一地又以不同名號稱之。若每一地須遍學，就證明初地始學時，煩惱結使不盡。遍學而煩惱結使不盡，雖學之亦無功，菩薩何必徒勞遍學！二是關於佛教對遍學的內在矛盾問題。《十住除垢經》說，菩薩初地中遍學，即可入苦、集、滅、道四聖諦，進入無生無滅的境界。這一說法似乎與《大智度論》有差異，與你的來答也不同。二者同是大乘方等經典，按理皆可取信。如果不能會通二經旨趣，關於菩薩遍學問題，則非平常智慧所了知。明其理者有其人乎？

　　答曰：此義前章已明，要大菩薩現作聲聞，爲度小乘人故，學小[一]乘法，如富樓那等[1]。或有人言：有三種慧，聞慧、思慧、修慧[二][2]。未得無生法忍菩薩，以聞思慧，學二乘法。何以故？是人福德未深厚故，若用修慧，則便作證[3]。是故唯無生法忍菩薩，三慧遍學諸道[4]。又新發意菩薩慧，誦讀思惟大乘經法，雖學亦不爲成無生法忍也[5]。而得忍菩薩，同體實相之利，但深淺有異。是故觀智而已。此因緣先已說[6]。又十住斷結說，未見此經，不得妄[三]以相答[7]。

【校勘】

　　〔一〕"小"，卍續藏經本、《慧遠研究·遺文篇》皆作"大"。張景崗校本作“小”,今據改。

〔二〕“修慧”,卍續藏經本、《慧遠研究·遺文篇》脱。今據張景
崗校本補。

〔三〕“妄”,卍續藏經本、《慧遠研究·遺文篇》作“玄”。今據張
景崗校本改。

【注釋】

[1] 此五句言此義前章已經闡明。簡要地説,大菩薩遍學聲聞、
緣覺等小乘,爲了度脱小乘衆生。即使學大乘法者,如富樓那亦以小
乘法普度衆生。

[2] 三種慧:《成實論》卷二:一聞慧,依見聞經教而産生的智慧;
二思慧,依思惟道理而産生的智慧;三修慧,依修習禪定而産生的智
慧。前兩慧爲散慧,乃發修慧之緣;修慧則爲定智,有斷惑證理之用。

[3] 此數句言未得無生法忍菩薩,運用聞慧、思慧,修習聲聞、緣
覺(辟支佛)二乘法。因爲這類菩薩福德智慧尚未深厚。如果運用修
慧,就易於自證涅槃。

[4] 此二句言所以唯有得無生法忍菩薩,纔能以三慧而遍學聲
聞、緣覺(辟支佛)諸道。

[5] 初發意菩薩:即新發菩提心而入佛道之菩薩。新發意的菩
薩相當於五十二位(菩薩修行五十二漸次階位,即十信、十住、十行、
十回向、十地、等覺、妙覺)中之最初十信位;以其修學佛道日淺,故又
稱新學菩薩。十信位是信心、念心、精進心、慧心、定心、不退心、回向
心、護法心、戒心、願心。信爲道源功德母,只要對佛教升起信心的凡
夫,即爲初發意菩薩。按:此處則指十地中的初地菩薩。另外,上所
舉之十住與十地含義不同。此四句言新發心菩薩,誦讀並思考大乘
經法,雖然學習大乘法,也不爲成就無生法忍。

[6] 觀智:從初發心到得無生法忍,其智慧有深淺,故觀其智而
知其修行階地。此五句言然而得無生法忍菩薩,有體悟實相的鋭利

智慧,但是有體悟深淺之別,故也可觀照其智慧的不同。這一因緣前面已經說過。

　　[7] 此三句言另外,關於《十住除垢斷結經》所說,我尚未見此經,不能妄加回答你。

【義疏】

　　第九答,回答慧遠兩個問題:一是關於遍學的始終問題。從一般意義上說,大菩薩遍學聲聞、緣覺(辟支佛)小乘法,爲度脫小乘衆生,富樓那即是其例。所以對於大菩薩(得無生法忍,即八地至十地菩薩)來說,不存在遍學始終問題。小菩薩(未得無生法忍,即初地至七地菩薩),若具有聞慧、思慧者,亦須遍學小乘法,因爲其福德智慧尚未深厚;具有修慧者,若止於遍學小乘,則易於自證涅槃,必須以學大乘救贖之。所以唯有無生法忍菩薩,具有三慧,遍學諸法。可見,遍學的條件是無生法忍菩薩,遍學的過程並非以世間爲界定維度。

　　二是關於遍學的內在矛盾問題。新發菩提心菩薩智慧,唯在於誦讀並思考大乘經法,雖學之,亦不可得無生法忍。而已得無生法忍菩薩,雖然其智慧銳利,同樣能體悟諸法實相,但仍然有體悟深淺的區別,這種區別就在於觀照諸法實相的智慧不同。這一緣由前答已經說過。最後補充說明,自己未見《十住除垢斷結經》,所以對於慧遠所問,不可妄加回答。其實,羅什並未正面回答遍學的內在矛盾,只是說明智有深淺,學有不同而已。

　　又問:證與取證,云何爲證?菩薩爲證而不取,爲不證不取也[1]?若證而不取,則證與取證宜異[2]。若以盡爲證,盡不先期而設至,云何爲不取[3]?若謂既證而不取,則須菩提不應云,是處不然[4]。若以盡爲證,三結盡時則是須陀洹,下分盡時則是阿[一]那含,二分盡時則是阿羅漢[5]。若三處皆盡,而非三道,則有同而異者矣。其異安在乎？若先同而後異,直是先小而後大耳。若先異而後同,直是先大而後小耳。若都不同不異,則與來答違〔二〕[6]。而取〔三〕後會,此所望也[7]。

【校勘】

〔一〕"是阿",卍續藏經本脱。張景崗校曰："原本無,今參照丘本補。"

〔二〕"違",卍續藏經本、《慧遠研究・遺文篇》皆作"趣"。丘本校注云："'趣'下錯簡,今闕。"《慧遠研究・遺文篇》疑"趣"應作"違"。今據陳揚炯釋譯本改。

〔三〕"取",卍續藏經本、《慧遠研究・遺文篇》皆作"永"。今據陳揚炯釋譯本改。

【注釋】

[1] 證:證果,即開悟或得道。指證得無漏正智能契合於所緣之真理。《勝鬘寶窟》卷中："緣起相應,名之爲證。"取證:亦稱證得、證入,即證得妙道而入於真理(真實)。常因所證對象不同而略有不同。如往生證得,若修净土,得見彌陀,往生佛土;禪悦證得,若修禪定,得入静定,明心見性;本尊證得,若修加持,能於所應法持中,獲得肉身直轉願力身。後文羅什回答,則專指證入涅槃,永不退轉。此四句言所謂已證與取證,用什麼證明？菩薩是已經達乎證而不取證,還是不自證也不取證呢？

[2] 此二句言如果已經達乎證的境界而不取證,那麼證與取證應有不同。

[3] 此三句言如果以煩惱盡作爲證的境界,假如斷盡之果不期而至,又爲何不取證?

〔4〕是處不然：意指菩薩住空法時不應作證。《摩訶般若波羅蜜經·不證品》：“須菩提白佛言：世尊，如佛所説，菩薩摩訶薩不應空法作證。世尊，云何菩薩住空法中而不作證？佛告須菩提：若菩薩摩訶薩具足觀空，先作是願：我今不應空法作證，我今學時，非是證時。”此二句言如果説既已達乎證的境界而不取證，那須菩提不應説“是處不然”。

〔5〕三結：指見結，即我見；戒取結，即行邪戒；疑結，即疑正理。乃見惑之總稱，斷此三結則爲預流果。《大般涅槃經》卷三六：“此中如何説斷三結名須陀洹？一者我見，二者非因見因，三者疑網。……須陀洹人雖復能斷無量煩惱，此三重故。亦攝一切須陀洹人所斷結故。”此三種結有三種對治法：身見是空，戒取是無願，疑是無相。二分：指五上分結、五下分結。色界、無色界之五種煩惱，稱五上分結。分別指色愛結，貪著色界五妙欲之煩惱；無色愛結，貪著無色界禪定境界之煩惱；掉結，二界衆生心念掉動而退失禪定之煩惱；慢結，二界衆生恃自凌他憍慢之煩惱；無明結，二界衆生癡闇之煩惱。此結於色界、無色界起之，且爲之不得離色界、無色界，故謂之上分結。三界中欲界之結惑曰下分結。分別指貪結，貪欲之煩惱；嗔結，嗔恚之煩惱；身見結，我見之煩惱；戒取結，取執非理無道邪戒之煩惱；疑結，狐疑諦理之煩惱。此五惑於欲界而起者，且爲之不能超脱欲界，故謂之下分結。此數句言如果以煩惱盡而爲證的境界，三結盡時，即證須陀洹；五下分結盡時，即證阿那含；五上分結、五下分結皆盡時，即證阿羅漢。

〔6〕三處：此指欲界、色界、無色界。三道：此指須陀洹、阿那含、阿羅漢。此數句言如果欲界、色界、無色界三處煩惱皆已斷盡，却未證得須陀洹、阿那含、阿羅漢三道，則證與取證有同有異。其異在哪裏呢？如果證與取證先同而後異，就是先小乘而後大乘；如果證與取證先異而後同，就是先大乘而後小乘；如果證與取證既不同也不異，就違背了你的來答意旨。

〔7〕此二句言得到你所答的會通之意，正是我所希望的啊。

【義疏】

　　第十問，已證與取證的關係問題。所以開頭即問：已證與取證的依據是什麼？菩薩究竟是已證而不取證，還是不自證、不取證呢？如果是已證而不取證，則證與取證不同；如果以煩惱斷盡即爲已證，斷盡之果即不期而至，爲何又説不取證？如果説既已證而不取證，那麼須菩提就不應説"菩薩已經住空即不應取證"。如果以斷盡煩惱爲已證，那麼三結斷盡時，就應是須陀洹果位；五下分結斷盡時，就應是阿那含果位；五上分結、五下分結斷盡時，就應是阿羅漢。如果是欲界、色界、無色界皆已斷盡卻没有達到須陀洹、阿那含、阿羅漢三道果位，那麼已證、取證就有同有異。如果這一説法成立，那麼差異又表現在哪裏？已證、取證，如果先同而後異，即是先小乘而後大乘；如果先異而後同，即是先大乘而後小乘；如果不同不異，與你所答意旨相背離。這就是説，已證與取證，也存在内在邏輯、實際修證上的矛盾。所以慧遠希望能尋求一種會通之旨。

　　答：經直云證，欲令易解故，説言永證。證與所證，無有異義[1]。《般若波羅蜜》中，佛爲須菩提解之，菩薩欲入三解脱門，先發願，不作[一]證，即今是學行時，非是證時[2]。以本願大悲，念衆[二]生故，雖入三解脱門，而不作證。如王子雖未有職，見小職位，觀知而已，終不貪樂，當知別有大職故[3]。菩薩亦如是，雖入小乘法，未具足六波羅蜜、十地菩薩事故，而不作證[4]。

　　證名已具足，放捨、止息，所觀第一，更無有勝，不復畏受三界苦惱，是名爲證[5]。譬如人有事相言，未得可信重人爲證者，則生憂怖[6]。種種方便，求自勉濟。若得證已，心則安穩，不復多言也[7]。諸賢聖如是，知世間可厭離，無所貪著，即見無生、無滅、無作、無相常法[8]。此法無爲，不生不滅故,不可在心。不可在心故,不名爲修;以無漏故,不名爲斷,但以爲證耳[9]。此理真實,第一可信。若於是法貪欲修行,即是戲論,生法煩惱[10]。是故,應證而不應修,如熱金丸雖好,正可眼見,不可手捉。如是證涅槃已,不復須厭斷[三]修道[11]。

凡證,説有四種:一者,有人欲得諸法實相,修行其道,見涅槃相,即以爲殊妙,發大歡喜,而生相著。因涅槃故,有所戲論。此人之心,自謂得微妙法,名爲智慧中戲論煩惱也[12]。二者,見涅槃法,厭離心薄通鈍故,不能斷[四]一切煩惱,或爲須陀洹,或爲斯陀含,或爲阿那含,名爲學涅槃者,不名得證也[13]。三者,厭情休息,智慧心則見涅槃已,不生愛著,不生戲論,捨諸煩惱,名阿羅漢、辟支佛[14]。四者,發心阿耨多羅三藐三菩提,爲度衆生故,欲與衆生第一之利,所謂涅槃利;生死中厭離心厚,世世修習種種法門,無量福德,利根第一。雖見涅槃,不生愛著,不生戲論[15]。捨一切凡夫結使,知一切法同涅槃,無生無滅[16]。但未具足菩薩之道,本願未滿,唯斷凡夫結使,未斷菩薩細微結使故,不名爲證[17]。

證名所作已辦,不復更有所作。得證者,唯有三人:阿羅漢、辟支佛、佛[18]。三學人雖斷結使,不患盡故,但假名爲證,非實證也。如因得道人故,餘學道者,通名道人[19]。此中得無生菩薩,知諸法實相涅槃,自利已足,三界苦斷,爲教化成就衆生故,出於涅槃無爲之法,還修有爲福德,淨佛國土,引導衆生,是故不名爲證也[20]。

【校勘】

〔一〕“作”，卍續藏經本作“住”。今據陳揚炯釋譯本校改。

〔二〕“念衆”，卍續藏經本作“發願”。又校曰：“一作‘念衆’。”今據改。

〔三〕“斷”，陳揚炯釋譯本作“離”。或當據改。

〔四〕“斷”，張景崗校曰：“原本作‘信’，今參照丘本、陳本改。”

【注釋】

〔1〕永證：謂證入涅槃，永不退轉。此五句言經直接就説證，爲了容易理解，説是永證。自證與取證，没有本質意義的差别。

〔2〕此六句言在《般若波羅蜜》中，佛爲須菩提解釋説，菩薩意欲入小乘空解脱、無相解脱及無願解脱的三解脱門，先要發心誓願不住於自證，這就是經所説的“現在是修習之時，而非自證之時”。

〔3〕此數句言菩薩雖然已入三解脱門，而不取證。就如同王子雖未有職位，見到小職位，也只是了解一下而已，絕不貪圖此位，因爲他知道另有大職位。意謂遍學小乘，僅爲熟悉小乘以爲方便法門；其歸趣乃在超越小乘，追求大乘菩薩境界。

〔4〕此四句言菩薩也是如此，雖然入小乘之道，因爲没有具足六波羅蜜、十地菩薩的功德，故而不取證小乘果位。

〔5〕放捨：放下、捨棄。《五燈會元》卷一：“佛曰：吾非教汝放捨其華，汝當放捨外六塵、内六根、中六識。一時捨却，無可捨處，是汝免生死處。”第一：指第一義諦，又名真諦、聖諦、勝義諦、涅槃、真如、實相、中道、法界、真空等，意即深微至妙之真理。止息：止觀一境，息滅妄念，乃禪定的一種境界。此六句言涅槃之證已經具足，放下執著，息滅妄念，所觀諸法皆第一義諦，達到至極勝境，不再畏懼遭受三界苦惱，這纔真正叫做證。

〔6〕此三句言譬如人有事相告，没有得到可以特别信任的人爲證，就容易產生憂慮甚至恐懼。

　　[7]　勉濟：勉力度脱。《法華經·譬喻品》："舍利弗，如彼長者，雖復身手有力而不用之，但以殷勤方便，勉濟諸子火宅之難，然後各與珍寶大車。"此五句言於是採取種種方便，求得自己勉力度脱。如果能得證見，心即安穩，不再多説其他。

　　[8]　此四句言諸賢聖也是如此，了知世間一切現象皆可厭離，不再有所貪愛執著，就會體悟到諸法實相無生無滅、無作無相的不變之法。

　　[9]　無爲法：離因緣造作之法，有三無爲、六無爲等。三無爲中之擇滅無爲，六無爲中之真如無爲，即涅槃。涅槃是無爲法中之最勝者。《四十二章經》卷一曰："解無爲法，名曰沙門。"此數句言這一常法，無作無相，屬於無爲法；不生不滅，不可存於心。因爲心無所存，沒有修行對象，所以不能稱之修；因爲已無煩惱，也不能稱之斷，只能以證爲名。意謂修、證也是假名。

　　[10]　生法，指產生法執。法執、我執皆是煩惱之原。此五句言這一道理真實，第一可信。如果執著於諸法皆空而欲修行，就是沒有意義的戲論，反而產生法執的煩惱。

　　[11]　金丸雖好，正可眼見：此典出自《大智度論》卷一〇："諸聖人知有爲法皆無常、空故，捨入涅槃，是福亦捨。譬如燒金丸，雖眼見其好，不可以手觸，燒人手故。"此六句言所以諸法實相皆空，可以證而不可修，就如滾熱的黄金丸，雖然珍貴，可以眼見，却不可以手捉之。猶如此之證得涅槃之後，就無須厭離世間而去修道。

　　[12]　此數句言關於證，有四種説法：一是有人爲悟得諸法實相，修行小乘之道，見涅槃之相，就認爲特別美妙，生大歡喜心，且執著涅槃相，而產生種種戲論。此人的心理，自認爲自得微妙真諦，這是由智慧所生戲論而引起煩惱。

　　[13]　此數句言二是見涅槃法，因爲厭離世間之心薄弱，且根性整體愚鈍，不能斷一切煩惱，這類人只能或爲須陀洹，或爲斯陀含，或爲阿那含，可稱之學涅槃者，而不可稱之證涅槃者。

　　[14]此數句言三是厭離世間之情已經停止，智慧之心則已產生，見涅槃法之後，不生貪愛執著，不生無意義之戲論，捨棄諸種煩惱，這類人稱之阿羅漢、辟支佛。

　　[15]阿耨多羅三藐三菩提：梵語音譯，意譯無上正等正覺。見《次問修三十二相并答》注。此數句言四是發心無上正等正覺，爲了度脫衆生，欲給予衆生最大利益，即所謂涅槃之利，使衆生在生死輪迴中產生深厚的厭離之心，世代修習種種法門，這類人積累無量功德，而且慧根堪稱第一，雖見涅槃，不生貪愛執著，不生無意義的戲論。

　　[16]此三句言這類人能捨棄一切凡夫繫縛身心的煩惱，了知一切現象皆同於涅槃，無生無滅。

　　[17]此五句言但是這類人仍然沒有具足菩薩道，發心本願也没有完全實現，只是斷滅了凡夫繫縛身心的煩惱，並未斷滅菩薩殘留的細微煩惱，也不能算真正證得涅槃。

　　[18]此五句言所以稱之曰證，是指一切修習已經完成，不再有需要修習之地。獲得此證者，只有三人：阿羅漢、辟支佛、佛。

　　[19]三學人：指學習涅槃的須陀洹、斯陀含、阿那含。此數句言須陀洹、斯陀含、阿那含，只是學涅槃之人，雖然已斷盡煩惱，只是假名爲證涅槃，並非真正證得涅槃。就如同因爲有已經得道之人，其餘學習得道之人，通稱爲道人。意謂“餘學道者”並未得道，只是假名得道之人，而不是真正得道之人。

　　[20]諸法實相涅槃：《思益梵天所問經・解諸法品》：“諸法實相，即是涅槃。”《大智度論》卷九九：“諸法實相即是佛。”按：這種諸法實相爲涅槃、爲佛的觀點，是羅什的基本觀點。此數句言在菩薩中間，有得無生法忍，了知諸法實相之空就具有涅槃之理，自利度己已經完成之後，三界之苦也已斷滅，只是爲了教化衆生，成就衆生度脱，超越涅槃無爲之法，回歸世間，修行有爲之法的福德，清净佛土，引導衆生，所以這也不能稱之爲證涅槃。

【義疏】

第十答,解答已證與取證是否存在邏輯及修證上的矛盾問題。所論有四層:求證而不取證,不取證而已證,發願求證而未證,圓滿之證而不名證。最終説明"證"也是假名,如老子所言之"道"。

首先直接引經論,説明證與取證並無本質區別。經直接説"證",爲了便於信徒理解,又説"永證"。其實證與所證(取證)沒有本質不同。然而,不取證並非説明沒有達到證的境界。在《般若波羅蜜》中,佛對須菩提説,菩薩不取證,有兩點原因:其一,將入三解脱門而發願不證涅槃。這類菩薩將入三解脱門,因爲發心誓願不住於涅槃境,三解脱門只是修習的途徑,目的不在取證,即"現在是修習時,不是取證時"。其二,已入三解脱門而不取證涅槃。這類菩薩本願是慈航衆生,雖入三解脱門而不取證,是乃以成佛爲終極。故雖入於小乘空法,因爲小乘空法沒有具足六波羅蜜、十地菩薩的功德,故也不取證。

但是,菩薩雖不取證卻已證。菩薩涅槃之證已經具足,捨棄執著,妄念不生,觀照諸相實法皆空(第一義諦),進入至極勝境,亦不再畏懼遭受三界苦惱,這就是已證。諸聖賢一旦了知世間苦集,生厭離之心,無貪愛執著,即可洞見諸法實相本來就無生無滅、無作無相。這種常法也就是無爲法,因爲不生不滅,故亦心空。唯在心空,不須修證;又因沒有煩惱,故不説斷,但已經因此而已證涅槃。此即真諦,第一可信。如果對於這無爲法,心生執著,企望修行而證,這也就是戲論,反而産生法執的煩惱。所以涅槃可證入卻不可修行,如經所喻,滾熱金丸雖是珍貴,只可眼見之,不可手執之。涅槃也是如此,在證入涅槃之後,一切皆空,自然不生厭離之心,不行修習之道。

所言之證,有四種類型:第一類,有人欲得諸法實相,修行小乘空道,見涅槃相,即認爲是殊妙之相,發大歡喜心,生執著相,因爲涅槃本是了無生滅,寂然而空,故所論涅槃相、修涅槃,皆是無意義的戲論。這類人自謂心得微妙佛法,實際上是一種由智慧而生戲論、由戲論而生執著的煩惱。第二類,有人見涅槃相,厭離世情之心淡薄,根性智慧盡皆愚鈍，不能斷滅一切煩惱，只能修成須陀洹、斯陀含、阿那含的果位，所謂的須陀洹、斯陀含、阿那含等，皆名之曰學涅槃者，不可名之曰證涅槃者。第三類，不生厭離世間之情，唯有止觀智慧，證入涅槃之後，不生貪愛執著，不生無意義的戲論，斷滅諸種煩惱，這就是阿羅漢、辟支佛果位。第四類，發心無上正等正覺，爲了普度衆生，欲給予衆生第一等利益，即涅槃之利，使衆生在生死輪迴中心生深厚的厭離之情，世世修習這種種法門，這類人積累無量功德，根性智慧第一，雖然見涅槃之相，却不生貪愛執著，不作無意義戲論。捨棄一切凡夫煩惱繫縛，了知一切法皆如涅槃，無生無滅。但是這類人尚未具足菩薩道，發心誓願也未圓滿，雖斷絕凡夫煩惱繫縛，却未斷菩薩的細微煩惱餘氣，還不能稱爲真正證入涅槃。

真正稱之已證，是所有業行皆已圓滿，不再有業行。得此證者，唯有三人：阿羅漢、辟支佛、佛。須陀洹、斯陀含、阿那含雖也斷滅煩惱繫縛，但只能假名爲證，並非實證涅槃。就如同因爲有已經得道之人，而其餘學道的人也名之曰道人，是一個道理。其實，學道者只是假名道人，而非真正得道之人。在阿羅漢、辟支佛、佛之中，有一類已得無生法忍的菩薩，已經了悟諸法實相與涅槃本質相同，既已度己，又斷三界苦集，只是爲了教化衆生，成就衆生度脫，超越涅槃無爲法，返回世間，修行有爲福德，期望清净佛土，導引衆生，故其雖證而又不名之曰證。

十八、 次問住壽義并答（問答）

遠問曰：經云：知四神足，多修習行，可得住壽一劫有餘。又，須菩提請世尊[一]住壽恒沙劫。既有此法，即宜行之有人[1]。請問：諸佛菩薩竟有住壽者不？若果有者，爲是法身，爲是變化身乎[2]？若是法身，法身則有無窮之算，非凡壽所及，不須住壽。若是變化身，化身則滅時而應，時長則不宜短,時短則不宜長。以此住壽,將何爲哉[3]？

又問:壽有自然之定限,壽之者與化而往〔二〕,自〔三〕應無陳。時不可留,云何爲住[4]？若三相可得中停,則有爲之相,暫與涅槃同像[5]。不知胡音中竟住壽不？若以益算爲住壽,則傳譯失旨[6]。

又,得滅盡三昧者,入斯定時,經劫不變,大火不能焚,大海不能溺。此即是三昧力,自在壽住[7]。今所疑者,不知命根爲何所寄〔四〕？爲寄之於心,爲寄之於形,爲心、形兩寄也[8]？若寄之於心,則心相已滅,滅無所寄;若寄之於形,即形隨化往〔五〕,時不可留[9]。何以明〔六〕之？《力士移山經》云:"非常之變,非十力所制。"制非十力,則神足可知也[10]。此問已備之於前章,若一理推釋,二亦俱解[11]。

【校勘】

〔一〕"尊",卍續藏經本、《慧遠研究·遺文篇》皆作"爲"。諸本作"尊",今據改。

〔二〕"往",卍續藏經本作"住"。《慧遠研究·遺文篇》、張景崗本作"往",今據改。

〔三〕"自",卍續藏經本、《慧遠研究·遺文篇》、張景崗校本皆作"目"。今據陳揚炯譯釋本校改。

〔四〕"寄",卍續藏經本、《慧遠研究·遺文篇》皆作"壽"。張景崗校本作"寄",下文亦皆由"寄"而論,今據改。

〔五〕"往",卍續藏經本、《慧遠研究·遺文篇》作"住","住"與下句"不可留"抵牾,諸本作"往",今據改。

〔六〕"明",卍續藏經本、《慧遠研究·遺文篇》皆作"時"。張景崗校本作"明",今據改。

【注釋】

[1] 四神足：又作四如意分、四如意足，指四種可以獲得神通變化能力的禪定。神，指神通，足，喻禪定。四神足，具體指四種定境。《摩訶般若波羅蜜經·廣乘品》：“須菩提，菩薩摩訶薩摩訶衍，所謂四如意分。何等四？欲定斷行，成就修如意分；心定斷行，成就修如意分；精進定斷行，成就修如意分；思惟定斷行，成就修如意分。”簡稱爲“欲定”“心定”“勤定”“觀定”。住壽一劫有餘：謂壽命長達一劫有餘。《長阿含經·遊行經》：“佛告阿難，諸有修四神足，多修習行，常念不忘，在意所欲，可得不死一劫有餘。”住壽，壽命不增不長，長存於世。劫，佛教時間計量單位。古印度傳說世界經歷若干萬年毀滅一次，重新再開始，這樣一個周期叫做一劫。此數句言經說，知道四神足，多修行四神足，可得一劫有餘的長壽，須菩提也祝願佛壽如恒河沙那樣有無量劫。既有此法，就必應有人修行。

[2] 此五句言請問諸佛菩薩究竟有無這樣長壽？如果有，是法身，還是變化身？

[3] 此數句言如果是法身，法身本身就具有無窮之壽，不是凡夫之壽所能及，就無須住壽。如果是化身，則是法身應時而滅、方便所生之變化身，需要時間長則化身存在長，需要時間短則化身存在時間短。化身怎麼能够住壽呢？

[4] 無陳：没有舊貌，謂容顏不住變化。此六句言再問，壽命有自然確定的界限，長壽者也與自然造化一起變化，視之而不住變化，隨着時間流逝而不可長存，究竟何爲住壽？

[5] 三相：《法華經·藥草喻品》：“如來說法，一相一味，所謂解脱相、離相、滅相。”三相也稱三有爲相，即一解脱相，無生死之相；二離相，無涅槃之相；三滅相，生死、涅槃無相。無相即非有非無之中道。此三句言如果說三相之中有相可以停下，這就是有爲之相，三相中的無生死之相實際上就是暫時與涅槃同相。

[6] 胡音：此指梵語。此三句言不知梵語有“住壽”一詞否？若

果以壽命增加爲住壽，那麼翻譯爲“住壽”就失去了本意。

　　[7] 三昧：意爲排除一切雜念，使心神平静。如何集中精神，可分爲兩種：一是與生俱來的能力即“生得定”，另一種是因後天努力而使集中能力增加即“後得定”。前者靠積德而得，後者靠修行而得。《十住毗婆沙論》卷一一：“三昧乃四禪、八解脱以外之一切定；又言三解脱門和三三昧（有覺有觀定、無覺有觀定、無凶妙覺無觀定）稱爲三昧。”這裏所説的三昧，指空、無相、無願（無作）的解脱三昧。故曰“滅盡”。此數句言得斷滅諸相之三昧者，一旦入此禪定，就歷經千萬年而不變，大火不能焚燒，大海不能淹没，這就是三昧力，可以自在長存於世。

　　[8] 此五句言今之所疑乃不知命根如何寄托纔能住壽。是寄托於心，寄托於形，還是寄托心和形兩個方面？

　　[9] 此六句言如果寄托於心，那麼入於三昧即心相斷滅，心相既已斷滅，如何能寄托命根；如果説寄托於形，那麼形體隨着自然造化而變，此命根何以能留下？

　　[10] 力士移山經：即竺法護所譯《佛説力士移山經》。非常之變，非十力所制：意謂無常之力，勝過如來十力。《佛説力士移山經》曰：“諸力士白世尊曰：大聖，已現乳哺、神足、智慧、意行及十種力，寧有殊異復超諸力乎？世尊告曰：一切諸力雖爲强盛，百倍千倍萬倍億倍，無常之力計爲最勝，多所消伏。所以者何？如來身者，金剛之數，無常勝我，當歸敗壞。吾今夜半，當於力士所生之地而取滅度。”釋聖賢注：意謂任何力量也不及變化無常之力。如來十力，出《圓覺略鈔》並《大智度論》，指如來具足的十種力：一爲知是處非處智力，二爲業異熟智力，三爲静慮解脱等持等至智力，四爲知諸根勝劣智力，五爲知種種解智力，六爲知種種界智力，七爲知一切至處道智力，八爲知宿命無漏智力，九爲知天眼無礙智力，十爲知永斷習氣智力。此六句言何以知其不可留下呢？《力士移山經》説：無常之變，非佛之十力所能制約。既然佛的十力都不能制約，那麼四神足更不能制約，這是非常明確的。

[11] 此三句言命根寄托問題,此前曾經請問過,與此所問,其實是一個道理,如果由這一道理推開闡釋,兩個問題俱可解決。

【義疏】

此章問修習四神足究竟是否可以"住壽"及壽命與命根、心形的關係問題。佛經明確説,了知四神足而修習之,即可得住壽一劫有餘,須菩提也祝福世尊住壽無量。既有此法,必然有人修習。於是引出兩個疑問:諸佛菩薩究竟有否住壽? 假使有住壽,究竟是法身還是化身? 就後一問而言,若是法身,法身已有無窮之壽,無須住壽;若是化身,化身生滅,應時方便於教化衆生,長短隨其方便,不存在壽命長短問題。

從自然規律上説,壽命有定數,因自然造化而生,隨時序更替而去,生命現象目可視之,不可須臾留之,何曾有過住壽? 如果在三相(解脱相、離相、滅相)之中有相可停留,此乃有爲之相,其中滅相與涅槃相同,然而這也只是短暫現象,從稍長的時段來説,仍然具有生滅。所以我即懷疑梵文中究竟有否"住壽"一詞? 如以壽命增益即爲住壽,翻譯就背離了經旨。

還有一種情況,就是斷滅三昧,一旦入此禪定,歷經劫波而不變,大火不能焚燒之,海水不能淹没之,因爲有此三昧之力,可以自在住壽。這又令人生疑:住壽的命根究竟寄托何處? 是寄托於心,寄托於形,還是心、形兩寄? 如果是寄托於心,心相滅則命根無所寄;如果寄托於形,形隨時而滅則命根不可留。《力士移山經》曾明確指出,無常的變化,佛祖的十力也不可改變,四神足怎麽可能改變呢! 由此可見,有關住壽問題,不僅佛經記載有不同,而且運用佛理難以自圓其説,證之現象難以征信。

什答:若言住壽一劫有餘者,無有此説,傳之者妄[一][1]。如《長阿含・大泥洹經》,阿難白佛:"乘現證,從世尊聞,若善修習四如意,是[二]人若欲壽一劫、若減一劫,則成耶[三][2]?"《摩訶衍經》曰"若欲壽恒河沙劫"者,此是假言,竟不説人名。用此法者,如賓頭盧頗羅墮阿羅漢,善修習如意故,壽命至今不盡[3]。因現神足力,取栴檀鉢故,佛以此治之。唯聞此一人行其法用,餘者未聞[4]。又,諸阿羅漢,觀身如病如癰,如惡怨賊。如退法阿羅漢,多[四]有自害,況當故欲久壽也[5]?以體無我心故,深拔貪著根本故,以涅槃寂滅安穩之利,以不樂久住。雖住先世因緣,身盡則止[6]。

又,法身、變化身,經無定辨其異相處,此義先已説[7]。聲聞人中説,變化之身[五],無心、意、識、寒熱等慧,性是無記,正可眼見,爲事故現,事證則滅。如是之身,無有根本,則無久壽之爲義[8]。法身二種:一者,三十七品等諸賢聖法[六];二者,三藏經等。此皆非身非命,亦不得有久壽之爲義[9]。當是先世行業所得之身,爲大因緣故,欲久住者便得隨意[10]。

摩訶衍中法身相[七],先已具説其因緣,今者略説。菩薩法身有二種:一者,十住菩薩得首楞嚴三昧,令菩薩結使微薄,是人神力自在,與佛相似,名爲法身。於十方現化度人之身,名爲變化身[11]。隨見變化身者,推求根本者,以爲法身。是故凡小者,名爲變化身。如此之人,神力無礙,何須善修四如意足也[12]?二者,得無生忍已,捨結果身,得菩薩清净業行之身。而此身於自分意[八],能爲自在。於其分外,不能自在無礙[13]。是菩薩若欲善修習如意,亦可有恒沙劫壽耳[14]。如人有力,不假大用。若無力者,乃有所假,初入法身菩薩亦如是。神通之力,未成就故。若修如意者,便得隨意所作[15]。

又,《修如意章》中言：若人欲劫壽者,便得如意。不言住壽也。如《阿毗曇》中説：有阿羅漢,以施得大福德,願力轉求增壽,便得如願[16]。所以者何？是人於諸禪定,得自在力,願智、無諍三昧、頂禪等皆悉通達。以先世因緣壽將盡,爲利益衆生故,餘福因緣,轉求長壽,便得如願[17]。如檀越欲施比丘多種食之物,而是比丘有遊行因緣,不須此物,善喻檀越言："汝以好心見施,可令〔九〕此食爲衣物。"而得如願[18]。

又,善修如意者亦如是,雖不先世福德求壽,以得無漏法故,專修有漏甚深善根[19]。修有漏甚深善根力故,便得增壽果報。無漏雖無果報,能令有漏清净,小而獲大果[20]。又,滅盡三昧力因緣故,令餘行增壽。若入滅盡三昧時,過於生理,身則毀壞,無復身因〔一〇〕,起定〔一一〕即無。若入餘定,則無此事[21]。如一比丘欲入滅盡三昧,作起心因緣,願打揵槌〔一二〕,得〔一三〕當從定起。有賊來破壞僧坊,十二年中,無揵槌音,此比丘猶在定中。後檀越還修立僧坊,打揵槌,比丘便覺,時即死也[22]。

【校勘】

〔一〕"妄",卍續藏經本、《慧遠研究・遺文篇》皆作"生"。張景崗校本作"妄",今據改。

〔二〕"是",卍續藏經本校曰："'是'疑'足'。"《慧遠研究・遺文篇》亦作"是"。

〔三〕"耶",卍續藏經本校曰："'耶'一作'所'。"《慧遠研究・遺文篇》作"所"。

〔四〕“多”,卍續藏經本作“今”。又校曰:“‘今’一作‘多’。”諸本作“多”,今據改。

〔五〕“身”,卍續藏經本脱,此據陳揚炯釋譯本校補。

〔六〕“法”,卍續藏經本作“故”。又校曰:“‘故’一作‘法’。”《慧遠研究·遺文篇》作“法”,今據改。

〔七〕“相”,卍續藏經本、《慧遠研究·遺文篇》皆作“想”。諸木作“相”,今據改。

〔八〕“於自分意”,卍續藏經本、《慧遠研究·遺文篇》皆作“自於分憶”。張景崗校本作“於自分意”,今據改。

〔九〕“令”,卍續藏經本及《慧遠研究·遺文篇》作“貪”,參照張景崗校本改。

〔一〇〕“因”,《慧遠研究·遺文篇》作“用”。

〔一一〕“定”,卍續藏經本作“是”,張景崗校本作“定”。從下句“若入餘定,則無此事”看,當作“定”,故據改。

〔一二〕“願打樨槌”,卍續藏經本作“願力打撻推”。又校曰:“一無‘力’字。”

〔一三〕“得”,陳揚炯釋譯本作“時”,斷入上句。

【注釋】

[1] 此三句言如果説“住壽一劫有餘”,佛經中没有這一説法,應是傳説佛法者的妄言。

[2] 長阿含·大泥洹經:即《大般涅槃經》。欲壽一劫、若減一劫:意謂住壽滿一劫,減壽亦滿一劫,二者相同。《大般涅槃經》卷上:“阿難,四神足人,尚能住壽滿足一劫,若減一劫,如來今者有大神力,豈當不能住壽一劫,若減一劫!”佛教認爲人的壽命有增有減,自十歲開始,每一百年增一歲,至八萬四千歲爲一增。自八萬四千歲開始,每一百年減一歲,減至十歲爲一減。每一增一減爲一小劫。佛教所説的劫,有小劫、中劫、大劫的區分。一增一減爲一小劫,共計一千六

百八十萬年；二十小劫爲一中劫，共計三萬三千六百萬年；八十中劫爲一大劫，共計兩百六十八億八千萬年。此數句言如《長阿含•大泥洹經》記載：阿難告訴佛，我從佛處聽説，乘着現有已經證得的功德，如果修習四神足，此人若欲有增一劫、減一劫的一劫之長壽，即可成功！

[3] 賓頭盧頗羅墮阿羅漢：即賓頭盧尊者，十八羅漢的第一位，全名賓頭盧，姓頗羅墮。意譯爲不動利根，如如不動，利根堅固。現童顔白髮長眉笑面之相。尊者曾爲優婆填王之大臣，機緣成熟，看破放下，出家修道，證宿命通。據《法苑珠林》卷四二、《四分律》卷五一記載：賓頭盧尊者曾示現神通，用神足飛去高處，取木杆上檀香木鉢，又坐在石頭上，懸空飛起，在城裏繞了很多圈，導致衆生害怕石頭會掉下來而東西避走，因非法示現神通，遭到佛陀呵責，命他往西牛賀洲度化衆生。閻浮提僧衆請求佛放回賓頭盧，佛同意放回，但不讓他證入涅槃，而令其永遠住於世間度化衆生。此數句言《摩訶衍經》所説“若欲壽恒河沙劫”者，此是假設之言，所以最後也没有説出人名。運用此法者，如賓頭盧頗羅墮阿羅漢，善於修習四神足，住壽於世，至今不盡。

[4] 此五句言因爲賓頭盧顯現四神足的威力，飛取栴檀鉢，佛用此法懲罰他，所以至今仍在世間。唯有聽説這一個人行其法術的功用，其餘的人尚未聽説。

[5] 退法阿羅漢：阿羅漢有六種：退法羅漢、四法羅漢、護法羅漢、安住法羅漢、堪達法羅漢、不動羅漢。退法羅漢是證得阿羅漢果中最鈍根之羅漢，彼等逢疾病等惡緣，即退失所證之果。見《俱舍論》卷二五。自害：即自殺。如《雜阿含經》卷四七記載：闡陀身罹重病，不堪其苦，欲舉刀自盡。舍利弗和摩訶拘絺羅前往勸阻。舍利弗問闡陀曰：“汝於耳、鼻、舌、身、意、意識及法，何所見、何所知故，於意、意識及法，見非我、不異我、不相在。”闡陀答：“尊者舍利弗，我於意、意識及法，見滅知滅故，於意、意識及法，見非我、不異我、不相在。尊

者舍利弗,然我今日身病苦,痛不能堪忍,欲以刀自盡,不樂苦生。"此四句言諸阿羅漢看自己的身體如看到疾病、看到癰腫,如痛恨盜賊一樣,還有那些退法阿羅漢,也多有自殺者。哪裏還説他們欲久住世間之壽呢! 意謂無論退轉或不退轉阿羅漢,皆不願住壽世間。

[6] 此數句言阿羅漢因爲内心已體證無我,從根本上拔除貪戀執著,且以涅槃寂滅爲安定身心之利,因此不樂於久住世間。雖因前世因緣的果報,身住世間,肉身一旦斷滅,便不在世間流轉生死。

[7] 此三句言所謂法身、變化身,佛經沒有確定辨明其相有何不同處,這一含義前面已説明。

[8] 無記:無記法,非善非惡無可記別之法。此數句言如果按照小乘聲聞的説法,變化之身,沒有思維意識,也不能感知寒熱冷暖,本性是沒有善惡的中性存在,衆人之所以可以看見,是因爲應事而顯現,事畢,化身也就斷滅。如此化身,沒有根本,就沒有住壽之義。

[9] 三十七品:凡學佛修行之人,皆欲了脱三界火宅,六道輪迴,生死苦惱,而達到此身即成就超凡入聖的境界。從凡夫發願修行,由入道而證果,要經過許多層次階地,才能圓滿究竟。由凡俗達到涅槃妙境的資糧,漸次修行,有三十七種,謂之三十七道品,又謂之三十七分法、三十七菩提分法。所謂三十七品,即"四念處、四正勤、四如意足、五根、五力、七覺支、八正道"。此五句言所説的法身共有兩種:一是關於三十七品中諸賢聖之法,二是三藏經等。這樣的法身都是非真身非性命,也不包含住壽的意義。按:法身有三義:一是指法,即佛所説之正法;二是指佛所得之無漏法及佛之自性真如如來藏;三是指身,即三身(法身、報身、應身或化身)之一。故又作法佛、理佛、法身佛、自性身、法性身、如如佛、實佛、第一身。而羅什此處僅以諸聖賢之法、三藏經爲法身,將三身排除在法身之外。

[10] 此三句言只是因爲前世造業所獲得的肉身,由於有大因緣(指度化衆生),纔欲久住世間,以方便爲法門而隨其本願而已。

[11] 摩訶衍:意即大乘,此泛指大乘經。首楞嚴三昧:首楞嚴乃

梵文音譯,意譯爲健相、一切事竟。首楞嚴三昧,意即堅固攝持諸法之三昧。此是諸佛及十地菩薩纔能證得之禪定(三昧)境界。《大智度論》卷四七:"首楞嚴三昧者,秦言健相,分別知諸三昧行相多少淺深,如大將知諸兵力多少。復次,菩薩得此三昧,諸煩惱魔即魔人無能壞者,譬如轉輪聖王,主兵寶將,所住至處,無不降伏。"此數句言至於大乘法中所説的法身相,在前面已經具體説明其因緣,今再略説如下。菩薩法身有二種:第一是十住菩薩,證得堅固攝持諸法之三昧,使菩薩煩惱繫縛微薄,這類菩薩神力自在,與佛相似,名之曰法身。爲度脱十方國土衆生而顯現其化身,這就名之曰變化身。

[12] 四如意足:即四神足。本章亦簡稱四如意、如意。此數句言隨時可見的變化身,推究其本原,就是我們所説的法身。所以凡是没有佛莊嚴偉大之相,法身縮小而爲衆生可見,即是變化身。如這類人,神力無所障礙,爲何還善修四神足呢? 意謂變化身乃是方便度化衆生,本非法身,就無須善修四神足。

[13] 分憶:即分別念,意指分別識的作用。分別識是超越五識(眼、耳、鼻、舌、身識)的第六意識。這種意識常常隨着六塵境界而有種種分別。一是凡夫的虛妄計度;二是脱離凡夫虛妄計度而冥合真理,則名無分別智。無分別智即佛的根本實智。菩薩的分憶,一指在無分別智之内,即是佛智;二指在無分別之外,即是結使。此數句言第二是得無生法忍菩薩,捨棄前世之果所得的肉身(果報身),證得菩薩清净造業之身。然而這種法身尚有分別意識,在無分別智内,能神通自在;在無分別智外,就不能自在無礙。

[14] 此二句言這類菩薩如果善於修習四神足,就可能有如恒河沙那樣無限劫的長壽。

[15] 此數句言如同人有大力,不必藉助其他大功用之物;如果没有大力,纔要藉助其他大功用之物。初入法身的菩薩就是如此,尚未有大力,尚須藉助四神足之力,因爲尚未成就佛的階地。此時,如果修習四神足,就能隨意所爲。

[16] 修如意章:指《摩訶般若波羅蜜經》所論之"修如意"。詳見上注。願力:心願的造業力,即誓願的力量。願,誓願,有總願與別願二種,如四弘願誓是總願,彌陀四十八願、藥師十二願是別願。此數句言《摩訶般若波羅蜜經》論"修如意"説,如果人有一劫之壽者,就能有四神足,但並没有説住壽。再如《阿毗曇》中説,有阿羅漢,因爲布施而得到大福德的心願力,由這種大福德願力轉求長壽,就能如願。

[17] 自在力:意謂做任何事自由自在、隨心所欲、無任何障礙之願力。此是諸佛及上位菩薩所具之功德,故佛亦稱爲自在人。菩薩所具的自在力有二種自在、四種自在、五種自在、八種自在、十種自在等不同種類。但是按照《大智度論》所言,阿羅漢一旦進入深禪定(頂禪)狀態,亦可得自在。願智:如願知悉一切智慧。爲佛共德之一,僅不動羅漢(六種阿羅漢中最高位者)所能起者。乃先發誠願求知彼境,而以世俗智爲自性,復依第四静慮爲所依,由此加行而引發的妙智。《大智度論》謂欲知三世之事,隨願而知之,即爲願智。無諍三昧:謂住於空理而他人無可争議的三昧境界。在佛弟子中,解空第一之須菩提最通解空理,故於弟子中所得之無諍三昧,最爲第一。諍,直言勸諫。頂禪:最高至極之禪定。關於願智、無諍三昧、頂禪,《大智度論》卷一七曰:"有二種阿羅漢,壞法、不壞法。不壞法阿羅漢,於一切深禪定得自在,能起頂禪。得是頂禪,能轉壽爲富,轉富爲壽。復有願智、四辯、無諍三昧。願智者,願欲知三世事,隨所願則知。……無諍三昧者,令他心不起諍。"此數句言爲什麼呢? 這類人在各種禪定中,得自在力,願智、無諍三昧、頂禪等也無不貫通明瞭。若因前世因緣而壽命將盡時,爲了利益衆生,用自己剩餘的福德轉求長壽,就能如願。

[18] 此數句言比如施主打算布施比丘多種食物,而這一比丘因爲雲遊之故,不需要這些食物。便巧妙地告訴施主説:"你因好心而布施於我,可否使此食物換成衣物。"比丘終得其所願。

[19] 此四句言善修四神足者也是如此。雖然不用前世所修福

德轉求長壽，却因得無漏法，專修有漏法之甚深善根。

　　[20] 此五句言因爲修有漏法的甚深善根，就能得到增益壽命的果報。修無漏法雖然不能獲得增益壽命的果報，但是能使所修的有漏法清净，這是修小福德而獲得大果報。

　　[21] 滅盡三昧：指進入三昧，滅盡諸相、住於空理。此數句言另外，因爲入滅三昧之力的因緣，也能使原來的善業增益壽命。然而若入滅三昧時，已超過生命極限，肉身也已毀壞，不再有肉身的原因，入滅三昧恰是生命的消失。如果修習其他禪定，就不會有這種結果。

　　[22] 起心：此指出定。撻椎：即椎槌，鐘磬、鈴鐸之類的法器。南朝陳徐陵《東陽雙林寺傅大士碑》：“每至椎槌應叩，法鼓裁鳴，空界神仙，共來行道。”清吳兆宜箋注：“《增一阿含經》：佛告阿難，汝今連擊椎椎。《釋氏要覽》：梵云椎槌，此云鐘磬。”此數句言曾有一比丘，欲入滅盡三昧，因有出定之心理因緣，寺内擊打鐘磬時，就得其心願之力，從三昧中出定。有賊來毀壞了寺廟，十二年沒有鐘磬之聲，此比丘一直在禪定狀態。後來施主重修寺廟，一擊鐘磬，比丘就醒來，當時就死去。按：滅盡三昧時，雖入涅槃之境，却有顯明的生命體徵。《中阿含經·法樂比丘尼經》：“復問曰：賢聖，若死及入滅盡定者，有何差別？法樂比丘尼答曰：死者壽命滅迄，温暖已去，諸根敗壞。比丘入滅盡定者，壽不滅迄，暖亦不去，諸根不敗壞。若死及入滅盡定者，是謂差別。”此比丘十二年不進飲食，身體已經朽敗，故鐘磬一響，肉身墜地。

【義疏】

　　此章乃回應慧遠關於“住壽”的疑問。在否定“住壽”概念的同時，分別從經籍記載、法身及化身、法身相等方面，論述壽量之增益的問題，然後轉入論述修習四神足即四如意問題。

　　首先明確一點：佛經並無“住壽一劫有餘”説，乃後人妄傳。然而

《長阿含·大泥洹經》記載，阿難告訴佛，從世尊聽説，緣於現有功德，如果再善於修習四神足，此人就能有一（小）劫之壽。但是《摩訶衍經》所説的“若欲壽恒河沙劫”者，乃是假設之詞，所以没有記載人名。運用四神足者，有賓頭盧尊者，因爲善於修習四神足，住壽世間，持續至今。他也因爲濫用四神足，飛取栴檀鉢而受到佛呵斥，因而被貶謫於世。唯聽説此人行四神足法，其他尚未聽説。但是對於一般阿羅漢而言，觀肉身如疾病如贅瘤，如厭惡盗賊，所以也有退法阿羅漢多因此而自殺，哪裏還有願意住壽世間！一般羅漢皆體證無我，深深拔除貪戀執著之本，認爲涅槃寂滅安穩，所以不樂於久住世間。即使住於世間，也是由於前世因緣不得不爾，一旦肉身斷滅，即脱離生死流轉。這説明修四神足而“住壽”在本質上是戲言，而非真實。

　　至於法身、變化身，經書並未辨別其相的差異。只是小乘聲聞者説，佛的變化身，没有心相意識，不能感知寒熱，本性也無善惡，因爲方便度化而顯現，一旦方便之事畢，變化之身隨之斷滅，如此化身，没有命根，當然没有住壽之意。所謂法身，有二種：一是三十七品諸賢聖法，二是三藏經等，這都不是形體性命，不可能有住壽之義。所謂住壽，應是前世業緣所得肉身，由於度化衆生故，欲久住世間，只是隨其度化衆生之本願而已。一般説來，法身包括正法與佛之真身兩方面含義，羅什取小乘諸部之説，將佛所説之諸法、所詮之菩提分法、所得之無漏功德法等，稱之爲法身。單就這一點而言，法身抑或化身，皆無住壽的存在。

　　至於法身相問題，前文已經闡釋，又補充如下。菩薩法身有二種：第一是已證入首楞嚴三昧的十住菩薩，煩惱繫縛微弱，神力自在，因與佛近似而名之曰法身。這類菩薩由於需要在十方世界度化衆生，而顯現變化身。這種隨方便而顯現的變化身，推求本原，生成於法身。所以人們將小於法身之現身，稱爲變化身。如此菩薩，神力無所不能，何須善於修習四神足！第二是已證入無生法忍的菩薩，捨棄煩惱結使的果報肉身，得菩薩清净造業之身。此身又因分別意識而有不同：在無分別智内，能神通自在；在無分別智外，就不能自在無礙。這類菩薩如果善於修習四神足，亦能有如同恒河沙那樣的無量劫壽。由此可見是否需要修四神足，也取決於菩薩自身具有的法力。譬如人若有力氣，無須藉助外力；若無力氣，纔須藉助外力。初入法身的菩薩，也就是因爲没有成就神通之力，如果能修習四神足，其行爲就能隨心所欲。也就是説，如果就法身相而言，修習四神足，得無量壽（住壽），只有得無生法忍菩薩；至於證入首楞嚴三昧的十住菩薩，法身相已與佛身相同，故無須修習四神足，亦得無量壽。此節羅什又增加説明，法身相就是佛菩薩真身，可與上節法身論互相參證。將法身與法身相分别，是值得注意的説法。

《摩訶般若波羅蜜經》論"修如意"時又説，如果欲得一劫長壽者，就應修習四神足（四如意）。然經中並未言"住壽"。像《阿毗曇經》中則有記載，有一阿羅漢因布施而得大福德的願力，轉而祈求增益壽命，終於如願。因爲這一羅漢在諸種禪定中得自在力，願智、無諍三昧、頂禪也無不貫通自如。也有一種羅漢，因爲前世因緣而壽命將盡，爲了利益衆生，利用其餘下的福德轉而祈求長壽，也能最終如願。這兩種羅漢修行境地不同，發心起願也不相同，雖然一以布施功德得其增壽，一以利益衆生得其增壽，途徑不同，但皆得如願。這種選擇應依據自己的願景，如一施主欲布施比丘種種食物，却因爲此比丘乃云游之故，無需食物，即請施主易之衣物，亦得如願。這説明，"修如意"雖强調欲得一劫長壽就應修習四神足，但這不是唯一標準。《阿毗曇經》記載的兩種阿羅漢，就並非因爲修習四神足而得增壽。

其實善修四如意（四神足）者，亦如上文比丘所得布施，依其所需而已。這類修習者雖然不以前世福德轉求長壽，已經證得無漏法，反而專修有漏法的深厚善根。正因爲這一因緣，即可得到增壽的果報。所證得的無漏，雖然没有果報，却又能使有漏清净，此乃修小行而獲得大果報。另有一種情况是，因爲入滅三昧之力的因緣，原來的善業也能增益壽命。但是入滅三昧存在一個界限：如入滅三昧時間過於久長，超過了生命極限，肉身因此而毀壞，恰恰導致死亡的發生。羅什所列舉的一位比丘入滅三昧的虛擬故事，就是一個讓人啞然的悲劇性例證。這說明善修四如意，也需要注意選擇。壽量之增益，修四神足（四如意）固然得之，通過其他途徑也同樣可以得之。然"住壽"之說則非經論。

佚文輯録

失　題[一]

　　釋氏之化，無所不可，適道固自教源，濟俗亦爲要務。世主若能翦其訛僞，獎其驗實，與皇之政并行四海，幽顯協力，共敦黎庶。何成、康、文、景，獨可奇哉？使周、漢之初，復兼此化，頌作刑清，倍當速耳。

【校勘】

　　〔一〕《高僧傳》卷七《釋慧嚴傳》、《弘明集》卷一一《何令尚之答宋文皇帝讚揚佛教事》引“慧遠法師嘗云”。

失　題[一]

　　眇莽無明，猶促夜之有旦，似寐而不覺。

【校勘】

　　〔一〕晉釋惠達《肇論疏》卷上引“遠法師云”。

失　題[一]

　　名冠入室，迹并絶塵也。

至道映於當季。

【校勘】

〔一〕晉釋惠達《肇論疏》卷上：“‘蔚登玄室’者，遠師云：‘名冠入室，迹并絶塵也。’賢人爲升堂，聖人爲入室是也。……‘雲映者’，遠法師云：‘至道映於當季。’”

失　題[一]

世號知沈根可移之於冲根也。

【校勘】

〔一〕晉釋惠達《肇論疏》卷上：“拔玄根於虚懷者，遠法師云：世號知沈根可移之於冲根也。”

失　題[一]

玄不同方，迹絶兩冥。

然極溺，俗相説相，拔幽根於重劫也。

欲闢重冥於幽室，必開户牖以通其照。冥冥玄夜，幽寢無期，玄音發詠，而大道宣流也。

【校勘】

〔一〕晉釋惠達《肇論疏》卷上引。

失　題〔一〕

二乘未得無有，始於七地方能得也。

非夫聖近善誘，孰闚其畔；非夫窮神冥應，孰岸其極也。

汪之焉莫得其量，洋之焉莫其盛之也。

【校勘】

〔一〕晉釋惠達《肇論疏》卷上引。

失　題〔一〕

法身獨還，不疾而速也。

撫之有會，功弗由晨也。

【校勘】

〔一〕晉釋惠達《肇論疏》卷中引。

本無義〔一〕

因緣之所有者，本無之所無。本無之所無者，謂之本無。本無與法性，同實而異名也。性異於無者，察於性也。無異於性者，察於無也。察性者不知知無，察無者不知知性。知性無性者，其唯無察也。

【校勘】

〔一〕晉釋惠達《肇論疏》卷上曰：“廬山遠法師‘本無義’云。”按：張景崗校本將本篇輯入《法性論》。

法性論(問答)

自問云：“性空是法性乎？”答曰：“非。性空者即所空而爲名。法性是法真性，非空名也。今何得會爲一耶？”〔一〕

廬山中諸人問曰：“衆經明空，其辭雖多方，不固各異，統歸宜同，而獨稱法性何耶？”答：“明極之謂也。明極則神功周盡，聖智幾乎息。”問：“然則體法性者將爲哉？”答：“唯冥其極而已。”

云法性者，名涅槃，不可壞，不可戲論。性名本分種，如黄石中有金性，白石中有銀性。譬如金剛在山頂，漸漸穿下，至金剛地際乃止。諸法亦如是，種種別異，到自性乃止。亦如衆流會歸于海，合爲一味，是名法性也。〔二〕

【校勘】

〔一〕唐釋元康《肇論疏》卷上曰：“遠法師作《法性論》，自問云。”

〔二〕晉釋惠達《肇論疏》卷中曰：“遠師《法性論》成後二章，始得什師所譯《大品經》，以爲明驗，證成前義。云（略）。”按：張景崗校本將本篇輯入《法性論》。

釋《净名經》〔一〕

實相理窮，名爲畢竟；體寂無爲，名不生不滅。此不生不滅，是彼無常眞實性故，名無常義。

【校勘】

〔一〕唐沙門澄觀《大方廣佛華嚴經隨疏演義鈔》卷三八曰："遠公釋《净名經》，多用中邊論意，意取圓成實性；釋不生滅，是無常義。故云。"又見五代釋延壽《宗鏡録》引。按，張景崗校本輯入《法性論》。

失　題〔一〕

分陀利伽是蓮華開喻。然體逐時遷，名隨色變，故有三名也。

【校勘】

〔一〕隋智顗《妙法蓮華經玄義》卷七上引。

失　題〔一〕

真法、好法，等也。

【校勘】

〔一〕隋吉藏《法華玄論》卷二曰："具存梵本應云：薩達磨、分陀利、修多羅。竺法護公翻爲'正法蓮華'，羅什改正爲'妙'，餘依舊經。遠公雙用二説，加以多名，謂真法、好法，等也。"按：依照原意應爲"正法、妙法，等也"。

釋《法華經》^{〔一〕}

　　此經以一乘爲宗。一乘之法，所謂妙法。如《譬喻品》云：是乘微妙清净第一，於諸世間，爲無有上。

【校勘】

　　〔一〕隋吉藏《法華玄論》卷二引。

失　題^{〔一〕}

　　聞壹公以等智爲般若，情實不甘。

【校勘】

　　〔一〕唐釋元康《肇論疏》卷二引《遠法師集》。

失　題^{〔一〕}

　　八地已上，方是無上大乘。

【校勘】

　　〔一〕唐均正《大乘四論玄義記》引。

釋《涅槃經》[一]

問云："若無所得，云何作善？"佛答："明諸衆生現有佛性，當必得果，如子在胎，定生不久，理須修善。"又問："我今不知所趣入處，云何作善？"佛答："有如來藏，可以趣入，宜修善業。"

【校勘】

〔一〕五代永明禪師釋延壽《萬善同歸集》卷下引"廬山遠大師釋《涅槃經》"。

失　題[一]

唯一知性，隨用分多，非全心外別有諸數。譬如一金，作種種器，非是金外別有器體。隨用別分受、想、行等，各守自相，得言有數，如金與器，非無差別。金、器雖別，時無前後，心法如是。若言定一，金時應當無其諸器。若言定別，器應非一金。心法一異，准此可知矣。

【校勘】

〔一〕五代永明禪師釋延壽《宗鏡録》卷二七引"廬山遠大師云"。

失　題[一]

無明緣行者，有四無明：一、迷理無明，義通始終；二、發業無明，在於行前；三、覆業無明，此在行後識前；四、受生無明，與識同時，或在識後。

【校勘】

〔一〕五代永明禪師釋延壽《宗鏡録》卷七七引“遠法師云”。

失　題[一]

緣集義者，統唯一種，或分爲二，約眞妄開：一、妄緣集，三界虛妄，唯一心作，如夢所見，但是妄心解；二、眞緣集，一切諸法，皆眞心起，如夢所見，皆報心作。或約心識説三：一、就事緣集，從其事識，起一切法；二、妄緣集，從其妄緣，起一切法；三、眞緣集，眞識體中，具過一切恒沙性德，互相集成，故言緣集，又從眞識，起一切法。故經説言：“若無如來藏識，七識不住，不得厭苦，樂求涅槃。由如來藏，故起諸法。”又就有爲無爲説三，即：一、有爲緣集，二、無爲緣集，三、具二緣集。

【校勘】

〔一〕五代永明禪師釋延壽《宗鏡録》卷一八引“遠大師云”。

劉公傳[一]

　　劉程之,字仲思,彭城人,漢楚元王裔也。承積慶之冲[二]粹,體方外之虛心。百家淵談,靡不游目。精研佛理,以期盡妙。陳郡殷仲文、譙國桓玄,諸有心之士,莫不崇拭禄尋陽柴桑,以爲入山之資。未旋幾時,桓玄東下,格稱“永始”。逆謀始,劉便命挐,考室林藪。義熙,公侯咸辟命,皆遜辭以免。九年,太尉劉公知其野志冲邈,乃以高尚人望相禮,遂其初心。居山十有二年卒。

【校勘】

　　〔一〕唐元康《肇論疏》卷二《答劉遺民書》注:“廬山遠法師作《劉公傳》云。”

　　〔二〕“冲”,張景崗校曰:“《肇論疏》大正藏本作‘重’,據遵式《注肇論疏》改。”

存疑之作

薩陀波倫讚[一]

密哉達人，功玄曩葉。龍潛九澤，文明未接。運通其
會，神疏其轍。感夢魂交，啓兹聖哲。

【校勘】

〔一〕高麗藏本《廣弘明集》卷三〇收録"讚"共五篇，除了此四篇
之外，另有《曇無竭菩薩讚》（見"正編"所録）。據專家考證，《契丹藏》
和《高麗藏》皆以《開寶藏》爲底本，《開寶藏》是東土第一部佛經刻本，
今《開寶藏》《契丹藏》惟存殘卷，所收之《廣弘明集》亦已散佚。然《高
麗藏》本《廣弘明集》卷三〇"目録"注云："晉沙門釋慧遠《念佛三昧詩
序》（並《佛菩薩讚》）。"另外，《廣弘明集》正文所録慧遠《念佛三昧詩
序》後，又附録王齊之《念佛三昧詩》，且在王詩下又注云："詩並菩薩
讚。"這就引起兩點混淆：第一，僅僅是王齊之《念佛三昧詩》作爲《念
佛三昧詩序》附録，還是佛菩薩四讚也是《念佛三昧詩》附録？ 第二，
兩條"注云"前後所指内容不同：前言"佛菩薩讚"，後言"菩薩讚"。從
收録内容看，前四篇是菩薩讚，後一篇是佛讚。若非翻刻或抄録錯
誤，即可作兩種理解：一是"佛菩薩讚"乃慧遠所作；二是其中"菩薩
讚"既有慧遠所作，也有王齊之所作，甚或還有其他道人之所作。按：
據宋沙門遵式《念佛三昧詩叙》可知，"王齊之"乃"王喬之"之誤。

但是，也有三點尚須辨析。第一，從内容上看，《念佛三昧詩序》
與《念佛三昧詩》内容一致，所以將王齊之詩附録於慧遠序之後，合乎
一般編輯體例。所以作爲附録只可能是王詩，而不可能是"佛菩薩

讚”，因爲讚的内容與念佛三昧没有關聯。第二，《初學記》卷二三引用《曇無竭菩薩讚》，作者慧遠。這裏有一個細節是《廣弘明集》卷三〇在此讚下有一簡短序言：“因畫波若臺，隨變立讚等。”波若臺即般若臺，乃慧遠在廬山所建，臺上供奉佛像。《曇無竭菩薩讚》《薩陀波倫讚》《薩陀波倫入山求法讚》《薩陀波倫始悟欲供養大師讚》，實際上爲供奉般若臺上菩薩像讚。所選頌讚對象具有非常深刻的内在關聯。曇無竭，全稱達摩鬱伽陀。《大智度論》卷九七曰：“此菩薩在衆香城中，爲衆生隨意説法，令衆生廣種善根，故號法盛。其國無王，此中人民皆無吾我，如鬱單越人，唯以曇無竭菩薩爲主。其國難到，薩陀波侖不惜身命，又得諸佛菩薩接助能到。大菩薩爲度衆生，故生如是國中。”又《摩訶般若波羅蜜經·法上品》：“爾時，曇無竭菩薩摩訶薩陀波倫菩薩言：善男子，諸佛無所從來，去亦無所至。何以故？諸法如不動相，諸法如即是佛。善男子，無生法無來無去，無生法即是佛。無滅法無來無去，無滅法即是佛。”可見，曇無竭所居佛土，他人所不能到，唯有薩陀波倫（侖）捨身至之，受其教誨，發大慈悲。因此慧遠頌讚曇無竭，連帶頌讚薩陀波倫，是符合創作邏輯的。就組詩（讚）而言，前四讚是單篇菩薩像讚，最後一篇諸佛總讚，結構上也是完整的。如若將《曇無竭菩薩讚》確定爲慧遠所作，那麼後三讚則似亦應確定爲慧遠所作。但是，慧遠不可能圍繞一個菩薩同作三篇讚文。可能的情況是，慧遠作《曇無竭菩薩讚》《薩陀波倫讚》《諸佛讚》，廬山諸道人另有唱和。至編《廣弘明集》時，唯存此數篇，編者徑自抄録，不加詳辨，遂至淆亂。第三，比照《廣弘明集》前後題注，可以確定《諸佛讚》也應是慧遠所作，《薩陀波倫讚》可能是慧遠所作，另外兩篇讚則必非慧遠所作，似亦可定論。但是由於《匡山集》散佚，這四首《佛菩薩讚》不見後代文獻徵引，唯有《曇無竭菩薩讚》見録於《初學記》卷二三。如果按照孤證不立的原則，就只能將此四首佛菩薩讚統列爲存疑。可參閱《曇無竭菩薩讚》“校勘”。

薩陀波倫入山求法讚[一]

激響窮山，憤發幽誠。流音在耳，欣躍晨征。奉命宵遊，百慮同冥。叩心在誓，化乃降靈。

【校勘】

〔一〕見《廣弘明集》卷三〇。詳見上文"校勘"。

薩陀波倫始悟欲供養大師讚[一]

歸塗將啓，靈關再辟。神功難圖，待損而益。通道忘形，歡不期適。非伊哲人，孰探玄策。

【校勘】

〔一〕見《廣弘明集》卷三〇。詳見上文"校勘"。

諸佛讚[一]

妙哉正覺，體神以無。動不際有，静不鄰虛。化而非變，象而非摹。映彼真性，鏡此群麤。

【校勘】

〔一〕見《廣弘明集》卷三〇。詳見上文"校勘"。

寒溪舊石橋詩[一]

　　天涯海角寒，無如此地里。石谷帶泉香，溪橋鬱蒼樹。葛中生新凉，銀缸流江渚。二難留此酌，功成與名遂。

【校勘】

　　〔一〕清道光年間熊登主修《武昌縣志》卷一〇《藝文志》輯録《寒溪舊石橋詩》。其序曰：“橋有指迹白書，久而不没。相傳爲晉慧遠公所作，存已紀異。”按：寒溪，即寒溪寺。由釋戒顯《寒溪寺詩》：“寒溪始何時，遠公舊法窟。開擘先東林，築橋未蘚没。”可知，寒溪寺乃是在廬山東林寺建造之前慧遠講經之處。不僅編者以“相傳”疑不能辨，而且從“天涯海角”之用詞、“功成名遂”之抒情看，此詩不應是慧遠之所作。

【 附 編 】

研究資料彙編

（一）傳記資料

《世說新語》卷上之下《文學》

[南朝宋]劉義慶

殷荆州曾問遠公："《易》以何爲體？"答曰："《易》以感爲體。"殷曰："銅山西崩，靈鐘東應，便是《易》耶？"遠公笑而不答。（徐震堮《世說新語校箋》，中華書局二〇〇一年版，第一三二頁）

《世說新語》卷中之下《規箴》

[南朝宋]劉義慶

遠公在廬山中，雖老，講論不輟。弟子中或有惰者，遠公曰："桑榆之光，理無遠照，但願朝陽之暉，與時並明耳。"執經登坐，諷誦朗暢，詞色甚苦，高足之徒，皆肅然增敬。（同前，第三一四頁）

《高僧傳》卷一《僧伽提婆》

[南朝梁]慧　皎

僧伽提婆，此言衆天，或云提和，音訛故也。本姓瞿曇氏，罽賓人。入道修學，遠求明師，學通三藏，尤善《阿毗曇心》，洞其纖旨。常誦《三法度論》，晝夜嗟味，以爲入道之府也。爲人俊朗有深鑒，而儀止溫恭，務在誨人，恂恂不息。苻氏建元中，來入長安，宣流法化。初，僧伽跋澄出《婆須蜜》，及曇摩難提所出《二阿含》《毗曇》《廣說》《三法度》等，凡百餘萬言。屬慕容之難，戎敵紛擾，兼譯人造次，未善詳悉，義旨句味，往往不盡。俄而安公棄世，未及改正。後山東清平，提婆乃與冀州沙門法和俱適洛陽。四五年間，研講前經，居華稍積，博明漢語，方知先所出經，多有乖失。法和慨嘆未定，乃更令提婆出《阿毗曇》及《廣説》衆經。

頃之，姚興王秦，法事甚盛，於是法和入關，而提婆渡江。先是，廬山慧遠法師，翹勤妙典，廣集經藏，虛心側席，延望遠賓，聞其至止，即請入廬岳。以晉太元中，請出《阿毗曇心》及《三法度》等。提婆乃於般若臺手執梵文，口宣晉語，去華存實，務盡義本，今之所傳，蓋其文也。（湯用彤校注，湯一玄整理《高僧傳》，中華書局一九九二年版，第三七頁）

《高僧傳》卷二《鳩摩羅什傳》

[南朝梁] 慧　皎

廬山釋慧遠，學貫群經，棟梁遺化，而時去聖久遠，疑義莫決，乃封以諮什，語見《遠傳》。（同前，第五三頁）

《高僧傳》卷二《曇摩流支傳》

[南朝梁] 慧　皎

曇摩流支，此云法樂，西域人也。棄家入道，偏以律藏馳名，以弘始七年秋，達自關中。

初，弗若多羅誦出《十誦》，未竟而亡。廬山釋慧遠聞支既善毗尼，希得究竟律部，乃遣書通好曰：“佛教之興，先行上國，自分流以來，四百餘年。至於沙門德式，所闕尤多。頃，西域道士弗若多羅，是罽賓人，甚諷《十誦》梵本。有羅什法師，通才博見，爲之傳譯。《十誦》之中，文始過半，多羅早喪，中途而寢，不得究竟大業，慨恨良深。傳聞仁者齎此經自隨，甚欣所遇，冥運之來，豈人事而已耶！想弘道爲物，感時而動，叩之有人，必情無所悋。若能爲律學之徒，畢此經本，開示梵行，洗其耳目，使始涉之流，不失無上之津，參懷勝業者，日月彌朗。此則慧深德厚,人神同感矣。幸願垂懷,不乖往意一二。悉諸道人所具。"

流支既得遠書,及姚興敦請,乃與什共譯《十誦》都畢。研詳考覈,條制審定,而什猶恨文煩未善。既而什化,不獲刪治。流支住長安大寺,慧觀欲請下京師,支曰:"彼土有人有法,足以利世,吾當更行無律教處。"於是遊化餘方,不知所卒。或云終於涼土,未詳。(同前,第六一至六二頁)

《高僧傳》卷二《佛馱跋陀羅傳》

[南朝梁]慧 皎

佛馱跋陀羅,此云覺賢,本姓釋氏,迦維羅衛人,甘露飯王之苗裔也。祖父達摩提婆,此云法天,嘗商旅於北天竺,因而居焉。父達摩修耶利,此云法日,少亡。賢三歲孤,與母居,五歲復喪母,爲外氏所養。從祖鳩婆利,聞其聰敏,兼悼其孤露,乃迎還,度爲沙彌。至年十七,與同學數人,俱以習誦爲業,衆皆一月,賢一日畢,其師嘆曰:"賢一日,敵三十夫也。"及受具戒,修業精勤,博學群經,多所通達。

少以禪律馳名,常與同學僧伽達多,共遊罽賓,同處積載,達多雖伏其才明,而未測其人也。後於密室閉戶坐禪,忽見賢來,驚問:"何來?"答云:"暫至兜率,致敬彌勒。"言訖便隱,達多知是聖人,未測深淺。後屢見賢神變,乃敬心祈問,方知得不還果。常欲遊方弘化,備觀風俗,會有秦沙門智嚴西至罽賓,睹法衆清勝,乃慨然東顧曰:"我諸同輩,斯有道志,而不遇真匠,發悟莫由。"即諮訊國衆,孰能流化東土,僉云:"有佛馱跋陀者,出生天竺那呵利城,族姓相承,世遵道學,其童齓出家,已通解經論,少受業於大禪師佛大先。"先時亦在罽賓,乃謂嚴曰:"可以振維僧徒,宣授禪法者,佛馱跋陀其人也。"

嚴既要請苦至,賢遂愍而許焉,於是捨衆辭師,裹糧東逝。步驟三載，綿歷寒暑，既度葱嶺，路經六國，國主矜其遠化，並傾心資奉。至交趾，乃附舶循海而行，經一島下，賢以手指山曰："可止於此。"舶主曰："客行惜日，調風難遇，不可停也。"行二百餘里，忽風轉吹，舶還向島下，衆人方悟其神，咸師事之，聽其進止。後遇便風，同侶皆發，賢曰："不可動。"舶主乃止，既而有先發者，一時覆敗。後於闇夜之中，忽令衆舶俱發，無肯從者，賢自起收纜，一舶獨發，俄爾賊至，留者悉被抄害。

頃之，至青州東萊郡，聞鳩摩羅什在長安，即往從之，什大欣悦，共論法相，振發玄微，多所悟益。因謂什曰："君所釋，不出人意，而致高名，何耶？"什曰："吾年老故爾，何必能稱美談。"什每有疑義，必共諮決。時秦太子泓，欲聞賢說法，乃要命群僧，集論東宮。羅什與賢數番往復，什問曰："法云何空？"答曰："衆微成色，色無自性，故雖色常空。"又問："既以極微破色空，復云何破微？"答曰："群師或破析一微，我意謂不爾。"又問："微是常耶？"答曰："以一微故衆微空，以衆微故一微空。"時寶雲譯出此語，不解其意，道俗咸謂賢之所計，微塵是常。餘日長安學僧復請更釋，賢曰："夫法不自生，緣會故生。緣一微故有衆微，微無自性，則爲空矣。寧可言不破一微，常而不空乎？"此是問答之大意也。秦主姚興專志佛法，供養三千餘僧，並往來宮闕，盛修人事，唯賢守静，不與衆同。後語弟子云："我昨見本鄉，有五舶俱發。"既而弟子傳告外人，關中舊僧，咸以爲顯異惑衆。

又賢在長安，大弘禪業，四方樂靖者，並聞風而至。但染學有淺深，得法有濃淡，澆僞之徒，因而詭滑。有一弟子因少觀行，自言得阿那含果，賢未即檢問，遂致流言，大被謗讀，將有不測之禍。於是徒衆或藏名潛去，或逾墻夜走，半日之中，衆散殆盡，賢乃夷然不以介意。

時舊僧僧䂮、道恒等謂賢曰："佛尚不聽説己所得法。先言五舶將至，虚而無實，又門徒誑惑，互起同異，既於律有違，理不同止，宜可時去，勿得停留。"賢曰："我身若流萍，去留甚易，但恨懷抱未申，以爲慨然耳。"於是與弟子慧觀等四十餘人俱發，神志從容，初無異色，識真之衆，咸共嘆惜，白黑送者千有餘人。姚興聞去悵恨，乃謂道恒曰："佛賢沙門，協道來遊，欲宣遺教，緘言未吐，良用深慨，豈可以一言之咎，令萬夫無導。"因敕令追之。賢報使曰："誠知恩旨，無預聞命。"於是率侣宵征，南指廬岳。沙門釋慧遠，久服風名，聞至欣喜若舊。遠以賢之被擯，過由門人，若懸記五舶，止說在同意，亦於律無犯。乃遣弟子曇邕，致書姚主及關中衆僧，解其擯事，遠乃請出禪數諸經。賢志在遊化，居無求安，停止歲許，復西適江陵。（同前，第六九至七二頁）

《高僧傳》卷三《釋寶雲傳》

［南朝梁］慧　皎

　　釋寶雲，未詳氏族，傳云凉州人。少出家，精勤有學行，志韻剛潔，不偶於世，故少以方直純素爲名。而求法懇惻，亡身殉道，志欲躬睹靈迹，廣尋經要。遂以晉隆安之初，遠適西域，與法顯、智嚴先後相隨，涉履流沙，登踰雪嶺，勤苦艱危，不以爲難。遂歷于闐、天竺諸國，備睹靈異。乃經羅刹之野，聞天鼓之音，釋迦影迹多所瞻禮。

　　雲在外域，遍學梵書。天竺諸國音字詁訓，悉皆備解。後還長安，隨禪師佛馱跋陀業禪進道。俄而，禪師橫爲秦僧所擯，徒衆悉同其咎，雲亦奔散。會廬山釋慧遠解其擯事，共歸京師，安止道場寺。衆僧以雲志力堅猛，弘道絶域，莫不披衿諮問，敬而愛焉。雲譯出《新無量壽》，晚出諸經，多雲所治定。華戎兼通，音訓允正，雲之所定，衆咸信服。初，關中沙門竺佛念善於宣譯，於符姚二代，顯出衆經。江左譯梵，莫逾於雲，故於晉宋之際，弘通法藏，沙門慧觀等，咸友而善之。（同前，第一〇二至一〇三頁）

《高僧傳》卷五《釋道安傳》

［南朝梁］慧 皎

　　至年四十五，復還冀部，住受都寺，徒衆數百，常宣法化。時石虎死，彭城王石遵墓襲嗣立，遣中使竺昌蒲請安入華林園，廣修房舍。安以石氏之末，國運將危，乃西適牽口山。迄冉閔之亂，人情蕭素，安乃謂其衆曰："今天災旱蝗，寇賊縱横，聚則不立，散則不可。"遂復率衆入王屋、女休山。頃之，復渡河依陸渾山，木食修學。俄而慕容俊逼陸渾，遂南投襄陽，行至新野，謂徒衆曰："今遭凶年，不依國主，則法事難立。又教化之體，宜令廣布。"咸曰："隨法師教。"乃令法汰詣楊州，曰："彼多君子，好尚風流。法和入蜀，山水可以修閑。"安與弟子慧遠等四百餘人渡河，夜行值雷雨，乘電光而進。前行得人家，見門裏有二馬㭉，㭉間懸一馬筦，可容一斛，安便呼"林百升"。主人驚出，果姓林，名百升，謂是神人，厚相接待。既而弟子問何以知其姓字，安曰："兩木爲林，筦容百升也。"（同前，第一七八頁）

《高僧傳》卷五《竺法汰傳》

［南朝梁］慧 皎

　　竺法汰，東莞人。少與道安同學，雖才辯不逮，而姿貌過之。與道安避難行至新野，安分張徒衆，命汰下京。臨別謂安曰："法師儀軌西北，下座弘教東南，江湖道術，此爲相望矣。至於高會净因，當期之歲寒耳。"於是分手，泣涕而別。

　　乃與弟子曇一、曇二等四十餘人，沿江東下，遇疾停陽口。時桓溫鎮荆州，遣使要過，供事湯藥。安公又遣弟子慧遠，下荆問疾。……汰形長八尺，風姿可觀，含吐藴藉，詞若蘭芳。時沙門道恒，頗有才力，常執"心無"義，大行荆土。汰曰："此是邪説，應須破之。"乃大集名僧，令弟子曇一難之。據經引理，析駁紛紜。恒仗其口辯，不肯受屈,日色既暮,明旦更集。慧遠就席,設難數番,關責鋒起。恒自覺義途差異,神色微動,麈尾扣案,未即有答。遠曰:"不疾而速,杼軸何爲?"座者皆笑矣。"心無"之義,於此而息。……

汰弟子曇一、曇二,並博練經義,又善《老》《易》,風流趣好,與慧遠齊名。曇二少卒,汰哭之慟,曰:"天喪回也。"汰所著《義疏》,并與郗超書《論"本無"義》,皆行於世。或有言曰,汰是安公弟子者,非也。(同前,第一九二至一九三頁)

《高僧傳》卷五《釋法遇傳》

[南朝梁]慧 皎

釋法遇,不知何人。弱年好學,篤志墳素,而任性誇誕,謂傍若無人。後與安公相值,忽然信伏,遂投簪許道,事安爲師。既沐玄化,悟解非常,折挫本心,謙虛成德。義陽太守阮保,聞風欽慕,遙結善友,修書通好,施遺相接。

後襄陽被寇,遇乃避地東下,止江陵長沙寺,講説衆經,受業者四百餘人。時一僧飲酒,廢夕燒香,遇止罰而不遣。安公遙聞之,以竹筒盛一荆子,手自緘封,題以寄遇。遇開封見杖,即曰:"此由飲酒僧也,我訓領不勤,遠貽憂賜。"即命維那鳴槌集衆,以杖筒置香橙上,行香畢,遇乃起,出衆前向筒致敬。於是伏地,命維那行杖三下,内杖筒中,垂淚自責。時境内道俗莫不嘆息,因之勵業者甚衆。既而與慧遠書曰:"吾人微闇短,不能率衆,和上雖隔在異域,猶遠垂憂念,吾罪深矣。"後卒於江陵,春秋六十矣。(同前,第二〇〇至二〇一頁)

《高僧傳》卷六《慧遠法師傳》

[南朝梁]慧 皎

釋慧遠,本姓賈氏,雁門樓煩人也。弱而好書,珪璋秀發。年十三,隨舅令狐氏遊學許、洛。故少爲諸生,博綜六經,尤善《莊》《老》。

性度弘偉，風鑒朗拔，雖宿儒英達，莫不服其深致。年二十一，欲渡江東，就范宣子共契嘉遁。值石虎已死，中原寇亂，南路阻塞，志不獲從。

時沙門釋道安，立寺於太行恒山，弘讚像法，聲甚著聞。遠遂往歸之，一面盡敬，以爲真吾師也。後聞安講《般若經》，豁然而悟，乃嘆曰：“儒道九流，皆糠秕耳。”便與弟慧持，投簪落彩，委命受業。既入乎道，屬然不群，常欲總攝綱維，以大法爲己任。精思諷持，以夜續晝，貧旅無資，縕纊常闕，而昆弟恪恭，終始不懈。有沙門曇翼，每給以燈燭之費。安公聞而喜曰：“道士誠知人矣。”遠藉慧解於前因，發勝心於曠劫，故能神明英越，機覽遏深。安公常嘆曰：“使道流東國，其在遠乎！”

年二十四，便就講說。嘗有客聽講，難實相義，往復移時，彌增疑昧。遠乃引《莊子》義爲連類，於是惑者曉然。是後安公特聽慧遠不廢俗書。安有弟子法遇、曇徽，皆風才照灼，志業清敏，並推伏焉。

後隨安公南遊樊、沔。僞秦建元九年，秦將苻丕，寇斥襄陽，道安爲朱序所拘，不能得去。乃分張徒衆，各隨所之。臨路，諸長德皆被誨約，遠不蒙一言。遠乃跪曰：“獨無訓勖，懼非人例。”安曰：“如公者，豈復相憂！”

遠於是與弟子數十人，南適荆州，住上明寺。後欲往羅浮山，及屆潯陽，見廬峰清静，足以息心，始住龍泉精舍。此處去水大遠，遠乃以杖扣地曰：“若此中可得棲止，當使朽壤抽泉。”言畢，清流涌出，後卒成溪。其後少時，潯陽亢旱，遠詣池側讀《海龍王經》，忽有巨蛇從池上空，須臾大雨。歲以有年，因號精舍爲龍泉寺焉。

時有沙門慧永，居在西林，與遠同門舊好，遂要遠同止。永謂刺史桓伊曰：“遠公方當弘道，今徒屬已廣，而來者方多。貧道所棲褊狹，不足相處，如何？”桓乃爲遠復於山東更立房殿，即東林是也。遠創造精舍，洞盡山美，却負香鑪之峰，傍帶瀑布之壑，仍石壘基，即松栽構，清泉環階，白雲滿室。復於寺内别置禪林，森樹煙凝，石筵苔合。凡在瞻履，皆神清而氣肅焉。

遠聞天竺有佛影，是佛昔化毒龍所留之影。在北天竺月氏國那竭呵城南古仙人石室中，徑道取流沙西一萬五千八百五十里。每欣感交懷，志欲瞻覿。會有西域道士叙其光相，遠乃背山臨流，營築龕室，妙算畫工，淡彩圖寫，色疑積空，望似煙霧，暉相炳曖，若隱而顯，遠乃著銘曰：

廓矣大像，理玄無名。體神入化，落影離形。迴暉層巖，凝映虛亭。在陰不昧，處闇逾明。婉步蟬蛻，朝宗百靈。應不同方，迹絕杳冥。（其一）

茫茫荒宇，靡勸靡獎。淡虛寫容，拂空傳像。相具體微，冲姿自朗。白毫吐曜，昏夜中爽。感徹乃應，扣誠發響。留音停岫，津悟冥賞。撫之有會，功弗由曩。（其二）

旋踵忘敬，罔慮罔識。三光掩暉，萬像一色。庭宇幽藹，歸途莫測。悟之以靖，開之以力。慧風雖遐，維塵攸息。匪聖玄覽，孰扇其極。（其三）

希音遠流，乃眷東顧。欣風慕道，仰規玄度。妙盡毫端，運微輕素。託綵虛凝，殆映霄霧。迹以像真，理深其趣。奇興開襟，祥風引路。清氣迴軒，昏交未曙。髣髴神容，依俙欽遇。（其四）

銘之圖之，曷營曷求。神之聽之，鑑爾所修。庶茲塵軌，映彼玄流。漱清靈沼，飲和至柔。照虛應簡，智落乃周。深懷冥託，宵想神遊。畢命一對，長謝百憂。（其五）

又昔潯陽陶侃經鎮廣州，有漁人於海中見神光，每夕豔發，經旬彌盛。怪以白侃，侃往詳視，乃是阿育王像，即接歸，以送武昌寒溪寺。寺主僧珍嘗往夏口，夜夢寺遭火，而此像屋獨有龍神圍繞。珍覺馳還寺，寺既焚盡，唯像屋存焉。侃後移鎮，以像有威靈，遣使迎接。

數十人舉之至水，及上船，船又覆没，使者懼而反之，竟不能獲。侃幼出雄武，素薄信情，故荆楚之間，爲之謡曰："陶惟劍雄，像以神標。雲翔泥宿，邈何遥遥。可以誠致，難以力招。"及遠創寺既成，祈心奉請，乃飄然自輕，往還無梗。方知遠之神感，證在風謡矣。

於是率衆行道，昏曉不絶，釋迦餘化，於斯復興。既而謹律息心之士，絶塵清信之賓，並不期而至，望風遥集。彭城劉遺民，豫章雷次宗，雁門周續之，新蔡畢穎之，南陽宗炳、張萊民、張季碩等，並棄世遺榮，依遠遊止。遠乃於精舍無量壽像前，建齋立誓，共期西方。乃令劉遺民著其文曰：

"惟歲在攝提格，七月戊辰朔，二十八日乙未。法師釋慧遠，貞感幽奥，宿懷特發。乃延命同志息心貞信之士，百有二十三人，集於廬山之陰，般若臺精舍阿彌陀像前，率以香華敬薦而誓焉。惟斯一會之衆，夫緣化之理既明，則三世之傳顯矣；遷感之數既符，則善惡之報必矣。推交臂之潛淪，悟無常之期切；審三報之相催，知險趣之難拔。此其同志諸賢，所以夕惕宵勤，仰思攸濟者也。蓋神者可以感涉，而不可以迹求。必感之有物，則幽路咫尺；苟求之無主，則渺茫河津。今幸以不謀而僉心西境，叩篇開信，亮情天發。乃機象通於寢夢，欣歡百於子來。於是雲圖表暉，影伴神造，功由理諧，事非人運。兹實天啓其誠，冥運來萃者矣。可不剋心重精疊思，以凝其慮哉！然其景績參差，功德不一，雖晨祈雲同，夕歸攸隔。即我師友之眷，良可悲矣，是以慨焉。胥命整襟法堂，等施一心，停懷幽極，誓兹同人，俱遊絶域。其有驚出絶倫，首登神界，則無獨善於雲嶠，忘兼全於幽谷，先進之與後昇，勉思策征之道。然復後妙觀大儀，啓心貞照，識以悟新，形由化革。藉芙蓉於中流，蔭瓊柯以詠言。飄雲衣於八極，泛香風以窮年。體忘安而彌穆，心超樂以自怡。臨三塗而緬謝，傲天宮而長辭。紹衆靈以繼軌，指太息以爲期。究兹道也，豈不弘哉！"

遠神韻嚴肅，容止方棱，凡預瞻睹，莫不心形戰慄。曾有一沙門，持竹如意，欲以奉獻，入山信宿，竟不敢陳，竊留席隅，默然而去。有慧義法師，强正少憚，將欲造山，謂遠弟子慧寶曰："諸君庸才，望風推服，今試觀我如何。"至山，值遠講《法華》，每欲難問，輒心悸汗流，竟不敢語。出謂慧寶曰："此公定可訝。"其伏物蓋衆如此。

殷仲堪之荆州，過山展敬，與遠共臨北澗，論《易》體要，移景不倦。既（一作見）而嘆曰："識信深明，實難庶幾。"司徒王謐、護軍王默等，并欽慕風德，遙致師敬。謐修書曰："年始四十，而衰同耳順。"遠答曰："古人不愛尺璧，而重寸陰，觀其所存，似不在長年耳。檀越既履順而遊性，乘佛理以御心，因此而推，復何羨於遐齡耶？聊想斯理，久已得之，爲復酬來信耳。"

盧循初下據江州城，入山詣遠。遠少與循父嘏同爲書生，及見循歡然道舊，因朝夕音問。僧有諫遠者曰："循爲國寇，與之交厚，得不疑乎？"遠曰："我佛法中情無取捨，豈不爲識者所察？此不足懼。"及宋武追討盧循，設帳桑尾，左右曰："遠公素主廬山，與循交厚。"宋武曰："遠公世表之人，必無彼此。"乃遣使齎書致敬，并遺錢米，於是遠近方服其明見。

初經流江東，多有未備，禪法無聞，律藏殘闕。遠慨其道缺，乃令弟子法净、法領等，遠尋衆經。逾越沙雪，曠歲方反，皆獲梵本，得以傳譯。昔安法師在關，請曇摩難提，出《阿毗曇心》，其人未善晉言，頗多疑滯。後有罽賓沙門僧伽提婆，博識衆典，以晉太元十六年，來至潯陽。遠請重譯《阿毗曇心》及《三法度論》，於是二學乃興，并製序標宗，貽於學者。孜孜爲道，務在弘法。每逢西域一賓，輒懇惻諮訪。

聞羅什入關，即遣書通好曰："釋慧遠頓首：去歲得姚左軍書，具承德聞。仁者曩絕殊域，越自外境，於時音驛未交，聞風而悅，但江湖難冥，以形乖爲嘆耳。頃知承否通之會，懷寶來遊，至止有間，則一日九馳，徒情欣雅味，而無由造盡，寓目望途，固以增其勞佇。每欣大法宣流，三方同遇，雖運鍾其末，而趣均在昔。誠未能扣津妙門，感徹遺靈。至於虛襟遺契，亦無日不懷。夫旃檀移植，則異物同熏；摩尼吐曜，則衆珍自積。是惟教合之道，猶虛往實歸。況宗一無像，而應不以情者乎！是故負荷大法者，必以無執（一作報）爲心。會友以仁者，使功不自己。若令法輪不停軫於八正之路，三寶不輟音於將盡之期，則滿願不專美於絕代，龍樹豈獨善於前蹤。今往比量衣裁，願登高座爲著之。并天漉之器，此既法物，聊以示懷。”

什答書曰：“鳩摩羅耆婆和南：既未言面，又文辭殊隔，導心之路不通，得意之緣圮絕。傳驛來況，驪承風德，比知何如，必備聞一途，可以蔽百。經言：‘末後東方，當有護法菩薩。’勖哉仁者，善弘其事！夫財有五備：福、戒、博聞、辯才、深智，兼之者道隆，未具者疑滯，仁者備之矣。所以寄心通好，因譯傳意，豈其能盡，驪酬來意耳。損所致比量衣裁，欲令登法座時著，當如來意，但人不稱物，以爲愧耳。今往常所用鍮石雙口澡罐，可備法物之數也。”并遺偈一章曰：“既已捨染樂，心得善攝不？若得不馳散，深入實相不？畢竟空相中，其心無所樂。若悅禪智慧，是法性無照。虛誑等無實，亦非停心處。仁者所得法，幸願示其要。”

遠重與什書曰：“日有涼氣，比復何如？去月法識道人至，聞君欲還本國，情以悵然。先聞君方當大出諸經，故未欲便相諮求。若此傳不虛，衆恨可言。今輒略問數十條事，冀有餘暇，一一爲釋。此雖非經中之大難，要欲取決於君耳。”并報偈一章曰：“本端竟何從，起滅有無際。一微涉動境，成此頹山勢。惑想更相乘，觸理自生滯。因緣雖無主，開途非一世。時無悟宗匠，誰將握玄契？末問尚悠悠，相與期暮歲。”

後有弗若多羅來適關中，誦出《十誦》梵本，羅什譯爲晉文，三分始二，而多羅棄世，遠常慨其未備。及聞曇摩流支入秦，復善誦此部，乃遣弟子曇邕致書祈請，令於關中更出餘分，故《十誦》一部，具足無闕，晉地獲本，相傳至今。蔥外妙典，關中勝説，所以來集茲土者，遠之力也。外國衆僧，咸稱漢地有大乘道士，每至燒香禮拜，輒東向稽首，獻心廬嶽。其神理之迹，故未可測也。

先是中土未有泥洹常住之説，但言壽命長遠而已。遠乃嘆曰：

“佛是至極，至極則無變，無變之理，豈有窮耶？”因著《法性論》，曰：
“至極以不變爲性，得性以體極爲宗。”羅什見論而嘆曰：“邊國人未有
經，便闇與理合，豈不妙哉！”

　　秦主姚興，欽風名德，嘆其才思，致書殷勤，信餉連接，贈以龜兹
國細縷雜變像，以伸款心，又令姚嵩獻其珠像。釋論新出，興送論，並
遺書曰：“《大智論》新譯訖，此既龍樹所作，又是《方等》旨歸，宜爲一
序，以申作者之意。然此諸道士，咸相推謝，無敢動手。法師可爲作
序，以貽後之學者。”遠答書云：“欲令作《大智論序》，以申作者之意。
貧道聞：懷大非小褚所容，汲深非短綆所測。披省之日，有愧高命。
又體羸多疾，觸事有廢，不復屬意已來，其日亦久，緣來告之重，輒罏
綴所懷。至於研究之美，當復期諸明德。”其名高遠固如此。遠常謂
《大智論》文句繁廣，初學難尋，乃抄其要文，撰爲二十卷，序致淵雅，
使夫學者息過半之功矣。

　　後桓玄征殷仲堪，軍經廬山，要遠出虎溪，遠稱疾不堪，玄自入
山。左右謂玄曰：“昔殷仲堪入山禮遠，願公勿敬之。”玄答：“何有此
理，仲堪本死人耳。”及至見遠，不覺致敬。玄問：“不敢毀傷，何以翦
削？”遠答云：“立身行道。”玄稱善。所懷問難，不敢復言，乃説征討之
意，遠不答。玄又問：“何以見願？”遠云：“願檀越安穩，使彼亦復無
他。”玄出山，謂左右曰：“實乃生所未見。”

　　玄後以震主之威，苦相延致，乃貽書騁説，勸令登仕。遠答辭堅
正，確乎不拔，志逾丹石，終莫能迴。俄而玄欲沙汰衆僧，教僚屬曰：
“沙門有能伸述經誥，暢説義理，或禁行修整，足以宣寄大化。其有違
於此者，悉皆罷遣。唯廬山道德所居，不在搜簡之例。”遠與玄書曰：
“佛教凌遲，穢雜日久，每一尋至，慨憤盈懷。常恐運出非意，淪湑將
及。竊見清澄諸道人教，實應其本心。夫涇以渭分，則清濁殊勢；枉
以直正，則不仁自遠。此命既行，必一理斯得。然後令飾僞者絶假通
之路，懷真者無負俗之嫌。道世交興，三寶復隆矣。”因廣立條制，玄
從之。

昔成帝幼冲，庾冰輔政，以爲沙門應敬王者。尚書令何充、僕射
褚翌、諸葛恢等，奏不應敬禮。官議悉同充等，門下承冰旨爲駁，同異
紛然，竟莫能定。及玄在姑熟，欲令盡敬，乃與遠書曰：“沙門不敬王
者，既是情所不了，於理又是所未喻，一代大事，不可令其體不允。近
與八座書，今以呈君，君可述所以不敬意也。此便當行之於事一二，
令詳遣想，必有以釋其所疑耳。”遠答書曰：“夫稱沙門者何耶？謂能
發矇俗之幽昏，啓化表之玄路，方將以兼忘之道，與天下同往。使希
高者挹其遺風，漱流者味其餘津。若然，雖大業未就，觀其超步之迹，
所悟固已弘矣。又袈裟非朝宗之服，鉢盂非廊廟之器，沙門塵外之
人，不應致敬王者。”玄雖苟執先志，恥即外從，而睹遠辭旨，越趄未
決。有頃，玄簒位，即下書曰：“佛法宏大，所不能測。推奉主之情，故
興其敬。今事既在己，宜盡謙光，諸道人勿復致禮也。”

遠乃著《沙門不敬王者論》，凡有五篇：一曰在家奉法，則是順化
之民，情未變俗，迹同方内，故有天屬之愛，奉主之禮，禮敬有本，遂因
之以成教。二曰出家，謂出家者能遁世以求其志，變俗以達其道。變
俗則服章不得與世典同禮，遁世則宜高尚其迹。大德故能拯溺俗於
沈流，拔玄根於重劫。遠通三乘之津，近開人天之路。如令一夫全
德，則道洽六親，澤流天下。雖不處王侯之位，固已協契皇極，在宥生
民矣。是故内乖天屬之重，而不逆其孝；外闕奉主之恭，而不失其敬
也。三曰求宗不順化，謂反本求宗者，不以生累其神，超落塵封者，不
以情累其生。不以情累其生，則其生可滅；不以生累其神，則其神可
冥。冥神絕境，故謂之泥洹。故沙門雖抗禮萬乘，高尚其事，不爵王
侯，而沾其惠者也。四曰體極不兼應，謂如來之與周、孔，發致雖殊，
潛相影響；出處咸異，終期必同。故雖曰道殊，所歸一也。不兼應者，
物不能兼愛也。五曰形盡神不滅，謂識神馳騖，隨行東西也。此是論
之大意。自是沙門得全方外之迹矣。

及桓玄西奔，晉安帝自江陵旋於京師。輔國何無忌，勸遠候覲，
遠稱疾不行。帝遣使勞問。遠修書曰：“釋慧遠頓首：陽月和暖，願御

膳順宜。貧道先嬰重疾，年衰益甚。猥蒙慈詔，曲垂光慰，感懼之深，實百於懷。幸遇慶會，而形不自運，此情此慨，良無以喻。"詔答："陽中感懷，知所患未佳，其情耿耿。去月發江陵，在道多諸惡情，遲兼常，本冀經過相見。法師既養素山林，又所患未痊，邈無復因，增其嘆恨。"

陳郡謝靈運，負才傲俗，少所推崇，及一相見，肅然心服。遠內通佛理，外善群書，夫預學徒，莫不依擬。時遠講《喪服經》，雷次宗、宗炳等，并執卷承旨。次宗後別著《義疏》，首稱"雷氏"。宗炳因寄書嘲之曰："昔與足下，共於釋和尚間，面受此義，今便題卷首稱雷氏乎？"其化兼道俗，斯類非一。

自遠卜居廬阜，三十餘年，影不出山，迹不入俗。每送客遊履，常以虎溪爲界焉。以晉義熙十二年八月初動散，至六日困篤。大德耆年，皆稽顙請飲豉酒，不許。又請飲米汁，不許。又請以蜜和水爲漿，乃命律師，令披卷尋文，得飲與不，卷未半而終，春秋八十三矣。門徒號慟，若喪考妣，道俗奔赴，踵繼肩隨。遠以凡夫之情難割，乃制七日展哀。遺命使露骸松下，既而弟子收葬。潯陽太守阮侃，於山西嶺鑿壙開冢，謝靈運爲造碑文，銘其遺德，南陽宗炳又立碑寺門。

初遠善屬文章，辭氣清雅，席上談吐，精義簡要。加以容儀端整，風彩灑落，故圖像於寺，遐邇式瞻。所著論、序、銘、讚、詩、書，集爲十卷，五十餘篇，見重於世。（同前，第二一一至二二二頁）

《高僧傳》卷六《釋慧持傳》

[南朝梁]慧　皎

釋慧持者，慧遠之弟也，沖默有遠量。年十四學讀書，一日所得，當他一旬。善文史，巧才製。年十八出家，與兄共伏事道安法師。遍學衆經，遊刃三藏。及安在襄陽，遣遠東下，持亦俱行。初憩荊州上明寺，後適廬山，皆隨遠共止。持形長八尺，風神俊爽，常躡革屣，納衣半脛。廬山徒屬，莫匪英秀，往反三千，皆以持爲稱首。

持有姑爲尼，名道儀，住在江夏。儀聞京師盛於佛法，欲下觀化。持乃送姑至都，止於東安寺。晉衛軍琅琊王珣，深相器重。時有西域沙門僧伽羅叉，善誦《四含》，珣請出《中阿含經》。持乃校閱文言，搜括詳定，後還山。少時，豫章太守范寧，請講《法華》《毗曇》，於是四方雲聚，千里遙集。王珣與范寧書云："遠公、持公孰愈？"范答書云："誠爲賢兄弟也。"王重書曰："但令如兄，誠未易有，況復弟賢耶！"兗州刺史琅琊王恭，致書於沙門僧檢曰："遠、持兄弟，至德何如？"檢答曰："遠、持兄弟也，綽綽焉信有道風矣。"羅什在關，遙相欽敬，致書通好，結爲善友。

持後聞成都地沃民豐，志往傳化，兼欲觀矚峨嵋，振錫岷岫。乃以晉隆安三年，辭遠入蜀，遠苦留不止。遠嘆曰："人生愛聚，汝乃樂離，如何？"持亦悲曰："若滯情愛聚者，本不應出家。今既割欲求道，正以西方爲期耳。"於是兄弟收淚，憫默而別。……遂乃到蜀，止龍淵精舍，大弘佛法。（同前，第二二九至二三〇頁）

《高僧傳》卷六《釋慧永傳》

［南朝梁］慧　皎

釋慧永，姓潘，河內人也。年十二出家，伏事沙門竺曇現爲師，後又伏膺道安法師。素與遠共期，欲結宇羅浮之岫，遠既爲道安所留，永乃欲先逾五嶺。行經潯陽，郡人陶範苦相要留，於是且停廬山之西林寺，既門徒稍盛。又慧遠同築，遂有意終焉。……

後鎮南將軍何無忌作鎮潯陽，陶爰集虎溪，請永及慧遠。遠既久持名望，亦雅足才力，從者百餘，皆端整有風序，及高言華論，舉動可觀。永怡然獨往，率爾後至，納衣草屩，執杖提鉢，而神氣自若，清散無矜，衆咸重其貞素，翻更多之。遠少所推先，而挹永高行，身執卑恭，以希冥福。（同前，第二三二至二三三頁）

《高僧傳》卷六《釋僧濟傳》

[南朝梁]慧　皎

　　釋僧濟，未詳何許人。晉太元中來入廬山，從遠公受學大小諸經及世典書數，皆遊鍊心抱，貫其深要。年始過立，便出邑開講，歷當元匠。遠每謂曰："共吾弘佛法者，爾其人乎！"後停山少時，忽感篤疾，于是要誠西國，想像彌陀。遠遺濟一燭曰："汝可以建心安養，競諸漏刻。"濟執燭憑机，停想無亂，又請衆僧夜集，爲轉《無量壽經》。至五更中，濟以燭授同學，令於僧中行之。于是暫臥，因夢見自秉一燭，乘虛而行，覿無量壽佛，接置于掌，遍至十方，不覺欻然而覺，具爲侍疾者説之，且悲且慰，自省四大了無疾苦。至於明夕，忽索履起立，目逆虛空，如有所見。須臾還臥，顏色更悦，因謂傍人云："吾其去矣。"於是轉身右脇，言氣俱盡，春秋四十有五矣。（同前，第二三四至二三五頁）

《高僧傳》卷六《釋曇邕傳》

[南朝梁]慧　皎

　　釋曇邕，姓楊，關中人，少仕僞秦，至衛將軍。形長八尺，雄武過人。太元八年，從苻堅南征，爲晉軍所敗，還至長安，因從安公出家。安公既往，乃南投廬山，事遠公爲師。内外經書，多所綜涉，志尚弘法，不憚疲苦。後爲遠入關，致書羅什，凡爲使命，十有餘年。鼓擊風流，搖動峰岫，强捍果敢，專對不辱。京師道場僧鑒挹其德解，請還楊州。邕以遠年高，遂不果行。然遠神足高抗者其類不少，恐後不相推謝，因以小緣託擯邕出。邕奉命出山，容無怨忤，乃于山之西南營立茅宇，與弟子曇果，澄思禪門。……至遠臨亡之日，奔赴號踊，痛深天屬。後往荆州，卒於竹林寺。（同前，第二三六至二三七頁）

《高僧傳》卷六《釋道祖傳》
[南朝梁]慧　皎

釋道祖,吳國人也,少出家……後與同志僧遷、道流等,共入廬山七年,並山中受戒,各隨所習,日有其新。遠公每謂祖等易悟,盡如此輩,不復憂後生矣。遷、流等並年二十八而卒。遠嘆曰:"此子並才義英茂,清悟日新。懷此長往,一何痛哉!"道流撰諸經目未就,祖爲成之,今行於世。祖後還京師瓦官寺講説,桓玄每往觀聽,乃謂人曰:"道祖後發,愈於遠公,但儒博不逮耳。"及玄輔正,欲使沙門敬王,祖乃辭還吳之臺寺。有頃,玄篡位,敕郡送祖出京,祖稱疾不行,於是絶迹人事,講道終日,以晉元熙元年卒,春秋七十二矣。(同前,第二三八頁)

《高僧傳》卷六《釋僧肇傳》
[南朝梁]慧　皎

肇便著《波若無知論》,凡二千餘言,竟以呈什,什讀之稱善。乃謂肇曰:"吾解不謝子,辭當相挹。"時廬山隱士劉遺民,見肇此論,乃嘆曰:"不意方袍,復有平叔。"因以呈遠公。遠乃撫机嘆曰:"未常有也。"因共披尋翫味,更存往復。(同前,第二四九頁)

《高僧傳》卷七《釋慧觀傳》
[南朝梁]慧　皎

釋慧觀,姓崔,清河人。十歲便以博見馳名,弱年出家,遊方受業,晚適廬山,又諮稟慧遠。聞什公入關,乃自南徂北,訪覈異同,詳辯新舊。風神秀雅,思入玄微。時人稱之曰:"通情則生、融上首,精難則觀、肇第一。"迺著《法華宗要序》以簡什,什曰:"善男子所論甚快,君小却當南遊江、漢之間,善以弘通爲務。"(同前,第二六四頁)

《高僧傳》卷七《釋僧徹傳》

[南朝梁]慧　皎

　　徹年十六，入廬山造遠公。遠見而異之，問曰：“寧有出家意耶？”對曰：“遠塵離俗，固其本心。繩墨鎔鈞，更唯匠者。”遠曰：“君能入道，當得無畏法門。”于是投簪委質，從遠受業，遍學衆經，尤精《波若》。又以問道之暇，亦厝懷篇牘，至若一賦一詠，輒落筆成章。嘗至山南，攀松而嘯，于是清風遠集，衆鳥和鳴，超然有勝氣。退還諮遠：“律制管弦，戒絕歌舞。一吟一嘯，可得爲乎？”遠曰：“以散亂言之，皆爲違法。”由是迺止。至年二十四，遠令講《小品》，時輩未之許。及登座，詞旨明析，聽者無以折其鋒。遠謂之曰：“向者勍敵，並無遺力，汝城隍嚴固，攻者喪師。反軫能爾，良爲未易。”由是門人推服焉。（同前，第二七七至二七八頁）

《高僧傳》卷八《釋道慧傳》

[南朝梁]慧　皎

　　釋道慧，姓王，餘姚人，寓居建鄴。十一出家，爲僧遠弟子，止靈曜寺。至年十四，讀《廬山慧遠集》，迺慨然嘆息，恨有生之晚，遂與友人智順泝流千里，觀遠遺迹，於是憩廬山西寺，涉歷三年，更還京邑。時王或辯“三相”義，大聚學僧。慧時年十七，便發問數番，言語玄微，詮牒有次，衆咸奇之。（同前，第三○五頁）

《高僧傳》卷八《釋僧慧傳》

[南朝梁]慧　皎

　　釋僧慧，姓皇甫，本安定朝那人。高士謐之苗裔，先人避難寓居襄陽，世爲冠族。慧少出家，止荆州竹林寺，事曇順爲師。順，廬山慧遠弟子，素有高譽。慧伏膺以後，專心義學。至年二十五，能講《涅槃》《法華》《十住》《净名》《雜心》等。性强記，不煩都講，而文句辯折，宣暢如流。又善《莊》《老》，爲西學所師，與高士南陽宗炳、劉虬等，並皆友善。炳每嘆曰："西夏法輪不絶者，其在慧公乎！"吴國張暢經遊西土，迺造慧而請交焉。齊初，敕爲荆州僧主。風韻秀然，協道匡世，補益之功，有譽遐邇。年衰，常乘輿赴講。觀者號爲"秃頭官家"。與玄暢同時，時謂"黑衣二傑"。齊永明四年卒，春秋七十有九。（同前，第三二〇至三二一頁）

《高僧傳》卷一〇《釋法朗傳》

［南朝梁］慧　皎

釋法朗，高昌人。幼而執行精苦，多諸徵瑞，韜光藴德，人莫測其所階。朗師釋法進亦高行沙門，進嘗閉户獨坐，忽見朗在前，問從何處來？答云："從户鑰中入。"云："與遠僧俱至，日既將中，願爲設食。"進即爲設食，唯聞匕鉢之聲，竟不見人。

昔廬山慧遠嘗以一袈裟遺進，進即以爲嚫。朗云："衆僧已去，别日當取之。"後見執爨者就進取衣，進即與之。訪常執爨者，皆云不取，方知是先聖人權迹取也。至魏虜毁滅佛法，朗西適龜兹。龜兹王與彼國大禪師結約："若有得道者至，當爲我説，我當供養。"及朗至，乃以白王，王待以聖禮。後終於龜兹，焚屍之日，兩眉涌泉直上于天。衆嘆希有，收骨起塔。後西域人來北土，具傳此事。（同前，第三八七至三八八頁）

《高僧傳》卷一二《釋法莊傳》

［南朝梁］慧　皎

釋法莊，姓申，淮南人。十歲出家，爲廬山慧遠弟子。少以苦節標名。晚遊關中，從叡公稟學。元嘉初出都，止道場寺。性率素止，一中而已。誦《大涅槃》《法華》《净名》，每後夜諷誦，比房常聞莊户前

有如兵仗羽衛之響，實天神來聽也。宋大明初卒於寺，春秋七十有六。（同前，第四六五頁）

《高僧傳》卷一三《釋僧翼傳》

［南朝梁］慧　皎

釋僧翼，本吳興餘杭人。少而信悟，早有絶塵之操。初出家，止廬山寺，依慧遠修學。蔬素苦節，見重門人。晚適關中，復師羅什，經律數論，並皆參涉，又誦《法華》一部。以晉義熙十三年，與同志曇學沙門，俱遊會稽，履訪山水。至秦望西北，見五岫駢峰，有耆闍之狀，乃結草成菴，稱曰“法華精舍”。太守孟顗、富人陳載，並傾心挹德，贊助成功。

翼蔬食澗飲三十餘年，以宋元嘉二十七年卒，春秋七十。立碑山寺，旌其遺德。會稽孔逭製文。翼同遊曇學沙門，後移卜秦望之北，號曰“樂林精舍”。有韶相、灌蒨，並東岳望僧，咸共憩焉。（同前，第四八三頁）

《比丘尼傳》卷一《何后寺道儀尼傳》

［南朝梁］寶　唱

道儀，本姓賈，雁門婁煩人，慧遠之姑。出嫡同郡解直，直爲尋陽令，亡。儀年二十二，棄捨俗累，披着法衣，聰明敏哲，博聞强記。誦《法華經》，講《維摩》《小品》。精義妙理，因心獨悟。戒行高峻，神氣清邈。聞中畿經律漸備，講集相續。晉泰元末，乃至京師，住何后寺。端心律藏，妙究精微，身執卑恭，在幽不惰，衣裳粗弊，自執杖鉢。清散無矯，道俗高之。年七十八，遇疾已篤，執心彌勵，誦念無殆。弟子請曰：“願加消息，冀蒙勝損。”答曰：“非所宜言。”言絶而卒。（王孺童《比丘尼傳校注》，中華書局二〇〇六年版，第四〇頁）

《出三藏記集》卷一五《慧遠法師傳》

［南朝梁］僧　祐

　　釋慧遠，本姓賈，雁門樓煩人也。弱而好書，珪璋秀發。年十三，隨舅令狐氏遊學許、洛。故少爲諸生，博綜六經，尤善《老》《莊》，性度弘偉，風鑒朗拔，雖宿儒才彥，莫不服其深致焉。年二十一，欲渡江東，就范宣子共契嘉遁。值王路屯阻，有志不果。乃於關左遇見安公，一面盡敬，以爲真吾師也。遂投簪落髮，委質受業。既入乎道，屬然不群，常欲總攝綱維，以大法爲己任，精思諷持，以夜續晝。沙門曇翼每給以燈燭之費，安公聞而喜曰：“道士誠知人矣！”遠藉慧解於前因，資勝心於曠劫，故能神明英越，機鑒遐深。無生實相之玄，般若中道之妙，即色空慧之秘，緣門寂觀之要，無微不析，無幽不暢。志共理冥，言與道合。安公常嘆曰：“使道流東國，其在遠乎！”

　　後隨安公南遊樊、沔。晉太元之初，襄陽失守，安公入關。遠乃遷於尋陽，葺宇廬嶽。江州刺史桓伊爲造殿房。此山儀形九派，峻聳天絕，樓集隱淪，吐納靈異。遠創造精舍，洞盡山美。却負香爐之峰，傍帶瀑布之壑，仍石疊基，即松栽構，清泉環階，白雲滿室。復於寺内別置禪林，森樹煙凝，石徑苔合。凡在瞻履，皆神清而氣肅焉。

　　遠聞北天竺有佛影，欣感交懷。乃背山臨流，營築龕室，妙算畫工，淡采圖寫。色凝積空，望似輕霧，暉相炳曖，若隱而顯。遂傳寫京都，莫不嗟嘆。於是率衆行道，昏曉不絕。釋迦餘化，於斯復興。既而謹律息心之士，絕塵清信之賓，並不期而至，望風遥集。彭城劉遺民、雁門周續之、新蔡畢穎之、南陽宗炳，並棄世遺榮，依遠遊止。遠乃於精舍無量壽像前，建齋立誓，共期西方。其文曰：

　　　惟歲在攝提，秋七月戊辰朔，二十八日乙未。法師釋慧遠，貞感幽冥，宿懷特發。乃延命同志，息心清信之士百有二十三人，集於廬山之陰，般若臺精舍阿彌陀像前，率以香華，敬薦而誓焉。

惟斯一會之眾，夫緣化之理既明，則三世之傳顯矣；遷感之數既符，則善惡之報必矣。推交臂之潛淪，悟無常之期切，審三報之相催，知嶮趣之難拔。此其同志諸賢，所以夕惕宵勤，仰思攸濟者也。

蓋神者可以感涉，而不可以迹求。必感之有物，則幽路咫尺；苟求之無主，則渺茫何津？今幸以不謀，而僉心西境，叩篇開信，亮情天發，乃機象通於寢夢，欣歡百於子來。於是靈圖表輝，景倬神造，功由理諧，事非人運。茲實天啟其誠，冥數來萃者矣。可不剋心重精，疊思以凝其慮哉！

然其景績參差，功福不一。雖晨祈云同，夕歸悠隔，即我師友之春，良可悲矣。是以慨焉。胥命整襟法堂，等施一心，亭懷幽極，誓茲同人，俱遊絕域。其有驚出絕倫，首登神界，則無獨善於雲嶠，忘兼全於幽谷。先進之與後昇，勉思彙征之道。然後妙覲大儀，啟心貞照，識以悟新，形由化革。藉芙蓉於中流，蔭瓊柯以詠言，飄雲衣於八極，泛香風以窮年。體忘安而彌穆，心超樂以自怡。臨三塗而緬謝，傲天宮而長辭。紹眾靈以繼軌，指大息以爲期，究茲道也，豈不弘哉！

司徒王謐，護軍王默等並欽慕風德，遙致師敬。謐修書曰："年始四十七，而衰同耳順。"遠答曰："古人不愛尺璧而重寸陰。觀其所存，似不在長年。檀越既履順而遊性，乘佛理以御心，因此而推，復何羨於遐齡耶？想斯理久已得之，爲復酬來訊耳。"

初經流江東，多有未備，禪法無聞，律藏殘闕。遠大存教本，憤慨道缺，乃命弟子法淨等遠尋眾經，逾越沙雪，曠載方還。皆獲胡本，得以傳譯。每逢西域一賓，輒懇惻諮訪。屢遣使入關，迎請禪師，解其擯事，傳出《禪經》。又請罽賓沙門僧伽提婆出數經。所以禪法經戒，皆出廬山，幾且百卷。初關中譯出《十誦》，所餘一分未竟，而弗若多羅亡，遠常慨其未備。及聞曇摩流支入秦，乃遺書祈請，令於關中更出餘分。故《十誦》一部，具足無闕，晉地獲本，相傳至今。葱外妙典，關中勝説，所以來集兹土者，皆遠之力也。外國衆僧咸稱漢地有大乘道士，每至燒香禮拜，輒東向致敬。其神理之迹，固未可測也。

常以支竺舊義，未窮妙實，乃著《法性論》，理奧文詣。羅什見而嘆曰："邊國人未見經，便闇與理合，豈不妙哉！"遠翹勤弘道，懷厲爲法。每致書羅什，訪覈經要。什亦高其勝心，萬里響契。姚略（興）欽想風名，嘆其才思，致書殷勤，信餉歲通。贈以龜兹國細鏤雜變石像，以申款心。又令姚嵩獻其珠像。

《釋論》初出，興送論並遺書曰："《大智論》新訖，此既龍樹所作，又是方等旨歸，宜爲一序，以宣作者之意。然此諸道士咸相推謝，無敢動手。法師可爲作序，以貽後之學者。"遠答云："欲令作《大智論序》，以申作者之意。貧道聞懷大非小渚（褚）所容，汲深非短綆所測。披省之日，有愧高命。又體羸多病，觸事有廢，不復屬意已來，其日亦久。緣來告之重，輒粗綴所懷。至於研究之美，當復寄諸明德。"其名高遠固如此。遠常謂《大智論》文句繁積，初學難尋，乃删煩翦亂，令質文有體，撰爲二十卷，序致淵雅，以貽學者。

後桓玄以震主之威，苦相延致。乃貽書騁説，勸令登仕。遠答辭堅正，確乎不拔，志逾丹石，終莫能屈。俄而玄欲沙汰衆僧，教僚屬曰："沙門有能申述經誥，暢説義理；或禁行修整，足以宣寄大化。其有違於此，皆悉罷遣。唯廬山道德所居，不在搜簡之例。"初，成帝時，庾冰輔政，以爲沙門宜敬王者。尚書令何充奏不應敬禮。官議悉同充等。門下承冰旨爲駁，同異紛然，竟莫能定。及玄在姑孰，欲令盡敬。乃書與遠，具述其意。遠懼大法將墜，報書懇切，以爲袈裟非朝宗之服，鉢盂非廊廟之器。又著《沙門不敬王者論》，辭理精峻。玄意感悟，遂不果行。其荷持法任，皆此類也。

臨川太守謝靈運，負才傲俗，少所推崇。及一相見，蕭然心服。自卜居廬阜，三十餘載，影不出山，迹不入俗。故送客遊履，常以虎溪爲界焉。義熙末卒於廬山精舍，春秋八十有三。遺命露骸松下，同之草木。既而弟子收葬，謝靈運造碑墓側，銘其遺德焉。初，遠善屬文章，辭氣清越，席上談論，精義簡要。加以儀容端雅，風采灑落，故圖像於寺，遐邇式瞻。所著論、序、銘、讚、詩、書，集爲十卷，五十餘篇，並見重於世。（蘇晉仁、蕭鍊子點校《出三藏記集》，中華書局一九九五年版，第五六六至五七〇頁）

《廬山記》二則
［北魏］周景式

山西有龍泉精舍。初，遠法師遣諸道人行卜地，息此而渴。法師以杖掘地，即泉出。天旱，法師令道人讀《海龍王經》，泉中有物如蛇而角，出騰空中去，須臾即雨。（夏劍秋、王巽齋校點《太平御覽》第一卷，河北教育出版社一九九四年版，第六一六頁）

遠法師居廬阜三十餘年，影不出山，迹不入俗。送客過虎溪，輒鳴號。昔陶元亮，居栗里。山南陸修靜，亦有道之士。遠師嘗送此二人，與語道合，不覺過之，因相與大笑。（宋祝穆《古今事文類聚前集》卷三五，上海古籍出版社一九九二年版，第五七七至五七八頁）

《晉書》卷一〇〇《盧循傳》
［唐］房玄齡

盧循，字于先，小名元龍，司空從事中郎諶之曾孫也。雙眸冏徹，瞳子四轉，善草隸、弈棋之藝。沙門慧遠有鑒裁，見而謂之曰：“君雖體涉風素，而志存不軌。”（《晉書》第八冊，中華書局一九七四年版，第二六三四頁）

《大唐内典録》卷三《東晉朝傳譯佛經録》
［唐］道　宣

（慧）遠，鴈門人，姓賈氏。年二十一，遇釋道安，以爲真吾師也。

聽安講《波若經》,乃曰:"儒道九流,皆糠粃耳。"使投簪落髮,即以綱維大法特爲己任。

聞羅什入關,便致書通好曰:"釋慧遠頓首。去歲得姚左軍書,具承德問。仁者曩日殊域,越自外境。于時音譯未交,聞風而悦。頃承懷寶來遊,則一日九馳。徒情欣雅味,而無由造盡。寓目望途,增其勞佇。夫栴檀移植,則異物同薰;摩尼吐曜,則衆珍自積。且滿願不專美於絶代,龍樹豈獨善於前蹤。今往,比量衣裁,願登高座爲著之。"什答曰:"鳩摩羅耆婆和南。既未言面,又文詞殊隔,導心之路不通,得意之緣圮絶。傳譯來説,粗述風德。比如何必備,聞一途可以蔽百。經言:末後,東方當有護法菩薩,勖哉仁者,善弘其事。夫財有五備:福、戒、博聞、辯才、深智。兼之者道隆,未具者疑滯。仁者備之矣。所以寄言通好,因譯傳心,豈其能盡,粗酬來意耳。損所致比量衣裁,欲令登法座時著,當如來意。但人不稱物,以爲愧耳。今往常所用鍮石雙口澡灌,可以備法物數也。"并遺偈一章曰:"既已捨染樂,心得善攝不?若得不馳散,深入實相不?畢竟空相中,其心無所樂。若悦禪智慧,是法性無照。虛誑等無實,亦非停心處。仁者所得法,幸願示其要。"遠重答,以報偈一章曰:"本端竟何從,起滅有無際。一微涉動境,成此頹山勢。惑想更相乘,觸理自生滯。因緣雖無主,開途非一世。時無悟宗匠,誰將握玄契。來問尚悠悠,相與期暮歲。"餘爲什欽重,姚主致書,桓玄雅嘆,靈運崇服,文多如傳。遠有詩書等集十卷,五十餘篇,見重於世。(《續修四庫全書》第一二八九册,上海古籍出版社二○○二年版,第四一至四二頁)

《往生西方净土瑞應傳·慧遠法師》

[唐]道誴

東晉朝僧慧遠法師,雁門人也。卜居廬山,三十餘載,影不出山,迹不入俗,送客以虎溪爲界。雖博群典,偏弘西方。邑下建净土堂,晨夕禮懺。有朝士謝靈運、高人劉遺民等，並棄世榮，同修净土，信士都有一百二十三人，於無量壽像前，建齋立誓，遺民著文讚頌。感一仙人，乘雲聽説，或奏清唄，聲御長風。法師以義熙十二年八月六日，聖衆遥迎，臨終付屬，右脇而化，年八十三矣。（《卍續藏經》第一三五册，第二一至二二頁）

《法苑珠林》卷四《地動部第十三》

［唐］道　世

《異苑》曰：沙門釋慧遠，棲神廬嶽，嘗有游龍翔其前。遠公有奴，以石擲中，仍騰躍上昇。有傾風颾燁，公知是龍之所興。登山燒香，會僧齊聲唱偈。於是霹靂迴向投龍之石，雲雨乃除。（周叔迦、蘇晉仁校注《法苑珠林校注》，中華書局二〇〇三年版，第一三〇頁）

《法苑珠林》卷一三《感應緣》

［唐］道　世

東晉廬山文殊師利菩薩像者，昔有晉名臣陶侃，字士行，建旟南海。有漁人，每夕見海濱光，因以白侃遣尋。俄見金像凌波而趣船側，撿其銘勒，乃阿育王所造文殊師利菩薩像也。昔傳云：育王既統此洲，學鬼王制獄，酷毒尤甚。文殊現處鑊中，火熾水清，生青蓮華。王心感悟，即日毀獄，造八萬四千塔，建立形像，其數亦爾。此其一也。初，侃未能深信因果，既嘉此瑞，遂大尊重，乃送武昌寒溪寺。後遷荆州，故遣迎上。像初在輿，數人可舉。今加以壯夫數十，確不移處。後更足以事力，輴車牽曳，僅得上船，船覆即没。使具聞，侃聽還本寺，兩三人便起。沙門慧遠敬伏威儀，迎入廬岫，而了無艱阻。斯即聖靈感降，惟其人乎！故諺曰“陶惟劍雄，像以神標；雲翔泥宿，邈何遥遥”是也。（同前，第四六四頁）

《歷代法寶記》卷一
［唐］佚　名

《晉書》云：晉桓帝時，欲删除佛法。召廬山遠法師，帝問曰："朕比來見僧尼，戒行不純，多有毀犯。朕欲删除揀擇，事今可否？"遠公答曰："崑山出玉，上雜塵砂。麗水豐金，猶饒瓦礫。陛下只得敬法重人，不可輕人慢法。"晉帝大赦之。(《大正藏》第五一册，第一七九頁)

鈔書記
［五代］嵩冲靈〔一〕

靈運欲入遠公社，遠公拒之曰："子髮鬢而鬚美，面與身戾，非令終之相。請多行陰德，戒飭三年而後可。"靈運怒曰："學道在心，安以貌耶？"遠笑而不答〔二〕。後靈運果如遠所料。(《古今事文類聚續集》卷四，上海古籍出版社一九九二年版，第三册，第七一頁)

【校勘】

〔一〕"嵩冲靈"，各本不一，或作"嵩仲虚""嵩冲虚""嵩仲靈"。

〔二〕《廬山志·山川勝迹》"遠公影堂"下引黄宗羲《游記》云："遠公自太元癸末入山不出。康樂之爲臨川内史在元嘉八九年，遠公已死，康樂固無嘗得見遠公。故其誄曰：'予志學之年，希門人之末，惜乎誠願未遂。'此正不見之證也。彼謂拒其入社者，亦即此言附會之耳。"

《東林蓮社十八高賢傳·慧遠法師》
［晉］佚　名

法師諱慧遠，姓賈氏，鴈門樓煩人。幼而好學，年十三，隨舅令狐氏遊學許、洛。博綜六經，尤善《莊》《老》。宿儒先進，莫不服其深致。

二十一,欲度江從學范甯(宣),適石虎暴死,南路梗塞,有志不遂。

時沙門釋道安,建剎於太行常山。一面盡敬,以爲真吾師也。初聞安師講《般若經》,豁然開悟,嘆曰:"九流異議,皆糠秕耳!"遂與母弟慧持,投簪受業。精思諷誦,以夜繼晝,因求直道場。沙門曇翼,每給鐙燭之費。安師聞之曰:"道士誠知人。"師神明英越,志與理冥。至二十四,大善講貫。有客聞說實相義,往復問難,彌增疑昧。師爲引《莊子》之說以相比類,惑者釋然。安師因許令不廢外典。常臨衆嘆曰:"使道流東國者,其在遠乎!"後隨安師南遊襄陽,值秦將苻丕爲寇,乃分張徒屬,各隨所往。耆德臨岐,皆蒙誨益。唯師不聞一言,即跪請曰:"獨無訓勅,懼非人類。"安師曰:"如汝者,復何所慮!"

師乃與弟子數十人,南適荆州,居上明寺。念舊與同門慧永,約結屋於羅浮。太元六年(即晉孝武帝)至潯陽,見廬山閑曠,可以息心,乃立精舍。以去水猶遠,舉杖扣地曰:"若此可居,當使朽壤抽泉。"言畢,清流涌出。潯陽亢旱,師詣池側,讀《龍王經》,忽見神蛇從池而出,須臾大雨,歲竟有秋,因名"龍泉精舍"。

永師先居廬山西林,欲邀同止,而師學侶寖衆,永乃謂刺史桓伊曰:"遠公方當弘道,而貧道所棲,隘不可處。"時師夢山神告曰:"此山足可棲神,願毋它往。"其夕大雨雷震。詰旦,林麓廣闢,素沙布地,梗、柟、文梓,充布地上,不知所自至。伊大敬感,乃爲建剎,名其殿曰"神運"。以在永師舍東,故號東林。時太元十一年也。此山儀形九疊,峻聳天絶。而所居盡林壑之美,背負鑪峰,旁帶瀑布,清流環階,白雲生棟(《廬山記》:"匡裕先生,殷周之際,受道於仙人,即巖成館,人稱神仙之廬,因名廬山。"《潯陽記》:"山高三千三百六十丈,周二百五十里。其山九疊,川亦九派。"《郡國志》:"疊障九層,包藏仙迹。")別營禪室,最居靜深,凡在瞻履,神清氣肅。

師聞天竺佛影,是佛昔化毒龍瑞迹,欣感於懷。後因耶舍律士,叙述光相,乃背山臨流,營築龕室,淡采圖寫,望如煙霧。復製五銘,刻於石。江州太守孟懷玉、別駕王喬之、常侍張野、晉安太守殷隱、黃門毛修之、主簿殷蔚、參軍王穆夜、孝廉范悦之、隱士宗炳等，咸賦銘讚（見《廬山集》）。

先是，潯陽陶侃刺廣州，漁人見海中有神光，網之，得金像文殊，誌云"阿育王所造"。後商人於海東獲一圓光，持以就像，若彌縫然。侃以送武昌寒溪寺，寺主僧珍，嘗往夏口，夜夢寺火，而此像室獨有神護。馳還，寺果焚，像室果存。及侃移督江州，迎像將還，至舟而溺。荊楚爲之謠曰："陶惟劍雄，像以神標。雲翔泥宿，邈何遥遥。可以誠至，難以力招。"及寺成，師至江上虔禱之，像忽浮出，遂迎至神運殿，造重閣以奉之，因製《文殊瑞像讚》。

嘗謂諸教三昧，其名甚衆，功高易進，念佛爲先。既而謹律息心之士，絕塵清信之賓，不期而至者，慧永（同師安公，先居西林）、慧持（遠師同母弟）、道生、曇順（並羅什門弟）、僧叡、曇恒、道昺、曇詵、道敬（並遠師門人）、佛馱耶舍（此云覺明，罽賓國人）、佛馱跋陀羅（此云覺賢，迦維衛國人）、名儒劉程之（號遺民）、張野、周續之、張詮、宗炳、雷次宗等，結社念佛，世號十八賢。復率衆至百二十三人，同脩净土之業。造西方三聖像，建齋立誓，令劉遺民著《發願文》，而王喬之等復爲《念佛三昧詩》以見志。

師神貌嚴肅，瞻仰者則心戰。沙門有持如意致獻者，不敢陳白，竊留座隅而去。法師慧義，強正少可，謂師弟子慧寶曰："諸君膚淺，故於遠公望風推服。"嘗至山，值師講《法華》，欲致難，輒內悸流汗。出謂慧寶曰："此公言貌，誠可敬服。"

殷仲堪任荊州，入山展敬，與師俱臨北澗松下，共談《易》道，終日忘倦。仲堪嘆曰："師智識深明，實難庶幾。"師亦曰："君之才辯，如此流泉。"（後人名其處曰"聰明泉"）司徒王謐、護軍王默，並欽慕風德，遥致敬禮（王謐有書往反）。

盧循據江州，入山詣師。師少與循父嘏，同爲書生。及見循，歡然道舊。其徒諫曰："循爲國寇，得不爲人疑乎？"師曰："我佛法中，情無取捨，識者自能察之，此何足懼。"及宋武進討循，設帳桑尾，左右曰：“遠公素主廬山，與循交厚。”宋武曰：“遠公世表之人，何可疑也。”
乃遣使馳書，遺以錢帛。

有行者來嘗侍師，善驅蛇，蛇爲盡去，因號“辟蛇行者”。有一虎
往來，時見行迹，未嘗傷人，人號“遊山虎”。師與社衆，每遊憩上方峰
頂，患去水遠。它日有虎跑其石，水爲之出，因號“虎跑泉”。又於一
峰，製《涅槃疏》，因名“擲筆峰”。

初是，大教流行江東，經卷未備，禪法無聞，律藏多闕。師乃命弟
子法净、法領等，遠越蔥嶺，曠歲來還，皆獲梵本。昔安公在關中，請
曇摩難提出《阿毗曇心》，其人未善晉言，頗多疑滯。後僧伽提婆至，
即請重譯，及《三法度論》。於是二論乃興，師即製序，以貽學者。聞
鳩摩羅什入關，遣書通好。什答書曰：“傳驛來貺，虒聞風德。經言：
‘末代東方，有護法菩薩。’欽哉仁者，善弘其道！”曇摩流支入秦，師遣
弟子曇邕，請於關中出《十誦律》，流傳晉國。西土諸僧，咸稱漢地有
大乘開士，每東向致禮，獻心廬嶽。及佛馱跋陀羅至，師即請出禪數
諸經。於是禪戒經典，出自廬山，幾至百卷。先是，此土未有“泥洹常
住”之説，但言壽命長遠。師曰：“佛是至極，至極則無變，無變之理，
豈有窮耶？”乃著《法性論》十四篇。羅什見而嘆曰：“邊方未見經，便
闇與理合。”秦主欽風，以《大智度論》新譯，致書求序。師以其文繁
廣，乃抄其要，爲二十卷，而爲之序。（羅什譯《智論》凡百卷）

桓玄征殷仲堪，要師出虎溪，稱疾不往。玄將入山，左右曰：“昔
殷仲堪禮敬於遠，請公勿屈。”玄曰：“仲堪死人耳。”及玄見師，不覺屈
膝，所懷問難，不復敢發。及語至征討，師即不答。玄後以震主之威，
勸令登仕。師正辭以答，玄不能强。既而欲沙汰衆僧，下教僚屬曰：
“沙門之徒，有能申述經誥、禁行修整者，始可以宣寄大化。其有違於
此者，悉當罷黜。唯廬山道德所居，不在搜簡之例。”師因致書，廣立
條制，玄悉從之。

初，庾冰輔政，以沙門應敬王者，何充奏不應禮。及玄在姑熟，復
申冰議。師答書曰：“袈裟非朝宗之服，鉢盂非廊廟之器，塵外之容，

不應致敬王者。"乃著《沙門不敬王者論》五篇：一明在家者有天屬之愛，奉主之禮。二明出家以求志，變俗以達道，豈得與世典同其禮敬。三明求宗不順化，宗謂泥洹不變，以化盡爲宅（泥洹，即涅槃，翻不生不滅）。不順化者，其生可滅，其神可冥，冥神絕境，謂之泥洹，而不隨順於生生化化、流動無窮之境。斯所以不事王侯，高尚其事，豈復有所禮敬者哉！四明體極不兼應，謂歷代君王，體極之主，但務方内，而不可並御於方外，故曰不兼應。天地之道，功盡於運化；帝王之德，理極於順通。與夫獨絕之教、不變之宗，優劣明矣。若夫如來之道，則無所不應矣。五明形盡神不滅，謂火之傳於薪，猶神之傳於形。火之傳異薪，猶神之傳異形。方生方死，往來無窮。但悟徹者反本，惑理者逐物耳。有頃，玄篡位，即下書曰："佛法宏誕，所未能了。初推奉主之情，故令興敬。今事既在己，宜盡謙光，諸道人勿復致禮也。"

　　桓玄西奔，安帝自江陵還京師，輔國何無忌勸師候迎，師稱疾不行。帝遣使勞問。師上書謝病，帝復下詔慰答。

　　師嘗講《喪服經》（當是《禮記》"小記""大記""四制"等篇），雷次宗、宗炳等，并執奏承旨。次宗後著《義疏》，首稱"雷氏"。宗炳寄書責之曰："昔與足下，面受於釋和尚，今便稱雷氏耶？"（陸德明《毛詩音義》云："周續之，與雷次宗，同受《詩》義於遠法師。"亦此類也。）

　　釋惠安，患山中無刻漏，乃與水上立十二葉芙蓉，因波隨轉，分定晝夜，以爲行道之節，謂之"蓮華漏"。僧澈（徹）善篇牘，嘗至山南攀松而嘯，和風遠集，衆鳥悲鳴，超然有自得之趣。退諮於師曰："律禁管絃歌舞。若一唫一笑，可得爲乎？"師曰："苟以亂意，皆爲非法。"澈（徹）唯此而止。

　　師居山三十年，迹不入俗，唯以净土克勤於念。初十一年，澄心繫想，三睹聖相，沈厚不言。後十九年，七月晦夕，於般若臺之東龕，方從定起，見阿彌陀佛，身滿虛空，圓光之中，有諸化佛，觀音、勢至左右侍立。又見水流光明，分十四支，流注上下，演說苦、空、無常、無我之音。佛告之曰："我以本願力故，來安慰汝。汝後七日，當生我國。"又見佛馱耶舍、慧持（義熙八年先逝）、劉遺民（義熙六年先逝），在佛之側，乃揖師曰："師志在先，何來之晚！"師語法净、慧寶曰："吾始居此，十一年中，三見佛相。今復見之，吾生净土必矣。"又曰："七日之期，斯爲漸矣。"即寢疾，製遺誡曰："吾昔以知命之年，託業此山，自審有必盡之期，便欲絶迹外緣，以求其志。良由性弱於斷，遂令同趣相引，時賢過眷，情以類感，不覺形與運頹，今年已八十三矣。仰尋違離之誨，俯慨自負之心，徒令此生虛謝，以悼往疾之深。今於至時露骸松林之下，即嶺爲墳，與土木同狀。此乃古人之禮，汝等勿違。苟神理不昧，庶達其誠，大哀世尊，亦當祐之以道。"門徒號慟，若喪父母。師以世情難割，乃制七日展哀，至期始順寂，即義熙十二年八月六日也。弟子不忍露屍，與潯陽太守阮侃，奉全軀，舉葬於西嶺，累石爲塔。謝靈運立碑，以銘遺德。張野作序，自稱門人。宗炳復立碑於寺門，以表德業。

　　師將終，耆德請以豉酒治病，師曰："律無通文。"請飲米汁，師曰："日過中矣。"又請飲蜜和水，乃令披律尋文，卷未半而終。所著經論諸序、銘、讚、詩、記，凡十卷，號《廬山集》（刻梓在紹興府庫）。自佛圖澄、道安師、遠法師、曇順、僧叡，五世爲國師云。唐宣宗大中二年，追謚"辯覺大師"。昇元三年，追謚"正覺"（南唐李先主年號，即晉高祖皇帝天福四年也）。大宋太宗太平興國三年，追謚"圓悟大師凝寂之塔"。（《説郛三種》，上海古籍出版社一九八八年版，第二六五六至二六六〇頁）

《廬阜雜記》一則

［宋］佚　名

　　遠師結白蓮社，以書招淵明。陶曰："弟子嗜酒，若許飲，即往矣。"遠許之，遂造焉。因勉令入社，陶攢眉而去。（《古今事文類聚前集》卷三五，景印文淵閣《四庫全書》第九二五冊，第五七八頁）

《净土往生傳》卷上《東晉廬山釋慧遠傳》

［宋］戒　珠

釋慧遠，俗姓賈，雁門婁煩人也。少依舅氏，遊學於許、洛，博總經史，尤通莊、老。年二十一，欲度江東，定契於范宣子。南路阻塞，志不獲從。時道安於太行弘讚像法，聲甚著聞。遠往歸之，一面盡敬。後聽安講《般若經》，豁然開悟。乃曰：“九流異議，皆糠秕爾。”與母弟慧持投簪事之。然其風韻嚴肅，容止方棱。安每嘆曰：“使教流東土，其在遠乎？”至二十四，大善講貫。客有難問實相義者，往復條析，彌增疑昧。遠引莊子之文類之，客乃曉然。自後安師許遠不廢俗書。

僞秦建元中，襄陽寇亂。安爲朱序所拘，支離其徒，各隨所之。遠與慧持數十人，同之荆州。未幾，又欲南之羅浮。路出尋陽，見廬峰青峻，意頗樂之。奈其所憩去水猶遠，遠以杖扣地，曰：“若此可居，當使朽壤抽泉爾。”言訖，泉涌。其後尋陽亢旱，遠詣其水之傍，讀《龍王經》。俄有巨蛇，由水升空，須臾大雨，因號其處爲“龍泉”焉。時沙門慧永，已居西林，要遠同止。又愧所居褊狹，不足以處，乃告刺史桓伊，伊然其意，創東林以居之。

往時陶侃出鎮廣州，有漁人於海上得（阿）育王所造像，其像甚異。侃奉歸武昌寒溪寺。寺嘗遭火，像獨存焉。後侃移鎮他郡，以像繼有靈異，遣使迎之，竟不能舉。及遠寺成，願心祈請，飄然自至。繇是知遠修證，動有祥感。殷仲堪之荆州，道經廬山，與之論《易》，移晷不倦。堪曰：“識智深明，固難與敵。”司徒王謐、護軍王默，咸欽風德，遙致師敬。謐有書曰：“年未四十，衰同耳順，豈不自悲頽落哉？”遠曰：“古人不貴尺璧而重寸陰，顧其所存，不在長年爾。”宋武追討盧循，設帳桑尾。左右曰：“遠公素王廬山，與循交厚。”宋武曰：“遠公，世表人也，詎有彼此？”因遣使齎書，遺以錢米。秦主姚興，嘉遠才思，疊形信餉。新出《大智論》，興以論本寄遠，仍示書曰：“此論龍樹所作，又是方等指歸。不有大士，孰能序引？”

桓玄伐罪仲堪，徑至山足，邀遠以出虎溪，遠辭焉。玄自入山。左右曰：“仲堪罪人，力推敬遠。惟公無敬之。”玄曰：“仲堪生死人爾，吾誰類之？”既而相見，不覺展敬。故雖內懷疑難，不敢復發。乃問以征討之計，遠不答。詰其故，對曰：“軍旅之事，未之學也。”玄曰：“何以見願？”遠曰：“願檀越安隱（穩），彼亦無他。”玄出山，謂左右曰：“此人實乃生所未見，吾何怠之！”後玄以震主之威，曲相延致。又制沙門致敬王者。尚書令何充、僕射褚翌、諸葛恢等，皆有奏議，門下承旨又爲駁難，同異紛紜，理莫能定。遠著《沙門不敬王者論》五篇上玄，玄輒止焉。殆玄西奔，安帝由江陵旋於京師，輔國何無忌勸遠迎駕，遠託以疾。帝遣書勞問，禮越常等。遠表謝曰：“釋慧遠頓首。陽月和暖，御膳順宜。貧道身嬰故疾，年衰益甚。猥蒙慈詔，載垂光慰。感懼之深，實百於懷。”帝覽表，復以優詔答之。陳留謝靈運，負才傲物，少所推許，一與遠接，肅然心服。

矧遠內通佛教，外善儒書，自居廬山三十年，影不出山，迹不入俗。彭城劉遺民、豫章雷次宗、雁門周續之、新蔡畢穎之、南陽宗炳、清河張野，並棄世遺榮，依遠遊止。遠與遺民而下僧俗一百二十三人，結爲淨社。於彌陀像前，建誠立誓，期升安養。仍令遺民撰文以刻之。當時或稱蓮社，蓋指群心誓生之所爾。

遠之廣善援能，務在弘法。每聞僧徒至自西域，必皆委曲諮訪理味。罽賓沙門僧伽難提，太元中至尋陽，遠請重譯《阿毗曇心》及《三法度論》。晚聞羅什入關，焚香遐想，以致書問。什亦久藉其名，復書通好，而又以偈五首，大稱賞之。自是南北千里，書問不絕。

義熙十二年八月一日動散，至於六日，寖加困篤。大德耆年皆相稽顙，請飲豉酒。遠曰：“以酒療病，律無通文。”請飲米飲，又曰：“日過中矣。”已而請飲蜜漿，乃命律師，披律尋文，文未之半，遠已亡焉，春秋八十三。道俗雲委，車軌爲之結道。尋陽太守阮保，與弟子法淨等，於其山西，鑿壙以葬。而靈運、宗炳一時名賢，追悼遺德，迭爲銘志。梁僧慧皎,去遠餘百載,得其事實,亦爲作傳云。

按《遠別傳》,遠於淨土之修,克勤於念。初憇廬山十一年,澄心繫想,三睹勝相。而遠沉厚,終亦不言。後十九年七月晦夕,遠於般若臺之東龕,方由定起,見彌陀佛,身滿虛空,圓光之中,有諸化佛,又見觀音、勢至侍立左右。又見水流光明分十四支,一一支水,流注上下。自能演説苦、空、無常、無我。佛告遠曰:"我以本願力故,來安慰汝。汝後七日,當生我國。"又見佛陀耶舍與慧持、曇順在佛之側,前揖遠曰:"法師之志,在吾之先。何來之遲也?"遠既目擊分明,又審精爽不亂。乃與其徒法淨、慧寶等,具言所見。因告淨曰:"始吾居此十一年,幸於淨土,三覯勝相。今而復見之,吾生淨土決矣。"次日寢疾。又謂淨曰:"七日之期,斯其漸也。汝徒自勉,無以世間情累拘也。"至期果卒。(《卍續藏經》第一三五册,第三四至三六頁)

《樂邦文類》卷三《蓮社始祖廬山遠法師傳》

［宋］宗　曉

時教雖本佛説,然而宏時教者,必以天台爲始祖;律藏雖本佛制,然而張律藏者,必以南山爲始祖;禪宗雖本佛心,然而傳禪宗者,必以達磨爲始祖;勸生淨土,固出大覺慈尊,然而使此方之人知有念佛三昧者,應以遠公法師爲始祖焉。

法師諱慧遠,俗賈氏,雁門人。少遊學,通經史、《莊》《老》。年二十餘,問道道安法師。因聽講《般若經》,豁然開悟。乃曰:"九流異議,皆糠秕耳。"因削染事之。至二十四,大曉經論,凡諸疑難,莫不條析。

僞秦建元中,襄陽寇亂,因屆潯陽,見廬峰清峻,意頗樂之。刺史桓伊,即創東林以居焉。自是三十年,影不出山,迹不入俗。每送客,以虎溪爲界。桓玄震主之威,相見不覺致敬。晉安帝自江陵還都,或勸師候覲,師稱疾不前,帝復遣使問勞。

時有劉遺民、雷次宗、宗昺（炳），泊諸高僧一十八人，並棄世遺榮，依遠遊止。遠拉一百二十三人爲蓮社，令遺民著誓辭，於彌陀像前，建誠立誓，期生安養。謝靈運負才傲物，一與遠接，肅然心服，爲鑿二池，引水栽白蓮，求入社。師以心雜止之。陶淵明、范寧，累招入社，終不能致。故齊己詩云："元亮醉多難入社，謝公心亂入何妨。"

遠於净土克勤於念，初十一年，澄心繫想，三睹聖相，而遠沉厚不言。後十九年七月晦夕，於般若臺，方從定起，見彌陀佛，身滿虛空，圓光之中，有諸化佛，觀音、勢至左右侍立。又見水流光明，分十四支，流注上下，演説苦空，佛告遠曰："我以本願力故，來安慰汝。汝後七日，當生我國。"又見佛陀耶舍、慧持、曇順，在佛之側，前揖遠曰："師志在吾先，何來之遲？"既而與其徒曰："吾始居此，幸於净土，三睹聖相。今復再見，吾往生決矣。"次日即寢疾，期七日而後行，"汝徒當自勉，無以情慮拘也。"至期果令終，壽八十三，即義熙十二年丙辰八月六日也。遺囑露屍林下，弟子奉葬西嶺。謝靈運作銘，張野爲序。

唐大中二年，謚號"辨覺大師"。昇元三年，改謚"正覺"。大宋興國三年，追謚"圓悟大師"。墳爲凝寂之塔。師有雜文二十卷，號《廬山集》，靈芝元照律師作序，板刊紹興府庫。（弘化社刊《樂邦文類》，第三二八至三三一頁）

《净土往生傳》卷上
［宋］戒　珠

劉程之，字仲思，彭城人，漢楚元王之後也，祖考而上爲晉顯官。程之少孤，事母以孝行聞州里。又以才藻自負，不委氣於時俗。雖夫寒餓在己，威福在前，其意湛如也。司徒王謐、丞相桓玄、侍中謝琨、都督謝安、太尉劉裕，咸嘉其賢，欲相推薦。程之曰："諸公所薦皆人傑也，若程之，行不足以飾身，才不足以蔽俗，今而薦之，不唯已有尸祿之毀，亦恐天下不以諸公爲知人矣。"乃之廬阜，以託於遠公。遠公

曰："官禄巍巍,欲何不爲?"程之曰："君臣相疑,疣贅相窺。晉室無磐
石之固,物情有累卵之危。吾何爲哉?"遠聞其説,大相器厚。太尉劉
公亦以其志不可以力屈,與群公議"遺民"之號旌焉。及雷次宗、周續
之、畢穎之、張秀實等,同來棲遠。遠曰:"諸公之來,宜忘净土之遊
乎? 如有心焉,當加勉勵,無宜後也。"程之於諸公中,又最有文,得識
其事,鑱石以永之。(《卍續藏經》第一三五册,第三七至三八頁)

槁簡贅筆
［宋］章　　淵

　　遠法師在廬山,初修净土之社,凡百有二十三人。謝康樂爲鑿東西
二池種白蓮,求入净社,故號白蓮社。然遠公以靈運心雜,止之。世傳
十八賢,乃彭城劉遺民、豫章雷次宗、雍門周續之、南陽宗炳、南陽張野、
南陽張銓、西林覺寂大師、東林普濟大師、惠持法師、罽賓佛馱耶舍尊
者、蜀賓佛馱跋陀羅尊者、慧睿法師、曇順法師、曇恒法師、道炳(昺)法
師、道敬法師、曇詵法師、道生法師。李伯時畫蓮社圖,陶淵明乘籃輿,
謝康樂乘馬張曲笠。二公雖不入净社,常往來山中,僧齊己《遠公影
堂詩》云"陶令醉多招如得,謝公心亂入無方"是也。(戴鴻森點校《五代
詩話》卷八,人民文學出版社一九九八年版,第三三〇至三三一頁)

《銷釋金剛科儀會要注解》卷八
［宋］宗鏡述　　［明］覺連重集

　　東晉遠公曾結社,遺民房翥總奇才。淵明入會多耽飲,今晚休杯
歸去來。

　　此四句:科家誡人,識破幻境,同歸净土也。

　　東晉遠公者,師諱慧遠,鴈門樓煩人,今河東代州是也。姓賈氏,
生於石趙。二十四歲,聽道安法師講《般若經》,大悟。於孝武帝大元
九年,至廬山,以杖卓地曰:"有泉則住。"起杖,水隨杖出,遂居之。所

居之處有潭，一日忽水涸，遂成平地。無何，雷電風雨，天地陡暗，山川震動，久而暗霽。其地四方平坦潔净，並無草木。又一日如前，雷電風雨皆作。次日忽見棟樑橡柱，斧鑿皆净，已成規矩。積而成蕡。師與江東太守奏準建寺，畢，請題曰東林寺。殿名神運，於中立彌陀像，建白蓮社，共集十八大賢，同脩净業。

師三十年，迹不下山。初，十一年間三睹聖像，而不令人知。後十九年七月晦夕，從定起，忽見阿彌陀佛，身滿虛空，圓光之中，有諸化佛，觀音、勢至侍立左右。佛言：“我以本願力故，來安慰汝。汝七日後，當生我國。”又見佛陀耶舍、慧持、曇順，在佛之側，前揖曰：“師志在吾前，何來之遲也？”既知時至，謂其徒曰：“吾始居此，三睹聖像，今復再見，吾生净土決矣。”於義熙十二年八月六日示衆曰：“遺屍於松林下。”言訖而逝。

晉時劉程之，字仲思，號遺民，彭城人，楚莊王之後。妙善《老》《莊》，通百氏。少孤，事母以孝聞。自負其志，不干時俗。初解褐爲參軍，謝安、劉裕嘉其賢，相推薦，皆力辭。性好佛理，乃與雷次宗、周續之、宗炳、張銓、畢之等，同來廬山。遠公謂曰：“諸君之來，豈宜忘净土之遊乎？”程之乃鑱石爲誓文，以誌其事，遂於西林澗北，別立禪房，養道安貧，精研玄理，兼持禁戒。宗、張等，咸仰嘆之。

嘗貽書關中，與什、肇揚搉經義。著《念佛三昧詩》，以見專誦坐禪之意。始涉半載，即於定中見佛光照地，皆作金色。居十五年，於正念佛中，見阿彌陀佛，玉毫光照，垂手慰接。程之曰：“安得如來，爲我摩頂，覆我以衣？”俄爾，佛爲摩頂，引袈裟以披之。他日念佛，又見人入七寶池，蓮華青白，其水湛湛。有人項有圓光，胸出卍字，指池水曰：“八功德水，汝可飲之。”程之飲水甘美，及覺，異香發於毛孔。乃自謂曰：“吾净土之緣至矣。”復請僧轉《法華經》，近數百遍。後時廬阜，請僧畢集。程之對像焚香，再拜，祝之曰：“我以釋迦遺教，知有阿彌陀佛。此香先當供養釋迦牟尼如來，次供阿彌陀佛，復以《妙法蓮華經》，所以得生净土。由此經功德。願令一切有情，俱生净土。”即與衆別，臥床上面西，合掌而化矣。……

　　晉時陶潛，字淵明，事如前已引。居士居柴桑時，與廬山相近，同陸脩静，常來訪遠公。遠愛其曠達，招之入社。潛性嗜酒，謂若許飲則住。遠許之，潛入山，久而無酒，攢眉而去。曾著《搜神記》，多載佛靈驗事也。（《卍續藏經》第九二册，第四一六至四一七頁）

《釋氏要覽》卷上《住處·蓮社》
［宋］道　誠

　　昔晉慧遠法師（唐宣宗謚大覺法師），雁門人，住廬山虎溪東林寺。招賢士劉遺民、宗炳、雷次宗、張野、張詮、周續之等爲會，修西方净業。彼院多植白蓮。又彌陀佛國，以蓮華分九品、次第接人，故稱蓮社。有云嘉此社人不爲名利淤泥所污，喻如蓮華，故名之。有云：遠公有弟子名法要，刻木爲十二葉蓮華，植於水中，用機關，凡拆一葉是一時，與刻漏無差，俾禮念不失正時，或因此名之。又稱净社，即南齊竟陵文宣王，慕僧俗行净住法故。夫社者，即立春、秋日後，五戊名社日。天下農結會，祭以祈穀。《荆楚記》云：四人並結綜會社。《白虎通》云：王者所以有社何？爲天下求福報土。人非土不食，土廣不可遍敬，故封土以立社。今釋家結慕緇白，建法祈福，求生净土，净土廣多，遍求則心亂，乃確指安養净土，爲棲神之所，故名蓮社、净社爾。（富世平《釋氏要覽校注》，中華書局二〇一四年版，第六九至七〇頁）

《廬山蓮宗寶鑒》卷四《遠祖師事實》
［元］普　度

　　師諱慧遠，雁門樓煩人，今河東代州，姓賈氏。生於石趙延熙甲午歲，爲晉成帝咸和九年。師十二歲，從舅令狐氏遊學許、洛，博通六經，尤通《周易》《莊》《老》之書。二十一歲，欲渡江與范宣子俱隱。值中原兵戈塞路，聞道安法師居太行山，遂與弟慧持俱投之。聽講《般若經》,豁然大悟,嘆曰:"儒道九流,皆糠秕耳!"與弟投簪落髮,常以大法爲己任。安嘆曰:"使道流中國,其在遠乎!"

孝武帝太元九年,至廬山,以杖卓地曰:"有泉當住。"忽泉迸出,乃誅茅爲庵。講《涅槃經》,感得山神獻靈,資助材木,雷雨辟地。江州太守驚其神異,奏立東林寺,名其殿曰"神運"。太元十一年,寺成。師以東南經律未備,禪法無聞,乃於寺內別置禪室,請一禪師率衆習禪。令弟子逾越沙漠,求禪經,庶江表四輩,咸皆得以修習;願使大乘之化,自北而南。

每謂禪法深微,非才莫授。入道要門,功高易進者,念佛爲先。師徒衆往來三千,真信之士一百二十三人,乃與劉遺民等十八賢爲上首,於無量壽佛像前,建齋立誓,同修西方淨土,結白蓮社。遺民著《發願文》,師自製《念佛三昧序》。謝靈運恃才傲物,一見師,肅然心服,鑿池種蓮求入社,師以心雜止之。

山多蛇,有行者不知何許人,嘗侍於師,善驅蛇,至今號"辟蛇聖者"。師所居,流泉匝寺,下入虎溪,每送客,以溪爲界。時陶淵明、陸修靜,師嘗送之,語道契合,不覺過溪,相與大笑,後世因傳《三笑圖》焉。

時羅什法師,通書稱師爲東方護法菩薩。外國衆僧,咸稱漢地有大乘道士,每燒香禮拜,東向稽首,獻心廬嶽。姚主欽承道德,信餉連接。晉安帝隆安元年,桓玄勸帝沙汰僧尼,謂廬山爲道德所居,不在搜簡。師以書抵玄,得並免。元興元年,玄又申庾冰之議,欲沙門盡敬王者。復以書辯論其事,遂免。安帝自江陵旋京,輔國何無忌勸師候迎,稱疾不起。帝遣使勞問,師表以聞,帝優詔答之。

義熙乙卯十一月初一日,師入定,至十七日出定,見阿彌陀佛紫磨黃金身,徧滿空界。《龍舒淨土文》載:"遠公三睹聖相,沈厚不言。"師三十年影不出山,足不入俗。丙辰八月初一日示疾,至六日困篤。大德者舊請飲豉酒,不許。又請以蜜水,乃命律師檢藏,未見。而集諸徒遺誡曰:"吾自知命之年,託業此山,自審有畢盡之期,乃絕迹外緣，以求其志。不覺形與運頹，已八十三矣。時至，欲厝骨於松林之下，即嶺爲墳，與土木同狀。此古人之禮，汝等勿違。苟使神理不昧，庶達其誠，大哀世尊，亦當祐之以道。"言訖而逝。門人與潯陽太守及官屬，奉全軀葬於西嶺，壘石而塔焉。安帝諡"廬山尊者、鴻臚大卿、白蓮社主凝寂之塔"。謝靈運立碑，以銘其德。張野序之。有《匡山集》十卷行於世。（《卍續藏經》第一〇八册，第四三至四四頁）

《廬山蓮宗寶鑑》卷四《辯遠祖成道事》

［元］普　度

　　《禮記》曰："先祖無美而稱之者，是誣也。有善而弗知者，是不明也。知而不傳者，是不仁也。此三者，君子之所恥也。"噫！在吾學佛之徒，豈不然耶？

　　吾祖遠公，行位昭昭，功德廣大。愚忝與其教，爲末流之裔，不肖孤陋，學淺才疏，未能紹襲先宗，實乃有孤慈蔭。嘗讀《明教記》，不亦甚慚乎！又嘗觀石室琇禪師《通論》云："去孔子百年而有孟軻，是時孔子之道幾衰焉，軻於是力行其道，而振起之。伏自佛教東流，凡三百年，而有遠公，是時沙門寖盛，然未有特立獨行，憲章懿範，爲天下宗師如遠公者，佛道由之始振。"蓋嘗謂遠公有大功於釋氏，猶孔門之孟子焉。與高僧、朝士，同修净社，道動帝王，法流天下。

　　後之所習念佛者，不知吾祖之本末，失其源流。多見世之薄福闡提輩，僞撰《廬山成道記》，裝飾虛辭，盡是無根之語，誑惑善信，遍傳在人耳目，逮今不能改革。予乃參考大藏《弘明集》《高僧傳》，察其詳要，略舉七事，以破群惑，識者鑒之：遠公禮太行山道安法師出家，妄傳師旃檀尊者，一誣也。妄以道安爲遠公孫者，二誣也。遠公三十年影不出山，足不入俗，妄謂白莊劫擄者，三誣也。晉帝三召，遠公稱疾不赴，妄謂賣身與崔相公爲奴者，四誣也。道安臂有肉釧，妄謂遠公者，五誣也。臨終遺命，露骸松下，全身葬西嶺，現在凝寂塔可證，妄謂遠公乘彩船升兜率者,六誑也。道生法師,虎丘講經,指石爲誓,石乃點頭,妄謂遠公者,七誑也。

悲夫!世之姦佞,不知祖師實德,道聽途説,妄裝點許多不遜之事。播醜於後世,取笑於四方,謗瀆聖德。識者見之,不察其所由,得不輕侮於吾祖師耶?豈非出佛身血,五逆罪乎?嘗觀宋元嘉中,僧才觀、惠嚴、謝靈運,翻《涅槃經》,增損其辭。因夢神人訶之曰:"敢以凡情,輕瀆聖典?"觀等懼而止。又惠琳,以才學幸帝,時號"黑衣宰相",自著《白黑論》毀佛教,即感惡疾,膚肉糜爛而死。夫如是則妄造祖師傳記,三途地獄,可不懼乎?凡吾同志,詳審遠公實迹,從本至末,痛告諸方,光揚祖道。庶先聖之屈,於斯雪矣。(《卍續藏經》第一〇八册,第四六至四七頁)

《廬山蓮宗寶鑒》卷四《遠祖師歷朝謚號》

[元]普 度

晉安帝義熙年,謚"廬山尊者、鴻臚大卿、白蓮社主"。

唐大中戊辰年,謚"辯覺大師"。

南唐昇元三年,謚"正覺大師"。

宋太平興國三年,謚"圓悟大師"。

宋乾道二年,謚"等遍正覺圓悟大法師"。(同前,第四五頁)

《廬山蓮宗寶鑒》卷四《廬山十八大賢名氏》

[元]普 度

遠公祖師(諱慧遠,姓賈氏,雁門樓煩人。)

永法師(諱慧永,姓繁,河内人。)

持法師(諱慧持,遠公弟也,與兄俱事道安法師。)

生法師(諱道生,出魏氏,鉅野人。)

佛陀耶舍尊者(此云覺明,罽賓國婆羅門種。)

佛馱跋陀羅尊者（此云覺賢，甘露飯王之裔。）

叡法師（諱慧叡，冀州人。）

順法師（諱曇順，黃龍人。）

敬法師（諱道敬，瑯琊王氏，隨祖凝之守江州。）

恒法師（諱曇恒，河東人，童子出家，不知姓氏。）

昺法師（諱道昺，潁川陳氏。）

詵法師（諱曇詵，廣陵人，不知姓氏。）

劉遺民（諱程之，字仲思，彭城聚里人，漢楚元王之後。）

散騎常侍雷公（諱次宗，字仲倫，南昌人。）

太子舍人宗公（諱炳，字少文，南陽人。）

治中張公（諱野，字萊民。）

散騎常侍張公（諱詮，字秀碩，萊民族也。）

通隱處士周公（諱續之，字道祖，雁門廣武人。）（同前，第四五至四六頁）

《八十八祖道影傳讚》卷二《東林遠禪師傳》
［明］德　清

東林遠禪師，諱惠遠，雁門樓煩人，姓賈氏。少爲儒，博極群書，尤邃《周易》《老》《莊》。嘗與其弟惠持，造道安法師，聞講《般若經》，遂開悟。嘆曰：“九流異議，特粃糠耳。”遂與其弟惠持投簪，授業安師，門徒數千，師居第一座。安師嘗臨衆嘆曰：“使道流東國，其在遠乎。”師後隨安師遊襄陽，值時亂，安師徒屬分散，臨岐，皆蒙誨益，惟師不聞一言。即跪請曰：“獨無訓敕，懼非人類。”安師曰：“如汝者，復何所慮。”

師東遊于晉，抵潯陽，見廬山，愛之，乃止龍泉精舍。惠永先居西林，師乃建寺于東，號稱東林。經營之際，山神降靈，其夕大雨雷震，詰旦，良木奇材，羅列其處。乃建其殿，名曰神運。時晉天下奇才，多隱居不仕，聞廬山遠公之道，皆來從之。師謂劉程之等曰：“諸君倘有净土之遊,當加勉勵。"遂同發志,于無量壽佛立誓,期生净土。由是集十八高賢,結社念佛。率衆至一百二十三人,同盟棲心净業。獨陶淵明嗜酒,聞山中無酒,乃攢眉而去。謝靈運鑿二池以栽蓮,僧惠要刻十二葉芙蕖浮水,以定時晷,稱爲蓮漏。至今净土一宗有七祖,東林遠公是爲初祖云。

讚曰:曠志高懷,游心净土。創開東土,以爲初步。蓮漏清聲,流韻至今。凡有聞者,靡不歸心。(《卍續藏經》第一四七册,第九六一至九六二頁)

《神僧傳》卷二《釋慧遠傳》

[明]朱 棣

釋慧遠,本姓賈氏,雁門樓煩人也。弱而好書,年十三隨舅令狐氏遊學許、洛,故少爲諸生,博綜六經,尤善《莊》《老》。性度弘偉,風鑒朗拔。雖宿儒英達,莫不服其深致。年二十一,欲渡江東,就范宣子共契,值石虎已死,中原寇亂,南路阻塞,志不獲從。

時沙門釋道安,立寺於太行恒山,弘讚像法,聲甚著聞,遠遂往歸之。一面盡敬,以爲真吾師也。後聞安講《般若經》,豁然而悟。便與弟慧持,投簪落髮,委命受業。既入乎道,厲然不群。常欲總攝綱維,以大法爲己任。精思諷持,以夜續晝。貧旅無資,縕纊常闕。而昆弟恪恭,終始不懈。有沙門曇翼,每給以燈燭之費,安公聞而喜曰:"道士誠知人矣。"年二十四,便就講說。嘗有客聽講,難實相義,往復移時,彌增疑昧。遠乃引《莊子》義爲連類,於惑者曉然,是後安公特聽慧遠不廢俗書。

安有弟子法遇、曇徽,皆風才照灼,志業清敏,並推服焉。後隨安公南遊樊、沔。僞秦建元九年,秦將符平,寇併襄陽。道安爲朱序所拘,不能得去。乃分遣徒衆,各隨所之,皆被誨約,遠不蒙一言。遠乃跪曰:"獨無訓勖,懼非人例。"安曰:"如汝者,豈復相憂。"

　　遠於是與弟子數十人,南適荆州,住上明寺。後欲往羅浮山,及屆潯陽,見廬峰清净,足以息心,始住龍泉精舍。此處去水本遠,遠乃以杖叩地曰:"若此中可得棲立,當使朽壤抽泉。"言畢,清流涌出,浚矣成溪。其後少時,潯陽亢旱,遠詣池側,讀《海龍王經》,忽有巨蛇從池上空,須臾大雨,遂以有年。因號精舍爲龍泉寺焉。

　　陶侃經鎮廣州,有漁人於海中見神光,每夕艷發,經旬彌盛。怪以白侃,侃往詳視,乃是阿育王像,即接歸以送武昌寒溪寺。寺主僧珍嘗往夏口,夜夢寺遭火,而此像屋獨有龍神圍繞。珍覺,馳還寺。寺既焚盡,唯像屋存焉。侃後移鎮,以像有威靈,遣使迎接。數十人舉之至水,及上船,船又覆没。使者懼而反之,竟不能獲。及遠創寺既成,祈心奉請,乃飄然自輕,往還無梗,於是率衆行道,昏曉不絶。釋迦餘化,於斯復興。

　　自遠卜居廬阜,三十餘年,影不出山,迹不入俗。每送客遊履,常以虎溪爲界。以晉義熙十二年八月初卒,春秋八十三。(《卍正藏經》第六九册,第二五二至二五三頁)

《往生集》卷上《遠祖師》

［明］袾　宏

　　晉慧遠,雁門樓煩人。博綜六經,尤善《莊》《老》。聞安法師講《般若經》,豁然大悟,因剃染事之。太元六年過潯陽,見廬山閒曠,可以息心。遂感山神現夢,一夕雷雨,林木自至。刺史桓伊乃爲建殿,名曰神運。以慧永先住西林,故遠所居號東林焉。遠住東林三十年,迹不入俗,剋志西方。高僧鉅儒,凡百四十人,共爲净社。蓮漏六時,禪誦不輟,澄心繫想,三睹聖相,而沈厚不言。後十九年七月晦夕,於般若臺,方從定起,見阿彌陀佛,身滿虛空,圓光之中,無量化佛,觀音、勢至左右侍立。又見水流光明,分十四支,洞注上下,演説妙法。佛言:"我以本願力故,來安慰汝。汝七日後,當生我國。"又見佛陀耶舍、慧持、慧永、劉遺民,在佛之側,揖曰:"師志在先,何來之晚耶?"既知時至,謂門人曰:"吾始居此三睹聖相,今復再見,當生净土必矣。"至期端坐入寂,時義熙十二年八月六日也。

讚曰:晉以前,净土之旨雖聞於震旦,而弘闡力行,俾家喻户曉,則自遠師始。故萬代而下,净業弟子,推師爲始祖。可謂釋迦再説西方,彌陀現身東土者也。厥功顧不偉歟!予昔遊廬山,酌虎溪之泉,瞻三咲之堂,徘徊十八賢之遺迹,見其規模弘遠,足稱萬僧之居。而殿閣塵埃,鐘鼓聞寂,寥寥然户異其扄,室殊其爨矣。哲人云亡,芳躅無繼。嗟夫!(《卍續藏經》第一三五册,第一三〇頁)

《阿彌陀經疏鈔》卷一之《四明持》
[明]袾 宏

六時者,晉慧遠法師居廬山,製蓮華漏,六時念佛,澄心繫想。後十九年,七月晦夕,於般若臺,方從定起,見阿彌陀佛,身徧虚空。圓光之中,無量化佛及菩薩衆,水流光明,演説妙法。佛言:"我以本願力故,來安慰汝。汝七日後,當生我國。"至期,端坐而逝。(《卍續藏經》第三三册,第三六四頁)

《净土指歸集》卷上《原教門·廬山結社》
[明]大 佑

靈芝照律師曰:彌陀教觀,載于大藏,不爲不多。然佛化東流,數百年間,世人殆無知者。晉遠法師居廬山東林,神機獨拔,爲天下倡。鑿池栽蓮,建堂立誓,專崇净業,號白蓮社。當時名僧巨儒,不期而自至。慧持、道生,釋門之俊彦。鏐(劉)遺民、雷次宗,文士之豪傑,皆服膺請教,而預其社焉。是故後世言净土者,必以東林爲始。(《卍續藏經》第一〇八册,第一二〇頁)

《净土指歸集》卷上《原教門·蓮社立祖》

［明］大　佑

　　石芝曉法師曰：蓮社之立，既以廬山遠公爲始祖。數百年來，繼此道者，代不乏人。莫不仰體佛慈，大啓度門。異世同風，皆衆良導。傳記所載，誠不可掩。故歷代之紀述者録之，而爲繼祖焉。（同前，第一二〇頁）

《净土指歸集》卷下《遠公遺迹》

［明］大　佑

　　法師慧遠，博通經史，尤善《莊》《老》。聞道安法師講《般若經》，豁然大悟，嘆曰："九流異議，皆糠粃耳。"即剃染事之，大明佛理。苻秦建元間，過潯陽，愛匡廬清峻，刺史桓伊創東林以居之。三十年影不出山，每送客以虎溪爲界。晉安帝自江陵還都，駕幸潯陽，或勸師候見，師稱疾不前。帝乃遣使問勞。謝靈運負材傲物，一與相見，蕭然心服，爲鑿二池，引水栽蓮。求入社，師以心雜止之。高僧鉅儒一百二十三人，並棄世遺榮，依公游止。劉遺民著誓辭，建誠立願。蓮漏六時，禪誦不輟，期生安養。由是修净業者，以東林蓮社，爲萬世之師法焉。（同前，第一五四至一五五頁）

《諸上善人詠》卷一《廬山慧遠法師》

［明］道　衍

　　不出廬山種白蓮，開壇立社集群賢。聖容三睹金池上，知與彌陀大有緣。

　　東晉慧遠法師，俗賈氏，鴈門人，學通儒老。年二十餘見道安法師，因聽講《般若》，豁然開悟，曰："九流異儀，皆糠粃耳。"後入廬山。刺史桓伊創東林居焉，影不出山者三十年。每送客，以虎溪爲界。時劉遺民、雷次宗等一十八人依遠游止,拉一百二十三人爲蓮社。遠於净土,六時禮誦,精進不退,十年三睹彌陀聖相于金池上。後十九年七月晦夕,於般若臺定起,見彌陀佛,身滿虛空,圓光之中,有諸化佛,觀音、勢至左右侍立。又見水流光明,分十四支,流注上下,演説苦空。佛告遠曰:"我以本願力故,來安慰汝。汝後七日,當生我國。"又見佛陀耶舍、慧持、曇順在佛之側,前揖遠曰:"師志在吾先,何來之遲?"既而與其徒曰:"吾始居此,幸於净土三睹聖相,今復再見,吾往生決矣。"七日後果令終。弟子舉葬西嶺,謝靈運作銘,張野作序。大宋追謚圓悟大師。有雜文十卷,號《廬山集》,行于世。師爲蓮社之始祖云。(《卍續藏經》第一三五册,第九二頁)

《佛祖綱目》卷二五《慧遠法師示生净土》
[明]朱時恩

僧濟,從慧遠游。遠嘗曰:"紹隆大法,其在爾乎?"後疾篤,誠期净土。遠遺燭一枝,曰:"汝可運心安養。"濟執燭憑几,停想無亂。又集衆諷净土諸經。五更,濟以燭授弟子元弼,令隨衆行道。頃之,覺自秉一燭,乘空而行。見阿彌陀佛,接置於掌,遍至十方。欻然而覺,且悲且慰。自省四大,了無疾苦。明夕忽起立,目逆虛空,如有所見。須臾還卧,容色愉悦。謂傍人曰:"吾行矣。"右脅而逝。時方炎暑,三日而體不變,異香郁然。

道敬,瑯琊人,祖凝之,刺江州,因從慧遠出家。博通經論,篤志念佛。宋永初元年,謂衆曰:"先師見命,吾其行矣。"端坐唱佛而化。衆見光明滿室,彌時方滅。(《卍續藏經》第一四六册,第四三六頁)

《佛祖綱目》卷二六《曇順法師往生净土》
[明]朱時恩

(乙丑)曇順法師往生净土。曇順,黃龍人。從鳩摩羅什講經,什

嘆曰:"此子奇器也。"後依慧遠,修净業。宋元嘉二年,别衆坐逝,異香滿室。(同前,第四三六頁)

《佛祖綱目》卷二六《道昺法師往生净土》
[明]朱時恩

(乙亥)道昺法師往生净土。道昺,潁川人,從幼師事慧遠。歷通三藏,言與行合。念佛三昧,究心無間。宋元嘉十二年,集衆念佛。就座而化,異香滿室。壽七十一。(同前,第四四〇頁)

《廬山紀事》二則
[明]桑　喬

(遠公)塔院在常總塔西,院内有遠公塔。相傳其墓門在塔南階下,永樂中有人開之,見遠兀坐,其貌如生焉。(吴宗慈《廬山志》上册,江西人民出版社一九九九年版,第一一一頁)

(講經)臺在香爐峰西南,亦一峰也。峰頂有磐石,可坐百人,遠公常據之講《涅槃經》。又於臺畔築庵居之,製《涅槃經疏》。臺下有二石室、風洞、闢門石。南上即雲頂峰。(同前,第一二二頁)

《角虎集》卷下《廬山東林慧遠圓悟大師》
[清]濟　能

師,雁門人,姓賈氏。博綜六經,尤善《莊》《老》。聞道安法師講《般若經》,豁然大悟。遂與弟慧持,投簪落髮,常以大法爲己任。安嘆曰:"使道流中國者,其在遠乎?"

師至潯陽,愛廬山閒曠,可以息心,舉杖叩地曰:"有泉當住。"忽泉涌出。感山神現夢,一夕雷雨,材木自至。太守驚異,奏立東林寺,名其殿曰神運。師聞陶九州得文殊瑞像,溺於江者多年。遂至江濱虔禱,像果浮出,迎供殿中。每謂入道要門,惟念佛爲最。與高僧鉅儒百四十人結蓮社，以修淨業，六時禮誦西方三聖。三十年迹不入俗，送客以溪爲界，若越界即有虎鳴，因號虎溪。

師克勤淨土，入定於般若臺一十八日。見蓮池會上佛菩薩等，水流光明，演說妙法。佛言：“汝七日後，當生我國。”出定，謂門人曰：“吾始居此，三睹聖相。今復再見，往生淨土決矣。”至期，端坐入寂。太守與諸弟子，奉全身葬于西嶺，謚正覺大師凝寂之塔。

師著《念佛三昧詩序》云：“念佛三昧者何？思專想寂之謂也。思專則志一不撓，想寂則氣虛神朗。氣虛則智恬其照，神朗則無幽不徹。斯二者，乃是自然之玄符，會一而致用也。是故靖恭閒宇，而感物通靈。御心惟正，動而入微。此假修以凝神，積習以移性，猶或若茲。況夫尸居坐忘，冥懷至極，智落宇宙，而闇蹈大方者哉！請言其始。菩薩初登道位，甫窺玄門，體寂無爲，而無弗爲。及其神變也，則令修短革常度，巨細互相違。三光迴景以移照，天地捲舒而入懷矣。又諸三昧，其名甚衆。功高易進，念佛爲先。何者？窮玄極寂，尊號如來，神體合變，應不以方。故令入斯定者，昧然忘知，即所緣以成鑒。鑒明，則內照交映，而萬象生焉。非耳目之所暨，而聞見行焉。于是睹夫淵凝虛鏡之體，則悟靈相湛一，清明自然。察夫玄音之叩心聽，則塵累每消，滯情融朗。非天下之至妙，孰能與於此哉！以茲而觀，一覿之感，乃發久習之深覆，豁昏俗之重迷。若以匹夫衆定之所緣，故不得語其優劣，居可知也。是以奉誠諸賢，咸思一揆之契。感寸陰之頹影，懼來儲之未積。于是洗心法堂，整襟清向。夜分忘寢，夙宵惟勤。庶夫貞詣之功，以通三乘之志。臨津濟物，與九流而同往。仰援超步，拔茆之興。俯引弱進，垂策其後。以此覽衆篇之揮翰，豈徒文詠而已哉！”（《卍續藏經》第一〇九冊，第五六八至五六九頁）

《淨土晨鐘》卷一〇《比丘往生》

[清]周克復

東晉慧遠祖師，俗賈氏，雁門人。學通儒老，年二十餘，聞道安法師講《般若經》，豁然開悟曰：“儒道九流，皆糠粃耳。”因剃染事之，常以大法爲己任，安嘆曰：“使道流中國，其在遠乎？”

後入廬山，卓杖得泉。欲建蘭若，尚乏良材，感山神現夢，一夕大雷雨，天明則木積如林矣。刺史桓伊驚其神異，奏立東林，殿曰神運。師嘗謂諸教三昧，其名甚衆，功高易進，念佛爲先。遂與慧永、慧持、劉遺民等，結社念佛，世號十八賢。又率衆至百二十三人，同修净業。製蓮華漏，六時禮誦不輟。

迹不入俗者三十年，每送客，以虎溪爲界。時陶淵明、陸修静至，師送之，與道契合，不覺過溪，世傳《三笑圖》焉。安帝隆安元年，桓玄勸帝沙汰僧尼，謂廬山爲道德所居，不在此例。師以書辨論，得並免。帝自江陵旋京，輔國何無忌勸師候迎，稱疾不起。帝遣使問，師表以聞，帝優詔答之。西土諸僧咸稱漢有大乘開士，每東向致禮。羅什通書，稱師爲東方護法菩薩。

師三睹聖相，默而不言。義熙十二年七月晦夕，方從定起，見阿彌陀佛，身滿虛空，圓光之中，無量化佛，觀音、勢至左右侍立。佛言：“我以本願力故，來安慰汝。汝後七日，當生我國。”又見佛馱耶舍、慧持、慧永、劉遺民在佛側，前揖師曰：“師志在先，何來之晚？”師知時至，謂門人曰：“吾始居此，三睹聖相。今復再見，當生净土必矣。”至期，端坐入寂。年八十三，時八月六日也。潯陽太守奉旨樹塔葬焉。謝靈運作銘，張野作序，歷代尊謚。所著有《廬山集》十卷。

粵稽净土，雖傳於震旦，至佛圖澄而著，由澄而得道安。安之門有遠公，負荷至教，廣大聖道，名重帝王，法流天下。百世下推師爲净業始祖，厥功顧不偉歟！（同前，第二九五至二九六頁）

《如來香》卷五《往生高僧傳》

［清］唐　時

晉佛馱耶舍尊者，晉言覺明，罽賓國婆羅門種族也。有沙門至其

家乞食，父本外道，怒毆之，遂手足攣躄。巫師謂曰：“坐犯賢聖，即請
此沙門悔過，旬日乃瘳。”因令耶舍出家，時年十三。隨師行曠野，與
虎遇，耶舍曰：“虎已飽，必不傷人。”前行中道，果見餘骸。至十五，誦
經日至萬言，以分衛廢業爲憂。一羅漢來，代乞食。年十九，誦經滿
數百萬言。性度簡傲，不爲人重。至三十，猶爲沙彌。復從舅氏，學
五明論、世間法術。至沙勒國，待遇隆厚。既而羅什至，乃從學《阿毗
曇論》《十誦律》。什隨母反龜茲，師遂留止行化。

　　符(苻)堅遣呂光伐龜茲，執羅什。師聞嘆曰：“我與羅什，未盡懷
抱。今忽羈虜，相見何期？”後十年，師東至龜茲，盛弘法化。羅什在
姑臧，遣信要之。師恐國人止其行，取清水以藥投之。咒數十言，與
弟子洗足，即夜便發。比旦，行數百里，追之不及。問弟子何所覺耶，
答曰：“惟聞疾風流響，兩目有淚。”師又咒水洗足，乃止。既達姑臧，
什已入長安。聞姚主逼以妾媵，嘆曰：“羅什如好綿纊，可使入棘林
乎？”羅什勸姚主遣使迎師。既至長安，別立省寺於逍遙園。四事供
養，一無所受。時至分衛，一食而已。時羅什譯出《十住經》，師更相
徵決，辭理方定。師髭赤，善解《毗婆沙論》，時人目爲赤髭論主。秦
弘始中，譯出《四分律》四十四卷、《長阿含經》二十二卷。義熙八年，
來廬山入白蓮社。後辭還本國，復自罽賓以《虛空藏經》一卷寄商客，
至涼州，不知所終。

　　遠公義熙十二年七月晦夕，定中已見佛陀耶舍在佛之側，是知耶
舍還國未久西生矣。惜地遠，未知往生之瑞應耳。《廬山疏》云：“梵
僧佛馱耶舍，嘗至蓮社。舉鐵如意示慧遠，遠不悟，即拂衣去。”王子
充曰：“當是時，禪學未入中國，而兆已見於此矣。蓮社之僧，此其最
高歟。”余謂此不過一時舉揚之事，未足以定二公優劣。既入蓮社十
八賢之列，豈拂衣之後，更不入耶？ 觀遠公所著《禪經序》，乃深於禪
者也。然廬山分水嶺之西，有耶舍塔並塔院，《山疏》云，西域僧佛馱
耶舍建，或尊者藏經寶爪髮之處云爾，非瘞骨處也。(《四庫未收書輯
刊》，第七輯第一三册，第二三八至二三九頁)

《净土資糧全集》卷一《三九往生篇·三聖接引》

[明]袾　宏校正　莊廣還輯

晉慧遠,住廬山東林,三十年迹不入俗,刻志西方。太元十九年七月晦夕,於般若臺,方從定起,見阿彌陀佛,身滿虛空,圓光之中,無量化佛,觀音、勢至左右侍立。佛言:"我以本願力故,來安慰汝。汝七日後,當生我國。"至期,端坐入寂。

《宗鏡録》曰:"問:心外有他佛來迎,云何證自心是佛?答:一是如來慈悲,本願功德種子,增上緣力,令曾與佛有緣衆生,念佛修觀,集諸福智。種種萬善功德力,以爲因緣,則自心感現佛身來迎,不是佛實遣化身而來迎接。佛身湛然常寂,無有去來,衆生自心變化,有來有去。是知净業純熟,自睹佛身。惡果將成,心現地獄。"

(還)謹按,遠師東林三十載,净業已久,宜佛之接引也。儻無遠師之久,何以致佛之迎?曰不然。僧衒九十,始迴心念佛;明瞻晚歲,方剋志安養,俱感三聖來迎,又奚在久近乎!顧人之所修何如耳。

(《卍續藏經》第一〇八册,第四五一頁)

《净土生無生論親聞記》卷上《次聲聞僧》

[明]受　教

蓮社祖有七,初祖晉慧遠法師,俗賈氏,雁門人,學通儒老。年二十餘,見道安法師。因聽講《般若》,豁然開悟,乃曰:"九流異議,皆糠粃耳。"後入廬山,刺史桓伊,創東林居焉。影不出山者三十餘年,每送客遊履,常以虎溪爲界。時息心緇侶,絶塵信士,不期而至,望風遥集,共一百二十三人,結爲蓮社。名迹尤著者一十八人。六時禮誦,精進不退,十年三睹聖相。後般若臺定起,見彌陀佛,身滿虛空,圓光之中,有諸化佛,觀音、勢至侍立左右。又見水流光明,分十四支,流注上下,演説苦空。佛告遠曰:"我以本願力故,來安慰汝。汝後七日,當生我國。"後七日果終。有雜文十卷,號《廬山集》,盛行於世。事詳本傳,文繁不録。此土念佛實始於遠,故稱爲初祖焉。(《卍續藏經》第一〇九册,第三九至四〇頁)

《净土生無生論會集》卷一
〔清〕達　默

廬山蓮社祖者,慧遠大師也。師姓賈氏,雁門樓煩人。幼而好學,博綜六經,尤善《莊》《老》。時道安法師,建剎太行恒山,遠往歸之,聞講《般若經》,豁然開悟,因投簪受業。精思諷誦,以夜繼晝。安嘆曰:"使道流東國者,其在遠乎?"

晉太元六年,過潯陽,見廬山閒曠,可以棲止,乃立精舍,號龍泉寺。時遠同門慧永,先居廬山西林,欲邀同止,而遠學侶寖衆,西林隘不可處,刺史桓伊爲遠更立寺山東,遂號東林。遠於是率衆行道,鑿池種蓮,於水上立十二葉蓮華,因波隨轉,分刻晝夜,以爲行道之節。既而四方清信之士,聞風而至者,百二十三人。遠曰:"諸君之來,能無意於净土乎?"乃造西方三聖像,建齋立社,令劉遺民著《發願文》,勒之石。

居山三十年,迹不入俗,專志净土,澄心觀想,三見聖像而沉厚不言。義熙十二年七月晦夕於般若臺之東龕,方從定起,見阿彌陀佛,身滿虛空,圓光之中,有諸化佛,觀音、勢至左右侍立。又水流光明,分十四支,回注上下,演說苦空、無常、無我之音。佛告遠曰:"我以本願力故,來安慰汝。汝後七日,當生我國。"又見社中先化者,佛陀耶舍、慧持、慧永、劉遺民等,皆在側,前揖曰:"師早發心,何來之晚?"遠謂弟子法净、惠寶曰:"吾始居此山十一年,三睹聖像,今復再見,吾生净土必矣。"即自製遺戒。八月六日,端坐入寂,年八十三。(同前,第九三至九四頁)

《净土聖賢録》卷二《慧遠法師傳》

［清］彭希涑

　　慧遠，姓賈，雁門樓煩人。幼而好學，博綜六經，尤善《莊》《老》。時釋道安，建刹於太行恒山，遠往歸之。聞安講《般若經》，豁然開悟，因投簪受業。精思諷誦，以夜繼晝。安嘆曰："使道流東國者，其在遠乎！"

　　晉太元六年，過潯陽，見廬山閒曠，可以棲止，乃立精舍，號龍泉寺。時遠同門慧永，先居廬山西林，欲邀同止，而遠學侶寖衆，西林隘不可處，刺史桓伊爲遠更立寺於山東，遂號東林。遠於是率衆行道，鑿池種蓮，於水上立十二葉蓮華，因波隨轉，分刻晝夜，以爲行道之節。既而四方清信之士，聞風而至者，百二十三人。遠曰："諸君之來，能無意於净土乎？"乃造西方三聖像，建齋立社，令劉遺民著《發願文》，勒之石。時王喬之等數人，復爲《念佛三昧詩》以見志。遠爲作序曰："夫稱三昧者何？專思寂想之謂也。思專，則志一不分；想寂，則氣虛神朗。氣虛，則智悟其照；神朗，則無幽不徹。是二者，自然之元符，會一而致用也。又諸三昧，其名甚衆。功高易進，念佛爲先。何者？窮元極寂，尊號如來。體神合變，應不以方。故令入斯定者，昧然忘知，即所緣以成鑒。鑒明，則内照交映，而萬象生焉。非耳目之所暨，而聞見行焉。於是靈相湛一，清明自然；元音叩心，滯情融朗。非天下之至妙，孰能與於此哉！所以奉法諸賢，咸思一揆之契。感寸陰之將頹，懼來儲之未積。洗心法堂，整襟清向。夜分忘寢，凤興唯勤。庶夫貞詣之功，以通三乘之志。仰援超步，拔茅之興。俯引弱進，垂策其後。以此覽衆篇之揮翰，豈徒文詠而已哉！"

　　遠以江東經藏多闕，遣弟子遠越蔥嶺，購諸梵本，并傳關中所有經律，出諸廬山，幾至百卷。嘗造《法性論》，以明"泥洹常住"之旨。鳩摩羅什見而嘆曰："邊方未見大經，便闇與理合。"

　　居山三十年，迹不入俗。專志净土，澄心觀想，三見聖相，而沈厚不言。義熙十二年七月晦夕，於般若臺之東龕，方從定起，見阿彌陀佛，身滿虛空，圓光之中，有諸化佛、觀音、勢至左右侍立。又見水流光明，分十四支，回注上下，演説苦、空、無常、無我之音。佛告遠曰："我以本願力故，來安慰汝。汝後七日，當生我國。"又見社中先化者，佛陀耶舍、慧持、慧永、劉遺民等，皆在側，前揖曰："師早發心，何來之晚！"遠謂弟子法净、慧寶曰："吾始居此，十一年中，三睹聖相。今復再見，吾生净土必矣。"即自製遺戒。至八月六日，端坐入寂，年八十三。

慧持，遠同母弟，與遠同事安公。遍學衆經，亦有高行。隆安中，辭兄入蜀，以西方爲期。住郫縣龍淵寺，大宏佛化。義熙八年入寂，年七十六。遺命諸弟子，務嚴律儀，專心净業云。（《卍續藏經》第一三五册，第二一二至二一三頁）

（二）碑銘誄讚

廬山慧遠法師碑

［南朝宋］謝靈運

法師諱慧遠，本姓賈，雁門樓煩人。弱而好學，年十三隨舅令狐氏遊學許、洛，故少爲書生。二十一，欲渡江就范宣子。於時王路尚鯁，有志不遂。於關右遇釋道安，一面定敬，以爲真吾師也。遂抽簪落髮，求直道場。沙門曇翼，每資以鐙燭之費。安公曰："道士誠知人。"法師藉曠劫之神明，表今生之靈智，道情深邃，識鑑淵微。般若無生之津，道行息心之觀，妙理與高悟俱徹，冥宗與深心等至。安公嘆曰："使道流東國者，其在遠乎！"

太元初，襄陽既没，振錫南遊，考室廬阜，結宇傾巖。同契不命，而景響聞道，誓期於霜雪。自以年至耳順，足不越山。

桓氏以震主之威，力爲屈致。法師確然貞固，辭以老疾。俄而制使沙門盡敬王者，法師懼大法之將淪，抗言萬乘。玄知不可强，俯而順焉。既道漸中土，名流遐域，外國諸僧，咸東向禮。非夫道深德廣，焉能使顯默同歸，異域致敬？

且新經未表晉邦，律藏歷年莫正。禪法甘露，國所未聞。實相宗本，人有異説。法師深存廣圖，大援群生，乃命弟子迎請禪師，究尋經本。逾歷蔥嶺，跨越沙漠。彌曠年稔，並皆歸還。既得傳譯，備盡法教。是故心禪諸經出自廬山，幾乎百卷。又以心本無二，即色三家之談不窮妙實，乃著《法性論》，理深辭婉，獨拔懷抱。羅什見論而嘆曰："漢人未見新經，便闇與理會。"

若夫溫心善誘，發必遠言。栖寄林嶺，遊興能徹。雖復風雲屢由，而無昭昧之情。俯仰塵化之域，遊神無生之門。所謂言斯可發，行斯可樂矣。自枕石漱流，始終一概。恬智交養，三十餘載。春秋八十三，命盡絶嶺。遺言露骸松林，同之草木。達生神期，既於此矣。古人云"道存人亡"，法師之謂。凡我門徒，感風徽之緬邈，傷語晤之永滅。敢以淺見，揚德金石。其辭曰：

九流乖真，三乘歸佛。道往絶迹，慈還接物。孰是發蒙，昭我慧日。攝亂以定，閑邪以律。妙法常存，悠悠莫往。若人乘生，皎皎遠賞。鑑我鑑物，知狹知廣。息心空谷，訓徒幽壤。秦皇雄惑，蔽理通情。王孫偏解，滯死達生。夫子之悟，屢劫獨明。仰高契峻，俯深懷清。惟清惟峻，若隔近絶。惟高惟深，志崇智潔。昔在香積，今也明哲。嗣之有人，實隆廢缺。捷度練數，甘露流津。律藏拂故，法性增新。凡厥希道，日知好仁。景薄命盡，宗傾理湮。寒暑遞易，悲欣皋壤。秋蓬四轉，春鴻五響。孤松獨秀，德音長往。節有推遷，情無遺想。元熙二年春二月朔，康樂公謝靈運撰。（釋道法《佛祖統紀校注》第二十七卷，上海古籍出版社二〇一二年版，第五六七至五六九頁）

東林寺碑

〔唐〕李　邕

　　古者將有聖賢，必應山嶽。尼丘啓於夫子，鷲嶺保於釋迦，衡皋之託思，天台之棲顗，豈徒然也！故知土不厚，則巨材不生；地不靈，則異人不降。陰騭潛運，玄符肇開，宿根果於福庭，大事萌於净土，其來尚矣。

　　東林寺者，晉太元九年，慧遠法師之所建也。世居雁門樓煩，俗姓賈氏。童妙神悟，壯立精博。初涉華學，不讀非聖之書。中留範經，尤邃是田之説。嘗就恒嶽，覯止道安，火遇於薪，玉成於器。雖根種諸佛，而果得一時。獅子吼言，載聞順喻。維摩詰答，更了空門。安住四依，修捨二法。和尚嘆曰："吾道行者，惟此人焉！"屬朱序尋戈，緇徒逃海，道由兹嶺，冥契宿誠。謂其徒曰："是處崇勝，有足底居。居地若無流池，曷云法宇？"大雄神廟，特異蓮峰。結跏一心，開示五力。以杖刺地，應時涌泉。既荷殊祥，因立精舍。堅卧禁戒，宏演妙乘。浮囊毒流，木鐸正教。首唱南部，轉覺後人。以智慧刀，斷煩惱鎖。由是真僧益廣，妙供日崇。隘其本圖，宏其別業。乃進自香谷，集板安棲。即曇現之門生，鄰慧永之阿若。相與撰平圃，逾層巖，在山之陽，居水之右。經其始而未究其末，有其所而未虞其勞。

　　當是時也，桓玄司人柄，斡國鈞，以福莊嚴，因憍檀施。書日力之費，盡土木之功。繚垣雲連，厦屋天聳。如來之室，宛化出於林間。帝釋之幢，忽飛來於空外。至若奥宇冬燠，高臺夏清。玉水文階而碧沙，瑶林藻庭而朱實。琉璃之地，月照灼而徘徊。旃檀之龕，吹芳芬而秘馥。相事畢集，微妙絶時。羅什致其澡瓶，巧窮雙口。姚泓奉其雕像，工極五年。殷堪摳衣而每談，盧循避席而累讚。道宏三界，何止八部宅心。聲聞十方，足使諸天回首。觀其育王贖罪，文殊降形。蹈海不沈，驗於陶侃。迫火不爇，夢於僧珍。願苟存誠，祈必通感。既多雨以出日，乍積陽以作霖。則有影圖西來，舍利東化。或塔涌於地,或光屬於天。謝客欣味而成文,劉斐詆訶而覃思。所以山亞五嶽,江比四瀆。地憑法而自高,物因詞而益重。

泊梁有崇禪師者,傳燈習明,安心樂行。指拳猶昔,薪盡如生。次有果、眰二法師,僧寶所欽,克和止觀,法物爲大,用繼住持。上座曇傑、寺主道廉、都維那道真等,皆沐浴福河,棲止靜業。諸結已盡,白黑雙遣。衆生可度,名色兩忘。纂盛名於舊人,啓新意於今作。重建雅頌,遠託鄙夫。代斲有慚,豈云傷手。握筆餘勇,曷議齊賢。但相如好仁,慕藺名而激節。伯喈聞義,讀曹碑而叙能。儻青包於藍,冰寒於水,非曰能也,固請學焉。其詞曰:

靈山兆發,真僧感通。刺泉有力,呵神致功。法曹外演,禪心內融。性除遍執,門開(大)空。(其一)

瞻禮雲集,底居峰薄。越嶺圖勝,降平規博。信臣檀施,護供興作。大起重階,廣延阿閣。(其二)

嚴幢涌出,寶塔飛來。尊客月滿,法宇天開。化城改築,道樹移栽。松清梵樂,石敞華臺。(其三)

金容海遊,法宇山薦。毒龍業消,魚子心變。萬里西傳,一時東現。華戎異聞,穹厚驚眄。(其四)

遠實法主,謝惟文伯。光頌累彰,德名增勒。助起江山,聲流金石。一言可追,千載相激。(其五)

了性了義,或古或今。止持紹律,定慧通心。睹物情至,懷緣道深。敢憑凈業,永紀禪林。(其六)(周紹良《全唐文新編》第二部第一冊,吉林文史出版社二〇〇〇年版,第二九七六頁)

遠公影堂碑

［唐］李　演

天之高哉,日星垂其曜;地之厚哉,山嶽鎮其維。稟兩間之氣,分五行之秀,而得預稱於三才者,其爲人道之最靈者乎! 至若邁德宏域，融神慧境，焯迦維之絶照，挹甘露之玄津，并名嶽而永崇，晞扶桑而不息，則慧遠法師其人也。

法師，雁門樓煩人，賈氏，釋道安之門人。英姿雅韻，清行素節，詳諸舊碑及張氏傳，固以杳映前秀，鋪鑠令聞者矣。灰心土骸，而神機天發。金口木舌，而法音雷震。無取無捨，而律儀冰徹。不生不滅，而禪性暉如。抱德陽和，而浩類洗心。濳靈淵照，而遠方翹首。修不共法，而恒軫大悲。熏般若智，而富諸梵行。故能誘納衆善，泠汰群疑。萬流仰海而同歸，一雨施物而咸潤。誠所謂阿摩勒果，實從中生；分陀利華，性非外染之爲義也。自晉氏太元九年，法師始飛錫南嶺，宅勝東林。世更七代，年垂四百，流風遺澤，逮於今而人知懷仰。故虎溪爲釋氏龍門，廬阜即搢紳闕里也。

皇唐貞元十有一年，江州刺史馮翊嚴公士良，秉明德以分符，宣中和而述職。上讚緝熙之化，下臨擊壤之人。以無爲爲政，政克用乂。巡穡外野，指途中林，敷衽禪關，式瞻遺像。喟然嘆曰："斯名也，寒暑不能易其芳；斯德也，江海無以臻其極。彼瑣行纖節，尚崇植楹廡，正位居室。豈尊美若兹，而寓形在壁！"乃與寺之上首熙怡律師，圖建勝宇，用昭真相。旌美樹若，二謀同心。説徒勒工，成之匪石。繡甍雲聳，睟容景彰。覿至道者，存妙像於境中；味微言者，得玄珠於意表。豈止慧義慑英姿而雨汗，仲堪仰素風而心醉哉！故非夫遠公之至德，不能譯聖文，服秀民。非夫嚴公之徹識，不能立清祀，揚妙範。篆芳金石，敬讚二美。乃爲之銘曰：

粹靈純綸，實惟至人。含德摛曜，昇陽發春。道光海域，幽遯嶽濱。六髦棄韍，八士辭巾。緣徂物謝，迹留事往。百億神遊，恒沙化廣。昭昭遐一，泠泠末響。慧日凝暉，白雲翹想。曠哉明牧，仰味芳風。思覿遺像，求之列墉。爰建棟宇，式是道宗。旌休垂美，地廣山崇。

唐大中八年七月望日，隴西李演撰，三綱徒衆立。（弘化社 1935 年版《廬山慧遠法師文鈔》，第八三至八五頁。又見《文苑英華》卷八百六十七，題作《東林寺遠法師影堂碑并序》，有異文。）

東林寺題名(碑)

［唐］顏真卿

唐永泰丙午歲，真卿以罪佐吉州。夏六月壬戌，與殷亮、韋柏尼、賈鎰，同次於東林寺。同則憺、熙怡二公，惠秀、正義二律師，泊楊鵾存焉。仰廬阜之爐峰，想遠公之遺烈。升神運殿，禮僧伽衣，覩生法師麈尾扇、謝靈運翻《涅槃經》貝多梵夾。忻慕之不足，聊寫刻於張、李二公耶舍禪師之碑側。魯郡顏真卿書記。(元祿本陳舜俞《廬山記》卷五之《古人題名篇第八》，又見文淵閣四庫全書本《顏魯公集》卷一一)

《護法錄》卷四《蘇州萬壽禪寺重搆佛殿碑》

［明］宋　濂

蘇之長洲東北二里，萬壽報恩光孝禪寺在焉。初，晉義熙中，有沙門曰法憺，自西域至中夏，與慧遠法師結社廬山，已而來蘇。以念佛三昧，化導有情。蘇人翕然歸之，爲建淨壽院。梁時更名安國。唐長壽二年，又更名長壽，尋燬于兵。吳越錢氏有國，中吳軍節度使錢文奉重作之，又更名安國長壽禪院。始易禪僧，明彥主之。宋大中祥符二年，丁晉公爲奏，改爲萬壽。崇寧二年，詔加崇寧于萬壽之上。政和初，又更名天寧。紹興七年，復詔更今額，爲徽宗薦嚴之所。元至正末，天下大亂，寺爲兵所焚，群僧散走，鞠爲榴罳之場。(《故宮珍本叢刊》第五一七冊《宋文憲公護法錄》卷四，第一〇一頁)

遠法師銘序

［晉］張　野

沙門釋慧遠，雁門樓煩人，本姓賈氏，世爲冠族。年十二，隨舅令狐氏，遊學許、洛。年二十一，欲南渡，就范宣子學。道阻不通，遇釋道安以爲師，抽簪落髮，研求法藏，釋曇翼每資以鐙燭之費。誦鑑淹遠,高悟冥賾。安嘗嘆曰:"道流東國,其在遠乎!"襄陽既没,振錫南遊,結宇靈嶽。自年六十,不復出山。名被流沙,彼國僧衆,皆稱漢地有大乘沙門,每至燃香禮拜,輒東向致敬。年八十三而終。(《世説新語》卷上之下《文學》第四注引)

按:清光緒《續修嶀縣志》載張野《遠公序銘》:"釋慧遠,雁門樓煩人,姓賈氏,世爲冠族,抽簪落髮,研求法藏。公藉廣劫之神明,表今生之靈異,妙理與高悟俱徹,冥宗與遠心等至。師安嘆曰:'道流東國,其在遠乎!'結宇廬岳,名被流沙。公温心善誘,發必遠言。俯思塵化之域,遊神無生之門。年八十三而終。銘曰:妙法常存,悠悠莫往。若人乘生,皎如月朗。遠賞鑒物,知狹知廣。息心空谷,訓徒幽壤。夫子之悟,屢劫獨明。仰高契峻,俯深懷情。惟峻惟清,若隔迥絶。惟高惟深,志崇知潔。"文字與《世説新語》不同,且附録銘文,録以備考。

菩薩泉銘并叙

[宋]蘇 軾

陶侃爲廣州刺史,有漁人每夕見神光海上,以白侃。侃使迹之,得金像。視其款識,阿育王所鑄文殊師利像也。初送武昌寒溪寺。及侃遷荆州,欲以像行,人力不能動;益以牛車三十乘,乃能至船,船復没,遂以還寺。其後,慧遠法師迎像歸廬山,了無艱礙。山中世以二僧守之。會昌中,詔毁天下寺,二僧藏錦繡谷。比釋教復興,求像不可得,而谷中至今有光景,往往發見,如峨眉、五臺所見。蓋遠師文集載處士張文逸之文,及山中父老所傳如此。今寒溪少西數百步,別爲西山寺,有泉出於嵌竇間,色白而甘,號菩薩泉。人莫知其本末。建昌李常謂余:豈昔像之所在乎?且囑余爲銘。銘曰:

像在廬阜,霄光燭天。且朝視之,寥寥空山。誰謂寒溪,尚有斯泉。盍往鑒之,文殊了然。(孔凡禮點校《蘇軾文集》卷一九,中華書局一九八六年版,第五六四頁)

廬山慧遠法師誄並序

［南朝宋］謝靈運

　　道存一致，故異化同暉。德合理妙，故殊方齊致。昔釋安公振玄風於關右，法師嗣沫流於江左。聞風而悅，四海同歸。爾乃懷仁山林，隱居求志。於是眾僧雲集，勤修净行，同法餐風，栖遲道門。可謂五百之季，仰紹舍衛之風；廬山之巋，俯傳靈鷲之旨，洋洋乎未曾聞也！予志學之年，希門人之末。惜哉！誠願弗遂，永違此世。春秋八十有四，義熙十三年秋八月六日薨。年逾縱心，功遂身亡。有始斯終，千載垂光。嗚呼哀哉！乃爲誄曰：

　　於昔安公，道風允被。大法將盡，頹綱是寄。體静息動，懷真整僞。事師以孝，養徒以義。仰弘如來，宣揚法雨。俯授法師，威儀允舉。學不闚牖，鑑不出戶。粳糧雖御，獨爲萇楚。朗朗高堂，蕭蕭法庭。既嚴既静，愈高愈清。從容音旨，優遊儀形。廣演慈悲，饒益眾生。堂堂其器，亹亹其資。總角味道，辭親隨師。供養三寶，析微辯疑。盛化濟濟，仁德怡怡。

　　於焉問道，四海承風。有心載馳，戒德鞠躬。令聲續振，五濁暫隆。弘道讚揚，彌虛彌冲。十六王子，孺童先覺。公之出家，年未志學。如彼鄧林，甘露潤澤。如彼瓊瑶，既磨既琢。大宗戾止，座眾龍集。聿來胥宇，靈寺奚立。舊望研機，新學時習。公之勖之，載和載輯。乃修什公，宗望交泰。乃延禪眾，親承三昧。眾美合流，可久（一作上）可大。穆穆道德，超於利害。六合俱否，山崩海竭。日月沈暉，三光寢晰。眾麓摧柯，連波中結。鴻化垂緒，徽風永滅。嗚呼哀哉！

　　生盡冲素，死增傷悽。單縈土槨，示同斂骸。人天感悴，帝釋慟懷。習習遺風，依依餘淒。悲夫法師，終然是栖。室無停響，途有廣蹊。嗚呼哀哉！

　　端木喪尼，哀直六年。仰慕洙泗，俯憚蹄筌。今子門徒，實同斯艱。晨埽虛房，夕泣空山。嗚呼法師，何時復還！風嘯竹柏，雲藹巖峰。川壑如泣,山林改容。自昔聞風,志願歸依。山川路邈,心往形違。始終銜恨,宿緣輕微。安養有寄,閻浮無希。嗚呼哀哉!(《廣弘明集》卷二六,上海古籍出版社一九九一年版,第二七六頁)

《百丈清規證義記》卷四《慧遠祖師忌》

[唐]懷海 集編　[清]儀潤 證義

八月初六日,净土宗主慧遠老祖忌(儀同達祖忌)。先舉云:

奈麻蓮宗初祖慧遠祖師(三稱)。接誦:

大佛頂如來,密因修證了義。諸菩薩萬行《首楞嚴經》,大勢至法王子,與其同倫。五十二菩薩,即從座起,頂禮佛足,而白佛言:我憶往昔,恒河沙劫。有佛出世,名無量光。十二如來,相繼一劫。其最後佛,名超日月光,彼佛教我念佛三昧。譬如有人,一專爲憶,一人專忘,如是二人,若逢不逢,或見非見。二人相憶,二憶念深,如是乃至。從生至生,同於形影,不相乖異。十方如來,憐念衆生,如母憶子。若子逃逝,雖憶何爲。子若憶母,如母憶時。母子歷生,不相違遠。若衆生心,憶佛念佛。現前當來,必定見佛。去佛不遠,不假方便,自得心開,如染香人,身有香氣。此則名曰香光莊嚴,我本因地,以念佛心,入無生忍。今於此界,攝念佛人,歸於净土,佛問圓通。我無選擇,都攝六根,净念相繼,得三摩地,斯爲第一。(接誦往生咒三遍,念佛百聲。次誦變食咒十四遍,甘露、普供,各三遍。)維那合掌,白云:

恭聞净業宗主,實爲遠公。現迹雁門,開法匡廬。統一百二十三人,一意西歸。維七月二十八日,合辭共誓。東林社啓,天下咸仰其高風;西教流芳,萬世共沾其惠澤。茲當蓮開吉日,衆等敬薦心香。伏願:不忘本誓,隨彌陀以提携;普運慈航,度衆生於安養。(白竟,一拜。歸位。)唱贊:第一大願,觀想彌陀,四十八願度娑婆,九品涌金波,寶網交羅,度衆生出愛河。奈麻净業宗主,遠公祖師。(三稱。衆三拜。各回本處。)

　　證義曰：宗主列傳，出《高僧傳》第六卷，兹不贅。上供誦《大勢至念佛圓通章》者，以此篇開示，最直截也。幽溪釋曰：念佛三昧者，念佛人以心緣佛，以佛繫心，心心相續，無有間斷。爾時内心不起，外境無侵，旋元自歸，返流全一。正不受諸受，而得乎正受，故稱念佛三昧也。初立喻，"一專爲憶"者，喻佛時念衆生，如何度出三界苦也。"一人專忘"者，喻衆生唯貪五塵，甘受六道苦也。"如是二人，若逢不逢，或見非見"者，喻佛常逢見衆生，而衆生常不逢見佛。此喻衆生不念佛之失也。"二人相憶"者，喻佛時念衆生，衆生亦時念佛。方謂"二憶念深"，能如是念，則生生常見佛，土土觀如來，故曰"如是乃至，從生至生。同於形影，不相乖異"也。次合法，舉親喻而貼合之。"如來憐念衆生，如母憶子"者，貼合"一專爲憶"。"若子逃逝，雖憶何爲"者，貼合"一人專忘"。此貼合不念佛之失，次貼合念佛之得。"子若憶母"者，教以憶母之方，當"如母憶時"，謂念佛人，用真切工夫，不得一刻念世五欲，是謂繫念。方得名爲"如母憶時，母子歷生，不相違遠"也。又"憶佛"，是恒審思量也。"念佛"，是心注一境也。"現前當來，必定見佛"者，現前，如遠公三見聖相之類。當來，如臨終佛迎，乃至花開見佛之類。"去佛不遠"者，謂念佛人，不唯見佛，亦去佛不遠，不久定當成佛也。"不假方便，自得心開"者，謂舉念即緣佛境，事理圓融，能所絶待，所謂我本因地，以念佛心，入無生忍，苟非如此，焉令即契無生，不假方便，信不誣也。"如染香人"者，喻衆生本非佛，因念佛而頓有佛香也。"名香光莊嚴"者，蓋佛因念顯，念因佛熏，謂以諸佛法身之香氣，而莊嚴乎衆生之色身也。"我本因地"三句，結自行因果相符。"今於此界"三句，乃果後利人，既以此自度，即以此教人，亦以此力而攝生焉。"我無選擇，都攝六根"者，念屬意根，正論修處，亦傍攝諸根，根根念佛也。意根若净，諸根皆攝，故無選擇也。日用之間，唯彌陀是念，唯净土是求，無有間斷，即"净念相繼"也。如是法門，實超勝餘門，故曰"入三摩地，斯爲第一。"(《卍續藏經》第一一一册，第六四七至六四八頁)

辨遠法師讚

［宋］程　俱

法師弘道，實相是談。像浮江滸，神運伽藍。戒珠義海，聳世觀

瞻。肇開净業,蓮社興賢。(《樂邦文類》卷二)

廬山遠公讚
[元]陳　謙

樓煩擅博綜,皈志恒山裏。一聞《般若經》,幡然棄經史。至今白蓮池,以比功德水。(《廬山志》卷二)

初祖廬山辯覺正覺圓悟法師讚
[明]虞淳熙

遠公開宗,首明心要。像浮神運,集賢契紗。夢分法海,十支澄照。蓮社之名,千秋永劭。(明德清述,高承埏補《八十八祖道影傳讚》附錄錢塘虞淳熙《蓮宗十祖讚》)

諸祖道影讚·東林慧遠禪師
[明]永覺元賢

深入般若門,別開骨董鋪。濁浪儘滔天,一舟橫古渡。莫道將錯就錯,何曾不是長安路。(《永覺元賢禪師廣録》卷二〇,《卍續藏經》第一二五册,第六三六頁)

按:《佛祖正宗道影》卷四《教律蓮宗四十八像·蓮社宗八尊》(永覺元賢):"師,雁門賈氏人,幼而好學,博綜六經,尤善《老》《莊》。聞道安講經,乃嘆曰:'儒道九流,特糠秕耳!'遂出家。安謂衆曰:'使佛流東國者,其在遠乎!'游方,見廬山,愛之。乃立精舍。一夕,大雷雨,詰旦,林麓廣闢,素沙布地,楩楠文梓,充布地上。刺史爲建刹,寺名東林。結蓮社,修念佛三昧,學徒數千,其道大著。十一年,三睹聖相。後於定起,見阿彌陀佛、二大士及諸勝境,佛曰:'汝七日後當生我國。'義熙十三年,端坐見佛來迎而化。讚曰:放般若光,別開門户;濁浪滔天,一舟橫渡。人法雙忘,彌陀無數;將錯就錯,長安大路。"文字與上大異,録以備考。

蓮社始祖慧遠法師讚

[明]智　旭

　　蓮社始祖慧遠法師，俗姓賈，雁門樓煩人。幼好學，博綜六經，尤善《莊》《老》。二十一歲，師事道安。二十四，大善講貫。晉孝武帝太元六年，至廬山，夢神告以"毋他往"。夕大雷電，林壑洞開，素沙布地，梗楠文梓，充布地上。九江刺史桓伊，爲建東林寺，殿名神運。嘗謂："諸種三昧，其名甚衆，功高易進，念佛爲先。"結社者有十八高賢，及一百二十三衆，皆登安養。時江東經卷未備，禪法無聞，律學多闕。師令弟子，越蔥嶺，遠求得之。著《法性論》，創明"涅槃常住"之理。什師嘆其闇與理合。安帝時，桓玄令沙門拜王。師致書諫止，著《沙門不敬王者論》。師居山三十年，專修净業。三見佛，不言。義熙十二年七月晦日，佛來迎云："七日後，當生我國。"至八月六日，耆宿請以豉酒治病。師曰："律無通文。"又請飲米汁，師曰："日過中矣。"又請飲蜜水，乃披律尋文，卷未半，坐逝。壽八十三。讚曰：

　　念佛三昧寶，圓頓法中王。挺生神聖士，勇猛獨承當。香象截流度，搗丸集衆香。大德矜細行，禪律咸舒光。法性悟常住，僧儀超帝皇。才識邁前哲，密證不自彰。文成印乃壞，怡然返故鄉。高風千古在，歸命附慈航。(《靈峰蕅益大師宗論》卷九，《嘉興藏》第三六册，第四一二頁)

遠法師書論序讚

[清]錢謙益

　　東晉末，遠法師在廬山，與桓玄書論往復，具在《弘明集》。暇日披尋，慨然見遠公心事於千載之上，乃撰次而序之曰：

　　嗚呼！晉室凌遲，凶渠煽虐，擁重兵而脅孤主，藐然視天下無人，顧獨嚴憚遠公，屹如元戎重鎮。沙汰僧徒，則曰："廬山道德所居，不在搜檢之例。"沙門盡敬，詰難八座，始而遺書諮決，未敢輒行。既而首出僞詔，盡寢前議。其爲禮於遠公也，至矣。公前後抗辭，一無鯁避。訶其勸罷道，則曰：“迷而不返，將非波旬試嬈之言？”酬其間抗禮，則曰：“華戎不雜，恐有異類相涉之象。”危言激詞，耿耿如秋霜烈日，玄終莫敢誰何。公羊子曰：“孔文正色而立於朝，則人莫敢過而致難於其君”者。其遠法師之謂乎？

作《沙門不敬王者論》五篇，序曰：“咸康初，車騎將軍庾冰詳議沙門盡禮。至元興中，太尉桓公亦同此義。”論末書云：“晉元興三年，歲次閼逢。於時天子蒙塵，人百其憂。凡吾同志，僉懷贅疣之嘆，故因述斯論云。”元興三年，桓玄之永始二年也。逾年之間，奄有晉祚。尋陽降處，比迹陳留。乃大書特書曰：“天子蒙塵，人百其憂。”唱義軍之先聲，望乘輿之反正，何其義之壯、詞之直也。書“太尉桓公”，表晉官，削僞號也；書“晉元興三年”，黜永始，並黜太亨也，此一字書法也。孟子曰：“孔子成《春秋》，而亂臣賊子懼。”千秋而下，習樓煩之《春秋》，有不骨寒而魄褫者，鮮矣。吾惜夫後之作僧史者，徒知執淨抗禮，爲撐柱法門盛事，而其深心弘願，整皇綱、扶人極者，未有聞焉。斯可謂痛哭者也。

論始於《明報應》，終於《形滅神不滅》者，何也？古今之亂臣賊子、肆無忌憚者，必先有無君父之心，而後動於惡。其敢於無君父者，何也？以其無報應也。其所以無報應者，何也？以形滅而神滅也。神滅則無報應矣。是故神滅之論，古今亂臣賊子護身之符印，而無父無君釁鼓之毒藥也。玄子問遣撥應，其篡弑之根芽乎？遠公之答區明罪福，其伐炙之株穴乎？兇德不改，罪德貫盈。於是乎奮筆作論，以形滅神不滅者終篇，用以著兇逆之萌，絛影響之報，以正告於萬世。嗚呼！公之心亦良苦矣哉！

今年壬寅，余年八十有一，實元興三年甲辰後之千二百五十九年也。回環展讀，涕泗橫流，謹再拜而作讚。詞曰：

吾聞遠公講《喪服》於雷次宗，授《詩》義於周續之。考夷斯論，筆削在兹。誅僭逆以大義，彰報應於微詞。蓋經來以後，竺墳、魯誥，典要咸總萃於斯。吾將祀諸瞖宗，奉爲儒林之大師，不亦宜乎！（錢曾注，錢仲聯標校《牧齋有學集》卷四二，上海古籍出版社一九九六年版，第一四二七至一四二九頁）

慧遠法師讚

［清］釋瑞璋

負荷至教，廣大聖道。名重帝王，法流天下。（釋瑞璋《西舫彙徵》卷上《尊宿瑞化》，《卍續藏經》第一三五冊，第四七〇頁）

遠公大師像讚

［民國］印光法師

緬維遠公，乘願再來。創立蓮宗，暢佛本懷。俾諸凡夫，憶念佛名。仗佛慈力，帶業往生。已斷惑者，即證無生。證無生者，速圓佛乘。以果地覺，爲因地心。感應道交，利益甚深。未見涅槃，即宣常住。未見行願，普導西去。其所立法，暗與經合。護法菩薩，表自大覺。羅什舉經，深加讚嘆。西僧景仰，心香輒獻。千餘年來，不聞圓音。幸有遺教，尚可遵循。伏願我公，又復示生。普引群倫，同登五清。印公遺文，模公道貌。庶幾來哲，是則是效。（《新編全本印光法師文鈔》卷一一《續編》，中州古籍出版社二〇一〇年版，第八五九至八六〇頁）

蓮宗十二祖讚頌·晉初祖廬山東林慧遠大師

［民國］印光法師

以特別法，永爲世範。意旨暗合於行願，中外流通遍。普令庸彥，大事即生辦。

肇啓蓮宗福震旦，暢佛本懷垂方便。圓音一闡士歸廬，大法將弘神運殿。一切法門從此流，一切行門從此辦。致令各宗盡朝宗，萬川赴海依行願。（《新編全本印光法師文鈔》卷一二，中州古籍出版社二〇一〇年

版,第八六一頁)

净土宗祖堂讚

[民國]印光法師

净土一宗,肇自普賢。震旦遠公續法源,中外廣流傳。遍令聖凡,現生證涅槃。(《新編全本印光法師文鈔》卷一一《續編》,第八五九頁)

(三) 書記序跋

與慧遠法師書

[晉]釋法遇

吾人微闇短,不能率衆。和上雖隔在異域,猶遠垂憂念,吾罪深矣。(湯用彤校注《高僧傳》,中華書局一九九二年版,第二〇一頁)

與晉王書請爲匡山兩寺檀越

[隋]智　顗

江州匡山東林寺者,東晉雁門慧遠法師之所創也。遠是彌天釋道安之高足,安是大和尚佛圖澄之弟子。三德相承,如日月星,真佛法樑棟,皆不可思議人也。而遠内閑半滿,外善三玄,德布遐方,聲高霄漢。初詣山足,依止一林,共邪舍禪師頭陀其下,若説若默,修西方觀。末於林右建立伽藍,因以爲名東林之寺。遠自創般若、佛影二臺,謝靈運穿鑿流池三所。梁孝元構造重閣,莊嚴寺宇,即日宛然。

峰頂寺者,是齊慧景禪師感山人延請,因住其峰次。梁慧歸在後登躡,方建伽藍。峰有水泉,忽然枯涸。歸燒香咒願,清流盈滿,天降甘露於泥洹日。是以先德名蹤,垂芳不斷。松霞清曠,觸處蕭條。公私往還,莫不歸向。

自大化江左,貧道因至彼山,憩泊東林,時遊峰頂,以歲爲日,羨酖忘勞。然山下伽藍,偏近驛道,行人歸去,頗成混雜。今奉請爲兩寺檀越,庶藉影響,衆得安心,禮誦虔誠,用酬洪澤。并乞勒彼所由,永禁公私停泊。沙門某敬白。(嚴可均輯《全隋文》,商務印書館一九九九年版,第三五八至三五九頁)

附:與禪閣寺僧書
[隋]楊　廣

春序將謝,道體何如,僧衆清善。匡山佛寺,興自慧遠法師。法師師於彌天道安,安師於佛圖澄,妙德相承,莫之爲最。江東龍藏,悉本雁門。上人創迹廬阜,自梁及晉,止有東林。陳晚澆漓,別生禪閣。僧徒好異,豈稱至和? 智者爰居,還須合一。想均願海,更無異味。行人將送過,指此相聞。楊廣和南。三月二十一日。(同前,第七〇頁)

附:與東林寺僧書
[隋]楊　廣

極暄,法師道體何如? 衆內咸宜也。雁門遠法師四依菩薩,翻飛朔野,棲息南山。自斯以後,名德相繼。智者見令爲寺檀越,顧修寡薄,非敢克當。獎導既引,良深隨喜。敬德指此承問。楊廣和南。三月二十一日。(同前,第七〇頁)

附:與釋智顗書
[隋]楊　廣

弟子總持和南:垂誨述江州、潯陽、廬山、東林寺、峰頂寺,須令弟子並爲檀越主。山嶺盤秀,下屬江湖,香爐層峰,上虧雲日,仙人之所庋止,隱淪於焉不歸。況乎慧遠法師,勝侶結構,謝客梁元,穿池重閣,景師息心,神應峰頂。智者憩歷,踵武前賢。師嚴道尊,實深隨喜。所恨寡薄,無益將來,庶藉熏修,方證常樂。兼陳二寺,偏近驛道,行人往來,頗成混雜。須勒彼州,令去公私使命,不得停止。即付所司,依事頒下。謹和南。三月一日。(同前,第六四頁)

無量院造彌陀像記
[唐]元 照

彌陀教觀載於《大藏》,不爲不多,然佛化東流,數百年間,世人殆無知者。晉慧遠法師,居廬山之東林,神機獨拔,爲天下倡,鑿池栽蓮,建堂立誓,專崇净業,號爲白蓮社。當時名僧巨儒不期而自至。慧持、道生,釋門之俊彦,劉遺民、雷次宗,文士之豪傑,皆伏膺請教而預其社焉。是故後世言净社者,必以東林爲始。(宗曉編《樂邦文類》卷三,廬山東林寺刊本,第一五八頁)

蓮社圖記
[宋]李冲元

龍眠李伯時爲余作《蓮社十八賢圖》,追寫當時事。按十八賢行狀,沙門慧遠初爲儒,因聽道安講《般若經》,豁然大悟,乃與其弟慧持俱棄儒落髮。太元中至廬山,時沙門慧永先居香谷,遠欲駐錫是山。一夕山神見夢,稽首留師,忽於後夜雷電大震,平旦地皆坦夷,材木委積。江州刺史桓伊表奏其異,爲師建寺,是爲東林寺,因號其殿爲神運。時有彭城遺民劉程之、豫章雷次宗、雁門周續之、南陽宗炳、張詮、張野凡六人,皆名重一時,棄官捨祿來依。遠師復有沙門道炳(昺)、曇常、惠睿、曇詵、道敬、道生、曇順凡七人,又有梵僧佛馱跋陀羅、佛馱邪舍二尊者,相結爲社,號廬山十八賢。時陳郡謝靈運以自負,少所推與,及來社中,見遠師心悦誠服,乃爲開池種白蓮,求預净社,遠師以其心雜,拒而不納。陶潛時棄官,居栗里,每來社中,或時才至，便攢眉回去。遠師愛之欲留不可得。道士陸修静居簡寂觀，亦嘗來社中，與遠相善。遠自居東林，足不越虎溪。一日送陸道士，忽行過溪，相持而笑。又嘗令人沽酒，引淵明來，故詩人有云“愛陶長官醉兀兀，送陸道士行遲遲。沽酒過溪俱破戒，彼何人斯師如斯?”又云“陶令醉多招不得，謝公心雜去還來”者，皆其事也。

　　此圖初爲入路與清流激湍縈帶曲折，逾石橋溪，迴路轉石巖一，又繚而上石巖一，二巖之間，有方石池，種白蓮花。巖之旁，有石梯度山，迤邐而去，不知所窮。當圖窮處，横爲長雲，蔽覆樹腰。巖頂，其高深遠近，蓋莫得而見也。傍石池，有高崖懸泉，下瀦爲潭。支流貫池，下注大溪。激石而噴浪者，虎溪也。巖之外，遊行而來者二人。一人登嶺出半身者，宗炳也；一人踞牀憑几，揮麈而講説者，道生也；一人持羽扇，目注懸猿，而意在深聽者，雷次宗也；一人合掌坐於牀下者，道敬也；一人相向而坐者，曇詵也；一人執經卷，跪聽於其後；童子一舒足搔首，有倦聽之意。蓮池之上環石臺，坐而箋經校義者五人。石上列香爐、筆硯之具，一人憑石而坐者，劉程之也；一人手開經軸倚石而回視者，張詮也；一人正坐俯而閲經者，惠睿也；一人回坐拱手傍視而沉思者，慧持也；一人持如意而指經者，慧永也；一人捧經笈與童子持如意立，其後又童子跪而司火，持鐵、向爐而吹；一人俯爐而方烹，捧茶盤而立者；一人旁有石，置茶器。又一巖中，有文殊金像，環坐其下爲佛事者三人。一人執爐跪而歌唄者，曇常也；一人坐而擎拳者，道炳（昺）也；一人執經卷而坐者，周續之也。臨溪耦坐者二人皆梵僧，一人袒肩持短錫者，跋陀羅也；一人舉如意據膝而坐者，邪舍也。童子一捲髮胡面，持羽扇立其後。一人露頂坦腹，仰視懸泉，坐而濯足者，張野也。童子持巾立其側，又蹲而汲者一人。石橋之傍，峭壁崛起，前有僧與道士相捉而笑者，遠公送陸道士過虎溪也。一人貌怪雄視，捉膽瓶而立者，捕蛇翁也。童子負杖却立而侍。一人乘籃輿者，淵明之回去也。淵明有足疾，嘗以竹籃爲輿，其子與門生肩之。前者若欲憩而不得；後者若甘負而忘倦，蓋門人與其子也。童子負酒

瓢從之。一人持貝葉、騎而方來者,謝靈運也。傍一人持曲笠,童子
負笈,前騎而行。凡爲人三十有八,馬一,猿一,鹿一,器用草木不復
以數計。人物灑落,泉石秀潤,追千載於筆下,畫群賢於掌中,開圖恍
然若與之接。揮麈而談者,如欲懸河,吐屑肆辯而未停。默坐而聽
者,如欲屏息。社意審諦而冥冥沉思者,如欲鈎深味遠,叩伭關宅靈
府而遊乎恍惚之庭!梵唄者,如欲轉喉鼓舌,而有雲雷之響與潮海之
聲。行往來者,如御風而遐舉;坐臨水者,如騎鯨而將去。笑執手者,
軒渠絕倒,達於衣冠。

　　蓋其心手相忘,筆與神會,而妙出意表。故能奴隸顧、陸,童僕
張、吳,跨千載而獨步。非十八人者,不足以發伯時之華;非伯時者,
不足以寫十八人之趣。豈非泉石膏肓,煙霞痼疾,其臭味相似,故形
容之工,若同時而共處者也。伯時爲余從兄,實山林莫逆之友,爲此
圖,凡三十八日而成。余得之,遊居寢飯其下。客來觀者,或未知蓮
社事,因記其後。覽者當自得之也。圖成於元豐庚申十二月二十五
日,明年辛酉正月二十六日龍眠李冲元元中記。(吳宗慈《廬山記》,江西
人民出版一九九六年版,第四二至四四頁)

《白蓮社圖》記
［宋］晁補之

　　廬山白蓮社十八賢者,始晉太元中,雁門正覺法師慧遠愛此山,
卜居之。而河内覺寂大師慧永先居西林,故法師所居號東林云。法
師神明英越,初從太行釋道安落髮,道安知其能使道流東國者也。時
諸方名德聞風而至,與同修净土之社者甚衆。而十八賢者,社中之傑
也,曰佛馱耶舍、佛馱跋陀羅、竺道生、慧持、慧叡、曇恒、道昺(昺)、道
敬、曇詵,内有士曰劉遺民、雷次宗、周續之、宗炳、張野、張詮,合十八
人。而佛馱二尊者,罽賓人,皆神僧也。餘各有異迹。又法師最善陶
淵明、陸修静兩人,而兩人高蹈,不肯入社。

先是，南海漁人嘗網得文殊金像，有文云“阿育王造”也。後商人於東海得其圓光以合像，若符節。陶侃嘗取之，旋失去。至是法師禱之江上，出焉。永公室內嘗有虎，或畏之，即驅上山去。恒公行，有鹿馴擾。耶舍赤髭，咒水洗弟子足，使閉目，但聞風聲，自龜茲一夕至姑臧。馱陀羅嘗見彌勒兜率天上，得不還果，有釋迦舍利三顆。及群士等皆有異迹，見於其傳，則法師可知已。

初，法師送客，常以虎溪爲限。最厚陶淵明、陸修靜，偶送兩客，不覺過溪。然陶忘懷得失，晉宋間一人耳。修靜後得道度世，兩人固非入社者，皆善法師。而謝靈運恃才傲物，嘗求入社，法師以心雜止之，靈運不恨也，爲鑿二池種白蓮，後名其社云。殷仲堪之爲荊州也，時入山修敬。故圖中所繪陶、陸、謝、殷，在十八人之外。

今龍眠李公麟爲此圖，筆最勝，然恨其略也，故余稍附益之。凡社中士十八人，非社中士四，從者若干，馬六。蓋人物因龍眠之舊者十五，他皆新意也。

菩薩像仿侯翌，雲氣仿吳道玄《受塔天王圖》，松石以關仝，堂殿雜草以周昉、郭忠恕，臥槎垂藤以李成，崖壁瘦木以許道寧，湍流、山嶺、騎從、鞿服以魏賢，馬以韓幹，虎以包鼎，猿猴鹿以易元吉，鶴、白鷳若鳥鼠以崔白。余自以意，先爲山石，位置向背，物皆作粉本，以授畫史孟仲寧，使摹寫潤色之。

余幼慕無生法，墮世網不得出，貶玉溪時，道廬山，愛而欲居不可，家縉城八年，時往來於懷也，至爲《思山辭》十數，醉輒歌之。初見李圖，悠然忽如蠟屐扶杖行其中。故爲此圖，特盡意。（《雞肋集》卷三○，景印文淵閣《四庫全書》第一一一八册，第六二五至六二六頁）

《樂邦遺稿·廬山蓮社圖記》

[宋]宗　曉

白蓮社圖，熙寧龍眠李公麟伯時所作也。即雲松泉石遂爲道場，

不以屋室礙所見也。挈經乘馬以入者，謝康樂靈運也。籃輿而出隨
以酒者，陶潛淵明也。捉手相遇而笑談者，社主法師慧遠與簡寂先生
陸修靜也。坐石相對者，罽賓佛陀耶舍尊者與佛馱跋陀羅尊者也。
設師子金像而讚佛事者，雁門周續之、道祖與法師曇常、道昺也。圍
坐於石臺而翻經者，彭城劉遺民仲思、南陽張詮秀碩、西林釋覺寂大
師慧永與法師慧持、慧叡也。觀流瀑而浣足者，南陽張野萊民也。據
胡床而憑几者，東林普濟大師竺道生也。坐獸皮而執白羽者，豫章雷
次宗仲倫也。展法具而趺坐者，法師曇詵與道敬也。策杖而行於山
徑間者，法師曇順、南陽宗炳少文也。蓋雷仲倫、劉仲思、周道祖、宗
少文、張萊民、張秀碩，皆慕遠師名德而投社者也。若釋慧永、道生、
耶舍尊者、跋陀羅尊者、慧叡，皆與遠師道德相契者也。慧持，則遠師
之眷弟也。曇順、曇常、道昺、道敬、曇詵，皆遠師之弟子也。是爲十
八賢。至於陸修靜，則遠公每與之遊，必過虎溪者也。陶淵明，則遠
公爲置酒邀之，而不肯入社者。謝靈運則嘗種池蓮、願入社，遠公止
之者也。右三人外，馳驅行者、執經俗士與僮行胡奴凡十七人，皆附
於圖。自遠公而下十八賢，陳舜俞令舉爲《廬山記》，自有傳。龍眠李
篆德素爲書其略。紹興改元歲次辛亥臘月望日謹記。(《樂邦遺稿》卷
上，東林寺刊本，第三六四頁)

遊廬山東林記

［宋］陸　游

七日往廬山，小憩新橋市，蓋吳蜀大路。市肆壁間多蜀人題名，
並溪喬木往往皆三二百年物，蓋山之麓也。自江州至太平興國宮三
十里，此適當其半。是日，車馬及徒行者憧憧不絕上觀，蓋往太平宮
焚香，自八月一日至七日乃已，謂之白蓮會。蓮社，本遠法師遺迹。
舊傳遠公嘗以一日偕道流，故至今太平宮歲以爲常。東林寺亦自作
會，然來者反不若太平之盛，亦可笑也。

晚至清虛庵，庵在撥雲峰下。登紹興煥文閣，實藏光堯皇帝御書。又有神泉、清虛堂，皆宸翰題榜。宿清虛西室。八日早，由山路至太平興國宮，正殿爲九天採訪使像，袞冕如帝者。舒州灊山靈仙觀，祀九天司命真君，而採訪使者爲之佐，故南唐名靈仙曰丹霞府，名太平曰通元府，崇奉有自來矣。至太宗皇帝時，嘗遣中使送泥金絳羅、雲鶴帔，仍命三年一易。神宗皇帝時又加封應元保運真君，及賜塗金殿額。兩壁圖十真人，本吳生筆。建炎中，盜以廬山爲巢，宮屋焚蕩無餘。憩於雲無心堂，蓋冷翠亭故址也。溪聲如大風雨至，使人毛骨寒慄，一宮之最勝處也。採訪殿前有鐘樓高十許丈，三層累磚所成，不用一木，而欄楯翬飛，雖木工之良者不加也。但鐘爲磚所掩蔽，聲不甚揚，亦是一病。觀主胡思齊云：此一樓爲費三萬緡，鐘重二萬四千餘斤。又有經藏亦佳，扁曰"雲章瓊室"。太平規模大概類南昌之玉隆，然玉隆不經焚，尚有古趣爲勝也。

遂至東林太平興隆寺，寺正對香爐峰，峰分一支，東行自北而西，環合四抱，有如城郭，東林在其中，相地者謂之倒掛龍格。寺門外虎溪，本小澗。比年甃以磚，但若一溝，無復古趣。余勸其主僧法才去甃，使少近自然，不知能用吾言否。食已，煮觀音泉啜茶。登華嚴羅漢閣，閣極天下之壯麗，雖閩浙名藍不能逮。遂至上方五杉閣、舍利塔、白公草堂，上方者自寺後支徑，穿松陰，躡石磴而上，亦不甚高。五杉閣前，舊有老杉五本，傳以爲晉時物，白傅所謂大十尺圍者。今又數百年，其老可知矣。近歲主僧了然輒伐去，殊可惜也。塔中作如來示寂像，本宋佛馱跋陀尊者，自西域持舍利五粒來，葬於此草堂。以白公記考之，略是故處。三間兩注（柱）亦如記所云。

其他如瀑水蓮池，亦皆在。高風遺韻，尚可想見。白公嘗以文集留草堂，後屢亡逸，真宗嘗令崇文院寫校，包以斑竹帙，送寺。草堂之旁，又有故址，云是王子醇樞密庵基。蓋東林爲禪苑始於王公，而照覺禪師常總實第一祖。宿東林。

九日至晉慧遠法師祠堂及神運殿，堂中有耶舍尊者、劉遺民等一十八人像,謂之十八賢。遠公之側,又有一人執軍持侍立,謂之辟蛇童子。傳云東林故多蛇,此童子盡拾取投之蘄州。神運殿本龍潭,深不可測,一夕鬼神塞之,且運良材以作此殿,皆不知實否也。然神運殿三字,唐相裴休書,則此説亦久矣。官廳重堂,邃廡厨廐備設,壁間有張文潛題詩。寺極大,連日遊歷,猶不能遍。唐碑亦甚多,惟顔魯公題名,最爲時所傳。

又有聰明泉在方丈之西,卓錫泉在遠公祠堂後,皆久廢不汲,不可食,爲之太息。食已,遊西林乾明寺,西林在東林之西。二林之間有小市曰雁門市。傳者以爲遠公雁門人,老而懷故鄉,遂髣髴雁門邑里作此市,漢作新豐之比也。西林本晉江州刺史陶範捨地建寺,紹興十五六年間,方爲禪居,褊小非東林比,又絶弊壞。主僧仁聰,閩人,方漸興葺,然流泉泠泠,環繞庭際,殊有野趣。正殿釋迦像著寶冠,他處未見,僧云唐塑也。殿側有慧永法師祠堂。永公,蓋遠公之兄。像下一虎偃伏。又有一居士立侍,不知何人。方丈後有磚塔不甚高,制度古樸,予登二級而止。東西林寺舊額皆牛奇章八分書,筆力極渾厚,西林亦有顔魯公題名。書家以爲二林題名,顔書之冠冕也。舊聞廬山天池磚塔初成,有僧施經二匣,未幾,塔震一角,經亦失所在。是日,因登望以問僧,僧云誠然。或謂經乃刺血書,故致此異。又云今年天池火,尺椽不遺,蓋旁野火所及也。晚復取適太平宮,還江州,小憩於新亭。距州二十五里,過董真人煉丹井,汲飲,味亦佳,真人者奉也。

(蔣方《入蜀記校注》,湖北人民出版社二〇〇四年版,第一一九至一二九頁)

遊東林記

〔明〕曹學佺

山北而趨東林,其路有三,大林即翻經臺之背,邐迤而香爐峰,其與東林俯仰對揖者乎？天池與鐵船峰,兩壁相高,斗聳復亂,溪迴合縈,至於石門,即遠法師同廬山諸道人之所遊也。其中路,即今登山者所咸資始。蹬而貫嶺之末,亭、觀相望矣。

余時遊石門,徑一巖遇雨,此日又徑一巖而暮,皆不離天池山;又徑烏龍潭,即泉源焉。謝靈運云"瀑布飛瀉,丹翠交曜",當不遠是。巖際孤僧,欣迎異客,經卷初收,塵絲乍轉。梯掛斷巖,棧橫曲峽,木葉浮而澗滿,爐煙起而石黔。朝雨在林,晴山倒影,暮霞射壁,遠水騰輝。於是復歸山上,從曠處以觀,人皆衣絳,客盡顏酡,紺殿襲姿,珠潭變采,峰巒爲火裹之芙蓉,而山川若九虹之爭道矣。

又次日乃下山,遵虎溪而入東林。神運圖存,佛教地盛,院落半灰,影堂無恙,鐘聲相遞,響谷猶虛。垂三聖之慈容,側諸賢之逸像。見者瞻依來應,讚嘆蓮社蕭疏。千年葩葉,重開爐峰,湛秀旦夕,煙雲自合,愧逐車馬之客,猶然風波之民也。(《遊匡廬記》,見《古今圖書集成方輿彙編·山川典》第一百四十二卷,第一九四册,第四二頁)

遠公影堂記

[五代]元　皓

一真絕迹,諸法本無。不憑有有之緣,孰究空空之理。慧遠法師,外則詩書禮義,接引群機;内則戒定慧解,入真實際。在昔影堂,猶多毀圮。晉帝之龍興雖在,石門之雁塔將隳。大吳大和一年,詔改封平原王爲德化王,移鎮九江。既求民瘼,仍奉佛乘。擁施二林,棲神真境,復陳香鍊,大會緇徒。回步師堂,俯仰良久,眷言重構,益展清規。煇華若天界飛來,嚴麗狀龍宮涌出。鴛瓦叢翠,晝疑松檜之煙;寶鐸叮噹,夜泛蓮華之漏。一千年之氣貌,粉繪重新;七百載之車輿,安藏永固。(《廬山慧遠法師文鈔》附編,弘化社民國二十四年版,第八五至八六頁)

題遠公影堂壁

[宋]契　嵩

遠公事迹,學者雖見,而鮮能盡之。使世不昭昭見先賢之德,亦後學之過也。予讀《高僧傳》《蓮社記》，及九江新舊録，最愛遠公凡六事，謂可以勸也。乃引而釋之，列之其影堂，以示來者。

陸修静，異教學者，而送過虎溪，是不以人而棄言也。陶淵明，酖湎於酒，而與之交，蓋簡小節而取其達也。跋陀高僧，以顯異被擯，而延且譽之，蓋重有識而矯嫉賢也。謝靈運，以心雜不取，而果殁於刑，蓋識其器而慎其終也。盧循欲叛，而執手求舊，蓋自信道也。桓玄震威，而抗對不屈，蓋有大節也。

大凡古今人情，莫不畏威而苟免，忘義而避疑，好名而昧實，黨勢而忍孤，飾行而畏累，自是而非人。孰有道尊一代，爲賢者師，肯以片言而從其人乎？孰有宿禀勝德，爲行耿潔，肯交醉鄉而高其達乎？孰有屈人師之尊，禮斥逐之客而伸其賢乎？孰有拒盛名之士，不與於教而克全終乎？孰有義不避禍，敦睦故舊而信道乎？孰有臨將帥之威，在殺罰暴虐之際，守道不撓而全節乎？此故遠公識量遠大，獨出於古今矣。若其扶荷至教，廣大聖道，垂祐於天人者，非蒙乃能盡之。其聖歟？賢耶？偉乎！

大塊噫氣，六合清風，遠公之名聞也。四海秋色，神山中聳，遠公之清高也。人龍僧鳳，高揖巢許，遠公之風軌也。白雲丹嶂，玉樹瑤草，遠公之棲處也。蒙後公而生，雖慕且恨也。瞻其遺像，稽首作禮，爰以弊文，書於屋壁。（《鐔津集》卷一六，《樂邦遺稿》卷上，廬山東林寺刊本，第三六〇頁）

勸修西方説

[宋]可　觀

吾佛釋迦，出現娑婆，統化大千，應迹中天，八相成道，垂慈爲物。在諸大教，或因而及之，如《華嚴》《法華》，或專爲一緣，如《十六觀無量壽經》《稱讚净土經》，什譯即小本《佛説阿彌陀經》并《鼓音王經》，遍讚西方，勸修念佛，一切大教，正宗所詮，修行門户，若欲依經所説行之,自非大根大性,宿世緣熟,必難造詣,速得發悟,出離生死。又恐生死何期,不能善始令終。是故阿彌陀佛以本願力,示現西方極樂世界,依正莊嚴清净蓮華三輩九品,爲欲攝受能念佛人,一心不亂,繫念彼佛。時至緣會,恬然命終,見佛光明,不落魔境,決定高超,無際苦輪。此一段事,若非釋迦出現世間,何由得之? 固非小緣。須知遍讚西方,乃急救法,何翅中流失舟、一壺十金! 正如佛説《阿彌陀經》,不待時機發起,即便爲説經意在此。

　　東晉廬山虎溪慧遠法師,結白蓮社,賢士大夫並諸尊者一十八人,同修西方,念佛三昧,臨終見佛,即得往生。雖謝靈運以心雜止之,不許入社。自此流通,後世追仰遺風,無間一切,信向甚盛。世傳六祖《壇經》,韶州人見六祖,因問:“有修西方,此法如何?”六祖答以:“自心有西方,即是真西方。自有西方心,何處覓西方? 東方人造罪作業,求生西方,若西方人造罪作業,求生何處? 但能悟性,何所不可。”噫,如此鄙俚,一笑可也。竊名祖師,不可行用。或謂既云悟性,此亦有理。其理偏尚,無非禪病。相傳高麗焚毁此書,遼東人師稍有眼目。昔嵩明教讚之,何其失言。此老戒根堅固,陳令舉爲作行狀,平生童真,其聲如擊清磬,身後火浴,六事不壞,可謂僧寶。後世難及,不可求備,亦見此矣。須知西方念佛三昧,甚易修行,只在日用,一心不亂,繫念彼佛。彼佛願力,自念佛力,任運相應。雖有取捨,與不取捨,殊無異轍。何以故? 念念離相,了不可得。如盤走珠,自在無礙。身心清净,猶如蓮華。達唯心了,本性在我而已,去此不遠。(可觀《竹菴草録》,《全宋文》第一七四册,第一〇三至一〇四頁)

《净土十疑論》序

［宋］無爲子楊傑

　　彌陀甚易持,净土甚易往,衆生不能持、不能往,佛如衆生何? 夫造惡業入苦趣,念彌陀生極樂,二者皆佛言也。世人憂墮地獄,而疑往生者，不亦惑哉？晉慧遠法師，與當時高士劉遺民等，結白蓮社於廬山，蓋致精誠於此爾。其後七百年，僧、俗修持，獲感應者非一，咸見於净土傳記，豈誣也哉？然讚輔彌陀教觀者，其書山積，唯天台智者大師《净土十疑論》最爲首冠，援引聖言，開決群惑。萬年闇室，日至而頓有餘光；千里水程，舟具而不勞自力。非法藏後身，不能至於是也。（于海波點校《净土十要》卷四，中華書局二〇一五年版，第一一五頁）

《净土救生船》序

[清]俞　樾

自世尊憫念群生，隨機施化。於一切法中，求其至直捷至圓頓者，莫如念佛求生净土。乃爲長老舍利弗，説西方有世界名極樂，有佛號阿彌陀。因詳述其中種種依正莊嚴，勸誘衆生，發願往生彼土。由是净土之説興焉。晉太元時，高僧慧遠，結社廬山，與慧永、慧持等一十八人，同修净土之業。而劉遺民爲著《發願文》，王喬之等復爲《念佛三昧詩》。自是净土之學，與禪宗並重，信從益衆。然諸賢《念佛三昧詩》，至今尚有流傳。余嘗讀其一二，不過云“至哉之念，主心西極”，而於佛説净土法門，未能明白指示也。

四明有沙門梵琦，著《懷净土詩》七十七首。其中有云：“釋迦設教在娑婆，無奈衆生濁惡何。欲向涅槃開秘藏，須從净土指彌陀。”庶幾指破迷津，高登覺岸矣。然其詩亦惟是泛言大意，切指工夫。

乃今讀滄雲上人《净土救生船》，自爲詩而自爲注，詩凡四十八篇，每篇七言四句。而每篇之注，多或數千字，少亦數百字。發明三觀圓修之義，提唱事理一心之旨。推而至於執佛從心現，不信西方有佛；執佛西來，不信自心顯現。二端皆爲邪見，正顯事理圓通，可謂深切著明，至詳至盡。而其歸本在信、願、行三門，使人知所入手。又諄諄於持戒之得，犯戒之失，勸孝戒淫，尤爲切摯。循此以求净域，真可以一葦杭之矣。

　　余本鈍根，於西來大義一無所得。惟嘗注《金剛經》二卷，闡發即住即降伏之旨，頗與他解有殊，上人見而善之，以是詩索序。敬爲誦晉支道林詩云："維謂冥津迴，一悟可以航。"願與一切衆生沈淪五濁者，同登此大願船也。光緒二十有二年，太歲在柔兆淈灘夏六月，德清曲園居士俞樾撰。（[清]寬量《净土救生船》，光緒戊戌揚州東鄉磚橋刻經處刻本）

《修西定課》序

[清]許槤身

　　昔佛法入中國既數百年，慧遠法師方以净土收束群靈。雖一百二十三人未能一生都辦，然一生取辦者不少矣。此一百二十三人，皆以宏誓互相鈎攝，深諧佛願，畢發蓮香，轉度冤親，引生眷屬。後之，聞水聲而開念佛，入寂定而往西方。夢兆神徵，輝映震旦，固皆此一脈之明暗相生也。宗門識高力透，高步人天。直趨無上寂光，權抑三種净土（實報、方便、同居）。甘芳不著，妙勝醍醐。然不遇夫上根，必化而爲毒藥。故曹溪八世孫永明禪師，回宗鏡之全光，入西方之一脈焉。諸法門中，華嚴大備。雲棲大師，具正知見。游華嚴法海，悲深識卓，思精用宏，撰成《彌陀疏鈔》，委曲引歸極樂，老實念佛，天龍喜歡，無量衆生，如得慈母。故禪講兩家之未能不受後有者，無不以此爲神明休息之地。禪講兩家之已能不受後有者，無不以此爲水月道場之緣。自度度人，無等等法。捨念佛往生一門，而更何有也？噫，神游法界，璀璨玲瓏。步三教之園林，得一心之歸宿。吾友鄭子，今庶幾焉。著《宗鏡堂叢書》四十八種，以《修西定課》爲第一。予一見，生歡喜心，與眷屬謀首取而刻之，願興十方信心人，同此光明受用耳。仁和許槤身。（光緒二十四年金陵刻經處《修西定課》）

《樂邦文類》後序

[宋]釋善月

彌陀洪願，常自攝持，必然之理也。昔無爲子嘗序《天台十疑論》，有曰："愛不重，不生娑婆。念不一，不生極樂。"斯言可謂知本矣。請試以一事訂之。如晉遠法師，蘄嚮西方，嘗結蓮社於廬山。以淵明則招之，貴其能達而斷愛也。於靈運則拒之，爲其心雜而念不能專也。豈非政以二者爲净土之津要乎？余於是得净土之説異乎昔之云者，如是而已。蓋嘗謂今有慕修净業者，當如淵明可也，雖招之不來，苟願之必達。要是胸中了無一物，求念尚不可得，何愛之可斷乎？故不求則已，求則孰御焉。（《樂邦文類》卷五，《全宋文》卷六四一三，第二八三册，第九至一〇頁）

跋《廬阜三笑圖》

[明]宋　濂

《廬阜三笑圖》，蓋寫徵士陶淵明、道士陸修静及浮屠慧遠也。相傳圖始于盧楞伽，世人臨摹者甚多，而先儒是非之者，亦不少。其非之者則曰：慧遠卒於晉義熙十二年丙辰，年八十三。修静没於宋元徽五年丙辰，壽七十二。丙辰，相去正六十載。推而上之，修静生於義熙三年丁未，慧遠亡時修静纔十歲耳。至宋元嘉末，修静始來廬山，則慧遠之亡，已三十年餘，淵明之死，亦二十餘歲矣。若淵明生於晉興寧二年乙丑，少慧遠三十一歲，終於元嘉四年丁卯，距慧遠亡，年已五十矣，固宜相從也，安取所謂三笑哉？其是之者則曰：自蘇長公作《三笑圖讚》，而黃太史遂以三人者實之。如蒲傳正、劉巨濟、晁無咎之流，皆明著之篇翰。陳舜俞造《廬山記》，亦與太史正同。此數公者，皆號博學多識，修静之事，其有不考者乎？蓋晉有兩修静，議者弗是之察，故遂致此紛紜也。趙彦通《廬岳獨笑》之篇，乃黃口小兒，强作解事者耳。二者之論,其不同有如此者。維楊郭君逵以此卷求題,凡淵明之出處,國朝諸大老若蕭貞敏公、同文貞公、楊文獻公、商文定公及司業硯公,論之已詳,區區末學,何敢妄讚一辭? 姑取前輩是非之未決者,就洽聞之士質焉。(《護法錄》卷一〇,海南出版社二〇〇〇年版《故宮珍本叢刊》第五一七冊,第二〇三至二〇四頁)

跋《匡廬社圖》

〔明〕宋　濂

　　右《匡廬十八賢圖》一卷,上有博古堂印識,不知何人所作。描法學馬和之,人物布置,則仿佛東林石刻而韻度過焉。其二人相向立,一人戴黃冠,手觸人袂,而揚眉欲吐言者,道士陸修靜也。一人斂容而聽之者,法師慧遠也。其一人冠漉酒巾,被羊裘,杖策徐行,而蕭散之氣猶可掬者,陶元亮也。其一人躡屩摳衣,笑指元亮者,畢穎之也。其一人執羽扇,宴坐巴且林下者,遠之弟慧持也。其一人與持對坐,合爪豎二指者,僧跋陀也。其一人俯仰其手,操麈尾拂坐陀下者,宗少文也。其一人居持右,低首作禮,而爲貌甚恭者,僧曇順也。其三人皆披衣行:一人持鐵如意,一人展卷讀,一人美髯而反顧者,則劉程之、雷仲倫、周道祖也。餘則余忘之矣。又頗記程之蓮社文云:歲在攝提格七月戊辰朔二十八日乙未,慧遠命正信之士豫章雷次宗等百有二十三人,集於廬山般若臺精舍,修西方净土之學。今所畫止十八人,取著名於時者也。人數增減,相傳有不同者,所記異辭也。或疑修靜與遠不共時者,蓋晉有兩修靜,此正世稱簡寂先生也。當是時,晉室日微,上下相疑,殺戮大臣如刈草菅,士大夫往往不仕,託爲方外之遊。如元亮、道祖、少文輩,皆一時豪傑,其沉溺山林而弗返者,夫豈得已哉! 傳有之:"群賢在朝,則天下治;君子入山,則四海亂。"三復斯言,撫圖流涕。(《護法錄》卷一〇,同前,第二〇四頁)

書遠公《明報應論》後

［清］錢謙益

遠公《明報應論》，載在《弘明集》，但書爲遠公之作。考《出三藏記》目錄云：《遠法師答桓玄明報應論》，論中“問曰”者，皆玄之文也。玄之難問報應，可謂精矣。初明四大結，結爲神宅，滅之無害於神，影掠拂經，四大分散之言。次明因情致報，乘感生應，自然之迹，順何所寄？竊取老子道法自然之義。故遠公評之曰：“此二條是來問之關鍵，立言之精要。”晉宋以後，何承天、范縝之徒，諍論神滅，要皆述祖桓玄，但得其少分粗義耳。遠公之答，伐樹得株，炙病得穴。自宗少文已後，極論形神者，一一皆遠公注腳，故此論即神不滅之宗本也。盧循瞳子四轉，遠公謂之曰：“君體涉風素，而志存不軌。”靈寶之凶慝，固已懸鏡久矣。感應之論，條分禍福，所以翦其奸萌，折其弑械，豈但是求理中之談哉！玄倚恃邪見，不信罪福，竊位扇惡，無復顧忌。不知義旗電發，推步厭勝，聞人怨神怒之言，拊心自悔，尚能執冥科幽司，都無影響否？凶渠即僇，縣首大桁。此時地水火風，結爲神宅者，亦無受傷之地否？循覽遠公之論，而披尋其扣擊之所以，然後知撥無因果，乃亂臣賊子積劫之芽種；刳心刲骨，以桓玄爲殷鑒。尋影響之報，以釋往復之迷，無父無君之流毒，庶可以少殺矣乎？

孟子曰：“《春秋》成而亂臣賊子懼。”吾以樓煩之著論，比東魯之《春秋》，非虛語也。後世儒者誅逆臣子，晉季，失席痛恨，莫桓玄若也。及其標榜豎義，排斥三報；抹摋三界，胥歸命於神滅，其不以玄爲太宗者幾希。嗚呼！其亦弗思之甚也哉！（錢曾箋注，錢仲聯標校《牧齋有學集》卷五〇，上海古籍出版社一九九六年版，第一六一六頁至一六一七頁）

《蓮社高賢傳》跋

［清］王 謨

右《蓮社高賢傳》一卷，本不著作者姓名。自隋、唐志，晁、陳二家,俱未見書目。原跋謂:"自昔出於廬山。宋熙寧間,嘉禾賢良陳舜俞粗加刊正。大觀初,沙門懷悟,復爲詳補,而是書始顯。然此十八高賢,皆晉宋時人,則此傳亦當爲晉宋時書,故仍從唐宋叢書采補。其曰蓮社者,謂謝靈運在廬山鑿池種白蓮。時遠公諸賢同修净土之業,因號白蓮社。靈運嘗求入社,遠公以其心雜而止之。夫既不許其人入社,而又取其人所種之蓮以名社,則人之稱斯社也,其謂之何?但如遠公,始欲從學范甯(宣),卒乃傳經雷次宗、周續之,以一釋和尚,而能爲功經學,前此所未有也。白香山爲劉軻代書,謂廬山自陶、謝,洎十八賢以來,儒風綿綿不絶,而皆由遠公倡之。今録其書,又豈獨爲釋氏提振宗風耶? 汝上王謨識。(金谿江幼光校《蓮社高賢傳》,光緒二十年湖南藝文書局刊本)

遠法師《廬山集》後序

[宋]元　照

　　予昔嘗編《南山祖師撰述録》,其間有《廬山遠大師文集》十卷,且不知何文也。後得睦州太守馬公家藏之本,始獲一見,而傳寫差繆,無由考正。俄有海南("海南",疑是"南海"之誤。)楞伽山僧守端,卓庵廬阜二十年,遠公遺迹,無不歷覽,獨慨斯集教門之衡鑒,學者之師法,奈何閟藏山寺,世莫得聞。遂與二三同學,潛求旋暇("暇",原文作"假",據文意改),曉夕抄傳,將使布流四海,垂及萬世。是以不憚艱險,負書南來,首訪湖居,懇求鏤板。予得其文,如獲重寶,仰嘉勤至,喜慰夙心。於是會集衆本,對校研詳,削其繁蕪,填其遺缺,命工繕寫,選匠刊勒。不期歲,而厥功告成。嘗聞丞相荆公有言:"晉人爲文("文",原文作"人",據《佛祖統紀》卷三六所引"白雲端禪師,自廬山録本來越上。遇照律師,與之囑其開板,照師爲序。有云:王荆公言:晉人爲文,無如遠公"文改。),無出遠公。"予始覽之,若無所曉,再披三復,凝神沉玩,然後粗分其章句,薄識其義趣。信乎! 數仞之墙,萬頃之陂,殆非淺識凡才所能窺測也!

　　若夫道德之淵冲，學術之宏博，容儀服物，神異感人。坐御桓玄之威，論折仲堪之銳，彌天推爲高弟，童壽結爲勝友，此雖超邁於古今，焕赫於史籍，然皆微末之淺迹，未足以知大師也。至於窮神體妙，通幽洞微，用行舍藏，知機適變，無施而不可，無往而不利，則吾不知其三賢乎！十聖乎！《涅槃》所謂：大權垂示，四依之像，則髣髴得其萬一矣！

　　噫！古晉操染，將及千載，皇唐編集，四百餘年，中間泯蔑，寂爾無聞，不意衰（"衰"，原文作"哀"，據文意改。）遲，獲睹慈訓，豈非天之未喪斯文，故使諸緣契會，幾廢而復興耶！來學披尋，得不知幸，曠劫同遇，不其然乎？因叙來緣，繫於卷尾。仍書大略，以告同道云。（成簣堂文庫藏《芝園文後集》卷一。本文録自王招國（定源）撰《慧遠〈廬山集〉在宋代的刊行》一文，原載卞東波編《域外漢籍研究集刊》第二十二輯。）

《晉蓮宗初祖廬山慧遠法師文鈔》序
［民國］印光法師

　　如來大法，彌綸法界，包括空有。示本具之真心，顯隨緣之妙用。其心體則生佛一如，聖凡不二，真常不變，寂照圓融。佛以究竟證故，故得五蘊皆空，諸苦悉度，一塵不立，萬德圓彰。衆生以徹底迷故，故致迷真逐妄，背覺合塵，輪迴生死，了無出期。於是如來，隨衆生機，説種種法，令彼各各就路還家，親見本生之父母。探衣出珠，即獲無盡之家珍。上根固得解脱，中下仍在輪迴，特開净土法門，令其橫超三界。普使中下，追蹤上根，其爲利益，莫能名焉。此義雖出方等，其道實肇華嚴。但以凡小不能預會，莫由禀承。當華嚴未來之前，率目爲方便小道。迨行願既譯之後，方知爲成佛真詮。

　　廬山遠公，宿承佛囑，乘願再來。未睹涅槃，即著法性常住之論。未見華嚴，便闡導歸極樂之宗。立法闡與經合，其道普被三根。契理契機，徹上徹下。暢如來出世之本懷，了含識生死之大事。若非大權示現，其孰能預於此？故羅什法師曰："經言：末後東方，當有護法菩薩,勗哉仁者,善弘其事。"西域僧衆,咸稱漢地有大乘開士,輒東向稽首,獻心廬嶽。其神理之迹,未可測也。按遠公於東晉孝武帝太元九年甲申,始至廬山,住同門慧永法師之西林寺。後以來學者多,西林隘不能容,故復開東林寺。經始之時,山神效靈,材木自至。刺史桓伊乃爲建造,名其殿爲神運,表靈異焉。由是緇素高賢,來者益衆。至太元十五年庚寅,七月二十八日,與緇素一百二十三人,結社念佛,求生西方。此諸人等,於臨終時,皆有瑞應,皆得往生。良由諸人均具出類拔萃之智,又蒙遠公開導,及諸友切磋琢磨之力,故獲此益。此係最初結社之人,若終公之世,三十餘年之內,其蒙法化而修净業,得三昧而登蓮邦者,何可勝數! 溯遠公於太元九年甲申至廬山,於義熙十二年丙辰,八月初六日西逝,凡三十二年,影不出山,迹不入俗。其弘揚法化,護持佛教之著述,備載《廬山集》。以屢經滄桑,佚失殆盡。幸《弘明集》《廣弘明集》,各有所録,猶令古德芳徽,永傳於世。

如皋沙健庵太史,晚年篤信佛法,專修净業,博覽群書。凡遠公著述,及後人所作傳、讚、記、頌等,悉備録之,題曰《慧遠法師文鈔》。分正、附二編。其門人項智源,又爲補録,委光校訂而排印焉。竊以遠公爲蓮宗初祖,其書廣布,閱者必能興起。但以資斧不給,先印萬册以爲之倡,則後之源源相繼而印者,又何可計其數耶? 後之學者,由此書故,悉知净土法門之所以然,必至當仁不讓,追蹤先覺,同出五濁,同登九蓮也。故於付排之前,略叙來歷。至於遠公之道德、功業、文章、感通,備載《文鈔》正附二編,兹不繁述。

世傳遠公與十八高賢,一百二十三人結社。十八人中,遠公居首,餘十五人多係最初結社之人。若佛馱跋陀羅,係安帝義熙二年始入社,乃結社後第十七年。佛馱耶舍,係義熙十年入社,乃結社後第二十五年。飛錫法師《寶王論》,謂遠公從佛馱跋陀羅受念佛三昧,與緇素高賢結社念佛,蓋尊西僧,而未詳考其入社之年時耳。民國二十四年,歲次乙亥,孟夏月佛誕日,古莘釋印光謹撰。(《新編全本印光法師文鈔》卷一〇，中州古籍出版社二〇一〇年版，第六三七至六四〇頁。又見於民國二十四年弘化社版《廬山慧遠法師文鈔》卷首第三至五頁）

重編《廬山慧遠法師文鈔》序

［民國］項智源

廬山初祖慧遠法師遺集，見於《隋書·經籍志》，有十二卷。焦竑《國史經籍志》所載相同。《崇文總目》記《廬山集》爲十卷。《遂初堂書目》標集無卷數。《菉竹堂書目》載《廬山集》則僅云二冊而已。兵燹薦遭，遺文散佚。民國九年，海門周居士紫垣，多方搜羅，得二十六篇，彙爲一卷，於北平付印流通。逾歲至如皋，以一冊贈先師沙健庵先生。先生宏覽，兼修净業，得之喜，猶以周居士所搜輯爲未備。乃就家藏《全晉文》《廬山志》諸書，詳加搜討，於居士所輯一卷二十六篇之外，增爲三十四篇。依舊傳重定目次，將鈔録付印，未及爲而病作，丙寅冬逝世。臨終遺命付智源續成之。翌年，大兵過境，沙氏舉宅遷徙，而此重訂未完之本，因之散失。智源旋赴北平三年，歸而求之，終不可得。去秋八月六日，恭逢遠公忌辰，忽聞此冊於敗篋中發現，欣往奉歸，未暇整理。今秋，乃就先師所定目次，手自謄寫。適《重修廬山志》出版，乃寓書滬上影印宋版藏經會本邑範成法師，請甄録《志》中所載遠公遺文，以備參考。法師北上，轉請同門費慧茂居士鈔録見貽。智源就編纂吳先生所刊定，得增多五言四篇，和之先師所定，得三十八篇，列爲正編。又先師所定附録傳記、詩文、雜事區爲附編。於是遠公之文，及其生平軼事，大略可觀矣。時當末季，修道綦難，當機法門，莫逾净土。而世智辯聰之徒，或疑爲淺近，謂非高文續學之士所樂爲。今觀遠公之文，工妙若此，而提倡蓮宗，精進無倦，同社往生净土者，至百二十三人之多，則今日此編之出，既於宏道有關，而净土法門之重要，將因遠公之高文而益顯。讀者可不折除憍慢，益加精進也乎？佛曆二千九百六十一年，歲次甲戌，十月朔日，優婆塞菩薩戒弟子項智源謹撰。（《廬山慧遠法師文鈔》卷首，民國二十四年弘化社版，第五至七頁）

（四）論議題詠

與范甯論釋慧持書

［晉］王　珣

“遠公、持公孰愈？”范甯答書：“誠爲賢兄賢弟也。”《重與甯書》：“但令如兄誠未易有，況弟復賢耶！”（湯用彤校注、湯一玄整理《高僧傳》卷六，中華書局一九九二年版，第二三〇頁）

致沙門僧檢書

［晉］王　恭

“遠、持兄弟至德何如？”僧檢答書：“遠、持兄弟也，綽綽焉信有道風矣。”（同前，第二三〇頁）

評慧遠議論

［晉］陶淵明

陶淵明聞遠公議論，謂人曰：“令人頗發深省。”（《杜詩注》引）

明佛論

［南朝宋］宗　炳

昔遠和尚澄業廬山，余往憩五旬，高潔貞厲，理學精妙，固遠流也。其師安法師，靈德自奇，微遇比丘，並含清真，皆其相與素洽乎道，而後孤立於山。是以神明之化，邃於巖林。驟與余言於崖樹澗壑之間，曖然乎有自言表而肅人者。凡若斯論，亦和尚據經之旨云爾。（嚴可鈞輯《全宋文》，商務印書館一九九二年版，第二〇六頁）

與子姪書

［南朝宋］雷次宗

　　吾少嬰羸患，事鍾養疾，爲性好閑，志棲物表，故雖在童稚之年，已懷遠迹之意。暨於弱冠，遂託業廬山，逮事釋和尚。於時師友淵源，務訓弘道，外慕等夷，内懷徘發，於是洗氣神明，玩心墳典，勉志勤躬，夜以繼日。爰有山水之好，悟言之歡，實足以通理輔性，成夫壘壘之業，樂以忘憂，不知朝日之晏矣。（同前，第二八四頁）

《高僧傳》卷八《義解論》

［南朝梁］慧　皎

　　故士行尋經於于闐，誓志而滅火，終令般若盛於東川，忘想傳乎季末。爰次竺潛、支遁、于蘭、法開等，並氣韻高華，風道清裕，傳化之美，功亦亞焉。中有釋道安者，資學於聖師竺佛圖澄，安又授業於弟子慧遠。惟此三葉，世不乏賢。並戒節嚴明，智寶炳盛。使夫慧日餘暉，重光千載之下；香土遺芬，再馥閻浮之地；涌泉猶注，寔賴伊人。遠公既限以虎溪，安師乃更同輦輿。夫高尚之道，如有惑焉。然而語默動靜，所適唯時。四翁赴漢，用之則行也；三閭辭楚，捨之則藏也。經云：“若欲建立正法，則聽親近國王，及持仗者。”安雖一時同輦，迺爲百民致諫，故能終感應真，開雲顯報。其後荆、陝著名，則以翼、遇爲言初；廬山清素，則以持、永爲上首。融、恒、影、肇，德重關中；生、叡、暢、遠，領宗建鄴；曇度、僧淵，獨擅江西之寶；超進、慧基，乃揚浙東之盛。雖復人世迭隆，而皆道術懸會。故使像運餘興，歲將五百，功效之美，良足美焉。（湯用彤校注、湯一玄整理《高僧傳》，中華書局一九九二年版，第三四三至三四四頁）

《高僧傳》卷一三《唱導論》

[南朝梁]慧　皎

唱導者，蓋以宣唱法理，開導衆心也。昔佛法初傳，于時齊集，止宣唱佛名，依文致禮。至中宵疲極，事資啓悟，乃別請宿德，昇座説法。或雜序因緣，或傍引譬喻。其後廬山釋慧遠，道業貞華，風才秀發。每至齋集，輒自昇高座，躬爲導首，先明三世因果，却辯一齋大意。後代傳受，遂成永則。（同前，第五二一頁）

《出三藏記集》卷五《新集抄經録》

[南朝梁]僧　祐

抄經者，蓋撮舉義要也。昔安世高抄出《修行》爲《大道地經》，良以廣譯爲難，故省文略説。及支謙出經，亦有《字抄》。此並約寫胡本，非割斷成經也。而後人弗思，肆意抄撮。或棋散衆品，或芟剖正文。既使聖言離本，復令學者逐末。竟陵文宣王慧見明深，亦不能免。若相競不已，則歲代彌繁，蕪黷法寶，不其惜歟！名部一成，難用刊削。其安公時抄，悉附本録。新集所獲，撰目如左，庶誡來葉，無效尤焉。

《般若經問論集》二十卷（即《大智論鈔》，或云《要論》，或云《略論》，或云《釋論》），右一部凡二十卷。廬山沙門釋慧遠以論文繁積，學者難究，故略要抄出。（蘇晉仁、蕭鍊子點校《出三藏記集》，中華書局一九九五年版，第二一七、二二〇頁）

《釋門歸敬儀》卷下《威容有儀篇》

[唐]道　宣

《白虎通》云：“稽者，至也。首者，頭也。言下拜於前，頭至地。”即《説文》云，謂下首者爲稽也。《三蒼》云：“稽首，頓首也。謂以頭頓於地也。”然今行事，頓首爲輕，謂長立頓首於空也。故晉時釋慧遠與

俗士書，但云頓首而不揖也，謂非是曲身而但立也。故長揖司空，不必身曲。（《大藏經》第四五冊，第八六三頁）

《肇論疏》卷一《不真空論》
［唐］元　康

　　心無者，破晉朝支慜度心無義也。《世說》注云：“慜度欲過江，與一傖道人爲侶，謀曰：若用舊義往江東，恐不辨得食。便立心無義。既此道人不成度江，慜果講此義。後有傖人來，先道人。語云：爲我致意，慜度心無義那可立？此法權救飢耳。無爲遂負如來也。”從是以後此義大行。《高僧傳》云：“沙門道恒頗有才力，常執心無義，大行荆土。竺法汰曰：‘此是邪説，應須破之。’乃大集名僧，令弟子曇一難之。據經引理，折駁紛紜。恒杖其口辨，不肯受屈。日色既暮，明旦更集。慧遠就席，攻數番，問責鋒起。恒自覺義途差異，神色漸動，麈尾扣案，未即有答。遠曰：‘不疾而速，杼軸何爲？’坐者皆笑。心無之義，於是而息。”今肇法師亦破此義。先叙其宗，然後破也。無心萬物，萬物未嘗無。謂經中言空者，但於物上不起執心，故言其空。然物是有不曾無也，此得在於神静，失在於物虚者。正破也，能於法上無執，故名爲得。不知物性是空，故名爲失也。（《卍續藏經》第九六冊，第一〇六頁）

《法苑珠林》卷一〇〇《雜集部三》
［唐］道　世

　　自仙苑告成，金河静濟，敷字群品，汲引塵朦，隨機候而設謀猷，逐性欲而陳聲教。綱羅一化，統括大千，受其道者難峇，傳其宗者易曉。遂能流被東夏，時經六百，翻譯方言，卷數五千。英俊道俗，依傍聖宗，所出文記，三千餘卷。莊嚴佛法，顯揚聖教，文華旨奥，殊妙可觀。歷代隱顯，部帙散落，雖有大數，不足者多。尋訪長安，減向千卷。唯聞廬山東林之寺，即是晉時慧遠法師所造伽藍。綱維住持一切諸經，及以雜集，各造別藏，安置並足。知事守固，禁掌極牢，更相替代，傳授領數，慮後法滅，知教全焉。（周叔迦、蘇晉仁校注《法苑珠林校注》，中華書局二〇〇三年版，第二八七一頁）

《傳法正宗論》卷二

［宋］契　嵩

客有謂余曰："我聞正宗以心傳心而已矣，而子必取乎《禪經》，何謂也？"

曰："吾取《禪經》，以其所出祖師名數，備有微旨，合吾正宗。廬山大師祖述正宗尤詳，而慧觀之序亦然。吾書之，推以爲證耳，吾非學《禪經》而專以爲意也。"

客曰："祖師之名數則見之矣。而廬山祖述尤詳者，何謂也？"

曰："按僧祐《出三藏記》所錄曰：'《廬山出修行方便禪經統序》，釋慧遠述。'及考其序，求其統之之意者，有曰：夫三業之興，以禪智爲宗。

有曰：理玄數廣，道隱於文。則是阿難曲承音詔，（其經本，或寫爲音韶，蓋後世傳寫者之筆誤耳。余考遠公《匡山集》，見《禪經統序》，實云'旨詔'。圭峰《普賢行願疏》，亦稱'旨詔'，此必圭峰按周唐沙汰已前古本經序也。既言'曲承旨詔'，曲則細密之謂也，若云'音詔'，則其義豈爲微密耶？慧觀法師《不淨觀經序》亦云'曲奉聖旨'，《不淨觀經》即《禪經》也。愚初未敢輒改大藏國本之文。此後乃取'旨詔'爲詳。請爲百世之定準也。）遇非其人，必藏之靈府，何者？心無常規，其變多方。數無定象，待感而應。是故化行天竺，緘之有匠。幽關莫闢，罕闚其庭。從此而觀，理有行藏，道不虛授，良有以矣。如來泥洹未久，阿難傳其共行弟子末田地，末田地傳舍那婆斯。此三應真，咸乘至願，冥契于昔。功在言外，經所不辯。必闇軌元匠（元匠，喻佛也），屢焉無差。其後有優波崛，弱而超悟，智終世表，才高應寡，觸理從簡。八萬法藏，所存唯要。五部之分，始自於此。因斯而推，固知形運以廢興，自兆神用。則幽步無迹，妙動難尋，涉粗生異，可不慎乎，可不察乎？自茲以來，感於事變，懷其舊典，五部之學，並有其人。咸懼大法將頹，理深其慨。遂各述讚禪經，以隆其業。（讚禪經，非經之文，乃其經之法要也。）

有曰：尋條求根者眾，統本運末者寡。或將暨而不至，或守方而未變。

有曰：原夫聖旨，非徒全其長，亦所以救其短。若然五部殊業，存乎其人。人不繼世，道或隆替。廢興有時，則互相升降。小大之目，其可定乎？又達節善變，出處無際。晦名寄迹，無聞無示。若斯人者，復不可以名部分。既非名部之所分，亦不出乎其外，別有宗明矣。

有曰：今之所譯，出自達磨多羅與佛大先。其人西域之俊，禪訓之宗。搜集經要，勸發大乘。

有曰：非夫道冠三乘，智通十地，孰能洞玄根於法身，歸宗一於無相，靜無遺照，動不離寂者哉？

今推此數端之說，豈非以阿難掬多曲承旨詔，待其人而密相傳受，所謂功在言外經所不辯者？統吾釋迦文佛之一大教，其經者、律者、論者，其人之學是三者，莫不由此而為之至也。僧祐所謂統序者，此其所以然也。慧皎《高僧傳》謂佛馱跋陀去秦，而會遠公於廬山，譯出禪數諸經。僧祐《出三藏記》傳跋陀亦曰嘗與遠公譯此《禪經》。而遠公乃自跋陀傳其法要，跋陀則受之於達磨，故其序述乃如此之廣大微妙秘密者，蓋發明其經主之心耳。此所謂識吾正宗之詳者也。

《大宋高僧傳》論禪科曰：'夫法演漢庭，極證之名未著；風行廬阜，禪那之學始萌。佛馱什，秦擯而來；般若多，晉朝而至。時遠公也，密傳坐法，深斡玄機，漸染施行，依違祖述。'其所曰依者，謂其依法要也。違者，謂其違教迹也。驗此，而遠公傳縣要於跋陀，豈不果爾耶？（傳家所用佛馱般若，此二人似皆至廬山。則遠公密傳者，果得之於誰？以僧祐、慧皎二傳所列，亦不見有般若同至之說。然傳家所引，彼書恐未端審，寧公亦少思之？今以其譯經斷，而遠公當傳於跋陀，跋陀則得於達磨，慧觀序明之詳。然其般若多似與二十七祖名相近,以傳記證,則二十七祖未聞來晉,亦只滅在天竺。若其聖人忽來忽往,果先曾以通而來,爲達磨禪宗張本,此在聖人則不可測也。不然,則實自有一般若多,或諸祖支派者,先來露此禪旨也。後或有以此事迹論,請以吾注正之。)

當遠公之時,達磨未至,密傳極證之説,而華人未始稍聞。廬山雖自得之,輒發則駭衆而謗生,料不可孤起,會其出經,遂因而發之。然其説益玄,與其經之文或不相類。其意在其經之秘要耳,不宜專求於區區三數萬文字之間而已矣。若其曰'阿難曲承旨詔'不類其經。而首稱大迦葉者,是必特欲明阿難傳佛經教之外,而別受此之玄旨也。不爾則何輒與經相反耶?慧觀之序,其大概雖與廬山之説同,而其經題目與始説經之人,曖昧不甚辯。吾不盡推,以爲篤論,但善慧觀,備殊祖師名數,與吾正宗類。"(《大正藏》第五一册,第七七七至七七八頁)

《四分律行事鈔資持記》下二《釋四藥篇》

[宋]釋元照

誡蜜中初明,味重過深。經論多舉爲喻,復是常人共知,故云凡聖常言也。兼下次明,傷慈害命。強力劫掠者以取,時以烟火逐散,奪彼食分,與世劫賊復何異哉?《僧傳》云:"慧遠法師有疾,六日而困篤。大德耆年,皆稽顙請飲豉酒,弗聽。又請飲米汁,弗聽。又請以蜜和水爲漿,乃令律師披卷尋文,得飲以不,展卷未半而終。"嗚呼,往哲真大法師,自餘昏庸,何足算也!且吾祖律師荆溪禪師,並以惻隱之深,終身不食。豈非解大乘法、修大乘行者乎?故《章服儀》云:"囚犢捋乳,劫蜂賊蜜,比之屠獵,萬計倍之。"反覆斯言,宜爲極誡。(《卍續藏經》第六九册,第九六六頁)

《大宋僧史略》卷中《道俗立制》

[宋]贊　寧

又,支遁立衆僧集儀度,慧遠立法社節度。至于宣律師立鳴鐘軌度、分五衆物儀、章服儀、歸敬儀，此並附時傍教，相次而出。鑿空開荒，則道安爲僧制之始也。（富世平校注《大宋僧史略校注》，中華書局二〇一五年版，第七〇頁）

《大宋僧史略》卷下《結社法集》
［宋］贊　寧

晉宋間，有廬山慧遠法師，化行潯陽，高士逸人，輻湊于東林，皆願結香火。時雷次宗、宗炳、張詮、劉遺民、周續之等，共結白蓮華社，立彌陀像，求願往生安養國，謂之蓮社。社之名，始於此也。齊竟陵文宣王募僧俗行净住法，亦净住社也。梁僧祐曾撰《法社建功德邑會文》，歷代以來，成就僧寺，爲法會社也。社之法，以衆輕成一重，濟事成功，莫近於社。今之結社，共作福因，條約嚴明，愈於公法。行人互相激勵，勤於修證，則社有生善之功大矣。近聞周鄭之地，邑社多結守庚申會。初集，鳴鐃鈸，唱佛歌讚，衆人念佛行道，或動絲竹，一夕不睡，以避三彭奏上帝，免注罪奪算也。然此實道家之法，往往有無知釋子，入會圖謀小利，會不尋其根本。誤行邪法，深可痛哉！（同前，第一八五頁）

《大宋僧史略》卷下《賜謚號》
［宋］贊　寧

僧循萬行，故有迹焉。善行則謚以嘉名，惡行則人皆不齒，是以六群比丘，終非杜多之號；六和勝士，方旃所易之名。自漢、魏、晉、宋，無聞斯禮。後魏，重高僧法果，生署之以官，死幸之而臨（去聲），乃追贈“胡靈公”，此僧謚之始也（果爲沙門統，封公爵，追贈胡靈，謚也）。原此，出於太常寺矣。後周、隋世、唐初，皆不行。至天后朝，有北宗神秀，居荆州，神龍二年，詔賜謚大通禪師矣。又有西域菩提留支，長壽二年至洛陽，止授記寺。神龍二年，隨駕西京，住崇福寺翻經。中宗、

睿宗,曾親筆授。開元中,年一百五十六歲,救賜鴻臚卿,卒謚一切遍
知三藏。又沙門一行卒,謚大慧禪師。文宗朝,謚端甫爲大達法師。
宣宗謚廬山慧遠爲大覺法師,懿宗謚南山道宣爲澄照大師。此後諸
道奏舉名僧逸士,朝廷加謚,累代有之。(同前,第二〇二頁)

《大宋僧史略》卷下《總論》
［宋］贊　寧

況爲僧莫若道安,安與習鑿齒交游,崇儒也;爲僧莫若慧遠,遠送
陸脩静過虎溪,重道也。余慕二高僧,好儒重道,釋子猶或非之。我
既重他,他豈輕我? 請信安、遠行事,其可法也。(同前,第二二九至二三
〇頁)

《冷齋夜話》卷九《自以宗教爲己任》
［宋］惠　洪

高仲靈作《遠公影堂記》六件事,且罪學者不能深考遠行事,以張
大其德,著明於世。予曰:"仲靈寧嘗自考其事乎? 謝靈運欲入社,遠
拒之曰:'是子思亂,將不令終。'盧循反,而遠與之執手言笑。謂遠知
人,則何暗于循? 謂不知人,則何獨明于靈運? 遠自以宗教爲己任,
而授《詩》《禮》于宗、雷輩,與道安諫苻堅勿伐洛陽同科,父子于釋氏,
其可爲純正而知大體者耶?"(李保民校點《冷齋夜話》,上海古籍出版社二〇
一二年版,第五四頁)

《廬山蓮宗寶鑑》卷四《念佛正派説》
［元］普　度

佛由心造,道在人弘。弘道之要,無先乎念佛。念佛則是正心,
正心故能合道,道之宗極曰佛也。佛者,覺也。一切衆生有此本覺之
性,因一念有差,所以不覺。裴相國云:"終日圓覺而未嘗圓覺者,衆

生也。具足圓覺而住持圓覺者，如來也。"是故薄伽梵成道摩竭陀，説
有談空，觀根逗教，於諸法之外，別開念佛一門。截衆苦之根源，入聖
流之要路。故經云：從是西方過十萬億佛土，有世界名曰極樂，其土
有佛號阿彌陀。國中無三毒八難，有七寶衆妙莊嚴，以法爲身，群聖
爲友。苟能誠信發願，歸心彼土者，即得往生。出乎三界九有之表，
證諸佛無上妙道。其言無所欺也。

粵自大教東流，至佛圖澄而盛。由澄而得道安，安之門有遠公，
戒珠義海，龍姿鳳章。於是教門綱紀，從兹大備。師著《念佛三昧詠》
親勸。于時晉賢，慕師之德，争趨正覺之場，同究斯道，名動帝王，道
尊一代。彌天推爲高弟，羅什結爲勝友。識量廣大，獨出於古今矣。
至夫抗言爲道，爲萬世宗師，垂裕於人天者，遠公也。隋有智者，魏有
曇鸞，唐有善導，大振宗風。宋有坦公，疏詮甘露，省常結社。慈覺勸
修壽禪師，融萬善以同歸。元宗主撮諸經而成懺，廣施方便，曲盡慈
悲。故我祖師，欲令大地衆生，見本性彌陀，達唯心净土。普皆覺悟
菩提之妙道，乃立"普覺妙道"四字爲定名之宗觀。夫四字一鏡，洞照
無邊，同一體用。何以知其然？總而言之，喻如人之一身，而有頭目
手足爲其用也，未嘗有一而可分也。自非願廣悲深，而孰能取信於天
下後世哉！

竊嘗論之曰：等衆生界名曰普，智達斯理名曰覺，德用無邊名曰
妙，千聖履踐名曰道。又普者，即自心周遍十方之體也。覺者，即自
心智照不迷之用也。妙者，即自心利物應機之行也。道者，即自心通
達中正之理也。恒沙諸佛所證者此道也，歷代祖師所得者此道也，十
方生净土者已學此道也，未來修行者當學此道也。又況諸佛菩薩示
現世間，作大導師，各有悲願，不捨衆生。或爲王臣將相居士宰官，出
俗在家，逆行順化。莫不以斯道，而覺斯民也。

三界群靈無量劫來，至於今日。往來六道如蟻旋磨，無由出離。
佛祖憫彼，故設方便以誘導之。俾夫趣吾之所趣，吾之所趣者，非六
道非三乘，乃如來正覺之趣。得吾所趣之道者，亦以此道化乎未趣。

趣此所趣，譬如一燈燃，百千燈續焰分輝，騰今耀古。此念佛之宗，正心之法。正夫群生，歸夫正道者矣。彼彼相傳於無盡，故名無盡燈也。普覺妙道之説，豈徒言哉？

蓋謂人人皆可作佛，不以僧俗之間，不以利鈍之分，無彼此、無高下，等一性而已。得之爲悟，失之爲迷，同一理而已。迷而爲凡，悟而爲聖。迷者事隔理不隔也，失者自失，性不失也。是知修念佛三昧者，則是正其心也。此心正，則性順理也。得性順理，則六塵不能染，萬境不能移動。用於一虛之中，寂寥於萬化之域，不動本處，而周遊十方。超乎極樂之地，升乎寂光之堂。居乎涅槃山頂，朝乎無上法王。普覺妙道正心之義，其至矣乎。不知此義者，功何所施，智何所發？譬彼無目之人，昧於日月之光，履於重險之處，墮坑落塹，可勝紀乎？

噫，去聖時遥，人多謬解。雖期正道，悉陷邪宗。庸昏之徒，含識而已。致使群邪詭惑，諸黨並熾，是非蜂起，空有云云。夾截虛空，互相排毀。有著於事相不肯捨者，有順於應緣不自覺者，有守枯木而言定者，有恃聰明而稱慧者，有奔走非道而言能者，有假於鬼神而言通者，有身心放曠而言無礙者，有口耳潛傳而言秘訣者，有執我宗普字覺字者，有言彼宗妙字道字者，是皆私偷此鏡，入彼邪域。致爲塵垢蔽蒙，不明宗體，雖得此鏡之名，而不得其用也。殊不知慈照立此四字，深有意焉。昧者不知，執之失度。況又有言在家爲彌陀教，出家爲釋迦教者，自尊爲祖，執法爲宗。存彼此之執心，觸途成滯，局偏邪之劣解，是己非他。使我曹爲佛祖後裔，而不能破其執、遣其惑，則何以揭慧日於昏衢哉？痛心佛祖慧命懸危，甚於割身肉也。念報佛祖深恩，寢食不遑安處也。念諸方佛子錯路修行，不啻倒懸也。雖未能盡古人之萬一，然此心不欺也。

予嘗切切於是。謹按《高僧傳》記，遍求前哲真蹤，究其源、摘其實，理之所當，事之所存者，集而出焉。虧者補之，冗者削之，隱者明之，斷者引之。庶千載之下修净業者，因言思道，飲水知源。識古聖之遺風，體先宗之標格。紹隆佛種，光闡徽猷。壽慧命於無窮，傳真燈而有永。前不云"四字一鏡,洞照無邊"乎?體斯道者,慎勿忽諸。
(《卍續藏經》第一〇八册,第四一至四三頁)

《丹鉛總録》卷二〇《慧遠詩》
［明］楊　慎

晉釋慧遠《遊廬山》詩:"崇巖吐氣清,幽岫栖神迹。希聲奏群籟,
響出山溜滴。有客獨冥遊,徑然忘所適。揮手撫雲門,靈關安足闢。
留心叩玄扃,感至理弗隔。孰是騰九霄,不奮衝天翮。妙同趣自均,
一悟超三益。"此詩世罕傳,《弘明集》亦不載,猶見於廬山古石刻耳。
"孰是騰九霄"與陶靖節"孰是都不管"之句同調,真晉人語也。杜子
美詩"得似廬山路,真隨慧遠遊"正用此事,字亦不虛。《千家注杜》乃
不知引此。(王大淳《丹鉛總録箋證》,浙江古籍出版社二〇一三年版,第八六
九頁)

《牧齋有學集》卷四三《顏延年論》
［清］錢謙益

余讀《弘明》二集,推明遠公抗論,枝柱桓玄,與延年抨擊慧琳二
案,皆祐、宣二公所未發者。古德立論,專主於尊三寶、扶末法,若老
吏執三尺,不容有隻字出入。若夫受佛付囑,住濟通濟,守正示權,攝
持互用,則儒者方隅之見,或於義門教網之中,側出而旁通焉。安知
兩公常寂光中,不爲熙怡微笑耶?(錢曾箋注,錢仲聯標校《牧齋有學集》,
上海古籍出版社一九九六年版,第一四六一頁)

《管錐編》二則
錢鍾書

錢謙益《有學集》卷四二《報慈圖序讚》:"唯其時遠公以忠,淵明
以孝,悠悠千載,孰知二人心事,比而同之也?"同卷《遠法師書論序

讚》據《沙門不拜王者論》末“晉元興三年歲次閼逢,於時天子蒙塵,人百其憂”,稱遠以沙門而忠於晉,“整皇綱,扶人極”,足“爲儒林之大師”;卷五〇《書遠公〈明報應論〉》謂後世“極論形神者,一一皆遠公注脚”。於遠讚嘆不容口。(《管錐編》(四),生活·讀書三聯書店二〇〇七年版,第一九九〇頁)

　　吾國釋子闡明彼法,義理密察而文辭雅馴,當自肇始;慧遠《明報應論》《鳩摩羅什法師大乘大義》等尚舉止生澀,後來如智顗、宗密,所撰亦未章妥句適。(同前,第一九九五頁)

題遠公經臺

［唐］祖　詠

　　蘭若無人到,真僧出復稀。苔侵行道席,雲濕坐禪衣。澗鼠緣香案,山蟬噪竹扉。世間長不見,寧止暫忘歸。(《全唐詩》卷一三一,中華書局一九六〇版,第四冊,第一三三五頁)

晚泊潯陽望廬山

［唐］孟浩然

　　掛席幾千里,名山都未逢。泊舟潯陽郭,始見香爐峰。嘗讀遠公傳,永懷塵外蹤。東林精舍近,日暮但聞鐘。(《全唐詩》卷一六〇,第五冊,第一六四五頁)

別東林寺僧

［唐］李　白

　　東林送客處,月出白猿啼。笑別廬山遠,何煩過虎溪。(《全唐詩》卷一七四,第五冊,第一七八四頁)

秒秋南山西峰題準上人蘭若
[唐]錢　起

向山看霽色，步步豁幽性。返照亂流明，寒空千嶂净。石門有餘好，霞殘月欲映。上詣遠公廬，孤峰懸一徑。雲裏隔窗火，松下聞山磬。客到兩忘言，猿心與禪定。（《全唐詩》卷二三六，第七册，第二六一二頁）

遊石門澗
[唐]白居易

石門無舊徑，披榛訪遺迹。時逢山水秋，清輝如古昔。常聞慧遠輩，題詩此巖壁。雲覆莓苔封，蒼然無處覓。蕭疏野生竹，崩剥多年石。自從東晉後，無復人遊歷。獨有秋澗聲，潺湲空旦夕。（《全唐詩》卷四三〇，第一三册，第四七四五頁）

遠　師
[唐]白居易

東宮白庶子，南寺遠禪師。何處遥相見，心無一事時。（《全唐詩》卷四四六，第一三册，第五〇一〇頁）

問遠師
[唐]白居易

葷膻停夜食，吟詠散秋懷。笑問東林老，詩應不破齋。（《全唐詩》卷四四六，第一三册，第五〇一〇至五〇一一頁）

潯陽三題·東林寺白蓮
[唐]白居易

東林北塘水，湛湛見底清。中生白芙蓉，菡萏三百莖。白日發光彩,清飆散芳馨。洩香銀囊破,瀉露玉盤傾。我慚塵垢眼,見此瓊瑤英。乃知紅蓮花,虛得清净名。夏蕚敷未歇,秋房結纏成。夜深衆僧寢,獨起繞池行。欲收一顆子,寄向長安城。但恐出山去,人間種不生。(《全唐詩》卷四二四,第一三册,第四六七一頁)

題廬山東林寺慧遠大師影堂
[唐]李　中

遠公遺迹在東林,往事名存動苦吟。杉檜已依靈塔老,煙霞空鎖影堂深。入簾輕吹催香印,落石幽泉雜磬音。十八賢人消息斷,蓮池千載月沉沉。(《全唐詩》卷七四七,第二一册,第八五〇〇頁)

遠　公
[唐]釋靈一

遠公逢道安,一朝棄儒服。真機久消歇,世教空拘束。誓入羅浮中,遂棲廬山曲。禪經初纂定,佛語新名目。鉢帽絶朝宗,簪裾翻拜伏。東林多隱士,爲我辭榮禄。(《全唐詩》卷八〇九,第二三册,第九一二五頁)

寄清越上人
[唐]張　喬

大道本來無所染,白雲那得有心期。遠公獨刻蓮花漏,猶向空山禮六時。(《全唐詩》卷六三九,第一九册,第七三二六頁)

龍門八詠·遠公龕
[唐]劉長卿

松路向精舍,華龕歸老僧。閑雲移錫杖,落日低金繩。入夜翠微裏,千峰明一燈。(《全唐詩》卷一四八,第五册,第一五二四頁)

遠公墓

［唐］釋靈徹

古墓石棱棱，寒雲晚景凝。空悲虎溪月，不見雁門僧。（《全唐詩》
卷八一○，第二三冊，第九一三二頁）

再遊東林寺作五首（選二）

［唐］貫 休

桓玄舊輦殘雲濕，耶舍孤墳落照遲。有個山僧倚松睡，恐人來取
白猿兒。（注：昔桓玄入山禮遠公，遂捨輦，至今在遠公堂下。）

愛陶長官醉兀兀，送陸道士行遲遲。買酒過溪皆破戒，斯何人斯
師如斯。（注：遠公高節，食後不飲蜜水，而將詩博綠醑與陶潛，別人不得。又
送客不以貴賤，不過虎溪，而送陸靜修道士過虎溪數百步。今寺前有道士岡，送
道士至此止也。）（《全唐詩》卷八三六，第二三冊，第九四二○頁）

題東林十八賢真堂

［唐］齊 己

白藕花前舊影堂，劉雷風骨畫龍章。共輕天子諸侯貴，同愛吾
師一法長。陶令醉多招不得，謝公心亂入無方。何人到此思高躅，
風點苔痕滿粉墻。（注：謝靈運欲入社，遠大師以其心亂，不納。）（《全唐詩》
卷八四四，第二四冊，第九五三六頁）

題東林白蓮

［唐］齊 己

大士生兜率，空池滿白蓮。秋風明月下，齋日影堂前。色後群芳
拆，香殊百和燃。誰知不染性，一片好心田。（《全唐詩》卷八三九，第二
四冊，第九四五九頁）

荆門病中寄懷貫微上人
［唐］齊　己

　　我衰君亦老，相憶更何言。除泥安禪力，難醫必死根。梅寒爭雪彩，日冷讓冰痕。早晚東歸去，同尋入石門。（匡山遠大師嘗與諸賢遊石門澗，玩錦繡谷。）（《全唐詩》卷八四一，第二四册，第九四九六頁）

夏日題遠公北閣
［唐］羅　鄴

　　危閣壓山岡，晴空疑鳥行。勝搜花界盡，響益梵音長。有月堪先到，無風亦自凉。人煙紛繞繞，諸樹共蒼蒼。榻戀高樓語，甌憐晝茗香。此身閑未得，驅馬入殘陽。（《全唐詩》卷六五四，第一九册，第七五二九頁）

惠遠上人壁
［宋］趙　抃

　　燒香運水及煎茶，誰識廬山惠遠家。社客若來高著眼，不須平地覓蓮花。（《全宋詩》卷三四三，中華書局一九九九年版，第六册，第四二四六頁）

廬山五笑·遠公
［宋］楊　傑

　　我笑東林寺，孤高遠法師。種蓮招社客，平地鑿成池。（《全宋詩》卷六七六，第一二册，第七八七二頁）

試諸葛生筆因書所懷寄諸弟·其十八
［宋］彭汝礪

　　見説東林地，盆池近種蓮。清風生綠水，酷日冒炎天。物外無雙格，花中第一仙。即今春已到，應復葉田田。（《全宋詩》卷九〇二，第一

六冊,第一○五八六頁)

瑞竹悟老種蓮
[宋]楊 傑

東林聞説好林泉,社會荒涼幾百年。靈物孰知崔氏竹,方池新種遠公蓮。華嚴頓净三千界,廬阜重招十八賢。應笑陶潛又歸去,白雲幽鳥伴歸田。(《全宋詩》卷六七七,第一二冊,第七八八五至七八八六頁)

不到東西二林
[宋]蘇 轍

山北東西寺,高人永遠師。來遊亦前定,回首獨移時。社散白蓮盡,山空玄鶴悲。何年陶靖節,溪上送行遲。(《全宋詩》卷八五八,第一五冊,第九九五○頁)

題東林寺
[宋]夏 竦

昔帝先賢迹未消,森沉臺殿鎖嶕嶢。新蓮照水香空在,舊輦生塵翠已凋。夾道古藤看翳日,過溪蒼蘚半侵橋。遠公前意無人會,空對清風望寂寥。(《全宋詩》卷一五九,第三冊,第一八○三至一八○四頁)

滿庭芳·用東坡韻題自畫《蓮社圖》
[宋]晁補之

歸去來兮,名山何處? 夢中廬阜嵯峨。二林深處,幽士往來多。自畫遠公蓮社,教兒誦、李白長歌。如重到,丹崖翠户,瓊草秀金坡。
生綃,雙幅上,諸賢中屢,文彩天梭。社中客,禪心古井無波。我似淵明逃社,怡顔盼、百尺庭柯。牛閑放,溪童任懶,吾已廢鞭蓑。(《全宋詞》第一册,中華書局一九九九年版,第七二七頁)

廬山白蓮社
［宋］釋懷悟

晉室陵遲帝紀侵，群英晦迹匡山陰。樓煩大士麾麈尾，十七高賢爭扣几。才高孰謂文中龍，返使伊人思謝公。烟飛露滴玉池空，雪蓮蘸影搖秋風。（《全宋詩》卷三七三九，第七一册，第四五〇九四頁）

戲效禪月作遠公詠并序
［宋］黄庭堅

遠法師居廬山下，持律精苦，過中不受蜜湯，而作詩换酒飲陶彭澤。送客無貴賤，不過虎溪，而與陸道士行過虎溪百步，大笑而别。故禪月作詩云：“愛陶長官醉兀兀，送陸道士行遲遲。買酒過溪皆破戒，斯何人斯師如斯。”故效之。

邀陶淵明把酒椀，送陸修静過虎溪。胸次九流清似鏡，人間萬事醉如泥。（《全宋詩》卷九九五，第一七册，第一一四二四頁）

東林寺二首
［宋］黄庭堅

白蓮種出净無塵，千古風流社裏人。禪律定知誰束縛，過溪沽酒見天真。

勝地東林十八公，廬山千古一清風。淵明豈是難拘束，正與白蓮出處同。（《全宋詩》卷一〇二七，第一七册，第一一七三九頁）

題東林聰明泉
［宋］王十朋

遠公白蓮社，旁有聰明泉。飲此誰聰明？社中十八賢。堯舜不曾飲，聰明本諸天。我輩雖飲之，聰明不加前。爲愛此水清，一酌滌

塵緣。却恐愚此水,愚名自今傳。(《全宋詩》卷二〇三三,第三六册,第二二七九五至二二七九六頁)

蓮 社

[宋]王十朋

淵明修静不談禪,孔老門中各白賢。送別虎溪三笑後,白蓮流水兩淒然。(同前,第二二七九五頁)

題伯時畫《蓮社圖》

[宋]李 彭

遠公得名喧宇宙,如意舉墮渠不知。何爲嘯聚野狐群,依經解義真成癡。柴桑老翁挽不留,籃輿醉衝烟靄歸。由來却具一隻眼,社中不著謝客兒。白業許時露消息,鼻觀參取初自誰。飲光微笑總爲此,至今留與後人疑。(《全宋詩》卷一三八五,第二四册,第一五九〇五頁)

東林寺

[宋]范成大

慧遠師白蓮社也,旁有樂天草堂。對山絶頂,即天池,文殊現燈處。李成焚劫南北山,獨不毁二林。

談易翻經宰木春,三生猶自裛煙熏。客塵長隔虎溪水,劫火不侵香谷雲。老矣懶供蓮社課,歸哉怴讀草堂文。山頭一任天燈現,箇事何曾落見聞。(《全宋詩》卷二二六〇,第四一册,第二五九三四頁)

東林道上閒步三首·其二

[宋]楊 時

百年陳迹水溶溶,尚憶高人寄此中。晉代衣冠誰復在? 虎溪長有白蓮風。(《全宋詩》卷一一四八,第一九册,第一二九五六頁)

廬山十八賢

[宋]釋祖可

不能晉室扶傾覆，盡作西方社裏人。豈意一時希有事，翻令元亮兩眉顰。（《全宋詩》卷一二八八，第二二册，第一四六一二頁）

入東林寺

[宋]董嗣杲

晴向過溪亭下留，拂碑慨想晉時流。雲生古樹蔦蘿雨，風捲修廊松竹秋。登閣冷知山撲面，照池涼覺水澄眸。捻香禮遍遠公墓，僧舍乞茶談趙州。（《全宋詩》卷三五六八，第六八册，第四二六五一頁）

重入東林寺

[宋]董嗣杲

雁門市裏梵坊通，整理重登興未窮。雙劍風高雲氣壓，五杉閣峻水聲空。欲拋世網離塵境，要扣禪機演祖風。況有昔賢遺迹處，白家池上白蓮中。（《全宋詩》卷三五六八，第六八册，第四二六四八頁）

廬山蓮社二首（選一）

[宋]喻良能

遠公結社事清修，永叡宗雷並俊遊。千古空餘舊名字，白蓮零落不勝秋。（《樂邦文類》卷五，東林寺刊本，第三〇六頁）

題湯隽溪留《遠法師蓮社圖》

[宋]陳　傑

無復斯人過虎溪，溪上朝朝新虎蹄。江左風流却回首，幾曾極樂

在天西。(《全宋詩》卷三四五一,第六五册,第四一一四八頁)

鵲橋仙

[宋]張　掄

遠公蓮社,流傳圖畫,千古聲名猶在。後人多少繼遺蹤,到我便、失驚打怪。　西方未到,官方先到,冤我白衣吃菜。龍華三會願相逢,怎敢學、他家二會。(《全宋詞》第三册,中華書局一九九九年版,第一八四五頁)

題鄭柏窗所藏《蓮社圖》

[宋]陳　深

白蓮生清池,至潔塵不污。當時取名社,亦以清净故。樂國初無有,莽莽果何處。陶公寄醉鄉,蓋深得其趣。公何挽不入,謝何推不去。遠師信高識,心雜固不取。盜循彼何人,一見乃深許。士固未易知,身(鮑本作聲)名期歲暮。遺風驚千祀,流落見緗素。永懷名山遊,樂與善人遇。匡廬青拂天,江水日東鶩。我將解世纏,已辦登山具。載酒酹淵明,問津桃源路。(《全宋詩》卷三七二四,第七一册,第四四七八三頁)

將入石壁山作

[宋]智　圓

慧遠風流廬岳隱,支公高尚沃洲樓。閑思石壁堪長往,擬躡浮雲上石梯。(《全宋詩》卷一三八,第三册,第一五五二頁)

留題東林

[宋]文　通

《廬山記》載僧匡白留題東林,愛其句佳而有響慕西方之志,就而録之。

東林佳境一何長，蘭蕙生多地亦香。堪嘆世人來不得，便隨雲樹老何妨。倚天蒼翠晴當户，谷口潺湲夜繞廊。到此秖除重結社，自餘閑事莫思量。(《樂邦遺稿》卷上，東林寺刊本，第三六一頁)

廬山遠法師
［宋]李　濟

蓮社開端接後人，翕然緇素總來親。十年三睹莊嚴相，定作金臺上上身。(《樂邦文類》卷五，第三一四頁)

題《廬山白蓮社十八賢圖》并序
［元]方　回

李伯時畫大士十二僧，共十八賢。外有籃輿自隨者陶淵明、道冠者陸修静。一人下馬致敬向陶語，其江州刺史將命之人乎？淵明實未嘗入社，爲題詩曰：

六老臞儒十二僧，柴桑醉士肯爲朋。葫蘆自與葫蘆纏，更要閑人纏葛藤。(《全元詩》第六册，中華書局二〇一三年版，第四四二頁)

題《虎溪三笑圖》
［元]馬　臻

無生一曲無人和，石池水滿蓮花大。揚眉瞬目喜津津，不覺回頭虎溪過。咄哉三士皆人豪，醉醒不理柴桑陶。傍人若問笑何事，向渠指點廬山高。(《全元詩》第一七册，第一四一頁)

題李唐《虎溪三笑圖》
［元]仇　遠

偶然行過溪橋，正自不直一笑。三人必有我師，不笑不足爲道。

人生一笑良難，問此是同是別。青山相與無言，溪聲出廣長舌。
（《全元詩》第一三冊，第二六一頁）

虎溪三笑圖
［元］滕安上

步談不覺過前溪，三老盧胡一笑齊。溪若有靈應也笑，我初無意
限東西。（《全元詩》第一一冊，第四六頁）

劉漢卿《蓮社圖》
［元］魏　初

不爲廬山面目真，不因詩酒自由身。高情未落龍眠筆，元是羲皇
向上人。（《全元詩》第七冊，第三八八頁）

《蓮社圖》二首
［元］王　惲

人間廬阜東南勝，兩晉名流最賞音。阿麟因之出新意，秋香和月
寫東林。

鬢絲禪榻喜相同，詩在秋香月影中。千古風流社中客，不隨江月
照還空。（《全元詩》第五冊，第三九二頁）

虎溪三笑圖
［元］成廷珪

三老風流笑口開，山中猿鶴亦驚猜。攢眉入社謾多事，送客過溪
能幾回？僧影欲隨秋水去，虎聲偏傍石橋來。東林絕響今千載，撫卷
題詩愧乏才。（《全元詩》第三五冊，第三九四頁）

虎溪圖

[元]同　恕

遠公廬阜居，心境兩超絕。紛紛任去留，法眼概一閱。平生方外交，陶陸人中傑。高標脱世羈，晤言契真悦。相逢苦無期，相送那遽別。區區虎溪巖，不爲兩公設。舉手一逌然，長風振林樾。（《全元詩》第一六册，第二五一頁）

遠法師圖像

[元]虞　集

地净緣心净，空真即性真。白華無垢足，金色化生身。幽鳥時時現，山花日日新。願同陶處士，相見過溪頻。（《全元詩》第二六册，第二六一頁）

虎溪三笑圖

[元]虞　集

入社心無適，過橋迹謾存。自嗟機事失，空與畫圖論。白羽秋風静，黄花夕露繁。詎能隨衆笑，我亦付無言。（《全元詩》第二六册，第二六一頁）

虎溪三笑圖

[元]黄鎮成

栗里先生不鼓琴，偶攜明月到東林。白雲滿地蒼苔濕，流水一山春雨深。歸路已忘言外意，過橋誰識笑時心。人間俯仰成陳迹，傳得高風説到今。（《全元詩》第三五册，第八二頁）

《虎溪三笑圖》二首

［元］胡　助

東林一段公案,送客不過虎溪。今日爲誰破戒? 欣然拍手分攜。
陸道士靜兀兀,陶淵明醉如泥。笑殺遠公相送,何曾踏着虎溪。
(《全元詩》第二九册,第一○三頁)

南山蓮社偕韓友直伯清昆季遊龍井寺

［元］張　翥

長憶東林遠法師,三生張野有前期。經書貝葉繙重譯,漏刻蓮花
禮六時。長老布金多滿地,高僧卓錫自成池。不妨隨喜諸天上,扶得
風篁玉一枝。(《全元詩》第三四册,第六八頁)

東林圖

［元］李延興

匡廬遺想定如何,文物風流也自多。月滿空山號虎豹,日穿林樾
漲藤蘿。青蓮結社朝乘犢,白水漁竿晚浴鵝。多半蟠根是仙李,向陽
枝葉更婆娑。(《全元詩》第六四册,第一九八頁)

憶廬山

［明］釋德清

東林白社許誰開,三笑行蹤長綠苔。但使蓮花根蒂在,他年應自
有人栽。(《古今禪藻集》卷二八,景印文淵閣《四庫全書》第一四一六册,第六
五五頁)

廬山圖

［明］釋妙聲

送客出山去，迢遥步長松。過溪聞嘯虎，笑語答疏鐘。白日倏已晚，清風殊未終。九江遺秀色，悵望香爐峰。

五馬南來王氣空，石城秋水動秋風。客兒岂是忘機者，欲向東林結遠公。（《東皋録》卷上，景印文淵閣《四庫全書》第一二二七册，第五八二頁）

虎溪三笑

［明］凌雲翰

典午乾坤迹已陳，東林聊復避風塵。虎溪偶過何須笑，似笑清談解誤人。（《柘軒集》卷一，景印文淵閣《四庫全書》第一二二七册，第七六九頁）

題《三笑圖》爲蕭與靖賦

［明］劉　嵩

三人同笑不同心，墨本流傳漫至今。何似青蓮李居士，猿啼月出過東林。（《槎翁詩集》卷七，景印文淵閣《四庫全書》第一二二七册，第四九一頁）

雜畫十首·其一

［明］孫　賁

曾記東林信杖藜，遠公門對石橋西。長松月落猿聲歇，贏得青山似虎溪。（《西庵集》卷七，景印文淵閣《四庫全書》第一二三一册，第五四一頁）

題《三笑圖》

［明］胡　奎

過溪三笑本無心，岂意流傳直到今。澗水松風都是笑，白雲依舊在

東林。(《斗南老人集》卷五,景印文淵閣《四庫全書》第一二三三冊,第五四三頁)

諸上善人詠·廬山慧遠法師第八

[明]釋道衍

不出廬山種白蓮,開壇立社集群賢。聖容三睹金池上,知與彌陀大有緣。(《卍續藏經》第一三五冊,第九二頁)

寄題東林寺壁

[明]邵　寶

雁門僧避胡塵來,匡廬山中尋講臺。誰云净土在西竺,此池自有蓮花開。蓮花開開千萬朵,江南君臣不疑我。淵明故是避世人,菊花醉插頭上巾。攢眉掉臂謝公去,一杯濁酒堪全真。當年意在誰獨識,虎溪笑處泉流石。至今古塔依西林,月落江雲樹千尺。(《容春堂集》卷二,又見天一閣藏明嘉靖刻本《九江府志》卷一五,第十九頁)

廬山東林寺次韵

[明]王守仁

東林日暮更登山,峰頂高僧有蘭若。雲蘿礙道石參差,水聲深澗樹高下。遠公學佛却援儒,淵明嗜酒不入社。我亦愛山仍戀官,同是乾坤避人者。我歌白雲聽者寡,山自點頭泉自瀉。月明壑底忽驚雷,夜半天風吹屋瓦。(王曉昕、趙平略點校《王文成公全書》卷二〇,中華書局二〇一五年版,第九一一頁)

遊東林次邵二泉韻

[明]王守仁

昨遊開先殊草草,今日東林遊始好。手持蒼竹撥層雲,直上青天招五老。萬壑笙竽松籟哀,千峰掩映芙蓉開。坐俯西巖窺落日,風吹孤月江東來。莫向人間空白首，富貴何如一杯酒。種蓮栽菊兩荒涼，惠遠陶潛骨同朽。乘風我欲還金庭，三洲弱水連沙汀。他年海上望廬頂，煙際浮蘋一點青。（《王文成公全書》卷二○，同前，第九一一頁）

遠公講經臺
［明］王守仁

遠公説法有高臺，一朵青蓮雲外開。臺上久無獅子吼，野狐時復聽經來。（《王文成公全書》卷二○，同前，第九一二頁）

三笑圖
［明］古　春

天子臨潯陽，遠公不出山。胡爲遇陶陸，過溪開笑顏。匡廬高九疊，峻絶不可攀。畫圖寫遺像，清風滿塵寰。（《古今禪藻集》卷一八，景印文淵閣《四庫全書》第一四一六冊，第四九四頁）

題《虎溪三笑圖》
［明］鄭善夫

東林卓錫地，宛在崑崙西。蓮社誰堪入，廬峰不可梯。一空無色相，三笑豈菩提。便合攢眉去，酕醄過虎溪。（《少谷集》卷五，景印文淵閣《四庫全書》第一二六九冊，第七四頁）

東林寺
［明］林　俊

風流一代付塵埃，荔塔秋荒半綠苔。惟有香爐峰上月，夜深時到講經臺。（天一閣藏明嘉靖刻本《九江府志》卷一五，第十八頁）

東林寺

［明］王崇慶

　　陶令已丘墟，慧遠在何處？春山聞夜鐘，雨落燈前樹。（天一閣藏明嘉靖刻本《九江府志》卷一四，第十二頁）

東林寺

［明］皇甫汸

　　遠公禪誦處，精舍宛然開。廬岳當窗見，溪流涌杖回。玄風真可挹，幽興渺難裁。尚愧浮湘去，何年入社來。（《皇甫司勳集》卷一六，景印文淵閣《四庫全書》第一二七五冊，第五九四頁）

幡經臺

［明］王世貞

　　西望幡經臺，蕭條欲非故。陶令呼不來，謝監推不去。遠公既以遠，茲意疇能悟。（《弇州四部稿》卷一五，景印文淵閣《四庫全書》第一二七九冊，第一九四頁）

三笑亭有感

［明］王世貞

　　昔聞虎溪笑，謂已契無言。及覽般若願，猶覺有待煩。青山不點頭，白蓮腐其根。净土何必歸，況乃思雁門。（《弇州四部稿》卷一五，景印文淵閣《四庫全書》第一二七九冊，第一九四頁）

題《三笑圖》有序

［明］王世貞

　　蘇子瞻題《三笑圖》，不言爲何人。後人引以爲虎溪故事，而

　　謂爲陶靖節、遠公、陸修静者,或是宋元嘉初陸修静,非梁普通中陸修静也。吾嘗遊東林寺,其前一小溝潺潺流,一石橋跨界之,僧指以爲虎溪。然太近,恐非故虎溪也。其面爲香爐峰,蒼翠拂天,此畫景不甚似,而人頗古雅。戲題一詩。

　　遠公白蓮社,鬱若人天師。破戒飲陶令,違誓過虎溪。遠方一大笑,陶意竟攢眉。乃知病維摩,不受彌勒窺。何物陸道士,千載亦傳疑。(《弇州四部稿・續稿》卷五,景印文淵閣《四庫全書》第一二八二册,第六五頁)

東林寺
[明]江　源

　　慧遠東林舊,講經臺未荒。雨苔侵畫壁,霜葉積迴廊。歸鳥認前樹,昏鐘出法堂。從來愛幽僻,一宿借禪床。(天一閣藏明嘉靖刻本《九江府志》卷一五,第一九頁)

東林寺
[明]田　龍

　　慧遠方外人,陶潛天下士。攢眉白蓮社,沽酒東林寺。海月照虎溪,空翠飛天池。寄語謝靈運,無勞閑賦詩。(天一閣藏明嘉靖刻本《九江府志》卷一五,第二一頁)

東林寺
[明]程啓充

　　陶令遠公俱寂寞,虎溪流水更三生。我來獨立應成癖,洗耳溪邊覓笑聲。(天一閣藏明嘉靖刻本《九江府志》卷一五,第二三頁)

廬山道中憩東林寺詢寺僧以遠公舊事
[明]郭之奇

　　四望蒼屏盡渺然,松開忽見紫爐煙。怪來九疊祥光出,獨向東林瑞像前。（殿中供文殊古像，傳自阿育王所造。）竺影難留圖裏迹，素沙猶自雨中研。幾回頻就山僧問，誰憶當年論五篇。（《宛在堂文集》卷一二，《四庫未收書輯刊》第六輯第二七冊，第一六七頁）

東林寺
［明］簡　霄

文殊臺下講經臺，公去臺空久不開。荆棘半山風雨暗，憑誰曾見講經來。（天一閣藏明嘉靖刻本《九江府志》卷一五，第二六頁）

講經臺
［明］郭正域

兩兩高峰相對青，一峰似覺響風鈴。遠公只説蓮華法，多少僧徒聽講經。（同治十三年刻本《九江府志》卷四九）

題遠公經臺
［明］閻爾梅

蹣跚趺坐講經臺，各色花從亂水開。水外有山山不盡，白雲疏處大江來。（王爾濤、蔡生印《白耷山人詩集編年注》，中國文聯出版社二〇〇二年版，第四〇六頁）

東林寺
［明］羅洪先

因尋陶令迹，偶過遠公廬。鐘後空歸處，溪邊一嘯餘。石如人聽法，水向佛成渠。葷酒非吾好，寧緣戒律除。（《念庵文集》卷二一，景印文淵閣《四庫全書》第一二七五冊，第四九三頁）

東林寺
［清］湯　斌

疏雨松林白鶴樓，遠公精舍一峰西。青楓雲鎖談經洞，碧水蓮開送客溪。法相仍傳阿育記，殘碑猶是晉人題。石欄把酒懷元亮，煙繞柴桑望欲迷。（段自成等編校《湯子遺書》卷一〇，人民出版社二〇一六年版，第六二三頁）

過東林寺
［清］湯右曾

小憩聊延望，爐峰秀色遮。青山匡氏宅，白社遠公家。寺逐殘碑破，泉依曲蹬斜。影堂松雪裏，一樹老梅花。（乾隆十一年湯氏校刊本、寶笏樓藏版《懷清堂集》卷一四，第五頁）

題遠公影堂後冰壺泉
［清］查慎行

影落空堂不記年，依然冰雪照蒼顏。定嫌人世江湖濁，莫放清流更出山。（周劭標點本《敬業堂詩集》卷一五，上海古籍出版社二〇一五年版，第三九六頁）

東林寺柳碑記
［清］康有爲

虎溪久塞已無橋，壞殿頹垣太寂寥。無復白蓮思舊社，尚存銅塔倚高標。華嚴初譯現樓閣，陶謝同遊想漢霄。三十八年重到此，重摩柳碣認前朝。（《康有爲全集》第十二集《集外韻文》，中國人民大學出版社二〇〇七年版，第四〇三頁）

慧遠著作存目

《卍續藏經》九六册《大乘大義章》

盧山慧遠法師，默問長安草堂摩訶乘法師鳩摩羅什，大乘經中深義，十有八途。什法師一一開答。分爲上、中、下三卷。上卷有六事：《問答真法身》《重問答法身》《問答法身像類》《問答法身壽量》《問答三十二相》《問答受決》；中卷有七事：《問答法身感應》《問答法身盡本》《問答造色法》《問答羅漢受決》《問答觀佛三昧》《問答四相》《問答如法性真際》；下卷有五事：《問答實法有》《問答分破空》《問答後識追憶前識》《問答遍學》《問答住壽》。

《出三藏記集》卷一二《弘明集目録序》

《沙門不敬王者論五篇》《沙門袒服論》《何鎮南難並答》《答桓玄明報應論》《因俗疑善惡無現驗三報論》《答桓玄論沙門不應敬王者書》《與桓玄論料簡沙門書》《大桓玄勸罷道書》。

《出三藏記集》卷一二《宋中書侍郎陸澄撰法論目録序》

《法性論》(上下)、《問如法性真際》、《問實法有》、《問分破空》；《般若經問論序》《答論真人至極》；《問法身》《重問法身》《問真法身像類》《問真法身壽》《問法身應感》《問法身非色》《問修三十二相》；《問法身佛盡本習》《妙法蓮華經序》《無三乘統略》《三法度經序》；《法社節度序》《外寺僧節度序》《節度序》《比丘尼節度序》；《答桓敬道書論料簡沙門事》《沙門不敬王者論》《沙門袒服論》；《禪經序》《釋神足》《問念佛三昧》；《阿毗曇心序》；《問遍學》《重問遍學》《問羅漢受》《問住壽》；《釋三報論》《明報應論》；《辯心意識》《釋神名》《驗寄名》《問論神》《問後識追憶前識》；《問四相》。

《歷代三寶紀》卷七

《大智論要略》（二十卷）、《問大乘中深義十八科合》（三卷）、《阿毗曇心序》（一卷）、《妙法蓮花經序》（一卷）、《修行方便禪經序》（一卷）、《三法度序》（一卷）、《法性論》（一卷）、《明報應論》（一卷）、《釋三報論》（一卷）、《辯心識論》（一卷）、《不敬王者論》（一卷）、《沙門袒服論》（一卷）、《大智論序》（一卷）、《佛影讚》（一卷）。

《大唐內典錄》卷三

《大智論要略》、《問大乘中深義十八科合》（三卷）、《阿毗曇心序》、《妙法蓮華經序》、《修行方便禪經序》、《三法度序》、《法性論》、《明報應論》、《釋三報論》、《辯心識論》、《不敬王者論》、《沙門袒服論》、《大智論序》、《佛影讚》；《法性論》（上、下）、《問如法性實際》、《問實法有》、《問分破空》；《般若經問論序》《問法身》《重問法身》《問真法身像類》《問真法身壽》《問法身應感》《問法身非色》《問修三十二相》《問法身盡本習》；《無三乘統略》《三法度經序》；《法社節度序》《外寺僧節度序》《節度序》《比丘尼節度序》《桓敬道與釋慧遠書往返三首》《釋慧遠答桓敬道書論料簡沙門事》《沙門不敬王者論》《答何鎮南書》《答王謐書》《禪經序》；《釋神足》《問念佛三昧》《問遍學》《重問遍學》《問羅漢受》；《問住壽》《辯心意識》《釋神名》《驗寄名》《問論神》；《問後識追憶前識》《問四相》。

《法苑珠林》卷一〇〇

《法性論》、《明報應論》、《釋三報論》、《辯心識論》、《不敬王者論》、《沙門袒服論》、《佛影讚》、《妙法蓮華經序》、《修行方便禪經序》、《三法度論序》、《大智度論序》、《大智度論要略鈔》（二十卷）、

《問大乘中深義十八科》。

《肇論疏》卷二
［唐］元 康

遠法師作《念佛三昧詠》及序，劉公等皆和。檢《遠法師集》，此但有《三昧詠序》，無《三昧詠》及和，收集不謹也。

《樂邦文類》卷三
［宋］宗 曉

師有雜文二十卷，號《廬山集》。靈芝元照律師作序，板刊紹興府庫，識者敬焉。

慧遠年譜彙考

在中國文化史上，慧遠是佛教中國化的轉關人物，在中國佛教史、文學史上地位崇高，影響深遠。這主要集中於四個方面。第一，佛教方面，不守門户，融會諸法，龍樹菩薩之中論，僧伽提婆之毗曇，鳩摩羅什之三論，佛馱跋陀羅之禪法，均賴其弘揚而廣布南國；率領廬山僧團建立齋社，設誓發願，期生净土，成爲净土宗之初祖；隆崇佛教，彌合釋與儒道的文化縫隙，推進了佛教本土化進程，也影響了後代佛教文化的基本性質。第二，文學方面，宋王安石曰："晉人爲文，無如遠公。"[①]其評價之高，無出其右。不唯自己不廢俗書，辭氣清雅，善屬文章，見重於世，且與文人過從甚密，其思想與文風不僅影響了東晉文學，對後代文學也産生較爲深遠影響。第三，人格方面，德行淳至，精神卓絶，棲心佛教，心無旁騖，不屈身降志，爲世人推服；卜居廬山三十餘載，迹不出山，對息影山林、人格貞静之士影響尤深。第四，佛教建設方面，所建立之廬山僧團是南方第一佛教團體，培養了大批高僧大德，其中可考者即有二十二位[②]；在東晉後期複雜的政治環境下，一方面整肅佛教僧團内部的自律和純潔，採取既不疏離世事且又超越塵俗的生存策略，紓解了佛教與政治、出家與世俗的緊張關係，既爭得了佛教的發展空間，又維護了佛教的高度獨立。

然而一代宗師，形迹不彰。《出三藏記集》《高僧傳》《蓮社高賢傳》《佛祖統紀》《净土聖賢録》等歷代文獻之叙事，多不依年月，次第

---

① ［宋］志磬撰，釋道法校注《佛祖統紀校注》卷三七，上海古籍出版社二〇一二年版，第八三五頁。

② 陳統《慧遠大師年譜》，《史學年報》第二卷第三期。載《北京圖書館藏珍本年譜叢刊》第八册，北京圖書館出版社一九九九年版，第三〇九頁。

失序，且互有抵牾。民國陳統篳路藍縷，作《慧遠大師年譜》，考證詳盡，惜其殘缺，亦間有舛誤。其後，湯用彤、方立天亦有慧遠年歷，然失之簡略。曹虹《慧遠評傳》之首章《從雁門到許洛》也只是簡約介紹其家世與儒道修養，限於著述體例，并未詳其年譜考辨。即便日本木村英一《廬山慧遠年譜》、香港區結成《慧遠》所附之《慧遠年表》，對許多重要問題亦仍然語焉不詳。故筆者不憚簡陋，博采衆長，稽之史實，考其行迹，詳其編年，對諸家年譜有異議者則詳加辨析。

"年譜彙考"所引譜主編年除上述諸家"年譜"著作以外，另參考劉汝霖《東晉南北朝學術編年》。所引史籍原文，若全引，則加引號；若節引，爲避免省略號過多，則不加引號。

因爲譜主生平幾乎與東晉中後期相始終，也正是中國佛教本土化的轉關時期，故本"年譜彙考"特別注意"彙"集影響中國佛教進程的人、事以及佛經翻譯等諸多史料，庶幾呈現一代佛教發展之大勢。然所對政治事件或學術人物叙述簡略，點到即止；對佛教事件或佛經翻譯，則相對詳盡，明其原委。因聞見所限，闕漏訛誤，亦所難免，匡正謬誤，以俟方家。

晉成帝咸和九年，後趙延熙元年，甲午，公元三三四年，慧遠一歲

後趙延熙元年，釋慧遠生於雁門樓煩。《高僧傳》卷六《釋慧遠傳》："釋慧遠，本姓賈氏，雁門婁煩人也。"慧遠，張野《遠法師銘》作惠遠；婁煩，《出三藏記集》卷一五《釋慧遠傳》作"樓煩"，皆因古字通假所至。其家世冠族，多崇信佛教，其姑道儀、其弟慧持皆棲心佛門。

樓煩隸屬何縣？學術界聚訟無已，一曰山西代縣，二曰山西寧武縣，三曰山西原平縣。考《魏書·地形志》載："雁門郡有二縣：原平縣、廣武縣，原平縣有樓煩城。"可見，"雁門樓煩"屬於雁門郡原平縣。今原平縣如嶽村樓煩寺有《大明正德碑記》記載："雁門之前三十餘里，彼有古刹，其名樓煩，即東晉匡阜遠公法師之故里也，北鄰如嶽，

東近大芳,川平境秀,物勝地靈。"亦可證。

　　其生卒年,史籍記載有異。《高僧傳》卷六《釋慧遠傳》:"以晉義熙十二年(四一六)八月初動散,至六日困篤,大德耆年,皆稽顙請飲豉酒,不許。又請飲米汁,不許。又請以蜜和水爲漿,乃命律師,令披卷尋文,得飲與不,卷未半而終,春秋八十三矣。"①《世說新語·文學》劉孝標注引張野《遠法師銘》亦謂其"年八十三而終"。據此則生於咸和九年(三三四)。其後之《蓮宗寶鑒》卷四曰:"師慧遠……生於石趙延熙甲午歲,爲晉成帝咸和九年。"然謝靈運《廬山慧遠法師誄》序:"予志學之年,希門人之末,惜哉! 誠願弗遂,永違此世。春秋八十有四,義熙十三年(四一七)秋八月六日薨。"據此推算,則當生於咸和八年(三三三)。

　　筆者認爲,慧遠卒年當以《高僧傳》《世說新語》爲是。第一,謝靈運另有《廬山慧遠法師碑》曰:"春秋八十三,命盡絶嶺。"故《廬山慧遠法師誄》所言當爲後人鈔録或翻刻之誤。第二,據《高僧傳》卷六《慧持傳》記載,遠與慧持同年受業道安,是年遠年二十一,持年十八,可知二人相差三歲。又據《高僧傳》慧持本傳:持"以義熙八年(四一二)卒於寺中,春秋七十有六。"逆推之,則生於公元三三七年。遠既長持三歲,當生於公元三三四年。方立天依據《高僧傳》慧遠本傳、《出三藏記集》及張野《遠法師銘》,謂其"卒於東晉安帝義熙十二年,活了八十二歲"②,未知據何版本。

　　其家世不詳,唯《世說新語·文學》劉孝標注引張野《遠法師銘》曰:"遠世爲冠族。"然其佛教氛圍濃郁,其姑道儀、弟慧持皆出家。《高僧傳》卷六《釋慧持傳》曰:"釋慧持者,慧遠之弟也。……年十八出家,與兄共伏事道安法師。……持有姑爲尼,名道儀,住在江夏,儀聞京師盛於佛法,欲下觀化,持送姑至都,止於東安寺。"又《比丘尼

---

① 　湯用彤校注《高僧傳》,中華書局一九九二年版,第二二一頁。
② 　方立天《魏晉南北朝佛教》,中國人民大學出版社二〇〇六年版,第五三頁。

傳》卷一《何后寺道儀尼傳》曰："道儀,本姓賈,雁門婁煩人,慧遠姑也。……聰明敏哲,博聞强記。誦《法華經》,講《維摩小品》,精義達理,因心獨悟。戒行高峻,神氣清邈,聞中畿經律漸備,講集相續,晉太元末至京師,住何后寺。"①道儀至都,初居東安寺,後止於何后寺。

是年,釋道安二十三歲,在冀州。釋道安二十一歲,已受具足戒。《高僧傳》卷五《釋道安傳》:"釋道安,姓衛氏,常山扶柳(今河北冀縣)人。家世英儒,早失覆蔭,爲外兄孔氏所養。……至年十二出家。神智聰敏,而形貌甚陋,不爲師之所重。驅役田舍,至於三年,執勤就勞,曾無怨色,篤性精進,齋戒無闕。數歲之後,方啓師求經,師與《辯意經》一卷,可五千言。安齎經入田,因息就覽。暮歸,以經還師,更求餘者,師曰:'昨經未讀,今復求耶?'答曰:'即已闇誦。'師異之,而未信也。復與《成具光明經》一卷,減一萬言,齎之如初,暮復還師。師執經覆之,不差一字,師大驚嗟而異之。後受具足戒,恣其遊學。……無疾而卒,葬域內五級寺中。是歲晉太元十年也,年七十二。"

支遁二十一歲,渡江至京師。《高僧傳》卷四《支遁傳》:"支遁,字道林,本姓關氏,或云河東林慮人。幼有神理,聰明秀徹。初至京師,太原王濛甚重之,曰:'造微之功,不減輔嗣。'……遁先經餘姚塢山中住,至於明辰猶還塢中。或問其意,答云:'謝安在昔數來見,輒移旬日,今觸情舉目,莫不興想。'後病甚。移還塢中。以晉太和元年閏四月四日終於所住。春秋五十有三。"支遁渡江時間不詳,《世説新語・言語》載:"佛圖澄與諸石遊,林公曰:'澄以石虎爲鷗鳥。'"②石虎僭位於明年,支遁之評價乃屬東晉名士清談之類,故其渡江至遲亦在是年。又遁卒於晉太和元年,即公元三六六年,逆推之,當生於公元三一四年(晉建興二年),是年二十一歲。

① 《高僧傳合集》(下),上海古籍出版社一九九一年版,第九六五頁。

② 余嘉錫《世説新語箋疏》(修訂本),上海古籍出版社一九九三年版,第一〇六頁。

　　康僧淵、康法暢、支敏(又作愍)度等俱過江。《高僧傳》卷四《康僧淵傳》:"康僧淵,本西域人,生於長安。貌雖梵人,語實中國,容止詳正,志業弘深。誦《放光》《道行》二波若,即大、小品也。晉成之世,與康法暢、支敏度等俱過江。暢亦有才思,善爲往復,著《人物始義論》等。暢常執塵尾行,每值名賓,輒清談盡日。庾元規謂暢曰:'此塵尾何以常在?'暢曰:'廉者不取,貪者不與,故得常在也。'敏度亦聰哲有譽,著《譯經録》,今行於世。淵雖德愈暢、度,而別以清約自處,常乞丐自資,人未之識。後因分衛之次,遇陳郡殷浩,浩始問佛經深遠之理,却辯俗書性情之義,自晝至曛,浩不能屈,由是改觀。琅邪王茂弘以鼻高眼深戲之。淵曰:'鼻者面之山,眼者面之淵,山不高則不靈,淵不深則不清。'時人以爲名答。後於豫章山立寺,去邑數十里,帶江傍嶺,林竹鬱茂,名僧勝達,響附成群。以常持《心梵經》,空理幽遠,故偏加講説。尚學之徒,往還填委,後卒於寺焉。"三人行迹皆不可詳考,渡江時間唯言在晉成帝之時(三二七至三四二年之間)。從康僧淵與支遁詩歌唱和看,二人或許年齡相當,渡江或前後相隨,姑繫之是年。

　　釋曇徽年十二,投道安出家。《高僧傳》卷五《釋曇徽傳》:"釋曇徽,河内人。年十二,投道安出家,安尚其神彩,且令讀書,二三年中,學兼經史,十六方許剃髮。"徽卒於晉太元二十年即公元三九五年,年七十三。逆推之,則生於公元三二三年即晉太寧元年,是年十二。

　　晉咸和八年七月,後趙主石勒卒,太子弘即位。咸和九年正月,後趙改元延熙。九月弘禪位於丞相石虎,自稱"居攝趙天王",十一月,石虎殺石弘。(《資治通鑑》卷九五)

晉成帝咸康元年,後趙建武元年,乙未,公元三三五年,慧遠二歲

　　正月,晉成帝改元咸康。後趙石虎改元建武,九月遷都於鄴。初,趙主石勒以天竺僧佛圖澄豫言成敗,數有驗,敬事之。及虎即位,

奉之尤謹。朝會之日，太子、諸公扶翼上殿，主者唱“大和尚”，衆坐皆起。國人化之，率多事佛。石虎詔曰：“其夷、趙百姓樂事佛者，特聽之。”（《資治通鑑》卷九五、《高僧傳》卷九《佛圖澄傳》）

大和尚佛圖澄自襄國至鄴中寺。後趙議禁奉佛。石虎於鄴中修建舊塔，得承露盤及阿育王像。《高僧傳》卷九《佛圖澄傳》：“竺佛圖澄者，西域人也，本姓帛氏。少出家，清真務學，誦經數百萬言，善解文義。雖未讀此土儒史，而與諸學士論辯疑滯，皆闇若符契，無能屈者。……澄時止鄴城內中寺……虎於臨漳修治舊塔，少承露盤。澄曰：‘臨淄城內有古阿育王塔，地中有承露盤及佛像，其上林木茂盛，可掘取之。’即畫圖與使，依言掘取，果得盤像。”

澄至鄴中，石虎虔心事佛圖澄，下書衣澄以綾錦，乘以彫輦。朝會時，引之申殿。主者唱大和尚，衆坐皆起，以彰其尊。百姓因澄故，多奉佛，皆營造寺廟，競相出家，真偽混淆，多生愆過，於是石虎下令詳議料簡沙門。《高僧傳》卷九《佛圖澄傳》：“澄道化既行，民多奉佛，皆營造寺廟，相競出家，真偽混淆，多生愆過。虎下書問中書曰：‘佛號世尊，國家所奉。里閭小人無爵秩者，爲應得事佛與不？又沙門皆應高潔貞正，行能精進，然後可爲道士。今沙門甚衆，或有奸宄避役，多非其人，可料簡詳議。’偽中書著作郎王度奏曰：‘夫王者郊祀天地，祭奉百神，載在祀典，禮有嘗饗。佛出西域，外國之神，功不施民，非天子諸華所應祠奉。往漢明感夢，初傳其道。唯聽西域人得立寺都邑，以奉其神，其漢人皆不得出家。魏承漢制，亦修前軌。今大趙受命，率由舊章，華戎制異，人神流別。外不同內，饗祭殊禮，荒夏服祀，不宜雜錯。國家可斷趙人悉不聽詣寺燒香禮拜，以遵典禮。其百辟卿士，下逮衆隸例皆禁之。其有犯者，與淫祀同罪。其趙人爲沙門者，還從四民之服。’偽中書令王波，同度所奏。虎下書曰：‘度議云：佛是外國之神，非天子諸華所可宜奉。朕生自邊壤，忝當期運，君臨諸夏。至於饗祀，應兼從本俗。佛是戎神，正所應奉。夫制由上行，永世作則，苟事無虧，何拘前代？其夷趙百蠻有捨其淫祀，樂事佛者，悉聽爲道。'於是慢戒之徒,因之以屬。"

　　道安自冀州入鄴,師事佛圖澄。《高僧傳》卷五《釋道安傳》:
"(安)後爲受具足戒,恣其遊學。至鄴入中寺,遇佛圖澄,澄見而嗟
嘆,與語終日。……澄曰:'此人遠識,非爾儔也。'因事澄爲師。"具體
時間不詳,其師事佛圖澄,當在澄入鄴之後,姑繫是年。

晉成帝咸康二年,後趙建武二年,丙申,公元三三六年,慧遠三歲

　　竺法雅説經于後趙,創立"格義學"。《高僧傳》卷四《竺法雅傳》:
"法雅,河間人,凝正有器度,少善外學,長通佛義,衣冠仕子,咸附諮
禀。時依雅門徒,並世典有功,未善佛理。雅乃與康法朗等,以經中
事數,擬配外書,爲生解之例,謂之'格義'。及毗浮、曇相等,亦辯格
義,以訓門徒。……外典佛經,遞互講説。與道安、法汰每披釋湊疑,
共盡經要。"竺法雅創立"格義學"當非一年,具體時間亦不可考。劉
汝霖考證曰:"按本傳既稱'雅弟子曇習祖述先師,爲趙太子石宣所
敬',則雅之講學後趙,至晚亦須在石宣爲太子之前,故誌之於此。"①
姑依之。

晉成帝咸康三年,後趙建武三年,丁酉,公元三三七年,慧遠四歲

　　是年遠弟慧持生。《高僧傳·釋慧持傳》:"釋慧持者,慧遠弟
也。……以義熙八年(四一二)卒於寺中,春秋七十有六。"逆推之,則
生於公元三三七年,即晉成帝咸康三年。

　　是年正月,晉立太學。時當喪亂,禮教陵遲。晉國子祭酒袁瓌、
太常馮懷上疏奏立太學。疏上,帝從之。遂於正月辛卯立太學,徵集
生徒。然世尚老莊,諸生莫肯儒訓。(《晉書》卷八三《袁瓌傳》、《宋書》卷一
四《禮志》)

---

① 　劉汝霖《東晉南北朝學術編年》,華東師範大學出版社二〇一〇年版,第二六頁。

是年正月，後趙石虎依殷周之制，稱大趙天王，即位於南郊，大赦。立鄭氏爲天王皇后，太子邃爲天王皇太子。三月，太子邃欲弑父自立，石虎廢而殺之，廢皇后鄭氏。立其子宣爲天王皇太子，宣母杜昭儀爲天王皇后。(《資治通鑑》卷九六)

晉成帝咸康四年，後趙建武四年，戊戌，公元三三八年，慧遠五歲

是年四月，石虎遣兵攻打前燕棘城，諸軍大敗，唯遊擊將軍石閔一軍獨存。閔父瞻，本姓冉。初，前趙主石勒破陳午，獲之，命虎養以爲子。閔驍勇善戰，多策略，虎愛之，比于諸孫。虎還鄴，以劉群爲中書令，盧諶爲中書侍郎。(《資治通鑑》卷九六)

支遁出家。《高僧傳·支遁傳》：支遁幼有神理，聰明秀徹。家世事佛，早悟非常之理，隱居餘杭山，深思《道行》之品，委曲《慧印》之經，卓焉獨拔，得自天心，年二十五出家。上文已考，遁生於建興二年(三一四)，是年二十五，故出家當在是年。

道安離開鄴之中寺，遊方問道。《高僧傳·釋道安傳》："澄講，安每覆述，眾未之愜，咸言'須待後次，當難殺崑崙子。'即安後更覆講，疑難鋒起，安挫鋭解紛，行有餘力。時人語曰：'漆道人，驚四鄰。'於時學者多守聞見，安乃嘆曰：'宗匠雖邈，玄旨可尋，應窮究幽遠，探微奧，令無生之理宣揚季末，使流遁之徒歸向有本。'於是遊方問道，備訪經律。"佛圖澄之佛道頗類似方術，與鳩摩羅什大相徑庭。加之鄴中道人因循舊説，道安特立而不入群，故逗留時間當不會太長，姑將離鄴時間繫之是年。

晉成帝咸康五年，後趙建武五年，己亥，公元三三九年，慧遠六歲

是年九月，石季龍(虎)將夔安、李農陷沔南，張貉陷邾城，因寇江夏、義陽，征虜將軍毛寶、西陽太守樊儁、義陽太守鄭進並死之。夔安等進圍石城，竟陵太守李陽拒戰，破之，斬首五千餘級。安乃退，遂略

漢東，擁七千餘家遷於幽冀。（《晉書》卷七《成帝紀》）

　　後趙令郡國立五經博士。春正月，後趙主石虎下書，令郡國立五經博士。初，石勒置大小博士，於是復置國子博士助教。（《晉書》卷一〇六《載記·石季龍上》）

　　約於是年，西域僧人帠尸梨蜜卒。《高僧傳》卷一《帠尸梨蜜傳》：帠尸梨蜜多羅，此云吉友，西域人，時人呼爲高座。晉永嘉中，始到中國，值亂，仍渡江，止建初寺。蜜善持呪術，初江東未有呪法。蜜譯出《孔雀王經》，又授弟子覓歷高聲梵唄，傳響於今。晉咸康中卒，春秋八十餘。具體時間不詳，姑繫是年。

晉成帝咸康六年，後趙建武六年，庚子，公元三四〇年，慧遠七歲

　　晉議沙門不敬王者。時成帝幼沖，中書監録尚書事庾冰輔政，謂欲令沙門拜敬王者，以尚書令何充等議不應敬，事遂寢。（《弘明集》卷一二何充等《奏沙門不應盡敬表》）然元興三年（四〇四）桓玄輔政，又申飭沙門須敬王者，則淵源於此。

　　王羲之爲達磨多羅於羅山建歸宗寺。（《佛祖統紀》卷三六）

晉成帝咸康七年，後趙建武七年，辛丑，公元三四一年，慧遠八歲

　　晉正雅樂，除雜伎。散騎侍郎顧臻上表曰："……方今夷狄對岸，外禦爲急。兵食七升，忘身赴難；過秦之戲，日廩五斗。方掃神州，經略中甸，若此之事，不可示遠。宜下太常，纂備雅樂。……雜伎而傷人者，皆宜除之。於是除《高絙》《紫鹿》《跂行》《鼈食》及《齊王捲衣》《笮兒》等樂，又減其廩，其後復《高絙》《紫鹿》焉。（《晉書》卷二三《樂志下》）

　　道安避難，潛居濩澤。《高僧傳·釋道安傳》："於是遊方問道，備訪經律。後避難潛於濩澤。太陽竺法濟、並州支曇講《陰持入經》，安後從之受業。"按：這一敘事實際上分爲兩段：一是因避亂離而隱居濩澤，二是隱居濩澤之後，又從竺法濟、支曇研習《陰持入經》，並注釋此

經。關於道安前期的史料,《高僧傳》等記載頗爲零亂。如道安何時離開鄴寺,遊方問道的所歷地域,此次究竟所避何難,都存在諸多疑點。支曇行迹不可考,此竺法濟乃河東太陽郡人,與《高僧傳》附於《竺法潛傳》後的竺法濟顯然不是一人。其事迹亦不可考。從道安行迹看,此次避難濩澤,絕非避石氏王室的内亂。而且從避難地點濩澤(今山西陽城境内)看,道安離開鄴都中寺,遊方問道,所遊歷之區域大約在燕趙之地。燕趙戰亂頻仍,但是只有後趙建武七年的那次戰爭波及地域最廣。《資治通鑑》卷九六:“趙王虎命司、冀、青、徐、幽、并、雍七州之民五丁取三,四丁取二,合鄴城舊兵,滿五十萬,具船萬艘,自河通海,運穀一百萬斛於樂安城。徙遼西、北平、漁陽萬餘户於兗、豫、雍、洛四州。……大閲於宛陽,欲以擊燕。”燕王慕容皝出奇兵,“進破武遂津,入高陽,所至焚燒積聚,略三萬餘家而去。”道安避難隱居濩澤,時間上必在離開佛圖澄之後,遊方問道之時,因爲後趙與前燕的這次戰爭波及區域最廣,對民生影響最大,道安遊方無地,故隱居濩澤。湯用彤曰:“慧皎似謂安公避難濩澤、隱居恒山在石虎去世之前,實大訛誤。……石虎死於晉永和五年,安公在濩澤至早亦在永和三年。而《道地經序》則在濩澤時‘師殞友折’。按佛圖澄死於永和四年。則安在濩澤已在永和四年以後。”①龔斌《慧遠法師傳》贊同此説,繫年於永和六年。其實,湯先生依據道安《道地經序》“師殞友折”,斷定所言之“師”即是佛圖澄,或爲臆説。道安師從佛圖澄時間不長,而且因爲所守義學門户不同,頗受舊僧排擠,不得已離開鄴都。這是一段並不愉快的人生經歷,故所言之“師”不可能指佛圖澄,所言之“友”也不可能是師佛圖澄之同學者。而是指道安初次出家受業之師及初次受業之同學者。

---

① 湯用彤《漢魏兩晉南北朝佛教史》,北京大學出版社一九九七年版,第一三七頁。

晉成帝咸康八年，後趙建武八年，壬寅，公元三四二年，慧遠九歲

十二月，後趙石虎在鄴都作臺觀四十餘所，又營造洛陽、長安二宮，作者四十餘萬人。又欲自鄴起閣道至襄國，敕河南四州治南伐之備。諸州軍造甲者五十餘萬人，船夫十七萬人，死者甚衆，百姓愁困。（《資治通鑑》卷九七）

是年，道安離開濩澤，去飛龍山。《高僧傳·釋道安傳》：“頃之，與同學竺法汰俱憩飛龍山，沙門僧先、道護已在彼山，相見欣然，乃共披文屬思，妙出神情。”卷五《竺法汰傳》並無避難飛龍山的記載。僧先、道護並載《高僧傳》卷五《釋僧先傳》：“釋僧先，冀州人，常山淵公弟子，性純素，有貞操。爲沙彌時，與道安相遇於逆旅，安時亦未受具戒。因共披陳志慕，神氣慷慨。臨別相謂曰：‘若俱長大，勿忘同遊。’先受戒已後，勵行精苦，學通經論。值石氏之亂，隱於飛龍山。遊想巖壑，得志禪慧。道安後復從之，相會欣喜，謂昔誓始從，因共披文屬思，新悟尤多。安曰：‘先舊格義，於理多違。’先曰：‘且當分折逍遙，何容是非先達。’安曰：‘弘贊理教，宜令允愜，法鼓競鳴，何先何後。’先乃與汰等南遊晉平，講道弘化。後還襄陽遇疾而卒。又有沙門道護，亦冀州人，貞節有慧解，亦隱飛龍山。與安等相遇，乃共言曰：‘居靖離俗，每欲匡正大法，豈可獨步山門，使法輪輟軫。宜各隨力所被以報佛恩。’衆僉曰善。遂各行化，後不知所終。”由此可見，僧先與道安年齡相亞，志趣相投。僧先避隱飛龍山，是因“石氏之亂”。然而石氏之亂也是一個籠統的説法。公元三三三年七月，後趙石勒死後，石弘繼位；三三四年九月，石虎弑石弘，篡位自立。自此之後，後趙一直動蕩不寧。石虎對内殘暴不仁，對外連年用兵。三四九年四月石虎死後，先是諸子爭奪王位，自相殘殺，内部大亂；三五〇年冉閔（石閔）篡位，建立冉魏，後趙覆亡。史書稱“石氏之亂”一般指三四九至三五〇年後趙石氏諸子（包括石虎養子石閔）奪位而引發的混亂。從《釋道安傳》看，僧先避亂隱居飛龍山，顯然在後趙王室動亂之前，或指石

勒死後，石虎篡位之亂。然而由上引文"頃之"，則可知道安去飛龍山的時間，則遠遠遲於僧先等，具體時間不可考，姑繫是年。

　　葛洪或卒於是年。《晉書》卷七二《葛洪傳》："葛洪，字稚川，丹陽句容人。……少好學家貧，躬自伐薪，以貿紙筆，夜則寫書誦習。遂究覽典籍，尤好神仙導養之法。"曾被選官，固辭不就。以年老，欲煉丹以祈遐壽。聞交阯出丹，求爲句漏令。洪博聞深洽，江左絶倫，著述篇章富於班馬，《抱朴子》尤爲著名。年六十一而卒。劉汝霖將葛洪卒年定於是年，且考之曰："又按本傳謂洪卒年八十一，《太平寰宇記》則謂卒年六十一，竊意六十一是也。"①葛洪之卒，《晉書》本傳載卒年八十一；劉汝霖依《太平寰宇記》卷一六〇爲卒年六十一。然王明考證曰："復案《抱朴子外篇》佚文云：昔太安二年，京邑始亂，余年二十一。以此上推，葛洪生於晉武帝太康四年（二八三），了無疑義。唯卒年之説不一。若謂八十一，當卒於東晉哀帝興寧元年（三六三）；若謂六十一，當卒於東晉康帝建元元年（三四三）。但檢葛洪撰《神仙傳》云：平仲節子于晉穆帝永和元年（三四五）五月一日去世。則葛洪之死，當在穆帝永和元年之後，康帝建元元年非其卒年明矣。又《道教義樞》卷二、《雲笈七籤》卷六載：葛洪於晉建元二年三月三日在羅浮山以《靈寶經》付弟子安海君望世等。覈諸所載，當以八十一説爲可信。"②按：無論是卒於六十一或八十一，劉汝霖繫於是年皆誤，當以王明所考爲是。姑繫是年。

晉康帝建元元年，後趙建武九年，癸卯，公元三四三年，慧遠十歲

　　正月，晉康帝改元。三月，以中書監庾冰爲車騎將軍。十月，以車騎將軍庾冰都督荆、江、司、雍、益、梁六州諸軍事、江州刺史。以驃騎將軍何充爲中書監，都督揚、豫二州諸軍事、揚州刺史、録尚書事，

① 劉汝霖《東晉南北朝學術編年》，華東師範大學出版社二〇一〇年版，第三二頁。
② 王明《抱朴子内篇校釋》（增訂本），中華書局一九八五年版，第三八二頁。

輔政。以瑯琊内史桓温都督青、徐、兖三州諸軍事、徐州刺史。褚裒爲衞將軍、領中書令。(《晉書》卷七《康帝紀》)

　　後趙寫石經。後趙主石虎雖昏虐無道,却頗慕經學。遣國子博士詣洛陽抄寫石經,校中經於秘書。國子祭酒聶熊注《穀梁春秋》,列於學官。(《晉書》卷一〇六《載記·石季龍上》)

　　是年,道安於太行恒山創立寺塔,又於武邑開講弘法。《高僧傳》道安本傳:"安後於太行恒山創立寺塔,改服從化者中分河北。"從上文所引道護等與道安的對話"豈可獨步山門,使法輪輟軫",可知此次諸僧相聚不久,即"遂各行化"。而後道安即去太行恒山。到達恒山後,道安創立寺塔,因爲"改服從化"者甚衆,形成以此爲界與河南分庭抗禮的河北佛教僧團。自此,道安真正成爲一位中國佛學大師。直至三十五歲"復還冀部"之前,道安一直盤桓於此。具體時間難以確考,姑繫是年。

　　慧遠志於學。《出三藏記集》卷一五《釋慧遠傳》:"弱而好學,珪璋秀致。"《廬山法師碑》亦曰:"幼而好學。"是無繫年,姑繫是年。

　　釋慧永年十二,出家,投竺曇現爲師,後又伏膺道安法師。據《高僧傳》卷六《釋慧永傳》,慧永晉義熙十年(四一四)遇疾而卒,年八十三。逆推之當生於公元二三二年(成帝咸和七年),年十二則爲是年。

　　支遁作《八關齋詩》三首:"間與何驃騎期,當爲合八關齋,以十月二十二日,集同意者在吴縣土山墓下。三日清晨爲齋始。道士白衣凡二十四人,清和蕭穆,莫不静暢。至四日朝,衆賢各去。余既樂野室之寂,又有掘藥之懷,遂便獨往,於是乃揮手送歸,有望路之想;静拱虚房,悟外身之真;登山采藥,集巖水之娱。遂援筆染翰,以慰二三之情。"湯用彤考曰:"按康帝建元元年以何充領揚州刺史(據帝紀),鎮京口(本傳),則土山集會或約在此時。"①所考甚是。

───────────

① 　湯用彤《漢魏兩晉南北朝佛教史》,北京大學出版社一九九七年版,第一二五頁。

晉康帝建元二年，後趙建武十年，甲辰，公元三四四年，慧遠十一歲

鳩摩羅什生。《高僧傳》卷二《鳩摩羅什傳》："鳩摩羅什，此云童壽，天竺人也，家世相國。什祖父達多，倜儻不群，名重於國。父鳩摩炎，聰明有懿節，將嗣相位，乃辭避出家。東度蔥嶺，龜茲（今新疆庫車）王聞其棄榮，甚敬慕之，自出郊迎，請爲國師。王有妹年始二十，識悟明敏，過目必能，一聞則誦，且體有赤黶，法生智子，諸國娉之，並不肯行。及見摩炎，心欲當之，乃逼以妻焉，既而懷什。什在胎時，其母自覺神悟超解，有倍常日。"及什生之後，其母落髮受戒。什年七歲，亦俱出家，從師受經，日誦千偈，無幽不暢。《廣弘明集》卷二三釋僧肇《羅什法師誄》謂羅什卒於癸丑（義熙九年）即公元四一三年，年七十。逆推之，當生於是年。

晉穆帝永和元年，後趙建武十一年，乙巳，公元三四五年，慧遠十二歲

正月，晉皇太后設白紗帷於太極殿，抱帝臨軒。改元。七月，征西將軍、都亭侯庾翼卒。八月，豫州刺史路永叛晉，投石虎（季龍）。石虎使屯於壽春。十二月，涼州牧張駿伐焉耆，降之。（《晉書》卷八《穆帝紀》）

慧遠隨舅令狐氏遊學許昌、洛陽，博覽儒道典籍，思致深刻，見重於宿儒英達之士。《高僧傳》慧遠本傳："年十三隨舅令狐氏遊學許、洛。故少爲諸生，博綜六經，尤善莊老。性度弘博，風覽朗拔，雖宿儒英達，莫不服其深致。"《出三藏記集》本傳、《蓮社高賢傳·慧遠法師》[①]所載均與《高僧傳》同。然而，《世說新語·文學》劉孝標注引張野《遠法師銘》則曰："年十二隨舅遊學許、洛。"[②]《名僧傳抄》附《名僧傳說處》第十曰："慧持九歲，隨兄同爲書生，俱依釋道安，抽簪落髮。"

①　［元］陶宗儀《說郛》，《四庫全書》卷五七下。下引《蓮社高賢傳》版本同。
②　余嘉錫《世說新語箋疏》（修訂本），上海古籍出版社一九九三年版，第二四〇頁。

慧遠長慧持三歲,持九歲則遠十二歲。《名僧傳説處》與《遠法師銘》所載遊學時間吻合,且張野乃慧遠弟子,故當依張野説。按:遠既爲"諸生",當已進入太學,其"博綜六經"乃因受教太學,"尤善莊老"或即時世之所因。其早期思想是以儒學爲"知",以莊老爲"行"。後來欲渡江南下,就大儒范宣子"共契嘉遁",即是明證。所謂嘉遁,是指符合儒家"無道則隱"的隱居方式。

范宣隱居豫章。范宣字宣子,陳留人也。年十歲,能誦《詩》《書》。少尚隱遁,加以好學,手不釋卷,以夜繼日,遂博綜衆書,尤善"三禮"。太尉郗鑒命爲主簿,詔徵太學博士、散騎侍郎,並不就。後家於豫章,雖閑居屢空,常以讀誦爲業。譙國戴逵等皆聞風宗仰,自遠而至。諷誦之聲,有若齊魯。(《晉書》卷九一《儒林傳·范宣》)

前燕立東庠。是年二月,燕王慕容皝立東庠於舊宮,以行鄉射之禮。每月臨觀,考試優劣。皝雅好文籍,勤於講授,學徒甚盛,至千餘人。造《太上章》以代《急就》,又著《典誡》十五篇以教冑子。(《晉書》卷一〇九《載記·慕容皝》)

晉穆帝永和二年,後趙建武十二年,丙午,公元三四六年,慧遠十三歲

是年,單道開至鄴都,初止法綝祠,後徙昭德寺。《高僧傳》卷九《單道開傳》:"單道開,姓孟,燉煌人。少懷棲隱,誦經四十餘萬言。……以石虎建武十二年從西平來,一日行七百里,至南安。……其年冬十一月,秦州刺史上表送開。初止鄴城西法綝祠中,後徙臨漳昭德寺。於房内造重閣,高八九尺許。於上編菅爲禪室,如十斛籮大,常坐其中。虎資給甚厚,開皆以惠施。時樂仙者多來諮問,開都不答。乃爲説偈:'我矜一切苦,出家爲利世。利世須學明,學明能斷惡。山遠糧粒難,作斯斷食計。非是求仙侶,幸勿相傳説。'"道開生卒不可考,至鄴都則在是年。

晉穆帝永和三年,後趙建武十三年,丁未,公元三四七年,慧遠十四歲

居攝天王石虎發近郡男女十六萬人於鄴北筑華林園。(《資治通鑑》卷九七)

是年,慧遠初次出家故鄉樓煩寺,所師何人不詳。謝靈運《廬山慧遠法師誄》曰:"總角味道,辭親隨師。……公之出家,年未志學。"古代男未冠、女未笄皆稱"總角"。"志學"則取《論語·爲政》"吾十有五而志於學"典故。據此則説明慧遠尚總角的十四歲時就已經出家。與序文不同的是,謝誄的前二句與後二句,意義互證,應不存在抄録或翻刻的錯訛問題。如上所述,靈運與慧遠關係密切,可證此説絕非空穴來風。另外,清光緒十八年《山西通志》卷一七一記載,樓煩有樓煩寺,因城而名,乃晉慧遠演教之地。説樓煩寺是慧遠演教之地,或是後人因慧遠名高而欲擡高寺廟身價的附會之説,但是此也可證明慧遠早年出家於此寺,具體時間或即十四歲。

支曇諦生。《高僧傳》卷七《釋曇諦傳》:"釋曇諦,姓康,其先康居人。漢靈帝時移附中國,獻帝末亂,移止吳興。諦父肜,嘗爲冀州別駕。……至年十歲出家,學不從師,悟自天發。……性愛林泉,後還吳興,入故章崑崙山,閑居澗飲二十餘載,以宋元嘉末卒於山舍,春秋六十餘。"此記載有誤。晉丘道護《道士支曇諦誄序》:"晉義熙七年五月某日,道士支曇諦卒,春秋六十有五。嗚呼哀哉!法師肇胤西域,本生康居,因族以國氏。既伏膺師訓,乃從法姓支,徙於吳興郡烏程縣都鄉千秋里。"此有兩點須加辨正:第一,釋曇諦,本名是支曇諦,在道安規定出家者以"釋"爲姓之前,曇諦"乃從法姓支"。第二,曇諦卒於晉義熙七年五月,非卒於元嘉末,故是晉僧而非宋僧。曇諦生於吳興,晚年又返回吳興。丘道護曾任吳興太守,乃爲鄉賢作誄文,應是十分可靠。另,諦年六十五,卒於晉義熙七年,即公元四一一年,逆推之,即生於是年。

釋道祖、釋曇恒生。(《高僧傳》卷六《釋道祖傳》,《佛祖統紀》卷二六《十八賢傳》)

　　後趙韋謏作《典林》。謏字憲道，京兆人。雅好儒學，善著述。於群言秘要之義，無不綜覽。仕於劉曜，爲黄門郎。入石虎，署爲散騎常侍。歷守七郡，咸以清化著稱。著《伏林》三千餘言，遂演爲《典林》二十三篇。（《晉書》卷九一《韋謏傳》）《典林》所著時間不詳，劉汝霖《東晉南北朝學術編年》繫於是年。

晉穆帝永和四年，後趙建武十四年，戊申，公元三四八年，慧遠十五歲

　　是年十二月八日，大和尚佛圖澄圓寂於鄴城，春秋一百一十七歲。《高僧傳》卷一〇《佛圖澄傳》：“竺佛圖澄者，西域人也，本姓帛氏。少出家，清真務學，誦經數百萬言，善解文義。雖未讀此土儒史，而與諸學士論辯疑滯，皆闇若符契，無能屈者。……以晉懷帝永嘉四年（三一〇）來適洛陽，志弘大法。”雖因戰亂，其志不遂，然元代普度《廬山蓮宗寶鑑》卷四《念佛正派説》曰：“粵自大教東流，至佛圖澄而盛。由澄而得道安，安之門有遠公，戒珠義海，龍姿鳳章。於是教門綱紀，從兹大備。”其佛教史之影響亦可見一斑。

　　釋道安年三十五，還冀州，住受都寺。《高僧傳》卷五《釋道安傳》：“至年四十五，復還冀部，住受都寺。……石虎死，彭城王嗣立，遣中使竺昌蒲請安入華林園。”陳統考證曰：“按石虎死及彭城王立，俱在明年（公元三四九），安還冀當在本年中。若謂安年四十五時還冀，而石虎死，則時次先後顛倒不可通，蓋此所云安歲數，本釋寶唱《名僧傳》之説，以晉太元十年安七十二推數所得，若是安年四十五，乃晉升平二年，其時石虎死已十年，且安之南徙，實因避慕容燕。升平二年冀州已陷於燕，謂其年安復還冀，於理亦不合。本年安年三十七，就晉太元十年安年七十二之説推之，適年三十五，知慧皎本謂安三十五還冀，而衍十年也。”[1]所考甚是。是年，安還冀部，年四十五徙鄴都。

───────────

　　①　陳統《慧遠大師年譜》，《史學年報》第二卷第三期。載《北京圖書館藏珍本年譜叢刊》第八册，第三一一頁。

　　是年，張野生。野字萊民，居潯陽柴桑，與陶淵明有婚姻契。學兼華梵，尤善屬文。州舉秀才、南中郎府功曹、州治中，徵拜任散騎常侍，俱不就。依遠公修净業，及遠公卒，爲序稱門人，世服其義。義熙十四年（四一八）卒，年六十九。《江西通志》卷九二《人物》）由此逆推之，當生於是年。

晉穆帝永和五年，後趙太寧元年，己酉，公元三四九年，慧遠十六歲

　　正月，後趙石虎即皇帝位，大赦，改元太寧。四月己巳，石虎崩，國中大亂。先是太子石世立。五月，彭城王石遵舉兵入鄴，以武力奪得帝位，尊母鄭氏爲皇太后，張氏爲皇后，石衍爲太子。封石世爲譙王，廢劉氏爲太妃，旋即弑之。十一月，涼王石鑒在宮廷政變中弑帝石遵自立，以武興公石閔爲大將軍，封武德王。（《資治通鑑》卷九八）

　　四月，彭城王石遵遣中使竺昌蒲請道安入華林園。

　　單道開離開鄴都，南至許昌。《高僧傳・單道開傳》：“至石虎太寧元年，開與弟子，南度許昌。虎子侄相殺，鄴都大亂。”

晉穆帝永和六年，後趙青龍元年，魏永興元年，庚戌，公元三五〇年，慧遠十七歲

　　閏正月，大將軍冉閔弑帝石鑒，篡位，改國號魏。（《資治通鑑》卷九八）

　　道安率衆離開鄴都，避隱牽口山。《高僧傳》道安本傳：“安以石氏之末，國運將危，乃西適牽口山。”道安適牽口山時間不載，龔斌繫年於晉永和五年，並考之曰：“據《晉書・穆帝紀》，石遵廢石世自立在太寧元年（三四九）五月。十一月石鑒殺石遵自立。則石遵請道安入華林園當在此年五月後。而十一月石鑒殺石遵，正所謂‘國運將危’，道安西適牽口山，或即此時也。”[1]所考史實正確而繫年有誤。石鑒被

---

[1]　龔斌《慧遠法師傳》，江西人民出版社二〇〇七年版，第二〇四頁。

殺於後趙太寧元年即晉永和五年十一月，道安入華林園在太寧元年四月。但是石鑒殺石遵僅僅屬於宮廷內亂，尚不足以威脅後趙政權的存在。給後趙政權致命一擊的是青龍元年正月冉閔囚禁石鑒，"欲滅去石氏之迹"而殺石虎二十八孫，此方稱之爲"石氏之末"。故道安適牽口山當在石鑒被囚禁之後，後趙覆亡之前，故繫是年。

　　道安或於是年應武邑太守之邀，於郡中講經。《高僧傳·釋道安傳》："時武邑太守盧歆聞安清秀，使沙門敏見苦要之。安辭不獲免，乃受請開講，名實既符，道俗欣慕。"《佛祖統紀》卷三六："（永和）六年，武邑太守盧歆，請安法師於郡講經，傾城人士來聽，讚嘆喧席。"武邑在今河北東南。

　　是年，鳩摩羅什出家。《高僧傳》羅什本傳："什年七歲，亦俱出家，從師受經，日誦千偈，凡三萬二千言。誦《毗曇》既過，師授其義，即日通達，無幽不暢。"羅什生於公元三四四年，是年七歲。

　　是年慧持十四歲，善文史，巧才製。《高僧傳》慧持本傳："（慧持）冲默有遠量，年十四學讀書，一日所得，當他一旬。善文史，巧才製。"

晉穆帝永和七年，冉魏冉閔永興二年，前秦苻健皇始元年，辛亥，公元三五一年，慧遠十八歲

　　正月苻健稱天王於長安，國號秦。八月洛州及豫州許昌降晉。燕王慕容儁遣慕容恪、慕容評攻拔中山、趙、南安諸郡。（《資治通鑑》卷九九）

　　是年，後趙所徙青、雍、幽、荊諸州民，及氐、羌胡蠻百萬，欲各還本土，道路交錯，互相殺掠，中原大亂，因饑疫，人相食。（《資治通鑑》卷九九）

　　釋慧力來遊京師。《高僧傳》卷一三《釋慧力傳》："釋慧力，未知何人。晉永和中來遊京師。常乞食蔬，苦頭陀修福。"永和凡十二年，"永和中"或指永和六、七年，即公元三五一、三五二年，姑繫是年。

晉穆帝永和八年，冉魏冉閔永興三年，前秦苻健皇始二年，壬子，公元三五二年，慧遠十九歲

正月，秦王苻健正尊號，即皇帝位。劉顯攻常山，魏主冉閔率兵擊顯，敗之，追擊至襄國，殺顯及其公卿以下百餘人，焚襄國宮室，遷民於鄴。後趙汝陰王石琨以其妻妾來奔，被斬於建康市，石氏遂絕。二月，豫州許昌降秦。四月，燕王儁遣慕容恪等攻打魏，魏主冉閔率兵與燕戰。慕容恪縱奇兵破魏，俘獲冉閔及衆將，皆送於薊，後轉送龍城，五月冉閔等被殺。是時，大旱、蝗災，鄴中大饑，人相食，故趙時宮人被食略盡。八月，燕軍攻下鄴城，燕主令慕容評鎮鄴。十一月戊辰，慕容儁即皇帝位，改元元璽。（《資治通鑑》卷九九）

道安離開牽口山，第一次入王屋、女休山。《高僧傳》道安本傳：“訖冉閔之亂，人情蕭索，安乃謂其衆曰：‘今天災旱蝗，寇賊縱橫，聚則不立，散則不可。’遂復率衆入王屋、女休山。”冉閔於公元三五〇年閏正月篡趙，改國號大魏，史稱冉魏，此即冉閔之亂。然而道安由牽口山又入王屋、女休山當在冉閔被俘之後，本傳所言“天災旱蝗，寇賊縱橫”，亦與正史相合，故繫是年。按：道安入王屋、女休山共有兩次，第一次在是年，因爲鄴城陷落，加之天災飢饉；第二次是燕光壽二年（三五八）道安還鄴之後，於燕建熙元年（三六〇）鄴中大亂之時，離開鄴城而入王屋、女休山。女休山，一名女林山或女機山，在王屋山附近。

鳩摩羅什至罽賓，師槃頭達多。《高僧傳》羅什本傳：“什年九歲，隨母渡辛頭河，至罽賓，遇名德法師槃頭達多，即罽賓王之從弟也。淵粹有大量，才明博識，獨步當時，三藏九部，莫不該練。從旦至中，手寫千偈，從中至暮，亦誦千偈。名播諸國，遠近師之。什至，即崇以師禮，從受《雜藏》中、長‘二含’，凡四百萬言。”

劉程之生。宋沙門戒珠《淨土往生傳》卷上載：程之字仲思，彭城人，漢楚元王之後也，祖考而上爲晉顯官。程之少孤，事母以孝行聞

州里。又以才藻自負，不委氣於時俗。司徒王謐、丞相桓玄、侍中謝琨、都督謝安、太尉劉裕，咸嘉其賢，欲相推薦，皆不就。乃之廬阜，以託於遠公。太尉劉公，亦以其志不可以力屈，與群公議"遺民"之號旌焉。及雷次宗、周續之、畢穎之、張秀實等，同來依遠。遠曰："諸公之來，豈宜忘净土之遊乎？如有心焉，當加勉勵，無宜後也。"程之於諸公中，又最有文，得志其事，鑱石以永之。據《佛祖統紀》卷二六《十八賢傳》載，程之卒於晉義熙六年，公元四一〇年，春秋五十九，逆推之，則生於是年。

晉穆帝永和九年，前秦苻健皇始三年，癸丑，公元三五三年，慧遠二十歲

是年，王羲之爲會稽内史。《晉書》卷八〇《王羲之傳》：羲之字逸少，王導從子。雅好服食養性，不樂在京師。是年爲右軍將軍、會稽内史。會稽有嘉山水，羲之嘗與同志者於是年宴集於會稽山陰之蘭亭，是爲影響深遠的"蘭亭雅集"。

晉穆帝永和十年，前秦苻健皇始四年，甲寅，公元三五四年，慧遠二十一歲

是年，遠先欲南渡江，就范宣子隱居讀書，藉以考德問業。因後趙主石虎薨，中原寇亂，道路阻隔而其志不果。謝靈運《遠法師銘》序："年二一，欲南渡，就范宣子學，道阻不通。"《高僧傳》慧遠本傳亦曰："年二十一，欲渡江東，就范宣子共契嘉遁。值石虎已死，中原寇亂，南路阻塞，志不獲從。"范宣，字宣子，東晉高士，家於豫章，以講誦爲業。《晉書》有傳。《世説新語·棲隱》曰："范宣未嘗入公門，韓康伯與同載，遂誘俱入郡，范便於車後趨下。"劉孝標注引《續晉陽秋》曰："宣少尚隱遁，家於豫章，以清潔自立。"

是年，慧遠師從道安，受具足戒。《高僧傳》慧遠本傳曰："時沙門

釋道安立寺於太行恒山[①]，弘讚像法，聲甚著聞，遠遂往歸之。一面盡敬，以爲真吾師也。後聞安講《波若經》，豁然而悟，乃嘆曰：'儒道九流，皆糠粃耳。'便與弟慧持，投簪落彩，委命受業。"又《高僧傳》慧持本傳曰："釋慧持者，慧遠之弟也。……年十八出家，與兄共伏事道安法師。"按：慧遠年十四出家，此之"投簪"乃指受具足戒而非初次剃度。

關於慧遠受業道安時間，史料記載並無疑義，然其地點則有疑竇。《釋慧遠傳》明確記載"時沙門釋道安立寺於太行恒山"，而《釋道安傳》記載"安於太行恒山創立寺塔，改服從化者中分河北"，時間上在道安復還冀都之前。上文已考，道安復還冀部，是在三十五歲，公元三四八年，時慧遠僅十五歲。以道安行迹推之，慧遠與弟持落髮出家，當在道安第一次率衆入王屋、女休山之後，王屋、女休山在今山西陽城西南，屬太行山脉，雖導致後人不加分別而混淆言之。另外，慧遠"後聞安講《波若經》"是在道安南投襄陽，"先居樊、沔十五載"期間。

按：遠出家乃至此次"欲渡江，就范宣子共契嘉遁"而不得，亦是不得已的一種人生選擇。勞政武認爲慧遠是"聽到安公講《般若經》"之後出家，並說："由是可知，慧遠之出家，乃由學問的追究上而悟佛家義理，這是非常罕見的。因爲一般人的出家，大抵因不勝俗世之苦而欲逃避或求解脫而已，像慧遠這樣，真正從義理上了悟而出家者，極不尋常。"[②]這是人爲拔高了早期慧遠對佛教的認知。《高僧傳》"豁然而悟""投簪落彩，委命受業"云云，或指受具足戒，並非因聞道安講《波若經》而出家。方立天說："公元三六五年……（道安）率弟子四百多人到襄陽。在襄陽十五年，道安由於受南方佛教重視義理的影響，

---

① 《尚書·禹貢》曰："太行恒山，至於碣石，有恒水出焉，其下有祠。"恒山亦常山，《高僧傳》所謂"太行恒山"，指太行山之恒山寺，即常山寺。崔鴻《前燕錄》曰："慕容儁壽光三年，常山寺大樹下，得璧七十二，圭七十，光色精奇，有異常玉。"即指此。參見夏劍秋等校點《太平御覽》第一册，河北教育出版社一九九四年版，第三四一頁。

② 勞政武《佛學別裁》，上海古籍出版社二〇〇九年版，第二四三頁。

佛教思想發生重要的轉變，即從禪數轉而趨於性空，集中講習般若，每年講兩次《放光經》。"①是時離慧遠出家已經近二十年，受業道安也已十一、二年了。

是年正月，故魏將自宛襲據洛陽。(《資治通鑑》卷九九)

晉穆帝永和十一年，前秦苻生壽光元年，乙卯，公元三五五年，慧遠二十二歲

是年二月，秦大蝗，百草無遺。六月，秦王苻健卒，太子生即位，改元壽光。八月，張祚遣將楊秋胡殺前涼王曜靈，埋於沙坑，謚曰哀公，因而激起兵變，閏八月張祚爲亂兵所殺。部將張瓘推七歲玄靚爲涼王。(《資治通鑑》卷一〇〇)

慧遠受業道安，苦讀無資，沙門曇翼給其燈燭之資。《高僧傳·釋慧遠傳》："既入乎道，屬然不群，常欲總攝維綱，以大法爲己任。精思諷持，以夜繼晝，貧旅無資，縕纊常缺，而昆弟恪恭，始終不懈。有沙門曇翼，每給以燈燭之費，安公聞而喜曰：'道士誠知人矣。'"以理推之，此事當是在開席弘法之前，故繫之是年。

鳩摩羅什還龜兹，至沙勒國(在今新疆喀什)，説《轉法輪經》，且從蘇摩受大乘法，此後專習大乘。(《高僧傳·鳩摩羅什傳》)

晉穆帝永和十二年，前秦苻生壽光二年，丙辰，公元三五六年，慧遠二十三歲

八月，晉太尉桓温擊姚襄至伊水。姚襄至并州平陽，并州刺史降之。(《資治通鑑》卷一〇〇)

是年，慧遠佛理精進，爲安公所激賞。《高僧傳·釋慧遠傳》："遠藉解於前因，發勝心於曠劫，故能神明英越，機鑒遒深。安公常嘆曰：'使道流東國，其在遠乎！'"又《出三藏記集》慧遠本傳曰："無生實相

---

① 方立天《魏晉南北朝佛教》，中國人民大學出版社二〇〇六年，第四頁。

之玄,般若中道之妙,即色空慧之秘,緣門寂觀之要,無微不析,無幽不暢,志共理冥,言與道合。"①慧遠二十四歲開席弘法,從受業道安到開席弘法之間當是其積學儲寶、佛理精進時期,故繫之是年。

是年,鳩摩羅什先至温宿國(今新疆阿克蘇),後至龜兹,盤桓七年之久。(《高僧傳·鳩摩羅什傳》)按:這一時期,鳩摩羅什隨母,在龜兹七年,直至受戒。修習佛法轉折點在沙勒國受蘇摩説大乘法之啓發,遍求諸經,深入研習佛教中觀理論,則是其佛學思想成熟期,形成"法空""我空""數空"的思想,這一思想貫穿整個《大乘大義章》。

晉穆帝升平元年,前秦苻堅永興元年,丁巳,公元三五七年,慧遠二十四歲

遠開席弘法,以道家之理闡釋佛學,使聽者焕然冰釋,其師道安允其在虔心佛典同時,不廢俗書,其聲聞亦漸著。《高僧傳》慧遠本傳:"年二十四,便就講説。嘗有客聽講,難實相義,往復移時,彌增疑昧。遠乃引《莊子》義連類,於是惑者曉然,是後安公特聽慧遠不廢俗書。安有弟子法遇、曇徽,皆風才照灼,志業清敏,并推服焉。"宗曉《樂邦文類》曰:"(遠)年二十四,大曉經論,凡諸疑難,莫不條析。"《佛祖統紀》卷二六載:"(遠)至二十四,大善講貫。"

晉穆帝升平二年,前秦苻堅永興二年,戊午,公元三五八年,慧遠二十五歲

慧遠隨道安,還鄴城。《高僧傳》道安本傳:"至年四十五,復還冀部,住受都寺,徒衆數百,常宣法化。"這一記載訛誤,還冀都當爲還鄴城之誤。參見上文陳統所考。湯用彤先生又考證曰:"冀部疑冀都之誤,按石虎時,冀州治於鄴。慕容儁平冉閔,冀州又徙理信都。安公

---

① 〔梁〕釋僧祐《出三藏記集》,中華書局一九九五年版,第五六六頁。

未曾至信都。此云還冀部，疑即再至鄴都也。"①湯説是。據《晉書·載記·慕容儁》所載：慕容儁於晉永和八年（三五二）僭位，建元元璽。晉升平元年（三五七），改元光壽，"自薊城遷於鄴，赦其境内，繕修宫殿，復銅雀臺"②。鄴城復歸平静。次年，安公率徒衆還鄴，而非還冀州之受都寺。

然而，湯用彤疑"冀部"乃"冀都"之誤，並不準確。部，古代行政區劃。《漢書·尹翁歸傳》曰："河東二十八縣，分爲兩部。"西漢在郡（國）之上又加刺史部一級行政單位。冀州刺史部領郡（國）十一、縣一百五十五，刺史部巡行無常治。冀部或指冀州之刺史部。故北涼闞駰《十三州志》（輯佚本）引諺語云："仕宦不偶值冀部，幽冀之人鈍如椎。"顯然，冀部是具體地名，具體地點不詳。或即《高僧傳·釋道安傳》所指之"中分河北"。

晉穆帝升平三年，前秦苻堅甘露元年，己未，公元三五九年，慧遠二十六歲

張詮生。詮，南陽人，其餘事迹不詳。（《佛祖統紀》卷二六《十八賢傳》）

佛馱跋陀羅生。《高僧傳》卷二《佛馱跋陀羅傳》："佛馱跋陀羅，此云覺賢，本姓釋氏，迦維羅衛人，甘露飯王之苗裔也。祖父達摩提婆，此云法天，嘗商旅於北天竺，因而居焉。父達摩修耶利，此云法日，少亡。賢三歲孤，與母居，五歲復喪母，爲外氏所養。從祖鳩婆利，聞其聰敏，兼悼其孤露，乃迎還，度爲沙彌。……賢於元嘉六年卒，春秋七十有一矣。"劉宋元嘉六年即四二九年，逆推之，生於是年。

是年，單道開離開許昌，初至建業，後入羅浮山，終老於此。《高僧傳·單道開傳》："至晉升平三年，來之建業，俄而至南海，後入羅浮

---

① 湯用彤《漢魏兩晉南北朝佛教史》，北京大學出版社一九九七年版，第一三八頁。
② 《晉書》卷一〇〇，中華書局一九七四年版，第二八三七、二八三八頁。

山。獨處茅茨,蕭然物外。春秋百餘歲,卒於山舍。敕弟子以屍置石穴中,弟子乃移之石室。"其生卒年却不可考。

是年,前燕慕容儁光壽三年,立小學於顯賢里,以教胄子。(《晉書》卷一一〇《載記·慕容儁》)

晉穆帝升平四年,前秦苻堅甘露二年,庚申,公元三六〇年,慧遠二十七歲

道安率衆第二次入王屋、女休山,慧遠隨之。《高僧傳》道安本傳曰:"迄冉閔之亂,人情蕭索,安……遂復率衆人入王屋、女休山。"《出三藏記集》道安本傳:"四方學士,競往師之,受業弟子法汰、慧遠等五百餘人。及石氏之亂,乃謂其衆曰:'今天災旱蝗,寇賊縱橫,聚則不立,散則不可。'遂率衆入王屋、女機山(《高僧傳》作女休山)。"《高僧傳》謂道安"復率衆人入王屋、女休山",應是第二次避亂於王屋、女休山(女機山),詳見上文所考。此次是避鄴城之亂,而不是避冉閔之亂(或曰石氏之亂)。冉閔之亂發生在晉永和六年(三五〇)至永和八年(三五二),避亂之始,慧遠尚未師從道安,後來纔依道安出家,亦見上文所考。據《晉書·載記·冉閔》:"永和六年,(閔)殺石鑒……僭即皇帝位於南郊,大赦,改元永興,國號大魏,復姓冉氏。"①冉閔,石虎之養孫,本姓冉(漢人),後從石姓,篡後趙建魏後,復原姓。永和八年,爲前燕慕容儁所殺。《高僧傳》《出三藏記集》所記皆誤。陳統考之曰:"按燕軍至河南在興寧二年(公元三六四),所謂逼陸渾必即其年事。是則道安至陸渾,當在其年前。其至王屋當更居前,惟俱不詳年月,故姑序列之以備考。"②其繫年於三六一年,或誤。

是年,支遁入剡。初,遁還吳,立支山寺,至是欲入剡。謝安爲吳興太守,與遁書曰:"思君日積,計辰傾遲,知欲還剡自治,甚以悵然。"

---

① 《晉書》卷一〇七,中華書局一九七四年版,第二七九三頁。
② 陳統《慧遠大師年譜》,《史學年報》第二卷第三期。《北京圖書館藏珍本年譜叢刊》第八册,第三一四頁。

王羲之時在會稽，謁支遁，一見相契，乃請住靈嘉寺，意存相近。不久，遁投迹剡山，於沃州小嶺立寺行道，僧衆百餘，常隨稟學。支遁入剡時間失載。劉汝霖《東晉南北朝學術編年》考曰："按本傳（《高僧傳·支遁傳》）載支遁入剡時，謝安爲吳興守。考安之爲吳興守，在謝萬卒之後，萬卒在升平三年之後，則安之爲吳興守，遁之入剡，亦當在升平三年之後。故誌之於此。"①所考甚是。

王謐生。《晉書》卷六五《王謐傳》：謐字稚遠，琅琊臨沂人。祖丞相王導，父車騎將軍王劭。謐少有美譽，拜秘書郎，襲父爵，遷秘書丞，歷中軍長史、黃門郎。義熙三年（四○七）卒，年四十八。逆推之，當生於是年。

晉穆帝升平五年，前秦苻堅甘露三年，辛酉，公元三六一年，慧遠二十八歲

是年，道安渡河，率衆入陸渾山。《高僧傳·釋道安傳》："頃之，復渡河依陸渾山，木食修學。俄而，慕容儁逼陸渾，遂南投新野。"陳統考之曰："按燕軍至河南在興寧二年（三六四），所謂逼陸渾必即其年事。是則道安至陸渾，當在其年前。其至王屋當更居前，惟俱不詳年月，故姑序列之以備考。"②

竺法曠還止於潛青山石室。《高僧傳》卷五《竺法曠傳》："竺法曠，姓睪，下邳人。寓居吳興，早失二親，事後母以孝聞。家貧無蓄，常躬耕壟畔，以供色養。及母亡，行喪盡禮，服闋出家。事沙門竺曇印爲師。印明叡有道行，曠師事竭誠，迄受具戒。棲風立操，卓爾殊群，履素安業，志行淵深。……後辭師遠遊，廣尋經要，還止於潛青山石室。每以《法華》爲會三之旨，《無量壽》爲净土之因，常吟詠二部，有衆則講，獨處則誦。謝安爲吳興，故往展敬，而山棲幽阻，車不通

---

① 劉汝霖《東晉南北朝學術編年》，華東師範大學出版社二○一○年版，第五一頁。

② 陳統《慧遠大師年譜》，《史學年報》第二卷第三期。《北京圖書館藏珍本年譜叢刊》第八册，第三一四頁。

轍,於是解駕山椒,陵峰步往。"竺法曠還止於潛青山石室,具體時間無考,但是謝安升平四年出仕桓溫司馬,升平五年"桓溫北征,會萬病卒,安投箋求歸。尋除吳興太守。"(《晉書》卷七九《謝安傳》)謝安除吳興太守,當在是年。而竺法曠還止潛青山必早於是年,姑繫是年。

前秦王苻堅廣修學宮,召郡國學生通一經以上充之。公卿以下子孫,並遣受業。其有學爲通儒、才堪幹事、清修廉直、孝弟力田者,皆旌表之。堅每月親臨太學,考學生經學優劣。由是,諸生勸焉。(《晉書》卷一一三《載記·苻堅》)

晉哀帝隆和元年,前秦苻堅甘露四年,壬戌,公元三六二年,慧遠二十九歲

支遁至京師,止東安寺,講授佛經,公卿士林爲之傾倒。《高僧傳·支遁傳》:"至晉哀帝即位,頻遣兩使,徵請出都,止東安寺,講《道行般若》,白黑欽崇,朝野悅服。太原王濛,宿構精理,撰其才詞,往詣遁作數百語,自謂遁莫能抗。遁乃徐曰:'貧道與君別來多年,君語了不長進。'濛慚而退焉。乃嘆曰:'實緇鉢之王何也。'郤超問謝安:'林公談何如嵇中散?'安曰:'嵇努力裁得去耳。'又問:'何如殷浩?'安曰:'亹亹論辯,恐殷制支,超拔直上淵源,浩實有慚德。'郤超後與親友書云:'林法師神理所通,玄拔獨悟。實數百年來,紹明大法,令真理不絕,一人而已。'"據《晉書·哀帝紀》,哀帝司馬丕於升平五年五月即位,"頻遣兩使",支遁方至,其間必然盤桓有時,或即是年,方至京師,故繫是年。

釋僧導生。《高僧傳》卷七《釋僧導傳》:"釋僧導,京兆人。……至孝武帝升位,遣使徵請,導翻然應詔,止於京師中興寺,鑾輿降蹕,躬出候迎。導以孝建之初,三綱更始,感事懷惜,悲不自勝。帝亦哽咽良久,即敕於瓦官寺開講《維摩》,帝親臨幸,公卿必集。導登高座曰:'昔王宮託生,雙樹現滅。自爾以來,歲逾千載,淳源永謝,澆風不追。給苑丘墟,鹿園蕪穢。九十五種,以趣下爲升高;三界群生,以火

宅爲净國。豈知上聖流涕，大士棲惶者哉。'因潛然泫淚，四衆爲之改容。又謂帝曰：'護法弘道，莫先帝王。陛下若能運四等心，矜危勸善，則此沙石瓦礫，便爲自在天宫。'帝稱善久之，坐者咸悦。後辭還壽春，卒於石澗，春秋九十有六。"本傳唯言卒時九十有六，未言卒年。然僧導於劉宋孝武帝建初元年（四五四）入京師，或於建初末（四五六）返回壽春，旋即棄世，或即宋大明元年，即公元四五七年。逆推之，即生於是年。

晉哀帝興寧元年，前秦苻堅甘露五年，癸亥，公元三六三年，慧遠三十歲

是年二月，晉哀帝大赦，改元。三月，會稽王昱總内外衆務。五月，晉加大將軍桓温侍中、大司馬、都督中外諸軍事、録尚書事、假黄鉞。九月，桓温率衆北伐。（《晉書》卷八《哀帝紀》）

是年五月，前燕慕容暐陷密城，滎陽太守劉遠奔江陵。八月，涼州張天錫發動政變，弑涼王張玄靓，宣言暴卒，謚沖公。自稱使持節、大將軍、涼州牧、西平公，時年十八。十月，燕將慕容塵攻陳留太守袁披於長平，汝南太守朱斌乘虛襲擊許昌，克之。（《晉書》卷八《哀帝紀》、《資治通鑑》卷一〇一）

鳩摩羅什於龜兹王宫受具足戒，學《十誦律》。《高僧傳·鳩摩羅什傳》："至年二十，受戒於王宫，從卑摩羅叉學《十誦律》。"上文已考，羅什生於晉建元二年（三四四），是年二十。

釋慧嚴生。《高僧傳》卷七《釋慧嚴傳》："釋慧嚴，姓范，豫州人。年十二爲諸生，博曉詩書，十六出家，又精煉佛理。……嚴以宋元嘉二十年卒於東安寺，春秋八十有一矣。"元嘉二十年即公元四四三年，逆推之，則生於是年。

晉哀帝興寧二年，前秦苻堅甘露六年，甲子，公元三六四年，慧遠三十一歲

二月，燕軍略地，至於河南。四月，燕軍攻拔許昌及汝南陳諸郡。

《資治通鑑》卷一〇一）

　　因燕軍逼陸渾山，遠隨道安等衆去陸渾山，南投荆州南陽。《出三藏記集》卷一五《道安傳》：“俄而，慕容儁逼陸渾，遂南投新野。”陳統考之曰：“按此於道安所歷之地，有省略。道安至新野在後三年。後一年之四月，習鑿齒《與道安書》有云：‘又聞三千弟子，俱見南陽。’南陽在新野之北。知道安於未至新野之前，間停南陽，蓋由陸渾南征，先次南陽，由南陽始投新野也。參《東晉疆域志》。”①所考正誤參半。道安的行進路綫是由陸渾山至南陽，再由南陽至新野。然而謂“道安至新野在後三年”則誤，新野隸屬南陽郡，與郡治南陽相距不遠。道安約於是年二月離開陸渾山，四月到達新野。又，《道安傳》謂“慕容儁逼陸渾”。《世説新語·雅量》劉孝標注引《安和上傳》：“值石氏亂，於陸渾山木食修學，爲慕容儁所逼，乃往襄陽。”二書所載並誤。考《晉書·載記·慕容儁》，儁死於晉穆帝升平四年（三六〇），距此已近五年。是年，慕容恪掠於河南，進逼陸渾山，故“慕容儁”當爲慕容恪之誤。

　　支遁還東山。遁受哀帝詔入京師，淹留三載，乃上書：“上願陛下，特蒙放遣，歸之林薄，以鳥養鳥。所荷爲優。”詔即許還山。（《高僧傳》卷四《支遁傳》）

　　竺僧敷著《神無形論》。《高僧傳》卷五《竺僧敷傳》：僧敷，未詳氏族，學通衆經，尤善《放光》及《道行般若》。西晉末年，中原大亂，移居江左。止京師瓦官寺，盛開講席。時異學之徒，咸謂心神有形。但妙於萬物，隨其能言，互相催壓。敷乃著《神無形論》。以有形便有數，有數則有盡。神既無盡，故知無形矣。時狀辯之徒，紛紜交諍。既理有所歸，愜然信服。劉汝霖考證曰：“按《高僧傳》卷五《竺法汰傳》及卷一〇《釋慧力傳》俱言瓦官寺建於興寧中。則敷之居瓦官寺，至早

----

　　① 陳統《慧遠大師年譜》，《史學年報》第二卷第三期。《北京圖書館藏珍本年譜叢刊》第八册，第三一四頁。

亦須在此年。但此時去東晉之初已五十年,蓋敷晚年所居之地也。"①
所考甚是。

晉哀帝興寧三年,前秦苻堅建元元年,乙丑,公元三六五年,慧遠三十二歲

隨道安南投襄陽,途經南陽之後,歷新野,後止襄陽。法和自新
野入蜀。《高僧傳》道安本傳曰:"俄而,慕容儁逼陸渾,遂南投襄陽,
行至新野……乃令法汰謁楊州,曰:'彼多君子,好尚風流。'法和入
蜀,'山水可以休閒。'安與弟子慧遠等四百餘人渡河,夜行值雷雨,乘
電光而進。"從語氣上看,安公投襄陽,因慕容儁逼陸渾,其實不然。
道安投襄陽後,立檀溪寺,弘法十五年,於太元四年(三七九)入長安,
詳下文所考。據此推算,當於是年入襄陽。是年,道安年五十二,與
《名僧傳鈔》所云,安公在襄陽立檀溪寺,年五十二,相合②。又據《晉
書·載記》,慕容儁死於晉穆帝升平四年(三六〇),距此已六年。而
慕容恪於是年掠河南,進逼陸渾山,故"慕容儁"當爲"慕容恪"之誤。

習鑿齒於是年四月五日《與道安書》云:"又聞三千得道,俱見南
陽。"(《弘明集》卷一二)可知,遠隨道安於是年離開陸渾山,南下襄陽,
途中經南陽、新野。

竺法汰至荆州。汰,東莞人,少與道安同學。雖才辯不逮,而姿
貌過之。《高僧傳》卷五《竺法汰傳》曰:"(汰)與道安避難行至新野,
安分張徒衆,命汰下京。……於是分手,泣涕而別。乃與弟子曇壹、
曇貳等四十餘人,沿江東下,遇疾停陽口。時桓温鎮荆州,遣使要過,
供事湯藥。"按:桓温當爲桓豁之誤。

正月,桓豁爲荆州刺史。(《資治通鑑》卷一〇一)

---

① 劉汝霖《東晉南北朝學術編年》,華東師範大學出版社二〇一〇年版,第五八頁。
② 湯用彤先生認爲,《名僧傳鈔》云安公年五十二乃五十三之誤。湯先生考道安生於
晉懷帝永嘉六年,若以此推算,興寧三年,安公亦應爲五十四,而非五十三。湯用彤考證有
誤,此不贅考。

是年,范汪卒。其子范寧作《春秋穀梁傳集解》。(《晉書》卷七五《范汪傳》《范寧傳》)

晉廢帝(海西公)太和元年,前秦苻堅建元二年,丙寅,公元三六六年,慧遠三十三歲

慧遠受安公遣,與弟慧持下荆州問疾於竺法汰,居荆州上明寺。《高僧傳·竺法汰傳》載:汰與道安别,途中遇疾止荆州。安公又遣弟子慧遠下荆州問疾。

遠弟慧持同行。《高僧傳》慧持本傳:"乃安在襄陽遣遠東下,持亦俱行,初憩荆州上明寺,後適廬山,皆隨遠共止。"

慧遠於荆州難沙門道恒,力破"心無義"之説。《高僧傳·竺法汰傳》曰:"時沙門道恒,頗有才力,常執'心無義',大行荆土。汰曰:'此是邪説,應須破之。'乃大集名僧,令弟子曇壹難之。據經引理,析駁紛紜。……慧遠就席,設難數番,關責鋒起。恒自覺義途差異,神色微動,塵尾扣案,未即有答。遠曰:'不疾而速,杼軸何爲?'座者皆笑矣。心無之義,於此而息。"

關於慧遠荆州問疾竺法汰,破"心無義"説,學界尚有争議。具體時間不詳,陳統《慧遠大師年譜》繫年於慧遠二十四歲,即苻堅永興元年,晉升平元年。并考之曰:"按桓温遣使要過,當是要過江陵,東晉荆州刺史向治江陵,而温時亦鎮江陵。又按法汰適晉,車頻《秦書》、《出三藏記集》十五、《高僧傳》五《道安傳》及此事,俱謂在道安至新野時。然法汰適曾荆州,猶及見桓温。考温爲荆州刺史,在永和元年。興寧二年被詔至赭圻,至次年即解職,鎮姑蘇,而道安至新野在其後四年。知謂法汰與安至新野時適晉,蓋本傳説,實不免抵牾。然則法汰適晉在何年?考宋劉義慶《世説新語》八曰:'初,法汰北來,未知名,王領軍供養之,每與周旋行……因此名遂重。'王領軍即王洽,《晉書》六十五《王導傳》曰:'洽……徵拜領軍……升平二年卒於官,年三十六。'法汰至建康適王洽爲領軍時,據萬斯同《東晉將相大臣年表》,

洽之爲領軍,在升平元年,則法汰適晉即在升平元年、二年之間矣。惟不詳洽卒於升平二年何月,姑見本年,而以大師下荆問疾事附之。"①所考或可商榷。考《晉書》《資治通鑑》等,桓温并無鎮荆州事。《資治通鑑》卷一〇一曰:"大司馬桓温移鎮姑熟,(興寧三年)二月,乙未,以其弟桓豁監荆州、揚州之義城、雍州之京兆諸軍事,領荆州刺史。"②桓温當是桓豁之誤。而桓豁"遣使要過,供事湯藥",當在其鎮荆州之後。慧遠先隨師入襄陽,再下荆州,當盤桓有日。

另據《高僧傳》竺法汰本傳:汰,東莞人,少與道安同學。同道安避難行至新野,安分張衆徒,命汰下京。與安別後,因疾居荆州上明寺。晉文帝時,離荆至京都,止瓦官寺,簡文帝深相敬重,請講《放光經》,汰形解過人,流名四遠。其弟子曇壹、曇貳,并博練經義,又善《老》《易》,風流趣好,與慧遠齊名。汰於太元十二年(三八七)卒。所著《義疏》,與郗超書《論本無義》,并行於世。

是年支遁卒。《高僧傳》卷四《支遁傳》:"支遁,字道林,本姓關氏,或云河東林慮人。……以晉太和元年四月四日終於所住,春秋五十有三。"道林年二十五出家,善玄理,注莊子《逍遥遊》,群儒舊學,莫不嘆服。注《安般》《四禪》諸經及《即色遊玄論》《聖不辯知論》《道行旨歸》《學道誡》等。與王洽、許詢、孫綽、王羲之等東晉名流過從甚密,是名僧名士合流的代表人物,有三點對東晉佛教、文壇影響深遠:第一,支遁張揚名僧名士合流,既促進了佛教的世俗化,也促進了佛教的本土化。第二,支遁之前,以玄釋佛,"格義"即是明證。而支遁以佛釋《莊》,開拓了玄釋合流的另一理論形態。第三,支遁既創作了大量的以佛觀山水之詩,創立了佛教山水詩審美形態;又創作了大量高僧讚,拓展了外來佛教唯以佛菩薩爲讚頌對象的文體體式。

---

①　陳統《慧遠大師年譜》,《史學年報》第二卷第三期。《北京圖書館藏珍本年譜叢刊》第八册,第三一三頁。

②　《資治通鑑》,北岳文藝出版社一九九五年版,第六七三頁。下引版本同。

沙門樂僔營莫高窟石佛。莫高窟,在瓜州之南,去州二十五里。中過石磧帶,山坡至彼斗下谷中。其東即三危山,西即鳴沙山。中有自南流水,名之宕泉。"秦建元二年,有沙門樂僔,戒行清虛,執心恬靜,嘗杖錫林野,行至此山。忽見金光,狀有千佛,於是造窟一龕。次有法良禪師,從東屆此。又於僔師窟側,更即營建,伽藍之起,濫觴二僧。"(《西域水道記》卷三引李懷讓《大周李君修功德記》)

晉廢帝(海西公)太和二年,前秦苻堅建元三年,丁卯,公元三六七年,慧遠三十四歲

道安於襄陽宣講《放光》,注釋佛經,編撰《衆經目録》。《高僧傳》道安本傳:"(安)既達襄陽,復宣佛法。初經出已久,而舊譯時謬,致使深藏隱没未通,每至講説,唯叙大意轉讀而已。安窮覽經典,鉤深致遠,其所注《般若道行》《密迹》《安般》諸經,並尋文比句,爲起盡之義,乃析疑甄解,凡二十二卷。序致淵富,妙盡深旨,條貫既叙,文理會通,經義克明,自安始也。自漢魏迄晉,經來稍多,而傳經之人,名字弗説,後人追尋,莫測年代。安乃總集名目,表其時人,詮品新舊,撰爲《經録》,衆經有據,實由其功。四方學士,競往師之。"又《出三藏記集》卷一五《道安傳》:"安在樊、沔十五載,每歲常再遍講《放光經》,未嘗廢闕。"又《出三藏記集》卷五《新集安公注經及雜經志録》曰:"此土衆經,出不一時,自孝靈光和以來,迄今晉康寧二年,近二百載,值殘出殘,遇全出全,非是一人,卒難綜理,爲之録一卷。"《衆經目録》是中國佛經第一部目録學著作。安注釋佛經、撰寫《經録》,具體時間失載,且非一年之功,但是據《高僧傳》,乃撰寫於居襄陽期間則無疑問,姑繫是年。

長沙太守滕畯捨宅於荆州江陵,告道安,求一僧爲總領。道安命釋曇翼往,曇翼遂去,以其宅爲長沙寺。(《高僧傳》卷五《釋曇翼傳》)按:上二書俱載此事,失載年月,姑繫是年。

晉廢帝(海西公)太和三年,前秦苻堅建元四年,戊辰,公元三六八年,慧遠三十五歲

是年,釋慧觀生。《高僧傳》卷七《釋慧觀傳》:"釋慧觀,姓崔,清河人。十歲便以博見馳名,弱年出家,遊方受業。……宋元嘉中卒,春秋七十有一。"慧觀宋元嘉中,具體時間不詳。然其《勝鬘經序》曰:"請外國沙門求那跋陀羅,手執(《勝鬘經》)正本,口宣梵音……釋寶云譯爲宋語,德行諸僧慧嚴等一百人,考音詳義,以定厥文。大宋元嘉十三年歲次玄枵八月十四日,初轉法輪,迄於月終。"此經譯出於元嘉十三年八月底,序應稍後於是時。也就是説,是時慧觀身體尚且康健。元嘉凡三十年,假定於元嘉十五年(四三八)卒,逆推之,則生於是年。

是年八月,王述卒。述字懷祖,太原晉陽人。東晉東海太守王承之子。憑藉門蔭入仕,永和十年,出任揚州都督,加號衛將軍。反對大司馬桓温遷都洛陽,累遷尚書令、散騎常侍。是年卒,年六十六。(《晉書》卷八《廢帝海西公紀》、卷七五《王述傳》)

晉廢帝(海西公)太和四年,前秦苻堅建元五年,己巳,公元三六九年,慧遠三十六歲

桓玄生。玄字敬道,一名靈寶,譙國龍亢縣人,大司馬桓温之子。襲爵南郡公,世稱"桓南郡",歷任侍中、都督中外諸軍事、丞相、録尚書事、揚州牧,進位相國、大將軍,晉封楚王。大亨元年(四○三)十二月,威逼晉安帝禪位,建立桓楚,改元"永始"。次年,劉裕起兵討伐之,玄旋即被殺。(《晉書》卷九九《桓玄傳》)按:桓玄擅政,重議沙門敬王者,並下令料簡沙門。見下文所考。

晉廢帝(海西公)太和五年,前秦苻堅建元六年,庚午,公元三七○年,慧遠三十七歲

孫盛作《晉陽秋》。盛鑒於《春秋》百代式瞻,《史記》明鑒誠將來,

遂厝心博綜,撰考諸事,著《晉陽秋》三十二卷。盛寫兩定本,寄於前燕。(《晉書》卷八二《孫盛傳》)按:《晉陽秋》成書年代不詳。劉汝霖考證曰:"按《晉陽秋》中既載枋頭之敗,則當作於太和四年之後。而本年十一月前燕亡,則其寄書之事必不能後於是年,故誌作書事於此。"①所考甚是。

竺道生講座弘法,聲名大振。《高僧傳·竺道生傳》:"(道生)後值沙門竺法汰,遂改俗歸依,伏膺受業。既踐法門,俊思奇拔,研味句義,即自開解。故年在志學,便登講座,吐納問辯,辭清珠玉。雖宿望學僧,當世名士,皆慮挫詞窮,莫敢酬抗。年至具戒,器鑒日深。性度機警,神氣清穆。"道生出家時間不詳,志學之年(年十五)"便登講座"則非常明確,故合併敘述之。

晉廢帝(海西公)太和六年,晉簡文帝咸安元年,前秦苻堅建元七年,辛未,公元三七一年,慧遠三十八歲

大司馬桓温廢帝司馬奕,立會稽王司馬昱,是爲簡文帝,年號咸安,在位一年有奇,崩。(《晉書》卷八《海西公紀》、卷九《簡文帝紀》)

是年,僧叡出家。《高僧傳·釋僧叡傳》:"釋僧叡,魏郡長樂人也。少樂出家,至年十八,始獲從志,依投僧賢法師爲弟子,謙虛內敏,學與時競。……什後入關,因請出《禪法要》三卷。"上文已考,僧叡生於公元三五四年。是年,僧叡十八歲。

僧導出家。《高僧傳·釋僧導傳》:"釋僧導,京兆人。十歲出家,從師受業,師以《觀世音經》授之,讀竟諮師:'此經有幾卷?'師欲試之,乃言:'止有此耳。'導曰:'初云爾時無盡意,故知爾前已應有事。'師大悦之,授以《法華》一部。於是晝夜看尋,粗解文義。貧無油燭,常采薪自照。"上文已考,僧導生於公元三六二年,是年十歲。

是年,王坦之作《廢莊論》。坦之弱冠與郗超俱有重名。簡文帝

---

① 劉汝霖《東晉南北朝學術編年》,華東師範大學出版社二〇一〇年版,第六四頁。

爲撫軍將軍，辟爲掾。出爲大司馬桓温長史，尋以父憂去職。服闋，仍拜侍中，是年海西公廢，領左衛將軍。坦之有風格，尤非世俗放蕩，不敦儒教，頗尚刑名學。著《廢莊論》。（《晉書》卷七五《王坦之傳》）

晉簡文帝咸安二年，前秦苻堅建元八年，壬申，公元三七二年，慧遠三十九歲

是年三月，秦王苻堅詔關東之民，學通一經，才成一藝者，所在郡縣，以禮送之。在官百石以上，學不通一經，才不成一藝者，罷遣還民。復魏晉士籍，役使有常，其諸非正道典學，一皆禁之。自晉永嘉之亂，庠序無聞。及堅之立，頗留心儒學，乃親臨太學，考學生經義，上第擢叙者八十三人。（《晉書》卷一一三《載記·苻堅》）

簡文帝於長干寺造佛塔，並安放交州所上之佛像。《高僧傳》卷一三《竺慧達傳》：“先是簡文皇帝於長干寺造三層塔，塔成之後，每夕放光。……晉咸安元年，交州合浦縣采珠人董宗之，於海底得一佛光。刺史表上，晉簡文帝敕施此像。孔穴懸同，光色一重，凡四十餘年，東西祥感，光趺方具。”簡文在位凡三年，實際僅十數月，故造佛塔必在是年。另，咸安元年采珠人於海底得佛像，刺史表上，當盤桓有時，“敕施此像”當在佛塔造成之後，故並繫是年。

晉孝武帝寧康元年，前秦苻堅建元九年，癸酉，公元三七三年，慧遠四十歲

是年七月，大司馬、征西將軍桓温薨，進右將軍桓豁爲征西將軍，鎮江陵。（《晉書》卷九《孝文帝紀》）

釋僧饒生。《高僧傳》卷一三《釋僧饒傳》：“釋僧饒，建康人。出家，止白馬寺。善尺牘及雜技，而偏以音聲著稱，擅名於宋武文之世。響調優遊，和雅哀亮，與道綜齊肩。綜善三《本起》及《大拏》，每清梵一舉，輒道俗傾心。寺有般若臺，饒常繞臺梵轉，以擬供養。行路聞者，莫不息駕踟蹰，彈指稱佛。宋大明二年卒，年八十六。時同寺復

有超明、明慧，少俱爲梵唄。長齋時轉讀，亦有名當世。"劉宋大明二
年即公元四五八年，逆推之，生於是年。

支曇籥出都，止建初寺。《高僧傳》卷一三《支曇籥傳》："支曇籥，
本月支人，寓居建業。少出家，清苦蔬食，憩吳虎丘山。晉孝武初，敕
請出都，止建初寺。孝武從受五戒，敬以師禮。籥特稟妙聲，善於轉
讀。嘗夢天神授其聲法，覺因裁製新聲。梵響清靡，四飛却轉。反折
還喉疊哢。雖復東阿先變，康會後造，始終循環，未有如籥之妙。後
進傳寫，莫匪其法。所製六言梵唄，傳響於今。後終於所住，年八十
一。"孝武帝於咸安二年七月即帝位，十月葬簡文帝於高平陵，其敕請
支曇籥出都或在次年，故繫是年。

按：支曇籥生卒不詳，另有弟子釋法平、法等兄弟亦以善梵唄轉
讀見長，《高僧傳》本傳唯言"元嘉末卒"，不詳春秋，故生卒亦不可詳
考。另，梵唄轉讀是誦經的一種方式。《高僧傳·經師傳論》："天竺
方俗：凡是歌詠法言，皆稱爲唄。至於此土，詠經則稱爲轉讀，歌讚則
號爲梵唄。"

晉孝武帝寧康二年，前秦苻堅建元十年，甲戌，公元三七四年，慧遠四十一歲

道安自江陵還襄陽，建檀溪寺，自是居檀溪寺。又《高僧傳·釋
道安傳》："時征西將軍桓朗子(桓豁)鎮江陵，要安暫住，朱序西鎮，復
請還襄陽，深相結納。序每嘆曰：'安法師道學之津梁，澄冶之罏肆
矣。'安以白馬寺狹，乃更立寺，名曰檀溪，即清河張殷宅也。大富長
者並加贊助，建塔五層，起房四百。"按：這一段叙述事件在時間上有
錯訛。第一，從叙述次序上，似乎是道安去江陵暫住是在造檀溪寺之
前。其《釋道安傳》將叙事的時間顛倒。道安去江陵暫住是在太元二
年，詳見下文所考。第二，鑄造金銅佛像是在寧康三年二月，見下文
所考。佛像乃爲檀溪寺所造，當在寺成之後。故造檀溪寺至遲在寧
康二年，故繫於是年。

　　竺法潛卒。《高僧傳》卷四《竺法潛傳》:竺潛,字法深,姓王,瑯琊人,晉丞相武昌郡公敦之弟也。年十八出家,事中州劉元真爲師。至年二十四,講《法華》《大品》,既蘊深解,復能善説。優遊講席三十餘載,或暢方等,或釋老莊,投身北面者,莫不内外兼洽。以晉寧康二年卒於山館,春秋八十有九。

晉孝武帝寧康三年,前秦苻堅建元十一年,乙亥,公元三七五年,慧遠四十二歲

　　是年二月八日,道安在襄陽鑄丈六金銅無量壽佛像。《高僧傳》道安本傳:道安造檀溪寺,落成之後,"凉州刺史楊弘忠送銅萬斤,擬爲承露盤,安曰:'露盤已訖,汰公營造,欲回此銅鑄像,事可然乎?'忠欣而敬諾。於是衆共抽捨,助成佛像,光相丈六,神好明著,每夕放光,徹照堂殿。"又《法苑珠林》卷一三《敬佛部觀佛部》:"東晉孝武寧康三年四月八日,襄陽檀溪寺沙門釋道安盛德昭彰,擅聲宇内,於郭西精舍鑄造丈八金銅無量壽佛。明年季冬,嚴飾成就。"①按:第一,"丈八"當爲丈六之誤。《後漢書·西域傳》:"明帝夢見金人,長大,頂有光明,以問群臣。或曰:西方有神,名曰佛。其形長丈六尺而黄金色。帝於是遣使天竺,問佛道法,遂於中國圖畫形像焉。"《高僧傳》道安本傳"於是衆共抽捨,助成佛像,光相丈六。"亦可證。第二,始造佛像時間,當是二月八日。釋道宣《釋迦方志》曰:"寧康三年二月八日……道安於襄陽郊西鑄丈六無量壽佛像。明年冬季,嚴飾成就。"《法苑珠林》後出,應以《釋迦方志》爲是。

　　宗炳生。炳字少文,南陽郡涅陽人。繪畫、書法、彈琴,諸藝兼長,有《畫山水論》名世。崇信佛教,入門慧遠,參予廬山僧團發願期勝净土之活動,即後世所謂之"白蓮社",作有《明佛論》。炳卒於宋元嘉二十年(四四三),時年六十九,逆推之,生於是年。(《宋書》卷九三《宗炳傳》)

---

①　《法苑珠林》,上海古籍出版社一九九一年影印本,第一一○頁。下引版本同。

是年，秦王苻堅復下詔，尊崇儒學，禁老莊圖讖之學。妙簡學生，太子及公侯百僚之子，皆就學受業。"中外四禁、二衛、四軍長上將士皆令受學，二十人給一經生，教讀音句。後宮置典學，立内司以教掖庭，選閹人及女隸敏慧者署博士以授經。"(《晉書》卷一一三《載記·苻堅上》)按：選軍中將士、後宮甚至閹人、女隸受業，在中國歷史上乃首開此風，對於北方經學普及有重要意義，在中國教育史上也占有重要地位。

晉孝武帝太元元年，前秦苻堅建元十二年，丙子，公元三七六年，慧遠四十三歲

五月二十四日，《放光》《光讚》二經送達襄陽，道安始著《合放光光讚隨略解》並撰序文。《放光》于闐沙門無羅叉、竺叔蘭譯；《光讚》，竺法護、聶承遠譯。其序曰："昔在趙魏，迸得第一品，知有此經，而求之不得。至此，會慧常、進行、慧辯等將如天竺，路經涼州，寫而因焉。展轉秦雍，以晉太元元年五月二十四日乃達襄陽。尋之玩之，欣有所益，輒記其所長，爲《略解》如左。"①二經傳入襄陽後，道安玩味而著《略解》，故繫之是年。

十月三日，《漸備經》亦輾轉送達襄陽。佚名《漸備經十住梵名並書叙》曰："《漸備經》，護公以元康七年出之。……泰元元年，歲在丙子，此經達襄陽。釋慧常以酉年，因此經寄互市人康兒，展轉至長安。長安安法華遣人送至互市，互市人送達襄陽，付沙門釋道安。……釋僧顯寫送揚州道人竺法汰。"

是年冬，道安所鑄丈六金銅無量壽佛像完成。從上所引《釋迦方志》《法苑珠林》皆謂寧康四年冬鑄像並裝飾完成，具體時間在是年十月。

慧遠作《襄陽丈六金像頌》。慧遠之頌文當作於佛像鑄成之後，故繫之是年。

---

① ［梁］釋僧祐《出三藏記集》卷七，中華書局一九九五年版，第二六七頁。

是年，慧永至潯陽廬山。《高僧傳》卷六《釋慧永傳》：“慧永，姓潘，河內人。年十二出家，事沙門竺曇現爲師，後又伏膺道安法師。素與遠共期，欲結宇羅浮之岫，遠既爲道安所留，永乃欲先逾五嶺。行經潯陽，郡人陶範苦相要留，於是且停廬山之西林寺，既門徒稍盛。又慧遠同築，遂有意終焉。”義熙十年卒，春秋八十有三。慧永於太元初至廬，詳下文考。

晉孝武帝太元二年，前秦苻堅建元十三年，丁丑，公元三七七年，慧遠四十四歲

初，慧遠隨師道安去江陵暫住，三月或稍後，又隨道安返回襄陽。《高僧傳》道安本傳曰：“（安）既達襄陽，復宣佛法。……時征西將軍桓朗子鎮江陵，要安暫住，朱序西鎮，復請還襄陽。”可知，道安在居襄陽期間曾應桓朗子之邀，去江陵暫住。然《高僧傳》所載“征西將軍”則爲“征西大將軍”之誤。考《晉書》卷九《孝武帝紀》，桓豁（即桓朗子）遷征西將軍在寧康元年七月，太元元年正月遷征西大將軍。而寧康三年至太元元年十一月（季冬），道安在襄陽督造金銅無量壽佛像，故在桓朗子任征西將軍期間不可能去江陵。桓豁卒於太元二年七月。因此，桓豁“要安暫住”當在太元元年十一月至二年七月之間，此時桓豁已遷征西大將軍。另據同書所載，太元二年三月，朱序由兗州刺史遷爲南中郎將、梁州刺史，監沔中諸軍，鎮襄陽。朱序西鎮，請安公還襄陽，當在太元二年三月後。

是年，陶範爲慧永造西林寺。《佛祖統紀》卷二六《十八賢傳》載：“（永）於恒山與慧遠法師同依道安法師，期結宇羅浮。及遠師爲安所留，師乃欲先度五嶺。太元初至潯陽，刺史陶範素挹道風，乃留憩廬山，捨宅爲西林。”又清《德化縣誌》載：“（西林）寺在白鶴鄉廬山麓。晉太元二年，太府卿陶範爲慧永創建第一寺。”[1]後來慧遠造東林寺，

---

① 吳宗慈《廬山志》（上），江西人民出版社一九九六年版，第一一四頁。

乃與此對稱。

　　周續之生。續之字道祖,雁門廣武人。其先居豫章,太守范寧於郡立學,續之年十二,詣寧受業。尋通五經、五緯,號曰十經,名冠同門。既而閑居讀《老》《易》,事沙門慧遠,與劉程之、陶潛俱不應徵,謂之"尋(潯)陽三隱"。卒於家,年四十七。(《宋書》卷九三《周續之傳》)

　　鳩摩羅什聲名遠播,秦王苻堅遣使至龜兹求得羅什。《高僧傳》羅什本傳:"什既道流西域,名被東川。時苻堅僭號關中,有外國前部王及龜兹王弟並來朝堅,堅引見,二王説堅云:西域多産珍奇,請兵往定,以求内附。至苻堅建元十三年,歲次丁丑正月,太史奏云:'有星見於外國分野,當有大德智人,入輔中國。'堅曰:'朕聞西域有鳩摩羅什,襄陽有沙門釋道安,將非此耶?'即遣使求之。"苻堅建元十三年,即晉太元二年。

晉孝武帝太元三年,前秦苻堅建元十四年,戊寅,公元三七八年,慧遠四十五歲

　　是年二月,前秦世祖宣昭皇帝苻堅遣庶長子苻丕率兵圍襄陽。當時,道安爲朱序所羈縛,不得離開襄陽,於是分散衆徒,慧遠别安公東下,與法遇等居江陵長沙寺,後住上明寺。《高僧傳·釋慧遠傳》曰:"僞秦建元九年(三七三),秦將苻丕,寇并襄陽,道安爲朱序所拘,不能得去,乃分張衆徒,各隨所之。臨路,諸長德皆被誨約,遠不蒙一言。遠乃跪曰:'獨無訓勖,懼非人例。'安曰:'如汝者,豈復相憂!'遠於是與弟子數十人,南適荆州,住上明寺。"又《高僧傳》卷五《釋法遇傳》曰:"後襄陽被寇,遇乃避地東下,止江陵長沙寺。"又《名僧傳鈔·法遇》:"晉太元二年秦苻丕圍襄陽,(法遇)與曇徽、曇翼、慧遠等下集江陵長沙寺。"《高僧傳》《名僧傳鈔》記年均誤。苻丕初寇襄陽的具體時間,《晉書》不載。《資治通鑑》卷一〇四載:"太元三年二月,乙巳,秦王堅遣征南大將軍……丕、武衛將軍苟萇、尚書慕容暐帥步騎七萬寇襄陽。"

釋法遇止江陵長沙寺。《高僧傳》卷五《釋法遇傳》：“釋法遇，不知何人。弱冠好學，篤志墳素（當爲‘索’之誤），而任性誇誕，謂旁若無人。後與安公相值，忽然信服，遂投簪許道，事安爲師。……後襄陽被寇，遇乃避地東下，止江陵長沙寺。”

晉孝武帝太元四年，前秦苻堅建元十五年，己卯，公元三七九年，慧遠四十六歲

二月，苻丕陷襄陽，道安、朱序爲丕所執，送長安。道安至長安後住五重寺，弘揚佛法。《高僧傳》道安本傳曰：“苻堅素聞安名……後遣苻丕南攻襄陽，安與朱序俱獲於堅……既至，住長安五重寺，僧衆數千，大弘佛法。”又《晉書·載記》曰：“太元四年……苻堅陷襄陽，執南中郎將朱序，送於長安，堅署爲度支尚書。”①可知，道安與朱序至長安是太元四年。方立天先生作“太元三年，苻丕攻陷襄陽”②，誤。自是以後，道安居長安，直至圓寂，不復遷徙。按：陳統《慧遠大師年譜》依據道安《比丘大戒序》“歲在鶉火，自襄陽至關右”，繫年於太元七年。然道安《摩訶鉢羅若波羅蜜經抄序》又曰：“昔在漢陰十有五載，講《放光經》歲常再遍。及至京師，漸四年矣，亦恒歲二，未敢墮息。……會建元十八年，正車師前部王名彌第來朝……。”③“漸四年”則未及四年，若由建元十五至十八年則正是“漸四年”，說明道安則於是年到達長安。

晉孝武帝太元五年，前秦苻堅建元十六年，庚辰，公元三八〇年，慧遠四十七歲

慧遠與弟慧持及弟子南適荆州，住上明寺。《高僧傳·釋慧遠傳》曰：“秦將苻丕冠（寇）斥襄陽，道安爲朱序所拘，不能得去，乃分張

衆徒,各隨所之。……遠於是與弟子數十人,南適荆州,住上明寺。"
慧遠別道安後,與法遇等人先集江陵長沙寺,盤桓經年,後南下荆州。
具體時間當在太元四年至太元六年入廬山之間,姑繫之是年。

又《高僧傳・釋慧持傳》曰:"乃安在襄陽遣遠東下,持亦俱行,初
憩荆州上明寺,後適廬山,皆隨遠共止。"

竺法義卒。《高僧傳》卷四《竺法義傳》:"竺法義,未詳何人。年
十三,遇深公(竺法深)……深見其幼而穎悟,勸令出家。於是棲志法
門,從深受學。晉寧康三年,孝武皇帝遣使徵請出都講説。晉太元五
年卒於都,春秋七十有四矣。"

晉孝武帝太元六年,前秦苻堅建元十七年,辛巳,公元三八一年,慧遠四十八歲

遠曾與同學慧永相約結宇羅浮山,是欲踐舊約,與弟慧持離開上
明寺南下。先欲往羅浮山(位於今廣東東江之濱),途經廬山,見廬峰
清净,遂棲止之,始住龍泉精舍。《高僧傳》慧遠本傳曰:"後欲往羅浮
山,及届潯陽,見廬峰清静,足以息心,始住龍泉精舍。"《水經注》卷三
八:"廬山之北有石門水……其水歷澗徑龍泉精舍南,太元中沙門釋
慧遠所建也。"均未載具體年月。《蓮社高賢傳・慧遠法師》曰:"太元
六年至潯陽,見廬山閑曠,可以息心,乃立精舍。"李演《廬山法師影堂
記》、陳舜俞《廬山記》、彭希涑《净土聖賢録・慧遠法師》、《净土立教
志・始祖廬山辯覺正覺圓悟法師》(釋志磐《佛祖統紀》卷二六)均記
載爲太元六年。黄宗羲《遊記》作"太元八年",《蓮宗寶鑒》卷四作太
元九年,均誤。

龍泉精舍,後改名龍池寺,據《嘉靖重修一統志・九江府》載:"龍
池寺,在德化縣甘棠湖北。舊名龍泉精舍,晉僧慧遠建,明洪武十一
年改今名。"

慧永因慧遠至廬山,遂有終焉之志。又於山嶺別立茅屋,以供參
禪。《高僧傳・釋慧永傳》:"慧永素與遠共期,欲結宇羅浮之岫,遠既

爲道安所留,永乃欲先踰五嶺。行經潯陽,郡人陶範苦相要留,(永)
於是且停廬山之西林寺,既門徒稍盛。又慧遠同築,遂有意終焉。永
貞素自然,清心克己,言常含笑,語不傷物,耽好經典,善於講説,蔬食
布衣,率以終歲。又別立一茅室於嶺上,每欲禪思,輒往居焉。時有
至房者,並聞殊香之氣。"

　　僧伽跋澄來入關中,與道安等譯出《阿毗曇毗婆沙經》。《高僧
傳》卷一《僧伽跋澄傳》:"僧伽跋澄,此云衆現,罽賓人。……苻堅建
元十七年,來入關中。"後秦建元十七年即晉太元六年。

　　是年正月,孝武帝"初奉佛法,立精舍於殿内,引諸沙門以居之。"①

晉孝武帝太元七年,前秦苻堅建元十八年,壬午,公元三八二年,慧遠
四十九歲

　　釋僧濟來廬山從慧遠受學。《高僧傳》卷六《釋僧濟傳》:"釋僧
濟,未詳何許人。晉太元中來入廬山,從遠公受學,大小諸經及世典
書數,皆遊鍊心抱,貫其深要。年始過立,便出邑開講,歷當元匠,遠
每謂曰:'共吾弘佛法者,爾其人乎。'"僧濟太元中適廬,未久,因疾篤
而卒,年四十五。具體時間無考,姑繫之是年。

　　道安作《摩訶鉢羅若波羅蜜經鈔序》。經凡五卷,一名《長安品
經》,或云《摩訶般若波羅蜜經》。天竺沙門曇摩蜱執胡本《大品》,竺
佛護譯出。道安爲之序曰:"昔在漢陰十有五載,講《放光經》,歲常再
遍。及至京師,漸四年矣,亦恒歲二,未敢墮息。……會建元十八年
(三八二),正車師前部王名彌第來朝,其國師字鳩摩羅跋提,獻胡《大
品》一部,四百二牒,言二千首盧。……天竺沙門曇摩蜱執本,佛護爲
譯,對而檢之,慧進筆受,與《放光》《光讚》同者,無所更出也。其二經
譯人所漏者,隨其失處,稱而正焉。其義異不知孰是者,輒併而兩存
之。"(《出三藏記集》卷八)

---

　　①　《晉書》卷九,中華書局一九七四年版,第二三一頁。下引版本同。

鳩摩羅什被劫至涼州。前秦建元十八年（晉太元七年）九月，苻堅遣驍騎將軍呂光等，率兵七萬，西伐龜茲及焉耆，繼滅龜茲，將羅什劫至涼州。三年後姚萇殺苻堅，滅前秦，呂光割據涼州，羅什隨呂光滯留涼州達十六、七年。呂光父子既不弘道，故蘊其深解，無所宣化。直至後秦弘始三年（晉隆安五年），姚興攻伐後涼，十二月迎羅什入長安。（《晉書》卷一一三《載記·苻堅上》、《高僧傳》卷二《鳩摩羅什傳》）

晉孝武帝太元八年，前秦苻堅建元十九年，癸未，公元三八三年，慧遠五十歲

僧伽提婆譯出《阿毗曇八犍度論》。《高僧傳》卷一《僧伽提婆傳》："僧伽提婆，此言衆天，或云提和，音訛故也。本姓瞿曇氏，罽賓人。入道修學，遠求明師，學通三藏，尤善《阿毗曇心》，洞其纖旨。常誦《三法度論》，晝夜嗟味，以爲入道之府也。初，僧伽跋澄出《婆須蜜》，及曇摩難提所出《二阿含》《毗曇》《廣説》《三法度》等，凡百餘萬言。屬慕容之難，戎敵紛擾，兼譯人造次，未善詳悉，義旨句味，往往不盡。俄而安公棄世，未及改正。後山東清平，提婆與冀州沙門法和俱適洛陽。四五年間，研講前經，居華稍積，博明漢語，方知先所出經，多有乖失。法和慨嘆未定，乃更令提婆出《阿毗曇》及《廣説》衆經。頃之，姚興王秦，法事甚甚，於是法和入關，提婆渡江。先是廬山慧遠法師翹勤妙典，廣集經藏，虛心側席，延望遠賓，聞其至止，即請入廬岳。以晉太元中，請出《阿毗曇心》及《三法度》等。提婆乃於般若臺手執梵文，口宣晉語，去華存實，務盡義本，今之所傳，蓋其文也。……其在江洛左右，所出衆經百餘萬言。"苻氏建元（三六五至三八四）中，來入長安，宣流法化。共竺佛念譯出《阿毗曇八犍度論》，凡三十卷。道安爲之序曰："《阿毗曇》者。秦言大法也。……以建元十九年（晉太元八年），罽賓沙門僧伽提婆誦此經甚利，來詣長安。比丘釋法和請令出之，佛念譯傳，慧力、僧茂筆受，和理其指歸。自四月二十日出，至十月二十三乃迄。"（《出三藏記集》卷二）

　　僧伽跋澄譯《阿毗曇毗婆沙》。《高僧傳》卷一《僧伽跋澄傳》：僧伽跋澄，此云衆現，罽賓人。符堅建元十七年（晉太和六年），來入關中。符堅秘書郎趙正，崇仰大法，嘗聞外國宗習《阿毗曇毗婆沙》，而跋澄諷誦，乃四事禮供，請譯梵文，遂共法師釋道安等，集僧宣譯。跋澄口誦經本，曇摩難提筆受爲梵文，佛圖羅刹宣譯，敏智筆受爲晉本，以秦建元十九年（晉太元八年）譯出，自孟夏至仲秋方迄。

　　釋僧徹生。《高僧傳》卷七《釋僧徹傳》：僧徹，俗姓王，本是太原晉陽人，少孤，兄弟二人寓居襄陽。徹年十六入廬山造訪慧遠，遠見而異之。於是投簪出家，從慧遠受業。僧徹遍學衆經，尤擅《般若》，在學佛之遐，留意于篇章文學，能作賦吟詩，落筆成章。因遠言"以散亂言之，皆爲違法。"由是乃止。徹卒於宋元嘉二十九年，公元四五二年，年七十。逆推之，生於是年。

晉孝武帝太元九年，後秦姚萇白雀元年，甲申，公元三八四年，慧遠五十一歲

　　桓伊爲慧遠建東林寺。東林寺始名神運殿，因在慧永之西林寺東，故名東林寺。《高僧傳》慧遠本傳："時有沙門慧永，居在西林，與遠同門舊好，遂要遠同止。永謂刺史桓伊曰：'遠公方當弘道，今徒屬已廣，而來者方多。貧道所棲褊狹，不足相處，如何？'桓乃爲遠復於山東更立房殿，即東林是也。"又《蓮社高賢傳·慧遠法師》曰：桓伊"乃爲建刹，名其殿曰神運。以在永師舍東，故號東林寺。"

　　關於東林寺始建時間，宋王象之《輿地紀勝》謂"寺晉武帝太和十年建"①，誤。因爲"太和"爲晉廢帝年號，象之謂晉武帝，其誤一也。太和年號僅六年，并無太和十年，其誤二也。若依太和元年下推九年，則爲公元三七五年，時慧遠僅四十四歲，尚隨道安在襄陽，不可能在廬山建東林寺，其誤三也。考《晉書》卷八一《桓宣傳》，桓伊任江州

---

　　①　吳宗慈《廬山志》（上），江西人民出版社一九九六年版，第一〇二頁。

刺史是在桓冲死後,復考《孝武帝紀》,桓冲卒於太元九年二月,桓伊於是年二月任江州刺史,并改治所爲潯陽,故此寺當建於是年。《金石萃編》載唐李邕《東林寺碑記》云:"晉太元九年慧遠法師之所建也。"又《廬山志》引明喬桑《廬山記事》、同治《德化縣誌》均載:"寺爲晉太元九年慧遠開創。"①亦可證。

僧伽跋澄譯《尊婆須蜜菩薩所集論》。初,跋澄又齎《婆須蜜》梵本自隨,明年趙正復請出之。跋澄乃與曇摩難提、僧伽提婆三人共執梵本,沙門竺佛念宣譯,慧嵩筆受,安公、法和共校定。故二經流布傳學迄今。(《高僧傳》卷一《僧伽跋澄傳》)按:安公爲此經作序,諸本俱爲佚名。劉汝霖考證曰:"按此論之序,《大正藏》所據諸本,俱失作序人名。而據《高僧傳·跋澄傳》,則稱譯是經時安公與法和共校定。序中亦稱'余與法和對校修飾',故知爲安公所作也。"②所考甚是。

是年五月,竺佛念又請曇摩難提譯《增一阿含經》《中阿含經》,二載乃竟。佛念是繼安世高、支謙之後的中土著名翻譯家。《高僧傳》卷一《竺佛念傳》:"竺佛念,凉州人,弱年出家,志業清堅,外和内朗,有通敏之鑒。……符氏建元中,有僧伽跋澄、曇摩難提等入長安。趙正請出諸經,當時名德,莫能傳譯,衆咸推念,於是澄執梵文,念譯爲晉。質斷疑義,音字方明。至建元二十年五月,復請曇摩難提出《增一阿含》及《中阿含》。於長安城内,集義學沙門,請念爲譯,敷析研覈,二載乃竟。二含之顯,念宣譯之功也。自世高、支謙以後,莫踰於念,在符、姚二代爲譯人之宗,故關中僧衆,咸共嘉焉。後續出《菩薩瓔珞》《十住斷結》及《出曜》《胎經》《中陰經》等,始就治定,意多未盡,遂爾遘疾,卒於長安,遠近白黑,莫不嘆惜。"建元二十年(是年三月,姚萇自稱大將軍、大單于、萬年秦王,改元白雀。史稱後秦)即晉太元九年,可見《增一阿含》《中阿含》始譯於此年,完成於太元十一年。另,佛念個人所

---

① 吳宗慈《廬山志》(上),江西人民出版社一九九六年版,第一〇二頁。

② 劉汝霖《東晉南北朝學術編年》,華東師範大學出版社二〇一〇年版,第八四頁。

譯《菩薩瓔珞》諸經,時間當在此後數年間,具體時間無考,姑附錄於此。

　　法遇整飭戒律,致書慧遠。《高僧傳·釋法遇傳》:苻丕攻襄陽,遇東下,止江陵長沙寺。"時一僧飲酒,廢夕燒香,遇止罰而不愆,安公遙聞之,以竹筒盛一荊子,手自緘封,以寄遇,遇開封見杖,即曰:'此由飲酒僧也,我訓領不勤,遠遺憂賜。'即命維那鳴槌集衆,以杖筒置香橙上,行香畢,遇乃起,出衆前向筒致敬。於是伏地,命維那行杖三下,内杖筒中,垂淚自責。時境内道俗莫不嘆息,因之勵業者甚衆。既而與慧遠書曰:'吾人微闇短,不能率衆,和上雖隔異域,猶遠垂憂念,吾罪深矣。'"道安太元七年方至長安五級寺,太元十年二月圓寂。江陵至長安路途遙遠,江陵寺僧飲酒傳入長安,道安封寄荊子至江陵,途中盤桓必有數月,而法遇自我責罰時,道安尚在世,故繫是年。

　　習鑿齒卒。先是,苻堅陷襄陽,聞鑿齒名,與道安俱輿致長安。俄以疾歸襄陽。尋而襄陽、鄧州反正歸晉。朝廷欲徵鑿齒使典國史,會卒不果。(《晉書》卷八二《習鑿齒傳》)按:習鑿齒生卒不詳,襄陽、鄧州反正歸晉在是年四月,姑繫之是年。

　　是年四月,晉增置太學生百人,以車胤領國子博士。(《晉書》卷九《孝武帝紀》)

　　晉尚書謝石上書,請興復國學。帝納其言,是年選公卿二千石子弟爲生,增造廟屋一百五十五間。然而,社會亂離,經學荒廢,造成品課無章;世尚道釋,士君子恥與其列。國子祭酒殷茂上書言:"自學建彌年,而功無可名,憚業避役,就存者無幾。或假託親疾,真僞難知,聲實混亂,莫此之盛。……若以當今急病,未遑斯典,權宜停廢者,别一理也。"帝下詔褒納,又不施行,朝廷及草萊之人有志於學者,莫不發憤嘆息。(《宋書》卷一四《禮志一》)

晉孝武帝太元十年,後秦姚萇白雀二年,乙酉,公元三八五年,慧遠五十二歲

　　二月八日,道安圓寂於秦長安五級寺。安每與弟子法遇等,於彌

勒前立誓言,願生兜率。後至秦建元二十一年(後秦白雀二年)正月二
十七日,忽有異僧,形甚庸陋,來寺寄宿。夜見此僧從窗隙出入,遽以
白安,安驚起禮訊,問其來意,答云:相爲而來,度脫高僧。安又請問
來生所往處。彼乃以手虛擬天之西北,即見雲開,備睹兜率妙勝之
報。至是年二月八日,忽告衆曰:"吾當去矣。"是日齋畢,無疾而卒,
年七十三。葬五級寺中。(《高僧傳》卷五《釋道安傳》)

曇邕來廬,從慧遠受學。《高僧傳》卷六《釋曇邕傳》曰:"釋曇邕,
姓楊,關中人,少仕偽秦至衛將軍,形長八尺,雄武過人。太元八年,
從符堅南征,爲晉軍所敗,還至長安,因從安公出家。安公既往,乃南
投廬山,事遠公爲師。"《出三藏記集》卷一五《道安傳》記載符堅南征,
爲晉軍所敗,"單騎而遁,如所諫焉。堅尋爲慕容冲所圍。時安在長
安城内,以偽建元二十一年二月八日,齋畢無疾而卒。"符堅南征敗於
淝水是在太元八冬十月,曇邕出家事安公,當在此後。後南投廬山,
從慧遠出家,當在道安去世之後,即前秦建元二十一年(晉太元十年)
二月八日後,故繫之是年。

晉孝武帝太元十一年,後秦姚萇建初元年,丙戌,公元三八六年,慧遠五十三歲

東林寺落成。《蓮社高賢傳·慧遠法師傳》曰:桓伊"乃爲建刹,
名其殿曰神運……時太元十一年也。"《蓮社高賢傳》所載非爲東林寺
始建之時間,而是東林寺建成之時間。《蓮宗寶鑒》卷四曰:"江州太
守驚其神異,奏立東林寺,名其殿曰神運。太元十一年寺成。"今人將
東林寺落成之時間誤爲始建寺之時間。

遠於寺内別立禪林。《高僧傳·釋慧遠傳》曰:"桓乃爲遠復於山
東更立房殿,即東林是也。……(遠)復於寺内別置禪林,森樹煙凝,
石筵苔合。凡在瞻履,皆神清而氣肅焉。"遠《廬山東林寺雜詩》或乃
佇立禪林遠望之所作也。

遠迎文殊菩薩金像於東林寺,并作《文殊瑞像讚》(今佚)。《高僧

傳》慧遠本傳：“昔陶侃經鎮廣州，有漁人於海中見神光，每夕豔發，經旬彌盛。怪以白侃，侃往詳視，乃是阿育王像，即接歸，以送武昌寒溪寺。……及遠創寺既成，祈心奉請……於是率衆行道，昏曉不絶，釋迦餘化，於斯復興。既而謹律息心之士，絶塵清信之賓，并不期而至，望風遥集。”《高僧傳》謂阿育王像，誤。《法苑珠林》卷一三：“檢其銘勒，乃阿育王所造文殊師利菩薩像也。”①《蓮社高賢傳》《佛祖統紀》卷二六均記載是文殊像，阿育王所造。《蓮社高賢傳·慧遠法師傳》又謂：“迎至神運殿，造重閣以奉之，因制《文殊瑞像讚》。”亦可證。

僧伽提婆與法和自秦至洛陽譯經。《出三藏記集》卷一三《僧伽提婆傳》：“安公先所處《阿毗曇》《廣説》《三法度》等諸經，凡百餘萬言，譯人造次，未善詳審，義旨句味，往往愆謬。俄而安公棄世，不及改正。後山東清平，提婆乃與冀州沙門法和，俱適洛陽。四五年間，研讀前經，居華歲積，轉明漢語，方知先所出經多有乖失。法和嘆恨未定，重請譯改，乃更出《阿毗曇》及《廣説》，先出衆經，漸改定焉。”具體時間難考，然二人去洛陽譯經，當在道安去世不久，故繫之是年。

晉孝武帝太元十二年，後秦姚萇建初二年，丁亥，公元三八七年，慧遠五十四歲

處士戴逵與慧遠書，并呈所作之《釋疑論》，文中引世俗經典以難佛教因果報應之理。慧遠作《答戴處士安公書》，并附上周續之《難釋疑論》。

慧遠與戴逵往來書札的具體時間不詳，然考《晉書》卷九四《隱逸·戴逵傳》：“孝武帝時，以散騎常侍、國子博士累徵，辭父疾不就。郡縣敦逼不已，乃逃於吳。吳國内史王珣有別館在武丘山，逵潛詣之。”②戴逵譙國人，與慧遠書札論道必在逃於吳，居武丘山期間。復

---

① 《法苑珠林》，上海古籍出版社一九九一年影印本，第一一二頁。
② 《晉書》卷九四，中華書局一九七四年版，第二四五八頁。

考《晉書》卷九《孝武帝紀》，朝廷徵召戴逵在太元十二年六月癸卯，逃官必在此後。又慧遠《答戴處士安公書》曰："去秋與諸人共讀君論（即《釋疑論》），並亦有同異。"慧遠此書作於太元十三年，可知戴逵作《釋疑論》及首次與慧遠書，當在太元十二年秋。

竺法汰圓寂於京師瓦官寺。《高僧傳·竺法汰傳》："汰下都止瓦官寺，晉太宗簡文皇帝深相敬重，請講《放光經》。開題大會，帝親臨幸，王侯公卿，莫不畢集。……臨亡數日，忽覺不念，乃語弟子：'吾將去矣。'以晉太元十二年卒，春秋六十有八。……孫綽爲之讚曰：淒風拂林，鳴絃映壑。爽爽法汰，校德無祚。"

晉孝武帝太元十三年，後秦姚萇建初三年，戊子，公元三八八年，慧遠五十五歲

戴逵復作與慧遠書，并答周續之《難釋疑論》，慧遠作《重答戴處士安公書》回復戴逵，後另作《三報論》對戴逵懷疑佛教因果報應説進行了系統辯答，從內容看，《明報應論》亦當作於此時。

遠《重答戴處士安公書》："脱因講集之餘，麤綴所懷（即《三報論》），今寄往，試與同疑者共尋。"戴逵作《釋疑論》及首次與慧遠書，在太元十二年秋，慧遠作《三報論》及答戴逵書，當在十三年。戴逵與慧遠往來書札，并載《廣弘明集》卷二〇。湯用彤先生説："義熙之年，江左袁、何二賢，商略治道，諷刺時政，發五橫之論，而沙門居其一。佛法以報應之説，鼓動愚俗，故時頗非議之，因是慧遠作《明報應論》《三報論》。"①誤。

沙門竺道壹東止虎丘山。《高僧傳》卷五《竺道壹傳》："竺道壹，姓陸，吳人也。少出家……晉太和中出都，止瓦官寺，從汰公（竺法汰）受學，數年之中，思徹淵深，講傾都邑。……及帝崩汰死，壹乃還東，止虎丘山。"壹於晉隆安中遇疾而卒，即葬於山南，春秋七十有一。

---

① 湯用彤《漢魏兩晉南北朝佛教史》，北京大學出版社一九九七年版，第二四六頁。

晉孝武帝太元十四年,後秦姚萇建初四年,己丑,公元三八九年,慧遠五十六歲

釋法恭生。《高僧傳》卷一二《釋法恭傳》:"釋法恭,姓關,雍州人。初出家,止江陵安養寺。後出京師,住東安寺。少而苦行殊倫,服布衣,餌菽麥。誦經三十餘萬言。每夜諷詠,輒有殊香異氣,入恭房者,咸共聞之。又以弊納聚蚤虱,常披以飴之。宋武、文、明三帝及衡陽文王義秀等,並崇其德素。所獲信施,常分給貧病,未嘗私蓄。宋太始中還西,卒於彼,春秋八十。"劉宋太始(泰始)凡七年,"太始中"或指太(泰)始四年,即公元四六八年。逆推之,即生於是年。

釋慧元卒。《高僧傳》卷一三《釋慧元傳》:"釋慧元,河北人。爲人性善,喜慍無色。常習禪誦經,勸化福事,以爲恒業。晉太元初,於武陵平山立寺,有二十餘僧,飧蔬幽遁,永絕人途。以太元十四年卒。"慧元年壽不詳,卒於是年。

是年二月,呂光自稱三河王,改元麟嘉。六月,荊州刺史桓石虔卒。七月,以驃騎長史王忱爲荊州刺史,都督荊、益、寧三州諸軍事。八月,後秦姚萇破河南王苻登,獲僞后毛氏。(《晉書》卷九《孝武帝紀》、《資治通鑑》卷一〇七)

晉孝武帝太元十五年,後秦姚萇建初五年,庚寅,公元三九〇年,慧遠五十七歲

是年,法和入關,提婆渡江。《高僧傳》卷一《僧伽提婆傳》:"傾之,姚興王秦,法事甚盛,於是法和入關,提婆渡江。"具體時間不可考。二人在道安卒後,去洛陽譯經,其間經歷四五年時間,而後離開洛陽。提婆於太元十六年至廬山,推之或於是年二人離開洛陽。然是時,姚興尚未即位,《高僧傳》或有誤。姑繫之是年。

釋慧慶生。《高僧傳》卷一二《釋慧慶傳》:"釋慧慶,廣陵人,出家止廬山寺。學通經律,清潔有戒行。誦《法華》《十地》《思益》《維摩》。

每夜吟諷，常聞闇中有彈指讚嘆之聲。嘗於小雷遇風波，船將覆没，慶唯誦經不輟，覺船在浪中，如有人牽之，倏忽至岸，於是篤厲彌勤。宋元嘉末卒，春秋六十有二。"劉宋元嘉凡三十年，"元嘉末"或指元嘉三十年，即公元四五三。卒年六十二，逆推之，當生於是年。

晉孝武帝太元十六年，後秦姚萇建初六年，辛卯，公元三九一年，慧遠五十八歲

僧伽提婆南止廬阜。時，大法初流江東，經卷未備，禪法無聞，律藏多闕。慧遠請其重譯《阿毗曇心》《三法度論》，且作《阿毗曇心序》《三法度論序》，以標其宗旨，以貽後學。《高僧傳》慧遠本傳曰："昔安法師在關，請曇摩難提出《阿毗曇心》，其人未善晉言，頗多疑滯。後有罽賓沙門僧伽提婆，博識衆典，以晉太元十六年，來至潯陽。遠請重譯《阿毗曇心》《三法度論》，於是二學乃興，並製序標宗，貽於學者。"《出三藏記集·僧伽提婆傳》亦作"太元十六年"，故繫之是年。

是年，法莊出家，爲慧遠弟子。《高僧傳》卷一二《釋法莊傳》曰："釋法莊，姓申，淮南人。十歲出家，爲廬山慧遠弟子。晚遊關中，從叡公稟學。元嘉初出都，止道場寺。……誦《大涅槃》《法華》《净名》。每後夜諷誦，比房常聞莊户前有如兵杖羽衛之響，實天神來聽也。"莊生於晉孝武帝太元七年（三八二），卒於宋孝武帝大明元年（四五七），春秋七十六。以此推之，或於是年至廬。

晉孝武帝太元十七年，後秦姚萇建初七年，壬辰，公元三九二年，慧遠五十九歲

是年，因律藏禪典殘缺，慧遠乃令弟子法净、法領等往天竺求經書。《高僧傳》慧遠本傳："初經流江東，多有未備。禪法無聞，律藏殘缺。遠慨其道闕，乃令弟子法净、法領等遠尋衆經。逾越沙雪，曠歲方反，皆或梵本，得以傳譯。"《四分律序》曰："暨至壬辰之年，有晉國沙門支法領……西越流沙，遠期天竺，路經于闐，會遇曇無德部體大

乘三藏沙門佛陀耶舍，才豔博聞，明練經律，三藏方等，皆諷誦通利，即於其國，廣集諸經于精舍還。"①其壬辰年即秦建初七年也。秦建初七年，即晉孝武帝太元十七年，故繫之是年。

按：慧遠令弟子西域取經，早於法顯七年、唐玄奘二百三十七年，可見其影響深遠。又，法領自于闐所獲梵本《華嚴經》前分三萬六千偈（全本凡十萬偈），其後佛陀跋陀羅應吳郡内史孟顗、右衛將軍褚叔度禮請，以晉義熙十四年（四一八）三月十日，於揚州司空謝石所立道場寺，與沙門法業、慧義、慧嚴等百餘人共譯，至元熙二年（四二〇）六月十日出迄，凡六十卷，即晉譯《華嚴經》，實開唐華嚴宗之端緒。

秋，遠與僧伽提婆復校《阿毗曇心》，以作爲定本。無名氏《阿毗曇心序》曰："以晉泰元十六年，歲在單閼，貞於重光。其年冬，於潯陽南山精舍，提婆自執梵經②，先誦本文，然後乃譯爲晉語，比丘道慈筆受。至來年秋，復重與提婆校正，以爲定本。"由此可見，《阿毗曇心》始譯於太元十六年冬，校定於太元十七年秋。

是年十一月頃，遠與殷仲堪論《易》。《高僧傳》慧遠本傳："殷仲堪之荆州，過山展敬，與遠共臨北澗論《易》體，移影不勌。見而嘆曰：'識信深明，實難爲庶。'"考《晉書》卷九《孝武帝紀》，殷仲堪任荆州刺史在太元十七年十一月，過訪慧遠當在此時或稍後。殷仲堪《晉書》有傳。

後秦置學官。是年正月，後秦主姚萇下書，令留臺諸鎮，各置學官，勿有所廢。考試優劣，隨才擢用。（《晉書》卷一一六《載記·姚萇》）

---

①　按：《四分律序》，《大正藏》標作者僧肇（第二二册，五十六頁），湯用彤《漢魏兩晉南北朝佛教史》疑之。許抗生《僧肇評傳》則是之。見徐文明《〈四分律〉序辨僞》，《佛學研究》二〇〇〇年總十九期。

②　按：《出三藏記集》所載慧遠《阿毗曇心序》作《胡經》，是。據道安《阿毗曇序》載，僧伽提婆曾於建元十九年（三八三）在長安將《阿毗曇心》由梵文譯爲秦語（胡文），故此所譯當以胡經爲翻譯底本。

晉孝武帝太元十八年,後秦姚萇(姚興)建初八年,癸巳,公元三九三年,慧遠六十歲

鑿白蓮池,後人遂因此作廬山東林僧團結社之名稱。《遠公年譜》(今佚)、宋陳舜俞謂此池爲謝靈運所鑿。宋陳舜俞《廬山記》曰:"神運殿後有白蓮池。昔謝靈運既見遠公,肅然心服,乃及寺翻《涅槃經》。因鑿池爲臺。種白蓮池中,名其曰翻經臺。"[①]誤。明但宗皋《徵疑》駁之曰:"考《遠公年譜》,太元十八年(三九三)癸巳,謝靈運鑿池種蓮,是時遠公已六十歲矣。至元嘉十年(四三三)癸酉,靈運被刑,年才四十九,則當癸巳之歲,靈運特九歲耳。九歲豈能會見遠公,其可疑者一;考《高僧·慧嚴傳》,翻《涅槃經》,故在宋元嘉中,而《遠傳》載靈運即寺繙經,可疑者二。"[②]但宗皋所駁極是。據清同治《德化縣志》載:"白蓮池,晉慧遠鑿,因結白蓮社。"[③]故知白蓮池應爲慧遠所鑿,因謝靈運曾在白蓮池臺上翻譯《涅槃經》,後人遂將此臺稱之爲"翻經臺",亦附會此池爲靈運所鑿。

慧要立十二蓮葉,因葉流轉以定十二時。《高僧傳》卷六《釋道祖傳》載:"遠有弟子慧要,亦解經律,而尤長巧思,山中無刻漏,乃於泉水中立十二葉芙蓉,因流波轉,以定十二時,晷景無差焉。"此蓮葉非蓮花之葉,而是黃銅所製,狀如蓮葉,名曰"蓮花漏"。《山堂肆考》卷一〇四七"刻漏"記:"慧遠在廬山,以山中不知更漏,乃取銅葉製器,狀如蓮葉。"又《佛祖統紀》卷二六《始祖廬山辯覺正覺法師(慧遠)》謂刻漏之名曰"蓮花漏"。具體時間無考,姑繫之是年。

是年十一月姚萇卒,姚興秘不發喪,自稱大將軍,帥衆伐前秦之苻登。(《資治通鑑》卷一〇八)

---

① 吴宗慈《廬山志》(上),江西人民出版社一九九六年版,第一〇〇頁。
② 吴宗慈《廬山志》(上),江西人民出版社一九九六年版,第一〇一頁。
③ 吴宗慈《廬山志》(上),江西人民出版社一九九六年版,第一〇五頁。

晉孝武帝太元十九年，後秦姚興皇初元年，甲午，公元三九四年，慧遠六十一歲

是年二月，釋曇翼迎阿育王像於長沙寺。《高僧傳》卷五《釋曇翼傳》："翼常嘆寺立僧足，而形像尚少。以晉太元十九年甲午之歲二月八日，忽有一像現於城北，光相衝天，時白馬寺僧衆，先往迎接，不能令動。翼乃往祇禮，謂衆人曰：'當是阿育王像，降我長沙寺焉。'即令弟子三人捧接，飄然而起，迎還本寺，道俗奔赴，車馬轟填。……年八十二而終，終日，像圓光奄然靈化，莫知所之，道俗咸謂翼之通感焉。"

釋曇影入長安。《高僧傳》卷六《釋曇影傳》："釋曇影，或云北人，不知何許郡縣。性虛靖，不甚交遊，而安貧志學，舉止詳審，過似淹遲，而神氣駿捷，志與形反。能講《正法華經》及《光讚波若》，每法輪一轉，輒道俗千數。後入關中，姚興大加禮接。"曇影早期行迹不詳，至於長安，既受姚興禮接，必在其即位之後。姚萇崩於建初八年十一月，即晉太元十八年十一月，興自稱大將軍，次年即位於槐里，改元皇初，即晉太元十九年。曇影入長安必在是年，或稍後。

是年五月，後秦太子姚興始發喪，即皇帝位於槐里，改元皇初。（《資治通鑑》卷一〇八）

晉孝武帝太元二十年，後秦姚興皇初二年，乙未，公元三九五年，慧遠六十二歲

慧遠同學釋曇徽圓寂於荊州上明寺。《高僧傳》卷五《釋曇徽傳》："釋曇徽，河內人。年十二，投道安出家，安尚其神彩，且令讀書，二三年中，學兼經史，十六方許剃髮。……後隨安在襄陽，苻丕寇境，乃東下荊州，止上明寺。"是年卒，春秋七十三。著《立本論》九篇、《六識旨歸》十二首，並行於世。

釋慧虔至於廬山，義熙元年離廬山。詳下文義熙元年所考。

釋僧翼從慧遠受業。《高僧傳·釋僧翼傳》:"初出家,止廬山寺,依慧遠修學。"出家具體時間不詳,假定十五歲出家,姑繫是年。

釋慧果生。《高僧傳》卷一二《釋慧果傳》:"釋慧果,豫州人,少以蔬苦自業。宋初遊京師,止瓦官寺。誦《法華》《十地》。……果以宋太始六年卒,春秋七十有六。"劉宋太(泰)始六年,即公元四七〇年。逆推之,即生於是年。

戴逵卒。逵字安道,譙郡銍人也。幼有巧慧,聰悟博學。善鼓琴,工書畫。其畫古人山水極妙。十餘歲時,於瓦棺寺中畫。王長史見之云:"此兒非獨能畫,終享大名,吾恨不得見其盛時。"逵既巧思,又善鑄佛像及雕刻。曾造無量壽木像,高丈六,並菩薩。逵以古制樸拙,至於開敬,不足動心,乃潛坐帷中,密聽衆論。所聽褒貶,輒加詳研,積思三年,刻像乃成。逵卒於是年。(《晉書》卷九四《戴逵傳》、《歷代名畫記》卷五)

晉孝武帝太元二十一年,後秦姚興皇初三年,丙申,公元三九六年,慧遠六十三歲

竺道生及弟子道猷入廬山,曇順亦於是年入廬。《蓮社高賢傳·道生》曰:"道生,魏氏,鉅鹿人。幼從竺法汰出家,年在志學,便登講座。初入廬山,幽棲七年,常以入道之要,慧解爲本。乃與僧睿、慧嚴、慧觀等遊學長安,從羅什受業。"[①]道生、慧觀等入關從羅什受業,在元興元年(四〇二),詳見下文所考。上推七年,竺道生當於是年入廬,弟子道猷亦隨行。《高僧傳》卷七《釋道猷傳》曰:"釋道猷,吳人。初爲生公弟子,隨師入廬山。"

釋慧觀約與釋道生一起入廬山。《高僧傳》慧觀本傳:"晚適廬山,又諮禀慧遠。"具體時間不詳,約與道生同行,姑繫是年。

慧持送其姑道儀至京師,居東安寺。《比丘尼傳》卷一《何后寺道

---

① 吳宗慈《廬山志》(上),江西人民出版社一九九六年版,第五五四頁。

儀尼傳》曰："道儀,本姓賈,雁門婁煩人,慧遠姑也。……晉太元末至京師,住何后寺。"①又《高僧傳》慧持本傳:"持有姑爲尼,名道儀,住在江夏。儀聞京師盛於佛法,欲下觀化,持乃送姑至都,止於東安寺。"道儀至都,初居東安寺,後止於何后寺。

　　曇順、曇詵由關中來廬嶽。《高僧傳》卷六《釋道祖傳》:"遠又有弟子曇順、曇詵,並義學致譽。順本黃龍人,少受業什公,後還師遠,蔬食有德行。南蠻校尉劉遵,於江陵立竹林寺,請經始。遠遣徙焉。詵亦清雅有風則,注《維摩》及著《窮通論》等。又有法幽、道恒、道授等百有餘人,或義解深明,或匡拯衆事,或戒行清高,或禪思深入,並振名當世,傳業於今。"曇順、曇詵入廬,《高僧傳》不載時間,道生、僧叡、慧嚴、慧觀、曇順於太元二十一年入廬。故繫是年。又法幽、道恒、道授事迹不詳,附錄於此。按:此言僧叡乃冀州人,或乃慧叡之誤。

　　釋法莊出家,依慧遠受業。《高僧傳·釋法莊傳》:"十歲出家,爲廬山慧遠弟子。"

　　是年,釋曇始前往遼東弘揚三乘佛法,佛教始傳入高句麗。《高僧傳》卷一〇《釋曇始傳》:"釋曇始,關中人。自出家以後,多有異迹。晉孝武太元之末,齎經、律數十部,往遼東宣化,顯授三乘,立以歸戒,蓋高句驪聞道之始也。義熙初,復還關中,開導三輔。……晉末,朔方匈奴赫連勃勃,破獲關中,斬戮無數。時始亦遇害,而刀不能傷,勃勃嗟之,普赦沙門,悉皆不殺。始於是潛遁山澤,修頭陀之行。後拓跋燾復克長安,擅威關洛。時有博陵崔皓,少習左道,猜嫉釋教。既位居僞輔,燾所仗信,乃與天師寇氏說燾以佛教無益,有傷民利,勸令廢之。燾既惑其言,以僞太平七年(四四六),遂毀滅佛法。分遣軍兵,燒掠寺舍,統內僧尼,悉令罷道。其有竄逸者,皆遣人追捕,得必梟斬,一境之內,無復沙門。始唯閉絶幽深,軍兵所不能至。至太平

---

① 《高僧傳合集》(下),上海古籍出版社一九九一年版,第九六五頁。

之末,始知燾化時將及,以元會之日,忽杖錫到宮門。有司奏云:'有一道人足白於面,從門而入。'燾令依軍法,屢斬不傷。遽以白燾,燾大怒,自以所佩劍斫之,體無餘異,唯劍所著處有痕如布綖焉。時北園養虎於檻,燾令以始喂之,虎皆潛伏,終不敢近。試以天師近檻,虎輒鳴吼。燾始知佛化尊高,黄老所不能。及即延始上殿,頂禮足下,悔其謷失。始爲説法,明辯因果。燾大生愧懼,遂感癘疾。崔、寇二人次發惡病,燾以過由於彼,於是誅翦二家,門族都盡。宣下國中,興復正教。俄而燾卒,孫浚襲位。方大弘佛法,盛迄於今。始後不知所終。"

晉安帝隆安元年,後秦姚興皇初四年,丁酉,公元三九七年,慧遠六十四歲

道祖、僧遷、道流等入廬,依慧遠學,並受戒。道流、道祖撰《諸經目録》。《高僧傳》卷六《釋道祖傳》曰:"釋道祖,吳國人也。少出家,爲臺寺支法濟弟子。幼有才思,精勤務學。後與同志僧遷、道流等,共入廬山七年,並山中受戒,各隨所習,日有其新。遠公每謂祖等易悟,盡如此輩,不復憂後生矣。遷、流等並年二十八而卒。遠嘆曰:'此子並才義英茂,清悟日新,懷此長往,一何痛哉。'道流撰《諸經目》未就,祖爲成之,今行於世。祖後還京師瓦官寺講説,桓玄每往觀聽,乃謂人曰:'道祖後發,愈於遠公,但儒博不逮耳。'及玄輔正,欲使沙門敬王,祖乃辭還吳之臺寺。有頃,玄篡位,敕郡送祖出京,祖稱疾不行,於是絶迹人事,講道終日,以晉元熙元年(四一九)卒,春秋七十二矣。"桓玄輔政,欲使沙門敬王,在元興三年(四〇四),此年道祖離京師入吳。假定其在京師瓦官寺盤桓一年,由此上推八年,或於是年入廬。另,《諸經目録》當撰於這一時期。具體時間無考,姑繫是年。

僧伽提婆與道慈離廬山,遊於京師,講《阿毗曇心》。是年冬,提婆於建業重譯《中阿含》,次年夏完成。《高僧傳》卷一《僧伽提婆傳》曰:"至隆安元年,來遊京師。晉朝王公及風流名士,莫不造席致敬。

時衛軍東亭侯瑯琊王珣，淵懿有深信，荷持正法，建立精舍，廣招學衆。提婆既至，珣即延請。乃於其舍講《阿毗曇》，名僧畢集。……其（按：《出三藏記集》後有一"年"字）冬，珣集京都義學沙門釋慧持等四十餘人，更請提婆重譯《中阿含》等，罽賓沙門僧伽羅叉執梵本，提婆翻爲晉言，至來夏方迄。"

雷次宗來廬山。《宋書》卷九三《雷次宗傳》："少入廬山，事沙門釋慧遠。"次宗生於三八六年，卒於四四八年，少入廬山或在十二至十六歲之間，具體時間不詳，姑繫是年。

晉安帝隆安二年，後秦姚興皇初五年，戊戌，公元三九八年，慧遠六十五歲

釋僧徹來廬山，受學於慧遠。《高僧傳》卷七《釋僧徹傳》曰："釋僧徹，姓王，本太原晉陽人。少孤，兄弟二人居襄陽。徹年十六，入廬山造遠公，遠見而異之，問曰：'寧有出家意耶？'對曰：'遠塵離俗，固其本心。繩墨鎔鈞，更唯匠者。'遠曰：'君能入道，當得無畏法門。'於是投簪委質，從遠受業。遍學衆經，尤精《波若》。又以問道之暇，亦厝懷篇牘，至若一賦一詠，輒落筆成章。……退還諮遠：'律制管弦，戒絶歌舞。一吟一嘯，可得爲乎？'遠曰：'以散亂言之，皆爲違法。'由是乃止。……遠亡後，南遊荆州，止江城內五層寺，晚移琵琶寺。"僧徹生於晉孝武太元八年（三八三），卒於宋元嘉二十九年（四五二），春秋七十。是年十六。

釋道溫生。《高僧傳》卷七《釋道溫傳》曰："釋道溫，姓皇甫，安定朝那人，高士謐之後也。少好琴書，事親以孝聞。年十六入廬山，依遠公受學。……宋太始初卒，春秋六十有九。"宋明帝四六五年十二月即位，改元泰始。太始（即泰始）初，或即泰始二年（四六六）。以卒年推之，當生於是年。

北魏拓跋珪下詔尊崇佛教，始造五級浮圖。（《魏書》卷一一四《釋老志》）

晉安帝隆安三年，後秦姚興弘始元年，己亥，公元三九九，慧遠六十六歲

十二月，桓玄征殷仲堪，道經廬山，謁見慧遠。《高僧傳》慧遠本傳：後桓玄征殷仲堪軍經廬山，要遠出虎溪，遠稱疾不堪，玄自入山。及至見遠，不覺致敬。玄出山謂左右曰："實乃生所未見。"考《晉書》卷一〇《安帝紀》，桓玄征殷仲堪是隆安三年十二月，故初見慧遠當在是時。

是年，慧持從京師返回廬山，後辭遠入蜀。《高僧傳》慧持本傳："持乃送姑至都，止於東安寺。晉衛將軍瑯琊王珣，深相器重。時有西域沙門僧伽羅叉，善頌四含，珣請出《中阿含經》，持乃校閱文言，搜括詳定，後還山。"又曰："晉隆安三年辭遠入蜀。遠苦留不止，遠嘆曰：'人生愛聚，汝乃樂離，如何？'持亦悲曰：'若滯情愛聚者，本不應出家；今既割欲求道，正以西方爲期耳。'於是兄弟收淚，憫默而別。"持於太元末送姑道儀入京，返廬山具體時間無載。然衛將軍王珣請其校定《中阿含經》，必然盤桓有年。考《晉書·安帝紀》，隆安三年，加尚書令王珣衛將軍，四年卒。既稱珣衛將軍，持返廬時珣必已加官，而持辭遠入蜀亦在是年，故還山亦必在是年。以理推之，還山當在年初，辭遠入蜀或在歲末。

王謐、王默等人，欽慕慧遠風德，遙致師禮。是年，慧遠作《答王謐書》。《高僧傳》慧遠本傳曰："司徒王謐、護軍王默等，并欽慕風德，遙致師敬。謐修書曰：'年始四十，而衰同耳順。'遠答曰：'古人不愛尺璧，而重寸陰，觀其所存，似不在長年耳。檀越履順而遊性，乘佛理以御心，因此而推，復何羨於遐齡，聊想斯理，久已得之，爲復酬來信耳。'"考《晉書》卷六五《王導傳》，王謐卒於義熙三年（四〇七）十二月，年四十八。上推九年，則是晉安帝隆安三年（三九九）。謐修書與慧遠答書，皆在是年。

釋法顯西行求經。《高僧傳》卷三《釋法顯傳》：釋法顯，姓龔，平

陽武陽人。三歲便度爲沙彌。以晉隆安三年，與同學慧景、慧應、慧嵬等，發自長安，西渡流沙，過蔥嶺，歷雪山，途中同行者隕斃，顯自力孤行，遂過山險，凡所經歷三十餘國。後至中天竺，得《摩訶僧祇律》《薩婆多律抄》《雜阿毗曇心》《綖經》《方等泥洹經》等。顯留三年，學梵語梵書。後又至師子國（今斯里蘭卡），停留二年，復得《彌沙塞律》《長阿含》《雜阿含》及《雜藏》，並漢土所無。於義熙八年（四一二）年回國，且將其西行見聞著爲《佛國記》，又名《法顯傳》《歷遊天竺記》等。

曇摩耶舍初達廣州，住白沙寺。《高僧傳》卷一《曇摩耶舍傳》：曇摩耶舍，此云法明，罽賓人。少而好學，年十四爲弗若多羅所知。年將三十，尚未得果。覺自思惟，欲遊方授道，既而逾歷名邦，履踐郡國。以晉隆安中，初達廣州，住白沙寺，耶舍善誦《毗婆沙律》，人咸號爲大毗婆沙。時有清信女張普明，諮受佛法，耶舍爲説《佛生緣起》，并爲譯出《差摩經》一卷。按：耶舍來華，具體時間不詳，謂隆安中，姑繫是年。

是年十二月，桓玄發兵襲擊江陵，殷仲堪被害。（《晉書》卷九九《桓玄傳》）

是年三月，北魏初令“五經”群書各置博士，增國子太學生員三十人。（《魏書》卷二《太祖道武帝紀》）

晉安帝隆安四年，後秦姚興弘始二年，庚子，公元四○○年，慧遠六十七歲

是年仲春，慧遠與道俗之徒三十餘人遊石門，作《遊石門詩》，劉遺民、王喬之、張野等并有和詩。《全晉文》卷一六七佚名《廬山諸道人遊石門詩序》云：“石門在精舍南十餘里，一名障山……釋法師以隆安四年仲春之月，因詠山水，遂杖錫而遊，於時交徒同趣三十餘人。”按：《全晉文》作“佚名”，誤。詩題作“廬山諸道人遊石門詩”，亦誤。《遊石門詩》乃將同遊者所作之詩輯爲一帙，慧遠序之以明原委。“廬

山諸道人”乃總稱詩集作者之名也。

後桓玄作《與慧遠書》，勸令登仕，遠《答桓玄書》堅拒之。《高僧傳》慧遠本傳載：“玄後以震主之威，苦相延致，乃貽書騁説，勸令登仕。遠答辭堅正，確乎不拔，志逾丹石，終莫能回。”桓玄另有《與慧遠書勸罷道》，力勸慧遠還俗登仕，從内容看，亦當作於是年。

南燕建立學官。是年正月，慕容德稱帝，改元建平，下書建立學官。簡公卿以下子弟及二品士門二百人爲太學生，每月朔，親臨試之。（《晉書》卷一二七《載記·慕容德》）

晉安帝隆安五年，後秦姚興弘始三年，辛丑，公元四〇一年，慧遠六十八歲

鳩摩羅什至長安。《高僧傳》卷二《鳩摩羅什傳》曰：“（姚）興弘始三年（四〇一）……迎羅什入關，以其年十二月二十一日至於長安。”羅什在長安譯經弘法，其成就之輝煌，影響之深遠，在當時無出其右者。《晉書·載記·姚興上》曰：“羅什通辯夏言，尋覽舊經，多有乖謬，不與胡本相應。（姚）興與羅什及沙門僧䂮、僧遷、道樹、僧叡、道坦、僧肇、曇順等八百餘人，更出大品，羅什持胡本，興執舊經，以相考校，其新文異舊者皆會於理義。續出諸經並諸論三百餘卷。今之新經皆羅什所譯。興既託意於佛道，公卿已下莫不欽附，沙門自遠而至者五千餘人。”[1]

僧叡投羅什爲師，協助羅什翻譯衆經。《高僧傳·釋僧叡傳》：“什後至關，因請出《禪法要》三卷。始是鳩摩羅陀所製，末是馬鳴所説，中間是外國諸聖共造，亦稱《菩薩禪》。叡既獲之，日夜修習，遂精煉五門，善入六净，僞司徒公姚嵩，深相禮貴。姚興問嵩：‘叡公何如？’嵩答：‘實鄴衞之松柏。’興敕見之，公卿皆集，欲觀其才器。叡風韻霆流，含吐彬蔚，興大賞悦，即敕給俸恤吏力人輿。興後謂嵩曰：

---

[1] 《晉書》卷一一七，中華書局一九七四年版，第二九八四至二九八五頁。

'乃四海標領,何獨鄴衛之松柏。'於是美聲遐布,遠近歸德。什所翻經,叡並參正。昔竺法護出《正法華經》,《受決品》云:'天見人,人見天。'什譯經至此,乃言:'此語與西域義同,但在言過質。'叡曰:'將非人天交接,兩得相見。'什喜曰:'實然。'其領悟標出,皆此類也。後出《成實論》,令叡講之。什謂叡曰:'此諍論中,有七變處文破《毗曇》,而在言小隱,若能不問而解,可謂英才。'至叡啟發幽微,果不諮什,而契然懸會。什嘆曰:'吾傳譯經論,得與子相值,真無所恨矣。'著《大智論》《十二門論》《中論》等諸序。並著《大(品)》《小品》《法華》《維摩》《思益》《自在王禪經》等序,皆傳於世。"

慧遠贈釋法進裌裟一襲。《高僧傳》卷一一《釋法朗傳》:"釋法朗,高昌人。幼而執行精苦,多諸征瑞,韜光蘊德,人莫測其所階。朗師釋法進亦高行沙門。……昔廬山慧遠嘗以一裌裟遺進,進即以為贐。朗云:'衆僧已去。別日當取之。'"《高僧傳》卷一二《釋法進傳》:"釋法進,或曰道進,或曰法迎,姓唐,涼州張掖人。幼而精苦習誦,有超邁之德,為沮渠蒙遜所重。"具體時間不可考,姑繫是年。

晉安帝元興元年,後秦姚興弘始四年,壬寅,公元四〇二年,慧遠六十九歲

太尉桓玄與桓謙、王謐等書《論沙門應致敬王者》,又《與慧遠書》,重申庾冰令沙門致敬王者之議[①],慧遠、王謐均答書駁之;桓玄又作《重與慧遠書》《難王謐》《重難王謐》《三難王謐》,王謐作《答桓玄難》《再答桓玄難》《三答桓玄難》。

桓玄作《與遠法師書》,遠作《答桓玄書》(論沙門不應敬王者),玄又作《答慧遠書》。《高僧傳》慧遠本傳曰:"及玄在姑熟,欲令盡敬,乃與遠書:'沙門不敬王者,既是情所未了,於理又是所未喻,一代大事,

---

① ［晉］庾冰《為成帝出令沙門致敬詔》,《全晉文》卷三七,商務印書館一九九九年版,第三七七頁。

不可令其體不允。近八座書,今以呈君,君可述所以不敬者意也。此
便當行之事一二,令詳盡想,必有以釋其所疑耳。'遠答書曰:'夫稱沙
門者何耶? 謂能發矇俗之幽昏,啓化表之玄路,方將以兼忘之道,與
天下同往。……又袈裟非朝宗之服,鉢盂非廊廟之器,沙門塵外之
人,不應敬王者。'玄雖苟執先志,耻即外從,而觀遠書,趑趄未決。"考
《晉書》卷一○《安帝紀》、卷九九《桓玄傳》,桓玄出鎮姑孰在元興元
年。又《蓮宗寶鑑》卷四載:"元興元年,玄又申庾冰之議,欲沙門盡敬
王者,復以書辯論其事,遂免。"亦可證。後桓玄又作《許沙門不致禮
詔》,禮敬之爭始告結束。

是年,桓玄矯詔自命爲總百揆,加侍中、都督中外諸軍事、丞相、
錄尚書事、揚州牧,領徐州刺史;又加假黃鉞、羽葆鼓吹、班劍二十人
等,署置丞相府的大小僚屬。爲了整頓佛教,增加國家財政收入,作
《欲沙汰衆僧與僚屬教》。慧遠作《與桓玄論料簡沙門書》。《高僧傳》
慧遠本傳曰:"俄而,玄欲沙汰衆僧,教僚屬曰:'沙門有能申述經誥,
暢説義理,或禁行修整,足以宣寄大化,其有違於此者,悉皆罷遣。唯
廬山道德所居,不在搜簡之列。'遠與玄書曰:'佛教凌遲,穢雜日久,
每一尋至,慨憤盈懷。……此命既行,必一理斯得,然後令飾偽者絶
假通之路,懷直者無負俗之嫌。世道交興,三寶復隆矣。'因廣立條
制,玄從之。"上文已考,桓玄經廬謁見慧遠,是隆安三年十二月,作
《欲沙汰衆僧與僚屬教》,當在擅政之初,故繫之是年。《蓮宗寶鑑》
曰:"晉隆安元年,桓玄勸帝沙汰僧尼。"誤。

慧遠作《與隱士劉遺民等書》。《廣弘明集》卷二七上於題下云:
"彭城劉遺民,以晉太元中除宜昌、柴桑二縣令。值廬山靈邃,足以往
而不反。遇沙門釋慧遠,可以服膺。丁母憂去職,入山,遂有終焉之
志。於西林澗北,別立禪坊,養志閒處,安貧不營貨利。是時閒退之
士,輕舉而集者,若宗炳、張野、周續之、雷次宗之徒,咸在會焉。遺民
與群賢遊處,研精玄理,以此永日。遠乃遺其書。"此書作於劉遺民
《發願文》之稍前。《發願文》云"維歲在上章攝提格,秋七月戊辰朔",

攝提格是歲陰名,乃干支紀年法中的寅年。《發願文》所言之上章攝提格是庚寅年,明喬桑《廬山紀事》謂"建齋設誓"的時間是太元十五年,誤。湯用彤《漢魏兩晉南北朝佛教史》考之曰:"按太元十五年雖爲庚寅年,而七月朔系丁未。元興元年壬寅七月乃爲戊辰也。"①也就是説,太元十五年七月是丁未,而元興元年七月纔是戊辰。太元十五年是庚寅年,元興元年是壬寅年。而據《釋文紀》卷五、《佛祖歷代通載》卷七、《高僧傳》卷六所載《發願文》俱無"上章"二字,即是説,《發願文》只記了"攝提格"(寅年),而没有確切記爲"上章攝提格"(庚寅),"上章"二字乃後出衍文。因此《發願文》作於元興元年七月初一。此書乃勸劉作《發願文》,固當作於《發願文》之前月。

　　七月,慧遠與劉遺民、雷次宗、周續之、宗炳、張萊民、張季碩等共一百二十三人,於精舍無量壽佛像前,建齋設誓,期生净土。《高僧傳》慧遠本傳曰:"彭城劉遺民、豫章雷次宗、雁門周續之、南陽宗炳、張萊民、張季碩等,并棄世遺榮,依遠遊止。遠乃於精舍無量壽像前,建齋立誓,共期西方。"明喬桑《廬山紀事》謂"建齋設誓"的時間是太元十五年,誤。黃宗羲《遊記》駁之曰:"十八人者,雁門慧遠、慧持、河南慧永、鉅鹿道生、黄龍曇順、冀州僧叡、潁州道昺、廣陵曇詵、河東曇恒、瑯琊道敬、罽賓國佛陀耶舍、伽羅衛國佛馱羅、彭城劉程之、柴桑張野、張詮、雁門周續之、南陽宗炳、南昌雷次宗是也。據《紀事》謂遠公結社在晉孝武帝太元十五年庚寅(三九〇),而道敬辛卯(三九一)出家,道生辛亥(四一一)、佛陀耶舍壬子(四一二)入社,皆與太元庚寅不合。《宋書·列傳》周續之景平元年癸亥(四一二)卒,年四十七;宗炳元嘉二十年癸未(四三十)卒,年六十九;雷次宗元嘉二十五年戊子(四四八)卒,年六十三。當太元庚寅,續之十四歲,炳十六歲,次宗五歲,皆無入社之理。予謂由蓮社《發願文》之誤也。凡從遠公學佛,

---

①　湯用彤《漢魏兩晉南北朝佛教史》,北京大學出版社一九九七年版,第二四〇頁。

俱謂之蓮社,非如蘭亭、金谷,斷以一會。"①黃氏所考是,然謂"由蓮社《發願文》之誤"則非。"建齋設誓,期生净土"的具體時間乃湯用彤所考"元興元年壬寅七月"。

此次"建齋設誓,期生净土",後人認爲是最早的佛教結社,稱之爲"蓮社"(或白蓮社),亦爲净土宗之肇始也。宋陳舜俞《廬山記》曰:"昔謝靈運恃才傲物,少所推重。一見遠公,肅然心服。乃即寺,翻《涅槃經》。因鑿池爲臺,植白蓮池中,名其臺曰翻經臺。今白蓮亭即其故地。遠公與慧永、持、曇順、曇恒、竺道生、慧叡、道敬、道昺、曇詵,白衣張野、宗炳、劉遺民、張詮、周續之、雷次宗,梵僧佛馱耶舍十八人者,同修净土之法,因號'白蓮舍十八賢'。"然《高僧傳》只言"建齋設誓",并未以"社"名。吳宗慈《廬山志》曰:"廬山佛教最高遠者,其事蹟輯合《蓮社高賢傳》,與梁釋慧皎《高僧傳》彙同標異,略有損益。……至《十八賢傳》之由來,其傳後跋云:'始不著作者名,疑自昔出於廬山。熙寧間陳令舉舜俞矗加刊正。大觀初,沙門懷悟以事蹟疏略,復爲詳補'云云,則《十八賢》固多傳述之詞。"②由此可知,慧遠初修净土,雖同修者甚衆,并未以社名之。稱之爲"蓮社"者,乃出自宋陳舜俞《廬山記》《蓮社高賢傳》等後人所載,宋志磐《佛祖統紀》卷二六《净土立教志》亦詳述蓮社七祖及十八賢之事蹟。

其實,慧遠修净土之業亦非始於是年。《蓮社高賢傳·慧遠法師傳》曰:"及雷次宗、周續之、宗炳、張銓、畢穎之等同來廬山,遠公謂曰:'諸君之來,豈宜思净土之遊乎?'程之乃鐫石爲誓文,以志其事。"可見,在劉遺民作《發願文》之前慧遠已修净土之業。蓮社十八賢也并非均於是年集於廬山。慧永、慧持原居廬山,劉遺民作《發願文》時,慧持已離廬適蜀;曇恒、道昺、曇詵、道敬均幼依慧遠出家;道生、僧叡、慧嚴、慧觀、曇順於太元二十一年入廬;馱跋陀羅(佛賢)義熙七

① 吳宗慈《廬山志》(上),江西人民出版社一九九六年版,第一〇六頁。
② 吳宗慈《廬山志》(上),江西人民出版社一九九六年版,第五五九頁。

年入廬；佛陀耶舍義熙八年入廬。十八賢之稱乃後人以其修證佛法之成就而言之，并非完全包括在劉遺民之文所稱之一百二十三人之內，而《高僧傳》亦僅載其遺民、次宗、續之、宗炳、萊民、季碩六人。故黃宗羲《遊記》曰："遠公始至廬山，年四十有九，至八十三歲卒，當義熙十二年丙辰（四一六）。此三十四年之中，無日無非蓮社也。遺民發願，特庚寅一時之事，不謂此年而外，無發願之人；即發願者，不得稱爲蓮社也。所謂十八人，表其社中之顯者。"①

是年，王喬之等作《念佛三昧詩》，諸作皆佚，唯王喬之詩存。慧遠作《念佛三昧詩集序》，闡釋念佛三昧之義。《净土聖賢録·慧遠法師傳》曰："（慧遠）乃造三聖像，建齋立社，令劉遺民著《發願文》，勒之石。時王喬之等數人，復爲念佛三昧詩以見志。遠爲作序。"②按：王喬之，《廣弘明集》卷三〇作王齊之，誤。

慧觀、道生、僧叡離廬，入長安。《高僧傳》卷七《釋慧觀傳》曰："釋慧觀，姓崔，清河人。十歲便以博見馳名，弱年出家，遊方受業，晚適廬山，又諮廩慧遠。聞羅什入關，乃自南徂北，訪覈異同。"羅什入關爲隆安五年（四〇一）十二月，慧觀聞羅什入關而離廬，必在次年初，或稍後，故繫之是年。

又《蓮社高賢傳·道生》："道生……初入廬山幽棲七年，常以入道之要，慧解爲本。乃與僧叡、慧嚴、慧觀等遊學長安，從羅什受業。"後又依佛馱跋陀羅，佛馱因與長安舊僧不合，遭秦主姚興擯棄，慧嚴、慧觀等又隨佛馱離長安適廬。《出三藏記集·佛馱跋陀傳》："（佛馱）聞鳩摩羅什在長安，即往從之。什大欣悦，共論法相，振發玄緒，多有妙旨。時僞秦主姚興專志經法，供養三千餘僧，并往來宮闕，盛修人事。唯有佛賢自静，不與衆同。後語弟子云：'我昨見本鄉有五舶俱發。'既而弟子傳告外人。關中舊僧道恒等以爲顯異惑衆，乃與三千

---

① 吳宗慈《廬山志》（上），江西人民出版社一九九六年版，第一〇六頁。
② 《續修四庫全書》第一二八六册，上海古籍出版社二〇〇二年版，第一九七頁。

僧擯遣佛賢，驅逼令去。門徒數百，驚懼奔散。乃與弟子慧觀等四十餘人俱發。"①佛馱跋陀（羅）入廬事在義熙七年，詳見下文所考。

晉安帝元興二年，後秦姚興弘始五年，癸卯，公元四〇三年，慧遠七十歲

遠作《遣書通好羅什法師》，并贈袈裟、天漉之器。《高僧傳》慧遠本傳曰："（遠）孜孜爲道，務在弘法。每逢西域一賓，輒懇惻諮訪。聞羅什入關，即致《與鳩摩羅什書》以通好。書曰：'釋慧遠頓首。去歲得姚左軍書，具承德問。……今往比量衣裁，願登高座爲著之。并天漉之器，此既法物，聊以示懷'。"關於此書寫作時間，湯用彤《漢魏兩晉南北朝佛教史》定爲公元四〇六或四〇九年，日本木村英一《慧遠研究·遺文篇》則認爲不早於四〇三而不遲於四〇四年。由書"去歲得姚左軍書，具承德問"句可知：第一，慧遠致書羅什前，羅什已藉姚左軍致慧遠書轉致了對慧遠的問候。第二，慧遠致羅什書是在得姚左軍書後一年，而羅什來長安已是弘始三年即晉隆安五年（四〇一）十二月，姚左軍書不可能作於是年，至早亦是作於羅什來長安第二年，故慧遠致羅什書應在羅什來長安的第三年，即晉安帝元興二年。遠另有《再遣書通好羅什法師》，所作時間不詳，姑附録之。

鳩摩羅什作《答慧遠書》，慧遠復書作《報羅什法師偈》。另作《澡罐銘》并序，銘已散佚，唯存其序。《高僧傳》卷六慧遠本傳載：慧遠聞羅什入關，即遣書通好，羅什法師答書云："今往常所用鍮石雙口澡灌，可以備法物數也。并遺偈一章曰：既已捨染樂，心得善攝不？若得不馳散，深入實相不？畢竟空相中，其心無所樂。若悦禪智惠，是法性無照。虛誑等無實，亦非停心處。仁者所得法，幸願示其要。"遠復書，并答以偈。《澡罐銘序》與偈所作時間同時，故繫之是年。

《高僧傳》慧遠本傳另有《重與羅什書》諮大乘法義，羅什一一作答，後人輯爲《大乘大義章》十八章行於世。《高僧傳》卷二《鳩摩羅什

---

①　［梁］釋僧祐《出三藏記集》，中華書局一九九五年版，第五四一至五四二頁。

傳》曰："廬山釋慧遠學貫群經，棟樑遺化，而時去聖久遠，疑義莫決，乃封以諮什。"慧遠"封以諮什"當是在上文所引致羅什書後，具體時間無考。然據《高僧傳》卷六《釋曇邕傳》曰："後爲遠入關，致書羅什，凡爲使命，十有餘年，鼓擊風流，搖動峰岫，强捍果敢，專對不辱。"可知，慧遠致書羅什書，均以曇邕爲使，時間跨度較長，姑繫之是年。

另據《出三藏記集》卷一二載，慧遠致羅什書諮佛學義理、羅什作答者有：《問如法性真際》《問實法有》《問分破空》《問法身》《重問法身》《問真法身像類》《問真法身壽》《問法身應感》《問法身非色》《問修三十二相》《問法身佛盡本習》《問念佛三昧》《問遍學》《重問遍學》《問羅漢受》《問住壽》《問後識追憶前識》《問論神》《問四相》①。

遠公雖老而講論不輟。《世説新語・規箴》："遠公在廬山中，雖老，講論不輟。弟子中或有惰者，遠公曰：'桑榆之光，理無遠照，但願朝陽之暉，與時并明耳。'執經登坐，諷誦朗暢，詞色甚苦。高足之徒，皆肅然增敬。"慧遠之教誨弟子，皆屬常態，具體時間不可確考，姑繫是年。

是年，遠作《遊山記》。《世説新語・規箴》"遠公在廬山中"劉孝標注引《遊山記》曰："自託此山二十三載，再踐石門，四遊南嶺，東望香鑪峰，北眺九流，傳聞有石井方湖，中有赤鱗踊出，野人不能叙，直嘆其奇而已矣。"慧遠太元六年（三八一）適廬，作其文已至廬二十三年，逆推之則作於是年。《太平御覽》卷四一載《遊山記》"自託此山二十二載"云云，或爲誤鈔。

又作《廬山記》。據《遊山記》所載，慧遠在作《遊山記》前，另作有《（廬山）別記》等文。《廬山記》或是在諸作基礎上整理而成完帙，故必在元興二年後，具體時間不可考，姑繫是年。

是年正月，西涼王李暠命立泮宮，增高門學生五百人。（《晉書》卷

---

① 按：《出三藏記集》所載《問論神》《問四相》二則，并未記"釋慧遠問，羅什答"，但從體例上看，當爲慧遠諮羅什之文，故録於此。然重出一章，不詳孰是。

八七《李玄盛傳》

晉安帝元興三年，後秦姚興弘始六年，甲辰，公元四〇四年，慧遠七十一歲

　　桓玄篡位，下書謂沙門必致敬王者，慧遠著《沙門不敬王者論》（五篇）。《高僧傳》慧遠本傳：“有頃桓玄篡位，即下書曰：‘佛法宏大，所不能測，推奉主之情，故興其敬。今事既在己，宜盡謙光，諸道人勿復致禮也。’遠乃著《沙門不敬王者論》。”又《出三藏記集》慧遠本傳：“及玄在姑孰，欲令盡敬。乃書與遠，具述其意。遠懼大法將墜，報書懇切，以爲袈裟非朝宗之服，鉢盂非廊廟之器。又著《沙門不敬王者論》，辭理精峻。玄意感悟，遂不果行。”二者所記完稿時間略有差異。此論分爲五篇：在家、出家、求宗不順化、體極不兼應、形盡神不滅，全面闡述了沙門不敬王者的理由。考《晉書》卷一〇《安帝紀》，桓玄篡位在元興二年十二月，元興三年五月被誅，慧遠著論當在元興三年初。按：據論文末云“晉元興三年”，可知本論完成於是年。然元興元年（四〇二），桓玄致書“八座”，重議沙門禮敬王者。元興二年十二月三日，桓玄下《桓楚許道人不致禮詔》，“禮敬”之争結束。從具體内容看，此組論文或始於元興元年，完成於元興三年。

　　五月，劉裕誅桓玄，遣使與前秦通好。《晉書·載記·姚興上》曰：“時劉裕誅桓玄，迎復安帝……劉裕遣大參軍衡凱之謁姚顯，請通和，顯遣吉默報之，自是聘使不絶。”[①]考《晉書·安帝紀》，劉裕誅桓玄在元興三年五月。故繫之是年。

　　是年，姚興致書問候慧遠，贈龜兹國細縷雜變像。《高僧傳》慧遠本傳曰：“秦姚興欽德風名，嘆其才思，致書殷勤，信餉連接，贈以龜兹國細縷雜變像，以申欵心，又令姚嵩獻其珠像。”雜變相，是一種佛教題材並具複雜繪圖形式的繪畫。有立體彩畫、小型微雕、銅製浮雕、

---

①　《晉書》卷一一七，中華書局一九七四年版，第二九八五頁。

堂殿壁畫、卷軸畫、絲織圖像等多種形式。姚興致書贈絲織佛像,具體時間無考,然據《出三藏記集·慧遠法師傳》曰:"遠翹勤弘道,懷厲爲法。每致書羅什,訪覈經典,什亦高其勝心,萬里響契。"可知,在因遠致書羅什後,故繫之是年。

　　慧遠作《法性論》。湯用彤曰:"據慧達《肇論疏》所記,論作於廬山,在得羅什《大品經》之前。應在元興三年(四〇四)之後。"①《大品經》譯於是年六月,傳入廬岳當時間不會久遠,故繫於是年。

　　是年四月,鳩摩羅什譯出《新大品經》二十四卷。釋僧叡作《大品經序》:"予既知命,遇此真化,敢竭微誠,屬當譯任。……以弘始五年,歲在癸卯,四月二十三日,於京城之北逍遙園中出此經。法師(羅什)手執胡本,口宣秦言,兩釋異音,交辯文旨。……與諸宿舊義業沙門釋慧恭、僧䂮、僧遷、寶度、慧精、法欽、道流、僧叡、道恢、道標、道恒、道悰等五百餘人,詳其義旨,審其文中,然後書之。以其年十二月十五日出盡。校正檢括,明年四月二十三日乃迄。"(《出三藏記集》卷八)由此可知,《新大品經》始譯於弘始五年(四〇三)四月,是乃十二月完成,定稿於弘始六年(四〇四)四月。

晉安帝義熙元年,後秦姚興弘始七年,乙巳,公元四〇五年,慧遠七十二歲

　　安帝自江陵返京,鎮南將軍何無忌勸遠公候覲安帝,慧遠稱疾不行,作《答晉安帝書》。《高僧傳》慧遠本傳:"及桓玄西奔,晉安帝自江陵旋於京師,輔國何無忌勸遠候覲,遠稱疾不行。"考《晉書·安帝紀》,桓玄西奔在元興三年三月,五月被誅。安帝自江陵返京在義熙元年三月。何無忌勸慧遠朝覲安帝,當在安帝返京後。是月,安帝遣使勞問慧遠,次月遠修書答謝,安帝《詔答慧遠》。

　　遠作《遣書通好流支法師》,請《十誦律》。據唐釋智昇《開元釋教

――――――――――

①　湯用彤《漢魏兩晉南北朝佛教史》,北京大學出版社一九九七年版,第二五四頁。

録》卷四上記載:後秦弘始六年(四〇四)十月,秦主姚興集義學沙門六百餘人於長安中寺,延請罽賓高僧弗若多羅,與鳩摩羅什一起翻譯《十誦律》,約譯有三分之二,多羅遘疾,奄然棄世。弘始七年(四〇五)秋,善於律學的西域高僧曇摩流支遊方關中。慧遠聞之,派遣弟子曇邕,攜其書信,通好流支,祈請《十誦》一部。《高僧傳》慧遠本傳:"後有弗若多羅來適關中,誦出《十誦》梵本,羅什譯爲晉文,三分始二,而多羅棄世,遠常慨其未備。及曇摩流支入秦,復善誦此部,乃遣弟子曇邕致書祈請,令於關中更出餘分,故《十誦》一部具足無闕,晉地獲本,相傳至今。"由曇摩流支入關時間,可以推定慧遠此書當作於晉義熙元年、後秦弘始七年年底,或次年初,即公元四〇五或四〇六年之間。姑繫是年。

慧虔因慧遠在山,聲名過己,故出廬山,東遊吳越,樓止嘉祥寺。《高僧傳》卷五《釋慧虔傳》曰:"釋慧虔,姓皇甫,北地人。少出家,奉持戒行,志操確然,憩廬山中十有餘年。……羅什新出諸經,虔志存敷顯,宣揚德教。以遠公在山,足紐振玄風,虔乃東遊吳越,囑地弘通。以義熙之初,投山陰嘉祥寺。"具體時間無考,姑繫之是年。

鳩摩羅什譯出《大智論》(《大智釋論》),凡百卷。僧叡《大智釋論序》曰:"經本既定,乃出此《釋論》。論之略本有十萬偈,偈有三十二字,並三百二十萬言。"又無名氏《大智論記》(出論後記)曰:"鳩摩羅耆婆法師以秦弘始三年,歲在辛丑十二月至長安。四年夏,於逍遙園中西門閣上,爲姚天王出《釋論》,七年十二月二十七日乃訖。……論《初品》三十四卷,解釋一品,是全論具本。二品已下,法師略之,取其要足以開釋文意而已,不復備其廣釋,得此百卷。"[①]由此可知,《大智論記》始譯於弘始四年(四〇二)夏,完成於弘始七年(四〇五)十二月。

---

① ［梁］釋僧祐《出三藏記集》卷一〇,中華書局一九九五年版,第三八八頁。

晉安帝義熙二年，後秦姚興弘始八年，丙午，公元四〇六年，慧遠七十三歲

　　遠作《答秦主姚興書》及《大智論序》《大智論鈔序》。《高僧傳》慧遠本傳："釋論新出，(姚)興送論并遺書曰：'《大智論》新譯訖，此既龍樹所作，又是方等旨歸，宜爲一序，以申作者之意。然此諸道士，咸相推謝，無敢動手，法師可爲作序，以貽後之學者。'遠答書云：'⋯⋯披省之日，有愧高命，又體羸多疾，觸事有廢，不復屬意以來，其日亦久，緣來告之重，輒纜綴所懷。至於研究之美，當復期諸明德。'"由"纜綴所懷"看，慧遠已經爲此經作序。可知，即便姚興在《大智論》譯訖即遣使送論并遺書求序，也當於次年即弘始八年(晉義熙二年)纔可到達廬山，故繫之是年。

　　遠《大智論序》已散佚，今存僧叡《大智釋論序》。又因《大智論》百卷，帙繁義雜，慧遠鈔摘要文，撰爲二十卷，并作《大智論鈔序》。

　　遠作《曇無竭菩薩讚》。此讚乃由批閱《大智度論》所生之感慨，故當作於其撰《大智度論鈔》之後。故繫之是年。

　　按：《高麗藏》本《廣弘明集》卷三〇"目錄"注云："晉沙門釋慧遠《念佛三昧詩序》(並《佛菩薩讚》)。"另外，《廣弘明集》正文所錄慧遠《念佛三昧詩序》後，又附錄王齊之《念佛三昧詩》，且在王詩下又注云："詩並菩薩讚。"這就引起兩點混淆：第一，僅僅是王齊之《念佛三昧詩》作爲《念佛三昧詩序》附錄，還是佛菩薩四讚也是《念佛三昧詩》附錄？ 第二，兩條"注云"前後所指内容不同：前言"佛菩薩讚"，後言"菩薩讚"。從收錄内容看，前四篇是菩薩讚，後一篇是佛讚。若非翻刻或抄錄錯誤，即可作兩種理解：一是"佛菩薩讚"乃慧遠所作；二是其中"菩薩讚"既可能是慧遠所作，也可能是王齊之所作，甚或可能也有其他道人之所作。其《佛菩薩讚》組詩除此篇外，另有《薩陀波倫讚》《薩陀波倫入山求法讚》《薩陀波倫悟欲供養大師讚》《諸佛讚》。由於《匡山集》散佚，此五篇讚唯有《曇無竭菩薩讚》見諸《初學記》卷

二三所引，其餘四篇皆不見後代徵引，比照《廣弘明集》前後題注，也可以確定《諸菩薩讚》亦是遠所作。其他三篇則疑不能明。另，王齊之乃王喬之之誤。

釋僧肇作《般若無知論》。劉汝霖將羅什譯出《大品經》及僧肇作《般若無知論》皆繫年於四〇四年，並曰：“初，肇與僧叡等奉命入逍遙園，助羅什詳定經論。肇以去聖久遠，文義舛雜，先舊所解，時有乖謬，及見羅什諮稟，所悟更多。因出《大品》之後，便著《般若無知論》。”①所考《大品經》譯出及《般若無知論》創作之時間並誤。張春波《肇論校釋》又曰：“《般若無知論》是僧肇最早的一篇關於佛學認識論的論文，也是僧肇的代表作。此論作於公元四〇五年，在鳩摩羅什譯出印度重要佛典《大品般若經》和《大智度論》之後，也就是說，是僧肇在對印度中觀佛學認識論有了深刻理解以後寫的。”②《般若無知論》是在深入研究《大品般若經》和《大智度論》之後所作，是毫無疑義的，那麽依據《大智度論》譯出時間是弘始七年十二月二十七日推論，此文創作至早也在弘始八年（四〇六）初。故張春波推論亦值得商榷。

鳩摩羅什于長安譯《法華經》。譯迄，慧觀作《法華宗要序》曰：“秦弘始八年夏，於長安大寺集四方義學沙門二千餘人，更出斯經，於衆詳究。”僧叡《法華經後序》亦明載“是弘始八年，歲次鶉火。”即是經於弘始八年正月譯出。（《出三藏記集》卷八）

卑摩羅叉自龜兹至關中。《高僧傳》卷二《卑摩羅叉傳》：“卑摩羅叉，此云無垢眼，罽賓人。……先在龜兹，弘闡律藏，四方學者，競往師之，鳩摩羅什亦預焉。及龜兹陷没，乃避地焉。頃之，聞什在長安大弘經藏，又欲使毗尼勝品復洽東國，於是杖錫流沙，冒險東入。以僞秦弘始八年（晉義熙二年）達自關中，什以師禮敬待，又亦以遠遇欣然。”

---

① 劉汝霖《東晉南北朝學術編年》，華東師範大學出版社二〇一〇年版，第一一三頁。
② 張春波《肇論校釋》，中華書局二〇一〇年版，第六一頁。

晉安帝義熙三年，後秦姚興弘始九年，丁未，公元四○七年，慧遠七十四歲

佛陀耶舍至後秦。《高僧傳》卷二《佛陀耶舍傳》：佛陀耶舍，此云覺明，罽賓人也，婆羅門種。年十三出家，至年十九，誦大小乘經數百萬言。年二十七，方受具戒。後至沙勒國，國王不念，請三千僧會，耶舍預其一焉。時太子達摩弗多，此言法子，見耶舍容服端雅，問所從來，耶舍酬對清辯，太子悦之，仍請留宮內供養，待遇隆厚。羅什後至，復從舍受學，甚相尊敬。羅什隨母還龜兹，耶舍留止，後至姑臧。時羅什已入長安，勸姚興迎之，興遣使招迎，厚加贈遺，悉不受。興重信敦喻，方至長安。按：耶舍至姑臧乃在弘始八年，姚興兩次遣使，當盤桓有月，耶舍至長安當在弘始九年。

鳩摩羅什譯《十住經》。又《高僧傳·佛陀耶舍傳》：耶舍至長安，"於時羅什出《十住經》，一月有餘，疑難猶豫，尚未操筆。耶舍既至，共相徵決，辭理方定，道俗三千餘人，皆嘆其當要。"耶舍是年來後秦，故《十住經》亦當譯出於是年。

鳩摩羅什出《禪經》。初，羅什於弘始四年正月五日出《禪經》三卷，後又出《禪法要經》三卷。至是年閏月五日校正之，僧叡《關中出禪經序》曰："此土先出《修行》《大小十二門》《大小安般》，雖是其事，既不根悉，又無受法，學者之戒，蓋闕如也。……出此經後，至弘始九年閏月五日重求檢校，懼初受之不審，差之一毫，將有千里之降。詳而定之，輒復多有所正。既正既備，無間然矣。"[1]

劉遺民致書僧肇。《般若無知論》傳至廬山，隱士劉遺民見之，乃嘆曰："不意方袍，復有平叔。"因以書呈慧遠，遠乃撫几嘆曰："未嘗有也。"因共披覽玩味。遺民因以致書僧肇。（《高僧傳》卷七《僧肇傳》）

---

① 〔梁〕釋僧祐《出三藏記集》卷九，中華書局一九九五年版，第三四二頁。

**晉安帝義熙四年,後秦姚興弘始十年,戊申,公元四〇八年,慧遠七十
五歲**

慧遠與廬山諸賢遊上方塔。明喬桑《廬山記事》:"義熙四年,師
與社賢遊上方塔,患水遠,有虎跑石出泉。"①

鳩摩羅什譯《小品經》,凡七卷,或十卷。僧叡筆受,並爲之序
曰:"是故嘆深則《般若》之功重,美實則《法華》之用微。此經之尊,
三撫三囑,未足惑業。有秦太子者……會聞鳩摩羅什法師,神授其
文,真本猶存。以弘始十年二月六日請令出之,至四月三十日,校
正都迄。……斯經正文凡是四種,是佛異時適化廣略之説也。其
多者有十萬偈,少者六百偈。此之《大品》,乃是天竺之《中品》
也。"②按:無名氏《大智論記》(出論後記)又曰:"其中兼出經本、《禪
經》、戒律、《百論》、《禪法要解》,向五十萬言,並此《釋論》一百五十萬
言。"③因爲羅什所譯上述經籍時間差近,故合而論之。不可以此定時
間次序。

**晉安帝義熙五年,後秦姚興弘始十一年,己酉,公元四〇九年,慧遠七
十六歲**

慧遠作《沙門袒服論》,鎮南將軍何無忌作《難沙門袒服論》,慧遠
又作《答何鎮南難袒服論》,對何無忌沙門袒服不合禮法的觀點進行
詳細辯答。

綜考《晉書》卷一〇《安帝紀》、卷八五《何無忌傳》,義熙五年正
月,無忌以興復王室之功,封安城郡開國公,加散騎侍郎,進鎮南將
軍。義熙六年三月,於平盧循之亂中亡身殉國。可知,此文當作於義
興五年正月後,義熙六年三月前。故繫之是年。

---

① 吳宗慈《廬山志》(上),江西人民出版社一九九六年版,第一〇八頁。
② [梁]釋僧祐《出三藏記集》卷八,中華書局一九九五年版,第二九七頁。
③ [梁]釋僧祐《出三藏記集》卷一〇,中華書局一九九五年版,第三八八頁。

釋慧虔卒於山陰嘉祥寺。《高僧傳・釋慧虔傳》：“(虔)以晉義熙之初，投山陰嘉祥寺。……將歷五載，忽然得病，寢疾少時，自知必盡，乃屬想安養，祈誠觀世音。……當時疾雖綿篤，而神色平平，有如恒日。”《净土往生傳》卷一又曰：“尋告弟子，奄然長逝。”虔之春秋不詳。義熙初離廬嶽，至於嘉祥寺，“將歷五載”，則爲是年。

晉安帝義熙六年，後秦姚興弘始十二年，庚戌，公元四一〇年，慧遠七十七歲

是年二月，盧循過廬山謁見慧遠。慧遠《答盧循書》或作於是年。《高僧傳》慧遠本傳：“盧循初下據江州城，入山詣遠。遠少與循父嘏同爲書生，及見循，歡然道舊，因朝夕音問。僧有諫遠者曰：‘循爲國寇，與之交厚，得不疑乎？’遠曰：‘我佛法中情無取捨，豈不爲識者所察？此不足懼。’”考《晉書》卷一〇《安帝紀》、卷一〇〇《盧循傳》，盧循初陷江州在是年二月，謁見慧遠當在是月。另，慧遠作《答盧循書》具體時間無考，當在盧循被劉裕大破之以前，故繫之是年。

十二月，劉裕遣使致慧遠書，并贈錢米。《高僧傳》慧遠本傳曰：“及宋武追討盧循，設帳桑尾，左右曰：‘遠公素王廬山，與循交厚。’宋武曰：‘遠公世表之人，必無彼此。’乃遣使齎書致敬，并遺錢米。”考《晉書》卷一〇《安帝紀》，劉裕追討盧循并大破之，在是年十二月。

是年，劉程之卒於廬山。《佛祖統紀・十八賢傳》：“程之對像焚香再拜……即與衆別，卧床上面西合手氣絶。……時義熙六年也，春秋五十九。”又陳舜俞《廬山記・十八賢傳》謂“春秋五十七”，未詳待考。《廣弘明集》卷二七上《與隱士劉遺民等書》注：遺民“在山一十五年，自知亡日，與衆別已，都無疾苦。至期，西面端坐，斂手氣絶，年五十有七。”按：唐元康《肇論疏》卷二《答劉遺民書》注：“廬山遠法師作《劉公傳》云：‘……居山十有二年卒。’”若《肇論疏》引文無誤，應以慧遠說爲是。

釋僧肇著《不真空論》《物不遷論》。張春波《肇論校釋》曰：“《不真

空論》寫於公元四一〇年，在《般若無知論》之後，略早於《物不遷論》。"①

晉安帝義熙七年，後秦姚興弘始十三年，辛亥，公元四一一年，慧遠七十八歲

　　佛馱跋陀羅至廬，譯出禪數諸經。《出三藏記集》卷一四《佛馱跋陀（羅）傳》曰："聞鳩摩羅什在長安，即往從之。……先是廬山釋慧遠久服其風，乃遣使入關致書祈請。後聞其被斥，乃致書與姚主解其擯事，欲迎出禪法。傾之，佛賢至廬山，遠公相見欣然，傾蓋若舊。自夏迄冬，譯出禪數諸經。佛賢志在遊化，居無求安。以義熙八年，遂適江陵。"又《高僧傳》本傳曰："停止歲許，復西適江陵。"綜上可知，覺賢初至廬在義熙七年夏，次年即義熙八年離廬山適江陵。

　　是年，謝靈運任衛將軍劉毅從事中郎，道出潯陽，登廬山，謁見慧遠。《高僧傳》慧遠本傳曰："陳郡謝靈運負才傲俗，少所推崇，及一相見，肅然心服。"其傳不記靈運登廬的具體時間。考《宋書》卷六七《謝靈運傳》，劉毅鎮江陵，以謝靈運爲衛將軍從事中郎。又《晉書·劉毅傳》曰："及裕討循，詔毅知內外留事。……尋轉衛將軍、開府儀同三司、江州都督。"②復考《資治通鑑卷》卷一一六，劉毅以江州都督兼刺史，鎮豫章，在義熙七年四月③。此前，靈運足迹未及廬山，此次隨劉毅入潯陽，道經廬山。謁見慧遠當於是年四月後。是時，靈運二十八歲。

　　對於謝靈運謁見慧遠，後人頗有異議。明但宗皋《征疑》："靈運作《佛影銘》，但稱'廬山法師，聞風而悦。道秉道人，遠宣意旨，命余製銘'而已，初不言面覲遠公也。惟作《遠師誄》有曰：'志學之年，希門人之列。誠願弗遂，永違此世。'則是欲及門而未遂矣。"④清黄宗羲

---

①　張春波《肇論校釋》，中華書局二〇一〇年版，第三二頁。
②　《晉書》卷八五，中華書局一九七四年版，第二〇二八頁。
③　《資治通鑑》，北岳文藝出版社一九九五年版，第一一七六頁。
④　吳宗慈《廬山志》（上），江西人民出版社一九九六年版，第一〇一頁。

《遊記》曰："遠公自太元癸未入山不出,康樂之爲臨川内史,在元嘉八九年。遠公已死,康樂固未嘗得見遠公,故其誄曰:'予志學之年,希門人之末,惜乎誠願未遂。'此正不見之證也。"①二人所舉證據均爲靈運之誄文。而靈運之誄文只言以未得成爲遠公門人爲憾,并没有説未見慧遠。其實,慧遠既遣道秉請靈運作《佛影銘》,必與靈運有所往來,且對靈運才華欣賞有加。因諸家對靈運事迹失之詳考,故誤。

是年,慧遠講《喪服經》。《高僧傳》慧遠本傳曰:"時遠講《喪服經》,雷次宗、宗炳等,并執卷承旨。次宗後别著義疏,首稱雷氏,宗炳因寄書嘲之。"此言之"時"是指謝靈運初見慧遠之時,故繫於是年。

晉安帝義熙八年,後秦姚興弘始十四年,壬子,公元四一二年,慧遠七十九歲

五月,慧遠在廬山萬佛影臺,刻萬佛影於此上,并作《萬佛影銘》及前序。《高僧傳》慧遠本傳載其銘而無序。《廣弘明集》卷一六載其銘,并有前、後序文。其後序又曰:"晉義熙八年,歲在壬子五月一日,共立此臺,擬像本山,因即以寄誠……至於歲次星紀赤奮若貞於太陰之墟九月三日,乃檢别記,銘之於石。"由此可知,慧遠作佛影及銘文均在是年五月,次年九月佛影刻成,并勒銘文於石,另作後序記其本末。

慧遠作《廬山出〈修行方便禪經〉統序》。佛馱跋陀羅離廬山,適江陵。《出三藏記集・佛馱跋陀傳》曰:"頃之,佛賢至廬山,遠公相見欣然,傾蓋若舊。自夏迄冬,譯出禪數諸經。佛賢志在遊化,居無求安。以義熙八年,遂適江陵。"據此可知,佛賢初至廬當在義熙七年夏,次年離廬山適江陵。譯出畢此經及慧遠序文當在義熙八年。

慧持卒於成都龍淵寺。《高僧傳》卷六《慧持傳》曰:釋慧持者,慧遠之弟也。年十八出家,與兄共伏事道安法師。後適廬山,皆隨遠共止。晉隆安三年辭遠入蜀。"後境内清怙,還止龍淵寺。講説齋懺,

---

①　吳宗慈《廬山志》(上),江西人民出版社一九九六年版,第一〇六頁。

老而愈篤。以晉義熙八年卒於寺中，春秋七十有六。”

　　後秦主姚興逼令道恒、道標罷道出仕。秦主姚興以恒、標二人神氣俊朗，有經國之量，乃敕尚書令姚顯敦逼恒、標罷道，助振王業。又下書恒、標等，欲“奪卿等二乘之福心，由卿清名之容室，讚時益世”，恒、標等上書堅辭之。於是竄影巖壑，畢命幽藪，蔬食味禪，緬迹人外。劉汝霖考證曰：“按道恒於義熙六年有擯斥覺賢之事，則其竄影巖壑之事必在其年之後。而鳩摩羅什則卒於義熙九年，其與姚興論道恒之事必在前。《弘明集》有‘昔孛佐治十二年’之語，自弘始三年至是適十二年，故誌事於此。”①所考或是，姑依之。

晉安帝義熙九年，後秦姚興弘始十五年，癸丑，公元四一三年，慧遠八十歲

　　遠請得曇摩流支、鳩摩羅什所譯《十誦律》。《高僧傳》卷二《曇摩流支傳》：“流支既得遠書，及姚興敦請，乃與什共譯《十通》都畢。研詳考覈，條制審定，而什猶恨文煩未善。既而什化，不獲刪治。”可知，遠請得《十誦》在羅什棄世未久，羅什於是年四月棄世，故繫之是年。

　　是年九月，佛影刻成，慧遠作《萬佛影銘》并序，謝靈運亦作《佛影銘》并序。慧遠《萬佛影銘序》曰：“至於歲次星紀赤奮若貞於太陰之墟九月三日，乃檢別記，銘之於石。於時揮翰之賓，僉焉同詠，咸思存遠猷，托相異聞，庶來賢之重軌，故備時人於影集。”上已考，慧遠之銘文勒石在義熙八年九月，衆賓“揮翰”於此時，故繫之是年。

　　道溫入廬山，從慧遠受學。《高僧傳》卷七《釋道溫傳》曰：“釋道溫，姓皇甫，安定朝那人，高士謐之後也。少好琴書，事秦以孝聞。年十六入廬山，依遠公受學。後遊長安，復師童壽。元嘉中還止襄陽檀溪寺。善大乘經，兼明數論……宋太始初卒，春秋六十九。”宋前廢帝劉子業景和元年（四六五）十一月被弒，明帝於是年十二月即位，改元

---

① 劉汝霖《東晉南北朝學術編年》，華東師範大學出版社二〇一〇年版，第一四二頁。

泰始。故太始初或指太（泰）始二年，即公元四六六年。逆推之，道温生於晉安帝隆安二年（三九八）。十六歲即義熙九年入廬。

是年，鳩摩羅什卒於長安。關於羅什卒年，《高僧傳》羅什本傳疑不能明。其文曰：“以僞秦弘始十一年（四〇九）八月二十五日卒於長安，是歲晉義熙五年也。……然什死年月，諸記不同，或云弘始七年，或云八年，或云十一年，尋七與十一，字或訛誤。”《出三藏記集》羅什本傳亦曰：“以晉義熙中卒於長安，即於逍遙園依外國法以火焚屍。”然僧肇《鳩摩羅什誄文》曰：“然隙運幽興，若人云暮，癸丑之年，年七十，四月十三日薨於大寺。”①癸丑，即東晉義熙九年，肇爲羅什弟子，應依此説。劉汝霖亦曰：“余考《廣弘明集》二十三及《十六國春秋》卷六十二俱引有僧肇所作之《鳩摩羅什法師誄》，稱法師卒於癸丑之年，年七十。僧肇爲法師弟子，且卒於明年，其記法師之事，當不致有記憶失真之誤，故從之而誌於此。”②

羅什所譯經籍有《大品》《小品》（《菩提經》七卷）、《金剛般若》一卷、《十住》五卷（四卷）、《法華》、《維摩》三卷、《思益》四卷、《首楞嚴》二卷、《持世》四卷、《佛藏》三卷、《菩薩藏》、《遺教》一卷、《菩提》一卷、《訶欲》一卷、《自在王》二卷、《因緣觀》一卷、《小無量壽》一卷、《新賢劫》七卷、《禪經》、《禪法要》三卷、《禪要解》二卷、《彌勒成佛》一卷、《彌勒下生》一卷、《釋論》一百卷、《成實》、《十誦律》六十一卷、《十誦戒》一卷、《菩薩戒本》一卷、《中論》八卷、《百論》二卷、《十二門論》一卷，凡三百餘卷。（《高僧傳》卷二《鳩摩羅什傳》）

釋僧肇撰《涅槃無名論》。此文乃應秦王姚興和安成侯姚嵩有關如何理解涅槃內涵的問答。故論成之後，僧肇上表姚興曰：“肇以人微，猥蒙國恩，得閑居學肆，在什公門下十有餘年。……不幸什公去

---

① ［清］嚴可均輯《全晉文》，商務印書館一九九九年版，第一八二五頁。
② 劉汝霖《東晉南北朝學術編年》，華東師範大學出版社二〇一〇年版，第一四五至一四六頁。

世,諸參無所,以爲永恨。"可知,此論作於羅什謝世不久,故繫之是年。按:關於此文是否爲僧肇所作,學界尚有爭論。可參閱張春波《肇論校釋·緒論》。

　　卑摩羅叉自關中至壽春。《高僧傳》卷二《卑摩羅叉傳》曰:卑摩羅叉,此云無垢眼,罽賓人。沉静有志力,出家律道,苦節成務。先在龜兹,弘闡律藏,四方學者,競往師之,鳩摩羅什時亦預焉。秦弘始八年(四〇六)達自關中,羅什以師禮敬待。"及羅什棄世,又乃出遊關左,逗於壽春,止石澗寺,律衆雲聚,盛闡毗尼。羅什所譯《十誦》本,五十八卷,最後一誦,謂明受戒法,及諸成善法事,逐其意要,名爲《善誦》。又後齎往石澗,開爲六十一卷,最後一誦,改爲《毗尼誦》,故猶二名存焉。"後卒於寺,春秋七十有七。

　　佛陀耶舍出《長阿含經》二十二卷。先是耶舍出《曇無德律》,至是復出《長阿含經》。僧肇爲之序曰:"禁律,律藏也,四分十誦。法相,《阿毗曇》藏也,四分五誦。契經,《四阿含》藏也。《增一阿含》四分八誦,《中阿含》四分五誦,《雜阿含》四分十誦。此《長阿含》四分四誦,合三十經以爲一部。……(秦王)以弘始十二(晉義熙六年)年歲上章掩茂,請罽賓三藏沙門佛陀耶舍出律藏《四分》四十卷,十四年迄。十五歲昭陽奮若,出此《長阿含》迄。"(《出三藏記集》卷九)秦弘始十五年即晉義熙九年,故繫是年。

晉安帝義熙十年,後秦姚興弘始十六年,甲寅,公元四一四年,慧遠八十一歲

　　佛陀耶舍來廬山,修净土之業。《高僧傳·佛陀耶舍傳》:"……弘始十二年(四一〇)譯出《四分律》四十四卷,并《長阿含經》等。……至十五年(四一三)解座。"又《歸宗寺志》曰:"考晉史,佛陀耶舍於安帝義熙十年甲寅(四一四)始至廬山。"[①]而《蓮社高賢傳·佛

---

　　①　吳宗慈《廬山志》(上),江西人民出版社一九九六年版,第三七〇頁。

陀耶舍尊者》："秦弘始十二年(四一〇),譯出《四分律》四十四卷、《長阿含經》二十二卷,義熙八年(四一二)來廬山,入社後辭還本國。"義熙八年耶舍尚在長安,當以《歸宗寺志》所考爲是。

釋慧永卒於廬山西林寺。《高僧傳·釋慧永傳》："永厲行精苦,願生西方,以晉義熙十年遇疾綿篤,而專謹戒律,執志愈勤,雖枕痾懷苦,顏色怡悅。未盡少時,忽斂衣合掌,求屣欲起,如有所見,衆咸驚問,答云佛來,言終而卒,春秋八十有三。"

釋慧永,姓潘,河内人也。年十二出家,伏事沙門竺曇現爲師,後又伏膺道安法師。素與遠共期,欲結宇羅浮之岫,遠既爲道安所留,永乃欲先逾五嶺。行經潯陽,郡人陶範,苦相要留,於是且停廬山之西林寺,既門徒稍盛。又慧遠同築,遂有意終焉。後鎮南將軍何無忌作鎮潯陽,陶愛集虎溪,請永及慧遠。遠既久持名望,亦雅足才力,從者百餘,皆端整有風序,及高言華論,舉動可觀。永怙然獨往,率爾後至,納衣草屣,執杖提鉢,而神氣自若,清散無矜。衆咸重其貞素,翻更多之。遠少所推先,而挹永高行,身執卑恭,以希冥福。(《高僧傳》卷六《釋慧永傳》)

曇無讖於北涼譯經。《高僧傳》卷二《曇無讖傳》:曇無讖,或云曇摩懺、曇無懺,本中天竺(古印度)人,少出家。長至罽賓,齎《大涅槃》前分十卷,並《菩薩戒經》《菩薩戒本》等。彼國多學小乘,不信涅槃,乃東適龜兹。頃之,復至姑臧。時河西王沮渠蒙遜據涼土,自稱爲王。聞讖名,接待甚厚。讖學華語三年,方譯《大涅槃》前分十卷,次譯《大集》《大雲》《悲華》《地持》《優婆塞戒》《金光明》《海龍王》《菩薩戒本》等六十餘萬言。讖以《涅槃經》本,品數未足,還外國究尋,後於于闐更得經本"中分",復還姑臧譯之。後又遣使于闐,尋得"後分",於是續譯爲三十三卷。以玄始三年(晉義熙十年)初就翻譯,至玄始十年(宋永初二年)十二月二十三日方竟。

曇摩耶舍於後秦出《舍利弗阿毗曇》。《高僧傳》卷一《曇摩耶舍傳》:曇摩耶舍於義熙中,來入長安。時姚興甚崇佛法,耶舍既至,深加禮異。會有天竺沙門曇摩掘多，來入關中，同氣相求，宛然若舊。因共耶舍譯《舍利弗阿毗曇》，以後秦弘始九年（晉義熙三年）初書梵書文，至十六年（晉義熙十年）翻譯方竟，凡二十二卷。

晉安帝義熙十一年，後秦姚興弘始十七年，乙卯，公元四一五年，慧遠八十二歲

慧恭卒於廬山東林寺。《净土聖賢録》卷二：慧恭，豫章豐城人。入廬山蓮社。與僧光、慧蘭等同學。光等學不逮恭，而繫心净土，較爲虔切。蘭謂恭曰：“君雖力學博聞。豈不知經云：如聾奏音樂，悦彼不自聞。”恭未之信也。後七年中，蘭等先逝，去時皆有奇應。又五年，恭病且篤。嘆曰：“六道沿洄，何時可止？死生去來，吾何歸哉？”於是雨淚叩頭，誓心安養，志不少閑，忽見阿彌陀佛，以金臺前迎，覺自身乘其上。又見蘭等於臺上光明中告恭曰：“長老受生，已居上品，吾等不勝喜慰。但恨五濁淹延，相依之晚耳。”恭於是日告衆，欣然奮迅而滅。時義熙十一年也。

晉安帝義熙十二年，後秦姚泓永和元年，丙辰，公元四一六年，慧遠八十三歲

是年八月初，慧遠作《遺誡》。六日，卒於廬山東林寺，謝靈運作《廬山慧遠法師誄》。《高僧傳》慧遠本傳：“以晉義熙十二年八月初動散，至六日困篤。大德耆年，皆稽顙請飲豉酒，不許；又請飲米汁，不許；又請以蜜和水爲漿，乃命律師，令披卷尋文，得飲與不，卷未半而終，春秋八十三矣。門徒號慟，若喪考妣，道俗奔赴，踵繼肩隨。遠以凡夫之情難割，乃制七日展哀，遺命使露骸松下。既而弟子收葬，潯陽太守阮保於山西嶺鑿壙開隧，謝靈運爲造碑文，銘其遺德，南陽宗炳，又立碑寺門。”

此外，慧遠還首開宣唱法理，開導衆心的獨特説經方法。《高僧傳》卷一三《唱導論》曰：“唱導者，蓋以宣唱法理，開導衆心也。昔佛

法初傳,於時齊集,止宣唱佛名,依文致禮。至中宵疲極,事資乃悟,乃別請宿德,升座説法。或雜序因緣,或傍引譬喻。其有廬山釋慧遠,道業貞華,風才秀發。每至齋集,輒升高座,躬爲導首,先明三世因果,却辯一齋大意。後代傳授,遂成永則。"唱導之法乃汲取梵唄、融合中國歌詩所創造的一種唱經方法,遂成佛教唱導之永則。不僅影響了中國佛教傳經方式,而且對後代話本也產生深刻影響。

《高僧傳》慧遠本傳又曰:"遠善屬文章,辭氣清雅,席上談吐,精義簡要。加以容儀端整,風彩灑落,故圖像於寺,遐邇式瞻。所著論序銘讚詩書集爲十卷,五十餘篇。"《佛祖統紀》卷二六曰:"經論諸序銘讚詩紀凡十卷,號《廬山集》。"①慧遠另有《匡山集》二十卷,或係後人整理而成。推之,或爲《廬山集》、慧遠與諸道人唱和之作的合集及《廬山記》十卷。此集至唐時尚存。宋陳舜俞《廬山記》曰:"(白居易)公之遊東林也,睹經藏中有遠公諸文士倡和集。時,諸長老亦請公文集同藏之。至太和九年,爲太子賓客,始以文集六十卷歸之。會昌中致仕,復送後集十卷及香山居士之像。廣明中,與遠公《匡山集》并爲淮南高駢所毀。吳太和六年,德化王澈嘗抄謄以補其缺,復亡失。今所藏,實景德四年詔史館書授而賜者。《匡山集》亦二十卷,景福二年嘗重寫,明道中爲部使者刑部許申所借。今本十卷,寺僧抄補,用以詿舛。"惜乎,不唯二十卷《匡山集》散佚,十卷本亦不可尋。今之所存,乃現代以來僧俗學者所輯佚本。另外,慧遠繼承支遁名僧與名士交流之風氣,遊吟唱和,遂開釋家吟詠山水之端倪,將"以玄對山水"轉化爲"以佛對山水",其成就又在支遁之上,故王荆公云:"晉人爲文,無如遠公。"(《佛祖統紀》卷三六引元照律師序)對於後代山水參禪以及佛教山水詩之發展也影響深遠。

是年,北燕建太學。北燕主馮跋下書曰:"可營建太學,以長樂劉軒、營邱張熾、成周翟崇爲博士郎中。簡二千石已下子弟年十三已上

---

① 《續修四庫全書》第一二八七册,上海古籍出版社二〇〇二年版,第三〇八頁。

者教之。"劉汝霖考證曰："按《十六國春秋》載馮跋以己酉之歲建國。己酉，義熙五年也。又載立太學於太平八年，則當爲此年之事。而《晉書》則載：'始跋以孝武太元二十年僭號，至弘二世，凡二十八載。'又載跋死於宋元嘉七年，則跋之在位已三十六載矣。其說訛誤，不可從。"①所考甚是。

---

① 劉汝霖《東晉南北朝學術編年》，華東師範大學出版社二〇一〇年版，第一五四頁。

校勘引用書目

［晉］釋慧遠問、（後秦）鳩摩羅什答《大乘大義章》，卍續藏經，第九六册，新文豐出版公司一九七六年影印本

［梁］釋僧祐《弘明集》，卍正藏經，第五二至五三册，新文豐出版公司一九八〇影印本

［梁］釋僧祐《弘明集》，乾隆大藏經，第一一五册，中國書店二〇〇九年影印本

［梁］釋僧祐撰，李小榮校箋《弘明集校箋》，上海古籍出版社二〇一三年版

［唐］釋道宣《廣弘明集》，卍正藏經，第五三册，新文豐出版公司一九八〇年影印本

［梁］釋僧祐《出三藏記集》，卍正藏經，第五二册，新文豐出版公司一九八〇年影印本

［梁］釋僧祐撰，蘇晉仁、蕭鍊子點校《出三藏記集》，中華書局一九九五年版

［梁］釋慧皎《高僧傳》，卍正藏經，第五六册，新文豐出版公司一九八〇年影印本

［梁］釋慧皎《高僧傳》，乾隆大藏經，第一一二册，中國書店二〇〇九年影印本

［梁］釋慧皎撰，湯用彤校注《高僧傳》，中華書局一九九二年版

［隋］費長房《歷代三寶紀》，乾隆大藏經，第一二二册，中國書店二〇〇九年影印本

［隋］灌頂纂《國清百錄》，卍正藏經，第六三册，新文豐出版公司一九八〇年影印本

［唐］釋道宣《大唐内典録》,乾隆大藏經,第一二四册,中國書店二〇〇九年影印本

［唐］釋道世《法苑珠林》,乾隆大藏經,第一二五至一二七册,中國書店二〇〇九年影印本

［唐］釋彦悰纂録《集沙門不應拜俗等事》,卍正藏經,第五三册,新文豐出版公司一九八〇年影印本

［唐］釋彦悰纂録《集沙門不應拜俗等事》,乾隆大藏經,第一二〇册,中國書店二〇〇九年影印本

［宋］志磐撰,釋道法校注《佛祖統紀校注》,上海古籍出版社二〇一二年版

［宋］宗曉編《樂邦文類》,卍續藏經,第一〇七册,新文豐出版公司一九七六年影印本

［宋］宗曉編《樂邦遺稿》,卍續藏經,第一〇七册,新文豐出版公司一九七六年影印

［宋］道誠輯《釋氏要覽》,大正藏經,第五四册,新文豐出版公司一九八三年影印本

［宋］陳舜俞《廬山記》,文淵閣四庫全書,第五八五册,上海古籍出版社影印本

［宋］陳舜俞《廬山記》,叢書集成新編,第九〇册,新文豐出版公司影印本

［宋］陳舜俞《廬山記》,大正藏經,第五一册,新文豐出版公司一九八三年影印本

吴宗慈撰《廬山志》,江西人民出版社一九九六年版

［元］普度撰《廬山蓮宗寶鑑》,乾隆大藏經,第一四七册,中國書店二〇〇九年影印本

［明］梅鼎祚輯《釋文紀》,文淵閣四庫全書,第一四〇〇至一四〇一册,上海古籍出版社二〇〇三年影印本

［明］馮惟訥輯《古詩紀》,文淵閣四庫全書,第一三七九至一三八

〇册，上海古籍出版社二〇〇三年影印本

　　〔清〕嚴可均輯《全晉文》，商務印書館一九九九年版

　　僧懺輯《慧遠大師集》，上海佛學書局民國二十三年版

　　沙健庵、項智源輯《廬山慧遠法師文鈔》，國光書局民國二十四年版

　　〔日本〕木村英一編《慧遠研究·遺文編》，日本創文社一九六〇年版

　　華梵佛學研究所敬編《慧遠大師文集》，原泉出版社一九八〇年版

　　張景崗點校《廬山慧遠大師文集》，九州出版社二〇一四年版

　　釋聖賢編《慧遠文集》，《原平文史》第二十九輯（内部刊行）

　　邱檗校訂《遠什大乘要義問答》，中國佛教歷史博物館一九三〇年版

　　陳揚炯著《大乘大義章》（釋譯），東方出版社二〇一九年版

.